형법각론

도중진 · 박광섭 · 정대관

충남대학교출판문화원

형법각론

발행일 2014년 09월 01일 발행인 정상철 지은이 도중진 · 박광섭 · 정대관
펴낸곳 충남대학교출판문화원 주소 대전광역시 유성구 대학로 99
전화 042-821-6045 홈페이지 http://cnupress.co.kr E-mail cnupress@cnu.ac.kr

ISBN 978-89-7599-517-0 93360
정가 38,000원

형법각론

刑法各論

머 리 말

본서는 저자들이 형법각론 강의를 위하여 처음 펴내는 교과서이다. 이미 출판된 형법총론 교과서처럼 본서 또한 독자에게 어떻게 하면 난해하기 그지없는 형법에 대한 기초지식 및 전문지식을 보다 쉽게 이해하도록 전달할 수 있을까 라는 저자들의 고민을 해소하려는 의도에서 비롯되었다. 즉 난해한 형법이론을 가급적 이해하기 쉽게 정리하고 체계화함으로써 형법을 처음 공부하는 사람들이 형법에 대한 전반적인 이해와 기초지식을 함양하는데 도움 되도록 하고, 형법에 대한 기본지식을 가진 사람들에게는 그 동안 공부한 내용을 체계적으로 정리하여 사례해결능력을 제고하려는 목적으로 집필하였기 때문이다.

형법은 372개 조문으로 편성되어 있고 특히 형법각칙은 제87조부터 시작하기에 300여개 조문에 불과한 법률이지만 각칙조항과 관련된 형사특별법이 무수히 산재해 있는 관계로 법학분야 중에서도 가장 난해한 학문분야의 하나이다. 교과서를 읽어나가는 곳곳마다 암초와 절벽 앞에 이해하지 못하는 무력감을 경험하는 것이 일반적이기 때문이다. 따라서 본서에서는 개별 범죄의 중요 구성요소에 대한 보다 간명한 설명을 제공하는 데에 주력하였다. 즉 학설마다 특징과 논리적 근거를 가지고 견해가 대립하지만 현실문제에 적용되는 과정에서는 결국 판례를 통하여 그 결론적 역할이 수행되므로 가급적 해석론과 판례의 태도를 상세하고 충실하게 전달하고자 하였다. 이러한 이유로 외국의 입법례나 문헌 등은 과감하게 생략하였다. 이미 우리 형법학계도 독자적이고 독특한 우리 형법적 사고와 틀을 갖추고 있는 만큼 국내의 형법각론 교과서를 참고하는 것만으로도 부족함이 없다고 판단하였기 때문이다. 나아가 저자들이 본서를 집필함에 있어서는 다음의 점에 유의하였다.

첫째, 최근의 형법·형사특별법동향과 판례동향에 각별히 유의하였다. 특히 지난 2012.12.18.과 2013.4.5. 두 차례에 걸친 형법각칙 및 형사특별법의 일부개정으로 일부 범죄구성요건이 신설(장기적출등목적약취·유인죄, 인신매매죄, 약취·유인·매매·이송상해·치상죄, 약취·유인·매매·이송살인·치사죄 등등, 유사강간죄)되었고, 일부 범죄구성요건의 요소들이 다소 변경(범죄단체등조직죄, 도박죄, 도박장소등개설죄, 음행매개죄, 추행등목적약취·유인죄 등등, 강간죄, 준강간·강제추행죄 등의 성범죄 등)되었으며, 성범죄의 비친고죄화와 인신매매의 죄의 세계주의 조항 신설 등 형법전에 적지 않은 변화를 초래하였을 뿐만 아니라 사회의 변화요구에 상응하는 대법원 판결(부부강간죄의 성립을 인정한 판결, 소비자불매운동이라도 협박에 해당하여 공갈죄나 강요죄에 해당할 수 있음을 인정한 판결 등등)들도 적지 않게 나왔기 때문이다.

둘째, 형법을 처음 접하는 사람들로 하여금 형법전반에 대한 기초지식을 쉽게 이해할 수 있도록 본문에서는 기본적인 내용들을 중심으로 설명하였으며, 필요한 경우에는 도표 등을 이용하여 비교·정리할 수 있도록 보충설명하였다. 또한 이론적 깊이를 더 할 수 있도록 부가적으로 알아야 할 내용이나 중요한 논점이 되는 부분에 대하여는 [보충설명], [용어정리], [쟁점정리], [사례풀이] 등의 란을 통하여 별도로 설명함으로써 학문적 욕구를 충족시키고자 하였다.

셋째, 최근 판례가 더욱 중시되는 경향이고 사례에 대한 해결을 중심으로 한 공부방법이 강조되고 있으므로 형법학에 있어서 판례의 중요성은 아무리 강조하여도 지나칠 수 없다. 판례를 통하여 형법이론이 구체적 사건에 어떻게 적용되는지를 파악할 수 있고, 이를 통하여 형법의 정확한 이해가 가능해 질뿐만 아니라 판례에 대한 풍부한 지식은 사례문제의 해결에 있어서 많은 도움을 줄 수 있기 때문이다. 따라서 본문 및 각주에서 [보충판례], [판례해설] 및 [판례의 쟁점 및 연구] 등을 통하여 판례를 가급적 많이 소개하고자 하였다. 또한 대법원판결이 없는 부분에 대하여는 부득불 독일과 일본 등 외국의 판결을 소개할 수밖에 없었다.

본서를 서술함에 있어서는 다른 형법각론 교과서의 내용을 소개하거나 인용한 부분도 적지 않지만, 독자들의 편의를 도모하고자 부득이하게 문헌에 대한 각주를 생략하고 참고문헌을 일괄적으로 게재하는 것으로 대신하고자 한다. 여러 교수님들의 양해를 구하는 동시에 미흡하기 그지없는 본서에 대한 독자제현의 예리한 비판과 조언을 고대한다.

본서는 많은 분들의 도움없이는 출판될 수 없었다. 대전시 의회에 근무 중인 김혁박사, 충남대학교 시간강사로 근무 중인 윤민석박사, 충남대학교 법률상담소에 근무 중인 김호겸선생은 어려운 근무여건 속에서도 편집, 색인작성, 교정 등 여러 가지 까다로운 일들을 도맡아 주었다. 창원대학교 법학과에 재직 중인 류병관교수와 대전대학교 경찰학과에 재직 중인 박행렬교수는 바쁜 일정 속에서도 여러 가지 내용상의 조언뿐만 아니라 쟁점토론에도 열성적이었다. 이들의 앞길에 학문적 대성이 있기를 기원하며 깊은 감사의 말씀을 드린다.

2014년 8월
대학로 캠퍼스 연구실에서
저자 일동

참고문헌

강구진, 『형법강의 각론 I』, 박영사, 1983.
권오걸, 『형법각론』, 형설출판사, 2009.
김봉태 외 6인, 『신고 형법각론』, 사법행정, 1986.
김성돈, 『형법각론 제3판』, 성균관대학교 출판부, 2013.
김성천/김형준, 『형법각론 제2판』, 동현출판사, 2006.
김일수, 『한국형법III·IV』, 박영사, 1997.
김일수, 『형법각론 제7판』, 박영사, 2009.
김일수/서보학, 『새로쓴 형법각론 제7판』, 박영사, 2007.
김종원, 『형법각론(상)』, 법문사, 1973.
남흥우, 『형법강의(각론)』, 고려대학교 출판부, 1965.
박광민/문채규/원혜욱/한영수/박강우, 『로스쿨 형법각론』, 세창출판사, 2009.
박광섭, 『판례중심 형법각론』, 화신문화(주), 2008.
박상기, 『형법각론 제8판』, 박영사, 2011.
박상기/신동운/손동권/신양균/오영근/전지연, 『형사특별법론 개정판』, 한국형사정책연구원, 2012.
박상기/전지연/한상훈, 『형사특별법』, 집현재, 2013.
박재윤(대표집필), 『주석형법각칙 제4판 (1)-(6)』, 한국사법행정학회, 2006.
배종대, 『형법각론 제7전정판』, 홍문사, 2010.
백형구, 『형법각론』, 청림출판, 1999.
손동권, 『형법각론 제3개정판』, 율곡출판사, 2010.
신동운, 『판례분석 형법각론』, 법문사, 2013.
신동운/한인섭/이용식/조국/이상원, 『로스쿨 형법각론』, 박영사, 2009.
안동준, 『형법각론의 재구성』, 전남대학교 출판부, 2007.
오영근, 『형법각론 제2판』, 박영사, 2009.
오영근, 『형법연습』, 박영사, 2004.
유기천, 『형법학 (각론강의 상·하)』, 일조각, 1982.
이영란, 『형법학(각론강의)』, 형설출판사, 2010.

이재상,『형법각론 제8판』, 박영사, 2012.
이재상,『형법연습 제8판』, 신조사, 2012.
이정원,『형법각론 제3판』, 법지사, 2003.
이주원,『특별형법 제3판』, 홍문사, 2014.
이형국,『형법각론 I』, 법문사, 1997.
이형국,『형법각론 II』, 법문사, 2005.
이형국,『형법각론』, 법문사, 2007.
임 웅,『형법각론 제4정판』, 법문사, 2012.
서일교,『형법각론』, 박영사, 1982.
정성근/박광민,『형법각론 제3판』, 삼지원, 2008.
정영석,『형법각론』, 법문사, 1983.
정영일,『형법각론 개정판』, 박영사, 2008.
정웅석,『형법강의』, 대명출판사, 2005.
정진연/신이철,『형법각론 제2판』, 숭실대학교 출판부, 2009.
조준현,『형법각론 개정판』, 법원사, 2005.
진계호/이존걸,『형법각론 제6판』, 대왕사, 2008.
하태훈,『형법사례연습 제3판』, 박영사, 2009.
한국형사판례연구회편,『형사판례연구 1-21』, 박영사, 2013.
황산덕,『형법각론』, 방문사, 1984.
허일태,『형법연구 I』, 세종, 1997.

목 차

서편 형법각론 서론

제 1 편 개인적 법익에 대한 죄

제 2편 사회적 법익에 대한 죄

제 3 편 국가적 법익에 관한 죄

형법각론

형법각론 서론

序編

제1장 형법각론의 본질 : 총칙과 각칙의 관계

형법이란 범죄와 형사제재(형벌 및 보안처분)의 관계를 규정한 법으로, 형법총론(총칙)과 형법각론(각칙)으로 구성되어 있다.

형법총칙은 모든 범죄현상에 공통되는 형법적 문제들을 일반화·추상화하여 규정한 것임에 반하여, 형법각칙은 개별범죄에 한정된 구체적인 문제들을 규정한 것이다.[1)]

이러한 의미에서 총칙과 각칙은 일반법과 특별법(시간적·장소적·인적·사항적 적용범위가 제한되어 있는 법률)의 관계에 있다고 할 수 있다.

[형법총칙과 형법각칙은 일반법과 특별법의 관계]

예컨대 형법 제19조와 형법 제263조는 모두 동시범에 관한 규정이다. 양자의 차이는 제19조는 총칙의 규정이므로 모든 범죄에 일반적으로 적용되는데 비하여, 제263조는 각칙상의 규정으로서 상해의 결과가 발생한 경우에만 특별히 적용된다는 점에 있다. 따라서 제263조는 제19조에 비하여 사항적 적용범위가 제한되어 있는 법, 즉 특별법의 성격을 가진 규정인 것이다.

1) 따라서 형법각론의 과제는 개별적인 특별구성요건과 이에 대한 형벌을 규명하여 형법에 의하여 금지되는 행위가 무엇이고 그것이 다른 범죄와 어떻게 구별되는가를 명백히 하는 데 있다고 할 수 있다.

[일반법과 특별법관계의 사례를 통한 이해]

> **[사례1]** 갑과 을이 서로 의사연락없이 각각 상해의 의사로 A를 향해 돌을 던져(독립행위가 경합하여) 그 중 하나의 돌에 맞아 A가 상처를 입었지만(상해의 결과를 발생하게 한 경우에 있어서) 누구의 돌이 명중하였는지 판명되지 않은 경우(원인된 행위가 판명되지 아니한 때)에는,
>
> 형법 제19조에 의하면 갑과 을을 상해미수죄로 처벌하여야 한다.
>
> 그러나 형법 제263조는 갑과 을이 동시범이지만 공동정범의 예에 의한다고 규정하고 있기 때문에 갑과 을은 상해미수죄가 아닌 상해기수죄로 처벌된다. 이는 형법 제19조가 모든 범죄에 적용되는 일반법인 반면 형법 제263조는 상해의 결과를 발생시킨 경우에 제한적으로 적용되는 특별법의 성격을 가졌기 때문이다.
>
> **[사례 2]** 한편 예컨대 갑과 을이 서로 의사의 연락없이 각자 A를 살해할 의사로 총을 발사하였는데 그 중 한 사람의 총탄에 맞아 A가 사망하였지만 누구의 총탄에 의한 것인지 판명되지 아니한 경우에는, 형법 제263조를 적용할 수 없다. 제263조는 상해죄에만 적용되는 특례이기 때문이다. 이 경우에는 총칙상의 동시범규정인 형법 제19조가 적용되어 갑·을 모두 살인미수죄로 처벌된다.

또한 총칙의 규정은 각칙의 규정에 의해 구체화된다. 즉 총칙의 일반적·추상적 규정들은 각칙의 규정을 통하여 구체화·현실화되는 것이다.

[형법각칙규정을 통한 구체화·현실화의 예]

> 예컨대 총칙상의 규정인 제29조는 '미수범을 처벌할 죄는 각 본조에 정한다'라고만 규정하고 있어 어느 범죄의 미수범을 처벌할 것인지를 각칙에 위임하고 있다. 형법 제254조는 '전 4조의 미수범은 처벌한다'고 규정하고 있으므로 제250조의 살인죄 미수범은 처벌된다. 이에 대하여 낙태죄나 유기죄의 미수범을 처벌하는 규정은 없기 때문에 양죄의 미수범은 처벌되지 않는다.
>
> 이처럼 총칙의 추상적·일반적 규정들은 각칙의 규정에 의해 구체화·현실화된다.

제2장 형법각론의 체계

이상과 같이 총칙과 각칙은 수레의 두 바퀴처럼 긴밀하게 연관되어 있기 때문에 총론에서 배운 지식들을 각론을 공부할 때에 그대로 적용하면 된다. 즉 범죄일반의 성립조건과 처벌에 관한 총론의 이론적 틀에 각 개별범죄 규정을 적용하면 되는 것이다.2)

[총론의 이론적 틀에 개별범죄규정의 적용례]

총론의 이론적인 틀이 모든 범죄에서 모두 논란의 대상이 되는 것은 아니다. 형법 제251조의 영아살해죄를 예를 들면, 영아살해죄의 보호법익은 영아의 생명이다. 다음으로 객관적 구성요건요소인 행위의 주체에서는 직계존속의 범위가 문제될 수 있다. 영아살해죄의 객체는 '분만 중 또는 분만직후의 영아'이므로 그 범위도 문제될 수 있다. 영아살해죄의 행위태양으로서 작위뿐만 아니라 부작위도 문제될 수 있고, 형법적 인과관계나 주관적 구성요건요소로서 고의도 문제될 수 있지만, 이는 영아살해죄의 행위주체나 객체의 문제와 같이 영아살해죄에 특유한 문제는 아니고 총론에서 제시된 원리로 대부분 해결이 되므로 대부분의 형법각론교과서들은 이에 대해 자세히 언급하지는 않는다. 그러나 영아살해죄는 특별한 동기(치욕을 은폐하거나 양육할 수 없음을 예상하거나 기타 특히 참작할 만한 동기)를 필요로 하는 범죄인데 이러한 동기는 다른 범죄에서는 별로 문제되지 않기 때문에 총론에서도 다루어지지 않아 특별히 언급할 필요가 있게 된다.

이러한 이론적 틀에 따라 개별 범죄규정을 해석할 때에 그 해석의 중요한 기준이 될 수 있는 것이 보호법익의 문제(즉 어떤 개별범죄규정의 제정목적이 무엇인가에 관한 문제)이다.3) 어느 규정의 보호법익이 무엇인지에 대해서는 명문으로 규정되어 있지 않기 때문에 보호법익의 문제는 해석상 결정되어야 할 문제이다. 각론의 해석에서 보호법익의 중요성은 보호법익에 대해 논란이 있는 경우 분명히 드러난다.

2) 물론 총론의 모든 이론이 각론에 그대로 적용되는 것은 아니다. 각론에는 아직까지 총론으로 일반화되지 못하였거나 입법자가 총론이론의 적용을 배제하려는 의사를 명백히 한 규정도 있기 때문이다. 예컨대 내란죄나 소요죄와 같은 필요적 공범이나 특수절도죄나 특수도주죄와 같은 합동범에 관하여는 총론의 공동정범에 관한 규정이 적용될 수 없고, 도주원조죄나 자살교사방조죄에 총론의 방조에 관한 규정이 적용될 여지가 없다.

3) **[법익]** : '법익(Rechtsgut)'이란 우리가 사회내지 국가에서 평화로운 공존질서를 유지하기 위해 법적으로 보호하여야 할 가치 또는 이익(형벌에 의하여 보호하여야 할 가치 또는 이익)으로 이해할 수 있다.

[각론해석에서 보호법익의 중요성에 관한 예]

> 예컨대 낙태죄의 보호법익을 '태아의 생명'으로만 해석하는 경우에는 태아를 살해할 고의의 없이 단순히 자연분만기 이전에 모체 바깥으로 배출하도록 하는 행위는 아예 낙태행위에 해당하지 않게 되어 처벌대상이 되지 않는다.
>
> 그러나 낙태죄의 보호법익을 '태아의 생명·신체의 안전'이라고 한다면 위와 같은 행위는 태아의 생명은 위협하지 않지만 태아의 신체의 안전을 침해·위태화하는 행위이기 때문에 낙태기수죄로 처벌대상이 된다.
>
> 이러한 이유 때문에 개별 범죄규정을 해석할 때에는 제일 먼저 보호법익의 문제를 생각하여야 하는 것이다.

보호법익과 관련하여서는 보호의 정도가 문제될 수 있다. 보호법익이 보호받는 정도에 따라 침해범인지 위험범(위태범)인지가 문제되는데 이 또한 명문에 규정되어 있지 않기 때문에 해석을 통하여 해결하여야 한다.

[보호의 정도의 중요성에 관한 예]

> 예컨대 살인죄를 침해범으로 해석하는 경우에는 사람을 살해하기 위해 총을 발사하는 것만으로는 살인기수죄가 성립하지 않고 사망이라는 결과가 발생하여야 살인기수죄가 성립한다.
>
> 만일 살인죄를 위태범으로 해석하는 경우에는 사람을 향해 총을 쏘는 것 자체로 사람의 생명에 대한 위험이 발생한 것이므로 사망이라는 결과가 발생하지 않더라도 살인기수죄가 성립하게 된다.

제3장 형법각칙과 형사특별법(특별형법)

개별적인 범죄와 형벌을 규정한 특별구성요건이 형법각칙에만 존재하는 것은 아니다. 형사특별법(특별형법)에 규정된 많은 형벌법규도 형법에 의하여 처벌되는 행위를 정하고 있기 때문이다. 형사특별법(특별형법)의 내용은 대부분 형법각칙들에 대한 처벌의 특례(주로 가중처벌)에 관한 것이다. 형사특별법(특별형법)이 너무 많기 때문에 형법각칙의 규정이 그대로 적용되는 사례는 거의 없다고 해도 과언이 아니다.

[형법과 형사특별법(특별형법)의 적용례]

> 예컨대 2인 이상이 폭행을 한 경우에는 형법 제260조(폭행죄)가 적용되어 2년 이하의 징역이나 500만원 이하의 벌금에 처해지고 반의사불법죄가 되는 것이 아니라, '폭처법' 제2조 제2항이 우선 적용되어 형이 2분의 1까지 가중되고 반의사불벌죄가 되지 않는다(같은 조 제4항).
> 한편 2인의 남자가 함께 현장에서 부녀를 강간한 경우에 구형법(2012.12.18. 개정 이전의 것)에서는 제297조와 제30조 및 제306조가 적용되어 친고죄가 되었었지만, 특별법인 구'성폭법(2013.4.5. 개정 이전의 것)' 제4조(특수강간죄) 및 제15조(고소의 반대해석)가 적용되어 친고죄가 되지 않는다.

항상 신경을 써야 할 중요한 형사특별법(특별형법)으로는, '특정범죄가중처벌등에관한법률(이하 '특가법'으로 약함)', '특정경제범죄가중처벌등에관한법률(이하 '특경법'으로 약함)', '특정강력범죄의처벌에관한특례법(이하 '특강법'으로 약함)', '폭력행위등처벌에관한법률(이하 '폭처법'으로 약함)', '성폭력범죄의처벌등에관한특례법(이하 '성폭법'으로 약함)', '가정폭력범죄의처벌등에관한특례법(이하 '가폭법'으로 약함)', '교통사고처리특례법', '모자보건법', '아동·청소년의성보호에관한법률(이하 '아청법'으로 약함)', '국가보안법' 등을 들 수 있다.[4)]

제4장 형법각칙의 체계적 현상

우리 형법은 제1편 총칙, 제2편 각칙의 2편으로 구성되어 있으며, 제1편은 제1장 형법의 적용범위 제2장 죄 제3장 형 제4장 기간 등 4개의 장으로 구분되어 있고, 제2편 각칙은 제1장 내란의 죄(제87조) 부터 제42장 손괴의 죄(제372조)까지 모두 42개의 장으로 구분되어 있다.[5)]

4) 물론 형사특별법(특별형법)의 형벌법규도 각론의 연구대상에 포함되어야 하는 것이지만, 형법각칙에 규정된 형벌법규가 가장 중요하고 기본적인 부분이라는 점을 고려하여 형법각칙을 중심으로 하면서 이와 관련된 형사특별법에 대하여 필요한 범위 내에서 언급하기로 한다.

5) 형법이 각칙의 규정을 42개의 유사한 법익의 침해 범죄별로 구분하여 규정하고 있는 것은 법익침해설의 입장을 반영한 것이라고 할 수 있다.

우리 형법은 법익의 종류를 42개로 구분하여 규정하고 있지만, 이는 다시 개인적 법익의 침해에 대한 규정과 공익적 법익의 침해에 대한 규정으로 대별(大別)할 수 있으며, 공익적 법익의 침해는 다시 사회적 법익의 침해에 대한 규정과 국가적 법익의 침해에 대한 규정으로 분류할 수 있다.

현행 형법은 국가적 법익에 대한 죄인 내란죄부터 규정하여 사회적 법익에 관한 죄, 개인적 법익에 관한 죄의 순서로 규정하고 있으나, 사물의 설명은 작은 부분부터 시작하여 큰 부분으로 나아가는 것이 합리적이며, 중복을 피할 수 있다는 점에서 먼저 개인적 법익에 관한 죄를 설명하고, 점차 그 범위를 확대하여 사회적 법익에 관한 죄와 국가적 법익에 관한 죄를 설명하는 것이 논리적이라 할 것이다.[6]

[법익편제의 논리성]

예를 들면 국가적 법인에 대한 죄를 규정하고 있는 제1장 내란의 죄는 국토를 참절하거나 국헌을 문란할 목적으로 사람을 살해한 자를 사형 또는 무기징역에 처하도록 하고 있다.

따라서 내란죄를 이해하기 위하여는 우선 "사람을 살해" 하였다는 의미에 대한 이해 및 개념규명이 전제되어야 하는데 사람을 살해한다는 것은 살인죄의 기본적 구성요건요소로서 개인적 법익에 대한 죄에 해당하므로, 살인죄를 먼저 이해한 후에 내란죄를 이해하는 것이 법익편제의 순서에 적합할 것이다.

6) 법무부의 1992년 형법개정법률안이유서는 개인적 법익에 관한 죄부터 반대의 순서로 배열하고 있다. 이는 종전의 국가우선주의에서 개인우선주의로의 전환을 의미한다. 즉 헌법 제10조는 국민을 권리의 주체로, 국가를 의무의 주체로 규정하고 있으므로 국가적·사회적 법익보다는 개인적 법익을 우선시해야 하고 범죄규정도 개인적 법익을 침해하는 죄를 먼저 규정하고 사회적·국가적 법익을 침해하는 죄를 나중에 규정해야 한다는 것이다.

형법각론

제1편

개인적 법익에 대한 죄[7]

제1장 생명과 신체에 대한 죄

제1절 살인의 죄

Ⅰ. 살인의 죄 구성요건 체계도

7) **[개인적 법익에 대한 죄]** : 개인적 법익에 대한 죄란 개인의 생명·신체, 자유, 명예·신용, 사생활의 평온 또는 재산을 보호하기 위한 범죄를 말한다. 개인의 인격적 가치와 재산적 가치를 보호하기 위한 범죄라고도 한다.

II. 살인죄

[형법조문]

> 제250조 (살인) ① 사람을 살해한 자는 사형, 무기 또는 5년 이상의 징역에 처한다.
>
> 제254조(미수범) 전4조의 미수범은 처벌한다.
>
> 제255조(예비, 음모) 제250조와 제253조의 죄를 범할 목적으로 예비 또는 음모한 자는 10년 이하의 징역에 처한다.
>
> 제256조(자격정지의 병과) 제250조, 제252조 또는 제253조의 경우에 유기징역에 처할 때에는 10년 이하의 자격정지를 병과할 수 있다.

가. 절대적 생명보호 원칙의 변화

살인죄는 사람을 살해함으로써 사람의 생명[8]을 침해하는 범죄로서, 인간의 존엄과 가치의 기초를 침해하는 가장 전형적이고 기본적인 범죄이다.[9] 살인죄의 보호법익은 사람의 생명이며 보호의 정도는 침해범(결과범)으로서의 보호이다.

[절대적 생명보호 원칙의 변화]

> 형법은 사람의 생명을 보호함에 있어서 '절대적 생명보호의 원칙'에서 출발하고 있다. 즉 사람의 생명은 개인의 생존능력이나 생존이익 또는 생존감정, 법익주체의 연령이나 건강상태, 그의 사회적 기능이나 이에 대한 사회에서의 가치평가를 불문하고 절대적으로 보호받게 된다.
>
> 따라서 법적 판단에 있어서 생존할 가치없는 생명이란 있을 수 없으며, 보호법익으로서의 생명은 그 주체라 할지라도 임의로 처분할 수 없다. 즉 사람의 생명은 그 어느 누구도 침해할 수 없고 또한 그 누구도 포기할 수 없는 절대적 법익이다.
>
> 그러나 오늘날 생명보호의 절대성 내지 생명의 신성성 윤리가 그대로 유지되는 것은 아니다. 즉 입법례에 따라서는 존엄사가 합법화되어 가고 있으며, 샴쌍둥이와 같은 기형아의 경우 한 생

8) 헌법재판소 1996.11.28. 선고 95헌바1 전원재판부결정["사람의 생명(권)이란 인간의 생존본능과 존재목적에 바탕을 둔 선험적이고 자연법적인 권리이기 때문에 헌법에 명문의 규정이 없어도 헌법에 규정된 모든 기본권의 전제(즉 기본권 중의 기본권)로서 보호되어야 한다."]

9) 따라서 역사 이래 형법의 형식 여하를 불문하고 살인죄는 가장 기본적인 범죄로 규정되어 왔으며, 현존하는 최고의 성문법으로 알려진 함무라비법전에도 살인죄가 있었음을 알 수 있는 규정이 있고, 우리나라 고조선의 8조 금법(한서-기자조선 부분)에도 사람을 죽인 자는 즉시 죽인다(相殺以當時償殺)고 규정하여 살인죄를 인정하고 있었다.

명을 위해 다른 생명을 포기하는 분리수술의 허용여부도 논의되고 있다.

따라서 오늘날 '상대적 생명보호의 원칙' 또는 생명이 최대한 평등하게 보호되어야 한다는 의미에서의 '최대한 생명보호원칙'이라는 용어도 생명보호에 있어서 절대성이 유지될 수 없는 측면을 반영한 결과이다.

즉 형법전에는 여전히 사형제도가 존치되어 국가의 사법살인이 허용되고 있을 뿐만 아니라 '장기등이식에관한법률'에서는 뇌사자를 사람으로 보고 있으면서도 심장이식을 허용함으로써 뇌사자를 살해하는 것을 허용하고 있으며, 영아살해죄는 일정한 상태, 즉 독자적 생존능력없이 고통을 당하고 있는 영아의 살해를 살인죄에 비해 현저하게 감경된 형을 법정형으로 규정하고 있는 것은 현행법의 태도에서 생명보호의 절대성이 무너진 전형적인 예라 할 것이다.

나. 모살과 고살의 구별

살인죄와 관련하여 대부분의 입법례는 모살(중살인죄, Mord)과 고살(보통살인죄, Totschlag)을 구별하고 양자에 형벌(법정형)의 차이를 두고 있다.

모살과 고살의 구별기준에 관하여는 일정하지 않으나 대체로 고의 외에 행위자의 특별한 내적 동기나 목적(예컨대 살해욕, 성욕만족, 탐욕 기타 비열한 동기, 다른 범죄를 실행하거나 은폐할 목적 등), 즉 윤리적 요소와 심리적 요소 또는 특별한 행위방법(예컨대 간악하거나 잔인하거나 공공에 위험한 수단 등)을 고려하고 있으며, 그 개념은 각국의 입법례에 따라 다르다.

[각국의 입법례]

예컨대 독일형법 제211조 제2항은 동기의 잔인성 또는 행위수단의 위험성을 구별기준으로 모살과 고살을 구별하고 있으며, 영미법(미국 모범형법전 제210.2조, 제210.3조)에서는 악의적인 사전계획의 유무로써 모살과 고살을 구별하고 대체로 모살에 등급을 나누어 숙지(熟知)와 예모(豫謀)에 의한 고의적 살인 또는 다른 중범죄의 범행 중에 행해진 살인을 제1급 모살로 규정한다.

이처럼 모살과 고살을 구별하는 가장 중요한 이유는 살인죄에 대해서 극형(사형무기징역)을 과한다 하더라도 극형의 적용범위를 제한하자는 데에 있다.

우리 형법은 살인죄에서 단순히 사람을 살해한 자라고만 규정하여, 모살과 고살을 구별하지 아니하고 있다. 이에 대하여는 살인과 같이 중요한 범죄를 1개의 조문으로 규정함으로써 지나치게 형벌의 폭이 넓어지게 되고, 이에 따라 법관에게 지나치게 많은 재량[10]을 인정하게 되어 죄형법정주의에 반한다는 비판이 제기된다.

그러나 모살과 고살의 구별기준인 범죄의 동기나 목적 또는 수단의 위험성은 양형의 조건으로 충분히 고려될 수 있을 뿐만 아니라, 죄형법정주의의 내용이 되는 형벌의 명확성의 원칙은 형벌의 종류와 범위를 정할 것을 요구하는데 지나지 않으므로 죄형법정주의에 반한다고 할 수 없으며, 현행 형법도 중살인죄에 해당하는 강간살인죄(제301조의2), 강도살인죄(제338조)와 내란목적살인죄(제88조)를 별도로 규정하고, 특가법상의 미성년자약취·유인살인죄(제5조의2 제1항 제2호 및 제2항 제2호), 보복목적살인죄(제5조의9 제1항), 성폭법상의 강간등살인죄(제9조 제1항) 등을 규정하고 있는 점에 비추어 살인죄를 모살과 고살로 구별할 현실적인 필요성은 없다고 여겨진다(다수설).

10) 현행법상 살인죄에 대해 법관은 사형 또는 무기징역을 선고할 수도 있고 5년의 징역형을 선택한 후 작량감경(제53조)하여 2년 6개월의 유기징역을 선고하면서 집행유예(제62조)도 선고할 수 있는 그야말로 생사여탈의 광범위한 재량을 가지고 있다

[사형선고의 판단기준] : 울산지법 2013.1.25. 선고 2012고합404 판결[항소](피고인이 교제해 오던 피해자 甲으로부터 결별 통보를 받은 데 불만을 품고 한밤중에 가스배관을 타고 피해자들의 주거에 침입하여, 거실 침대에서 자고 있던 갑의 동생인 피해자 을의 목 부위를 미리 준비한 부엌칼로 2회 찔러 살해한 다음 갑이 비명소리를 듣고 방에서 뛰쳐나오자 일단 밖으로 도주하였다가 다시 가스배관을 타고 들어가 거실에서 119에 구조신고를 하고 있던 갑을 부엌칼로 12회 찔러 살해하였다는 내용으로 기소된 사안에서, 피고인의 범행은 우발적·즉흥적이었다기보다 계획적·의도적인 것으로서 극도의 사회적 비난가능성을 면할 수 없는 짐, 무고한 피해자들은 극한의 공포와 불안 속에서 그 무엇과도 비교할 수 없는 고귀한 생명을 빼앗겼고, 유족들 또한 피해자들이 참혹하게 살해됨으로써 평생 치유될 수 없는 깊은 상처를 입게 된 점, 피고인이 피해자들을 살해한 범인이 아닐 가능성은 전무하므로 오판의 문제점은 전혀 없는 점, 현행법상 가석방이나 사면 등의 가능성을 제한하는 이른바 '절대적 종신형'이 도입되어 있지 않으므로 지금의 무기징역형은 개인의 생명과 사회 안전의 방어라는 점에서 사형(死刑)을 대체하기는 어려운 점 및 피고인의 범행 동기, 피해자들을 살해하게 된 경위, 범행 후의 정황 등 제반 사정들을 모두 종합할 때, 범행에 대하여 엄중한 책임을 묻고 인간의 생명을 부정하는 극악한 범죄에 대한 일반예방을 위하여 피고인을 영원히 사회로부터 격리시키는 사형의 선택은 불가피하다는 이유로 피고인에게 사형을 선고한다) ; 대법원 2006.3.24. 선고 2006도354 판결(사형은 인간의 생명 자체를 영원히 박탈하는 냉엄한 궁극의 형벌로서 문명국가의 이성적인 사법제도가 상정할 수 있는 극히 예외적인 형벌이라는 점을 감안할 때, 사형의 선고는 범행에 대한 책임의 정도와 형벌의 목적에 비추어 그것이 정당화될 수 있는 특별한 사정이 있다고 누구라도 인정할 만한 객관적인 사정이 분명히 있는 경우에만 허용되어야 하고, 따라서 사형을 선고함에 있어서는 형법 제51조가 규정한 사항을 중심으로 한 범인의 연령, 직업과 경력, 성행, 지능, 교육정도, 성장과정, 가족관계, 전과의 유무, 피해자와의 관계, 범행의 동기, 사전계획의 유무, 준비의 정도, 수단과 방법, 잔인하고 포악한 정도, 결과의 중대성, 피해자의 수와 피해감정, 범행 후의 심정과 태도, 반성과 가책의 유무, 피해회복의 정도, 재범의 우려 등 양형의 조건이 되는 모든 사항을 철저히 심리하여 위와 같은 특별한 사정이 있음을 명확하게 밝힌 후 비로소 사형의 선택 여부를 결정하여야 한다. 기록에 나타난 이 사건 범행의 내용과 피해의 정도, 범행의 동기와 수단, 범행 후의 정황, 피고인과 피해자들의 관계, 피고인의 연령과 환경, 성행 등 여러 양형 조건을 참작하면, 위에서 본 사형선고의 양형기준을 아무리 엄격히 적용하여 보아도 범행의 책임의 정도와 형벌의 목적에 비추어 볼 때, 피고인에 대하여 사형을 선고한 제1심을 그대로 유지한 원심의 형량이 너무 무거워 현저히 부당한 것으로는 인정되지 아니하므로, 피고인의 양형부당의 상고이유는 이를 받아들이지 아니한다.)

다. 살인의 죄 구성요건의 체계

살인의 죄와 관련하여 현행 형법은 기본적 구성요건으로 살인죄를 규정한 후 가중적 구성요건으로 존속살인죄를, 감경적 구성요건으로 영아살해죄, 촉탁·승낙에 의한 살인죄, 자살 교사 방조죄 등을 규정하고 있으며, 형사특별법으로서 특가법 제5조의9 등은 형사사건의 증인 등에 대한 보복목적살인죄를 가중처벌하고 있다.[11]

라. 살인죄의 구성요건

(1) 객관적 구성요건

① 행위의 객체

살인죄는 사람을 살해한 경우에 성립하는 범죄이므로 어떤 경우에 살인죄의 객체로서 사람에 해당하는지가 문제된다.[12]

본죄의 사람은 자연인이며, 살아있는 사람[13]을 의미한다는 점에 대하여는 의문이 있을 수 없다.

또한 형법은 자살을 벌하지 아니하고 있으므로 여기서의 사람이란 자신 이외의 타인을 의미하는 것이라 할 수 있다. 따라서 살인죄가 미수범의 처벌규정을 두고 있다 하더라도, 자살을 하려다 미수에 그친 경우 동인을 살인미수죄로 처벌할 수 없음은 당연하다.

한편 사람이란 사망하기 이전의 상태를 의미하므로 사망한 사람은 본죄에서 말하

11) 특가법 제5조의9(보복범죄의 가중처벌 등) ① 자기 또는 타인의 형사사건의 수사 또는 재판과 관련하여 고소·고발 등 수사단서의 제공, 진술, 증언 또는 자료제출에 대한 보복의 목적으로 「형법」 제250조제1항의 죄를 범한 사람은 사형, 무기 또는 10년 이상의 징역에 처한다. 고소·고발 등 수사단서의 제공, 진술, 증언 또는 자료제출을 하지 못하게 하거나 고소·고발을 취소하게 하거나 거짓으로 진술·증언·자료제출을 하게 할 목적인 경우에도 또한 같다.

12) **[살인죄의 행위주체]** : 이에 대하여 '살인죄의 주체'는 '피해자 이외의 모든 자연인'이다. 자연인인 한 누구든지 행위주체가 될 수 있으므로 비신분범이지만, '부작위에 의한 살인죄'가 성립하는 경우에는 행위주체가 보증인적 지위에 있어야 하므로 진정신분범이 된다.

13) 살아있는 사람인 이상 생존능력의 유무는 불문한다. 따라서 낙태에 의하여 출생하여 생존할 능력은 없으나 아직 살아있는 영아(대법원 2005.4.15. 선고 2003도2780 판결)나 자살을 결의하여 실행하고 있는 자(1948.5.14. 선고 4281형상38 판결), 이미 총격을 받은 후 확인사살의 대상이 된 자(대법원 1980.5.20. 선고 80도306 전원합의체판결)도 살인죄의 객체가 된다.

는 사람에 포함되지 않는다.

ㄱ. 사람의 시기

이와 같이 살인죄의 객체를 살아있는 자연인이라고 하더라도 그러면 임신과 출산의 과정에서 언제부터 살인죄의 사람으로 인정될 것인지가 문제(배아·태아와 사람의 구별 문제)[14]이다.

사람의 출생시기, 즉 배아기와 태아기를 거쳐 분만으로 인해 출생이 되는 시점이 언제인지에 대하여는 견해의 대립이 있다.

1) 자연분만의 경우

진통설은 산모가 분만을 개시하는 진통[15]이 있을 때, 즉 태아의 분만이 개시되었을 때를 사람의 시기라고 하는 견해로서 분만개시설이라고도 한다. 통설 및 판례[16]의 입장이다.

일부노출설은 태아 신체의 일부가 모체에서 노출된 때를 사람의 시기라고 보며, 특히 태아의 머리가 노출된 때를 사람이라고 보는 견해를 두부노출설이라고 한다(일본의 통설 및 판례).

전부노출설[17]은 분만이 완성되어 태아가 모체로부터 완전히 분리된 때에 사람이 된다고 보는 학설이며, 독립호흡까지는 필요 없다고 한다는 점에서 독립호흡설과 차이가 있다(우리나라 민법상의 통설).

---

14) 출생 전 상태인 '배아' 또는 '태아'는 각각 '생명윤리및안전에관한법률'과 형법에 의해 보호의 대상이 되는 생명체이지만 아직 사람은 아니다.

15) '분만을 개시하는 진통'이란 태아가 모체 밖으로 배출되는 과정에서 산모에게 가해지는 압박진통이나 분만개시 이전의 가진통·사전진통이 아니라 자궁경부의 자궁구가 열리고 태아가 태반으로부터 분리되면서 시작되는 개방진통을 말한다.

16) [사람의 시기에 관한 판례] : 대법원 1982.10.12. 선고 81도2621 판결 ; 대법원 2007.6.29. 선고 2005도3832 판결[사람의 생명과 신체의 안전을 보호법익으로 하고 있는 형법상의 해석으로서는 사람의 시기는 규칙적인 진통을 동반하면서 태아가 태반으로부터 이탈하기 시작한 때 다시 말하여 분만이 개시된 때(소위 진통설 또는 분만개시설)라고 봄이 타당하며 이는 형법 제251조(영아살해)에서 분만 중의 태아도 살인죄의 객체가 된다고 규정하고 있는 점을 미루어 보아도 그 근거를 찾을 수 있는 바이니 조산원이 분만 중인 태아를 질식사에 이르게 한 경우에는 업무상과실치사죄가 성립한다.]

17) **[민법상 사람의 시기]** : 민법은 재산관계의 해결이라는 목적을 가지고 있기 때문에 좀 더 확실하게 사람이라고 할 수 있는 시점(권리능력의 주체가 될 수 있는 시점 : 민법 제3조)인 전부노출 시에 비로소 사람이라고 한다.

독립호흡설[18]에 의하면 태아가 살아서 태어난 경우와, 사망하여 태어난 경우를 명백히 구별할 수 있다는 점에 실익이 있다고 할 수 있다.

생각건대 형법의 해석에 있어서 사람의 시기 문제는 낙태죄의 객체가 되는 태아가 분만과정의 어느 단계부터 살인죄, 상해죄 또는 과실치사상죄에 의하여 보호되어야 하는가라는 보호의 필요성을 기준으로 판단하여야 한다. 그런데 형법 제251조는 '분만 중에 있는 영아'에 대하여도 살인죄를 적용하고 있기 때문에 분만 중의 영아도 사람으로 볼 수밖에 없게 되고, 분만이란 위와 같이 태아가 태반으로부터 이탈하기 시작하여 이로 인한 진통이 느껴질 때를 말하는 것이므로, 이러한 귀결로써 진통설이 타당하다고 할 수 밖에 없다.[19]

2) 인공분만의 경우

한편 자연분만이 아닌 제왕절개에 의한 인공분만 시에도 사람의 시기가 문제될 수 있다.[20] 이때에는 분만을 대신하는 의사의 수술, 정확히 말하면 자궁의 절개에 의하여 태아는 사람이 된다고 한다(자궁절개시설, 다수설).

그러나 진통설 혹은 분만개시설의 취지를 충실히 따른다면 제왕절개란 인공분만의 개시라고 할 수 있으므로 산모의 복부피하층절개가 개시된 시점부터는 모체 속의 태아를 사람이라고 하는 것이 타당할 것이다(복부피하지방층절개시설).

보충판례 1 : 대법원 2007.6.29. 선고 2005도3832 판결

ㄴ. 사람의 종기

살인죄의 객체로서 사람은 살아있는 사람을 의미하므로 사람의 종기는 사망한 때이다. 그러나 사망시기, 즉 죽음에 대한 정의에 대해서는 학설이 대립한다.

---

18) 태아가 모체에서 완전히 분리되어 태반에 의한 호흡을 그치고 독립하여 폐에 의한 호흡을 개시한 때에 사람이 된다는 견해이다.

19) 판례도 살인죄의 규정을 영아살해죄 규정과의 정합적·체계적 해석을 통하여 진통설(분만개시설)을 취하고 있다 : 앞의 주 16)의 판례 참조.

20) **[제왕절개수술과정]** : 복부피하지방층절개→복막절개→자궁절개→양막절개→ 태아머리적출→ 태반적출→ 각종 봉합으로 수술이 종료된다.

1) 맥박종지설

사망시기와 관련하여서는 호흡종지설과 맥박종지설의 대립하여 왔다. 호흡종지설은 호흡이 영구적으로 그쳤을 때 사람이 사망하였다고 보는 것이며, 맥박종지설(심장사설, 다수설)은 심장의 고동이 영구적으로 정지한 때 사람이 사망한 것으로 보는 견해이다.

그러나 과학의 발달로 인하여 호흡이 종지되었다고 하더라도 인공호흡기에 의하여 호흡을 계속할 수 있고 이 경우 다른 장기는 손상을 받지 아니할 수 있으므로 이 시기를 사망으로 보기 어렵게 되었다.

한편 맥박종지설은 심장이 영구적으로 정지한 때 사망한 것으로 보기 때문에 사실상 맥박종지설이 사망시기에 대한 가장 훌륭한 기준이 될 수 있다.

논자에 따라서는 전기충격 등으로 일단 멈추었던 심장을 다시 움직이게 할 수 있다거나, 인공심장이 있다는 이유 등으로 맥박종지설이 타당하지 않다고 주장한다. 그러나 맥박이 정지하였다고 하여 무조건 사망으로 보는 것이 아니라, 영구히 정지한 때를 사망으로 보므로 일시 정지하였다 하더라도 이를 사망으로 보는 것은 아니다. 또한 인공심장을 장치하는 경우에는 인공심장이 영구적으로 정지한 때를 사망으로 보아야 할 것이다.

따라서 사망시기를 맥박이 종지된 때로 보는 것이 가장 정확한 기준이라고 생각된다.

2) 뇌사설

다만 심장이 계속하여 움직이고 있다 하더라도 대뇌와 뇌간 등 뇌기능이 전부 소실되어 인지능력이나 사고능력이 전혀 없는 경우와 관련하여 뇌사설(뇌전파정지설)[21]이 유력하게 주장되고 있다(유력설).

뇌사설이 지지를 받는 이유는 심장 등 장기이식을 위한 정책적 이유가 고려되었기

21) **[뇌사설]** : 뇌사설은 1968.8.9. 제22차 세계의사학회에서 채택된 Sydney선언이 취한 입장이지만, 현재 의학계에서도 뇌사가 사망의 정의로 일반화되어 있는 것은 아니다. 한편 뇌사설도 그 뇌의 기능에 따라 뇌간사설[腦幹死說(brain Stem)](심혈관중추, 호흡중추 등 생명유지에 필수적 기능이 상실된 때), 대뇌사설[大腦死說](사고, 추론, 인지기능이 상실된 때), 전뇌사설[全腦死說][대뇌, 소뇌(운동기능, 신체균형유지), 뇌간 등 모든 기능을 상실 때]로 나뉘고 있으며 우리나라는 대뇌사설이 다수설의 입장이다.

때문이다. 즉, 최근 안구나, 심장, 간 등 장기와 신체이식이 활발하여 지고 있는데 뇌사상태에 있는 사람은 이러한 장기 이식이 가능하기 때문에 뇌사한 때를 사망으로 보아 이러한 장기 이식을 가능하게 하자는 취지이다. 그 밖에도 무의미한 생명의 연장을 방지하여 본인과 가족의 고통을 줄여주자는 취지에서 사망의 시기를 뇌사한 때를 기준으로 하자는 것이다.

3) 뇌사설과 맥박종지설의 차이

장기이식을 위해 뇌사자로부터 장기를 적출하여 뇌사자의 심폐기능이 종지되게 되는 경우, 뇌사설에서는 뇌사자는 사망한 자이므로 그 행위는 살인죄의 구성요건에 해당하지 않고 사체손괴죄에 해당할 뿐이며, 이 또한 업무로 인한 행위 또는 사회상규에 위배되지 않는 행위로서 위법성이 조각된다고 한다.

그러나 맥박종지설에서는 뇌사자는 아직 살아있는 자이므로 뇌사자의 장기를 적출하는 행위는 살인죄의 구성요건에 해당하지만 법령에 의한 행위로 위법성이 조각된다고 한다.

4) '장기등이식에관한법률(법률 제11976호, 2013.7.30. 일부개정)'

'장기등이식에관한법률' 제4조(정의) 제5호는 "'살아있는 사람'이란 사람 중에서 뇌사자를 제외한 사람을 말하고, '뇌사자'란 이 법에 따른 뇌사판정기준 및 뇌사판정절차에 따라 뇌 전체의 기능이 되살아날 수 없는 상태로 정지되었다고 판정된 사람을 말한다."고 규정하고 있는데 이 규정이 뇌사설을 입법화한 것인지 여부가 문제된다.

긍정설은 같은 법이 뇌사설을 입법화한 것이라 하는 반면, 부정설(다수설)은 같은 법은 뇌사자의 장기이식을 법적으로 허용해 주는 위법성조각사유를 규정한 것으로 이해한다.

생각건대 같은 법 제21조(뇌사자의 사망원인 및 사망시각) 제1항은 "뇌사자가 이 법에 따른 장기등의 적출로 사망한 경우에는 뇌사의 원인이 된 질병 또는 행위로 인하여 사망한 것으로 본다."고 규정하여 뇌사자도 사망할 수 있고, 이 경우 뇌사자의 사망시기는 뇌사판정위원회가 뇌사판정을 한 시각으로 하고 있으며(같은 조 제2항)[22], '사망한 자로부터의 무단장기적출의 형벌(같은 법 제48조 제3호, 5년 이하의 징역 또는 3천만원 이하의 벌금)'에 비해 '뇌사자로부터의 무단장기적출의 형벌(같은 법 제44조 제1항 제9호, 무기징역 또는 2년 이상의 유기징역)'을 더 무겁게 규정하고 있는 점을 감안하면 부정설이 타당하다.

② 행위

ㄱ. 살해의 수단·방법

살해란 고의로 사람의 생명을 자연적인 사기(死期)에 앞서서 단절시키는 행위를 말한다.

살해의 형태와 수단·방법은 불문하며[23], 간접정범(어느 행위로 인하여 처벌받지 아니하는 자, 또는 과실범으로 처벌되는 자를 교사 또는 방조하여 범죄행위의 결과를 발생)[24]이나 부작위[25]에 의하여도 살인죄를 범할 수 있다.

보충판례 2[부작위에 의한 살인] : 대법원 2004.6.24. 선고 2002도995 판결

간접정범에 의한 살인과 관련하여서는 국가의 재판을 이용한 살인이 가능한지가 문제된다. 즉 무고나 위증에 의한 살인죄가 성립할 수 있을 것인지라는 문제이다. 이를 긍정하는 견해도 있지만[26], 고발인이나 증인이 재판을 지배하였다고 보기 어렵기 때문에, 즉 진술발견의 책무를 지고 있는 법원에 대하여 무고자나 위증자의 '우월적 의사지배'를 인정할 수 없기 때문에 살인죄의 간접정범은 성립할 수 없고, 행위자는

22) 그러나 의학기술과 의학지식의 진보에 따르면 뇌사를 확정할 수 있는 신뢰할 만한 방법과 기준이 없어 뇌사판정이 안정적으로 확립되었다고 보기도 어렵다.

23) 예컨대 유형적인 방법으로 흉기로 찌르거나 때리거나 목을 조르는 경우는 물론 무형적인 방법으로 정신적 고통이나 충격을 가하여 살해할 수도 있다.

24) 예컨대 사정을 모르는 간호사로 하여금 독약이 들어있는 주사기로 주사하게 한 의사나 독약을 우송하여 사람을 살해하거나 정신병자를 이용한 경우를 들 수 있다.

25) 예컨대 조카인 피해자(10세)를 미끄러지기 쉬운 제방 쪽으로 유인하여 미끄러져 빠지게 되자 구조하지 않은 경우(대법원 1992.2.11. 선고 91도2951 판결)나 수면제를 많이 먹고 죽어가는 남편을 이를 알고도 구조하지 않은 경우(BGHSt 13, 166.) 등을 들 수 있다.

26) 대법원 2006.5.25. 선고 2003도3945 판결(감금죄는 간접정범의 형태로도 행하여질 수 있는 것이므로, 인신구속에 관한 직무를 행하는 자 또는 이를 보조하는 자가 피해자를 구속하기 위하여 진술조서 등을 허위로 작성한 후 이를 기록에 첨부하여 구속영장을 신청하고, 진술조서 등이 허위로 작성된 정을 모르는 검사와 영장전담판사를 기망하여 구속영장을 발부받은 후 그 영장에 의하여 피해자를 구금하였다면 형법 제124조 제1항의 직권남용감금죄가 성립한다.) **[판례해설]** : 사안은 다르지만 이러한 판례의 논지대로라면 살인의 경우에도 긍정설을 취할 수 있을 것이다.

모해위증이나 무고죄로 처벌을 하여야 할 것이다(다수설).

ㄴ. 기수시기

사망한 때에 기수가 되며, 언제 사망한 것으로 볼 것인지의 문제는 결국 사람의 종기에 관한 학설과 결론을 같이한다고 할 것이다.

한편 행위자가 살의를 가지고 타인의 생명을 위태롭게 하는 행위를 직접 개시한 때[27]에 실행의 착수가 인정된다.[28]

또한 살해행위와 사망 사이에는 형법적 인과관계가 존재하여야 한다. 형법적 인과관계가 인정되는 한 양자 사이에 시간적 간격이 있어도 상관없으며, 행위자의 행위가 사망의 유일한 원인이 아니거나 직접적인 원인이 아닌 경우에도 형법적 인과관계는 인정된다.[29]

보충판례 3 : 대법원 1994.3.22. 선고 93도3612 판결
대법원 1984.6.26. 선고 84도831,84감도129 판결

사람을 살해하려 하였으나 치사량에 미달한 경우에는 불능미수라고 할 것이나[30], 일반적으로는 사람을 살해할 수 있는 정도인 때에는 장애미수라고 하여야 할 것이다.[31]

---

27) 예컨대 살해의사로 피해자에게 총을 겨누었거나 칼을 쳐들었을 때, 독약혼입의 음료수를 교부한 때에 실행의 착수가 인정된다. 한편 범행지와 결과지가 서로 다른 격리범의 경우에는 원인행위가 완료된 때(예컨대 독약을 우체국에 접수시킨 때)에 실행의 착수가 인정된다.

28) **[실행의 착수시기]** : 대법원 1986.2.25 선고 85도2773 판결(피고인이 격분하여 피해자를 살해할 것을 마음먹고 밖으로 나가 낫을 들고 피해자에게 다가서려고 하였으나 제3자가 이를 제지하여 그 틈을 타서 피해자가 도망함으로써 살인의 목적을 이루지 못한 경우, 피고인이 낫을 들고 피해자에게 접근함으로써 살인의 실행행위에 착수하였다고 할 것이므로 이는 살인미수에 해당한다.)

29) 대법원 1982.12.28. 선고 82도2525 판결 ; 대법원 2012.3.15. 선고 2011도17648 판결.

30) 대법원 1984.2.14. 선고 83도2967 판결 ; 대법원 2007.7.26. 선고 2007도3687 판결(피고인이 피해자를 독살하려 하였으나 동인이 토함으로써 그 목적을 이루지 못한 경우에는 피고인이 사용한 독의 양이 치사량 미달이어서 결과발생이 불가능한 경우도 있을 것이고, 한편 형법은 장애미수와 불능미수를 구별하여 처벌하고 있으므로 원심으로서는 이 사건 독약의 치사량을 좀 더 심리하여 피고인의 소위가 위 미수 중 어느 경우에 해당하는지 가렸어야 할 것이다.)

31) 대법원 1984.2.28. 선고 83도3331 판결(이 사건 농약의 치사추정량이 쥐에 대한 것을 인체에 대하여 추정하는 극히 일반적 추상적인 것이어서 마시는 사람의 연령, 체질, 영양 기타의 신체의 상황여하에 따라 상당한 차이가 있을 수 있는 것이라면 피고인이 요구르트 한 병마다 섞은 농약 1.6씨씨가 그 치사량에 약간 미달한다 하더라도 이를 마시는 경우 사망의 결과발생 가능성을 배제할 수는 없다.)

(2) 주관적 구성요건

① 고의

살인죄가 성립하기 위하여는 살인의 고의가 있어야 함은 물론이고, 고의는 반드시 확정적 고의를 요하지 아니하며, 미필적 고의로도 족하다.[32)]

따라서 누군가 맞아 죽어도 할 수 없다고 총을 발사한 경우는 물론이고, 칼로 사람의 복부나 목 부분 등을 찌른 경우, 차량을 운전하여 사람에게 돌진한 경우, 질주하는 차에서 사람을 추락시킨 경우, 순간적·우발적으로 사람을 살해할 것을 결의한 경우 등에는 고의가 인정된다.

보충판례 4 : 대법원 1998.6.9. 선고 98도980 판결

구체적 사실의 착오인 경우 법정적 부합설(동일한 구성요건 또는 죄질)에 의하면 객체의 착오는 물론 방법의 착오의 경우에도 고의에 영향을 미치지 아니 한다(다수설 및 판례[33)]).

마. 위법성

살인죄에 있어서 정당방위나, 정당행위가 위법성을 조각하는 것은 물론이다. 다만, 긴급피난의 경우에는 위법성이 조각되지 않는다. 생명은 다른 법익에 우선하는 법익이고, 생명과 생명은 같은 가치를 가지기 때문에 비교형량하는 것이 불가능하며, 생명에 대한 긴급한 위난을 피하기 위하여 또 다른 생명을 침해하는 것은 상당성(균형성의 원리-우월한 법익의 이론)이 인정되지 않는 행위로서 허용되지 않는다고 하여야 할 것이다.[34)] 또한 피해자의 승낙이 있어도 살인죄의 위법성이 조각되지 않고 촉탁·살인죄

32) 대법원 2008.3.27. 선고 2008도507 판결(살인죄에 있어서의 범의는 반드시 살해의 목적이나 계획적인 살해의 의도가 있어야 인정되는 것은 아니고, 자기의 행위로 인하여 타인의 사망의 결과를 발생시킬 만한 가능 또는 위험이 있음을 인식하거나 예견하면 족한 것이고 그 인식이나 예견은 확정적인 것은 물론 불확정적인 것이라도 소위 미필적 고의로도 인정되는 것이다.)

33) 대법원 1984.1.24. 선고 83도2813 판결[피고인이 먼저 피해자 1을 향하여 살의를 갖고 소나무 몽둥이(길이 85센티미터 직경 9센티미터)를 양손에 집어들고 힘껏 후려친 가격으로 피를 흘리며 마당에 고꾸라진 동녀와 동녀의 등에 업힌 피해자 2의 머리부분을 위 몽둥이로 내리쳐 피해자 2를 현장에서 두개골절 및 뇌좌상으로 사망케 한 소위를 살인죄로 의율한 원심조처는 정당하게 긍인되며 소위 타격의 착오가 있는 경우라 할지라도 행위자의 살인의 범의성립에 방해가 되지 아니한다.]

가 인정된다.

보충판례 5[안락사] : 대법원 2009.5.21. 선고 2009다17417 전원합의체판결
헌법재판소 2009.11.26. 선고 2008헌마385 전원재판부결정

바. 예비·음모

살인예비죄가 성립하기 위해서는 형법 제255조에서 명문으로 요구하는 살인죄를 범할 목적 외에도 살인의 준비에 관한 고의가 있어야 하고, 살인대상이 특정되어야 하며[35], 나아가 실행의 착수까지에는 이르지 아니하는 살인죄의 실현을 위한 준비행위가 있어야 한다.

여기서의 준비행위는 물적인 것에 한정되지 아니하며 특별한 정형이 있는 것도 아니지만, 단순히 범행의 의사 또는 계획만으로는 그것이 있다고 할 수 없고 객관적으로 보아서 살인죄의 실현에 실질적으로 기여할 수 있는 외적 행위를 필요로 한다.[36]

사. 죄수

통설 및 판례에 의하면 살인죄의 보호법익은 사람의 생명이고 생명은 일신전속적인 법익이므로 살인죄는 피해자의 수만큼 성립한다. 즉 보호법익이 각기 다른 경우로 취급되는 것이다.

따라서 1개의 행위로 동시에 수인을 살해하면 수개의 살인죄의 상상적 경합이 되지만, 동일한 장소에서 동일한 방법으로 시간적으로 접착되어 수인을 살해하면 수개의 살인죄의 실체적 경합이 된다.[37]

34) 그러나 부작위에 의한 살인죄의 경우에는 위법성이 조각될 수 있다. 부작위범의 경우에는 '의무의 충돌' 법리에 따라 동가치한 의무의 충돌이 있으면 위법성이 조각된다고 할 수 있기 때문이다(서울지법 남부지원 1998.5.15. 선고 98고합9 판결[항소]).

35) 대법원 1959.7.31. 선고 4292형상308 판결 ; 서울고법 1959.10.15. 선고 4292형공1375 제2형사부판결[확정](간첩이 불특정의 경찰관으로부터 체포를 당하게 될 위급한 때의 방어를 하기 위하여 무기를 휴대하였으나 살인대상이 특정되지 아니한 한 살인 예비죄의 성립을 인정할 수 없다.)

36) 대법원 2009.10.29. 선고 2009도7150 판결. 한편 살인음모행위로는 공범에게 청부살인업자를 소개시켜주는 것을 모의한 행위를 들 수 있다(서울고법 2007.4.19. 선고 2007노78 판결).

37) 대법원 1991.8.27. 선고 91도1637 판결(피고인이 단일한 범의로 동일한 장소에서 동일한 방법으로

또한 동일인에게 수회의 공격을 가하여 살해의 목적을 달성한 때에도 그 수개의 공격행위가 범의의 갱신없이 동일 의사에 의해 계속된 것이면 포괄하여 하나의 살인기수죄만 인정된다.[38]

Ⅲ. 존속살해죄

[형법조문]

제250조(존속살해) ② 자기 또는 배우자의 직계존속을 살해한 자는 사형, 무기 또는 7년 이상의 징역에 처한다.[개정 1995.12.29.]

제254조(미수범) 전4조의 미수범은 처벌한다.

제255조(예비, 음모) 제250조와 제253조의 죄를 범할 목적으로 예비 또는 음모한 자는 10년 이하의 징역에 처한다.

제256조(자격정지의 병과) 제250조, 제252조 또는 제253주의 경우에 유기징역에 처할 때에는 10년 이하의 자격정지를 병과할 수 있다.

가. 성격

존속살해죄는 자기 또는 배우자의 직계존속을 살해함으로써 성립하는 범죄이다. 형벌이 가중되는 근거가 보통살인죄에 비해 불법(위법성)이 크기 때문이라는 견해(불법

시간적으로 접착된 상황에서 처와 자식들을 살해하였다고 하더라도 휴대하고 있던 권총에 실탄 6발을 장전하여 처와 자식들의 머리에 각기 1발씩 순차로 발사하여 살해하였다면, 피해자들의 수에 따라 수개의 살인죄를 구성한다.)

38) 대법원 1965.9.28. 선고 65도695 판결 ; 대법원 1983.1.18. 선고 82도2761 판결(살해의 목적으로 동일인에게 일시 장소를 달리하고 수차에 걸쳐 단순한 예비행위를 하거나 또는 공격을 가하였으나 미수에 그치다가 드디어 그 목적을 달성한 경우에 그 예비행위 내지 공격행위가 동일한 의사발동에서 나왔고 그 사이에 범의의 갱신이 없는 한 각 행위가 같은 일시 장소에서 행하여졌거나 또는 다른 장소에서 행하여졌거나를 막론하고 또 그 방법이 동일하거나 여부를 가릴 것 없이 그 살해의 목적을 달성할 때까지의 행위는 모두 실행행위의 일부로서 이를 포괄적으로 보고 단순한 한 개의 살인기수죄로 처단할 것이지 살인예비 내지 미수죄와 동 기수죄의 경합죄로 처단 할 수 없는 것이다.)

가중설)도 있으나, 존속살해죄의 경우에는 직계존속을 살해한 직계비속의 패륜성으로 인해 그에 대한 비난가능성, 즉 책임이 중하다는 이유로 형을 가중한 가중적 구성요건으로 이해하는 것이 타당하다(책임가중설, 통설). 신분관계로 형이 가중되는 부진정신분범이다.

나. 합헌성 여부

헌법 제11조 제1항은 "모든 국민은 법 앞에 평등하다. 누구든지 성별 · 종교 또는 사회적 신분에 의하여 정치적 · 경제적 · 사회적 · 문화적 생활의 모든 영역에 있어서 차별을 받지 아니한다." 라고 규정하고 있다.

그런데 직계비속이라는 신분으로 인하여 가중처벌을 받게 되는 것이 이러한 헌법의 규정취지에 반하여 위헌이 아닌지, 즉 평등원칙에 위배되는 것이 아닌지 라는 문제가 제기되고 있다.

주관적 의사의 반사회성과 반윤리성이 동일하지는 않다 하더라도 반윤리적인 행동은 일반적으로 반사회적이라고 할 것이며, 직계비속에 의한 존속의 살해는 반윤리적인 것(헌법상 평등의 원칙은 절대적 평등이 아닌 상대적 평등을 의미한다)으로서 반사회성이 일반살인죄에서보다 크다고 보여지므로 가중처벌 규정이 신분에 의하여 차별받는다기보다는 반사회성으로 차별받는 것이라 할 수 있어 위헌이라고 보기 어렵다 할 것이다(합헌설, 다수설).[39]

문제는 존속살해에 대한 형의 가중에 합리적 근거가 있느냐 하는 문제에 귀착된다.

39) 헌법재판소 2002.3.28. 2000헌바53 전원재판부결정 ; 2013.7.25. 2011헌바267 전원재판부결정 【형법제259조제2항위헌소원】(비속의 직계존속에 대한 존경과 사랑은 봉건적 가족제도의 유산이라기보다는 우리 사회윤리의 본질적 구성부분을 이루고 있는 가치질서로서, 특히 유교적 사상을 기반으로 전통적 문화를 계승·발전시켜 온 우리나라의 경우는 더욱 그러한 것이 현실인 이상, '비속'이라는 지위에 의한 가중처벌의 이유와 그 정도의 타당성 등에 비추어 그 차별적 취급에는 합리적 근거가 있으므로, 이 사건 법률조항은 헌법 제11조 제1항의 평등원칙에 반한다고 할 수 없고, 또한, 가중처벌에 의하여 가족 개개인의 존엄성 및 양성의 평등이 훼손되거나 인간다운 생활을 보장받지 못하게 되리라는 사정은 찾아볼 수 없고, 오히려 패륜적·반도덕적 행위의 가중처벌을 통하여 친족 내지 가족에 있어서의 자연적·보편적 윤리를 형법상 보호함으로써 개인의 존엄과 가치를 더욱 보장하고 이를 통하여 올바른 사회질서가 형성될 수 있다고 보아야 할 것이므로, 이 사건 법률조항은 혼인제도와 가족제도에 관한 헌법 제36조 제1항에 위배되거나 인간으로서의 존엄과 가치 또는 행복추구권도 침해하지 아니한다.)

모든 인격적 가치에 대하여 평등관계를 요구하고 있는 현대의 법사상에 비추어 보면 비속살해죄의 가중처벌규정까지 존재하여야 도덕의 불평등문제가 완전히 해소될 것이기 때문이다.[40]

또한 존속살해죄의 법정형에 7년 이상의 징역을 신설하여 위헌성의 소지를 줄였다고 할 수 있지만, 작량감경을 하더라도 3년 6개월 이상의 징역에 처해지기 때문에 집행유예를 선고할 수 없게 되어 불합리하게 과도한 형벌이라는 문제의 소지는 여전히 남아있다. 즉 존속살해죄의 규정을 두지 않고 보통살인죄로 처벌하더라도 처벌상의 불합리나 어려움이 없을 것이기 때문이다.

따라서 입법론적으로는 존속살해죄의 가중처벌규정을 비롯한 모든 존속범죄에 대한 가중처벌규정은 전부 삭제하는 것이 바람직할 것이다.

다. 구성요건

(1) 자기 또는 배우자의 직계존속

① 직계존속

행위의 객체인 직계존속은 법률상 개념이므로 민법에 의하여 결정된다.

따라서 혼인 외의 출생자와 생모 간에는 생모의 인지나 출생신고 없이도 당연히 법률상의 친족관계가 인정되지만[41] 사실상 부자관계일지라도 법적으로 인지절차를 거치지 아니하면 직계존속이라고 할 수 없고[42], 타인 사이라도 합법절차에 의하여 입양관계가 성립하면 직계존속이 된다.[43]

40) 비교법적으로도 프랑스(신형법 제221-4조 제1항 제4호)나 대만을 제외하고는 존속살해죄에 관한 규정이 없고, 이탈리아나 아르헨티나 등의 형법은 존속뿐만 아니라 비속이나 배우자를 살해한 경우에도 이를 가중처벌하고 있으나, 우리와 같은 유교문화권인 일본은 구형법 존속살해죄의 형벌이 사형 또는 무기징역으로서 일본형법상 가능한 두 번의 감경을 하더라도 3년6개월 이상의 징역을 선고할 수밖에 없어 존속살해죄에 대해서는 언제나 집행유예를 선고할 수 없게 되기 때문에 이러한 차별은 합리적인 차별이라고 할 수 없다는 이유로 1995.5.12. 형법개정을 통하여 존속살해죄를 비롯한 모든 존속범죄에 대한 가중처벌규정을 폐지하였다(헌법재판소 2002.3.38. 선고 2000헌바53 전원재판부결정 참조).

41) 대법원 1980.9.9. 선고 80도1731 판결.

42) 대법원 1970.3.10. 선고 69도2285 판결.

43) 대법원 2007.11.29. 선고 2007도8333,2007감도22 판결.

피살자(여)가 그의 문전에 버려진 영아인 피고인을 주어다 기르고 그 부와의 친생자인 것처럼 출생신고를 하였으나 입양요건(법정대리인의 승낙이나 가정법원의 허가 등)을 갖추지 아니하였다면 피고인과의 사이에 모자관계가 성립될 리 없으므로, 피고인이 동녀를 살해하였다고 하여도 존속살인죄로 처벌할 수 없다.[44]

타인의 양자로 입양된 자가 실부모를 살해한 경우에 관하여는 살인죄에 불과하다는 견해와 존속살해죄가 성립한다는 견해(통설 및 판례[45])가 대립하지만 존속살해죄가 성립한다고 해석함이 타당하다.

그러나 최근 신설된 친양자제도[46]에 의하면 입양한 양자는 원칙적으로 양친과의 친족관계만 인정되고 종전의 친족관계는 종료된다. 따라서 2008년 이후 일반양자의 경우에는 기존의 통설 및 판례가 타당하지만, 친양자의 경우에는 실부모살해에 대하여 보통살인죄가 성립한다고 하여야 한다.

② 배우자 : 사망한 배우자의 문제

논자에 따라서는 여기서의 배우자[47]는 생존한 배우자를 의미하므로 사망한 배우자의 직계존속을 살해한 경우에는 본죄가 성립하지 아니한다고 한다(통설).

그러나 우리 민법 제775조는 제1항에서 '인척관계는 혼인의 취소 또는 이혼으로 인하여 종료한다'고 규정하면서 제2항에서 '부부의 일방이 사망한 경우 생존배우자가 재혼한 때에도 제1항과 같다'고 규정하고 있다.

---

44) 대법원 1981.10.13. 선고 81도2466 판결.

45) 대법원 1967.1.31. 선고 66도1483 판결(타가에 입양된 자라 하여도 친생부모와는 자연혈족관계가 소멸되지 않으므로 직계존속관계는 그대로 유지된다.)

46) 민법 제908조의3(친양자 입양의 효력) ① 친양자는 부부의 혼인 중 출생자로 본다. ② 친양자의 입양 전의 친족관계는 제908조의2 제1항의 청구에 의한 친양자 입양이 확정된 때에 종료한다. 다만, 부부의 일방이 그 배우자의 친생자를 단독으로 입양한 경우에 있어서의 배우자 및 그 친족과 친생자간의 친족관계는 그러하지 아니하다.[본조신설 2005.3.31. 시행 2008.1.1.]
[친양자(親養子)제도] : 입양 아동이 법적으로 뿐만 아니라 실생활에서도 친생자와 같이 가족의 구성원이 될 수 있도록 하는 제도다. 2005년 민법 개정으로 양부모가 친부모 동의를 받아 친아들·딸로 가족관계등록부에 올릴 수 있도록 하였다. 친양자로 입양되면 입양 전 가족과의 관계가 계속 법적으로 인정되는 일반 입양과는 달리, 친부모와의 친족·상속 관계는 종료되고 양부모와의 친족관계가 새로 형성된다. 친양자는 입양되는 부모의 가족관계등록부(종전의 호적부)에 친생자로 등록되고, 성씨 역시 양부모의 성을 따르게 된다. 이는 법원의 선고에 의해서만 가능하다.

47) 배우자도 법률상(법률혼)의 배우자, 즉 민법상의 적법한 혼인절차(혼인신고)를 거친 배우자만을 의미하고 사실상(사실혼)의 배우자는 포함되지 않는다.

따라서 민법에 의하면 배우자 일방이 사망한 경우에도 재혼하기 이전에는 여전히 인척관계가 유지되는 것이므로, 재혼 전에 사망한 배우자의 직계존속을 살해한 경우에도 본죄가 성립된다고 하여야 할 것이다.

(2) 고의

고의가 있기 위해서는 자기 또는 배우자의 직계존속을 살해한다는 사실에 대한 인식과 의욕(의사)이 있어야 한다.[48]

존속살해의 의사로 살인의 결과를 발생케 한 때에는 본죄의 미수와 살인기수죄의 상상적 경합이 된다는 견해도 있으나 이는 고의를 이중평가한 것으로서 타당하다고 할 수 없으므로, 착오의 일반원리에 따라 구체적 부합설이나 법정적 부합설 중 구성요건부합설에 의하면 존속살해죄의 미수와 과실치사죄의 상상적 경합이 되지만, 법정적 부합설 중 죄질부합설에 의하면 보통살인죄가 성립하게 된다.[49]

라. 공범

존속살해죄는 신분관계로 인하여 형이 가중되는 부진정신분범이므로 비신분자인 공범에게는 형법 제33조(공범과 신분) 단서가 적용되어 보통살인죄의 공범이 성립한다(통설).

여기서 제33조 본문의 규정을 통설은 진정신분범의 공범 성립에 관한 규정일 뿐, 부진정신분범의 공범성립에 관한 규정은 아니라고 한다. 왜냐하면 같은 조는 신분관계로 인하여 성립되는 범죄라고 규정하고 있으나 부진정신분범은 신분관계로 인하여 형의 가중 또는 감경이 있는 경우일 뿐, 신분관계로 인하여 성립하는 범죄는 아니

48) 대법원 1977.1.11. 선고 76도3871 판결(제분에 이기지 못하여 식도를 휘두르는 피고인을 말리거나 그 식도를 뺏으려고 한 그 밖의 피해자들을 닥치는 대로 찌르는 무차별 횡포를 부리던 중에 그의 부까지 찌르게 된 결과를 빚은 경우 피고인이 칼에 찔려 쓰러진 부를 부축해 데리고 나가지 못하도록 한 일이 있다고 하여 그의 부를 살해할 의사로 식도로 찔러 살해하였다는 사실을 인정하기는 어렵다.)

49) 대법원 1960.10.31. 선고 4293형상494 판결(직계존속임을 인식치 못하고 살인을 한 경우는 형법 제15조 제1항 소정의 특별히 중한 죄가 되는 사실을 인식하지 못한 행위에 해당한다.) **[판례해설]** : 따라서 보통살인의 의사로 존속살해의 결과를 발생시킨 경우에는 존속살해죄의 고의가 조각되므로 보통살인죄로 처벌된다.

므로 같은 조는 진정신분범의 공범성립에 관한 근거규정일 뿐 부진정신분범의 공범성립에 관한 규정은 아니라는 것이다.

한편 같은 조 단서에 대하여 통설은 같은 조는 부진정신분범의 과형에 관한 근거규정인 동시에 부진정신분범의 공범성립에 관한 근거 규정이라고 주장한다.

이에 대하여 소수설은 제33조 본문은 진정신분범 뿐만 아니라, 부진정신분범의 공범성립에 관한 규정이며, 단서는 부진정신분범의 과형에 관한 규정일 뿐이라고 한다.

통설에 따르는 경우 존속살해죄에 가담한 신분없는 자는 본문은 적용될 여지가 없고 단서만 적용되게 되고, 단서는 부진정신분범의 공법성립 근거이므로 신분자에 대하여는 존속살인죄가 성립하고, 가담자에 대하여는 동조 단서에 의하여 단순살인죄의 공동정범이 성립하고, 중한 죄로 벌하지 아니하므로 단순살인죄로 처벌을 받게 된다는 것이다. 신분이 없는 사람에게 존속살해죄가 성립한다는 것은 합리적이지 않기 때문이다.

그러나 소수설에 의하면 이 경우에도 본문이 적용되므로 신분관계가 없는 가담자에 대하여도 존속살인죄가 성립하게 되고, 다만 처벌은 단서의 규정에 의하여 보통살인죄로 처벌을 받게 되는 것이다. 따라서 신분이 있는 자와 가담자 모두에게 존속살인죄가 성립되며, 가담자는 처벌만 보통살인죄로 처벌되게 된다. 판례의 입장이다.[50]

보충판례 6 : 대법원 1986.10.28. 선고 86도1517 판결

마. 죄수

현주건조물에 방화하여 직계존속을 살해한 경우 판례는 존속살해죄와 현주건조물방화치사죄는 상상적 경합범이므로 법정형이 중한 존속살해죄로 의율하여야 한다고 한다.[51]

50) 대법원 1961.8.2. 선고 4294형상284(실자와 더불어 남편을 살해한 처는 존속살해죄의 공동정범이다.)

51) 대법원 1996.4.26. 선고 96도485 판결(형법 제164조 후단이 규정하는 현주건조물방화치사상죄는 그 전단이 규정하는 죄에 대한 일종의 가중처벌 규정으로서 과실이 있는 경우뿐만 아니라, 고의가 있는 경우에도 포함된다고 볼 것이므로 사람을 살해할 목적으로 현주건조물에 방화하여 사망에 이르게 한 경우에는 현주건조물방화치사죄로 의율하여야 하고 이와 더불어 살인죄와의 상상적 경합범으로

이 판례(96도485) 당시는 존속살해죄의 법정형이 사형 또는 무기징역으로서 현주건조물방화치사죄의 법정형인 사형, 무기 또는 7년 이상의 징역보다 무거웠기 때문에 상상적 경합범으로 처리할 실익이 있었지만, 현행형법은 존속살해죄의 법정형을 사형, 무기 또는 7년 이상의 징역으로 개정(개정 1995.12.29. 시행 1996.7.1.)하여 현주건조물방화치사죄와 법정형을 같게 하였기 때문에 이제는 굳이 상상적 경합이라고 할 실익이 없고 현주건조물방화치사죄의 일죄만 성립한다고 하여야 할 것이다.

Ⅳ. 영아살해죄

[형법조문]

> 第251조(영아살해) 직계존속이 치욕을 은폐하기 위하거나 양육할 수 없음을 예상하거나 특히 참작할 만한 동기로 인하여 분만 중 또는 분만직후의 영아를 살해한 때에는 10년 이하의 징역에 처한다.
>
> 第254조(미수범) 전4조의 미수범은 처벌한다.

가. 의의

영아살해죄는 직계존속이 치욕을 은폐하기 위하거나 양육할 수 없음을 예상하거나 특히 참작할 만한 동기로 인하여 분만 중 또는 분만 직후의 영아를 살해함으로써 성립하는 범죄이다.[52]

영아살해죄의 책임감경근거에 대해서는, 친족의 명예구제라는 점에서 찾는 견해, 출산으로 인한 산모의 정신이상·흥분상태 때문에 책임이 감경된다는 견해, 이상의 모

의율할 것은 아니며, 다만 존속살인죄와 현주건조물방화치사죄는 상상적 경합범 관계에 있으므로, 법정형이 중한 존속살인죄로 의율함이 타당하다.)

52) 영아살해죄는 행위객체인 직계존속의 특수한 동기로 인하여 보통살인죄에 비하여 형이 감경되는 부진정신분범이기 때문에 비신분자에게는 형법 제33조 단서가 적용된다.

두를 종합하여 특히 참작할 동기가 있기 때문에 책임이 감경된다는 견해(다수설)가 대립되어 있다.[53)]

나. 구성요건

(1) 주체

영아살해죄의 주체는 직계존속이다. 통설은 여기의 직계존속에는 법률상의 직계존속뿐만 아니라 사실상의 직계존속도 포함된다고 하는데 반하여, 판례는 법률상의 직계존속만을 의미하고 사실상의 직계존속은 포함되지 않는다고 한다.[54)] 그러나 영아살해죄가 감경구성요건으로 되어 있는 이상은 직계존속의 개념을 넓게 해석하는 것이 행위자에게 유리할 것이므로 통설의 입장이 타당하다.

직계존속의 범위에 대해서는, 산모에 제한된다고 보는 견해, 직계존속 모두(예컨대 조부모, 외조부모도 포함)가 본죄의 주체가 된다는 견해(통설)가 대립한다. 독일 구형법처럼 산모로 제한하는 명문규정이 없고 직계존속의 일반적 의미를 산모로 축소시키는 것은 결과적으로 가벌성을 확장하는 결과를 초래하여 형법해석의 방법론상 타당하지 않다는 점에서 직계존속 모두가 행위주체가 된다는 통설의 입장이 타당하다.

(2) 객체

본죄의 객체는 '분만 중 또는 분만 직후의 영아'이다. 분만 중이란 분만을 개시한 때

53) [입법론] : 존속살해를 가중처벌하면서 비속살해인 영아살해를 감경처벌하는 형법의 태도는 도덕의 불평등성 및 합리적 차별이라는 차원에서 뿐만 아니라 사생아의 생명보호를 경시할 우려가 있다는 점에서 문제가 없지 않다.
즉 영아살해죄의 감경사유인 '특별한 동기'는 살인죄의 양형사유(작량감경사유)로도 얼마든지 참작할 수 있으며, 오늘날처럼 부모가 아니라도 국가 또는 사회단체 등에 의해 영아가 양육될 기회가 많은 사회에서는 직계존속의 적법행위의 기대가능성도 그 만큼 높아지는 것이므로 영아살해죄규정도 폐지하는 것이 바람직하다. 비교법적으로 오스트리아 형법 제79조와 스위스 형법 제116조는 영아를 살해한 모를 가볍게 처벌하는 영아살해죄에 관한 감경구성요건을 규정하고 있지만, 독일은 산모만을 행위주체로 인정하고 있었던 영아살해죄규정을 시대에 맞지 않는다는 이유로 '제6차 형법개정법(1998.1.26.)'을 통하여 폐지하였으며, 일본 형법의 경우에는 영아살해죄의 규정이 없다.

54) 대법원 1970.3.10. 선고 69도2285 판결(남녀가 사실상 동거한 관계가 있고 그 사이에 영아가 분만되었다 하여도 그 남자와 영아와의 사이에 법률상 직계존속·비속의 관계가 있다 할 수 없으므로 그 남자가 영아를 살해한 경우에는 보통살인죄에 해당한다.)

(진통시)로부터 분만이 완료된 때(전부노출시)까지를 의미하고, 분만직후란 분만완료 후 분만으로 인한 흥분상태(비정상적인 심신상태)가 계속되는 동안을 의미한다.[55] 영아임을 요하므로 태아는 본죄의 객체가 되지 않는다.

(3) 행위

본죄의 행위는 살해이며, 그 의미는 보통살인죄와 동일하다.

본죄가 성립하기 위해서는 고의 외에 초과주관적 구성요건요소로서 일정한 동기(치욕을 은폐하기 위하거나 양육할 수 없음을 예상하거나 특히 참작할 만한 동기)를 가지고 영아를 살해하였을 것을 요한다.[56]

'치욕을 은폐하기 위한 경우'란 명예를 지키기 위한 경우를 말하며(예컨대 강간으로 인한 임신, 과부나 미혼모의 사생아 출산 등), '양육할 수 없음을 예상한 경우'란 영아를 양육할 경제적 능력이 없는 때를 말하고, '특히 참작할 만한 동기'로 인한 경우란 책임감경을 인정할 수 있는 경우를 말한다(예컨대 생육가능성이 없는 조산아출산, 기형아의 출산 등).

한편 본죄가 요구하는 주관적 동기는 작량감경사유(제53조)에 해당한다. 따라서 영아살해죄에 대해서도 형법 제53조에 의한 작량감경이 가능한지에 대해서는 긍정설(다수설)과 부정설[57]이 대립하지만, 본죄의 주관적 동기와 제53조의 작량감경사유는 그 성질과 내용이 반드시 일치하지 않고 범죄의 정상에 참작할 만한 사유가 여러 개 있는 경우도 있을 수 있기 때문에 긍정설이 타당하다.[58]

55) 대구고법 1968.3.26. 선고 67노317 제1형사부판결[확정](영아살해죄의 객체가 되는 것은 산모의 분만 중 또는 분만 직후의 생존아를 말하는 것이고 생후 2개월이 경과한 때에는 형법에 규정된 영아라 할 수 없다.)

56) 따라서 직계존속일지라도 이러한 일정한 동기 없이 영아를 살해한 경우에는 보통살인죄가 성립한다.

57) 부정설은 영아살해죄의 주관적 동기를 작량감경사유에 대한 특별규정으로 보아 이중평가금지 원칙에 따라 작량감경규정의 적용을 배제시키려는 것이다.

58) [동기의 착오] : 영아살해죄의 특별한 동기는 초과주관적 구성요건요소로서 고의의 인식대상이 아니기 때문에 형법 제13조(범의)나 제15조(사실의 착오) 제1항이 적용되지 않는다. 따라서 직계존속인 부가 적출자를 사생아로 오인하고 살해한 경우에는 행위자의 인식대로 영아살해죄가 성립하지만, 사생아인 영아를 사생아가 아니라고 오인하여 살해한 경우에도 행위자의 인식대로 보통살인죄가 성립한다.

다. 공범과 신분

본죄의 공범관계에 있어서는 제33조 단서가 적용된다.

V. 촉탁·승낙 살인죄

[형법조문]

제252조(촉탁, 승낙에 의한 살인 등) ① 사람의 촉탁 또는 승낙을 받어 그를 살해한 자는 1년 이상 10년 이하의 징역에 처한다.
제254조(미수범) 전4조의 미수범은 처벌한다.
제256조(자격정지의 병과) 제250조, 제252조 또는 제253조의 경우에 유기징역에 처할 때에는 10년 이하의 자격정지를 병과할 수 있다.

가. 의의

살인죄의 감경적 구성요건으로는 영아살해죄 이외에 촉탁·승낙에 의한 살인죄(동의살인죄)와 자살교사·방조죄를 규정하고 있다. 촉탁·승낙살인죄는 형법 제24조(피해자의 승낙)상의 '법률에 특별한 규정'에 해당하므로 피해자의 승낙이 있어도 처벌된다.

나. 형의 감경근거

본죄의 형을 감경하는 근거에 대해서는 학설이 대립하고 있다.

책임감경설은 생명은 처분할 수 없는 법익이므로 촉탁·승낙에 의해서 불법은 감경될 수 없고 동정·원조 등의 동기로 인해 책임이 감경된다고 한다.

불법감경설(다수설)은 본죄는 형법이 벌하지 아니하는 자살에 유사한 것으로 피해자의 자유로운 의사결정에 근거한 생명포기 때문에 불법이 감경된다고 한다.

불법·책임감경설은 본죄는 그 구조가 타인을 이용한 자살과 유사하고 피해자가 스스로 법익을 포기했으므로 불법이 감경되지만, 피해자에 대한 동정 내지 협조라는 갈등적 정황 때문에 책임도 감경된다고 한다.

생각건대 보호법익뿐만 아니라 행위의 방법, 수단 등도 불법 내지 위법성의 양에 영향을 미치는 것이므로 피해자의 의사에 반하는 살인과 피해자의 의사에 기한(즉 피해자의 자기결정권에 근거한 생명포기) 살인은 그 불법의 양이 같다고 할 수 없을 것이다. 절대적 생명보호의 원칙은 피해자의 촉탁·승낙에 의한 살인도 불법을 완전히 조각하지 못하고 불법을 감경하는 데에 불과한 점에 충분히 나타나고 있다. 따라서 불법감경설이 타당하다.

다. 구성요건

(1) 촉탁·승낙의 의의

촉탁·승낙[59]이란 피해자의 자유의사에 따른 진지한 것이어야 하고, 의사결정능력이나 판단능력이 없는 자의 촉탁·승낙은 여기서 말하는 촉탁 승낙이라고 할 수 없다.[60] 따라서 협박이나 기망에 의한 촉탁·승낙의 경우에는 위계·위력에 의한 촉탁·승

59) [촉탁과승낙의비교] : '촉탁'이란 죽음을 결심한 사람으로부터 부탁을 받고 비로소 행위자에게 살해의 의사가 생기는 경우를 말한다. '승낙'이란 이미 살해의 의사를 가진 사람이 피해자의 동의를 얻는 것을 말한다. 이를 표로 정리하면 다음과 같다.

구분	촉탁	승낙
1. 의의	위의 설명 참조	左同
2. 상대방 특정	필요없음	필요없음
3. 대리허용여부	불가능	불가능(단 使者에 의한 대리는 가능)
4. 성질	자유의사(인식능력·판단능력)에 의하여야 한다. 진의가 있어야 하며 기망에 의해서는 안 된다. 진지한 의사표시이어야 한다(농담취중흥분 불가) 행위능력(이해능력, 의사결정능력)이 있어야 한다.	左同
5. 표시방법	명시적	명시적묵시적
6. 표시시기	살해행위이전	左同
7. 취소	언제나 가능	左同

60) 대전지법 2012.11.13. 선고 2012고합380 판결[항소](형법 제252조 제1항에서 규정하는 촉탁에 의한 살인죄에서 '촉탁'은 자유로운 의사에 기한 명시적이고 진지한 것임을 필요로 하므로, 죽음이 무엇인가를 이해할 수 있는 능력과 자유로이 의사를 결정할 수 있는 능력을 갖춘 자가 진지하게 자신을 살해해 달라고 요구하는 의사표시를 명시적으로 한 때에만 살인의 촉탁이 있었다고 할 것이다.)

낙살인죄가 된다.

(2) 실행의 착수시기·기수시기

본죄의 실행의 착수시기는 행위자의 살해행위를 기준으로 하여야 한다. 즉 촉탁·승낙은 실행의 착수 이전에 존재하여야 하고 살인죄의 실행의 착수 이후에 촉탁·승낙을 받은 경우에는 보통살인죄가 되기 때문이다(통설). 따라서 살해에 대한 촉탁·승낙을 받은 것만으로는 본죄의 실행의 착수가 있다고 할 수 없고 단지 불가벌적 예비에 불과할 뿐이다.

본죄의 기수가 되려면 촉탁·승낙을 받아 피해자를 살해하여야 한다. 촉탁·승낙에 기한 살해행위와 사망 간에 형법적 인과관계가 부정되면 미수죄로 처벌된다.

(3) 고의

본죄의 고의는 촉탁 또는 승낙이 있다는 것을 인식하고 피살자를 살해한다는 의사이다. 행위의 특별한 동기는 필요하지 않다. 또한 행위자 자신의 이익을 위해서 살해하든 피살자의 이익을 고려하여 살해하든 상관없다.

(4) 구성요건적 착오

촉탁·승낙이 없었음에도 불구하고 행위자가 있는 것으로 오인하고 살해한 경우에는 형법 제15조 제1항에 의해 촉탁·승낙살인죄가 된다(통설).

이에 대하여 촉탁·승낙이 있었음에도 불구하고 행위자가 없는 것으로 오인하고 살해한 경우에는, 보통살인죄설(다수설), 촉탁·승낙살인죄설, 보통살인미수죄와 촉탁·승낙살인죄의 상상적 경합설이 대립한다.

생각건대 촉탁·승낙살인죄의 형감경 근거를 불법감경에서 찾는 불법감경설(다수설)에 의하면 촉탁·승낙살인죄는 불법감경구성요건이기 때문에 주관적 정당화사유가 없는 경우의 예에 따라 보통살인죄의 불능미수가 된다고 하여야 할 것이다.[61)]

61) 보통살인죄기수설은 본죄는 촉탁 또는 승낙이 있음을 인식한 때에만 성립하는 것이기 때문에 보통살

Ⅵ. 자살교사방조죄

[형법조문]

第252조(촉탁, 승낙에 의한 살인 등) ② 사람을 교사 또는 방조하여 자살하게 한 자도 전항의 형과 같다. 第254조(미수범) 전4조의 미수범은 처벌한다. 第256조(자격정지의 병과) 第250조, 第252조 또는 第253조의 경우에 유기징역에 처할 때에는 10년 이하의 자격정지를 병과할 수 있다.

가. 성격

자살교사·방조죄(자살관여죄)는 사람을 교사 또는 방조하여 자살하게 함으로써 성립하는 범죄이다. 자살자의 의사에 반하지 않는 생명침해라는 점에서 촉탁·승낙에 의한 살인죄와 유사하기 때문에 양자가 동일한 법정형으로 처벌되는 것이며, 보통살인죄에 비해 불법이 감경되는 감경적 구성요건이다(다수설).

(1) 자살의 불가벌성

우리 형법은 자살이나 자살미수를 벌하지 아니한다. 자살을 벌하지 않는 이유로는 구성요건해당성이 없다거나, 승낙에 의한 행위로서 위법성이 없다거나, 강박상태 등을 이유로 책임무능력 상태에서 한 행위이기 때문에 책임이 없다고 하는 견해 등이 대립하지만, 살인죄의 객체인 사람에는 자신이 포함되지 않는다고 해석하는 입장에서는 구성요건해당성이 없기 때문에 벌하지 않는다는 견해(다수설)가 타당하다.[62]

인죄의 성립을 인정하는 것이 타당하다고 한다.

62) **[자살관여행위의 가벌성]** : 자살의 불처벌이 타인의 자살에 관여하는 행위까지 당연히 불가벌로 연결되는 것은 아니다. 타인의 생명은 본인의 생존의사와 관계없이 보호되어야 하기 때문에 타인의 자살에 관여하는 행위는 타인의 생명을 침해하는 행위라고 할 수 있다.

(2) 공범종속성설에 의한 특별규정

공범에 관하여 공범독립성설의 입장을 취하는 경우 비록 자살이 처벌되지 않는다 하더라도 공범은 독립하여 범죄를 구성하므로 자살교사·방조죄의 처벌은 형법이 공범독립성설을 취하고 있다는 실정법적 근거가 된다. 또한 본죄의 교사·방조는 총칙상의 교사방조와 그 내용이 같은 것이므로 제31조(교사)·제32조(방조)의 규정은 본죄에도 적용된다고 한다.

이에 반하여 공범종속성설에 의하면 자살의 공범은 본래 처벌할 수 없는 것이므로 본죄는 피해자의 자살을 이용하여 타인의 생명을 침해하는 행위를 특별히 '독립된 범죄'로 규정한 것이라 한다. 따라서 본죄는 총칙상의 공범규정에 대한 특칙이므로 제31조·제32조는 본죄에 적용되지 않는다(통설).

나. 구성요건

(1) 객체

본죄의 객체[63]는 사람(행위자 이외의 자연인)이며, 자기 또는 배우자의 직계존속도 포함된다. 자살의 의미와 내용을 이해할 수 있는 사람에 한정되므로 정신병자·심신상실자·유아 등은 객체가 될 수 없다. 따라서 심신상실자나 유아에 대한 교사·방조는 보통살인죄의 간접정범이 성립한다. 판례도 같은 입장이다.[64]

(2) 행위

본죄의 교사는 자살할 마음이 없는 사람으로 하여금 자살을 결심하도록 하는 것을 말한다.[65] 따라서 이미 자살할 결심을 한 사람을 교사한 경우에는 자살교사죄가 되지

63) **[자살교사방조죄의 행위주체]** : 한편 본죄의 주체에는 제한이 없다. 다만 자살자 자신은 본죄의 필요적 공범에 해당하지만 불가벌이다.

64) 대법원 1987.1.20. 선고 86도2395 판결(피고인이 7세, 3세 남짓 된 어린자식들에 대하여 함께 죽자고 권유하여 물속에 따라 들어오게 하여 결국 익사하게 하였다면 비록 피해자들을 물속에 직접 밀어서 빠뜨리지는 않았다고 하더라도 자살의 의미를 이해할 능력이 없고 피고인의 말이라면 무엇이나 복종하는 어린 자식들을 권유하여 익사하게 한 이상 살인죄의 범의는 있었음이 분명하다.)

65) **[교사의 수단 및 방법]** : 교사의 수단·방법에는 제한이 없으며, 예컨대 권유·종용·명령·지휘·지시·애원·

않고 자살방조죄가 성립할 수 있을 뿐이다.[66]

보충판례 7 : 대법원 2005.6.10. 선고 2005도1373 판결
대전지법 2012.11.13. 선고 2012고합380 판결[항소]
대법원 2010.4.29. 선고 2010도2328 판결

(3) 실행의 착수시기

본죄의 실행의 착수시기와 관련하여서는 자살행위기준설과 교사·방조행위기준설(통설)이 대립한다. 어느 설을 따를 것인지에 따라 자살을 교사·방조하였으나 피교사·방조자가 자살행위를 하지 않은 때의 미수범 성립여부가 달라진다.

생각건대 본죄는 교사·방조행위를 특별히 실행행위, 즉 독립된 범죄유형으로 규정한 것으로 총론의 공범규정이 적용되지 않기 때문에 행위자의 교사·방조행위를 기준으로 실행의 착수를 논하는 통설이 타당하다. 즉 본죄는 행위자가 교사 또는 방조행위를 하였을 때 실행의 착수가 인정되기 때문에 상대방이 자살을 시도하지 않더라도 미수범으로 처벌된다.

다. 촉탁·승낙살인죄와의 구별

본죄와 촉탁·승낙에 의한 살인의 구별에 대해서는 학설이 대립한다.

주도적 역할기준설은 자살의 주도적 역할을 행위자가 담당하면 촉탁·승낙살인이고 자살자가 담당하면 자살방조라고 한다.

간청·이익제공 등의 방법도 무방하며 명시적·묵시적이든 불문한다. 한편 방조의 수단·방법에도 제한이 없다. 물질적·무형적(정신적 강화) 방법이나 적극적·소극적 수단을 불문한다 : 대법원 1992.7.24. 선고 92도1148 판결 ; 대전지법 2012.11.13. 선고 2012고합380 판결[항소](형법 제252조 제2항의 자살방조죄는 자살하려는 사람의 자살행위를 도와주어 용이하게 실행하도록 함으로써 성립되는 것으로서, 그 방법에는 자살도구인 총, 칼 등을 빌려주거나 독약을 만들어 주거나, 조언 또는 격려를 한다거나 기타 적극적, 소극적, 물질적, 정신적 방법이 모두 포함된다.) ; 대전지법 천안지원 1989.6.27. 선고 89고합5 합의부판결[항소](피해자가 자살할 의도로 극약이 들어있는 병을 들고 마시려 하자 죽을 테면 죽어 보라고 하면서 그 병을 들고 피해자의 입에 극약을 부어 넣어 주어 피해자로 하여금 사망하게 하였다면 이는 자살방조죄가 될 뿐 살인죄가 된다고 할 수 없다.)

66) 대법원 1992.7.24. 선고 92도1148 판결(분신자살을 하겠다는 생각을 갖고 있는 사람에 대하여 그 실행을 용이하게 도와주겠다는 의도로 1991.4.27.경부터 같은 해 5.8.까지의 어느 날에 서울 어느 곳에서 유서 2장을 작성하여 줌으로써 유서내용에 의하여 암시하는 방법으로 분신자살의 실행을 용이하게 도와주어 자살을 방조하였다.)

이에 대하여 범행(행위)지배기준설(통설)은 생명을 끊는 범행을 행위자가 지배하면 촉탁·승낙살인이고, 자살자가 지배한 경우에는 자살교사·방조죄가 성립한다고 한다.

생각건대 본죄는 어디까지나 타인의 자살에 공범의 형식으로 가담하는 형식을 정범으로 규정한 것이므로 범행지배의 유무에 따라 구별하는 범행지배설이 타당하다 할 것이다. 따라서 자살을 교사하여 자살을 결의하게 하고 그의 촉탁을 받아 살해한 때에도 촉탁살인죄만 성립한다. 즉 자살교사죄는 촉탁살인죄에 대하여 법조경합 중 보충관계에 있다.

라. 합의동사(合意同死, 동반자살)

합의에 의한 정사(情死, 공동자살)를 기도한 자 가운데 살아난 생존자의 죄책이 문제될 수 있다.

긍정설(통설)은 생존자의 행위가 사망자에 대하여 자살의 교사·방조로 인정되면[67] 본죄가 성립한다고 한다.

부정설은 합의동사는 자살의 공동정범에 불과하므로 단독 자살이 불가벌인 것과 마찬가지로 처벌할 수 없다고 한다.

생각건대 사망한 사람의 자살에 대한 교사·방조행위에 대해서는 가벌성이 인정되므로 긍정설이 타당하다.[68] 따라서 진정으로 같이 죽을 의사로 약속을 하고 합의동사를 기도하였으나 그 중 한 사람이 살아났을 때에는 타인의 자살을 방조한 사실이 인

....

67) 예를 들면 음독자살을 결의한 후 살아난 사람이 독약을 준비한 경우 또는 자살의 의사가 없는 사람에게 함께 자살하자고 권유하여 자살에 참여한 경우 등을 들 수 있다.

68) 서울중앙지법 2004.3.26. 선고 2004고합164 판결[항소](피고인 갑이 피고인 을과 피해자에게 시안화칼륨을 판매함으로써, 피고인 을은 피해자와 함께 자살할 의도로 피고인 갑으로부터 위 시안화칼륨을 구입하여 피해자와 함께 동거하던 집의 방 서랍에 보관하여 둠으로써 피해자의 자살행위를 도와주어 이를 용이하게 실행하도록 하였다 할 것이고, 그 이후 피고인 갑이 피고인 을 및 피해자로부터 위 시안화칼륨을 회수하지 아니하고, 피고인 을도 위 시안화칼륨을 폐기하지 아니함으로써 위 시안화칼륨이 피해자에 의하여 자살에 사용된 이상, 가사 피해자가 피고인 을과 함께 자살할 의사로 위 시안화칼륨을 구입한 이후 자살의 의사를 포기하였다가 새로이 자살을 결의하여 위 시안화칼륨을 먹고 자살에 이르렀고, 그 과정에서 피고인 을이 이를 만류하였다고 하더라도, 이러한 사정만으로는 피고인들의 자살방조죄의 성립에 영향이 있다고 할 수 없고, 피고인 갑이 피고인 을과 피해자에게 시안화칼륨을 판매할 당시 그들이 이를 복용하고 자살할 수도 있다는 점을 인식하면서 위와 같은 행위에 나아갔다 할 것이므로 피고인 갑에게는 적어도 피해자의 자살을 방조한다는 점에 대하여 미필적 고의가 인정된다.)

정되면 당연히 본죄가 성립하지만69), 두 사람 모두 진심으로 자살하기를 원했고 서로 방조한 사실조차 없이 우연히 한 사람만이 살아남았거나 모두 살아남은 경우에는 불가벌이다. 그러나 자신은 전혀 자살할 생각 없이 함께 자살하자고 상대방을 기망하여 자살하도록 한 경우에는 위계에 의한 살인죄가 성립한다.

Ⅶ. 위계·위력에 의한 살인죄

[형법조문]

> 第253조(위계 등에 의한 촉탁살인 등) 전조의 경우에 위계 또는 위력으로써 촉탁 또는 승낙하게 하거나 자살을 결의하게 한 때에는 第250조의 예에 의한다.
>
> 第254조(미수범) 전4조의 미수범은 처벌한다.
>
> 第255조(예비, 음모) 第250조와 第253조의 죄를 범할 목적으로 예비 또는 음모한 자는 10년 이하의 징역에 처한다.
>
> 第256조(자격정지의 병과) 第250조, 第252조 또는 第253조의 경우에 유기징역에 처할 때에는 10년 이하의 자격정지를 병과할 수 있다.

가. 성격

본죄는 위계 또는 위력으로 사람의 촉탁 또는 승낙을 받아 그를 살해하거나 자살을 결의하게 한 경우에 성립하는 범죄이다. 본죄는 외형상으로는 촉탁·승낙살인죄나 자살교사죄와 유사하나 위계·위력을 수단으로 사용하여 피해자의 진정한 의사에 반한다는 점에서 살인죄와 유사한 성격을 갖는다.70)

69) 춘천지법 원주지원 2009.7.16. 선고 2009고합30 판결[항소](피고인과 일명 '인터넷 자살 카페'의 회원들이 함께 자살할 의사로 수면제, 화덕 및 연탄, 청테이프 등을 구입하고 함께 자살을 시도하였으나 다른 회원들은 일산화탄소 중독증으로 사망한 반면 피고인은 자살미수에 그친 사안에서, 피고인에게 자살방조죄의 성립을 인정하였다.)

70) 특히 위계·위력으로 자살하게 한 경우는 이론적으로는 살인죄의 간접정범에 해당하지만 별개의 독립된 구성요건으로 규정한 것이라 할 수 있다.

나. 행위

'위계'란 목적이나 수단을 상대방에게 알리지 아니하고, 그의 부지나 착오를 이용하여 목적을 달성하는 경우이며, 기망뿐 아니라 유혹도 포함하다. 예컨대 적군에 포위당했다고 기망하여 자살하게 하도록 하거나 합의동사의 의사가 전혀 없었음에도 동반자살을 가장하여 상대방을 자살케 한 경우가 이에 해당한다.

'위력'이란 폭행·협박, 물리력 등 사람의 의사를 제압할 수 있는 유형적 무형적인 힘을 사용하는 행위를 말한다.[71] 위계·위력은 상대방의 의사결정의 자유를 억압할 만한 것이어야 하기 때문에 이 정도에 이르지 못한 때에는 제252조의 죄(촉탁·승낙살인죄, 자살교사죄)가 성립한다.

보충판례 8(위력의 개념 및 정도) : 부산고법 1996.10.30. 선고 96노502 판결[상고기각]=대법원 1997.2.11. 선고 96도2964 판결

다. 처벌

본죄에 해당하는 경우의 처벌은 '제250조의 예에 의한다'고 되어 있다. 이는 위계·위력을 사용한 촉탁·승낙살인 및 자살관여행위를 제250조의 범죄(살인 및 존속살해)를 실행한 것과 같이 취급한다는 취지이므로 본죄의 객체가 사람인 때에는 보통살인죄의 형으로, 자기 또는 배우자의 직계존속인 때에는 존속살해죄의 형으로 처벌된다(통설).

71) 서울고법 1989.2.24. 선고 88노3543 제1형사부판결[상고기각](위력자살결의죄는 자살의 의사가 없는 사람으로 하여금 위력을 이용하여 자살하도록 결의하게 함으로써 성립되는 것이고 그 법정형이 살인죄에 준하도록 규정되어 있음에 비추어 살인에 버금갈 정도의 죄책을 질 경우이어야 하므로 자신의 처와 정을 통한 피해자를 수일간에 걸쳐 폭행·협박하고 심하게 책임추궁을 하여 피해자가 죄책감에 괴로워하던 끝에 자살을 결의하게 되었다 하더라도 그러한 사정만으로는 위력자살결의죄가 성립되지 아니한다.)

Ⅷ. 살인예비·음모죄와 중지미수

[형법조문]

제28조(음모, 예비) 범죄의 음모 또는 예비행위가 실행의 착수에 이르지 아니한 때에는 법률에 특별한 규정이 없는 한 벌하지 아니한다. 제255조(예비, 음모) 제250조(살인, 존속살해)와 제253조(위계 등에 의한 촉탁살인 등)의 죄를 범할 목적으로 예비 또는 음모한 자는 10년 이하의 징역에 처한다.

살인예비·음모죄는 살인죄와 존속살해죄, 위계·위력에 의한 살인죄를 범할 목적으로 예비 또는 음모한 때에 성립한다. 형법 제28조(예비·음모)에 대한 특별규정으로서 이들 범죄의 법익의 중대성과 행위의 위험성을 고려한 기본범죄의 수정구성요건이다.

'예비'란 범죄실행을 위한 심리적 준비행위 이외의 준비행위로서 실행에 착수하지 아니한 일체의 행위를 말한다.[72] '음모'란 살인을 실행하기 위한 심리적 준비행위로서 2인 이상의 자 사이에 성립하는 범죄실행의 합의를 말한다. 음모가 있었다고 하기 위해서는 특정범죄의 실행을 위한 준비행위라는 것이 객관적으로 명백하게 인식되어야 하며 범죄실행의 합의에 실질적인 위험성이 인정되어야 한다.

본죄가 성립하기 위한 초과주관적 구성요건으로는 살인죄, 존속살해죄 및 위계·위력에 의한 살인죄를 범할 '목적'이 있어야 하는데 단순한 미필적 인식으로는 족하지 않다. 따라서 적어도 살해할 대상자는 구체적으로 특정되어 있어야 본죄가 성립할 수 있다.[73]

문제는 이러한 예비·음모 행위를 실행에 착수하기 이전에 중지한 경우에 중지미수

72) 대법원 2009.10.29. 선고 2009도7150 판결(살인예비죄가 성립하기 위하여는 형법 제255조에서 명문으로 요구하는 살인죄를 범할 목적 외에도 살인의 준비에 관한 고의가 있어야 하며, 나아가 실행의 착수까지에는 이르지 아니하는 살인죄의 실현을 위한 준비행위가 있어야 한다. 여기서의 준비행위는 물적인 것에 한정되지 아니하며 특별한 정형이 있는 것도 아니지만, 단순히 범행의 의사 또는 계획만으로는 그것이 있다고 할 수 없고 객관적으로 보아서 살인죄의 실현에 실질적으로 기여할 수 있는 외적 행위를 필요로 한다. 따라서 갑이 을을 살해하기 위하여 병, 정 등을 고용하면서 그들에게 대가의 지급을 약속한 경우에는 갑에게 살인예비죄가 성립한다.)

73) 서울고법 1959.10.15. 선고 4292형공1375 제2형사부판결[확정](타인을 살해하고자 실탄이 장전된 권총을 주머니 속에 휴대하고 판자울타리 밑에 숨어서 그 사람이 나타나기를 기다리고 있었다면 살인예비죄에 해당한다.)

의 규정을 준용할 수 있을 것인지 이다. 긍정설은 형의 균형과 입법취지에 비추어 볼 때 이를 준용할 수 있다고 하나, 판례(보충판례 9)는 이를 부정하고 있다.

생각건대 예비란 실행의 착수 이전의 단계를 말하는 것으로 실행의 착수를 전제로 하는 중지미수의 개념을 예비에 적용할 수 없기 때문에 중지범에 관한 조항은 준용되지 않는다고 하는 부정설이 타당하다 할 것이다.

보충판례 9 : 대법원 1966.4.21. 선고 66도152 전원합의체 판결
대법원 1999.4.9. 선고 99도424 판결

한편 살인예비죄의 공동정범의 성립은 인정될 수 있지만, 살인예비죄의 방조범은 구성요건적 정형성이 없는 예비행위에 방조라는 처벌확장사유를 추가시키는 경우 처벌의 범위가 부당하게 확장될 우려가 있기 때문에 이를 부정하는 것이 타당하며 판례의 입장도 같다.[74)]

74) 대법원 1979.11.27. 선고 79도2201 판결 ; 대법원 1979.5.22. 선고 79도552 판결 ; 대법원 1976.5.25. 선고 75도1549 판결 ; 부산고법 1993.8.4. 선고 93노713 제1형사부판결[확정].

제2절 상해와 폭행의 죄

Ⅰ. 총설

[상해죄와 폭행죄의 구성요건 체계도]

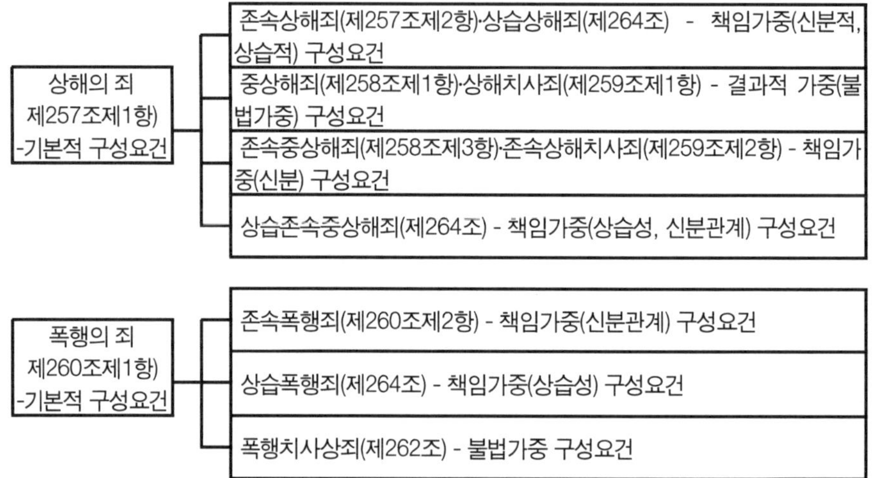

가. 상해와 폭행의 죄의 의의

상해와 폭행의 죄는 사람의 신체에 대한 침해를 내용으로 하는 범죄로서 신체의 완전성 내지 신체의 불가침성을 보호법익으로 하는 범죄이다.

폭행죄에 대한 입법례는 다양하다. 상해와 폭행은 구별하기도 어렵고 상해는 폭행을 통하여 발생하는 경우가 많기 때문에 상해를 폭행의 결과적 가중범으로 해석하는 입법례도 있고, 양자를 하나의 구성요건에 복합적으로 규정하는 입법례도 있다.

[폭행죄에 대한 입법례]

일본형법은 폭행죄(제208조)[75]와 상해죄(제204조)[76]를 모두 규정하고 있으나, 폭행치상죄를 규정하지 않아 상해죄는 폭행죄의 결과적 가중범으로 해석된다. 따라서 일본의 상해죄는 폭행치상죄와 상해죄가 모두 포함되어 있는 개념이라 할 수 있다. 또한 상해죄의 미수범 처벌규정은 존재하지 않지만 이를 대신하는 폭행죄가 규정되어 있기 때문이다. 독일형법은 제223조(상해죄)[77]에서 신체학대와 건강침해를 상해죄로 처벌하면서 신체학대에 폭행의 요소를 포함시키고 있다. 즉 독일형법은 폭행을 상해, 강요, 강간, 강도 등의 수단으로서만 규정하는데, 이는 폭행이나 협박이 이러한 범죄의 수단으로 사용되는 경우가 많기 때문이다.

그러나 우리 형법은 상해죄(제257조)와 폭행죄(제260조)를 독립된 범죄로 규정하고 있을 뿐만 아니라, 양죄의 중간형태로서 폭행의 결과적 가중범인 폭행치상죄(제262조)를 별도로 규정하고 있고, 상해죄에는 폭행죄에 없는 미수범처벌규정(제257조 제3항)까지 마련하여 양자를 엄격하게 구별하고 있다.

나. 상해죄와 폭행죄의 관계(보호법익과 보호의 정도)

상해의 죄와 폭행의 죄를 구별하는데 동의하면서도 양자의 보호법익 및 보호의 정도에 관해서는 견해가 대립한다.

(1) 보호법익

불구별설은 상해죄와 폭행죄의 보호법익을 동일하게 신체의 불가침성 내지 완전성으로 이해하면서 보호의 정도에 있어서만 차이가 있을 뿐이라고 한다. 즉 폭행죄가 형식적으로 신체에 대하여 유형력을 행사하는 행위 자체를 처벌하는 추상적 위험범인 반면, 상해죄는 신체의 완전성을 침해할 것을 요하는 침해범이라는 점, 즉 보호의 정도에서만 양죄가 구별된다고 한다.

75) 일본 형법 제208조 '폭행을 가한 자가 사람을 상해함에 이르지 아니한 때에는 2년 이하의 징역이나 30만엔 이하의 벌금, 구류 또는 과료에 처한다'

76) 일본형법 제204조 '사람의 신체를 상해한 자는 15년 이하의 징역 또는 50만엔 이하의 벌금에 처한다'

77) 독일형법 제223조 '타인을 신체적으로 학대하거나 또는 건강을 해한 자는 5년 이하의 자유형 또는 벌금에 처한다'

구별설(다수설)은 폭행죄의 보호법익은 신체의 외적인 완전성(즉 신체의 健在)이고, 상해죄의 보호법익은 신체의 내부적 기능의 완전성(즉 신체의 건강 또는 생리적 기능)으로 파악한다.

[형법해석과 불구별설의 부당성]

> 생각건대 불구별설에 의하면, 갑이 A의 머리에 상처를 내기 위해 돌을 던졌지만 빗나간 경우에는 상해미수죄가 성립하는 것이 아니라 폭행죄가 성립하게 될 것이다. 또한 갑이 A의 뺨을 때리려고 하였으나 잘못 맞아 코피가 난 경우에는 신체의 완전성이 침해되었기 때문에 폭행치상죄가 성립하는 것이 아니라 상해죄가 성립하게 된다.
>
> 이러한 해석은 상해죄와 폭행치상죄, 상해치사죄와 폭행치사죄를 엄격히 구별하고 있는 현행 형법의 해석으로는 타당하다 할 수 없다. 전자의 경우에는 상해미수, 후자의 경우에는 폭행치상이라고 하는 것이 우리 형법의 해석상 더 적합하다고 할 수 있다.
>
> 이처럼 상해죄와 폭행치상죄는 개념적으로 분명하게 구별되지만 형법상 법정형은 같다. 이를 근거로 판례는 상해죄를 폭행치상죄로 파악하거나 그 반대의 경우에 대해 판결에 영향을 미치지 않는 위법이라는 입장을 취하고 있다 : 대법원 1985.1.29. 선고 84도2655 판결.

(2) 보호의 정도

한편 구별설도 보호의 정도와 관련해서는, 양죄를 모두 침해범으로 해석하는 견해(다수설)와 상해죄는 침해범으로 폭행죄는 추상적 위험범으로 이해하는 견해가 대립한다.

생각건대 신체의 건강(또는 생리적 기능)이 침해될 것을 요하는 상해죄는 침해범으로 보고, 폭행죄는 신체의 건재를 보호하기 위해 상해죄보다 더 강하게 그 이전 단계에서 보호하여야 하며, 건재의 성격 그 자체도 신체의 건강과는 달리 침해될 것을 요하지 않기 때문에 추상적 위험범으로 이해하는 것이 타당하다 할 것이다.

다. 폭행죄와 상해죄의 구별

보통 상해는 폭행에 의하여 발생하는 경우가 대부분이기 때문에 폭행을 통해 상해를 입힌 경우 상해죄가 성립하는지 아니면 폭행치상죄가 성립하는지, 단순히 폭행만을 한 경우에도 상해미수죄가 되는지 아니면 폭행죄가 되는지가 문제될 수 있다. 이는 외적인 폭력행위가 아닌 행위자의 고의[78]에 의해 정해질 수밖에 없다.

그러나 상해는 반드시 폭행에 의하여 유형적 방법으로만 발생하는 것이 아니라, 협박 기타 무형적 방법에 의해서도 얼마든지 발생할 수 있다. 즉 독극물을 투약하여 장기를 손상시키는 행위, 정신적 고통을 주어 불면증이나 신경성소화불량에 걸리게 하는 행위, 상한 음식을 주어 배탈이 나게 하는 행위, 성병을 감염시키는 행위, 부작위에 의한 상해[79] 등은 폭행을 수반하지 않은 상해행위라고 할 수 있다.

[폭행과 상해의 구별사례]

> **[사례]** : 갑은 기차에서 옆자리에 앉은 A에게 수면제가 든 주스를 주어 잠들게 한 후 A의 지갑에서 돈을 훔쳤다.
>
> 수면제가 든 주스를 주는 행위를 상해행위라고 하면 갑은 상해죄와 절도죄의 경합범의 책임을 지게 된다. 갑이 폭행행위를 한 바 없으므로 강도죄가 성립할 수 없기 때문이다.
>
> 수면제가 든 주스를 주는 행위를 폭행행위라고 한다면 갑은 강도상해죄(제337조)의 책임을 지게 된다. 갑은 수면제가 든 주스를 줌으로서 항거불가능의 폭행을 한 것이 되고 잠들게 한 것은 상해의 결과를 발생시킨 것이며 돈을 훔친 것은 재물을 강취한 것이라고 할 수 있기 때문이다.
>
> 판례[80]는 이 사례에서 갑의 행위와 A가 잠든 것 사이에 형법적 인과관계가 인정되면 강도상해죄를 인정할 수 있다는 취지로 이해되지만, 상해죄와 폭행죄를 엄격하게 구별하고 있는 현행형법에서는 부당한 해석이라고 하여야 할 것이다.

78) 예컨대 단순히 타인의 뺨을 때린 경우에는 폭행죄가 되고, 코피를 흘리게 하거나 멍이 들게 할 고의로 타인의 뺨을 때렸으나 코피가 나지 않고 멍도 들지 않은 경우에는 상해미수죄가 된다.

79) 예컨대 보증의무자가 병자에게 의약품을 공급하지 않거나 음식물을 주지 않아 신체를 쇠약하게 하는 경우를 들 수 있다.

80) 대법원 1984.12.11. 선고 84도2324 판결[원심이 인용한 제1심 판결 이유에 의하면, 거시증거에 의하여 피고인이 1982.12.2. 11:40경 대전역과 조치원역 사이를 운행하고 있는 부산발 서울행 제42우등열차 호수미상 객실에서 피해자(여 44세)와 동석하게 됨을 기화로 그녀의 재물을 강취할 것을 마음먹고 미리 소지한 중독성이 있는 약품명미상의 약을 오렌지주스에 혼입한 뒤 그녀에게 마시도록 권유하여 그녀가 이를 받아 마시고 깊은 잠에 빠져 항거불능상태에 이르자 그곳 선반위에 놓아 둔 그녀 소유의 가방 속에서 현금 500,000원을 꺼내어 이를 강취하고 이로 인하여 그녀에게 치료기간 미상의 약물중독 등 상해를 가한 사실을 인정하고 이를 강도상해죄로 의률 처단하였다. 그러나 기록을 살펴보아도 피해자에게 과연 약물중독등 상해가 있었는지(판시사실 중 깊은 잠에 빠졌다고 표시한 부분은 상해를 뜻한 것이 아니고 항거불능상태를 말하는 것으로 풀이된다) 있었다면 그 상해와 위 김00가 마셨다는 약품명 미상의 약과는 인과관계가 있는지에 관하여 아무런 심리를 한 바 없고 또 그 증거도 없다.

피해자가 제1심 법정과 검찰 또는 경찰에서 약물을 탄 오렌지를 먹자마자 정신이 혼미해지고 그 후 기억을 잃었다는 진술부분이 있기는 하나 이것만으로는 약물중독상해를 인정할 자료가 되지 못한다 할 것이다.

그렇다면 피고인의 소위를 강도죄로 의률 처단함은 별론으로 하고 상해의 결과에 대하여는 이를 인정할 만한 증거도 없이 강도상해죄로 의률 처단한 원심의 조치는 채증법칙 위배로 인한 사실오인이 아니면 심리미진의 위법을 범하여 판결에 영향을 미쳤다할 것이므로 이점을 탓하는 논지는 이유있다. 그러므로 원심판결을 파기하고, 사건을 다시 심리판단케 하기 위하여 원심인 서울고등법원에 환

Ⅱ. 상해의 죄

가. 단순상해죄

[조문]

형법 제257조(상해) ① 사람의 신체를 상해한 자는 7년 이하의 징역, 10년 이하의 자격정지 또는 1천만원 이하의 벌금에 처한다.
③ 전 2항의 미수범은 처벌한다.

폭력행위등처벌에관한법률 제2조(폭행등) ① 상습적으로 다음 각 호의 죄를 범한 자는 다음의 구분에 따라 처벌한다.
3. 「형법」 제257조제1항(상해) · 제2항(존속상해), 제276조제2항(존속체포, 존속감금) 또는 제350조(공갈)의 죄를 범한 자는 3년 이상의 유기 징역
② 2인 이상이 공동하여 제1항 각 호에 열거된 죄를 범한 때에는 각 형법 본조에 정한 형의 2분의 1까지 가중한다.

제3조(집단적 폭행등) ① 단체나 다중의 위력으로써 또는 단체나 집단을 가장하여 위력을 보임으로써 제2조제1항에 열거된 죄를 범한 자 또는 흉기 기타 위험한 물건을 휴대하여 그 죄를 범한 자는 제2조제1항 각 호의 예에 따라 처벌한다.
② 삭제 〈2006.3.24.〉
③ 상습적으로 제1항의 죄를 범한 자는 다음 각 호의 구분에 따라 처벌한다.
3. 제2조제1항제3호에 열거된 죄를 범한 자는 5년 이상의 유기징역

특정범죄가중처벌등에관한법률 제5조의9(보복범죄의 가중처벌 등) ② 제1항과 같은 목적으로 「형법」 제257조제1항 · 제260조제1항 · 제276조제1항 또는 제283조제1항의 죄를 범한 사람은 1년 이상의 유기징역에 처한다.
③ 제2항의 죄 중 「형법」 제257조제1항 · 제260조제1항 또는 제276조제1항의 죄를 범하여 사람을 사망에 이르게 한 경우에는 무기 또는 3년 이상의 징역에 처한다.

가정폭력범죄의처벌등에관한특례법 제2조(정의) 3. "가정폭력범죄"란 가정폭력으로서 다음 각 목의 어느 하나에 해당하는 죄를 말한다.
가. 「형법」 제2편제25장 상해와 폭행의 죄 중 제257조(상해, 존속상해), 제258조(중상해, 존속중상해), 제260조(폭행, 존속폭행)제1항 · 제2항, 제261조(특수폭행) 및 제264조(상습범)의 죄
6. "가정보호사건"이란 가정폭력범죄로 인하여 이 법에 따른 보호처분의 대상이 되는 사건을 말한다.
7. "보호처분"이란 법원이 가정보호사건에 대하여 심리를 거쳐 가정폭력 행위자에게 하는 제40조(보호처분의 결정 등)에 따른 처분을 말한다.

······················

송기로 하여 관여법관의 일치된 의견으로 주문과 같이 판결한다.]

7의2. "피해자보호명령사건"이란 가정폭력범죄로 인하여 제55조의2에 따른 피해자보호명령의 대상이 되는 사건을 말한다.

아동학대범죄의처벌등에관한특례법 제2조(정의) 이 법에서 사용하는 용어의 뜻은 다음과 같다.[2014.1.28. 법률 제12341호 제정]

4. "아동학대범죄"란 보호자에 의한 아동학대로서 다음 각 목의 어느 하나에 해당하는 죄를 말한다.

가. 「형법」 제2편제25장 상해와 폭행의 죄 중 제257조(상해)제1항 · 제3항, 제260조(폭행)제1항, 제261조(특수폭행) 및 제262조(폭행치사상)(상해에 이르게 한 때에만 해당한다)의 죄

7. "아동보호사건"이란 아동학대범죄로 인하여 제36조제1항에 따른 보호처분(이하 "보호처분"이라 한다)의 대상이 되는 사건을 말한다.

(1) 구성요건

상해죄는 고의로 사람의 신체를 상해함으로써 성립하는 범죄이다. 침해범이고 폭행죄와는 달리 반의사불벌죄가 아니다.

① 행위의 객체

상해죄의 행위객체는 사람[81]의 신체이다. 따라서 동물을 상해한 때에는 그 효용을 해한 경우에 한하여 손괴죄가 성립할 수 있을 뿐이다.

[사례 : 동물상해]

학생 갑은 아파트의 이웃에 사는 여대생 A에게 영화를 보러 가자고 했는바 일언지하에 거절당한 것에 앙심을 품고 A가 아끼던 작은 새를 일부러 날아가게 하였다. 갑의 죄책은?

갑의 행위는 재물손괴죄(제371조)를 구성한다. 통설은 작은 새 등의 동물도 형법에 의한 재산보호의 대상이 되기 때문에 재물손괴죄의 객체가 되는 '타인의 재물'에 포함된다고 한다. 또한 손괴의 의미를 직접 유형력을 행사하여 그 효용을 해하는 것(사용하지 못하도록 하는 것)으로 이해하기 때문에, 새가 날아가 재산이 없어졌다는 점에서는 손괴에 해당한다고 할 수 있다(효용침해설).

ㄱ. 태아의 상해

상해죄의 행위객체인 사람은 생존하는 사람[82]을 의미하므로 사람이 아닌 태아(胎

81) 여기서의 사람도 물론 자기 이외의 생존하는 자연인을 의미한다.

兒)는 본죄의 객체가 될 수 없다.

문제는 출생전의 태아에 대해 약물 등으로 상해를 가하여 그 태아가 출생한 후 출생한 영아(사람)에 대하여 상해죄로 처벌할 수 있는지에 있다.[83] 그러나 상해죄의 객체는 사람이고 상해죄의 실행의 착수 시에 객체로서의 요건을 갖추고 있어야 한다는 점, 또한 상해죄의 성립을 인정한다면 태아를 살해한 때에는 낙태죄가 되고 과실로 살해한 경우에는 처벌받지 아니함[84]에 반하여, 태아를 상해한 경우에는 태아를 살해한 낙태죄의 경우보다 무겁게 벌하고 과실로 상해한 때에도 처벌된다는 불합리한 결과를 초래하게 된다.[85]

또 다른 문제로는 태아에 대한 상해를 태아를 모체의 일부로 보아 임산부에 대한 상해죄로 처벌할 수 있는지이다. 이를 긍정하는 긍정설도 있지만 통설 및 판례[86]는 이를 부정한다.

긍정설에 따르면 태아의 상해를 통한 모체에 대한 상해가 '7년 이하의 징역'임에 반하여(제257조 제1항), 태아를 살해한 낙태를 통하여 임산부를 상해에 이르게 한 때에는 '3년 이하의 징역'(제269조 제3항)[87]이므로 형의 불균형이라는 문제점을 안고 있고, 자

82) **[뇌사자 문제]** : 다수설(맥박정지설)에 의하면 뇌사자도 살아있는 사람이므로 장기이식 목적 이외에 뇌사자의 신체를 상해한 때에는 상해죄에 해당한다. 다만 장기이식을 위한 상해는 법령에 의한 행위로 위법성이 조각된다.

83) **[콘터간(Contergan)사건(LG Aachen, JZ 1971, S.510ff.)]을 상기할 것!** A제약회사는 '탈리도미드'라는 신물질을 개발하여 '콘터간'이라는 제품명으로 진정제를 판매하였다. A회사의 진정제 '콘터간'을 복용한 B녀는 그 후 기형아를 출산하였다. 이와 유사한 사례가 수차례 보고되자 검사는 A제약회사의 경영진을 과실상해죄로 기소하였다.

84) 형법 제27장 낙태의 죄에는 과실낙태죄를 처벌하는 규정이 없다.

85) 예컨대 낙태죄(제269조)의 법정형이 '1년 이하의 징역 또는 200만원 이하의 벌금'임에 반하여, 상해죄(제257조)의 법정형은 '7년 이하의 징역, 10년 이하의 자격정지 또는 1천만원 이하의 벌금'이며 과실치상죄(제266조)의 법정형인 '500만원 이하의 벌금, 구류 또는 과료'로 처벌된다는 불합리한 결과를 초래하게 된다.

86) 대법원 2007.6.29. 선고 2005도3832 판결 ; 대법원 2009.7.9. 선고 2009도1025 판결(우리 형법은 태아를 임산부 신체의 일부로 보거나, 낙태행위가 임산부의 태아양육, 출산 기능의 침해라는 측면에서 낙태죄와는 별개로 임산부에 대한 상해죄를 구성하는 것으로 보지는 않는다고 해석되고, 따라서 태아를 사망에 이르게 하는 행위가 임산부 신체의 일부를 훼손하는 것이라거나 태아의 사망으로 인하여 그 태아를 양육, 출산하는 임산부의 생리적 기능이 침해되어 임산부에 대한 상해가 된다고 볼 수는 없다). 한편 일본의 판례[日最高裁判所昭和63(1988)年2月29日決定, 判例時報第1266号3面]는 태아상해와 관련하여 '태아는 모체의 일부를 구성한다'는 이유로 태아의 상해죄를 인정하고 있다.

87) 형법 제269조(낙태) ① 부녀가 약물 기타 방법으로 낙태한 때에는 1년 이하의 징역 또는 200만원 이하의 벌금에 처한다. ② 부녀의 촉탁 또는 승낙을 받어 낙태하게 한 자도 제1항의 형과 같다. ③ 제2항의 죄를 범하여 부녀를 상해에 이르게 한 때에는 3년 이하의 징역에 처한다. 사망에 이르게 한 때에는 7년 이하의 징역에 처한다.

기낙태를 처벌하는 취지를 감안할 때 태아를 모체의 일부라고 할 수 없으며, 구성요건적 명확성에 충실하여야 하기 때문이다.[88] 결국 이 문제는 법감정을 감안한 입법론적 방법으로 해결할 수밖에 없을 것이다.

ㄴ. 자상(自傷)

상해죄의 행위객체는 자기 이외의 생존하는 자연인을 의미하기 때문에 자신의 신체상해(자상행위)는 원칙적으로 상해죄의 구성요건에 해당하지 않는다.

다만 군형법 및 병역법[89]은 자상행위를 처벌하고 있으며, 자상행위가 저항할 수 없는 강요에 의해서 행해진 때에는 강요자는 상해죄의 간접정범이 된다.[90]

② 행위

ㄱ. 상해의 의의

본죄의 행위인 상해의 의의에 대하여는 견해가 대립한다. 즉 상해의 개념은 상해죄의 보호법익을 어떻게 파악할 것인지에 따라 달라진다.

신체의 완전성침해설은 상해죄와 폭행죄는 모두 신체의 완전성을 보호법익으로 하는 범죄(보호법익의 불구별설을 전제)라는 전제 하에서 상해를 신체의 완전성(불가침성)을 침해하는 것으로 이해한다. 따라서 피해자가 보아 생리적 기능의 훼손과 같이 평가해야 할 신체외관의 훼손(예컨대 소량의 모발을 절단하거나 일시 인사불성에 빠지게 하는 경우)

---

88) 다만 태아상해로 인해 모체의 생리적 기능에 장애를 초래하는데 대한 미필적 고의가 있는 경우에는 모체에 대한 상해죄를 인정할 수 있을 것이다.

89) '군형법' 제41조(근무 기피 목적의 사술) ① 근무를 기피할 목적으로 신체를 상해한 사람은 다음 각 호의 구분에 따라 처벌한다.
1. 적전인 경우: 사형, 무기 또는 5년 이상의 징역
2. 그 밖의 경우: 3년 이하의 징역
'병역법' 제86조(도망 · 신체손상 등) 병역의무를 기피하거나 감면받을 목적으로 도망가거나 행방을 감춘 경우 또는 신체를 손상하거나 속임수를 쓴 사람은 1년 이상 5년 이하의 징역에 처한다.
대법원 2004.3.25. 선고 2003도8247 판결 ; 대법원 2008.6.26. 선고 2008도1011 판결(병역법 제86조의 '신체손상'의 개념은 신체의 완전성을 해하거나 생리적 기능에 장애를 초래하는 '상해'의 개념과 일치되어야 하는 것은 아니며 병역의무의 기피 또는 감면사유에 해당되도록 신체의 변화를 인위적으로 조작하는 행위까지를 포함하는 개념이다.)

90) 대법원 1970.9.22. 선고 70도1638 판결[중상해죄의 간접정범](피고인이 피해자를 협박하여 그로 하여금 자상케 한 경우에 피고인에게 상해의 결과에 대한 인식이 있고 또 그 협박의 정도가 피해자의 의사결정의 자유를 상실케 함에 족한 것인 이상 피고인에 대하여 중상해죄를 구성한다.)

도 상해에서 제외되어야 할 이유가 없게 된다.

그러나 이설에 대해서는 신체의 완전성은 양죄의 보호법익은 될 수 있어도 상해죄의 보호법익이라고는 할 수 없고, 소량의 모발·손톱의 절단도 상해라고 함으로써 상해죄와 폭행죄의 구별이 불분명해질 수 있는 문제점을 지적할 수 있다.

절충설은 상해죄와 폭행죄의 보호법익을 구별하지 않으면서도 양죄를 구별하기 위하여 상해개념을 생리적 기능의 훼손과 신체외모에 대한 중대한 변경의 초래(예컨대 여자의 모발·남자의 수염절단은 상해이고, 남자의 모발·손톱절단과 같이 신체외관에 경미한 변경을 가하는 것은 폭행으)로 이해한다.

그러나 이설에 대해서는 생리적 기능의 훼손과는 달리 신체외관의 변경의 경우에만 중대성을 요구하는 이유가 명백하지 않을 뿐만 아니라, 외관 변경의 중대성 여부는 폭행죄의 해당여부에 대한 판단기준이 될 뿐 상해죄와 폭행죄를 구별하는 기준이 될 수 없다는 비판이 제기된다.

생리적 기능훼손설(다수설)은 양죄의 보호법익을 구별하는 전제 하에서 상해개념을 '신체의 생리적 기능의 훼손'으로 제한하는 견해이다. 따라서 상해란 내부적 생리기능의 훼손을 의미하나 폭행이란 외부적 완전성의 침해를 의미하게 된다.

여기서 생리적 기능의 훼손이란 건강침해로서 육체적·정신적 병적 상태의 야기와 증가를 의미하며, 신체상처(피하출혈, 종양, 찰과상, 처녀막파열), 일부박리(치아탈락), 질병감염(성병감염), 기능장애(보행불능, 수면장애, 식욕감퇴, 수면·환각에 빠지게 하는 것) 등이 포함되는 반면, 여자의 모발·남자의 수염절단 등과 같이 신체외관에 중대한 변경을 초래하더라도 생리적 기능을 훼손하지 아니한 정도를 의미한다고 하여야 할 것이므로 상해가 될 수 없고 폭행에 해당하게 된다.

생각건대 상해죄와 폭행죄의 보호법익을 엄격하게 구별하여 상해죄를 신체의 건강을 보호하는 것이라는 태도를 취하는 이상 형법의 해석에 있어서는 생리적 기능훼손설이 타당하다 할 것이다.

한편 판례는 상해의 개념에 대해서 신체의 완전성침해설을 취하는 경우[91]도 있고,

91) 대법원 1982.12.28. 선고 82도2588 판결(상해죄의 성립에는 상해의 고의와 신체의 완전성을 해하는 행위 및 이로 인하여 발생하는 인과관계 있는 상해의 결과가 있어야 하므로 상해죄에 있어서는 신체의 완전성을 해하는 행위와 그로 인한 상해의 부위와 정도가 증거에 의하여 명백하게 확정되어야 하고, 상해부위의 판시없는 상해죄의 인정은 위법하다.)

생리적 기능훼손설을 취하는 경우[92)]도 있으며, 양설을 포괄하는 입장을 취하는 경우[93)]도 있다.

---

92) 대법원 1996.12.10. 선고 96도2529 판결(오랜 시간 동안의 협박과 폭행을 이기지 못하고 실신하여 범인들이 불러온 구급차 안에서야 정신을 차리게 되었다면, 외부적으로 어떤 상처가 발생하지 않았다고 하더라도 생리적 기능에 훼손을 입어 신체에 대한 상해가 있었다고 할 것이다.) ; 대법원 2000.3.23. 선고 99도3099 판결(강제추행치상죄에 있어서의 상해는 피해자의 신체의 건강상태가 불량하게 변경되고 생활기능에 장애가 초래되는 것을 말하는 것으로서, 신체의 외모에 변화가 생겼다고 하더라도 신체의 생리적 기능에 장애를 초래하지 아니하는 이상 상해에 해당한다고 할 수 없다. 따라서 음모는 성적 성숙함을 나타내거나 치부를 가려주는 등의 시각적·감각적인 기능 이외에 특별한 생리적 기능이 없는 것이므로, 피해자의 음모의 모근부분을 남기고 모간부분만을 일부 잘라냄으로써 음모의 전체적인 외관에 변형만이 생겼다면, 이로 인하여 피해자에게 수치심을 야기하기는 하겠지만, 병리적으로 보아 피해자의 신체의 건강상태가 불량하게 변경되거나 생활기능에 장애가 초래되었다고 할 수는 없을 것이므로, 그것이 폭행에 해당할 수 있음은 별론으로 하고 강제추행치상죄의 상해에 해당한다고 할 수는 없다.) ; 대법원 2002.1.11. 선고 2001도5925 판결(가해자가 범행 당시 주먹으로 머리를 1회 때리고 피해자의 발을 걸어 넘어뜨린 후 발로 가슴을 1회 걷어 차 피해자가 상처를 입었다면 이로 인하여 피해자의 신체의 건강상태가 불량하게 변경되고 생활기능에 장애가 초래된 것이라고 볼 수 있어 강도상해죄를 구성하는 상해에 해당한다.) ; 대법원 2003.7.11. 선고 2003도2313 판결(강도상해죄에 있어서의 상해는 피해자의 신체의 건강상태가 불량하게 변경되고 생활기능에 장애가 초래되는 것을 말하는 것으로서, 피해자가 입은 상처가 극히 경미하여 굳이 치료할 필요가 없고 치료를 받지 않더라도 일상생활을 하는 데 아무런 지장이 없으며 시일이 경과함에 따라 자연적으로 치유될 수 있는 정도라면, 그로 인하여 피해자의 신체의 건강상태가 불량하게 변경되었다거나 생활기능에 장애가 초래된 것으로 보기 어려워 강도상해죄에 있어서의 상해에 해당한다고 할 수 없다.) ; 대법원 2005.5.26. 선고 2005도1039 판결(강간행위에 수반하여 생긴 상해가 극히 경미한 것으로서 굳이 치료할 필요가 없어서 자연적으로 치유되며 일상생활을 하는 데 아무런 지장이 없는 경우에는 강간치상죄의 상해에 해당되지 아니한다고 할 수 있을 터이나, 그러한 논거는 피해자의 반항을 억압할 만한 폭행 또는 협박이 없어도 일상생활 중 발생할 수 있는 것이거나 합의에 따른 성교행위에서도 통상 발생할 수 있는 상해와 같은 정도임을 전제로 하는 것이므로 그러한 정도를 넘는 상해가 그 폭행 또는 협박에 의하여 생긴 경우라면 상해에 해당된다고 할 것이며, 피해자의 건강상태가 나쁘게 변경되고 생활기능에 장애가 초래된 것인지는 객관적, 일률적으로 판단될 것이 아니라 피해자의 연령, 성별, 체격 등 신체, 정신상의 구체적 상태를 기준으로 판단되어야 한다.)

93) 대법원 1994.11.4. 선고 94도1311 판결(피해자를 강간하려다가 미수에 그치고 그 과정에서 피해자에게 경부 및 전흉부 피하출혈, 통증으로 약 7일 간의 가료를 요하는 상처가 발생하였으나 그 상처가 굳이 치료를 받지 않더라도 일상생활을 하는 데 아무런 지장이 없고 시일이 경과함에 따라 자연적으로 치유될 수 있는 정도라면 그로 인하여 신체의 완전성이 손상되고 생활기능에 장애가 왔다거나 건강상태가 불량하게 변경되었다고 보기는 어려워 강간치상죄의 상해에 해당하지 않는다.) ; 대법원 1999.1.26. 선고 98도3732 판결(상해는 피해자의 신체의 완전성을 훼손하거나 생리적 기능에 장애를 초래하는 것으로, 반드시 외부적인 상처가 있어야만 하는 것이 아니고, 여기서의 생리적 기능에는 육체적 기능뿐만 아니라 정신적 기능도 포함된다 할 것이며, 피고인들의 강간행위로 인하여 피해자가 불안, 불면, 악몽, 자책감, 우울감정, 대인관계 회피, 일상생활에 대한 무관심, 흥미상실 등의 증상을 보였고, 이와 같은 증세는 의학적으로는 통상적인 상황에서는 겪을 수 없는 극심한 위협적 사건에서 심리적인 충격을 경험한 후 일으키는 특수한 정신과적 증상인 외상 후 스트레스 장애에 해당하며, 이러한 증상은 강간을 당한 모든 피해자가 필연적으로 겪는 증상이라고 할 수도 없으므로 결국 피해자는 피고인들의 강간행위로 말미암아 상해를 입은 것이라 할 것이다.) ; 대법원 2000.2.25. 선고 99도4305 판결(상해죄에서의 상해는 피해자의 신체의 완전성을 훼손하거나 생리적 기능에 장애를 초래하는 것을 의미한다.)

ㄴ. 상해의 태양(수단·방법)

상해의 수단·방법에는 제한이 없다. 유형적 방법(폭행), 무형적 방법(협박, 공포·경악에 의한 정신장애), 작위·부작위[94]를 불문한다.

③ 고의

상해의 고의란 사람의 생리적 기능을 훼손한다는 인식과 의사를 말한다.

따라서 상해의 고의없이 폭행의 의사로 상해의 결과를 발생하게 한 때에는 폭행치상죄가 성립하며, 상해의 고의가 있었으나 상해에 이르지 못한 때에는 폭행죄가 아닌 상해미수죄로 처벌된다.

[상해죄에 있어서 상해의사의 불요(不要)를 인정한 판례]

> 대법원 1983.3.22. 선고 83도231 판결(상해죄는 결과범이므로 그 성립에는 상해의 원인인 폭행에 관한 인식이 있으면 충분하고 상해를 가할 의사의 존재는 필요하지 않으나, 폭행을 가한다는 인식이 없는 행위의 결과로 피해자가 상해를 입었던 경우에는 상해죄가 성립하지 아니한다.) ; 대법원 2000.7.4. 선고 99도4341 판결[상해죄의 성립에는 상해의 원인인 폭행에 대한 인식이 있으면 충분하고 상해를 가할 의사의 존재까지는 필요하지 아니한 것인바(대법원 1983.3.22. 선고 83도231 판결 등 참조), 피고인이 비록 공소외 1등의 손에서 벗어나기 위해서이기는 하나 그들과 몸싸움을 벌인 것은 분명하고, 피고인이 팔꿈치 또는 손으로 경찰관들을 밀어 넘어뜨렸다면 적어도 폭행에 대한 인식은 있었다고 봄이 상당하므로, 피고인에게 폭력에 대한 범의조차 없다고 본 원심의 판단 부분은 수긍하기 어렵다.]
>
> 이상의 대법원판결은 상해죄는 결과범이기 때문에 폭행의 인식이 있으면 족하고 상해의 의사가 있음을 요하지 않는다고 판시하고 있으나, 상해죄와 폭행죄를 엄격하게 구별하는 형법의 해석으로는 있을 수 없는 이론이다. 상해죄가 성립하기 위해서는 상해의 고의(인식+의욕)가 있어야 함은 당연하다.

(2) 위법성

상해죄도 일반적인 위법성 조각사유가 인정되는 것은 물론이다. 즉 정당방위나 긴급피난, 정당행위 등이 그것이다.

다만 방어를 위한 행위가 아닌 경우 정당방위가 될 수 없으므로, 상호간 싸움에 의

94) 예컨대 보증의무자가 병자에게 의약품을 공급하지 않거나 음식물을 주지 않아 신체를 쇠약하게 하는 경우 등을 들 수 있다.

하여 상대방에게 상해를 가한 행위는 정당방위가 성립하지 않는다.

보충판례 10 : 대법원 1999.10.12. 선고 99도3377 판결
대법원 1996.12.23. 선고 96도2745 판결
대법원 2004.6.25. 선고 2003도4934 판결

① 피해자의 승낙

문제가 되는 것은 피해자의 승낙에 의한 상해이다.

일반적으로 판단능력(행위능력) 있는 피해자의 자유롭고 진지한 의사에 의한 승낙은 위법성을 조각한다. 그러나 상해의 경우 사람의 신체는 생명의 기초가 되는 중요한 법익이므로 모든 경우에 승낙에 의한 상해가 위법성을 조각한다고는 할 수 없다. 즉 생명을 보호법익으로 하는 살인죄의 경우 승낙이 있었다 하더라도 명문으로 처벌규정을 두고 있는 것과 같은 논리라고 할 수 있다.

다만, 촉탁·승낙살인죄와 같이 명문의 규정을 두고 있는 살인죄와는 달리 승낙상해죄의 처벌규정을 두고 있지 않은 상해죄에서 승낙에 의한 상해를 처벌 할 수 있을 것인지는 문제이다.

통설 및 판례[95]는 사회상규에 위배되지 않아야 피해자의 승낙에 의한 상해행위도 위법성이 조각될 수 있다고 한다.

따라서 결투에 의한 상해행위, 병역기피나 훈련기피를 목적으로 하는 자상행위에 가담한 상대방의 상해행위, 채무면제용으로 자신의 신체 중 일부를 절단하는 것을 승인하는 등의 피해자 승낙은 그것이 진정한 의미에서의 승낙이라 하더라도 위법성이 조각될 수 없지만, 스포츠에 의한 상해[96]나 의사의 치료행위 등이 처벌할 수 없는 행위임은 명백하다.[97]

95) 2008.12.11. 선고 2008도9606 판결 ; 대법원 1985.12.10. 선고 85도1892 판결(형법 제24조의 규정에 의하여 위법성이 조각되는 피해자의 승낙은 개인적 법익을 훼손하는 경우에 법률상 이를 처분할 수 있는 사람의 승낙을 말할 뿐만 아니라 그 승낙이 윤리적, 도덕적으로 사회상규에 반하는 것이 아니어야 한다.)

96) 물론 이 경우에도 행위자에게 상해의 고의가 있고 경기규칙을 준수하지 않은 경우에는 피해자 승낙으로 인한 위법성이 조각되지 않는다.

97) **[자동차동승자의 사고에 의한 상해]** : 자동차에 동승하였다는 사실만으로 그 자동차의 사고로 인한 상해를 승낙하였다고 볼 수는 없지만, 운전에 대한 위험을 인식하고 동승한 경우(예컨대 음주운전에

다만 이러한 경우에는 특히 의사의 치료행위와 관련하여 위법성이 조각되는 것인지(위법성조각설), 아니면 구성요건해당성 조차 없는 것인지(구성요건해당성배제설)에 대하여는 견해가 대립하고 있다.

② 의사의 치료행위

의사의 치료행위에 의하여 성공한 경우에는 건강을 침해한 것이 아니라, 건강을 회복 증진한 것이고 생리적 기능의 훼손을 가져온 사실이 없으므로 구성요건 해당성이 없고, 실패한 경우라도 의술의 법칙에 따른 이상 고의가 없으므로 상해죄의 구성요건 해당성이 없는 행위라는 견해도 있다.

그러나 일단 상해가 발생되었고 치료하였다고 하여 상해가 없었다고 할 수 없고, 의술의 법칙에 따랐다고 하여 상처부위를 칼로 자른다는 인식 즉 고의가 없어지는 것은 아니며, 일단 상처를 절개한다는 인식이 있으면 고의를 인정하여야 하는데 이러한 고의는 치료행위라는 상당성이 인정되는 것이므로 의사의 전단적 치료행위로부터 환자의 자기결정권을 보호하기 위해 피해자의 승낙에 의한 행위로 위법성이 조각된다고 보는 것이 타당할 것이다.

따라서 의사의 치료행위가 위법성이 조각되기 위해서는 의사가 충분한 설명의무[98]를 이행하고 그에 따른 환자의 자유롭고 진지한 의사에 기한 유효한 승낙이 있으며 치료의 목적과 의학적 방법에 있어서도 의료준칙을 준수하는 등 사회상규에 반하지 않는다는 요건을 구비하여야 한다.

판례도 같은 입장이다. 다만 아래의 판례(보충판례 11)는 유효하지 않은 승낙에 의한 수술행위는 업무상 과실치상죄에 해당한다고 판시하고 있으나 상해죄의 구성요건에 해당한다고 하여야 할 것이다.

대한 위험을 인식하고 동승한 자기위태화행위)에는 과실에 의한 상해에 대하여 피해자의 승낙이 있어 위법성이 조각될 수 있다.

98) **[설명의무의 구체적 내용]** : 첫째 치료를 행한다는 사실, 둘째 조치의 수단과 방법, 셋째 그 결과, 넷째 진단에 대한 설명 등이다. 그러나 이러한 의사의 설명이 오히려 환자에게 정신적 충격을 주어 환자의 위험성을 증가시키게 되는 경우에는 보호원리에 따라 설명의무가 면제되는 경우도 있을 수 있다.

보충판례 11 : 대법원 1993.7.27. 선고 92도2345 판결

③ 징계행위

부모, 학교장·교사, 군인 등의 징계행위는 법령에 의한 행위로 위법성이 조각될 수 있으며 징계행위의 일환으로 이루어지는 체벌도 사회상규에 위배되지 않는 범위 내[99]에서 위법성이 조각될 수 있을 것이지만, 체벌이 신체상해에 이르렀을 경우에는 징계권의 범위를 초과하는 행위이기 때문에 위법성이 조각될 수 없다. 판례도 같은 입장이다.[100]

99) 형법상 위법성조각사유의 체계적 정합성을 고려하면 제20조에서 제24조까지의 위법성조각사유는 모두 '사회상규에 위배되지 않는 행위'의 구체적인 예라 할 수 있으므로 최종적으로 위법성조각사유의 해당성 여부는 사회상규에 위배되지 않는 범위 내에서의 위법성을 조각하는 행위(예컨대 정당행위, 정당방위, 긴급피난, 자구행위, 피해자의 승낙)이어야 한다.

100) 대법원 1986.7.8. 선고 84도2922 판결 ; 대법원 2002.2.8. 선고 2001도6468 판결(비록 수십 회에 걸쳐서 계속되는 일련의 폭행행위가 있었다 하더라도 그 중 친권자로서의 징계권의 범위에 속하여 위 위법성이 조각되는 부분이 있다면 그 부분을 따로 떼어 무죄의 판결을 할 수 있다.) ; 대법원 2004.06.10. 선고 2001도5380 판결(초·중등교육법령에 따르면 교사는 학교장의 위임을 받아 교육상 필요하다고 인정할 때에는 징계를 할 수 있고 징계를 하지 않는 경우에는 그 밖의 방법으로 지도를 할 수 있는데 그 지도에 있어서는 교육상 불가피한 경우에만 신체적 고통을 가하는 방법인 이른바 체벌로 할 수 있고 그 외의 경우에는 훈육, 훈계의 방법만이 허용되어 있는바, 교사가 학생을 징계 아닌 방법으로 지도하는 경우에도 징계하는 경우와 마찬가지로 교육상의 필요가 있어야 될 뿐만 아니라 특히 학생에게 신체적, 정신적 고통을 가하는 체벌, 비하하는 말 등의 언행은 교육상 불가피한 때에만 허용되는 것이어서, 학생에 대한 폭행, 욕설에 해당되는 지도행위는 학생의 잘못된 언행을 교정하려는 목적에서 나온 것이었으며 다른 교육적 수단으로는 교정이 불가능하였던 경우로서 그 방법과 정도에서 사회통념상 용인될 수 있을 만한 객관적 타당성을 갖추었던 경우에만 법령에 의한 정당행위로 볼 수 있을 것이고, 교정의 목적에서 나온 지도행위가 아니어서 학생에게 체벌, 훈계 등의 교육적 의미를 알리지도 않은 채 지도교사의 성격 또는 감정에서 비롯된 지도행위라든가, 다른 사람이 없는 곳에서 개별적으로 훈계, 훈육의 방법으로 지도·교정될 수 있는 상황이었음에도 낯모르는 사람들이 있는 데서 공개적으로 학생에게 체벌·모욕을 가하는 지도행위라든가, 학생의 신체나 정신건강에 위험한 물건 또는 지도교사의 신체를 이용하여 학생의 신체 중 부상의 위험성이 있는 부위를 때리거나 학생의 성별, 연령, 개인적 사정에서 견디기 어려운 모욕감을 주어 방법·정도가 지나치게 된 지도행위 등은 특별한 사정이 없는 한 사회통념상 객관적 타당성을 갖추었다고 보기 어렵다.) ; 대법원 1976.4.27. 선고 75도115 판결(중학교 교장직무대리자가 훈계의 목적으로 교칙위반학생에게 뺨을 몇 차례 때린 정도는 감호교육상의 견지에서 볼 때 징계의 방법으로서 사회 관념상 비난의 대상이 될 만큼 사회상규를 벗어난 것으로는 볼 수 없어 처벌의 대상이 되지 아니한다.) ; 대법원 1984.6.26. 선고 84도603 판결(부하를 훈계하기 위한 것이라 하여도 폭행행위가 훈계권의 범위를 넘었다고 보여지고 그로 인하여 상해를 입은 이상 그 행위를 사회상규에 위배되지 아니한 행위로서 위법성이 조각된다고 할 수 없다.) ; 대법원 1978.4.11. 선고 77도3149 판결(소대장이 소대 내무반 막사 안에서 피해자가 술에 취하여 신병들에게 행패를 부리는 것을 보고 격분하여 동인에게 둔부를 1회 강축하고, 앞가슴을 우측 주먹으로 한 번 치는 등의 폭행행위는 군대내의 질서를 지키려는 목적에서 지휘관이 부하에게 가한 경미한 폭행으로 지키려는 법익이 피해법익에 비하여 월등이 크다고 할 것이므로 그 위법성을 결여한다.)

(3) 죄수

상해죄의 보호법익은 일신전속적인 법익이므로 침해법익(피해자)의 수에 따라 상해죄가 성립한다.[101]

따라서 범의의 갱신 없는 동일의사에 의한 수개의 행위로 동일인의 신체를 상해하면 포괄일죄가 되지만, 수인의 신체를 상해하면 수죄가 된다.[102]

상해 후 살인을 한 경우 상해죄는 살인죄에 흡수된다. 살인이 미수에 그치고 상해를 입힌 경우에는 상해죄는 살인미수죄에 흡수되어 살인미수죄만이 성립한다(법조경합 중 흡수관계). 상해로 공무집행을 방해한 경우에는 공무집행방해죄와 상상적 경합이 된다.[103]

나. 존속상해죄

[조문]

> 형법 제257조(존속상해) ② 자기 또는 배우자의 직계존속에 대하여 제1항의 죄를 범한 때에는 10년 이하의 징역 또는 1천500만원 이하의 벌금에 처한다.
> ③ 전 2항의 미수범은 처벌한다.
>
> 제264조(상습범) 상습으로 제257조, 제258조, 제260조 또는 제261조의 죄를 범한 때에는 그 죄에 정한 형의 2분의 1까지 가중한다.
>
> 제265조(자격정지의 병과) 제257조제2항, 제258조, 제260조제2항, 제261조 또는 전조의 경우에는 10년 이하의 자격정지를 병과할 수 있다.
>
> 폭력행위등처벌에관한법률 제2조(폭행등) ① 상습적으로 다음 각 호의 죄를 범한 자는 다음의

101) 대법원 1983.4.26. 선고 83도524 판결(상해를 입힌 행위가 동일한 일시, 장소에서 동일한 목적으로 저질러진 것이라 하더라도 피해자를 달리하고 있으면 피해자별로 각각 별개의 상해죄를 구성한다고 보아야 할 것이고 1개의 행위가 수개의 죄에 해당하는 경우라고 볼 수 없다.)

102) 대법원 1981.5.26. 선고 81도811 판결(두 사람에 대하여 각기 칼을 휘둘러 한 사람을 사망에 이르게 하고, 또 한 사람에 대하여는 상처를 입게 한 경우에는 상해치사죄와 상해죄의 두 죄가 성립한다.)

103) 대법원 2012.6.28. 선고 2011도15990 판결(교도관들이 교도소 내에서 소란을 피운 피고인에 대하여 보호장비인 수갑과 머리보호대를 사용하자, 피고인이 이에 저항하는 과정에서 머리로 교도관의 턱 부위를 들이받아 상해를 가함과 동시에 그 직무집행을 방해하였다는 내용으로 기소된 사안에서, 제반 사정을 종합할 때 교도소 질서유지 등을 위하여 교도관들이 보호장비를 사용할 만한 상당한 이유가 있었다고 보아야 하는데도, 이와 달리 보아 공소사실 전부에 대하여 무죄를 선고한 원심판결에 법리오해 등 잘못이 있다.)

구분에 따라 처벌한다.
3. 「형법」 제257조제1항(상해) · 제2항(존속상해), 제276조제2항(존속체포, 존속감금) 또는 제350조(공갈)의 죄를 범한 자는 3년 이상의 유기징역
② 2인 이상이 공동하여 제1항 각 호에 열거된 죄를 범한 때에는 각 형법 본조에 정한 형의 2분의 1까지 가중한다.

본죄는 자기 또는 배우자의 직계존속의 신체를 상해함으로써 성립하는 범죄로 단순상해죄에 비하여 행위자의 책임이 가중되는 부진정신분범이다. 입법론적으로는 폐지하는 것이 바람직하다.

자기 또는 배우자의 직계존속의 의미는 존속살해죄의 직계존속의 의미와 동일하고[104] 상해의 의미는 상해죄에 있어서 상해의 의미와 같다.[105]

다. 중상해죄·존속중상해죄

[조문]

형법 제258조(중상해, 존속중상해) ① 사람의 신체를 상해하여 생명에 대한 위험을 발생하게 한 자는 1년 이상 10년 이하의 징역에 처한다.
② 신체의 상해로 인하여 불구 또는 불치나 난치의 질병에 이르게 한 자도 전항의 형과 같다.
③ 자기 또는 배우자의 직계존속에 대하여 전2항의 죄를 범한 때에는 2년 이상의 유기징역에 처한다.

제264조(상습범) 상습으로 제257조, 제258조, 제260조 또는 제261조의 죄를 범한 때에는 그 죄에 정한 형의 2분의 1까지 가중한다.

104) 대법원 1983.6.28. 선고 83도996 판결(친자관계라는 사실은 호적상의 기재여하에 의하여 좌우되는 것은 아니며 호적상 친권자라고 등재되어 있다 하더라도 사실에 있어서 그렇지 않은 경우에는 법률상 친자관계가 생길 수 없다 할 것인바, 피고인은 호적부상 피해자와 모 사이에 태어난 친생자로 등재되어 있으나 피해자가 집을 떠난 사이 모가 타인과 정교관계를 맺어 피고인을 출산하였다면 피고인과 피해자 사이에는 친자관계가 없으므로 존속상해죄는 성립될 수 없다.)

105) **[상습성의 의미 및 상습성 유무의 판단기준]** : 대법원 2012.1.26. 선고 2011도15356 판결[상습존속상해][폭처법 제2조 제1항에서 말하는 '상습'이란 같은 항 각 호에 열거된 각 범죄행위 상호간의 상습성만을 의미하는 것이 아니라, 같은 항 각 호에 열거된 모든 범죄행위를 포괄한 폭력행위의 습벽을 의미하는 것이라고 해석함이 상당하고, 폭처법 제2조 제1항에서 정한 상습성의 유무는 피고인의 연령·성격·직업·환경·전과사실, 범행의 동기·수단·방법 및 장소, 전에 범한 범죄와의 시간적 간격, 그 범행의 내용과 유사성 등 여러 사정을 종합하여 판단하여야 한다. …… 위와 같은 사실관계를 앞서 본 법리에 비추어 살펴보면, 선행사건 및 후행사건의 각 범행은 피고인의 존속폭력습벽의 발현에 기인한 것으로 인정할 수 있으므로, 이 사건 존속상해 및 폭처법 위반(상습존속상해)의 점은 모두 (집합범에 해당하여) 포괄일죄의 관계에 있다고 볼 수 있다.]

제265조(자격정지의 병과) 제257조제2항, 제258조, 제260조제2항, 제261조 또는 전조의 경우에는 10년 이하의 자격정지를 병과할 수 있다.

아동학대범죄의처벌등에관한특례법 제5조(아동학대중상해) 제2조제4호가목부터 다목까지의 아동학대범죄를 범한 사람이 아동의 생명에 대한 위험을 발생하게 하거나 불구 또는 난치의 질병에 이르게 한 때에는 3년 이상의 징역에 처한다.

제6조(상습범) 상습적으로 제2조제4호가목부터 파목까지의 아동학대범죄를 범한 자는 그 죄에 정한 형의 2분의 1까지 가중한다. 다만, 다른 법률에 따라 상습범으로 가중처벌되는 경우에는 그러하지 아니하다.

(1) 의의와 성격

형법 제258조는 사람의 신체를 상해하여 생명에 대한 위험을 발생하게 한 경우(제1항)와, 신체의 상해로 인하여 불구 또는 불치나 난치의 질병에 이르게 한 경우(제2항)를 중상해죄로 처벌하고 있다.

본죄의 법적 성격은 단순상해의 고의를 가지고 행위하다가 과실로 중한 상해의 결과(즉 생명에 대한 위험발생, 불구, 불치나 난치의 질병에 이르게 한 경우)를 야기한 경우뿐만 아니라 고의로 중한 상해의 결과를 야기한 경우에도 성립하는 부진정결과적 가중범이다(통설 및 판례[106]).

중상해죄를 가중처벌하는 이유는 피해자에게 현저히 중대한 결과를 발생하게 하였기 때문이라고 할 수 있다. 결과의 중대성에 따라 일반 상해죄와 중상해죄를 구별하여 형량의 폭을 좁힌 것은 죄형법정주의 원칙에 따라 법관의 재량의 범위를 축소한 것이다.

(2) 중한 결과

'생명에 대한 위험'이란 구체적인 위험(즉 치명상을 가하거나 혼수상태에 빠지게 하는 것과 같이 생명이 끊길 수 있는 구체적 위험발생)을 말하며[107], '불구'란 신체의 중요부분이 절단되

---

106) 대전고법 1995.4.7. 선고 94노738 판결[상고](가해행위 시에 중상해의 고의가 있는 경우는 물론이고 상해의 고의만 있었더라도 그 가해행위로 인하여 중상해의 결과가 발생하는 경우에는 중상해에 대한 예견가능성이 인정되는 한 중상해죄의 죄책을 진다.)

거나 그 기능이 상실된 경우[108]를 의미한다.

여기서 중요부분의 판단과 관련하여서는, 피해자 개인의 사정을 고려하지 않고 신체조직상의 기능을 객관적으로 판단하여 결정해야 한다는 객관설(다수설)과 직업 등 피해자의 구체적인 생활관계를 고려하여 규범적으로 판단해야 한다는 주관설이 대립하고 있다.

생각건대 평등한 법적용을 위해서나 불치·난치와의 균형상 일반인을 기준으로 판단하는 객관설이 타당하다. 판례는 시력의 상실[109]이나 콧등을 절단시킨 경우[110]는 불구에 해당하지만, 이빨이 빠진 정도로는 불구에 해당하지 아니하고[111], 1-2개월간 입원할 정도로 다리가 부러진 상해 또는 3주간의 치료를 요하는 우측흉부자상은 중상해에 해당하지 않는다고 한다.[112]

불치 또는 난치의 질병이란 정신병이나 마비와 같은 경우가 이에 해당한다고 할 수 있으며, 치료의 가능성이 없거나 희박한 경우(예컨대 AIDS감염[113], 척추장애 등)를 의미한

107) 따라서 생명에 대한 위험으로 인하여 피해자가 사망한 때에는 상해치사죄가 성립한다.

108) 불구는 신체의 외형적 부분에 한하고 신체내부의 장기상실은 포함하지 않으며 장기의 상실은 불치 또는 난치 속에 포함시킬 수 있다는 부정설이 다수설이다. 또한 중상해를 규정하고 있는 독일 형법 제224조 제1항은 제1호에서 신체의 중요부분, 한쪽 또는 양쪽의 시력, 청력, 음력, 생식력 상실이나 영구적 훼손을 제2호에서는 질병, 신체마비, 정신병의 결과를 야기한 때라고 규정하여 제1호의 경우 신체조직의 외형적 상해로 중상해를 한정하고 있다. 그러나 우리 중상해죄규정의 해석으로는 장기의 상실이 불치 또는 난치에는 해당할지 몰라도 불치나 난치의 질병이라고도 할 수 없으므로 장기상실도 '불구'의 개념에 포함시키는 것이 바람직 할 것이다.

109) 대법원 1960.4.6. 선고 4292형상395 판결 ; 대전고법 1995.4.7. 선고 94노738 판결[상고]

110) 대법원 1970.9.22. 선고 70도1638 판결.

111) 대법원 1960.2.29. 선고 4292형상413 판결.

112) 대법원 2005.12.9. 선고 2005도7527 판결(공소사실의 기재에 의하더라도 피고인은 공소외 1에게 "피해자의 다리를 부러뜨려 1-2개월간 입원케 하라."고 말하여 교사하고, 또한 공소외 1로부터 순차 지시를 받은 공소외 2, 공소외 3으로 하여금 칼로 피해자의 우측가슴을 찔러 피해자에게 약 3주간의 치료를 요하는 우측흉부자상 등을 가하였다는 것인데, 1-2개월간 입원할 정도로 다리가 부러지는 상해 또는 3주간의 치료를 요하는 우측흉부자상은 그로 인하여 생명에 대한 위험을 발생하게 한 경우라거나 불구 또는 불치나 난치의 질병에 이르게 한 경우에 해당한다고 보기 어렵고, 달리 피고인이 교사한 상해가 중상해에 해당한다거나 피해자가 입은 상해가 중상해에 해당한다고 단정할 자료도 없어 보인다.)

113) **[AIDS감염 유발행위의 형사책임]** : 상대방에게 에이즈를 감염시킬 의사를 가지고 자신의 감염사실을 알리지 않은 채 안전조치 없이 성행위를 한 경우 살인의 고의를 인정할 수 있다는 견해(살인죄설)가 있다. 이에 대하여 안전조치 없는 성관계의 경우에도 에이즈에 감염될 확률은 1% 내지 2%에 불과하고, 감염 후 발병될 확률은 50% 내외이며, 발병까지의 잠복기간이 평균 10년인 점을 감안하여 살인죄의 고의를 부정하고 중상해죄를 인정하여야 한다는 견해(중상해죄설, 다수설)도 있다. 물론 살인의 고의 자체를 부정할 수는 없지만, 어떤 행위의 살해행위성을 인정하려면 행위 당시 객관적인 관점에서 그 행위 자체만으로 즉시 또는 가까운 시일 내에 사망이라는 결과를 야기시킬 정도가 되어야 한다는 살인죄의 실행행위 적합성을 중시하면 에이즈감염 유발행위는 불치의 병을 유발시키는 중상

다고 할 것이다.

보충판례 12 : 헌법재판소 2009.2.26. 선고 2005헌마764,2008헌마118(병합) 전원재판부 결정 【교통사고처리특례법제4조제1항등위헌확인】

(3) 미수

중상해죄의 미수범을 처벌하는 규정은 없다. 중상해의 고의로 상해행위를 하였으나 중상해의 결과가 발생하지 않은 경우 이러한 중상해의 미수를 불가벌로 취급하게 되면 단순상해죄의 미수범을 처벌하는 경우와 형벌의 균형을 이룰 수 없게 된다.

따라서 중상해의 미수는 상해미수로 처벌할 수밖에 없다. 즉 상해나 중상해의 고의로 단순상해의 결과가 발생하면 상해기수죄, 중상해나 단순상해의 결과가 발생하지 않으면 상해미수죄가 성립한다.

(4) 존속중상해죄

자기 또는 배우자의 직계존속에 대하여 중상해죄를 범함으로써 성립하는 범죄로, 신분관계로 인하여 책임이 가중되는 가중적 구성요건이며 부진정신분범에 해당한다.

해행위로 평가하는 것이 바람직할 수도 있다. 그러나 살인죄의 실행행위 적합성은 반드시 그 행위자체로부터 즉시 또는 가까운 시일 내에 사망이라는 결과가 발생되어야만 인정되는 것은 아닐 것이다. 예컨대 치사량의 독극물을 아주 조금씩 지속적·반복적으로 5년 내지 10년 동안 나누어 장기복용시킴으로써 사망의 결과를 야기시킬 수도 있기 때문이다. 따라서 살인죄를 부정하기도 어려워 보인다. 그럼에도 HIV감염을 '만성질환'으로 인식하고 있는 의학계의 최근 인식에 따르면 감염유발행위는 불치 또는 난치의 질병인 만성질환을 유발시켜 생명에 위험을 발생케 하는 행위이기 때문에 살인행위라고 할 수도 없다. 현행형법의 해석론으로는 중상해에 해당한다고 하는 다수설이 설득력을 얻을 수밖에 없는 이유이다. 다만 '후천성면역결핍증예방법' 제19조는 HIV감염인의 타인에 대한 전파매개행위를 금지하고 있으며 이를 위반시 3년 이하의 징역에 처하도록 규정하고 있지만(제25조 제2호), 감염인 중 질병이 발병한 에이즈환자에 의한 감염유발행위에 대해서는 잠재적 피해자의 입장과 일반인의 범감정을 고려한 일반예방적 견지에서 살인죄나 중상해죄의 처벌에 대한 명확한 입법적 결단이 필요할 것이다.

라. 상해치사죄·존속상해치사죄

[조문]

> 형법 제259조(상해치사) ① 사람의 신체를 상해하여 사망에 이르게 한 자는 3년 이상의 유기징역에 처한다.
> ② 자기 또는 배우자의 직계존속에 대하여 전항의 죄를 범한 때에는 무기 또는 5년 이상의 징역에 처한다.
>
> 특정범죄가중처벌등에관한특례법 제5조의9(보복범죄의 가중처벌 등) ③ 제2항의 죄 중「형법」제257조제1항 · 제260조제1항 또는 제276조제1항의 죄를 범하여 사람을 사망에 이르게 한 경우에는 무기 또는 3년 이상의 징역에 처한다.
>
> 아동학대범죄의처벌등에관한특례법 제4조(아동학대치사) 제2조제4호가목부터 다목까지의 아동학대범죄를 범한 사람이 아동을 사망에 이르게 한 때에는 무기 또는 5년 이상의 징역에 처한다.

(1) 구성요건

본죄는 사람에게 상해를 가하여 사망에 이르게 함으로써 성립하는 범죄이다. 상해에 대하여는 고의가 있었으나, 사망에 대한 고의가 없는 경우로서 상해죄의 결과적 가중범이다. 즉 상해죄에 비하여 불법이 가중된 범죄유형이다. 존속상해치사죄는 여기에 신분관계로 인하여 책임까지 가중된 형태의 부진정신분범이다.[114)]

본죄가 성립하기 위하여는 결과적 가중범의 일반원리에 따라 상해와 사망의 결과 사이에 인과관계가 있어야 하며, 사망의 결과에 대한 예견가능성, 즉 사망을 예견할 수 있었음에도 불구하고 예견하지 못한 과실이 있어야 한다.

① 형법적 인과관계

상해치사죄[115)]가 성립하기 위해서는 상해행위와 사망 사이에 상당인과관계가 있

114) 헌법재판소 2002.3.28. 2000헌바53 전원재판부결정[형법 제259조 제2항 위헌소원 : 합헌](비속의 직계존속에 대한 존경과 사랑은 봉건적 가족제도의 유산이라기보다는 우리 사회윤리의 본질적 구성부분을 이루고 있는 가치질서로서, 특히 유교적 사상을 기반으로 전통적 문화를 계승·발전시켜 온 우리나라의 경우는 더욱 그러한 것이 현실인 이상, '비속'이라는 지위에 의한 가중처벌의 이유와 그 정도의 타당성 등에 비추어 그 차별적 취급에는 합리적 근거가 있으므로, 이 사건 법률조항은 헌법 제11조 제1항의 평등원칙에 반한다고 할 수 없다.)

115) **[상해치사죄와 폭행치사죄의 구별]** : 행위자의 행위로 사망의 결과가 발생한 경우 실무적으로는 그

어야 한다.116) 판례도 상당인과관계설에 따라 상해행위가 직접적인 사망의 원인이 아니었다 하더라도 이로부터 발생된 다른 간접적인 원인이 결합되어 사망의 결과를 발생시킨 경우에도 인과관계를 인정한다.

보충판례 13 : 대법원 1982.12.28. 선고 82도2525 판결
대법원 2012.3.15. 선고 2011도17648 판결

한편 '인과과정의 착오'가 문제되는 사안으로 피해자에게 상해를 가하여 정신을 잃고 빈사상태에 빠진 피해자를 사망한 것으로 오인하고 자살한 것처럼 가장하기 위하여 베란다 아래의 바닥으로 떨어뜨려 비로소 사망에 이르게 한 경우에도 상해와 사망 간의 인과관계가 인정되는지가 문제된다.

인과관계를 긍정하여 상해치사죄가 성립한다는 견해(소수설 및 판례=보충판례 14)와 인과관계를 부정하여 상해죄·중상해죄와 과실치사죄의 실체적 경합범이 된다는 견해(다수설)가 대립하지만, 위 사안에서는 피해자의 사망이 상해행위와는 무관한 행위자의 별도의 행위에 의해 발생하였다는 점을 중시할 때 다수설이 타당하다.

보충판례 14 : 대법원 1994.11.4. 선고 94도2361 판결

② 사망에 대한 예견가능성

예견가능성은 예견할 수 있었음에도 과실(부주의)로 예견하지 못한 것으로(즉 사망의

유형력의 행사가 폭행고의에 의한 것인지 상해고의에 의한 것인지를 구별하기 어렵다. 특히 폭행치사죄와 상해치사죄는 동일한 법정형(3년 이상의 유기징역)으로 처벌되기 때문에 피해자가 외상을 입고 사망한 경우에는 대부분 상해치사죄로 의율하는 경우가 많다. 판례는 안면과 흉부에 대한 강도의 구타를 가하여 사망케 한 때(대법원 1955.6.7. 선고 4288형상88 판결), 피고인 등이 주먹으로 피해자의 안면을 무수히 강타하고 양산 끝으로 두경부를 찌르는 등의 폭행을 가하여 사망케 한 때(대법원 1960.10.26. 선고 4293형상291 판결)에 상해의 고의를 인정하여 폭행치사죄가 아닌 상해치사죄로 의율하였다.

116) 대법원 1996.5.10. 선고 96도529 판결(상해행위를 피하려고 도로를 횡단하다가 차량에 치어 사망한 경우 상해행위와 피해자의 사망 사이에 상당인과관계가 있다.) ; 대법원 1972.3.28. 선고 72도296 판결(피고인이 강타로 인하여 임신 7개월의 피해자가 지상에 전도되어 낙태하고 위 낙태로 유발된 심근경색증으로 죽음에 이르게 된 경우 피고인의 구타행위와 피해자의 사망 간에는 인과관계가 있다.) ; 서울고법 1963.5.8. 63노26 형사부판결[확정](상해죄의 결과적 가중범인 상해치사죄를 판단하기 위하여는 첫째 피고인이 그 원인되는 상해행위를 어떠한 방법으로 가하였느냐를 밝혀야 할 것이고 둘째로는 그 상해 및 사망원인과 사망의 사이에 인과관계가 있음을 밝혀야 한다.)

결과를 예견하지 못하였지만 예견할 수 있었던 경우이므로 예견하지 못한 것에 과실이 있는 경우이다), 통설은 결과에 대한 예견가능성을 과실과 같은 의미로 해석하고 있다.[117]

인과관계에 관한 조건설 및 객관적 상당인과관계설을 취하는 입장에서는 결과에 대한 예견가능성이라는 요건이 의미가 있지만, 절충적 또는 주관적 상당인과관계설의 입장에서는 결과에 대한 예견가능성은 큰 의미를 가질 수 없다.

사망에 대한 예견가능성이 없는 경우에는 상해죄 또는 존속상해죄가 성립할 뿐이고, 사망에 대한 고의가 있는 경우에는 상해치사죄가 아닌 살인죄 또는 존속살인죄가 성립한다.[118]

(2) 공동정범·교사범

판례는 상해치사죄의 공동정범은 살해할 의사없이 폭행 기타 신체침해행위를 공동으로 할 의사가 있으면 성립되고 결과를 공동으로 할 의사는 필요없다는 이유로 공동정범의 성립을 인정한다(과실범의 공동정범을 인정하는 행위공동설의 입장).[119]

그러나 과실범의 공동정범을 부정하더라도 본죄의 공동정범이 인정되기 위해서는

---

117) 대법원 1984.12.11. 선고 84도2183 판결(사람의 얼굴과 가슴에 대한 가격은 신체기능에 중대한 지장을 초래할 수 있고 더구나 두뇌 부위에 대하여 두개골 결손을 가져올 정도로 타격을 가할 경우에 치명적인 결과를 가져올 수 있다는 것은 누구나 예견할 수 있는 일이다.) ; 대법원 1981.3.10. 선고 80도3321 판결(사람의 안면은 사람의 가장 중요한 곳이고 이에 대한 강한 타격은 생리적으로 두부에 중대한 영향을 주어 정신적 흥분과 혈압의 항진 등으로 인하여 뇌출혈을 일으켜 사망에 이르게 할 수도 있다는 것은 통상인이라면 누구나 예견할 수 있다.)

118) 대법원 1986.7.22. 선고 86도1070 판결(비록 순간적이나마 피해자를 살해할 것을 결심하고 피해자를 밀어서 땅에 넘어뜨리고 손으로 그 목을 졸라 실신시킨 다음 약 5내지 6보 도망가다가 피해자가 신음소리를 내며 그 옆에 있는 군사용 개인호 안으로 굴러떨어지자 되돌아와서 피해자가 가지고 있던 핸드백 끈을 두 겹으로 하여 그 목에 1회 감아 양손으로 힘껏 졸라 즉시 그곳에서 질식케 하여 사망에 이르게 하였다면 이는 살인죄를 구성하는 것이고 상해치사 또는 폭행치사가 아님이 명백하다.)

119) 대법원 2013.04.26. 선고 2013도1222 판결 ; 대법원 2000.5.12. 선고 2000도745 판결 ; 대법원 1993.8.24. 선고 93도1674 판결(결과적 가중범인 상해치사죄의 공동정범은 폭행 기타의 신체침해 행위를 공동으로 할 의사가 있으면 성립되고 결과를 공동으로 할 의사는 필요 없으며, 여러 사람이 상해의 범의로 범행 중 한 사람이 중한 상해를 가하여 피해자가 사망에 이르게 된 경우 나머지 사람들은 사망의 결과를 예견할 수 없는 때가 아닌 한 상해치사의 죄책을 면할 수 없다.) ; 대법원 1991.10.11. 선고 91도1755 판결(공동정범의 주관적 요건인 공모는 공범자 상호간에 범죄의 공동실행에 관한 의사의 결합만 있으면 족하고, 이와 같은 공모가 이루어진 이상 실행행위에 관여하지 않더라도 다른 공범자의 행위에 대하여 형사책임을 지는 것인바, 피고인이 여러 공범들과 피해자를 상해하기로 공모하고, 피고인 등은 상피고인의 사무실에서 대기하고, 실행행위를 분담한 공모자 일부가 사건현장에 가서 위 피해자를 상해하여 사망케 하였다면 피고인은 상해치사범죄의 공동정범에 해당한다.)

기본범죄(상해)에 대한 공동가담의 의사가 있고 공동정범의 각자가 사망의 결과를 예견할 수 있었음(중한 결과에 대한 예견가능성)을 요한다고 하여야 한다.

따라서 공동으로 상해를 가하는 기회에 1인이 살인의 의사로 사람을 살해한 경우에도 나머지 가담자는 예견가능한 범위 내에서 상해치사죄의 죄책을 부담하게 된다. 판례도 같은 입장이다.

보충판례 15 : 대법원 1991.5.14. 선고 91도580 판결
대법원 1984.10.5. 선고 84도1544 판결

한편 다수설 및 판례[120]는 상해를 교사하였으나 피교사자가 살인을 한 경우 교사자는 상해죄에 대한 교사범이 성립하지만, 교사자에게 피해자의 사망이라는 결과에 대한 과실 내지 예견가능성이 있는 때에는 상해치사죄의 교사범으로서의 죄책을 진다고 한다.

(3) 존속상해치사죄

자기 또는 배우자의 직계존속의 신체를 상해하여 사망에 이르게 함으로써 성립하는 범죄로 상해치사죄에 대하여 신분관계로 책임이 가중되는 가중적 구성요건이다.

마. 동시범의 특례

[형법조문]

제19조(독립행위의 경합) 동시 또는 이시의 독립행위가 경합한 경우에 그 결과발생의 원인된 행위가 판명되지 아니한 때에는 각 행위를 미수범으로 처벌한다.

제263조(동시범) 독립행위가 경합하여 상해의 결과를 발생하게 한 경우에 있어서 원인된 행위가 판명되지 아니한 때에는 공동정범의 예에 의한다.

120) 대법원 2002.10.25. 선고 2002도4089 판결 ; 대법원 1997.6.24. 선고 97도1075 판결 ; 대법원 1993.10.8. 선고 93도1873 판결(교사자가 피교사자에 대하여 상해 또는 중상해를 교사하였는데 피교사자가 이를 넘어 살인을 실행한 경우에, 일반적으로 교사자는 상해죄 또는 중상해죄의 죄책을 지게 되는 것이지만 이 경우에 교사자에게 피해자의 사망이라는 결과에 대하여 과실 내지 예견가능성이 있는 때에는 상해치사죄의 죄책을 지울 수 있다.)

(1) 법적 성격 및 요건

형법 제19조는 독립행위가 경합한 경우에 그 원인이 판명되지 아니하면 미수범으로 처벌하는 것을 원칙으로 하고 있다. 이는 개인책임의 원리에 따라 각자는 자신의 행위에 의하여 발생한 결과에 대하여만 책임을 지도록 한 것이라 할 수 있다(일반법).

그러나 형법 제263조는 독립행위의 경합 중 상해죄의 경우에는 원인된 행위가 밝혀지지 않더라도 모두 그 발생한 상해에 대하여 공동정범으로 처벌하도록 함으로써 형법 제19조에 에 대한 예외(특례)를 인정하고 있다(특별법). 이러한 특례는 상해나 폭행이 집단적으로 이루어지는 경우 결과발생의 원인(그 원인되는 행위를 한 자)을 입증해야 하는 검사의 입증부담 내지 입증곤란을 구제하기 위한 정책적 고려에서 입법화된 규정이다.

① 법적 성격

형법이 이처럼 상해죄에 대하여 예외를 인정한 제263조의 법적 성격에 대해서는, 입증책임을 피고인에게 전환한 것이라는 거증책임전환설(다수설 및 판례), 입증곤란을 해결하기 위하여 공동정범으로 추정한 것이라는 법률상추정설, 소송법상으로는 거증책임을 전환한 것이며, 실체법상으로는 공동정범으로 추정하는 것으로 보는 이원설 등이 대립하고 있다.

거증책임전환설에 의하면 검사가 피해자의 상해가 피고인의 행위에 의하여 발생한 것이라고 입증할 필요가 없으며, 상해가 발생하기만 하면 피고인을 공동정범으로 기소하게 되고, 피고인은 자신의 행위로 상해가 발생하지 아니하였음을 적극적으로 입증하여야 한다. 이러한 입증에 따라 피고인의 행위에 의한 것이 아닌 사실이 밝혀지면 공동정범의 책임을 지지 않게 된다.[121]

---

121) **[피고인의 입증정도]** : 피고인이 입증책임을 지더라도 그 입증의 정도는 검사에게 요구되는 정도까지는 아니다[대법원 2007.5.10. 선고 2006도8544 판결 ; 대법원 1996.10.25. 선고 95도1473 판결(…행위자가 증명하여야 하는 것이나, 그 증명은 유죄의 인정에 있어 요구되는 것과 같이 법관으로 하여금 의심할 여지가 없을 정도의 확신을 가지게 하는 증명력을 가진 엄격한 증거에 의하여야 하는 것은 아니므로, 이 때에는 전문증거에 대한 증거능력의 제한을 규정한 형사소송법 제310조의2는 적용될 여지가 없다.)].

그러나 법률상추정설에 의하면 피고인이 자신의 행위에 의하여 상해가 발생한 것이 아닌 사실이 밝혀졌다 하더라도 다른 누구의 행위에 의하여 상해의 원인이 되었는지 밝혀지지 아니하면, 비록 피고인의 행위가 원인이 되지 않았더라도 공동정범의 책임을 지게 된다. 피고인의 행위가 원인이 되지 않았다는 사실이 밝혀졌음에도 공동정범의 책임을 진다는 것은 불합리하다 할 것이므로 거증책임전환설이 타당하다.[122]

② 적용요건

두 개 이상의 행위가 서로 의사의 연락이 없이 같은 객체에 대하여 행해지는 것을 말한다. 행위는 같은 장소가 아니어도 서로 다른 시간(적어도 동일기회라고 할 수 있는 근접한 시간대)에 행해져도 무방하다.[123]

상해의 결과가 발생하여야 하며, 원인된 행위가 판명되지 않아야 한다.[124] 이 경우에 자기의 행위가 원인이 아니라는 거증책임은 피고인에게 있다.

(2) 특례의 적용범위

① 상해치사죄와 폭행치사죄에의 적용 여부

동시범의 특례는 상해죄에 대하여 적용된다. 그런데 이를 상해치사죄·폭행치사죄

---

122) **[입법론]** : 동시범의 특례규정인 형법 제263조는 개별행위책임의 원칙을 벗어나 전근대적인 적극적 실체진실주의를 반영하여 연대책임(공동정범의 성립요건인 공동의 의사를 의제)을 인정하고 있다는 점에서 책임주의원칙에 정면으로 반하는 규정이다. 또한 '의심스러울 때는 피고인의 이익으로'라는 증명원칙을 무시하는 것이므로 헌법상 무죄추정의 원칙(즉 소극적 실체적 진실주의)에도 반하는 위헌적인 규정이기도 하다. 따라서 입법론적으로는 폐지되어야 마땅하지만 해석론적으로도 극도로 축소해석하는 것이 바람직하다.

123) 대법원 2000.7.28. 선고 2000도2466 판결 ; 대법원 1981.3.10. 선고 80도3321 판결(시간적 차이가 있는 독립된 상해행위나 폭행행위가 경합하여 사망의 결과가 일어나고 그 사망의 원인된 행위가 판명되지 않은 경우에는 공동정범의 예에 의하여 처벌할 것이다.)

124) 대법원 1984.5.15. 선고 84도488 판결(상해죄에 있어서의 동시범은 두 사람 이상이 가해행위를 하여 상해의 결과를 가져온 경우에 그 상해가 어느 사람의 가해행위로 말미암은 것인지 분명치 않다면 가해자 모두를 공동정범으로 보자는 것이므로 가해행위를 한 것 자체가 분명하지 않은 사람에 대하여 동시범으로 다스릴 수 없음은 더 말할 것도 없다. 피고인들이 주먹이나 이마로 피해자를 구타한 것이 피해자 주장과 같이 인정된다면 이 점에 대한 죄책을 면할 수 없겠지만, 만일 흉기로 피해자의 얼굴을 찍은 것이 피고인들 중 어느 한 사람의 소행일 가능성이 없는 상황이라면 피고인들 및 제3자 상호간에 의사의 연락이 있었다고 볼 수 없는 이 사건에 있어서 피고인들에 대하여 흉기에 의한 상해행위 부분까지 그 죄책을 물을 수는 없을 것이다.)

에 대하여도 적용할 수 있는지가 문제된다. 즉 동시 또는 이시에 상해·폭행을 가하였는데 그로 인하여 피해자가 사망한 경우이다.

긍정설(판례)은 형법 제19조와 같은 법 제263조의 규정취지를 새겨 볼 때 시간적 차이가 있는 독립된 상해행위나 폭행행위가 경합하여 사망의 결과가 일어나고 그 사망의 원인된 행위가 판명되지 아니한 때에는 공동정범의 예에 의하여야 한다고 해석한다.[125]

보충판례 16 : 대법원 1981.3.10. 선고 80도3321 판결[상해치사의 동시범]
대법원 2000.7.28. 선고 2000도2466 판결[폭행치사의 동시범]

부정설(유추적용금지의 원칙)은 상해의 결과를 발생케 한 경우라고 규정하고 있음에도 불구하고 사망의 결과가 발생한 경우에까지 적용하는 것은 죄형법정주의, 즉 유추적용금지의 원칙에 반하므로 피고인에게 불리한 상해치사죄·폭행치사죄에는 적용할 수 없다고 한다.

생각건대 상해치사란 상해의 고의로 폭행을 하였으나 피해자가 사망한 경우로서, 폭행의 고의로 폭행을 하였으나 사망한 경우인 폭행치사와는 고의를 제외한다면 구조적으로 일치하게 된다.

따라서 본 동시범의 특례가 고의의 여부를 따지지 아니하고 상해가 발생한 경우 공동정범의 책임을 지도록 하고 있으므로 만일 본조를 상해치사의 경우까지 확장한다면, 폭행으로 상해가 발생한 후 사망한 폭행치사의 경우를 포함시키지 아니할 수 없게 될 것이다.

그러나 이와 같이 확장하는 경우 일반적으로 미수범으로 처벌하되 상해가 발생한 경우에만 공동정범으로 기수책임을 묻도록 한 형법의 취지에 반하는 것은 자명한 일이다. 따라서 상해치사죄·폭행치사죄의 경우에는 본조가 적용되지 않는다고 하는 부정설이 타당하다.

125) 대법원 2000.7.28. 선고 2000도2466 판결.

② 강간치사상죄·강도치사상죄에의 적용 여부

강도나 강간의 독립행위가 경합하여 상해의 결과를 발생시킨 경우에는 상해의 죄와 보호법익을 달리하므로 동시범의 특례규정은 적용될 여지가 없다(통설 및 판례[126]).[127]

(3) 특례의 효과

'공동정범의 예에 의한다'는 의미는 공동정범이 성립하는 것은 아니지만 '일부실행 전체책임'이라는 공동정범의 처벌원리에 따른다는 것이다. 즉 공동정범이 아닌 것을 공동정범으로 만드는 것이다.

따라서 경합된 독립행위가 상해인 경우에는 상해기수죄가 성립하고 폭행인 경우에는 행위공동설의 입장에서는 폭행치상기수죄로, 범죄공동설의 입장에서는 폭행치상죄의 공동정범을 부정하므로 각자의 과실을 따져야 하는데 과실유무가 불분명하므로 결국 폭행죄로 처벌하게 된다. 상해치사죄·폭행치사죄의 경우에도 동일하다.

바. 상습상해등죄

[형법조문]

第264조(상습범) 상습으로 第257조, 第258조, 第260조 또는 第261조의 죄를 범한 때에는 그 죄에 정한 형의 2분의 1까지 가중한다.

(1) 의의 및 성격

본죄는 상습으로 상해·존속상해죄, 중상해·존속중상해죄를 범함으로써 성립하는 범죄이며, 행위자의 상습성, 즉 상해의 습벽으로 인하여 책임이 가중되는 부진정신분범이다.

....

126) 대법원 1984.4.24. 선고 84도372 판결 ; 서울고법 1990.12.6. 선고 90노3345 제5형사부판결[확정](형법 제263조의 동시범은 상해와 폭행죄에 관한 특별규정으로서 동 규정은 그 보호법익을 달리하는 강간치상죄에는 적용할 수 없다.)

127) **[사기죄에의 적용 여부]** : 대법원 2006.5.26. 자 2006초기96 결정(형법 제263조는 상해죄와 폭행죄에 관한 특별규정으로서 그 보호법익을 달리하는 사기죄에 대하여 적용할 수 없다.)

본죄는 상습범을 가중처벌함으로써 사회일반인을 보호하려는 목적을 가진 규정이지만, 상습범의 잘못된 범죄습관의 근본원인을 사회환경 및 행위자의 인격적 결합에서 찾을 수 있는 경우에는 상습범가중은 형벌로써 달성할 것이 아니라 보안처분이나 교정처우(처우의 개별화과학화)로써 달성하는 것이 책임주의원칙에 더욱 부합할 것이다. 상습범에 대해서는 이를 포괄일죄로 파악하는 문제점이 있지만[128], 오히려 실체적 경합범으로 가중처벌함으로써 충분하다 할 것이므로 입법론적으로는 상습범규정을 폐지하는 것이 바람직하다.

(2) 구성요건

본죄가 성립하기 위해서는 행위자에게 상해의 상습성이 있어야 한다. 상습성이란 상해행위를 반복하여 행하는 습벽(버릇)으로서 상해행위의 속성이 아니라 행위자의 속성(행위자관련적 성질로서 신분)을 의미한다.[129] 따라서 행위의 반복이 있는 것만으로는 부족하고 행위자가 동일한 행위반복의 습벽을 가져야 상습성이 인정된다.[130]

(3) 죄수

집합범인 상습범의 수개 상해행위는 포괄일죄가 된다는 것이 통설 및 판례[131]의 입

128) 대법원 2012.1.26. 선고 2011도15356 판결 ; 대법원 2003.2.28. 선고 2002도7335 판결(피고인이 2001.11.23.부터 2002.3.22.까지 사이에 직계존속인 피해자를 2회 폭행하고, 4회 상해를 가한 것은 존속에 대한 동일한 폭력습벽의 발현에 의한 것으로 인정되므로 그 중 법정형이 더 중한 상습존속상해죄에 나머지 행위들을 포괄시켜 하나의 죄만이 성립한다고 할 것인바, 원심이 피고인의 위 각 행위들에 관한 상습성을 인정하면서도 상습존속폭행죄와 상습존속상해죄가 각각 별도로 성립한다고 보아 이들 2개의 범죄가 형법 제37조 전단의 경합범관계에 있다고 판단한 제1심의 법령적용을 그대로 유지한 점은 잘못이다.)

129) 대법원 1972.6.27. 선고 72도594 판결(범죄에 있어서의 상습이란 범죄자의 어떤 버릇, 범죄의 경향을 의미하는 것으로서 행위의 본질을 이루는 성질이 아니고 행위자의 특성을 이루는 성질을 의미한다.)

130) 대법원 2012.1.26. 선고 2011도15356 판결 ; 대법원 2000.11.10. 선고 2000도3483 판결(상습사기에 있어서의 상습성이라 함은 반복하여 사기행위를 하는 습벽으로서 행위자의 속성을 말하고, 이러한 습벽의 유무를 판단함에 있어서는 사기의 전과가 중요한 판단자료가 되나 사기의 전과가 없다고 하더라도 범행의 회수, 수단과 방법, 동기 등 제반 사정을 참작하여 사기의 습벽이 인정되는 경우에는 상습성을 인정하여야 한다.)

131) 대법원 2012.8.17. 선고 2012도6815 판결(폭처법 제2조 제1항에서 말하는 상습이란 같은 항 각 호에 열거된 각 범죄행위 상호 간의 상습성만을 의미하는 것이 아니라 같은 항 각 호에 열거된 모든 범죄행위를 포괄한 폭력행위의 습벽을 의미하는 것이다. 따라서 위와 같은 습벽을 가진 자가 폭처법 제2조 제1항 각 호에 열거된 형법 각 조에서 정하는 다른 수종의 죄를 범하였다면 그 각 행위는 그 각 호 중 가장 중한 법정형의 상습폭력범죄의 포괄일죄에 해당한다.)

장이다. 그러나 상습성은 행위자의 속성이기 때문에 수개의 행위를 한 개의 행위로 통합하여 일죄로 평가할 수 있는 기준이 될 수 없다. 상습자의 개별행위는 별개의 죄를 구성하므로 실체적 경합범으로 처리할 수밖에 없다.

한편 상습범이 누범(제35조)의 요건을 충족한 경우에는 상습범의 형에 누범가중을 할 수 있다.[132] 따라서 상습누범자는 상습범으로 형기의 2분의 1까지 가중된 후 누범으로 다시 장기의 2배까지 가중처벌되므로 지나치게 과도한 형벌에 처해지게 된다. 책임주의원칙을 고려할 때 상습범가중처벌규정이나 누범처벌규정은 함께 폐지하는 것이 바람직하다.

Ⅲ. 폭행의 죄

가. 총설

[폭행의 죄 구성요건체계도]

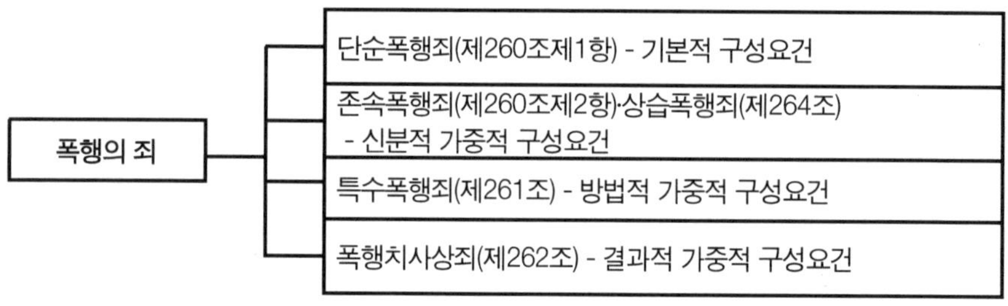

(1) 보호법익

폭행의 죄의 보호법익은 신체의 건재(健在), 신체의 완전성이다. 상해의 죄가 신체의 건강(생리적 기능)을 침해범의 형식으로 보호하는 것임에 반하여, 폭행의 죄는 폭행

132) 대법원 1991.5.28. 선고 91도741 판결 ; 대법원 1985.9.10. 선고 85도1434,85감도214 판결(특가법 제5조의4 제1항 위반죄에 있어서도 누범의 경우에 누범가중을 배제하는 규정이 없는 이상 형법 제35조는 당연히 적용되는 것이고 같은 법조 제5항의 규정은 상습성이 인정되지 않는 경우에 해당하는 규정으로서 이 조항을 들어 위 제1항의 상습범의 경우 누범가중을 할 수 없다는 취지는 아니다.)

행위라는 거동만으로 성립하고 신체의 완전성에 대한 침해나 구체적 위험이라는 결과발생을 요하지 않는 추상적인 위험범인 동시에 거동범이다.

(2) 형법상 폭행개념

일반적으로 폭행이란 사람의 신체에 대한 유형력의 행사(즉 물리적 힘의 행사)를 말한다(협의의 폭행개념). 통설은 형법상의 폭행개념을 최광의, 광의, 협의, 최협의의 폭행으로 분류한다.

① 최광의의 폭행

최광의의 폭행은 대상이 사람에 대해서건 물건에 대해서건 상관없이 유형력을 행사하는 모든 경우를 말한다. 소요죄(제115조), 다중불해산죄(제116조) 등의 폭행이나 내란죄(제87조)의 폭동에 포함되어 있는 폭행이 이에 해당하는데, 이들 범죄의 경우 사회의 평온을 보호법익으로 하기 때문에 그러한 법익을 보호하기 위해서는 폭행으로 인정되는 데에 별다른 제한사항이 없다.

[최광의의 폭행에 관한 판례 : 대법원 1997.4.17. 선고 96도3376 전원합의체 판결
; 대법원 1980.5.20. 선고 80도306 전원합의체 판결]

형법 제87조(내란죄)의 구성요건으로서의 "폭동"이라 함은 다수인이 결합하여 폭행 , 협박하는 것을 말하는 것으로서 다수인의 결합은 어느 정도 조직화될 필요는 있으나, 그 수효를 특정할 수는 없는 것이고, 내란되는 폭동행위로서의 집단행동이 개시된 후 국토참절 또는 국헌문란의 목적을 달성하였는가의 여부에 관계없이 기수로 될 수 있음은 소론과 같으나, 그 폭동행위로 말미암아 한 지방의 평온을 해할 정도에 이르렀을 경우라야 기수로 된다고 할 것이고, 폭동의 내용으로서의 폭행 또는 협박은 최광의의 것으로서 이를 준비하거나 보조하는 행위를 총체적으로 파악한 개념이라고 할 것이다.

② 광의의 폭행

광의의 폭행은 사람에 대한 직접·간접의 유형력의 행사를 의미한다. 사람에 대한 유형력의 행사를 의미하지만, 직접으로 사람의 신체에 대하여 가해질 필요가 없고 물건에 대한 유형력의 행사가 간접적으로 사람의 신체에 대하여 작용하면 족하다.133) 공무집행방해죄(제136조), 특수도주죄(제146조), 강요죄(제324조) 등의 폭행이 여기에 해당한다. 이들 범죄의 보호법익은 폭행당하는 사람의 구체적인 직무나 외부적 의사활동을 보호하는 것이기 때문에 사람에 대해 최소한 간접적인 영향을 줄 수는 있어야 한다.

[광의의 폭행에 관한 판례 1 : 대법원 1998.5.12. 선고 98도662 판결]

> 부안군의회에서 군수불신임결의안을 채택하려는 군의회 의원들의 직무집행을 군청 직원들을 동원하여 실력으로 저지하기로 공모한 다음, 피고인 1이 구내방송을 통하여 청사 내에 있는 직원 150여 명을 집합시켜 그들로 하여금 의원들이 본회의장에 들어가려는 것을 계단에서부터 가로막아 입장하지 못하게 하고, 의원들이 소회의실에 들어가 의사를 진행하려 하자 다시 직원 50여 명으로 하여금 그 곳에 난입, 회의장을 점거하게 하여 의사진행을 못하게 함으로써, 공무원이 공무외의 일로 집단행위를 함과 동시에 다중의 위력으로 부안군의회 의원들의 정당한 공무집행을 방해한 사안에서 공무집행방해죄에 있어서의 폭행이라 함은 공무원에 대한 직접적인 유형력의 행사뿐 아니라 간접적인 유형력의 행사도 포함하는 것이므로, 위 인정과 같은 행위는 공무집행방해죄에 있어서의 폭행에 해당한다.

[광의의 폭행에 관한 판례 2 : 대법원 1981.3.24. 선고 81도326 판결]

> 경찰관이 공무를 집행하고 있는 파출소 사무실의 바닥에 인분이 들어있는 물통을 집어던지고 책상위에 있던 재떨이에 인분을 퍼 담아 사무실 바닥에 던지는 행위는 동 경찰관에 대한 폭행이다.

③ 협의의 폭행

협의의 폭행은 사람의 신체에 대한 유형력의 행사를 의미한다. 특수공무원의 직권남용·가혹행위죄(제125조)나 폭행죄(제260조)의 폭행이 이에 해당하는데, 사람의 신체를 보호법익으로 하는 범죄의 폭행이기 때문에 반드시 신체에 대한 직접적인 유형력일 필요는 없지만 '사람'에 대해서는 직접성을 가져야 한다.

[협의의 폭행에 관한 판례 : 사람에 대한 직접성]

133) 예컨대 공무를 집행하는 경찰관의 책상을 내려치는 행위의 경우, 공무집행방해죄의 폭행을 '사람의 신체에 대한 폭행'이라고 정의하는 경우에는 공무집행방해죄가 될 수 없으나, '사람에 대한 폭행'이라고 정의하게 되면 공무집행방해죄가 성립한다.

대법원 2003.1.10. 선고 2000도5716 판결(형법 제260조에 규정된 폭행죄는 사람의 신체에 대한 유형력의 행사를 가리키며, 그 유형력의 행사는 신체적 고통을 주는 물리력의 작용을 의미하므로 신체의 청각기관을 직접적으로 자극하는 음향도 경우에 따라서는 유형력에 포함될 수 있다. 피해자의 신체에 공간적으로 근접하여 고성으로 폭언이나 욕설을 하거나 동시에 손발이나 물건을 휘두르거나 던지는 행위는 직접 피해자의 신체에 접촉하지 아니하였다 하더라도 피해자에 대한 불법한 유형력의 행사로서 폭행에 해당될 수 있는 것이지만, 거리상 멀리 떨어져 있는 사람에게 전화기를 이용하여 전화하면서 고성을 내거나 그 전화 대화를 녹음 후 듣게 하는 경우에는 특수한 방법으로 수화자의 청각기관을 자극하여 그 수화자로 하여금 고통스럽게 느끼게 할 정도의 음향을 이용하였다는 등의 특별한 사정이 없는 한 신체에 대한 유형력의 행사를 한 것으로 보기 어렵다.)

④ 최협의의 폭행

최협의의 폭행은 상대방의 반항을 불가능하게 하거나 현저히 곤란하게 할 정도의 가장 강력한 유형력의 행사를 말한다. 강도죄(제333조)의 폭행은 전자, 강간죄(제297조)의 폭행은 후자에 해당하는데, 이들 범죄는 사람의 의사의 활동뿐만 아니라 의사결정의 자유도 보호하는 것이기 때문에 행위객체에 대한 가장 강력한 정도의 영향을 요한다.

[최협의의 폭행에 관한 판례 : 대법원 2007.1.25. 선고 2006도5979 판결]

강간죄가 성립하려면 가해자의 폭행 · 협박은 피해자의 항거를 불가능하게 하거나 현저히 곤란하게 할 정도의 것이어야 하고, 그 폭행 · 협박이 피해자의 항거를 불가능하게 하거나 현저히 곤란하게 할 정도의 것이었는지 여부는 그 폭행 · 협박의 내용과 정도는 물론, 유형력을 행사하게 된 경위, 피해자와의 관계, 성교 당시와 그 후의 정황 등 모든 사정을 종합하여 판단하여야 한다.

나. 폭행죄

[조문]

형법 제260조(폭행) ① 사람의 신체에 대하여 폭행을 가한 자는 2년 이하의 징역, 500만원 이하의 벌금, 구류 또는 과료에 처한다.

③ 제1항 및 제2항의 죄는 피해자의 명시한 의사에 반하여 공소를 제기할 수 없다.

폭력행위등처벌에관한법률 제2조(폭행등) ① 상습적으로 다음 각 호의 죄를 범한 자는 다음의 구분에 따라 처벌한다.

1. 「형법」 제260조제1항(폭행), 제283조제1항(협박), 제319조(주거침입, 퇴거불응) 또는 제366조(재물손괴등)의 죄를 범한 자는 1년 이상의 유기징역

② 2인 이상이 공동하여 제1항 각 호에 열거된 죄를 범한 때에는 각 형법 본조에 정한 형의 2분의 1까지 가중한다.

제3조(집단적 폭행등) ① 단체나 다중의 위력으로써 또는 단체나 집단을 가장하여 위력을 보임으로써 제2조제1항에 열거된 죄를 범한 자 또는 흉기 기타 위험한 물건을 휴대하여 그 죄를 범한 자는 제2조제1항 각 호의 예에 따라 처벌한다.
③ 상습적으로 제1항의 죄를 범한 자는 다음 각 호의 구분에 따라 처벌한다.
1. 제2조제1항제1호에 열거된 죄를 범한 자는 2년 이상의 유기징역

제6조(미수범) 제2조, 제3조 · 제4조제2항(「형법」 제136조 · 제255조 · 제314조 · 제315조 · 제335조 · 제337조후단 · 제340조제2항후단 또는 제343조의 죄를 범한 경우를 제외한다) 및 제5조의 미수범은 이를 처벌한다.

특정범죄가중처벌등에관한법률 제5조의9(보복범죄의 가중처벌 등) ① 자기 또는 타인의 형사사건의 수사 또는 재판과 관련하여 고소 · 고발 등 수사단서의 제공, 진술, 증언 또는 자료제출에 대한 보복의 목적으로 「형법」 제250조제1항의 죄를 범한 사람은 사형, 무기 또는 10년 이상의 징역에 처한다. 고소 · 고발 등 수사단서의 제공, 진술, 증언 또는 자료제출을 하지 못하게 하거나 고소 · 고발을 취소하게 하거나 거짓으로 진술 · 증언 · 자료제출을 하게 할 목적인 경우에도 또한 같다.
② 제1항과 같은 목적으로 「형법」 제257조제1항 · 제260조제1항 · 제276조제1항 또는 제283조제1항의 죄를 범한 사람은 1년 이상의 유기징역에 처한다.

제5조의10(운행 중인 자동차 운전자에 대한 폭행 등의 가중처벌) ① 운행 중인 자동차의 운전자를 폭행하거나 협박한 사람은 5년 이하의 징역 또는 2천만원 이하의 벌금에 처한다.

(1) 객관적 구성요건

① 폭행의 방법

폭행죄의 폭행은 사람[134]의 신체에 대한 유형력의 행사라는 협의의 개념으로 이해하기 때문에 피해자에게 불쾌감을 주는 욕설을 하거나 피해자 집의 대문을 발로 차거나[135], 손바닥으로 엉덩이를 툭 친 것[136]만으로는 폭행이라 할 수 없다. 또한 다른 집

134) 여기의 사람도 자연인인 타인을 의미하기에 외국인도 상관없지만, 그 외국인이 외국의 원수나 외교사절인 경우(형법 제107조 제1항, 제108조 제1항)나 근로자인 경우(근로기준법 제7조·제8조 및 그 벌칙규정인 제107조)에는 별도로 취급한다.

135) 대법원 2001.3.9. 선고 2001도277 판결 ; 대법원 1991.1.29. 선고 90도2153 판결(형법 제260조에서 말하는 폭행이란 사람의 신체에 대하여 유형력을 행사하는 것을 의미하는 것으로서 피고인이 피해자에게 욕설을 한 것만을 가지고 당연히 폭행을 한 것이라고 할 수는 없을 것이고, 피해자 집의 대문을 발로 찬 것이 막 바로 또는 당연히 피해자의 신체에 대하여 유형력을 행사한 경우에 해당한다고 할 수도 없다.) ; 대법원 1984.2.14. 선고 83도3186,83감도535 판결 (공소외인이 피고인을 만나주

마당에 오물을 던지는 행위[137]도 사람에 대한 유형력의 행사라고 보기 어렵기 때문에 폭행이라고 할 수 없다.

그러나 사람을 직접 때리거나 밀거나 잡아당기는 경우[138]나 폭언을 수차 반복하는 경우[139]는 물론 직접 사람을 향하여 돌을 던지는 경우에는 직접 몸에 맞지 않았다 하더라도 폭행에 해당한다고 하여야 한다.[140]

한편 모발이나 수염을 자르는 행위에 대하여 이를 상해로 보는 견해(상해의 의의에 대한 신체의 완전성침해설)도 있으나 상해죄의 보호법익을 생리적 기능의 훼손으로 이해하는 한 이는 폭행으로 보아야 할 것이다. 또한 폭행(또는 상해)을 가하면서 그 사실을 협박한 때에는 협박죄는 불가벌적 수반행위로서 폭행죄에 흡수된다.[141)]

지 않는다는 이유로 시정된 탁구장문과 주방문을 부수고 주방으로 들어가 방문을 열어주지 않으면 모두 죽여 버린다고 폭언하면서 시정된 방문을 수회 발로 찬 피고인의 행위는 재물손괴죄 또는 숙소안의 자에게 해악을 고지하여 외포케 하는 단순 협박죄에 해당함은 별론으로 하고, 단순히 방문을 발로 몇 번 찼다고 하여 그것이 피해자들의 신체에 대한 유형력의 행사로는 볼 수 없어 폭행죄에 해당한다 할 수 없다.)

136) 헌법재판소 2013.10.24. 선고 2013헌마513 전원재판부 결정(형법상 폭행죄의 폭행은 사람의 신체에 대한 불법한 공격이라고 볼 정도의 것이어야 하는데, 청구인은 '당시 손바닥으로 엉덩이를 툭 치고 지나갔다'며 장난으로 피해자를 때린 것에 불과하다고 진술하고 있고, 청구인이 평소 피해자 외에도 다른 친구들의 엉덩이를 장난으로 때렸던 것을 확인할 수 있는 점 등을 고려하여 볼 때, 이 사건 폭행이 사람의 신체에 대한 불법한 공격이라고 단정하기 어렵다고 볼 여지가 있음에도 피의사실이 인정됨을 전제로 한 기소유예처분에는 중대한 수사미진 또는 법리오해의 잘못이 있다.)

137) 대법원 1977.2.28. 선고 75도2673 판결.

138) 대법원 1994.8.23. 선고 94도1484 판결(안수기도는 환자의 환부나 머리에 손을 얹고 또는 약간 누르면서 환자를 위해 병을 낫게 하여 달라고 하나님께 간절히 기도함으로써 병의 치유함을 받는다는 일종의 종교적 행위이고, 그 목적 또한 정당함은 소론과 같다 하겠으나 기도행위에 수반하는 신체적 행위가 단순히 손을 얹거나 약간 누르는 정도가 아니고, 그것이 지나쳐서 원심이 적법하게 판시한 것과 같은 정도의 것이라면 이는 사람의 신체에 대한 유형력의 행사로서 폭행의 개념에 속하는 행위라고 할 것이고, 비록 그것이 안수기도의 방법으로 행하여졌다고 하더라도 그것이 신체에 대하여 유형력을 행사한다는 인식과 의사가 있으면 폭행에 대한 인식과 의사 즉 고의가 있는 것이고, 비록 그것을 적법한 행위라고 오인했다고 하더라도 행위가 원심판시와 같은 한 그 오인에 정당성을 발견할 수 없으므로, 이를 폭행이 아니라는 상고 논지는 이유 없다.)

139) 대법원 1956.12.12. 선고 4289형상297 판결(폭행은 그 성질상 반드시 신체상 가해의 결과를 야기함에 족한 완력행사가 있음을 요하지 아니하고 육체상 고통을 수반하는 것도 요하지 아니하므로 폭언을 수차 반복하는 것도 폭행인 것이다.)

140) 즉 유형력의 행사는 사람의 신체에 행하여지면 충분하고, 반드시 신체에 접촉할 필요가 없기 때문이다 : 대법원 1990.2.13. 선고 89도1406 판결(피해자에게 근접하여 욕설을 하면서 때릴 듯이 손발이나 물건을 휘두르거나 던지는 행위는 직접 피해자의 신체에 접촉하지 않았다고 하여도 피해자에 대한 불법한 유형력의 행사로서 폭행에 해당하나, 공소사실 중에 때릴 듯이 위세 또는 위력을 보인 구체적인 행위내용이 적시되어 있지 않다면 결국 욕설을 함으로써 위세 또는 위력을 보였다는 취지로 해석할 수밖에 없고 이와 같이 욕설을 한 것 외에 별다른 행위를 한 적이 없다면 이는 유형력의 행사라고 보기 어려울 것이다.)

141) 대법원 1976.12.14. 선고 76도3375 판결(피고인의 협박사실행위가 피고인에게 인정된 상해사실과 같은 시간 같은 장소에서 동일한 피해자에게 가해진 경우에는 특별한 사정이 없는 한 상해의 단일범

정당한 이유 없이 길을 막거나 시비를 걸거나 주위에 모여들거나 뒤따르거나 몹시 거칠게 겁을 주는 말이나 행동으로 다른 사람을 불안하게 하거나 귀찮고 불쾌하게 한 사람 또는 여러 사람이 이용하거나 다니는 도로 · 공원 등 공공장소에서 고의로 험악한 문신(文身)을 드러내어 다른 사람에게 혐오감을 준 사람의 행위는 '경범죄처벌법' 상의 불안감조성행위(제3조 제1항 제19호)에 해당될 뿐이다.

② 유형력의 행사

유형력이란 사람의 오관에 직접·간접으로 작용하여 육체적·정신적으로 고통을 줄 수 있는 광의의 물리력 또는 신체에 대한 일체의 역학적[142]·화학적·생리적[143]·에너지 작용[144]을 말한다. 이점에서 폭행죄는 무형력을 수단(즉 언어로써 공포심을 발생)으로 하는 협박죄와 구별된다.

③ 기수

폭행죄는 거동범이므로 불법한 유형력의 행사만 있으면 기수가 되고, 반드시 폭력에 의한 구체적 결과발생이나 상해결과를 초래할 필요가 없다. 폭처법은 폭처법위반 폭행죄에 대한 미수범도 처벌하지만(제6조), 폭행죄는 거동범이자 추상적 위험범이므로 미수범처벌규정의 존재의미는 없다.

의 하에서 이루어진 하나의 폭언에 불과하여 위 상해죄에 포함되는 행위라고 봄이 상당하다.)

142) 역학적 작용에 해당하는 폭행으로는, 구타행위, 발로 차거나 밀치는 행위, 침을 뱉거나 손·옷을 잡아당기는 행위 등을 들 수 있다.

143) 화학적·생리적 작용에 해당하는 폭행으로는 심한 음향을 사용하여 청각을 자극하는 소음(확성기, 자동차경적, 발파음 등)이나 전화를 계속 걸어 벨을 울리거나, 최면술을 걸거나 마취약을 사용하거나 또는 심한 악취가 나게 하는 경우 등을 들 수 있다 : 대법원 2003.1.10. 선고 2000도5716 판결(피해자의 신체에 공간적으로 근접하여 고성으로 폭언이나 욕설을 하거나 동시에 손발이나 물건을 휘두르거나 던지는 행위는 직접 피해자의 신체에 접촉하지 아니하였다 하더라도 피해자에 대한 불법한 유형력의 행사로서 폭행에 해당될 수 있는 것이지만, 거리상 멀리 떨어져 있는 사람에게 전화기를 이용하여 전화하면서 고성을 내거나 그 전화 대화를 녹음 후 듣게 하는 경우에는 특수한 방법으로 수화자의 청각기관을 자극하여 그 수화자로 하여금 고통스럽게 느끼게 할 정도의 음향을 이용하였다는 등의 특별한 사정이 없는 한 신체에 대한 유형력의 행사를 한 것으로 보기 어렵다.)

144) 에너지작용에 의한 폭행으로는 빛, 열, 전기에 의한 고통을 주는 경우이다.

(2) 위법성 : 소극적·본능적 방어행위

타인의 폭행이나 공격으로부터 벗어나기 위한 소극적·본능적 방어행위는 정당방위 또는 사회상규에 위배되지 않는 행위로 위법성이 조각된다.[145)]

(3) 반의사불벌죄(反意思不罰罪)

폭행죄는 피해자의 명시한 의사에 반하여 공소를 제기할 수 없다. 즉 처벌을 희망하는 의사표시가 없어도 처벌할 수 있으나, 처벌을 희망하지 아니하는 의사를 표시한 때에는 처벌할 수 없게 된다(해제조건부 범죄).

처벌을 희망하지 아니하는 의사표시가 있거나 처벌의 의사표시를 철회한 경우에는 공소를 제기할 수 없고, 공소를 제기한 때에는 공소기각의 판결을 선고하여야 한다(형사소송법 제327조 제6호).

145) 헌법재판소 2013.8.29. 선고 2011헌마743 전원재판부 결정 ; 헌법재판소 2013.8.29. 선고 2013헌마208 전원재판부 결정(청구인이 그 가족을 차에 태우고 집으로 귀가하던 중 술에 취한 피해자가 도로에 진입하여 청구인이 운전하던 차의 진로를 방해하여 발생하게 된 점, 그 시비 과정에서 청구인이 피해자로부터 일방적으로 폭행을 당하여 6주간의 치료를 요하는 중한 상해를 입은 점, 피해자가 입은 상해는 청구인이 피해자로부터 일방적으로 공격을 당하는 상황에서 더 이상 맞지 않기 위해 손을 휘젓는 과정에서 발생한 것으로 보이는 점 등을 종합하면, 청구인의 행위는 피해자의 폭행을 제지하거나 그로부터 벗어나기 위한 저항수단으로서 사회통념상 허용될 만한 정도의 상당성이 있는 행위로 볼 수 있다. 따라서 이 사건 기소유예처분에는 정당방위나 정당행위에 대한 법리오해 또는 수사미진의 잘못이 있다.) ; 대법원 2010.2.11. 선고 2009도12958 판결 ; 대법원 1999. 10. 12. 선고 99도3377 판결(서로 격투를 하는 자 상호간에는 공격행위와 방어행위가 연속적으로 교차되고 방어행위는 동시에 공격행위가 되는 양면적 성격을 띠는 것이므로 어느 한쪽 당사자의 행위만을 가려내어 방어를 위한 정당행위라거나 또는 정당방위에 해당한다고 보기 어려운 것이 보통이나, 외관상 서로 격투를 하는 것처럼 보이는 경우라고 할지라도 실지로는 한쪽 당사자가 일방적으로 불법한 공격을 가하고 상대방은 이러한 불법한 공격으로부터 자신을 보호하고 이를 벗어나기 위한 저항수단으로 유형력을 행사한 경우라면, 그 행위가 적극적인 반격이 아니라 소극적인 방어의 한도를 벗어나지 않는 한 그 행위에 이르게 된 경위와 그 목적수단 및 행위자의 의사 등 제반 사정에 비추어 볼 때 사회통념상 허용될 만한 상당성이 있는 행위로서 위법성이 조각된다고 보아야 할 것이다.)

(4) 특별법상의 폭행죄

특가법 제5조의9 제2항은 보복목적의 폭행죄를 1년 이상의 유기징역으로 가중처벌하고 있으며[146], 운행 중인 자동차의 운전자를 폭행한 경우 5년 이하의 징역 또는 2천만원 이하의 벌금형으로 처벌하고 있다(제5조의10 제1항).[147]

다. 존속폭행죄

[조문]

> 형법 제260조(폭행, 존속폭행) ② 자기 또는 배우자의 직계존속에 대하여 제1항의 죄를 범한 때에는 5년 이하의 징역 또는 700만원 이하의 벌금에 처한다.
> ③ 제1항 및 제2항의 죄는 피해자의 명시한 의사에 반하여 공소를 제기할 수 없다.
>
> 제264조(상습범) 상습으로 제257조, 제258조, 제260조 또는 제261조의 죄를 범한 때에는 그 죄에 정한 형의 2분의 1까지 가중한다.
>
> 제265조(자격정지의 병과) 제257조제2항, 제258조, 제260조제2항, 제261조 또는 전조의 경우에는 10년 이하의 자격정지를 병과할 수 있다.
>
> 폭력행위등처벌에관한법률 제2조(폭행등) ① 상습적으로 다음 각 호의 죄를 범한 자는 다음의 구분에 따라 처벌한다.
> 2. 「형법」 제260조제2항(존속폭행), 제276조제1항(체포, 감금), 제283조 제2항(존속협박) 또

146) 대법원 2013.6.14. 선고 2009도12055 판결[구 특가법(2010.3.31. 법률 제10210호로 개정되기 전의 것) 제5조의9 제2항은 '자기 또는 타인의 형사사건의 수사 또는 재판과 관련하여 고소·고발 등 수사단서의 제공, 진술, 증언 또는 자료제출에 대한 보복의 목적' 또는 '고소·고발 등 수사단서의 제공, 진술, 증언 또는 자료제출을 하지 못하게 하거나 고소·고발을 취소하게 하거나 거짓으로 진술·증언·자료제출을 하게 할 목적'으로 형법상 폭행죄, 협박죄 등을 범한 경우 형법상의 법정형보다 더 무거운 1년 이상의 유기징역에 처하도록 하고 있다. 여기에서 행위자에게 그러한 목적이 있었는지 여부는 행위자의 나이, 직업 등 개인적인 요소, 범행의 동기 및 경위와 수단·방법, 행위의 내용과 태양, 피해자와의 인적 관계, 범행 전후의 정황 등 여러 사정을 종합하여 사회통념에 비추어 합리적으로 판단하여야 한다.]

147) 서울고법 2013.6.13. 선고 2013노1275 판결[상고](피고인이, 갑이 운전하는 시내버스에 강아지를 안고 승차하였다는 이유로 갑이 버스에서 내리라고 하자 화가 나 욕을 하고 지갑을 쥔 손으로 운전석에 앉아있는 갑의 머리를 1회 때림으로써 운행 중인 자동차의 운전자를 폭행하였다고 하여 특가법 위반으로 기소된 사안에서, 특가법상 운전자폭행죄는 일반폭행죄에 대한 가중적 구성요건으로서 특별한 사정이 없는 한 그 적용범위를 자동차가 실제 운행 중인 때에만 성립하는 것으로 제한하여야 하고 문언의 의미를 넘어 과도하게 확장하는 것은 적절하다고 할 수 없는데, 피고인이 갑을 폭행한 당시, 버스는 정차 중이었고 갑은 피고인이 내린 후 버스 문을 닫고 버스를 출발시키려고 하였는데, 피고인이 갑을 폭행하자 갑은 피고인이 버스에서 내려 도주하는 것을 막기 위해 급하게 버스를 출발시키고 이어서 버스 문을 닫은 것으로 보이는 등 제반 사정을 종합할 때, 피고인이 갑을 폭행할 때 버스가 운행 중이었다고 볼 수 없어 운전자 폭행에 의한 특가법 위반죄의 책임을 지울 수 없다.)

는 제324조(강요)의 죄를 범한 자는 2년 이상의 유기징역

제3조 (집단적 폭행등) ① 단체나 다중의 위력으로써 또는 단체나 집단을 가장하여 위력을 보임으로써 제2조제1항에 열거된 죄를 범한 자 또는 흉기 기타 위험한 물건을 휴대하여 그 죄를 범한 자는 제2조제1항 각 호의 예에 따라 처벌한다.
③ 상습적으로 제1항의 죄를 범한 자는 다음 각 호의 구분에 따라 처벌한다.
2. 제2조제1항제2호에 열거된 죄를 범한 자는 3년 이상의 유기징역

제6조(미수범) 제2조, 제3조 · 제4조제2항(「형법」 제136조 · 제255조 · 제314조 · 제315조 · 제335조 · 제337조후단 · 제340조제2항후단 또는 제343조의 죄를 범한 경우를 제외한다) 및 제5조의 미수범은 이를 처벌한다.

본죄는 단순폭행죄에 비해 신분관계로 인하여 책임이 가중되는 범죄유형으로서 부진정신분범이다.

또한 피해자의 명시적인 처벌의사가 없으면 공소를 제기할 수 없는 반의사불벌죄에 해당한다.[148]

라. 특수폭행죄

[조문]

형법 제261조(특수폭행) 단체 또는 다중의 위력을 보이거나 위험한 물건을 휴대하여 제260조제1항 또는 제2항의 죄를 범한 때에는 5년 이하의 징역 또는 1천만원 이하의 벌금에 처한다.

제264조(상습범) 상습으로 제257조, 제258조, 제260조 또는 제261조의 죄를 범한 때에는 그 죄에 정한 형의 2분의 1까지 가중한다.

제265조(자격정지의 병과) 제257조제2항, 제258조, 제260조제2항, 제261조 또는 전조의 경우에는 10년 이하의 자격정지를 병과할 수 있다.

148) 대법원 2003.2.28. 선고 2002도7335 판결(피고인이 2001.11.23.부터 2002.3.22.까지 사이에 직계존속인 피해자를 2회 폭행하고, 4회 상해를 가한 것은 존속에 대한 동일한 폭력습벽의 발현에 의한 것으로 인정되므로 그 중 법정형이 더 중한 상습존속상해죄에 나머지 행위들을 포괄시켜 하나의 죄만이 성립한다 할 것인바, 원심이 피고인의 위 각 행위들에 관한 상습성을 인정하면서도 상습존속폭행죄와 상습존속상해죄가 각각 별도로 성립한다고 보아 이들 2개의 범죄가 형법 제37조 전단의 경합범관계에 있다고 판단한 제1심의 법령적용을 그대로 유지한 점은 잘못이라고 하겠지만, 원심이 그와 같이 죄수평가를 잘못하였다 하더라도 결과적으로 처단형의 범위에는 아무런 차이가 없으므로, 원심의 이러한 잘못이 판결 결과에 영향을 미쳤다고 보기 어렵다 할 것이다.)

폭력행위등처벌에관한법률 제3조(집단적 폭행등) ① 단체나 다중의 위력으로써 또는 단체나 집단을 가장하여 위력을 보임으로써 제2조제1항에 열거된 죄를 범한 자 또는 흉기 기타 위험한 물건을 휴대하여 그 죄를 범한 자는 제2조제1항 각 호의 예에 따라 처벌한다.
③ 상습적으로 제1항의 죄를 범한 자는 다음 각 호의 구분에 따라 처벌한다.
1. 제2조제1항제1호에 열거된 죄를 범한 자는 2년 이상의 유기징역
2. 제2조제1항제2호에 열거된 죄를 범한 자는 3년 이상의 유기징역

(1) 의의 및 성격

단체 또는 다중의 위력을 보이거나 위험한 물건을 휴대하여 폭행죄 등을 범한 경우 행위방법의 위험성 및 집단성 때문에 불법이 가중되는 가중적 구성요건이다.149)

다만 폭처법 제3조는 특수폭행죄의 형을 다시 가중처벌하도록 규정하고 있어 그 범위 내에서는 본조가 적용될 여지는 없다.

(2) 객관적 구성요건

① 단체 또는 다중의 위력

ㄱ. 단체

단체라 함은 공동목적을 가진 다수인의 계속적·조직적인 결합체를 말한다. 단체란 반드시 불법적인 단체를 요하는 것은 아니므로 범죄를 목적으로 하는 불법단체뿐만 아니라 노동조합이나 법인 정당 기타 사회단체도 여기의 단체에 포함된다.

단체의 구성원은 적어도 단체의 위력을 보일 수 있는 정도의 다수이어야 하나 반드시 같은 곳에 결집되어 있을 필요도 없다. 소집 또는 결합에 의하여 집합할 가능성이 있으면 족하다. 다만 단체는 어느 정도의 계속성을 요한다.150)

ㄴ. 다중

따라서 이러한 단체를 이루지 못한 다수인의 단순한 집합, 즉 계속적 조직체가 되

149) **[불법가중의 근거]** : 가중의 근거는 결과 때문이 아니라 행위의 수단·방법이 피해자에게 중대한 침해를 가할 위험이 있고 피해자의 방어기회를 없게 한다는 점에 있다.
150) 따라서 일시적으로 시위할 목적으로 모인 집합체나 군중집회는 단체가 아니라 다중에 해당한다(다수설).

지 못한 일시적인 결합체가 다중이다. 단체와 달리 다중의 경우에는 다수인들이 동일 장소에 현실적으로 집합되어 있어야 한다.

다만 다중의 수는 집단적 위력을 보일 수 있을 정도 또는 그에 의해 압력을 느끼게 해 불안을 줄 정도의 다수[151]를 의미한다. 따라서 구성원의 수에는 제한이 없으나 소요죄(제115조)에서와 같이 한 지방의 평온을 해할 정도의 다수일 필요는 없다.

[다중 및 다중의 위력에 대한 정의 : 대법원 2008.7.10. 선고 2007도9885 판결]

폭처법 제3조 제1항 소정의 '다중'이라 함은 단체를 이루지 못한 다수인의 집합을 말하는 것으로, 이는 결국 집단적 위력을 보일 정도의 다수 혹은 그에 의해 압력을 느끼게 해 불안을 줄 정도의 다수를 의미한다 할 것이고, 다중의 '위력'이라 함은 다중의 형태로 집결한 다수 인원으로 사람의 의사를 제압하기에 족한 세력을 지칭하는 것으로서 그 인원수가 다수에 해당하는가는 행위 당시의 여러 사정을 참작하여 결정하여야 할 것이며, 이 경우 상대방의 의사가 현실적으로 제압될 것을 요하지는 않는다고 할 것이지만 상대방의 의사를 제압할 만한 세력을 인식시킬 정도는 되어야 한다(대법원 2006.2.10. 선고 2005도174 판결).

ㄷ. 위력

위력이란 사람에게 공포심을 주거나 사람의 의사를 제압할 수 있는 세력을 말하며 유형·무형의 위력을 포함한다(통설). 위력을 보인 상태에서 폭행죄 등 각 구성요건을 실현하여야 한다. 따라서 단체 또는 다중의 위력만을 보이고 직접 폭행 등의 행위로 나아가지 아니하면 특수폭행죄가 성립할 수 없다.

폭행현장에 그 단체 또는 다중이 현존해야 하는지에 대해서는, 특수폭행죄를 합동범과 동일하게 취급하여 현장에 있어야 한다는 적극설, 현장에 있을 필요가 없다는 소극설(통설), 단체는 현장에 있을 필요가 없으나 다중은 현장에 있어야 한다는 구별설(절충설) 등이 대립한다.

생각건대 특수폭행죄는 단체 또는 다중 자체를 보이는 것이 아니라 단체 또는 다중

151) 판례는 '다중'은 그 수로써 결정할 것이 아니라 구체적인 경우에 따라 집단적 세력을 배경으로 한 것이면 불과 5명이라도 다중에 해당하고(대법원 1961.1.18. 선고 60형상896 판결), '다중'이란 단체 아닌 다수인의 모임을 말하는 것으로서 불과 수명만이 모인 경우라 하더라도 그 수명이 어떤 집단이나 조직의 힘을 배경으로 하는 경우에는 이에 해당한다고 볼 수 있으나(대법원 2013.6.27. 선고 2013도3983 판결), 불과 3인의 경우에는 그것이 어떤 집단의 힘을 발판 또는 배경으로 한다는 것이 인정되지 않는 한 '다중의 위력'을 보인 것이라고는 할 수 없다고 한다(대법원 1971.12.21. 선고 71도1930 판결 ; 서울고법 1973.6.22. 선고 72노156 제2형사부판결[확정]).

의 위력을 보이는 것이며, 위력을 보이고 폭행하는 것일 뿐 단체 또는 다중이 시간적·장소적으로 협동관계를 보여 폭행하는 합동범도 아니기 때문에 소극설이 타당하다. 다만 단체·다중은 실제로 존재하여야 한다. 존재하지 않는 단체나 다중을 가장하여 위력을 보인 때에는 특수폭행죄(제261조)가 아닌 폭처법 제3조 제1항의 '단체나 집단을 가장하여 위력을 보이는 것'이 적용된다.

② 위험한 물건의 휴대

ㄱ. 위험한 물건

위험한 물건이란 그 물건의 객관적 성질이나 사용방법에 따라서는 사람을 살상할 수 있는 물건을 말한다. 따라서 그 본래의 성질이 살상을 위해서 제조된 것(성질상의 위험한 물건)뿐만 아니라 용법에 따라 일반인이 사실상 위험을 느낄 수 있는 물건(용도상의 위험한 물건)도 포함한다.[152)]

위험한 물건인지의 여부는 물건의 성질과 사용방법을 종합하여 사회통념에 비추어 보통 사람이 위험을 느낄 수 있는 것인가에 따라 판단하여야 한다.[153)] 반드시 무기나 폭발물과 같이 강력한 파괴력을 가진 물건일 필요는 없으나 휴대할 수 있는 동산에 한한다. 따라서 사람의 머리를 전신주나 돌담벽 또는 바위에 부딪히게 한 때에도 위험한 물건에 해당하지 않는다.

판례는 칼 종류나 돌, 시멘트벽돌, 깨진 병과 날카로운 물건 등 뿐 아니라 맥주병이나, 곡괭이 자루, 자동차 등은 모두 위험한 물건에 해당하며, 각목도 얇은 각목이 아닌 한 머리 부분 등을 폭행한 경우 위험한 물건으로 본다.[154)]

152) **[위험한 물건의 정의]** : 대법원 2002.9.6. 선고 2002도2812 판결('위험한 물건'이라 함은 흉기는 아니라고 하더라도 널리 사람의 생명, 신체에 해를 가하는 데 사용할 수 있는 일체의 물건을 포함한다고 풀이할 것이므로, 본래 살상용·파괴용으로 만들어진 것뿐만 아니라 다른 목적으로 만들어진 칼, 가위, 유리병, 각종 공구, 자동차 등은 물론 화학약품 또는 사주된 동물 등도 그것이 사람의 생명·신체에 해를 가하는 데 사용되었다면 본조의 '위험한 물건'이라 할 것이다.)

153) 대법원 2010.11.11. 선고 2010도10256 판결 ; 부산지법 2011.4.1. 선고 2010노4489 판결[확정](어떤 물건이 폭처법 제3조 제1항에 정한 '위험한 물건'에 해당하는지 여부는 구체적인 사안에서 사회통념에 비추어 그 물건을 사용하면 상대방이나 제3자가 생명 또는 신체에 위험을 느낄 수 있는지 여부에 따라 판단하여야 한다.) 같은 취지로는 대법원 1981.7.28. 선고 81도1046 판결 ; 대법원 1995.1.24. 선고 94도1949 판결 ; 대법원 2003.1.24. 선고 2002도5783 판결 ; 대법원 2008.1.17. 선고 2007도9624 판결 ; 대법원 2009.3.26. 선고 2007도3520 판결 ; 대법원 2010.4.29. 선고 2010도930 판결 등.

보충판례 17 : 대법원 1997. 5. 30. 선고 97도597 판결
대법원 2003. 1. 24. 선고 2002도5783 판결
대법원 2010.11.11. 선고 2010도10256 판결
부산지법 2011.4.1. 선고 2010노4489 판결[확정]

ㄴ. 흉기와의 관계

특수절도죄(제331조 제2항)와 특수강도죄(제334조 제2항)는 흉기휴대를 2인 이상이 합동하는 것과 같은 정도의 위험성이 있는 행위로 규정하고 있다. 따라서 흉기와 위험한 물건과의 관계가 문제되는데 이에 대해서는 견해가 대립한다.

불구별설은 양자 모두 사람의 생명·신체에 위험을 야기한다는 점에서 같은 것이고 양자를 엄격히 구별하기도 곤란하므로 동일한 것으로 보아야 한다고 하나, 구별설(다수설)은 흉기는 제작목적부터 인명살상 등의 목적으로 제작된 물건으로 특수한 것이지만 위험한 물건은 제작목적이 반드시 인명살상 등에 한정되지 않은 일반적인 것이므로 특수개념인 흉기는 일반개념인 위험한 물건에 포함된다는 것이다.

형법 및 특별형법에서는 양자를 구별하여 규정하고 있으므로 구별설이 타당하다고 할 수 있지만 위험한 물건의 휴대가 문제되는 경우에는 '흉기 기타 위험한 물건을 휴대하여' 라는 폭처법 제3조가 우선 적용될 것이므로 양자를 구별할 실익은 적다.

ㄷ. 휴대

휴대의 개념내용이 무엇인지에 대해서는 견해가 대립한다. 휴대란 범행현장에서 몸에 지니거나 몸에 지니고 있는 것을 이용하는 것으로서 소지보다 좁은 개념이라는 견해(협의설, 다수설), 몸 가까이 두고 쉽게 사용할 수 있는 위치에 있으면 족하지만 반드시 몸에 부착할 필요는 없다고 하는 견해(중간설), 소지뿐만 아니라 널리 이용 또는

154) **[위험한 물건을 부정한 판례]** : 대법원 2010.4.29. 선고 2010도930 판결(경륜장 사무실에서 술에 취해 소란을 피우면서 '소화기'를 집어던졌지만 특정인을 겨냥하여 던진 것이 아닌 점 등을 종합하여, 위 '소화기'는 폭처법 제3조 제1항의 '위험한 물건'에 해당하지 않는다.) ; 대법원 2009.3.26. 선고 2007도3520 판결(자동차를 이용하여 다른 자동차를 충격한 사안에서, 충격 당시 차량의 크기, 속도, 손괴 정도 등 제반 사정에 비추어 위 자동차가 폭처법 제3조 제1항에 정한 '위험한 물건'에 해당하지 않는다) ; 대법원 2008.1.17. 선고 2007도9624 판결(피고인이 당구공으로 피해자의 머리를 때린 행위로 인하여 사회통념상 피해자나 제3자에게 생명 또는 신체에 위험을 느끼게 하였으리라고 보여지지 아니하므로 위 당구공은 폭처법 제3조 제1항의 '위험한 물건'에는 해당하지 아니한다.)

사용하는 경우도 포함된다는 견해(광의설, 판례[155]) 등이 대립하고 있다.

생각건대 광의설이 주장하는 '널리 이용한다'는 개념은 사회통념상 소지하지 않은 물건의 성질을 필요에 따라 수단으로 활용하는 것을 의미하기 때문에 '휴대'라는 문언의 일상적인 의미에 포함될 수 없어 형법의 자유보장적(인권보장적) 기능을 강조하는 이상은 협의설이 타당하다 할 것이다.

따라서 범행 이전부터 흉기를 몸에 지니고 있어야 할 필요는 없고[156], 범행현장에서 범행에 사용할 의도 하에 위험한 물건을 집어 들어 휴대하면 족하며 실제로 위험한 물건을 사용하거나 상대방에게 위험한 물건을 보이거나 상대방이 인식할 필요는 없다.[157]

보충판례 17-3 : 대법원 1990.4.24. 선고 90도401 판결

③ 폭행

본죄의 폭행은 단순폭행죄의 폭행과 같은 의미이므로 사람의 신체에 대한 직접적인 불법한 유형력의 행사이어야 한다. 부진정부작위범의 형태로는 특수폭행죄를 범할 수 없다는 견해가 다수설이다. 즉 보증인지위를 가진 자가 제3자가 단체 또는 다중의 위력을 보이거나 위험한 물건을 휴대하여 폭행하는 것을 방지하지 아니한 경우에는 보증인의 부작위와 작위에 의한 특수폭행죄와의 행위정형의 동가치성을 인정할 수 없기 때문이라는 것이다.

그러나 위험한 물건을 제3자 옆에 갖다 놓은 사람은 제3자가 위험한 물건을 사용하여 특수폭행하는 것을 방지하여야 할 의무가 있음에도 불구하고 이를 방지하지 않은

155) **[휴대의 정의]** : 대법원 2010.11.11. 선고 2010도10256 판결 ; 대법원 2002.9.6. 선고 2002도2812 판결 ; 대법원 1997.5.30. 선고 97도597 판결(위험한 물건을 '휴대하여'라는 말은 소지뿐만 아니라 널리 이용한다는 뜻도 포함하고 있다.) ; 대전지법 1994.5.6. 선고 94노99 제1형사부판결[상고](폭처법 제3조 제1항에 규정된 위험한 물건의 "휴대"라 함은 범행현장에서 범행에 사용할 의도 하에 위험한 물건을 손에 들거나 몸 또는 몸 가까이에 소지하는 것뿐만 아니라 널리 이용한다는 뜻도 포함하고 있으므로 피고인이 용법에 따라서는 위험한 물건인 승용차를 운전하여 전진시켜 앞차를 들이받고 그 충격으로 앞차에 탄 사람에게 상해를 가한 행위는 위험한 물건을 휴대한 경우에 해당한다.)

156) 대법원 1984.1.31. 선고 83도2959 판결(휴대라 함은 소지와 같은 뜻으로 새겨지니 범행 이전부터 흉기를 몸에 지니고 있어야 할 필요는 없다.)

157) 대법원 2008.7.24. 선고 2008도2794 판결 ; 대법원 2007.3.30. 선고 2007도914 판결 ; 대법원 2004.6.11. 선고 2004도2018 판결.

경우에는 작위에 의한 특수폭행과의 동가치성(상응성)을 인정할 수 있기 때문에 부진정부작위형태의 특수폭행죄가 성립할 수 있을 것이다.

(3) 주관적 구성요건

특수폭행죄가 성립하기 위해서는 단체 또는 다중의 위력을 보이거나 위험한 물건을 휴대하여 폭행한다는 사실에 대한 인식과 의욕(고의)이 있어야 한다. 따라서 행위자가 위험한 물건을 휴대하였지만 그 사실을 인식하지 못한 채 폭행한 경우에는 형법 제15조 제1항에 따라 단순폭행죄만 성립한다.

마. 폭행치사상죄

[조문]

> 형법 제262조(폭행치사상) 전2조(폭행·존속폭행, 특수폭행)의 죄를 범하여 사람을 사상(死傷)에 이르게 한때에는 제257조(상해, 존속상해) 내지 제259조(상해치사)의 예에 의한다.
>
> 특정범죄가중처벌등에관한법률 제5조의9(보복범죄의 가중처벌 등) ③ 제2항의 죄 중 「형법」 제257조제1항 · 제260조제1항 또는 제276조제1항의 죄를 범하여 사람을 사망에 이르게 한 경우에는 무기 또는 3년 이상의 징역에 처한다.

(1) 의의 및 성격

폭행죄, 존속폭행죄, 특수폭행죄의 폭행행위로 인하여 중한 결과인 상해나 사망의 결과를 초래함으로써 형이 가중되는 진정결과적 가중범이다. 상해의 고의가 있을 때에는 상해죄나 상해치사죄가 성립하기 때문에 폭행고의 또는 특수폭행의 고의가 있을 때에만 성립한다.

(2) 구성요건

본죄가 성립하기 위해서는 폭행행위(고의범)가 있어야 하고[158], 폭행행위와 사상의

158) **[폭행의 주관적 구성요건]** : 대법원 1994.8.23. 선고 94도1484 판결[폭행치사죄](비록 안수기도의

결과 사이에 형법적 인과관계도 인정되어야 하며[159], 나아가 치사상의 결과에 대한

방법으로 행하여졌다고 하더라도 신체에 대하여 유형력을 행사한다는 인식과 의사가 있으면 폭행에 대한 인식과 의사 즉 고의가 있는 것으로 폭행치사죄가 성립한다.) ; 대구지법 2007.2.7. 선고 2006고합911 판결[항소](남편이 처가 있던 방으로 들어가기 위하여 방문을 부엌칼과 망치로 여러 차례 내리쳐 손괴한 후 방문을 열고 망치를 든 채 들어올 무렵 처가 겁에 질려 창문 밖 베란다에 설치된 추락방지용 펜스를 잡고 매달려 있다가 추락하여 사망한 사안에서, 위 남편의 손괴행위는 방문을 통해 공간적으로 격리된 처를 만나기 위한 수단적 행위에 불과할 뿐 '피해자인 처의 신체'에 대하여 유형력을 행사한 것으로는 볼 수 없으므로 폭행치사죄의 성립을 인정할 수 없다.) ; 대법원 1985.1.29. 선고 84도2655 판결(폭행에 대한 미필적인 고의는 있어도 상해에 대한 고의가 없어 폭행치상죄를 적용해야 함에도 법원이 상해죄를 적용한 것은 법률적용에 있어 위법이 있다고 할 것이나 상해죄나 폭행치상죄는 동일한 장에 규정된 동일죄질의 것이고 또 그 법정형도 동일하므로 위의 잘못은 판결결과에는 아무 영향이 없다.)

159) **[인과관계에 관한 판례]** : 대구지법 2008.12.17. 선고 2008고합783 판결[항소] ; 대법원 1983.1.18. 선고 82도697 판결(폭행치사죄는 결과적 가중범이므로, 그 행위와 중한 결과 사이에 상당인과관계가 있어야 할 뿐만 아니라 사망의 결과에 대한 예견가능성이 있어야 한다. 먼저, 상당인과관계는 피고인의 행위가 피해자의 사망이라는 결과를 발생케 한 유일한 원인이거나 직접적인 원인이 되어야 하는 것은 아니며, 피해자나 제3자의 과실 등이 경합하여 결과가 발생한 경우에도 이를 인정할 수 있다. 예컨대, 피해자가 평소 병약한 상태에 있었고 피고인의 폭행으로 그가 사망함에 있어서 지병이 또한 사망 결과에 영향을 주었다고 하여 폭행과 사망 간에 인과관계가 없다고 할 수 없다. 다음으로 예견가능성의 유무는 피고인의 폭행의 부위·정도 및 방법, 피해자가 특별한 병이나 특이체질을 지니고 있었는지 여부, 피해자의 사인, 피고인과 피해자의 관계 등 구체적 상황을 살펴서 엄격하게 가려야 한다.) ; 대법원 1990.10.16. 선고 90도1786 판결(피고인들이 공동하여 피해자를 폭행하여 당구장 3층에 있는 화장실에 숨어 있던 피해자를 다시 폭행하려고 피고인 갑은 화장실을 지키고, 피고인 을은 당구치는 기구로 문을 내려쳐 부수자 위협을 느낀 피해자가 화장실 창문 밖으로 숨으려다가 실족하여 떨어짐으로써 사망한 경우에는 피고인들의 위 폭행행위와 피해자의 사망 사이에는 인과관계가 있다고 할 것이므로 폭행치사죄의 공동정범이 성립된다.) ; 대법원 1989.10.13. 선고 89도556 판결 ; 대법원 1986.9.9. 선고 85도2433 판결(피고인이 피해자의 멱살을 잡아 흔들고 주먹으로 가슴과 얼굴을 1회씩 구타하고 멱살을 붙들고 넘어뜨리는 등 신체 여러 부위에 표피박탈, 피하출혈 등의 외상이 생길 정도로 심하게 폭행을 가함으로써 평소에 오른쪽 관상동맥폐쇄 및 심실의 허혈성 심근섬유화증세 등의 심장질환을 앓고 있던 피해자의 심장에 더욱 부담을 주어 나쁜 영향을 초래하도록 하였다면, 비록 피해자가 관상동맥부전과 허혈성심근경색 등으로 사망하였더라도, 피고인의 폭행의 방법, 부위나 정도 등에 비추어 피고인의 폭행과 피해자의 사망 간에 상당인과관계가 있었다고 볼 수 있다.) ; 대법원 1984.6.26. 선고 84도831 판결(피고인이 주먹으로 피해자의 복부를 1회 강타하여 장파열로 인한 복막염으로 사망케 하였다면, 비록 의사의 수술지연 등 과실이 피해자의 사망의 공동원인이 되었다 하더라도 피고인의 행위가 사망의 결과에 대한 유력한 원인이 된 이상 그 폭력행위와 치사의 결과 간에는 인과관계가 있다 할 것이어서 피고인은 피해자의 사망의 결과에 대해 폭행치사의 죄책을 면할 수 없다.) ; 서울고법 1975.11.28. 선고 74노1117 제2형사부판결[확정](피해자의 사망이 정조를 침해하기 위한 폭행 등 피고인의 일련의 행위로 인하여 동인이 극도의 공포심에 사로잡힌 나머지 이를 피하기 위하여 창문을 열고 도망하다가 추락하여 발생한 결과라면 피고인의 폭행행위와 피해자의 사망사이에는 상당인과관계가 있다고 보아야 한다.) ; 대법원 1972.11.28. 선고 72도2201 판결(피고인이 폭행을 가한 대상자와 그 폭행의 결과 사망한 대상자는 서로 다른 인격자라 할지라도 위와 같이 어린애를 업은 사람을 밀어 넘어트리면 그 어린애도 따라서 필연적으로 넘어질 것임은 피고인도 예견하였을 것이므로 어린애를 업은 사람을 넘어트린 행위는 그 어린애에 대해서도 역시 폭행이 된다 할 것이고, 따라서 원심이 피고인을 폭행치사죄로 인정한 조처에는 인과관계를 오인한 위법이 없다.) ; 서울고법 1970.6.23. 선고 70노155 제1형사부판결[확정] ; 대구고법 1970.4.16. 선고 70노75 형사부판결[상고](피고인이 피해자인 처가 있음에도 불구하고 다른 여자와 동거생활을 하는 등 피해자를 배신함으로써 항상 가정불화가 있어 온 상황 하에서 그 문제 때문에 다시 언쟁 시비를 하던 중 피고인이 피해자의 복부를 강하게 걷어찬 것으로 인하여 피해자가 흥분되어 쇼크성 심장마비를 일으켜 사망한 경우에는 위 폭행과 피해자의 사망 간에 인과관계가 있다고 할

예견가능성도 있어야 한다.[160)]

보충판례 18 : 대법원 1990.9.25. 선고 90도1596 판결

(3) 위법성조각사유

결과적 가중범인 폭행치사상죄의 특성상 기본범죄행위의 위법성이 조각되면 중한 결과가 발생하더라도 폭행치사상죄의 성립은 부정된다.[161)] 즉 과실치사상죄의 성립

....

것이다.) ; 대법원 1955.6.7. 선고 4288형상88 판결(안면 및 흉부에 대한 구타는 생리적 작용에 중대한 영향을 줄 뿐 아니라 신경에 강대한 자극을 줌으로써 정신의 흥분과 이에 따르는 혈압의 항진을 초래하여 뇌일혈을 야기케 할 수 있고 이는 누구든지 예견할 수 있음으로 구타와 뇌일혈 사이에 인과관계가 있다 할 것이다.) ; 대법원 1978.11.28. 선고 78도1961 판결(고등학교 교사가 제자의 잘못을 징계코자 왼쪽 뺨을 때려 뒤로 넘어지면서 사망에 이르게 한 경우 위 피해자는 두께0.5미리밖에 안되는 비정상적인 얇은 두개골이었고 또 뇌수송을 가진 심신허약자로서 좌측 뺨을 때리자 급성뇌성압 상승으로 넘어지게 된 것이라면 위 소위와 피해자의 사망 간에는 이른바 인과관계가 없는 경우에 해당한다.)

160) **[결과에 대한 예견가능성에 관한 판례]** : 대법원 1989.11.28. 선고 89도201 판결(각종의 장기와 신경이 밀집되어 있어 인체의 가장 중요한 부위를 점하고 있는 흉부에 대한 강도의 타격은 생리적으로 중대한 영향을 줄 뿐만 아니라 신경에 자극을 줌으로써 이에 따른 쇼크로 인해 피해자를 사망에 이르게 할 수 있고, 더우기 그 가격으로 급소를 맞을 때에는 더욱 그러할 것인데, 피할만한 여유도 없는 좁은 장소와 상급자인 피고인이 하급자인 피해자로부터 아프게 반격을 받을 정도의 상황에서 신체가 보다 더 건강한 피고인이 피해자에게 약 1분 이상 가슴과 배를 때렸다면 사망의 결과에 대한 예견가능성을 부정할 수도 없을 것이며 위와 같은 상황에서 이루어진 폭행이 장난권투로서 피해자의 승낙에 의한 사회상규에 어긋나지 않는 것이라고도 볼 수 없다.) ; 대법원 2010.5.27. 선고 2010도2680 판결(속칭 '생일빵'을 한다는 명목 하에 피해자를 가격하여 사망에 이르게 한 사안에서, 폭행과 사망 간에 인과관계는 인정되지만 폭행 당시 피해자의 사망을 예견할 수 없었다는 이유로 폭행치사의 공소사실에 대하여 무죄를 선고하였다.) ; 대법원 1990.9.25. 선고 90도1596 판결 ; 대구지법 1987.11.21. 선고 87고합368 제3형사부판결[항소](피고인의 폭행정도가 피해자의 멱살을 잡고 밀고 당기면서 언쟁을 한 정도에 지나지 않은 경우, 피고자가 관상동맥경화 및 심근경색을 가진 특수체질자이었기 때문에 위와 같은 정도의 폭행에 의한 충격에도 심장마비를 일으켜 사망하게 된 것이라면 피고인이 비록 피해자의 고혈압 증세를 알고 있었다고 하더라도 피고인이 그 사망의 결과에 대한 예견가능성이 있었다고 보기는 어려워 결과적 가중범인 폭행치사죄로 의율할 수 없다.) ; 대법원 1985.4.3. 선고 85도303 판결(피고인의 폭행정도가 서로 시비하다가 피해자를 떠밀어 땅에 엉덩방아를 찧고 주저앉게 한 정도에 지나지 않은 것이었고 또 피해자는 외관상 건강하여 전혀 병약한 흔적이 없는 자인데 사실은 관상동맥경화 및 협착증세를 가진 특수체질자이었기 때문에 위와 같은 정도의 폭행에 의한 충격에도 심장마비를 일으켜 사망하게 된 것이라면 피고인에게 사망의 결과에 대한 예견가능성이 있었다고 보기 어려워 결과적 가중범인 폭행치사죄로 의율할 수는 없다.) ; 대법원 1982.1.12. 선고 81도1811 판결(일반 경험칙상 욕설을 하고 피해자의 어깨쭉지를 잡고 조금 걸어가다가 놓아준 데 불과한 정도의 폭행으로 인하여 피해자가 약 2주일 가량의 안정치료를 요하는 뇌실질내혈종의 상해를 입을 것이라고 예견할 수는 없으므로 폭행치상죄로 처벌할 수 없다.)

161) **[사회상규의 위배성 여부]** : 대법원 2010.5.27. 선고 2010도2680 판결(속칭 '생일빵'을 한다는 명목하에 피해자를 가격하였다면 폭행죄가 성립하고, 가격행위의 동기, 방법, 횟수 등 제반 사정에 비추어 사회상규에 위배되지 아니하는 정당행위에 해당하지 않는다.) ; 대법원 2008.8.21. 선고 2008도2695 판결(기도원운영자가 정신분열증 환자의 치료 목적으로 안수기도를 하다가 환자에게 상해를 입힌 사안에서, 장시간 환자의 신체를 강제로 제압하는 등 과도한 유형력을 행사한 것으로서 '사회상

여부만이 문제되는 것이다.

(4) 형벌

폭행치사상죄가 성립하면 발생된 결과유형에 따라 제257조 내지 제259조의 예에 의해 처리한다. 따라서 단순상해의 결과가 발생한 때에는 상해죄의 형벌로[162], 존속상해, 중상해의 결과가 발생한 때에는 존속상해죄, 중상해죄의 형벌로, 사망의 결과가 발생한 때에는 상해치사죄의 형벌로 처벌한다.

다만 폭행치사상죄는 결과적 가중범이기 때문에 제257조 제3항의 상해죄·존속상해죄 미수범 규정은 적용되지 않는다고 하여야 한다. 즉 폭행죄의 미수를 처벌하는 규정이 없으므로 폭행치사상죄의 미수도 인정할 수 없을 뿐만 아니라 결과적 가중범의 미수범은 생각할 수 없기 때문이다.

규상 용인되는 정당행위'에 해당하지 않는다.) ; 대법원 1990.10.30. 선고 90도1456 판결(교사가 국민학교 5학년생을 징계하기 위하여 양손으로 교탁을 잡게 하고 길이 50cm, 직경 3cm 가량 되는 나무 지휘봉으로 엉덩이를 두 번 때리고, 학생이 아파서 무릎을 굽히며 허리를 옆으로 틀자 다시 허리 부분을 때려 6주간의 치료를 받아야 할 상해를 입힌 경우 위 징계행위는 그 방법 및 정도가 교사의 징계권행사의 허용한도를 넘어선 것으로서 정당한 행위로 볼 수 없다.) ; 대법원 1984.6.26. 선고 84도603 판결(부하를 훈계하기 위한 것이라 하여도 폭행행위가 훈계권의 범위를 넘었다고 보여 지고 그로 인하여 상해를 입은 이상 그 행위를 사회상규에 위배되지 아니한 행위로서 위법성이 조각된다고 할 수 없다.) ; 대법원 2014.3.27. 선고 2012도11204 판결 ; 대법원 1992.3.10. 선고 92도37 판결 ; 대법원 1987.10.26. 선고 87도464 판결 ; 대법원 1980.9.24. 선고 80도1898 판결[피해자(남, 57세)가 술에 만취하여 아무런 연고도 없는 가정주부인 피고인의 집에 들어가 유리창을 깨고 아무데나 소변을 보는 등 행패를 부리고 나가자, 피고인이 유리창 값을 받으러 피해자를 뒤따라가며 그 어깨를 붙잡았으나, 상스러운 욕설을 계속하므로 더 이상 참지 못하고 잡고 있던 손으로 피해자의 어깨부분을 밀치자 술에 취하여 비틀거리던 피해자가 몸을 제대로 가누지 못하고 앞으로 넘어져 시멘트 바닥에 이마를 부딪쳐 1차성 쇼크로 사망한 경우, 피고인의 위와 같은 행위는 피해자의 부당한 행패를 저지하기 위한 본능적인 소극적 방어행위에 지나지 아니하여 사회통념상 용인될 수 있는 정도의 상당성이 있어 형법 제20조에 정한 정당행위에 해당한다.] ; 대구고법 1986.8.27. 선고 86노334 제1형사부판결[상고](술에 취한 피해자가 뒤에서 자기와 씨름을 하려고 허리를 잡아당기자 뒤로 물러서면서 손으로 뿌리쳐 피해자를 넘어뜨린 것이라면 고의로 피해자를 폭행하였다기 보다는 갑자기 뒤에서 자신의 몸을 잡는 것을 떼어내기 위한 본능적, 반사적, 방위적 행위라 할 것이어서 사회상규에 위배되지 않는다.)

162) **[입법론]** : 상해죄와 폭행죄를 엄격히 구분함으로써 상해죄가 폭행죄의 결과적 가중범이 아니라고 하는 현행법의 태도를 관철시키기 위해서는 폭행치상죄에 대한 독립된 법정형을 마련하는 것이 바람직할 것이다.

제3절 과실치사상의 죄

[과실치사상의 죄 구성요건 체계도]

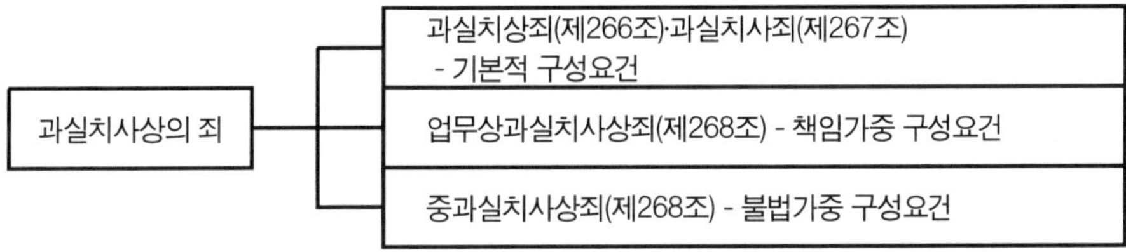

Ⅰ. 과실치상죄

[형법조문]

> 제14조(과실) 정상의 주의를 태만함으로 인하여 죄의 성립요소인 사실을 인식하지 못한 행위는 법률에 특별한 규정이 있는 경우에 한하여 처벌한다.
>
> 제266조(과실치상) ① 과실로 인하여 사람의 신체를 상해에 이르게 한 자는 500만원 이하의 벌금, 구류 또는 과료에 처한다.
> ② 제1항의 죄는 피해자의 명시한 의사에 반하여 공소를 제기할 수 없다.

(1) 의의 및 성격

과실치상죄는 정상의 주의를 태만히 하여 사람의 신체를 상해에 이르게 함으로써 성립하는 범죄이다. 반의사불벌죄에 해당한다.

사람의 신체의 건강을 보호법익으로 하며 보호의 정도는 침해범으로서의 보호이다.

(2) 구성요건

행위자가 정상의 주의를 태만히 하여(즉 객관적 주의의무[163]를 위반하여) 죄의 성립요소인 사실, 즉 상해의 결과발생 또는 그 가능성을 인식하지 못하였거나(인식없는 과실) 인식은 하였으나 결과가 발생하지 않을 것으로 믿어버린(인식있는 과실) 과실이 있어야 한다.[164]

이러한 과실과 상해 사이에 형법적 인과관계가 인정되어야 하는데, 판례는 과실이 결과발생의 직접 원인이 된 때에만 인과관계를 인정하고 있다.[165] 피해자의 기여과실은 본죄의 성립에 영향을 미치지 못하고 양형의 자료가 될 수 있을 뿐이다.

보충판례 19 : 대법원 1980.2.12. 선고 79도3004 판결

보충판례 20 : 대법원 2007.10.26. 선고 2005도8822 판결

163) 대법원 2008.10.23. 선고 2008도6940 판결[골프와 같은 개인 운동경기에 참가하는 자는 자신의 행동으로 인해 다른 사람이 다칠 수도 있으므로, 경기 규칙을 준수하고 주위를 살펴 상해의 결과가 발생하는 것을 미연에 방지해야 할 주의의무가 있고, 이러한 주의의무는 경기보조원에 대하여도 마찬가지이다. 다만, 운동경기에 참가하는 자가 경기규칙을 준수하는 중에 또는 그 경기의 성격상 당연히 예상되는 정도의 경미한 규칙위반 속에 상해의 결과를 발생시킨 것으로서 사회적 상당성의 범위를 벗어나지 아니하는 행위라면 과실치상죄가 성립하지 않는다고 할 것이지만, 골프경기를 하던 중 골프공을 쳐서 아무도 예상하지 못한 자신의 등 뒤편으로 보내어 등 뒤에 있던 경기보조원(캐디)에게 상해를 입힌 경우에는 주의의무를 현저히 위반한 사회적 상당성의 범위를 벗어난 행위로서 과실치상죄가 성립한다.]

164) 대법원 1984.2.28. 선고 83도3007 판결(과실범에 있어서의 비난가능성의 지적 요소란 결과발생의 가능성에 대한 인식으로서 인식있는 과실에는 이와 같은 인식이 있고, 인식없는 과실에는 이에 대한 인식자체도 없는 경우이나, 전자에 있어서 책임이 발생함은 물론, 후자에 있어서도 그 결과발생을 인식하지 못하였다는 데에 대한 부주의 즉 규범적 실재로서의 과실책임이 있다고 할 것이다.)

165) 대법원 2001.6.1. 선고 99도5086 판결(임차인이 자신의 비용으로 설치·사용하던 가스설비의 휴즈콕크를 아무런 조치 없이 제거하고 이사를 간 후 가스공급을 개별적으로 차단할 수 있는 주 밸브가 열려져 가스가 유입되어 폭발사고가 발생한 경우, 구 액화석유가스의안전및사업관리법상의 관련 규정 취지와 그 주 밸브가 누군가에 의하여 개폐될 가능성을 배제할 수 없다는 점 등에 비추어 그 휴즈콕크를 제거하면서 그 제거부분에 아무런 조치를 하지 않고 방치하면 주 밸브가 열리는 경우 유입되는 가스를 막을 아무런 안전장치가 없어 가스유출로 인한 대형사고의 가능성이 있다는 것은 평균인의 관점에서 객관적으로 볼 때 충분히 예견할 수 있으므로 임차인의 과실과 가스폭발사고 사이의 상당인과관계가 인정된다.) ; 대법원 1985.3.12. 선고 84도2034 판결(임대한 방실의 부엌으로 통하는 문과 벽 사이에 0.4센티미터 정도의 틈이 있다면 이는 문 전체를 다시 제작하여 붙이지 않더라도 다른 목재로 부착보수하는 정도로서 그 틈을 막을 수 있는 것이어서 그 하자가 방실을 사용할 수 없을 정도의 파손상태이거나 임대인에게 수선의무가 있는 대규모의 것이라고는 할 수 없고 임차인의 통상의 수선관리의무에 속한 것이라 못할 바 아니므로 위 문틈으로 스며든 연탄가스에 중독되는 사고가 발생했다 하더라도 위 사고는 임대인의 과실로 인한 것이라고 볼 수 없다.)

Ⅱ. 과실치사죄

[형법조문]

제267조(과실치사) 과실로 인하여 사람을 사망에 이르게 한 자는 2년 이하의 금고 또는 700만원 이하의 벌금에 처한다.

(1) 형법적 인과관계

주의의무위반과 결과발생 사이에는 상당인과관계가 존재하여야 한다. 객관적 귀속론에 따르면 주의의무위반과 결과 사이에 합법칙적 조건설에 의한 인과관계가 있어야 하고 발생결과를 주의의무위반에 객관적으로 귀속시킬 수 있어야 한다.[166]

166) **[과실치사에 관한 판례] : [긍정한 판례]**대법원 2002.8.23. 선고 2002도2800 판결(중앙선에 서서 도로횡단을 중단한 피해자의 팔을 갑자기 잡아끌고 피해자로 하여금 도로를 횡단하게 만든 피고인으로서는 위와 같이 무단횡단을 하는 도중에 지나가는 차량에 충격당하여 피해자가 사망하는 교통사고가 발생할 가능성이 있으므로, 이러한 경우에는 피고인이 피해자의 안전을 위하여 차량의 통행 여부 및 횡단 가능 여부를 확인하여야 할 주의의무가 있다 할 것이므로, 피고인으로서는 위와 같은 주의의무를 다하지 않은 이상 교통사고와 그로 인한 피해자의 사망에 대하여 과실책임을 면할 수 없다.) ; 대법원 1994.8.26. 선고 94도1291 판결(함께 술을 마신 후 만취된 피해자를 촛불이 켜져 있는 방안에 혼자 눕혀 놓고 촛불을 끄지 않고 나오는 바람에 화재가 발생하여 피해자가 사망한 경우 과실치사 책임을 면할 수 없다.) ; 대법원 1990.11.13. 선고 90도2106 판결(바다에 면한 수직경사가 암반 위로 이끼가 많이 끼어 매우 미끄러운 곳에서 당시 폭풍주의보가 발효 중이어서 평소보다 높은 파도가 치고 있던 상황 하에 피해자와 같은 내무반원인 피고인 등 여러 사람이 곧 전역할 병사 갑을 손발을 붙잡아 헹가래를 쳐서 장난삼아 바다에 빠뜨리려고 하다가 그가 발버둥치자 동인의 발을 붙잡고 있던 피해자가 몸의 중심을 잃고 미끄러지면서 바다에 빠져 사망한 경우 갑을 헹가래쳐서 바다에 빠뜨리려고 한 행위와 피해자가 바다에 빠져 사망한 결과와의 사이에는 인과관계가 있다고 할 것이고, 또 위와 같은 경우 결과발생에 관한 예견가능성도 있다고 할 것이므로 갑을 붙들고 헹가래치려고 한 피고인들로서는 비록 피해자가 위와 같이 헹가래치려고 한 일행 중의 한 사람이었다고 하여도 동인의 사망에 대하여 과실책임을 면할 수 없다.) ; 광주고법 1972.12.29. 72노298 제2형사부판결[확정](청산가리가 극도의 위험한 독극물이고 피해자와 사이 절교선언까지 한 경우 피해자가 빼앗은 청산가리를 손으로 만지거나 먹어버려 신체 또는 생명에 어떤 위험이 발생되지 않을까하고 즉시 이를 탈취하여 던져버리는 등 사고를 미연에 방지할 주의의무가 있다고 할 것임에도 이의 의무를 게을리 하여 피해자가 청산가리를 입에 넣어 사망한 경우 과실치사죄의 책임은 면할 수 없다.) ; **[부정한 판례]** 대법원 1989.9.26. 선고 89도703 판결(임차목적물인 방에 약간의 실금형태로 균열이 있고 외벽에 금이 가 있을 정도라면 그 방을 사용할 수 없을 정도의 파손상태라고 할 수 없고, 반드시 임대인에게 수선의무가 있는 대규모의 것이라고도 할 수 없어 임차인의 통상의 수선 및 관리의무에 속하므로, 위 균열로 스며든 연탄가스에 피해자자 중독되어 사망한 사고는 임대인의 과실로 인한 것이라고 볼 수 없다.) ; 대법원 1989.3.28. 선고 89도108 판결(담임교사가 학교방침에 따라 학생들에게 교실청소를 시켜왔고 유리창을 청소할 때는 교실안쪽에서 닦을 수 있는 유리창만을 닦도록 지시하였는데도 유독 피해자만이 수업시간이 끝나자마자 베란다로 넘어 갔다가 밑으로 떨어져 사망하였다면 담임교사에게 그 사고에 대한 어떤 형사상의 과실책임을 물을 수 없다.) ; 대법원 1985.3.26. 선고 84도3085 판결(임대인이 연탄아궁이의 외부 굴뚝보수공사를 마친 뒤에도 임차인이 약 1개월 동안 아무

(2) 공범

과실범에 대하여 교사범과 종범이 성립할 수 없다는 데는 이론이 없으며, 과실범의 공동정범에 대하여는 통설은 이를 부정하나, 판례와 소수설은 과실범의 공동정범의 성립을 인정하고 있다.

보충판례 21 : 대법원 1997.11.28. 선고 97도1740 판결
대법원 1997.11.28. 선고 97도1741 판결

Ⅲ. 업무상 과실·중과실치사상죄

[조문]

형법 제268조(업무상과실 · 중과실 치사상) 업무상과실 또는 중대한 과실로 인하여 사람을 사상에 이르게 한 자는 5년 이하의 금고 또는 2천만원 이하의 벌금에 처한다.

특정범죄가중처벌등에관한법률 제5조의3(도주차량 운전자의 가중처벌) ① 「도로교통법」 제2조에 규정된 자동차 · 원동기장치자전거의 교통으로 인하여 「형법」 제268조의 죄를 범한 해당 차량의 운전자(이하 "사고운전자"라 한다)가 피해자를 구호(救護)하는 등 「도로교통법」 제54조 제1항에 따른 조치를 하지 아니하고 도주한 경우에는 다음 각 호의 구분에 따라 가중처벌한다.

1. 피해자를 사망에 이르게 하고 도주하거나, 도주 후에 피해자가 사망한 경우에는 무기 또는 5년 이상의 징역에 처한다.
2. 피해자를 상해에 이르게 한 경우에는 1년 이상의 유기징역 또는 500만원 이상 3천만원 이하의 벌금에 처한다.

② 사고운전자가 피해자를 사고 장소로부터 옮겨 유기하고 도주한 경우에는 다음 각 호의 구분에 따라 가중처벌한다.

1. 피해자를 사망에 이르게 하고 도주하거나, 도주 후에 피해자가 사망한 경우에는 사형, 무기 또는 5년 이상의 징역에 처한다.
2. 피해자를 상해에 이르게 한 경우에는 3년 이상의 유기징역에 처한다.

교통사고처리특례법 제3조(처벌의 특례) ① 차의 운전자가 교통사고로 인하여 「형법」 제268조의 죄를 범한 경우에는 5년 이하의 금고 또는 2천만원 이하의 벌금에 처한다.

런 이상 없이 위 방실을 점유 사용해 오다가 사고당일에 부엌에서 출입문과 환기창을 모두 닫아놓고 연탄아궁이에 연탄불을 피워 놓은 채 목욕을 하다가 그 연탄아궁이에서 새어나온 연탄가스의 일산화탄소에 중독되어 사망한 것이라면 비록 임대인이 위 외부 굴뚝보수공사를 함에 있어 연통이음새로 시멘트가 내부로 흘러 들어가게 하여 연통내부의 하단부분을 메우게 한 과실이 있었다 하더라도 임차인의 사망이 위와 같은 임대인의 과실에 기인된 것이라고 보기 어렵다.)

② 차의 교통으로 제1항의 죄 중 업무상과실치상죄(業務上過失致傷罪) 또는 중과실치상죄(重過失致傷罪)와 「도로교통법」 제151조의 죄를 범한 운전자에 대하여는 피해자의 명시적인 의사에 반하여 공소(公訴)를 제기할 수 없다. 다만, 차의 운전자가 제1항의 죄 중 업무상과실치상죄 또는 중과실치상죄를 범하고도 피해자를 구호(救護)하는 등 「도로교통법」 제54조제1항에 따른 조치를 하지 아니하고 도주하거나 피해자를 사고 장소로부터 옮겨 유기(遺棄)하고 도주한 경우, 같은 죄를 범하고 「도로교통법」 제44조제2항을 위반하여 음주측정 요구에 따르지 아니한 경우(운전자가 채혈 측정을 요청하거나 동의한 경우는 제외한다)와 다음 각 호의 어느 하나에 해당하는 행위로 인하여 같은 죄를 범한 경우에는 그러하지 아니하다.

1. 「도로교통법」 제5조에 따른 신호기가 표시하는 신호 또는 교통정리를 하는 경찰공무원등의 신호를 위반하거나 통행금지 또는 일시정지를 내용으로 하는 안전표지가 표시하는 지시를 위반하여 운전한 경우
2. 「도로교통법」 제13조제3항을 위반하여 중앙선을 침범하거나 같은 법 제62조를 위반하여 횡단, 유턴 또는 후진한 경우
3. 「도로교통법」 제17조제1항 또는 제2항에 따른 제한속도를 시속 20킬로미터 초과하여 운전한 경우
4. 「도로교통법」 제21조제1항, 제22조, 제23조에 따른 앞지르기의 방법 · 금지시기 · 금지장소 또는 끼어들기의 금지를 위반하거나 같은 법 제60조제2항에 따른 고속도로에서의 앞지르기 방법을 위반하여 운전한 경우
5. 「도로교통법」 제24조에 따른 철길건널목 통과방법을 위반하여 운전한 경우
6. 「도로교통법」 제27조제1항에 따른 횡단보도에서의 보행자 보호의무를 위반하여 운전한 경우
7. 「도로교통법」 제43조, 「건설기계관리법」 제26조 또는 「도로교통법」 제96조를 위반하여 운전면허 또는 건설기계조종사면허를 받지 아니하거나 국제운전면허증을 소지하지 아니하고 운전한 경우. 이 경우 운전면허 또는 건설기계조종사면허의 효력이 정지 중이거나 운전의 금지 중인 때에는 운전면허 또는 건설기계조종사면허를 받지 아니하거나 국제운전면허증을 소지하지 아니한 것으로 본다.
8. 「도로교통법」 제44조제1항을 위반하여 술에 취한 상태에서 운전을 하거나 같은 법 제45조를 위반하여 약물의 영향으로 정상적으로 운전하지 못할 우려가 있는 상태에서 운전한 경우
9. 「도로교통법」 제13조제1항을 위반하여 보도(步道)가 설치된 도로의 보도를 침범하거나 같은 법 제13조제2항에 따른 보도 횡단방법을 위반하여 운전한 경우
10. 「도로교통법」 제39조제2항에 따른 승객의 추락 방지의무를 위반하여 운전한 경우
11. 「도로교통법」 제12조제3항에 따른 어린이 보호구역에서 같은 조 제1항에 따른 조치를 준수하고 어린이의 안전에 유의하면서 운전하여야 할 의무를 위반하여 어린이의 신체를 상해(傷害)에 이르게 한 경우

제4조(보험 등에 가입된 경우의 특례) ① 교통사고를 일으킨 차가 「보험업법」 제4조, 제126조, 제127조 및 제128조, 「여객자동차 운수사업법」 제60조, 제61조 또는 「화물자동차 운수사업법」 제51조에 따른 보험 또는 공제에 가입된 경우에는 제3조제2항 본문에 규정된 죄를 범한 차의 운전자에 대하여 공소를 제기할 수 없다. 다만, 다음 각 호의 어느 하나에 해당하는 경우에는 그러하지 아니하다.

1. 제3조제2항 단서에 해당하는 경우
2. 피해자가 신체의 상해로 인하여 생명에 대한 위험이 발생하거나 불구(不具)가 되거나 불치

(不治) 또는 난치(難治)의 질병이 생긴 경우
3. 보험계약 또는 공제계약이 무효로 되거나 해지되거나 계약상의 면책 규정 등으로 인하여 보험회사, 공제조합 또는 공제사업자의 보험금 또는 공제금 지급의무가 없어진 경우
② 제1항에서 "보험 또는 공제"란 교통사고의 경우 「보험업법」에 따른 보험회사나 「여객자동차 운수사업법」 또는 「화물자동차 운수사업법」에 따른 공제조합 또는 공제사업자가 인가된 보험약관 또는 승인된 공제약관에 따라 피보험자와 피해자 간 또는 공제조합원과 피해자 간의 손해배상에 관한 합의 여부와 상관없이 피보험자나 공제조합원을 갈음하여 피해자의 치료비에 관하여는 통상비용의 전액을, 그 밖의 손해에 관하여는 보험약관이나 공제약관으로 정한 지급기준금액을 대통령령으로 정하는 바에 따라 우선 지급하되, 종국적으로는 확정판결이나 그 밖에 이에 준하는 집행권원(執行權原)상 피보험자 또는 공제조합원의 교통사고로 인한 손해배상금 전액을 보상하는 보험 또는 공제를 말한다.
③ 제1항의 보험 또는 공제에 가입된 사실은 보험회사, 공제조합 또는 공제사업자가 제2항의 취지를 적은 서면에 의하여 증명되어야 한다.

가. 업무상과실치사상죄

업무자의 과실을 근거로 과실치사상죄에 대하여 형을 가중하는 가중적 구성요건으로 부진정신분범이다.

가중의 근거는 업무자는 일반인과는 다른 전문적 지식이나 기술 또는 경험을 가지고 있으므로 주의능력이 더 많고 또 주의능력을 더 많이 갖출 것이 요구되기 때문에 일반인의 과실에 비해 비난가능성이 큰 것이다(주의능력설).

나. 업무

업무상과실치사상죄에 있어서의 업무란 사람의 사회생활면에 있어서의 ① 하나의 지위로서 ② 계속적으로 종사하는 ③ 사무를 말하고(통설 및 판례), 그 외에도 본죄의 특성상 수행하는 직무 자체가 위험성을 갖기 때문에 안전배려를 의무의 내용으로 하는 경우는 물론 사람의 생명 · 신체의 위험을 방지하는 것을 의무내용으로 하는 업무이어야 한다.[167]

167) **[업무의 정의]** : 대법원 2009.5.28. 선고 2009도1040 판결(업무상과실치상죄에 있어서의 '업무'란 사람의 사회생활면에서 하나의 지위로서 계속적으로 종사하는 사무를 말하고, 여기에는 수행하는 직무 자체가 위험성을 갖기 때문에 안전배려를 의무의 내용으로 하는 경우는 물론 사람의 생명·신체의 위험을 방지하는 것을 의무내용으로 하는 업무도 포함되는데, 안전배려 내지 안전관리 사무에 계속적으로 종사하여 위와 같은 지위로서의 계속성을 가지지 아니한 채 단지 건물의 소유자로서 건물을

여기서 '사회생활상의 지위'에 기한 것이라는 것은 개인의 사회적 신분에 따르는 위치나 자리에 기인한 행위이어야 한다.[168] 단순히 가족적 신분(아버지 또는 어머니로서의 위치에 따른 일 등)이나 일상생활을 위한 행위는 여기서의 업무에 포함되지 아니한다.

'업무'는 계속성을 가지는 것이기는 하나 장래 반복하여 행할 의사가 있었으면 단 1회의 행위라 하더라도 업무에 해당한다. 의사가 개업 첫날 의료사고를 일으키거나 자동차를 구입한 후 처음 운전한 경우[169] 등이 이에 해당한다.

'사무'란 자신이 맡은 직책에 관련된 여러 가지 일을 처리하는 것을 말한다. 따라서 업무란 일상생활에서의 사회적 신분에 따르는 위치나 자리와 관련하여 계속적으로 처리하는 여러 가지 일이라고 할 수 있다. 면허를 요하는 사무뿐만 아니라 요하지 않는 사무, 무면허사무라도 상관없다.[170] 그러나 사회적으로 용인될 수 없는 불법한 사무는 업무라고 할 수 없다.

보충판례 24 : 대법원 2002.4.12. 선고 2000도3295 판결

다. 업무상 과실의 내용

업무상 과실이란 업무상 요구되는 필요한 주의를 태만한 것을 말한다.[171] 업무상

비정기적으로 수리하거나 건물의 일부분을 임대하였다는 사정만으로는 업무상과실치상죄에 있어서의 '업무'로 보기 어렵다.) ; 대법원 2007.5.31. 선고 2006도3493 판결(행형법 및 교도관직무규칙의 규정과 구치소라는 수용시설의 특성에 비추어 보면, 공휴일 또는 야간에는 소장을 대리하는 당직간부에게는 구치소에 수용된 수용자들의 생명·신체에 대한 위험을 방지할 법령상 내지 조리상의 의무가 있다고 할 것이고, 이와 같은 의무를 직무로서 수행하는 교도관들의 업무는 업무상과실치사죄에서 말하는 업무에 해당한다.)

168) 예컨대 생활수단으로서의 직업이나 직무 또는 영업, 즉 버스차장(대법원 1975.5.13. 선고 75도877)이나 오토바이로 물건을 배달하는 상점점원(대법원 1972.5.9. 선고 72도701) 등을 말한다.

169) 대법원 1966.5.31. 선고 66도536 판결(피고인은 차량의 운전업무에 종사하는 자가 아니므로 단 1회의 운전행위만을 대상으로 하여 업무상과실이 있다고 단정한 것은 본조 제2항의 업무상과실에 관한 법리를 그릇한 위법이 있다.)

170) 대법원 1985.6.11. 선고 84도2527 판결 ; 대법원 1979.9.11. 선고 79도1250 판결 ; 대법원 1961.3.22. 선고 4294형상5 판결(업무상 과실치사상죄에 있어서의 업무라 함은 사람의 사회생활면에 있어서의 하나의 지위로서 계속적으로 종사하는 업무를 말하고 반복 계속의 의사 또는 사실이 있는 한 그 사무에 대한 각별한 경험이나 법규상의 면허를 필요로 하지 아니한다.)

171) 대구지법 2006.4.7. 선고 2005고단7697 판결[항소](중학교 체육교사가 체육수업 중 '요양호 학생'인 피해자에 대하여 무리한 운동을 하지 않도록 배제하는 등 적절한 조치를 취하지 아니한 업무상 과실이 있다.) ; 대법원 1989.3.28. 선고 89도108 판결(담임교사가 학교방침에 따라 학생들에게 교실청소를 시켜왔고 유리창을 청소할 때는 교실안쪽에서 닦을 수 있는 유리창만을 닦도록 지시하였는데도 유독 피해자만이 수업시간이 끝나자마자 베란다로 넘어 갔다가 밑으로 떨어져 사망하였다면 담임

과실의 내용과 관련하여 가장 문제되는 경우가 자동차운전과 의료사고의 경우이다.

(1) 자동차운전자의 주의의무

자동차 운전자는 자동차의 운전으로 인한 사고를 미연에 방지하여야 할 주의의무가 있다.[172] 특히 자동차를 운전하는 사람에게는 보행자에 대한 고도의 주의의무를 부여하고 있다.[173]

따라서 자동차사고가 발생한 경우 고속도로나 육교아래의 자동차전용도로를 횡단하는 경우[174], 갑자기 차도에 뛰어드는 경우 사람을 충격하는 등[175] 극히 예외적인 경우를 제외하고는 거의 대부분의 경우에 자동차운전자에게 사고를 미연에 방지하여야 할 주의의무를 부과하고 있다.[176]

교사에게 그 사고에 대한 어떤 형사상의 과실책임을 물을 수 없다.)

172) 대법원 1990.12.26. 선고 89도2589 판결(고속도로의 노면이 결빙된 데다가 짙은 안개로 시계가 20m 정도 이내였다면 차량운전자는 제한시속에 관계없이 장애물 발견 즉시 제동정지할 수 있을 정도로 속도를 줄이는 등의 조치를 취하였어야 할 것이므로 단순히 제한속도를 준수하였다는 사실만으로는 업무상 주의의무를 다하였다 할 수 없다.) ; 대법원 1988.9.27. 선고 88도833 판결(버스운전사에게는 전날 밤에 주차해둔 버스를 그 다음날 아침에 출발하기에 앞서 차체 밑에 장애물이 있는지 여부를 확인하여야 할 업무상 주의의무가 있다.) ; 대법원 1985.12.24. 선고 85도1755 판결(자동차를 운행하는 자는 매일 그 운행개시 전에 일상점검의 하나로 제동장치 중 제동파이프에 기름 누설이 없고 고정이 확실한 여부를 점검하여야 할 업무상 주의의무가 있다.) ; 대법원 1968.2.20. 선고 68도16 판결(자동차 운전자는 사전에 차체를 정비·점검하여 고장 여부를 조사수리하여야 할 업무상 주의의무가 있다.)

173) 대법원 2011.7.28. 선고 2009도8222 판결 ; 대법원 2011.4.28. 선고 2009도12671 판결[피고인이 자동차를 운전하다 횡단보도를 걷던 보행자 갑을 들이받아 그 충격으로 횡단보도 밖에서 갑과 동행하던 피해자 을이 밀려 넘어져 상해를 입은 사안에서, 위 사고는, 피고인이 횡단보도 보행자 갑에 대하여 구 도로교통법(2009.12.29. 법률 제9845호로 개정되기 전의 것) 제27조 제1항에 따른 주의의무를 위반하여 운전한 업무상 과실로 야기되었고, 을의 상해는 이를 직접적인 원인으로 하여 발생하였다는 이유로, 피고인의 행위가 구 교통사고처리 특례법(2010.1.25. 법률 제9941호로 개정되기 전의 것) 제3조 제2항 단서 제6호에서 정한 횡단보도 보행자 보호의무의 위반행위에 해당한다]

174) 대법원 2000.9.5. 선고 2000도2671 판결 ; 대법원 1990.1.23. 선고 89도1395 판결 ; 대법원 1985.9.10. 선고 84도1572 판결.

175) 대법원 1983.9.13. 선고 83도1537 판결(인도경계와 약 1미터 간격을 두고 서행으로 정류장에 진입한 시내버스 운전자에게는 5미터 후방에서 볼 때만 하여도 가로수에 구부리고 기대어 있던 성년남자인 피해자가 버스통과 순간에 인도 상에서 갑자기 차도 쪽으로 쓰러지거나 또는 버스 쪽으로 달려 들어올 것까지 예상하여 인도경계와 그 이상의 간격을 두고 진입하거나 또는 피해자가 기대어 선 가로수의 후방에 버스를 정차시킬 주의의무를 기대할 수 없다.)

176) 대법원 2011.5.26. 선고 2010도17506 판결(택시 운전자인 피고인이 심야에 밀집된 주택 사이의 좁은 골목길이자 직각으로 구부러져 가파른 비탈길의 내리막에 누워 있던 피해자의 몸통 부위를 택시 바퀴로 역과하여 그 자리에서 사망에 이르게 하고 도주한 사안에서, 위 사고 당시 시각과 사고 당시 도로상황 등에 비추어 자동차 운전업무에 종사하는 피고인으로서는 평소보다 더욱 속도를 줄이고 전방 좌우를 면밀히 주시하여 안전하게 운전함으로써 사고를 미연에 방지할 주의의무가 있었는데도,

그러나 자동차를 운전하는 사람은 다른 교통관여자가 교통규칙을 준수할 것을 신뢰하면 족하고, 그가 교통규칙을 위반할 것까지 예견하여 이에 대한 방어조치까지 취할 의무는 없다(신뢰의 원칙[177]).[178]

자동차운전의 경우에는 보행자[179]를 제외한 차량운전자와 차량운전자 사이에서의 비교적 신뢰의 원칙이 충실히 지켜지고 있다고 하여야 할 것이다. 따라서 차량을 운전하는 자는 상대방 차량이 차선을 위반하여 진행하거나, 신호를 위반하여 진행할 것[180]을 예상하여 미리 사고를 방지하여야 할 주의의무가 인정되지 아니한다.[181]

이를 게을리 한 채 그다지 속도를 줄이지 아니한 상태로 만연히 진행하던 중 전방 도로에 누워 있던 피해자를 발견하지 못하여 위 사고를 일으켰으므로, 사고 당시 피고인에게는 이러한 업무상 주의의무를 위반한 잘못이 있었는데도, 이와 달리 판단하여 피고인에게 무죄를 선고한 원심판결에 업무상과실치사죄의 구성요건에 관한 법리오해의 위법이 있다.)

177) **[신뢰의 원칙]** : 판례를 통하여 형성되고 발전해 온 신뢰의 원칙이란 스스로 교통규칙을 준수하면서 교통에 참여하는 사람은 다른 교통참여자도 규칙을 준수하여 행동할 것이라고 신뢰해도 좋다는 원칙을 말한다. 그 형법적 효과에 대하여 통설은 객관적 주의의무, 즉 결과예견의무와 결과회피의무를 제한해 주는 원칙으로 이해하고 있다. 신뢰의 원칙에 대하여 상세하게는 총론의 개소에서 설명하였다.

178) 대법원 2003.4.11. 선고 2003다3607,3614 판결 ; 대법원 1984.4.10. 선고 84도79 판결(신뢰의 원칙은 상대방 교통관여자가 도로교통의 제반법규를 지켜 도로교통에 임하리라고 신뢰할 수 없는 특별한 사정이 있는 경우에는 그 적용이 배제된다.) 이처럼 도로교통사고와 관련하여 자동차 운전자의 업무상 과실을 제한하기 위한 원리로서 판례에 의해 적용되기 시작한 신뢰의 원칙은 오늘날 그 적용이 의료사고의 영역으로까지 확대되고 있다.

179) 판례는 횡단보도가 아닌 곳에서 발생한 사고에 대하여도 운전자의 과실을 인정하고 있다는 점에서 보행자에 대한 사고에 관하여는 신뢰의 원칙을 적용하고 있다고 할 수 없다 : 대법원 1980.5.27. 선고 80도842 판결(사고당시의 시간이, 통행금지 시간이 임박한 23:45경이라면, 일반적으로 차량의 통행이 적어 통금에 쫓긴 통행인들이 함부로 도로를 횡단하는 것이 예사이며, 이 사건 사고당시와 같이 사고지점의 3차선상에 버스들이 정차하고 있었다면, 버스에서 내려, 버스 사이로 튀어나와, 도로를 횡단하려고 하는 사람이 있으리라는 것은 우리의 경험상 능히 예측할 수 있는 일이라고 할 것임에도 불구하고, 피고인이 그 옆의 1차선을 운행하다가, 이 사건 사고를 발생케 하였음은 그와 같은 경우에, 운전사로서의 지켜야할 주의의무를 태만히 한 과실에 기인한 것이라고 보아 마땅하다 할 것이다.)

180) 대구지법 2007.3.6. 선고 2006고정4418 판결[확정][긴급자동차의 우선 통행이나 긴급자동차에 대한 특례 규정이 긴급자동차에 대하여 도로교통법이 정하는 일체의 의무 규정의 적용을 배제하는 것은 아니고, 특히 신호를 위반하여 교차로에 진입하는 경우에는 진행 방향에 교차 운행하거나 보행하고 있는 차량 또는 사람이 있는지를 주의 깊게 확인하는 등 교통의 안전에 특히 주의하면서 통행하여야 하는바(같은 법 제25조 제3항 참조), 이 경우 긴급자동차의 운전자가 주의의무를 다하였는지 여부나 긴급자동차의 정지의 필요성은 자동차의 속도, 교통량, 날씨, 시야 방해물이 있는지 여부, 도로의 선형이나 노면의 상태, 신호기가 있는 교차로의 빈도, 긴급자동차의 제동·조향·현가장치의 상태, 긴급자동차 운전자의 숙련도 등을 종합하여 판단하여야 한다. 따라서 119 구급차량의 운전자가 신호등 있는 교차로에서 신호를 위반하여 진행한 과실로 마침 교차로를 통과하던 택시를 들이받아 택시 운전자와 승객으로 하여금 상해를 입게 한 경우에는 위 긴급자동차 운전자가 취하여야 할 주의의무를 다하였다고 보기는 어렵다.]

181) 대법원 2007.4.26. 선고 2006도9216 판결(편도 5차선 도로의 1차로를 신호에 따라 진행하던 자동차 운전자에게 도로의 오른쪽에 연결된 소방도로에서 오토바이가 나와 맞은편 쪽으로 가기 위해서 편도 5차선 도로를 대각선 방향으로 가로 질러 진행하는 경우까지 예상하여 진행할 주의의무는 없다.)

보충판례 22 : 대법원 1995.12..26. 선고 95도715 판결
대법원 1983.9.13. 선고 83도1537 판결

(2) 의사의 주의의무

의료행위의 경우 환자는 치료의 당부(當否)를 판단할 수 없고 의사의 의술은 중대한 결과를 발생시킬 수 있기 때문에 의사에 대해서도 엄격한 주의의무가 요구된다.[182]

따라서 적절한 진단방법을 취하지 않거나 오진이 있는 때에는 원칙적으로 업무상 과실이 인정되지만[183], 어떤 방법으로 치료 또는 조치를 취할 것인지는 의사의 전문 지식과 경험에 따라 판단하는 것이므로 다른 조치를 취하지 않았다고 해서 과실을 인정할 수는 없다.[184]

그러나 환자에게 적절한 치료를 하거나 그러한 조치를 취하기 어려운 사정이 있는 경우에는 신속하게 전문적인 치료를 할 수 있는 다른 병원으로의 전원조치 등을 취하여야 한다.[185]

182) **[의료종사자의 과실인정 판단기준]** : 대법원 2011.9.8. 선고 2009도13959 판결 ; 대법원 2011.4.14. 선고 2010도10104 판결(의료사고에서 의료종사자의 과실을 인정하기 위해서는 의료종사자가 결과발생을 예견할 수 있고 또 회피할 수 있었는데도 이를 예견하거나 회피하지 못한 과실이 인정되어야 하고, 그러한 과실 유무를 판단할 때에는 같은 업무와 직무에 종사하는 보통인의 주의 정도를 표준으로 하여야 하며, 이에는 사고 당시의 일반적인 의학 수준과 의료 환경 및 조건, 의료행위의 특수성 등이 고려되어야 한다.)

183) 대법원 1996.9.24. 선고 95도245 판결(일반외과 전문의인 피고인이 피해자의 후복막 전체에 형성된 혈종을 발견한 지 14일이 지나도록 전산화단층촬영 등 후복막 내의 장기 손상이나 농양 형성 여부를 확인하기에 적절한 진단방법을 시행하지 않은 채, 피해자가 보인 염증 증상의 원인을 단순히 장간막 봉합수술에 따른 후유증 정도로만 생각하고 필요한 적절한 진단 및 치료조치를 취하지 아니한 것은 진단 및 치료상의 주의의무를 다하지 아니한 것으로서 과실이 있다.)

184) 대법원 2008.8.11. 선고 2008도3090 판결(의사는 진료를 행함에 있어 환자의 상황과 당시의 의료수준 그리고 자기의 지식경험에 따라 적절하다고 판단되는 진료방법을 선택할 상당한 범위의 재량을 가진다고 할 것이고, 그것이 합리적인 범위를 벗어난 것이 아닌 한 진료의 결과를 놓고 그 중 어느 하나만이 정당하고 이와 다른 조치를 취한 것은 과실이 있다고 말할 수는 없다.)

185) 대법원 2007.5.31. 선고 2007도1977 판결(의사가 진찰·치료 등의 의료행위를 할 때는 사람의 생명·신체·건강을 관리하는 업무의 성질에 비추어 환자의 구체적 증상이나 상황에 따라 위험을 방지하기 위하여 요구되는 최선의 조치를 취하여야 하고, 환자에게 적절한 치료를 하거나 그러한 조치를 취하기 어려운 사정이 있다면 신속히 전문적인 치료를 할 수 있는 다른 병원으로의 전원조치 등을 취하여야 하며, 특히 미용성형을 시술하는 의사로서는 고도의 전문적 지식에 입각하여 시술 여부, 시술의 시기, 방법, 범위 등을 충분히 검토한 후 그 미용성형 시술의 의뢰자에게 생리적, 기능적 장해가 남지 않도록 신중을 기하여야 할 뿐 아니라, 회복이 어려운 후유증이 발생할 개연성이 높은 경우 그 미용성형 시술을 거부 내지는 중단하여야 할 의무가 있다. … 비록 위 수술로 인한 부작용을 확대시키는데 있어서 피해자의 과실이 있음을 고려한다고 하더라도, 피고인은 미용성형 시술을 하는 의사로서 요구되는 업무상 주의의무를 다하지 아니하였고, 이로 인하여 피해자가 위와 같은 성형수술 이후 그 회복과정에서 통상적으로 수인하여야 하는 범위를 초과하여 생리적·기능적 장해를 입게 되었다고 보

의료종사자의 업무상 과실에 관한 판례는 무수히 많기 때문에 최근 판례의 일부만을 각주에서 소개하기로 한다.[186)]

이므로, 원심이 같은 취지에서 피고인에 대한 판시 업무상과실치상의 공소사실을 유죄로 인정한 것은 옳고, 상고이유의 주장과 같은 채증법칙 위배로 인한 사실오인, 의사의 업무상 주의의무와 상당인과관계에 관한 법리오해 등의 위법이 없다.)

186) **[과실인정 판례]** 청주지법 2011.2.22. 선고 2010고단1681 판결[항소][한의사인 피고인이, 자신이 조제한 한약을 복용하던 피해자에게 간기능 이상 증세가 나타났는데도, 간기능 검사와 치료가 가능한 전문병원으로 전원(轉院)을 권하지 아니하고 계속 한약을 복용하게 하여 피해자를 간기능 손상 등으로 사망에 이르게 한 사안에서, 피고인이 피해자에게 간기능 이상 징후인 황달 증세가 있었는데도 한약의 계속 복용을 지시하면서 피고인의 병원에서만 진료받도록 하였을 뿐, 간기능 이상의 원인과 상태를 확인하고 그에 따른 위험을 방지하기 위한 적절한 전원조치를 다하지 않은 과실을 인정할 수 있고, 제반 사정을 종합할 때 피해자의 간기능 손상 시기를 전후하여 위 한약을 제외하고는 달리 그 원인을 찾을 수 없는 점에 비추어 위 부작용이 있었던 시점에 한약 복용을 중단시키고 피해자를 신속하게 간기능 검사와 간기능 회복을 위한 치료를 시행할 수 있는 병원으로 전원조치 하였다면 적어도 피해자의 사망이라는 극단적인 결과는 막을 수 있었을 것으로 보이므로, 위 과실과 피해자의 사망 사이의 인과관계를 인정할 수 있다는 이유로, 피고인에게 업무상과실치사죄를 인정하였다.] ; 대법원 2010.10.28. 선고 2008도8606 판결(담당 의사가 췌장 종양 제거수술 직후의 환자에 대하여 1시간 간격으로 4회 활력징후를 측정하라고 지시를 하였는데, 일반병실에 근무하는 간호사 갑이 중환자실이 아닌 일반병실에서는 그러할 필요가 없다고 생각하여 2회만 측정한 채 3회차 이후 활력징후를 측정하지 않았고, 갑과 근무교대한 간호사 을 역시 자신의 근무시간 내 4회차 측정시각까지 활력징후를 측정하지 아니하였으며, 위 환자는 그 시각으로부터 약 10분 후 심폐정지상태에 빠졌다가 이후 약 3시간이 지나 과다출혈로 사망한 사안에서, 1시간 간격으로 활력징후를 측정하였더라면 출혈을 조기에 발견하여 수혈, 수술 등 치료를 받고 환자가 사망하지 않았을 가능성이 충분하다고 보일 뿐 아니라, 갑과 을은 의사의 위 지시를 수행할 의무가 있음에도 3회차 측정시각 이후 4회차 측정시각까지 활력징후를 측정하지 아니한 업무상과실이 있다고 보아야 함에도, 갑, 을에게 업무상과실이 있거나 위 활력징후 측정 미이행 행위와 환자의 사망 사이에 인과관계가 있다고 단정하기 어렵다고 본 원심판단에 법리오해의 위법이 있다.) ; 대법원 2010.4.29. 선고 2009도7070 판결[피고인이 제왕절개수술 후 대량출혈이 있었던 피해자를 전원(轉院) 조치하였으나 전원받는 병원 의료진의 조치가 다소 미흡하여 도착 후 약 1시간 20분이 지나 수혈이 시작된 사안에서, 피고인의 전원지체 등의 과실로 신속한 수혈 등의 조치가 지연된 이상 피해자의 사망과 피고인의 과실 사이에 인과관계가 인정된다.] ; 대법원 2010.3.25. 선고 2008도590 판결(원심은, 피고인이 마취전문 간호사로서 의사의 구체적 지시 없이 독자적으로 마취약제와 사용량을 결정하여 치핵제거수술을 받을 피해자에게 척수마취시술을 한 후 집도의가 피해자에 대한 치핵제거수술을 시행하였고 수술현장에서도 집도의를 도와 피해자의 동태를 확인하면서 이상현상을 보이는 경우에 대비하여 응급조치를 준비하여야 함에도 현장을 이탈하는 등 적절한 조치를 취하지 않았을 뿐 아니라, 수술을 받던 피해자가 하체를 뒤로 빼면서 극도의 흥분상태로 소리를 지르는 등 통증을 호소하고 출혈이 발생한 이후에도 그 판시와 같이 마취전문 간호사로서의 필요한 조치를 다하지 아니한 업무상 과실이 있고, 그러한 업무상 과실과 집도의의 과실이 경합하여 결국 피해자가 사망에 이르게 되었다고 판단하였는바, 이러한 원심의 인정과 판단은 앞서 본 법리와 기록에 비추어 이를 수긍할 수가 있다. 원심판결에 업무상 과실 또는 인과관계에 관한 법리오해, 채증법칙 위반 등의 위법이 있다고 할 수 없다.) ; 대법원 2009.12.24. 선고 2005도8980 판결(의사들의 주의의무 위반과 처방체계상의 문제점으로 인하여 수술 후 회복과정에 있는 환자에게 인공호흡 준비를 갖추지 않은 상태에서는 사용할 수 없는 약제가 잘못 처방되었고, 종합병원의 간호사로서 환자에 대한 투약 과정 및 그 이후의 경과 관찰 등의 직무 수행을 위하여 처방 약제의 기본적인 약효나 부작용 및 주사 투약에 따르는 주의사항 등을 미리 확인·숙지하였다면 과실로 처방된 것임을 알 수 있었음에도 그대로 주사하여 환자가 의식불명 상태에 이르게 된 사안에서, 간호사에게 업무상과실치상의 형사책임을 인정하였다.) ; 대법원 2007.11.16. 선고 2005도1796 판결(산후조리원에 입소한 신생아가 출생 후 10일 이상이 경과하도록 계속하여 수유량 및 체중이 지나치게 감소하고 잦은 설사 등의 이상증세를 보임에도 불구하고, 산후조리원의 신생아 집단관리를 맡

보충판례 23 : 대법원 2003.8.19. 선고 2001도3667 판결
대법원 2003.1.10. 선고 2001도3292 판결

....

은 책임자가 의사나 한의사 등의 진찰을 받도록 하지 않아 신생아가 탈수 내지 괴사성 장염으로 사망한 사안에서, 위 집단관리 책임자가 산모에게 신생아의 이상증세를 즉시 알리고 적절한 조치를 구하여 산모의 지시를 따른 것만으로는 업무상 주의의무를 다하였다고 볼 수 없다며 신생아 사망에 대한 업무상 과실치사의 죄책을 인정하였다.) ; 대법원 2007.2.22. 선고 2005도9229 판결[환자의 주치의 겸 정형외과 전공의가 같은 과 수련의의 처방에 대한 감독의무를 소홀히 한 나머지, 환자가 수련의의 잘못된 처방으로 인하여 상해를 입게 된 사안에서 전공의에 대한 업무상과실치상죄를 인정한 사례](의사가 다른 의사와 의료행위를 분담하는 경우에도 자신이 환자에 대하여 주된 의사의 지위에 있거나 다른 의사를 사실상 지휘 감독하는 지위에 있다면, 그 의료행위의 영역이 자신의 전공과목이 아니라 다른 의사의 전공과목에 전적으로 속하거나 다른 의사에게 전적으로 위임된 것이 아닌 이상, 의사는 자신이 주로 담당하는 환자에 대하여 다른 의사가 하는 의료행위의 내용이 적절한 것인지의 여부를 확인하고 감독하여야 할 업무상 주의의무가 있고, 만약 의사가 이와 같은 업무상 주의의무를 소홀히 하여 환자에게 위해가 발생하였다면, 의사는 그에 대한 과실 책임을 면할 수 없다.)

[과실부정 판례] 대법원 2011.9.8. 선고 2009도13959 판결[병원 인턴인 피고인이, 응급실로 이송되어 온 익수(溺水)환자 갑을 담당의사 을의 지시에 따라 구급차에 태워 다른 병원으로 이송하던 중 산소통의 산소잔량을 체크하지 않은 과실로 산소 공급이 중단된 결과 갑을 폐부종 등으로 사망에 이르게 하였다는 내용으로 기소된 사안에서, 을에게서 이송 도중 갑에 대한 앰부 배깅(ambu bagging)과 진정제 투여 업무만을 지시받은 피고인에게 일반적으로 구급차 탑승 전 또는 이송 도중 구급차에 비치되어 있는 산소통의 산소잔량을 확인할 주의의무가 있다고 보기는 어렵고, 다만 피고인이 갑에 대한 앰부 배깅 도중 산소 공급 이상을 발견하고도 구급차에 동승한 의료인에게 기대되는 적절한 조치를 취하지 아니하였다면 업무상 과실이 있다고 할 것이나, 피고인이 산소부족 상태를 안 후 취한 조치에 어떠한 업무상 주의의무 위반이 있었다고 볼 수 없는데도, 피고인에게 산소잔량을 확인할 주의의무가 있음을 전제로 업무상과실치사죄를 인정한 원심판단에 응급의료행위에서 인턴의 주의의무 범위에 관한 법리오해 또는 심리미진의 위법이 있다.] ; 대법원 2011.4.14. 선고 2010도10104 판결[한의사인 피고인이 피해자에게 문진하여 과거 봉침을 맞고도 별다른 이상반응이 없었다는 답변을 듣고 알레르기 반응검사(skin test)를 생략한 채 환부인 목 부위에 봉침시술을 하였는데, 피해자가 위 시술 직후 아나필락시 쇼크반응을 나타내는 등 상해를 입은 사안에서, 피고인에게 과거 알레르기 반응검사 및 약 12일 전 봉침시술에서도 이상반응이 없었던 피해자를 상대로 다시 알레르기 반응검사를 실시할 의무가 있다고 보기는 어렵고, 설령 그러한 의무가 있다고 하더라도 제반 사정에 비추어 알레르기 반응검사를 하지 않은 과실과 피해자의 상해 사이에 상당인과관계를 인정하기 어렵다.] ; 대법원 2008.8.11. 선고 2008도3090 판결(소아외과 의사가 5세의 급성 림프구성 백혈병 환자의 항암치료를 위하여 쇄골하 정맥에 중심정맥도관을 삽입하는 수술을 하는 과정에서 환자의 우측 쇄골하 부위를 주사바늘로 10여 차례 찔러 환자가 우측 쇄골하 혈관 및 흉막 관통상에 기인한 외상성 혈흉으로 인한 순환혈액량 감소성 쇼크로 사망한 사안에서, 담당 소아외과 의사에게는 형법 제268조의 업무상 과실이 없다.) ; 대법원 2007.9.20. 선고 2006도294 판결(야간 당직간호사가 담당 환자의 심근경색 증상을 당직의사에게 제대로 보고하지 않음으로써 당직의사가 필요한 조치를 취하지 못한 채 환자가 사망한 경우, 병원의 야간당직 운영체계상 당직간호사에게 환자의 사망을 예견하거나 회피하지 못한 업무상 과실이 있고, 당직의사에게는 업무상 과실을 인정하기 어렵다.) ; 대법원 2006.12.7. 선고 2006도1790 판결(산모의 태아가 역위로 조기분만 되면서 태아가 난산으로 인하여 분만 후 사망한 사안에서, 비록 조산 위험이 있기는 하였으나 산모에게 분만진통이 있었다고 단정하기 어려워 그와 같은 상황에서 내진이나 초음파검사 없이 경과를 관찰하기로 한 산부인과 의사의 행위를 진료행위에 있어서 합리적인 재량의 범위를 벗어난 것이라고 보기 어려울 뿐만 아니라 일반적으로 산부인과 의사에게 요구되는 주의의무를 위반한 것이라고 보기는 어렵다.)

라. 중과실치사상죄

중과실치사상죄는 주의의무위반의 정도가 높아 가중처벌되는 것으로서 과실치상죄보다 불법(위법성)이 가중되는 범죄유형이다.

중과실은 조금만 주의하였더라면 결과발생을 예견·방지할 수 있었음에도 불구하고 부주의로 이를 예견·방지하지 못하여 행위자의 주의의무위반 정도가 특히 높은 경우를 말하며, 중과실과 경과실은 구체적인 사회통념에 따라 결정된다.[187)]

마. 교통사고처리특례법 및 특가법 제5조의3

교통사고처리특례법에서는 자동차 운전자의 업무상 과실치사상죄에 대하여 공소제기를 제한하는 규정(제4조 제1항)[188)]을 두어 과실범을 실질적으로 비범죄화하고 있다.[189)]

187) 대법원 1997.4.22. 선고 97도538 판결(피고인이 84세 여자 노인과 11세의 여자 아이를 상대로 안수기도를 함에 있어서 그들을 바닥에 반드시 눕혀 놓고 기도를 한 후 "마귀야 물러가라", "왜 안 나가느냐"는 등 큰 소리를 치면서 한 손 또는 두 손으로 그들의 배와 가슴 부분을 세게 때리고 누르는 등의 행위를 여자 노인에게는 약 20분간, 여자아이에게는 약 30분간 반복하여 그들을 사망케 한 사안에서, 고령의 여자 노인이나 나이 어린 연약한 여자아이들은 약간의 물리력을 가하더라도 골절이나 타박상을 당하기 쉽고, 더욱이 배나 가슴 등에 그와 같은 상처가 생기면 치명적 결과가 올 수 있다는 것은 피고인 정도의 연령이나 경험 지식을 가진 사람으로서는 약간의 주의만 하더라도 쉽게 예견할 수 있음에도 그러한 결과에 대하여 주의를 다하지 않아 사람을 죽음으로까지 이르게 한 행위는 중대한 과실이라고 보아, 피고인에 대하여 중과실치사죄로 처단한 원심판결을 수긍하였다.) ; 대법원 1993.7.27. 선고 93도135 판결(피고인이 성냥불로 담배를 붙인 다음 그 성냥불이 꺼진 것을 확인하지 아니한 채 휴지가 들어 있는 플라스틱 휴지통에 던진 것을 중대한 과실이 있는 경우에 해당한다.) ; 대법원 1992.3.10. 선고 91도3172 판결[경찰관인 피고인들은 동료 경찰관인 갑 및 피해자 을과 함께 술을 많이 마셔 취하여 있던 중 갑자기 위 갑이 총을 꺼내 을과 같이 총을 번갈아 자기의 머리에 대고 쏘는 소위 “러시안 룰렛” 게임을 하다가 을이 자신이 쏜 총에 맞아 사망한 경우 피고인들은 위 갑과 을이 “러시안 룰렛”게임을 함에 있어 갑과 어떠한 의사의 연락이 있었다거나 어떠한 원인행위를 공동으로 한 바가 없고, 다만 위 게임을 제지하지 못하였을 뿐인데 보통사람의 상식으로서는 함께 수차에 걸쳐서 흥겹게 술을 마시고 놀았던 일행이 갑자기 자살행위와 다름없는 위 게임을 하리라고는 쉽게 예상할 수 없는 것이고(신뢰의 원칙), 게다가 이 사건 사고는 피고인들이 “장난치지 말라”며 말로 위 갑을 만류하던 중에 순식간에 일어난 사고여서 음주만취하여 주의능력이 상당히 저하된 상태에 있던 피고인들로서는 미처 물리력으로 이를 제지할 여유도 없었던 것이므로, 경찰관이라는 신분상의 조건을 고려하더라도 위와 같은 상황에서 피고인들이 이 사건 “러시안 룰렛”게임을 즉시 물리력으로 제지하지 못하였다 한들 그것만으로는 위 갑의 과실과 더불어 중과실치사죄의 형사상 책임을 지울 만한 위법한 주의의무위반이 있었다고 평가할 수 없다.]

188) 헌법재판소 2009.2.26. 선고 2005헌마764, 2008헌마118(병합) 전원재판부결정[이 사건 법률조항 중 업무상과실 또는 중대한 과실로 인한 교통사고로 말미암아 피해자로 하여금 중상해에 이르게 한 경우에 공소를 제기할 수 없도록 규정한 부분은 청구인들의 재판절차진술권 및 평등권을 침해하여 헌법에 위반되는바, 종전에 헌법재판소가 이 결정과 견해를 달리하여 구 교통사고처리특례법(1984.8.4. 법률 제3744호로 개정되고, 1997.8.30. 법률 제5480호로 개정되기 전의 것) 제4조 제1

한편 특가법은 교통사고 후 도주차량 운전자에 대한 가중처벌규정(제5조의3) 및 음주약물 등을 섭취한 운전자에 의한 치사상의 결과를 가중처벌하는 규정(위험운전치사상죄, 제5조의11)[190]을 두고 있다.

항이 헌법에 위반되지 아니한다고 판시한 1997.1.16. 90헌마110 등 결정은 이 결정과 저촉되는 범위 내에서 이를 변경하기로 하여 주문과 같이 결정한다.]

189) **[교통사고처리특례법 판례]** : 대법원 2010.7.22. 선고 2010도1911 판결(골프 카트는 안전벨트나 골프 카트 좌우에 문 등이 없고 개방되어 있어 승객이 떨어져 사고를 당할 위험이 커, 골프 카트 운전 업무에 종사하는 자로서는 골프 카트 출발 전에는 승객들에게 안전 손잡이를 잡도록 고지하고 승객이 안전 손잡이를 잡은 것을 확인하고 출발하여야 하고, 우회전이나 좌회전을 하는 경우에도 골프 카트의 좌우가 개방되어 있어 승객들이 떨어져서 다칠 우려가 있으므로 충분히 서행하면서 안전하게 좌회전이나 우회전을 하여야 할 업무상 주의의무가 있으며, 따라서 골프장의 경기보조원인 피고인이 골프 카트에 피해자 등 승객들을 태우고 진행하기 전에 안전 손잡이를 잡도록 고지하지도 않고, 또한 승객들이 안전 손잡이를 잡았는지 확인하지도 않은 상태에서 만연히 출발하였으며, 각도 70°가 넘는 우로 굽은 길을 속도를 충분히 줄이지 않고 급하게 우회전한 업무상 과실로, 피해자를 골프 카트에서 떨어지게 하여 두개골골절, 지주막하출혈 등의 상해를 입게 하였다.) ; 대법원 2010.1.14. 선고 2009도9812 판결(원심의 위 설시에서 보는 바와 같이 당시 피해자 차량은 피고인 차량이 고속도로 갓길에서 주행하다가 3차로로 진입하기 시작한 지점으로부터는 피고인 차량보다 후방 110.96m 떨어져 있었고, 피고인 차량이 3차로로 진입하기 시작하여 사고지점에 이르기까지 걸린 시간은 약 7.65초이며, 사고 당시는 새벽으로서 교통량이 극히 적었을 시점인 점, 이 사건 교통사고 현장에 피해자 차량이 급히 방향을 틀거나 급제동을 한 흔적이 전혀 나타나지 않았고 피해자에 대한 채혈 결과 혈중알콜농도 0.108%인 상태에 있었음을 알 수 있는데, 피고인 차량이 3차로로 진입할 당시의 피해자 차량과의 거리 및 사고에 이르기까지의 소요시간이 위와 같고 피해자 차량의 운전자가 이 사건 당시 정상적인 상태였다면, 피해자 차량의 운전자로서는 제동장치 또는 조향장치를 적절히 조작하여 위와 같이 3차로로 진입하는 피고인 차량을 충분히 충격하지 않을 수 있을 것으로 보임에도, 피해자가 위와 같이 술에 취하여 방향을 틀거나 급제동을 전혀 하지 않은 체 피고인 차량의 뒷부분을 그대로 충격한 것은 이 사건 당시 피해자가 졸음운전을 한 것 등이 주된 원인이 되었을 여지가 있고 따라서 피고인 차량이 피해자 차량을 위 110.96m 이상 거리의 후방에 둔 채 3차로로 진입하여 진행하였더라도 피해자 차량이 피고인 차량을 뒤에서 충격하였을 가능성도 엿보인다. 그럼에도 불구하고, 원심은 앞서 본 바와 같은 이유로 공소사실을 유죄로 선고한 제1심판결을 그대로 유지하였으니 이러한 원심의 판단에는 교통사고처리특례법 위반죄에서의 인과관계에 관한 법리를 오해하거나 채증법칙을 위반하여 사실을 오인하거나 심리를 다하지 아니함으로써 판결 결과에 영향을 미친 위법이 있고 이를 지적하는 취지의 상고이유 주장은 이유 있다.)

190) **[위험운전치사상죄의 죄수]** 대법원 2014.6.12. 선고 2014도3163 판결[자동차 운전자인 피고인이, 갑이 운전하는 선행차량에 충격되어 도로에 쓰러져 있던 피해자 을을 다시 역과함으로써 사망에 이르게 하고도 필요한 조치를 취하지 않고 도주하였다고 하여 특가법 위반(도주차량)으로 기소된 사안에서, 제출된 증거들만으로는 피고인 운전 차량이 2차로 을을 역과할 당시 아직 을이 생존해 있었다고 단정하기 어렵다는 이유로, 이와 달리 보아 피고인에게 유죄를 인정한 원심판결에 선행 교통사고와 후행 교통사고가 경합하여 피해자가 사망한 경우 후행 교통사고와 피해자의 사망 사이의 인과관계 증명책임에 관한 법리오해 등의 위법이 있다.] ; 대법원 2010.1.14. 선고 2009도10845 판결[음주 또는 약물의 영향으로 정상적인 운전이 곤란한 상태에서 자동차를 운전하여 사람을 상해에 이르게 함과 동시에 다른 사람의 재물을 손괴한 때에는 특가법 위반(위험운전치사상)죄 외에 업무상과실재물손괴로 인한 도로교통법 위반죄가 성립하고, 위 두 죄는 1개의 운전행위로 인한 것으로서 상상적 경합관계에 있다.] ; 대법원 2008.12.11. 선고 2008도9182 판결[음주로 인한 특정범죄가중처벌등에관한법률 위반죄(위험운전치사상)는 그 입법 취지와 문언에 비추어 볼 때, 주취상태에서의 자동차 운전으로 인한 교통사고가 빈발하고 그로 인한 피해자의 생명·신체에 대한 피해가 중대할 뿐만 아니라 사고발생 전 상태로의 회복이 불가능하거나 쉽지 않은 점 등의 사정을 고려하여, 형법 제268조에서 규정하고 있는 업무상과실치사상죄의 특례를 규정하여 가중처벌함으로써 피해자의 생명・신체

보충판례 25 : 대법원 2004.3.12. 선고 2004도250 판결
대법원 2007.9.6. 선고 2005도4459 판결
대법원 2011.3.10. 선고 2010도16027 판결
대법원 2012.7.12. 선고 2012도1474 판결

제4절 낙태의 죄

Ⅰ. 총설

가. 의의 및 보호법익

(1) 의의

낙태의 죄는 태아를 낙태시키거나 그로 인해 임산부를 상해 및 사망에 이르게 하는 것을 내용으로 하는 범죄이다. 낙태의 죄는 현실적으로 실무에서 처벌되는 예가 매우 드물기 때문에 현실과 규범 간에 괴리가 큰 범죄(死文化된 규정)라는 문제점을 안고 있지만[191], 형법해석론상으로는 적지 않은 쟁점거리를 안고 있다.

(2) 낙태의 개념

낙태의 개념을 어떻게 해석할 것인지에 대하여, 통설(광의설) 및 판례는 낙태죄란 태아를 자연분만기 이전에 인위적으로 모체 외로 배출시키거나 태아를 모체 내에서 살

의 안전이라는 개인적 법익을 보호하기 위한 것이므로, 그 죄가 성립되는 때에는 차의 운전자가 형법 제268조의 죄를 범한 것을 내용으로 하는 위 교통사고처리특례법 위반죄는 그 죄에 흡수되어 별죄를 구성하지 아니한다.] ; 대법원 2008.11.13. 선고 2008도7143 판결[음주로 인한 특가법 위반(위험운전치사상)죄와 도로교통법 위반(음주운전)죄는 입법 취지와 보호법익 및 적용영역을 달리하는 별개의 범죄이므로, 양 죄가 모두 성립하는 경우 두 죄는 실체적 경합관계에 있다.]

191) 형사사법통계에 따르면, 1964년부터 2007년까지 낙태의 죄로 기소되어 법원에서 재판을 받은 건수도 57건 뿐이다. 이도 대부분 집행유예로 처리되어 실제로 처벌되는 사람은 거의 없는 실정이다. 이재상, 형법각론[제8판], 박영사, 2012, 90쪽 주 4)의 통계도 참조.

해하는 범죄로 이해한다. 따라서 모체 밖으로 배출을 하기만 하면 태아의 생존여부는 불문하며, 모체 안에서 살해하는 경우 모체 밖으로의 배출은 낙태죄의 성립에 문제가 되지 아니한다.

[광의설을 취한 판례 : 대법원 2005.4.15. 선고 2003도2780 판결]

낙태죄는 태아를 자연분만기에 앞서서 인위적으로 모체 밖으로 배출하거나 모체 안에서 살해함으로써 성립하고, 그 결과 태아가 사망하였는지 여부는 낙태죄의 성립에 영향이 없다.

이에 대하여 소수설(협의설)은 통설에 의하면 태아의 생명·신체에 위험을 초래하지 않고 모체의 건강을 위하여 조기출산케 하는 인공출산도 낙태죄의 구성요건에 해당하는 부당한 결과를 초래하기 때문에[192], 임신중절에 의하여 태아를 살해하는 경우만을 낙태라고 한다.

생각건대 낙태미수를 처벌하지 않는 현행 형법의 해석상 태아의 보호를 위해서는 태아살해뿐만 아니라 태아의 생명에 위태화를 초래하는 행위도 처벌하는 것이 생명보호를 최대화하는 태도라 할 것이다. 즉 태아는 모체 안에 있을 때가 가장 안전하고 자연적 분만기에 앞서서 모체 밖으로 배출될 때에는 이미 생명에 위태화를 초래하기 때문에 이를 낙태의 개념에 포함시키는 통설(광의설)이 타당하다 할 것이다.

한편 통설(광의설)·판례의 낙태개념은 '모자보건법(법률 제11441호, 2012.8.24. 시행)'상의 '인공임신중절'보다 넓은 개념이다. '인공임신중절수술'이란 태아가 모체 밖에서는 생명을 유지할 수 없는 시기에 태아와 그 부속물을 인공적으로 모체 밖으로 배출시키는 수술을 말한다(같은 법 제2조 제7호).

그러나 형법상 낙태행위에는 이러한 시기상의 제한이 없다.

192) **[협의설의 의의]** : 협의설은 병원에서 임부의 건강을 위하여 조기출산 하는 경우 낙태죄에 해당하게 된다는 점을 해결하기 위한 견해이다. 그러나 제왕절개수술수술이 일반화 되어 자연출산이전에 날자를 골라 출산하거나 심지어 윤달을 피하기 위하여 몇 주 정도를 일찍 출산하는 사례도(병원 관계자들은 "윤달을 피해 조기출산하려는 산모가 예상외로 많다"면서 "임신기간이 38주를 넘으면 태아에게 큰 무리가 없기 때문에 가능하면 산모의 요청을 받아들이고 있다"고 한다) 많다. 이러한 경우를 모두 자연분만기 이전의 태아 배출이라는 이유로 낙태죄의 구성요건에는 해당하지만, 위법성조각 여부가 문제되는 전형적인 행위라고 해야 할 것이다.

(3) 보호법익

낙태죄의 보호법익에 대해서도, 태아의 생명을 주된 보호법익으로 하지만 부차적으로는 모체의 생명·신체의 안전도 보호한다는 견해(태아모체보호설, 다수설), 태아는 주체성이 없기 때문에 보호의 객체가 될 수 없으므로 모체의 신체안전이 보호법익이라는 견해(모체보호설), 모체의 생명·신체는 살인죄·상해죄의 규정에 의하여 보호되므로 태아의 생명만이 보호법익이며 모체의 생명·신체는 태아의 생명보호에 수반되는 반사적 이익에 불과하다는 견해(태아보호설)가 대립한다.

생각건대 현행형법상 낙태의 죄의 전체 구성요건을 보면 태아의 생명만을 보호법익으로 하는 구성요건도 존재하지만, 모체의 생명·신체안전을 보호법익으로 하는 구성요건도 존재한다. 그 뿐만 아니라 임산부의 동의여부와 임산부의 치사상의 결과여하에 따라 형의 경중도 달리하고 있는 구성요건이 있다. 따라서 자기낙태와 동의낙태죄는 부녀 자신의 자상행위가 되므로 태아의 생명[193]만이 보호법익이 되고[194], 그 밖의 다른 낙태죄는 부차적으로 부녀의 생명·신체도 보호법익이 된다고 해석하는 것이 타당하다.

(4) 보호의 정도

낙태의 개념에 대한 서로 다른 이해는 태아의 생명을 보호하는 정도와 관련해서도 서로 다른 견해로 연결된다.

즉 낙태를 광의로 이해하는 통설 및 판례는 태아의 생명이 위험범의 형식으로 보호되고 있다는 위험범설을 취하는 반면, 낙태의 개념을 태아의 살해에 국한시키는 협의설은 태아의 생명이 침해범의 형식으로 보호된다는 침해범설을 취한다.

193) 다수설 중에는 태아의 생명뿐만 아니라 태아의 신체안전도 보호법익에 포함시키는 견해가 있지만, 이 견해에 따르면 태아의 건강침해가 있었으나 치유되어 정상적으로 출산된 경우도 낙태로 보아야 하는 문제점이 있다.

194) 대법원 1985.6.11. 선고 84도1958 판결(인간의 생명은 잉태된 때부터 시작되는 것이고 회임된 태아는 새로운 존재와 인격의 근원으로서 존엄과 가치를 지니므로 그 자신이 이를 인식하고 있던지 또 스스로를 방어할 수 있는지에 관계없이 침해되지 않도록 보호되어야 한다는 것이 헌법 아래에서 국민일반이 지니는 건전한 도의적 감정과 합치된다.)

[양설의 차이점]

> 예컨대 태아를 모체 밖으로 배출하여 다시 살해한 경우에 있어서, 위험범설에 따르면 낙태죄와 살인죄의 실체적 경합범이 되지만, 침해범설은 낙태미수와 살인죄의 상상적 경합이 되고 낙태미수는 불가벌이기 때문에 살인죄만 성립한다고 한다.

낙태의 개념을 광의로 파악하는 이상 위험범설이 타당하다. 다만 위험범설은 태아를 모체 밖으로 배출하기만 하면 낙태죄가 성립한다는 추상적 위험범설(통설)과 낙태죄의 성립을 위해서는 태아의 생명에 대한 구체적 위험이 발생해야 한다고 새기는 구체적 위험범설이 대립하는데, 형법의 해석상 추상적 위험범설이 타당하다. 즉 구체적 위험범설이 타당하려면 그 전제로서 태아의 생명에 대한 위험발생이 낙태죄의 구성요건으로 기술되어야 하는데 낙태죄에는 그러한 언급이 없고, 태아를 인위적으로 모체 밖으로 배출할 경우 특별한 의학적 조치가 없는 이상 태아는 사망하게 될 것이라는 점에서 형법의 해석으로는 자연분만기 이전에 모체 밖으로 태아를 배출시키는 행위 자체를 처벌하는 추상적 위험범설이 타당하다.

보충판례 26 : 대법원 2005.4.15. 선고 2003도2780 판결

나. 현행법상 낙태죄의 처벌

형법은 제27장 낙태의 죄에서 낙태죄를 예외없이 처벌하는 태도를 취하고 있지만, 낙태죄의 특별형법에 속하는 모자보건법이 형법의 낙태금지규정을 유명무실하게 만들고 있다.

(1) 낙태의 죄의 구성요건체계

[낙태의 죄 구성요건체계도]

낙태의 죄에서 기본적 구성요건은 자기낙태죄와 동의낙태죄이다. 동의낙태죄에 대해서는 업무상동의낙태죄[195], 부동의낙태죄[196]가 각각 가중적 구성요건으로 규정되어 있으며, 낙태치상죄와 업무상낙태치사상죄가 결과적 가중범으로 규정되어 있다. 낙태미수는 처벌하지 않는다.

(2) 모자보건법

낙태에 관한 한 현행 형법규정은 실질적으로 모두 '죽은 법'이고 모자보건법만이 '살아있는 법'으로 작용하고 있다고 해도 과언이 아니다. 물론 낙태를 허용한다는 명시적 규정은 모자보건법의 어느 규정에도 없다. 즉 표면적으로는 금지하는 것처럼 보이지만 법규정상으로는 완전히 허용하는 교묘한 방법(법의 가면을 쓴 불법)을 사용하고 있다.

① 낙태죄의 입법경향

낙태를 형법적으로 허용하는 방법에는 다음과 같은 세 가지 방식이 있다. 즉 '기한방식'과 '정당화사유방식(적응방식, Indikationsmodell)' 및 '결합방식'이 그것이다.

195) 동의낙태죄에 대하여 업무라는 신분관계로 인하여 책임이 가중되는 가중적 구성요건이다.
196) 자기낙태죄에 대하여 피해자의 동의가 없음으로 인한 불법(위법성)이 가중되는 가중적 구성요건이다.

‘기한방식(期限方式)’은 자유롭게 낙태할 수 있는 일정한 기한[대체로 임신 3개월(12주) 이내]을 설정하여 무조건 허용하는 방법을 말한다.[197] ‘정당화사유방식’은 기한과 상관없이 수태 후의 모든 낙태행위를 원칙적으로 금지하고 일정한 정당화사유가 있을 경우에만 예외적으로 낙태를 허용하는 방법을 말한다. ‘결합방식’이란 기한방식과 정당화사유방식을 병행하는 방법을 말한다.[198] 일반적으로 인정되는 정당화사유는 다음과 같다.

ㄱ. 의학적 정당화사유

의학적 정당화사유란 임신으로 모체의 생명이 위협받는 상황이 전개될 때(예컨대 임신중독)[199], 모체의 생명을 위하여 태아를 포기하는 것이 일반적으로 정당한 것으로 평가되는 것을 의미한다. 원칙적으로 생명과 생명의 비교란 있을 수 없지만 입법자는 어느 하나를 위한 결단을 내려야 하기 때문에 이처럼 모체의 생명을 우선시키는 결정으로 낙태의 예외적 허용을 인정할 때 그 사유를 일컬어 의학적 정당화사유라 한다. 이 사유에 의한 낙태는 일반적으로 기한없이 허용된다.

ㄴ. 우생학적 정당화사유

우생학적 정당화사유는 유전 또는 특수사정에 의하여 저능아나 기형아의 출산이 확실한 것으로 판단되는 경우에는 낙태가 허용될 수 있다는 것을 의미한다.[200]

그러나 우생학적 정당화사유는 헌법 제10조가 전제하는 생명존엄에 위반된다. 절대적 생명보호의 원칙에 입각하여 살인죄의 행위객체인 출생된 사람의 생명보호가 생명의 질을 문제 삼지 않는 것처럼[201] 태아의 생명에 대해서도 동일한 원칙이 적용

197) 예컨대 프랑스형법과 미국연방대법원 판례의 태도가 이에 해당한다.

198) 가장 전형적인 국가로는 독일과 오스트리아를 들 수 있는데, 독일형법 제218조a는 임신 12주 이내의 낙태는 의사와 상담을 거치고 의사의 시술을 요건으로 구성요건해당성을 배제하고(같은 조 제1항), 그 이후의 낙태는 의학적 정당화사유가 있으면 허용하며(같은 조 제2항), 임신 12주 이내의 임산부 동의와 의사의 상담을 거친 의사의 낙태는 면책사유로 하고 있다(같은 조 제4항). 한편 오스트리아형법 제97조도 임신 3개월 이내의 낙태는 의사와 상담을 거친 후에 허용하고, 3개월 이후의 낙태라도 의학적·우생학적 정당화사유가 있는 경우에는 허용하고 있다.

199) 따라서 임신에 따른 일반적 위험은 여기에 해당하지 않으며 임신을 계속할 수 없는 모체의 생명에 대한 구체적 위험이 있어야 한다.

200) 예컨대 태아의 손상은 신체적인 것뿐만 아니라 정신적인 손상도 포함하며 ‘특수한 사정’으로는 임신중의 잘못된 약물복용, X선촬영, 질병 등을 들 수 있다.

되어야 하기 때문이다. 즉 태어난 생명이든 태어나지 않은 생명이든 가릴 것 없이 생명에 관한 한 '생존할 가치없는 생명'이라는 판단은 있을 수 없다.

ㄷ. 윤리적 정당화사유

윤리적 정당화사유는 강간 기타 위계에 의한 간음 등 불법한 성행위, 반윤리적 성행위에 의해 임신된 경우에는 낙태를 허용하자는 정당화사유이다. 그러나 이 사유에 대해서도 태아의 생명권은 부녀의 인격권과 비교될 수 없다는 비판이 제기될 수 있다.

ㄹ. 사회적 정당화사유

사회적 정당화사유는 양육의 희망·기대가 절망적인 출생의 경우에는 낙태가 허용된다는 것을 의미한다.[202] 임신의 지속이 임부나 그 가족의 사회적·경제적 사정을 현저히 위태롭게 할 우려까지도 이에 포함시켜야 한다는 주장도 있다. 그러나 국가가 태아의 생명을 담보로 펴는 사회정책은 있을 수 없다고 해야 한다. 즉 국가는 생명보호를 위하여 필요한 모든 조치를 취해야 할 헌법적 의무를 지고 있기 때문이다.

② 모자보건법상의 정당화사유

태아의 생명권과 임부의 생명·신체·인격권이 충돌하는 상황의 발생시 어떤 이익을 우선시해야 할 것인지와 관련하여 모자보건법은 이러한 상황의 해결을 위한 정당화사유를 규정하고 있다(같은 법 제14조).[203] 즉 다음과 같은 사유가 있을 때 의사는 본인

201) 예컨대 저능아기형아도 살인죄의 행위객체임을 상기할 필요가 있다.

202) 예컨대 청소년이 임신한 경우가 대표적인 적용사례가 될 수 있을 것이다.

203) 모자보건법 제14조(인공임신중절수술의 허용한계) ① 의사는 다음 각 호의 어느 하나에 해당되는 경우에만 본인과 배우자(사실상의 혼인관계에 있는 사람을 포함한다. 이하 같다)의 동의를 받아 인공임신중절수술을 할 수 있다.

1. 본인이나 배우자가 대통령령으로 정하는 우생학적 또는 유전학적 정신장애나 신체질환이 있는 경우
2. 본인이나 배우자가 대통령령으로 정하는 전염성 질환이 있는 경우
3. 강간 또는 준강간에 의하여 임신된 경우
4. 법률상 혼인할 수 없는 혈족 또는 인척 간에 임신된 경우
5. 임신의 지속이 보건의학적 이유로 모체의 건강을 심각하게 해치고 있거나 해칠 우려가 있는 경우

② 제1항의 경우에 배우자의 사망·실종·행방불명, 그 밖에 부득이한 사유로 동의를 받을 수 없으면 본인의 동의만으로 그 수술을 할 수 있다.

③ 제1항의 경우 본인이나 배우자가 심신장애로 의사표시를 할 수 없을 때에는 그 친권자나 후견인의

과 배우자(사실상의 혼인관계에 있는 사람을 포함한다. 이하 같다)의 동의를 받아 인공임신중절수술을 할 수 있다고 한다(같은 조 제1항). 허용기간은 임신한 날로부터 24주(6개월)까지이다(모자보건법시행령 제15조 제1항).[204]

ㄱ. 본인이나 배우자가 대통령령으로 정하는 우생학적 또는 유전학적 정신장애나 신체질환이 있는 경우(법 제14조 제1항 제1호)

위에서 언급한 '우생학적 정당화사유'를 규정한 것이다. 그런데 모자보건법시행령 제15조 제2항은 우생학적 또는 유전학적 정신장애나 신체질환을 연골무형성증, 낭성섬유증 및 그 밖의 유전성 질환으로서 그 질환이 태아에 미치는 위험성이 높은 질환으로 명시하고 있다.

이 규정의 문제점은 위에서 열거하고 있는 유전성여부를 과학적으로 확인할 수 있는 방법이 있는지 의문스럽다는 사실이다. 그리고 '그 밖의 유전성 질환'규정은 해당범위를 거의 무한으로 확대시키는 일반조항으로서 본인 또는 배우자가 이와 유사한 일정한 증세를 가지고 있을 때에는 얼마든지 낙태를 허용해 주겠다는 입법자의 의지가 담겨있는 것으로 보인다.

ㄴ. 본인이나 배우자가 대통령령으로 정하는 전염성 질환이 있는 경우 (법 제14조 제1항 제2호)

이는 넓은 의미의 우생학적 정당화사유에 속한다. 모자보건법시행령 제15조 제3항은 '전염성 질환'을 풍진, 톡소플라즈마증 및 그 밖에 의학적으로 태아에 미치는 위험성이 높은 전염성 질환으로 명시하고 있다.

문제는 본인이나 배우자가 이러한 전염성 질병에 걸렸다고 하여 태아도 같은 질병

동의로, 친권자나 후견인이 없을 때에는 부양의무자의 동의로 각각 그 동의를 갈음할 수 있다.

204) 모자보건법시행령[시행 2012.1.6. 대통령령 제23488호, 2012.1.6 일부개정] 제15조 (인공임신중절수술의 허용한계) ① 법 제14조에 따른 인공임신중절수술은 임신 24주일 이내인 사람만 할 수 있다.
② 법 제14조제1항제1호에 따라 인공임신중절수술을 할 수 있는 우생학적 또는 유전학적 정신장애나 신체질환은 연골무형성증, 낭성섬유증 및 그 밖의 유전성 질환으로서 그 질환이 태아에 미치는 위험성이 높은 질환으로 한다.
③ 법 제14조제1항제2호에 따라 인공임신중절수술을 할 수 있는 전염성 질환은 풍진, 톡소플라즈마증 및 그 밖에 의학적으로 태아에 미치는 위험성이 높은 전염성 질환으로 한다.

에 걸리라는 법이 있는가 하는 점이다. 설사 질병에 걸린다고 하더라도 얼마든지 치료하여 나을 수도 있는 일이다. 따라서 태어난 사람도 얼마든지 걸릴 수 있는 질병을 이유로 태아의 생명을 말살하는 행위는 허용되어서는 아니 될 것이다.

ㄷ. 강간 또는 준강간에 의하여 임신된 경우(법 제14조 제1항 제3호)

이른바 윤리적 정당화사유를 규정한 것이다. 그러나 이 사유에 대해서도 태아의 생명권은 부녀의 인격권과 비교될 수 없다는 비판이 타당할 수 있다.

그럼에도 이 정당화사유는 현실적으로 인정해야 할 필요가 있다. 즉 태아의 생명권이 부녀의 인격권과 비교될 수 없다는 이론적 비판이 현실의 벽을 뛰어넘기 어려울 것처럼 보이기 때문이다.

문제는 강간·준강간의 범죄자와 태아의 생명은 분명히 별개임에도 불구하고 양자를 구별하지 않고 오히려 태아의 생명까지도 범죄시하는 데에 있다.

ㄹ. 법률상 혼인할 수 없는 혈족 또는 인척 간에 임신된 경우(법 제14조 제1항 제4호)

이는 넓은 의미의 우생학적 또는 윤리적 정당화사유로 이해할 수 있다. 민법의 동성동본금혼규정(제809조)도 폐지되었다.[205] 더욱이 태아의 생명을 이러한 사유에 좌우하게 하는 것은 이해하기 어렵다. 즉 생명권은 법률에 앞서 있는 문제일 뿐만 아니라 혼인의 적법성 여부로써 태아의 생명이 좌우될 수는 없기 때문이다.[206]

ㅁ. 임신의 지속이 보건의학적 이유로 모체의 건강을 심각하게 해치고 있거나 해칠 우려가 있는 경우(법 제14조 제1항 제5호)

이는 의학적 정당화사유를 규정한 것으로 다른 정당화사유에 비해 비교적 타당성

205) 동성동본 간의 금혼(禁婚)을 규정하였던 구민법 제809조 제1항은 헌법재판소의 헌법불합치결정(헌법재판소 1997.7.16. 선고 95헌가6-13병합 전원재판부결정)으로 1999.1.1부로 무효가 되었다. 이에 입법자는 2005.3.31. 이 조문을 개정하여, ① 8촌 이내의 혈족(친양자의 입양 전의 혈족을 포함한다)의 혼인금지, ② 6촌 이내의 혈족의 배우자, 배우자의 6촌 이내의 혈족, 배우자의 4촌 이내의 혈족의 배우자의 인척 또는 이러한 인척이었던 자 사이의 혼인금지, ③ 6촌 이내의 양부모계의 혈족이었던 자와 4촌 이내의 양부모계의 인척이었던 자 사이의 혼인을 금지하는 '근친혼 등의 금지'로 그 내용을 개정하였다.

206) 예컨대 법률상 혼인할 수 없는 사이라 하더라도 일단 그 사이에서 태어난 생명은 법률의 보호를 받고 그 생명에 대한 침해는 살인죄로 처벌된다는 점을 비교해 볼 필요가 있다.

이 높은 내용이라 할 수 있다. 문제는 '모체의 건강'이 지나치게 넓은 개념이기 때문에 이현령비현령의 결과를 초래할 우려가 있다는 점이다. 즉 '건강'이라는 개념표지는 임신에 따른 모체의 신체적 건강에 대한 일반적 위험으로 확대해석될 위험을 안고 있으며 특히 '해할 우려'는 확대해석을 더욱 가속화시킬 수 있는 개념표지일 것이다.[207]

③ 모자보건법의 문제점과 입법론

이상과 같은 모자보건법상의 정당화사유는 의사가 얼마든지 합법적인 낙태를 위장할 수 있을 만큼 광범위하게 규정되어 있다. 그나마 인정할 수 있는 정당화사유로는 첫째 모체의 생명과 태아의 생명권이 충돌하는 한계상황(의학적 정당화사유), 둘째 강간 또는 준강간에 의하여 임신된 윤리적 정당화사유 정도일 것이다.

그 밖의 사유는 국가 또는 사회의 복지정책 여하에 따라 태아의 생명권이 존중될 수 있는 경우라 할 수 있다. 즉 헌법 제10조의 인간존엄성 및 생명존엄성은 태어나지 않은 생명을 당연히 포함한다는 사실과 이를 보호하지 않고서는 태어난 사람의 생명·인간존엄도 지켜질 수 없기 때문이다.

한편 정당화사유의 실효성을 담보하기 위해서는, 첫째 정당화사유의 객관적인 확정이 가능할 수 있도록 정당화사유의 존재를 확인하는 의사와 낙태를 시술하는 의사를 제도적으로 분리할 필요가 있다. 그럼에도 현행 모자보건법은 정당화사유의 확인을 시술의사에게 맡겨 둠으로써 낙태를 원하는 부녀와 의사의 담합가능성을 열어두고 있다.[208] 이러한 담합가능성을 방지할 수 있는 방법은 확인의사와 시술의사를 분리함으로써 정당화사유의 존재를 객관적이고 공적으로 확인할 수 있도록 하는 것이다.

둘째 정당화사유의 객관적 확인을 위해서는 의사에 대한 처벌규정이 있어야 한다. 즉 정당화사유를 확인하지 않거나 또는 허위로 판단하여 낙태시술한 의사는 처벌받도록 하여야만 정당화사유규정이 강제력을 가질 수 있기 때문이다. 그럼에도 모자보건법 제14조에 대한 처벌규정은 존재하지 않는다. 즉 모자보건법 제28조(형법의 적용 배

207) 대법원 2005.4.15. 선고 2003도2780 판결 참조.

208) 대법원 1985.6.11. 선고 84도1958 판결은 모자보건법상 인공임신중절수술이 부득이하다고 인정되는 경우에 대한 판단은 치료행위에 임하는 의사의 '건전하고도 신중한 판단'에 위임되어 있다고 한다.

제)는 '이 법에 따른 인공임신중절수술을 받은 자와 수술을 한 자는 형법 제269조 제1항 · 제2항 및 제270조 제1항에도 불구하고 처벌하지 아니한다'고 규정하여 형법의 적용배제를 천명하고 있다. 따라서 모자보건법 제14조에 대한 처벌규정을 마련하여야 할 것이다.

II. 자기낙태죄

[형법조문]

제269조(낙태) ① 부녀가 약물 기타 방법으로 낙태한 때에는 1년 이하의 징역 또는 200만원 이하의 벌금에 처한다.

가. 보호법익

임부 자신의 낙태행위는 일종의 자기결정권에 기한 자상행위(自傷行爲)[209]이기 때문에 자기낙태죄의 보호법익은 오로지 태아의 생명이다.

나. 객관적 구성요건

(1) 행위주체

본죄의 주체는 임신한 부녀이다. 즉 임부만이 주체가 될 수 있는 진정신분범이다.

209) 헌법재판소 2012.8.23. 선고 2010헌바402 전원재판부결정[낙태를 처벌하지 않거나 형벌보다 가벼운 제재를 가하게 된다면 현재보다도 훨씬 더 낙태가 만연하게 되어 자기낙태죄 조항의 입법목적을 달성할 수 없게 될 것이고, 성교육과 피임법의 보편적 상용, 임부에 대한 지원 등은 불법적인 낙태를 방지할 효과적인 수단이 되기에는 부족하다. 나아가 입법자는 일정한 우생학적 또는 유전학적 정신장애나 신체질환이 있는 경우와 같은 예외적인 경우에는 임신 24주 이내의 낙태를 허용하여(모자보건법 제14조, 동법 시행령 제15조), 불가피한 사정이 있는 경우에는 태아의 생명권을 제한할 수 있도록 하고 있다. 나아가 자기낙태죄 조항으로 제한되는 사익인 임부의 자기결정권이 위 조항을 통하여 달성하려는 태아의 생명권 보호라는 공익에 비하여 결코 중하다고 볼 수 없다. 따라서 자기낙태죄 조항이 임신 초기의 낙태나 사회적·경제적 사유에 의한 낙태를 허용하고 있지 아니한 것이 임부의 자기결정권에 대한 과도한 제한이라고 보기 어려우므로, 자기낙태죄 조항은 헌법에 위반되지 아니한다.]

임부 아닌 자가 자기낙태죄의 간접정범이 될 수 있는지에 대해서는, 이를 긍정하는 견해도 있으나 임부 이외의 자는 동의 또는 부동의낙태죄의 주체가 되도록 규정하고 있기 때문에 본죄의 간접정범은 생각할 수 없다(통설). 따라서 절대적 강제나 임부의 착오를 이용하여 약물을 복용시켜 낙태에 이르게 한 때에는 부동의낙태죄의 직접정범이 될 뿐이다.

그러나 임부는 타인을 이용하여 간접정범으로 자기낙태죄를 실현할 수 있다.[210]

(2) 행위객체

객체는 모체 내에 살아있는 태아이다. 태아란 수정란이 자궁에 착상(受胎)한 때부터 분만이 개시되기 전까지의 생명체를 말한다. 착상(태아의 시기)은 수정 후 9일 내지 13일 사이에 이루어지고 분만개시 전은 개방진통이 있기 전(태아의 종기)을 말한다.[211] 인공수정의 경우에도 자궁에 착상되어야 형법상 보호객체가 된다. 착상 이전의 배아상태는 태아가 아니므로 낙태죄의 객체가 아니며[212], 생명있는 태아만을 객체로 하기 때문에 사태(死胎)도 객체가 될 수 없다.

……………………

210) 예컨대 낙태를 시도한 임부가 태아를 모체 밖으로 배출시키지 못하였으나 출혈로 생명에 위험을 느껴 의사의 도움으로 부득이 낙태수술을 받고 생명을 구한 때에는 의사의 긴급피난행위를 이용한 간접정범이 된다.

211) **[수태조절(受胎調節)과 낙태(落胎)의 구별]** : 이처럼 수태란 수정란이 자궁에 착상하는 것을 의미하므로 수정란을 착상하지 못하게 하는 경우에는 낙태가 아닌 수태조절(즉 피임)에 지나지 않는다.

212) 일반적으로 배아(胚芽)는 수정 후 14일 이전(수정 후 착상이 완료되는 시점) 시점의 수정란으로 보는데, 배아가 보호할 가치있는 생명체인지 단순한 세포덩어리인지에 대해서는 과학계뿐만 아니라 사회일반에서도 논란이 뜨겁다. 현행 '생명윤리및안전에관한법률'은 연구목적의 잔여배아(인공수정으로 생성된 배아 중 임신의 목적으로 이용하고 남은 배아)의 손상을 허용하는 태도를 보이고 있다(같은 법 제25조) ; 대법원 2014.2.27. 선고 2011도48 판결[구 생명윤리및안전에관한법률(2012.2.1. 법률 제11250호로 전부 개정되기 전의 것. 이하 '생명윤리법'이라 한다)은 생명과학기술에 있어서의 생명윤리 및 안전을 확보하여 인간의 존엄과 가치를 침해하거나 인체에 위해를 주는 것을 방지하려는 목적에서 "누구든지 금전 또는 재산상의 이익 그 밖에 반대급부를 조건으로 정자 또는 난자를 제공 또는 이용하거나 이를 유인 또는 알선하여서는 아니된다."고 규정하고(제13조 제3항), 이를 위반하여 금전 또는 재산상 이익 그 밖에 반대급부를 조건으로 정자 또는 난자를 제공하거나 이를 이용한 사람을 3년 이하의 징역에 처하도록 하고 있다(제51조 제1항 제5호). 위와 같은 생명윤리법 규정의 목적과 내용에 비추어 볼 때, 위 조항의 '재산상의 이익 그 밖에 반대급부를 조건으로' 난자를 이용하는 행위에는 난자 제공의 대가로 물건 또는 권리의 이전 등 적극적 이익을 제공하는 것뿐만 아니라 채무면제 등 소극적 이익을 제공하는 것도 포함되고, 한편 난자의 유상거래를 금지하고 처벌하는 위 규정은 난자를 인공수정배아의 생성에 이용하는 경우뿐만 아니라 체세포복제배아의 생성에 이용하는 경우에도 마찬가지로 적용된다.]

(3) 행위

약물 기타의 방법으로 낙태하는 것이다.

따라서 유산되었거나 이미 사망한 사태(死胎)를 인위적으로 모체 밖으로 배출시키는 것은 낙태가 아니다.

낙태의 수단·방법에는 제한이 없다. 약물은 예시에 불과하며, 유형적 방법(예컨대 약물, 수술, 안마, 기구사용 등), 무형적 방법(예컨대 화학적 작용, 정신적 충격 등)에 의하건, 임부 스스로 또는 타인에 의뢰해서 낙태하건 상관없다.[213]

임부가 자살을 기도하여 태아를 낙태시킨 경우에는 자기낙태죄의 구성요건해당성이 없으므로 처벌되지 않는다는 견해도 있으나, 낙태의 미필적 고의가 인정되므로 자기낙태죄가 성립한다.

(4) 기수시기

통설 및 판례는 자기낙태죄를 추상적 위험범으로 파악하기 때문에 태아가 모체 밖으로 배출되거나 모체 내에서 살해된 때에 기수가 된다.[214] 따라서 모체 밖으로 배출된 생존 영아를 다시 살해한 경우에는 낙태죄와 살인죄(또는 영아살해죄)의 실체적 경합이 된다.

다. 주관적 구성요건

낙태의 고의는 태아를 자연분만기 이전에 모체로부터 분리·배출시키거나 모체 내에서 살해한다는 것에 대한 인식 및 의사이다. 미필적 고의로도 족하다.

임신하였으나 임신한 줄 모르고 낙태한 경우에는 사실의 착오로 고의가 조각된다. 반대로 임신하지 않았으나 임신하였다고 오인한 상태(상상임신)에서 낙태행위를 한 경

213) 따라서 임부가 타인에게 의뢰해서 낙태한 때에도 임부는 자기낙태죄만 성립하고 (업무상)동의낙태죄의 공범이 되지 않는다. 임부가 타인과 공모하여 실행행위를 함께 한 때에는 임부는 자기낙태죄의 공동정범이 되고, 타인은 (업무상)동의낙태죄의 공동정범이 된다.

214) 자기낙태죄를 침해범으로 파악하는 견해에 따르면 태아를 모체 밖으로 배출하는 것으로 족하지 않고 이로 인하여 태아를 살해한 때에 기수가 된다고 한다.

우에는 위험성이 없는 불능범이 된다.[215]

한편 임부의 임신사실을 알면서 임부를 살해한 경우에는 살인죄와 부동의낙태죄의 상상적 경합이 된다.[216]

Ⅲ. 동의낙태죄

[형법조문]

제269조(낙태) ② 부녀의 촉탁 또는 승낙을 받어 낙태하게 한 자도 제1항의 형과 같다.

동의낙태죄는 자기낙태죄를 시술자 쪽에서 보아 독립된 구성요건으로 규정한 것으로 자기낙태죄와는 필요적 공범관계에 있다. 임부의 승낙이 위법성을 조각시키지 않는 특별한 규정에 속한다.

동의낙태죄의 행위주체는 업무상동의낙태죄(제270조 제1항)에 열거되어 있는 의사·조산사 등의 특수한 업무에 종사하는 자 이외의 자이다.

여기서 '촉탁'이란 부녀가 낙태를 의뢰 또는 부탁하는 것을 말하고, '승낙'은 시술자 쪽에서 낙태에 대한 임부의 하자없는 자유로운 의사에 기한 동의를 얻는 것이다. 따라서 기망이나 강요에 의한 촉탁 또는 승낙이 있는 경우에는 부동의낙태죄가 성립한다.

215) 대법원 1965.11.23. 선고 65도876 판결(피고인이 설혹 본 건 낙태행위가 가족계획의 국가 시책에 순응한 행위라고 믿었다 하더라도 국가시책에 의한 가족계획은 어디까지나 임신을 사전에 방지하는 피임 방법에 의한 것이고 임신 후의 낙태행위를 용인함이 아니라 함은 자명한 바이므로 피고인의 이와 같은 주장은 그 행위가 법률상 죄가 됨을 알지 못하여 이루워 진 것이라는 법률의 착오를 주장하였음에 지나지 아니한다.)

216) **[자기낙태교사]** : 대법원 2013.9.12. 선고 2012도2744 판결(피고인이 결혼을 전제로 교제하던 여성 갑의 임신 사실을 알고 수회에 걸쳐 낙태를 권유하였다가 거부당하자, 갑에게 출산 여부는 알아서 하되 더 이상 결혼을 진행하지 않겠다고 통보하고, 이후에도 아이에 대한 친권을 행사할 의사가 없다고 하면서 낙태할 병원을 물색해 주기도 하였는데, 그 후 갑이 피고인에게 알리지 아니한 채 자신이 알아본 병원에서 낙태시술을 받은 사안에서, 피고인은 갑에게 직접 낙태를 권유할 당시뿐만 아니라 출산 여부는 알아서 하라고 통보한 이후에도 계속 낙태를 교사하였고, 갑은 이로 인하여 낙태를 결의·실행하게 되었다고 보는 것이 타당하며, 갑이 당초 아이를 낳을 것처럼 말한 사실이 있다는 사정만으로 피고인의 낙태교사행위와 갑의 낙태결의 사이에 인과관계가 단절되는 것은 아니라는 이유로, 피고인에게 낙태교사죄를 인정한 원심판단은 정당하다.)

남편 등 보증의무 있는 자가 타인의 낙태시술을 방치하는 경우에는 부작위에 의한 동의낙태죄가 성립한다. 또한 임부의 촉탁·승낙을 받아 낙태를 시도하다가 임부의 생명에 위험을 초래하여 의사의 긴급피난행위를 이용하여 낙태하게 하는 경우에는 동의낙태죄의 간접정범이 된다.

Ⅳ. 업무상동의낙태죄

[형법조문]

제270조(의사 등의 낙태) ① 의사, 한의사, 조산사, 약제사 또는 약종상이 부녀의 촉탁 또는 승낙을 받어 낙태하게 한 때에는 2년 이하의 징역에 처한다. ④ 전 3항의 경우에는 7년 이하의 자격정지를 병과한다.

본죄는 동의낙태죄에 비하여 신분관계로 인하여 책임이 가중되는 가중적 구성요건으로서 형이 가중되는 부진정신분범이다.

본죄의 주체는 '의사, 한의사, 조산사, 약제사 또는 약종상(藥種商)'에 한정된다. 모두 면허를 가진 자에 한한다. 따라서 제약업자나 안마사는 본죄의 주체가 되지 않는다. 의사는 반드시 전문의일 필요는 없으나 치과의나 수의사는 배제된다.

의사 등의 낙태행위가 모자보건법 제14조의 요건을 갖추면 위법성이 조각된다.[217)] 모자보건법상의 요건을 갖추지 못한 경우에도 임부의 생명에 현저한 위험을 초래할 우려가 있는 때에는 긴급피난에 의하여 위법성이 조각될 수 있다.[218)]

217) 대법원 1985.6.11. 선고 84도1958 판결(인간의 생명은 잉태된 때부터 시작되는 것이고 회임된 태아는 새로운 존재와 인격의 근원으로서 존엄과 가치를 지니므로 그 자신이 이를 인식하고 있던지 또 스스로를 방어할 수 있는지에 관계없이 침해되지 않도록 보호되어야 한다 함이 헌법 아래에서 국민일반이 지니는 건전한 도의적 감정과 합치되는 바이므로 비록 모자보건법이 특별한 의학적, 우생학적 또는 윤리적 적응이 인정되는 경우에 임산부와 배우자의 동의 아래 인공임신중절수술을 허용하고 있다 하더라도 이로써 의사가 부녀의 촉탁 또는 승낙을 받으면 일체의 낙태행위가 정상적인 행위이고 형법 제270조 제1항 소정의 업무상촉탁낙태죄에 의한 처벌을 무가치하게 되었다고 할 수는 없으며 임산부의 촉탁이 있으면 의사로서 낙태를 거절하는 것이 보통의 경우 도저히 기대할 수 없게 되었다고 할 수도 없다.)

218) 대법원 1976.7.13. 선고 75도1205 판결(임신의 지속이 모체의 건강을 해칠 우려가 현저할 뿐더러 기형아 내지 불구아를 출산할 가능성마저도 없지 않다는 판단 하에 부득이 취하게 된 산부인과 의사

Ⅴ. 부동의낙태죄

[형법조문]

제270조(부동의낙태) ② 부녀의 촉탁 또는 승낙없이 낙태하게 한 자는 3년 이하의 징역에 처한다. ④ 전 3항의 경우에는 7년 이하의 자격정지를 병과한다.

본죄는 동의낙태죄에 비하여 부녀의 동의가 없음을 이유로 불법이 가중된 가중적 구성요건이다.

부녀 모르게 낙태시킨 때에도 본죄가 성립하며, 촉탁 또는 승낙에 하자가 있는 경우에도 본죄가 성립한다.

낙태와 필수적으로 결합된 임부의 신체상해는 낙태죄에 대한 불가벌적 수반행위가 된다.

Ⅵ. 낙태치사상죄

[형법조문]

제269조(낙태) ③ 제2항의 죄를 범하여 부녀를 상해에 이르게 한때에는 3년 이하의 징역에 처한다. 사망에 이르게 한때에는 7년 이하의 징역에 처한다. 제270조(의사등의 낙태, 부동의낙태) ③ 제1항 또는 제2항의 죄를 범하여 부녀를 상해에 이르게 한때에는 5년 이하의 징역에 처한다. 사망에 이르게 한때에는 10년 이하의 징역에 처한다. ④ 전 3항의 경우에는 7년 이하의 자격정지를 병과한다.

본죄는 동의낙태죄, 업무상동의낙태죄, 부동의낙태죄에 대한 결과적 가중범이다.

낙태는 미수에 그치고 임부에 대한 치사상의 결과가 발생한 경우 낙태치사상죄의

의 낙태 수술행위는 정당행위 내지 긴급피난에 해당되어 위법성이 없는 경우에 해당된다.)

성립여부에 대해서는, 본죄는 부녀를 사상에 이르게 함으로써 완성되며 낙태행위의 기수미수를 불문한다는 견해(소수설)와 본죄는 낙태죄를 범하여 사람을 사상에 이르게 함으로써 성립하고 낙태미수는 처벌규정이 없으므로 낙태가 기수에 이를 것을 요한다는 견해(다수설)가 대립한다.

생각건대 형법의 낙태치사상죄의 '전항의 죄를 범하여'는 낙태미수를 처벌하지 않는 상태에서 낙태기수만을 포함한다고 해석하는 것이 타당하다. 따라서 낙태행위 자체가 미수에 그쳤으나 임부에게 치사상의 결과가 발생한 경우에는 (업무상)과실치사상죄만 성립한다.[219]

219) 대법원 1971.8.31. 선고 71도1254 판결(낙태수술을 하고 태아를 낙태시킨 순간부터 심한 하출혈을 하는 것을 보고 자궁수축제와 지혈제를 주사하고 압박담뽕을 하였으나 아무런 효험이 없이 여전히 출혈이 계속되었을 경우 위 출혈상태로 보아 '이완성 자궁'으로 인한 출혈이라는 것을 예견하였거나 예견할 수 있었을 것이므로 의사로서는 출혈의 근원을 제거하기 위하여 환자로 하여금 자궁절개수술을 받도록 조치를 다하여 그 출혈로 인한 사망을 예방하여야 할 주의의무가 있다.)

제5절 유기와 학대의 죄

Ⅰ. 총설

[유기와 학대의 죄 구성요건체계도[220]]

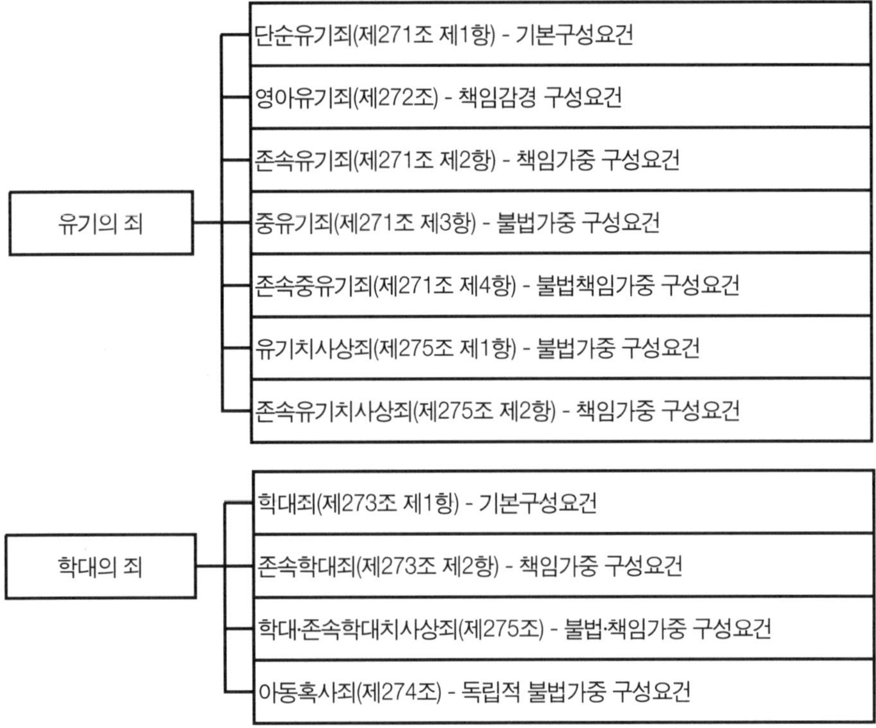

가. 유기죄의 의의

유기죄란 노유(老幼)·질병 기타 사유로 인하여 부조를 요하는 사람을 보호할 의무 있는 자가 유기함으로써 성립하는 범죄이다.

현행 형법은 극단적인 개인주의적 입장에서 유기죄의 주체로서 법률상, 계약상의

220) 특별형법인 '가정폭력범죄의처벌등에관한특례법'에서는 가정폭력범죄인 유기·학대(제2조 제3호 나목)가 가정 구성원 사이에서 발생한 경우에 대한 형사사법절차에 관한 특례 및 보호처분 등을 규정하고 있다.

구호의무있는 자만을 규정하고, 신의성실·사회상규나 조리에 의한 구호의무로 인한 긴급구조의무위반죄를 규정하고 있지 않은 점에 특색이 있다.

따라서 생명에 대한 급박한 위험에 처하여 구조하지 않으면 사망할 것을 알고 쉽게 구조 수 있었음에도 불구하고 이를 구조하지 않은 경우에도 보호할 의무가 없는 경우라면 본죄가 성립하지 않는다.

이에 비해 기독교사상의 영향을 받은 서구국가에서는 긴급구조의무위반죄를 규정하고 있다.[221] 우리나라에서도 이를 도입해야 한다는 주장이 있지만, 형법을 통하여

221) **[착한 사마리아인 법(The Good Samaritan law)]** : 위험에 처한 사람을 구조해 주는 것은 사회공동체가 널리 인정하는 도덕적 의무이다. 이러한 구조의무를 법적 의무로 파악하여 법적인 강제력을 부여하는 규범체계를 가리켜서 '착한 사마리아인 법'이라 한다. 예컨대 독일형법 제323조c는 '위난이나 위험 또는 긴급상황에서 필요한 도움을 줄 수 있고 이를 기대할 수 있으며, 이것이 자신에게 현저한 위험을 초래하지 않고, 또한 자신의 중대한 의무이행을 불가능하도록 하지 않았음에도 불구하고 필요한 도움을 제공하지 않은 자는 1년 이하의 자유형 또는 벌금에 처한다.'고 규정하고 있으며, 일본형법도 독일형법의 영향 아래 보호의무없는 자의 유기행위(제217조 '노년, 유년 신체장애 또는 질병으로 인하여 부조를 필요로 하는 자를 유기한 자는 1년 이하의 징역에 처한다.')와 보호책임자의 유기행위(제218조 '노년자, 유년자, 신체장애자 또는 병자를 보호할 책임이 있는 자가 이들을 유기하거나 그 생존에 필요한 보호를 하지 아니한 때에는 3월 이상 5년 이하의 징역에 처한다.')를 규정하여 후자를 중하게 처벌하고 있다.

본법은 형사법적으로는 자신에게 특별한 부담이나 피해가 오지 않는데도 불구하고 다른 사람의 생명이나 신체에 중대한 위험이 발생하고 있음을 보고도 구조에 나서지 않는 경우에 처벌하는 법체계나, 주로 응급사항에 처한 환자를 도울 목적으로 행한 응급처치 등이 본의 아니게 재산상의 피해를 입혔거나 사상(死傷)에 이르게 한 경우, 고의 또는 중대한 과실이 없는 한 민·형사상의 책임을 감면해 주는 법률상 면책을 일컫는 말이다. 이는 [성서(누가복음 10장 25절 - 37절)]에 나오는 비유로서, 강도를 만나 죽게 된 사람을 제사장이나 레위 사람도 그냥 지나쳤으나 한 사마리아 사람만은 성심껏 돌봐 구해 주었다는 데에서 비롯되었다. 결국 '착한 사마리아인 법'은 도덕적인 의무를 법으로 규정하여 강제하는 것으로 타인이 응급사항이나 위험에 처한 것을 인지했을 때 본인이 크게 위험하지 않을 경우에는 타인을 위험으로부터 구조해 줄 의무를 부여한 것이다. 이러한 법규정은 일반인의 적극적인 구호활동 참여를 유도할 취지로 만들어졌으며, 미국의 대다수 주와 프랑스, 독일, 일본 등에서 시행 중이다. 구체적인 입법례로는 프랑스 구형법의 제223-6조 제2항 "자기 또는 제3자의 위험을 초래함이 없이 위험에 처한 타인을 구조할 수 있음에도 불구하고 고의로 이를 구조하지 아니한 자는 5년의 구금형 및 50만 프랑의 벌금에 처한다."에서 찾을 수 있다.

최근 우리나라에서도 제한적이기는 하지만 응급환자에게 응급처치를 하다 본의 아닌 과실로 인해 환자를 사망에 이르게 했거나 손해를 입힌 경우 민 • 형사상의 책임을 감면 또는 면제한다는 "응급의료에관한법률(구호자보호법)[시행 2014.9.19][법률 제12448호, 2014.3.18, 일부개정]"이 2008년 6월 13일 개정을 통하여 '착한 사마리아인 법'[제5조의2(선의의 응급의료에 대한 면책) "생명이 위급한 응급환자에게 다음 각 호의 어느 하나에 해당하는 응급의료 또는 응급처치를 제공하여 발생한 재산상 손해와 사상(死傷)에 대하여 고의 또는 중대한 과실이 없는 경우 그 행위자는 민사책임과 상해(傷害)에 대한 형사책임을 지지 아니하며 사망에 대한 형사책임은 감면한다.

1. 다음 각 목의 어느 하나에 해당하지 아니하는 자가 한 응급처치
   가. 응급의료종사자
   나. 「선원법」 제86조에 따른 선박의 응급처치 담당자, 「119구조·구급에관한법률」 제10조에 따른 구급대 등 다른 법령에 따라 응급처치 제공의무를 가진 자
2. 응급의료종사자가 업무수행 중이 아닌 때 본인이 받은 면허 또는 자격의 범위에서 한 응급의료
3. 제1호 나목에 따른 응급처치 제공의무를 가진 자가 업무수행 중이 아닌 때에 한 응급처치 [전문개

도덕적 의무를 강제하는 것은 형법의 보충성 원칙에 반할 뿐만 아니라, 우리나라처럼 공권력의 보호기능이 서구국가에 비해 떨어지는 국가에서 긴급구조의무를 인정하게 되면 일반인들의 행동에 지나친 제약을 가하게 될 우려가 있다.

나. 보호법익

유기죄는 피유기자(요부조자)의 생명·신체에 대한 안전을 보호법익으로 하는 위험범(위태범)이라고 할 수 있다. 따라서 구체적으로 생명·신체의 안전을 침해하였음을 요하지 아니하며, 그러한 위험이 발생한 것으로 족하다.

다만 보호의 정도와 관련하여 유기죄를 구체적 위험범으로 해석할 것인지 추상적 위험범으로 해석할 것인지에 대해서는 견해가 대립한다. 예컨대 고아원이나 파출소 앞에 사람을 유기하는 경우 유기죄의 성립을 인정할 것인지의 문제이다.

구체적 위험범설에 의하면 유기 후 타인이 구조하는 사실을 확인하고(또는 구조가 처음부터 확실한 때) 그 곳을 떠난 경우에 현장에서 구조되거나 구조가 확실한 때에는 요부조자의 생명·신체에 대한 구체적 위험이 발생하지 않았으므로 유기죄의 미수가 되나 이를 처벌하는 규정이 없으므로 처벌할 수 없다고 한다.

추상적 위험범설(통설)은 위의 경우에도 유기죄의 성립을 긍정한다.

생각건대 형법이 유기의 결과로 사람의 생명에 구체적인 위험을 발생하게 한 경우에는 특히 그 형을 가중하여 중유기죄로 처벌하고 있고, 유기죄는 요부조자를 보호없는 상태에 둠으로써 생명·신체에 위험을 가져오게 하는 점(추상적인 위험의 발생)에 그 본질이 있는 보호의무위반죄로서의 성격을 가지고 있기 때문에 일단 의무위반이 있으면 단순유기죄는 성립한다 할 것이므로 추상적 위험범으로 해석하는 것이 타당할 것이다.

정 2011.8.4]"]이 도입되어, 2008년 12월 14일부터 시행되고 있다. 그동안 국내에서는 사고를 당해 목숨이 위태로운 사람을 구해주려다 결과가 잘못되면 구호자가 소송에 휘말리거나 처벌되는 경우가 많아 위험에 처한 사람을 봐도 도움을 주저하거나 외면하는 경우가 많았으나 위의 입법으로 이러한 문제는 어느 정도 해소될 수 있을 것이다.

[보호의 정도와 관련하여 추상적 위험범설을 취한 하급심판례
: 서울고등법원 1974.8.27. 선고 74노600 제3형사부판결(상고)]

> 원심은 피고인이 그 남편인 공소외 3 및 공소외 1과 공모하여 1973.9.5. 21:00경 생후 4개월된 그의 아들을 생활이 곤궁하고 젖이 안 나와 양육할 수 없다는 이유로 포대기에 싸서 집을 비워놓고 장터 가설극장에 나간 공소외 2의 집 툇마루에 갖다놓은 사실을 인정하면서 이 행위는 피고인이 미리 공소외 2 부부의 양육의사를 확인한 후 다만 아이를 넘겨주는 방법에 있어 동 부부가 누가 아이를 갖다 두었는지 모르기를 바라면서 동 부부의 부재 중에 가져다 놓은 것임을 엿볼 수 있으므로 이를 가지고 유기행위 즉, 아이를 보호받지 못할 상태에 둠으로써 생명·신체에 위험을 가져오게 할 성질의 행위라고는 보기 어렵고, 달리 이를 유기행위라고 인정 할 증거가 없다고 하여 유기공소사실에 대하여 무죄를 선고하였다.
>
> 그러나 유기죄란 보호를 요하는 자의 생명 신체의 안전을 보호법익으로 하는 위험범이나 보호의무위반죄로서의 성격도 가지고 있는 것이며, 형법 제271조 제1항소정의 유기죄는 같은 조 제3항의 규정에 비추어 유기로 인하여 생명신체에 구체적인 위험의 발생을 요건으로 하지 않고 추상적인 위험만 있으면 성립된다고 할 것이므로 설사 피고인이 공소외 2집 마루에 아이를 갖다 둔 행위가 원심판결 판시와 같이 공소외 2의 양육의사를 간접적으로 확인한 후 그의 보호를 예상하고 한 것이라 할지라도 9월달 저녁 9시경에 사람이 아무도 없는 집 툇마루에 생후 4개월된 아이를 방치한 것은 그 즉시 그 아이를 보호없는 상태에 빠지게 함으로서 생명·신체에 추상적인 위험을 발생케 하였다고 볼 것이다.

II. 유기의 죄

가. 단순유기죄

[형법조문]

> 제271조(유기) ① 노유(老幼), 질병 기타 사정으로 인하여 부조를 요하는 자를 보호할 법률상 또는 계약상 의무 있는 자가 유기한 때에는 3년 이하의 징역 또는 500만원 이하의 벌금에 처한다.

(1) 객관적 구성요건

① 주체

본죄의 주체는 부조를 요하는 자를 보호할 법률상·계약상 의무 있는 자, 즉 보호의무자이다.[222] 보호의무 있는 자의 유기행위만을 처벌하므로 진정신분범이고 추상적 위험범이자 거동범이다.

ㄱ. 보호의무의 내용

보호의무는 요부조자를 생명·신체에 대한 위험으로부터 보호해야 할 법률상 또는 계약상 의무를 말한다. 따라서 보호의무는 민법상의 부양의무(제974조)와 반드시 일치하지 않는다.

[유기죄의 보호의무와 민법상 부양의무의 구별]

민법상의 부양의무는 주로 피부양자가 자기의 자력 또는 근로에 의하여 경제생활을 유지할 수 없는 경우에 그의 경제적 곤궁을 이유로 이를 부양할 책임[223]을 말하는데 대하여 유기죄의 보호의무는 일상적인 기와침식(起臥寢食)의 동작이 부자유한 사람을 생명·신체의 위험으로부터 보호해야 할 의무이기 때문에 반드시 일치하는 것은 아니다.

ㄴ. 보호의무의 근거

법률상의 보호의무는 보호의무가 법률에 규정되어 있는 경우로서, 경찰관직무집행법 제4조에 의한 경찰관의 보호조치의무[224], 도로교통법 제54조 및 제148조(벌칙)에 의한 사고운전자의 구호의무[225], 민법 제826조 제1항의 부부간의 부양의무[226], 제

222) 대법원 1977.1.11. 선고 76도3419 판결 참조.

223) 민법 제975조(부양의무와 생활능력) "부양의 의무는 부양을 받을 자가 자기의 자력 또는 근로에 의하여 생활을 유지할 수 없는 경우에 한하여 이를 이행할 책임이 있다."

224) **[경찰관의 구호조치의무]** : 대법원 2012.12.13. 선고 2012도11162 판결(경찰관직무집행법 제4조 제1항 제1호에서 규정하는 술에 취한 상태로 인하여 자기 또는 타인의 생명·신체와 재산에 위해를 미칠 우려가 있는 피구호자에 대한 보호조치는 경찰 행정상 즉시강제에 해당하므로, 그 조치가 불가피한 최소한도 내에서만 행사되도록 발동·행사 요건을 신중하고 엄격하게 해석하여야 한다. 따라서 이 사건 조항의 '술에 취한 상태'란 피구호자가 술에 만취하여 정상적인 판단능력이나 의사능력을 상실할 정도에 이른 것을 말하고, 이 사건 조항에 따른 보호조치를 필요로 하는 피구호자에 해당하는지는 구체적인 상황을 고려하여 경찰관 평균인을 기준으로 판단하되, 그 판단은 보호조치의 취지와 목적에 비추어 현저하게 불합리하여서는 아니 되며, 피구호자의 가족 등에게 피구호자를 인계할 수 있다면 특별한 사정이 없는 한 경찰관서에서 피구호자를 보호하는 것은 허용되지 않는다.) ; 대법원 1972.6.27. 선고 72도863 판결(국민의 생명과 신체의 안전을 보호하기 위한 응급의 조치를 강구하여야 할 직무를 가진 경찰관인 피고인으로서는 술에 만취된 피해자가 향토예비군 4명에게 떼 메어 운반되어 지서 나무의자 위에 눕혀 놓았을 때 숨이 가쁘게 쿨쿨 내뿜고 자신의 수족과 의사도 자제할 수 없는 상태에 있음에도 불구하고 근 3시간 동안이나 아무런 구호조치를 취하지 아니한 것은 유기죄에 대한 범의를 인정할 수 있다.)

225) **[사고운전자의 구호의무]** : 서울고법 2014.4.22. 선고 2013노2492 판결[상고](피고인이 승용차 조수석에 갑을 태우고 고속도로를 주행하다가 갑이 내려달라고 요구하자 감속하여 운행하던 중 갑이

913조의 친권자의 보호의무[227], 제974조의 친족의 부양의무, 제947조 제1문의 금치산자에 대한 후견인의 요양의무 등이 있다.

법률상의 보호의무는 행위자의 신분상의 지위로 인하여 부여된 특별한 법적 의무이긴 하지만 누구에게나 과하여져 있는 일반적인 부조의무 내지 신고의무[228]는 보호의무의 근거가 될 수 없다. 따라서 경범죄처벌법 제3조 제1항 제6호의 요부조자 신고의무는 보호의무의 근거가 될 수 없다.

계약상의 보호의무는 그 계약이 유기자와 피유기자 사이에 체결된 것 외에 제3자와 체결된 것이어도 무방하다. 계약의 형식도 명시적·묵시적[229], 유상·무상을 불문한다.[230]

문을 열고 도로로 뛰어내렸음에도 그대로 진행함으로써 도로 상에 정신을 잃고 쓰러져 있던 갑이 그 직후 후행 차량에 역과되어 사망한 사안에서, 운전자인 피고인은 시속 약 40km로 진행하는 승용차에서 갑이 문을 열고 도로로 뛰어내리게 될 경우 갑의 머리 등 신체가 도로에 충격하여 상해를 입거나 일시 정신을 잃을 수 있으므로 신속히 정차하여 갑의 상해 여부 등을 확인하여 의료기관으로 후송할 수 있도록 하는 등의 조치를 취하여야 할 의무가 있음에도, 피고인이 고속도로 상에 정신을 잃고 쓰러져 있던 갑을 그대로 방치한 채 사고현장을 이탈한 행위는 사고 후 미조치로 인한 도로교통법 위반죄를 구성하고, 당시는 야간이고 사고지점이 자동차전용도로 구간이어서 도로 바닥에 누워 있던 갑을 미처 발견하지 못한 후행 차량에 의한 2차 충격으로 갑이 사망할 수 있다는 점도 예견가능하므로 유기치사죄를 구성한다.)

226) **[부부간의 부양의무]** : 대법원 2008.2.14. 선고 2007도3952 판결(형법 제271조 제1항에서 말하는 법률상 보호의무 가운데는 민법 제826조 제1항에 근거한 부부간의 부양의무도 포함되며, 나아가 법률상 부부는 아니지만 사실혼 관계에 있는 경우에도 위 민법 규정의 취지 및 유기죄의 보호법익에 비추어 위와 같은 법률상 보호의무의 존재를 긍정하여야 하지만, 사실혼에 해당하여 법률혼에 준하는 보호를 받기 위하여는 단순한 동거 또는 간헐적인 정교관계를 맺고 있다는 사정만으로는 부족하고, 그 당사자 사이에 주관적으로 혼인의 의사가 있고 객관적으로도 사회관념상 가족질서적인 면에서 부부공동생활을 인정할 만한 혼인생활의 실체가 존재하여야 한다.)

227) **[친권자의 보호의무]** : 대법원 2002.2.8. 선고 2001도6468 판결[친권자는 자를 보호하고 교양할 권리의무가 있고(민법 제913조) 그 자를 보호 또는 교양하기 위하여 필요한 징계를 할 수 있기는 하지만(민법 제915조) 인격의 건전한 육성을 위하여 필요한 범위 안에서 상당한 방법으로 행사되어야만 할 것인데, 스스로의 감정을 이기지 못하고 야구방망이로 때릴 듯이 피해자에게 "죽여 버린다."고 말하여 협박하는 것은 그 자체로 피해자의 인격 성장에 장해를 가져올 우려가 커서 이를 교양권의 행사라고 보기도 어렵다.]

228) 대법원 1991.11.12. 선고 91도2027 판결[도로교통법 제50조 제2항(현행법 제54조 제2항)의 입법목적과 헌법상의 보장된 진술거부권에 비추어 볼 때, 위 조항 소정의 교통사고를 낸 자의 신고의무는 교통사고를 일으킨 모든 경우에 항상 요구되는 것이 아니라, 사고의 규모나 당시의 구체적인 상황에 따라 피해자의 구호 및 교통질서의 회복을 위하여 경찰공무원이나 경찰관서의 조직적 조치가 필요한 경우에만 요구되는 것이라고 해석하여야 할 것이다. 버스를 운전하다가 야간에 차도를 건너던 피해자를 치어 상해를 입히는 교통사고를 일으킨 후 피해자를 병원으로 옮겨 입원조치를 취한 피고인에게 당시의 상황과 교통사고의 규모 등에 비추어 도로교통법 제50조 제2항에서 규정한 신고의무가 있다고 할 수 없다.]

229) 따라서 동거하는 피용자(被傭者)가 질병에 걸린 경우 사용자(使用者)는 묵시적 계약에 의한 보호의무를 부담하게 된다.

230) **[계약상의 보호의무]** : 대법원 2011.11.24. 선고 2011도12302 판결(유기죄에 관한 형법 제271조

ㄷ. 보호의무의 범위확장 여부

한편 법률상 또는 계약상 의무이외의 보호의무를 인정할 수 있는지 여부[231]와 관련해서는, 1) 법률 또는 계약상의 보호의무를 예시규정에 불과한 것으로 파악하면서 유기죄의 보호의무는 부진정부작위범의 보증인의무와 같은 것이므로 사무관리[232]·관

제1항은 그 행위의 주체를 "노유, 질병 기타 사정으로 부조를 요하는 자를 보호할 법률상 또는 계약상 의무 있는 자"라고 정하고 있다. 여기서의 '계약상 의무'는 간호사나 보모와 같이 계약에 기한 주된 급부의무가 부조를 제공하는 것인 경우에 반드시 한정되지 아니하며, 계약의 해석상 계약관계의 목적이 달성될 수 있도록 상대방의 신체 또는 생명에 대하여 주의와 배려를 한다는 부수적 의무의 한 내용으로 상대방을 부조하여야 하는 경우를 배제하는 것은 아니라고 할 것이다. 그러나 그 의무 위반의 효과로서 주로 손해배상책임이 문제되는 민사영역에서와는 달리 유기죄의 경우에는 당사자의 인적 책임에 대한 형사적 제재가 문제된다는 점 등을 고려하여 보면, 단지 위와 같은 부수의무로서의 민사적 부조의무 또는 보호의무가 인정된다고 해서 형법 제271조 소정의 '계약상 의무'가 당연히 긍정된다고는 말할 수 없고, 당해 계약관계의 성질과 내용, 계약당사자 기타 관련자들 사이의 관계 및 그 전개양상, 그들의 경제적·사회적 지위, 부조가 필요하기에 이른 전후의 경위, 필요로 하는 부조의 대체가능성을 포함하여 그 부조의 종류와 내용, 달리 부조를 제공할 사람 또는 설비가 있는지 여부 기타 제반 사정을 고려하여 위 '계약상의 부조의무'의 유무를 신중하게 판단하여야 한다.

따라서 피고인이 자신이 운영하는 주점에 손님으로 와서 수일 동안 식사는 한 끼도 하지 않은 채 계속하여 술을 마시고 만취한 피해자를 주점 내에 그대로 방치하여 저체온증 등으로 사망에 이르게 하였다는 내용으로 예비적으로 기소된 사안에서, 피해자가 피고인의 지배 아래 있는 주점에서 3일 동안 과도하게 술을 마시고 추운 날씨에 난방이 제대로 되지 아니한 주점 내 소파에서 잠을 자면서 정신을 잃은 상태에 있었다면, 피고인은 주점의 운영자로서 피해자의 생명 또는 신체에 대한 위해가 발생하지 아니하도록 피해자를 주점 내실로 옮기거나 인근에 있는 여관에 데려다 주어 쉬게 하거나 피해자의 지인 또는 경찰에 연락하는 등 필요한 조치를 강구하여야 할 계약상의 부조의무를 부담한다고 판단하여 유기치사죄를 인정하였다.)

[판례해설] : 대법원은 위 판례에서 유기죄의 주체와 관련하여 '계약상의 부수적 의무'도 '계약상의 의무'내용에 포함시킴으로써 유기죄의 보호의무의 범위를 실질적으로 확대하고 있다. 즉 '계약상의 의무'를 계약에 기한 주된 급부내용으로 부조를 제공하는 경우로만 한정하지 않고 계약의 해석상 계약관계의 목적이 달성될 수 있도록 상대방의 신체·생명에 대하여 주의와 배려를 하여야 하는 '부수적 의무'까지도 포함시킨 것이다.

231) 이러한 문제는 구형법이 유기죄의 보호의무에 대하여 '보호할 의무 있는 자'라고만 규정하고 있던 것과 관련하여 현행형법도 같은 취지를 규정하고 있다고 볼 수 있을 것인지의 문제에서 발생한 것이라고 할 수 있다.

232) **[사무관리]** : 사무관리란 관리자가 법률상 또는 계약상 의무 없이 타인을 위하여 그 사무를 관리 처리하는 행위(민법 제734조)를 말하며, 사무관리가 성립하는 경우 관리자는 일정한 비용을 청구할 수 있음에 반하여 선량한 관리자로서의 주의의무를 부담한다. 따라서 사무관리는 민법상 선량한 관리자로서의 주의의무가 인정되므로 사무관리에 의한 유기죄가 성립할 것인가가 문제로 될 수 있다. 예컨대 길을 잃고 심한 탈진상태를 보이는 아이를 집으로 데려와 보호를 시작하였는데 병의 차도가 없게 되자 다시 길거리에 내보내 보호 없는 상태에 두는 행위에 대하여 유기죄가 성립할 것인가의 문제라고 할 수 있다.

그러나 사무관리는 본인의 의사에 반하지 않는 한 그 행위를 합법·정당한 것으로 승인하여 관리자에게 일정한 비용의 지급을 법적으로 보장하기 위한 것일 뿐 계약에 의한 법률관계가 새롭게 성립된다거나, 무슨 법률상 의무가 부여되는 것은 아니고, 선량한 관리자의 주의의무라는 것도 관리당시에만 있으면 되는 것일 뿐 그 관리상태를 해제하는 것을 배제하는 것은 아니라고 생각되며, 더구나 관리상태를 해제한 이후의 상황에 대하여 책임을 지도록 하는 것도 아니라 할 것이므로 사무관리는 본조에서 말하는 보호의무에 해당되지 아니한다고 할 것이다.

습·조리에 근거해서도 보호의무가 발생한다는 견해(긍정설, 종래의 통설), 2) 형법 제18조(부작위범의 보증의무)를 '법률'에 포함시켜 해석함으로써 보호의무를 실질적으로 확대하는 견해(제18조 포함설), 3) 법률상 또는 계약상의 의무 이외에 보호의무를 전면 부정하는 견해(부정설, 다수설)가 대립한다.

생각건대 재산상의 이해관계를 규율하기 위한 민법상의 사무관리규정을 형법에 그대로 적용하는 것은 사법이론에 대한 형법해석의 지나친 구속을 의미하고, 관습·조리에 의한 보호의무의 내용은 대부분 묵시적 계약 또한 법률상의 보호의무에 포섭되며, 현행형법이 보호의무와 관련하여 명문으로 법률상 또는 계약상 의무만을 유기죄에 있어서의 보호의무의 근거로 규정하고 있기 때문에 이러한 의무 이외에 사무관리·관습·조리 등을 보호의무의 근거로 확대하는 것은 죄형법정주의의 원칙에 반한다는 의미에서 보호의무의 근거를 법률상 또는 계약상의 의무로 한정하는 부정설이 타당하다. 판례의 입장도 마찬가지이다.

보충판례 27 : 대법원 1977.1.11. 선고 76도3419 판결

부정설에 따르면 법률상·계약상의 의무가 없는 때에는 가령 다른 범죄에 의하여 위험이 발생한 때에도 이를 구조해야 할 보호의무는 발생하지 않는다.233) 결국 유기죄의 보호의무의 확대문제는 입법론적으로 사회공동생활상 조난당한 이웃을 보호할 수 있는 의무규정(소위 착한 사마리아인 규정)을 신설하는 방법으로 해결할 수밖에 없을 것이다.

② 행위의 객체

유기죄의 객체는 '노유(老幼)·질병234) 기타 사정으로 인하여 부조를 요하는 자(요부조

233) **[선행행위에 의한 유기죄(보호의무)의 성립을 부정한 판례]** : 대법원 1980.6.24. 선고 80도726 판결(살피건대 강간치상의 범행을 저지른 자가 그 범행으로 인하여 실신형태에 있는 피해자를 구호하지 아니하고 방치하였다 하더라도 그 행위는 포괄적으로 단일의 강간치상죄만을 구성한다고 봄이 상당하다 할 것인 바, 그렇다면 원심이 같은 취지 아래 피고인의 원심판시 강간미수행위로 인하여 동 판시 상해를 입고 의식불명이 된 피해자 공소외인을 그곳에 그대로 방치한 피고인의 소위에 대하여 강간치상죄만이 성립하고 별도로 유기죄는 성립하지 아니한다고 판단한 조치는 정당하다.)

234) 서울고법 1962.9.12. 62노148 형사부판결[확정](유기죄나 그 결과적 가중범인 유기치사죄의 구성

자)'이다.

부조를 요하는 자라 함은 다른 사람의 조력이 없이 자기의 생명·신체에 대한 위험을 스스로 극복할 수 없는 사람을 말한다. 그러나 경제적 요부조자는 여기에 포함되지 않는다고 하여야 한다. 유기죄에 있어서의 부조는 생명·신체에 대한 위험을 이유로 하는 것이라는 점에서 민법상 경제적 곤궁을 이유로 하는 부양의무와는 다른 개념이기 때문이다.

그러나 부조를 요하는 원인이 계속적인가 일시적인가는 문제되지 아니한다. 따라서 육체적·정신적 질환을 의미하는 질병이 이에 해당하며, 병자뿐만 아니라 사고로 상해를 입은 자도 본죄의 객체가 될 수 있다고 하여야 하며, 그 치료기간의 장단을 불문한다.

한편 부조를 요하는 상태가 누구의 책임에 의하여 발생하였는지도 문제되지 않는다. 따라서 요부조자가 부조자의 의사에 반하여 그러한 상태를 야기하였다 하더라도 부조의무가 면제되는 것은 아니라고 할 것이다. 예컨대 부조자가 위험하다고 가지 말라고 하였으나 요부조자가 이를 듣지 않고 강을 건너다가 빠진 경우 등에도 부조의 의무가 있다고 하여야 할 것이다.

③ 행위

유기란 부조를 요하는 자를 보호없는 상태에 둠으로써 그 생명·신체에 위험을 가져오는 행위를 말한다.

유기에는 요부조자를 보호받는 상태에서 적극적으로 보호없는 상태로 장소적 이전을 하는 적극적 유기(협의의 유기, 예컨대 고려장)와, 요부조자를 종래의 상태에 두고 떠나거나 생존에 필요한 보호를 하지 않는 소극적 유기(광의의 유기)가 포함된다. 즉 양자의 차이는 장소적 이전을 요하는가라는 점에 있다.

보충판례 28 : 대법원 1980.9.24. 선고 79도1387 판결

요건인 이른바 "질병으로 인하여 부조를 요할 자"라 함은 질병의 정도가 다른 사람의 부조가 없이는 독립하여 생존을 계속할 수 없는 상태에 있는 자를 말한다.)

유기의 방법은 묻지 않는다. 작위·부작위로도 가능하다. 즉 방치하는 것을 의미하는 유(遺)기는 주로 부작위에 의한 것이지만 작위에 의해서도 가능하다. 예컨대 다른 사람이 부조하려는 것을 방해하여 부조를 못하도록 한 경우에는 작위에 의한 유(遺)기이다. 버리는 것을 의미하는 유기(棄)란 주로 작위에 의한 것이지만 부작위에 의해서도 가능하다. 예컨대 숲속으로 들어가는 유아를 방치한 경우에는 부작위에 의한 유기(棄)에 해당한다.

④ 기수시기

유기죄는 추상적 위험범이다. 따라서 유기행위로 인하여 생명·신체에 대한 추상적 위험만 발생하면 기수에 이르고, 구체적 위험이 발생할 것을 요하는 것은 아니다. 따라서 타인의 구조를 기대할 수 있거나 타인의 구조가 없으면 스스로 구조할 의사로 유기한 장소 근처에 머물고 있는 때에도 본죄는 성립한다.

(2) 주관적 구성요건

본죄의 성립을 위하여는 고의가 있어야 하므로, 자기가 보호의무자이며 요부조자를 유기한다는 인식과 의사가 있어야 한다.[235)]

따라서 행위자를 살해하기 위하여 요부조자를 유기한 경우(살인의 고의나 미필적 고의가 있는 경우)에는 살인죄가 성립할 뿐 유기죄가 성립하는 것은 아니다. 또한 보호의무의 원인된 사실관계를 인식하지 못한 경우에는 과실유기로서 불가벌이다. 보호의무

235) 대법원 2008.2.14. 선고 2007도3952 판결 ; 대법원 1988.8.9. 선고 86도225 판결[유기죄에 있어서는 행위자가 요부조자에 대한 보호책임의 발생원인이 된 사실이 존재한다는 것을 인식하고 이에 기한 부조의무를 해태한다는 의식이 있음을 요하는 것이다. 이 사건 공소사실의 요지는 피고인이 성류파크호텔 7층 1713호실에서 피해자에게 성관계를 요구하다가 같은 피해자가 그 순간을 모면하기 위하여 7층 창문으로 뛰어내린 것을 알았다면 즉시 적절한 구호조치를 하여 피해자를 보호해야 할 법률상 의무가 있음에도 불구하고 그 사실을 숨기고 그대로 방치하여 유기함으로써 그녀의 생명에 대한 위험을 발생케 한 것이라고 함에 있는바, 우선 위 피해자가 위 1713호실에서 뛰어내린 여부를 피고인이 전혀 알지 못하였다면 피고인의 범의를 인정 할 수 없음은 더 말할 필요도 없을 것이다. 그런데 기록에 의하여 원심이 취사한 증거내용을 살펴보면 위 피해자가 뛰어내린 여부를 피고인이 알았다고 인정할 만한 아무런 증거가 없으므로(위 피해자 자신도 1심에서 피고인은 위 피해자가 뛰어내린 사실을 알지 못했을 것이라고 증언하고 있다), 같은 취지로 판단하여 피고인에게 무죄를 선고한 원심판결은 정당하고, 그 증거취사과정에 논지가 주장하는 것과 같은 채증법칙위반의 위법이 없으므로 논지는 이유없다.]

의 원인된 사실관계는 인식하였지만 자신에게는 보호의무가 없다고 착오한 경우에는 법률의 착오가 된다.[236]

(3) 위법성

예컨대 부모나 자녀의 동의 내지 승낙 하에 유기를 한 경우에 위법성을 조각할 수 있는가가 문제된다. 통설은 피해자의 승낙에 의한 유기행위라도 사회상규에 위배되지 않아야 위법성이 조각된다고 한다.

나. 존속유기죄

[형법조문]

제271조(존속유기) ② 자기 또는 배우자의 직계존속에 대하여 제1항의 죄를 범한 때에는 10년 이하의 징역 또는 1천500만원 이하의 벌금에 처한다.

본죄는 유기죄에 대하여 신분관계로 인하여 책임이 가중되는 가중적 구성요건(부진정신분범)이며, 직계존속의 의미는 존속살해죄에 있어서와 같다.

단순유기죄의 법정형이 3년 이하의 징역 또는 500만원 이하의 벌금임에 비하여 존속유기죄의 법정형은 10년 이하의 징역 또는 1,500만원 이하의 벌금이므로 헌법상의 과잉금지원칙에 반할 소지가 있다.

다. 중유기죄·존속중유기죄

[형법조문]

제271조(유기, 존속유기) ③ 제1항의 죄를 범하여 사람의 생명에 대한 위험을 발생하게 한 때에는 7년 이하의 징역에 처한다. ④ 제2항의 죄를 범하여 사람의 생명에 대하여 위험을 발생한 때에는 2년 이상의 유기징역에 처한다.

236) 예컨대 유아가 위험한 물가로 간다는 것 자체를 인식하지 못한 양부(養父)는 유기의 고의가 없다. 그러나 유아가 위험한 물가로 간다는 것을 알았지만 자신은 양부이기 때문에 보호의무가 없다고 생각하여 방치한 경우에는 유기의 고의가 인정되고 법률의 착오의 문제가 된다.

중유기죄는 유기죄 등을 범하여 사람의 생명에 대하여 위험을 발생하게 함으로써 성립하는 결과적 가중범이다. 여기서 사람의 생명이란 구체적 위험을 의미하므로 구체적 위험범이다. 생명에 대한 구체적 위험이 과실로 발생한 경우 뿐 아니라 고의가 있는 경우에도 본죄가 성립한다고 하여야 할 것이므로 본죄는 부진정결과적 가중범에 해당한다.237)

라. 영아유기죄

[형법조문]

제272조(영아유기) 직계존속이 치욕을 은폐하기 위하거나 양육할 수 없음을 예상하거나 특히 참작할 만한 동기로 인하여 영아를 유기한 때에는 2년 이하의 징역 또는 300만원 이하의 벌금에 처한다.

영아유기죄는 영아살해죄와 구조를 같이하며, 영아살해죄와 같은 정신에서 책임을 감경하는 것이다. 신분관계로 인해 형이 감경되는 부진정신분범이다.

다만 영아살해죄에 있어서의 '영아는 분만 중 또는 분만직후의 영아'로 제한되어 있는 반면에, 영아유기죄에 있어서의 영아는 구성요건상 아무런 제한을 두고 있지 않기 때문에 분만으로 인한 흥분상태가 종료된 이후라도 무방하다.

따라서 유기의 성질상 분만완료 이전의 영아가 아니라 전부 노출된 이후의 영아로서 일반적 의미의 영아, 즉 젖먹이아이와 유아(乳兒) 등과 같이 보호자의 도움없이는 활동할 수 없는 일반적 의미의 유아(乳兒)를 의미하는 것으로 해석해야 한다. 그러나 젖먹이아이를 넘어서 유아(幼兒)에 이른 때에는 본죄의 객체가 아닌 단순유기죄의 객체가 된다.

237) **[전형사례에 의한 유기유형의 구별]** : 집 앞에 병든 노인을 두고 가면 곧 누군가가 데리고 가겠지(단순유기), 날씨도 추운데 집 앞에 버려 둔 노인의 생명이 위험한 상태에 이르면 누군가가 경찰서에라도 데려가겠지(중유기죄), 죽을지도 모르는데 설마 죽기야 하겠나(과실치사 또는 중과실치사), 죽을지도 모르는데 노인네가 죽어도 할 수 없지(살인죄).

Ⅲ. 학대죄와 아동혹사죄

가. 학대죄·존속학대죄

[조문]

형법 제273조(학대, 존속학대) ① 자기의 보호 또는 감독을 받는 사람을 학대한 자는 2년 이하의 징역 또는 500만원 이하의 벌금에 처한다.
② 자기 또는 배우자의 직계존속에 대하여 전항의 죄를 범한 때에는 5년 이하의 징역 또는 700만원 이하의 벌금에 처한다.

아동학대범죄의처벌등에관한특례법 제2조(정의) 이 법에서 사용하는 용어의 뜻은 다음과 같다.
1. "아동"이란「아동복지법」제3조제1호에 따른 아동을 말한다.
3. "아동학대"란「아동복지법」제3조제7호에 따른 아동학대를 말한다.
4. "아동학대범죄"란 보호자에 의한 아동학대로서 다음 각 목(가-하)의 어느 하나에 해당하는 죄를 말한다.
   나.「형법」제2편제28장 유기와 학대의 죄 중 제271조(유기)제1항, 제272조(영아유기), 제273조(학대)제1항, 제274조(아동혹사) 및 제275조(유기등 치사상)(상해에 이르게 한 때에만 해당한다)의 죄
7. "아동보호사건"이란 아동학대범죄로 인하여 제36조제1항에 따른 보호 처분(이하 "보호처분"이라 한다)의 대상이 되는 사건을 말한다.[시행일 : 2014.9.29.]

아동복지법 제3조(정의) 이 법에서 사용하는 용어의 뜻은 다음과 같다.
1. "아동"이란 18세 미만인 사람을 말한다.
7. "아동학대"란 보호자를 포함한 성인이 아동의 건강 또는 복지를 해치거나 정상적 발달을 저해할 수 있는 신체적 · 정신적 · 성적 폭력이나 가혹행위를 하는 것과 아동의 보호자가 아동을 유기하거나 방임하는 것을 말한다.
7의2. "아동학대관련범죄"란 다음 각 목의 어느 하나에 해당하는 죄를 말한다.
   가.「아동학대범죄의 처벌 등에 관한 특례법」제2조제4호에 따른 아동학대범죄
   나. 아동에 대한「형법」제2편제24장 살인의 죄 중 제250조부터 제255조까지의 죄

제17조(금지행위) 누구든지 다음 각 호의 어느 하나에 해당하는 행위를 하여서는 아니 된다.
2. 아동에게 음란한 행위를 시키거나 이를 매개하는 행위 또는 아동에게 성적 수치심을 주는 성희롱 등의 성적 학대행위
3. 아동의 신체에 손상을 주거나 신체의 건강 및 발달을 해치는 신체적 학대행위
5. 아동의 정신건강 및 발달에 해를 끼치는 정서적 학대행위
6. 자신의 보호 · 감독을 받는 아동을 유기하거나 의식주를 포함한 기본적 보호 · 양육 · 치료 및 교육을 소홀히 하는 방임행위

제71조(벌칙) ① 제17조를 위반한 자는 다음 각 호의 구분에 따라 처벌한다.

1의2. 제2호에 해당하는 행위를 한 자는 10년 이하의 징역 또는 5천만원 이하의 벌금에 처한다.
2. 제3호부터 제8호까지의 규정에 해당하는 행위를 한 자는 5년 이하의 징역 또는 3천만원 이하의 벌금에 처한다.[시행일 : 2014.9.29.]

(1) 의의 및 보호법익

학대죄는 자기의 보호 또는 감독을 받고 있는 사람을 학대한 경우에 성립하는 범죄이다. 학대죄와 존속학대죄는 모두 추상적 위험범이어서 학대행위만으로 성립하는 거동범이고 상태범[238]이며 행위자에게 학대의 내적 성향(초과주관적 구성요건요소)이 있어야 하는 경향범에 속한다.

학대죄의 보호법익과 관련해서는, 피보호자 내지 피감독자의 생명·신체의 안전을 보호하는 범죄라는 견해, 신체의 안전만을 보호법익이라고 하는 견해, 생명·신체의 안전 및 인격권까지도 보호법익이라는 견해 등이 대립한다.

생각건대 학대행위를 육체적 고통뿐만 아니라 정신적 고통을 가하는 가혹한 대우라고 해석하는 한 인격권까지 보호법익으로 이해하는 것이 타당하다 할 것이다. 다만 아동혹사죄는 아동의 생명·신체의 안전과 함께 아동의 복지권도 보호법익으로 한다.

(2) 구성요건

① 주체

본죄의 주체는 타인을 보호 또는 감독하는 자(학대죄), 직계존속을 보호 또는 감독할 의무있는 직계비속과 그 배우자이다(존속학대죄).

보호 또는 감독의 근거에 관해서는, 1) 유기죄와의 균형상 법률 또는 계약에 의한 경우에 한한다는 견해, 2) 이러한 제한없이 사무관리·조리 또는 관습에 의한 경우도 포함한다는 견해(통설)가 대립한다.

생각건대 학대죄에는 유기죄의 규정처럼 '법률상 또는 계약상'이라는 제한이 없기 때문에 그 근거를 제한적으로 해석해야 할 이유가 없고, 학대로 인하여 사람의 생명·

238) 대법원 1986.7.8. 선고 84도2922 판결(학대죄는 자기의 보호 또는 감독을 받는 사람에게 육체적으로 고통을 주거나 정신적으로 차별대우를 하는 행위가 있음과 동시에 범죄가 완성되는 상태범 또는 즉시범이다.)

신체에 대한 위험을 초래하는 것은 법률·계약에 의하지 아니한 보호·감독관계에서도 발생할 수 있기 때문에 통설의 입장이 타당하다.239)

② 행위

본죄의 행위는 학대하는 것이다.

학대의 개념에 대해서는 견해가 대립한다. 즉 1) 생명·신체의 안전을 위태롭게 할 육체적 고통을 가하는 처우를 의미한다는 견해, 2) 육체적으로나 정신적으로 고통을 가하는 가혹한 대우를 의미한다는 견해(통설)가 그것이다.

생각건대 학대도 생명·신체를 위태롭게 할 정도인 이상 정신적 고통을 가하는 행위를 제외할 이유가 없으므로 통설이 타당하다. 판례도 같은 입장이다.240) 예컨대 일상생활에 필요한 음식을 주지 않거나 필요한 정도의 휴식이나 수면을 허용하지 않는 경우, 어두운 좁은 방에 감금하거나 어린 아이를 닭장에 가두고 전신을 구타한 경우(폭행)241)도 학대가 된다.

[가혹행위와 학대의 구별]

> 학대개념을 통설의 입장처럼 파악하는 경우에는 형법상 가혹행위(제125조의 직권남용죄, 제277조의 중체포감금죄)와 학대는 다음과 같이 구별할 수 있다.
>
> '가혹행위'는 폭행·협박·음란행위를 포함한 일체의 정신적·육체적 고통을 주는 행위인 반면, '학대'는 이러한 가혹행위에서 협박·음란행위를 제외한 육체적·정신적 고통을 주는 행위라 할 수 있다(다수설).

239) **[학대죄의 객체]** : 학대죄의 객체는 자기의 보호 또는 감독을 받는 자이다. 다만 만 18세 미만의 아동에 대한 학대는 '아동학대범죄의처벌등에관한특례법(법률 제12341호, 2014.9.29. 시행) 및 아동복지법(제17조, 제71조)'이 적용된다. 최근 아동학대범죄에 엄정대처하기 위해 제정된 '아동학대범죄의처벌등에관한특례법(2014.1.28. 제정)'은 제2조 제4호에서 '아동학대범죄'의 유형을 정의하고 아동학대치사(제4조), 아동학대중상해(제5조), 상습범(제6조), 아동복지시설의 종사자 등에 대한 가중처벌(제7조) 등의 규정과 아동학대범죄의 처리절차에 관한 특례 등을 규정하고 있다.

240) 대법원 2000.4.25. 선고 2000도223 판결(형법 제273조 제1항에서 말하는 '학대'라 함은 육체적으로 고통을 주거나 정신적으로 차별대우를 하는 행위를 가리키고, 이러한 학대행위는 형법의 규정체제상 학대와 유기의 죄가 같은 장에 위치하고 있는 점 등에 비추어 단순히 상대방의 인격에 대한 반인륜적 침해만으로는 부족하고 적어도 유기에 준할 정도에 이르러야 한다. 따라서 피고인이 피해자와 단순히 성관계를 가진 행위를 가리켜 위와 같은 의미의 학대행위에 해당한다고 보기는 어렵다.)

241) 대법원 1969.2.4. 선고 68도1793판결

(3) 위법성

훈육의 목적으로 학대하는 경우에는 위법성이 조각될 수 있다. 판례도 같은 입장이다.[242]

나. 아동혹사죄

[형법조문]

> 第274조(아동혹사) 자기의 보호 또는 감독을 받는 16세 미만의 자를 그 생명 또는 신체에 위험한 업무에 사용할 영업자 또는 그 종업자에게 인도한 자는 5년 이하의 징역에 처한다. 그 인도를 받은 자도 같다.

아동혹사죄는 자기의 보호 또는 감독을 받는 16세 미만의 자를 그 생명 또는 신체에 위험한 업무에 사용할 영업자 또는 그 종업자에게 인도하거나 인도받음으로써 성립하는 범죄이다.[243] 인도하는 자뿐만 아니라 인도받는 자도 처벌하므로 필요적 공범 중 대향범에 해당한다.

16세 미만의 자를 객체로 하며, 남성과 여성을 구별하지 아니한다. 계약을 체결한 것만으로 본죄가 성립하는 것은 아니나 인도가 된 경우에는 실제로 그러한 생명·신체에 위험한 업무에 사용하게 할 필요는 없다(추상적 위험범, 거동범).

242) 대법원 1986.7.8. 선고 84도2922 판결(비록 수십 회에 걸쳐서 계속되는 일련의 폭행행위가 있었다 하더라도 그 중 친권자로서의 징계권의 범위에 속하여 위 위법성이 조각되는 부분이 있다면 그 부분을 따로 떼어 무죄의 판결을 할 수 있다.) ; 대법원 1969.2.4. 선고 68도1793판결(4세인 아들이 대소변을 가리지 못한다고 닭장에 가두고 전신을 구타한 것은 친권자의 징계권행사에 해당한다고 볼 수 없다.)

243) **[생명·신체에 위험한 업무의 구체적 범위]** : 생명·신체에 위험한 업무의 구체적 범위는 '근로기준법' 제65조의 금지직종(같은 법시행령 제40조)보다 제한적으로 해석할 필요가 있다(통설). 아동혹사죄의 법정형(5년 이하의 징역)이 근로기준법 위반의 법정형(같은 법 제109조의 3년 이하의 징역 또는 2천만원 이하의 벌금)보다 더 무겁기 때문이다.

Ⅳ. 유기등치사상죄

[조문]

형법 제275조(유기등 치사상) ① 제271조 내지 제273조의 죄를 범하여 사람을 상해에 이르게 한 때에는 7년 이하의 징역에 처한다. 사망에 이르게 한 때에는 3년 이상의 유기징역에 처한다.
② 자기 또는 배우자의 직계존속에 대하여 제271조 또는 제273조의 죄를 범하여 상해에 이르게 한 때에는 3년 이상의 유기징역에 처한다. 사망에 이르게 한 때에는 무기 또는 5년 이상의 징역에 처한다.

아동학대범죄의처벌등에관한특례법 제4조(아동학대치사) 제2조제4호 가목부터 다목까지의 아동학대범죄를 범한 사람이 아동을 사망에 이르게 한 때에는 무기 또는 5년 이상의 징역에 처한다.

제5조(아동학대중상해) 제2조제4호가목부터 다목까지의 아동학대범죄를 범한 사람이 아동의 생명에 대한 위험을 발생하게 하거나 불구 또는 난치의 질병에 이르게 한 때에는 3년 이상의 징역에 처한다.

제6조(상습범) 상습적으로 제2조제4호가목부터 파목까지의 아동학대범죄를 범한 자는 그 죄에 정한 형의 2분의 1까지 가중한다. 다만, 다른 법률에 따라 상습범으로 가중처벌되는 경우에는 그러하지 아니하다.

유기등치사상죄는 아동혹사죄를 제외한 유기·학대행위로 인하여 상해를 입게 하거나 사망하게 한 경우에 성립한다.

단순유기·학대나 중유기죄를 범한 경우 사망의 결과를 예견할 수 있었음에도 과실로 이를 예견하지 못한 경우에 성립하는 것으로 결과적 가중범이다.

존속유기·학대치사상죄는 신분관계로 책임이 가중되는 가중적 구성요건(부진정신분범)이다. 유기와 사망자 간에 형법적 인과관계가 부정되는 때에는 유기죄와 과실치사상죄의 상상적 경합이 될 뿐이다.[244]

244) **[합법적 대체행위]** : 대법원 1967.10.31. 선고 67도1151 판결(치사량의 청산가리를 음독했을 경우 미처 인체에 흡수되기 전에 지체없이 병원에서 위 세척을 하는 등 응급 치료를 받으면 혹 소생할 가능은 있을지 모르나 이미 이것이 혈관에 흡수되어 피고인이 피해자를 변소에서 발견했을 때의 피해자의 증상처럼 환자의 안색이 변하고 의식을 잃었을 때는 우리의 의학기술과 의료시설로서는 그 치료가 불가능하여 결국 사망하게 되는 것이고 또 일반적으로 병원에서 음독환자에게 위세척 호흡촉진제 강심제주사 등으로 응급가료를 하나 이것이 청산가리 음독인 경우에는 아무런 도움도 되지 못하는 것이므로 피고인의 유기행위와 피해자의 사망 간에는 상당인과관계가 없다 할 것이다.)

제2장 자유에 대한 죄

형법에 있어서 자유는 생명과 신체 다음으로 중요한 법익이다. 자유에 대한 죄란 개인의 자유 그 자체를 보호하기 위한 범죄를 말한다. 형법은 자유에 대한 죄에서 '…을 실현할 자유'라는 의미의 적극적 자유가 아니라 '…로부터의 자유'라는 소극적인 의미의 자유를 보호한다.

이처럼 자유에 대한 죄는 자유 자체를 보호하기 위한 범죄를 의미하기 때문에 강도죄나 공갈죄와 같이 다른 법익을 침해하기 위한 수단으로 자유를 침해하는 범죄는 이에 포함되지 않는다. 형법이 규정하고 있는 자유에 대한 죄로는 의사결정의 자유를 보호하는 협박의 죄, 의사결정과 의사활동의 자유를 함께 보호하는 강요의 죄, 신체활동의 자유를 보호하는 체포·감금의 죄, 개인의 신체활동을 포함한 자유로운 생활관계를 보호하는 약취와 유인의 죄, 성적 의사결정의 자유를 보호하는 강간과 추행의 죄가 있다.

제1절 체포와 감금의 죄

Ⅰ. 총설

가. 의의

체포와 감금의 죄는 불법하게 사람을 체포 또는 감금함으로써 개인의 신체 활동(행동)의 자유, 특히 장소선택의 자유를 침해하는 것을 내용으로 하는 범죄(계속범[245])이다. 이 때 장소선택의 자유는 일정한 장소로 들어갈 수 있는 자유가 아니라 일정한 장소를 떠날 수 있는 자유를 의미한다(거처변경에 대한 의사활동의 자유, 통설).[246]

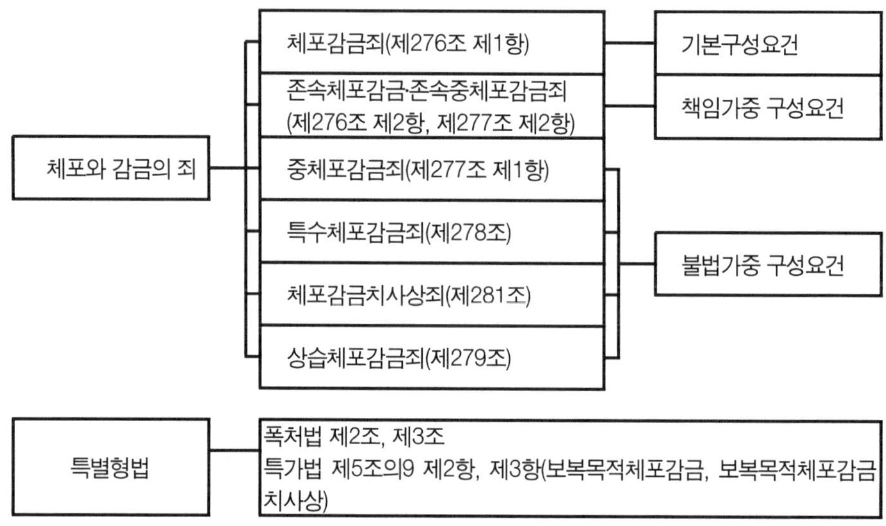

나. 보호법익

통설은 여기서의 자유는 현실적인 신체활동의 자유가 아니라 잠재적인 신체활동의 자유(신체활동의 가능성)를 의미하고, 보호의 정도를 침해범으로서의 보호로 이해하는 결과, 보호법익이 침해되었느냐의 여부는 행위자가 감금행위를 하려고 하였을 때 피해자가 현실로 이전하려고 하였는가를 묻지 않고 행위 시에 장소를 이전하려고 하였으면 할 수 있었는가를 기준으로 판단한다.[247]

245) 계속범이기 때문에 체포·감금죄가 완료되기 전까지는 공동정범 또는 공범의 성립이 가능하고 피해자의 정당방위도 가능하며 공소시효도 진행하지 않는다.

246) 이점에서 단순히 어떤 장소에 들어오지 못하게 하거나 일정한 장소에서 나오게 하는 것은 체포와 감금의 죄에 해당하지 않고 경우에 따라서는 강요의 죄가 성립할 뿐이다.

247) **[잠재적 이전의 자유의 침해]** : 예컨대 방에서 잠자는 사람을 감금한 경우 그 사람의 현실적 이전의 자유는 침해받지 않았지만, 잠재적 이전의 자유는 침해받은 것이라고 할 수 있기 때문에 감금죄가 성립한다.

Ⅱ. 체포·감금죄

[조문]

> 형법 제276조(체포, 감금) ① 사람을 체포 또는 감금한 자는 5년 이하의 징역 또는 700만원 이하의 벌금에 처한다.
>
> 제280조(미수범) 전4조의 미수범은 처벌한다.
>
> 제282조(자격정지의 병과) 본장의 죄에는 10년 이하의 자격정지를 병과할 수 있다.
>
> 특정범죄가중처벌등에관한법률 제5조의9(보복범죄의 가중처벌등) ② 제1항과 같은 목적으로 「형법」 제257조제1항 · 제260조제1항 · 제276조제1항 또는 제283조제1항의 죄를 범한 사람은 1년 이상의 유기징역에 처한다.

가. 구성요건

(1) 행위의 객체

체포·감금죄의 객체는 사람이다. 사람은 자연인인 타인을 의미하는 것은 살인죄에서의 사람과 동일하다. 그러나 행위의 객체인 자연인이 행동의 자유를 가진 자에 한정되는가(체포·감금죄의 객체가 될 수 있는 자연인의 범위)에 대하여는 견해가 대립되고 있다.

[학설대립의 핵심]

> 즉 견해의 대립은 체포·감금죄가 잠재적 이전의 자유를 보호하는 법익이기 때문에 기본적으로는 장소이전의 자유 여부가 문제되는데, 이는 결국 자연인이 의사능력과 행위능력을 가져야 하는지 라는 문제와 직결된다.

최광의설은 신체활동의 가능성(행위능력)이나 의사능력의 유무를 불문하고 모든 자연인이 이 죄의 객체가 된다고 한다. 따라서 이 설에 의하면 수면 중인 자, 명정자, 정신병자, 독자적으로 움직일 수 없는 불구자는 물론 출산직후의 영아도 본죄의 객체가 된다.

그러나 본죄의 보호법익이 신체활동의 자유(장소 이전의 자유)인 이상 그러한 자유를 가질 수 없는 자도 본죄의 객체가 된다는 것은 부당하다.

광의설(통설)은 신체활동이 기대되는 잠재적인 활동의 자유를 가진 자이면 현실적으로 활동의사가 없는 자도 (곧 활동이 기대되기 때문에) 본죄의 객체가 된다고 한다. 따라서 이 견해에 의하면 정신병자, 명정자, 수면자, 불구자, 위계에 의하여 신체구속을 당하고 있는 자 등은 모두 본죄의 객체가 되나, 처음부터 행위의사와 잠재적 활동의 자유가 없는 출산직후의 영아나 식물인간은 본죄의 객체가 될 수 없다.

협의설은 현실적으로 신체활동의 자유를 가진 자만이 본죄의 객체가 된다고 한다. 따라서 이 견해에 의하면 유아는 물론 정신병자, 명정자 또는 수면 중인 자, 불구자는 본죄의 객체에서 제외 된다고 한다.

그러나 이 견해는 본죄의 보호법익이 현실적 이전의 자유가 아니라 잠재적 이전의 자유라는 점을 경시하고 있다.

절충설은 신체활동의 의사를 가질 수 없는 유아, 명정자, 수면자는 본죄의 객체가 될 수 없지만, 최소한의 활동가능성이 기대되는 정신병자, 불구자는 본죄의 객체가 될 수 있다고 한다.

그러나 절충설에 대해서도 본죄의 보호법익이 현실적 이전의 자유가 아니라 잠재적 이전의 자유라는 점을 경시하고 있다는 비판이 그대로 적용된다.

생각건대 체포·감금죄가 보호하려는 신체활동의 자유는 법적인 책임능력, 행위능력 내지 의사능력이 없는 자도 자연적·잠재적 의미에서 향유할 수 있다고 할 수 있다. 따라서 자연적·잠재적으로 신체활동이 가능한 자는 모두 본죄의 객체가 될 수 있다는 통설(광의설)이 타당하다.

판례는 정신병자도 감금죄의 객체가 될 수 있다고 인정하고 있다(광의설).

보충판례 33 : 대법원 2002.10.11. 선고 2002도4315 판결

(2) 행위

① 체포

체포란 사람의 신체에 대하여 '직접적·현실적 구속'을 가하여 신체활동의 자유를 박탈하는 것을 말한다(통설).

체포의 수단이나 방법에는 제한이 없다. 일반적으로 손발을 묶거나 몸을 잡는 방법 등 유형적인 방법에 의하는 것이 보통이나, 총을 겨누고 꼼작 못하게 하거나 협박[248] 등과 같은 무형적 방법에 의하여 체포하는 것도 가능하다. 또한 부작위[249]뿐만 아니라 간접정범[250]의 형태로도 가능하다.

체포로 인해 침해되는 자유는 부분적으로 신체활동의 자유가 있는 경우에도 전체적으로 보아 신체활동의 자유가 제한되어 있으면 체포에 해당한다. 따라서 긴 밧줄로 사람을 묶어서 한쪽 끝을 잡고 있어도 체포가 된다.

그러나 체포라고 하기 위해서는 신체에 대한 현실적인 구속을 전제로 하기 때문에 예컨대 일정한 장소에 출석하지 않으면 구속하겠다고 협박하여 출석하게 하는 것은 강요죄에 해당할 수 있을 뿐 체포라 할 수 없다.

② 감금

감금이란 사람을 일정한 장소 밖으로 나가지 못하게 하여 신체적 활동의 자유를 '장소적으로 제한'하는 것을 말한다. 체포가 신체에 대한 직접적인 제한을 가하는 것인 반면, 감금은 장소적 제한을 가하는 점에서 체포와 구별된다. 체포와 동일하게 감금의 방법은 유형적이든 무형적이든 묻지 아니한다.[251]

248) 예컨대 따라오지 않으면 죽이겠다고 협박하는 경우를 들 수 있다.

249) 예컨대 피해자가 방안에 있는 줄 모르고 문을 잠갔다가 그 후 방안에 있는 사실을 알고도 이를 열어주지 아니한 경우나 불법하게 구속되어 있는 자를 석방해야 할 법적 의무 있는 자가 풀어주지 않는 경우 등을 들 수 있다.

250) 예컨대 경찰관에게 상대방을 현행범이라고 속여 체포하게 하는 경우나 수사기관에 허위의 사실을 신고하여 구속되게 하는 경우, 사람이 들어있는 줄 모르는 제3자를 시켜서 문을 잠그게 하는 경우 등을 들 수 있다.

251) 대법원 2000.2.11. 선고 99도5286 판결 ; 대법원 1985.10.8. 선고 84도2424 판결(감금죄는 사람이 일정한 구역에서 나가는 것을 불가능하게 하거나 현저히 곤란하게 하여 신체적 활동의 자유를 제한하는 죄로서 유형. 무형의 강제력의 행사나 기망의 수단 등에 의하여 그 의사에 반하여 신체적 자유

일반적으로 감금은 출입구를 봉쇄하는 방법에 의하나[252], 절대적으로 일정한 장소를 벗어나지 못할 것을 요하지 아니하며 그것이 곤란한 경우도 포함한다.[253]

따라서 실제로는 탈출구가 있었음에도 이를 쉽게 발견하기 어렵거나, 탈출을 위하여는 건물에서 뛰어 내려야 하거나, 질주하는 차에서 내리는 것과 같이 탈출을 위하여는 생명·신체에 위험을 가져오는 것도 감금이다.[254]

여자의 옷을 감추는 것과 같이 수치심으로 탈출하지 못하게 하는 것은 물론, 일정한 장소 내에서 자유로운 생활이 가능하더라도 감금죄의 성립에는 지장이 없다. 따라서 일정한 장소에 원을 그려놓고 그곳을 나가지 못하도록 협박하는 것도 감금에 해당한다고 할 수 있다.

보충판례 34 : 대법원 1991.12.30. 자 91모5 결정
대법원 1984.5.15. 선고 84도655 판결
대법원 2011.9.29. 선고 2010도5962 판결

를 속박하는 경우에 성립되는 것이다.)

252) 대법원 1983.9.13. 선고 80도277 판결(제1심 판결이유에 의하면 피고인들은 그 판시 호텔에서 시위하던 대한상이군경회원 80여명과 공동하여 위 호텔의 정면, 후면 출입문을 봉쇄하여 피해자들의 출입을 방해하였다는 것이므로 동 사실에 대하여 폭처법 제3조를 적용하였음은 정당하다.)

253) 대법원 1985.6.25. 선고 84도2083 판결(원심이 인정하고 있는 것과 같은 피고인의 협박과 폭행행위로 말미암아 야기된 공포심으로 피해자 공소외 4가 판시장소 밖으로 나가지 못한 것이라면 가사 위 피해자가 처음에 위 장소에 간 것이 자발적인 것이고 또 위 장소에 시정장치 등 출입에 물리적인 장애사유가 없었다고 하여도 감금이 성립한다.) ; 대법원 2000.3.24. 선고 2000도102 판결 ; 대법원 1994.3.16. 선고 94모2 결정 (설사 피해자가 경찰서 안에서 자유스럽게 활동하였다 하여도 피해자를 경찰서 밖으로 나가지 못하도록 그 신체의 자유를 제한하는 유형, 무형의 억압이 있었다면, 이는 바로 감금행위에 해당할 수 있다.) ; 대법원 1997.6.13. 선고 97도877 판결(설사 그 장소가 경찰서 내 대기실로서 일반인과 면회인 및 경찰관이 수시로 출입하는 곳이고 여닫이문만 열면 나갈 수 있도록 된 구조라 하여도 경찰서 밖으로 나가지 못하도록 그 신체의 자유를 제한하는 유형, 무형의 억압이 있었다면 이는 감금에 해당한다.)

254) 대법원 1983.4.26. 선고 83도323 판결(피고인이 피해자가 자동차에서 내릴 수 없는 상태에 있음을 이용하여 강간하려고 결의하고, 주행 중인 자동차에서 탈출불가능하게 하여 외포케 하고 50킬로미터를 운행하여 여관 앞까지 강제연행한 후 강간하려다 미수에 그친 경우 위 협박은 감금죄의 실행의 착수임과 동시에 강간미수죄의 실행의 착수라고 할 것이다.) ; 대법원 2000.5.26. 선고 2000도440 판결(원심판결 및 원심이 인용한 제1심판결이 채택한 증거들을 기록에 비추어 살펴보면, 피고인이 1997.4.5. 피해자를 승용차에 강제로 태운 뒤 대전에서 서울까지 운전하여 간 사실과 같은 해 8월 15일 피해자를 역시 강제로 승용차에 태운 뒤 운전하여 가자 겁에 질린 피해자가 차에서 뛰어 내리다가 상해를 입은 사실은 충분히 인정할 수 있으므로, 이를 감금 및 감금치상죄로 인정한 원심의 판단은 정당하다.)

나. 위법성

체포·감금죄는 현행범체포, 긴급체포, 체포 및 구속, 친권자의 징계권행사(민법 제915조), 경찰관의 술 취한 자 등에 대한 보호조치(경찰관직무집행법 제4조 제1항 제1호), 정신질환자에 대한 감금(정신보건법 제24조, 제25조, 제26조) 등의 요건을 충족시킨 경우에는 법령에 의한 행위(정당행위)로 위법성이 조각될 수 있다.[255]

한편 피해자의 승낙·동의에 의한 체포·감금행위는 체포·감금죄의 구성요건해당성이 배제된다. 개념상 체포·감금은 피해자의 의사에 반하는 체포·감금만을 본질적인 불법내용으로 하기 때문이다.

다. 기수시기

(1) 피해자의 인식 요부

본죄의 기수시기에 대하여는 견해가 대립한다.

즉 명정자나, 잠을 자고 있는 자, 정신병자 등에 대하여 본죄의 객체가 될 수 있다고 인정한다 하더라도[256], 자신이 감금되었다는 사실을 알고 있는지는 별도의 문제이기

---

255) 의정부지법 2006.4.6. 선고 2004고단421 판결[항소](정신과전문의들이 피해자들을 정신의료기관에 강제입원시킨 조치가 '법령에 의한 행위' 또는 '업무로 인한 행위'에 해당하여 위법성이 조각된다.) ; 대구지법 2005.3.22. 선고 2005고합6 판결[항소](채무자가 흥분하여 소란을 피우는 채권자를 진정시키기 위하여 채권자를 승용차에 태운 후 약 1시간 동안 나가지 못하게 한 행위에 대하여 감금의 범의를 인정하기 어렵고, 가사 감금의 범의가 인정된다고 하더라도 사회상규에 위배되지 않는 정당행위에 해당한다.) ; 대법원 1988.11.8. 선고 88도1580 판결(수용시설에 수용중인 부랑인들의 야간도주를 방지하기 위하여 그 취침시간 중 출입문을 안에서 시정조치한 행위가 형법 제20조의 정당행위에 해당되어 위법성이 조각된다.) ; 대법원 1980.2.12. 선고 79도1349 판결(정신병자의 어머니의 의뢰 및 승낙 하에 그 감호를 위하여 그 보호실 문을 야간에 한해서 3일간 시정하여 출입을 못하게 한 감금행위는 그 병자의 신체의 안정과 보호를 위하여 사회통념상 부득이 한 조처로서 수긍될 수 있는 것이면 위법성이 없다.) ; 대법원 1989.12.12. 선고 89도875 판결(회사의 관리사원으로 근무하는 자들이 해고에 항의하는 농성을 제지하기 위하여 그 주동자라고 생각되는 해고근로자들을 다른 근로자와 분산시켜 귀가시키거나 불응 시에는 경찰에 고발, 인계할 목적으로 간부사원회의의 지시에 따라 위 근로자들을 봉고차에 강제로 태운 다음 그곳에서 내리지 못하게 하여 감금행위를 한 것이라고 하더라도 이를 정당한 업무행위라거나 사회상규에 위배되지 않는 정당한 행위라고 보기는 어렵고 또 현재의 부당한 침해를 방위하기 위하여 상당성이 인정되는 정당방위 행위라고 볼 수도 없다.)

256) 이러한 사람을 본죄의 객체가 되지 않는다고 보는 견해에서는 기수와 미수에 대한 논란을 거칠 것도 없이 본죄가 성립하지 않는다고 하여야 한다. 다만 강간을 위하여 피해자를 차에 태워 주행하는 경우 피해자가 감금사실을 모르고 있지만 행위자는 감금에 대한 고의가 있는 경우에 있어서는 정신병자 등을 본죄의 객체로 보지 않더라도 이 경우에는 기수의 시기 문제가 발생할 수 있다. 왜냐하면 의사

때문에, 기수가 되기 위해서는 자유박탈 또는 제한에 대한 피해자의 인식이 반드시 필요한지가 문제된다.

필요설은 피해자의 의식이 침해된 때, 즉 자유박탈이나 제한에 대해 피해자의 인식이 있어야 기수가 된다고 한다. 따라서 잠을 자고 있는 사람이 있는 방의 문을 잠근 경우에는 감금죄의 실행의 착수가 있기는 하나, 의식이 침해되지 아니하였으므로 깨어나기 이전에 시정장치를 해제한 경우에는 기수가 되지 아니한다고 한다. 즉 수면자는 본죄의 객체가 될 수 있지만, 그 의식이 회복되어 신체활동의 자유가 침해되지 아니하면 기수가 될 수 없다는 것이다.

불요설(다수설)은 본죄의 보호법익을 잠재적 이전의 자유라고 보는 한에 있어서는 피해자의 의식은 문제가 되지 아니하며, 객관적으로 피해자의 잠재적인 행동의 자유를 침해한 사실이 있으면 기수가 된다고 하여야 하기 때문에 피해자가 자유박탈에 대하여 인식하였는지는 본죄의 성립에 문제되지 아니한다고 한다. 따라서 수면 중인 사람이 있는 방문을 잠그기만 하면 기수에 이르게 되고 문을 잠그려다가 잠그지 못한 경우와 같은 때에만 미수가 된다.

생각건대 보호법익을 잠재적 이전의 자유라고 보는 한에 있어서는 피해자의 인식은 본죄의 기수성립에 있어서 문제가 되지 않는다고 이해하는 불요설이 타당하다. 필요설에 의하면 정신병자는 항상 미수가 되게 되며, 명정자와 잠을 자고 있는 자에 대하여도 깨어나지 않는 범위에서 감금을 한 경우에는 항상 미수만 성립한다는 불합리한 결과가 되기 때문이다.

(2) 시간적 계속성

체포·감금죄는 계속범으로서, 그 성질상 일정한 정도의 시간적 계속성을 요건으로 한다고 할 것이다. 일정한 시간적 계속을 요하므로 단순히 수초동안 피해자를 잡고 있는 경우와 같이 일시적인 자유박탈의 경우에도 감금죄가 성립할 것인지가 문제이다.

이에 대해서는 본죄가 성립하지 아니하고 폭행죄가 성립한다는 설, 즉 단순히 수초동안 피해자를 잡고 있는 행위는 폭행죄가 성립하는 것은 별론으로 하더라도 이를 체

능력과 행위능력이 있기 때문이다.

포·감금 행위로 볼 수는 없다는 견해이다.

감금죄의 미수가 성립한다는 설은 시간적 계속이 없는 일시적인 체포· 감금행위는 체포·감금죄의 미수범이 성립한다는 견해이다.

그러나 계속범의 시간적 계속성은 기수에 이르기까지의 시간적 계속성을 의미하는 것이 아니라 기수가 된 후 범죄가 완료될 때까지의 법익침해행위가 일정시간 계속된다는 의미로 이해하여야 할 것이다. 따라서 법익침해행위가 완료되는 시점, 즉 피해자가 신체적 활동의 자유를 회복한 시점에 범죄가 완료되고, 체포·감금이 일시적인 자유박탈의 경우에도 기수가 되며 체포·감금을 시도하였으나 실패한 경우에만 미수가 된다고 하여야 한다.

라. 죄수

본죄는 계속범이다. 따라서 피해자를 체포·감금함으로써 본죄는 기수에 이르지만 피해자의 신체활동의 자유가 회복되어야 본죄는 완료된다. 사람을 체포하여 감금한 경우에는 포괄하여 하나의 감금죄가 성립할 뿐이다. 체포·감금의 수단으로 폭행 또는 협박한 때에는 본죄만 성립하며 폭행죄 또는 협박죄가 별도로 구성되지 아니한다는 것이 판례의 입장이다.[257]

감금이 동시에 강간의 수단이 된 때에는 양자는 상상적 경합관계가 된다.[258] 그러

257) 대법원 1982.6.22. 선고 82도705 판결[감금을 하기 위한 수단으로서 행사된 단순한 협박행위는 감금죄에 흡수되어 따로 협박죄를 구성하는 것이 아니라고 할 것이다. 일건 기록에 의하면, 공소사실 제1항은「피고인은 1981.3.29.12:40경 서울동대문구 중화동 소재 옥호불상 정육점 앞에서 피해자(여, 31세)의 신고로 같은 달 피고인이 폭력행위 등으로 구속되어 형사처벌을 받은 것에 불만을 품고 이를 보복하기 위하여 피해자에게 "자동차에 타라, 타지 않으면 가만있지 않겠다"고 협박하면서 동녀를 그곳에 대기시켜 놓았던 자동차 뒷좌석에 강제로 밀어 넣어 앉히고 동녀가 내려 달라고 애원했으나 내려주지 않고 그곳에서 같은 구 망우동 소재 망우리 공동묘지까지 동 자동차를 운전하여 약20분간 동녀를 감금한 것이다」라 기재된 것으로 보아 검사는 피고인이 피해자 정00에게 "자동차에 타라, 타지 않으면 가만 있지 않겠다"고 협박한 점을 위 공소사실 즉 감금죄의 수단으로 적시하고 있을 뿐이고 이를 독립하여 협박죄로 공소제기한 것이 아님이 분명하다. 그럼에도 불구하고 원심이 위 공소사실 제1항(감금죄) 범죄사실을 증명이 없다 하여 무죄로 선고하면서 위와 같이 그 수단으로 적시된 협박의 점에 관하여 별도로 공소기각의 선고를 한 조처는 죄수에 관한 법리를 오해하고 불고불리의 원칙에 위배한 위법이 있어 파기를 면할 수 없다.]

258) 대법원 1984.8.21. 선고 84도1550 판결(소론은 이 사건 감금행위는 강간미수죄에 흡수되어 강간죄의 고소가 취소된 이상 감금죄도 처벌의 대상에서 제외함이 마땅하다는 취지인바 강간죄의 성립에는 언제나 필요한 수단으로 감금행위를 수반하는 것은 아니므로 이 사건에서 감금행위가 강간미수죄의 목적을 달성하려고 일정한 장소에 인치하기 위한 수단이 되었다 하여 그 감금행위가 강간미수죄에

나 강간이나 강도의 수단이 된 감금은 강간죄나 강도죄의 폭행·협박에 포함되는 것으로 이해하여야 할 것이다. 왜냐하면 강간죄나 강도죄의 폭행·협박은 사람의 신체에 대한 것일 필요가 없고 사람에 대한 것이면 족한데, 감금은 이러한 의미의 폭행의 한 내용이라고 할 수 있기 때문이다. 피해자를 체포하지 않고서는 강간의 실행이 불가능하다는 점을 고려할 때 판례의 부당함은 더욱 두드러질 것이다.

또한 감금행위가 단순히 강도상해 범행의 수단이 되는데 그치지 아니하고 강도상해의 범행이 끝난 뒤에도 계속된 경우에는 감금죄와 강도상해죄는 경합범의 관계에 있게 된다.[259] 미성년자를 유인한 자가 계속하여 미성년자를 불법하게 감금하였을 때에는 미성년자유인죄 이외에 감금죄가 별도로 성립한다.[260]

흡수되어 범죄를 구성하지 않는다고 할 수 없는 것이고, 원심이 확정한 바와 같이 피고인이 피해자를 자동차에 강제로 태워 내릴 수 없게 하고 탈출할 수 없는 상태로 자동차를 운행하게 하여 판시 장소로 연행하여가 강간미수에 이르렀다면 위 감금행위는 독립된 별개의 죄가 된다 할 것이므로 피해자가 위 강간미수죄가 친고죄로서 고소가 취소되었다 하더라도 위 감금죄에 대하여는 아무런 영향을 미치지 아니하므로 같은 견해에서 감금죄를 인정한 원심조치는 정당하고 반대의 견해에선 논지는 이유없다.) ; 대법원 1983.4.26. 선고 83도323 판결(강간죄의 성립에 언제나 직접적으로 또 필요한 수단으로서 감금행위를 수반하는 것은 아니므로 감금행위가 강간미수죄의 수단이 되었다 하여 감금행위는 강간미수죄에 흡수되어 범죄를 구성하지 않는다고 할 수는 없는 것이고, 그때에는 감금죄와 강간미수죄는 일개의 행위에 의하여 실현된 경우로서 형법 제40조의 상상적 경합관계에 있다.) ; 대법원 1997.1.21. 선고 96도2715 판결(감금행위가 강간죄나 강도죄의 수단이 된 경우에도 감금죄는 강간죄나 강도죄에 흡수되지 아니하고 별죄를 구성한다 할 것이다. 그러므로 원심이 피고인의 피해자 1, 2에 대한 감금행위가 그를 수단으로 한 위 피해자들에 대한 특수강도죄와 별도의 죄를 구성하는 것으로 판단한 것은 적법하고, 여기에 감금죄의 법리를 오해한 위법이 있다고 할 수 없다.)

259) 대법원 2003.1.10. 선고 2002도4380 판결(감금행위가 단순히 강도상해 범행의 수단이 되는 데 그치지 아니하고 강도상해의 범행이 끝난 뒤에도 계속된 경우에는 1개의 행위가 감금죄와 강도상해죄에 해당하는 경우라고 볼 수 없고, 이 경우 감금죄와 강도상해죄는 형법 제37조의 경합범 관계에 있다고 보아야 한다. 이 사건에서 보면, 피고인은 공소외 1 등과 피해자로부터 돈을 빼앗자고 공모한 다음 그를 강제로 승용차에 태우고 가면서 공소사실과 같이 돈을 빼앗고 상해를 가한 뒤에도 계속하여 상당한 거리를 진행하여 가다가 교통사고를 일으켜 감금행위가 중단되었는데, 이와 같이 감금행위가 단순히 강도상해 범행의 수단이 되는 데 그치지 아니하고 그 범행이 끝난 뒤에도 계속되었으므로, 피고인이 저지른 감금죄와 강도상해죄는 형법 제37조의 경합범 관계에 있다고 보아야 하고, 따라서 위 감금의 범행에 관한 확정판결의 효력은 이 사건 강도상해의 공소사실에까지 미치지 아니한다.)

260) 대법원 1998.5.26. 선고 98도1036 판결.

Ⅲ. 존속체포·감금죄

[형법조문]

제276조(존속체포, 존속감금) ② 자기 또는 배우자의 직계존속에 대하여 제1항의 죄를 범한 때에는 10년 이하의 징역 또는 1천500만원 이하의 벌금에 처한다.

제280조(미수범) 전4조의 미수범은 처벌한다.

제282조(자격정지의 병과) 본장의 죄에는 10년 이하의 자격정지를 병과할 수 있다.

본죄는 행위자와 피해자의 신분관계로 인하여 책임이 가중되는 가중적 구성요건으로 부진정신분범이다. 배우자, 직계존속 등의 개념은 존속살해죄 등에서와 같이 법률상의 개념에 한정된다.

Ⅳ. 중체포·감금죄, 존속중체포·감금죄

[형법조문]

제277조(중체포, 중감금, 존속중체포, 존속중감금) ① 사람을 체포 또는 감금하여 가혹한 행위를 가한 자는 7년 이하의 징역에 처한다.
② 자기 또는 배우자의 직계존속에 대하여 전항의 죄를 범한 때에는 2년 이상의 유기징역에 처한다.

제280조(미수범) 전4조의 미수범은 처벌한다.

제282조(자격정지의 병과) 본장의 죄에는 10년 이하의 자격정지를 병과할 수 있다.

가. 의의 및 성격

중체포·감금죄는 사람을 체포 또는 감금하여 가혹한 행위를 가한 자에 대하여 성립하는 범죄(체포·감금행위와 가혹행위가 결합된 결합범)이며, 불법이 가중된 가중적 구성요건이다. 존속중체포·감금죄는 체포·감금죄에 비하여 책임과 불법이 가중된 가중적 구성요건으로 부진정신분범이다.

나. 구성요건(가혹행위)

가혹한 행위라 함은 사람에게 육체적·정신적으로 고통을 주는 일체의 행위를 말하며[261], 반드시 생명 또는 신체에 위험을 줄 정도임을 요하지 않으므로 학대보다 넓은 개념으로 해석되어야 한다.

그러나 본죄의 가혹행위는 체포·감금행위 후에 이루어져야 하는 것이므로, 체포·감금의 수단으로서 폭행 또는 협박을 한 경우에는 체포·감금죄에 흡수될 뿐 가혹행위에 해당하지 않아 본죄가 성립하지 아니한다.

다. 미수

본죄의 미수범은 체포·감금하여 가혹한 행위를 가하려고 하였으나 체포·감금이 미수에 그친 경우, 가혹행위를 하기 위해 체포·감금하였으나 가혹행위를 하지 못한 경우, 체포·감금 후 가혹행위를 가하였으나 가혹행위 자체가 미수에 그친 경우에 성립한다.

---

261) 예컨대 감금 이후 폭행 또는 협박을 가하거나, 일상생활에 필요한 의식주를 제공하지 않거나, 수면을 허용하지 않거나, 여자를 발가벗겨 수치심을 일으키게 하는 행위 등을 들 수 있다 : 대법원 1991.10.25. 선고 91도2085 판결[원심은 피고인이 피해자(당시 19세)와 동거하고 있던 아파트에서 피해자가 술집에 다시 나가 일을 하겠다고 한다는 이유로 위 아파트 안방에서 피해자를 데리고 들어가 거실로 통하는 안방 문에 못질을 하여 밖으로 나갈 수 없게 감금한 후, 피해자가 술집에 나가기 위하여 준비해 놓은 화장품 및 화장품 휴대용가방 등을 창문 밖으로 던져 버리고, 피해자를 때리고 옷을 벗긴 다음 가위로 모발을 자르는 등 가혹한 행위를 하여 피해자가 이를 피하기 위하여 창문을 통해 밖으로 뛰어내리려 하자 피고인이 2회에 걸쳐 이를 제지한 바 있는 사실, 이때 피해자가 죽는다고 소리치며 울다가 피고인이 밖에서 걸려온 인터폰을 받으려고 방문에 뚫은 구멍을 통하여 거실로 나오는 사이에 갑자기 안방 창문을 통하여 알몸으로 아파트 아래 잔디밭에 뛰어 내리다가 다발성실질장기파열상 등을 입고 사망한 사실을 인정한 후, 위 인정사실에 의하면 피고인의 중감금행위와 피해자의 사망 사이에는 인과관계가 있고, 피고인에게 그로 인한 결과에 대한 예측가능성도 있었다면서 피고인을 중감금치사죄로 처단한 원심의 유죄판단을 유지하고 있는바, 원심이 인용한 제1심 거시의 증거들을 기록과 대조하여 살펴보면, 원심의 위와 같은 사실인정과 판단은 수긍이 가고 거기에 소론과 같이 채증법칙 위배 또는 감금치사죄의 법리를 오해한 위법이 있다 할 수 없다.)

V. 특수체포·감금죄

[조문]

형법 제278조(특수체포, 특수감금) 단체 또는 다중의 위력을 보이거나 위험한 물건을 휴대하여 전 2조의 죄를 범한 때에는 그 죄에 정한 형의 2분의 1까지 가중한다.

제280조(미수범) 전4조의 미수범은 처벌한다.

제282조(자격정지의 병과) 본장의 죄에는 10년 이하의 자격정지를 병과할 수 있다.

폭력행위등처벌에관한법률 제3조(집단적 폭행등) ① 단체나 다중의 위력으로써 또는 단체나 집단을 가장하여 위력을 보임으로써 제2조제1항에 열거된 죄를 범한 자 또는 흉기 기타 위험한 물건을 휴대하여 그 죄를 범한 자는 제2조제1항 각 호의 예에 따라 처벌한다.

본죄는 행위수단이나 방법의 위험성(불법성) 때문에 형이 가중된 가중적 구성요건이다.

단체나 다중의 위력을 보이거나 단체나 집단을 가장하여 위력을 보임으로써 체포·감금죄를 범하거나 또는 흉기 기타 위험한 물건을 휴대하여 같은 죄를 범한 때에는 폭처법이 적용되는 것이므로 이 범위 내에서 본죄의 규정은 그 적용이 배제된다.

VI. 상습체포·감금죄

[조문]

형법 제279조(상습범) 상습으로 제276조 또는 제277조의 죄를 범한 때에는 전조의 예에 의한다.

제280조(미수범) 전4조의 미수범은 처벌한다.

제282조(자격정지의 병과) 본장의 죄에는 10년 이하의 자격정지를 병과할 수 있다.

폭력행위등처벌에관한법률 제2조(폭행등) ① 상습적으로 다음 각 호의 죄를 범한 자는 다음의 구분에 따라 처벌한다.

2. 「형법」 제260조제2항(존속폭행), 제276조제1항(체포, 감금), 제283조제2항(존속협박) 또는 제324조(강요)의 죄를 범한 자는 2년 이상의 유기징역
3. 「형법」 제257조제1항(상해) · 제2항(존속상해), 제276조제2항(존속체포, 존속감금) 또는 제350조(공갈)의 죄를 범한 자는 3년 이상의 유기징역

본죄는 상습성으로 인하여 책임이 가중되는 가중적 구성요건이다. 상습으로 체포·감금죄 또는 존속체포·감금죄를 범한 경우에는 폭처법 제2조 제1항이 적용되어 본 조의 적용은 배제된다.

Ⅶ. 체포·감금치사상죄, 존속체포·감금치사상죄

[형법조문]

제281조(체포 · 감금등의 치사상) ① 제276조 내지 제280조의 죄를 범하여 사람을 상해에 이르게 한 때에는 1년 이상의 유기징역에 처한다. 사망에 이르게 한 때에는 3년 이상의 유기징역에 처한다.

② 자기 또는 배우자의 직계존속에 대하여 제276조 내지 제280조의 죄를 범하여 상해에 이르게 한 때에는 2년 이상의 유기징역에 처한다. 사망에 이르게 한 때에는 무기 또는 5년 이상의 징역에 처한다.

제282조(자격정지의 병과) 본장의 죄에는 10년 이하의 자격정지를 병과할 수 있다.

가. 의의 및 성격

체포·감금치사상죄에 있어서 사상의 결과는 체포와 감금에 의하여 발생하여야 하며, 체포와 감금의 죄가 미수에 그친 경우에도 사상의 결과가 발생하면 본죄가 성립한다(통설).

체포·감금치사상죄는 상해에 대하여 과실이 있을 때뿐만 아니라 고의가 있을 때에도 성립하는 부진정결과적 가중범이지만, 체포·감금치사죄는 사망에 대하여 과실이 있을 때에만 성립하는 진정결과적 가중범이다.[262)]

나. 구성요건

문제는 체포·감금 후 가혹행위로 인하여 사상의 결과가 발생한 경우에 본죄의 성립을 인정할 것인지이다.

이에 대하여는 체포·감금죄와 상해(치사)죄의 경합범이라는 견해도 있으나, 본죄가 중체포·감금죄를 포함하고 있고(즉 제276조 내지 제280조로 규정하고 있고, 중체포감금죄는 제277조이다), 체포·감금치사상죄는 중체포·감금죄도 기본범죄로 포함하고 있기 때문에 이 경우에도 본죄가 성립한다고 하여야 할 것이다(통설). 따라서 상해나 사망의 결과는 반드시 체포·감금의 직접적인 결과로 발생할 것을 요하는 것이 아니라, 체포·감금 시에 일어난 것이면 족하다. 판례도 같은 입장이다.[263)]

....

262) 따라서 살인의 고의로 체포·감금하여 살해한 경우에는 체포·감금죄와 살인죄의 상상적 경합이 되지만, 감금행위 도중에 살인의 고의가 생긴 때에는 감금죄와 살인죄의 실체적 경합이 된다.

263) 대법원 1991.10.25. 선고 91도2085 판결 ; 대법원 2000.2.11. 선고 99도5286 판결 ; 대법원 2000.5.26. 선고 2000도440 판결(원심이 적법한 증거조사를 거쳐서 채택한 증거들에 의하여 인정한 바와 같이, 피고인이 당초 그의 승용차로 피해자를 가로막음으로써 피해자로 하여금 할 수 없이 위 차량에 승차하게 한 후 피해자가 내려달라고 요청하였음에도 불구하고 당초 목적지라고 알려준 장소가 아닌 다른 장소를 향하여 시속 약 60㎞ 내지 70㎞의 속도로 진행하여서 피해자를 위 차량에서 내리지 못하도록 하였다면 그와 같은 피고인의 행위는 감금죄에 해당함이 분명하고, 나아가 피해자가 위와 같은 감금상태를 벗어날 목적으로 위 차량의 뒷좌석 창문을 통하여 밖으로 빠져 나오려다가 길바닥에 떨어져 상해를 입고 그 결과 사망에 이르렀다면 피고인의 위 감금행위와 피해자의 사망 사이에는 상당인과관계가 있다고 할 것이므로 피고인으로서는 감금치사죄의 죄책을 면할 수 없다.) ; 대법원 2002.10.11. 선고 2002도4315 판결(4일 가량 물조차 제대로 마시지 못하고 잠도 자지 아니하여 거의 탈진 상태에 이른 피해자의 손과 발을 17시간 이상 묶어 두고 좁은 차량 속에서 움직이지 못하게 감금한 행위와 묶인 부위의 혈액 순환에 장애가 발생하여 혈전이 형성되고 그 혈전이 폐동맥을 막아 사망에 이르게 된 결과 사이에는 상당인과관계가 있다 할 것이고, 그 경우 피고인에게 사망의 결과에 대한 예견가능성이 없었다고 할 수도 없을 것이며, 정신병자라고 해서 감금죄의 객체가 될 수 없다고 볼 수도 없는 법리이므로, 원심판결에 채증법칙 위배로 인한 사실오인이나, 정당행위나 긴급피난, 감금죄의 객체, 결과적 가중범에 관한 법리오해 등 상고이유에서 주장하는 바와 같은 위법이 있다고 할 수 없다.)

제2절 협박의 죄

Ⅰ. 총설

가. 의의

협박의 죄는 사람을 협박하여 개인의 자유로운 활동의 전제가 되는 의사결정의 자유를 침해하는 범죄이다. 의사결정의 자유 침해를 통하여 의사활동의 침해로 나아가는 경우가 많기 때문에 협박의 죄는 강요의 죄, 체포·감금의 죄, 약취·유인의 죄, 강간과 추행의 죄 등의 수단적 의미를 가진다.

[협박의 죄 구성요건체계도]

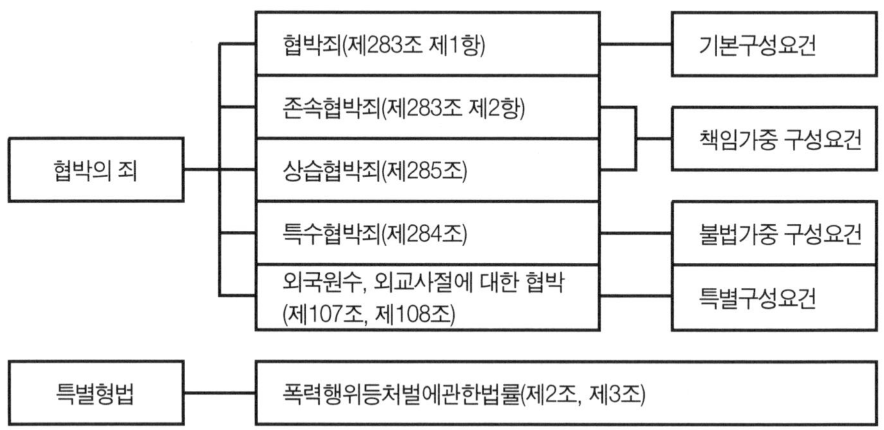

나. 보호법익

협박의 죄의 보호법익은 개인의 의사의 자유 내지 의사결정의 자유(통설)이다.

보호의 정도와 관련해서는, 위험범으로 해석하는 견해(소수설 및 판례)와 침해범으로 해석하는 견해(통설)가 대립하고 있다.

생각건대 협박죄의 보호법익인 개인의 의사결정의 자유는 침해의 결과를 요구할 수 있는 범죄이고, 미수범은 위험범에 해당하며 미수범의 처벌규정을 두고 있는 범죄는 위험발생만으로 기수를 인정해야 할 경우를 제외하고는 원칙적으로 침해범이라고 해야 하기 때문에 협박죄의 미수범을 처벌하는 취지를 고려할 때 해악의 고지로 인하여 상대방이 현실적으로 공포심을 일으켜야 기수가 된다고 하는 침해범설이 타당하다.

보충판례 29 : 대법원 2007.9.28. 선고 2007도606 전원합의체 판결[264)]

II. 협박죄

[조문]

형법 제283조(협박, 존속협박) ① 사람을 협박한 자는 3년 이하의 징역, 500만원 이하의 벌금, 구류 또는 과료에 처한다.
③ 제1항 및 제2항의 죄는 피해자의 명시한 의사에 반하여 공소를 제기할 수 없다.

제286조(미수범) 전3조의 미수범은 처벌한다.

폭력행위등처벌에관한법률 제2조(폭력등) ② 2인 이상이 공동하여 제1항 각 호에 열거된 죄를 범한 때에는 각 형법 본 조에 정한 형의 2분의 1까지 가중한다.

특정범죄가중처벌등에관한법률 제5조의9(보복범죄의 가중처벌 등) ② 제1항과 같은 목적으로 「형법」 제257조제1항 · 제260조제1항 · 제276조제1항 또는 제283조제1항의 죄를 범한 사람은 1년 이상의 유기징역에 처한다.

264) 대법원 2012.8.17. 선고 2011도10451 판결 ; 대법원 2011.1.27. 선고 2010도14316 판결 ; 대법원 2008.12.11. 선고 2008도8922 판결 ; 대법원 2008.5.29. 선고 2006도6347 판결[협박죄에서 협박이라 함은 일반적으로 보아 사람으로 하여금 공포심을 일으킬 수 있는 정도의 해악을 고지하는 것을 의미하고, 그 주관적 구성요건으로서의 고의는 행위자가 그러한 정도의 해악을 고지한다는 것을 인식·인용하는 것을 그 내용으로 하는바, 협박죄가 성립되려면 고지된 해악의 내용이 행위자와 상대방의 성향, 고지 당시의 주변 상황, 행위자와 상대방 사이의 친숙의 정도 및 지위 등의 상호관계, 제3자에 의한 해악을 고지한 경우에는 그에 포함되거나 암시된 제3자와 행위자 사이의 관계 등 행위 전후의 여러 사정을 종합하여 볼 때에 일반적으로 사람으로 하여금 공포심을 일으키게 하기에 충분한 것이어야 할 것이지만, 상대방이 그에 의하여 현실적으로 공포심을 일으킬 것까지 요구되는 것은 아니며, 그와 같은 정도의 해악을 고지함으로써 상대방이 그 의미를 인식한 이상, 상대방이 현실적으로 공포심을 일으켰는지 여부와 관계없이 그로써 구성요건은 충족되어 협박죄의 기수에 이르는 것으로 해석하여야 할 것이고(대법원 2007.9.28. 선고 2007도606 전원합의체 판결 참조), 이러한 법리는 상관협박죄에도 마찬가지로 적용된다]

가. 객관적 구성요건

(1) 행위

① 협박의 의의

협박이란 해악을 고지하여 상대방[265]에게 공포심을 일으키는 것을 말하며[266], 해악을 고지하지 아니하는 폭언 등은 협박이라고 할 수 없다.[267]

본죄의 보호의 정도를 침해범으로 이해하는 통설에 의하면 본죄의 객체인 사람은 해악의 고지에 의하여 현실적으로 공포심을 일으킬 만한 정신적 능력 내지 의사능력이 있는 사람이어야 한다. 따라서 영아나 술에 만취한 자, 정신병자, 수면 중에 있는 자 등은 본죄의 객체가 될 수 없다고 하여야 한다(통설).

협박은 해악의 발생이 직접·간접으로 행위자에 의하여 좌우될 수 있는 것[268]이어야 하지만, 행위자가 이를 실현할 의사가 있을 것을 요하지 아니하며, 객관적으로 행위

265) 대법원 2010.7.15. 선고 2010도1017 판결(협박죄는 사람의 의사결정의 자유를 보호법익으로 하는 범죄로서 형법규정의 체계상 개인적 법익, 특히 사람의 자유에 대한 죄 중 하나로 구성되어 있는바, 위와 같은 협박죄의 보호법익, 형법규정상 체계, 협박의 행위 개념 등에 비추어 볼 때, 협박죄는 자연인만을 그 대상으로 예정하고 있을 뿐 법인은 협박죄의 객체가 될 수 없다.)

266) 따라서 고지된 '해악'은 상대방에게 공포심을 줄 수 있는 상당한 정도의 구체적 해악이어야 한다 : 대법원 1995.9.29. 선고 94도2187 판결(협박죄에 있어서 협박이라 함은 일반적으로 보아 사람으로 하여금 공포심을 일으킬 수 있을 정도의 해악을 고지하는 것을 의미하므로, 그러한 해악의 고지는 구체적이어서 해악의 발생이 일응 가능한 것으로 생각될 수 있을 정도일 것을 필요로 한다.)

267) 대법원 1974.10.8. 선고 74도1892 판결(같은 동리에 사는 동년배간에 동장직을 못하게 하였다는 불만의 표시로서 "두고 보자"는 말을 하였다 하더라도 그 정도의 폭언을 본조 소정의 협박에 해당한다고 하기 어렵다.) ; 대법원 1986.7.22. 선고 86도1140 판결(피해자와 언쟁 중 "입을 찢어 버릴라"라고 한 말은 당시의 주위사정 등에 비추어 단순한 감정적인 욕설에 불과하고 피해자에게 해악을 가할 것을 고지한 행위라고 볼 수 없어 협박에 해당하지 않는다.) ; 대법원 1995.9.29. 선고 94도2187 판결("앞으로 수박이 없어지면 네 책임으로 한다"고 말하였다고 하더라도 그것만으로는 구체적으로 어떠한 법익에 어떠한 해악을 가하겠다는 것인지를 알 수 없어 이를 해악의 고지라고 보기 어렵다.) ; 대법원 2006.8.25. 선고 2006도546 판결(협박죄에 있어서의 주관적 구성요건으로서의 고의는 행위자가 그러한 정도의 해악을 고지한다는 것을 인식, 인용하는 것을 그 내용으로 하고 고지한 해악을 실제로 실현할 의도나 욕구는 필요로 하지 아니한다고 할 것이고, 다만 행위자의 언동이 단순한 감정적인 욕설 내지 일시적 분노의 표시에 불과하여 주위사정에 비추어 가해의 의사가 없음이 객관적으로 명백한 때에는 협박행위 내지 협박의 의사를 인정할 수 없다 할 것이나 위와 같은 의미의 협박행위 내지 협박의사가 있었는지의 여부는 행위의 외형뿐만 아니라 그러한 행위에 이르게 된 경위, 피해자와의 관계 등 주위상황을 종합적으로 고려하여 판단해야 할 것이다.)

268) 대법원 2002.2.8. 선고 2000도3245 판결(조상천도제를 지내지 아니하면 좋지 않은 일이 생긴다는 취지의 해악의 고지는 길흉화복이나 천재지변의 예고로서 행위자에 의하여 직접, 간접적으로 좌우될 수 없는 것이고 가해자가 현실적으로 특정되어 있지도 않으며 해악의 발생가능성이 합리적으로 예견될 수 있는 것이 아니므로 협박으로 평가될 수 없다.)

자가 해악을 실현할 의사가 있다는 인상을 주었고, 상대방이 사실상 그러한 해악이 발생할 가능성이 있다고 인식하면 족하다.[269] 그러나 해악을 실현할 의사가 없음이 명백한 경우에는 협박이라고 할 수 없다.[270]

② 해악의 내용

고지된 해악의 내용에는 제한이 없다. 생명·신체에 대한 해악뿐만 아니라, 정조·업무·신용 등에 대한 일체의 해악을 포함한다고 하여야 할 것이며, 상대방에 대한 해악뿐만 아니라 상대방과 밀접한 관련이 있는 제3자에 대한 해악의 고지로써 상대방 본인이 공포심을 느끼면 족하다.[271]

---

269) 대법원 1991.5.10. 선고 90도2102 판결(피고인이 피해자인 누나의 집에서 갑자기 온 몸에 연소성이 높은 고무놀을 바르고 라이타 불을 켜는 동작을 하면서 이를 말리려는 피해자 등에게 가위, 송곳을 휘두르면서 "방에 불을 지르겠다" "가족 전부를 죽여버리겠다"고 소리쳤고 피해자가 피고인의 행위를 약 1시간 가량 말렸으나 듣지 아니하여 무섭고 두려워서 신고를 하였다면, 피고인의 행위는 피해자 등에게 공포심을 일으키기에 충분할 정도의 해악을 고지한 것이고, 나아가 피고인에게 실제로 피해자 등의 신체에 위해를 가할 의사나 불을 놓을 의사가 없었다고 할지라도 위와 같은 해악을 고지한다는 점에 대한 인식, 인용은 있었다고 봄이 상당하고, 피해자가 그 이상의 행동에 이르지 못하도록 막은 바 있다 해도 피고인의 행위가 단순한 감정적 언동에 불과하거나 가해의 의사가 없음이 객관적으로 명백한 경우에 해당한다고는 볼 수 없다.) ; 대법원 1998.3.10. 선고 98도70 판결(해악의 고지가 있다 하더라도 그것이 사회의 관습이나 윤리관념 등에 비추어 볼 때에 사회통념상 용인할 수 있을 정도의 것이라면 협박죄는 성립하지 아니한다.)

270) 대법원 1972.8.29. 선고 72도1565 판결(지서에 연행된 피고인이 경찰관으로부터 반공법위반 혐의 사실을 추궁당하고 뺨까지 얻어맞게 되자 술김에 흥분하여 항의조로 "내가 너희들의 목을 자른다 내 동생을 시켜서라도 자른다"라고 말하였다 하여 당시 피고인에게 협박죄를 구성할 만한 해악을 고지할 의사가 있었다고 볼 수 없다.)

271) 대법원 2007.6.1. 선고 2006도1125 판결[협박죄에 있어서의 협박이라 함은 행위자가 직접 해악을 가하겠다고 고지하는 것은 물론 제3자로 하여금 해악을 가하도록 하겠다는 방식으로도 해악의 고지는 가능한바, 고지자가 제3자의 행위를 사실상 지배하거나 제3자에게 영향을 미칠 수 있는 지위에 있는 것으로 믿게 하는 명시적·묵시적 언동을 하였거나 제3자의 행위가 고지자의 의사에 의하여 좌우될 수 있는 것으로 상대방이 인식한 경우에는 고지자가 직접 해악을 가하겠다고 고지한 것과 마찬가지의 행위로 평가할 수 있다.] ; 대법원 2010.7.15. 선고 2010도1017 판결(협박죄에서 고지되는 해악의 내용, 즉 침해하겠다는 법익의 종류나 법익의 향유 주체 등에는 아무런 제한이 없다. 따라서 피해자 본인이나 그 친족뿐만 아니라 그 밖의 '제3자'에 대한 법익 침해를 내용으로 하는 해악을 고지하는 것이라고 하더라도 피해자 본인과 제3자가 밀접한 관계에 있어 그 해악의 내용이 피해자 본인에게 공포심을 일으킬 만한 정도의 것이라면 협박죄가 성립할 수 있다. 이 때 '제3자'에는 자연인뿐만 아니라 법인도 포함된다.) ; 대법원 2012.8.17. 선고 2011도10451 판결(피고인이 혼자 술을 마시던 중 갑 정당이 국회에서 예산안을 강행처리하였다는 것에 화가 나서 공중전화를 이용하여 경찰서에 여러 차례 전화를 걸어 전화를 받은 각 경찰관에게 경찰서 관할구역 내에 있는 갑 정당의 당사를 폭파하겠다는 말을 한 사안에서, 피고인은 갑 정당에 관한 해악을 고지한 것이므로 각 경찰관 개인에 관한 해악을 고지하였다고 할 수 없고, 다른 특별한 사정이 없는 한 일반적으로 갑 정당에 대한 해악의 고지가 각 경찰관 개인에게 공포심을 일으킬 만큼 서로 밀접한 관계에 있다고 보기 어려운데도, 이와 달리 피고인의 행위가 각 경찰관에 대한 협박죄를 구성한다고 본 원심판결에 협박죄에 관한

③ 해악의 고지방법

해악의 고지방법에는 제한이 없다. 언어에 의하든 문서에 의하든 불문하며, 직접 또는 간접적으로 명시 또는 묵시에 의한 방법으로 고지할 수 있다.[272] 해악의 통고는 조건부로도 할 수 있다. 예컨대 어떤 직에 취임하면 살해하거나 재산상의 손해를 가하겠다고 통고하는 경우에도 협박에 해당한다.

보충판례 30 : 대법원 2006.12.8. 선고 2006도6155 판결
대법원 1975.10.7. 선고 74도2727 판결
대법원 2011.1.27. 선고 2010도 14316 판결

(2) 형법상 협박의 개념

형법상 협박의 개념도 폭행의 개념에 대응하여 세 가지로 구분하는 것이 일반적이다.

광의의 협박은 사람에게 공포심을 일으킬 목적으로 상대방에게 해악을 고지하는 것을 말하여, 해악의 고지로 인하여 상대방에게 공포심이 발생하였는지는 문제가 되지 않는다. 소요죄(제115조), 공무집행방해죄(제136조), 특수도주죄(제146조)에서의 협박이 이에 해당한다고 할 수 있다. 폭행이 최광의의 폭행과 광의의 폭행으로 세분하는 것과는 차이가 있다.

협의의 협박은 해악의 고지에 의하여 상대방이 현실적으로 공포감을 느낄 수 있을 정도의 해악의 고지가 있을 것을 요하는 경우이다. 협박죄(제283조), 강요죄(제324조), 공갈죄(제350조)의 협박이 협의의 협박에 속한다고 할 수 있다.

최협의의 협박은 상대방의 반항을 불가능하게 하거나, 현저히 곤란하게 할 정도의 해악을 고지하는 것이다. 강간죄(제297조), 강도죄(제333조), 준강도죄(제355조)에서의 협박이 여기에 해당한다.

법리오해의 위법이 있다.)

272) 대전고법 2006.7.28. 선고 2006노172 판결[확정](애인관계인 여성이 만나주지 않는다는 이유로 자신의 집 안에 있던 물건을 집어던지고 부엌칼로 손가락을 자르거나 배를 갈라 자해하려는 시늉을 하면서 자신의 요구를 거절하지 못하게 한 행위는 거동이나 태도로 피해자에게 해악의 고지를 한 것으로서 협박죄의 '협박'에 해당한다.)

(3) 기수시기

본죄를 위태범으로 해석하는 견해(판례)는 상대방이 해악의 고지를 지각할 수 있는 상태에 이르면 협박죄는 기수가 된다고 한다. 이에 대하여 침해범설(통설)은 해악의 고지로 상대방에게 공포심이 일어났을 때에 기수가 된다고 한다. 따라서 해악을 고지했으나 도달하지 않은 경우나 도달했을지라도 전혀 공포심을 느끼지 아니한 때에는 협박죄의 미수에 불과하다.

나. 주관적 구성요건

협박죄의 고의는 상대방에게 공포심을 일으킬 만한 해악을 고지한다는 인식과 의사(의욕)이다. 고의의 내용에는 고지한 해악을 실제로 실현할 의사는 필요하지 않다.

보충판례 31 : 대법원 1991.5.10. 선고 90도2102 판결
대법원 2011.5.26. 선고 2011도2412 판결

다. 위법성

해악의 고지가 있다 하더라도 그것이 사회의 관습이나 윤리관념 등에 비추어 볼 때에 사회통념상 용인할 수 있을 정도의 것이라면 협박죄는 성립하지 아니한다.[273]

특히 본죄에 관하여는 권리를 행사하기 위한 수단으로 협박을 한 경우에 본죄의 위법성이 조각될 수 있는지가 문제된다. 목적과 수단의 관계에 비추어 해악의 고지가 합법적인 권리행사로서 사회상규에 위배되지 아니한 때에는 위법성이 조각되지만[274], 외견상 권리의 행사로 보이는 경우에도 실질적으로는 권리의 남용이 되어 사

273) 대법원 1998.3.10. 선고 98도70 판결.

274) 대법원 1984.6.26. 선고 84도648 판결(명도소송비용을 내놓지 않으면 고소하여 구속시키겠다고 말한 경우 피고인이 매도인의 대리인인 위 피해자에게 위 여관의 명도 또는 명도소송비용을 요구한 것은 매수인으로서 정당한 권리행사라 할 것이며 위와 같이 다소 위협적인 말을 하였다고 하여도 이는 사회통념상 용인될 정도의 것으로서 협박으로 볼 수 없다.) ; 대법원 2011.7.14. 선고 2011도639 판결(신문기자인 피고인이 고소인에게 2회에 걸쳐 증여세 포탈에 대한 취재를 요구하면서 이에 응하지 않으면 자신이 취재한 내용대로 보도하겠다고 말하여 협박하였다는 취지로 기소된 사안에서, 위 행위가 설령 협박죄에서 말하는 해악의 고지에 해당하더라도 특별한 사정이 없는 한 기사 작성을 위한 자료를 수집하고 보도하기 위한 것으로서 신문기자의 일상적 업무 범위에 속하여 사회상규에 반하지

회상규에 위배된 때에는 협박죄가 성립한다고 해야 할 것이다.[275]

보충판례 32 : 대법원 2007.9.28. 선고 2007도606 전원합의체 판결

형사고소를 하겠다고 고지하는 것이 협박죄에 해당될 것인지 여부에 대하여는, 고소의 의사가 없음에도 상대방에게 공포심을 줄 목적으로 고소하겠다고 한 때에는 협박죄가 성립한다는 견해가 통설이지만, 실제로 고소할 권한이 있는 경우에는 고소권의 행사를 어떤 목적을 위하여 남용했는지에 따라 판단하지 않고 단지 고소의 의사여부에 따라 협박죄의 성립을 인정하는 것은 타당하다고 할 수 없으므로, 이를 부정하는 소수설이 타당하다.

Ⅲ. 존속협박죄

[조문]

형법 제283조(존속협박) ② 자기 또는 배우자의 직계존속에 대하여 제1항의 죄를 범한 때에는 5년 이하의 징역 또는 700만원 이하의 벌금에 처한다.

③ 제1항 및 제2항의 죄는 피해자의 명시한 의사에 반하여 공소를 제기할 수 없다.

제286조(미수범) 전3조의 미수범은 처벌한다.

폭력행위등처벌에관한법률 제2조(폭력등) ② 2인 이상이 공동하여 제1항 각 호에 열거된 죄를 범한 때에는 각 형법 본조에 정한 형의 2분의 1까지 가중한다.

아니하는 행위라고 보는 것이 타당한데도, 이와 달리 본 원심판단에 정당행위에 관한 법리오해의 위법이 있다.)

275) 대법원 1996.3.22. 선고 95도2801 판결(정당한 권리가 있다 하더라도 그 권리행사를 빙자하여 사회통념상 용인되기 어려운 정도를 넘는 협박을 수단으로 상대방을 외포케 하여 재물의 교부 또는 재산상의 이익을 받으려 하였다면 공갈죄가 성립한다.) ; 대법원 2002.2.8. 선고 2001도6468 판결[협박][친권자는 자를 보호하고 교양할 권리의무가 있고(민법 제913조) 그 자를 보호 또는 교양하기 위하여 필요한 징계를 할 수 있기는 하지만(민법 제915조) 인격의 건전한 육성을 위하여 필요한 범위 안에서 상당한 방법으로 행사되어야만 할 것인데, 스스로의 감정을 이기지 못하고 야구방망이로 때릴 듯이 피해자에게 "죽여 버린다."고 말하여 협박하는 것은 그 자체로 피해자의 인격 성장에 장해를 가져올 우려가 커서 이를 교양권의 행사라고 보기도 어렵다.]

존속협박죄는 신분관계로 인하여 행위자의 책임이 가중되는 가중적 구성요건으로 부진정신분범이다. 존속협박죄도 반의사불벌죄이다.

Ⅳ. 특수협박죄

[조문]

형법 제284조(특수협박) 단체 또는 다중의 위력을 보이거나 위험한 물건을 휴대하여 전조 제1항, 제2항의 죄를 범한 때에는 7년 이하의 징역 또는 1천만원 이하의 벌금에 처한다. 제286조(미수범) 전3조의 미수범은 처벌한다. 폭력행위등처벌에관한법률 제3조(집단적 폭행등) ① 단체나 다중의 위력으로써 또는 단체나 집단을 가장하여 위력을 보임으로써 제2조제1항에 열거된 죄를 범한 자 또는 흉기 기타 위험한 물건을 휴대하여 그 죄를 범한 자는 제2조제1항 각 호의 예에 따라 처벌한다.

특수협박죄는 단체 또는 다중의 위력을 보이거나 위험한 물건을 휴대하여 협박하는 행위로 인하여 불법이 가중되는 가중적 구성요건이다. 단체, 다중, 위력, 위험한 물건, 휴대 등의 의미에 대해서는 특수폭행죄의 내용과 동일하다. 특수협박죄는 반의사불벌죄가 아니다.[276)]

특수협박죄에 대해서는 다시 가중적 구성요건으로서 폭처법 제3조 제1항이 적용된다.[277)] 다수인이 집단절교를 통고하는 행위가 다중의 위력을 보이는 방법으로 이

276) 대법원 2008.7.24. 선고 2008도4658 판결(형법 제283조 제3항은 피해자의 명시한 의사에 반하여 공소를 제기할 수 없는 대상범죄로서 같은 조 제1항 및 제2항에 규정된 형법상 단순협박죄와 존속협박죄만을 규정하고 있을 뿐이므로, 형법 제284조에서 규정하는 단체 또는 다중의 위력을 보이거나 위험한 물건을 휴대한 특수협박죄의 경우에는 형법 제283조 제3항이 적용될 수 없으며, 피고인의 이 사건 협박행위에 적용되는 폭처법 제3조 제1항에 있어서도 단체나 다중의 위력으로써 또는 단체나 집단을 가장하여 위력을 보임으로써 위 법률 제2조 제1항에 열거된 죄를 범한 자 또는 흉기 기타 위험한 물건을 휴대하여 그 죄를 범한 자를 가중처벌 하도록 규정하고 있을 뿐 형법 제283조 제3항의 적용에 관하여 아무런 규정을 두고 있지 아니하므로 형법 제283조 제3항이 적용될 여지는 없다고 해석된다.)

277) 청주지법 2013.1.31. 선고 2012노920 판결[상고](피고인이 던진 열쇠뭉치는 현관 및 각 방 열쇠가 각 3개씩 달려있고 그 열쇠들이 15cm 정도의 두꺼운 아크릴판에 붙어 있는 것으로서, 이를 사람의 얼굴이나 눈 주위에 강하게 던질 경우 중한 상해를 입힐 수도 있고, 실제로 당시 피해자를 촬영한 사

루어지고 그로 인하여 상대방이 공포심을 일으키는 때에는 특수협박죄가 성립할 수도 있다.

V. 상습협박죄

[조문]

> 형법 제285조(상습범) 상습으로 제283조제1항, 제2항 또는 전조의 죄를 범한 때에는 그 죄에 정한 형의 2분의 1까지 가중한다.
>
> 제286조(미수범) 전3조의 미수범은 처벌한다.
>
> 폭력행위등처벌에관한법률 제2조(폭행등) ① 상습적으로 다음 각 호의 죄를 범한 자는 다음의 구분에 따라 처벌한다.
> 1. 「형법」 제260조제1항(폭행), 제283조제1항(협박), 제319조(주거침입, 퇴거불응) 또는 제366조(재물손괴등)의 죄를 범한 자는 1년 이상의 유기징역
> 2. 「형법」 제260조제2항(존속폭행), 제276조제1항(체포, 감금), 제283조 제2항(존속협박) 또는 제324조(강요)의 죄를 범한 자는 2년 이상의 유기징역
>
> 제3조(집단적 폭행등) ③ 상습적으로 제1항의 죄를 범한 자는 다음 각 호의 구분에 따라 처벌한다.
> 1. 제2조제1항제1호에 열거된 죄를 범한 자는 2년 이상의 유기징역
> 2. 제2조제1항제2호에 열거된 죄를 범한 자는 3년 이상의 유기징역

상습협박죄는 상습으로 협박, 존속협박, 특수협박죄를 범함으로써 성립하는 범죄이다. 행위자의 협박습벽(상습성) 때문에 책임이 가중되는 가중적 구성요건이다. 반의사불벌죄가 아니다. 상습협박·존속협박죄는 폭처법 제2조 제1항의 적용을 받고, 상습특수협박죄는 같은 법 제3조 제3항의 적용을 받는다.

진 등을 보아도 피해자가 상당히 많이 다친 것으로 보이는 점 등을 종합할 때, 위 열쇠뭉치가 폭처법 제3조 제1항에서 정한 위험한 물건에 해당한다.)

제3절 약취·유인 및 인신매매의 죄

Ⅰ. 총설

가. 의의

약취와 유인의 죄는 사람을 약취 또는 유인하여 자기 또는 제3자의 실력적 지배하에 둠으로써 개인의 신체활동을 포함한 자유로운 생활관계를 침해하는 것을 내용으로 하는 범죄이다.

사람의 자유 가운데서 특히 장소선택의 자유를 보호하는 범죄라는 점에서 체포·감금죄와 그 성질을 같이 한다. 다만, 체포·감금죄는 피해자를 일정한 장소에 한정하여 장소선택의 자유를 제한함에 반하여, 약취와 유인죄는 이러한 장소적 제한을 필요로 하지 않는다는 점에서 양 죄는 차이가 있다. 또한 특정한 신체활동을 보호한다는 점에서 일반적인 활동의 자유를 보호하는 강요죄와 다르다.

한편 종래 형법은 약취와 유인의 죄를 규정하면서 행위객체를 부녀에 한정한 부녀매매만을 인신매매의 행위유형으로 인정하는 구성요건을 규정하고 있었다(구 형법 제288조). 그러나 2013.4.5. 형법개정을 통하여 약취나 유인의 방법이 아니더라도 사람을 매매의 대상으로 하는 인신매매죄(제289조 제1항)를 신설하였다.[278] 인신매매의 죄는 그 객체를 확장하여 사람으로 하는 일반적인 인신매매죄를 기본구성요건으로 신설하고 목적범 형태의 약취·유인죄에 대응하여 목적범 형태의 인신매매죄의 구성요건을 독립적으로 규정하고 있다.

또한 인간의 기본적인 인권의 하나인 신체의 자유가 인류 공통의 가치임을 반영하기 위하여 약취·유인 및 인신매매의 죄에 관한 국제간 형법적용의 원칙인 세계주의에 관한 규정(제296조의2)을 신설함으로써, 대한민국 영역 밖에서 약취·유인 및 인신매매의 죄를 범한 외국인에게도 적용할 수 있게 되었다.

278) 인신매매죄는 우리나라가 2000년 서명비준한 '국제조직범죄방지조약' 및 '같은조약의인신매매방지의정서'의 인신매매에 관한 국제적 기준을 담보하기 위한 국내이행입법의 일환으로 신설되었다.

[약취·유인 및 인신매매의 죄 구성요건체계도]

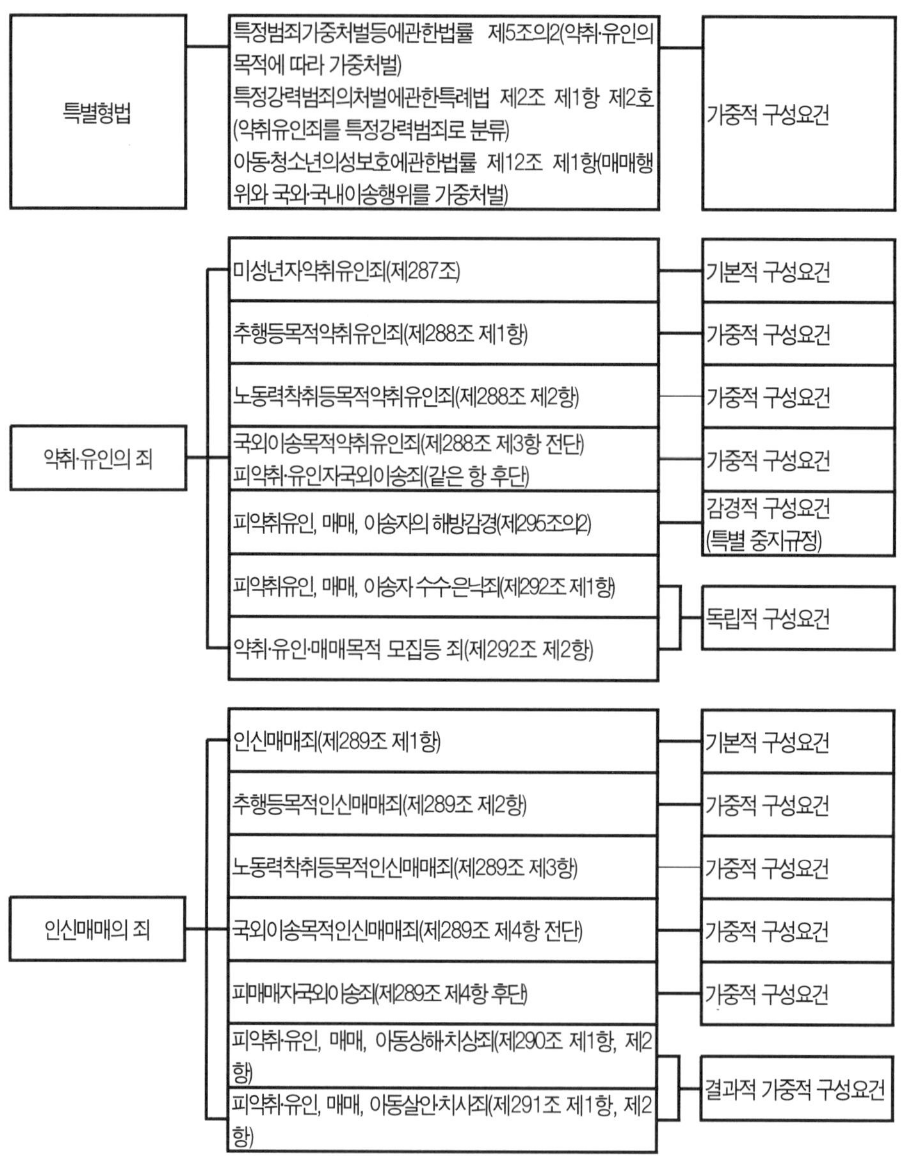

나. 보호법익

약취·유인의 죄의 보호법익은 개인의 신체활동의 자유 가운데 장소선택의 자유이다. 다만 인신매매의 죄는 실력적 지배 하에 있는 사람의 신체를 상대방에게 인도하는 것을 내용으로 하기 때문에 신체활동의 자유뿐만 아니라 인격권까지 보호법익으로 이해하여야 한다. 보호받는 정도는 침해범으로서의 보호이다. 따라서 피인취자·피매매자를 자기 또는 제3자의 실력적 지배하에 둘 때에 기수가 된다.

다만 미성년자약취·유인 및 인신매매죄에 있어서 보호법익이 무엇인가에 대하여는 견해가 대립한다. 피인취자인 미성년자 본인의 자유권만이 보호법익이라는 견해나 보호자의 감독권이 보호법익이라는 견해도 있지만, 통설은 피인취자(미성년자)의 자유권이 주된 보호법익이지만 미성년자에게 보호자가 있는 경우에는 보호감독자의 감독권(감호권)도 또한 부차적인 보호법익이 된다고 한다.

이상과 같은 보호법익에 대한 논의의 실질적인 차이는 미성년자의 승낙이 있는 경우에 있어서의 취급과 관련하여 나타난다.

즉 미성년자 본인의 자유권만이 그 보호법익으로 된다는 견해에 의하면 미성년자의 승낙이 있는 경우에는 본죄가 성립하지 않는다고 하여야 한다.

그러나 미성년자의 자유권과 보호감독자의 감독권 모두가 보호법익이라고 하는 통설에 의하면 비록 미성년자의 자유로운 진의에 의한 동의[279]가 있어 미성년자의 자유권이 침해되지 않는다 하더라도 보호감독자의 감독권이라는 보호법익을 침해하는 것이므로 이 경우에도 본죄가 성립한다고 하여야 한다. 한편, 보호감독자의 동의가 있는 경우에도 미성년자 본인의 동의가 없으면 본죄가 성립하는 것은 물론이다.

279) 물론 미성년자의 동의가 하자있는 의사에 의하여 이루어진 경우에는 미성년자약취·유인 및 인신매매죄가 성립한다 : 대법원 1982.4.27. 선고 82도186 판결[피고인 1, 4는 이 사건 피해자(15세)가 이미 가출하여 오갈 데 없는 것을 보살펴 준 것이니 미성년자 유인죄에 관한 사실오인의 잘못이 있다고 주장하나 살피건대, 위 피해자가 스스로 가출하여 피고인 등의 한국복음전도회 부산 및 마산 지관에 입관할 것을 호소하였다고 하더라도 피고인들의 독자적인 교리설교에 의하여 하자 있는 의사로 가출하게 된 것이고, 동 피해자의 보호 감독권자의 보호관계로부터 이탈시키고 피고인들의 지배 하에서 그들 교리에서 말하는 소위 "주의 일"(껌팔이 등 행상)을 하도록 도모한 이상 미성년자 유인죄의 성립에 소장이 없다.] ; 대법원 1998.5.15. 선고 98도690 판결(형법 제287조의 미성년자유인죄란 기망 또는 유혹을 수단으로 하여 미성년자를 꾀어 그 하자 있는 의사에 따라 미성년자를 자유로운 생활관계 또는 보호관계로부터 이탈하게 하여 자기 또는 제3자의 사실적 지배하에 옮기는 행위를 말하고, 여기서 사실적 지배라고 함은 미성년자에 대한 물리적·실력적인 지배관계를 의미한다고 할 것이며, 특가법 제5조의2 제2항 제3호 후단은 위 미성년자유인죄를 범한 자에 대한 가중처벌을 규정한 것이므로, 위의 어느 죄든 그것이 성립하기 위하여는 피고인이 미성년자를 자기 또는 제3자의 물리적·실력적인 지배하로 옮길 범의를 가지고 미성년자를 기망 또는 유혹하여 미성년자를 위와 같은 지배하에 두었음이 증거에 의하여 입증되어야 한다.)

또한 보호감독자의 감독권만이 보호법익이라는 견해에 의하면 미성년자의 동의여부와는 관계없이 보호자의 승낙이 없으면 본죄가 성립하게 된다.

생각건대 형법은 단지 미성년자를 약취·유인하면 동죄가 성립하는 것으로 규정하고 있기 때문에 미성년자약취·유인죄의 주된 보호법익은 미성년자의 자유권이지만 피인취자가 미성년인 때에는 보호감독권자의 감독권도 보호법익으로 이해하는 통설의 입장이 타당하다. 판례도 통설의 입장을 취하고 있다.

보충판례 35 : 대법원 2008.1.31. 선고 2007도8011 판결
대법원 2003.2.11. 선고 2002도7115 판결

II. 미성년자약취·유인죄

[형법조문]

> 제287조(미성년자의 약취, 유인) 미성년자를 약취 또는 유인한 사람은 10년 이하의 징역에 처한다.[전문개정 2013.4.5.]
>
> 제294조(미수범) 제287조부터 제289조까지, 제290조제1항, 제291조제1항과 제292조제1항의 미수범은 처벌한다.[전문개정 2013.4.5.]
>
> 제295조의2(형의 감경) 제287조부터 제290조까지, 제292조와 제294조의 죄를 범한 사람이 약취, 유인, 매매 또는 이송된 사람을 안전한 장소로 풀어준 때에는 그 형을 감경할 수 있다.[본조신설 1995.12.29.][전문개정 2013.4.5.]
>
> 제296조(예비, 음모) 제287조부터 제289조까지, 제290조제1항, 제291조제1항과 제292조제1항의 죄를 범할 목적으로 예비 또는 음모한 사람은 3년 이하의 징역에 처한다.[전문개정 2013.4.5.]
>
> 제296조의2(세계주의) 제287조부터 제292조까지 및 제294조는 대한민국 영역 밖에서 죄를 범한 외국인에게도 적용한다.[본조신설 2013.4.5.]

가. 의의 및 성격

미성년자약취·유인죄는 미성년자를 약취 또는 유인함으로써 성립하는 범죄이다.

본죄는 피인취자(미성년자)의 자유에 대한 침해행위가 종료 전까지 계속되어야 하므로 계속범이다. 따라서 피인취자의 자유회복으로 본죄는 종료하며, 종료 전까지는 본죄에 대한 정당방위나 공범성립이 가능하고, 공소시효도 종료 이후부터 진행된다.

나. 객관적 구성요건

(1) 행위의 주체

본죄의 주체에는 제한이 없다. 친권자 등 미성년자의 보호감독자[280]뿐만 아니라 실부모[281]도 본죄의 주체가 될 수 있다.[282]

(2) 행위의 객체

본죄의 객체는 미성년자이다. 여기서의 미성년자는 형사미성년자(제9조)가 아니라 민법상의 미성년자, 즉 19세 미만의 자(민법 제4조)를 말하며 미성년인 이상 성별과 의사능력의 유무는 문제되지 아니한다. 따라서 미성년자이면 의사능력이나 활동능력이 없는 영아와 수면자는 물론 성인에 가까운 사고력·판단력 또는 경험을 가졌어도 본죄의 객체가 된다.

미성년자가 혼인한 경우에 성년자로 의제하는 민법규정[283]에 의해 혼인한 미성년자도 본죄의 객체가 될 수 있는지에 대해서는 견해가 대립한다.

부정설은 결혼한 미성년자는 성년으로 의제되므로 본죄의 적용대상에서 제외되어

---

280) 대법원 2013.6.20. 선고 2010도14328 전원합의체 판결(미성년자를 보호·감독하는 사람이라고 하더라도 다른 보호감독자의 보호·양육권을 침해하거나 자신의 보호·양육권을 남용하여 미성년자 본인의 이익을 침해하는 때에는 미성년자에 대한 약취죄의 주체가 될 수 있다.)

281) 예컨대 친권자의 지위를 상실한 실부모가 미성년자를 양육하기 위하여 약취·유인한 때에도 본죄가 성립한다(대법원 2008.1.31. 선고 2007도8011 판결).

282) 대법원 1974.5.28. 선고 74도840 판결(피고인 등은 이건 미성년자 등의 아버지인 공소외인의 부탁으로 위 두 아이들을 각 보호하고 있고, 위 공소외인은 자기 처이며 아이들의 어머니와의 사이에 내부적인 이유가 있어 아이들을 그 어머니로부터 격리시킬 필요가 있다 하여 위와 같은 조치를 취한 본건과 같은 경우에 위 아이들의 어머니의 아이들 인도요구를 거부한 행위가 형사법상의 미성년자약취죄를 구성한다고 볼 수는 없을 것이며, 이건의 경우 아이들의 아버지가 미국으로 갔으므로 그 어머니가 민법상 친권을 행사할 권한이 있다는 이유만으로 위 사실이 미성년자약취죄를 구성한다고 할 수 없다.)

283) 민법 제826조의2(성년의제) "미성년자가 혼인을 한 때에는 성년자로 본다."

야 한다는 견해이다. 형법상 고유한 미성년자의 개념이 없는 이상 민법상 성년자로 의제되는 자를 형법에서 미성년자로 보는 것은 죄형법정주의에 반한다는 이유이다.

긍정설(다수설)은 민법상 성년의제는 부부의 혼인생활독립의 요청에 따라 인정된 것이므로, 민법 이외의 법률에서는 적용될 수 없다는 이유로 본죄의 객체가 될 수 있다고 한다.

생각건대 미성년자약취·유인죄의 입법취지가 심신의 발육이 불충분하고 지려와 경험이 풍부하지 못한 미성년자를 특별히 보호하기 위하여 그를 약취·유인하는 행위를 처벌하려는 데에 있다고 한다면, 민법상 필요에 의하여 성년으로 의제한다고 하더라도 형법에서 보호하고자 하는 입법취지와는 일치할 수 없는 것이고, 민법상의 성년의제자를 형법에서 미성년자에 포함시키는 것이 피해자를 두텁게 보호한다는 점에서 긍정설이 타당하다 할 것이다.

죄형법정주의에 위배된다는 점에 대하여는 형법상의 개념을 반드시 민법상의 개념과 일치할 필요도 없으며, 본죄는 미성년자의 개념에 대한 형법상 해석에 관한 문제일 뿐 법률의 규정이 없는 것은 아니라고 할 것이므로 반드시 죄형법정주의에 반하는 것이라 할 수 없다.

(3) 행위

① 약취와 유인

약취와 유인[인취(引取)]이란 사람을 보호받는 상태 내지 자유로운 생활관계로부터 자기 또는 제3자의 실력적 지배하에 옮기는 행위를 말한다.

약취는 일반적으로 폭행과 협박을 수단으로 하는데 반하여, 유인은 기망 또는 유혹을 수단으로 한다는 점에서 차이가 있다(통설).

여기서 기망이란 허위의 사실로 상대방을 착오에 빠뜨리는 것을 말하며, 유혹이란 감언으로 상대방을 현혹시켜 판단을 그릇되게 하는 것이고 기망의 정도에 이르지 아니한 것을 말하며, 반드시 그 유혹의 내용이 허위일 것을 요하지 아니한다. 또한 유인행위가 있는 경우에는 피해자가 자유롭게 이를 승낙하였더라도 유인행위가 성립하

는데 지장이 없다.[284)]

판례는 약취의 수단인 폭행 또는 협박의 정도는 미성년자를 실력적 지배하에 둘 수 있을 정도이면 족하고 반드시 상대방의 반항을 억압할 정도의 것임을 요하지 않는다고 한다.[285)]

따라서 최면상태나 마취상태, 또는 심신상실에 있는 사람을 데려가거나, 의사능력이 없는 유아를 몰래 데려가는 경우에도 이를 약취라고 볼 수 있을 것인가가 문제된다. 폭행·협박의 정도는 상대방을 실력적 지배하에 둘 수 있을 정도이면 족하다고 한다면 이러한 경우도 폭행에 해당한다고 할 수 있으므로 약취에 해당한다고 할 것이다.

인취의 수단인 폭행·협박 또는 기망·유혹은 반드시 피인취자 본인에 대하여 행해질 필요가 없고, 피인취자의 보호자에게 행해져도 무방하다. 따라서 맹인의 안내자를 폭행·협박하여 맹인을 다른 곳으로 옮기게 하여 사실적 지배를 한 때에도 본죄가 성립한다.

② 사실적 지배

약취와 유인이라고 하기 위하여는 폭행·협박 또는 기망·유혹을 한 것만으로는 부족하고 이에 의해서 미성년자를 자기 또는 제3자의 사실적(물리적·실력적) 지배하에 두어야 한다.[286)] 사실적 지배는 본래의 생활환경이나 보호상태에서 이탈 또는 배제시켜

284) 대법원 2007.5.11. 선고 2007도2318 판결 ; 대법원 1996.2.27. 선고 95도2980 판결(미성년자유인죄에서의 유혹이라 함은 기망의 정도에는 이르지 아니하나 감언이설로써 상대방을 현혹시켜 판단의 적정을 그르치게 하는 것이므로 반드시 그 유혹의 내용이 허위일 것을 요하지는 않는다.) ; 대법원 1976.9.14. 선고 76도2072 판결 (형법상 미성년자유인죄라 함은 기망, 유혹같은 달콤한 말을 수단으로 하여 미성년자를 꾀어 현재의 보호상태로부터 이탈케 하여 자기 또는 제3자의 사실적 지배하에 옮기는 것으로서 이는 기망, 유혹을 수단으로 하여 사려없고 나이 어린 피해자의 하자있는 의사를 이용하는데 있는 것이며 본죄의 범의는 피해자가 미성년자라는 것을 알면서 유인의 행위에 대한 인식이 있으면 족한 것으로서 유인하는 행위가 피해자의 의사에 반하는 것까지 인식하여야 하는 것은 아니며 또 유인으로 인하여 피해자가 하자있는 의사로 자유롭게 승낙하였다 하더라도 본죄의 성립에 소장이 있는 것은 아니다.)

285) 대법원 1991.8.13. 선고 91도1184 판결(형법 제288조에 규정된 약취행위를 폭행 또는 협박을 수단으로 사용하는 경우에 그 폭행 또는 협박의 정도는 상대방을 실력적 지배하에 둘 수 있을 정도이면 족하고 반드시 상대방의 반항을 억압할 정도의 것임을 요하지는 아니하는 것이다.)

286) 대법원 1998.5.15. 선고 98도690 판결.

사실상 지배하에 두는 것이면 충분하다.[287] 따라서 미성년자를 사실적 지배하에 두지 아니하고, 단순히 달아나게 하는 것만으로는 본죄가 성립하지 않고 미수범 성립이 가능할 뿐이다.

사실적 지배의 인정을 위해 피인취자를 장소적으로 이전해야 하는지에 대해서는 견해가 대립한다.

긍정설은 피인취자의 장소적 이전에 의하여 피인취자의 귀환을 방해하는데 본죄의 본질이 있으므로 장소적 이전을 본죄의 본질적인 요소로 이해한다.

부정설은 보호감독자에게 폭행·협박·기망을 사용하여 보호감독자를 퇴거시키거나 이미 지배관계를 떠난 피인취자를 그대로 방치하는 부작위의 방법[288]으로도 자기 또는 제3자의 실력적 지배를 설정할 수 있기 때문에 장소적 이전을 요건으로 하지 않는다고 한다(통설 및 판례[289]). 부작위에 의한 약취와 유인을 배제할 이유가 없으므로 부정설이 타당하다.

③ 계속범

미성년자약취·유인죄는 인취의 수단인 폭행·협박 또는 기망·유혹을 개시한 때 실행의 착수가 있다.

본죄가 완성되기 위해서는 미성년자를 사실적 지배하에 두었을 뿐만 아니라 그러한 사실적 지배상태가 어느정도 시간적 계속을 요하여야 하는지에 대하여는 견해가 대립한다.

상태범설은 본죄의 성질을 상태범으로 보아 자기 또는 제3자의 사실적 지배하에

287) 대법원 2008.1.17. 선고 2007도8485 판결(주거지에 침입하여 미성년자의 신체에 위해를 가할 것처럼 협박하여 부모로부터 금품을 강취하는 경우와 같이, 일시적으로 부모와의 보호관계가 사실상 침해·배제되었다 할지라도, 그 의도가 미성년자를 기존의 생활관계 및 보호관계로부터 이탈시키는 데 있었던 것이 아니라 단지 금품 강취를 위하여 반항을 제압하는 데 있었다거나 금품 강취를 위하여 고지한 해악의 대상이 그곳에 거주하는 미성년자였던 것에 불과하다면, 특별한 사정이 없는 한 미성년자를 약취한다는 범의를 인정하기 곤란할 뿐 아니라, 보통의 경우 시간적 간격이 짧아 그 주거지를 중심으로 영위되었던 기존의 생활관계로부터 완전히 이탈되었다고 평가하기도 곤란하다.)

288) 예컨대 후견인에서 탈퇴한 자가 피후견인의 거소를 알려주지 않고 감추는 경우 등을 들 수 있다.

289) 대법원 2008.1.17. 선고 2007도8485 판결(미성년자가 혼자 머무는 주거에 침입하여 그를 감금한 뒤 폭행 또는 협박에 의하여 부모의 출입을 봉쇄하거나, 미성년자와 부모가 거주하는 주거에 침입하여 부모만을 강제로 퇴거시키고 독자적인 생활관계를 형성하기에 이르렀다면 비록 장소적 이전이 없었다 할지라도 형법 제287조의 미성년자약취죄에 해당함이 명백하다.)

옮기면 즉시 기수가 되고, 그 이후에는 위법한 상태가 계속되는 데 불과한 상태범이라고 한다.

계속범설은 본죄의 완성을 위해서는 어느 정도 시간적 계속을 필요로 할 뿐만 아니라 본죄가 기수가 된 이후에도 구성요건에 해당하는 행위에 의하여 그 상태가 유지된다는 이유로 계속범이라고 한다.

본죄의 보호법익을 보호자의 감독권이라고 보는 입장에서는 일단 미성년자에 대한 사실적 지배상태가 성립하기만 하면 감독권의 침해가 있는 것이라고 인정할 수 있으므로 상태범이라고 보는 것이 합리적이라고 할 수 있으며, 보호법익을 미성년자의 자유권이라고 보는 입장에서는 이러한 자유가 침해되고 있는 한 범죄행위가 종료되었다고 할 수 없으므로 계속범으로 보는 것이 합리적일 것이다.

따라서 본죄의 보호법익을 보호자의 감독권과 미성년자의 자유권이 모두 포함되는 것이라고 이해하는 경우에는 미성년자의 자유권에 대한 침해가 있는 한 본죄는 계속된다고 하여야 할 것이므로 계속범설이 타당하다.

또한 이를 구별하는 실익은 공소시효와 공범의 성립과 관련하여 문제되는 것인데 사실적 지배가 계속되고 있음에도 공소시효가 시작된다고 하는 것은 적절하지 아니하고, 공범의 성립도 사실적 지배가 계속되는 한 공범관계를 인정하는 것이 타당하다고 할 것이므로 계속범설이 타당할 것이다.[290)]

따라서 미성년자의 자유가 회복되었을 때 범죄가 종료하므로, 이때부터 공소시효가 진행되게 된다. 상태범설에 의하면 사실적 지배하에 두기만 하면 범죄가 성립하고, 이후 10년간 미성년자를 사실적으로 지배하고 있는 경우에 공소시효가 완성되어 처벌할 수 없게 된다는 점에서도 계속범으로 보는 것이 타당하다. 다만 미성년자를 약취·유인한 자가 계속하여 미성년자를 감금한 때에는 본죄 이외에 별도로 감금죄가

290) 대법원 2010.9.9. 선고 2010도6924 판결 ; 대법원 1982.11.23. 선고 82도2024 판결(특가법 제5조의2 제2항 제1호 소정의 죄는 형법 제287조의 미성년자 약취, 유인행위와 약취 또는 유인한 미성년자의 부모 기타 그 미성년자의 안전을 염려하는 자의 우려를 이용하여 재물이나 재산상의 이익을 취득하거나 이를 요구하는 행위가 결합된 단순일죄의 범죄라고 봄이 상당하므로 비록 타인이 미성년자를 약취. 유인한 행위에는 가담한 바 없다 하더라도 사후에 그 사실을 알면서 약취. 유인한 미성년자를 부모 기타 그 미성년자의 안전을 염려하는 자의 우려를 이용하여 재물이나 재산상의 이익을 취득하거나 요구하는 타인의 행위에 가담하여 이를 방조한 때에는 단순히 재물 등 요구행위의 종범이 되는데 그치는 것이 아니라 종합범인 위 특가법 제5조의2 제2항 제1호 위반죄의 종범에 해당한다.)

성립한다.[291]

다. 형의 감경(해방감경규정)

본죄를 범한 자가 약취, 유인, 매매 또는 이송된 자를 안전한 장소로 풀어 준 때에는 그 형을 감경할 수 있다(제295조의2).

이 규정은 이미 기수에 이른 경우로서 자의성이나 특별한 동기·목적을 요하지 않고, 임의적 감경사유로 규정하였다는 점 등에서 중지미수와 구별된다. 본 규정은 피인취자의 안전과 석방을 유도하기 위한 형사정책적 배려를 하고 있는데 이미 기수가 된 행위의 중지를 유도한다는 점에서는 특별한 중지규정이라 할 수 있다.

형감경의 대상자는 '제287조의 죄를 범한 자'이기 때문에 기수범 뿐만 아니라 미수범도 포함하는 것으로 해석하여야 할 것이다. 피고인에게 유리한 규정이므로 유추해석금지의 원칙에 반하지 않고 미수범도 포함시켜야 형감경규정의 취지를 살릴 수 있기 때문이다.

Ⅲ. 추행등목적약취·유인죄

[형법조문]

제288조(추행 등 목적 약취, 유인 등) ① 추행, 간음, 결혼 또는 영리의 목적으로 사람을 약취 또는 유인한 사람은 1년 이상 10년 이하의 징역에 처한다. ② 노동력 착취, 성매매와 성적 착취, 장기적출을 목적으로 사람을 약취 또는 유인한 사람은 2년 이상 15년 이하의 징역에 처한다.

291) 대법원 1961.9.21. 4294형상455(유혹하는 수단으로 미성년자를 이끌어서 이를 자기의 실력지배 안에 옮긴 때에는 미성년자 유인죄의 기수가 있다고 해석할 것이며 불법감금죄의 성립에는 자유의 속박이 다소 시간이 계속함을 필요로 할 것이므로 양자는 그 범죄의 구성요건을 달리한다 할 것이고 따라서 미성년자를 유인한 자가 계속하여 이를 불법하게 감금 하였을 때에는 미성년자 유인죄 이외에 감금죄가 구성한다 할 것이다.) ; 대법원 1998.5.26. 선고 98도1036 판결(미성년자를 유인한 자가 계속하여 미성년자를 불법하게 감금하였을 때에는 미성년자유인죄 이외에 감금죄가 별도로 성립한다.)

③ 국외에 이송할 목적으로 사람을 약취 또는 유인하거나 약취 또는 유인된 사람을 국외에 이송한 사람도 제2항과 동일한 형으로 처벌한다.[전문개정 2013.4.5.]

제294조(미수범) 제287조부터 제289조까지, 제290조제1항, 제291조제1항과 제292조제1항의 미수범은 처벌한다.[전문개정 2013.4.5.]

제295조(벌금의 병과) 제288조부터 제291조까지, 제292조제1항의 죄와 그 미수범에 대하여는 5천만원 이하의 벌금을 병과할 수 있다.[전문개정 2013.4.5.]

제295조의2(형의 감경) 제287조부터 제290조까지, 제292조와 제294조의 죄를 범한 사람이 약취, 유인, 매매 또는 이송된 사람을 안전한 장소로 풀어준 때에는 그 형을 감경할 수 있다.[전문개정 2013.4.5.]

제296조(예비, 음모) 제287조부터 제289조까지, 제290조제1항, 제291조제1항과 제292조제1항의 죄를 범할 목적으로 예비 또는 음모한 사람은 3년 이하의 징역에 처한다.[전문개정 2013.4.5.]

제296조의2(세계주의) 제287조부터 제292조까지 및 제294조는 대한민국 영역 밖에서 죄를 범한 외국인에게도 적용한다.[본조신설 2013.4.5.]

가. 의의 및 성격

본죄는 추행등목적으로 사람을 약취·유인한 경우에 성립하는 범죄이다(제1항 및 제2항). 성년자이든 미성년자이든 불문하며 성별도 불문한다. 이러한 목적으로 미성년자를 약취·유인한 경우에는 미성년자 약취·유인죄가 성립하는 것이 아니라 본죄가 성립하게 된다. 국외이송목적약취·유인죄(제3항 전단)는 추행등목적약취·유인죄의 특별규정이라 할 수 있으므로 국외이송목적을 가지고 사람을 약취·유인한 경우에는 추행등의 목적이 있어도 본죄가 성립한다.

본죄는 목적범이므로 고의이외에 추행등(추행, 간음, 결혼, 영리, 노동력착취, 성매매와 성적 착취, 장기적출)을 목적으로 한다는 목적(초과주관적 구성요건요소)이 있어야 한다.[292] 침해범이므로 행위자가 이러한 목적으로 사람을 약취·유인하면 기수가 되고 그 목적달성여부는 불문한다.

292) **[진정목적범과 부진정목적범]** : 따라서 추행등목적약취·유인죄는 미성년자를 대상으로 한 경우에는 부진정목적범이고, 성년자를 대상으로 하는 경우에는 진정목적범이다. 즉 객체가 미성년자인 경우에는 목적으로 인하여 형이 가중되지만 객체가 성년자인 경우에는 목적이 있어야 본죄가 성립하기 때문이다.

나. 구성요건

(1) 추행·간음[293]·결혼 또는 영리의 목적(제1항)

'추행의 목적'이란 약취·유인된 자를 추행행위의 주체나 객체로 삼으려는 목적을 말하며, 추행이란 일반인에게 성적 수치심과 혐오의 감정을 일으키게 하는 일체의 행위를 말한다.[294]

'간음의 목적'이란 결혼이외의 성교행위를 하게 할 목적을 말한다. 추행과 간음은 반드시 범행의 주체가 추행이나 간음의 당사자가 될 필요는 없으며, 제3자의 추행 또는 간음 목적인 경우에도 본죄가 성립한다.[295]

---

293) 추행·간음목적약취·유인죄는 2013.4.5.까지는 특가법 제5조의2 제4항에 의하여 다시 가중처벌되어 왔다. 그러나 입법자는 무기 또는 5년 이상의 징역으로 가중처벌하도록 규정한 법정형의 조치가 지나치게 과중하다는 이유에서 같은 항의 규정을 폐지하였다 : 대법원 2013.8.14. 선고 2013도6660,2013전도137,2013치도1 판결 ; 대법원 2013.7.11. 선고 2013도4862,2013전도101 판결[구 특가법 제5조의2 제4항은 "형법 제288조·제289조 또는 제292조 제1항의 죄를 범한 사람은 무기 또는 5년 이상의 징역에 처한다."고 규정하고, 구 형법 제288조 제1항은 "추행, 간음 또는 영리의 목적으로 사람을 약취 또는 유인한 자는 1년 이상의 유기징역에 처한다."고 규정하였으나, 원심판결 선고 전 시행된 특가법(2013.4.5. 법률 제11731호로 개정된 것)에는 제5조의2 제4항이 삭제되고, 형법(2013.4.5. 법률 제11731호로 개정된 것) 제288조 제1항은 "추행, 간음, 결혼 또는 영리의 목적으로 사람을 약취 또는 유인한 사람은 1년 이상 10년 이하의 징역에 처한다."고 규정하여 간음 목적의 약취죄에 대한 법정형이 변경되었는데, 그 취지는 간음 목적의 약취의 형태와 동기가 다양함에도 불구하고 무기 또는 5년 이상의 징역으로 가중처벌하도록 한 종전의 조치가 과중하다는 데에서 나온 반성적 조치라고 보아야 할 것이어서, 이는 형법 제1조 제2항의 '범죄 후 법률의 변경에 의하여 그 행위가 범죄를 구성하지 아니하거나 형이 구법보다 경한 때'에 해당한다.]

294) 대법원 2005.7.14. 선고 2003도7107 판결('추행'이라 함은 객관적으로 일반인에게 성적 수치심이나 혐오감을 일으키게 하고 선량한 성적 도덕관념에 반하는 행위로서 피해자의 성적 자유를 침해하는 것이라고 할 것이고, 이에 해당하는지 여부는 피해자의 의사, 성별, 연령, 행위자와 피해자의 이전부터의 관계, 그 행위에 이르게 된 경위, 구체적 행위태양, 주위의 객관적 상황과 그 시대의 성적 도덕관념 등을 종합적으로 고려하여 신중히 결정되어야 할 것이다.) ; 대법원 2008.5.29. 선고 2008도2222 판결[군형법 제92조의 추행죄는 군 내부의 건전한 공적생활을 영위하고, 이른바 군대가정의 성적 건강을 유지하기 위하여 제정된 것으로서, 주된 보호법익은 '개인의 성적 자유'가 아니라 '군이라는 공동사회의 건전한 생활과 군기'라는 사회적 법익이다. 형법이나 성폭법(이하 '형법 등'이라 한다)에서 규정하고 있는 추행 관련 범죄와 달리 군형법 제92조의 추행죄는 구성요건적 수단이나 정황 등에 대한 제한이 없고 대표적 구성요건인 '계간'을 판단지침으로 예시하고 있을 뿐이며, 법정형도 일괄적으로 1년 이하의 징역형으로 처벌하도록 규정하고 있다. 따라서 개인적 성적 자유를 주된 보호법익으로 하는 형법 등에서 말하는 '추행'의 개념과 달리 군형법 제92조에서 말하는 '추행'이라 함은 계간(항문 성교)에 이르지 아니한 동성애 성행위 등 객관적으로 일반인에게 혐오감을 일으키게 하고 선량한 성적 도덕관념에 반하는 성적 만족 행위로서 군이라는 공동사회의 건전한 생활과 군기를 침해하는 것을 의미하고, 이에 해당하는지 여부는 행위자의 의사, 구체적 행위태양, 행위자들 사이의 관계, 그 행위가 공동생활이나 군기에 미치는 영향과 그 시대의 성적 도덕관념 등을 종합적으로 고려하여 신중히 결정하여야 한다.]

295) 대법원 2009.7.9. 선고 2009도3816 판결(술에 만취한 피고인이 초등학교 5학년 여학생의 소매를 잡아끌면서 "우리 집에 같이 자러 가자"고 한 행위는 형법 제288조의 약취행위의 수단인 '폭행'에 해

법률혼 또는 사실혼의 목적이 있는 경우에는 결혼목적약취·유인죄에 해당한다.[296) 미성년자를 결혼 목적으로 약취·유인한 경우에는 미성년자약취·유인죄가 성립하지 아니하고 본죄가 성립한다(통설).

'결혼할 목적'의 결혼이 무엇인지에 대해서도 견해가 대립한다. 즉 여기서의 결혼이란 법률혼을 의미한다는 설, 사실혼을 의미한다는 설, 법률혼뿐만 아니라 사실혼을 포함한다는 설(다수설) 등이 그것이다.

결혼을 법률혼으로 보는 견해는 만약 여기서의 결혼을 사실혼으로 보게 되면 간음목적 약취·유인죄에 해당될 뿐 본죄가 필요 없으며, 혼인의 무효 또는 취소는 법률혼을 전제로 하는 것이므로 여기서의 결혼은 법률혼이라고 하여야 한다는 것을 논거로 한다.

그러나 간음목적과 사실혼은 그 개념이 상이하므로 사실혼을 목적으로 하는 경우 위 간음목적 약취·유인죄에 해당된다고 할 수 없고, 형법에서 법률혼을 의미할 때에는 혼인이라는 용어를 사용하고 있는데(혼인빙자간음) 본조에서는 결혼이라는 용어를 사용하여 차별하고 있는 것에서도 본죄의 결혼이 법률혼을 의미하는 것은 아니며, 본죄를 법률혼으로 보는 경우에는 본죄가 성립하는 경우란 거의 상상할 수 없으므로 본죄는 사실상 존재의의를 상실하게 되므로 본죄의 결혼은 사실혼을 의미한다고 한다.

사실혼으로 보는 견해가 타당하나 그렇다고 하여 법률혼을 배제할 이유가 없으므로 결국 법률혼과 사실혼 모두를 의미한다고 하는 다수설이 타당하다. 그러나 진실로 결혼할 목적이 있어야 한다.

'영리의 목적'이란 자기 또는 제3자로 하여금 재산상의 이익을 얻게 할 목적을 말한다.

영리의 목적과 관련해서는 석방의 대가로 재물을 취득할 목적으로 약취·유인한 경우 본죄가 성립할 것인지에 대해서는 견해가 대립한다.

부정설은 이 경우에는 인질강도죄(제336조)가 성립한다고 한다. 이에 대하여 긍정설(다수설)은 영리의 목적에 해당하기 때문에 본죄가 성립한다고 한다.

당한다.)

296) 구 형법 제291조의 결혼목적약취·유인죄는 결혼목적이라는 이유로 추행, 간음, 영리목적 약취·유인죄에 비하여 형을 감경하는 감경적 구성요건이었으나, 국제사회의 동향을 고려한 2013.4.5. 형법개정으로 인하여 가중적 구성요건으로 변경되었다.

생각건대 인질강도죄는 목적범도 아니고 그 성격상 재산범죄이며, 그 실행의 착수시기도 석방이나 안전의 대가로 재물·재산상의 이익을 요구한 때로 보아야 하므로 영리목적약취·유인죄가 성립한다는 긍정설이 타당하다.

(2) 노동력착취·성매매와 성적 착취·장기적출의 목적(제2항)

'노동력착취의 목적'이란 행위자가 수입의 50%정도를 공제하는 것처럼 피해자의 기여분을 현저하게 불균형적으로 이용하는 경제적인 측면에서의 착취목적을 말한다.[297] 예컨대 최근 문제가 되고 있는 염전·농장·선박 등에서의 노동력착취목적을 들 수 있다.

'성매매의 목적'이란 불특정인을 상대로 금품이나 그 밖의 재산상의 이익을 수수하거나 수수하기로 약속하고 성교행위 또는 구강, 항문 등 신체의 일부 또는 도구를 이용한 유사성교행위를 하거나 그 상대방이 되는 것[298], 즉 성을 사고파는 행위를 하게 할 목적을 말한다.

또한 '성적 착취의 목적'이란 성매매나 그 밖의 성적 행위를 하게 함으로써 얻어지는 경제적 측면에서의 이익을 착취할 목적을 말한다. 예컨대 성매매고객들로부터 수취한 금액 중 절반이상을 착취하는 경우 등이 이에 해당한다.[299] 이는 '성매매와 성적 착취목적'이라는 조문의 체계상 경제적 측면에서의 이익착취에 한정되는 것이라고 할 수 있으므로 행위자가 경제적 이익착취의 목적 없이 피해자를 일정 기간 자신의 성적 노예상태에 두는 경우에는 '간음의 목적'에 해당한다고 하여야 할 것이다.[300]

297) 비교법적으로 독일형법 제233조(노동착취목적의 인신매매죄, Menschenhandel zum Zweck der Ausbeutung der Arbeitskraft) 제1항에 따르면, 노예상태에 빠지게 하거나, 노예와 유사한 예속상태에 빠지게 하거나, 다른 근로자의 근로조건과 현저하게 불리한 근로조건으로 근로하는 상태에 빠지게 하거나, 채권자가 채무청산을 위해 채무자의 노동력을 장기간에 걸쳐 착취하는 경우에는 노동력착취의 목적이 인정된다.

298) '성매매알선등행위의처벌에관한법률' 제2조 제1호 참조.

299) 유사판례로는 대법원 2009.5.14. 선고 2009도2223 판결 참조.

300) 서울고법 2011.5.26. 선고 2011노573,2011전노68 판결[상고][간음목적유인죄는 실질적으로 보아 간음행위로 나아가기 전 단계에 해당하는 범죄인데, 그 목적을 달성하였다고 볼 수 있는 청소년 준강간 또는 위계·위력에 의한 청소년 간음을 내용으로 하는 아청법 위반(강간등)죄의 법정형이 5년 이상의 징역형인 데 비하여, 특가법 제5조의2 제4항에서 정한 간음의 목적으로 사람을 약취, 유인한 자에 대한 법정형이 무기 또는 5년 이상의 징역형인 점을 고려하면, 형법 제288조가 규정하고 있는 '유인'의 의미는 엄격하게 해석되어야 한다. 따라서 간음하기 위하여 일시적으로 장소를 이동할 때 기망 또는 유혹의 수단을 사용한 것에 불과하다면 간음목적유인죄의 유인행위에 해당하지는 않는다고 보는

'장기적출의 목적'이란 장기를 신체로부터 분리시킬 목적을 의미한다. 여기서 장기란 사람의 내장이나 그 밖에 손상되거나 정지된 기능을 유지하기 위한 구조적 통합체로 결합되어 있는 조직의 결합체로서 신장, 간장, 췌장, 심장, 폐, 골수, 안구, 췌도, 소장, 위장, 십이지장, 대장, 비장 등을 말한다.[301] 장기적출의 목적으로 약취·유인한 사람으로부터 장기를 적출하여 적출한 장기를 매매하는 경우에는 본죄와 '장기등이식에관한법률'의 장기매매죄(제7조, 제45조)의 실체적 경합이 된다.

(3) 국외이송의 목적(제3항 전단)

'국외이송의 목적'이란 국외에 이송하려는 목적을 의미한다. 여기서 국외의 의미에 대하여는 다툼이 있다.

거주국 영역외설은 국외의 의미는 피해자의 거주국 영역이외의 장소라고 해석한다. 따라서 외국에서 국내로 이송할 목적이거나, 외국에서 외국으로 이송할 목적인 경우에도 본죄가 성립한다고 한다.

대한민국 영역외설(통설)은 법문에서 거주국 외라고 하지 않고 국외라고 규정하고 있는 이상 국외를 대한민국 영역이외의 장소를 의미한다고 해석한다. 이 견해에 의하면 외국에서 대한민국으로, 외국에서 외국으로 이송하는 경우에는 본죄가 성립하지 않는다고 한다.

다. 기수

고의 및 목적을 가지고 사람을 약취·유인하면 기수가 성립하고 목적달성 여부는 기수미수의 성립과 관계없다.[302] 목적은 반드시 행위 전에 있을 필요는 없으며 행위 도중에 발생하여도 상관없다.

....

것이 타당하다.]

301) '장기등이식에관한법률' 제4조 제1호 및 '같은 법시행령' 제2조 참조.

302) 서울고법 2011.5.26. 선고 2011노573,2011전노68 판결[상고] ; 대법원 2007.5.11. 선고 2007도2318 판결(피고인이 11세에 불과한 어린 나이의 피해자를 유혹하여 위 모텔 앞길에서부터 위 모텔 301호실까지 데리고 간 이상, 그로써 피고인은 피해자를 자유로운 생활관계로부터 이탈시켜 피고인의 사실적 지배 아래로 옮겼다고 할 것이고, 이로써 간음목적유인죄의 기수에 이르른 것으로 보아야 할 것이다.)

Ⅳ. 인신매매죄

[조문]

형법 제289조(인신매매) ① 사람을 매매한 사람은 7년 이하의 징역에 처한다.[전문개정 2013.4.5.]

제294조(미수범) 제287조부터 제289조까지, 제290조제1항, 제291조제1항과 제292조제1항의 미수범은 처벌한다.

제295조(벌금의 병과) 제288조부터 제291조까지, 제292조제1항의 죄와 그 미수범에 대하여는 5천만원 이하의 벌금을 병과할 수 있다.

제295조의2(형의 감경) 제287조부터 제290조까지, 제292조와 제294조의 죄를 범한 사람이 약취, 유인, 매매 또는 이송된 사람을 안전한 장소로 풀어준 때에는 그 형을 감경할 수 있다.

제296조(예비, 음모) 제287조부터 제289조까지, 제290조제1항, 제291조제1항과 제292조제1항의 죄를 범할 목적으로 예비 또는 음모한 사람은 3년 이하의 징역에 처한다.

제296조의2(세계주의) 제287조부터 제292조까지 및 제294조는 대한민국 영역 밖에서 죄를 범한 외국인에게도 적용한다.

아동·청소년의성보호에관한법률 제12조(아동 · 청소년 매매행위) ① 아동 · 청소년의 성을 사는 행위 또는 아동 · 청소년이용음란물을 제작하는 행위의 대상이 될 것을 알면서 아동 · 청소년을 매매 또는 국외에 이송하거나 국외에 거주하는 아동 · 청소년을 국내에 이송한 자는 무기징역 또는 5년 이상의 징역에 처한다.
② 제1항의 미수범은 처벌한다.

아동복지법 제17조(금지행위) 누구든지 다음 각 호의 어느 하나에 해당하는 행위를 하여서는 아니 된다.
1. 아동을 매매하는 행위

제71조(벌칙) ① 제17조를 위반한 자는 다음 각 호의 구분에 따라 처벌한다.
1. 제1호(「아동 · 청소년의 성보호에 관한 법률」 제12조에 따른 매매는 제외한다)에 해당하는 행위를 한 자는 10년 이하의 징역에 처한다.

제72조(상습범) 상습적으로 제71조제1항 각 호의 죄를 범한 자는 그 죄에 정한 형의 2분의 1까지 가중한다.

제73조(미수범) 제71조제1항제1호의 미수범은 처벌한다.

가. 의의 및 성격

본죄는 불법한 경위를 통하여 법질서에 호소할 수 없을 정도로 실력적 또는 사실상의 지배하에 있는 사람을 매매한 경우에 성립하는 범죄이다. 사람의 신체의 자유뿐만 아니라 인격권도 보호법익으로 한다. 특히 국내에서의 인신매매행위를 처벌하기 위한 구성요건으로 매도인과 매수인을 동일한 법정형으로 처벌하는 필요적 공범(대향범)이다.

나. 구성요건

누구라도 본죄의 주체가 될 수 있다. 친권자[303]나 배우자도 주체에 포함되며, 필요적 공범관계에 있는 매도자와 매수자도 주체가 된다.

본죄의 객체는 불법한 경위를 통하여 행위주체의 실력적 지배하에 있는 사람이다. 성년·미성년, 기혼·미혼, 남녀, 국적 등을 불문한다. 법질서에 호소할 수 있는 정신적 지각능력의 유무도 묻지 않는다.[304]

본죄의 실행행위는 매매이다. 매매(賣買)란 매도와 매수를 포함하는 개념으로 사람의 신체를 물건과 같이 대가를 수수하고 자신의 실력적 지배하에 있는 사람을 상대방의 실력적 지배하로 옮기거나, 대가를 지급하고 상대방의 실력적 지배하에 있는 사람을 자신의 실력적 지배하로 옮기는 것을 의미한다. 상대방의 실력적 지배하에 있는 사람과 교환하는 경우도 매매에 포함된다. 반드시 의사에 반할 필요 없이 하자있는 의사에 의한 경우도 매매의 대상이 될 수 있으므로 행위객체의 동의가 있어도 본죄가 성립한다.

다만 19세 미만의 아동·청소년이 성을 사는 행위, 아동·청소년이용음란물을 제작하는 행위의 대상이 될 것을 알면서 아동·청소년을 매매하는 경우에는 아동·청소년매매죄(아청법 제12조 제1항)로 가중처벌된다.

303) 아동에 대한 보호자가 보호 중인 아동을 인신매매하는 경우에는 본죄와는 별도로 아동학대범죄가 성립한다('아동학대범죄의처벌등에관한특례법' 제2조 제4호 마목).

304) 대법원 1992.1.21. 선고 91도1402 전원합의체판결.

한편 종래 부녀매매죄(현행 인신매매죄)에 있어서 '매매의 의미'와 관련해서는 판례의 변경이 있었다. 즉 대법원은 종래 인격의 지각이 있고 법질서에 호소할 능력이 있는 부녀(사람을)를 매매하는 것은 불가능하다고 하였으나[305], 그 후 태도를 변경하여 보통의 부녀자라면(사람이라면) 법질서에 보호를 호소하기를 단념할 정도의 상태에서 신체에 대한 인수인계가 이루어졌다면 18세의 부녀(사람)에 대한 매매도 가능하다고 판시하였다. 이는 부녀(사람이)라면 누구나 본죄의 객체가 될 수 있고 법질서에 호소하기를 단념할 정도의 상태에서 매매가 이루어졌는지를 중시한 것이다.

보충판례 36 : 대법원 1992.1.21. 선고 91도1402 전원합의체 판결

다. 미수

본죄의 기수시기는 사람의 신체에 대한 사실상의 지배의 이전이 있을 때[306]이기 때문에 매매계약은 체결하였으나 인도하지 않은 때, 매매계약체결 후 인신의 인도에 실패한 때, 매매대금을 받았다 하더라도 아직 인신의 인수인계가 없는 때에는 미수범에 불과하다.

V. 추행등목적매매죄

[형법조문]

제289조(인신매매) ② 추행, 간음, 결혼 또는 영리의 목적으로 사람을 매매한 사람은 1년 이상 10년 이하의 징역에 처한다. ③ 노동력 착취, 성매매와 성적 착취, 장기적출을 목적으로 사람을 매매한 사람은 2년 이상 15년 이하의 징역에 처한다. ④ 국외에 이송할 목적으로 사람을 매매하거나 매매된 사람을 국외로 이송한 사람도 제3항과 동일한 형으로 처벌한다.[전문개정 2013.4.5.]

305) 대법원 1959.3.13. 선고 4292형상7 판결 ; 대법원 1971.3.9. 선고 71도27 판결.
306) 대법원 1959.3.13. 선고 4292형상7 판결.

제294조(미수범) 제287조부터 제289조까지, 제290조제1항, 제291조제1항과 제292조제1항의 미수범은 처벌한다.

제295조(벌금의 병과) 제288조부터 제291조까지, 제292조제1항의 죄와 그 미수범에 대하여는 5천만원 이하의 벌금을 병과할 수 있다.

제295조의2(형의 감경) 제287조부터 제290조까지, 제292조와 제294조의 죄를 범한 사람이 약취, 유인, 매매 또는 이송된 사람을 안전한 장소로 풀어준 때에는 그 형을 감경할 수 있다.

제296조(예비, 음모) 제287조부터 제289조까지, 제290조제1항, 제291조제1항과 제292조제1항의 죄를 범할 목적으로 예비 또는 음모한 사람은 3년 이하의 징역에 처한다.

제296조의2(세계주의) 제287조부터 제292조까지 및 제294조는 대한민국 영역 밖에서 죄를 범한 외국인에게도 적용한다.

가. 의의 및 성격

본죄는 추행등의 목적으로 사람을 매매함으로써 성립하는 범죄이다(제2항 및 제3항). 단순인신매매죄에 비하여 불법이 가중된 가중적 구성요건이며 목적범이자 침해범이다. 국외이송목적매매죄(제4항 전단)는 피해자를 대한민국 영역 내에서 대한민국의 영역 외로 옮기는 국제인신매매를 처벌하기 위한 범죄이자 추행등목적인신매매죄의 특별규정이라 할 수 있으므로 국외이송목적으로 미성년자를 약취·유인하거나 추행등의 목적이 내재되어 있더라도 본죄가 성립한다.

나. 구성요건

추행등의 목적의 개념은 추행등목적약취·유인죄에서의 개념과 같다. 매매의 개념도 인신매매죄에서의 개념과 같다.

목적범이므로 고의 이외에 초과주관적 구성요건요소로서 추행, 간음, 결혼, 영리의 목적(제2항), 노동력착취, 성매매와 성적 착취, 장기적출의 목적(제3항), 국외이송목적(제4항 전단)이 있어야 하며, 이러한 목적을 가지고 사람을 매매함으로써 기수가 된다. 목적의 달성 여부는 기수·미수의 성립 여부와는 무관하다.

한편 국외이송목적매매죄의 행위는 국외에 이송하는 것이다. 여기서 국외의 의미에 대하여는 견해가 대립한다.

거주국 영역외설은 국외의 의미는 피해자의 거주국 영역이외의 장소라고 해석한다. 따라서 외국에서 국내로 이송할 목적이거나, 외국에서 외국으로 이송할 목적인 경우에도 본죄가 성립한다고 한다.

대한민국 영역외설(통설)은 법문에서 거주국 외라고 하지 않고 국외라고 규정하고 있는 이상 국외를 대한민국 영역이외의 장소를 의미한다고 해석한다. 통설에 의하면 외국에서 대한민국으로, 외국에서 외국으로 이송하는 경우에는 본죄가 성립하지 않는다.

Ⅵ. 피약취·유인·매매자국외이송죄

[조문]

형법 제288조(추행 등 목적 약취, 유인 등) ③ 국외에 이송할 목적으로 사람을 약취 또는 유인하거나 약취 또는 유인된 사람을 국외에 이송한 사람도 제2항과 동일한 형으로 처벌한다.[전문개정 2013.4.5.]

제289조(인신매매) ④ 국외에 이송할 목적으로 사람을 매매하거나 매매된 사람을 국외로 이송한 사람도 제3항과 동일한 형으로 처벌한다.

제294조(미수범) 제287조부터 제289조까지, 제290조제1항, 제291조제1항과 제292조제1항의 미수범은 처벌한다.

제295조(벌금의 병과) 제288조부터 제291조까지, 제292조제1항의 죄와 그 미수범에 대하여는 5천만원 이하의 벌금을 병과할 수 있다.

제295조의2(형의 감경) 제287조부터 제290조까지, 제292조와 제294조의 죄를 범한 사람이 약취, 유인, 매매 또는 이송된 사람을 안전한 장소로 풀어준 때에는 그 형을 감경할 수 있다.

제296조(예비, 음모) 제287조부터 제289조까지, 제290조제1항, 제291조제1항과 제292조제1항의 죄를 범할 목적으로 예비 또는 음모한 사람은 3년 이하의 징역에 처한다.

제296조의2(세계주의) 제287조부터 제292조까지 및 제294조는 대한민국 영역 밖에서 죄를 범

한 외국인에게도 적용한다.

아동·청소년의성보호에관한법률 제12조(아동 · 청소년 매매행위) ① 아동 · 청소년의 성을 사는 행위 또는 아동 · 청소년이용음란물을 제작하는 행위의 대상이 될 것을 알면서 아동 · 청소년을 매매 또는 국외에 이송하거나 국외에 거주하는 아동 · 청소년을 국내에 이송한 자는 무기징역 또는 5년 이상의 징역에 처한다.
② 제1항의 미수범은 처벌한다.

가. 의의 및 성격

본죄는 피약취·유인·매매자를 국외에 이송함으로써 성립하는 범죄이다(제288조 제3항 후단 및 제289조 제4항 후단).[307] 국외이송목적약취·유인·매매죄(제288조 제3항 전단 및 제289조 제4항 전단)와는 달리 목적범이 아니며, 약취·유인·매매행위에 가담하지 않았던 자가 사후적으로 국외이송행위를 한 경우를 처벌하기 위한 구성요건으로 침해범이다.

나. 구성요건

본죄의 객체는 약취·유인 또는 매매된 자이며, 반드시 국외에 이송할 목적으로 약취·유인 또는 매매된 자에 한하지 아니하고 약취·유인 또는 매매된 동기도 불문한다. 즉 본죄는 목적범이 아니기 때문이다.

본죄와 관련하여서는 국외에 이송할 목적으로 약취·유인·매매한 자가 그 피약취·유인·매매자를 국외에 이송한 경우의 죄책이 문제된다.

국외이송목적약취·유인·매매죄와 피약취·유인·매매자국외이송죄를 포괄하여 피약취·유인·매매자국외이송죄만 성립하고, 국외이송목적·약취·유인·매매죄는 성립하지 아니한다는 설, 양 죄가 모두 성립하지만 상상적 경합관계에 있다고 보는 설, 양 죄가

307) 대법원 2013.6.20. 선고 2010도14328 전원합의체 판결[베트남 국적 여성인 피고인이 남편 갑의 의사에 반하여 생후 약 13개월 된 아들 을을 주거지에서 데리고 나와 약취하고 이어서 베트남에 함께 입국함으로써 을을 국외에 이송하였다고 하여 국외이송약취 및 피약취자국외이송으로 기소된 사안에서, 제반 사정을 종합할 때 피고인이 을을 데리고 베트남으로 떠난 행위는 어떠한 실력을 행사하여 을을 평온하던 종전의 보호·양육 상태로부터 이탈시킨 것이라기보다 친권자인 모(母)로서 출생 이후 줄곧 맡아왔던 을에 대한 보호·양육을 계속 유지한 행위에 해당하여, 이를 폭행, 협박 또는 불법적인 사실상의 힘을 사용하여 을을 자기 또는 제3자의 지배하에 옮긴 약취행위로 볼 수는 없다는 이유로, 피고인에게 무죄를 인정한 원심판단은 정당하다.]

모두 성립하며 실체적 경합범관계에 있다고 보는 설(다수설) 등이 있다.

본죄의 객체는 약취·유인·매매된 자로서, 반드시 국회이송목적으로 약취·유인·매매된 자일 필요가 없으므로, 국외이송목적이 없는 자를 국외로 이송한 경우에는 국외이송목적약취·유인·매매죄와 피약취·유인·매매자국외이송죄는 실체적 경합이 된다고 하는 다수설이 타당하다. 따라서 양 죄는 구성요건을 달리하고 문서위조와 그 행사죄에서의 관계와 같다고 할 것이므로 실체적 경합관계에 있다.

Ⅶ. 피약취·유인·매매·이송자등상해·치상죄

[조문]

형법 제290조(약취, 유인, 매매, 이송 등 상해 · 치상) ① 제287조부터 제289조까지의 죄를 범하여 약취, 유인, 매매 또는 이송된 사람을 상해한 때에는 3년 이상 25년 이하의 징역에 처한다.
② 제287조부터 제289조까지의 죄를 범하여 약취, 유인, 매매 또는 이송된 사람을 상해에 이르게 한 때에는 2년 이상 20년 이하의 징역에 처한다.[전문개정 2013.4.5.]

제294조(미수범) 제287조부터 제289조까지, 제290조제1항, 제291조제1항과 제292조제1항의 미수범은 처벌한다.

제295조(벌금의 병과) 제288조부터 제291조까지, 제292조제1항의 죄와 그 미수범에 대하여는 5천만원 이하의 벌금을 병과할 수 있다.

제295조의2(형의 감경) 제287조부터 제290조까지, 제292조와 제294조의 죄를 범한 사람이 약취, 유인, 매매 또는 이송된 사람을 안전한 장소로 풀어준 때에는 그 형을 감경할 수 있다.

제296조(예비, 음모) 제287조부터 제289조까지, 제290조제1항, 제291조제1항과 제292조제1항의 죄를 범할 목적으로 예비 또는 음모한 사람은 3년 이하의 징역에 처한다.

제296조의2(세계주의) 제287조부터 제292조까지 및 제294조는 대한민국 영역 밖에서 죄를 범한 외국인에게도 적용한다.

특정범죄가중처벌등에관한법률 제5조의2(약취 · 유인죄의 가중처벌) ② 「형법」 제287조의 죄를 범한 사람이 다음 각 호의 어느 하나에 해당하는 행위를 한 경우에는 다음 각 호와 같이 가중처벌한다.

3. 약취 또는 유인한 미성년자를 폭행 · 상해 · 감금 또는 유기(遺棄)하거나 그 미성년자에게

가혹한 행위를 한 경우에는 무기 또는 5년 이상의 징역에 처한다.
⑥ 제1항 및 제2항(제2항제4호는 제외한다)에 규정된 죄의 미수범은 처벌한다.

가. 의의 및 성격

피약취·유인·매매·이송자상해·치상죄는 2013.4.5. 형법개정으로 신설된 구성요건으로 고의범에 의한 상해(제1항, 결합범)와 과실범에 의한 상해(제2항, 진정결과적 가중범)의 법정형을 구별함으로써 책임주의원칙을 준수하고 있다.

나. 구성요건

본죄의 주체는 약취·유인 또는 인신매매의 죄를 범한 자로 제한되기 때문에 이와 무관한 제3자는 주체가 될 수 없다. 객체는 약취·유인 또는 인신매매의 죄로써 약취·유인·매매·이송된 자이다.

본죄의 행위는 상해(고의) 또는 상해에 이르게 하는 것(치상, 과실)이다. 상해는 약취·유인·매매·이송이 완료된 직후 또는 행위객체에 대한 실력적 지배하에 있는 동안에 이루어져야 한다. 상해의 개념은 상해죄에서의 개념과 같다. 치상은 과실로 상해의 결과를 발생시킨 경우이다. 진정결과적 가중범이므로 약취·유인·매매행위와 상해의 결과발생 사이에 형법적 인과관계가 성립하고 상해에 대한 예견가능성이 있어야 한다.

제2항의 치상죄와는 달리 제1항의 상해죄에 대하여는 미수범처벌규정이 적용되므로 본죄의 전제범죄인 약취·유인·매매행위가 기수에 이른 경우 상해고의를 가지고 상해행위를 가하였으나 상해의 결과가 발생하지 않은 경우에는 본죄의 미수범으로 처벌된다.

다. 죄수

전제범죄가 미수에 그친 경우에는 본죄는 성립할 여지가 없다. 따라서 전제범죄의 수행 중 상해의 고의를 일으켜 상해의 결과가 발생하더라도 제1항의 상해죄는 성립하지 않고 약취·유인등미수죄와 단순상해죄의 상상적 경합이 된다.

미성년자를 약취한 후 강간 목적으로 상해 등을 가하고 강간 및 살인미수를 범한 경우에는 특가법 위반(제5조의2 제2항 제3호)죄와 성폭법 위반(제7조 제1항, 제9조 제1항, 제15조)죄의 실체적 경합이 된다.[308)]

Ⅷ. 피약취·유인·매매·이송자등 살인·치사죄

[조문]

형법 제291조(약취, 유인, 매매, 이송 등 살인 · 치사) ① 제287조부터 제289조까지의 죄를 범하여 약취, 유인, 매매 또는 이송된 사람을 살해한 때에는 사형, 무기 또는 7년 이상의 징역에 처한다.

② 제287조부터 제289조까지의 죄를 범하여 약취, 유인, 매매 또는 이송된 사람을 사망에 이르게 한 때에는 무기 또는 5년 이상의 징역에 처한다.[전문개정 2013.4.5.]

제294조(미수범) 제287조부터 제289조까지, 제290조제1항, 제291조제1항과 제292조제1항의 미수범은 처벌한다.

제295조(벌금의 병과) 제288조부터 제291조까지, 제292조제1항의 죄와 그 미수범에 대하여는 5천만원 이하의 벌금을 병과할 수 있다.

제296조(예비, 음모) 제287조부터 제289조까지, 제290조제1항, 제291조제1항과 제292조제1항의 죄를 범할 목적으로 예비 또는 음모한 사람은 3년 이하의 징역에 처한다.

제296조의2(세계주의) 제287조부터 제292조까지 및 제294조는 대한민국 영역 밖에서 죄를 범한 외국인에게도 적용한다.

특정범죄가중처벌등에관한법률 제5조의2(약취 · 유인죄의 가중처벌) ①「형법」제287조의 죄를 범한 사람은 그 약취(略取) 또는 유인(誘引)의 목적에 따라 다음 각 호와 같이 가중처벌한다.

2. 약취 또는 유인한 미성년자를 살해할 목적인 경우에는 사형, 무기 또는 7년 이상의 징역에 처한다.

---

308) 대법원 2014.2.27. 선고 2013도12301,2013전도252,2013치도2 판결(미성년자인 피해자를 약취한 후에 강간을 목적으로 피해자에게 가혹한 행위 및 상해를 가하고 나아가 그 피해자에 대한 강간 및 살인미수를 범하였다면, 이에 대하여는 약취한 미성년자에 대한 상해 등으로 인한 특가법 위반죄 및 미성년자인 피해자에 대한 강간 및 살인미수행위로 인한 성폭법 위반죄가 각 성립하고, 설령 상해의 결과가 피해자에 대한 강간 및 살인미수행위 과정에서 발생한 것이라 하더라도 위 각 죄는 서로 형법 제37조 전단의 실체적 경합범 관계에 있다.)

② 「형법」 제287조의 죄를 범한 사람이 다음 각 호의 어느 하나에 해당하는 행위를 한 경우에는 다음 각 호와 같이 가중처벌한다.
  2. 약취 또는 유인한 미성년자를 살해한 경우에는 사형 또는 무기징역에 처한다.
  4. 제3호의 죄를 범하여 미성년자를 사망에 이르게 한 경우에는 사형, 무기 또는 7년 이상의 징역에 처한다.
⑥ 제1항 및 제2항(제2항제4호는 제외한다)에 규정된 죄의 미수범은 처벌한다.
⑧ 제1항 또는 제2항제1호 · 제2호의 죄를 범할 목적으로 예비하거나 음모한 사람은 1년 이상의 유기징역에 처한다.

피약취·유인·매매·이송자살인·치사죄도 2013.4.5. 형법개정으로 신설된 구성요건으로 고의범에 의한 살인(제1항, 결합범)와 과실범에 의한 살인(제2항, 진정결과적 가중범)의 법정형을 구별함으로써 책임주의원칙을 준수하고 있다. 다만 미성년자를 약취·유인하여 살해하거나 사망에 이르게 한 경우에는 특가법위반죄로 가중처벌된다.

구성요건의 개념, 기수, 죄수 등의 관계는 제290조의 피약취·유인·매매·이송자상해·치상죄에서의 내용과 같다.

Ⅸ. 피약취·유인·매매·이송자수수·은닉죄

[형법조문]

제292조(약취, 유인, 매매, 이송된 사람의 수수 · 은닉 등) ① 제287조부터 제289조까지의 죄로 약취, 유인, 매매 또는 이송된 사람을 수수(授受) 또는 은닉한 사람은 7년 이하의 징역에 처한다.
② 제287조부터 제289조까지의 죄를 범할 목적으로 사람을 모집, 운송, 전달한 사람도 제1항과 동일한 형으로 처벌한다.[전문개정 2013.4.5.]

제294조(미수범) 제287조부터 제289조까지, 제290조제1항, 제291조제1항과 제292조제1항의 미수범은 처벌한다.

제295조(벌금의 병과) 제288조부터 제291조까지, 제292조제1항의 죄와 그 미수범에 대하여는 5천만원 이하의 벌금을 병과할 수 있다.

제295조의2(형의 감경) 제287조부터 제290조까지, 제292조와 제294조의 죄를 범한 사람이 약취, 유인, 매매 또는 이송된 사람을 안전한 장소로 풀어준 때에는 그 형을 감경할 수 있다.

제296조(예비, 음모) 제287조부터 제289조까지, 제290조제1항, 제291조제1항과 제292조제1항의 죄를 범할 목적으로 예비 또는 음모한 사람은 3년 이하의 징역에 처한다.

제296조의2(세계주의) 제287조부터 제292조까지 및 제294조는 대한민국 영역 밖에서 죄를 범한 외국인에게도 적용한다.

가. 의의 및 성격

본죄는 추행, 간음, 결혼, 영리의 목적으로 약취·유인된 자, 노동력착취, 성매매와 성적착취, 장기적출의 목적으로 약취·유인·매매된 자, 국외이송목적으로 약취·유인·매매된 자 또는 국외에 이송된 자를 수수 또는 은닉하거나, 약취·유인된 미성년자 또는 인신매매된 자를 수수·은닉하거나(제1항), 약취·유인의 죄와 인신매매의 죄를 범할 목적으로 사람을 모집·운송·전달(제2항)함으로써 성립하는 범죄이다.

제1항의 죄는 전제범죄인 피약취·유인·매매 또는 이송행위가 있은 후에 자유권·인격권 또는 감호권이 이미 침해된 피해자를 수수 또는 은닉함으로써 법익침해를 더욱 강화하는 형식의 방조를 특별히 독립된 범죄로 규정한 것이다. 2013.4.5. 형법개정으로 신설된 목적범조항인 제2항의 죄는 전제범죄인 약취·유인의 죄와 인신매매의 죄를 범하기 위하여 사람을 모집하는 예비행위나 운송 또는 전달하는 방조행위를 독립된 범죄로 규정한 것이다.

나. 구성요건

제1항의 행위주체에는 제한이 없으며, 제2항의 죄는 목적범이므로 행위주체는 약취·유인의 죄 또는 인신매매의 죄를 범할 목적을 가진 자로 한정된다.

제1항 죄의 행위는 '수수 또는 은닉'이다. 수수란 약취·유인·매매·이송된 자를 자신의 실력적 지배하에 두는 것을 의미하며(통설), 유상·무상을 불문한다. 그러나 행위객체를 타인의 실력적 지배하로 옮기는 것도 포함된다고 하여야 한다. 제1항 조문상의 수수(授受)는 주고받는 것을 의미하기 때문이다. 은닉이란 행위객체의 발견을 어렵게 하는 일체의 행위(즉 장소제공행위나 방해를 위한 시설제공행위 등)를 말한다.

신설된 제2항 죄의 행위는 '모집·운송·전달'이다. 모집은 전제범죄를 범할 목적으로 약취·유인·매매 등의 대상을 물색하여 모으는 행위이며, 운송 또는 전달은 모집된 사람을 특정장소로 이동시키거나 공범자에게 인수인계하는 행위를 의미한다.

다. 공범관계

약취·유인죄를 계속범으로 보는 경우에는 피약취·유인자가 사실적 지배에서 벗어나 자유를 회복할 때까지 범행이 종료된 것이 아니므로 이에 가담한 행위인 제1항의 수수·은닉죄는 당연히 방조범이 성립한다. 따라서 본죄의 규정은 총론의 방조범 규정에 대한 특별규정이라고 하여야 한다.

약취·유인죄를 상태범으로 보는 경우에는 사실적 지배가 있으면 약취·유인죄는 범행이 종료되므로 이에 가담하는 경우 방조범이 성립할 수 없으므로 본 규정은 이러한 불합리를 해결하기 위하여 사후종범의 형태로서 특별규정을 둔 것이라고 하여야 할 것이다. 따라서 형법 제32조와 본죄는 일반법과 특별법의 관계에 있다고 할 수 있다. 어느 경우이든지 종범에 관한 총론규정이 적용되지 않는 것은 물론이다.

제4절 강요의 죄

Ⅰ. 총설

가. 의의

강요죄란 폭행 또는 협박으로 사람의 권리행사를 방해하거나 의무 없는 일을 하게 함으로써 성립하는 범죄이다.

본죄가 개인의 자유 중 의사의 자유를 보호하는 범죄라는 점에서는 협박의 죄와 보호법익을 같이한다고 할 수 있다. 그러나 협박죄는 의사의 자유와 의사결정의 자유를 보호법익으로 함에 반하여, 강요죄는 의사결정의 자유(처분의 자유)이외에 의사활동(행동)의 자유도 보호법익으로 하는 점에서 협박죄와 차이가 있다.

다만 본죄는 개의의 의사결정의 자유를 보호하기 위한 범죄로서 자유를 침해하는 범죄인 협박죄 등과 그 보호법익을 같이함에도, 형법은 이를 재산죄의 성격을 갖는 제37장 권리행사를 방해하는 죄에서 권리행사방해죄와 함께 규정을 하고 있다. 그러나 이러한 편제는 편제상의 명확성을 해한다는 점에서 대부분의 교과서는 본죄를 자유를 침해하는 죄로 함께 설명을 하고 있다.

나. 보호법익

강요죄는 폭행 또는 협박으로 사람의 권리행사를 방해하거나 의무없는 일을 하게 함으로서 성립하는 범죄이므로, 사람의 의사결정의 자유와 의사활동의 자유를 보호법익으로 한다. 다만 중강요죄, 인질상해·치상죄, 인질살해·치사죄는 인질의 생명·신체의 안전까지도 보호법익으로 한다.

강요의 죄에서 보호법익이 보호받는 정도는 구체적 위험범으로서의 보호형식으로 규정되어 있는 중강요죄를 제외한 나머지 범죄의 경우 침해범으로서의 보호형식으로 되어 있다.

[강요의 죄 구성요건체계도]

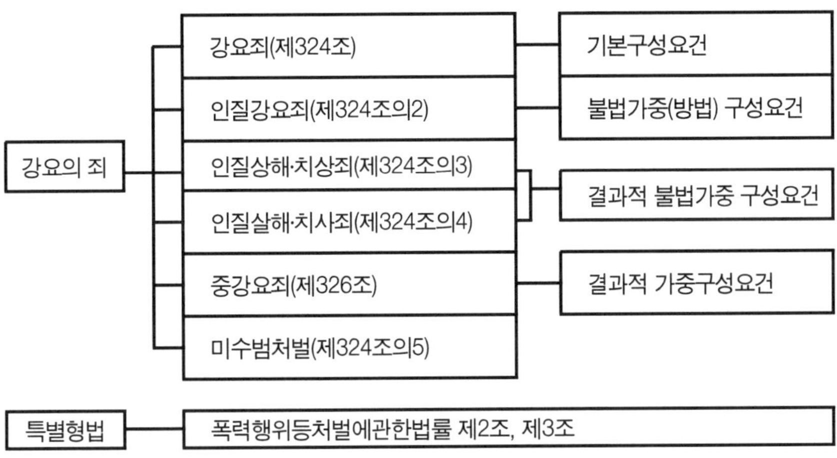

II. 강요죄

가. 단순강요죄

[조문]

형법 제324조(강요) 폭행 또는 협박으로 사람의 권리행사를 방해하거나 의무없는 일을 하게 한 자는 5년 이하의 징역에 처한다.

제324조의5(미수범) 제324조 내지 제324조의4의 미수범은 처벌한다.

폭력행위등처벌에관한법률 제2조(폭행등) ① 상습적으로 다음 각 호의 죄를 범한 자는 다음의 구분에 따라 처벌한다.

2. 「형법」 제260조제2항(존속폭행), 제276조제1항(체포, 감금), 제283조 제2항(존속협박) 또는 제324조(강요)의 죄를 범한 자는 2년 이상의 유기징역

② 2인 이상이 공동하여 제1항 각 호에 열거된 죄를 범한 때에는 각 형법 본조에 정한 형의 2분의 1까지 가중한다.

(1) 의의

강요죄란 폭행 또는 협박으로 사람의 권리행사를 방해함으로써 성립하는 범죄이

다. 협박죄가 의사결정의 자유를 보호하는 기본적 구성요건이라면 강요죄는 의사활동의 자유를 보호하는 가장 기본적인 구성요건이다. 침해범이다.

(2) 객관적 구성요건

① 강요의 수단

강요의 수단은 폭행 또는 협박이다.

강요죄에서의 폭행은 광의의 의미에서의 폭행이다. 따라서 사람에 대한 유형력의 행사를 의미하며, 사람에 대한 것이면 직접적인 것이든 간접적인 것이든 문제되지 아니한다. 따라서 장애인이 타고 가는 휠체어를 손괴하거나, 임차인으로부터 집을 명도받기 위하여 전기, 수도, 가스를 잠그고 문을 폐쇄하는 행위 등도 폭행이 될 수 있다.

보충판례 37 : 대법원 2003.9.26. 선고 2003도763 판결

그러나 폭행의 개념을 유형력의 행사에 국한할 경우 총성이나 레이저나 개스 등에 의한 경우를 폭행이라고 할 수 없게 되며, 고속도로 상에서 헤드라이트를 켜고 경적을 울리면서 바짝 뒤를 쫒아 오는 행위와 같은 경우도 폭행이라고 할 수 없게 된다. 따라서 폭행을 사람에게 물리적·심리적 고통을 가하는 일체의 힘을 의미하는 것으로 이해하여야 할 것이다.

강요죄의 폭행형태는 폭력에 의하여 상대방의 의사형성을 불가능하게 하는 절대적 폭력과 상대방의 의사에 심리적 영향을 미치는 강압적 폭력을 포함한다.

협박이란 해악을 고지하여 상대방에게 현실적으로 공포심을 일으키게 하는 것을 말한다(협의의 협박).[309] 협박죄에서의 통설적인 견해에 의한 협박의 개념과 일치한다.

309) 대법원 2013.4.11. 선고 2010도13774 판결(강요죄의 수단인 협박은 사람의 의사결정의 자유를 제한하거나 의사실행의 자유를 방해할 정도로 겁을 먹게 할 만한 해악을 고지하는 것을 말하는데, 해악의 고지는 반드시 명시적인 방법이 아니더라도 말이나 행동을 통해서 상대방으로 하여금 어떠한 해악에 이르게 할 것이라는 인식을 갖게 하는 것이면 족하고, 피협박자 이외의 제3자를 통해서 간접적으로 할 수도 있으며, 행위자가 그의 직업, 지위 등에 기하여 불법한 위세를 이용하여 재물의 교부나 재산상 이익을 요구하고 상대방으로 하여금 그 요구에 응하지 않을 때에는 부당한 불이익을 당할 위험이 있다는 위구심을 일으키게 하는 경우에도 해악의 고지가 된다. 따라서 피고인이, 갑 주식회사가 특정 신문들에 광고를 편중했다는 이유로 기자회견을 열어 갑 회사에 대하여 불매운동을 하겠다고 하면서 특정 신문들에 대한 광고를 중단할 것과 다른 신문들에 대해서도 동등하게 광고를 집행할 것

② 강요의 내용

ㄱ. 권리행사방해와 의무 없는 일의 강요

권리행사를 방해한다 함은 행사할 수 있는 권리를 행사할 수 없도록 하는 것을 말한다. 권리는 재산적 권리와 비재산적 권리를 모두 포함한다고 하여야 하며, 그 계약체결이 법률상 위법 기타 제한이 있더라도 본죄의 성립에는 영향이 없다.[310] 따라서 피해자를 협박하여 여권을 강제 회수함으로써 피해자로 하여금 해외여행을 가지 못하도록 한 행위도 권리행사를 방해하였다고 할 수 있다.[311]

그러나 권리행사방해에 있어서의 권리를 행사한다고 볼 수 없는 자에 대한 폭행·협박은 본죄를 구성하지 않는다고 할 것이다.[312] 따라서 자살을 하고자 하는 자에게 폭행·협박을 하여 자살을 하지 못한 경우에도 자살이란 권리를 행사한다고 할 수 없기 때문에 본죄의 구성요건에 해당되지 아니한다.

의무없는 일을 하게 한다는 것은 자기에게 아무런 권리도 없고 따라서 상대방에게 의무가 없음에도 불구하고 일정한 작위·부작위 또는 인용을 강요하는 것을 말한다.[313]

을 요구하고 갑 회사 인터넷 홈페이지에 그와 같은 내용의 팝업창을 띄우게 한 경우, 제반 사정을 고려할 때 피고인의 행위는 강요죄의 수단인 협박에 해당한다.) ; 대법원 2003.9.26. 선고 2003도763 판결 ; 대법원 2002.11.22. 선고 2002도3501 판결(골프시설의 운영자가 골프회원에게 불리하게 변경된 내용의 회칙에 대하여 동의한다는 내용의 등록신청서를 제출하지 아니하면 회원으로 대우하지 아니하겠다고 통지한 것은 강요죄의 협박에 해당한다.) ; 대법원 2008.11.27. 선고 2008도7018 판결(직장 상사가 범죄행위를 저지른 부하 직원에게 사직을 단순히 권유한 것만으로는 강요죄의 협박에 해당하지 않는다.) ; 대법원 2010.4.29. 선고 2007도7064 판결(환경단체 소속 회원들이 축산 농가들의 폐수 배출 단속활동을 벌이면서 폐수 배출현장을 사진촬영하거나 지적하는 한편 폐수 배출사실을 확인하는 내용의 사실확인서를 징구하는 과정에서 서명하지 아니할 경우 법에 저촉된다고 겁을 주는 등 행한 일련의 행위는 '협박'에 의한 강요행위에 해당한다.)

310) 대법원 1962.1.25. 선고 4293형상233 판결[본조에서 말하는 권리라 함은 재산적 권리 뿐 아니라 비재산적 권리로 볼 수 있는 개인의 계약체결에 대한 자유권도 포함되고 그 계약체결이 법률상 위법 기타제한이 있다 하더라도 폭력에 의한 권리행사방해죄(강요죄)의 성립에는 영향이 없다.]

311) 대법원 1993.7.27. 선고 93도901 판결(형법 제324조 소정의 폭력에 의한 권리행사방해죄는 폭행 또는 협박에 의하여 권리행사가 현실적으로 방해되어야 할 것임은 소론과 같다고 할 것이나, 원심이 확정한 사실에 의하면 피고인은 피해자의 해외도피를 방지하기 위하여 판시와 같은 방법으로 피해자를 협박하고 이에 피해자가 겁을 먹고 있는 상태를 이용하여 동인 소유의 여권을 교부하게 하여 위 피해자의 해외여행의 권리행사를 방해하였다는 것인바, 위 피해자가 그의 여권을 피고인에게 강제 회수당하였다면 위 피해자가 해외여행을 할 권리는 사실상 침해되었다고 볼 것이므로 원심이 피고인의 판시 소위를 권리행사방해죄의 기수로 본 조처도 옳고 , 피고인이 위 여권을 보관하고 있던 기간이 소론과 같이 짧았는지 여부는 이 사건 결과에 영향이 없다.)

312) 대법원 1961.11.9. 선고 4294형상357 판결.

313) 대법원 1974.5.14. 선고 73도2578 판결(형법 제324조는 사람의 자유를 침해하는 행위에 대한 형벌

본죄가 성립하기 위해서는 의무없는 일을 강요하여야 한다. 따라서 채권자가 채무자에게 채무변제를 강요하거나 대여해간 물품을 반환하도록 강요하는 행위는 의무없는 일이 아니며, 의무에 따른 행위를 하도록 강요하는 것임으로 본죄의 구성요건에 해당하지 않는다고 하여야 할 것이다.

(3) 죄수

강요죄는 폭행죄·협박죄의 구성요건을 포함하고 있으므로 이들 범죄는 강요죄에 흡수되는 법조경합의 관계에 있다.

그러나 주된 범의가 공갈에 의한 갈취에 있는 경우 폭력에 의하여 차용증을 작성하는 등 의무없는 일을 하게 하고 이를 근거로 갈취행위를 한 경우에는 포괄하여 공갈죄 일죄를 구성한다. 이와는 달리 일단 횡령하였다는 자인서를 받아낸 후 다시 갈취의 범의가 발생하여 갈취한 것이라면 강요죄와 공갈죄의 실체적 경합범이 성립한다고 할 것이다.[314)]

규정으로 해석되므로 동 판시 3의 사실 즉 피고인이 피해자 이용하를 협박하여 동인으로 하여금 법률상 의무없는 진술서를 작성케 한 소위는 사람의 자유권행사를 방해한 것이라고 보아지니 동 판결이 여기에 위 법조를 의률처단하였음은 정당하다.) ; 대법원 2006.4.27. 선고 2003도4151 판결[상사 계급의 피고인이 그의 잦은 폭력으로 신체에 위해를 느끼고 겁을 먹은 상태에 있던 부대원들에게 청소 불량 등을 이유로 40분 내지 50분간 머리박아(속칭 '원산폭격')를 시키거나 양손을 깍지 낀 상태에서 약 2시간 동안 팔굽혀펴기를 50-60회 정도 하게 한 행위가 형법 제324조에서 정한 강요죄에 해당한다.] ; 대법원 2012.11.29. 선고 2010도1233 판결(강요죄에서 '의무 없는 일'이란 법령, 계약 등에 기하여 발생하는 법률상 의무 없는 일을 말하므로, 법률상 의무 있는 일을 하게 한 경우에는 강요죄가 성립할 여지가 없다. 따라서 상관이 직무수행을 태만히 하거나 지시사항을 불이행하고 허위보고 등을 한 부하에게 근무태도를 교정하고 직무수행을 감독하기 위하여 직무수행의 내역을 일지 형식으로 기재하여 보고하도록 명령하는 행위는 직무권한 범위 내에서 내린 정당한 명령이므로 부하는 명령을 실행할 법률상 의무가 있고, 명령을 실행하지 아니하는 경우 군인사법 제57조 제2항에서 정한 징계처분이 내려진다거나 그에 갈음하여 얼차려의 제재가 부과된다고 하여 그와 같은 명령이 형법 제324조의 강요죄를 구성한다고 볼 수 없다.)

314) 대법원 1985.6.25. 선고 84도2083 판결[피고인이 투자금의 회수를 위해 피해자를 강요하여 물품대금을 횡령하였다는 자인서를 받아낸 뒤 이를 근거로 돈을 갈취하려다가 피해자가 돈을 교부하지 않음으로써 미수에 그친 경우, 피고인의 주된 범의가 피해자로부터 돈을 갈취하는 데에 있었던 것이라면 피고인은 단일한 공갈의 범의 하에 갈취의 방법으로 일단 자인서를 작성케 한 후 이를 근거로 계속하여 갈취행위를 한 것으로 보아야 할 것이므로 피고인의 위 행위는 포괄하여 공갈미수의 일죄만을 구성한다고 보아야 할 것이지만, 이와 달리 피고인의 처음 범의는 자인서를 받아내는 데에 있었으나 자인서를 받아낸 후 금전갈취의 범의까지 일으켜 폭행·협박을 계속한 것이라면 강요죄와 공갈미수죄의 실체경합으로 볼 여지가 있을 것인바, 원심판시 사실의 표현에 따르면 오히려 전자로 보여 짐에도 불구하고 경합범으로 처단하고 말았으니 이점에서 원심은 심리미진 또는 죄수에 관한 법리오해와 이유불비의 위법을 범한 것이라고 보지 않을 수 없다.]

나. 중강요죄(중권리행사방해죄)

[형법조문]

第326조(중권리행사방해) 第324조 또는 第325조의 죄를 범하여 사람의 생명에 대한 위험을 발생하게 한 자는 10년 이하의 징역에 처한다.

중강요죄(중권리행사방해죄)는 강요죄를 범하여 사람의 생명에 대한 위험을 발생하게 한 경우에 성립하는 부진정결과적 가중범이다. 여기서 사람의 생명에 대한 위험이란 생명에 대한 구체적인 위험을 의미하므로 구체적 위험범이다.

본죄의 죄명은 중권리행사방해죄이나 이는 강요죄와 균형을 맞추기 위하여 중강요죄로 변경하는 것이 타당하다고 주장하는 견해가 설득력을 얻고 있다. 또한 강요죄의 법정형이 폭행죄의 법정형보다 무거움에도 불구하고, 폭행으로 중상해의 결과를 발생시킨 경우에는 1년 이상 10년 이하의 징역임에 반하여 중강요죄의 법정형이 10년 이하의 징역으로 규정된 것은 입법론상 의문이라 할 것이기에 본죄의 법정형도 적어도 중상해죄의 법정형과 같도록 개정할 필요가 있다.

Ⅲ. 인질범죄

가. 인질강요죄

[형법조문]

第324조의2(인질강요) 사람을 체포·감금·약취 또는 유인하여 이를 인질로 삼아 제3자에 대하여 권리행사를 방해하거나 의무없는 일을 하게 한 자는 3년 이상의 유기징역에 처한다.[본조신설 1995.12.29.] 第324조의5(미수범) 第324조 내지 第324조의4의 미수범은 처벌한다. 第324조의6(형의 감경) 第324조의2 또는 第324조의3의 죄를 범한 자 및 그 죄의 미수범이 인질을 안전한 장소로 풀어준 때에는 그 형을 감경할 수 있다.

(1) 의의

인질강요죄는 사람을 체포·감금·약취 또는 유인하여 이를 인질로 삼아[315] 제3자에 대하여 권리행사를 방해하거나 의무없는 일을 하게 한 때에 성립하는 범죄이다. 본죄는 테러활동에 대한 대처수단으로 1995.12.29. 형법개정으로 신설된 가중적 구성요건으로 체포·감금죄 또는 약취·유인죄와 강요죄의 결합범이다.

(2) 보호법익

인질강요죄는 인질이 된 사람의 자유 특히 장소선택의 자유와 피강요자의 의사결정의 자유 및 행동의 자유를 보호법익으로 한다. 보호의 정도는 침해범이다.

(3) 구성요건

본죄가 성립하기 위하여는 체포, 감금, 약취 또는 유인하여 이를 인질로 삼는 행위와 강요(제3자에 대하여 권리행사를 방해하거나 의무없는 일을 하게 하는 것)라는 행위의 두 가지 행위가 있어야 한다.[316]

따라서 어느 하나의 행위만 있는 경우에는 해당행위에 의한 범죄가 성립할 뿐 본죄는 성립하지 아니한다. 즉 체포·감금 행위만 있을 뿐 강요행위가 없는 경우에는 체포·감금죄만 성립하며, 체포·감금 등의 행위 없이 강요행위만 있는 경우에는 강요죄만 성립하게 된다.

본죄의 행위 객체인 인질은 자연인이라는 점에 대하여는 다툼이 없다. 그러나 권리행사를 강요당하는 제3자에 대하여는 이를 의사결정능력을 가진 자연인이라는 견해와 자연인뿐만 아니라 법인 및 법인격 없는 단체 또는 국가기관을 포함한다는 견해가 대립한다.

생각건대 강요죄의 객체가 의사의 자유를 가진 자연인인 타인을 의미할 뿐 아니라,

315) '인질로 삼는다'는 것은 체포·감금약취·유인된 자의 생명·신체의 안전에 관한 제3자의 우려를 이용하여 석방이나 생명·신체에 대한 안전을 보장하는 대가로 제3자에게 강요하기 위해 인질의 자유를 구속하는 것을 말한다.

316) 체포·감금이나 약취·유인 시에 인질로 삼을 목적이 있을 것을 요하지 않고 체포·감금 또는 약취·유인 후 인질로 삼을 고의가 생긴 경우에도 본죄가 성립한다.

법인 등의 행위는 결국 의사능력 있는 대표에 의하여 행하여진다는 점에서 제3자는 의사결정능력을 가진 자연인이라고 보는 견해가 타당하다.

(4) 실행의 착수시기

본죄의 실행의 착수시기에 대해서는, 체포·감금·약취·유인행위를 개시한 때라는 견해(체포감금·약취유인행위시설), 체포·감금·약취·유인 후 강요행위를 개시한 때라는 견해(강요행위시설, 다수설), 인질강요의 의사가 처음부터 있었던 경우에는 체포·감금·약취·유인행위를 개시한 때이지만 체포·감금·약취·유인 후에 비로소 인질강요의 고의가 생긴 경우는 강요행위를 개시한 때라는 견해(이원설)가 대립한다.

생각건대 본죄는 인질강요의 고의가 사후에 생긴 경우에도 성립하는 것이지만 강요죄로서의 성질이 강하게 나타나는 범죄인 이상은 강요행위시설이 타당하다.

(5) 죄수

본죄가 성립하면 전제범죄인 체포·감금죄 또는 약취·유인죄 및 공갈죄 등은 법조경합 중 특별관계에 해당하여 별도의 죄가 성립하지 않는다. 일신전속적인 법익이므로 1개의 인질강요행위로 수인의 권리행사를 방해한 때에는 피강요자의 수만큼 범죄가 성립하고 각 범죄는 상상적 경합이 된다.

나. 인질상해·치상죄

[형법조문]

제324조의3(인질상해 · 치상) 제324조의2의 죄를 범한 자가 인질을 상해하거나 상해에 이르게 한 때에는 무기 또는 5년 이상의 징역에 처한다.[본조신설 1995.12.29.]

제324조의5(미수범) 제324조 내지 제324조의4의 미수범은 처벌한다.

제324조의6(형의 감경) 제324조의2 또는 제324조의3의 죄를 범한 자 및 그 죄의 미수범이 인질을 안전한 장소로 풀어준 때에는 그 형을 감경할 수 있다.

(1) 의의 및 성격

인질상해죄는 인질강요죄와 상해죄의 결합범이며 인질치상죄는 인질강요죄의 진정결과적 가중범이다. 인질에 대한 상해를 구성요건적 결과로 규정하고 있기 때문에 인질의 자유와 의사결정의 자유 및 의사활동(행동)의 자유 이외에 인질의 신체안전도 보호법익이 된다.

(2) 미수범처벌규정의 문제점

본죄는 미수범을 처벌하므로 인질강요자가 인질에게 상해를 가하였으나 상해의 결과가 발생하지 않은 경우 인질상해죄의 미수범으로 처벌된다. 그러나 본죄의 미수범처벌규정이 진정결과적 가중범인 인질치상죄에도 적용되는지가 문제된다.

이에 대해서는 제324조의5의 미수범처벌규정이 인질상해·살해와 인질치상·치사를 구별하지 않고 미수범을 처벌한다고 규정하고 있음을 근거로 인질치상죄의 미수처벌도 가능하다고 해석하는 견해가 다수설이다.

그러나 진정결과적 가중범의 미수는 중한 결과(과실에 의한 치상·치사)에 대한 미수를 의미하는데 형법은 과실범의 미수를 인정하지 않으므로 해석상 인정될 수 없으며, 기본범죄(고의범죄)가 미수인 경우의 결과적 가중범은 법률에 특별한 규정이 있을 때[317] 에만 인정해야 하는 것이므로 인질치상죄의 미수는 인정하지 않는 것이 바람직하다.

따라서 본죄의 미수범처벌규정은 결합범인 인질상해죄(인질살인죄)에 대해서만 적용된다고 하여야 한다. 결국 본죄는 입법적으로는 성폭법의 규정처럼 '제324조의2의 죄를 범한 자 또는 그 미수범'으로 개정하는 것이 바람직하다.

한편 본죄는 인질상해죄와 인질치상죄의 법정형을 구별하지 않고 동일한 법정형으로 처벌하고 있는데, 피약취·유인·매매·이송자상해·치상죄(제290조 제1항 및 제2항)의 경우처럼 책임주의원칙에 부합하도록 양자의 법정형을 구분하여야 할 것이다.

---

317) 동일한 문제점을 가지고 있던 성폭법 제8조(강간등상해·치상), 제9조(강간등살인·치사)는 구성요건에 전제범죄(강간등)의 기수·미수범을 포함시킴으로써 입법적으로 해결하였기 때문에 인질치상·치사죄와 같은 미수범적용문제는 발생하지 않는다.

다. 인질살해·치사죄

[형법조문]

제324조의4(인질살해 · 치사) 제324조의2의 죄를 범한 자가 인질을 살해한 때에는 사형 또는 무기징역에 처한다. 사망에 이르게 한 때에는 무기 또는 10년 이상의 징역에 처한다.[본조신설 1995.12.29.] 제324조의5(미수범) 제324조 내지 제324조의4의 미수범은 처벌한다.

인질살인죄는 인질강요죄와 살인죄의 결합범이며, 인질치사죄는 인질강요죄의 진정결과적 가중범이다. 본죄에 대해서는 해방감경규정은 적용되지 않는다.

본죄의 미수범처벌규정도 고의범인 인질살인죄에 대해서만 적용되고 인질치사죄에 대해서는 적용되지 않는다고 하여야 할 것이다.

제5절 강간과 추행의 죄

Ⅰ. 총설

가. 의의

강간과 추행의 죄는 개인의 성적 자기결정의 자유(성적 자기결정권, 개인의 성적 자유 내지 애정의 자유)를 침해하는 범죄이다. 다만 형법은 개인의 자유를 보호하지만 이는 소극적으로 그 침해로부터 보호하는 것이기 때문에 성적 자기결정의 자유도 적극적으로 성행위를 할 자유를 보호하는 것이 아니라 불법한 성적 침해로부터의 원하지 않는 성행위를 하지 않을 의미의 소극적 자유만을 보호한다.

우리 형법은 강간과 추행의 죄(제32장)[318]를 '외설(猥褻)·간음(姦淫) 및 중혼(重婚)의 죄

(罪)'의 장(일본형법 제22장)에서 사회적 법익에 대한 죄로 규정하고 있는 일본형법(제176조 내지 제181조)의 입법태도와는 달리 성풍속에 관한 죄(제22장 제241조 내지 제245조)와 구별하여 순수한 개인의 자유를 보호하는 범죄로 규정하고 있다.

나. 보호법익

강간과 추행의 죄의 보호법익은 개인의 성적 자기결정의 자유(개인의 성적 자기결정권)이다. 다만 본죄 중에서 폭행 또는 협박을 수단으로 하는 범죄는 신체의 불가침성(신체의 健在) 또는 의사결정의 자유도 부차적인 법익이 된다.[319]

보호의 정도와 관련해서는 강간죄와 준강간죄는 침해범이고 강제추행죄와 준강제추행죄는 추상적 위험범이라는 견해도 있으나, 추행행위도 객관적으로 개인의 성적 감정을 침해하는 정도에 이르러야 하므로 강간죄는 물론 준강제추행죄도 침해범으로 이해하는 것이 타당하다(통설).

다. 구성요건의 체계

[조문]

형법 제297조(강간) 폭행 또는 협박으로 사람을 강간한 자는 3년 이상의 유기징역에 처한다. [개정 2012.12.18.] 제297조의2(유사강간) 폭행 또는 협박으로 사람에 대하여 구강, 항문 등 신체(성기는 제외한다)의 내부에 성기를 넣거나 성기, 항문에 손가락 등 신체(성기는 제외한다)의 일부 또는 도구를 넣는 행위를 한 사람은 2년 이상의 유기징역에 처한다.[본조신설 2012.12.18.]

318) 제32장의 죄는 1995년의 개정 전 형법에서는 '정조에 관한 죄'라고 규정하였다. 그러나 '정조'라는 개념은 개인의 성생활에 대한 사회의 요구를 의미한다. '정조를 지키라'는 말은 특정한 사람하고만 성생활을 하라는 사회의 요구이기 때문이다. 이점에서 정조에 관한 죄라는 용어는 개인적 법익에 대한 죄라기보다는 사회적 법익에 대한 죄로서의 의미를 갖기 때문에 제32장의 죄에서 보호대상으로 삼고 있는 성적 자기결정권과 조화되지 않았다. 특히 강제추행죄는 여자는 물론 남자도 행위객체가 될 수 있다는 점에서 정조에 관한 죄라는 명칭은 적합하지 않으므로 이를 강간과 추행의 죄로 개제(改題)한 것이다.

319) 특히 피구금부녀간음죄(제303조 제2항)의 경우에는 범죄의 특수성으로 감호자가 구금상태에서도 부녀에 대한 부당한 대우를 하지 않는다는 점과 감호자의 청렴성에 대한 일반인의 신뢰까지 부차적 법익으로 고려해야 하고, 미성년자의제강간강제추행죄(제305조)의 경우에는 13세 미만자의 건전한 성적 발육을 보호법익으로 한다.

제298조(강제추행) 폭행 또는 협박으로 사람에 대하여 추행을 한 자는 10년 이하의 징역 또는 1천500만원 이하의 벌금에 처한다.[개정 1995.12.29.]

제299조(준강간, 준강제추행) 사람의 심신상실 또는 항거불능의 상태를 이용하여 간음 또는 추행을 한 자는 제297조, 제297조의2 및 제298조의 예에 의한다.[개정 2012.12.18.]

제300조(미수범) 제297조, 제297조의2, 제298조 및 제299조의 미수범은 처벌한다.[개정 2012.12.18.]

제301조(강간 등 상해 · 치상) 제297조, 제297조의2 및 제298조부터 제300조까지의 죄를 범한 자가 사람을 상해하거나 상해에 이르게 한 때에는 무기 또는 5년 이상의 징역에 처한다.[개정 2012.12.18.]

제301조의2(강간등 살인 · 치사) 제297조, 제297조의2 및 제298조부터 제300조까지의 죄를 범한 자가 사람을 살해한 때에는 사형 또는 무기징역에 처한다. 사망에 이르게 한 때에는 무기 또는 10년 이상의 징역에 처한다.[본조신설 1995.12.29.][개정 2012.12.18.]

제302조(미성년자 등에 대한 간음) 미성년자 또는 심신미약자에 대하여 위계 또는 위력으로써 간음 또는 추행을 한 자는 5년 이하의 징역에 처한다.

제303조(업무상위력 등에 의한 간음) ① 업무, 고용 기타 관계로 인하여 자기의 보호 또는 감독을 받는 사람에 대하여 위계 또는 위력으로써 간음한 자는 5년 이하의 징역 또는 1천500만원 이하의 벌금에 처한다.
② 법률에 의하여 구금된 사람을 감호하는 자가 그 사람을 간음한 때에는 7년 이하의 징역에 처한다.[개정 2012.12.18.]

제304조(혼인빙자등에 의한 간음) 삭제[2012.12.18. 법률 제11574호에 의하여 2009.11.26. 위헌 결정된 이 조를 삭제함.]

제305조(미성년자에 대한 간음, 추행) 13세 미만의 사람에 대하여 간음 또는 추행을 한 자는 제297조, 제297조의2, 제298조, 제301조 또는 제301조의2의 예에 의한다.[개정 2012.12.18.]

제305조의2(상습범) 상습으로 제297조, 제297조의2, 제298조부터 제300조까지, 제302조, 제303조 또는 제305조의 죄를 범한 자는 그 죄에 정한 형의 2분의 1까지 가중한다.[본조신설 2010.4.15.][개정 2012.12.18.]

제306조(고소) 삭제[2012.12.18.]

성폭력범죄의처벌및피해자보호등에관한법률 제3조(특수강도강간 등) ①「형법」 제319조제1항(주거침입), 제330조(야간주거침입절도), 제331조(특수절도) 또는 제342조(미수범. 다만, 제330조 및 제331조의 미수범으로 한정한다)의 죄를 범한 사람이 같은 법 제297조(강간), 제297조의2(유사강간), 제298조(강제추행) 및 제299조(준강간, 준강제추행)의 죄를 범한 경우에는 무기징역 또는 5년 이상의 징역에 처한다.

② 「형법」 제334조(특수강도) 또는 제342조(미수범. 다만, 제334조의 미수범으로 한정한다)의 죄를 범한 사람이 같은 법 제297조(강간), 제297조의2(유사강간), 제298조(강제추행) 및 제299조(준강간, 준강제추행)의 죄를 범한 경우에는 사형, 무기징역 또는 10년 이상의 징역에 처한다.

제4조(특수강간 등) ① 흉기나 그 밖의 위험한 물건을 지닌 채 또는 2명 이상이 합동하여 「형법」 제297조(강간)의 죄를 범한 사람은 무기징역 또는 5년 이상의 징역에 처한다.

② 제1항의 방법으로 「형법」 제298조(강제추행)의 죄를 범한 사람은 3년 이상의 유기징역에 처한다.

③ 제1항의 방법으로 「형법」 제299조(준강간, 준강제추행)의 죄를 범한 사람은 제1항 또는 제2항의 예에 따라 처벌한다.

제5조(친족관계에 의한 강간 등) ① 친족관계인 사람이 폭행 또는 협박으로 사람을 강간한 경우에는 7년 이상의 유기징역에 처한다.

② 친족관계인 사람이 폭행 또는 협박으로 사람을 강제추행한 경우에는 5년 이상의 유기징역에 처한다.

③ 친족관계인 사람이 사람에 대하여 「형법」 제299조(준강간, 준강제추행)의 죄를 범한 경우에는 제1항 또는 제2항의 예에 따라 처벌한다.

④ 제1항부터 제3항까지의 친족의 범위는 4촌 이내의 혈족 · 인척과 동거하는 친족으로 한다.

⑤ 제1항부터 제3항까지의 친족은 사실상의 관계에 의한 친족을 포함한다.

제6조(장애인에 대한 강간 · 강제추행 등) ① 신체적인 또는 정신적인 장애가 있는 사람에 대하여 「형법」 제297조(강간)의 죄를 범한 사람은 무기징역 또는 7년 이상의 징역에 처한다.

② 신체적인 또는 정신적인 장애가 있는 사람에 대하여 폭행이나 협박으로 다음 각 호의 어느 하나에 해당하는 행위를 한 사람은 5년 이상의 유기징역에 처한다.

1. 구강 · 항문 등 신체(성기는 제외한다)의 내부에 성기를 넣는 행위
2. 성기 · 항문에 손가락 등 신체(성기는 제외한다)의 일부나 도구를 넣는 행위

③ 신체적인 또는 정신적인 장애가 있는 사람에 대하여 「형법」 제298조(강제추행)의 죄를 범한 사람은 3년 이상의 유기징역 또는 2천만원 이상 5천만원 이하의 벌금에 처한다.

④ 신체적인 또는 정신적인 장애로 항거불능 또는 항거곤란 상태에 있음을 이용하여 사람을 간음하거나 추행한 사람은 제1항부터 제3항까지의 예에 따라 처벌한다.

⑤ 위계(僞計) 또는 위력(威力)으로써 신체적인 또는 정신적인 장애가 있는 사람을 간음한 사람은 5년 이상의 유기징역에 처한다.

⑥ 위계 또는 위력으로써 신체적인 또는 정신적인 장애가 있는 사람을 추행한 사람은 1년 이상의 유기징역 또는 1천만원 이상 3천만원 이하의 벌금에 처한다.

⑦ 장애인의 보호, 교육 등을 목적으로 하는 시설의 장 또는 종사자가 보호, 감독의 대상인 장애인에 대하여 제1항부터 제6항까지의 죄를 범한 경우에는 그 죄에 정한 형의 2분의 1까지 가중한다.

제7조(13세 미만의 미성년자에 대한 강간, 강제추행 등) ① 13세 미만의 사람에 대하여 「형법」 제297조(강간)의 죄를 범한 사람은 무기징역 또는 10년 이상의 징역에 처한다.

② 13세 미만의 사람에 대하여 폭행이나 협박으로 다음 각 호의 어느 하나에 해당하는 행위를 한 사람은 7년 이상의 유기징역에 처한다.

1. 구강 · 항문 등 신체(성기는 제외한다)의 내부에 성기를 넣는 행위
2. 성기 · 항문에 손가락 등 신체(성기는 제외한다)의 일부나 도구를 넣는 행위

③ 13세 미만의 사람에 대하여 「형법」 제298조(강제추행)의 죄를 범한 사람은 5년 이상의 유기징역 또는 3천만원 이상 5천만원 이하의 벌금에 처한다.

④ 13세 미만의 사람에 대하여 「형법」 제299조(준강간, 준강제추행)의 죄를 범한 사람은 제1항부터 제3항까지의 예에 따라 처벌한다.

⑤ 위계 또는 위력으로써 13세 미만의 사람을 간음하거나 추행한 사람은 제1항부터 제3항까지의 예에 따라 처벌한다.

제8조(강간 등 상해 · 치상) ① 제3조제1항, 제4조, 제6조, 제7조 또는 제15조(제3조제1항, 제4조, 제6조 또는 제7조의 미수범으로 한정한다)의 죄를 범한 사람이 다른 사람을 상해하거나 상해에 이르게 한 때에는 무기징역 또는 10년 이상의 징역에 처한다.

② 제5조 또는 제15조(제5조의 미수범으로 한정한다)의 죄를 범한 사람이 다른 사람을 상해하거나 상해에 이르게 한 때에는 무기징역 또는 7년 이상의 징역에 처한다.

제9조(강간 등 살인 · 치사) ① 제3조부터 제7조까지, 제15조(제3조부터 제7조까지의 미수범으로 한정한다)의 죄 또는 「형법」 제297조(강간), 제297조의2(유사강간) 및 제298조(강제추행)부터 제300조(미수범)까지의 죄를 범한 사람이 다른 사람을 살해한 때에는 사형 또는 무기징역에 처한다.

② 제4조, 제5조 또는 제15조(제4조 또는 제5조의 미수범으로 한정한다)의 죄를 범한 사람이 다른 사람을 사망에 이르게 한 때에는 무기징역 또는 10년 이상의 징역에 처한다.

③ 제6조, 제7조 또는 제15조(제6조 또는 제7조의 미수범으로 한정한다)의 죄를 범한 사람이 다른 사람을 사망에 이르게 한 때에는 사형, 무기징역 또는 10년 이상의 징역에 처한다.

제10조(업무상 위력 등에 의한 추행) ① 업무, 고용이나 그 밖의 관계로 인하여 자기의 보호, 감독을 받는 사람에 대하여 위계 또는 위력으로 추행한 사람은 2년 이하의 징역 또는 500만원 이하의 벌금에 처한다.

② 법률에 따라 구금된 사람을 감호하는 사람이 그 사람을 추행한 때에는 3년 이하의 징역 또는 1천500만원 이하의 벌금에 처한다.

제11조(공중 밀집 장소에서의 추행) 대중교통수단, 공연 · 집회 장소, 그 밖에 공중(公衆)이 밀집하는 장소에서 사람을 추행한 사람은 1년 이하의 징역 또는 300만원 이하의 벌금에 처한다.

제12조(성적 목적을 위한 공공장소 침입행위) 자기의 성적 욕망을 만족시킬 목적으로 「공중화장실 등에 관한 법률」 제2조제1호부터 제5호까지에 따른 공중화장실 등 및 「공중위생관리법」 제2조제1항제3호에 따른 목욕장업의 목욕장 등 대통령령으로 정하는 공공장소에 침입하거나 같은 장소에서 퇴거의 요구를 받고 응하지 아니하는 사람은 1년 이하의 징역 또는 300만원 이하의 벌금에 처한다.

제13조(통신매체를 이용한 음란행위) 자기 또는 다른 사람의 성적 욕망을 유발하거나 만족시킬 목적으로 전화, 우편, 컴퓨터, 그 밖의 통신매체를 통하여 성적 수치심이나 혐오감을 일으키는

말, 음향, 글, 그림, 영상 또는 물건을 상대방에게 도달하게 한 사람은 2년 이하의 징역 또는 500만원 이하의 벌금에 처한다.

제14조(카메라 등을 이용한 촬영) ① 카메라나 그 밖에 이와 유사한 기능을 갖춘 기계장치를 이용하여 성적 욕망 또는 수치심을 유발할 수 있는 다른 사람의 신체를 그 의사에 반하여 촬영하거나 그 촬영물을 반포 · 판매 · 임대 · 제공 또는 공공연하게 전시 · 상영한 자는 5년 이하의 징역 또는 1천만원 이하의 벌금에 처한다.

② 제1항의 촬영이 촬영 당시에는 촬영대상자의 의사에 반하지 아니하는 경우에도 사후에 그 의사에 반하여 촬영물을 반포 · 판매 · 임대 · 제공 또는 공공연하게 전시 · 상영한 자는 3년 이하의 징역 또는 500만원 이하의 벌금에 처한다.

③ 영리를 목적으로 제1항의 촬영물을 「정보통신망 이용촉진 및 정보보호 등에 관한 법률」 제2조제1항제1호의 정보통신망(이하 "정보통신망"이라 한다)을 이용하여 유포한 자는 7년 이하의 징역 또는 3천만원 이하의 벌금에 처한다.

제15조(미수범) 제3조부터 제9조까지 및 제14조의 미수범은 처벌한다.

제18조(고소 제한에 대한 예외) 성폭력범죄에 대하여는 「형사소송법」 제224조(고소의 제한) 및 「군사법원법」 제266조에도 불구하고 자기 또는 배우자의 직계존속을 고소할 수 있다.[개정 2013.4.5.]

제19조(고소·고소기간) 삭제[2013.4.5.]

제20조(「형법」상 감경규정에 관한 특례) 음주 또는 약물로 인한 심신장애 상태에서 성폭력범죄(제2조제1항제1호의 죄는 제외한다)를 범한 때에는 「형법」 제10조제1항 · 제2항 및 제11조를 적용하지 아니할 수 있다.

특정강력범죄의처벌에관한특례법 제2조(적용 범위) ① 이 법에서 "특정강력범죄"란 다음 각 호의 어느 하나에 해당하는 죄를 말한다.[2013.4.5.]

3. 「형법」 제2편제32장 강간과 추행의 죄 중 제301조(강간등 상해 · 치상), 제301조의2(강간등 살인 · 치사)의 죄 및 흉기나 그 밖의 위험한 물건을 휴대하거나 2명 이상이 합동하여 범한 제297조(강간), 제297조의2(유사강간), 제298조(강제추행), 제299조(준강간 · 준강제추행), 제300조(미수범) 및 제305조(미성년자에 대한 간음, 추행)의 죄
4. 「형법」 제2편제32장 강간과 추행의 죄, 「성폭력범죄의 처벌 등에 관한 특례법」 제3조부터 제10조까지 및 제15조(제13조의 미수범은 제외한다)의 죄 또는 「아동 · 청소년의 성보호에 관한 법률」 제13조의 죄로 두 번 이상 실형을 선고받은 사람이 범한 「형법」 제297조, 제297조의2, 제298조부터 제300조까지, 제305조 및 「아동 · 청소년의 성보호에 관한 법률」 제13조의 죄

아동·청소년의성보호에관한법률 제2조(정의) 이 법에서 사용하는 용어의 뜻은 다음과 같다.[2014.1.28.]

1. "아동 · 청소년"이란 19세 미만의 자를 말한다. 다만, 19세에 도달하는 연도의 1월 1일을 맞이한 자는 제외한다.

2. "아동 · 청소년대상 성범죄"란 다음 각 목의 어느 하나에 해당하는 죄를 말한다.
가. 제7조부터 제15조까지의 죄
나. 아동 · 청소년에 대한 「성폭력범죄의 처벌 등에 관한 특례법」 제3조부터 제15조까지의 죄
다. 아동 · 청소년에 대한 「형법」 제297조, 제297조의2 및 제298조부터 제301조까지, 제301조의2, 제302조, 제303조, 제305조 및 제339조의 죄
라. 아동 · 청소년에 대한 「아동복지법」 제17조제2호의 죄

제7조(아동 · 청소년에 대한 강간 · 강제추행 등) ① 폭행 또는 협박으로 아동 · 청소년을 강간한 사람은 무기징역 또는 5년 이상의 유기징역에 처한다.
② 아동 · 청소년에 대하여 폭행이나 협박으로 다음 각 호의 어느 하나에 해당하는 행위를 한 자는 5년 이상의 유기징역에 처한다.
1. 구강 · 항문 등 신체(성기는 제외한다)의 내부에 성기를 넣는 행위
2. 성기 · 항문에 손가락 등 신체(성기는 제외한다)의 일부나 도구를 넣는 행위
③ 아동 · 청소년에 대하여 「형법」 제298조의 죄를 범한 자는 2년 이상의 유기징역 또는 1천만원 이상 3천만원 이하의 벌금에 처한다.
④ 아동 · 청소년에 대하여 「형법」 제299조의 죄를 범한 자는 제1항부터 제3항까지의 예에 따른다.
⑤ 위계(僞計) 또는 위력으로써 아동 · 청소년을 간음하거나 아동 · 청소년을 추행한 자는 제1항부터 제3항까지의 예에 따른다.
⑥ 제1항부터 제5항까지의 미수범은 처벌한다.

제8조(장애인인 아동 · 청소년에 대한 간음 등) ① 19세 이상의 사람이 장애 아동 · 청소년(「장애인복지법」 제2조제1항에 따른 장애인으로서 신체적인 또는 정신적인 장애로 사물을 변별하거나 의사를 결정할 능력이 미약한 13세 이상의 아동 · 청소년을 말한다. 이하 이 조에서 같다)을 간음하거나 장애 아동 · 청소년으로 하여금 다른 사람을 간음하게 하는 경우에는 3년 이상의 유기징역에 처한다.
② 19세 이상의 사람이 장애 아동 · 청소년을 추행한 경우 또는 장애 아동 · 청소년으로 하여금 다른 사람을 추행하게 하는 경우에는 10년 이하의 징역 또는 1천500만원 이하의 벌금에 처한다.

제9조(강간 등 상해 · 치상) 제7조의 죄를 범한 사람이 다른 사람을 상해하거나 상해에 이르게 한 때에는 무기징역 또는 7년 이상의 징역에 처한다.

제10조(강간 등 살인 · 치사) ① 제7조의 죄를 범한 사람이 다른 사람을 살해한 때에는 사형 또는 무기징역에 처한다.
② 제7조의 죄를 범한 사람이 다른 사람을 사망에 이르게 한 때에는 사형, 무기징역 또는 10년 이상의 징역에 처한다.

제13조(아동 · 청소년의 성을 사는 행위 등) ① 아동 · 청소년의 성을 사는 행위를 한 자는 1년 이상 10년 이하의 징역 또는 2천만원 이상 5천만원 이하의 벌금에 처한다.
② 아동 · 청소년의 성을 사기 위하여 아동 · 청소년을 유인하거나 성을 팔도록 권유한 자는 1년 이하의 징역 또는 1천만원 이하의 벌금에 처한다.

아동학대범죄의처벌등에관한특례법 제2조(정의) 이 법에서 사용하는 용어의 뜻은 다음과 같다.
4. "아동학대범죄"란 보호자에 의한 아동학대로서 다음 각 목의 어느 하나에 해당하는 죄를 말한다.
바. 「형법」 제2편제32장 강간과 추행의 죄 중 제297조(강간), 제297조의2(유사강간), 제298조(강제추행), 제299조(준강간, 준강제추행), 제300조(미수범), 제301조(강간등 상해 · 치상), 제301조의2(강간등 살인 · 치사), 제302조(미성년자등에 대한 간음), 제303조(업무상위력 등에 의한 간음) 및 제305조(미성년자에 대한 간음, 추행)의 죄
하. 제4조(아동학대치사), 제5조(아동학대중상해) 및 제6조(상습범)의 죄

II. 강간죄

[형법조문]

제297조(강간) 폭행 또는 협박으로 사람을 강간한 자는 3년 이상의 유기징역에 처한다.[개정 2012.12.18.]

제300조(미수범) 제297조, 제297조의2, 제298조 및 제299조의 미수범은 처벌한다.[개정 2012.12.18.]

제306조(고소) 제297조 내지 제300조와 제302조 내지 제305조의 죄는 고소가 있어야 공소를 제기할 수 있다.[삭제 2012.12.18.]

가. 의의 및 보호법익

강간죄는 폭행 또는 협박으로 사람을 강간함으로써 성립하는 범죄이다.

강간죄와 강제추행죄의 관계에 대하여, 서로 강간과 추행의 죄의 기본적 구성요건(서로 독립적인 범죄)이라는 견해도 있지만, 강제추행죄가 기본적 구성요건이고 강간죄는 이에 대하여 불법이 가중되는 가중적 구성요건이라고 이해하여야 할 것이다(다수설).

즉 강간죄에 해당하는 행위는 모두 강제추행죄에도 해당할 수 있으며, 강간으로 인하여 사람의 성적 자기결정권(즉 성행위를 할 것인지 여부, 누구와 성행위를 할 것인지를 결정할 수 있는 자유)을 현저하게 침해한다는 점에서 가중되는 것이라 할 수 있다.

강간죄는 폭행 및 협박, 간음행위가 구성요건적 행위로 되어있는 결합범이며, 보호의 정도는 침해범이다.

나. 객관적 구성요건

① 행위의 주체

여자도 강간죄의 주체가 될 수 있는지와 관련하여, 남자만이 강간죄의 주체가 된다는 견해(진정신분범설)도 있지만, 강간죄의 본질적인 불법내용은 폭행·협박에 의한 강제적인 간음행위에 있기 때문에 여자도 강간죄의 주체가 될 수 있다는 견해(무제한설, 통설 및 판례[320])가 타당하다.

즉 일반적으로 사람에 대한 강간을 여자도 할 수 있다는 점에서 여자도 강간죄의 단독정범이 될 수는 있지만, 한편으로는 여자도 정신병자인 남자를 생명있는 도구로 이용하는 간접정범의 형태나 남자와 공모하여 여자가 폭행·협박행위에 가담하고 남자가 강간을 실행하는 기능적 범행지배행위를 통하여 공동정범의 형태[321]로 강간죄를 범할 수 있기 때문이다.

② 행위의 객체

본죄의 객체는 자연인인 사람이다. 따라서 남자도 본죄의 객체가 될 수 있다.

[강간죄의 객체와 헌법의 평등권]

2012.12.18. 형법개정 이전에는 강간죄의 객체를 부녀에 한정하는 것은 남자를 강간죄에 의해 보호받지 못하게 하는 결과를 초래하기 때문에 헌법의 평등원칙에 반하는 것이 아닌가 하는 의문이 제기되어 왔다.

320) **[강간행위의 주체성]** : 대법원 2012.6.28. 선고 2012도2631 판결 ; 대법원 1998.2.27. 선고 97도1757 판결[갑(여자)은 을로부터 성교를 하고 싶으니 여자를 소개하여 달라는 부탁을 받고서 피해자 A를 소개하여 주었을 뿐 아니라 피해자가 강간당하지 않으려고 도망하였다가 병에게 붙잡혀 갑의 방으로 돌아오자 그곳에서 A에게 을과 성교할 것을 강요하면서 A의 뺨을 3회 때리고 머리카락을 잡아 당겼음을 알 수 있다. 사실관계가 위와 같다면 병 및 갑은 강간죄의 실행행위를 분담하였다 할 것이고 그 실행행위의 분담은 시간적으로나 공간적으로 을과 협동관계에 있다고 보아야 할 것이다.]. 이는 공모·협동관계를 기초로 강간의 실행행위를 분담한 여자에 대하여도 강간죄의 주체성을 인정하여 성폭법상의 합동강간죄로 처벌한 판례이다.

321) 대법원 1984.6.12. 선고 84도780 판결(피고인이 공소외 인과 공모하여 공소외인이 피해자를 강간하고 있는 동안 위 피해자가 반항을 하지 못하도록 그의 입을 손으로 틀어막고 주먹으로 얼굴을 2회 때린 것이라면 피고인은 강간죄의 공동정범의 죄책을 면할 수 없다 할 것이므로 같은 취지에서 피고인의 소위를 강간죄의 공동정범으로 의율한 원심의 조치는 정당하다.)

그러나 강간행위는 남녀의 생리적·육체적 차이로 인하여 남성에 의해서 행해지는 것이 일반적이므로 강간죄의 객체를 부녀에 한정하더라도 사회관념상 합리적인 근거없는 특권을 부여한 것이 아니기 때문에 위헌이라고 할 수 없다는 것이 대법원의 입장이었다(대법원 1967.2.28. 선고 67도1 판결).

그러나 위헌이 아니라고 해서 강간죄의 규정에 문제가 없는 것은 아니다. 간음이 반드시 남자에 의해서만 가능한 것도 아니고 강간죄의 객체를 부녀로 한정해야 할 필연적인 이유도 없을 뿐만 아니라 성적 자기결정권에 대한 사회적·도덕적 관점도 변화하였기 때문에 입법자는 2012.12.18. 형법을 개정하여 강간죄의 객체를 '사람'으로 확장한 것이다.

사람인 이상, 성년·미성년, 기혼·미혼, 음행의 상습이 있거나, 매춘부이거나 행위자와 정교관계를 맺고 있던 사람이거나를 불문한다. 성교능력이 없는 13세 미만의 미성년자나 노인도 객체가 될 수 있다.[322)]

법률상의 처도 강간죄의 객체가 될 수 있는지에 대해서는, 혼인계약의 내용에 강요된 동침까지 포함할 수 없으므로 긍정해야 한다는 견해(긍정설 및 판례[323)]), 별거 중인 처에 한해서는 긍정할 수 있다는 견해(부분긍정설), 부부관계의 특수성을 고려하여 법률상의 처는 강간죄의 객체가 될 수 없다는 견해(부정설, 다수설)등이 대립하고 있다.

생각건대 민법상의 동거의무가 폭행·협박에 의한 부부관계까지 감수할 것을 의무화하는 것은 아니며, 혼인계약 후에도 부녀의 성적 자기결정권은 여전히 존재하는 것이므로 법률상의 처도 강간죄의 객체가 될 수 있다고 하여야 할 것이다.

종래 강간죄의 객체와 관련해서는 남성이 여성으로 성전환수술을 받은 경우 강간죄의 객체가 될 수 있는지(성전환자에 대한 강간죄 인정여부)도 문제되었다.

322) 다만 13세 미만의 미성년자에 대해서는 성폭법(제7조 제1항)에 의해서, 19세 미만의 아동·청소년에 대해서는 아청법(제7조 제1항)에 의해서 가중처벌된다.

323) **[법률상의 처에 대한 강간죄의 객체성 여부]** : 부산지법 2009.1.16. 선고 2008고합808 판결 ; 서울고법 2011.9.22. 선고 2011노2052 판결[확정] ; 대법원 2013.5.16 선고 2012도14788,2012전도252 전원합의체판결[형법은 법률상 처를 강간죄의 객체에서 제외하는 명문의 규정을 두고 있지 않으므로, 문언 해석상으로도 법률상 처가 강간죄의 객체에 포함된다고 새기는 것에 아무런 제한이 없다. 결론적으로 헌법이 보장하는 혼인과 가족생활의 내용, 가정에서의 성폭력에 대한 인식의 변화, 형법의 체계와 그 개정 경과, 강간죄의 보호법익과 부부의 동거의무의 내용 등에 비추어 보면, 형법 제297조가 정한 강간죄의 객체인 '부녀'에는 법률상 처가 포함되고, 혼인관계가 파탄된 경우뿐만 아니라 혼인관계가 실질적으로 유지되고 있는 경우에도 남편이 반항을 불가능하게 하거나 현저히 곤란하게 할 정도의 폭행이나 협박을 가하여 아내를 간음한 경우에는 강간죄가 성립한다고 보아야 한다. 다만 남편의 아내에 대한 폭행 또는 협박이 피해자의 반항을 불가능하게 하거나 현저히 곤란하게 할 정도에 이른 것인지 여부는, 부부 사이의 성생활에 대한 국가의 개입은 가정의 유지라는 관점에서 최대한 자제하여야 한다는 전제에서, 그 폭행 또는 협박의 내용과 정도가 아내의 성적 자기결정권을 본질적으로 침해하는 정도에 이른 것인지 여부, 남편이 유형력을 행사하게 된 경위, 혼인생활의 형태와 부부의 평소 성행, 성교 당시와 그 후의 상황 등 모든 사정을 종합하여 신중하게 판단하여야 한다.]

이에 대해서는 성전환수술 후에도 임신과 출산능력이 없는 점과 법적 안정성을 이유로 부정하는 견해(부정설), 현실적으로 여성으로서 성생활을 하고 있는 사회적·규범적 성까지 고려하여 강간죄의 객체인 부녀가 될 수 있다는 견해(긍정설, 다수설 및 판례), 성전환 후 호적이 변경된 경우에는 부녀가 될 수 있다는 견해(조건부 긍정설) 등이 대립하여 왔다. 판례는 부정설을 취하는 입장을 견지하여 왔으나, 최근 긍정설을 취하여 성전환자도 강간죄의 객체로 인정하는 태도를 견지하였다.[324]

생각건대 개정형법에 따르면 객체가 '사람'으로 개정됨에 따라 성전환자의 성별논란에도 불구하고 성전환자에 대한 강간죄의 객체성은 해소되었다고 할 것이다. 그럼에도 성전환자의 성별문제는 강간행위에 성전환자의 성별이 직접 연결되어 있기 때문에 강간죄의 성립여부와 관련하여 여전히 중요하다. 즉 강간행위는 남녀 간 남성기와 여성기 간의 결합인 간음으로 한정되기 때문이다. 따라서 여성으로 성전환한 사람을 여성으로 인정하지 않는 경우에는 설령 그 사람을 강간한다하더라도 간음이라는 요건을 충족시킬 수 없기 때문에 강간죄로는 처벌할 수 없고 후술하는 유사강간죄(제297조의2)의 성립 여부가 문제될 뿐이다.

요컨대 성(性)의 결정에 있어서는 개인적인 성귀속감과 사회적·정신적·규범적 성(性) 및 사회일반인의 평가를 종합적으로 고려하여 판단하여야 할 것이다. 평소 여성으로서의 성귀속감을 가지고 수술을 통하여 성전환한 자를 사회일반인들도 여성으로 평가하고 있는 경우에는 호적정정 이전이더라도 성적 자기결정권의 주체성을 보호받

324) 그 동안 대법원은 남녀의 구분이 '발생학적인 性인 성염색체의 구성을 기본으로 하여 성선, 외부성기를 비롯한 신체의 외관은 물론이고 심리적·정신적인 성, 그리고 사회생활에서 수행하는 주관적·개인적인 성생활(성전환의 경우는 그 전후를 포함하여) 및 이에 대한 일반인의 평가나 태도 등 모든 요소를 종합적으로 고려하여 사회통념에 따라 결정하여야 한다'고 하면서도 여성으로 성전환수술을 한 자를 강간죄의 객체로 인정하지 않았다. 즉 '기본적인 요소인 성염색체의 구성이나 본래의 내·외부 성기의 구조, 정상적인 남자로서 생활한 기간, 성전환수술을 한 경우, 시기 및 수술 후에도 여성으로서의 생식능력은 없는 점, 그리고 이에 대한 사회일반인의 평가와 태도 등 여러 요소를 종합적으로 고려하여 보면 사회통념상 여자로 볼 수는 없다'는 것이다(대법원 1996.6.11. 선고 96도791 판결). 그러나 최근에는 성전환자에 대한 호적상 성별기재의 정정허용여부에 관한 사건에서 '성전환자는 출생 시와는 달리 전환된 성이 법률적으로도 그 성전환자의 성이라고 평가받을 수 있다'고 하면서 성전환자에 대하여 호적법 제120조[현행 가족관계의등록등에관한법률(시행 2007.7.23. 법률 제8541호) 제104조]의 절차에 따라 성별을 정정하는 호적정정을 허가하고 있다(대법원 2006.6.22. 선고 2004스42 전원합의체판결). 최근에는 性의 결정에 있어 생물학적요소와 정신적·사회적 요소를 종합적으로 고려하여 여성으로 성전환한 자도 강간죄의 객체로 인정하였다(대법원 2009.9.10. 선고 2009도3580 판결).

을 수 있도록 여성으로 인정하여야 한다. 따라서 성전환자인 여성에 대해서도 강간죄의 성립을 인정하는 것이 타당하다.

③ 실행행위

강간죄의 행위는 폭행 또는 협박에 의하여 사람을 강간하는 것이다.

ㄱ. 폭행·협박의 정도

사람에 대한 유형력의 행사를 의미하는 폭행의 대상은 피해자에 한정된다. 제3자에 대한 폭행은 피해자에 대한 해악을 고지하는 협박이 되는데 불과하기 때문이다.

폭행·협박의 정도에 대해서는 견해가 대립한다. 즉 상대방의 의사를 억압할 정도에 이를 것을 요하며 강도죄의 폭행·협박의 정도와 동일하게 보아야 한다는 견해도 있지만, 통설 및 판례[325]는 상대방의 의사를 억압할 정도는 물론 이에 이르지 아니하고, 상대방의 의사를 현저히 곤란하게 하는 정도인 경우에도 본죄의 폭행·협박으로 인정하여야 한다고 한다.

325) 대법원 2010.11.11. 선고 2010도9633 판결 ; 대법원 2007.1.25. 선고 2006도5979 판결[강간죄가 성립하려면 가해자의 폭행·협박은 피해자의 항거를 불가능하게 하거나 현저히 곤란하게 할 정도의 것이어야 하고, 그 폭행·협박이 피해자의 항거를 불가능하게 하거나 현저히 곤란하게 할 정도의 것이었는지 여부는 그 폭행·협박의 내용과 정도는 물론, 유형력을 행사하게 된 경위, 피해자와의 관계, 성교 당시와 그 후의 정황 등 모든 사정을 종합하여 판단하여야 한다 또한, 상대방에 대하여 폭행 또는 협박을 가하여 추행행위를 하는 경우에 강제추행죄가 성립하려면 그 폭행 또는 협박이 항거를 곤란하게 할 정도일 것을 요하고, 그 폭행·협박이 피해자의 항거를 곤란하게 할 정도의 것이었는지 여부 역시 그 폭행·협박의 내용과 정도는 물론, 유형력을 행사하게 된 경위, 피해자와의 관계, 추행 당시와 그 후의 정황 등 모든 사정을 종합하여 판단하여야 한다.

따라서 가해자가 폭행을 수반함이 없이 오직 협박만을 수단으로 피해자를 간음 또는 추행한 경우에도 그 협박의 정도가 위와 같은 정도의 것이었다면 강간죄 또는 강제추행죄가 성립하는 것이고, 협박과 간음 또는 추행 사이에 시간적 간격이 있더라도 협박에 의하여 간음 또는 추행이 이루어진 것으로 인정될 수 있다면 달리 볼 것은 아니며, 한편 유부녀인 피해자에 대하여 혼인 외 성관계 사실을 폭로하겠다는 등의 내용으로 협박을 행사하여 피해자를 간음 또는 추행한 경우에 있어서 그 협박이 위와 같은 정도의 것이었는지 여부에 관하여는, 일반적으로 혼인한 여성에 대하여 정조의 가치를 특히 중시하는 우리 사회의 현실이나 형법상 간통죄로 처벌하는 조항이 있는 사정 등을 감안할 때 혼인 외 성관계 사실의 폭로 자체가 여성의 명예손상, 가족관계의 파탄, 경제적 생활기반의 상실 등 생활상의 이익에 막대한 영향을 미칠 수 있고 경우에 따라서는 간통죄로 처벌받는 신체상의 불이익이 초래될 수도 있으며, 나아가 폭로의 상대방이나 범위 및 방법(예를 들면 인터넷 공개, 가족들에 대한 공개, 자녀들의 학교에 대한 공개 등)에 따라서는 그 심리적 압박의 정도가 심각할 수 있으므로, 단순히 협박의 내용만으로 그 정도를 단정할 수는 없고, 그 밖에도 협박의 경위, 가해자 및 피해자의 신분이나 사회적 지위, 피해자와의 관계, 간음 또는 추행 당시와 그 후의 정황, 그 협박이 피해자에게 미칠 수 있는 심리적 압박의 내용과 정도 등 모든 사정을 종합하여 신중하게 판단하여야 한다.]

강간죄가 성립하기 위한 가해자의 폭행·협박이 있었는지 여부에 대해서도, 합리적 또는 진지한 저항을 곤란하게 하는 경우로 충분하다는 견해, 피해자의 진지한 거부의사가 있는 경우로 충분하다는 견해 등이 있으나, 합리적 저항이나 진지한 저항여부는 판단기준이 모호하고 신체에 대한 폭행을 의미하는 협의의 폭행을 의사결정의 자유에 대한 폭행의 정도로 변경하는 것은 강간죄의 성립을 지나치게 확장하는 결과를 초래할 수 있다는 점에서 상대방의 반항을 억압하는 경우나 현저히 곤란하게 할 정도로 해석하는 통설 및 판례의 태도가 타당하다 할 것이다.

따라서 항거의 불가능이나 곤란성 여부는 폭행·협박의 내용과 정도, 피해자와의 관계, 피해자의 연령·정신상태, 행위시기, 성교 당시와 그 후의 정황 등 모든 사정을 종합하여 객관적으로 판단하여야 하며[326), 피해자가 성교 이전에 범행현장에서 벗어날 수 있었다거나 피해자가 사력을 다하여 반항하였는지 여부 등을 사후적으로만 판단하여서는 아니 된다.[327)]

폭행의 범위와 관련해서는 수면제나 마취제를 영양제로 속여 사람을 수면상태 또는 환각상태로 만든 후 강간한 경우에 본죄가 성립할 수 있는지가 문제된다. 폭행에는 반항을 전혀 불가능하게 하는 절대적 폭력 이외에 스스로 반항을 포기하게 하는 강제적 폭력도 포함되기 때문에 마취제 또는 수면제 등의 약물을 사용하거나 최면술을 거는 것도 절대적 폭력이어서 본죄의 폭행에 해당한다는 견해(다수설)도 있지만, 폭행과 상해를 엄격하게 구별하고 있는 우리 형법에서는 마취제나 수면제를 억지로 먹인 경우에는 절대적 폭력이 될 수 있지만 영양제로 속이고 먹인 경우에는 상해는 될 수 있어도 폭행은 될 수 없고 폭행을 수단으로 하지 않은 간음이므로 강간죄가 성립할 수 없다. 따라서 이 경우에는 상해죄와 준강간죄(제299조)가 성립한다고 해야 할 것이다.

ㄴ. 강간

강간이란 폭행·협박에 의하여 상대방의 반항을 현저히 곤란하게 하여 간음하는 것

326) 대법원 2001.10.30. 선고 2001도4462 판결 : 대법원 2004.6.25. 선고 2004도2611 판결.
327) 대법원 2012.7.12. 선고 2012도4031 판결 ; 대법원 2005.7.28. 선고 2005도3071 판결.

을 말한다. 성교를 의미하는 간음이란 남자의 성기를 여자의 성기 속에 삽입하여 결합하는 것을 말한다. 따라서 성교행위 이외의 성행위(계간 등)나 남성기유사물을 여성기에 삽입하는 행위, 여성기유사물을 남성기에 삽입하는 행위 등은 간음이 아니므로 강간죄가 성립할 수 없으며 유사성교행위로서 유사강간죄가 성립할 뿐이다.

폭행·협박과 간음 사이에는 인과관계가 있어야 한다. 따라서 폭행·협박 후에 간음에 대한 부녀의 동의가 있는 경우에는 강간(불능)미수가 된다.[328] 또한 타인이 행한 폭행·협박을 이용하여 부녀를 간음한 때에는 준강간죄(제299조)가 성립할 수는 있어도 본죄는 성립하지 않는다고 보아야 한다.

④ 착수시기와 기수시기

본죄의 실행의 착수는 간음의 의사로 사람의 반항을 현저히 곤란하게 할 정도의 폭행·협박을 개시한 때이다. 따라서 사람의 옷을 벗기거나 간음의 준비가 있어야 하는 것은 아니며, 실제로 폭행·협박에 의하여 피해자의 항거가 불가능하게 되거나 현저히 곤란하게 되어야만 실행의 착수가 있는 것도 아니다.[329][330]

328) 이점에서 행위자가 본죄의 실행에 착수하기 전에 부녀가 이에 동의한 때에는 강간이라고 할 수 없다. 강간은 부녀의 의사에 반하는 것이어야 하기 때문이다. 이러한 부녀의 동의는 구성요건해당성을 배제시키는 양해가 된다. 한편 본죄가 기수에 이른 이후에 부녀가 성적 흥분으로 인하여 반항하지 않았다 할지라도 강간죄의 성립에 영향이 없음은 물론이다.

329) 대법원 2000.6.9. 선고 2000도1253 판결(강간죄는 부녀를 간음하기 위하여 피해자의 항거를 불능하게 하거나 현저히 곤란하게 할 정도의 폭행 또는 협박을 개시한 때에 그 실행의 착수가 있다고 보아야 할 것이고, 실제로 그와 같은 폭행 또는 협박에 의하여 피해자의 항거가 불능하게 되거나 현저히 곤란하게 되어야만 실행의 착수가 있다고 볼 것은 아니다.)

330) **[실행의 착수를 인정한 판례]** : 대법원 1983.4.26. 선고 83도323 판결(피고인이 피해자가 자동차에서 내릴 수 없는 상태를 이용하여 강간하려고 결의하고, 주행 중인 자동차에서 탈출불가능하게 하여 외포케 하고 50킬로미터를 운행하여, 여관 앞까지 강제로 연행하여 강간하려다 미수에 그친 경우 위 협박은 감금죄의 실행의 착수임과 동시에 강간미수죄의 실행의 착수라고 할 것이다.) ; 대법원 1991.4.9. 선고 91도288 판결 (피고인이 여자를 간음할 목적으로 그 방문 앞에 가서 피해자가 방문을 열어주지 않으면 부수고 들어갈 듯 한 기세로 방문을 두드리고 피해자가 위험을 느끼고 창문에 걸터앉아 가까이 오면 뛰어내리겠다고 하는데도 그 집 베란다를 통하여 창문으로 침입하려고 하였다면 강간의 수단으로서의 폭행에 착수하였다고 할 수 있으므로 피고인에게 강간의 범의가 없었다거나 아직 강간의 착수가 있었다고 할 수 없다는 상고논지도 받아들일 수 없는 것이다.) ; 대법원 2000.8.18. 선고 2000도1914 판결(피고인이 피해자를 원심 판시 여관방으로 유인한 다음 방문을 걸어 잠근 후 피해자에게 성교할 것을 요구하였으나 피해자가 이를 거부하자 "옆방에 내 친구들이 많이 있다. 소리지르면 다 들을 것이다. 조용히 해라. 한 명하고 할 것이냐? 여러 명하고 할 것이냐?"라고 말하면서 성행위를 요구한 사실이 인정되는바, 이러한 사실과 피해자의 연령이 어린 점, 다른 사람의 출입이 곤란한 심야의 여관방에 피고인과 피해자 단둘이 있는 상황인 점 등 기록에 나타난 모든 사정을 종합하면 피고인이 피해자의 항거를 현저히 곤란하게 할 정도의 유형력을 행사한 사실은 충

한편 본죄의 기수시기에 대해서는 종래 삽입설과 만족설의 대립이 있었으나 현재는 남자의 성기가 여자의 성기 속에 삽입되는 순간 기수가 된다는 데에 이론이 없다.

따라서 사정이나 성적인 만족이 있을 것을 요하지 않는다. 본죄가 성욕의 만족이나 임신의 위험을 금지하는데 그 본질이 있는 것이 아니라, 사람의 성적 자기결정권을 침해하는 것을 본질로 하기 때문이다.

다. 죄수

동일한 폭행·협박을 이용하여 수회 간음한 때에는 단순일죄가 성립할 뿐이다.[331)]본죄가 성립할 때는 폭행·협박과 강제추행죄는 모두 본죄에 흡수된다(법조경합 중 특별관계 및 흡수관계). 그러나 감금죄는 본죄에 흡수되지 아니하고 별죄를 구성[332)]하며 주거침입죄와 본죄도 실체적 경합범이 된다.[333)]

한편 강간 후 강도의 범의를 일으켜 강도한 경우에는 강간죄와 강도죄의 실체적 경합이 된다.[334)] 그러나 강도범이 강간한 경우에는 강도강간죄의 일죄가 성립한다.

분히 인정된다.)

[실행의 착수를 부정한 판례] : 대법원 1990.5.25. 선고 90도607 판결(강간죄의 실행의 착수가 있었다고 하려면 강간의 수단으로서 폭행이나 협박을 한 사실이 있어야 할 터인데 위 판시사실에 의하면 피고인이 강간할 목적으로 피해자의 집에 침입하였다 하더라고 안방에 들어가 누워 자고 있는 피해자의 가슴과 엉덩이를 만지면서 간음을 기도하였다는 사실만으로는 강간의 수단으로 피해자에게 폭행이나 협박을 개시하였다고 하기는 어렵다.)

331) **[단순일죄와 실체적 경합범을 인정한 판례]** : 대법원도 피해자를 1회 간음하고 200M 쯤 오다가 다시 1회 간음한 경우에 피해자의 의사 및 그 범행시각과 장소로 보아 두 번째의 간음행위가 처음 행위의 계속으로 볼 수 있으면 단순일죄로 판단하지만(대법원 1970.9.29. 선고 70도1516 판결 : 2002.9.3. 선고 2002도2581 판결), 피해자를 1회 강간하여 상처를 입게 한 후 약 1시간 후에 장소를 옮겨 같은 피해자를 다시 1회 강간한 행위는 그 범행시간과 장소를 달리하고 있을 뿐만 아니라 각 별개의 범의에서 이루어진 행위로서 실체적 경합이 된다고 한다(대법원 1987.5.12. 선고 87도694 판결).

332) 대법원 1997.1.21. 선고 96도2715 판결.

333) 대법원 1988.12.13. 선고 88도1807,88감도130 판결[야간에 흉기를 들고 사람의 주거에 침입하여 강간을 한 경우에는 폭처법 위반(주거침입)죄(이하 주거침입죄라고 한다)와 강간죄가 성립한다고 할 것이고 이 경우 두 죄는 실체적 경합관계에 있다고 보아야 할 것이며 그러므로 강간죄에 고소의 취소가 있었다고 하더라도 주거침입죄에 관하여는 적법한 공소를 제기할 수 있는 것이라 할 것이고 이 경우 주거침입죄는 강간죄의 수단이라기보다는 강간죄의 전 단계에서 이루어진 별개의 범죄라고 보아야 할 것이므로 위 두개의 죄가 법조경합의 관계에 있다고 할 수는 없다.]

334) 대법원 2002.2.8. 선고 2001도6425 판결 ; 대법원 1977.9.28. 선고 77도1350 판결.

라. 친고죄규정의 폐지

종래 본죄는 친고죄이었다. 따라서 고소가 있어야 공소를 제기할 수 있었다. 친고죄로 하였던 이유는 강간피해사실이 공개되는 때에는 피해자의 명예가 손상되어 오히려 피해자에게 불이익을 초래할 수 있기 때문이었다.

그러나 최근 성폭력범죄에 대한 사회적 인식이 가해자·피해자 간의 사적 관계나 피해자의 명예보호라는 측면에서 공공의 이익이라는 사회적 측면으로 이동함에 따라 입법자는 2012.12.18. 변화된 시대 상황을 반영하여 다양화된 성범죄에 효과적으로 대처하기 위하여 형법 및 특별형법상의 성폭력범죄 관련 친고죄규정과 반의사불벌죄규정을 전면 삭제하였다. 오히려 앞으로는 피해자의 명예보호에 대한 적정한 대처 방안을 강구하는 것이 더욱 필요할 것이다.

종래에는 강간죄에 대한 고소가 없거나 고소가 취소된 경우에 그 수단인 폭행 또는 협박행위만을 별도로 공소제기 할 수 있을 것인지 여부가 문제되었는바, 통설 및 판례[335]는 친고죄에 해당하는 강간죄는 결합범으로 일죄에 해당하므로 강간에 대한 고소가 없거나 고소의 취소가 있는 경우, 폭행·협박만을 분리하여 공소를 제기할 수 없다고 하였으나 개정형법에서는 이러한 문제는 발생하지 않는다.

335) 대법원 2002.5.16. 선고 2002도51 전원합의체 판결(성폭력범죄의처벌및피해자보호등에관한법률이 시행된 이후에도 여전히 친고죄로 남아 있는 강간죄의 경우, 고소가 없거나 고소가 취소된 경우 또는 강간죄의 고소기간이 경과된 후에 고소가 있는 때에는 강간죄로 공소를 제기할 수 없음은 물론, 나아가 그 강간범행의 수단으로 또는 그에 수반하여 저질러진 폭행·협박의 점 또한 강간죄의 구성요소로서 그에 흡수되는 법조경합의 관계에 있는 만큼 이를 따로 떼어내어 폭행죄·협박죄 또는 폭처법 위반의 죄로 공소제기할 수 없다고 해야 마땅하고, 이는 만일 이러한 공소제기를 허용한다면, 강간죄를 친고죄로 규정한 취지에 반하기 때문이므로 결국 그와 같은 공소는 공소제기의 절차가 법률에 위반되어 무효인 경우로서 형사소송법 제327조 제2호에 따라 공소기각의 판결을 하여야 한다. 따라서 강간죄에 대하여 고소취소가 있는 경우에 그 수단인 폭행만을 분리하여 공소제기하였다면 이는 범죄로 되지 아니하는 경우에 해당하므로, 무죄를 선고하여야 한다고 본 대법원 1976.4.27. 선고 75도3365 판결의 견해는 이와 저촉되는 한도 내에서 변경하기로 한다.)

Ⅲ. 유사강간죄

[형법조문]

> 제297조의2(유사강간) 폭행 또는 협박으로 사람에 대하여 구강, 항문 등 신체(성기는 제외한다)의 내부에 성기를 넣거나 성기, 항문에 손가락 등 신체(성기는 제외한다)의 일부 또는 도구를 넣는 행위를 한 사람은 2년 이상의 유기징역에 처한다.[본조신설 2012.12.18.]
>
> 제300조(미수범) 제297조, 제297조의2, 제298조 및 제299조의 미수범은 처벌한다.[개정 2012.12.18.]
>
> 제305조의2(상습범) 상습으로 제297조, 제297조의2, 제298조부터 제300조까지, 제302조, 제303조 또는 제305조의 죄를 범한 자는 그 죄에 정한 형의 2분의 1까지 가중한다.[개정 2012.12.18.]

가. 의의 및 보호법익

2012년 형법개정으로 신설된 유사강간죄는 폭행 또는 협박으로 성교행위 이외의 특정유형의 유사강간행위를 함으로써 성립하는 범죄이다. 그동안 여성으로의 성전환자에 대한 강간 등처럼 개념상 간음행위에 해당하지 않는 행위유형으로 사람의 성적 자기결정권을 침해하는 경우 강제추행죄에 의해서만 처벌할 수밖에 없었던 입법의 흠결을 해소하고[336], 이러한 유형의 법익침해가 강제추행으로 인한 법익침해보다 더 큰 불법성이 있음을 인정하여 강제추행죄보다 가중적·독립적 구성요건으로 신설한 것이다.

본죄의 보호법익은 사람의 성적 자기결정권, 즉 성적 자기결정의 자유이며, 보호의 정도는 침해범이다.

---

336) 물론 적용대상이 제한적이긴 하지만, 특별형법인 성폭법 제6조(장애인에 대한 강간강제추행 등) 제2항, 제7조(13세 미만의 미성년자에 대한 강간강제추행 등) 제2항 및 아청법 제7조(아동·청소년에 대한 강간강제추행 등) 제2항에서는 이미 유사강간죄를 규정하고 있었다.

나. 구성요건

본죄의 주체에는 제한이 없다. 강간죄의 주체와 동일하다. 강간죄에서처럼 남녀불문하고 단독정범이 될 수 있을 뿐만 아니라 행위유형의 특성상 강간죄와는 달리 동성간의 행위로도 유사강간죄가 성립할 수 있다.

본죄의 객체는 사람이다. 다만 강간죄의 경우처럼 신체적인·정신적인 장애가 있는 사람이거나 13세 미만의 미성년자에 대한 유사강간은 성폭법 제6조 제2항 및 제7조 제2항에 의해 가중처벌되고, 19세 미만의 아동·청소년에 대한 유사강간은 아청법 제7조 제2항에 의해 가중처벌된다.[337] 또한 법률상의 처나 성전환자도 본죄의 객체가 된다.

본죄의 행위는 폭행 또는 협박으로 유사강간(유사성교행위)하는 것이다. 폭행·협박의 개념이나 정도는 강간죄에서의 개념·정도와 동일하다. 유사강간의 행위유형은 구성요건상 두 가지 유형으로 구분되어 있다. 제1유형(제297조의2 전단)은 구강·항문 등 신체(성기는 제외한다)의 내부에 성기를 넣는 행위이고, 제2유형(같은 조 후단)은 성기·항문에 손가락 등 신체(성기는 제외한다)의 일부 또는 도구를 넣는 행위이다. 제1유형의 구강·항문은 예시적 규정에 불과하기 때문에 성기를 제외한 신체의 내부에는 유사강간행위의 발생가능성은 극도로 낮을 수 있지만 눈, 귀, 코 등이 포함된다고 하여야 한다. 신체 내부가 아닌 겨드랑이나 허벅지 등 사이에 성기를 넣는 행위는 강제추행에 해당할 것이기 때문이다. 제2유형의 성기를 제외한 신체의 일부에는 발가락, 혀, 주먹, 발 등이 포함된다. 도구의 범위는 추상적일 수 있기 때문에 성적 자기결정권의 침해의 정도 등을 종합적으로 고려하여 합리적으로 해석하여야 할 것이다.

다. 죄수

유사강간의 고의를 가지고 유사강간행위 실행 중 또는 종료 후에 강간의 고의가 발생하여 간음행위에까지 이르게 되면 유사강간죄의 포괄일죄가 아닌 유사강간죄와

337) 아청법 제13조는 '아동·청소년의 성을 사는 행위'를 처벌하고 있으며, 같은 법 제2조 제4호 나목은 아동·청소년의 성을 사는 행위유형의 하나로 '구강·항문 등 신체의 일부나 도구를 이용한 유사성교행위'를 포함하고 있다. 따라서 아동·청소년이 금품이나 그 밖의 재산상 이익, 편의제공 등 대가를 받거나 약속받고 유사성교행위에 응한 경우에도 같은 법 제13조에 의해 처벌된다.

강간죄의 실체적 경합이 된다.

또한 유사강간행위는 언제나 강제추행죄에도 해당할 수 있지만, 유사강간죄가 보호하려는 성적 자기결정권의 침해정도가 강제추행죄의 그것보다 크다는 점을 고려하면 유사강간죄가 성립하는 경우에는 법조경합 중 보충관계에 따라 강제추행죄는 성립하지 않게 된다.

Ⅳ. 강제추행죄

[형법조문]

제298조(강제추행) 폭행 또는 협박으로 사람에 대하여 추행을 한 자는 10년 이하의 징역 또는 1천500만원 이하의 벌금에 처한다. 제300조(미수범) 제297조, 제297조의2, 제298조 및 제299조의 미수범은 처벌한다.[개정 2012.12.18.] 제305조의2(상습범) 상습으로 제297조, 제297조의2, 제298조부터 제300조까지, 제302조, 제303조 또는 제305조의 죄를 범한 자는 그 죄에 정한 형의 2분의 1까지 가중한다.[개정 2012.12.18.]

가. 의의

강제추행죄는 폭행 또는 협박으로 사람에 대하여 추행함으로써 성립한다. 사람의 성적 자유 내지 성적 자기결정의 자유를 보호하기 위한 기본적 구성요건이다. 즉 강간에 해당하는 행위는 언제나 강제추행에도 해당할 수 있지만 강간죄는 실행행위가 제한됨으로 인하여 강제추행죄에 비해 특별히 가중처벌되는 것이라고 할 수 있기 때문이다.

나. 객관적 구성요건

(1) 객체

사람이다. 다만 강간죄 및 유사강간죄의 경우처럼 신체적인·정신적인 장애가 있는 사람이거나 13세 미만의 미성년자에 대한 강제추행은 성폭법 제6조 제3항 및 제7조 제3항에 의해 가중처벌되고, 19세 미만의 아동·청소년 및 장애아동·청소년에 대한 강제추행은 아청법 제7조 제3항 및 제8조 제2항에 의해 가중처벌된다.

법률상의 처도 강제추행죄의 객체가 될 수 있는지에 대해서는 긍정설과 부정설이 대립하지만 강간죄에서와 같은 이유로 법률상의 처에 대해서도 강제추행죄를 인정할 수 있다고 보는 것이 타당하다.[338)]

(2) 실행행위

① 폭행·협박

폭행·협박의 정도에 관하여는 견해가 대립한다.

강간죄의 경우와 마찬가지로 반항을 불가능하게 하거나 현저히 곤란하게 할 정도임을 요한다는 견해(다수설)와 본죄의 법정형이 벌금형까지 규정하고 있음에 비추어 강간죄의 폭행·협박과 폭행죄 및 협박죄의 폭행·협박의 중간 정도, 즉 일반인으로 하여금 항거에 곤란을 느끼게 할 정도 또는 상대방의 의사에 반하는 정도이면 족하다는 견해(소수설 및 판례[339)])가 그것이다.

338) 이에 관한 대법원판결은 아직 없으나, 최근 하급심판결 중에는 "혼인한 부부는 상대방의 성적 요구에 응할 의무는 있지만 각자의 성적 자기결정권을 포기한 것으로 볼 수는 없으므로 부부간의 관계에 있어서도 성적 자기결정권은 여전히 보호되어야 한다. 따라서 부부의 일방이 폭력을 행사하여 성폭행을 하는 행위는 타방의 성적 자기결정권을 침해하는 행위로서 형사처벌의 대상이 된다. 특히 부부간의 관계는 타인이 간섭하기 어려운 특성이 있어 그 범행이 반복될 수 있다는 점에서 엄한 처벌이 필요하다"고 판시하여 법률상의 처에 대한 강제추행죄를 긍정한 예가 있다(서울지방법원 2004.8.20. 선고 2003고합1178 판결).

339) 대법원 2012.7.26. 선고 2011도8805 판결(강제추행죄는 폭행 또는 협박을 가하여 사람을 추행함으로써 성립하는 것으로서 그 폭행 또는 협박이 항거를 곤란하게 할 정도일 것을 요한다. 그리고 그 폭행 등이 피해자의 항거를 곤란하게 할 정도의 것이었는지 여부는 그 폭행 등의 내용과 정도는 물론, 유형력을 행사하게 된 경위, 피해자와의 관계, 추행 당시와 그 후의 정황 등 모든 사정을 종합하여 판단하여야 한다.)

보충판례 38 : 대법원 1992.2.28. 선고 91도3182 판결
대법원 2002.4.26. 선고 2001도2417 판결
대법원 2007.1.25. 선고 2006도5979 판결

생각건대 소수설 및 판례에 의하면 강제추행의 범위가 지나치게 확대될 우려가 있고, 성폭법 제11조의 공공밀집장소에서의 추행이 폭행·협박을 요건으로 하지 않는다는 점을 감안하면, 본죄의 폭행·협박은 강간죄의 폭행·협박과 같은 개념이라고 하는 다수설이 타당하다 할 것이다.

② 추행

추행(醜行)은 불확정개념으로서 법관의 가치충전적 평가가 필요한 규범적 구성요건요소이다. 따라서 어느 정도의 행위를 추행개념에 포섭할 것인지가 해석상 문제될 수 있다.

이에 대해서는, 추행이란 성욕의 흥분, 자극 또는 만족을 목적으로 하는 행위로서 일반인의 성적 수치심과 혐오의 감정을 느끼게 하는 일체의 행위를 의미한다고 하는 견해(주관설, 통설), 성욕의 자극·흥분 또는 만족과 같은 주관적 요소와 무관하게 객관적으로 일반인에게 성적 수치심이나 혐오감을 일으키게 하는 일체의 행위라고 하는 견해(객관설, 판례)가 대립한다.

보충판례 39 : 대법원 2006.1.13. 선고 2005도6791 판결
대법원 2013.9.26. 선고 2013도5856 판결

생각건대 통설과 같이 성욕의 자극·만족이라는 목적을 필요로 하는 경우에는 복수·혐오 또는 호기심과 같은 동기에서 행한 음란행위는 추행에 해당할 수 없고, 개인의 성적 자기결정권의 보호(침해)가 행위자의 주관적 경향이나 목적의 유무에 의하여 좌우된다는 문제점이 있다.

객관적으로 일반인에게 성적 수치심이나 혐오감을 일으키는 행위이면 복수 또는 혐오의 동기에서 일반인으로 하여금 성적 수치심이나 혐오의 감정을 느끼게 하는 경우도 본죄에서 제외할 이유가 없으므로 객관설이 타당하다.

강제추행죄에서의 추행은 폭행·협박 후의 추행뿐만 아니라 폭행행위 그 자체가 추행으로 인정되는 경우도 포함된다.[340] 따라서 여자의 옷 위로 가슴을 만지는 것만으로는 추행이 될 수 없다는 견해도 있지만, 폭행·협박의 정도에 따라서는 추행이 될 수 있다고 하여야 한다.[341][342]

340) 폭행·협박은 반드시 추행 이전에 있을 필요는 없다. 따라서 추행과 동시에 행해지거나 폭행 자체가 추행에 해당할 수도 있다 : 대법원 2002.4.26. 선고 2001도2417 판결(피해자와 춤을 추면서 피해자의 유방을 만진 행위가 순간적인 행위에 불과하더라도 피해자의 의사에 반하여 행하여진 유형력의 행사에 해당하고 피해자의 성적 자유를 침해할 뿐만 아니라 일반인의 입장에서도 추행행위라고 평가될 수 있는 것으로서, 폭행행위 자체가 추행행위라고 인정되어 강제추행에 해당된다.)

341) 대법원 2002.4.26. 선고 2001도2417 판결[원심이 인정한 바에 의하면, 피고인은 피고인의 처가 경영하는 식당의 지하실에서 종업원들인 피해자(35세의 유부녀이다.) 및 홍00과 노래를 부르며 놀던 중 홍00이 노래를 부르는 동안 피해자를 뒤에서 껴안고 부루스를 추면서 피해자의 유방을 만졌다는 것인바, 위 인정 사실과 더불어 기록상 인정되는 피고인과 피해자의 관계, 위 행위에 이르게 된 경위와 당시의 상황 등을 고려하여 보면, 피고인의 위 행위가 순간적인 행위에 불과하더라도 피해자의 의사에 반하여 행하여진 유형력의 행사에 해당하고 피해자의 성적 자유를 침해할 뿐만 아니라 일반인의 입장에서도 추행행위라고 평가될 수 있는 것으로서, 앞서 설시한 법리에 따르면 폭행행위 자체가 추행행위라고 인정되어 강제추행죄가 성립될 수 있는 경우이며, 나아가 추행행위의 행태와 당시의 정황 등에 비추어 볼 때 피고인의 범의도 넉넉히 인정할 수 있다.]

342) **[강제추행죄의 추행에 관한 판례]** : 대법원은 갑자기 피해자의 상의를 걷어 올려서 유방을 만지고 하의를 끄집어 내리는 행위(대법원 1994.8.23. 선고 94도630 판결), 상대방을 나체가 되게 하거나 여자의 음부에 손가락을 넣는 행위(대법원 1996.11.22. 선고 96도1395 판결), 팔로 힘껏 껴안고 강제로 두 차례 입을 맞춘 행위(대법원 1983.6.28. 선고 83도399 판결 ; 대법원 1986.6.10. 선고 85도2761 판결), 어두운 골목길로 끌고 들어가 담벽에 밀어붙인 후 음부를 만지며 억지로 키스한 경우(대법원 1989.8.8. 선고 89도358 판결), 응급실의 당직의사가 입원한 여성환자들의 바지와 속옷을 내리고 음부 윗부분을 진료행위를 가장하여 수회 누른 행위(대법원 2005.7.14. 선고 2003도7107 판결), 직장상사가 피해자의 의사에 반하여 그의 어깨를 주무른 경우(대법원 2004.4.16. 선고 2004도52 판결), 거부의사를 밝힌 골프장 여종업원에게 함께 술을 마시지 않을 경우 신분상의 불이익을 가할 것처럼 협박하여 이른바 러브샷의 방법으로 술을 마시게 한 경우(대법원 2008.3.13. 선고 2007도10050 판결), 양부가 취중에 10세의 입양한 딸과 잠을 자다가 다리로 딸의 몸을 누르면서 엉덩이와 가슴을 만진 경우(대법원 2008.4.10. 선고 2007도9487 판결), 엘리베이터 안에서 피해자를 칼로 위협하는 등의 방법으로 꼼짝하지 못하도록 하여 자신의 실력적 지배하에 둔 다음 자위행위 모습을 보여준 경우(대법원 2010.2.25. 선고 2009도13716 판결), 11세인 여아와 아파트 엘리베이터에 단둘이 탄 다음 여아를 향하여 성기를 꺼내어 잡고 여러 방향으로 움직이다가 이를 보고 놀란 여아 쪽으로 가까이 다가간 경우(대법원 2013.1.16. 선고 2011도7164,2011전도124 판결), 알고 지내던 여성인 피해자가 자신의 머리채를 잡아 폭행을 가하자 보복의 의미에서 피해자의 입술, 귀, 유두, 가슴 등을 입으로 깨문 경우(대법원 2013.9.26. 선고 2013도5856 판결) 등에 대하여 추행을 인정하였다. 그러나 사람과 차량의 왕래가 빈번한 도로에서 48세인 부녀에게 성적 성질이 없는 욕설을 하면서 자신의 바지를 벗어 성기를 보여준 경우(대법원 2012.7.26. 선고 2011도8805 판결)에는 추행을 부정하였다.

다. 죄수

폭행 그 자체가 추행에 해당하는 경우에는 강제추행죄만 성립한다. 본죄를 범한 후 계속하여 강간죄를 범한 경우 강제추행죄는 강간죄에 흡수된다(법조경합 중 특별관계). 공연하게 강제추행을 한 경우에는 본죄와 공연음란죄(제245조)의 상상적 경합이 된다는 견해도 있지만 강제추행죄만이 성립한다고 하여야 한다.

V. 준강간죄·준강제추행죄

[형법조문]

> 제299조(준강간, 준강제추행) 사람의 심신상실 또는 항거불능의 상태를 이용하여 간음 또는 추행을 한 자는 제297조, 제297조의2 및 제298조의 예에 의한다.[개정 2012.12.18.]
>
> 제300조(미수범) 제297조, 제297조의2, 제298조 및 제299조의 미수범은 처벌한다.[개정 2012.12.18.]
>
> 제305조의2(상습범) 상습으로 제297조, 제297조의2, 제298조부터 제300조까지, 제302조, 제303조 또는 제305조의 죄를 범한 자는 그 죄에 정한 형의 2분의 1까지 가중한다.[개정 2012.12.18.]

가. 의의 및 법적 성격

사람의 심신상실 또는 항거불능 상태를 이용하여 간음, 유사성교행위 또는 추행함으로써 성립하는 범죄이다. 본죄의 보호법익도 성적 자기결정의 자유이다(침해범). 따라서 본죄는 성적 자기결정의 자유를 가지지 못한 사람을 성욕의 객체나 도구가 되는 것으로부터 보호하는 강간죄·유사강간죄·강제추행죄의 파생적 구성요건이다.

본죄가 자수범(自手犯)인지에 대해서는, 본죄가 간음, 유사성교행위 또는 추행이라는 하나의 행위로 이루어지는 범죄이기 때문에 본죄의 불법은 간음, 유사성교행위 또는 추행을 스스로 실행하는 데 있다는 것을 이유로 본죄를 자수범으로 이해하는 견해

(긍정설)도 있지만, 그러나 본죄도 피해자의 성적 자기결정권을 보호해 주기 위한 규정이므로 이를 자수범으로 해석할 아무런 이유가 없다(부정설, 다수설).

피해자가 심신상실 또는 항거불능의 상태임을 알지 못하는 사람을 이용하여 간접정범의 형태로 본죄를 범하는 것도 가능하고[343], 신체적으로 직접 접촉하지 않더라도 기능적 역할 분담에 따라 공범의 간음, 유사성교행위 또는 추행행위를 용이하게 하기 위하여 주위에서 망을 봄으로써 본죄의 공동정범이 될 수도 있기 때문이다.

나. 구성요건

(1) 행위의 객체

본죄의 객체는 심신상실 또는 항거불능 상태에 있는 사람이다.

① 심신상실

심신상실이란 정신장애나 또는 의식장애 등의 사유로 성적 행위에 관하여 정상적인 판단을 할 수 없는 상태를 말한다. 본죄의 심신상실의 개념과 형법 제10조 제1항의 책임무능력자의 관계와 관련해서는, 양자를 동일한 의미로 해석하는 견해도 있지만, 심신상실의 원인이 형법 제10조 제1항의 경우와 같이 생물학적 심신장애에서 비롯될 것일 필요가 없으므로 책임무능력의 경우보다 넓은 의미로 이해하는 견해(다수설 및 판례)가 타당하다.

판례는 잠자는 부녀도 본죄의 객체가 될 수 있다고 하면서도[344], '피해자가 잠결에

343) 예컨대 만취한 남자에게 방에서 자고 있는 사람이 그의 부인이라고 속여 추행하게 한 경우, 제3자에 대한 저항할 수 없는 강요를 통하여 또는 정신병자를 이용하여 강제추행행위를 하게 하는 경우 등을 들 수 있다.

344) 대법원 2000.1.14. 선고 99도5187 판결(피고인은 피해자가 잠을 자는 사이에 피해자의 바지와 팬티를 발목까지 벗기고 윗옷을 가슴 위까지 올린 다음, 피고인의 바지를 아래로 내린 상태에서 피해자의 가슴, 엉덩이, 음부 등을 만지고 피고인이 성기를 피해자의 음부에 삽입하려고 하였으나 피해자가 몸을 뒤척이고 비트는 등 잠에서 깨어 거부하는 듯 한 기색을 보이자 더 이상 간음행위에 나아가는 것을 포기한 사실을 알아볼 수 있는바, 사실관계가 그와 같다면 피고인의 행위를 전체적으로 관찰할 때, 피고인은 잠을 자고 있는 피해자의 옷을 벗기고 자신의 바지를 내린 상태에서 피해자의 음부 등을 만지는 행위를 한 시점에서 피해자의 항거불능의 상태를 이용하여 간음을 할 의도를 가지고 간음의 수단이라고 할 수 있는 행동을 시작한 것으로서 준강간죄의 실행에 착수하였다고 보아야 할 것이

피고인을 자신의 애인으로 잘못 알았다고 하더라도 피해자의 위와 같은 의식상태를 심신상실의 상태에 이르렀다고 보기 어렵다'[345]고 한다.[346]

심신미약의 경우를 심신상실의 개념에 포함시킬 것인지에 대해서는, 이를 포함시키는 견해도 있지만, 형법은 심신미약자에 대한 강간·추행죄(제302조)를 별도로 규정하고 있고, 심신상실에 심신미약을 포함시키는 것은 피고인에게 불리한 개념을 넓게 해석하는 것으로서 허용되지 않기 때문에 심신미약은 제외된다고 하는 것이 타당하다(다수설).

② 항거불능

항거불능이란 심신상실 이외의 사유로 육체적 또는 심리적으로 반항이 불가능하거나 현저하게 곤란한 상태를 말한다.[347] 항거불능상태에 이르게 된 원인은 불문한

고, 그 후 피고인이 위와 같은 행위를 하는 바람에 피해자가 잠에서 깨어나 피고인이 성기를 삽입하려고 할 때에는 객관적으로 항거불능의 상태에 있지 아니하였다고 하더라도 준강간미수죄의 성립에 지장이 없다.)

345) 대법원 2000.2.25. 선고 98도4355 판결(기록에 의하면 원심이 인정한 사실 이외에도 피해자는 안방에서 잠을 자고 있던 중 피고인이 안방에 들어오자 피고인을 자신의 애인으로 잘못 알고 불을 끄라고 말하였고, 피고인이 자신을 애무할 때 누구냐고 물었으며, 피고인이 여관으로 가자고 제의하자 그냥 빨리 하라고 말한 사실을 알 수 있으므로, 피고인의 이 사건 간음행위 당시 피해자가 심신상실상태에 있었다고 볼 수 없다고 본 원심의 사실인정과 판단은 정당하다.)

346) 대법원 2014.2.13. 선고 2011도6907 판결[구 성폭법(2011.11.17. 법률 제11088호로 개정되기 전의 것) 제6조의 '신체적인 또는 정신적인 장애로 항거불능인 상태'란 신체적 또는 정신적 장애 그 자체로 항거불능의 상태에 있는 경우뿐 아니라 신체장애 또는 정신적인 장애가 주된 원인이 되어 심리적 또는 물리적으로 반항이 불가능하거나 현저히 곤란한 상태에 이른 경우를 포함하는 것으로 보아야 하고, 그 중 정신적인 장애가 주된 원인이 되어 항거불능인 상태에 있었는지 여부를 판단함에 있어서는 피해자의 정신적 장애의 정도뿐 아니라 피해자와 가해자의 신분을 비롯한 관계, 주변의 상황 내지 환경, 가해자의 행위 내용과 방법, 피해자의 인식과 반응의 내용 등을 종합적으로 검토해야 한다. 나아가 장애인의 성적 자기결정권을 충실하게 보호하고자 하는 구 성폭법 제6조의 입법 취지에 비추어 보면, 위와 같은 '항거불능인 상태'에 있었는지 여부를 판단할 때에는 피해자가 정신적 장애인이라는 사정이 충분히 고려되어야 하므로, 외부적으로 드러나는 피해자의 지적 능력 이외에 정신적 장애로 인한 사회적 지능·성숙의 정도, 이로 인한 대인관계에서 특성이나 의사소통능력 등을 전체적으로 살펴 피해자가 범행 당시에 성적 자기결정권을 실질적으로 표현·행사할 수 있었는지를 신중히 판단하여야 한다.]

347) 대법원 2000.5.26. 선고 98도3257 판결 ; 대법원 2004.5.27. 선고 2004도1449 판결(형법 제299조는 사람의 심신상실 또는 항거불능의 상태를 이용하여 간음 또는 추행을 한 자를 같은 법 제297조, 제298조의 강간 또는 강제추행의 죄와 같이 처벌하도록 규정하고 있는바, 이 죄가 정신적 또는 신체적 사정으로 인하여 성적인 자기방어를 할 수 없는 사람에게 성적 자기결정권을 보호해 주는 것을 보호법익으로 하고 있고, 같은 법 제302조에서 미성년자 또는 심신미약자에 대하여 위계 또는 위력으로써 간음 또는 추행을 한 자의 처벌에 관하여 따로 규정하고 있는 점 등에 비추어 보면, 형법 제299조에서의 항거불능의 상태라 함은 위 제297조, 제298조와의 균형상 심신상실 이외의 원인때문에 심

다.[348]

그러나 행위자가 간음·유사성교행위·추행을 행하기 위하여 수면제나 마취제를 사용하여 항거불능의 상태를 야기한 때에는 본죄가 아니라 강간죄·유사강간죄·강제추행죄가 성립한다.

(2) 실행행위

실행행위는 심신상실 또는 항거불능 상태를 이용하여 간음, 유사성교행위 또는 추행하는 것이다. 여기서 '이용하여'란 행위자가 이러한 상태에 있는 피해자를 인식하고 또 그 상태를 간음, 유사성교행위 또는 추행을 용이하게 한다는 기회로 삼는 것을 의미한다. 따라서 본죄의 실행의 착수시기는 간음, 유사성교행위 또는 추행을 개시한 때이다.[349]

다. 죄수

행위자가 준강간의 조건이 갖추어진 사정 하에서 본죄의 실행에 착수하였으나, 잠자던 여자가 깨는 등 사정이 바뀌자 폭행 · 협박으로 간음한 경우에 본죄와 강간죄와의 관계를 어떻게 볼 것인지에 대하여는 견해가 대립한다.

....

리적 또는 물리적으로 반항이 절대적으로 불가능하거나 현저히 곤란한 경우를 의미한다고 보아야 할 것이다.)

348) 예컨대 육체적 항거불능의 예로는 피해자가 포박되어 있거나 질병으로 인하여 도피할 수 없는 경우 등을, 심리적 항거불능의 예로는 산부인과 의사가 자신을 믿고 있는 환자를 진찰하던 중 간음·추행하거나 자포자기 상태에 빠져있는 사람을 간음·추행하는 경우 등을 들 수 있다(다수설) : 대법원 2012.6.28. 선고 2012도2631 판결(피해자가 술에 취해 잠이 들어 항거불능인 상태에 있음을 이용하여 추행한 경우 준강제추행죄에 해당된다.) ; 대법원 2009.4.23. 선고 2009도2001 판결(교회 노회장이 교회 여신도들을 간음·추행한 사안에서, 교회 여신도들이 종교적 믿음에 대한 충격 등 정신적 혼란으로 인한 항거불능의 상태에 있었다고 보아 교회 노회장에게 준강간·강제추행죄 등을 인정하였다.)

349) 대법원 2012.6.28. 선고 2012도2631 판결 ; 대법원 2000.1.14. 선고 99도5187 판결(피고인의 행위를 전체적으로 관찰할 때, 피고인은 잠을 자고 있는 피해자의 옷을 벗기고 자신의 바지를 내린 상태에서 피해자의 음부 등을 만지는 행위를 한 시점에서 피해자의 항거불능의 상태를 이용하여 간음을 할 의도를 가지고 간음의 수단이라고 할 수 있는 행동을 시작한 것으로서 준강간죄의 실행에 착수하였다고 보아야 할 것이고, 그 후 피고인이 위와 같은 행위를 하는 바람에 피해자가 잠에서 깨어나 피고인이 성기를 삽입하려고 할 때에는 객관적으로 항거불능의 상태에 있지 아니하였다고 하더라도 준강간미수죄의 성립에 지장이 없다.)

본죄와 강간죄의 실체적 경합범이라고 보는 견해와, 상상적 경합이라고 보는 견해, 그리고 동일한 장소에서 그것도 시간적으로 아주 접착된 상황에서 심신상실 상태에 빠져 있는 동일한 피해자를 간음하려다가 피해자가 잠에서 깨자 곧바로 폭력을 행사하여 간음을 한 일련의 행위는 전체적으로 하나의 행위로 파악함이 타당하다는 이유로 강간죄만 성립한다고 보는 견해 등이 대립한다.

그러나 심신상실 등을 이용하는 행위와 폭행·협박을 가하는 행위 사이에는 고의에 차이가 있고, 구성요건도 다르므로 시간적 장소적 인접을 이유로 강간죄만 성립한다고 보는 것은 적절하지 아니하다. 따라서 이 경우에는 삽입이 이루어진 후에 폭행·협박을 가하였다면 본죄와 강간죄의 실체적 경합범이 성립한다고 할 것이고, 실행의 착수가 있었으나 성기의 삽입이 이루어지기 이전에 폭행·협박을 가한 것이라면 본죄의 미수와 강간죄가 실체적 경합관계에 있다고 보아야 할 것이다.

Ⅵ. 강간등 상해·치상죄

[형법조문]

제301조(강간 등 상해 · 치상) 제297조, 제297조의2 및 제298조부터 제300조까지의 죄를 범한 자가 사람을 상해하거나 상해에 이르게 한 때에는 무기 또는 5년 이상의 징역에 처한다.[개정 2012.12.18.]

가. 의의 및 보호법익

본죄는 강간, 유사강간, 강제추행[350], 준강간, 준강제추행의 기수·미수죄를 범한 자가 사람을 고의로 상해하거나 과실로 상해에 이르게 한 때에 성립하는 범죄이다.[351]

350) 대법원 2013.9.26. 선고 2013도5856 판결.

351) 성폭법 제8조(강간등상해·치상)는 주거침입강간등의 기수·미수죄, 야간주거침입절도강간등의 기수·미수죄, 특수절도강간등의 기수·미수죄, 특수강간등의 기수·미수죄, 장애인강간등의 기수·미수죄, 13세미만미성년자강간등 기수·미수죄, 친족관계에의한강간등의 기수·미수죄를 범한 사람이 다른 사람을 상해하거나 상해에 이르게 한때에는 기수범과 미수범(제15조)을 가중처벌하고 있으며, 아청법 제9조는 19세미만의 아동·청소년에 대한 강간등상해·치상기수죄를 가중처벌하고 있다.

강간등상해죄와 강간등치상죄는 모두 강간으로 인하여 상해가 발생한 경우에 성립하는 것이지만, 강간등상해죄는 강간등죄와 상해죄가 결합된 결합범으로서 가중적 구성요건이고, 강간등치상죄는 진정결과적 가중범으로서 가중적 구성요건이라는 점에서 차이가 있다.

본죄의 보호법익은 사람의 성적 자기결정의 자유와 신체의 생리적 기능이며 보호의 정도는 침해범이다.

나. 구성요건

양자 모두 강간등행위와 상해발생사실 사이의 형법적 인과관계가 필요하다는 점에서는 동일하다.

(1) 상해의 결과

상해의 결과는 간음·유사강간·추행의 기회에 또는 이와 밀접한 관련이 있는 행위에서 생긴 것이면 충분하다. 따라서 간음·유사강간·추행행위 그 자체에서 발생한 경우는 물론, 그 수단인 폭행·협박에 의해서 야기된 경우[352] 또는 간음·유사강간·추행에 수반되는 행위(피해자가 폭행을 피하다가 상처를 입은 경우 등)에 의해서 야기된 경우도 포함한다.[353]

352) 대법원 1988.11.8. 선고 88도1628 판결(강간죄에 있어서 미수에 그친 경우라도 강간의 수단이 된 폭행에 의하여 피해자가 상해를 입었으면 강간치상죄가 성립하는 것이며, 또한 그 미수에 그치게 된 것이 피고인이 자의로 실행에 착수한 행위를 중지한 경우이든 실행에 착수하여 행위를 종료하지 못한 경우이든 가릴 바 못된다.)

353) 대법원 1999.4.9. 선고 99도519 판결(강간이 미수에 그치거나 간음의 결과 사정을 하지 않은 경우라도 그로 인하여 피해자가 상해를 입었으면 강간치상죄가 성립하는 것이고, 강간치상죄에 있어 상해의 결과는 강간의 수단으로 사용한 폭행으로부터 발생한 경우뿐 아니라 간음행위 그 자체로부터 발생한 경우나 강간에 수반하는 행위에서 발생한 경우도 포함하는 것이므로, 가사 피고인이 성기의 삽입을 시도하였으나 성공하지 못하였다던가 또는 사정을 하지 못하였다고 하더라도 피고인의 강간행위에 수반된 추행이나 간음행위 자체로 인하여 피해자가 약 2주간의 치료를 요하는 외음부좌상을 입은 사실이 인정되는 이상 강간치상죄의 성립에는 지장이 없다.) ; 대법원 2009.7.23. 선고 2009도1934 판결(강제추행치상죄에서 상해의 결과는 강제추행의 수단으로 사용한 폭행이나 추행행위 그 자체 또는 강제추행에 수반하는 행위로부터 발생한 것이어야 한다. 따라서 상해를 가한 부분을 고의범인 상해죄로 처벌하면서 이를 다시 결과적 가중범인 강제추행치상죄의 상해로 인정하여 이중으로 처벌할 수는 없다.)

그러나 강간등행위가 종료된 후에 새로운 고의가 발생하여 사람에게 상해를 가한 때에는 강간등상해죄가 성립하는 것이 아니라, 강간등죄와 상해죄의 경합범이 성립한다.

(2) 상해의 정도

상해의 정도에 대해서는, 상해죄의 상해와 동일한 개념으로 차등을 둘 필요가 없다는 견해(다수설), 상해죄의 상해에 비해 더 높은 정도를 요구하는 견해(상대적 상해개념설)가 대립한다.

생각건대 강간등에 의한 상해·치상죄의 경우는 상해죄에 비하여 법정형이 가중정도가 매우 심하므로 본죄의 확대적용을 방지한다는 측면에서 구성요건요소를 제한적으로 해석하는 상대적 상해개념설이 타당하다.

판례도 기본적으로는 상대적 상해개념설에 따라 '자연치료가 가능한 경우, 일상생활에 장애가 될 수준이 아닌 경우, 또는 건강상태를 불량하게 변경하였다고 보기 어려운 경우' 등은 본죄의 상해에 해당하지 않는다고 한다.[354] 그러나 상해가 피해자의 반항을 억압할 만한 폭행 또는 협박에 의해 발생한 것이거나 합의에 따른 성교행위에서도 통상 발생할 수 있는 상해의 정도를 넘은 상해가 발생한 것이라면 본죄의 상해에 해당한다고 한다.[355]

354) 대법원 1994.11.4. 선고 94도1311 판결(원심은 피고인이 피해자를 강간하려다가 미수에 그치고 그 과정에서 피해자에게 경부 및 전흉부 피하출혈, 통증으로 약 7일 간의 가료를 요하는 상처가 발생하였으나, 그 상처의 내용은 경부와 전흉부에 동전 크기의 멍이 들어 있는 정도로서 굳이 치료를 받지 않더라도 일상생활을 하는 데 아무런 지장이 없고 시일이 경과함에 따라 자연적으로 치유될 수 있는 정도인 사실 및 범행 당일 피해자는 경찰관에게 상처가 없고 피고인의 처벌을 원하지 않는다고 하였으나 경찰관의 권유에 따라 정확한 진단을 받기 위하여 경찰관과 함께 병원으로 갔으나 피해자가 한사코 진료를 거부하는 바람에 그냥 파출소로 돌아왔는데 피해자는 그 다음날 피고인을 고소하기 위하여 위와 같은 내용의 상해진단서를 발부받기에 이른 사실을 인정한 후, 위와 같은 상처의 정도나 그 내용에 비추어볼 때 피해자가 위 상처로 인하여 신체의 완전성이 손상되고 생활기능에 장애가 왔다거나 건강상태가 불량하게 변경되었다고 보기는 어려워 강간치상죄의 상해에 해당된다고 볼 수 없다고 판단하고 있는바, 원심의 위와 같은 사실인정과 판단은 모두 정당하다.)

355) 대법원 2005.5.26. 선고 2005도1039 판결 ; 대법원 2003.9.26. 선고 2003도4606 판결.

다. 기수시기 및 미수처벌

간음·유사강간이나 추행 등의 기회에 상해의 결과가 발생한 이상 강간·유사강간 또는 강제추행이 미수에 그친 경우에도 강간등상해죄 또는 강간등치상죄의 기수가 인정된다(통설 및 판례[356]).

강간등치상죄의 경우 진정결과적 가중범이기 때문에 미수범처벌규정을 두지 않은 것은 이해할 수 있지만, 형법이 고의범과 고의범의 결합범인 강간등상해죄에도 미수범처벌규정을 두고 있지 않는 것은 입법의 불비라고 할 수밖에 없다.[357]

따라서 강간등의 기회에 상해의 고의를 가진 자가 상해의 결과에 이르지 못한 경우나 형법적 인과관계(또는 예견가능성)가 부정되는 경우[358]에는 강간등죄의 기수범(또는 미수범)과 상해미수(또는 기수)범이 각각 성립하고 한 개의 행위 인정 여하에 따라 양죄의 상상적 경합 또는 실체적 경합이 인정될 수밖에 없다.[359]

356) 대법원 2003.5.30. 선고 2003도1256 판결(강간이 미수에 그친 경우라도 그로 인하여 피해자가 상해를 입었으면, 강간치상죄가 성립하는 것이고, 강간치상죄에 있어 상해의 결과는 강간의 수단으로 사용한 폭행으로부터 발생한 경우뿐만 아니라 간음행위 그 자체로부터 발생한 경우나 강간에 수반하는 행위에서 발생한 경우도 포함된다.) ; 대법원 1999.4.9. 선고 99도519 판결(강간이 미수에 그치거나 간음의 결과 사정을 하지 않은 경우라도 그로 인하여 피해자가 상해를 입었으면 강간치상죄가 성립하는 것이다.)

357) 성폭법은 강간등치상죄의 미수범처벌과 관련하여 논란의 여지는 있지만 강간등상해·치상죄의 미수범을 가중처벌하고 있다(제15조).

358) 대법원 1993.4.27. 선고 92도3229 판결 ; 대법원 1985.10.8. 선고 85도1537 판결[결과로 인하여 형이 중한 죄에 있어서 그 결과의 발생을 예견할 수 없었을 때에는 중한 죄로 벌할 수 없는 것인바(형법 제15조 제2항), 피해자가 피고인과 만나 함께 놀다가 큰 저항 없이 여관방에 함께 들어갔으며, 피고인이 강간을 시도하면서 한 폭행 또는 협박의 정도가 강간의 수단으로는 비교적 경미하였고, 피해자가 여관방 창문을 통하여 아래로 뛰어내릴 당시에는 피고인이 소변을 보기 위하여 화장실에 가 있는 때이어서 피해자가 일단 급박한 위해상태에서 벗어나 있었을 뿐 아니라, 무엇보다도 4층에 위치한 위 방에서 밖으로 뛰어내리는 경우에는 크게 다치거나 심지어는 생명을 잃는 수도 있는 것인 점을 아울러 본다면, 이러한 상황 아래에서 피해자가 강간을 모면하기 위하여 4층에서 창문을 넘어 뛰어내리거나 또는 이로 인하여 상해를 입기까지 되리라고는 예견할 수 없다고 봄이 경험칙에 부합한다.)

359) 대구고법 2013.5.29. 선고 2012노776 판결[상고][피고인이 자신이 근무하는 회사의 여성근로자 갑이 혼자 자고 있는 기숙사 방에 부엌칼을 들고 들어가 갑을 위협하며 강간을 시도하였는데, 반항을 제압하는 과정에서 갑에게 상해를 입혔을 뿐 강간행위 자체는 미수에 그쳤다는 내용으로 성폭법 위반(강간등치상)으로 기소된 사안에서, 성폭법상 특수강간치상죄에 관하여 미수범 처벌규정이 있는 이상 그 미수를 인정할 수 있고, 다양한 형태의 결과적 가중범들의 통일적 규율이라는 관점이나 결과적 가중범에 관한 일반이론에 근거하여 미수 처벌규정을 사문화(死文化)시키는 것은 죄형법정주의나 엄격해석 원칙 등에 비추어 타당하지 않으며, 형법과 성폭법에서 결과적 가중범에 대한 미수 처벌규정을 둔 점, 행위관련적 결과적 가중범에서 미수의 개념을 인정할 이론적 근거가 있는 점, 성폭법상 특수강간치상에서 기본범죄인 특수강간이 결과인 상해 발생보다 중하다고 할 수 있는 점, 결과적 가중범에 대한 미수범 처벌규정의 체계론적 관점에서 보더라도 개별적으로 미수범 처벌규정을 둠으로써 결과적 가중범의 미수를 인정할 수 있는 점, 경미한 상해로 인한 결과적 가중범에 대하여 사안에

라. 공범

판례는 공동정범 중의 1인이 고의·과실로 상해를 입힌 경우 다른 공동정범도 본죄의 책임을 진다고 한다.[360] 다만 이 경우에도 과실범의 공동정범을 부정하는 것이 타당하므로 강간등치상죄의 단독정범이 성립한다고 하여야 한다. 다른 가담자에게 상해의 고의까지 인정되는 경우라 하더라도 실행행위를 분담하지 않는 한은 강간등상해죄의 (공모)공동정범을 인정할 수는 없다. 또한 형법 제263조의 동시범특례는 상해와 폭행죄에 관한 규정이므로 보호법익을 달리하는 본죄에는 적용할 수 없다.[361]

Ⅶ. 강간등 살인·치사죄

[형법조문]

> 제301조의2(강간등 살인 · 치사) 제297조, 제297조의2 및 제298조부터 제300조까지의 죄를 범한 자가 사람을 살해한 때에는 사형 또는 무기징역에 처한다. 사망에 이르게 한 때에는 무기 또는 10년 이상의 징역에 처한다.[개정 2012.12.18.]

맞는 적절한 형을 부과할 필요가 있는 점, 성폭법에 의한 특수강간치상죄의 미수범을 인정하더라도 형법의 강간치상죄와 사이에 큰 불균형이 예상되지 않고 오히려 특수강도강간범이 기본범죄는 미수에 그치고 상해의 결과를 발생한 경우와 처벌의 균형을 맞출 필요가 있는 점 등을 종합할 때, 성폭법 제14조에 따라 특례법 제8조 제1항에 따른 특수강간치상죄의 미수범을 인정하는 것이 타당하기 때문에 미수감경을 한 후 형을 선고한다.]

360) 대법원 1984.2.14. 선고 83도3120 판결(공동정범의 경우에 공모자 전원이 일정한 일시, 장소에 집합하여 모의하지 아니하고 공범자 중 수인을 통하여 범의의 연락이 있고 그 범의내용에 대하여 포괄적 또는 개별적인 의사연락이나 그 인식이 있었다면 그들 전원이 공모관계에 있다 할 것이고, 이와 같이 공모한 후 공범자 중의 1인이 설사 범죄실행에 직접 가담하지 아니하였다 하더라도 다른 공모자가 분담실행한 공모자가 실행한 행위에 대하여 공동정범의 책임이 있다 할 것이며, 공범자 중 수인이 강간의 기회에 상해의 결과를 야기하였다면 다른 공범자가 그 결과의 인식이 없었더라도 강간치상죄의 책임이 없다고 할 수 없다.)

361) 대법원 1984.4.24. 선고 84도372 판결 ; 서울고법 1990.12.6. 선고 90노3345 제5형사부판결[확정](피고인이 공소외 갑 및 그로부터 강간당한 피해인 을과 함께 이야기하던 중 을과 단 둘이 있게 되자 갑으로부터 당한 강간으로 항거불능의 상태에 있던 을을 다시 강간함으로써 을이 회음부 찰과상을 입게 되었다 하더라도 피고인과 갑이 강간을 공모하였음을 인정할 만한 증거가 없고 위 상처가 누구의 강간행위로 인하여 생긴 것인지를 인정할 자료가 없다면 치상의 공소사실에 대하여는 그 증명이 없는 때에 해당하고 강간치상죄에 대하여는 상해죄의 동시범 처벌에 관한 특례를 인정한 형법 제263조가 적용되지 아니하는 것이므로 피고인은 단지 강간죄로 밖에 처벌할 수 없다.)

본죄는 강간등의 죄를 범한 자가 그 피해자를 살해하거나 사망에 이르게 한 경우에 성립하는 범죄로서, 강간등상해·치상죄와 구조를 같이 한다.[362)]

본죄에 대해서도 미수범을 처벌하는 규정이 없다. 강간등치사죄의 미수범처벌규정이 없는 것은 이해할 수 있지만 강간등살인죄의 미수범처벌규정이 없는 입법상의 불비라고 할 수밖에 없다.

따라서 강간등의 기회에 고의로 사람을 살해하려 하였으나 미수에 그친 경우에는 강간등살인미수죄가 성립하는 것이 아니라 강간등죄와 살인미수죄의 실체적 또는 상상적 경합범이 된다.[363)] 물론 성폭법상의 강간등살인죄의 미수에 해당하는 경우에는 성폭법상의 강간등살인미수죄로 처벌될 것이다.[364)]

362) 성폭법은 제9조에서 강간등살인·치사죄를 가중처벌하고 있으며 제15조에서 제9조의 미수범을 처벌하고 있으며, 아청법은 제10조에서 강간등살인·치사기수죄를 가중처벌하고 있다.

363) 서울중앙지법 2010.10.15. 선고 2010고합815,1303 판결[항소][인정된죄명:공갈·아동·청소년의성보호에관한법률위반(강간등)]·특수절도][피고인(15세)이 인근 아파트 23층에 있는 엘리베이터 기계실 앞에서 을(여, 14세)을 강간하려다 미수에 그친 후 계단을 내려가면서 자리를 비우자, 위 강간미수 범행으로 인해 공포에 휩싸인 을이 피고인이나 공범 갑에 의한 추가 강간피해를 모면하기 위하여 위 23층 창문을 열고 뛰어내림으로써 을을 사망에 이르게 하였다는 강간치사의 공소사실에 대하여, 피고인이 을에게 가한 폭행·협박의 정도가 성폭력범죄의 수단으로서는 그다지 중하지 않았던 점, 을이 23층에서 뛰어내릴 당시 을은 이미 급박한 위해상태에서 벗어나 있었던 점, 을이 애초부터 아파트 밖에서 기다리고 있던 공범 갑에 의한 추가 범행을 우려한 나머지 이를 피하기 위해 23층 창문을 통하여 도망하려 하였다고 보기도 어려운 점, 을의 사망은 어린 소녀인 을이 피고인으로부터 강제추행을 당한 후 그로 인한 극도의 수치심과 절망감을 이기지 못하고 투신자살한 결과일 가능성을 배제할 수 없는 점 등에 비추어, 피고인으로서는 위 을이 피고인이나 갑으로부터 추가로 당할 수도 있는 강간을 모면하기 위하여 23층에서 뛰어내려 사망에 이르리라고는 예견할 수 없었다고 보는 것이 경험칙에 부합하기 때문에 강간치사죄의 성립을 부정한다.]

364) 대법원 2014.2.27. 선고 2013도12301,2013전도252,2013치도2 판결(미성년자인 피해자를 약취한 후에 강간을 목적으로 피해자에게 가혹한 행위 및 상해를 가하고 나아가 그 피해자에 대한 강간 및 살인미수를 범하였다면, 이에 대하여는 약취한 미성년자에 대한 상해 등으로 인한 특가법 위반죄 및 미성년자인 피해자에 대한 강간 및 살인미수행위로 인한 성폭법 위반죄가 각 성립하고, 설령 상해의 결과가 피해자에 대한 강간 및 살인미수행위 과정에서 발생한 것이라 하더라도 위 각 죄는 서로 형법 제37조 전단의 실체적 경합범 관계에 있다.)

Ⅷ. 미성년자등위계·위력간음·추행죄

[형법조문]

제302조(미성년자 등에 대한 간음) 미성년자 또는 심신미약자에 대하여 위계 또는 위력으로써 간음 또는 추행을 한 자는 5년 이하의 징역에 처한다. 제305조의2(상습범) 상습으로 제297조, 제297조의2, 제298조부터 제300조까지, 제302조, 제303조 또는 제305조의 죄를 범한 자는 그 죄에 정한 형의 2분의 1까지 가중한다.[개정 2012.12.18.]

가. 의의 및 성격

본죄는 미성년자 또는 심신미약자에 대하여 위계 또는 위력으로 간음 또는 추행을 한 경우에 성립하는 범죄이다. 행위수단(위계 또는 위력)의 불법성이 폭행·협박에 비하여 가볍기 때문에 형벌을 감경하는 감경적·독립적 구성요건이다. 다만 미성년자에 대하여 위계·위력으로써 유사성교행위에 대한 처벌규정을 두지 않은 것은 입법의 불비라 할 수 있다.[365]

나. 구성요건

본죄의 객체는 미성년자[13세 이상 19세 미만자(민법 제4조)] 또는 심신미약자이지만, 13세 미만의 미성년자는 미성년자의제강간·추행죄(제305조)에 해당하므로 본죄의 객체에는 해당하지 않는다고 하여야 한다.

심신미약이란 형법 제10조 제2항에서 의미하는 심신미약(한정책임무능력자)과 동일한 개념이라고 하는 견해도 있으나, 준강간죄 등에서 본 바와 같이 반드시 동일한 개념으로 이해할 수 없다고 하는 것이 타당하다(다수설). 즉 본죄의 심신미약자는 사물변

---

365) 성폭법 제7조 제5항 및 아청법 제7조 제5항은 '위계 또는 위력으로써 아동·청소년(13세 미만의 사람)을 간음하거나 추행한 사람은 제1항부터 제3항까지의 예에 의한다(따라 처벌한다).'고 규정하여 위계 또는 위력에 의한 유사성교행위에 대하여는 같은 조 제2항에 따라 가중처벌하도록 하고 있다.

별능력에 문제가 있는 자이지만, 한정책임무능력자는 사물변별능력이 부족한 자 뿐만 아니라 사물변별능력은 온전해도 의사결정능력이 부족한 자도 포함되기 때문이다. 따라서 정신기능의 장애로 인하여 정상적인 판단능력이 부족한 심신미약자는 연령이 문제되지 않기 때문에 성년도 대상이 된다.

혼인한 미성년자를 본죄의 미성년자로 볼 것인지에 대하여는, 민법이 성년으로 간주하고 있고, 혼인을 한 경우에는 성에 대한 인식, 경험 등에 있어 그렇지 않은 미성년자와 차이가 있을 수밖에 없는 점 등에 비추어, 혼인을 한 미성년자는 본죄 소정의 미성년자에 해당하지 않는다고 보는 견해도 있으나, 본죄의 성립이 성적 경험 유무에 따라 달라진다고 하는 것은 합리적이라고 할 수 없고, 본죄의 취지가 정신적 · 신체적으로 미숙한 미성년자 등의 성적 자유를 보호하고자 하는 것이라는 점에서 혼인한 미성년자를 본죄의 보호대상에서 제외할 이유가 없다.

본죄의 행위는 위계와 위력으로써 간음 또는 추행하는 것이다.

위계란 상대방에게 기망, 유혹 등의 방법으로 오인, 착각, 부지를 일으키게 하는 것을 의미하지만, 이는 간음행위 자체에 대한 것을 요한다고 하여야 한다. 따라서 간음행위와 불가분적 관련성이 없는 다른 조건에 관한 착오나 부지는 본죄의 위계에 해당하지 않는다.[366)]

366) 대법원 2002.7.12. 선고 2002도2029 판결(피고인이 피해자를 여관으로 유인하기 위하여 남자를 소개시켜 주겠다고 거짓말을 하고 피해자가 이에 속아 여관으로 오게 되었고 거기에서 성관계를 하게 되었다 할지라도, 그녀가 여관으로 온 행위와 성교행위 사이에는 불가분의 관련성이 인정되지 아니하는 만큼 이로 인하여 피해자가 간음행위 자체에 대한 착오에 빠졌다거나 이를 알지 못하였다고 할 수는 없다 할 것이어서, 피고인의 위 행위는 형법 제302조 소정의 위계에 의한 심신미약자간음죄에 있어서 위계에 해당하지 아니한다.) ; 대법원 2001.12.24. 선고 2001도5074 판결[원심은, 피해자가 이 사건 당시 16세 남짓 된 상업고등학교 1학년 여학생으로 종전에 성경험이 있었고, 이 사건 당일 컴퓨터 채팅을 통하여 피고인으로부터 성관계를 가지면 50만 원을 주겠다는 제의를 받자 이를 승낙한 뒤 자신의 집이 비어 있다면서 피고인으로 하여금 같은 날 23:00경 자신의 집으로 찾아오도록 하여 피고인과 성교행위를 한 사실을 인정하고, 그렇다면 피해자는 성교에 대한 사리판단력이 있는 사람으로서 피고인으로부터 성교의 대가를 받기로 하고 스스로 성교행위에 나아간 것이므로 공소사실 기재와 같이 피고인이 피해자에게 성교의 대가로 50만 원을 줄 의사나 능력이 없으면서도 위 돈을 주겠다고 거짓말을 하고 피해자가 이 말에 속아 피고인과 성교행위를 하였다고 하더라도, 사리판단력이 있는 피해자에 관하여는 그러한 금품의 제공과 성교행위 사이에 불가분의 관련성이 인정되지 아니하는 만큼 이로 인하여 피해자가 간음행위 자체에 대한 착오에 빠졌다거나 이를 알지 못하였다고 할 수 없다는 이유로 피고인의 행위가 청소년의성보호에관한법률(이하 '특별법'이라 한다) 제10조 제4항의 '위계'로 청소년인 피해자를 간음한 것에 해당하지 아니한다고 판단하였다. 원심의 판단은 위와 같은 법리에 따른 것으로 정당하고, 원심판결에 상고이유로 주장하는 바와 같이 특별법 제10조 제4항의 '위계'에 관한 법리를 오해한 위법이 있다고 할 수 없다(피고인이 청소년에게 금품의 제공을 약속하고 성교행위를 한 것인 이상 그것이 특별법 제2조 제2호에 규정된 '청소년의 성을 사는 행위'

보충판례 40 : 대법원 2002.7.12. 선고 2002도2029 판결

본죄의 '위계'에 해당하는 전형적인 경우로는, 의사가 치료행위를 빙자하거나, 목사나 승려가 종교의식을 빙자하여, 미성년자 또는 심신미약자에게 거짓말을 한 다음 이들이 간음이나 추행을 당한다는 사실 자체를 알지 못하게 하거나 착오를 일으키게 하여 간음 · 추행하는 경우 등을 들 수 있다.

위력이란 사람의 의사를 제압할 수 있는 힘을 말한다. 폭행·협박은 물론이고 지위 권세를 이용하여 상대방의 의사를 제압하는 일체의 행위를 포함한다고 할 수 있다. 그러나 그러한 폭행·협박이 간음행위에 있어서는 항거를 현저히 곤란하게 하거나, 추행행위에 있어서는 항거를 곤란하게 할 정도에 이르러 강간죄 또는 강제추행죄의 폭행·협박에 이른 경우에는 본죄가 성립하는 것이 아니라 강간죄 또는 강제추행죄가 성립함은 물론이다.[367)]

Ⅸ. 업무상 위력등에 의한 간음죄·피구금자간음죄

[형법조문]

제303조(업무상위력 등에 의한 간음) ① 업무, 고용 기타 관계로 인하여 자기의 보호 또는 감독을 받는 사람에 대하여 위계 또는 위력으로써 간음한 자는 5년 이하의 징역 또는 1천500만원 이하의 벌금에 처한다.

② 법률에 의하여 구금된 사람을 감호하는 자가 그 사람을 간음한 때에는 7년 이하의 징역에 처한다.[개정 2012.12.18.]

제305조의2(상습범) 상습으로 제297조, 제297조의2, 제298조부터 제300조까지, 제302조, 제303조 또는 제305조의 죄를 범한 자는 그 죄에 정한 형의 2분의 1까지 가중한다.[개정 2012.12.18.]

에 해당하여 특별법 제5조에 따른 처벌 대상이 되는 것은 별도의 문제일 것이다).]

367) 대법원 1969.12.23. 선고 69도1973 판결(16세의 여자를 죽인다고 위협하여 항거불능케 한 다음 그 배위에 올라타고 고함치는 피해자의 입을 틀어막고 성교하여 상해를 가한 사실에 대해 강간치상으로 의율한 것은 정당하다.)

가. 의의 및 성격

본죄는 업무, 고용 기타 관계로 인하여 자기의 보호 또는 감독을 받는 사람에 대하여 위계 또는 위력으로 간음하거나(피감호자위계·위력간음죄), 법률에 의하여 구금된 사람을 감호는 자가 그 사람을 간음한 때(피구금자간음죄)에 성립하는 범죄이며, 양죄는 감호자가 직접 구성요건을 실현시켜야 한다는 점에서 진정신분범이며 자수범에 해당한다(다수설). 위계 또는 위력에 의한 피감호자·피구금자에 대한 유사성교행위를 처벌하는 규정을 두지 않은 것은 입법의 불비이다.

피감호자위계·위력간음죄의 사람은 미성년·성년을 불문하지만, 13세 미만의 사람은 미성년자의제강간·추행죄(제305조) 및 성폭법상의 미성년자위계·위력간음죄(제7조 제5항)가 성립하고[368], 19세 미만의 아동·청소년인 때에는 아청법상의 위계·위력에 의한 아동·청소년간음죄(제7조 제5항)가 우선 적용되며, 13세 이상 19세 미만의 자이거나 심신미약자인 경우에는 미성년자등위계·위력간음죄(제302조)가 적용된다. 따라서 본죄가 성립할 수 있는 객체는 사실상 심신미약자가 아닌 19세 이상인 사람에 한정된다

....

368) 성폭법 제10조는 ' ① 업무, 고용이나 그 밖의 관계로 인하여 자기의 보호, 감독을 받는 사람에 대하여 위계 또는 위력으로 추행한 사람은 2년 이하의 징역 또는 500만원 이하의 벌금에 처한다. ② 법률에 따라 구금된 사람을 감호하는 사람이 그 사람을 추행한 때에는 3년 이하의 징역 또는 1천500만원 이하의 벌금에 처한다.'고 규정하여 피감호자위계·위력추행죄와 피구금자추행죄도 처벌하고 있다 : 대법원 2005.7.14. 선고 2003도7107 판결[강제추행{인정된 죄명 :성폭력범죄의처벌및피해자보호등에관한법률위반(업무상위력등에의한추행)}]['추행'이라 함은 객관적으로 일반인에게 성적 수치심이나 혐오감을 일으키게 하고 선량한 성적 도덕관념에 반하는 행위로서 피해자의 성적 자유를 침해하는 것이라고 할 것이고, 이에 해당하는지 여부는 피해자의 의사, 성별, 연령, 행위자와 피해자의 이전부터의 관계, 그 행위에 이르게 된 경위, 구체적 행위태양, 주위의 객관적 상황과 그 시대의 성적 도덕관념 등을 종합적으로 고려하여 신중히 결정되어야 할 것이다. 이러한 법리에 비추어 기록을 살펴보면, 피고인은 병원 응급실에서 당직근무를 하는 의사로서 자신의 보호 감독하에 있는 입원 환자들인 피해자들의 의사에 반하여, 자고 있는 피해자 1을 깨워 상의를 배꼽 위로 올리고 바지와 팬티를 음부 윗부분까지 내린 다음 '아프면 말하라.'고 하면서 양손으로 복부를 누르다가 차츰 아래로 내려와 팬티를 엉덩이 중간까지 걸칠 정도로 더 내린 후 음부 윗부분 음모가 나 있는 부분과 그 주변을 4-5회 정도 누르고, 이어 자고 있는 피해자 2을 깨워 '만져서 아프면 얘기하라.'고 하면서 상의를 배꼽 위로 올려 계속 누르다가 바지와 팬티를 음모가 일부 드러날 정도까지 내려 음부 윗부분 음모가 나 있는 부분과 그 주변까지 양손으로 수회 누르는 행위를 하였는바, 가벼운 교통사고로 인하여 비교적 경미한 상처를 입고 입원하여 자고 있는 피해자들을 새벽 2시에 깨워가면서까지 진료를 한다는 것은 납득하기 어려운 데다가, 간호사도 대동하지 아니하고 진료차트도 소지하지 않았던 점, 피고인이 피해자들을 만진 음부 근처는 피해자들이 부상당한 부위와 무관하고, 피해자 1의 경우 오심과 구토 증상이 있었다고 하더라도 교통사고의 내용이 머리에 충격을 받은 것이어서 맹장 부분을 진찰할 이유는 없는 것으로 보이는 점 등에 비추어, 이와 같은 피고인의 행위는 피해자들의 성적 자유를 현저히 침해하고, 일반인의 입장에서도 추행행위라고 평가할 만한 것이라 할 것이다.]

(다수설).

나. 구성요건

보호·감독을 받게 된 원인에는 '기타관계'라는 포괄규정 때문에 제한이 없다. 업무는 개인적 업무와 공적 업무가 포함되며, 고용은 사용자와 피용자의 관계가 있음을 의미하는 것이고, 기타 관계로 인한 보호·감독은 처가 운영하는 미장원에 고용되어 있는 사람과 같이 법률상 유효한 관계가 아니더라도 사실상 보호·감독을 받는 상태에 있는 사람도 포함한다.[369]

법률에 의하여 구금된 사람[370]을 간음하는 경우에는 피구금자는 공포 또는 심리적 열악감 때문에 폭행·협박 또는 위계·위력의 수단을 필요로 하지 아니하며, 또한 피해자의 승낙이 있다 하더라도 본죄의 성립에 영향이 없다.[371]

본죄의 행위는 위계·위력으로써 간음하거나(제1항) 간음하는 것이다(제2항). 따라서 자신의 피용자인 사람을 간음하면서 불응하는 경우 해고한다고 위협하였다면 피감호자위계·위력간음죄가 성립하며[372], 피구금자간음죄는 특별한 행위수단을 필요로

369) 대법원 1976.2.10. 선고 74도1519 판결(형법 제303조 규정의 기타 관계로 자기의 보호 또는 감독을 받는 부녀라 함에는 사실상의 보호 또는 감독을 받는 상황에 있는 부녀인 경우도 이에 포함되는 것으로 보는 것이 우리의 일반사회통념이나 실정 그리고 동 법조를 신설하여 동 법조규정상황하에 있는 부녀의 애정의 자유가 부당하게 침해되는 것을 보호하려는 법의 정신에 비추어 타당하다 할 것인바 기록을 검토 종합해 보면 피고인은 동 미장원 여주인 공소외 1의 남편으로서 매일같이 동 미장원에 수시로 출입하고 있을 뿐 아니라 청소는 물론 동 미장원을 지켜주고 한편 손님이 오면 살림집으로 연락을 해주는 등 그의 처를 도와주고 있는 사실 및 피해자 공소외 2는 피고인은 "주인 아저씨" "주인남자"라고 부르면서 직접 간접의 지시에 따르고 있었다는 사정 등이 시인될 수 있다 할 것이니 비록 피고인이 직접 피해자 공소외 2를 동 미장원의 종업원으로 고용한 것은 아니라 하더라도 자기의 처가 경영하는 미장원에 매일같이 출입하면서 미장원 일을 돕고 있었다면 동 미장원 종업원인 공소외 2는 피고인을 주인으로 대접하고 또 그렇게 대접하는 것이 우리의 일반사회실정이라 할 것이고 또한 피고인도 따라서 동 미장원 종업원인 피해자 공소외 2에 대하여 남다른 정의로서 처우에 왔다고 보는 것이 또한 우리의 인지상정이라 할 수 있을 것이므로 이 사건에서 사정이 그와 같다면 피고인은 공소외 2에 대하여 사실상 자기의 보호 또는 감독을 받는 상황에 있는 부녀의 경우에 해당된다고 못 볼 바 아니다.)

370) 예컨대 형사소송법에 의하여 구금된 사람으로서 체포·구속된 자, 또는 수형자가 이에 해당한다. 피고인의 지위에 있든 피의자의 지위에 있든 불문하며 적법한 구금에 한하지 않고 위법한 구금인 경우도 포함한다. 또한 소년원에 수용되거나 노역장에 유치된 사람, 치료감호 중의 사람도 포함된다. 그러나 불구속피의자피고인, 선고유예, 집행유예 중에 있는 자, 보호관찰을 받고 있는 자는 구금된 자가 아니므로 본죄의 객체가 될 수 없다.

371) 이점에서 피구금자가 자신을 간음하도록 감호자를 교사 또는 방조의 형식으로 관여한 경우에도 피구금자는 본죄의 공범이 될 수 없다. 본죄의 보호법익의 향유자이기 때문에 불가벌적 대향자에 해당한다.

하지 않기 때문에 폭행·협박을 수단으로 간음한 때에는 강간죄가 성립하며, 위계·위력으로써 피구금자를 간음한 때에는 제1항의 죄도 성립할 수는 있으나 가중처벌규정인 피구금자간음죄에 해당한다고 하여야 한다.

X. 혼인빙자등간음죄

[형법조문]

> 구 형법 제304조(혼인빙자등에 의한 간음) 혼인을 빙자하거나 기타 위계로써 음행의 상습없는 부녀를 기망하여 간음한 자는 2년 이하의 징역 또는 500만원 이하의 벌금에 처한다. 삭제 [2012.12.18.]
> [2012.12.18. 법률 제11574호에 의하여 2009.11.26. 위헌 결정된 이 조를 삭제함.]

본죄는 그동안 학계의 일관된 폐지주장과 2009.11.26. 위헌결정[373]으로 2012.12.18.

372) 대법원 1985.9.10. 선고 85도1273 판결(자기의 피용자인 부녀를 간음하면서 불응하는 경우 해고할 것을 위협하였다 하더라도 이는 업무상 위력에 의한 간음죄의 구성요건일 뿐 그 경우 해고될 것이 두려워 고소를 하지 않은 것이 고소할 수 없는 불가항력적 사유에 해당한다고 할 수 없다.)

373) 헌법재판소 2009.11.26. 선고 2008헌바58,2009헌바191(병합) 전원재판부결정[이 사건 법률조항의 경우 입법목적에 정당성이 인정되지 않는다. 첫째, 남성이 위력이나 폭력 등 해악적 방법을 수반하지 않고서 여성을 애정행위의 상대방으로 선택하는 문제는 그 행위의 성질상 국가의 개입이 자제되어야 할 사적인 내밀한 영역인데다 또 그 속성상 과장이 수반되게 마련이어서 우리 형법이 혼전 성관계를 처벌대상으로 하지 않고 있으므로 혼전 성관계의 과정에서 이루어지는 통상적 유도행위 또한 처벌해야 할 이유가 없다. 다음 여성이 혼전 성관계를 요구하는 상대방 남자와 성관계를 가질 것인가의 여부를 스스로 결정한 후 자신의 결정이 착오에 의한 것이라고 주장하면서 상대방 남성의 처벌을 요구하는 것은 여성 스스로가 자신의 성적자기결정권을 부인하는 행위이다. 또한 혼인빙자간음죄가 다수의 남성과 성관계를 맺는 여성 일체를 '음행의 상습 있는 부녀'로 낙인찍어 보호의 대상에서 제외시키고 보호대상을 '음행의 상습없는 부녀'로 한정함으로써 여성에 대한 남성우월적 정조관념에 기초한 가부장적 • 도덕주의적 성 이데올로기를 강요하는 셈이 된다. 결국 이 사건 법률조항은 남녀평등의 사회를 지향하고 실현해야 할 국가의 헌법적 의무(헌법 제36조 제1항)에 반하는 것이자, 여성을 유아시(幼兒視)함으로써 여성을 보호한다는 미명 아래 사실상 국가 스스로가 여성의 성적자기결정권을 부인하는 것이 되므로, 이 사건 법률조항이 보호하고자 하는 여성의 성적자기결정권은 여성의 존엄과 가치에 역행하는 것이다.
결혼과 성에 관한 국민의 법의식에 많은 변화가 생겨나 여성의 착오에 의한 혼전 성관계를 형사법률이 적극적으로 보호해야 할 필요성은 이미 미미해졌고, 성인이 어떤 종류의 성행위와 사랑을 하건, 그것은 원칙적으로 개인의 자유 영역에 속하고, 다만 그것이 외부에 표출되어 명백히 사회에 해악을 끼칠 때에만 법률이 이를 규제하면 충분하며, 사생활에 대한 비범죄화 경향이 현대 형법의 추세이고, 세계적으로도 혼인빙자간음죄를 폐지해 가는 추세이며 일본, 독일, 프랑스 등에도 혼인빙자간음죄에 대한 처벌규정이 없는 점, 기타 국가 형벌로서의 처단기능의 약화, 형사처벌로 인한 부작용 대두의 개정된 형법(법률 제11574호)에 의하여 삭제·폐지되었다.

XI. 미성년자의제강간·강제추행죄

[형법조문]

제305조(미성년자에 대한 간음, 추행) 13세 미만의 사람에 대하여 간음 또는 추행을 한 자는 제297조, 제297조의2, 제298조, 제301조 또는 제301조의2의 예에 의한다.[개정 2012.12.18.] 제305조의2(상습범) 상습으로 제297조, 제297조의2, 제298조부터 제300조까지, 제302조, 제303조 또는 제305조의 죄를 범한 자는 그 죄에 정한 형의 2분의 1까지 가중한다.[개정 2012.12.18.]

가. 의의 및 보호법익

본죄는 13세 미만의 사람을 간음하거나 13세 미만의 사람에게 추행을 한 때에 성립하는 범죄이다.

본죄는 정신적·육체적으로 아직 성적 자기결정권의 의미를 제대로 알지 못하는 13세 미만의 사람을 특별히 보호하기 위하여 마련한 규정이다. 따라서 본죄는 13세 미만인 사람의 성적 자기결정권을 보호하는 한편 미성숙 상태에 있는 13세 미만의 사람에 대한 정상적인 성적 발전의 보호도 함께 그 보호법익으로 한다.

점 등을 고려하면, 그 목적을 달성하기 위하여 혼인빙자간음행위를 형사처벌하는 것은 수단의 적절성과 피해의 최소성을 갖추지 못하였다.

이 사건 법률조항은 개인의 내밀한 성생활의 영역을 형사처벌의 대상으로 삼음으로써 남성의 성적자기결정권과 사생활의 비밀과 자유라는 기본권을 지나치게 제한하는 것인 반면, 이로 인하여 추구되는 공익은 오늘날 보호의 실효성이 현격히 저하된 음행의 상습없는 부녀들만의 '성행위 동기의 착오의 보호'로서 그것이 침해되는 기본권보다 중대하다고는 볼 수 없으므로, 법익의 균형성도 상실하였다.

결국 이 사건 법률조항은 목적의 정당성, 수단의 적절성 및 피해최소성을 갖추지 못하였고 법익의 균형성도 이루지 못하였으므로, 헌법 제37조 제2항의 과잉금지원칙을 위반하여 남성의 성적자기결정권 및 사생활의 비밀과 자유를 과잉제한하는 것으로 헌법에 위반된다.]

나. 구성요건

본죄의 행위는 간음·추행이다.[374] 본죄에 대하여는 폭행·협박이나 유인 등도 필요하지 아니하며, 피해자의 승낙이 있었다 하더라도 본죄의 성립에 영향이 없다.[375]

본죄가 성립하기 위하여는 피해자가 13세 미만인 사실을 인식하고 있어야 하므로, 이러한 인식이 없는 경우에는 사실의 착오로서 고의를 조각한다.

다. 미수범의 처벌

본죄의 미수범처벌규정은 없으나 본죄의 처벌은 강간죄·유사강간죄·강제추행죄·강간등상해·치상죄, 강간등살인·치사죄의 예에 따르도록 하고 있으므로 이에 근거하여 본죄의 미수범도 처벌할 수 있다고 해석하는 것이 타당하다(통설 및 판례[376]). 그러나 해석론상으로는 미수범을 인정하는 것은 문제가 있으므로 입법적으로 해결하는 것이 바람직할 것이다.

---

374) 대법원 2006.1.13. 선고 2005도6791 판결[초등학교 4학년 담임교사(남자)가 교실에서 자신이 담당하는 반의 남학생의 성기를 만진 행위가 미성년자의제강제추행죄에서 말하는 '추행'에 해당한다.] ; 대법원 2009.9.24. 선고 2009도2576 판결[초등학교 기간제 교사가 다른 학생들이 지켜보는 가운데 건강검진을 받으러 온 학생의 옷 속으로 손을 넣어 배와 가슴 등의 신체 부위를 만진 행위는, 설사 성욕을 자극·흥분·만족시키려는 주관적 동기나 목적이 없었더라도 객관적으로 일반인에게 성적 수치심이나 혐오감을 불러일으키고 선량한 성적 도덕관념에 반하는 행위라고 평가할 수 있고 그로 인하여 피해 학생의 심리적 성장 및 성적 정체성의 형성에 부정적 영향을 미쳤다고 판단되므로, 성폭법 제8조의2 제5항(현행 제7조 제3항)에서 말하는 '추행'에 해당한다.]

375) 대법원 1982.10.12. 선고 82도2183 판결(형법 제305조에 규정된 13세미만 부녀에 대한 의제강간, 추행죄는 그 성립에 있어 위계 또는 위력이나 폭행 또는 협박의 방법에 의함을 요하지 아니하며 피해자의 동의가 있었다고 하여도 성립하는 것이다.)

376) 대법원 2007.3.15. 선고 2006도9453 판결(미성년자의제강간·강제추행죄를 규정한 형법 제305조가 "13세 미만의 부녀를 간음하거나 13세 미만의 사람에게 추행을 한 자는 제297조, 제298조, 제301조 또는 제301조의2의 예에 의한다"로 되어 있어 강간죄와 강제추행죄의 미수범의 처벌에 관한 형법 제300조를 명시적으로 인용하고 있지 아니하나, 형법 제305조의 입법 취지는 성적으로 미성숙한 13세 미만의 미성년자를 특별히 보호하기 위한 것으로 보이는바 이러한 입법 취지에 비추어 보면 동조에서 규정한 형법 제297조와 제298조의 '예에 의한다'는 의미는 미성년자의제강간·강제추행죄의 처벌에 있어 그 법정형뿐만 아니라 미수범에 관하여도 강간죄와 강제추행죄의 예에 따른다는 취지로 해석되고, 이러한 해석이 형벌법규의 명확성의 원칙에 반하는 것이거나 죄형법정주의에 의하여 금지되는 확장해석이나 유추해석에 해당하는 것으로 볼 수 없다.)

XII. 상습강간등죄

[형법조문]

제305조의2(상습범) 상습으로 제297조, 제297조의2, 제298조부터 제300조까지, 제302조, 제303조 또는 제305조의 죄를 범한 자는 그 죄에 정한 형의 2분의 1까지 가중한다.[개정 2012.12.18.]

본죄는 강간기수·미수죄, 유사강간기수·미수죄, 강제추행기수·미수죄, 준강간등기수·미수죄, 미성년자등위계·위력간음·추행기수죄, 피감호자위계·위력간음기수죄, 피구금자간음기수죄, 미성년자의제강간·강제추행기수·미수죄에 대한 상습범을 이유로 책임이 가중되는 가중적 구성요건이다.

본죄는 강간등 성폭력범죄를 범하는 경향이 있는 자는 다시 성폭력범죄를 범할 가능성이 대단히 높으므로 성폭력범죄를 억제하고 잠재적 피해자를 보호하기 위한 목적으로 2010.4.15. 형법개정으로 신설된 조항이다. 그러나 상습범가중처벌규정은 상습을 이유로 하는 형벌가중이 책임주의원칙에 부합할 수 없다는 문제점 때문에 현대 형사정책적 방향에 상응할 수 없다. 따라서 합리적인 형사정책적 대처방안을 강구하는 것이 시급하며, 폐지하는 것이 바람직한 규정이다.

상습성 등의 개념 및 죄수 등은 상습상해등죄에서의 내용과 같다.

제3장 명예·신용·업무에 대한 죄

명예와 신용에 관한 죄는 사람의 사회적 가치를 보호하기 위한 범죄이다. 여기에는 명예에 관한 죄와 신용·업무와 경매에 관한 죄가 있다.

명예훼손죄는 국민의 알 권리와 서로 상충(반비례)관계에 있으므로 알 권리의 충족을 위해 개인에 대한 명예훼손을 허용할 필요가 있는 경우가 많다. 이러한 이유로 명예훼손죄에는 특별한 위법성조각사유가 규정되어 있다(제310조).

제1절 명예에 관한 죄

[명예에 관한 죄의 구성요건체계도]

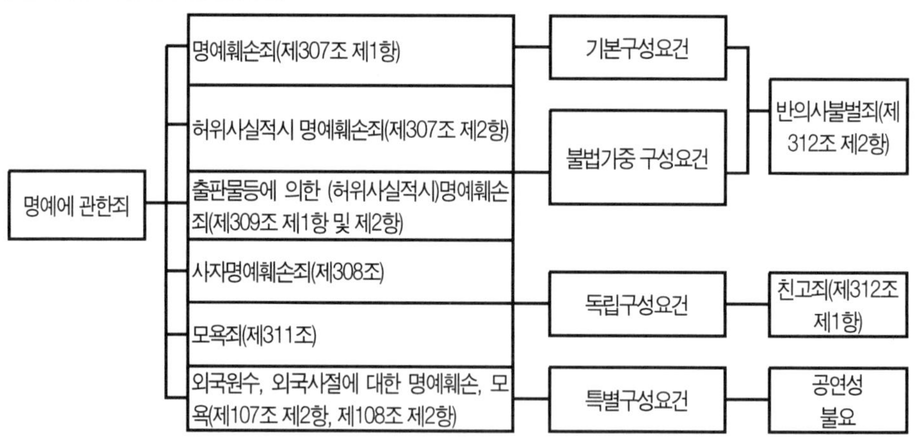

Ⅰ. 총설

가. 의의

명예에 관한 죄는 사람의 인격적 가치에 대한 사회적 평가를 위태롭게 하는 것을 내용으로 하는 범죄이다. 이러한 범죄를 형법은 크게 명예훼손죄와 모욕죄로 나누어 규정하고 있다.

명예훼손죄는 공연히 사실 또는 허위의 사실을 적시하여 사람의 명예를 훼손하는 것을 내용으로 하는 범죄이고, 모욕죄는 구체적 사실의 적시없이 공연히 사람을 모욕하는 것을 내용으로 하는 범죄이다.

나. 명예개념과 보호법익

명예란 사람이 사회생활에서 가지는 가치를 말한다. 따라서 명예에 관한 죄의 보호법익은 사람의 인격적 가치인 명예이다. 문제는 명예의 내용을 어떻게 파악할 것인지 하는 점이다. 통설은 명예의 내용을 다음과 같이 세 가지 유형으로 분류하고 있다.

(1) 내적 명예

내적 명예란 자기 또는 타인의 평가와 독립하여 객관적으로 가지고 있는 사람의 내부적 가치(진가) 그 자체를 말한다. 이러한 가치는 사회적 평가와 관계없는 절대적 가치이므로 타인의 침해로 인하여 훼손될 성질이 아니며 따라서 형법이 보호할 필요도 없고 보호할 수도 없는 명예이다.

(2) 외적 명예

외적 명예란 사람의 인격적 가치와 그의 도덕적·사회적 행위에 대한 사회적 평가를 말한다. 즉 개인의 진가와 관계없이 일반적으로 주어지는 사회적 평가이다. 이러한 명예는 타인의 침해에 의해서 훼손될 수 있기 때문에 형법적 보호의 필요성이 요구된다.

(3) 명예감정

명예감정은 자신의 인격적 가치에 대한 자신의 주관적 평가 내지 감정으로서 명예의식 내지 주관적 명예라고도 한다. 명예감정은 자기 자신에 대한 가치평가이기 때문에 타인의 침해에 의해 훼손될 수 있지만 사람마다 달라서 객관적으로 보호할 수 있는 판단의 기준이 없다.

(4) 명예에 관한 죄의 보호법익

명예훼손죄의 보호법익이 외부적 명예라는 데에는 이견이 없지만, 모욕죄의 보호법익에 대해서는 견해가 대립한다. 즉 명예감정이라고 하는 견해, 내적 명예와 외적 명예를 모두 보호한다는 견해, 외적 명예에만 국한하여야 한다는 견해(통설 및 판례) 등이 그것이다.

생각건대 형법은 명예훼손죄와 모욕죄의 성립에 모두 공연성을 요구하고 있어 인격적 가치에 대한 사회적 평가(외적 명예)를 염두에 두고 있다는 점, 또한 명예감정을 가질 수 없는 국가에 대한 모욕(형법 제105조, 제106조, 제109조)을 인정하고 있다는 점, 유아나 정신병자 또는 법인 등의 경우에는 명예감정도 없고 명예감정이 침해될 위험조차 없지만 이들의 인격적 가치를 보호하기 위해 모욕죄의 성립을 인정할 필요가 있다는 점, 사람에 따라 천차만별인 명예감정을 형법의 규율대상으로 삼으면 피해자의 주관적 감정에 의해 국가형벌권이 좌지우지 된다는 점 등에서 모욕죄의 보호법익도 외적 명예로 국한 하는 통설의 입장이 타당하다. 따라서 명예훼손죄와 모욕죄는 보호법익은 외적 명예의 보호로 서로 다르지 않지만, 양죄는 구체적 사실의 적시 유무에 의해서 구별될 수 있을 뿐이다. 판례도 같은 입장이다.[377]

377) 대법원 1989.3.14. 선고 88도1397 판결 ; 대법원 1987.5.12. 선고 87도739 판결 (명예훼손죄와 모욕죄의 보호법익은 다 같이 사람의 가치에 대한 사회적 평가인 이른바 외부적 명예인 점에서는 차이가 없으나 다만 명예훼손은 사람의 사회적 평가를 저하시킬 만한 구체적 사실의 적시를 하여 명예를 침해함을 요하는 것으로서 구체적 사실이 아닌 단순한 추상적 판단이나 경멸적 감정의 표현으로서 사회적 평가를 저하시키는 모욕죄에 비하여 그 형을 무겁게 하고 있다.)

한편 명예훼손죄와 모욕죄의 보호법익이 보호받는 정도에 대해서는 구체적 위험범설과 추상적 위험범설(통설)이 대립한다.

생각건대 양죄는 구체적 위험발생을 구성요건요소로 규정하고 있지 않으며 미수범처벌규정도 없기 때문에 공연히 사실을 적시하거나 공연히 사람을 모욕함으로써 범죄가 완성되는 추상적 위험범으로 이해하는 통설의 입장이 타당하다.[378]

다. 명예의 주체

명예훼손죄는 사람의 명예를 훼손하는 것이므로, 명예의 주체는 사람이다. 따라서 모든 자연인은 명예의 주체가 될 수 있다. 자연인인 이상 유아와 정신병자도 명예의 주체가 될 수 있다.

그러나 사자(死者)와 법인(法人), 집합명칭에 대하여 본죄의 명예주체성을 인정할 수 있는지에 대하여는 견해가 대립한다.

(1) 사자(死者)의 명예주체성

현행 형법은 공연히 허위의 사실을 적시하여 사자의 명예를 훼손한 경우에도 이를 처벌하고 있다(제308조). 여기서 사자의 명예주체성에 대해서는, 사자명예훼손죄의 보호법익은 유족의 명예 또는 유족이 사자에 대하여 가지는 추모의 감정이며, 사자는 사람이 아니라는 이유로 사자의 명예주체성을 부정하는 견해(부정설), 사람은 사망하더라도 역사적 존재자로서의 인격적 가치는 남아 있기 때문에 사자도 명예의 주체가 된다는 견해(긍정설, 통설 및 판례[379]) 등이 대립되어 있다.

378) **[명예훼손죄와 추상적 위험범의 입법론]** : 명예훼손죄를 추상적 위험범으로 해석하는 데에는 약간의 문제점이 있다. 만일 형법 제307조가 "공연히 사람의 명예를 훼손할 만한 사실을 적시한 자"로 규정되어 있다면 추상적 위험범으로 해석하는 데에 아무런 문제가 없다. 그런데 제307조 제1항은 '공연히 사실을 적시하여 사람의 명예를 훼손한 자', 제308조는 '사자(死者)의 명예를 훼손한 자'로 규정하고 있기 때문에 피해자의 명예가 침해되어야 기수가 되는 침해범으로 해석될 여지도 있다.
그러나 명예훼손죄를 침해범이라고 하게 되면 사실의 적시 이외에 그것을 인지한 사람들이 적시된 사실을 믿어야 명예훼손죄가 성립하게 된다. 믿지 않으면 명예가 훼손되지 않기 때문이다. 명예훼손죄의 성립에 이렇게 엄격한 요건까지 요구하는 것은 문제이므로 명예훼손죄를 추상적 위험범이라고 해석할 수밖에 없지만, 입법론적으로는 문언을 조정해야 할 필요가 있다.

379) 대법원 1983.10.25. 선고 83도1520 판결(형법 제308조의 사자의 명예훼손죄는 사자에 대한 사회

생각건대 명예는 생명·신체·재산 등과 달리 사후(死後)에도 존재할 수 있는 성격(호랑이는 죽어서 가죽을 남기고 사람은 죽어서 이름을 남긴다는 속담을 상기하자!)을 지니고 있으며, 보호법익을 유족의 추모감정으로 이해하는 경우에는 유족이 없으면 본죄가 성립할 수 없고 유족이 있으면 본죄를 별도로 규정할 필요가 없을 뿐만 아니라 형법 또한 사자의 명예훼손죄(제308조)를 통하여 명문으로 사자의 외적 명예를 보호한다는 점을 천명하고 있기 때문에 사자도 명예의 주체가 될 수 있다는 긍정설(통설)이 타당하다.

(2) 법인 기타의 단체

법인도 인격을 가지므로 법인이 명예의 주체가 될 수 있다는 점에 대하여는 다툼이 없다.[380] 또한 법인뿐만 아니라 법에 의하여 인정된 사회적 기능을 담당하고 통일된 의사를 형성할 수 있는 한 법인격 없는 단체도 명예의 주체가 될 수 있다고 하여야 한다(통설 및 판례[381]). 따라서 병원이나 종교단체, 정당, 병원, 노동조합, 주식회사, 기타 상법상의 회사 등도 명예의 주체가 될 수 있다고 하여야 한다.

(3) 집합명칭에 의한 명예훼손

통일된 의사를 형성할 수 없어 독자적으로는 명예의 주체가 될 수 없는 집단의 구성원도 그 집단의 명칭에 의하여 명예훼손의 보호주체가 될 수 있다.

적, 역사적 평가를 보호법익으로 하는 것이므로 그 구성요건으로서의 사실의 적시는 허위의 사실일 것을 요하는 바 피고인이 사망자의 사망사실을 알면서 위 망인은 사망한 것이 아니고 빚 때문에 도망다니며 죽은 척 하는 나쁜 놈이라고 함은 공연히 허위의 사실을 적시한 행위로서 사자의 명예를 훼손하였다고 볼 것이다.)

380) 법인은 해산 이후에도 청산이 종료되어 그 인격을 상실할 때까지 명예의 주체가 된다(상법 제245조 참조).

381) **[법인격 없는 단체와 피해자의 특정]** : 대법원 2000.10.10. 선고 99도5407 판결(명예훼손죄는 어떤 특정한 사람 또는 인격을 보유하는 단체에 대하여 그 명예를 훼손함으로써 성립하는 것이므로 그 피해자는 특정한 것임을 요한다.) ; 대법원 2005.6.10. 선고 2005도2316 판결(신문기사에 피해자의 성명 등이 명시되지 않았으나 '교육감 출마예상자', '모 상업계 교장' 등의 표현을 주위사정과 종합해 보면 그 기사내용의 당사자가 피해자임을 특정할 수 있고, 그 지역 교육계에 종사하는 많은 사람들도 위 기사내용의 당사자가 피해자임을 알 수 있는 경우에 해당하므로, 출판물 등에 의한 명예훼손죄가 성립한다.)

① 모든 집단구성원의 명예가 침해되는 경우

갑당 국회의원 이라거나 을 경찰서, 갑 지방법원 등과 같은 집합명칭에 의한 명예훼손죄가 성립하기 위해서는 다음과 같은 요건을 구비하여야 한다.

첫째 집합명칭이 특정되어야 한다. 예컨대 '정치인은 전부 뇌물을 받는다', '서울 사람은 깍쟁이이다' 등과 같이 집단이 특정되지 않은 경우에는 명예훼손죄가 성립할 수 없다.

둘째 집단이 특정된 경우에도 그 구성원의 수가 어느 정도 제한되어야 한다. 즉 'K 고등학교 교사들은 전부 촌지를 받았다'는 경우처럼 그 구성원의 수가 어느 정도 제한되어 있는 경우에는 구성원 전원에 대한 명예훼손죄가 될 수 있지만, '대학교수들 중 열심히 공부하는 사람은 하나도 없다'는 경우처럼 그 대상이 너무 광범위한 경우에는 명예훼손죄가 성립할 수 없다.

셋째 구성원 전원에 대한 것이어야지 예외를 인정하는 평균적 판단이어서는 안 된다. 즉 '강남구의 의사들이 서초구의 의사들에 비해 과잉진료비청구비율이 높다'는 경우처럼 예외를 인정하는 평균적 판단인 경우에는 강남구 의사들 전원에 대한 명예훼손죄가 성립할 수 없다.

② 집단 구성원 1인 또는 수인을 지적하였지만 그것이 누구인지 명백하지 아니하여 구성원 모두가 혐의를 받는 경우(특정된 집단의 일부구성원을 지칭한 경우)

이러한 경우에는 대상 집단의 크기나 규모가 비교적 작고 구성원을 쉽게 특정할 수 있어야 전체 구성원에 대한 명예훼손이 될 수 있다. 즉 '현역 장관 중 2명이 뇌물을 받았는데 본인들은 빌린 돈이라고 우기고 있다'는 경우가 그것이다.

그러나 현역장관 2명이 특정될 수 있을 때에는 그들에 대한 명예훼손죄가 성립하는 것은 당연하지만, 현역 장관이 모두 혐의를 받고 있다는 이유만으로 전원에 대한 명예훼손죄가 성립할 수는 없다고 해야 할 것이다.[382]

382) **[집합명칭의 특정성에 관한 판례]** : 대법원 2000.10.10. 선고 99도5407 판결(명예훼손죄는 어떤 특

Ⅱ. 명예훼손·허위사실적시명예훼손죄

[조문]

형법 제307조(명예훼손) ① 공연히 사실을 적시하여 사람의 명예를 훼손한 자는 2년 이하의 징역이나 금고 또는 500만원 이하의 벌금에 처한다.
② 공연히 허위의 사실을 적시하여 사람의 명예를 훼손한 자는 5년 이하의 징역, 10년 이하의 자격정지 또는 1천만원 이하의 벌금에 처한다.

제312조(고소와 피해자의 의사) ② 제307조와 제309조의 죄는 피해자의 명시한 의사에 반하여 공소를 제기할 수 없다.

정보통신망이용촉진및정보보호등에관한법률 제70조(벌칙) ① 사람을 비방할 목적으로 정보통신망을 통하여 공공연하게 사실을 드러내어 다른 사람의 명예를 훼손한 자는 3년 이하의 징역 또는 3천만원 이하의 벌금에 처한다.
② 사람을 비방할 목적으로 정보통신망을 통하여 공공연하게 거짓의 사실을 드러내어 다른 사람의 명예를 훼손한 자는 7년 이하의 징역, 10년 이하의 자격정지 또는 5천만원 이하의 벌금에 처한다.
③ 제1항과 제2항의 죄는 피해자가 구체적으로 밝힌 의사에 반하여 공소를 제기할 수 없다.

공직선거법 제250조(허위사실공표죄), 제251조(후보자비방죄) 당선되거나 되게 하거나 되지 못하게 할 목적으로 연설 · 방송 · 신문 · 통신 · 잡지 · 벽보 · 선전문서 기타의 방법으로 공연히 사실을 적시하여 후보자(후보자가 되고자 하는 자를 포함한다), 그의 배우자 또는 직계존 · 비속이나 형제자매를 비방한 자는 3년 이하의 징역 또는 500만원 이하의 벌금에 처한다. 다만, 진실한 사실로서 공공의 이익에 관한 때에는 처벌하지 아니한다.

정한 사람 또는 인격을 보유하는 단체에 대하여 그 명예를 훼손함으로써 성립하는 것이므로 그 피해자는 특정한 것임을 요하고, 다만 서울시민 또는 경기도민이라 함과 같은 막연한 표시에 의해서는 명예훼손죄를 구성하지 아니한다 할 것이지만, 집합적 명사를 쓴 경우에도 그것에 의하여 그 범위에 속하는 특정인을 가리키는 것이 명백하면, 이를 각자의 명예를 훼손하는 행위라고 볼 수 있다.
따라서 피고인이 작성하여 배포한 보도자료에는 피해자의 이름을 직접적으로 적시하고 있지는 않으나, 3.19 동지회 소속 교사들이 학생들을 선동하여 무단하교를 하게 하였다고 적시하고 있는 사실, 이 사건 고등학교의 교사는 총 66명으로서 그 중 약 37명이 3.19 동지회 소속 교사들인 사실, 위 학교의 학생이나 학부모, 교육청 관계자들은 3.19 동지회 소속 교사들이 누구인지 알고 있는 사실이 인정된다면 3.19 동지회는 그 집단의 규모가 비교적 작고 그 구성원이 특정되어 있으므로 피고인이 3.19 동지회 소속 교사들에 대한 허위의 사실을 적시함으로써 3.19 동지회 소속 교사들 모두에 대한 명예가 훼손되었다고 할 것이고, 3.19 동지회 소속 교사인 피해자의 명예 역시 훼손되었다고 보아야 할 것이다.)

가. 객관적 구성요건

(1) 공연성(公然性)

명예훼손·허위사실적시명예훼손죄는 공연히 사실 또는 허위의 사실을 적시하여 사람의 명예[383]를 훼손함으로써 성립하는 범죄로서 공연성을 필요로 한다. 그러나 공연성의 개념에 대해서는 학설과 판례가 견해를 달리하고 있다.

① 통설의 입장

통설(직접인식가능성설)은 공연성의 개념을 "불특정 또는 다수인이 (현실적으로 인식할 필요는 없지만, 적어도 불특정 또는 다수인이 직접) 인식할 수 있는 상태"를 의미한다고 한다.

불특정다수인이 아니라 불특정인 또는 다수인에게 사실을 적시하면 공연성이 있다. 따라서 특정소수인에게 사실을 적시하였을 때에는 공연성이 인정되지 않는다. 여기서 불특정이란 행위 시에 상대방이 행위자와 가족관계, 친구관계, 사교관계 등 긴밀한 관계가 없는 사람을 의미한다.[384] 다수인이란 단순히 복수를 의미하는 것이 아니라, 사회적 평가(명예)가 훼손된다고 평가할 수 있는 정도의 상당한 다수[385]를 의미한다.

② 판례의 입장

판례는 일관되게 전파가능성이론(傳播可能性理論)에 입각하여 공연성이란 '불특정 또는 다수인이 인식할 수 있는 상태'이며 특정소수인(즉 한 사람)에게 사실을 적시하였더라도 그 말을 들은 사람이 불특정 또는 다수인에게 이를 전파할 가능성이 있는 때에는 공연성을 인정할 수 있다고 한다.[386] 그러나 특정한 한 사람에 대한 사실의 적시

---

383) 명예는 본죄의 보호법익인 동시에 행위객체가 된다.

384) 불특정인에 대해 사실을 적시한 경우에는 견문자의 수가 몇인가는 상관없다. 예컨대 직장의 전산망에 설치된 전자게시판에 사실을 적시하면 설사 전자게시판을 본 사람이 없다 하더라도 공연성이 인정된다[대법원 2000.5.12. 선고 99도5734 판결].

385) 적어도 10여명 이상을 다수인이라 한다[대법원 1990.12.26. 선고 90도2473 판결(공소외 사단법인의 이사장이 이사회 또는 임시총회를 진행하다가 회원 10여명 또는 30여명이 있는 자리에서 허위사실을 말하였다면 그 공연성이 있다.)]

는 비밀이 잘 보장되어 외부에 전파될 가능성이 없는 특수한 경우, 즉 행위자와 특수한 관계에 있는 자의 경우에만 공연성이 부정된다.[387]

보충판례 41 : 대법원 2000.5.16. 선고 99도5622 판결[388]

386) **[전파가능성이론에 입각하여 '공연성'을 긍정한 판례]** : 대법원 1968.12.24. 선고 68도1569 판결 [피고인이 1967.4.15 오후 7시경 (소재지 생략) 소재 피고인 가에서 동리 거주 공소외 1에게 원판시와 같이 공소외 2가 공소외 3과 약혼 전에 피고인과 가까운 사이였고, 원주에 놀러가자면 따라 오고 또 밤이나 낮이나 언제나 만나자고 하면 만나는 가까운 사이였다는 말을 하고, 이어서 같은 달 22일 오후 1시경 서울장(음식점)에서 공소외 4에게 공소외 3의 처 공소외 2와는 동 여가 결혼 전에 원주에 데리고 가서 동침하여 돌아온 일이 있다는 사실을 적시 유포하였다는 사실인 바, 형법 제307조에 "공연히"라 함은 불특정 또는 다수인이 인식할 수 있는 상태라고 풀이함이 상당하며, 비밀이 잘 보장되어 외부에 전파될 염려가 없는 경우가 아니면 비록 개별적으로 한 사람에 대하여 사실을 유포하였더라도 본 건과 같이 연속하여 수인에게 사실을 유포하여 그 유포한 사실이 외부에 전파될 가능성이 있는 이상 공연성이 있다.] ; 같은 취지로는 대법원 1985.12.10. 선고 84도2380 판결 ; 대법원 2008.2.14. 선고 2007도8155 판결.

387) **[전파가능성이론에 입각하여 '공연성'을 부정한 판례]** : 대법원 1983.10.25. 선고 83도2190 판결 (중학교 교사에 대해 "전과범으로서 교사직을 팔아가며 이웃을 해치고 고발을 일삼는 악덕 교사" 라는 취지의 진정서를 그가 근무하는 학교법인 이사장 앞으로 제출한 행위 자체는 위 진정서의 내용과 진정서의 수취인인 학교법인 이사장과 위 교사의 관계 등에 비추어 볼 때 위 이사장이 위 진정서 내용을 타에 전파할 가능성이 있다고 보기 어려우므로 명예훼손죄의 구성요건인 공연성이 있다고 보기 어렵다.) ; 대법원 1984.3.27. 선고 84도86 판결(피고인이 집에서 피고인의 처로부터 전날 피고인이 외박한 사실에 대하여 추궁당하자 이를 모면하기 위하여 처에게 피해자와 여관방에서 동침한 사실이 있다고 말한 사실만으로써는 명예훼손죄의 구성요건인 공연성이 있다 할 수 없다.) ; 대법원 2000.2.11. 선고 99도4579 판결(피고인과 피해자는 원래 법률상의 부부로서 서로 이혼소송을 제기하여 1997.5.9. 피고인의 청구에 기하여 이혼한다는 제1심판결이 선고된 사실, 공소외인은 피해자의 친구인 대학교수로서 위 소송 과정에서 피해자에게 유리한 증거자료인 진술서를 작성하여 주었던 관계로, 피고인은 1998년 1월 말경 공소외인에게 사실 관계를 알리는 내용의 편지를 보내는 기회에 피해자에게 보내는 서신도 함께 동봉하였는바, 피해자에게 보내는 위 서신에 바로 공소사실과 같은 문구가 기재되어 있었던 사실, 피해자는 친구인 공소외인으로부터 위 서신을 전달받은 다음, 이 사건 공소사실과는 다른 사실로 피고인을 고소함에 있어서 위 서신을 자료로 첨부하였을 뿐인 사실을 알 수 있으며, 달리 공소외인이 위 사실을 불특정 또는 다수인에게 전파하였음을 엿볼 수 있는 자료는 기록상 이를 찾아볼 수 없는바, 이와 같은 사정 하에서는 특히 위 공소외인과 피고인과의 관계에 비추어 보아 피고인이 적시한 사실이 불특정 또는 다수인에게 전파될 가능성이 있다고 볼 수는 없는 것이다.) ; 대법원 2005.12.9. 선고 2004도2880 판결(어느 사람에게 귀엣말 등 그 사람만 들을 수 있는 방법으로 그 사람 본인의 사회적 가치 내지 평가를 떨어뜨릴 만한 사실을 이야기하였다면, 위와 같은 이야기가 불특정 또는 다수인에게 전파될 가능성이 있다고 볼 수 없어 명예훼손의 구성요건인 공연성을 충족하지 못하는 것이며, 그 사람이 들은 말을 스스로 다른 사람들에게 전파하였더라도 위와 같은 결론에는 영향이 없다.)

388) **[판례해설]** : 이 판결에 대하여는, 사실보도가 본업이기 때문에 기자가 어떠한 사실을 청취하는 것은 사실전달의 중간 과정에 불과하다고 볼 것이 아니라 오히려 사실보도가 본업이기 때문에 어떠한 사실을 청취하게 되면 그만큼 전파가능성이 높은 것으로 보는 것이 타당하고, 기자가 들은 사실을 기사화하지는 않았지만 이를 다른 사람에게 구두로 전파한 경우 기사화되어 보도된 것이 아니므로 전파가능성이 없다고 한다면 전파가능성이 문제되는 다른 사건과 비교할 때 균형이 맞지 않기 때문에, 기자에 대한 사실의 유포도 일반의 경우와 마찬가지로 외부에 대한 사실의 유포로 보아야 한다는 비판을 가할 수 있다.

③ 전파가능성이론에 대한 비판

전파가능성이론에 의하면 특정된 한 사람에게 적시한 말이라도 결과적으로 불특정 또는 다수인에게 전파될 가능성이 있는 때에는 폭넓게 공연성을 인정할 수밖에 없다.

그러나 전파가능성이론에 의할 때에는, 피해자의 명예를 보호하는 형사정책적 목적이 과도하게 추구되는 결과 상대적으로 표현의 자유를 위축시킬 수 있으며, 공연성이라는 규범적인 요건의 인정여부가 상대방의 전파의사에 좌우될 우려가 있는 동시에 전파가능성의 유무를 판단할 객관적인 판단기준이 존재하지 않기 때문에 그 구체적 적용에 있어서 법관의 자의성이 개입할 여지가 크고, 특정소수인에게 사실을 적시한 경우를 '공연히'라는 문언에 포함시킴으로써 피고인에게 불리한 유추적용을 하게 되며, 명예훼손죄와 모욕죄에서 공연성의 개념을 통일적으로 파악할 수 없다는 점에서 통설인 직접인식가능성설이 법문에 충실한 공연성의 해석태도로 타당하다 할 것이다.

(2) 사실의 적시

본죄는 공연히 사실 또는 허위의 사실을 적시한 경우에 성립한다.[389]

여기서 사실이란 현실적으로 발생하고 증명할 수 있는 과거와 현재의 사건이나 상태를 말한다. 장래의 사실도 과거 또는 현재의 사실을 기초로 하거나 이에 대한 주장이 포함된 때에는 사실에 해당할 수 있다.[390] 사람의 사회적 평가를 저하시킬 만한 사

389) 예컨대 도00의 형법강의(또는 미술작품이나 음악공연)에 대해 형편없다고 말하는 경우와 같이 사실이 아닌 평가가치판단·의견진술 등을 적시한 경우에는 그것이 사회적 평가를 저하시킬 수 있는 것이라도 명예훼손죄가 될 수 없다 : 대법원 2011.9.2. 선고 2010도17237 판결(명예훼손죄에서 '사실의 적시'란 가치판단이나 평가를 내용으로 하는 '의견표현'에 대치되는 개념이다.)

390) 대법원 2003.5.13. 선고 2002도7420 판결(명예훼손죄가 성립하기 위하여는 사실의 적시가 있어야 하는데, 여기에서 적시의 대상이 되는 사실이란 현실적으로 발생하고 증명할 수 있는 과거 또는 현재의 사실을 말하며, 장래의 일을 적시하더라도 그것이 과거 또는 현재의 사실을 기초로 하거나 이에 대한 주장을 포함하는 경우에는 명예훼손죄가 성립한다고 할 것이고, 장래의 일을 적시하는 것이 과거 또는 현재의 사실을 기초로 하거나 이에 대한 주장을 포함하는지 여부는 그 적시된 표현 자체는 물론 전체적인 취지나 내용, 적시에 이르게 된 경위 및 전후 상황, 기타 제반 사정을 종합적으로 참작하여 판단하여야 할 것이다.

피고인이 경찰관을 상대로 진정한 사건이 혐의인정되지 않아 내사종결 처리되었음에도 불구하고 공연히 "사건을 조사한 경찰관이 내일부로 검찰청에서 구속영장이 떨어진다."고 말한 것은 단순히 피고인의 희망이나 의견을 진술한 것이라거나 또는 피고인의 가치판단을 나타낸 것에 불과하다고 볼 수 없고 진정사건이 수사 중이라거나 검사가 구속영장을 청구하였다는 현재의 사실을 기초로 하거나

실이면 그 내용은 불문하며 공지의 사실도 포함된다.[391]

사실은 가치판단과 구별되어야 한다. 사실은 그것이 진실임을 증명할 수 있지만 가치판단은 그 정당성이 주관적 확신에 의하여 좌우된다는 점에 차이가 있다.

보충판례 42 : 대법원 1998.3.24. 선고 97도2956 판결

한편 사실의 적시란 가치판단이나 평가를 내용으로 하는 의견표현과는 구별되는 개념이며, 시간과 공간적으로 구체적인 과거 또는 현재의 사실관계에 관한 보고 내지 진술을 의미하는 것이라고 할 수 있다. 따라서 그 표현내용이 증거에 의하여 입증이 가능한 것을 말한다.[392]

따라서 사실이기만 하면 반드시 알려지지 않은 사실을 드러내는 것일 필요는 없으며, 이미 알려진 사실이거나 상대방이 이를 알고 있는 사실도 관계없고, 전문진술이거나 직접 경험한 진술이거나를 가리지 않는다.

그러나 사실의 적시는 특정인의 가치가 침해될 수 있을 정도의 구체적인 사실일 것을 필요로 한다. 따라서 구체적인 사실을 적시하지 아니하고 단순히 모욕적인 추상적 판단을 표시한 것은 본죄가 아닌 모욕죄를 구성할 뿐이다.[393]

이에 대한 주장을 포함하고 있다고 할 것이므로 이는 명예훼손죄에 있어서의 사실의 적시에 해당한다.)

391) 대법원 1994.4.12. 선고 93도3535 판결(소론은 또한 이 사건 기사내용은 이미 민사소송을 통하여 주장되어 이에 대한 판결까지 선고된 상태에 있었고, 다른 일간신문에도 소개되어 세인의 관심의 대상이 된 것이므로, 뒤늦게 그와 같은 기사를 정리하여 다시 일간신문에 소개하였다고 하여 이로써 새삼스럽게 피해자의 명예가 훼손되었다고 볼 수는 없다는 것이나, 명예훼손죄가 성립하기 위하여는 반드시 숨겨진 사실을 적발하는 행위 만에 한하지 아니하고, 이미 사회의 일부에 잘 알려진 사실이라고 하더라도 이를 적시하여 사람의 사회적 평가를 저하시킬 만한 행위를 한 때에는 명예훼손죄를 구성하는 것으로 봄이 상당하다.)

392) 대법원 2011.9.2. 선고 2010도17237 판결 ; 대법원 2009.5.28. 선고 2008도8812 판결(명예훼손죄의 구성요건요소인 '사실의 적시'란 가치판단이나 평가를 내용으로 하는 의견표현에 대치되는 개념으로서 그 표현내용이 증거에 의한 입증이 가능한 것을 말하고, 판단할 진술이 사실인가 또는 의견인가를 구별함에 있어서는 언어의 통상적 의미와 용법, 입증가능성, 문제된 말이 사용된 문맥, 그 표현이 행하여진 사회적 상황 등 전체적 정황을 고려하여 판단하여야 한다.)

393) 대법원 1981.11.24. 선고 81도2280 판결[명예훼손죄에 있어서 '사실의 적시'라 함은 사람의 사회적 평가를 저하시키는데 충분한 구체적 사실을 적시하는 것을 말하므로, 이를 적시하지 아니하고 단지 모멸적인 언사를 사용하여 타인의 사회적 평가를 경멸하는, 자기의 추상적 판단을 표시하는 것 ("빨갱이 계집년" "만신(무당)" "첩년"이라고 말한 것)은 사람을 모욕한 경우에 해당하고, 명예훼손죄에는 해당하지 아니한다.] ; 대법원 1985.10.22. 선고 85도1629 판결(피해자에 대하여 "야 이 개같은 잡년아, 시집을 열두 번을 간 년아, 자식도 못 낳는 창녀같은 년"이라고 큰소리 친 경우, 위 발언내용은 그 자체가 피해자의 사회적 평가를 저하시킬 만한 구체적 사실이라기보다는 피해자의 도덕성에

사실을 적시하는 방법에는 제한이 없으나[394] 비방의 목적으로 출판물에 의하여 명예를 훼손하는 경우에는 출판물에 의한 명예훼손죄가 성립한다.

(3) 기수시기

형법이 본죄에 대하여 공연히 사실을 적시하여 사람의 명예를 훼손한 때라고 규정하고 있어 본죄가 성립하기 위하여는 명예를 실제로 훼손하여야 하는 것이 아닌가(침해범)라는 의문이 들 수 있다. 그러나 본죄는 추상적 위험범이라고 하여야 할 것이다. 명예훼손의 위험성이 발생한 경우에 본죄가 성립한다고 하는 것이 입법취지에 부합한다고 할 것이기 때문이다.

따라서 본죄는 사람에 대한 사회적 평가가 현실적으로 침해될 필요가 없으며, 불특정 또는 다수인이 직접 인식할 수 있는 상태에 이르러 사람의 명예를 훼손할 우려가 있으면, 즉 공연히 사실·허위사실을 적시하는 행위가 종료된 때에 기수에 이른다고 하여야 할 것이다.[395]

관하여 가지고 있는 추상적 판단이나 경멸적인 감정표현을 과장되게 강조한 욕설에 지나지 아니하여 형법 제311조의 모욕에는 해당할지언정, 형법 제307조 제1항의 명예훼손에 해당한다고 보기 어렵다.) ; 대법원 1994.10.25. 선고 94도1770 판결(명예훼손죄가 성립하기 위하여는 사실의 적시가 있어야 하고 적시된 사실은 이로써 특정인의 사회적 가치 내지 평가가 침해될 가능성이 있을 정도로 구체성을 띠어야 할 것인바, 이 사건에서 피고인이 하였다는 "애꾸눈, 병신"이라는 발언 내용은 피고인이 피해자를 모욕하기 위하여 경멸적인 언사를 사용하면서 욕설을 한 것에 지나지 아니하고, 피해자의 사회적 가치나 평가를 저하시키기에 충분한 구체적 사실을 적시한 것이라고 보기는 어렵다.) ; 대법원 2009.9.24. 선고 2009도6687 판결 ; 대법원 2011.8.18. 선고 2011도6904 판결(특정인의 사회적 가치나 평가를 저하시키기에 충분한 구체적인 사실의 적시가 있다고 하기 위해서는, 반드시 그러한 구체적인 사실이 직접적으로 명시되어 있을 것을 요구하는 것은 아니지만, 적어도 적시된 내용 중의 특정 문구에 의하여 그러한 사실이 곧바로 유추될 수 있을 정도는 되어야 한다.)

394) 대법원 1991.5.14. 선고 91도420 판결(명예훼손죄에 있어서의 사실의 적시는 사실을 직접적으로 표현한 경우에 한정될 것은 아니고, 간접적이고 우회적인 표현에 의하더라도 그 표현의 전 취지에 비추어 그와 같은 사실의 존재를 암시하고, 또 이로써 특정인의 사회적 가치 내지 평가가 침해될 가능성이 있을 정도의 구체성이 있으면 족한 것이다. 피고인이 학생들 앞에서 피해자의 이성관계를 암시하는 발언을 하여 피해자의 명예를 훼손하였다는 이 사건 공소사실을 유죄로 인정한 조치는 정당하다.)

395) 대법원 2007.10.25. 선고 2006도346 판결(서적·신문 등 기존의 매체에 명예훼손적 내용의 글을 게시하는 경우에 그 게시행위로써 명예훼손의 범행은 종료하는 것이며 그 서적이나 신문을 회수하지 않는 동안 범행이 계속된다고 보지는 않는다는 점을 고려해 보면, 정보통신망을 이용한 명예훼손의 경우에도 범죄의 종료시기는 원래 게시물이 삭제되어 정보의 송수신이 불가능해 지는 시점이 아니라 게재행위의 종료시점이다.)

나. 주관적 구성요건

(1) 고의

명예훼손죄가 성립하기 위하여는 타인의 명예를 훼손하는데 적합한 사실을 적시한다는 고의(미필적 고의)가 있어야 한다.[396] 고의인정에 적시의 동기는 문제되지 않는다. 흥분하여 사실을 적시한 경우에도 고의는 인정된다.[397] 비방의 목적이나 모해목적 등과 같은 초과주관적 구성요건요소도 요구되지 않는다.[398]

보충판례 43 : 대법원 2008.10.23. 선고 2008도6515 판결

(2) 사실의 진실성에 대한 착오

형법 제307조(또는 309조)는 진실한 사실을 적시하는 경우를 제1항에서 규정하고, 허

396) 대법원 1983.8.23. 선고 83도1017 판결(허위사실적시 명예훼손이든, 사실적시 명예훼손이든 명예훼손죄가 성립하기 위하여는 주관적 요소로서 타인의 명예를 훼손한다고 하는 고의와 객관적 요소로서 사람의 사회적 평가를 저하시키는데 충분한 구체적 사실의 적시 행위를 요한다.) ; 대법원 2010.10.28. 선고 2010도2877 판결(명예훼손 사실을 발설한 것이 정말이냐는 질문에 대답하는 과정에서 타인의 명예를 훼손하는 사실을 발설하게 된 것이라면, 그 발설내용과 동기에 비추어 명예훼손의 범의를 인정할 수 없다.) ; 대법원 2014.3.13. 선고 2013도12430 판결(형법 제307조 제2항의 허위사실 적시에 의한 명예훼손죄에서 적시된 사실이 허위인지 여부를 판단함에 있어서는 적시된 사실의 내용 전체의 취지를 살펴볼 때 세부적인 내용에서 진실과 약간 차이가 나거나 다소 과장된 표현이 있는 정도에 불과하다면 이를 허위라고 볼 수 없으나, 중요한 부분이 객관적 사실과 합치하지 않는다면 이를 허위라고 보아야 한다. 나아가 행위자가 그 사항이 허위라는 것을 인식하였는지 여부는 성질상 외부에서 이를 알거나 증명하기 어려우므로, 공표된 사실의 내용과 구체성, 소명자료의 존재 및 내용, 피고인이 밝히는 사실의 출처 및 인지 경위 등을 토대로 피고인의 학력, 경력, 사회적 지위, 공표 경위, 시점 및 그로 말미암아 예상되는 파급효과 등의 여러 객관적 사정을 종합하여 판단할 수 밖에 없으며, 범죄의 고의는 확정적 고의뿐만 아니라 결과 발생에 대한 인식이 있고 그를 용인하는 의사인 이른바 미필적 고의도 포함하므로 허위사실 적시에 의한 명예훼손죄 역시 미필적 고의에 의하여도 성립한다.)

397) 대법원 1955.4.22. 선고 4287형상36 판결(원심이 본건 고소사실과 여한 모욕사실을 인정하고 이는 피고인의 무의식중에서 한 것임으로 범죄의 고의가 없다고 인정하였으나 원판결의 거시증거에 의하드라도 피고인이 본건 범죄당시 다소 흥분하고 있었다는 사실을 규지할 수 있으나 여하한 흥분정도 만으로는 피고인의 본건 범죄사실의 인식을 부정할 수 없다.)

398) 따라서 예컨대 갑이 진심으로 을의 능력을 칭찬하기 위한 목적으로 '을은 능력이 많아 지금까지 투기해서 모은 부동산이 10건이 된다'고 하였을 경우, 명예훼손이나 비방의 목적은 없지만, 명예훼손의 고의는 있다고 하여야 할 것이다. 즉 부동산투기를 했다는 것이 사회적 평가를 저하시킬 만한 사실이라는 점에 대한 인식은 있고, 이를 적시한다는 인식도 있기 때문이다. 다만 갑은 법률의 착오가 문제될 수 있다 : 대법원 1991.3.27. 선고 91도156 판결(형법 제307조 제2항의 명예훼손죄에 있어서의 범의는 그 구성요건사실 즉 적시한 사실이 허위인 점과 그 사실이 사람의 사회적 평가를 저하시킬 만한 것이라는 점을 인식하는 것을 말하고 특히 비방의 목적이 있음을 요하지 않는다.)

위의 사실을 적시하는 것을 제2항에서 규정하고 있다.

그런데 사실의 진실여부에 대하여 착오가 있는 경우에 어떤 조항으로 처벌할 것인지는 문제이다. 사실의 진실여부에 대한 착오가 있는 경우에는 사실의 착오 중 객체의 착오의 문제로 해결한다. 즉 허위인 사실을 진실한 사실로 오인하고 적시한 경우에는 제2항(허위사실적시명예훼손죄)의 결과가 발생하였지만 고의에 의해 제15조 제1항이 적용되어 제1항(단순명예훼손죄)으로 처벌된다.[399] 반면에 진실한 사실을 허위의 사실로 오인하고 적시한 경우에는 무거운 범죄의 고의에는 죄질이 같은 작은 범죄의 고의도 포함된다고 할 수 있으므로(대소포함명제설) 역시 제1항의 단순명예훼손죄가 성립한다.

다. 위법성조각사유

(1) 일반적 위법성조각사유 : 피해자의 승낙, 정당행위 등

본죄에 대하여 위법성 조각사유가 일반이론에 의하여 적용될 수 있는 것은 물론이다. 따라서 피해자의 승낙이나, 정당행위, 긴급피난, 사회상규에 위배되지 아니하는 행위[400] 등에 의하여 위법성이 조각되게 된다.

399) 대법원 2001.10.9. 선고 2001도3594 판결 ; 대법원 1994.10.28. 선고 94도2186 판결(형법 제309조 제2항의 출판물 등에 의한 명예훼손죄가 성립하려면 그 적시하는 사실이 허위이어야 할 뿐 아니라 범인이 그와 같은 사실이 허위라고 인식을 하여야만 된다 할 것이고, 만일 범인이 그와 같은 사실이 허위라는 인식을 하지 못하였다면 형법 제309조 제1항의 죄로서 벌하는 것은 별론으로 하고 같은 법 제309조 제2항의 죄로서는 벌할 수 없다 할 것이며, 그 허위의 점에 대한 인식 즉 그 범의에 대한 입증책임은 검사에게 있다.)

400) 대법원 1986.10.14. 선고 86도1341 판결(과수원을 경영하는 피고인이 사과를 절취당한 피해자의 입장에서 앞으로 이와 같은 일이 재발되지 않도록 예방하기 위하여 과수원의 관리자와 같은 동네 새마을 지도자에게 각각 그들만이 있는 자리에서 개별적으로 피해자가 피고인 소유의 과수원에서 사과를 훔쳐간 사실을 말하였다 하더라도 통상적인 사회생활면으로 보나 사회통념상 위와 같은 피고인의 소위를 위법하다고는 말하기 어렵다.) ; 대법원 2004.5.28. 선고 2004도1497 판결 ; 대법원 1990.12.26. 선고 90도2473 판결(공소외 사단법인의 이사장이 이사회 또는 임시총회의 의장으로서 의안에 관하여 발언하다가 타인의 명예를 훼손하는 내용의 말을 하였다면 사회상규에 반하지 아니한다고 할 수 없으므로 위법성이 조각되지 아니한다.)

(2) 제310조의 특수한 위법성조각사유

[형법조문]

제310조(위법성의 조각) 제307조제1항의 행위가 진실한 사실로서 오로지 공공의 이익에 관한 때에는 처벌하지 아니한다.

① 의의

형법은 제310조에서 단순명예훼손죄에만 적용되는 독립적인 특별한 위법성 조각사유를 규정하고 있다.

형법 제307조가 헌법 제21조 제4항의 규정에 따라 표현의 자유의 한계[401]를 일탈한 행위를 처벌하고 있는 것이기는 하나, 이를 지나치게 확대할 경우 오히려 헌법 제21조 제1항에서 보호하고자 하는 표현의 자유를 지나치게 제한하게 된다.

따라서 형법은 개인의 명예보호와 표현의 자유와 국민의 알권리 등과의 충돌을 적절하게 조화하고 조정하기 위하여 명예훼손적 사실이 공공의 이익을 위해서 진실한 사실을 적시한 때에는 처벌하지 않는다는 특별한 위법성조각사유(제310조)를 마련하고 있는 것이다.[402]

② 요건

형법 제310조가 적용되기 위하여는 일정한 요건을 갖추어야 한다.

ㄱ. 적시된 사실이 진실한 사실이어야 한다(진실성).

그러나 적시된 사실의 세부적인 부분까지 진실할 것을 요하지 아니한다. 이는 그

401) **[표현의 자유의 한계]** : 우리 헌법은 제21조 제1항에서 '모든 국민은 언론·출판의 자유를 가진다'고 규정하여 표현의 자유를 인정하고 있으면서도, 동조 제4항에서는 '언론·출판은 타인의 명예나 권리 또는 공중도덕이나 사회윤리를 침해하여서는 아니 된다'고 규정하여 제1항에 의한 표현의 자유의 한계를 규정하고 있다.

402) 대법원 2007.12.14. 선고 2006도2074 판결 ; 대법원 1993.6.22. 선고 92도3160 판결(형법 제310조의 규정은 인격권으로서의 개인의 명예의 보호와 헌법 제21조에 의한 정당한 표현의 자유의 보장이라는 상충되는 두 법익의 조화를 꾀한 것이라고 보아야 할 것이므로, 두 법익 간의 조화와 균형을 고려한다면 적시된 사실이 진실한 것이라는 증명이 없더라도 행위자가 진실한 것으로 믿었고 또 그렇게 믿을 만한 상당한 이유가 있는 경우에는 위법성이 없다고 보아야 할 것이다.)

내용 전체의 취지를 살펴볼 때 중요한 부분이 객관적 사실과 합치되는 사실이라는 의미로서 일부 자세한 부분이 진실과 약간 차이가 나거나 다소 과장된 표현이 있다고 하더라도 무방하다.

보충판례 44 : 대법원 2001.10.9. 선고 2001도3594 판결
대법원 2007.12.14. 선고 2006도2074 판결

진실한 사실을 적시한 경우에만 위법성이 조각될 뿐 허위의 사실을 적시한 경우에는 본조에 해당되지 아니한다. 따라서 허위의 사실을 적시할 것을 요건으로 하는 사자명예훼손이나 허위사실의 출판에 의한 명예훼손죄 등의 경우에 본조가 적용되지 아니하는 것은 자명하다.

ㄴ. 사실의 적시가 오로지 공공의 이익에 관한 것이어야 한다(공익성).

공공의 이익에 관한 것이라 함은 국가 사회 기타 일반 다수인의 이익에 관한 것을 의미하지만 반드시 이에 제한되지 않는다. 특정한 사회집단이나 그 구성원 전체의 이익에 관한 것도 공공의 이익이라고 할 수 있다.

또한 동조가 오로지 공공의 이익에 관한 것이라고 하고 있으나, 공공의 이익이 유일한 것일 필요는 없다는 것이 판례의 입장이다.[403] 따라서 주요한 목적이 공공의 이익을 위한 것이라면 부수적으로 다른 목적이 있었다고 하더라도 본조에 해당되어 처벌할 수 없다고 할 것이다.

보충판례 45-1 : 대법원 1993.6.22. 선고 93도1035 판결

적시된 사실이 공익에 관한 것일 때에는 특별한 사정이 없는 한 비방의 목적은 부정되고, 반대로 사람을 비방할 목적이 있는 때에는 공익을 위한 동기가 부정된다(통설 및 판례[404]).

....

403) 대법원 2008.11.13. 선고 2008도6342 판결 ; 대법원 2007.12.14. 선고 2006도2074 판결 ; 대법원 1998.10.9. 선고 97도158 판결 등.

404) 대법원 2008.11.27. 선고 2007도5312 판결(언론매체가 피해자의 명예를 현저하게 훼손할 수 있는 보도내용의 주된 부분이 허위이고 위 피고인이 그 적시사실의 주요 부분이 허위임을 충분히 인식하였다면, 특별한 사정이 없는 한 거기에는 피해자를 비방할 목적이 있다고 볼 것이고, 이 경우에는 형

보충판례 45-2 : 대법원 2005.4.29. 선고 2003도2137 판결

③ 제310조의 법적 효과

ㄱ. 실체법적 효과

1) 위법성조각

제310조의 법적 성격에 대하여는 이를 처벌조각사유설(독일이나 일본의 경우)이나, 구성요건해당성조각설 등이 주장될 수 있으나, 사실의 진실성여부는 제307조 제1항에 해당하느냐 또는 제2항에 해당하느냐에 대한 기준에 불과하고 진실성이 가려진 다음에 적시의 공익성이 인정되면 이를 고려하여 위법성이 조각된다고 보아야 할 뿐만 아니라, 형법도 명문으로 위법성 조각사유라고 규정하고 있으므로 이를 위법성조각사유로 해석하는 것이 타당하다(통설).

보충판례 46-1 : 대법원 1993.6.22. 선고 92도3160 판결

2) 진실성 또는 공익성에 관한 착오의 효과

제310조와 관련하여 행위자가 진실한 사실을 허위의 사실이라고 오인하고 적시한 경우에는, 허위의 사실을 적시한다는 의사가 있는 것이므로 일반적으로 공익에 관하여 사실을 적시하여야 하는 본조에 해당할 여지가 없다. 다만 진실한 사실을 허위의 사실이라고 오인하고 적시하였으나, 오로지 공익에 관한 것이라고 믿고 이를 적시한 경우에는 객관적으로 본조에 해당될 여지가 있다.[405)]

문제는 허위의 사실을 진실한 사실이라고 오인하고 오로지 공익을 위하여 적시한 경우 위법성을 조각할 것인지이다.

판례는 허위의 사실을 진실한 것으로 오인한 경우에도 그 오인에 상당한 이유가 있는 경우에는 위법성이 조각된다고 한다.

법 제310조 및 거기에서 파생된 법리에 의하여 위법성이 조각될 여지가 없는 것이다.)

405) 예컨대 부정한 공직자에 대하여 비난할 목적으로 사실은 업체로부터 뇌물을 받지 않았다고 믿고 있었음에도 불구하고, 해당 공직자가 뇌물을 받았으므로 동인이 공직에서 사퇴하여야 한다고 주장하였는데, 실제로 행위자의 의사와 다르게 뇌물을 받았을 경우를 들 수 있다.

보충판례 46-2 : 대법원 1994.8.26. 선고 94도237 판결

본조를 위법성조각사유로 보는 통설은 이러한 사실에 대한 오인은 위법성조각사유의 전제사실에 대한 착오로 다루어야 한다고 한다.

여기서 고의를 구성요건적 사실에 대한 인식을 의미하는 고의와 위법성인식을 포함하는 책임요소라고 보는 고의설에 의하면 위법성조각사유의 전제사실에 대한 착오는 고의를 조각하게 된다. 따라서 허위사실을 진실로 믿고 오로지 공익을 위하여 적시하였다면 고의가 조각된다. 그러한 잘못된 인식에 과실이 있었다고 하더라도 명예훼손죄가 과실범을 처벌하지 아니하므로 과실범으로도 처벌할 수 없게 된다.

위법성조각사유에 대한 모든 착오를 법률의 착오라고 보는 엄격책임설에 의하면 이러한 위법성조각사유의 전제사실에 대한 착오는 그 착오에 정당한 사유가 있는 경우에는 책임(고의)을 조각하게 되므로 구성요건에 해당하고 위법하기는 하나, 책임이 없으므로 처벌되지 않는다고 한다. 그러나 이러한 착오에 정당한 사유가 없는 경우에는 책임을 조각하지 못하므로 구성요건에 해당하고 유책한 행위로서 처벌받게 된다(제307조 제1항의 고의명예훼손죄).

이에 반하여 위법성조각사유의 존재자체나 또는 위법성조각사유의 범위에 대한 착오는 법률의 착오로 보지만, 위법성조각사유의 전제사실에 대한 착오는 그것이 전제사실이라는 사실에 주목하여, 비록 구성요건적 사실에 대한 착오를 의미하는 사실의 착오는 아니지만, 사실의 착오처럼 취급한다는 것이 제한적 책임설이다. 이러한 제한적 책임설에 의하면 위법성조각사유의 전제사실에 대한 착오는 고의를 조각하는 것으로 취급하게 된다. 따라서 제한적 책임설에 의하면 다른 사람의 명예를 훼손하다는 사실에 대한 인식이 있다는 점에서 고의가 있는 것이고, 즉 고의를 조각하지는 않지만, 위법성이 조각된다고 믿었기 때문에 결국 고의가 조각되는 것과 같이 취급된다는 것이다.

생각건대 위법성은 객관적으로 판단하여야 하므로 진실한 사실이라고 믿었더라도 허위의 사실을 적시한 경우에는 위법성이 조각될 수 없다고 하여야 한다. 제310조의 진실한 사실은 객관적으로 진실한 사실이라고 해석하는 것이 자연스럽기 때문이다.

이러한 의미에서 허위의 사실을 적시해도 위법성이 조각될 수 있다고 하는 판례의 입장은 부당하고 책임의 문제로 파악하는 통설의 입장이 타당하다. 또한 통설인 제한적 책임설은 행위자에게 지나치게 유리한 결론을 인정하게 되므로, 행위자의 오인에 정당한 이유가 있는 경우에는 책임이 조각되고 오인에 정당한 이유가 없는 경우에는 고의범의 성립을 인정하는 엄격책임설의 입장이 타당하다 할 것이다.

ㄴ. 소송법적 효과

제310조의 소송법적 효과에 대하여, 소수설 및 판례는 사실의 진실성과 공공성에 대한 입증책임이 피고인에게 전환된다고 한다(거증책임전환설). 판례는 기본적으로 거증책임전환설에 입각하면서도 법관의 합리적 의심을 불가능하게 할 정도까지 피고인이 입증할 책임은 없다고 하여 절충적 입장을 취하고 있다.

보충판례 47 : 대법원 1996.10.25. 선고 95도1473 판결
대법원 2004.5.28. 선고 2004도1497 판결
대법원 2007.5.10. 선고 2006도8544 판결

이에 대하여 통설은 같은 조가 위법성조각사유의 요건만을 규정하고 있을 뿐 거증책임을 전환하고 있는 규정이라고 볼 수 없다는 이유로 진실한 사실이 아니라는 점과 공익을 위한 것이 아니라는 점을 검사가 입증하여야 한다고 한다.

생각건대 거증전환책임설은 일본의 해석론을 무비판적으로 수용한 것이라 할 수 있고[406], 우리 형법 제310조는 위법성조각이라는 표제 아래 '벌하지 아니 한다'고 규정하고 있으므로 형사소송법상 'in dubio pro reo(의심스러울 때는 피고인의 이익으로)'원칙에 따라 형벌권의 존부와 범위에 관한 사항의 거증책임은 모두 검사에게 있다고 하는 통설이 타당하다.

---

406) 예컨대 일본형법 제230조의2 제1항은 '전조 제1항의 행위가 공공의 이해에 관한 사실에 관계되고 그 목적이 오로지 공익을 위하는데 있다고 인정되는 때에는 사실의 전부를 판단하여 진실이라는 증명이 있으면 벌하지 아니 한다'고 규정하고 있으므로 이를 거증책임의 전환규정이라고 해석할 여지가 있다. 그러나 우리 형법 제310조는 '벌하지 아니 한다'고 규정하고 있기 때문에 거증책임의 전환규정으로 해석할 근거가 없다.

라. 반의사불벌죄

본죄는 피해자의 명시한 의사에 반하여 공소를 제기할 수 없다. 따라서 피해자의 처벌을 희망하는 의사표시가 없어도 공소를 제기할 수 있지만, 피해자가 처벌을 희망하지 아니하는 의사를 표시하거나 또는 처벌을 희망하는 의사를 철회한 경우에는 공소기각의 판결을 선고하여야 한다.

Ⅲ. 사자(死者)의 명예훼손죄

[형법조문]

제308조(사자의 명예훼손) 공연히 허위의 사실을 적시하여 사자의 명예를 훼손한 자는 2년 이하의 징역이나 금고 또는 500만원 이하의 벌금에 처한다. 제312조(고소와 피해자의 의사) ① 제308조와 제311조의 죄는 고소가 있어야 공소를 제기할 수 있다.

본죄는 허위의 사실을 적시한 경우에만 성립한다. 만일 사실을 적시한 경우에 까지 본죄를 인정한다면, 역사적 인물에 대한 공정한 평가를 할 수 없게 된다는 불합리성을 해결하기 위한 것이다.[407)]

407) 대법원 1983.10.25. 선고 83도1520 판결(사자명예훼손죄는 사자에 대한 사회적, 역사적 평가를 보호법익으로 하는 것이므로 그 구성요건으로서의 사실의 적시는 허위의 사실일 것을 요하는 바 피고인이 사망자의 사망사실을 알면서 위 망인은 사망한 것이 아니고 빚 때문에 도망다니며 죽은 척 하는 나쁜 놈이라고 함은 공연히 허위의 사실을 적시한 행위로서 사자의 명예를 훼손하였다.) ; 대법원 1972.9.26. 선고 72도1798 판결(정가문중에서 사람백정 두 번째 나왔는데 셋째 백정은 몇 대 손에서 언제 나오려나" "호조참판 소외 4는 8대손에 사람백정 낳을 줄 어찌 알았으랴 사람 죽인 정가들 아무 회개없으니 또 다시 어느 놈이 백정질 할 거냐"하는 요지의 비문을 조각하여 그 비석을 불특정 다수인이 왕래하며 볼 수 있는 이천군 장호원읍 풍계리 소재 도로옆 노상에 세워둠으로써 공연히 초계 정씨의 팔대선조인 사망한 정 소외 4등의 명예를 훼손한 것이라고 인정하여 사자의 명예훼손에 관한 형법 제308조를 적용하였다. 그러나 사자의 명예훼손죄는 공연히 "허위의 사실"을 적시하여 사자의 명예를 훼손하므로써 성립하는바, 소외 2가 소외 3을 살해하였음은 위 판결이 인정하였음에도 불구하고 위 적시 사실이 허위인가 여부를 판시함이 없이 형법 제308조를 적용하였음은 이유불비 또는 법리오해의 위법이 있다.)

본죄의 고의는 미필적 고의가 아니라 확정적 고의이어야 한다. 즉 행위자가 사자에 대한 허위사실을 적시한다는 확실한 인식이 있어야 한다. 허위사실적시에 대한 가능성의 인식으로 충분하다고 하면 역사적 인물에 대한 평가시도의 대부분이 사자명예훼손죄에 해당할 수 있기 때문이다.[408)]

따라서 산 사람을 죽은 사람이라고 오인하고 허위사실을 적시한 경우에는 제15조 제1항이 적용되어 허위사실적시명예훼손죄가 아니라 사자명예훼손죄가 적용된다. 죽은 사람을 산 사람으로 오인하고 허위사실을 적시한 경우에도 대소포함명제설(큰 고의에는 작은 고의가 포함되어 있다)에 따라 작은 고의를 인정하여 사자명예훼손죄가 성립한다.

Ⅳ. 출판물등에 의한 명예훼손죄

[형법조문]

제309조(출판물 등에 의한 명예훼손) ① 사람을 비방할 목적으로 신문, 잡지 또는 라디오 기타 출판물에 의하여 제307조제1항의 죄를 범한 자는 3년 이하의 징역이나 금고 또는 700만원 이하의 벌금에 처한다. ② 제1항의 방법으로 제307조제2항의 죄를 범한 자는 7년 이하의 징역, 10년 이하의 자격정지 또는 1천500만원 이하의 벌금에 처한다. 제312조(고소와 피해자의 의사) ② 제307조와 제309조의 죄는 피해자의 명시한 의사에 반하여 공소를 제기할 수 없다.

가. 총설

출판물등에 의한 명예훼손죄는 사람을 비방할 목적으로 신문 잡지 또는 라디오 기

408) 판례는 미필적 고의로도 족하다고 한다 : 대법원 2014.3.13. 선고 2013도12430 판결(행위자가 적시된 사실이 허위라는 것을 인식하였는지 여부는 성질상 외부에서 이를 알거나 증명하기 어려우므로, 공표된 사실의 내용과 구체성, 소명자료의 존재 및 내용, 피고인이 밝히는 사실의 출처 및 인지 경위 등을 토대로 피고인의 학력, 경력, 사회적 지위, 공표 경위, 시점 및 그로 말미암아 예상되는 파급효과 등의 여러 객관적 사정을 종합하여 판단할 수밖에 없으며, 범죄의 고의는 확정적 고의뿐만 아니라 결과 발생에 대한 인식이 있고 그를 용인하는 의사인 이른바 미필적 고의도 포함하므로 허위사실 적시에 의한 명예훼손죄 역시 미필적 고의에 의하여도 성립하고, 위와 같은 법리는 형법 제308조의 사자명예훼손죄의 판단에서도 마찬가지로 적용된다.)

타 출판물에 의하여 제307조의 죄를 범한 경우에 성립한다.

적시한 사실이 진실할 경우에는 출판물에 의한 명예훼손죄 중 제1항에 정한 형으로 처벌받게 되며, 적시한 사실이 허위일 경우에는 제2항에 정한 형으로 처벌을 받게 되어 진실이나 허위냐에 따라 형의 경중이 달라지는 범죄로서 목적범이지만 자수범[409]은 아니고 반의사불벌죄이며 계속범이 아니라 즉시범이다.[410]

비방의 목적이 있어야 한다는 점에서 목적범일 뿐만 아니라, 신문·잡지 또는 라디오 및 기타 출판물에 의하여 명예를 훼손하는 경우 그 위험성이 커진다는 점에서 일반명예훼손죄에 비하여 그 형을 가중하고 있는 것이다.[411]

나. 출판물

본죄는 신문 잡지 또는 라디오 이외에 기타 출판물에 의한 경우를 규정하고 있으므로 기타 출판물이 무엇인지가 문제된다.[412]

판례는 싸인펜으로 작성하여 10여장을 복사한 문건에 대하여 기타 출판물에 해당하지 아니한다고 판시하고 있으며[413], 컴퓨터의 워드프로세스로 작성·프린트된 A4용

409) 본죄는 자수범이 아니므로 간접정범의 형태로도 범할 수 있다 : 대법원 2002.6.28. 선고 2002도3045 판결(출판물에 의한 명예훼손죄는 간접정범에 의하여 범하여질 수도 있으므로 타인을 비방할 목적으로 허위의 기사 재료를 그 정을 모르는 기자에게 제공하여 신문 등에 보도되게 한 경우에도 성립할 수 있다.)

410) 대법원 2007.10.25. 선고 2006도346 판결(서적·신문 등 기존의 매체에 명예훼손적 내용의 글을 게시하는 경우에 그 게시행위로써 명예훼손의 범행은 종료하는 것이며 그 서적이나 신문을 회수하지 않는 동안 범행이 계속된다고 보지는 않는다는 점을 고려해 보면, 정보통신망을 이용한 명예훼손의 경우에, 게시행위 후에도 독자의 접근가능성이 기존의 매체에 비하여 좀 더 높다고 볼 여지가 있다 하더라도 그러한 정도의 차이만으로 정보통신망을 이용한 명예훼손의 경우에 범죄의 종료시기가 달라진다고 볼 수는 없다.)

411) 대법원 2000.2.11. 선고 99도3048 판결(형법이 출판물 등에 의한 명예훼손죄를 일반 명예훼손죄보다 중벌하는 이유는 사실적시의 방법으로서의 출판물 등의 이용이 그 성질상 다수인이 견문할 수 있는 높은 전파성과 신뢰성 및 장기간의 보존가능성 등 피해자에 대한 법익침해의 정도가 더욱 크다는 데 있는 점에 있다.)

412) 대법원 2000.2.11. 선고 99도3048 판결(형법 제309조 제1항의 '기타 출판물'에 해당한다고 하기 위하여는 그것이 등록·출판된 제본인쇄물이나 제작물은 아니라고 할지라도 적어도 그와 같은 정도의 효용과 기능을 가지고 사실상 출판물로 유통·통용될 수 있는 외관을 가진 인쇄물로 볼 수 있어야 한다.)

413) 대법원 1986.3.25. 선고 85도1143 판결[피고인이 10여장을 작성하여 친척등 수명에게 우송하였다는 이 사건 광고문은 가로 약 25센티미터, 세로 약 30센티미터 되는 모조지 위에 싸인펜으로 앞서 본 바와 같은 내용을 기재한 것(일부기재는 복사되어 있다)들임을 알 수 있는 바, 이 사건에서 보는 바와 같은 광고문이 형법 제309조에서 규정한 출판물에 해당한다고 보기는 어렵다.]

지 7쪽 분량의 유인물에 대해서도 기타 출판물에 해당하지 않는다고 한다.[414]

TV, 영화, 녹음비디오테이프, 인터넷의 통신망 또는 게시판이 출판물에 해당하는지와 관련하여, 본죄의 출판물을 예시규정으로 보아 포함된다고 해석하는 견해(긍정설, 다수설), 피고인에게 불리한 유추적용으로서 허용될 수 없다는 견해(부정설)가 대립한다.

생각건대 이러한 매체들의 대중적 전파가능성이 높은 것은 사실이지만 이들 매체를 기타 출판물에 포함된다고 해석하는 것은 피고인에게 불리한 유추적용으로서 허용될 수 없다는 점에서 부정설이 타당하다.[415]

다. 주관적 구성요건

본죄가 성립하기 위해서는 고의 이외에 초과주관적 구성요건요소인 비방의 목적이 있어야 한다. 비방의 목적이란 사람의 명예를 훼손시키기 위해서 인격적 평가를 저하시키려는 목적을 말한다. 비방의 목적이 있으면 진실한 사실을 적시한 때에도 제310조의 규정이 적용될 여지가 없다.[416]

보충판례 48 : 대법원 2003.12..26. 선고 2003도6036 판결

---

414) 대법원 2000.2.11. 선고 99도3048 판결(피고인이 작성하여 우송 또는 교부한 이 사건 유인물은 컴퓨터 워드프로세서로 작성되고 프린트된 A4용지 7쪽 분량의 인쇄물로서 보통편지봉투에 넣어 우송될 수 있을 정도에 불과한 것으로, 그 외관이나 형식 및 그 작성경위 등에 비추어 볼 때, 그것이 등록된 간행물과 동일한 정도의 높은 전파성, 신뢰성, 보존가능성 등을 가지고 사실상 유통·통용될 수 있는 출판물이라고 보기 어렵다.)

415) **[입법론]** : 입법론적으로는 이러한 매체들을 기타 출판물에 추가해야 할 필요가 있기 때문에 '정보통신망이용촉진및정보보호등에관한법률' 제70조에 처벌규정을 마련하고 있다. 그러나 TV 등에 대해서는 명시적인 규정이 없기 때문에 추가할 필요가 있다.

416) 대법원 2007.6.1. 선고 2006도1538 판결 ; 대법원 1998.10.9. 선고 97도158 판결(형법 제309조 제1항 소정의 '사람을 비방할 목적'이란 가해의 의사 내지 목적을 요하는 것으로서 공공의 이익을 위한 것과는 행위자의 주관적 의도의 방향에 있어 서로 상반되는 관계에 있다고 할 것이므로, 형법 제310조의 공공의 이익에 관한 때에는 처벌하지 아니한다는 규정은 사람을 비방할 목적이 있어야 하는 형법 제309조 제1항 소정의 행위에 대하여는 적용되지 아니하고 그 목적을 필요로 하지 않는 형법 제307조 제1항의 행위에 한하여 적용되는 것이고, 반면에 적시한 사실이 공공의 이익에 관한 것인 경우에는 특별한 사정이 없는 한 비방 목적은 부인된다고 봄이 상당하므로 이와 같은 경우에는 형법 제307조 제1항 소정의 명예훼손죄의 성립 여부가 문제될 수 있고 이에 대하여는 다시 형법 제310조에 의한 위법성 조각 여부가 문제로 될 수 있다.)

V. 모욕죄

[형법조문]

제311조(모욕) 공연히 사람을 모욕한 자는 1년 이하의 징역이나 금고 또는 200만원 이하의 벌금에 처한다. 제312조(고소와 피해자의 의사) ① 제308조와 제311조의 죄는 고소가 있어야 공소를 제기할 수 있다.

가. 의의

모욕죄는 공연히 사람을 모욕한 경우에 성립한다. 모욕죄는 사실의 적시가 없다는 점에서 명예훼손죄와 구별된다. 모욕죄는 헌법상표현의 자유나 죄형법정주의의 파생원칙인 명확성원칙, 형법의 보충성원칙과의 조화를 고려하면 입법론적으로는 폐지하는 것이 바람직하다.417)

나. 구성요건

공연성과 사람의 의미에 관하여는 명예훼손죄에 있어서와 동일하다고 보아야 할 것이나418), 사자(死者)에 대한 모욕죄가 인정되지 아니하므로 여기서의 사람에는 사

417) **[모욕죄규정의 합헌결정]** : 헌법재판소 2013.6.27. 선고 2012헌바37 전원재판부결정은 모욕죄규정에 대하여 합헌을 결정하였다. 그러나 본죄의 폐지를 주장하는 반대의견의 논거는 경청할 만 하다.

418) **[집단표시에 의한 모욕]** : 대법원 2013.1.10. 선고 2012도13189 판결 ; 대법원 2014.3.27. 선고 2011도15631 판결(모욕죄는 특정한 사람 또는 인격을 보유하는 단체에 대하여 사회적 평가를 저하시킬 만한 경멸적 감정을 표현함으로써 성립하므로 그 피해자는 특정되어야 한다. 그리고 이른바 집단표시에 의한 모욕은, 모욕의 내용이 집단에 속한 특정인에 대한 것이라고는 해석되기 힘들고, 집단표시에 의한 비난이 개별구성원에 이르러서는 비난의 정도가 희석되어 구성원 개개인의 사회적 평가에 영향을 미칠 정도에 이르지 아니한 경우에는 구성원 개개인에 대한 모욕이 성립되지 않는다고 봄이 원칙이고, 비난의 정도가 희석되지 않아 구성원 개개인의 사회적 평가를 저하시킬 만한 것으로 평가될 경우에는 예외적으로 구성원 개개인에 대한 모욕이 성립할 수 있다. 한편 구성원 개개인에 대한 것으로 여겨질 정도로 구성원 수가 적거나 당시의 주위 정황 등으로 보아 집단 내 개별구성원을 지칭하는 것으로 여겨질 수 있는 때에는 집단 내 개별구성원이 피해자로서 특정된다고 보아야 할 것인데, 구체적인 기준으로는 집단의 크기, 집단의 성격과 집단 내에서의 피해자의 지위 등을 들 수 있다.)

자는 포함되지 아니한다.

모욕이란 사실을 적시하지 아니하고 사람에 대하여 경멸의 감정의사를 표시하는 경우를 말하며, 예컨대 나쁜 놈, 죽일 놈, 화냥 년, 개같은 잡년, 창녀같은 년과 같은 욕설이 그 대표적인 것이라고 할 수 있다.

판례는 명예훼손죄에 있어서의 사실의 적시는 사람의 사회적 가치 내지 평가를 저하시키는 구체적 사실의 적시를 요하며 단지 모욕적 언사를 사용하는 것은 모욕죄에 해당할 뿐 명예훼손죄에 해당하지는 않는다 할 것인바, '아무것도 아닌 똥꼬다리 같은 놈'이라는 구절은 모욕적인 언사일 뿐 구체적인 사실의 적시라고는 할 수 없다고 판시하고 있다.[419]

그러나 구체적으로 구체적 사실의 적시에 의하여 명예훼손죄가 성립할 것인지 아니면 단순한 모욕적 언사로서 모욕죄를 구성할 것인지의 여부는 구체적 정황과 행위자의 의사에 따라 달라질 수 있다. 즉 단순히 빨갱이라고 욕설을 하는 것은 모욕죄에 해당될 수 있지만, 실제로 간첩죄로 조사를 받고 있는 사람에 대하여 빨갱이라고 말하는 것은 명예훼손죄에 해당될 수도 있을 것이기 때문이다. 그러나 일정한 표현을 하여 상대방의 기분을 상하게 할 수는 있어도 내용이 너무 막연한 경우에는 모욕죄에 해당하지 않는다.[420] 즉 모욕죄가 성립하기 위해서는 표현의 내용이 어느 정도 구체성을 띠어야 한다.

다. 친고죄

본죄는 고소가 있어야 공소를 제기할 수 있다. 명예훼손죄가 반의사불벌죄임에 반하여 모욕죄는 친고죄라는 점에 차이가 있다. 따라서 명예훼손죄는 처벌을 희망하는

419) 대법원 1989.3.14. 선고 88도1397 판결 ; 대법원 2008.12.11. 선고 2008도8917 판결(모욕죄에서 말하는 '모욕'이란 사실을 적시하지 아니하고 사람의 사회적 평가를 저하시킬 만한 추상적 판단이나 경멸적 감정을 표현하는 것이다. 임대아파트의 분양전환과 관련하여 임차인이 아파트 관리사무소의 방송시설을 이용하여 임차인대표회의의 전임회장을 비판하며 "전 회장의 개인적인 의사에 의하여 주택공사의 일방적인 견해에 놀아나고 있기 때문에"라고 한 표현이 전체 문언상 모욕죄의 '모욕'에 해당하지 않는다.)

420) 대법원 2007.2.22. 선고 2006도8915 판결("부모가 그런 식이니 자식도 그런 것이다"와 같은 표현으로 인하여 상대방의 기분이 다소 상할 수 있다고 하더라도 그 내용이 너무나 막연하여 그것만으로 곧 상대방의 명예감정을 해하여 형법상 모욕죄를 구성한다고 보기는 어렵다.)

의사가 없어도 공소제기를 할 수 있으나, 모욕죄는 고소가 소송조건이므로 고소가 없는 경우 공소제기를 할 수 없다.

제2절 신용·업무와 경매에 관한 죄

Ⅰ. 총설

가. 의의 및 본질

신용·업무와 경매에 관한 죄는 사람의 신용을 훼손하거나, 업무를 방해하거나, 경매·입찰의 공정성을 침해하거나 위태롭게 하는 것을 내용으로 하는 범죄이다.

이러한 신용·업무와 경매에 관한 죄의 성격에 대해서는, 이를 재산범죄라는 견해(재산죄설)와 자유에 대한 범죄라는 견해(자유보호설) 및 재산범죄인 동시에 자유에 대한 범죄의 성질을 가지는 범죄라는 견해(재산 및 자유보호설, 통설)가 대립한다.

생각건대 본절에 정한 죄, 특히 업무방해죄와 경매·입찰방해죄가 재산범죄의 성질을 가지고 있다는 것은 당연하다. 따라서 본죄를 자유에 대한 범죄만으로 볼 수는 없다. 다만 신용의 훼손과 업무의 방해, 경매 등의 방해는 자유로운 경제생활을 방해한다는 경제생활의 자유를 침해하는 성격을 가지고 있음을 부인할 수도 없다. 따라서 본절의 범죄는 재산범죄의 성격과 자유에 대한 범죄의 성질을 동시에 가지고 있다는 통설의 견해가 타당하다.

[신용·업무 및 경매에 관한 죄의 성격에 대한 논쟁의 의의]

> 신용·업무 및 경매에 관한 죄의 성격에 대한 논쟁은 동 범죄를 해석하는 데에 영향을 미칠 수 있다.
> 동 범죄를 재산범죄로 파악하는 경우에는 업무방해죄에 있어서의 업무는 재산적·경제적 업무에 국한되어야 한다. 또한 신용훼손죄의 신용도 경제적인 것에 국한되어야 한다.

그러나 동 범죄가 자유에 대한 범죄로서의 성격도 지니고 있다고 이해하는 경우에는 신용이나 업무의 개념은 반드시 경제적 업무나 경제적인 신용에 국한되지 않고 사회적 활동으로서의 업무나 재산권과 상관없는 신용 등과 같이 넓어지게 된다.

이 점에서 동 범죄를 인격적 법익에 대한 죄로 이해하여 명예에 관한 죄와 함께 규정하고 있는 현행 형법의 입법적 태도의 타당성도 도출된다.

나. 보호법익

신용훼손죄는 신용을, 경매·입찰방해죄는 경매·입찰의 공정성을 보호법익으로 한다는 데에는 견해가 일치한다. 그러나 업무방해죄의 보호법익에 대해서는, 사람의 업무가 보호법익이라는 견해(다수설)와 개인의 경제적·사회적 업무수행활동의 안전과 자유가 보호법익이라는 견해가 대립한다. 판례는 업무를 보호의 대상이면서도 행위의 객체로 보고 있다.[421]

사람의 신용, 업무 및 경매·입찰의 공정성의 보호정도는 추상적 위험범으로서의 보호이다. 신용·업무와 경매에 관한 죄는 서로 보호법익을 달리하는 독립된 구성요건들로 이루어져 있으며, 추상적 위험범이자 거동범이기 때문에 어느 범죄에도 미수범의 처벌규정이 없다. 특별형법으로서 '건설산업기본법'에는 건설공사에 있어서의 입찰방해에 관한 벌칙규정이 존재한다[제95조(벌칙), 제98조(양벌규정) 제2항].

II. 신용훼손죄

[형법조문]

제313조(신용훼손) 허위의 사실을 유포하거나 기타 위계로써 사람의 신용을 훼손한 자는 5년 이하의 징역 또는 1천500만원 이하의 벌금에 처한다.

421) 대법원 2006.3.9. 선고 2006도382 판결(형법상 업무방해죄의 보호대상이 되는 '업무'라 함은 직업 또는 계속적으로 종사하는 사무나 사업을 말하는 것으로서 타인의 위법한 행위에 의한 침해로부터 보호할 가치가 있는 것이면 되고, 그 업무의 기초가 된 계약 또는 행정행위 등이 반드시 적법하여야 하는 것은 아니므로, 법률상 보호할 가치가 있는 업무인지 여부는 그 사무가 사실상 평온하게 이루어져 사회적 활동의 기반이 되고 있느냐에 따라 결정되는 것이고, 그 업무의 개시나 수행과정에 실체상 또는 절차상의 하자가 있다고 하더라도 그 정도가 반사회성을 띠는 데까지 이르지 아니한 이상 업무방해죄의 보호대상이 된다고 보아야 할 것이다.)

가. 의의 및 주체

신용훼손죄는 허위의 사실을 유포하거나 기타 위계로써 사람의 신용을 훼손한 경우에 성립하는 범죄이다.

[명예훼손죄와 신용훼손죄의 이동(異同)]

명예에 관한 죄가 인격적 측면에서 사람의 사회적 평가를 침해하는 것을 내용으로 하는 범죄임에 대하여, 신용훼손죄는 경제적 측면에서 사람의 사회적 평가를 침해하는 것을 내용으로 하는 범죄인 점에서 양 죄는 공통점을 갖는다. 그러나 사람의 인격적 가치에 대한 평가와 경제적 가치에 대한 평가는 반드시 일치하지 않으며, 인격적 가치가 낮은 사람도 경제적 신용은 높은 사람이 있으므로 형법상 독립된 법익으로 보호하고 있는 것이다. 한편 허위사실을 유포하거나 위계를 사용하여야 한다는 점에서 진실한 사실을 적시해도 성립하는 명예훼손죄 및 구체적 사실의 적시를 요하지 않는 모욕죄와 구별된다.

보호법익은 사람의 신용이다. 신용이란 사람의 경제적 활동에 대한 사회적 평가 즉 사람의 지불능력이나 지불의사에 대한 사회적 신뢰를 의미한다(통설 및 판례[422]).

신용의 주체는 자연인뿐만 아니라, 법인, 법인격 없는 단체도 경제적 활동을 하는 이상 신용의 주체에 포함된다(통설).

나. 행위

'허위사실[423]의 유포'란 객관적 진실에 반하는 사실을 불특정 또는 다수인에게 전

422) 대법원 1969.1.21. 선고 68도1660 판결(신용훼손죄는 허위의 사실을 유포하거나 기타 위계로써 사람의 지불능력 또는 지불의사에 대한 타인의 신뢰에 위해를 가하는 것을 말하는 것이므로, 어느 사람의 점포의 물건 값이 유달리 비싸다고 말한 것은 그 사람의 지불의사에 대한 사회적 신뢰를 훼손하는 것이라고 볼 수 없다.) ; 대법원 2006.5.25. 선고 2004도1313 판결(형법 제313조에 정한 신용훼손죄에서의 '신용'은 경제적 신용, 즉 사람의 지불능력 또는 지불의사에 대한 사회적 신뢰를 말하는 것이다.) ; 대법원 2011.5.13. 선고 2009도5549 판결(퀵서비스 운영자인 피고인이 배달업무를 하면서, 손님의 불만이 예상되는 경우에는 평소 경쟁관계에 있는 피해자 운영의 퀵서비스 명의로 된 영수증을 작성·교부함으로써 손님들로 하여금 불친절하고 배달을 지연시킨 사업체가 피해자 운영의 퀵서비스인 것처럼 인식하게 한 사안에서, 퀵서비스의 주된 계약내용이 신속하고 친절한 배달이라 하더라도, 그와 같은 사정만으로 위 행위가 피해자의 경제적 신용, 즉 지급능력이나 지급의사에 대한 사회적 신뢰를 저해하는 행위에 해당한다고 보기는 어렵기 때문에 무죄를 선고한다.)

423) '허위사실'이란 실제의 객관적인 사실과 서로 다른 사항을 내용으로 하는 사실을 말한다(대법원 2006.5.25. 선고 2004도1313 판결) 따라서 기본적 사실은 진실하더라도 여기에 허위를 부가시킴으로써 신용훼손의 정도를 증가시킬 수 있는 경우에는 허위사실에 포함된다 : 대법원 2006.9.8. 선고

파하는 것을 말한다.[424] 유포의 수단과 방법에는 제한이 없다. 따라서 공연성을 요하지 않으므로 순차로 불특정 또는 다수인에게 전파될 것을 예상하고 특정 또는 소수인에게 고지한 경우도 유포에 해당하므로 유포는 명예훼손죄의 공연성보다 넓은 개념이다. 이점에서 판례의 '전파가능성이론'은 명예훼손죄에는 적용될 수 없지만 신용훼손죄에는 적용될 수 있다.[425]

위계라 함은 기망이나 유혹의 수단으로 상대방의 착오나 부지를 야기한 후 이를 이용하는 일체의 행위를 말한다.[426] 제313조는 '기타 위계'라고 규정하고 있으므로 허위사실의 유포도 위계의 한 예에 속한다고 할 수 있다. 위계의 상대방과 신용이 훼손되는 자가 같은 사람일 필요도 없다.

2006도1580 판결('허위의 사실을 유포한다'고 함은 반드시 기본적 사실이 허위여야 하는 것은 아니고, 비록 기본적 사실은 진실이더라도 이에 허위사실을 상당 정도 부가시킴으로써 타인의 업무를 방해할 위험이 있는 경우도 포함되지만, 그 내용 전체의 취지를 살펴볼 때 중요한 부분이 객관적 사실과 합치되고 단지 세부에 있어 약간의 차이가 있거나 다소 과장된 표현이 있는 정도에 불과하여 타인의 업무를 방해할 위험이 없는 경우는 이에 해당하지 않는다.)

424) 대법원 2006.12.7. 선고 2006도3400 판결 ; 대법원 1983.2.8. 선고 82도2486 판결[허위사실의 유포라 함은 객관적으로 진실과 부합하지 않는 과거 또는 현재의 사실을 유포하는 것으로서 (미래의 사실도 증거에 의한 입증이 가능할 때에는 여기의 사실에 포함된다고 할 것이다.) 피고인의 단순한 의견이나 가치판단을 표시하는 것은 이에 해당하지 않는다고 할 것이므로, 공소외 갑은 8년전부터 남편없이 3자녀를 데리고 생계를 꾸려왔을 뿐 아니라 피고인에 대한 다액의 채무를 담보하기 위해 동녀의 아파트와 가재도구까지를 피고인에게 제공한 사실이 인정되니 위 공소외 갑이 집도 남편도 없는 과부라고 말한 것이 허위사실이 될 수 없고 또 공소외 갑이 계주로서 계불입금을 모아서 도망가더라도 책임지고 도와줄 사람이 없다는 취지의 피고인의 말은 피고인의 위 공소외 갑에 대한 개인적 의견이나 평가를 진술한 것에 불과하여 허위사실의 유포라고 볼 수 없다.]

425) 대법원 2006.5.25. 선고 2004도1313 판결('허위의 사실을 유포한다'고 함은 실제의 객관적인 사실과 다른 사실을 불특정 또는 다수인에게 전파시키는 것을 말하는데, 이러한 경우 그 행위자에게 행위 당시 자신이 유포한 사실이 허위라는 점을 적극적으로 인식하였을 것을 요한다고 할 것이며, 이와 같이 전파가능성을 이유로 허위사실의 유포를 인정하는 경우에는 적어도 범죄구성요건의 주관적 요소로서 미필적 고의가 필요하므로 전파가능성에 대한 인식이 있음은 물론 나아가 그 위험을 용인하는 내심의 의사가 있어야 하고, 그 행위자가 전파가능성을 용인하고 있었는지의 여부는 외부에 나타난 행위의 형태와 행위의 상황 등 구체적인 사정을 기초로 하여 일반인이라면 그 전파가능성을 어떻게 평가할 것인가를 고려하면서 행위자의 입장에서 그 심리상태를 추인하여야 할 것이다.)

426) 대법원 2006.12.7. 선고 2006도3400 판결(형법 제313조의 신용훼손죄에서 '위계'라 함은 행위자의 행위목적을 달성하기 위하여 상대방에게 오인·착각 또는 부지를 일으키게 하여 이를 이용하는 것을 말한다. 그리고 신용훼손죄에 있어서의 범의는 반드시 확정적인 고의를 요하는 것은 아니고, 허위사실을 유포하거나 기타 위계를 사용한다는 점과 그 결과 다른 사람의 신용을 저하시킬 염려가 있는 상태가 발생한다는 점에 대한 미필적 인식으로도 족하다.)

다. 신용의 훼손

제313조의 조문상 '신용을 훼손한'이라는 용어가 선택되어 있기 때문에 이를 침해범으로 해석하면 신용훼손의 결과가 발생하여야 한다. 그러나 신용의 특성상 보호의 정도를 침해범으로 요구하면 신용침해라는 결과발생 여부를 확정하는 것이 대단히 어려워지므로 미수범에 관한 처벌규정도 없는 본죄의 대부분을 처벌할 수 없게 될 우려가 있다.

따라서 추상적 위험범의 취지에 부합되게 본죄의 규정을 조정할 필요가 있다. 즉 본죄는 신용을 훼손할만한 허위사실을 유포하거나 기타 위계의 행사가 있으면 기수가 된다고 하여야 한다(추상적 위험범설).

라. 죄수

공연히 허위의 사실을 적시하여 타인의 명예와 신용을 훼손한 경우의 죄수에 대해서는, 신용훼손죄와 명예훼손죄의 상상적 경합이라는 견해(상상적 경합설)와 법조경합 중 특별관계로 신용훼손죄만이 성립한다는 견해(법조경합설, 다수설)가 대립한다.

생각건대 명예는 사람에 대한 일반적인 차원의 사회적 평가이지만 신용은 사람의 지불능력이나 지불의사 등 경제적 차원의 사회적 평가이기 때문에 특별관계에 의하여 신용훼손죄가 인정되지 않는 경우에 한하여 명예훼손죄가 성립한다고 하는 법조경합설이 타당하다.

Ⅲ. 업무방해·컴퓨터등업무방해죄

[형법조문]

제314조(업무방해) ① 제313조의 방법 또는 위력으로써 사람의 업무를 방해한 자는 5년 이하의 징역 또는 1천500만원 이하의 벌금에 처한다. ② 컴퓨터등 정보처리장치 또는 전자기록등 특수매체기록을 손괴하거나 정보처리장치에 허

위의 정보 또는 부정한 명령을 입력하거나 기타 방법으로 정보처리에 장애를 발생하게 하여 사람의 업무를 방해한 자도 제1항의 형과 같다.

가. 의의

업무방해죄(제1항)는 제313조의 신용훼손죄에 정한 방법(허위 사실의 유포나 기타 위계)이나 또는 위력으로써 사람의 업무를 방해한 경우에 성립하는 범죄이다.

나. 보호법익으로서의 업무

보호법익은 사람의 업무이고 보호의 정도는 추상적 위험범이다(다수설 및 판례[427]). 업무의 개념이 무엇인지가 문제이다.

(1) 업무의 개념

업무란 사람이 그 사회적 지위에 있어서 계속적으로 종사하는 사무 또는 사업을 말한다. 따라서 업무라고 하기 위하여는 사회적 지위와 계속성이라고 하는 두 가지 요소를 갖춘 사무이어야 한다.[428]

보충판례 49 : 대법원 2004.10.28. 선고 2004도1256 판결

427) 대법원 2007.4.27. 선고 2006도9028 판결(업무방해죄의 성립에 있어서는 업무방해의 결과가 실제로 발생함을 요하는 것은 아니고 업무방해의 결과를 초래할 위험이 발생하면 충분하다 할 것이나, 결과발생의 염려가 없는 경우에는 본죄가 성립하지 않는다.)

428) 대법원 2013.6.14. 선고 2013도3829 판결(형법상 업무방해죄의 보호대상이 되는 '업무'라 함은 직업 기타 사회생활상의 지위에 기하여 계속적으로 종사하는 사무 또는 사업을 말하는 것인데, 초등학생들이 학교에 등교하여 교실에서 수업을 듣는 것은 헌법 제31조가 정하고 있는 무상으로 초등교육을 받을 권리 및 초·중등교육법 제12, 13조가 정하고 있는 국가의 의무교육 실시의무와 부모들의 취학의무 등에 기하여 학생들 본인의 권리를 행사하는 것이거나 국가 내지 부모들의 의무를 이행하는 것에 불과할 뿐이어서 학생들의 권리행사나 국가 내지 부모들의 의무이행을 방해한 것에 해당하는지 여부는 별론으로 하고 그것이 '직업 기타 사회생활상의 지위에 기하여 계속적으로 종사하는 사무 또는 사업'에 해당한다고 할 수 없다.) ; 대법원 2012.5.24. 선고 2009도4141 판결('업무'라 함은 직업 또는 사회생활상의 지위에 기하여 계속적으로 종사하는 사무나 사업 일체를 말하고, 그 업무가 주된 것이든 부수적인 것이든 가리지 않으며 비록 일회적 사무라 하더라도 그 자체로서 어느 정도 계속적인 것이거나 그것이 직업상 또는 사회생활에서 계속적으로 하여 온 본래의 업무와 밀접·불가분한 관계에 있으면 이에 해당한다)

업무는 반드시 생명에 대한 위험을 초래할 업무에 제한되지 않다. 따라서 행위의 객체인 업무의 주체는 타인이며, 자연인에 한하지 아니하고, 법인은 물론 법인격 없는 단체도 포함된다.429) 타인의 업무를 방해하여야 하므로 자기의 업무를 방해한 때에는 본죄가 성립하지 않는다.

보충판례 50 : 대법원 2004.10.28. 선고 2004도1256 판결

(2) 과실범에 있어서의 업무와의 비교

업무의 일반적인 개념은 일정한 사회적 지위와 계속성을 갖춘 사무이어야 한다는 점에서 업무상과실치사상죄 등의 업무와 개념을 같이 한다.

그러나 본죄의 업무는 보호법익으로서의 업무인 점에서 과실범인 업무상과실치사상죄에 있어서의 업무와는 그 범위를 달리한다. 즉 과실범에서의 업무는 그 업무의 적법성이나 업무로서 보호할 필요성 등이 요구되지 아니함에 반하여 본죄에서의 업무는 반드시 적법하여야 하는 것은 아니지만 보호할 가치가 있는 업무에 제한되기 때문이다. 따라서 이러한 보호할 가치가 없는 업무는 본죄에서 제외 된다.

예컨대 정당한 권한 없이 타인의 건축물을 철거하는 행위는 이러한 행위과정에서 상해를 가하였다면 업무상과실치상죄(제268조)가 성립할 것이나, 그러한 업무는 정당한 권한이 없는 업무로서 본죄에 의하여 보호대상이 되지 아니하게 된다.430)

....

429) 대법원 1999.1.15. 선고 98도663 판결[업무방해죄에 있어서의 행위의 객체는 타인의 업무이고, 여기서 타인이라 함은 범인 이외의 자연인과 법인 및 법인격 없는 단체를 가리키므로, 법적 성질이 영조물(1 건축물. 2 <법률>국가나 공공 단체가 일반 대중이 이용하도록 제공하거나 공공의 목적에 쓰기 위하여 만든 시설. 학교, 병원, 도서관, 철도, 교도소 따위이다)에 불과한 대학교 자체는 업무방해죄에 있어서의 업무의 주체가 될 수 없다.]

430) 대법원 20002.8.23. 선고 2001도5592 판결 ; 대법원 1983.10.11. 선고 82도2584 판결[피고인들이 회장 및 임원으로 되어있는 동대문종합상가상인협의회(이하 상인협의회라 한다)는 동대문종합시장주식회사(이하 회사라 한다)측의 임차보증금과 임료의 일방적인 인상과 증평수문제등 불합리한 문제에 대하여 피해상인들이 이에 대항하기 위하여 자발적으로 결성한 단체이며 상인협의회의 임원들인 피고인들이 가입상인들로부터 1980.5월분부터 임관리비 상당액을 징수하여 은행에 예치한 것은 상인협의회의 구성원들의 총의에 따른 사무를 집행한데 불과한 이상 피고인들의 의사는 계약조건의 절충에 있었다고 보여지고 이로써 그들에게 회사의 업무를 방해할 범의가 있었다거나 위와 같은 행위만으로서 회사의 업무를 방해할만한 위력을 행사한 것으로는 보기 어렵고 1980.8.13 업무방해의 점에 대하여는 피고인 2가 계약갱신 및 체납임 관리비 상당액 독려차 나온 회사사원인 김00에게 " 너희들이 무엇인데 상인협의회에서 하는 일을 방해하며 협의회에서 돌리는 유인물을 압수하느냐 당장 해임시켜야 하겠다고" 욕설을 한 사실은 인정할 수 있으나 다른 피고인들이 공모한 사실을 인정할 수 없고 위와 같은 행위만으로는 업무방해죄의 위력을 행사한 것으로 보기 어렵고 1980.8.16 업무방해

다만 보호할 가치가 있는지의 여부는 그 사무가 사실상 평온하게 이루어지는 사회적 활동의 기반을 이루고 있으면 족하다고 하여야 하며, 반드시 적법하거나 유효한 업무만을 의미하는 것은 아니라고 하여야 한다.[431]

따라서 판례는 농지의 임대차는 농지개혁법상 무효라고 하더라도 그 임차한 농지의 경작행위를 방해하는 행위는 업무방해죄가 성립된다고 한다.

보충판례 51 : 대법원 1980.11.25. 선고 79도1956 판결

그러나 판례는 위법의 정도가 중하여 사회생활상 용인될 수 없는 정도에 이른 경우에는 업무방해죄의 객체인 업무로 볼 수 없다는 입장을 취하고 있다.[432]

의 점에 대하여는 피고인 1 등이 회사직원에게 폭력으로 위력을 행사한 사실이 인정되지 아니할 뿐만 아니라 당시 회사직원들의 행위가 정당한 업무수행이라고 할 수 없으니 피고인들의 이를 위력으로 방해하였다 하더라도 오히려 피고인들의 수납업무에 대한 부당한 침탈 또는 방해행위의 배제를 위한 것이어서 업무방해죄가 성립되지 아니하므로 결국 업무방해의 점은 모두 범죄가 되지 아니하거나 범죄사실의 증명이 없는 때에 해당한다.]

431) 대법원 2011.10.13. 선고 2011도7081 판결 ; 대법원 2008.3.14. 선고 2007도11181 판결(업무방해죄에 있어서 그 보호대상이 되는 '업무'라 함은 직업 또는 계속적으로 종사하는 사무나 사업을 말하는 것으로서 타인의 위법한 행위에 의한 침해로부터 보호할 가치가 있는 것이면 되고, 그 업무의 기초가 된 계약 또는 행정행위 등이 반드시 적법하여야 하는 것은 아니다.)

432) 대법원 2001.11.30. 선고 2001도2015 판결(형법상 업무방해죄의 어떤 사무나 활동 자체가 위법의 정도가 중하여 사회생활상 도저히 용인될 수 없는 정도로 반사회성을 띠는 경우에는 업무방해죄의 보호대상이 되는 '업무'에 해당한다고 볼 수 없다. 의료인이나 의료법인이 아닌 자가 의료기관을 개설하여 운영하는 행위는 그 위법의 정도가 중하여 사회생활상 도저히 용인될 수 없는 정도로 반사회성을 띠고 있으므로 업무방해죄의 보호대상이 되는 '업무'에 해당하지 않는다.) ; 대법원 2002.8.23. 선고 2001도5592 판결[법원의 직무집행정지 가처분결정에 의하여 그 직무집행이 정지된 자가 법원의 결정에 반하여 직무를 수행함으로써 업무를 계속 행하고 있다면, 그 업무는 국법질서와 재판의 존엄성을 무시하는 것으로서 사실상 평온하게 이루어지는 사회적 활동의 기반이 되는 것이라 할 수 없고, 비록 그 업무가 반사회성을 띠는 경우라고까지는 할 수 없다고 하더라도 법적 보호라는 측면에서는 그와 동등한 평가를 받을 수밖에 없으므로, 그 업무자체는 법의 보호를 받을 가치를 상실하였다고 하지 않을 수 없다(그 업무를 행하는 자에 대하여 별도의 위법한 법익침해가 가해진 경우 그 침해된 법익에 관하여 보호를 하는 것은 별론이다). 만약 이러한 업무를 업무방해죄에서 말하는 업무라고 한다면 이는 한 쪽에서는 법이 금지를 명한 것을 다른 쪽에서는 법이 보호하는 결과가 되어 결국 법질서의 불일치와 혼란을 야기하는 결과에 이를 것이다.] ; 대법원 2007.1.12. 선고 2006도6599 판결(공인중개사인 피고인이 동업관계의 종료로 이 사건 부동산중개업을 그만두기로 한 이상 공인중개사가 아닌 피해자의 중개업은 법에 의하여 금지된 행위로서 형사처벌의 대상이 되는 범죄행위에 해당하는 것으로서 사회통념상 도저히 용인될 수 없는 정도로 반사회성을 띠는 경우에 해당하여 업무방해죄의 보호대상이 되는 업무라고 볼 수 없다.)

(3) 공무의 업무성 여부

업무방해죄에 있어서의 업무에 공무가 포함될 것인지에 대해서도 견해가 대립한다. 문제의 본질은 폭행, 협박 및 위계에 의한 공무집행방해죄는 형법상 규정이 있으나, 허위사실의 유포에 의한 공무집행방해죄는 규정이 없으므로 허위사실의 유포에 의하여 공무집행이 방해될 경우 이를 처벌할 수 없는 문제를 해결하고자 하는 취지에 있다. 이를 긍정하는 적극설(공무포함설)과 부정하는 소극설(공무제외설, 다수설 및 판례) 및 비공무원에 의한 공무수행 만을 업무에 포함시키는 절충설 등이 있다.

생각건대 공무집행방해죄는 사회적 법익에 대한 것으로서 개인적 법익에 대한 죄인 업무방해죄와는 그 법익을 달리하고, 공무집행방해죄에서 행위태양을 법정하고 있는 것은 그 이외의 경우에는 공무집행방해죄가 성립하지 않는다는 취지라고 이해하여야 할 것이기 때문에 소극설이 타당하다. 판례도 같은 입장이다.[433)]

---

433) **[업무방해죄와 공무집행방해죄의 구별]** : 대법원 2011.7.28. 선고 2009도11104 판결 ; 대법원 2009.11.19. 선고 2009도4166 전원합의체 판결(형법상 업무방해죄의 보호법익은 업무를 통한 사람의 사회적·경제적 활동을 보호하려는 데 있으므로, 그 보호대상이 되는 '업무'란 직업 또는 계속적으로 종사하는 사무나 사업을 말하고, 여기서 '사무' 또는 '사업'은 단순히 경제적 활동만을 의미하는 것이 아니라 널리 사람이 그 사회생활상의 지위에서 계속적으로 행하는 일체의 사회적 활동을 의미한다. 한편, 형법상 업무방해죄와 별도로 규정한 공무집행방해죄에서 '직무의 집행'이란 널리 공무원이 직무상 취급할 수 있는 사무를 행하는 것을 의미하는데, 이 죄의 보호법익이 공무원에 의하여 구체적으로 행하여지는 국가 또는 공공기관의 기능을 보호하고자 하는 데 있는 점을 감안할 때, 공무원의 직무집행이 적법한 경우에 한하여 공무집행방해죄가 성립하고, 여기에서 적법한 공무집행이란 그 행위가 공무원의 추상적 권한에 속할 뿐 아니라 구체적 직무집행에 관한 법률상 요건과 방식을 갖춘 경우를 가리키는 것으로 보아야 한다. 이와 같이 업무방해죄와 공무집행방해죄는 그 보호법익과 보호대상이 상이할 뿐만 아니라 업무방해죄의 행위유형에 비하여 공무집행방해죄의 행위유형은 보다 제한되어 있다. 즉 공무집행방해죄는 폭행, 협박에 이른 경우를 구성요건으로 삼고 있을 뿐 이에 이르지 아니하는 위력 등에 의한 경우는 그 구성요건의 대상으로 삼고 있지 않다. 또한, 형법은 공무집행방해죄 외에도 여러 가지 유형의 공무방해행위를 처벌하는 규정을 개별적·구체적으로 마련하여 두고 있으므로, 이러한 처벌조항 이외에 공무의 집행을 업무방해죄에 의하여 보호받도록 하여야 할 현실적 필요가 적다는 측면도 있다. 그러므로 형법이 업무방해죄와는 별도로 공무집행방해죄를 규정하고 있는 것은 사적 업무와 공무를 구별하여 공무에 관해서는 공무원에 대한 폭행, 협박 또는 위계의 방법으로 그 집행을 방해하는 경우에 한하여 처벌하겠다는 취지라고 보아야 한다. 따라서 공무원이 직무상 수행하는 공무를 방해하는 행위에 대해서는 업무방해죄로 의율할 수는 없다고 해석함이 상당하다.)

다. 행위

(1) 업무방해의 방법

업무방해의 방법은 허위사실의 유포, 위계 또는 위력이다.

허위사실의 유포와 위계의 의미는 신용훼손죄에서와 같다.[434]

보충판례 52 : 대법원 2004.3.26. 선고 2003도7927 판결
대법원 2010.3.25. 선고 2008도4228 판결
대법원 2013.11.28. 선고 2013도5117 판결

위력이란 사람의 자유의사를 제압하기에 족한 세력을 의미하며, 현실적으로 피해자의 자유의사가 제압될 것을 요하는 것은 아니다.[435]

보충판례 53 : 대법원 2005.3.25. 선고 2003도5004 판결
대법원 2013.2.28. 선고 2011도16718 판결
대법원 2013.5.23. 선고 2011도12440 판결

(2) 업무의 방해

본죄는 추상적 위험범이므로 업무방해의 현실적 결과를 요하지 않고 업무방해의 위험(업무를 방해할 우려)이 있으면 족하다. 업무를 방해한다 함은 업무의 집행 자체를 방해하는 것뿐만 아니라 업무의 경영을 저해하는 것도 포함한다.

보충판례 54 : 대법원 1999.5.14. 선고 98도3767 판결

---

434) 대법원 1993.5.11. 선고 92도255 판결[대학교 총장으로서 공소외 주00 등에게 입학사정업무를 맡긴 피고인이 대학입시합격자 가운데 일부가 등록을 하지 아니함에 따라 발생한 결원을 보충하기 위하여 결원된 수만큼의 신입생을 추가로 모집함에 있어 기부금을 낸 학부모나 교직원 자녀들 52명의 성적 또는 지망학과를 고쳐 그들의 석차가 추가로 모집하는 인원의 범위 내에 들도록 사정부를 허위로 작성한 다음 그 정을 모르는 위 주00 등에게 제출하여 그들로 하여금 허위로 작성된 사정부에 따라 입학사정을 하게 함으로써 위 52명을 합격자로 사정하게 하였다면 이는 위계로써 위 주00(입학사정관) 등의 입학사정업무를 방해하였다고 할 것이다.]

435) 대법원 2005.5.27. 선고 2004도8447 판결 ; 대법원 1995.10.12. 선고 95도1589 판결(형법 제314조의 업무방해죄의 구성요건의 일부인 "위력"이라 함은 범인의 위세, 사람 수, 주위의 상황 등에 비추어 피해자의 자유의사를 제압하기 족한 세력을 말하는 것이고, 현실적으로 피해자의 자유의사가 제압된 것을 요하는 것은 아니다.)

대법원 2013.1.31. 선고 2012도3475 판결

라. 위법성조각사유

쟁의행위등에 의한 업무방해죄와 위법성조각사유에 대하여는 총론의 정당행위에서 상세하게 설명한 내용과 동일하다.

마. 죄수

폭행행위로써 업무를 방해한 경우 양죄는 상상적 경합의 관계가 성립한다.[436] 허위사실을 유포하여 타인의 명예를 훼손하고 업무를 방해한 경우에는 업무방해죄와 허위사실적시명예훼손죄의 상상적 경합이 된다.[437] 업무방해의 과정에서 공동으로 재물을 손괴한 경우에는 업무방해죄와 공동재물손괴죄의 실체적 경합이 된다.[438]

바. 컴퓨터등업무방해죄

(1) 의의 및 보호법익

본죄(제2항)는 컴퓨터 등 정보처리장치 또는 전자기록 등 특수매체기록을 손괴하거

436) 대법원 2012.10.11. 선고 2012도1895 판결[업무방해죄와 폭행죄는 구성요건과 보호법익을 달리하고 있고, 업무방해죄의 성립에 일반적·전형적으로 사람에 대한 폭행행위를 수반하는 것은 아니며, 폭행행위가 업무방해죄에 비하여 별도로 고려되지 않을 만큼 경미한 것이라고 할 수도 없으므로, 설령 피해자에 대한 폭행행위가 동일한 피해자에 대한 업무방해죄의 수단이 되었다고 하더라도 그러한 폭행행위가 이른바 '불가벌적 수반행위'에 해당하여 업무방해죄에 대하여 흡수관계에 있다고 볼 수는 없다. 따라서 피고인들의 공동폭행이라는 1개의 행위가 폭처법 위반(공동폭행)죄와 업무방해죄의 구성요건을 충족하는 경우에 해당한다 할 것이어서 양죄는 상상적 경합의 관계에 있다고 보아야 할 것이다.]

437) 대법원 2007.11.15. 선고 2007도7140 판결(허위사실을 유포한 1개의 행위가 형법 제314조 제1항의 허위사실 유포에 의한 업무방해죄 뿐 아니라 형법 제307조 제2항의 허위사실적시에 의한 명예훼손죄에도 해당하는 경우 그 2개의 죄는 상상적 경합관계에 있다.)

438) 대법원 2007.5.11. 선고 2006도9478 판결(공동재물손괴의 범행은 업무방해의 과정에서, 그 소란의 일환으로 저지른 것이기는 하지만, 양 죄는 피해자가 다를 뿐 아니라, 업무방해의 범행은 판시 공동재물손괴의 범행 외에 장시간에 걸쳐 집단적으로 한국철도공사 사업본부장실을 점거하고 구호를 제창하는 등의 위력을 행사하는 방법으로 저지른 것이어서 행위의 태양이 다르다고 할 것이고, 따라서 양 죄는 실체적 경합범의 관계에 있다.)

나, 정보처리장치에 허위의 정보 또는 부정한 명령을 입력하거나 기타 방법으로 정보처리에 장애를 발생케 하여 사람의 업무를 방해함으로써 성립한다.

본죄의 보호법익은 사람의 업무이며 보호의 정도는 추상적 위험범이다.[439] 업무방해죄의 업무에 공무는 제외된다고 할 수 있으므로 본죄의 업무에도 공무는 포함되지 않는다고 하여야 한다.

(2) 행위의 객체

본죄의 객체인 '컴퓨터등 정보처리장치'는 자동적으로 정보처리를 행할 장치를 갖추고 어느 정도 독립성을 가지고 업무에 사용되고 있는 것, 즉 그 자체가 정보의 보존 검색 등 정보처리능력을 가진 것에 한정된다.

따라서 각종 컴퓨터 뿐 아니라, 정보처리 기능을 갖추고 있는 휴대전화기와 MP3 등도 본죄의 객체로 볼 수 있다. 다만 독자적으로 자동정보처리기능을 수행하지 못하고 기록장치로만 쓰이는 USB는 전자기록에 해당될 뿐 정보처리장치로 보기는 어렵다. 또한 하드웨어 이외에 소프트웨어도 정보처리장치에 포함시키는 견해(판례[440])도 있으나 소프트웨어는 정보처리에 이용되는 전자기록에 해당한다 할 것이므로 전자기록등 특수매체기록에 포함시켜야 한다.

'전자기록등 특수매체기록'이란 전기적 기록, 자기적 기록, 전자적 기록(전자기록등[441])과 그 밖의 광기술을 이용한 기록(특수매체기록[442])으로서 컴퓨터등 정보처리장치에 사용되는 기록을 말한다. 전자기록은 특수매체기록의 예시에 불과하다. 조문상 특수매체기록으로 규정되어 있으므로 기록만을 의미하고 컴퓨터디스켓, 개인용 녹음테이프, CD-Rom, 마이크로필름, 녹화필름 등 정보를 수록하고 있는 매체는 본죄의 객체

---

439) 대법원 2011.5.13. 선고 2008도10116 판결 ; 대법원 2009.4.9. 선고 2008도11978 판결 ; 대법원 2006.3.10. 선고 2005도382 판결(정보처리장치를 관리 운영할 권한이 없는 자가 그 정보처리장치에 입력되어 있던 관리자의 아이디와 비밀번호를 무단으로 변경하는 행위는 정보처리장치에 부정한 명령을 입력하여 정당한 아이디와 비밀번호로 정보처리장치에 접속할 수 없게 만드는 행위로서 정보처리에 장애를 현실적으로 발생시킬 뿐 아니라 이로 인하여 업무방해의 위험을 초래할 수 있으므로, 컴퓨터 등 장애 업무방해죄를 구성한다.)

440) 대법원 2012.5.24. 선고 2011도7943 판결('컴퓨터 등 정보처리장치'란 자동적으로 계산이나 데이터처리를 할 수 있는 전자장치로서 하드웨어와 소프트웨어를 모두 포함한다.)

441) 예컨대 현금카드, 체크카드, 승차권카드, 신용카드 등이 이에 해당한다.

442) 예컨대 레이저광이나 광디스크를 이용한 기록이 이에 해당한다.

가 될 수 없으며 단지 비밀침해죄(제316조 제2항)의 객체가 될 수 있을 뿐이다.

업무방해죄의 경우처럼 본죄의 업무에도 공무는 제외된다 할 것이므로 공무소에서 사용하는 정보처리장치나 특수매체기록은 본죄의 객체가 될 수 없다.

(3) 행위

본죄의 행위는 손괴나 정보처리장치에 허위의 정보 또는 부정한 명령입력 및 기타 방법으로 정보처리 그 자체에 장애를 발생시킴으로써 사람의 업무를 방해하는 것이다.

여기서 손괴는 컴퓨터등 정보처리장치를 물리적으로 파괴하거나 멸실 뿐 아니라 전자적 기록을 삭제하거나 내용을 추가하여 원래의 내용을 식별하지 못하게 하거나 의미를 변경시키는 등의 행위를 통하여 그 효용을 해하는 것을 의미한다.

허위정보의 입력은 진실에 반하는 정보를 입력하는 것을 의미하며(예컨대 은행의 전산관리직원이 고객의 예금 중 일부 금액을 자신의 구좌로 이전시키는 경우이다), 부정한 명령의 입력이란 사무처리과정에서 객관적으로 정당하지 않은 명령을 입력을 말한다(전형적인 예로는 비밀번호나 아이디를 임의로 변경하는 것이다).[443]

'기타방법으로 정보처리장치에 장애를 발생'시킨다는 것은 정보처리장치가 제대로 기능을 발휘할 수 없도록 하는 일체의 행위를 말한다. 전원을 절단하여 내장된 정보가 없어지게 하거나 바이러스의 유포, 컴퓨터가 작동할 수 없는 환경의 조성 및 파괴 등이 이에 해당한다.[444]

'업무의 방해'란 정보처리장치의 용역을 통해서 처리하려는 업무에 지장을 초래하

443) 대법원 2006.3.10. 선고 2005도382 판결(대학의 컴퓨터시스템 서버를 관리하던 피고인이 전보발령을 받아 더 이상 웹서버를 관리 운영할 권한이 없는 상태에서, 웹서버에 접속하여 홈페이지 관리자의 아이디와 비밀번호를 무단으로 변경한 행위는, 피고인이 웹서버를 관리 운영할 정당한 권한이 있는 동안 입력하여 두었던 홈페이지 관리자의 아이디와 비밀번호를 단지 후임자 등에게 알려 주지 아니한 행위와는 달리, 정보처리장치에 부정한 명령을 입력하여 정보처리에 현실적 장애를 발생시킴으로써 피해 대학에 업무방해의 위험을 초래하는 행위에 해당하여 컴퓨터 등 장애 업무방해죄를 구성한다.)

444) 대법원 2012.5.24. 선고 2011도7943 판결(컴퓨터등업무방해죄에서 '손괴'란 유형력을 행사하여 물리적으로 파괴·멸실시키는 것뿐 아니라 전자기록의 소거나 자력에 의한 교란도 포함하며, '허위의 정보 또는 부정한 명령의 입력'이란 객관적으로 진실에 반하는 내용의 정보를 입력하거나 정보처리장치를 운영하는 본래의 목적과 상이한 명령을 입력하는 것이고, '기타 방법'이란 컴퓨터의 정보처리에 장애를 초래하는 가해수단으로서 컴퓨터의 작동에 직접·간접으로 영향을 미치는 일체의 행위를 말한다.) ; 대법원 2004.7.9. 선고 2002도631 판결(컴퓨터등업무방해죄가 성립하기 위해서는 가해행위의 결과 정보처리장치가 그 사용목적에 부합하는 기능을 하지 못하거나 사용목적과 다른 기능을 하는 등 정보처리의 장애가 현실적으로 발생하였을 것을 요한다.)

는 모든 행위를 말한다. 추상적 위험범이므로 업무방해의 결과가 발생할 필요는 없고 업무를 방해할 위험만 있으면 본죄는 성립한다.[445]

(4) 죄수

컴퓨터등업무방해죄와 업무방해죄는 특별법과 일반법의 관계이므로 컴퓨터등업무방해죄가 성립하면 업무방해죄는 성립하지 않는다. 컴퓨터등을 손괴하거나 전자기록을 삭제하여 업무를 방해한 경우에는 손괴죄와 상상적 경합이 된다는 견해도 있지만 본죄는 업무방해의 행위수단으로 손괴를 상정하고 있기 때문에 법조경합에 의해 본죄에 흡수된다고 하여야 한다.

Ⅳ. 경매·입찰방해죄

[조문]

형법 제315조(경매, 입찰의 방해) 위계 또는 위력 기타 방법으로 경매 또는 입찰의 공정을 해한 자는 2년 이하의 징역 또는 700만원 이하의 벌금에 처한다.

건설산업기본법 제95조(벌칙) 건설공사의 입찰에서 다음 각 호의 어느 하나에 해당하는 행위를 한 자는 5년 이하의 징역 또는 5천만원 이하의 벌금에 처한다.

1. 부당한 이익을 취득하거나 공정한 가격 결정을 방해할 목적으로 입찰자가 서로 공모하여 미리 조작한 가격으로 입찰한 자
2. 다른 건설업자의 견적을 제출한 자
3. 위계 또는 위력, 그 밖의 방법으로 다른 건설업자의 입찰행위를 방해한 자[전문개정 2011.5.24.]

제98조(양벌규정) ② 법인의 대표자나 법인 또는 개인의 대리인, 사용인, 그 밖의 종업원이 그

445) 대법원 2009.4.9. 선고 2008도11978 판결(형법 제314조 제2항의 '컴퓨터 등 장애 업무방해죄'가 성립하기 위해서는 가해행위 결과 정보처리장치가 그 사용목적에 부합하는 기능을 하지 못하거나 사용목적과 다른 기능을 하는 등 정보처리에 장애가 현실적으로 발생하였을 것을 요하나, 정보처리에 장애를 발생하게 하여 업무방해의 결과를 초래할 위험이 발생한 이상, 나아가 업무방해의 결과가 실제로 발생하지 않더라도 위 죄가 성립한다. 따라서 포털사이트 운영회사의 통계집계시스템 서버에 허위의 클릭정보를 전송하여 검색순위 결정 과정에서 위와 같이 전송된 허위의 클릭정보가 실제로 통계에 반영됨으로써 정보처리에 장애가 현실적으로 발생하였다면, 그로 인하여 실제로 검색순위의 변동을 초래하지는 않았다 하더라도 '컴퓨터 등 장애 업무방해죄'가 성립한다.)

법인 또는 개인의 업무에 관하여 제94조, 제95조, 제95조의2, 제96조 또는 제97조제1호 · 제2호 · 제3호의 위반행위를 하면 그 행위자를 벌하는 외에 그 법인 또는 개인에게도 해당 조문의 벌금형을 과(科)한다. 다만, 법인 또는 개인이 그 위반행위를 방지하기 위하여 해당 업무에 관하여 상당한 주의와 감독을 게을리 하지 아니한 경우에는 그러하지 아니하다.[전문개정 2011.5.24.] [2011.5.24. 법률 제10719호에 의하여 2009.7.30. 헌법재판소에서 위헌 결정된 이 조를 개정함.]

가. 의의

위계 또는 위력 기타 방법으로 경매 또는 입찰의 공정을 방해한 경우에 성립하는 범죄이다. 조문상은 '공정을 해한 자'라고 하여 결과범(침해범)의 형태로 규정되어 있으나 불공한 결과를 요하지 않는 추상적 위험범이다(통설 및 판례[446]).

나. 구성요건

본죄의 행위는 위계 또는 위력 기타 방법으로 경매 또는 입찰의 공정을 방해하는 것이다. 위계 또는 위력 기타 방법이란 신용훼손죄와 업무방해죄의 내용과 동일하다.

경매란 매도인이 다수인으로부터 구두로 청약을 받고 그 가운데 최고가격 청약자에게 승낙함으로써 성립하는 매매를 말하며, 입찰이란 경쟁에 참가한 다수인에 대하여 문서로 계약의 내용을 표시하게 하여 가장 유리한 청약자를 상대로 하여 계약을 성립시키는 것(낙찰)을 말한다.

경매의 경우에는 참가인이 다른 사람이 청약하는 내용을 알 수 있으나, 입찰의 경우에는 참가인들이 그 청약의 내용을 알지 못한다는 데 차이가 있다. 입찰을 실시할 법적 의무에 기하여 시행한 입찰만이 본죄의 객체가 되는 것은 아니지만[447] 적어도 경매와 입찰은 현실적으로 존재하여야 한다.[448]

....

446) 대법원 2010.10.14. 선고 2010도4940 판결(입찰방해죄는 위태범으로서 결과의 불공정이 현실적으로 나타나는 것을 요하는 것이 아니고, 그 행위에는 가격을 결정하는 데 있어서 뿐 아니라, 적법하고 공정한 경쟁방법을 해하는 행위도 포함된다.) ; 대법원 2007.5.31. 선고 2006도8070 판결(입찰방해죄는 위계 또는 위력 기타의 방법으로 입찰의 공정을 해하는 경우에 성립하는 위태범으로서 결과의 불공정이 현실적으로 나타나는 것을 필요로 하지 않는다.)

447) 대법원 2007.5.31. 선고 2006도8070 판결(입찰시행자가 입찰을 실시할 법적 의무에 기하여 시행한 입찰이라야만 입찰방해죄의 객체가 되는 것은 아니다.)

448) 대법원 2005.9.9. 선고 2005도3857 판결[입찰방해죄가 성립하려면 최소한 적법하고 유효한 입찰절차의 존재가 전제되어야 하는 것인데, 다른 입찰참가자들을 돌려보냄으로써(당시 입찰참가자들로

다. 담합행위

본죄와 관련하여 문제되는 것은 담합행위에 의한 본죄의 성립을 인정할 수 있을 것인지 이다. 담합행위가 공정한 가격을 해하거나 부정한 이익을 얻을 목적으로 행하여진 경우에는 본죄가 성립한다고 하여야 한다.

다만 담합의 목적이 주문자의 예정가격 내에서 적정한 가격을 유지하면서 무모한 출혈경쟁을 방지함에 있고, 낙찰가격도 공정한 가격의 범위 내인 때에는 담합자 사이에 금품의 수수가 있었다 하더라도 경매나 입찰의 공정을 해하였다고 볼 수 없으므로 본죄가 성립하지 않는다.

보충판례 55 : 대법원 2003.9.26. 선고 2002도3924 판결

이러한 담합행위는 부당한 이익을 얻을 목적으로 이루어지는 경우와 경쟁자 사이에 지나친 출혈경쟁을 피할 목적으로 이루어지는 경우가 있다. 통설 및 판례는 전자의 경우에는 본죄가 성립하지만 후자의 경우에는 상거래질서에 비추어 볼 때 사회상규에 위배되지 않는 행위로서 위법성이 조각되므로 본죄의 성립을 부정한다.[449]

한편 가장입찰이란 가장경쟁자를 조작하여 단독입찰을 경쟁입찰인 것처럼 꾸민 경우이며[450], 단독입찰이란 다수의 입찰자 중 1인을 입찰하게 하고 나머지는 입찰을

부터 별다른 항의는 없었다) 결국 재입찰이 실시되지 않았다면 처음부터 무슨 재입찰절차가 존재하였다 할 수 없어 결국 입찰방해죄는 성립할 수 없다.] ; 대법원 2001.2.9. 선고 2000도4700 판결(건설산업기본법 제95조 제3호에서 규정하고 있는 입찰방해 행위가 있다고 인정하기 위하여는 그 방해의 대상인 입찰이 현실적으로 존재하여야 한다고 볼 것이므로, 실제로 실시된 입찰절차에서 실질적으로는 단독입찰을 하면서 마치 경쟁입찰을 한 것처럼 가장하는 경우와는 달리, 실제로는 수의계약을 체결하면서 입찰절차를 거쳤다는 증빙을 남기기 위하여 입찰을 전혀 시행하지 아니한 채 형식적인 입찰서류만을 작성하여 입찰이 있었던 것처럼 조작한 행위는 위 규정에서 말하는 입찰방해 행위에 해당한다고 할 수 없다.)

449) 대법원 1971.4.20. 선고 70도2241 판결(주문자의 예정가격 내에서 무모한 경쟁을 방지하고자 담합한 경우에는 담합자끼리 금품의 수수가 있었다 하더라도 입찰자체의 공정을 해하였다고는 볼 수 없다.) ; 대법원 2010.10.14. 선고 2010도4940 판결(입찰자들 상호간에 특정업체가 낙찰받기로 하는 담합이 이루어진 상태에서 그 특정업체를 포함한 다른 입찰자들은 당초의 합의에 따라 입찰에 참가하였으나 일부 입찰자는 자신이 낙찰받기 위하여 당초의 합의에 따르지 아니한 채 오히려 낙찰받기로 한 특정업체보다 저가로 입찰하였다면, 이러한 일부 입찰자의 행위는 위와 같은 담합을 이용하여 낙찰을 받은 것이라는 점에서 적법하고 공정한 경쟁방법을 해한 것이 되고, 따라서 이러한 일부 입찰자의 행위 역시 입찰방해죄에 해당한다.)

450) 대법원 2005.3.25. 선고 2004도5731 판결(건설산업기본법 제95조 제1호가 규정하고 있는 입찰자간에 공모하여 미리 조작한 가격으로 입찰하는 행위가 있다고 인정하기 위하여는 입찰이 현실적으로

포기할 것을 모의한 경우이다.[451]

신탁입찰이란 각자가 일부씩 입찰에 참여하면서 1인을 대표자로 하여 단독으로 입찰하게 하는 것이므로 이는 경쟁입찰의 일 유형이기에 담합행위라고 할 수 없어 입찰방해죄가 성립하지 않는다.[452]

라. 공정을 해하는 행위

통설은 경매·입찰의 공정을 해한다는 것은 자유경쟁의 구체적인 진행과정에서 얻어지는 가격을 의미하는 적정한 가격(경쟁가격설, 통설 및 판례[453])을 형성하는 공정한 자유경쟁이 방해될 우려가 있는 상태를 발생시키는 것이라고 한다.

그러나 경매·입찰의 공정이란 가격에만 한정되는 것이 아니라 가격과는 관계없는 계약조건도 모두 포함하는 것이다. 따라서 공정을 해한다는 것은 적정한 계약조건을 형성하는 자유경쟁이 방해될 우려가 있는 상태를 발생시키는 것을 의미하며 이는 경매·입찰의 구체적 과정을 통해 얻어지는 계약조건이라고 하여야 한다.[454]

실시되어야 하고, 입찰이 현실적으로 실시되었다고 하려면 적법하게 입찰에 회부하는 결정이 행하여지는 것이 필요하므로, 사실은 입찰절차를 실시할 의사가 없이 특정한 업체와 수의계약을 체결할 것임에도 입찰절차를 거쳤다는 것을 가장할 목적에서 증빙을 남기기 위하여 입찰을 전혀 시행하지 아니한 채 형식적인 입찰서류만을 작성하여 입찰이 있었던 것처럼 조작한 행위는, 실제로 실시된 입찰절차에서 실질적으로는 단독입찰을 하면서 마치 경쟁입찰을 하는 것처럼 가장하는 경우와 달리 위 조항 소정의 입찰자 간에 공모하여 미리 조작한 가격으로 입찰하는 행위에 해당하지 아니한다.)

451) 대법원 1956.2.17. 선고 4288형상118 판결(공정한 가격을 해할 목적이거나 또는 부정한 이익을 얻을 목적으로 수인의 입찰자 간에 그 중 1인을 입찰케 하고 그 나머지는 입찰을 포기할 것을 모의한 행위도 역시 담합에 해당한다.)

452) 대법원 1957.10.21. 선고 4290민상368 판결(부동산경매에 있어 각 일부를 점유하는 자들이 합의하여 1인을 대표로 가격을 예정함이 없이 단독으로 입찰케 하는 신탁입찰은 고가경매를 방해하는 불법행위라 할 수 없다.)

453) 대법원 1971.4.30. 선고 71도519 판결.

454) 대법원 2010.10.14. 선고 2010도4940 판결 ; 대법원 2008.5.29. 선고 2007도5037 판결 ; 대법원 2006.12.22. 선고 2004도2581 판결(입찰방해죄에서 '입찰의 공정을 해하는 행위'란 공정한 자유경쟁을 방해할 염려가 있는 상태를 발생시키는 것, 즉 공정한 자유경쟁을 통한 적정한 가격형성에 부당한 영향을 주는 상태를 발생시키는 것으로, 그 행위에는 가격결정뿐 아니라 '적법하고 공정한 경쟁방법'을 해하는 행위도 포함되고, 입찰참가자들 사이의 담합행위가 입찰방해죄로 되기 위하여는 반드시 입찰참가자 전원 사이에 담합이 이루어져야 하는 것은 아니고, 입찰참가자들 중 일부 사이에만 담합이 이루어진 경우라고 하더라도 그것이 입찰의 공정을 해하는 것으로 평가되는 이상 입찰방해죄는 성립한다.)

제4장 사생활의 평온에 대한 죄

인간은 사회적 존재인 동시에 개별적 존재이기도 하다. 개별적 존재인 인간은 자기 자신만의 고유한 영역 속에서 인격을 실현하고 인간의 존엄과 가치를 확보하기 위하여 사생활의 영역에서 누구로부터 간섭받지 아니하고 자신만이 누릴 수 있는 장소적·정신적 평온을 필요로 한다.

형법은 이러한 의미에서 헌법이 보장하고 있는 주거의 자유(제16조)와 사생활의 비밀과 자유(제17조) 및 통신과 비밀의 자유(제18조)를 구체화하기 위하여 개인의 장소적 평온을 보호하는 범죄로서 주거침입의 죄와 개인의 정신적 평온을 보호하기 위한 범죄로서 비밀침해의 죄를 규정하고 있다.

제1절 비밀침해의 죄

Ⅰ. 총설

가. 의의

비밀침해의 죄란 개인의 사생활에 있어서의 비밀, 즉 프라이버시(Privacy)를 침해하는 것을 내용으로 하는 범죄이다.

형법은 헌법 제17조 및 제18조의 취지에 따라 사생활의 비밀을 탐지하는 범죄유형(비밀침해죄)과 누설하는 범죄유형(업무상 비밀누설죄)으로 나누어 규정하고 있다.

나. 보호법익

비밀침해의 죄의 보호법익에 대해서는, 비밀장치되어 있는 정보의 불가침성이라는 견해, 사생활의 평온이라는 견해 등이 주장되지만, 개인의 사생활에 있어서의 비밀[455]이라는 견해(다수설)가 타당하다. 다만 비밀의 탐지를 처벌하는 비밀침해죄에서는 실질적인 비밀의 내용을 문제삼지 않는데 반하여, 업무상비밀누설죄의 경우에는 개인의 비밀이외에도 업무자의 비밀유지에 대한 일반인의 신뢰 내지 이익[456]도 부차적인 법익이 된다.

비밀이 보호받는 정도와 관련하여, 기술적 수단을 이용한 비밀침해죄(제316조 제2항)가 침해범이라는 데에 의견은 일치한다. 편지등개봉죄(제316조 제1항)와 업무상비밀누설죄(제317조)의 경우에는, 추상적 위험범인지 구체적 위험범인지에 대해 견해가 대립한다. 양죄의 구성요건이 각각 '개봉한 자' 또는 '누설한 자'로 기술하고 있으므로 개봉행위 또는 누설행위가 있으면 범죄가 완성되어 기수에 이르는 추상적 위험범이라는 견해가 타당하다.

다. 입법론

비밀침해의 죄에 관한 형법의 규정은 현대사회에 이르러 기술적으로 다양하게 행하여지는 사생활의 비밀에 대한 침해로부터 개인의 자유를 보호하는 데 충분하지 못하다는 비판에 직면하고 있다.

특히 대화 중에는 말한 사람의 인격이 표현되는 것이기 때문에 사람은 누구나 자기가 한 말이 미치는 범위와 그 말의 녹음 여부를 스스로 결정할 수 있어야 한다. 이점에서 공개되지 아니한 다른 사람의 대화를 녹음하거나 기계적 수단에 의하여 도청하는 것을 처벌하는 통신비밀보호법상의 대화비밀침해죄 규정[457]은 형법전에 편입할 필

455) 이점에서 비밀침해의 죄는 국가의 기밀침해를 내용으로 하는 간첩죄(제98조), 외교상 비밀누설죄(제113조) 및 공무상 비밀누설죄(제127조)와 구별된다.

456) 즉 사회의 중요 직업에 종사하는 업무자의 업무로 인하여 알게 된 비밀을 누설하지 않는다는 데에 대한 일반인의 신뢰가 있을 때 개인의 프라이버시(Privacy)도 보장될 수 있기 때문이다.

457) **[사적 대화의 비밀침해]** : 사적 대화의 비밀을 침해하는 행위에 대하여는 통신비밀보호법[법률 제9752호, 2009.5.28, 일부개정] 이 규율하고 있다.

요가 있다.

또한 업무상비밀누설죄의 주체로는 변호사 아닌 변호인, 소송대리인, 카운슬러,

....

제3조(통신 및 대화비밀의 보호) ① 누구든지 이 법과 형사소송법 또는 군사법원법의 규정에 의하지 아니하고는 우편물의 검열·전기통신의 감청 또는 통신사실확인자료의 제공을 하거나 공개되지 아니한 타인간의 대화를 녹음 또는 청취하지 못한다. 다만, 다음 각호의 경우에는 당해 법률이 정하는 바에 의한다.[개정 2009.11.2.]

1. 환부우편물등의 처리 : 우편법 제28조·제32조·제35조·제36조등의 규정에 의하여 폭발물등 우편금제품이 들어 있다고 의심되는 소포우편물(이와 유사한 우편물을 포함한다)을 개피하는 경우, 수취인에게 배달할 수 없거나 수취인이 수령을 거부한 우편물을 발송인에게 환부하는 경우, 발송인의 주소·성명이 누락된 우편물로서 수취인이 수취를 거부하여 환부하는 때에 그 주소·성명을 알기 위하여 개피하는 경우 또는 유가물이 든 환부불능우편물을 처리하는 경우
2. 수출입우편물에 대한 검사 : 관세법 제256조·제257조 등의 규정에 의한 신서외의 우편물에 대한 통관검사절차
3. 구속 또는 복역 중인 사람에 대한 통신 : 형사소송법 제91조, 군사법원법 제131조, 「형의 집행 및 수용자의 처우에 관한 법률」 제41조·제43조·제44조 및 「군에서의 형의 집행 및 군수용자의 처우에 관한 법률」 제42조·제44조 및 제45조에 따른 구속 또는 복역 중인 사람에 대한 통신의 관리
4. 파산선고를 받은 자에 대한 통신 : 「채무자 회생 및 파산에 관한 법률」 제484조의 규정에 의하여 파산선고를 받은 자에게 보내온 통신을 파산관재인이 수령하는 경우
5. 혼신제거등을 위한 전파감시 : 전파법 제49조 내지 제51조의 규정에 의한 혼신제거등 전파질서유지를 위한 전파감시의 경우

② 우편물의 검열 또는 전기통신의 감청(이하 "통신제한조치"라 한다)은 범죄수사 또는 국가안전보장을 위하여 보충적인 수단으로 이용되어야 하며, 국민의 통신비밀에 대한 침해가 최소한에 그치도록 노력하여야 한다.

③ 누구든지 단말기기 고유번호를 제공하거나 제공받아서는 아니된다. 다만, 이동전화단말기 제조업체 또는 이동통신사업자가 단말기의 개통처리 및 수리 등 정당한 업무의 이행을 위하여 제공하거나 제공받는 경우에는 그러하지 아니하다.

제14조(타인의 대화비밀 침해금지) ① 누구든지 공개되지 아니한 타인간의 대화를 녹음하거나 전자장치 또는 기계적 수단을 이용하여 청취할 수 없다.

② 제4조 내지 제8조, 제9조제1항 전단 및 제3항, 제9조의2, 제11조제1항·제3항·제4항 및 제12조의 규정은 제1항의 규정에 의한 녹음 또는 청취에 관하여 이를 적용한다.

제16조(벌칙) ① 다음 각호의 1에 해당하는 자는 1년 이상 10년 이하의 징역과 5년 이하의 자격정지에 처한다.[개정 2014.1.14.]

1. 제3조의 규정에 위반하여 우편물의 검열 또는 전기통신의 감청을 하거나 공개되지 아니한 타인간의 대화를 녹음 또는 청취한 자
2. 제1호의 규정에 의하여 지득한 통신 또는 대화의 내용을 공개하거나 누설한 자

② 다음 각 호의 1에 해당하는 자는 10년 이하의 징역에 처한다.

1. 제9조제2항의 규정에 위반하여 통신제한조치허가서 또는 긴급감청서등의 표지의 사본을 교부하지 아니하고 통신제한조치의 집행을 위탁하거나 집행에 관한 협조를 요청한 자 또는 통신제한조치허가서 또는 긴급감청서등의 표지의 사본을 교부받지 아니하고 위탁받은 통신제한조치를 집행하거나 통신제한조치의 집행에 관하여 협조한 자
2. 제11조제1항(제14조제2항의 규정에 의하여 적용하는 경우 및 제13조의5의 규정에 의하여 준용되는 경우를 포함한다)의 규정에 위반한 자

③ 제11조제2항(제13조의5의 규정에 의하여 준용되는 경우를 포함한다)의 규정에 위반한 자는 7년 이하의 징역에 처한다.

④ 제11조제3항(제14조제2항의 규정에 의하여 적용하는 경우 및 제13조의5의 규정에 의하여 준용되는 경우를 포함한다)의 규정에 위반한 자는 5년 이하의 징역에 처한다.

세무사, 흥신소에 종사하는 자도 현대사회에 이르러 새로 등장한 타인의 비밀을 알게 되는 업무에 종사하는 자라 할 것이므로 주체에 포함시킬 필요성이 있다.

II. 비밀침해죄

[형법조문]

第316조(비밀침해) ① 봉함 기타 비밀장치한 사람의 편지, 문서 또는 도화를 개봉한 자는 3년 이하의 징역이나 금고 또는 500만원 이하의 벌금에 처한다. ② 봉함 기타 비밀장치한 사람의 편지, 문서, 도화 또는 전자기록등 특수매체기록을 기술적 수단을 이용하여 그 내용을 알아낸 자도 제1항의 형과 같다. 第318조(고소) 본장의 죄는 고소가 있어야 공소를 제기할 수 있다.

가. 보호법익

비밀침해죄의 보호법익은 '개인의 비밀'이다. 따라서 비밀의 주체도 자연인(개인)에 국한된다는 견해(부정설)와 법인 및 법인격 없는 단체도 포함한다는 견해(긍정설, 다수설)가 대립한다.[458]

생각건대 사생활(Privacy)의 보호는 인간의 존엄과 인격적 가치를 보호하려는 것이므로 법인이나 법인격 없는 단체에게 프라이버시를 인정할 수 없고, 제316조도 또한 '사람의' 편지 등으로 규정하고 있는 바 형법해석은 엄격하여야 하므로 자연인에 국한된다는 부정설이 타당하다.

개인의 비밀 내용에 국가나 공공단체에 관한 비밀도 포함되는지에 대해서도, 비밀침해죄가 개인적 법익인 신용·업무에 대한 죄와 주거침입의 죄 사이에 개인적 법익에 대한 죄와 친고죄로 규정하고 있음을 근거로 국가나 공공단체에 관한 비밀을 제외시키는 견해(부정설)와 개인사이의 편지교환뿐만 아니라 기업 간 또는 정부기관 사이의 편지교류도 보호해야 한다는 점을 근거로 국가나 공공단체에 관한 비밀도 포함시키

458) 따라서 국가나 공공단체는 비밀의 주체에 포함될 수 없다.

는 견해(긍정설, 다수설)가 대립한다.

생각건대 비밀의 주체에 국가나 공공단체 등이 포함되는지 여부와 비밀의 내용에 국가나 공공단체 등의 비밀이 포함되는지 여부는 구별되어야 할 문제이기 때문에 비밀의 주체를 개인에 국한하면서 그 비밀을 개인이 간직하고 있으면 그 내용이 국가나 공공단체 등의 비밀이어도 상관없는 것으로 해석하는 긍정설이 타당하다.[459]

나. 행위

제1항의 개봉은 봉함 기타 비밀장치를 무효화 시켜 내용물을 확인할 수 있는 상태에 두는 것을 의미한다.[460] 그 방법은 묻지 아니하며 비밀장치를 제거하거나 손괴할 것까지 요하는 것은 아니지만, 무효화 시켜 내용물을 확인할 수 있는 상태에 두는 이상 그 내용을 확인하지 않았다 하더라도(추상적 위험범) 기수에 이른 것이라고 하여야 한다.[461]

459) 다만 공무원의 직무와 관련된 비밀을 그 내용으로 하는 경우에는 비밀침해죄가 아니라 공무상비밀침해죄(제140조 제2항)가 성립한다.

460) **[비밀장치가 되어있는 문서의 의미]** : 대법원 2008.11.27. 선고 2008도9071 판결 (형법 제316조 제1항의 비밀침해죄는 봉함 기타 비밀장치한 사람의 편지, 문서 또는 도화를 개봉하는 행위를 처벌하는 죄이고, 이때 '봉함 기타 비밀장치가 되어 있는 문서'란 '기타 비밀장치'라는 일반 조항을 사용하여 널리 비밀을 보호하고자 하는 위 규정의 취지에 비추어 볼 때, 반드시 문서 자체에 비밀장치가 되어 있는 것만을 의미하는 것은 아니고, 봉함 이외의 방법으로 외부 포장을 만들어서 그 안의 내용을 알 수 없게 만드는 일체의 장치를 가리키는 것으로, 잠금장치 있는 용기나 서랍 등도 포함한다고 할 것인바, 이 사건과 같이 서랍이 2단으로 되어 있어 그 중 아랫 칸의 윗부분이 막혀 있지 않아 윗 칸을 밖으로 빼내면 아랫 칸의 내용물을 쉽게 볼 수 있는 구조로 되어 있는 서랍이라고 하더라도, 형법 제316조 제1항의 규정 취지에 비추어 아랫 칸은 윗 칸에 잠금장치가 되어 있는지 여부에 관계없이 그 자체로서 형법 제316조 제1항에 규정하고 있는 비밀장치에 해당한다.)

461) **[우편법상 특별규정]** : 다만 편지가 우편관서의 취급 중에 있을 때에는 '우편법'(제316조 제1항에 대한 특별법)이 적용되어 형이 가중되고 본죄의 적용은 배제된다.
제48조(우편물 등 개봉 훼손의 죄) ① 우편관서 및 서신송달업자가 취급 중인 우편물 또는 서신을 정당한 사유 없이 개봉, 훼손, 은닉 또는 방기(放棄)하거나 고의로 수취인이 아닌 자에게 내준 자는 3년 이하의 징역 또는 3천만원 이하의 벌금에 처한다.[개정 2014.6.3.]
② 우편업무 또는 서신송달업무에 종사하는 자가 제1항의 행위를 하였을 때에는 5년 이하의 징역 또는 5천만원 이하의 벌금에 처한다.[개정 2014.6.3.][제목개정 2014.6.3.]
제49조(우편전용 물건 손상의 죄) ① 우편을 위한 용도로만 사용되는 물건이나 우편을 위한 용도로 사용 중인 물건에 손상을 주거나 그 밖에 우편에 장해가 될 행위를 한 자는 3년 이하의 징역 또는 3천만원 이하의 벌금에 처한다.[개정 2014.6.3.]
② 우편업무에 종사하는 자가 제1항의 행위를 하였을 경우에는 5년 이하의 징역 또는 5천만원 이하의 벌금에 처한다.[개정 2014.6.3.]
제51조(서신의 비밀침해의 죄) ① 우편관서 및 서신송달업자가 취급 중인 서신의 비밀을 침해한 자는 3년 이하의 징역 또는 3천만원 이하의 벌금에 처한다.[개정 2014.6.3.]

제2항의 경우에는 봉함 기타 비밀장치된 상태를 개봉하지 않고 기술적인 수단을 사용하여 그 내용(적어도 그 일부)을 알아내야 하므로(침해범), 단순히 불빛이나 햇빛에 비추어 본 경우에는 본죄가 성립하지 아니하며, 기술적인 방법(자외선을 이용한 투시용 판독기 등)을 사용하였다 하더라도 내용을 알아내지 못한 경우에는 본죄의 미수에 불과하지만 미수범처벌규정이 없으므로 불가벌이다.[462)]

다. 주관적 구성요건

본죄의 (미필적) 고의로는 봉함 기타 비밀장치된 타인의 편지·문서·도화를 개봉한다는 인식과 의사(제1항) 또는 봉함 기타 비밀장치된 타인의 편지·문서·도화 또는 전자기록 등 특수매체기록을 기술적 수단을 이용하여 그 내용을 알아낸다는 인식과 의사(제2항)가 있어야 한다.[463)]

따라서 타인의 편지를 자신의 편지로 오인하고 개봉한 때에는 고의가 아닌 과실에

② 우편업무 및 서신송달업무에 종사하는 자가 제1항의 행위를 하였을 경우에는 5년 이하의 징역 또는 5천만원 이하의 벌금에 처한다.[개정 2014.6.3.]

제51조의2(비밀 누설의 죄) 제3조를 위반하여 비밀을 누설한 자는 5년 이하의 징역 또는 5천만원 이하의 벌금에 처한다.[개정 2014.6.3.]

462) **[정보통신법상 특별규정]** : 한편 전산망에 의하여 처리, 보관, 전송되는 타인의 정보를 훼손하거나 타인의 비밀을 침해, 도용 또는 누설한 자에 대해서는 '정보통신망이용촉진및정보보호등에관한법률'(형법 제316조 제2항에 대한 특별법)이 우선 적용되므로 이 범위 내에서 본죄의 적용은 배제된다.
제28조의2(개인정보의 누설금지) ② 누구든지 그 개인정보가 누설된 사정을 알면서도 영리 또는 부정한 목적으로 개인정보를 제공받아서는 아니 된다.
제49조(비밀 등의 보호) 누구든지 정보통신망에 의하여 처리·보관 또는 전송되는 타인의 정보를 훼손하거나 타인의 비밀을 침해·도용 또는 누설하여서는 아니 된다.
제71조(벌칙) 다음 각 호의 어느 하나에 해당하는 자는 5년 이하의 징역 또는 5천만원 이하의 벌금에 처한다.
6. 제28조의2제2항을 위반하여 그 개인정보가 누설된 사정을 알면서도 영리 또는 부정한 목적으로 개인정보를 제공받은 자
11. 제49조를 위반하여 타인의 정보를 훼손하거나 타인의 비밀을 침해・도용 또는 누설한 자

463) 대법원 1984.6.12. 선고 84도620 판결[피고인이 대체집행사건의 채무자의 승계인 (갑)앞으로 우송된 결정정본을 평소 동명으로 호명되고 있는 자기의 장남 앞으로 온 신서인 줄 알고서 개피하였다고 주장하나, 피고인이 당초 건물철거 등의 대체집행신청을 하면서 채무자의 승계인 (갑)의 주소로 표기한 장소에서는 피고인의 장남이 이미 10여년 전에 살다가 타처로 이주하여 버렸고, 위 봉함우편물이 바로 피고인신청의 대체집행사건을 처리한 법원의 소송서류였다는 점, 그 수신인 또한 피고인이 대체집행신청을 한 사건의 상대방주소와 성명으로 표시되어 발송된 문서라는 점을 고려해 볼 때 피고인은 위 서류가 바로 대체집행사건의 채무자의 승계인 (갑)에게 송달되는 소송서류라는 사실을 능히 알고 있었다고 봄이 경험칙에 합치된다고 할 것이니 피고인에게 신서개피의 고의가 있었음을 부정할 수 없다.]

의한 비밀침해가 되나 본죄의 과실범처벌규정이 없으므로 무죄이다. 자신의 편지를 타인의 편지로 오인하고 개봉한 때에는 본죄의 불능미수가 성립할 수 있지만 본죄의 미수범처벌규정이 없으므로 무죄이다. 타인의 편지를 자신이 개봉할 권한이 있다고 오신하고 개봉한 때에는 고의는 인정되지만 법률의 착오가 되어 정당한 이유가 인정되면 책임이 조각된다.

라. 위법성

피해자의 승낙 아래 비밀침해가 이루어진 경우에는 위법성이 조각된다는 견해도 있지만 본죄의 실행행위 자체가 이미 피해자의 의사에 반하여 이루어지는 것이라는 점을 고려하면 구성요건해당성이 조각된다고 하여야 한다.

법령에서 타인의 비밀을 지득할 권한을 부여한 때[464]에는 법령에 의한 정당행위로 위법성이 조각된다. 특히 성년자녀 또는 배우자 간에서는 추정적 승낙이나 사회상규에 위배되지 않는 행위로서 위법성이 조각될 수 있다.[465]

마. 친고죄

본죄는 고소가 있어야 공소를 제기할 수 있는 친고죄이다.

그러나 고소권자가 누구인지에 대하여는 견해가 일치하지 않는다.

464) 예컨대 통신비밀보호법 제3조 및 제5조에 의한 우편물 검열등 행위, 수형자의 접견·서신수발·전화통화에 참여·검열(형의집행및수용자의처우에관한법률 제41조, 제43조, 제44조), 피고인의 우편물·전신에 대한 압수·제출명령(형사소송법 제107조, 제120조), 법규위반·환부불가능의 우편물개봉(우편법 제28조, 제35조), 우편물압수(군사법원법 제147조), 미성년자에 대한 친권행사(민법 제909조, 제913조) 등을 들 수 있다.

465) 대법원 2009.12.24. 선고 2007도6243 판결('회사의 직원이 회사의 이익을 빼돌린다'는 소문을 확인할 목적으로, 비밀번호를 설정함으로써 비밀장치를 한 전자기록인 피해자가 사용하던 '개인용 컴퓨터의 하드디스크'를 떼어내어 다른 컴퓨터에 연결한 다음 의심이 드는 단어로 파일을 검색하여 메신저 대화 내용, 이메일 등을 출력한 사안에서, 피해자의 범죄 혐의를 구체적이고 합리적으로 의심할 수 있는 상황에서 피고인이 긴급히 확인하고 대처할 필요가 있었고, 그 열람의 범위를 범죄 혐의와 관련된 범위로 제한하였으며, 피해자가 입사 시 회사 소유의 컴퓨터를 무단 사용하지 않고 업무 관련 결과물을 모두 회사에 귀속시키겠다고 약정하였고, 검색 결과 범죄행위를 확인할 수 있는 여러 자료가 발견된 사정 등에 비추어, 피고인의 그러한 행위는 사회통념상 허용될 수 있는 상당성이 있는 행위로서 형법 제20조의 '정당행위'에 해당한다.)

발송인이 언제나 피해자로서 고소권을 가진다는 점에 대하여는 견해가 일치한다. 그러나 수신인이 언제 피해자가 될 것인가에 대하여는 ① 발송 후에 피해자가 된다는 견해와 ② 도착 후에만 피해자가 된다는 견해 ③ 수신인도 언제나 피해자가 된다는 견해(다수설) 등이 대립한다.

생각건대 본죄의 보호법익은 재산권이나 소유권이 아니라 타인의 비밀이고, 본죄의 객체는 '타인의 편지' 등이지 '타인 소유의' 편지 등이 아니어서 편지 등의 비밀은 발신인과 수신인[466]에게 공통되는 것이므로 편지의 발송 내지 도달 전후를 불문하고 항상 편지의 발신인 및 수신인이 고소권자가 된다고 하는 다수설이 타당하다. 따라서 발신인이나 수신인 중 어느 한쪽이 고소하면 충분하고 쌍방이 고소할 필요는 없다.

Ⅲ. 업무상비밀누설죄

[조문]

형법 제317조(업무상비밀누설) ① 의사, 한의사, 치과의사, 약제사, 약종상, 조산사, 변호사, 변리사, 공인회계사, 공증인, 대서업자나 그 직무상 보조자 또는 차등의 직에 있던 자가 그 직무처리 중 지득한 타인의 비밀을 누설한 때에는 3년 이하의 징역이나 금고, 10년 이하의 자격정지 또는 700만원 이하의 벌금에 처한다.

② 종교의 직에 있는 자 또는 있던 자가 그 직무상 지득한 사람의 비밀을 누설한 때에도 전항의 형과 같다.

제318조(고소) 본장의 죄는 고소가 있어야 공소를 제기할 수 있다.

전기통신사업법 제83조(통신비밀의 보호) ② 전기통신업무에 종사하는 자 또는 종사하였던 자는 그 재직 중에 통신에 관하여 알게 된 타인의 비밀을 누설하여서는 아니 된다.

제94조(벌칙) 다음 각 호의 어느 하나에 해당하는 자는 5년 이하의 징역 또는 2억원 이하의 벌금에 처한다.

4. 제83조제2항을 위반하여 재직 중에 통신에 관하여 알게 된 타인의 비밀을 누설한 자

우편법 제3조(우편물 등의 비밀 보장) 우편업무 또는 제45조의2에 따른 서신송달업에 종사하는 자나 종사하였던 자는 재직 중에 우편 또는 서신에 관하여 알게 된 타인의 비밀을 누설하여서

466) 수신인은 발송 전후와 도달 전에도 편지의 내용에 이해관계를 가진 피해자이다.

는 아니 된다.

제51조의2(비밀 누설의 죄) 제3조를 위반하여 비밀을 누설한 자는 5년 이하의 징역 또는 5천만원 이하의 벌금에 처한다.

감염병의예방및관리에관한법률 제74조(비밀누설의 금지) 이 법에 따라 건강진단, 입원치료, 진단 등 감염병 관련 업무에 종사하는 자 또는 종사하였던 자는 그 업무상 알게 된 비밀을 다른 사람에게 누설하여서는 아니 된다.

제78조(벌칙) 제74조를 위반하여 업무상 알게 된 비밀을 누설한 자는 3년 이하의 징역 또는 3천만원 이하의 벌금에 처한다.

후천성면역결핍증예방법 제7조(비밀 누설 금지) 다음 각 호의 어느 하나에 해당하는 사람은 이 법 또는 이 법에 따른 명령이나 다른 법령에서 정하고 있는 경우 또는 본인의 동의가 있는 경우를 제외하고는 재직 중에는 물론 퇴직 후에도 감염인에 대하여 업무상 알게 된 비밀을 누설하여서는 아니 된다.

1. 국가 또는 지방자치단체에서 후천성면역결핍증의 예방 · 관리와 감염인의 보호 · 지원에 관한 사무에 종사하는 사람
2. 감염인의 진단 · 검안 · 진료 및 간호에 참여한 사람
3. 감염인에 관한 기록을 유지 · 관리하는 사람

제26조(벌칙) 다음 각 호의 어느 하나에 해당하는 자는 3년 이하의 징역 또는 1천만원 이하의 벌금에 처한다.

1. 제7조를 위반하여 비밀을 누설한 사람

결핵예방법 제29조(비밀누설 금지) ① 이 법에 따른 결핵관리업무에 종사하는 자 또는 종사하였던 자는 업무상 알게 된 환자의 비밀을 정당한 사유 없이 누설하여서는 아니 된다.[개정 2014.1.28.]

② 제16조에 따른 생활보호비 지원업무에 종사하거나 종사하였던 사람은 그 업무상 알게 된 정보를 이 법에서 정한 지원목적 외에 사용하거나 제공하여서는 아니 된다.[신설 2014.1.28.]

제31조(벌칙) ① 다음 각 호의 어느 하나에 해당하는 자는 3년 이하의 징역 또는 3천만원 이하의 벌금에 처한다.[개정 2014.1.28.]

1. 제29조제1항을 위반하여 환자의 비밀을 누설한 자
2. 제29조제2항을 위반하여 정보를 지원목적 외에 사용하거나 제공한 자

가. 보호법익

업무상비밀누설죄의 보호법익도 개인의 비밀이지만, 일정한 직업에 종사하는 자가 그 업무처리 중에 지득한 타인의 비밀을 지켜줄 것이라는 일반인의 신뢰도 부차적

인 보호법익이 된다. 결국 본죄의 보호법익은 '개인이 숨김없이 비밀을 이야기 하고 일반인이 신뢰하는 사회에서 중요한 직업에 종사하는 사람에 의하여 침해되어서는 안 되는 개인의 비밀'이라고 할 수 있다. 보호의 정도는 추상적 위험범[467]이며 자수범이 아니다.

나. 객관적 구성요건

(1) 행위의 주체

본죄의 주체는 제317조에 열거된 자로 한정된다.[468] 따라서 여기에 열거되지 아니한 자는 본죄의 직접정범이 될 수 없는 진정신분범이다.

업무상비밀누설죄가 자수범인지에 대해서는, 본죄에 열거된 신분자가 아닌 자는 간접정범이 될 수 없음을 근거로 본죄를 자수범으로 보는 견해(자수범긍정설, 다수설)[469]도 있으나, 신분자(예컨대 의사)가 비신분자(예컨대 의사의 부인 등)를 생명있는 도구로 이용하여 본죄를 범할 수 있고, 신분자가 다른 신분자를 생명있는 도구로 이용하여 본죄를 범할 수도 있기 때문에 본죄는 자수범이 아니라고 하는 것이 타당하다(자수범부정설).[470]

467) 따라서 행위주체가 그 직무처리 중 지득한 타인의 비밀을 누설한 때에 본죄의 기수가 되고 누설한 내용이 상대방에게 도달되거나 고지된 내용을 인식하였음을 요하지 않는다.

468) 이점에서 공무원 또는 공무원이었던 자가 법령에 의한 직무상의 비밀을 누설한 때에는 공무상 비밀누설죄(제127조)가 성립하고, 외교상의 비밀을 누설한 때에는 외교상의 비밀누설죄(제113조)를 구성하며, 기업의 임·직원이었던 자가 그 기업에 유용한 기술상의 영업비밀을 누설한 때에는 '부정경쟁방지및영업비밀보호에관한법률'의 영업비밀누설죄(제18조)에 의해 처벌된다. 한편 변호사 아닌 변호인이나 소송대리인, 세무사, 관세사, 노무사, 흥신소에 종사하는 자, 카운슬러 등과 같이 타인의 비밀을 지득할 수 있는 업무에 종사하는 자도 본죄의 주체에 포함시키는 것이 타당하다.

469) 본죄는 자수범이기에 예컨대 비신분자는 업무상비밀누설죄의 간접정범이 될 수 없다고 하는 견해도 있다. 즉 비신분자가 정을 모르는 의사를 이용하여 비밀을 누설하여도 본죄의 간접정범이 되지 않는다는 것이다. 그러나 이는 진정신분범의 경우에 비신분자가 간접정범이 성립할 수 없다는 것으로서 본죄의 자수성 여부와는 무관하다.

470) 예컨대 의사가 사정을 모르는 다른 의사로 하여금 환자의 비밀을 제3자에게 누설하게 하거나, 의사가 사정을 모르는 환자의 가족을 도구로 이용하여 환자의 비밀을 누설하도록 할 수 있기 때문이다.

(2) 행위의 객체

① 비밀의 개념

'비밀'이란 일반적으로 알려져 있지 않고 특정인 또는 일정 범위의 사람에게만 알려져 있는 것으로서 타인에게 알려지지 않는 것이 본인에게 이익이 되는 사실을 말한다. 따라서 공지의 사실이나, 타인에게 알려지더라도 본인에게 불이익이 없는 사실은 비밀이 될 수 없다.

② 비밀의 요건

본죄의 비밀이 되기 위한 요건에 대해서는, 본인이 비밀로 하기를 원하는 사실은 모두 비밀이 된다는 견해(주관설), 객관적으로 비밀로서 보호해야 할 이익이 있어야 비밀이 된다는 견해(객관설), 본인이 비밀로 할 것을 원할 뿐만 아니라 객관적으로도 비밀로 할 이익이 있어야 비밀이 된다는 견해(절충설, 통설)가 대립한다.

생각건대 비밀의 범위를 지나치게 확대할 경우 행위자의 표현의 자유를 침해할 수 있을 것이므로 이를 방지하기 위해서는 비밀유지의 의사와 객관적인 비밀유지의 이익이 일치하는 대에만 비밀성을 인정하는 절충설(결합설)이 타당하다 할 것이다.

③ 업무처리 중 또는 직무상 지득한 비밀

본죄의 비밀은 업무처리 중 지득한 비밀이어야 한다. 따라서 업무처리나 직무와 무관하게 지득한 사실은 본죄의 비밀에 해당하지 않는다. 비밀의 지득원인, 지득기회, 지득방법, 지득대상은 문제되지 않는다. 즉 본인이 모르게 지득한 비밀이거나 비밀의 주체(자연인)가 아닌 자가 전달한 비밀이어도 상관없다.

다. 행위

본죄의 실행행위는 비밀을 누설하는 것이다.

'누설'이란 비밀을 알지 못하는 사람에게 비밀을 알게 하는 모든 행위를 의미한다. 본인에게 알리는 것은 누설이 아니며, 병원에서 분실된 진료기록의 일부를 증거로 제출하는 것도 누설이 아니다.[471)]

공연히 누설할 것을 요하지 않으므로 상대방은 1인이건 다수인이건 상관없다. 수단과 방법에도 제한이 없으므로 구두고지, 서면통지, 서류열람은 물론 비밀을 기재한 서면을 방치하여 제3자가 열람하도록 하는 부작위에 의한 누설도 가능하다.

라. 위법성조각사유

(1) 일반적 위법성조각사유

피해자의 승낙에 의한 비밀누설은 위법성조각사유가 아니라 구성요건해당성조각사유(양해)이다(다수설). 비밀은 본인이 비밀로 할 의사를 필요로 하고(절충설) 이러한 의사가 없는 경우에는 비밀에도 해당되지 않기 때문이다.

생명·신체 또는 자유에 대한 위난을 피하기 위하여 비밀을 누설한 때에는 긴급피난에 의하여 위법성이 조각될 수 있다.[472)]

법령에 의하여 비밀의 고지가 의무로 되어 있는 경우[473)] 또는 변호인의 정당한 변호활동의 경우[474)]와 같은 법령에 의한 행위·정당한 업무로 인한 행위는 정당행위로서 위법성이 조각된다.

---

471) 대법원 1992.5.22. 선고 91다39320 판결(병원에서 분실된 진료기록의 일부를 당사자가 증거로 제출하는 것이 형법 제317조 제1항 소정의 업무상비밀누설죄에 해당된다고 볼 수 없다.)

472) 예컨대 성병환자를 치료한 의사가 전염을 막기 위하여 그 배우자에게 사실을 고지하거나, 운전사의 간질병을 치료하고 사고를 미연에 방지하기 위하여 관계관청에 이를 신고한 경우를 들 수 있다.

473) 감염병의예방및관리에관한법률 제11조(의사 등의 신고), 후천성면역결핍증예방법 제5조(의사 또는 의료기관 등의 신고), 결핵예방법 제8조(의료기관등의 신고의무) 등에 따라 의사가 관계기관에 신고한 경우 법령에 의한 행위로 위법성이 조각된다. 또한 형사소송법 제149조(업무상비밀과 증언거부) 단서조항은 본죄의 주체가 '중대한 공익상의 필요가 있는 경우' 증언을 거부할 수 없도록 규정하고 있는바, 이 단서조항에 기한 증언에 의한 비밀누설행위도 법령에 의한 행위로도 위법성을 조각할 수 있다.

474) 예컨대 형사사건의 변호인이 피고인의 정당한 이익을 보호하기 위하여 그 업무처리 중에 지득한 타인의 비밀을 누설하거나 이혼소송을 담당하고 있는 변호사가 상대방의 생리적 결함을 법정에서 공개하는 경우를 들 수 있다.

(2) 증언거부권자의 증언

본죄의 주체는 소송법상 증인으로 채택되는 경우에도 대부분 증언거부권(형사소송법 제149조 및 민사소송법 제315조)이 인정되고 있다. 그런데 이러한 증언거부권을 행사하지 아니 하고 타인의 비밀에 관해 증언한 경우에 위법성이 조각될 수 있는지가 문제된다.

이에 대해서는, 증언거부권을 행사하지 않으면 증언의무가 있으므로 위법성이 조각된다는 견해(긍정설, 다수설), 소송법상의 이익과 비밀보호이익 간의 이익형량을 통하여 긴급피난의 요건이 충족될 경우에는 위법성이 조각될 수 있다는 견해(조건부 긍정설), 증언을 거부할 수 있음에도 불구하고 자의로 증언하면 업무상비밀누설죄가 성립한다는 견해(부정설)[475] 등이 대립한다.

생각건대 형사소송법 제149조가 중대한 공익상의 필요가 있는 경우에는 증언거부권을 인정하지 않는 것은 개인의 비밀보다 중대한 공익을 보호한다는 이익형량이 반영된 것이라고 할 수 있다. 따라서 이러한 이익형량의 원리는 증언거부권을 포기하고 증언한 경우 무조건적으로 위법성이 조각되는 것이 아니라 이익형량이라는 일정한 조건 하에 긴급피난 또는 사회상규에 위배되지 않는 행위로 위법성이 조각된다고 하는 것이 타당할 것이다(조건부 긍정설).

475) 사안은 다르지만 부정설과 유사한 취지의 판례로는 대법원 1987.7.7. 선고 86도1724 전원합의체판결[이 사건의 경우 원심은 피고인이 증인으로 선서한 이상 진실대로 진술한다고 하면 자신의 범죄를 시인하는 진술을 하는 것이 되고 증언을 거부하는 것은 자기의 범죄를 암시하는 것이 되어 피고인에게 사실대로의 진술을 기대할 수 없다는 이유로 위증죄의 성립을 부정하고 있으나 피고인과 같은 처지의 증인에게는 증언을 거부할 수 있는 권리를 인정하여 위증죄로부터의 탈출구를 마련하고 있는 만큼 적법행위의 기대가능성이 없다고 할 수 없고 선서한 증인이 증언거부권을 포기하고 허위의 진술을 한 이상 위증죄의 처벌을 면할 수 없다 할 것이다. 자기에게 형사상 불리한 진술을 강요당하지 아니할 권리(헌법제11조 제2항)는 결코 적극적으로 허위의 진술을 할 권리를 보장한 취지는 아닌 것이다.]

제2절 주거침입의 죄

Ⅰ. 총설

[주거침입의 죄 구성요건체계도]

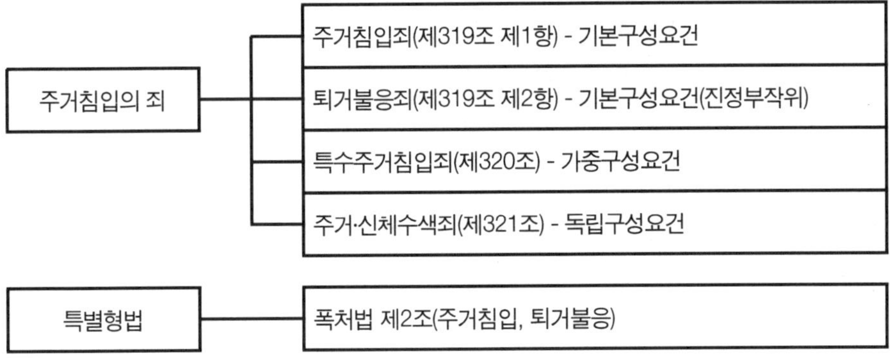

가. 의의

우리 헌법 제16조는 모든 국민은 주거의 자유를 침해받지 아니하고, 주거에 대한 압수나 수색을 할 때에는 검사의 신청에 의하여 법관이 발부한 영장을 제시하여야 한다고 규정하여 주거의 자유를 기본권으로 보장하고 있다.

형법상 주거침입의 죄는 개인의 자유로운 인격발전과 행복추구를 위한 필수조건으로서 헌법이 보장하고 있는 개인의 주거의 자유라는 특수한 성질의 인격적 법익을 침해하는 범죄(주거의 평온과 안전을 침해하거나 위태화시키는 행위)에 대한 처벌규정이다.

나. 보호법익

주거침입죄의 보호법익이 자유권적 성질을 가진 인격적 법익이라는 데에 의견은 일치한다. 그러나 주거침입의 죄의 보호법익의 내용이 구체적으로 무엇인지에 대해서는 견해가 대립한다.

(1) 구(舊)주거권설

구주거권설은 가장(家長) 또는 호주만이 가지는 주거에 대한 허락권으로서의 주거권(즉 가부장권을 기본으로 하는 법적 주거권)을 보호법익이라고 한다. 과거 우리나라 판례가 취하였던 견해이다. 따라서 호주의 아내와 간통할 목적으로 아내의 양해 아래 그 집에 들어간 경우나 호주를 살해하려고 호주의 아내의 안내를 받고 들어간 경우 주거침입죄를 인정하였다.[476]

그러나 이 설은 기본적으로 간통죄 등으로 처벌해야 할 사안에서 간통죄로 처벌하기 곤란한 경우 주거침입죄를 편법으로 이용하기 위하여 개발된 것으로, 호주와 간통하기 위해 여자가 주거에 들어 온 경우에는 주거침입죄가 성립하지 않는다고 하는 남녀불평등 사고에 기초하고 있다(헌법상 평등이념에 반한다)는 점에서 타당하다고 할 수 없다.

(2) 신(新)주거권설(의사침해설)

신주거권설은 호주만의 권리가 아니라 모든 구성원의 권리로서의 주거권을 주거침입죄의 보호법익이라고 한다.[477] 즉 주거권을 '사람이 주거의 평온을 확보하고 권한 없는 타인의 침입에 의하여 이를 방해받지 않는 권리' 또는 '일정한 보호구역 안에 누구를 들어오게 하고 누구의 체류를 허락하는가를 결정할 수 있는 자유'로 이해한다. 따라서 이 설에 의하면 사실상 주거를 지키고 있는 사람의 승낙을 받고 주거에 들어가도 주거권자의 의사에 반하는 이상 주거침입죄가 성립한다는 것이다.

신주거권설은 그 논거로서, ① 주거침입죄의 보호법익을 사실상의 평온이라고 하면 동죄가 공공의 질서에 대한 죄로서의 성질이 강조되고, ② 주거권은 주거의 평온에 대한 결정의 자유를 내용으로 하는 고유한 성질의 인격적 자유권이므로 그 내용이 반드시 불분명하지 않으며, ③ 주거의 자유는 헌법상 보장되는 기본권이므로 주거권이라는 권리가 될 수 있고, ④ 주거의 사실상 평온이 유지되는가는 법익주체의 의사

476) 대법원 1958.5.23.선고 4291형상117 판결(타인의 처와 간통을 하기 위하여 그 처의 동의하에 타인의 주거에 들어가면 주거침입죄가 성립한다.)

477) 독일, 오스트리아, 스위스의 통설이고, 일본의 다수설 및 판례[日最高裁判所判決昭和58(1983)年4月8日, 刑集第37卷第3号215面]의 입장이며 우리나라의 소수설이다.

와 무관하게 판단할 수 없으므로, ⑤ 주거침입죄를 자기결정권을 중시하는 개인적 법익으로 파악하는 것에 합치될 뿐만 아니라 사생활의 보호를 철저화하는 헌법정신에 부합한다는 점 등을 들고 있다.

그러나 사실상 평온설의 입장에서는, ① 주거권의 내용이 애매하고, ② 누가 주거권의 주체인가라는 문제점이 발생하며, ③ 주거권설은 범죄를 권리의 침해로 파악하는 19세기적 법사상의 잔재라는 점, ④ 주거권설은 형법적 보호가치가 적법한 권리에서 나오는 것이 아니라 그 실질적인 정당성에서 나오는 것이라는 점을 올바르게 파악할 수 없게 된다[478]는 점, ⑤ 주거권설에 의하면 처벌의 범위가 지나치게 넓어진다는 점 등을 근거로 주거권설을 비판한다.

(3) 주거의 사실상 평온설(평온침해설)

통설인 사실상 평온설(평온침해설)은 주거침입죄의 보호법익을 권리로서의 주거권이 아니라 주거를 지배하고 있는 사실관계, 즉 주거에 대한 공동생활자 전원의 사실상의 평온이라고 한다.

사실상 평온설에 의하면 주거침입죄는 주거권의 침해라는 관점보다는 목적의 위법성이나 행위가 주거의 평온을 침해하는 방법인지 여부에 의해 결정되는 것으로 주거자의 의사나 승낙유무는 그 판단자료가 되는데 불과하다. 따라서 주거에 대한 사실상의 지배만 있으면 그 지배에 정당한 권한이 없다 하더라도 이를 보호하게 된다.

그러나 이 설에 대해서는, ① 평온의 개념이 애매하고, ② 평온을 침입행위의 태양, 특히 목적을 중시해서 판단하게 되면 처벌범위가 확대되며, ③ 평온은 사회적 평온과 결부되기 쉽기 때문에 주거침입죄를 공공의 질서를 해하는 죄로 파악하는 잔재가 남아있다는 비판이 제기된다.

478) **[신주거권설의 문제점]** : 예컨대 신주거권설에 의하면 임대차기간이 만료된 경우와 같이 적법한 권원은 없지만, 사실상 평온하게 이용·관리·지배하고 있는 주거 등에 대하여 임대인의 무단침입을 허용하게 되는 점에서 문제가 있다 할 것이다.

(4) 행위객체에 따른 개별화설

개별화설[479]은 독일에서의 통설인 신주거권설을 비판하면서 주장된 이론으로 독일과 우리나라의 소수설이다.

개별화설에 의하면 주거침입죄의 모든 객체에 타당한 것으로 주장되는 주거권은 매우 형식적인 개념으로서 개별적인 구성요건요소의 해석에는 아무런 도움을 주지 못하므로 행위객체에 따라 개별적으로 보호법익을 파악해야 한다는 것이다. 예컨대 주거의 경우에는 보호법익이 사적 비밀이고, 사무소의 경우에는 사적 비밀은 부차적이고 사무소의 비밀과 업무가 중요한 보호법익이며, 공무나 교통을 위해 폐쇄된 구역의 경우에는 국가적 비밀 또는 공무가 보호법익이고, 울타리가 쳐진 토지의 경우에는 주거권자의 형식적 법적 지위가 보호법익이라고 한다.

개별화설이 행위의 객체에 따라 보호의 실질적 근거를 찾으려고 한 점은 높이 평가할 수 있다. 그러나 주거침입죄에서만 객체에 따라 보호법익을 개별화해야 하는지는 의문이라 할 수 있다. 즉 주거권이든 사실상 평온이든 보호법익은 일의적으로 파악하고 각 행위의 객체에 따른 입법의 실질적 목적은 '침입'이라는 행위의 태양을 해석할 때 고려하는 것이 더욱 효과적일 수 있기 때문이다.

(5) 절충설(결합설)

절충설은 주거침입죄의 보호법익을 일정하게 구획된 개인의 생활 또는 업무의 장소에서 개인이 누릴 수 있는 법적 지위 내지 사실상의 평온으로 파악하는 견해이다. 즉 본죄의 보호법익은 주거권자의 법적 지위 내지 자유를 의미하는 주거권을 주로 하고 여기에 사실상의 평온을 절충(결합)시킴으로써 위의 양설이 갖는 문제점을 제거할 수 있다는 점을 논거로 한다.

그러나 절충설에 대해서는 주거권을 보호법익에 포함시킴으로써 주거권설이 갖는 문제점을 그대로 내포할 수 있다는 비판이 제기된다.

479) 개인의 사적 장소는 주거의 사실상의 평온을 보호하고 공중이 자유로이 출입할 수 있는 개방된 장소는 업무상 비밀과 평온을 보호법익으로 한다는 구분설 또한 개별화설의 입장이라고 할 수 있다.

(6) 판례의 입장

대법원은 '주거침입죄는 사실상의 주거의 평온을 보호법익으로 하는 것'이라고 반복하여 판시함으로써 사실상의 평온설을 취하고 있다.[480)]

보충판례 56-1 : 대법원 1997.3.28. 선고 95도2674 판결
보충판례 56-2 : 대법원 2008.5.8. 선고 2007도11322 판결
대법원 2012.5.24. 선고 2010도9963 판결

그러나 대법원은 자신의 남편이 회사에 출근한 사이 정부를 집에 들여 간통한 경우의 사안에서도 주거침입죄를 인정하는 독특한 입장을 취하고 있다.[481)]

생각건대 83도685판결은 주거침입죄의 보호법익과 관련하여 사실상의 평온설보다 주거권설의 입장을 취할 때 합리적으로 설명할 수 있는 논거라 할 수 있다. 그러나 이는 판례가 주거권설에 입각하고 있다고 하기 보다는 사안의 구체적 타당성을 위해 사실상 평온설을 이러한 사례 유형에서는 포기한 것이라 하여야 할 것이다.

480) 대법원 1983.3.8. 선고 82도1363 판결 ; 대법원 1984.4.24. 선고 83도1429 판결 (주거침입죄는 사실상의 주거의 평온을 보호법익으로 하는 것이므로 그 거주자 또는 간수자가 건조물 등에 거주 또는 간수할 법률상 권한을 가지고 있는 여부는 범죄의 성립을 좌우하는 것이 아니며 일단 적법하게 거주 또는 간수를 개시한 후에 그 권한을 상실하여 사법상 불법점유가 되더라도 권리자가 이를 배제하기 위하여 정당한 절차에 의하지 아니하고 그 주거 또는 건조물을 침입한 경우에는 주거침입죄가 성립한다.) ; 대법원 1995.9.15. 선고 94도3336 판결(주거침입죄는 그 거주자나 관리자와의 관계 등으로 평소 그 건조물에 출입이 허용된 사람이라 하더라도 주거에 들어간 행위가 거주자나 관리자의 명시적 또는 추정적 의사에 반함에도 불구하고 감행된 것이라면 주거침입죄는 성립하며, 출입문을 통한 정상적인 출입이 아닌 경우 특별한 사정이 없는 한 그 침입 방법 자체에 의하여 위와 같은 의사에 반하는 것으로 보아야 한다.) ; 대법원 2001.4.24. 선고 2001도1092 판결(주거침입죄는 사실상의 주거의 평온을 보호법익으로 하는 것으로 거주자가 누리는 사실상의 주거의 평온을 해할 수 있는 정도에 이르렀다면 범죄구성요건을 충족하는 것이라고 보아야 하고, 주거침입죄에 있어서 주거라 함은 단순히 가옥 자체만을 말하는 것이 아니라 그 위요지를 포함한다.)

481) 대법원 1984.6.26. 선고 83도685 판결(형법상 주거침입죄의 보호법익은 주거권이라는 법적 개념이 아니고 사적 생활관계에 있어서의 사실상 주거의 자유와 평온으로서 그 주거에서 공동생활을 하고 있는 전원이 평온을 누릴 권리가 있다함은 원판시 해석과 같으나 복수의 주거권자가 있는 경우 한 사람의 승낙이 다른 거주자의 의사에 직접, 간접으로 반하는 경우에는 그에 의한 주거에의 출입은 그 의사에 반한 사람의 주거의 평온 즉 주거의 지배, 관리의 평온을 해치는 결과가 되므로 주거침입죄가 성립한다 할 것이며, 동거자 중의 1인이 부재 중인 경우라도 주거의 지배 관리관계가 외관상 존재하는 상태로 인정되는 한 위 법리에는 영향이 없다고 볼 것이다. 따라서 남편이 일시 부재중 간통의 목적 하에 그 처의 승낙을 얻어 주거에 들어간 경우라도 남편의 주거에 대한 지배 관리관계는 여전히 존속한다고 봄이 옳고 사회통념상 간통의 목적으로 주거에 들어오는 것은 남편의 의사에 반한다고 보여지므로 처의 승낙이 있었다 하더라도 남편의 주거의 사실상의 평온은 깨어졌다 할 것이므로 이러한 경우에는 주거침입죄가 성립한다고 하여야 할 것이다.)

(7) 학설대립의 실익 : 주거권설과 사실상 평온설

이상의 학설대립은 다음과 같은 몇 가지 경우에 그 실익이 나타난다.

첫째 복수의 주거자가 있는 경우에 주거침입죄의 성립범위이다.

[사례 1]

유부녀 을과 교제 중인 제비 갑은 여관비를 아끼기 위해 을의 남편이 회사에 출근한 사이 을의 집에 들어가 을과 간통하였다.

구주거권설에 의하면 가장인 남편이 주거권을 가지므로 설사 그 남편이 외국에 출장을 나가서 장기간 돌아오지 않는다고 하여도 주거침입죄의 성립을 인정하게 된다. 신주거권설의 입장에서는 주거침입죄의 성립에는 주거권자가 현존함을 요하지 않고, 주거에 수인이 거주하는 때에는 다른 사람의 주거권도 보호되어야 하므로 사례의 경우 주거침입죄가 성립한다. 사실상 평온설을 취하는 통설에 따르면 현재 주거에 있는 사람의 승낙 하에 주거에 들어가 주거의 평온을 해하지 않은 이상 주거침입죄는 성립하지 않는다고 한다.

둘째 사법상 권리없이 주거를 점유하는 자에 대한 주거침입죄의 성립여부이다.

[사례 2]

갑은 을과 체결한 주거에 대한 임대차기간이 종료하였음에도 사실상 평온하게 계속하여 이용 관리지배하고 있던 중 을이 갑의 주거에 무단침입하였다.

사실상 평온설의 입장에서는 불법점유라고 하더라도 일단 그 점유가 사실로서 성립하고 있는 이상, 그 주거의 평온은 보호되어야 하기 때문에 그 주거 등에 침입하는 경우에는 주거침입죄의 성립을 긍정한다.

신주거권설처럼 주거침입죄의 보호법익을 권리(주거권)로 구성하는 한 불법점유자의 주거 또는 건조물에 사법상 권리자가 들어가는 행위는 논리귀결상 당연히 주거침입죄에 해당하지 않게 된다.482)

셋째 주거침입죄의 행위태양인 '침입'(의 개념)에 대한 성립범위도 달라진다.

[사례 3]

집주인 갑은 외출을 하면서 가정부 을에게 아무도 집에 들여보내지 말라고 명령하였다. 을의 남자친구 병은 이 사실을 잘 알고 있으면서도 을의 안내에 따라 갑의 집으로 들어갔다.

사실상 평온설에서는 '침입'을 주거 등의 사실상의 평온을 침해하는 방법으로 주거 등에 들어가는 것으로 이해한다(평온침해설). 따라서 병은 현재 주거에 있는 사람의 의사에 따라서 사실상의 평온을 침해하지 않는 방법으로 주거에 들어간 것이므로 주거침입죄에 해당하지 않는다.

신주거권설에서는 '침입'을 주거권자의 의사에 반하여 주거 등에 들어가는 것으로 이해한다(의사침해설). 따라서 병의 행위는 주거권자인 갑의 의사에 반하여 주거에 들어간 것이므로 주거침입죄에 해당하게 된다.

(8) 소결

생각건대 주거침입죄의 성부(成否)를 주거권자의 의사에 종속시키는 경우에는 주거출입 자체에 문제가 없고 사실상의 평온을 해하지 않는 경우에도 주거침입죄를 인정해야 하는 문제점이 있어 주거침입죄의 성립범위를 지나치게 확대시키는 결과를 초래한다.

주거침입죄는 어디까지나 개개인이 누리는 주거에 대한 사실상의 평온이 침해되지 않도록 그 장소에 거주하게 된 권한관계와 무관하게 그 장소를 평온하게 지배하고 있으면 그러한 평온한 상태를 보호하기 위한 것이라는 점에 본래의 취지가 있다는 점에서 상대적으로 주거권설에 비하여 주거침입죄의 성립범위를 축소시킬 수 있는 사실상 평온설이 가장 타당하다. 이는 우리 형법 제319조가 독일[483]이나 일본형법[484]의

482) 그러나 신주거권설에 의하더라도 적법한 권원을 상실하여 사실상 불법점유가 된 경우에 소유권자나 새로운 권리자가 그 불법상태를 배제하기 위한 정당한 절차를 강구하지 않은 이상 정당한 불법상태배제절차(예컨대 가옥명도소송 등)를 거치지 않았음을 이유로 주거침입죄를 인정할 수는 있을 것이다.

483) 제123조(주거침입) ① 타인의 주거, 사무실, 울타리가 쳐진 토지, 또는 공적인 업무나 거래를 위하여 정해진 폐쇄된 공간에 불법으로 침입한 자 또는 권한없이 그 장소에 체류하는 자로서 권리자의 퇴거

경우와는 달리 '점유하는 방실'까지를 범행의 객체로 규정함으로써 사실상의 평온을 보호법익으로 하는 입장을 명백히 한 점에 비추어 볼 때 더욱 그러하다.

다. 보호의 정도

보호의 정도에 대해서도 사실상의 평온설을 취하는 입장에서는 주거침입죄를 침해범이자 결과범으로 이해하지만, 신주거권설을 취하는 입장에서는 형식범(거동범)이자 추상적 위험범으로 이해한다(통설). 판례는 사실상 주거의 평온이 침해되었다고 볼 수 있는 이상 신체의 일부만 들어가도 주거침입죄의 기수를 인정하고 있으므로 침해범설에 입각하고 있다고 할 수 있다.[485]

생각건대 주거에 침입하는 행위가 있으면 주거의 평온이 침해된 것이라 할 수 있고 침입행위가 있음에도 불구하고 주거의 평온이 침해되지 않는 경우는 없으므로[486] 침

요구를 받고 이에 응하지 아니한 자는 1년 이하의 자유형 또는 벌금형에 처한다.

484) 제130조(주거침입등) 정당한 이유없이 사람의 주거 또는 사람이 간수하는 저택, 건조물이나 함선에 침입하거나 또는 요구를 받았음에도 불구하고 이러한 장소에서 퇴거하지 아니한 자는 3년 이하의 징역 또는 10만엔 이하의 벌금에 처한다.

485) 대법원 1995.9.15. 선고 94도2561 판결(원심은 주거침입미수죄가 성립하기 위하여서는 신체의 전부가 목적물에 들어간다는 인식 아래 그러한 행위의 실행의 착수가 있어야 한다고 전제한 다음, 피고인에게 피해자의 방 안을 들여다 본다는 인식이 있었을 뿐 그 안에 들어간다는 인식이나 의사를 가지고 있었다고는 보기 어려워, 피고인이 1993.9.22. 00:10경 대전 중구소재 피해자의 집에서 그녀를 강간하기 위하여 그 집 담벽에 발을 딛고 창문을 열고 안으로 얼굴을 들이미는 등의 행위를 하였다는 공소장 기재의 행위를 들어 주거침입의 실행에 착수하였다고는 볼 수 없고 달리 이를 인정할 증거가 없다고 하여 폭처법 위반의 점에 대하여 무죄를 선고한 제1심이 주거침입의 범의에 관한 해석 및 증거조사과정이나 그 취사선택과정에 아무런 위법이 없다는 이유로 검사의 항소를 기각하였다.

그러나 주거침입죄는 사실상의 주거의 평온을 보호법익으로 하는 것이므로, 반드시 행위자의 신체의 전부가 범행의 목적인 타인의 주거 안으로 들어가야만 성립하는 것이 아니라 신체의 일부만 타인의 주거 안으로 들어갔다고 하더라도 거주자가 누리는 사실상의 주거의 평온을 해할 수 있는 정도에 이르렀다면 범죄구성요건을 충족하는 것이라고 보아야 할 것이고, 따라서 주거침입죄의 범의는 반드시 신체의 전부가 타인의 주거 안으로 들어간다는 인식이 있어야만 하는 것이 아니라 신체의 일부라도 타인의 주거 안으로 들어간다는 인식이 있으면 족하다고 할 것이고, 이러한 범의로써 예컨대 주거로 들어가는 문의 시정장치를 부수거나 문을 여는 등 침입을 위한 구체적 행위를 시작하였다면 주거침입죄의 실행의 착수는 있었다고 보아야 하고, 신체의 극히 일부분이 주거 안으로 들어갔지만 사실상 주거의 평온을 해하는 정도에 이르지 아니하였다면 주거침입죄의 미수에 그친다고 할 것이다.

그러므로 공소사실 기재와 같이 야간에 타인의 집의 창문을 열고 집 안으로 얼굴을 들이미는 등의 행위를 하였다면 피고인이 자신의 신체의 일부가 집 안으로 들어간다는 인식 하에 하였더라도 주거침입죄의 범의는 인정되고, 또한 비록 신체의 일부만이 집 안으로 들어갔다고 하더라도 사실상 주거의 평온을 해하였다면 주거침입죄는 기수에 이르렀다고 할 것이다.)

486) 이 점에서 주거침입죄의 '침입'은 구성요건적 결과가 되므로 주거침입죄는 거동범이 아닌 결과범이 된다.

해범설이 타당하다.

Ⅱ. 주거침입죄

[조문]

형법 제319조(주거침입) ① 사람의 주거, 관리하는 건조물, 선박이나 항공기 또는 점유하는 방실에 침입한 자는 3년 이하의 징역 또는 500만원 이하의 벌금에 처한다. 제322조(미수범) 본장의 미수범은 처벌한다. 폭력행위등처벌에관한법률 제2조(폭행등) ① 상습적으로 다음 각 호의 죄를 범한 자는 다음의 구분에 따라 처벌한다. 1. 「형법」 제260조제1항(폭행), 제283조제1항(협박), 제319조(주거침입, 퇴거불응) 또는 제366조(재물손괴등)의 죄를 범한 자는 1년 이상의 유기징역 ② 2인 이상이 공동하여 제1항 각 호에 열거된 죄를 범한 때에는 각 형법 본조에 정한 형의 2분의 1까지 가중한다.

가. 객관적 구성요건

(1) 행위의 객체

행위의 객체는 사람의 주거, 관리하는 건조물, 선박이나 항공기 또는 점유하는 방실이다.

① 사람의 주거

주거에 대해서는 사람이 기거하고 침식에 사용되는 장소라는 견해(다수설)와 일상생활을 영위하기 위하여 점거하는 장소이면 족하고 반드시 침식에 사용하는 장소일 필요가 없다는 견해가 대립한다.

생각건대 형법은 '점유하는 방실'을 별도로 규정하고 있기 때문에 주거의 개념은 제한적으로 해석할 필요가 있으며, 침식에 사용되지 않는 장소는 관리하는 건조물이나 점유하는 방실에 속한다고 할 수 있으므로 주거는 침식에 사용되는 것이라고 하는 다수설이 타당하다.

일시 사용을 위한 호텔이나 여관 등은 점유하는 방실로 보아야 할 것이므로, 주거는 이와 달리 비교적 장기간(즉 다수의 시간적 계속성) 그 곳을 생활의 근거지로 하겠다는 의사가 있는 곳이라고 하여야 한다. 따라서 호텔이라 하더라도 비교적 장기간 일상생활을 영위하기 위한 근거지로써 점유하고 있다면 점유하는 방실이 아니라 주거로 보아야 할 것이다.

타인소유의 주거뿐만 아니라 자기소유의 주거도 본죄의 객체가 되므로 예컨대 임대인이 임차인의 의사에 반하여 임차가옥에 침입한 경우에는 본죄가 성립한다.[487] 다만 주거는 단순히 가옥자체만을 의미하지 아니하고 엘리베이터[488]·계단[489]·복도·지하실은 물론 그 위요지(圍繞地)[490]를 포함한다.

② 관리하는 건조물·선박이나 항공기

건조물이란 주위벽, 기둥과 지붕 또는 천정으로 구성된 구조물로서 사람이 기거하

487) 대법원 1989.9.12. 선고 89도889 판결(원심은 제1심 채택의 증거와 원심채택의 증거를 종합하여 이 사건 가옥은 설시와 같은 건축의 정도로 보아 주거침입의 대상이 되는 주거라 할 수 있고, 또 이를 피해자가 점유관리하고 있었음을 인정할 수 있으니 이 사건 가옥이 가사 피고인 주장과 같이 피고인의 소유라 할지라도 주거침입죄의 성립에는 아무런 장애가 되지 아니하고 또 이 사건 범행당시 피고인과 피해자 사이에는 이 사건 가옥의 소유권에 대한 분쟁이 있어 현재까지도 그 분쟁이 계속되고 있는 사실에 비추어 볼 때, 피고인이 이 사건 가옥에 침입하는 것에 대한 피해자의 추정적 승낙이 있었다거나, 피고인의 이 사건 범행이 사회상규에 위배되지 아니한다고 볼 수 없다고 판시하고서 제1심판결을 유지하였는바, 기록에 비추어 원심의 증거채택관계와 판단을 살펴보면 이는 정당한 조치로 수긍이 간다.)

488) 대법원 2009.9.10. 선고 2009도4335 판결(피고인이 강간할 목적으로 피해자를 따라 피해자가 거주하는 아파트 내부의 엘리베이터에 탄 다음 그 안에서 폭행을 가하여 반항을 억압한 후 계단으로 끌고 가 피해자를 강간하고 상해를 입힌 사안에서, 피고인이 성폭법 제5조 제1항에 정한 주거침입범의 신분을 가지게 되었다는 이유로, 주거침입을 인정하지 않고 강간상해죄만을 선고한 원심판결을 파기하였다.)

489) 대법원 2009.8.20. 선고 2009도3452 판결(다가구용 단독주택인 빌라의 잠기지 않은 대문을 열고 들어가 공용 계단으로 빌라 3층까지 올라갔다가 1층으로 내려온 사안에서, 주거인 공용 계단에 들어간 행위가 거주자의 의사에 반한 것이라면 주거에 침입한 것이라고 보아야 한다는 이유로, 주거침입죄를 구성하지 않는다고 본 원심판결을 파기하였다.)

490) 대법원 2001.4.24. 선고 2001도1092 판결(주거침입죄에 있어서 주거라 함은 단순히 가옥 자체만을 말하는 것이 아니라 그 위요지를 포함한다 할 것이므로, 이미 수일 전에 2차례에 걸쳐 피해자를 강간하였던 피고인이 대문을 몰래 열고 들어와 담장과 피해자가 거주하던 방 사이의 좁은 통로에서 창문을 통하여 방안을 엿보던 상황이라면 피해자의 주거에 대한 사실상 평온상태가 침해된 것으로, 주거침입죄에 해당한다.)

거나 출입할 수 있는 장소[491])로서 주거를 제외한 일체의 건물을 말하며 반드시 영구적인 구조물일 것을 요하지 않는다.[492]) 공장 창고 또는 관공서의 청사, 교회, 대학교의 강의실[493]) 등이 이에 해당한다.

본죄의 성격상 선박이나 항공기는 그 크기는 묻지 않으나 사람의 주거에 사용될 수 있을 정도의 규모이어야 한다. 따라서 놀이용 보트나 1인용 경비행기 등은 본죄의 선박이나 항공기에 해당하지 않는다.

491) 대법원 2007.12.13. 선고 2007도7247 판결(건조물침입죄에 있어서 침입행위의 객체인 건조물은 주위 벽 또는 기둥과 지붕 또는 천정으로 구성된 구조물로서 사람이 기거하거나 출입할 수 있는 장소를 말한다. 원심은 이 사건 물탱크시설이 건조물침입죄의 객체가 되는 '관리하는 건조물'에 해당하지 않는다는 이유로, 이 부분 공소사실에 관하여 무죄를 선고한 제1심판결을 그대로 유지하였는바, 이러한 원심의 조치는 옳다.) ; 대법원 2005.10.7. 선고 2005도5351 판결(피고인들이 건물신축 공사현장에 무단으로 들어간 뒤 타워크레인에 올라가 이를 점거한 사안에서, 타워크레인은 건설기계의 일종으로서 작업을 위하여 토지에 고정되었을 뿐이고 운전실은 기계를 운전하기 위한 작업공간 그 자체이지 건조물침입죄의 객체인 건조물에 해당하지 아니하고, 피고인들이 위 공사현장에 컨테이너 박스 등으로 가설된 현장사무실 또는 경비실 자체에 들어가지 아니하였다면, 피고인들이 위 공사현장의 구내에 들어간 행위를 위 공사현장 구내에 있는 건조물인 위 각 현장사무실 또는 경비실에 침입한 행위로 보거나, 위 공사현장 구내에 있는 건축 중인 건물에 침입한 행위로 볼 수 없다.)

492) 대법원 1989.2.28. 선고 88도2430,88감도194 판결(야간주거침입절도죄에 있어서 침입행위의 객체인 건조물은 반드시 영구적인 구조물일 것을 요하지 않는 것인 바, 이 사건 담배점포는 알미늄샷시로 된 구조물이긴 하나 주위벽과 지붕으로 구성되어 사람이 그 내부에서 기거하거나 출입할 수 있을 뿐 아니라 실제로 피해자는 그 내부에 담배, 복권 기타잡화 등을 진열해 놓고 판매하는 일상생활을 영위해 오면서 침식의 장소로도 사용해왔음을 알 수 있으므로, 위 점포는 주거침입의 객체가 될 수 있는 건조물에 해당한다.) ; 대법원 1991.6.11. 선고 91도753 판결(선박건조자재운반용으로 도크에 고정되어 82m 높이에 설치되어 있으며 약 10평 정도되는 방실 등이 있고 평소 그 운전을 위해 1, 2명의 직원이 근무하며 인가자 이외의 출입이 금지되는 "골리앗크레인"에 출입통제를 위해 출입문이 잠긴 채 간수인이 없었다 하여도 피고인 등 70명 정도의 근로자가 함께 위 "골리앗크레인"에 들어가서 농성을 하였다면, 피고인 등이 다중의 위력을 보여 간수하는 건조물에 침입한 것이다.) ; 대법원 2007.12.13. 선고 2007도7247 판결(피해자 소유의 축사 건물 및 그 부지를 임의경매절차에서 매수한 사람이 위 부지 밖에 설치된 피해자 소유 소독시설을 통로로 삼아 위 축사건물에 출입한 사안에서, 위 소독시설은 축사출입차량의 소독을 위하여 설치한 것이기는 하나 별개의 토지 위에 존재하는 독립한 건조물로서 축사 자체의 효용에 제공된 종물이 아니므로, 위 출입행위는 건조물침입죄를 구성한다.)

493) 대법원 1992.9.25. 선고 92도1520 판결(일반적으로 대학교의 강의실은 그 대학당국에 의하여 관리되면서 그 관리업무나 강의와 관련되는 사람에 한하여 출입이 허용되는 건조물인 것이지 널리 일반인에게 개방되어 누구나 자유롭게 출입할 수 있는 곳은 아니라고 할 것이고, 피고인들 및 공소외인 34명은 공동하여 진주전문대생들과의 충돌을 예상하여 그 범행의 도구로 쓰일 쇠파이프 42개, 최루탄 4발을 나누어 들고, 그 대학당국의 허락을 받지 않은 채 몇 명씩 분산하여 위 대학 C동 101호 강의실에 침입하였다는 것인바, 이는 폭처법 제3조 제1항 소정의 "다중의 위력으로 건조물에 침입한 행위"로서 범죄구성요건에 해당한다고 할 것이므로 거기에 소론과 같은 주거침입죄에 관한 법리를 오해한 위법이 있다고 할 수 없다.) ; **[고의가 조각되지 않는 법률의 착오]** 대법원 1995.4.14. 선고 95도12 판결(학생회관의 관리권은 그 대학당국에 귀속된다고 보아야 하므로 학생회의 동의가 있어 그 침입이 위법하지 않다고 믿었다 하더라도 이에 정당한 사유가 있다고 볼 수 없어 주거침입죄를 구성한다.)

③ 점유하는 방실

방실은 건물 내에서 일부분을 구획하여 사실상 지배하는 장소를 의미하며, 사무실[494], 연구실, 점포, 투숙 중인 호텔·여관의 방 등이 이에 속한다고 하여야 한다. 가옥 가운데 일부의 방을 명도받은 경우에도 점유하는 방실에 해당한다.[495]

다만 건물의 구획부분이라 하더라도 비교적 장기간 일상생활을 영위하기 위한 근거지로써 점유한다면 이는 주거로 보는 것이 타당하다.

(2) 행위

① 침입

본죄의 실행행위인 침입이란 거주자 또는 관리자의 명시적·추정적·묵시적 의사에 반하여 행위자가 주거에 들어가는 것을 말한다.[496]

신체의 일부만 들어가도 침입이 되는지에 대해서는, 소수설과 판례[497]는 이를 긍정하지만, 본죄의 미수범을 처벌하고 있는 형법의 취지를 고려할 때 신체의 전부가 들어가야 침입(기수)이라고 하는 다수설이 타당하다.

침입은 외부에 있는 사람만이 할 수 있는 것이므로 이미 주거 내부에 있는 사람은 주거침입죄를 범할 수 없고 퇴거불응죄를 범할 수 있을 뿐이다.[498] 따라서 죄수가 교

494) 대법원 2011.8.18. 선고 2010도9570 판결(갑주식회사 감사인 피고인이 회사 경영진과의 불화로 한 달 가까이 결근하다가 자신의 출입카드가 정지되어 있는데도 이른 아침에 경비원에게서 출입증을 받아 컴퓨터 하드디스크를 절취하기 위해 회사 감사실에 들어간 사안에서, 위 방실침입행위는 정당행위에 해당하지 않는다.)

495) 대법원 1965.1.26. 선고 64도587 판결(피고인이 그 소유가실을 갑에게 매도하고 그 소유권등기까지 완료하였으나 아직 명도치 않고 계속 점유 사용 중인데 피고인이 전세준 방 2칸 부분은 갑이 전세금을 대립변제하여 전세든 자를 명도시키고 그 명도된 방 가운데 점포로 쓰던 부분의 방문에 못을 박아 막으려고 한 사실 등을 보아 위 방 2칸은 사실상 갑의 간수아래 있는 방이라고 인정할 수 있다.)

496) 대법원 2012.5.24. 선고 2010도9963 판결 ; 대법원 2007.8.23. 선고 2007도2595 판결(거주자나 관리자와의 관계 등으로 평소 그 건조물에 출입이 허용된 사람이라 하더라도 주거에 들어간 행위가 거주자나 관리자의 명시적 또는 추정적 의사에 반함에도 불구하고 감행된 것이라면 주거침입죄는 성립하며, 출입문을 통한 정상적인 출입이 아닌 경우 특별한 사정이 없는 한 그 침입 방법 자체에 의하여 위와 같은 의사에 반하는 것으로 보아야 한다.)

497) 앞의 주 485)의 대법원 1995.9.15. 선고 94도2561 판결 참조.

498) 대법원 1984.2.14. 선고 83도2897 판결(원심은 피고인에 대한 주거침입죄를 인정할만한 증거가 없고 오히려 피해자 이00는 피고인의 고모의 아들로서 인근 동리에 사는 관계로 피고인이 동 피해자 집에 잠시 들어가 있는 동안에 동 피해자에게 돈을 갚기 위하여 찾아온 동 피해자의 이질인 임00의

도소의 다른 감방에 들어가거나 공무원이 권한없이 상사(上司)의 방에 들어가는 것은 주거침입죄가 될 수 없다는 견해도 있지만, 이 경우에는 점유하는 방실에 침입한 것이라고 할 수 있으므로 주거침입죄가 성립할 수 있다.

② 부작위에 의한 침입

부작위에 의해서도 침입이 가능한지에 대해서는, 주거침입죄의 경우 부작위는 주거침입에 대한 방조에 불과하다는 견해(부정설)도 있으나, 주거에 대한 보증인이 제3자의 침입을 방지하지 않거나 주거자의 의사에 반하여 침입하는 것을 알면서 그대로 방치하면 부작위에 의한 주거침입이 된다고 하여야 할 것이다(긍정설).

③ 주거자의 의사에 반하는 침입

침입이 되려면 주거자나 관리자의 의사에 반하는 것이어야 한다. 주거자의 의사에 따라 들어간 경우에는 침입이라고 할 수 없으므로 주거자의 승낙은 구성요건해당성을 조각하는 양해이다.

ㄱ. 따라서 해고를 당한 근로자가 회사의 조합대의원회의에 참석하기 위하여 회사에 들어가거나[499], 절도·강도 또는 폭행과 같이 범죄를 행할 목적으로 주거에 들어간 경우에도 거주자의 의사에 반하여 사실상의 주거의 평온을 해한 것이므로 주거침입죄가 성립한다.[500]

돈을 절취한 사실을 인정할 수 있어서 피고인이 당초부터 불법목적을 가지고 위 이00 집에 들어갔다거나 이00의 의사에 반하여 그의 집에 들어간 것이 아니어서 이 부분 공소사실은 범죄의 증명이 없는 때에 해당한다는 이유로 무죄를 선고하였는바, 원심의 그와 같은 조치는 정당하다.)

499) 대법원 1991.9.10. 선고 91도1666 판결(피고인이 주식회사 원진레이온으로부터 해고를 당한 후 법원에 해고처분무효확인소송을 제기하여 그 효력을 다툼으로써 노동조합의 조합원인 근로자의 지위를 그대로 갖고 있다 하더라도 사용자로서는 근로자의 정상적인 업무수행을 방해할 수 없는 등의 특별한 경우를 제외하고는 그 사업장 내의 질서유지 등을 위하여 근로자의 개별적인 행위를 규제하지 못하는 것은 아니고 또 건조물침입죄는 사실상의 주거의 평온을 그 보호법익으로 하여 관리권자의 의사에 반하여 건조물에 침입함으로써 성립하는 것이므로 회사가 조합의 대의원이 아닌 피고인에게 회사 내의 조합대의원회의에 참석하는 것을 허락하지 아니하였는데도 그 의사에 반하여 함부로 거기에 들어가고 회사경비원들의 출입통제업무를 방해한 것은 건조물침입죄와 업무방해죄에 해당한다.)

500) 대법원 1983.7.12. 선고 83도1394 판결(피고인이 피해자와 이웃 사이어서 평소 그 주거에 무상출입

ㄴ. 범죄목적을 숨긴 채 동의를 받고 타인의 주거에 들어간 경우에는 동의권자가 그 진의를 알았더라면 동의를 하지 않았을 것(동의권자의 실질적인 의사에 반하는 것)이라고 판단될 때 주거침입죄가 성립한다.[501)]

ㄷ. 범죄목적없이 기망에 의한 동의를 받고 타인의 주거에 들어간 경우에 대해서는, 피해자의 동의가 양해로 해석되어야 하고 양해의 성질상 승낙의 경우와는 달리 기망에 의한 동의도 하자가 있기는 하나 의사에 반하는 것이 아니므로 주거침입죄가 되지 않는다는 견해(부정설)와 피해자의 동의가 평온·공연하게 이루어지지 않은 이상 하자있는 동의가 있는 경우에도 주거침입죄가 성립한다는 견해(긍정설, 다수설)가 대립한다.

생각건대 양해이건 승낙이건 피해자의 자유로운 진정한 의사에 의한 것이어야 하고 폭행·협박·기망·착오에 의한 승낙이나 양해는 유효한 승낙이나 양해라고 할 수 없으므로 주거침입죄가 성립한다고 하는 긍정설이 타당하다.

ㄹ. 범죄목적을 숨긴 채 동의없이 무단으로 공공장소에 출입한 경우에는 동의권자의 동의조차 없이 들어가는 경우가 보통이다. 즉 관공서의 청사나 백화점 등과 같이 일반 공중에 개방된 장소에 범죄의 목적으로 들어간 경우에도 주거침입죄가 성립하는지에 대해서는 판례와 학설의 견해가 대립한다.

판례는 이 경우에도 동의권자가 진의를 알았더라면 동의를 하지 않았을 것이라고 판단하면서 넓게 주거침입죄를 인정하고 있다.[502)]

하던 관계에 있었다 하더라도 범죄의 목적으로 피해자의 승낙 없이 그 주거에 들어간 경우에는 주거침입죄가 성립되는 것이다.)

501) 대법원 2003.5.30. 선고 2003도1256 판결(피고인이 피해자가 사용 중인 공중화장실의 용변 칸에 노크하여 남편으로 오인한 피해자가 용변 칸 문을 열자 강간할 의도로 용변 칸에 들어간 것이라면 피해자가 명시적 또는 묵시적으로 이를 승낙하였다고 볼 수 없어 주거침입죄에 해당한다.)

502) 대법원 2007.3.15. 선고 2006도7079 판결(일반인의 출입이 허용된 건조물이라고 하더라도 관리자의 명시적 또는 추정적 의사에 반하여 그 곳에 들어간 것이라면 건조물침입죄가 성립하는 것이므로, 일반인의 출입이 허용된 건조물에 그 시설을 손괴하는 등 범죄의 목적으로 들어간 경우에는 건조물침입죄가 성립된다. 위와 같은 법리에 비추어 살펴보면, 원심이 피고인들이 촉석루 내 의기사에 보관중이던 공용물건인 논개영정을 적법한 권한 없이 강제로 철거할 목적으로 위 의기사에 들어간 사실을 건조물침입죄로 인정한 것은 정당하다.) ; 대법원 1997.3.28. 선고 95도2674 판결(일반인의 출입이 허용된 음식점이라 하더라도, 영업주의 명시적 또는 추정적 의사에 반하여 들어간 것이라면 주거침입죄가 성립되는바, 기관장들의 조찬모임에서의 대화내용을 도청하기 위한 도청장치를 설치할 목

학설은 일반적인 출입이 허가된 장소에는 범죄목적을 가지고 출입한다고 해서 주거의 사실상의 평온이 침해되지 않고 목적이 불법하다는 것만으로 침입이 될 수 없기 때문에 주거침입죄를 인정할 수 없다고 한다(다수설).

생각건대 일반적인 출입이 허가된 장소에서는 관리자의 특별한 선별없이 출입의 자유가 허용되는 것이고 목적이 불법하다는 것만으로는 사실상의 평온을 해하는 침입이 될 수 없기 때문에 주거침입죄를 부정하는 다수설이 타당하다.

따라서 '초원복집사건(95도2674판결)'처럼 도청장치를 설치하기 위하여 일반에게 공개된 회의장이나 음식점에 들어간 경우에는 피해자의 의사에 반하는 것은 피고인이 '들어가는 행위 그 자체'가 아니라 '도청장치를 설치하는 행위'라고 하는 것이 정확할 것이기 때문에 주거침입죄가 성립하지 않는다고 하여야 할 것이다.

ㅁ. 공동주거자 중 한 사람의 동의를 받고 들어갔지만 그 출입이 다른 주거자의 의사에 반하는 경우에도 주거침입죄의 성립여부가 문제된다. 특히 남편의 부재중에 처와 간통하기 위하여 정부가 그 집에 들어간 경우가 문제된다.

판례는 한 사람의 승낙이 다른 거주자의 의사에 직접·간접으로 반하는 경우에는 주거침입죄가 성립한다고 한다.[503] 학설은 판례의 입장에 찬성하는 견해와 반대하는 견해(다수설)가 대립한다.

생각건대 공동주거자가 있는 경우 일단 현존하는 주거자의 동의를 받고 들어간 경우에는 부재 중인 주거자의 의사에 반한다 하더라도 주거의 사실상의 평온이 침해되었다고 할 수 없기 때문에 주거침입죄가 성립하지 않는다고 하여야 할 것이다(다수설).

나. 위법성조각사유

형사소송법상 영장집행, 민사집행법에 의한 강제집행, 민법상의 친권행사, 노동쟁의 중 단체교섭행위 등으로 이루어진 주거침입은 권한의 남용이 없는 한 정당행위(법

적으로 손님을 가장하여 그 조찬모임 장소인 음식점에 들어간 경우에는 영업주가 그 출입을 허용하지 않았을 것으로 보는 것이 경험칙에 부합하므로, 그와 같은 행위는 주거침입죄가 성립한다.)

503) 앞의 주 481)의 대법원 1984.6.26. 선고 83도685 판결 참조.

령에 의한 행위)로서 위법성이 조각된다.[504)]

그러나 사인이 현행범체포를 위하여 임의로 타인의 주거에 들어가면 주거침입죄가 성립[505)]하는지 여부나 채권자가 채권을 변제받기 위하여 채무자의 집에 함부로 들어간 경우 주거침입이 정당화되는지 여부는 현행범인이 범한 범죄의 경중, 주거침입의 방법유형 등 구체적인 사정을 종합하여 사회상규에 위배되지 않는 행위인지 여부를 판단하여야 할 것이다.[506)]

다. 죄수

본죄는 주거에 침입함으로써 기수가 되고 퇴거한 때에 종료하는 계속범이므로 퇴거 후 다시 침입하면 별도의 주거침입이 된다. 다른 사람의 주택에 무단으로 침입한 범죄사실로 확정판결을 받은 사람이 그 후에도 퇴거하지 않고 계속 거주하는 경우에는 별도의 주거침입죄가 성립한다.[507)]

주거침입의 수단으로 사람을 폭행하거나 자물쇠 등을 손괴한 경우에는 본죄와 폭행죄 또는 손괴죄의 상상적 경합이 된다.[508)] 주거침입이 절도·강도·강간·살인 등의 범

504) 대법원 1967.9.26. 선고 67도1089 판결(피고인과 "갑" "을"의 세 사람이 함께 술을 마시고 그들이 사는 동리의 "갑" 집 앞길에 이르렀을 때 "갑"이 사소한 일로 피고인에게 폭행을 가함으로써 상호 시비 중 "갑"이 그의 집으로 들어가기에 피고인도 술에 취하여 동인에게 얻어맞아 가면서 동인의 집까지 따라 들어가서 때리는 이유를 따지었던 경우에 피고인이 "갑"의 집에 따라 들어간 소위를 위법성 있는 주거침입이라고 논단하기 어렵다.)

505) 유사한 사안으로는 대법원 1965.12.21. 선고 65도899 판결(현행범을 추적하여 그 범인의 부의 집에 들어가서 동인과 시비 끝에 상해를 입힌 경우에 주거침입죄가 성립한다.)

506) 대법원 2004.2.13. 선고 2003도7393 판결(연립주택 아래층에 사는 피해자가 위층 피고인의 집으로 통하는 상수도관의 밸브를 임의로 잠근 후 이를 피고인에게 알리지 않아 하루 동안 수돗물이 나오지 않은 고통을 겪었던 피고인이 상수도관의 밸브를 확인하고 이를 열기 위하여 부득이 피해자의 집에 들어간 행위는 정당행위에 해당한다.) ; 대법원 2008.5.8. 선고 2007도11322 판결(점유할 권리 없는 자의 점유라 하더라도 그 주거의 평온은 보호되어야 할 것이므로, 권리자가 그 권리를 실행함에 있어 법에 정하여진 절차에 의하지 아니하고 그 건조물 등에 침입한 경우에는 주거침입죄가 성립한다.) ; 대법원 2007.3.15. 선고 2006도7044 판결(권리자가 그 권리실행으로서 자력구제의 수단으로 건조물에 침입한 경우에도 주거침입죄가 성립한다.)

507) 대법원 2008.5.8. 선고 2007도11322 판결(원심은 피고인이 이 사건 주택에 무단 침입한 범죄사실로 이미 2006.5.12. 유죄판결을 받고 그 판결이 확정되었음에도 퇴거하지 아니한 채 계속해서 이 사건 주택에 거주함으로써 위 판결이 확정된 이후로도 피고인의 주거침입행위 및 그로 인한 위법상태가 계속되고 있다고 보아 이 부분 공소사실에 대해 별도의 주거침입죄로 판단하였는바, 이러한 원심의 판단은 정당하다.)

508) 대법원 2007.3.15. 선고 2006도7044 판결(비닐하우스의 소유권이 피고인에게 있다 하더라도, 피해자가 공소외인으로부터 이 사건 비닐하우스를 인도받아 점유하고 있는 이상 피고인이 함부로 이 사

죄를 범할 목적의 수단이 되는 경우에도 판례는 본죄와 다른 범죄들의 실체적 경합이라고 하지만509), 다른 범죄들과 주거침입죄는 목적과 수단의 관계에 있기 때문에 제한적으로 해석할 필요510)가 있다는 점을 고려하면 상상적 경합이라고 하여야 한다.

상습으로 야간에 주거에 침입하여 야간주거침입절도죄(제329조)·특수절도죄(제331조 제1항)를 범하여 특가법상의 상습절도등죄(제5조의4)에 해당하는 때에는 주거침입죄는 상습절도등죄에 흡수된다.511)

Ⅲ. 퇴거불응죄

[형법조문]

제319조(퇴거불응) ② 전항의 장소에서 퇴거요구를 받고 응하지 아니한 자도 전항의 형과 같다. 제322조(미수범) 본장의 미수범은 처벌한다.

건 비닐하우스의 열쇠를 손괴하고 그 안에 들어간 행위는 재물손괴죄 및 주거침입죄에 해당한다.)

509) 대법원 1988.12.13. 선고 88도1807,88감도130 판결[야간에 흉기를 들고 사람의 주거에 침입하여 강간을 한 경우에는 폭처법 위반(주거침입)죄와 강간죄가 성립하고 이 경우 두 죄는 실체적 경합관계에 있다.] ; 대법원 2008.11.27. 선고 2008도7820 판결(형법 제330조에 규정된 야간주거침입절도죄 및 같은 법 제331조 제1항에 규정된 손괴특수절도죄를 제외하고 일반적으로 주거침입은 절도죄의 구성요건이 아니므로 절도범인이 그 범행수단으로 주거침입을 한 경우에 그 주거침입행위는 절도죄에 흡수되지 아니하고 별개로 주거침입죄를 구성하여 절도죄와는 실체적 경합의 관계에 서는 것이 원칙이다. 이러한 점에 비추어 보면, 원심판결이 주간에 주거에 침입하여 절도의 범행을 저지른 피고인에 대하여 특가법 제5조의4 제5항 위반죄와는 별도로 형법 제319조 소정의 주거침입죄를 인정하고 이들 각 죄에 대하여 경합범 가중을 한 제1심의 판단을 유지한 것은 정당하다.)

510) **[견련범]** : 현행 형법은 구형법(의용형법)과 달리 목적과 수단의 관계에 있는 견련범을 인정하지 않다. 그러나 형사소송법 제208조(재구속의 제한) 제2항은 견련관계의 행위를 동일한 범죄사실로 간주하여 재구속을 제한하고 있다.

511) 대법원 1984.12.26. 선고 84도1573 전원합의체판결 ; 대법원 2012.9.27. 선고 2012도9386 판결(특가법 제5조의4 제1항에 규정된 상습절도 등 죄를 범한 범인이 그 범행의 수단으로 주거침입을 한 경우에 주거침입행위는 상습절도 등 죄에 흡수되어 위 법조에 규정된 상습절도 등 죄의 1죄만이 성립하고 별개로 주거침입죄를 구성하지 않으며, 또 위 상습절도 등 죄를 범한 범인이 그 범행 외에 상습적인 절도의 목적으로 주거침입을 하였다가 절도에 이르지 아니하고 주거침입에 그친 경우에도 그것이 절도 상습성의 발현이라고 보이는 이상 주거침입행위는 다른 상습절도 등 죄에 흡수되어 위 법조에 규정된 상습절도 등의 1죄만을 구성하고 이 상습절도 등 죄와 별개로 주거침입죄를 구성하지 않는다.)

퇴거불응죄는 주거 등의 장소에서 퇴거요구를 받고도 응하지 아니한 경우에 성립하는 범죄이다. 퇴거의무를 이행하지 않는 부작위에 의해 범죄가 성립하는 진정부작위범이며, 추상적 위험범·거동범이자 퇴거한 이후에 범죄가 종료되는 계속범이다.

처음부터 거주자의 의사에 반하여 주거에 들어간 경우에는 주거침입죄가 성립할 뿐이므로, 본죄가 성립하기 위하여는 적법하게 타인의 주거에 들어간 자[512]가 퇴거요구를 받고도 퇴거[513]하지 않는 경우에 성립하는 죄이다.[514]

본죄에 대하여는 미수범을 벌하고 있다. 본죄의 미수성립가능성에 대하여는 본죄를 침해범으로 해석하여 퇴거불응이 주거의 사실상의 평온을 침해했다고 할 만한 단계에 이르기 전에 주거 밖으로 축출당한 때에는 미수가 된다는 견해도 있다. 그러나 본죄는 진정부작위범이자 거동범이므로 퇴거요구를 받고도 이에 응하지 아니하면 즉시 기수에 이르는 것으로서 미수는 성립할 여지가 없기 때문에 본죄의 미수범처벌 규정은 입법상의 오류라고 하는 것이 타당하다(다수설).

512) 따라서 처음부터 주거자의 의사에 반하는 주거침입죄는 퇴거 시까지 주거침입의 불법상태가 계속되는 것이므로 주거자의 퇴거요구에 불응하더라도 주거침입죄만 성립하게 된다.

513) **[퇴거의 의미]** : 대법원 2007.11.15. 선고 2007도6990 판결(주거침입죄에서의 침입이 신체적 침해로서 행위자의 신체가 주거에 들어가야 함을 의미하는 것과 마찬가지로 퇴거불응죄의 퇴거 역시 행위자의 신체가 주거에서 나감을 의미하므로, 피고인이 이 사건 건물에 가재도구 등을 남겨두었다는 사정은 퇴거불응죄의 성부에 영향이 없다.)

514) 대법원 2007.12.28. 선고 2007도5204 판결(사용자의 직장폐쇄가 정당한 쟁의행위로 인정되지 아니하는 때에는 적법한 쟁의행위로서 사업장을 점거 중인 근로자들이 직장폐쇄를 단행한 사용자로부터 퇴거 요구를 받고 이에 불응한 채 직장점거를 계속하더라도 퇴거불응죄가 성립하지 아니한다.) ; 대법원 2005.6.9. 선고 2004도7218 판결(사용자가 적법하게 직장폐쇄를 하게 되면, 사용자의 사업장에 대한 물권적 지배권이 전면적으로 회복되는 결과 사용자는 사업장을 점거중인 근로자들에 대하여 정당하게 사업장으로부터의 퇴거를 요구할 수 있고 퇴거를 요구받은 이후의 직장점거는 위법하게 되므로, 적법하게 직장폐쇄를 단행한 사용자로부터 퇴거요구를 받고도 불응한 채 직장점거를 계속한 행위는 퇴거불응죄를 구성한다.) ; 대법원 1992.4.28. 선고 91도2309 판결(피고인이 예배의 목적이 아니라 교회의 예배를 방해하여 교회의 평온을 해할 목적으로 교회에 출입하는 것이 판명되어 위 교회 건물의 관리주체라고 할 수 있는 교회당회에서 피고인에 대한 교회출입금지의결을 하고, 이에 따라 위 교회의 관리인이 피고인에게 퇴거를 요구한 경우 피고인의 교회출입을 막으려는 위 교회의 의사는 명백히 나타난 것이기 때문에 이에 기하여 퇴거요구를 한 것은 정당하고 이에 불응하여 퇴거를 하지 아니한 행위는 퇴거불응죄에 해당한다. 또한 사회통념상 현관도 건물의 일부임이 분명한 것이므로 피고인이 교회 건물의 현관에 들어간 이상 그 곳에서 교회 관리인의 퇴거요구를 받고 이에 응하지 않았다면 퇴거불응죄가 성립한다.)

Ⅳ. 특수주거침입·퇴거불응죄

[형법조문]

제320조(특수주거침입) 단체 또는 다중의 위력을 보이거나 위험한 물건을 휴대하여 전조의 죄를 범한 때에는 5년 이하의 징역에 처한다. 제322조(미수범) 본장의 미수범은 처벌한다.

본죄는 주거침입죄·퇴거불응죄에 대하여 행위유형의 위험성 때문에 불법이 가중되는 구성요건이다.[515] 또한 본죄는 폭처법 제3조 제1항 및 제2조 제1항 제1호에 의해 1년 이상의 유기징역으로 가중처벌되며 상습적으로 본죄를 범한 때에는 같은 조 제3항 제1호에 의해 2년 이상의 유기징역으로 가중처벌된다.

단체 또는 다중이 모두 주거에 침입하거나 퇴거에 불응할 필요는 없고 1인이 주거침입 또는 퇴거불응을 하더라도 단체·다중의 위력을 보이는 이상 본죄는 성립한다.

위험한 물건의 휴대란 범행현장에서 그 범행에 사용하려는 의도 아래 위험한 물건을 소지하거나 몸에 지니는 경우를 가리키는 것이므로 범행과는 전혀 무관하게 우연히 이를 소지하게 된 경우까지를 포함하는 것은 아니다.[516]

본죄는 계속범이기 때문에 위험한 물건을 주거침입이나 퇴거불응을 개시하는 시점에 휴대한 경우뿐만 아니라 주거침입이나 퇴거불응이 계속되던 어느 시점에서 휴대한 경우도 포함된다. 휴대하면 족하고 그것을 사용하거나 상대방이 인식할 필요는 없다.[517]

515) 대법원 1994.10.11. 선고 94도1991 판결(폭처법 제3조 제1항, 제2조 제1항, 형법 제319조 제1항 소정의 특수주거침입죄는 흉기 기타 위험한 물건을 휴대하여 타인의 주거나 건조물 등에 침입함으로써 성립하는 범죄이므로, 수인이 흉기를 휴대하여 타인의 건조물에 침입하기로 공모한 후 그중 일부는 밖에서 망을 보고 나머지 일부만이 건조물 안으로 들어갔을 경우에 있어서 특수주거침입죄의 구성요건이 충족되었다고 볼 수 있는지의 여부는 직접 건조물에 들어간 범인을 기준으로 하여 그 범인이 흉기를 휴대하였다고 볼 수 있느냐의 여부에 따라 결정되어야 한다.)

516) 대법원 1990.4.24. 선고 90도401 판결.

517) 대법원 1994.10.11. 선고 94도1991 판결.

V. 주거등·신체수색죄

[형법조문]

第321조(주거 · 신체 수색) 사람의 신체, 주거, 관리하는 건조물, 자동차, 선박이나 항공기 또는 점유하는 방실을 수색한 자는 3년 이하의 징역에 처한다. 第322조(미수범) 본장의 미수범은 처벌한다.

주거등수색죄의 보호법익은 주거의 사실상 평온이며, 신체수색죄의 보호법익은 신체의 불가침성인 독립적 구성요건이다. 보호의 정도는 침해범이다.

본죄의 행위는 수색이다. 수색이란 사람 또는 물건을 발견하기 위하여 사람의 신체 또는 일정한 장소를 조사하는 모든 행위를 말한다(통설).

법령에 의한 정당한 수색(형사소송법 제109조, 제137조)은 위법성이 조각되지만 정당한 목적을 위해서라도 그 절차와 수단이 사회통념상 용인되지 아니하는 경우에는 수색행위의 위법성은 조각되지 않는다.[518]

통설은 타인의 주거에 침입하여 수색한 경우 주거침입죄와 본죄의 실체적 경합이라 하지만, 전술한 것처럼 주거침입죄는 계속범이고 주거침입죄가 계속되는 동안 주거수색죄가 이루어지기 때문에 상상적 경합이라고 하여야 할 것이다. 절도·강도의 목적으로 주거에 침입하여 금품을 물색하는 수색행위는 불가벌적 수반행위로서 절취행위·강취행위에 흡수된다.

518) 대법원 2001.9.7. 선고 2001도2917 판결(주주인 공소외 4로부터 정당한 필요성이 없이 그 소유 주식 중 단지 1주에 대한 의결권의 대리 행사를 위임받은 피고인은 회사가 인정하지 않는 한 적법한 의결권 행사의 대리인으로 인정될 수 없으므로, 회사로부터 주주총회장으로부터 나가달라는 요구를 받아 주주총회와 아무런 관련이 없게 되는 피고인이 주주총회 장소인 위 회사 사무실을 뒤져 회계장부나 서류철을 찾아내는 것이 사회통념상 용인될 수 있는 행위라고 보기는 어렵고, 한편 공소외 4와 같이 회사의 정기주주총회에 적법하게 참석한 주주라고 할지라도 주주총회장에서의 질문, 의사진행 발언, 의결권의 행사 등의 주주총회에서의 통상적인 권리행사 범위를 넘어서서 회사의 구체적인 회계장부나 서류철 등을 열람하기 위하여는 별도로 상법 제466조 등에 정해진 바에 따라 회사에 대하여 그 열람을 청구하여야 하고, 만일 회사에서 정당한 이유 없이 이를 거부하는 경우에는 법원에 그 이행을 청구하여 그 결과에 따라 회계장부 등을 열람할 수 있을 뿐 주주총회 장소라고 하여 회사측의 의사에 반하여 회사의 회계장부를 강제로 찾아 열람할 수는 없다고 할 것이며, 설사 회사측이 회사운영을 부실하게 하여 소수주주들에게 손해를 입게 하였다고 하더라도 위와 같은 사정만으로 주주총회에 참석한 주주가 강제로 사무실을 뒤져 회계장부를 찾아내는 것이 사회통념상 용인되는 정당행위로 되는 것은 아니라고 할 것이므로 방실수색죄가 성립한다.)

제5장 재산에 대한 죄

서절(序節) 재산범죄의 일반이론

Ⅰ. 재산범죄의 분류

가. 형법상의 재산범죄

형법상 기본적 재산범죄로는 절도죄, 강도죄, 사기죄, 공갈죄, 횡령죄, 배임죄, 장물죄, 손괴죄, 권리행사방해죄 등 9가지 유형을 들 수 있다.

이러한 주요범죄들에 준하는 범죄로 규정된 것은 다음과 같다.

절도죄와 유사한 죄로는 자동차등불법사용죄[519]가 있다. 타인이 점유하는 타인의 재물에 대한 범죄로서 권리자를 영구적으로 배제하지 않지만 일시적으로 배제한다는 점이 절도죄와 유사하다(사용절도).

사기죄와 유사한 성격을 가진 범죄로는 컴퓨터등사용사기죄, 편의시설부정이용죄, 부당이득죄[520]가 있다. 이러한 범죄들은 기계를 기망하거나 피해자의 하자있는 의사표시를 이용하는 점에서 사기죄와 유사하다.

횡령죄와 유사한 범죄로는 유실물, 표류물 또는 타인의 점유를 이탈한 재물, 매장물을 횡령하는 점유이탈물횡령죄(제360조)가 있다.

손괴죄와 유사한 죄로는 경계표를 손괴, 이동 또는 제거하거나 기타 방법으로 토지

519) 자동차등불법사용죄(제331조의2)는 권리자의 동의없이 타인의 자동차, 선박, 항공기 또는 원동기장치자전차를 일시 사용하는 죄이다.

520) 컴퓨터등사용사기죄(제347조의2)는 컴퓨터등 정보처리장치에 허위의 정보 또는 부정한 명령 또는 권한없이 정보를 입력·변경하여 정보처리를 하게 함으로써 재산상의 이익을 취득하거나 제3자로 하여금 취득하게 하는 죄이고, 편의시설부정이용죄(제348조의2)는 부정한 방법으로 대가를 지급하지 아니하고 자동판매기, 공중전화 기타 유료자동설비를 이용하여 재물 또는 재산상의 이익을 취득하는 죄이며, 부당이득죄(제349조)는 사람의 궁박한 상태를 이용하여 현저하게 부당한 이익을 취득하거나 제3자로 하여금 부당한 이득을 취득하게 하는 죄이다.

의 경계를 인식불능하게 하는 경계침범죄(제370조)가 있다.

권리행사방해죄와 유사하게 자기 소유의 재물 또는 재산에 대한 범죄로는 점유강취죄와 강제집행면탈죄[521]가 있다. 점유강취죄는 자기소유의 물건에 대한 죄라는 점에서 권리행사방해죄의 성격을 지니고 있으며, 폭행·협박을 행사한다는 점에서 강도죄의 성격을 지니고 있다.

나. 재산범죄의 분류

(1) 재물죄와 이득죄 : 행위객체에 따른 분류

객체	개념	범죄
재물죄	재물만을 행위의 객체로 하는 범죄	절도죄, 횡령죄, 장물죄, 손괴죄, 권리행사방해죄, 자동차등불법사용죄, 점유이탈물횡령죄, 점유강취죄
이득죄	재산상의 이익만을 행위의 객체로 하는 범죄	배임죄, 컴퓨터등사용사기죄, 부당이득죄
재물죄 및 이득죄	재물 및 재산상의 이익 모두를 행위의 객체로 하는 범죄	강도죄, 사기죄, 공갈죄, 편의시설부정이용죄, 강제집행면탈죄

(2) 영득죄와 손괴죄 : 목적과 내용에 따른 분류

목적과 내용	개념	범죄
영득죄	권리자를 배제하고 타인의 재물을 자기의 소유물처럼 사용·수익·처분하는 죄. 권리자를 배제하고 타인의 재물의 효용을 향유하는 죄로서 권리자에게 손해를 가하는 것과 함께 자기 또는 제3자의 재물에 의한 이익의 취득을 내용으로 하는 죄.	절도죄, 강도죄, 사기죄, 공갈죄, 횡령죄
손괴죄	타인의 재물의 효용을 향유하는 것이 아니라 훼손하는 죄로서 자기 또는 제	손괴죄

521) 점유강취죄(제325조)는 폭행 또는 협박으로 타인의 점유에 속하는 자기의 물건을 강취하는 죄이며, 강제집행면탈죄(제327조)는 강제집행을 면할 목적으로 재산을 은닉, 손괴, 허위양도 또는 허위의 채무를 부담하여 채권자를 해하는 죄이다.

	3자가 재물에 의한 이익을 취득하는 것이 아니라 오직 권리자에게 손해를 가하는 것을 내용으로 하는 죄.	
영득의사의 유무	영득죄는 고의 이외에 불법영득의사를 필요로 한다(장물죄에 대하여 다수설은 영득의사 불요설 이다)	손괴죄는 고의이외에 불법영득의사를 필요로 하지 않는다.

(3) 탈취죄와 편취죄 : 실행행위의 방법에 따른 분류

실행행위의 방법	개념	범죄
탈취죄	피해자의 의사에 반하여 재물의 점유를 취득하거나 재물을 영득하는 죄	절도죄, 강도죄, 점유강취죄, 장물죄, 횡령죄, 권리행사방해죄
편취죄	상대방의 하자있는 의사표시에 의해 재물의 점유를 취득하거나 재산상의 이익을 취득하는 죄	사기죄, 공갈죄, 부당이득죄
탈취죄 및 편취죄[522]	컴퓨터등사용사기죄 및 편의시설부정이용죄는 권리자의 의사에 반하여 재물 또는 재산상의 이익을 취한다는 점에서는 탈취죄의 성격을, 컴퓨터등정보처리장치나 편의시설 등을 기망하여 재물 또는 재산상의 이익을 취득한다는 점에서는 편취죄의 성격을 가진다.	

(4) 타인재산에 대한 범죄와 자기재산에 대한 범죄 : 행위객체인 재물 또는 재산상의 이익이 누구의 소유인지에 따른 분류

소유의 구분	범죄
타인소유의 재물·재산상의 이익이 행위객체인 경우	대부분의 재산범죄
자기소유의 재물·재산상의 이익이 행위객체인 경우	권리행사방해죄, 점유강취죄, 강제집행면탈죄
타인이 점유하는 자기소유의 재물이 행위객체인 경우	권리행사방해죄, 점유강취죄
자기가 점유하는 자기소유의 재물·재산상의 이익이 행위객체인 경우	강제집행면탈죄

522) 탈취죄에 의한 재물이나 재산의 이전행위는 사법상으로는 무효이지만, 편취죄에 의한 재물이나 재산상의 이전행위는 취소할 수 있는 행위가 된다[민법 제110조(사기·강박에 의한 의사표시의 취소)].

(5) 보호법익에 따른 분류

보호법익	범죄
소유권	절도죄, 횡령죄, 손괴죄, 장물죄
전체로서의 재산권	강도죄, 사기죄, 공갈죄, 배임죄
소유권 이외의 물권과 채권	권리행사방해죄

II. 재물과 재산상의 이익 : 재산범죄의 객체

모든 재산범죄는 재물 또는 재산상의 이익을 객체로 하고 있기 때문에 재물과 재산상의 이익의 개념 및 성립범위를 규명하는 것이 무엇보다 중요하다. 일례로 정보를 재물의 개념에 포함시키는 경우에는 타인의 정보를 절취하는 행위는 절도죄에 해당할 것이지만, 재물의 개념에서 배제하는 경우에는 절도죄가 성립할 수 없기 때문이다.

가. 재물

(1) 형법의 규정

형법은 여러 조문에서 물건 또는 재물이라는 개념을 사용하고 있다.

물건이라는 용어는 모든 범죄에서 폭넓게 사용되고 있는 반면[523], 재물이라는 용어는 주로 재산범죄에서 사용되고 있다.[524]

523) **[물건(物件)의 사용례(使用例)]** : 물건이라는 용어는 총칙상의 몰수의 대상(제48조), 각칙상의 국가적 법익에 대한 죄(제95조–제97조, 제142조, 제148조), 사회적 법익에 대한 죄(제161조, 제166조–제172조, 제173조의2, 제176조, 제179조–제181조, 제192조, 제193조, 제211조, 제222조, 제243조, 제244조), 개인적 법익에 대한 죄 중 비재산적 법익에 대한 죄(제261조, 제278조, 제284조, 제320조)에서 사용되고 있다. 재산적 법익에 대한 죄 중에서는 제323조의 권리행사방해죄, 제325조의 점유강취죄, 제369조의 특수손괴죄에서 물건이라는 개념이 사용되고 있다. 제323조와 제325조에서는 행위의 객체로서, 제369조에서는 위험한 물건이라는 행위수단으로서 사용되고 있다.

524) **[재물(財物)의 사용례(使用例)]** : 재물이라는 용어는 도박죄(제246조), 절도죄(제329조–제331조), 강도죄(제333조–제336조, 제340조), 동력에 관한 규정(제346조, 제354조, 제361조, 제372조), 사기죄(제347조, 제348조, 제348조의2), 공갈죄(제350조), 횡령죄(제355조 제1항, 제356조), 점유이탈물횡령죄(제360조), 손괴죄(제366조) 등에서 사용되고 있다.

여기에서는 물건과 재물의 개념이 문제된다. 민법 제98조(물건의 정의)는 '본법에서 물건이라 함은 유체물 및 전기 기타 자연력을 말한다'고 규정하고 있지만, 형법에서 물건을 정의한 규정은 없기 때문이다. 또한 형법에는 '관리할 수 있는 동력은 재물로 간주한다'(제346조)는 규정은 있으나 재물 그 자체에 대한 정의규정은 없기 때문에 재물의 개념은 전적으로 해석론에 맡겨져 있다.

(2) 물건 · 재물의 개념[525)]

① 유체성설

이 설은 물건 또는 재물을 유체성설의 입장에서 파악하여 유체물만을 물건 또는 재물이라고 한다.

이 설은 첫째 제346조와 같이 동력을 재물로 간주하는 특별규정(예외규정)이 있는 것은 유체물만이 물건이 될 수 있고, 예외적인 경우에만 관리할 수 있는 동력도 물건이라는 의미이고, 둘째 일상용어상으로도 물건은 유체물만을 의미하며, 셋째 관리가능한 동력도 재물이라고 할 경우 재물의 개념이 지나치게 확대될 수 있다는 것을 근거로 든다.

② 관리가능성설(물리적 관리가능성설)

이 설(통설 및 판례)은 물건 혹은 재물을 관리가능성설에 의해 파악하기 때문에 유체물뿐만 아니라 관리가능한 무체물(열, 광, 수력, 냉기 등)도 당연히 포함된다고 한다.

이 설은 첫째 제346조는 예외적인 규정이 아니라 확인적 규정(주의규정, 당연규정)으로 해석할 수 있고, 둘째 관리할 수 있는 무체물도 형법적으로 보호할 필요가 있으며, 셋째 관리가능성설에 의해도 관리가능성이라는 개념을 어떻게 해석하느냐에 따라

525) **[물건의 개념에 관한 민법상의 논의]** : 물건의 개념에 대해서는 유체물(즉 일정한 공간을 차지하고 있는 물체)이라고 하는 유체성설과 관리가능한 유체물 및 무체물이라고 하는 관리가능성설이 대립하였다. 그러나 오늘날에는 관리가능성설이 대세이다.
따라서 물건이란 관리가능한 유체물 및 동력이라고 할 수 있다. 해, 달 등과 같이 유체물이라도 관리가능하지 않으면 물건이라고 할 수 없고 무체물이라도 관리가능하면 물건이라고 할 수 있다.

그 개념이 부당하게 확대되지 않을 수 있다는 것을 근거로 든다.

[물리적 관리가능성설에 입각한 판례]

> 대법원 1994.3.8. 선고 93도2272 판결 : 횡령죄에 있어서의 재물은 동산, 부동산의 유체물에 한정되지 아니하고 관리할 수 있는 동력도 재물로 간주되지만, 여기에서 말하는 관리란 물리적 또는 물질적 관리를 가리킨다고 볼 것이고, 재물과 재산상 이익을 구별하고 횡령과 배임을 별개의 죄로 규정한 현행 형법의 규정에 비추어 볼 때 사무적으로 관리가 가능한 채권이나 그 밖의 권리 등은 재물에 포함된다고 해석할 수 없다.[526]

③ 소결

유체성설이 물건이나 재물의 개념이 지나치게 확장되는 것을 막아 형법의 보장적 기능을 강화하려는 의도는 높이 평가할 수 있다.[527] 그러나 시대가 급변하고, 과학기술이 발달함에 따라 관리가능한 무체물들이 출현하게 되고 이들의 사용이 일상화됨에 따라 오늘날에는 관리가능한 무체물도 당연히 물건 내지 재물이라고 파악하게 되었다.

이 점에서 제346조의 규정은 유체성설이 지배하던 시대에는 창설적 규정이라고 할 수 있었지만, 오늘날에는 확인적 규정으로서의 의미를 가지고 있다고 해야 할 것이다. 따라서 장물죄와 같이 동력규정을 두고 있지 않은 경우에도 범죄에 의해 영득한 전기 등 관리가능한 무체물은 장물에 포함된다고 해야 할 것이며, 관리에 법적·사무적 관리를 포함시키는 경우에는 재물과 재산상의 이익을 구별할 수 없다는 점에서 물리적 관리가능성설이 타당하다.

526) **[물리적 관리가능성설과 사무적 관리가능성설]** : 물리적 관리가능성설은 전기와 같은 에너지는 물질성을 가지고 있는 한 재물로 취급하여야 한다는 이유로 물리적으로 관리가능한 것이 재물이라고 한다. 예컨대 열, 광, 수력, 냉기 등은 재물이지만 우마나 사람의 노동력, 채권, 정보는 재물이 아니다.
이에 대하여 사무적 관리가능성설은 사무적으로 관리가능한 것은 모두 재물이라는 입장으로 우마나 사람의 노동력은 물론 채권, 정보도 재물에 포함한다. 그러나 사무적 관리가능설에 대해서는 현행법이 재물과 재산상의 이익을 구별하여 규정하고 있는 점을 무시하는 것으로 죄형법정주의에 반한다는 비판을 가할 수 있다.

527) **[유체성설의 의의]** : 실제로도 초창기의 유체성설은 전기를 훔치는 행위를 절도죄로 처벌하지 못한다고 함으로써 형법의 보장적 목적을 달성하는 데에 일조를 하였다.

(3) 재물의 범위

① 재물과 경제적 가치

ㄱ. 주관적·소극적 가치 불요설

통설은 재물에 경제적 교환가치를 요하지 않는다고 한다. 따라서 경제적 가치없는 물건뿐만 아니라 주관적 가치가 없는 물건도 재물에 속하게 된다.

이 견해는, 첫째 전체로서의 재산을 보호하는 이득죄와 재물죄는 구별되어야 하고, 둘째 소유권범죄는 재물에 대한 형식적 · 법적 지위를 보호하고 이러한 지위는 실질적 · 경제적 표준에 의해 결정되는 것이 아니라 물권법적 권리가 있느냐에 따라 형식적으로 결정된다는 점을 근거로 든다.

ㄴ. 주관적·소극적 가치 필요설

이 설은 금전적 교환가치라는 의미에서의 경제적 가치와 금전적 교환가치는 없지만 주관적 가치 내지 소극적 가치는 지녔다는 의미의 재산적 가치를 구별하여, 재물에 경제적 가치를 요하지 않지만, 재산적 가치는 요한다고 한다. 따라서 부모의 사진, 일기장, 학생증, 서류 등 경제적 가치가 없더라도 권리자의 주관적 · 소극적 가치만 있으면 재물이 된다. 판례는 필요설에 입각하고 있다.

[필요설에 입각한 판례]

> 대법원 1996.5.10. 선고 95도3057 판결 ; 대법원 2007.8.23. 선고 2007도2595 판결(재산죄의 객체인 재물은 반드시 객관적인 금전적 교환가치를 가질 필요는 없고 소유자, 점유자가 주관적인 가치를 가지고 있음으로써 족하다고 할 것이고, 이 경우 주관적, 경제적 가치의 유무를 판별함에 있어서는 그것이 타인에 의하여 이용되지 않는다고 하는 소극적 관계에 있어서 그 가치가 성립하더라도 관계없다 할 것이므로, 피고인이 절취한 백지의 자동차출고의뢰서 용지도 그것이 어떠한 권리도 표창하고 있지 않다 하더라도 경제적 가치가 없다고는 할 수 없어 이는 절도죄의 객체가 되는 재물에 해당한다.)
>
> 따라서 판례에 의하면, 원료의 배합비율, 제조공정, 시제품의 품질 확인이나 제조기술 향상을 위한 각종 실험결과 등을 기재한 자료(대판 2008.2.15. 2005도 6023), 재건축사업으로 철거할 예정이고 그 입주자들이 모두 이사하여 아무도 거주하지 않는 아파트(대판 2007.9.20. 2007도5207), 사실상 퇴사하면서 회사의 승낙없이 가지고 간 부동산매매계약서 사본들(대판 2007.8.23. 2007도2955), 회사가 사용 후 폐기하는 원주주명부의 복사본 및 재복사본(대판 2004.10.28. 2004도183), 법원으로부터 송달된 심문기일소환장(대판 2000.2.25. 99도5775), 신용카드(대판

1996.5.10. 95도857의 취지), 주권포기각서(대판 1996.9.10. 95도2747), 백지의 자동차출고의뢰서 용지(대판 1996.5.10. 95도3057), 찢어진 어음(대판 1987.10.13. 87도1240; 대판 1976.1.27. 74도 3442), 업무상 기술분야에 관한 문서사본(대판 1986.9.23. 86도1205), 인감증명서(대판 1986.9.23. 85도1775), 폐지로 소각될 도시계획구조변경서(대판 1981.3.24. 80도1205), 포도주제조에는 사용할 수 없으나 식초 등은 만들 수 있는 부패된 포도원액(대판 1979.7.24. 78도2138), 주민등록증(대판 1971.10.19. 70도1399) 등도 재물이 될 수 있다.

ㄷ. 소결

독일형법학의 영향을 받은 것으로 보이는 주관적·소극적 가치 불요설은 우리 형법의 해석으로는 타당하지 않다. 즉 재산범죄의 객체를 Sache라고 규정하고 있는 독일형법의 Sache는 재물보다는 물건과 같은 개념이지만, 우리 형법은 재물과 물건을 엄격하게 구별하고 있기 때문이다. 따라서 '재(財)+물(物)'은 '재산적 가치+물건'으로서 '재산적 가치가 있는 물건'이라고 해석할 수밖에 없다.

불요설에 의하면 재물죄가 재산범죄로서의 성격을 갖지 못할 수 있다. 형법이 비재산범죄에서는 물건이라는 용어를 사용하고 있고, 재산범죄에서는 재물이라는 용어를 사용하고 있는 것은 비재산범죄에서는 물건의 경제적 가치가 문제되지 않지만, 재산범죄는 그 성격상 경제적 가치가 있는 물건만을 대상으로 하고 이를 재물이라고 한 것으로 보아야 하기 때문이다.

경제적 가치와 재산적 가치를 구별하는 소수설과 판례에도 문제가 있다. 재산적 가치는 경제적 가치라는 말과 같은 말이라고 할 수 있기 때문에 경제적 가치 내지 재산적 가치에 교환가치까지 필요하지 않다는 말은 타당하다고 할 수 있다. 그러나 경제적 가치는 객관적으로 평가해야 하기 때문에 단순히 주관적 · 소극적 가치만 있는 경우에는 경제적 가치도 없다고 해야 할 것이다. 예컨대 형법이 사체오욕 · 영득죄(제159조, 제161조)를 별도로 규정하고 있는 것은 사체의 경우 주관적 · 소극적 가치만을 지니기 때문에 손괴죄나 절도죄와 같은 재산범죄의 객체가 될 수 없기 때문이라고 할 수 있다.

다만 물건은 극히 예외적인 사유가 없는 한 아무리 사소하더라도 경제적 가치를 가진다고 할 수 있다. 일기장, 애인사진, 소각될 폐지나 찢어진 어음, 백지 등도 비록 그 가치가 매우 작지만 경제적 가치는 있다고 해야 할 것이기 때문이다. 그러나 이러한 정도의 경제적 가치를 지니지 못하고 주관적 · 소극적 가치만을 지닌 물건을 절취, 횡령하는 등의 행위는 이미 재산범죄로서의 성격을 가지지 못하고, 피해자를 정신적으로 괴롭히는 의미밖에 없다. 이러한 행위에 대해서는 재산범죄로 다룰 것이 아니라 민법상의 불법행위 및 그에 대한 손해배상의 문제로 다루어도 충분하다.

결국 재물은 경제적 가치가 있는 물건에 국한된다고 해석해야 하고, 경제적 가치가 없는 물건도 재물이라고 하는 것은 문언의 가능한 의미를 넘어서는 유추적용으로서 피고인에게 불리한 경우에는 허용될 수 없다고 해야 할 것이다.

② 경제적 가치가 경미한 물건

경제적 가치가 경미한 물건이 재산범죄의 객체가 될 수 있는지에 대하여는, 재산범죄의 객체가 될 수 있고, 따라서 이를 절취, 강취, 횡령한 경우에는 절도죄, 강도죄, 횡령죄 등의 구성요건해당성이 있으나 다만 사회상규에 위배되지 않은 행위로서 위법성이 조각될 수 있다는 견해도 있으나, 다수설은 처음부터 재물성 자체를 부인하여 구성요건해당성이 조각된다고 한다. 다수설이 타당하다.

③ 유체물

유체물이란 일정한 공간을 차지하고 있는 물체를 말한다. 관리가능성설에 의하면 관리가능한 유체물만이 재물이 될 수 있다.[528] 해, 달, 별과 같이 유체물이지만 관리불가능한 것은 재물이 될 수 없다. 유체물인 한 고체, 액체, 기체이건 상관없다.

사람은 유체물이지만 재물이 될 수 없다. 사체(死體)가 재물이 될 수 있다는 견해도 있지만, 통설은 재물이 될 수 없다고 한다. 형법이 사체영득죄(제161조) 등을 규정하고 있고, 사체는 경제적 가치를 지니지 못하므로 재물이 될 수 없다고 해야 한다. 다만 예외적으로 해부용 사체와 같이 경제적 가치가 있는 경우에는 재물이 될 수도 있다.

528) 대법원 1964.6.23. 선고 64도209 판결(자기 논에 물을 품어 넣기 위하여 토지개량조합의 배수로에 토지개량조합규칙에 위배되는 행위로서 특수한 공작물을 설치하여 자기 논에 물을 저수하였다 하여도 그 물이 물을 막은 사람의 사실상이나 법률상 지배하는 것이 되지 못한다고 인정되므로 그 물은 절도죄의 객체가 되지 못한다.)

④ 관리할 수 있는 동력

전기나 원자력 등과 같이 관리할 수 있는 동력은 재물이 될 수 있다. 권리는 동력이 아니므로 재물이 될 수 없다.

관리란 물리적 관리만을 의미하고 사무적 관리는 포함되지 않는다(통설 및 판례). 사무적으로 관리가능한 동력까지 포함하게 되면 재물과 재산상의 이익의 구별이 불가능하기 때문이다. 물리적으로 관리가능한 수력, 조력(潮力), 풍력, 인공냉기, 인공온기 등은 재물이 된다. 그러나 물리적 관리가 불가능한 전파나 자기 등은 재물이 될 수 없다. 향후 과학기술의 발달에 따라 전파나 자기에 대한 관리가 가능해지는 경우에는 이것들도 재물이 될 수 있다.[529)]

인간과 동물의 노동력이 관리할 수 있는 동력인지에 대해서는 긍정설과 부정설이 대립하고 있다. 부정설(다수설)에서는 인간과 동물의 노동력은 재산상의 이익이 될 수 있을 뿐이므로 다른 사람이나 동물의 노동력을 몰래 이용하였을 때에는 사기죄나 민법상의 불법행위가 될 수 있을 뿐이고 재물죄는 성립할 수 없다고 한다. 그러나 관리가능한 동력이면 재물이 될 수 있다고 해야 하고, 그것이 기계를 이용한 것이든 동물을 이용한 것이든 상관없다고 하여야 할 것이다(긍정설).

동력이 아닌 정보나 전자기록등 특수매체기록은 재물이 될 수 없다. 예컨대 타인의 정보를 몰래 지득하거나 전자기록등 특수매체기록에 있는 내용을 몰래 복사한 경우에도 절도죄 등이 성립할 수 없다. 서비스나 역무 등도 관리할 수 있는 동력이라고 할 수 없으므로 재물이 될 수 없다.[530)]

529) 대법원 1996.8.23. 선고 95도192 판결(주식회사전무인 공소외 송00이 사망하여 그의 책상 서랍을 정리하던 중 메모 형식으로 작성된 회사 중역들에 대한 특별상여금 지급내역서 1부 및 퇴직금 지급내역서 2부가 바닥에 떨어져 있어 위 회사의 전무인 공소외 전00가 이를 책상 위에 올려놓았는데 마침 피고인이 이를 보고 위 서류들을 그 옆의 총무과 사무실에 가지고 가서 복사기를 사용하여 복사를 한 후 원본은 제자리에 갖다 놓고 그 사본만을 가지고 간 경우, 피고인이 위 회사 소유의 문서의 사본을 절취한 것으로 볼 수는 없어 절도죄에 해당하지 아니한다.)

530) 대법원 2002.7.12. 선고 2002도745 판결(절도죄의 객체는 관리가능한 동력을 포함한 '재물'에 한한다 할 것이고, 또 절도죄가 성립하기 위해서는 그 재물의 소유자 기타 점유자의 점유 내지 이용가능성을 배제하고 이를 자신의 점유 하에 배타적으로 이전하는 행위가 있어야만 할 것인바, 컴퓨터에 저장되어 있는 '정보' 그 자체는 유체물이라고 볼 수도 없고, 물질성을 가진 동력도 아니므로 재물이 될 수 없다 할 것이며, 또 이를 복사하거나 출력하였다 할지라도 그 정보 자체가 감소하거나 피해자의 점유 및 이용가능성을 감소시키는 것이 아니므로 그 복사나 출력 행위를 가지고 절도죄를 구성한다고 볼 수도 없다 할 것인바, 만약 이 사건 공소사실이 위 컴퓨터에 저장되어 있는 위 시스템의 설계

나. 재산상의 이익

(1) 의의

재산상의 이익이란 재물 이외에 일체의 재산적 가치가 있는 이익을 말한다.[531] 강도죄, 사기죄, 공갈죄, 배임죄, 컴퓨터등사용사기죄, 편의시설부정이용죄, 부당이득죄 등은 재산상의 이익을 객체로 한다. 폭행 · 협박 · 기망 등의 수단으로 어떤 이익을 얻었다 하더라도 재산상의 이익이 아니라면 위의 범죄들이 성립할 수 없다.[532]

(2) 재산상 이익의 범위

재산상 이익이란 재산으로부터 생겨나는 이익을 말하는데, 재산의 개념과 범위에 대해서는 법률적 재산설, 경제적 재산설, 법률적 · 경제적 재산설의 세 가지의 견해가 있었으나 현재 법률적 재산설을 취하는 학자는 없으므로 이는 학설사적 의미만을 갖는다.

① 법률적 재산설

법률적 재산설은 재산을 법률상 권리 · 의무의 총체로 파악한다. 법률상 인정되는 권리 · 의무만을 인정하므로, 첫째 법률상 인정되지 않는 불법적 이익이나, 둘째 권리 · 의무로 되지 않은 사실상의 이익은 재산상의 이익으로 인정하지 않는다.

따라서 이 견해에 의하면, 첫째 대가를 줄 생각없이 부녀에게 대가를 지급하겠다고

자료를 절취하였다는 것이라면, 이는 절도죄의 객체가 될 수 없는 '정보'를 절취하였다는 것이 되어 절도죄를 구성하지 아니한다.) ; 대법원 1998.6.23. 선고 98도700 판결(타인의 전화기를 무단으로 사용하여 전화통화를 하는 행위는 전기통신사업자가 그가 갖추고 있는 통신선로, 전화교환기 등 전기통신설비를 이용하고 전기의 성질을 과학적으로 응용한 기술을 사용하여 전화가입자에게 음향의 송수신이 가능하도록 하여 줌으로써 상대방과의 통신을 매개하여 주는 역무, 즉 전기통신사업자에 의하여 가능하게 된 전화기의 음향송수신기능을 부당하게 이용하는 것으로, 이러한 내용의 역무는 무형적인 이익에 불과하고 물리적 관리의 대상이 될 수 없어 재물이 아니라고 할 것이므로 절도죄의 객체가 되지 아니한다.)

531) 대법원 1997.2.25. 선고 96도3441 판결.

532) 예컨대 영업용택시운전사를 협박하여 일정한 거리를 간 경우에는 택시요금 상당의 재산상 이익을 얻었으므로 강도죄, 공갈죄 등이 성립할 수 있지만, 자가용운전자를 협박하여 일정한 거리를 간 경우에는 강요죄가 될 수는 있어도 강도죄나 공갈죄가 될 수는 없다.

기망하고 성관계를 맺은 경우에도 행위자가 취득한 대가상당의 이익은 법률상 인정될 수 없는 이익이므로 재산상의 이익이라 할 수 없어서 사기죄가 성립하지 않고, 둘째 사람을 폭행 · 협박하여 채무를 면제받은 경우에도 이 채무의 면제가 법률상 효력이 없으므로 재산상의 이익이라 할 수 없기 때문에 강도죄가 성립하지 않는다.

② 경제적 재산설

경제적 재산설은 재산을 순수하게 경제적 관점에서 파악하여 적법하건 불법하건, 권리 · 의무이건 사실상의 이이건 경제적 가치가 있는 이익은 모두 재산이라고 한다. 사법상의 효력 유무와 관계없이 형법의 독자적 관점에서 재산개념을 파악하는 입장이다.

이 견해에 의하면, 위 부녀를 기망한 사례나 폭행 · 협박으로 채무를 면제받은 사례에서 각각 사기죄와 강도죄가 성립한다. 즉 성매매의 대가는 그것이 비록 불법이라 하더라도 현실적으로 거래의 대상이 되고 있고, 폭행 · 협박으로 채무의 면제를 받았다 하더라도 그로 인해 현실적으로 이익을 향유할 수 있기 때문이다. 판례는 경제적 재산설을 취하고 있다.[533)]

③ 법률적·경제적 재산설

이 설(다수설)은 형법의 독자적 관점에서 재산개념을 파악하는 경제적 재산설이 불법한 이익도 보호하게 되는 문제점이 있으므로 이를 규범적 관점에서 제한하려고 한다. 즉 재산이란 경제적 가치가 있고 법질서의 보호를 받을 만한 가치가 있는 모든 이익이다. 이 견해에 의하면 전술한 성매매사례에서, 성매매의 대가라도 법질서가 보호해야 할 이익이라면 사기죄가 성립하고, 성매매대가가 법질서가 보호해야 할 이익이

533) 대법원 2001.10.23. 선고 2001도2991 판결(일반적으로 부녀와의 성행위 자체는 경제적으로 평가할 수 없고, 부녀가 상대방으로부터 금품이나 재산상 이익을 받을 것을 약속하고 성행위를 하는 약속 자체는 선량한 풍속 기타 사회질서에 위반한 사항을 내용으로 하는 법률행위로서 무효이나, 사기죄의 객체가 되는 재산상의 이익이 반드시 사법상 보호되는 경제적 이익만을 의미하지 아니하고, 부녀가 금품 등을 받을 것을 전제로 성행위를 하는 경우 그 행위의 대가는 사기죄의 객체인 경제적 이익에 해당하므로, 부녀를 기망하여 성행위 대가의 지급을 면하는 경우 사기죄가 성립한다.)

아니라면 사기죄가 성립하지 않게 된다.

④ 소결

경제적 재산설이 타당하다. 법률적 재산설에 의하면 범죄에 의해 취득한 이익은 무효이거나 취소될 수 있는 것으로서 사법상의 효력이 없거나 없어질 수 있으므로 범죄가 성립하지 않는다.[534)]

법률적 · 경제적 재산설은 경제적 재산설과 마찬가지 입장이라고 해야 할 것이다. '법적으로 보호할 만한 이익'은 '형법적으로 보호할 만한 이익'이라는 의미라고 해야 할 것이고, 경제적 재산설에서도 형법적으로 보호할 만한 이익만을 보호하기 때문이다. 사법이나 행정법상으로는 보호할 만한 법익이 아니라도 형법적으로 보호할 만한 법익이 될 수 있다. 예를 들어 무허가 영업행위는 행정법적으로는 보호할 만한 법익이 아니지만, 형법적으로는 보호할 만한 법익이 될 수 있다.

(3) 재산상 이익의 산정방법

어떤 행위에 의해 재산상 이익을 취득하였는가 아니면 재산상 손해를 초래하였는지는 그 행위 전후의 전체 재산을 비교해서 결정한다. 적극적 이익에 한하지 않고, 소극적 이익, 즉 비용을 치루지 않은 경우에도 재산상 이익을 취득한 것이라고 할 수 있다. 영구적 취득뿐만 아니라 채무의 변제기일연기 등과 같이 일시적 이익도 재산상의 이익에 포함된다.

형사특별법(특경법 제3조, 특가법 제2조 등) 중에는 재물 또는 재산상의 이득액에 따라 달리 처벌하는 규정들이 있다. 이 경우 이득액의 산정방법 여하에 따라 피고인에 대한 처벌이 달라질 수 있다.[535)]

---

534) 예컨대 갑이 A를 기망하여 재산상의 이익을 취득하였는데, A가 기망에 의한 법률행위를 취소하지 않으면 갑은 유효하게 권리를 취득하므로 사기죄가 되지만, A가 이를 취소하게 되면 갑은 유효하게 권리를 취득하지 못하므로 사기미수죄가 되는 이상한 결론이 도출될 것이다.

535) 이와 같이 이득액에 따라 처벌을 달리하는 것은 이득액산정시에 자의(恣意)가 개입할 여지가 많고, 한계선상에서는 약간의 금액 차이 때문에 형량이 현저하게 달라져 형평성이 없으며, 인플레이션이 진행됨에 따라 형벌이 강화되는 효과가 있다고 할 수 있다. 따라서 이러한 비합리적 규정은 하루빨리 폐지되는 것이 바람직 하다.

판례에 의하면 이 경우의 이득액은 단순일죄의 이득액이나 또는 포괄일죄가 성립하는 경우의 이득액의 합산액을 의미하는 것이고, 경합범으로 처벌될 수죄의 각 이득액을 합한 금액을 의미하는 것은 아니다.[536] 이득액은 실질적인 이득액을 의미하지만, 재산상 이득에 어떠한 조건이나 부담이 붙었는지 여부는 영향이 없다.[537]

Ⅲ. 형법상 소유 및 점유의 개념

가. 서설

재물을 객체로 하는 재산범죄에서는 소유 및 점유가 누구에게 있느냐에 따라 범죄성립 여부가 달라진다.

자기소유의 재물에 대해서 성립할 수 있는 재산범죄는 권리행사방해죄, 점유강취죄 및 강제집행면탈죄 등이고, 타인이 점유하는 자기소유의 재물에 대해서는 권리행사방해죄와 점유강취죄가 성립할 수 있다. 자기가 점유하는 자기소유의 재물에 대해서는 강제집행면탈죄가 성립할 수 있다.

이상의 범죄 이외의 다른 재산범죄는 타인소유의 재물에 대해서만 성립할 수 있다. 절도죄, 강도죄, 사기죄, 공갈죄의 객체는 타인이 점유하는 타인소유의 재물이어야 한다. 자기가 점유하는 타인소유의 재물에 대해서는 횡령죄가 성립할 수 있을 뿐이다.[538]

536) 대법원 2000.11.10. 선고 2000도3483 판결(특경법 제3조 제1항에서 말하는 이득액은 단순일죄의 이득액이나 혹은 포괄일죄가 성립하는 경우의 이득액의 합산액을 의미하는 것이지만, 그 입법취지에 비추어 이득액은 실질적인 이득액을 말한다.) ; 대법원 2000.7.7. 선고 2000도1899 판결(특경법 제3조에서 말하는 이득액은 경합범으로 처벌될 수죄의 각 이득액을 합한 금액을 의미하는 것은 아니며, 수인의 피해자에 대하여 각별로 기망행위를 하여 각각 재물을 편취한 경우에는 범의가 단일하고 범행방법이 동일하더라도 각 피해자의 피해법익은 독립한 것이므로 이를 포괄일죄로 파악할 수 없고 피해자별로 독립한 사기죄가 성립된다.)

537) 대법원 2000.2.25. 선고 99도4305 판결(특경법 제3조 제1항 소정의 '이득액'이란 거기에 열거된 범죄행위로 인하여 취득하거나 제3자로 하여금 취득하게 한 불법영득의 대상이 된 재물이나 재산상 이익의 가액의 합계인 것이지 궁극적으로 그와 같은 이득을 실현할 것인지, 거기에 어떠한 조건이나 부담이 붙었는지 여부는 영향이 없다.)

538) 예컨대 갑이 A를 기망하여 자신이 점유하는 A의 재물을 취득하였더라도 사기죄는 성립할 수 없고 횡

이처럼 소유와 점유는 재산범죄 전반에 걸쳐 문제가 되므로 그 개념을 정확하게 확정해 둘 필요가 있다.

나. 형법상의 소유개념

형법상의 소유개념과 관련해서는 금제품(禁制品)이 재산범죄, 특히 소유권을 침해하는 범죄의 객체가 될 수 있는지와 자기소유와 타인소유를 어떻게 구분할 것인지가 문제된다.

(1) 금제품·금제물

금제품 혹은 금제물이란 소유 또는 소지가 금지되어 있는 물건을 말한다. 거래가 금지되는 불융통물의 일종이다. 금제품이 재산범죄의 객체가 될 수 있는지에 대해서는 견해가 대립한다.

① 긍정설

긍정설은 금제품도 절차에 따라 몰수되기까지는 소유 또는 점유를 보호해야 하고, 금제품은 사인의 소유나 소지는 금지되어 있지만 국가가 소유권을 갖고 있고, 절도죄 등은 점유도 보호법익으로 하기 때문에 재산범죄의 객체가 될 수 있다고 한다. 판례는 긍정설에 입각하고 있다.[539]

② 부정설

부정설은 금제품은 경제적 이용가능성이 없거나 소유권의 객체가 될 수 없다는 점을 근거로 금제품에 대해서는 재산범죄가 성립할 수 없다고 한다.

령죄가 성립할 수 있을 뿐이다.

539) 대법원 1998.11.24. 선고 98도2967 판결(유가증권도 그것이 정상적으로 발행된 것은 물론 비록 작성권한 없는 자에 의하여 위조된 것이라고 하더라도 절차에 따라 몰수되기까지는 그 소지자의 점유를 보호하여야 한다는 점에서 형법상 재물로서 절도죄의 객체가 된다.)

③ 절충설

절충설은 절도죄, 강도죄, 횡령죄 등 범죄의 보호법익은 소유권이고 형법에 고유한 소유권개념은 인정할 수 없으므로 부정설이 타당하지만, 소지만 금지되는 물건(불법소지무기)에 대해서는 재산범죄가 성립하고, 소유가 금지되는 물건(아편흡식기, 위조지폐, 음란한 물건 등)에 대해서는 재산범죄가 성립하지 않는다고 한다.

④ 소결

법률적 재산설이 아니라 경제적 재산설을 따른다면 재물에 대해서도 법률적 재물개념이 아니라 경제적 재물개념을 따르는 것이 논리일관적일 것이다. 법률적 재물개념을 따르면 사법상 권리가 인정되지 않는 재물에 대해 재산범죄가 성립할 수 없다. 그러나 경제적 재물개념을 따르게 되면, 불법소지무기이건 아편 또는 음란물이건 설사 사법상 권리가 인정되지 않더라도 그것이 사실상 경제적 가치를 지닌 물건이기만 하면 재산범죄의 객체가 된다고 해야 할 것이므로 긍정설이 타당하다.

(2) 자기소유와 타인소유

재물이 자기소유인가 타인소유인가에 의해 성립하는 재산범죄가 달라진다.[540)]

① 무주물

어느 누구의 소유에도 속하지 않는 무주물은 재산범죄의 객체가 될 수 없다. 어느 누구의 소유권에도 속한 적이 없는 재물, 소유자가 소유권을 포기한 재물, 소유권의 객체가 될 수 없는 재물 등은 재산범죄의 객체가 될 수 없다.

540) 예컨대 자기소유의 재물에 대해서는 권리행사방해죄, 점유강취죄, 강제집행면탈죄만이 성립할 수 있고, 타인소유의 재물에 대해서는 절도죄, 강도죄, 사기죄, 공갈죄, 횡령죄, 장물죄, 손괴죄 등이 성립할 수 있다.

② 사체(死體)

사체는 소유권의 객체가 될 수 있다는 견해(다수설)와 객체가 될 수 없다는 견해가 대립하지만 소유권의 객체가 될 수 있다고 해야 한다. 그러나 사체는 물건이라고는 할 수 있으나 재물이라고는 할 수 없기 때문에 재물죄의 객체는 될 수 없다(다수설). 예외적으로 병원의 해부용사체 등과 같이 사체가 재물로서의 성격을 가진 때에는 재산범죄의 객체가 될 수 있다.

사체는 물건이므로 권리행사방해죄나 점유강취죄의 객체가 될 수 있는지가 문제될 수 있다. 권리행사방해죄나 점유강취죄는 점유를 보호법익으로 하기 때문에 객체가 재물인지 여부는 동 범죄의 성립과 무관하다. 따라서 사체에 대해서도 권리행사방해죄나 점유강취죄가 성립할 수 있다.[541]

③ 공동소유물

공동소유는 타인소유로 보기 때문에 공동소유의 재물에 대해서도 타인소유의 재물에 대해 성립할 수 있는 범죄가 모두 성립할 수 있다.

다. 형법상의 점유개념

(1) 형법상 점유의 기능

① 보호객체로서의 점유

권리행사방해죄(제323조)는 자기소유일지라도 타인의 점유 하에 있는 물건에 대해 성립한다. 즉 점유는 권리행사방해죄의 보호법익이라고 할 수 있다. 따라서 여기에서의 점유는 보호할 만한 가치가 있는 점유에 국한된다.

541) 예컨대 비용을 물지 않기 위해 장례식장에서 유족이 몰래 사체를 빼가거나 폭행·협박으로 사체를 강취해 간 경우를 들 수 있다.

② 행위주체의 요소로서의 점유

횡령죄는 타인의 재물을 보관하는 자가 이를 횡령하는 범죄이다(제355조 제1항). 여기에서 보관이란 점유를 포함하는 개념이다. 여기에서의 점유는 횡령죄의 행위주체가 될 수 있는 신분요소로서 기능한다.

③ 행위객체의 요소로서의 점유

절도죄, 강도죄, 사기죄, 공갈죄는 타인이 점유하는 타인의 재물을 행위객체로 한다. 여기에서의 점유는 행위객체의 한 요소로서 기능한다.

(2) 형법상 점유의 특징

① 간접점유와 상속에 의한 점유

민법상 점유란 물건에 대한 사실상 지배를 말한다. 그러나 민법에서는 소유권개념과 함께 점유개념도 추상화 · 규범화되어 있다. 민법에서는 물건을 사실상 지배하고 있다고 할 수 없는 상속에 의한 점유(제193조), 간접점유(제194조), 법인의 점유를 인정하고 있고, 물건에 대해 사실상 지배하고 있는 점유보조자의 점유(제195조)는 인정하지 않기 때문이다.

그러나 형법상의 점유개념은 민법상의 점유개념보다는 덜 추상화 · 규범화 되어 물리적 · 현실적 요소를 강조한다. 따라서 상속에 의한 점유, 간접점유는 인정하지 않는다.[542]

542) **[형법상 간접점유와 상속에 의한 점유의 부정]** : 예컨대 위탁매매인인 갑이 A로부터 위탁받은 재물을 가지고 있는 경우에 민법에서는 갑에게 직접점유, A에게 간접점유를 인정한다. 그러나 형법에서 간접점유를 인정하게 되면 갑이 그 재물을 소비하거나 영득한 경우에도 타인(A)이 점유하는 타인(A)의 재물을 영득한 것이 되어 절도죄가 된다. A의 간접점유를 부인하면 갑은 자기가 점유하는 타인의 재물을 영득한 것이 되어 횡령죄가 된다. 이와 같이 간접점유를 인정하게 되면 횡령죄가 성립될 경우가 거의 없기 때문에 형법에서는 간접점유를 인정하지 않는다.
한편 을이 히말라야 산중에서 동사(凍死)한 B의 재물을 영득한 경우에 상속에 의한 점유를 인정하면 을의 행위는 타인(B의 상속인)이 점유하는 타인(B의 상속인)의 재물을 영득한 것이 되어 절도죄가 된다. 그러나 형법에서는 상속에 의한 점유를 부인하므로 이 경우 을의 행위는 점유를 이탈한 타인(B의 상속인)의 재물을 영득한 것이 되어 점유이탈물횡령죄가 된다.

② 법인의 점유

법인의 점유를 긍정하는 견해가 있지만, 통설은 이를 부정한다. 긍정설은 법인의 기관에게 법인의 점유의사를 인정할 수 있다는 점을 근거로 들고, 부정설은 법인의 점유의사를 인정할 수 없다는 점을 근거로 든다.

법인의 점유를 인정하게 되면 법인의 기관인 자연인이 자신이 점유하는 법인의 물건을 영득한 경우 횡령죄가 아니라 타인(법인)이 점유하는 타인(법인)의 물건을 영득한 것이 되어 절도죄가 성립한다. 그러나 이 경우는 전형적인 횡령행위라고 할 것이므로 부정설이 타당하다.

③ 점유보조자의 점유

점유보조자의 점유에 대해서도 긍정설과 부정설이 대립한다. 판례는 긍정설을 취하고 있다.[543] 물리적 · 현실적 요소를 강조하는 형법의 점유개념에 비추어 볼 때 긍정설이 타당하다.

(3) 점유의 요소

① 객관적·물리적 요소

형법상의 점유도 물건에 대한 사실상의 지배(점유사실)를 의미하는데, 형법에서는 물리적 · 현실적 요소를 강조하므로, 사실상의 지배가 있기 위해서는 물건에 대한 장

543) 대법원 1982.3.9. 선고 81도3396 판결(민법상의 점유보조자라고 할지라도 그 물건에 대하여 사실상 지배력을 행사하는 경우에는 형법상 보관의 주체로 볼 수 있는 것이다. 원심은 피고인이 피해자 이00의 점포에서 종업원으로 종사하던 중 위 피해자가 부재중임을 틈타 점포의 금고 안에 든 200,000원과 점포 내에 있던 오토바이 1대를 절취한 사실을 인정하여 피고인을 절도죄로 의율처단하고 있다.
그러나 위 피해자는 당일 피고인에게 금고 열쇠와 오토바이 열쇠를 맡기고 금고 안의 돈은 배달될 깨스대금으로 지급할 것을 지시한 후 외출하였던 바, 피고인은 혼자서 점포를 지키다가 금고 안에서 현금을 꺼내어 오토바이를 타고 도주한 사실이 인정된다. 따라서 피고인은 점원으로서는 평소는 점포 주인인 위 피해자의 점유를 보조하는 자에 지나지 않으나 위 범행 당시는 위 피해자의 위탁을 받아 금고 안의 현금과 오토바이를 사실상 지배하에 두고 보관한 것이라고 보겠으니, 피고인의 위 범행은 자기의 보관 하에 있는 타인의 재물을 영득한 것으로서 횡령죄에 해당한다.) ; 대법원 1968.10.29. 선고 68도1222 판결(동회의 사환이 동직원으로부터 시청금고에 입금하도록 교부 받은 현금과 예금에서 찾은 돈을 사생활비에 소비한 경우에는 절도죄가 아니라 횡령죄가 성립된다.)

소적 · 물리적 지배가 있어야 한다. 사실상의 지배를 하게 된 이유는 무엇이든 상관없다.[544)]

[점유의 물리적·현실적 요소를 강조한 판례]

> 대법원 1999.11.26. 선고 99도3963 판결 ; 대법원 1993.3.16. 선고 92도3170 판결(승객이 놓고 내린 지하철의 전동차 바닥이나 선반 위에 있던 물건을 가지고 간 경우, 지하철의 승무원은 유실물법상 전동차의 관수자로서 승객이 잊고 내린 유실물을 교부받을 권능을 가질 뿐 전동차 안에 있는 승객의 물건을 점유한다고 할 수 없고, 그 유실물을 현실적으로 발견하지 않는 한 이에 대한 점유를 개시하였다고 할 수도 없으므로, 그 사이에 위와 같은 유실물을 발견하고 가져간 행위는 점유이탈물횡령죄에 해당함은 별론으로 하고 절도죄에 해당하지는 않는다.)

② 주관적 요소

ㄱ. 점유의사

형법상의 점유가 인정되기 위해서는 물건에 대한 사실상의 지배의사, 즉 점유의사가 필요하다. 점유의사는 사실상의 지배의사이므로 법인의 점유의사는 인정되지 않는다고 해야 한다.

점유의사는 개별적으로 결정되는 것이 아니라 일반적 · 획일적으로 결정된다. 점유의사가 인정되기 위해서는 의사능력, 행위능력, 법적 처분능력 등을 요하지 않기 때문에 현실적으로는 점유의사가 있다고 볼 수 없는 유아(乳兒)나 심신상실자, 수면자, 의식상실자 등에게도 점유의사가 인정된다. 이는 형법의 점유개념도 어느 정도 추상화됨을 의미한다.[545)]

점유의사는 일반적 · 획일적으로 결정되기 때문에 점유자 자신의 지배범위 안에 있는 물건의 존재를 인식하고 있지 못해도 점유의사는 인정될 수 있다. 이를 잠재적 지배의사라고도 한다.[546)] 따라서 당구장이나 PC방에 타인이 잃어버리고 간 물건은

544) 예컨대 행위자가 재산범죄로 취득한 재물과 같이 권원(權原)이 없다 하더라도 물건에 대한 사실상의 지배가 있다면 점유가 인정된다. 이점에서 절도범에게도 절취장물에 대한 점유가 인정된다.

545) 대법원 1956.8.17. 선고 4289형상170 판결(설사 피해자가 졸도하여 의식을 상실한 경우에도 현장에 일실된 피해자의 물건은 자연히 그 지배하에 있는 것으로 보아야 할 것이다.)

546) 예컨대 우체통에 들어온 우편물이나 외부에서 날라 들어온 공 등은 주인이 이를 인식하지 못하였다 하더라도 주인의 점유의사를 인정할 수 있다.

각각 당구장이나 PC방의 관리인의 점유가 인정되므로 제3자가 이를 무단으로 가지고 간 경우에는 점유이탈물횡령죄가 아니라 절도죄가 성립한다.[547)]

[점유의사에 관한 판례]

대법원 1994.10.11. 선고 94도1481 판결(육지로부터 멀리 떨어진 섬에서 광산을 개발하기 위하여 발전기, 경운기 엔진을 섬으로 반입하였다가 광업권설정이 취소됨으로써 광산개발이 불가능하게 되자 육지로 그 물건들을 반출하는 것을 포기하고 그대로 유기하여 둔 채 섬을 떠난 후 10년 동안 그 물건들을 관리하지 않고 있었다면, 원소유자나 그 상속인이 그 물건들을 점유할 의사로 사실상 지배하고 있었다고 볼 수 없다.)

ㄴ. 사자(死者)의 점유

사자의 물건을 훔쳐간 경우에 대해서는, 사자의 점유나 상속에 의한 점유를 인정할 수 없으므로 점유이탈물횡령죄가 된다는 견해(다수설), 사자의 점유도 인정할 수 있으므로 절도죄가 된다는 견해 및 사자의 생전의 점유가 사망 후에도 어느 정도는 계속되므로 일정시간 내에서는 사자의 생전의 점유를 침해 한 것으로서 절도죄가 된다는 견해(판례[548)])가 있다.

민법에서는 사자의 점유를 인정하지 않는데, 물리적 · 현실적 요소를 중시해야 할 형법에서 현실적으로 점유의사를 인정할 수 없는 사자에게 민법에서 보다 넓게 점유를 인정할 수는 없고, 사망과 동시에 모든 권리 · 의무 관계는 소멸하므로 사자의 점유를 부정하는 다수설이 타당하다.

③ 사회적·규범적 요소

ㄱ. 의의

형법상 점유도 현실적 · 물리적 요소에 의해서만 결정되지 않고 사회적 · 규범적 요소에 의해 수정된다. 이는 형법상 점유도 민법에서와 같이 규범화 · 추상화된다는

547) 대법원 2007.3.15. 선고 2006도9338 판결(피해자가 피씨방에 두고 간 핸드폰은 피씨방 관리자의 점유 하에 있어서 제3자가 이를 취한 행위는 절도죄를 구성한다.)

548) 대법원 1993.9.28. 선고 93도2143 판결(피고인이 피해자를 살해한 방에서 사망한 피해자 곁에 4시간 30분쯤 있다가 그 곳 피해자의 자취방 벽에 걸려 있던 피해자가 소지하는 물건들을 영득의 의사로 가지고 나온 경우 피해자가 생전에 가진 점유는 사망 후에도 여전히 계속되는 것으로 보아야 한다.)

것을 의미한다.

점유의 사회규범적 요소란 단순히 사실적 요소만이 아니라 규범적 요소도 고려하여 점유 여부를 결정하게 된다는 것을 의미한다.[549] 따라서 현실적으로는 물건에 대한 사실상의 지배를 하고 있지 않고 점유의사가 없음에도 불구하고 물건에 대한 사실상의 지배와 점유의사가 있다고 하여 점유를 인정하기도 하며, 반대로 현실적으로는 사실상의 지배가 있고 점유의사가 있음에도 불구하고 점유를 인정하지 않는 경우도 있다.

이와 같이 형법상의 점유도 민법상의 점유와 같이 규범화 · 추상화되지만 그 정도는 민법에 비해서는 낮다. 이는 구체적 · 현실적 개념이 아니라 추상적 · 규범적 개념을 많이 사용하면 법적 안정성을 해칠 수 있기 때문이다.

ㄴ. 점유개념의 확대

현실적으로는 물건을 사실상 지배하지 못하고 있어도 사회규범적으로 점유를 인정하여 점유개념이 확대되는 경우가 있다.

주차장이나 도로변에 세워둔 차는 차주의 점유 하에 있고, 강간피해자가 도피하면서 범행현장에 두고 간 물건은 피해자에게 점유가 있으며[550], 여행을 가면서 집에 두고 간 물건, 농토에 두고 온 농기구, 집으로 돌아오는 길을 아는 가축 등의 점유는 주인에게 있다. 당구장에서 손님이 두고 간 물건은 그 관리인에게 점유가 있고[551], 이는 여관이나 호텔, 목욕탕, PC방 등에서 손님이 두고 간 물건에 대해서도 마찬가지이다.[552]

549) 대법원 2008.7.10. 선고 2008도3252 판결(절취란 타인이 점유하고 있는 재물을 점유자의 의사에 반하여 그 점유를 배제하고 자기 또는 제3자의 점유로 옮기는 것을 말하고, 어떤 물건이 타인의 점유하에 있는지 여부는, 객관적인 요소로서의 관리범위 내지 사실적 관리가능성 외에 주관적 요소로서의 지배의사를 참작하여 결정하되 궁극적으로는 당해 물건의 형상과 그 밖의 구체적인 사정에 따라 사회통념에 비추어 규범적 관점에서 판단하여야 한다.)

550) 대법원 1984.2.28. 선고 84도38 판결(피해자 소유의 손가방은 소유자가 버리거나 유실한 물건이 아니라 강간을 당한 피해자가 도피하면서 현장에 놓아두고 간 것에 불과하여 사회통념상 피해자의 지배하에 있는 물건이라고 보아야 할 것이므로 그 손가방 안에 들어있는 피해자 소유의 돈을 꺼낸 피고인의 소위는 절도죄의 구성요건을 충족한다.)

551) 대법원 1988.4.25. 선고 88도409 판결(어떤 물건을 잃어버린 장소가 당구장과 같이 타인의 관리 아래 있을 때에는 그 물건은 일응 그 관리자의 점유에 속한다 할 것이고, 이를 그 관리자 아닌 제3자가 취거하는 것은 과실물횡령이 아니라 절도죄에 해당한다.)

분실물의 경우 통설은 분실자가 그 소재를 알고 있을 때에는 분실자의 점유를 인정할 수 있으나, 그 소재를 알지 못한 경우에는 분실자의 점유를 인정할 수 없기 때문에 점유이탈물이 된다고 하지만, 소재의 인식 여부를 불문하고 분실물은 분실자의 점유에서 이탈한 것이라고 보아야 할 것이다. 점유개념이 사회규범적 요소에 의해 지나치게 좌우되는 것은 바람직하지 않고, 분실의 개념상 주인의 점유를 이탈한 것이라고 보아야 하기 때문이다.[553)]

ㄷ. 점유개념의 축소문제

사실상의 재물지배가 있고 점유의사가 있음에도 불구하고 사회규범적 요소로 인해 점유가 제한되기 때문에 음식점에서 손님이 사용하고 있는 그릇은 주인만이 점유를 가지고 있고, 가정부에게 집을 지키게 한 경우 집안의 물건은 주인만이 점유한다는 견해가 있다.

그러나 이처럼 사회규범적 요소를 물리적 · 현실적 요소보다 우월시하는 것은 문제가 있다. 따라서 이 경우 손님과 가정부에게도 점유를 인정하고, 음식점주인과 집주인이 재물을 사실상 지배하지 못하고 있음에도 불구하고 사회규범적 요소에 의해 점유가 인정되며, 손님과 음식점주인, 가정부와 집주인이 공동점유를 하는 것으로 보아야 할 것이다. 판례도 민법상 점유보조자의 점유를 인정하고 있다.[554)]

552) 대법원 2007.3.15. 선고 2006도9338 판결(피해자가 피씨방에 두고 간 핸드폰은 피씨방 관리자의 점유 하에 있어서 제3자가 이를 취한 행위는 절도죄를 구성한다.)
[점유를 부정한 판례] : 대법원 1993.3.16. 선고 92도3170 판결(고속버스 운전사는 고속버스의 관수자로서 차내에 있는 승객의 물건을 점유하는 것이 아니고 승객이 잊고 내린 유실물을 교부받을 권능을 가질 뿐이므로 유실물을 현실적으로 발견하지 않는 한 이에 대한 점유를 개시하였다고 할 수 없고, 그 사이에 다른 승객이 유실물을 발견하고 이를 가져갔다면 절도에 해당하지 아니하고 점유이탈물횡령에 해당한다.) ; 대법원 1999.11.26. 선고 99도3963 판결(승객이 놓고 내린 지하철의 전동차 바닥이나 선반 위에 있던 물건을 가지고 간 경우, 지하철의 승무원은 유실물법상 전동차의 관수자로서 승객이 잊고 내린 유실물을 교부받을 권능을 가질 뿐 전동차 안에 있는 승객의 물건을 점유한다고 할 수 없고, 그 유실물을 현실적으로 발견하지 않는 한 이에 대한 점유를 개시하였다고 할 수도 없으므로, 그 사이에 위와 같은 유실물을 발견하고 가져간 행위는 점유이탈물횡령죄에 해당함은 별론으로 하고 절도죄에 해당하지는 않는다.)

553) **[판례해설]** : 이점에서 앞의 주 552)의 판례가 고속버스나 전동차 등에서 분실한 물건에 대해 분실자나 전동차 승무원 등의 점유를 인정하지 않은 것은 사회규범적 요소보다 물리적·현실적 요소를 중시하였기 때문이라고 할 수 있다.

554) 대법원 1968.10.29. 선고 68도1222 판결(횡령죄에서 말하는 보관이라함은 민법상의 점유의 개념과는 달라 재물의 현실적인 보관 즉 사실상의 지배를 가지고 있으면 족한 것으로서 점유보조자도 재물에 대한 사실상의 지배를 가지고 있는 이상 보관자라고 할 것인 바, 이 사건에 있어서 피고인이 비록

(4) 자기점유와 타인점유

① 자기점유와 타인점유

점유가 자기에게 있는가 타인에게 있는가 아니면 점유이탈물인가에 따라 성립할 수 있는 재산범죄가 달라진다. 즉 절도죄, 강도죄, 사기죄, 공갈죄, 권리행사방해죄는 타인이 점유하고 있는 재물에 대해서만 성립하고, 자기가 점유하는 재물에 대해서는 성립할 수 없다. 점유이탈물횡령죄는 권리자의 점유를 이탈하였으나 타인의 점유 하에 있지 않는 재물에 대해서 성립할 수 있다.

어떤 물건이 타인의 점유 하에 있다고 할 것인지 여부는, 객관적인 요소로서의 관리범위 내지 사실적 관리가능성 외에 주관적 요소로서의 지배의사를 참작하여 결정하되 궁극적으로는 당해 물건의 형상과 그 밖의 구체적인 사정에 따라 사회통념에 비추어 규범적 관점에서 판단할 수밖에 없다.[555)]

[자기점유를 인정한 판례]

임대차계약 종료 후 임차인이 식당건물에서 퇴거하면서 자기의 냉장고의 전원을 켜두어 냉장고 안에 전기가 들어온 경우(임차인에게 전기의 점유인정)[556)], 상사와의 의견충돌 끝에 항의의 표시로 사표를 제출한 다음 평소 피고인이 전적으로 보관 · 관리해 오던 이른바 비자금 관계서류 및 금품이 든 가방을 들고 나온 경우[557)], 피해자가 그 소유의 오토바이를 타고 심부름을 다녀오라고 하여서 그 오토바이를 타고 가다가 마음이 변하여 이를 반환하지 아니한 채 그대로 타고 가버

동회의 사환에 불과하다 하더라도 동 직원으로부터 교부 받은 현금과 예금에서 찾은 돈은 피고인의 사실상 지배하에 있었던 것으로서 피고인은 타인의 재물을 보관하는 자에 해당한다) ; 대법원 1982.3.9. 선고 81도3396 판결[민법상 점유보조자(점원) 라고 할지라도 그 물건에 대하여 사실상 지배력을 행사하는 경우에는 형법상 보관의 주체로 볼 수 있으므로 이를 영득한 경우에는 절도죄가 아니라 횡령죄에 해당한다.]

555) 대법원 2008.7.10. 선고 2008도3252 판결
556) 대법원 2008.7.10. 선고 2008도3252 판결.
557) 대법원 1995.9.5. 선고 94도3033 판결.
558) 대법원 1986.8.19. 선고 86도1093 판결.
559) 대법원 1984.1.31. 선고 83도2947,83감도497 판결.
560) 대법원 1983.2.22. 선고 82도3092 판결.
561) 대법원 1982.3.9. 선고 81도3396 판결.
562) 대법원 1981.8.25. 선고 80도509 판결.
563) 대법원 1972.8.31. 선고 72도1449 판결.
564) 대법원 1968.10.29. 선고 68도1222 판결.
565) 대법원 1964.11.17. 선고 64도515 판결.
566) 대법원 1957.6.22. 선고 4289민상428 판결.

린 경우[558], 셋방살이하던 자가 다른 곳으로 이주가면서 후에 찾아가겠다고 그 셋방에 물건을 놓고 갔고, 집 주인은 그 물건을 그대로 둔 채 타인에게 그 방을 빌려주면서 그 자의 승낙을 받아 물건을 보관시킨 경우[559], 범행 당시 휴업 중인 싸롱의 소유자로부터 열쇠를 받고 그 관리를 위임받아 보관 중인 싸롱 내의 물품을 부정처분한 경우[560], 민법상 점유보조자(점원)이라고 할지라도 그 물건에 대하여 사실상 지배력을 행사하는 경우[561], 망부석이 묘의 장구로서 묘주의 소유에 속하였는데 묘는 이장하고 망부석만이 30여 년간 방치된 상태에 있어 외형상 그 소유자가 방기한 것으로 되어 그 물건은 산주의 추상적 · 포괄적 소지에 속하게 되었어도 그 산주가 망부석을 사실상 지배할 의사가 없음을 표시한 경우[562], 피고인이 동거하던 여인에게 증여한 물건을 동 여인이 동거장소에 그대로 두고 친가에 돌아가서 다시 돌아오지 않을 뜻을 명백히 한 경우[563], 동회의 사환이 동 직원으로부터 시청금고에 입금하도록 교부받은 현금과 예금에서 찾은 돈을 사생활비에 소비한 경우[564], 군농업협동조합에서 비료구입권용지를 비치하고 필요한 조합원으로 하여금 임의로 사용하도록 사전 묵시의 승인을 한 경우[565], 타인소유 재산의 보관 및 관리의 업무에 종사하던 자가 그 직에서 해임당한 후로도 계속하여 그 재산을 보관 · 관리하던 중 이를 매각처분한 경우[566]등에서는 자기의 점유를 인정하였다.

[타인점유를 인정한 판례]

하나의 교회가 두 개 이상으로 분열된 경우 그 재산의 처분에 관하여 교회 장정 등에 규정이 없는 한 분열 당시 교인들의 총의에 따라 그 귀속을 정하여야 하고 그와 같은 절차없이 위 재산에 대하여 다른 교파의 점유를 배제하고 자기 교파만의 지배에 옮긴다는 인식 아래 이를 가지고 간 경우[567], 동업관계가 청산되지 않은 동업체에 제공된 물품의 경우[568], 종중소유의 분묘를 간수하고 있는 산지기가 그 분묘에 설치된 석등이나 문관석 등을 반출한 경우[569], 은행에서 찾은 현금을 운반하기 위하여 소지하게 된 자가 그 금원 중 일부금을 꺼내어 이를 영득한 경우[570]등에서는 타인점유를 인정하였다.

② 단독점유와 공동점유

ㄱ. 양자의 구별

자기점유, 타인점유와 관련하여 행위자가 단독으로 점유하고 있거나 타인이 단독으로 점유하고 있는 물건의 경우에는 별 문제가 없다. 그러나 공동점유나 포장물의 점유와 관련하여서는 문제가 발생한다. 단독점유란 1인이 재물을 사실상 지배하는 것이고, 공동점유는 다수인이 재물에 대해 사실상의 지배를 하는 것을 말한다. 단독점유인가 공동점유인가는 구체적 사정에 따라 정해야 한다.

567) 대법원 1998.7.10. 선고 98도126 판결.
568) 대법원 1995.10.12. 선고 94도2076 판결.
569) 대법원 1985.3.26. 선고 84도3024,84감도474 판결.
570) 대법원 1966.1.31. 선고 65도1178 판결.

첫째 백화점, 병원, 매장의 금전출납직원 등과 같이 독자적으로 금전을 출납할 수 있는 권한이 있는 직원의 경우에는 그 직원이 단독으로 금전을 점유한다. 그러나 직원이 독자적 금전출납권한을 갖지 못하고 상사의 지시에 의해 금전을 출납하는 경우에는 금전을 단독점유하지 못하고 상사와 공동점유하든가 아니면 상사만이 단독점유를 하는 것이 된다.[571)]

둘째 상점 안에 있는 재물에 대해서 상점주인과 상점종업원 중 상점주인의 단독점유를 인정하는 견해(다수설)가 있다. 그러나 점유보조자의 점유도 인정해야 하기 때문에 일반적으로는 상하관계에 의한 공동점유라고 해야 할 것이다. 따라서 종업원이 상점의 물건을 몰래 가져간 경우에는 타인점유의 물건을 가져간 것이 절도죄가 되지만, 상점주인이 종업원 몰래 물건을 가져간 경우에는 절도죄가 성립하지 않는다.

그러나 특별한 위탁관계에 의해 종업원만이 상점 안의 물건에 대해 사실상 지배력을 행사하는 경우에는 종업원만이 단독점유자가 되고, 종업원이 물건을 가져갔을 때에는 절도죄가 아닌 횡령죄가 된다.[572)]

셋째 재물에 대한 운반을 위탁한 경우 운반자의 점유를 인정하는 데에는 어려움이 없지만, 위탁자가 물건을 점유하는가는 다음과 같이 경우를 나누어 살펴보아야 한다.

1) 위탁자가 운반자를 현실적으로 통제할 수 있을 때에는 위탁자에게 점유를 인정할 수 있으나, 위탁자가 운반자를 현실적으로 통제할 수 없을 때에는 위탁자의 점유를 인정할 수 없다.[573)]

2) 철도운송의 경우에는 규칙적인 시각에 따라 일정한 궤도에 따라 움직이는 성격

571) 대법원 1966.1.31. 선고 65도1178 판결 참조.

572) 대법원 1982.3.9. 선고 81도3396 판결 참조.

573) **[실질적 통제가능성]** : 예컨대 주인이 승용차로 이사짐센터의 트럭을 뒤에서 쫓아가는 경우에는 주인의 점유를 인정할 수 있다. 그러나 이러한 통제가능성이 없을 때에는 운반자의 단독점유에 있다고 해야 할 것이다. 장거리 운송의 경우에는 운반자에게만, 택배운송이나 시내운송과 같이 단거리운송에는 위탁자와 운반자의 공동점유가 된다는 견해가 있으나 이와 같이 형식적으로 파악할 것이 아니라 위탁자의 운반자에 대한 실질적 통제가능성을 기준으로 해야 할 것이다 : 대법원 1982.11.23. 선고 82도 23940 판결(피해자가 시장 점포에서 물건을 매수하여 묶어서 그 곳에 맡겨놓은 후 그 곳에서 약 50미터 떨어진 동 점포를 살펴볼 수 없는 딴 가게로 가서 지게짐꾼인 피고인을 불러 피고인 단독으로 위 점포에 가서 맡긴 물건을 운반해 줄 것을 의뢰하였더니 피고인이 동 점포에 가서 맡긴 물건을 찾아 피해자에게 운반해 주지 않고 용달차에 싣고 가서 처분한 것이라면 피고인의 위 운반을 위한 소지관계는 피해자의 위탁에 의한 보관관계에 있다고 할 것이므로 이를 영득한 행위는 절도죄가 아니라 횡령죄를 구성한다.) ; 대법원 1957.10.20. 선고 4290형상281 판결(화물자동차운전수가 화물을 운송 도중 이를 타에 처분영득하였으면 업무상횡령죄가 성립한다.)

상 운반공무원의 단독점유를 인정하기 어렵고 상사 등과의 공동점유를 인정해야 할 것이다.[574)]

ㄴ. 공동점유

공동점유에는 대등관계에 의한 공동점유와 상하관계에 의한 공동점유로 나눌 수 있고 이에 따라 점유의 귀속 여부가 달라진다.

1) 대등관계에 의한 공동점유

대등관계에 의한 공동점유는 점유자 사이에 상하관계가 없고 평등한 관계인 경우에서의 점유를 말한다. 부부간의 점유, 동업자간의 점유를 말한다. 지분이 서로 다른 경우에도 대등관계에 의한 점유에 속한다.

대등관계에 의한 점유는 타인점유의 재물이 된다. 따라서 동업자 중 1인이 공동으로 소유하고 공동으로 점유하는 재물에 대해서는 절도죄, 강도죄, 사기죄, 공갈죄 등이 성립할 수 있다.[575)]

2) 상하관계에 의한 공동점유

상하관계에 의한 공동점유란 공동점유자 사이에 상위점유자와 하위점유자가 있는 경우이다. 가게의 주인과 종업원, 집주인과 가정부에게 공동점유가 있는 경우 가게주인, 집주인이 상위점유자이고, 종업원, 가정부가 하위점유자이다.

상위점유자는 공동점유라고 하더라도 자기점유가 인정된다. 하위점유자는 공동점유라 하더라도 타인점유가 된다. 예를 들어 가게주인이 종업원 몰래 가게의 물건을 절취하더라도 자기점유의 물건이기 때문에 절도죄가 성립할 수 없다. 그러나 종업원이 주인 몰래 가게의 물건을 절취한 경우에는 타인점유의 물건이기 때문에 절도죄가 성립한다.

574) 대법원 1969.7.8. 선고 69도798 판결(철도운송 승무원들이 그 운송 중의 화물을 탈취한 때에는 업무상 횡령이 아니고 특수절도가 된다.)

575) 대법원 1995.10.12. 선고 94도2076 판결(동 업체에 제공된 물품은 동업관계가 청산되지 않는 한 동업자들의 공동점유에 속하므로, 그 물품이 원래 피고인의 소유라거나 피고인이 다른 곳에서 빌려서 제공하였다는 사유만으로는 절도죄의 객체가 됨에 지장이 없다.)

그러나 상위점유자의 특별한 위탁에 의해 하위점유자가 보관하게 된 물건은 하위점유자의 단독점유에 속한다.576)

3) 봉함물 및 시건물의 점유

a. 포장 후 봉해서 위탁한 재물

이에 대해서는, 구체적인 위탁관계에 따라 형식적 위탁관계이면 위탁자에게 점유가 있고, 실질적 위탁관계이면 수탁자의 단독점유가 인정된다는 견해(다수설), 내용물과 포장물이 모두 수탁자의 단독점유 하에 있다는 견해, 포장물과 내용물 전체가 위탁자의 점유 하에 있다고 하는 견해(판례577)), 포장물 전체는 수탁자, 내용물은 위탁자의 점유 하에 있다고 하는 견해 등이 대립한다.

형법상의 점유에서는 현실적 · 물리적 지배관계를 좀 더 중시해야 할 것이므로 봉함된 물건은 포장물과 내용물 모두 수탁자의 점유 하에 있다고 하는 견해가 타당하다.

b. 잠금장치가 되어 위탁된 용기에 들어있는 내용물의 경우

자물쇠 등 잠금장치된 용기에 들어있는 내용물의 점유에 대해서는 봉함물의 점유와 마찬가지 원리로 해결하면 된다.

문제는 열쇠나 비밀번호를 위탁자만이 갖고 있거나 알고 있는 경우이다. 이에 대해 잠금장치된 용기가 건조물에 부착되어 있거나 이동이 어려운 정도의 용기인 때에는 위탁자의 단독점유를 인정하고, 용기가 이동가능한 것이라면 수탁자의 단독점유에 속한다고 하는 견해가 타당하다. 판례는 용기가 이동가능한 경우 위탁자와 수탁자의 공동점유를 인정한다.578)

576) 대법원 1986.8.19. 선고 86도1093 판결 ; 대법원 1968.10.29. 선고 68도1222 판결 참조.

577) 대법원 1956.1.27. 선고 4288형상375 판결(보관계약에 따라 보관 중인 포장된 가마니속의 정부 소유미의 점유는 정부에 있다 할 것이므로 이를 발취한 보관자의 행위는 절도죄에 해당할 것이고, 횡령죄에 해당한다고 볼 수 없다.)

578) 대법원 1984.1.31. 선고 83도3027 판결(인장이 들은 돈궤짝을 사실상 별개 가옥에 별거 중인 남편이 그 거주가옥에 보관 중이었다면 처가 그 돈 궤짝의 열쇠를 소지하고 있었다고 하더라도 그 안에 들은 인장은 처의 단독보관 하에 있은 것이 아니라 남편과 공동보관 하에 있다고 보아야 할 것이므로, 공동보관 중의 1인인 처가 다른 보관자인 남편의 동의없이 불법영득의 의사로 위 인장을 취거한 이상 절도죄를 구성한다.)

Ⅳ. 불법영득이득의사

가. 서설

재산범죄 중 영득죄와 이득죄에 불법영득의사 또는 불법이득의사가 필요한지가 문제된다. 불법영(이)득의사는 독일형법의 'die Absicht, sich rechtswidrig zu zueignen'에서 유래된 용어다. 위법영(이)득의사라고도 한다. 독일 형법은 절도죄, 강도죄, 사기죄, 공갈죄 등의 규정에서 고의 이외에 불법영득의사 및 불법이득의사를 초과주관적 구성요건요소로서 명문으로 규정하였다. 그러나 우리 형법은 횡령죄, 배임죄 등에서 불법영득의사나 불법이득의사를 규정하고 있지 않다.

따라서 우리 형법에서도 영득죄나 이득죄의 성립에 불법영(이)득의사를 필요로 하는지, 필요하다고 한다면 그 체계적 지위와 내용은 무엇인지 등의 문제가 제기되고 있다.

나. 불법영(이)득의사의 필요 여부

(1) 필요설

통설 및 판례[579]는 우리 형법에 명문의 규정이 없더라도 재산범죄의 성립에 불법영(이)득의사가 필요하다고 한다.

그 근거로는, 절도죄, 재물강도죄, 재물사기 · 공갈죄, 횡령죄 등과 같이 소유권을 침해하려는 의사가 필요하고, 불법영득의사가 필요하지 않다고 하면 손괴의사로 재물에 대한 점유를 취득한 경우에도 이들 범죄가 성립하여 불합리하므로, 영득죄와 손괴를 구별하는 요소로서 불법영득의사가 필요하고, 물건을 일시사용하고 반납하는

579) 대법원 2012.7.12. 선고 2012도1132 판결 ; 대법원 2002.9.6. 선고 2002도3465 판결(형법 제331조의2에서 규정하고 있는 자동차등불법사용죄는 타인의 자동차 등의 교통수단을 불법영득의 의사 없이 일시 사용하는 경우에 적용되는 것으로서 불법영득의사가 인정되는 경우에는 절도죄로 처벌할 수 있을 뿐 본죄로 처벌할 수 없다 할 것이며, 절도죄의 성립에 필요한 불법영득의 의사라 함은 권리자를 배제하고 타인의 물건을 자기의 소유물과 같이 이용, 처분할 의사를 말하고 영구적으로 그 물건의 경제적 이익을 보유할 의사임은 요치 않으며 일시사용의 목적으로 타인의 점유를 침탈한 경우에도 이를 반환할 의사 없이 상당한 장시간 점유하고 있거나 본래의 장소와 다른 곳에 유기하는 경우에는 이를 일시 사용하는 경우라고는 볼 수 없으므로 영득의 의사가 없다고 할 수 없다.)

소위 사용절도나 사용사기 등은 불법영득의사가 없어서 절도죄나 사기죄가 성립하지 않는다고 해야 한다는 점 등을 든다.

(2) 불요설

불요설은 다음과 같은 근거로 영득죄나 이득죄의 성립에 불법영(이)득의사가 필요하지 않다고 한다. 즉 첫째 우리 형법은 독일형법과 달리 불법영득의사에 대한 명문의 규정을 두지 않았으므로 명문의 규정이 있는 독일형법의 해석론을 따를 필요가 없고, 둘째 절도죄 등의 보호법익은 소유권이 아니라 점유이기 때문에 절도 · 강도죄에서는 물건을 취거하고, 사기 · 공갈죄에서는 재물의 교부를 받을 고의로 충분하다는 점 등을 근거로 든다.

다. 불법영(이)득의사의 체계적 지위

불법영(이)득의사의 체계적 지위에 대해서는 고의와 구별되는 초과주관적 구성요건요소라는 견해와 고의의 한 내용이라는 견해가 대립한다.

(1) 초과주관적 구성요건요소설

불법영(이)득의사는 고의와 구별되는 초과주관적 구성요건요소라는 견해(다수설)이다. 이 견해는 절도죄에서의 절취, 강도죄에서의 강취, 사기 · 공갈죄에서 재물의 교부, 횡령죄에서 횡령, 배임죄에서 재산상 이익의 취득 등의 실행행위는 고의의 대상이기는 하지만, 이러한 실행행위에는 점유의 취득만이 있고 소유권을 취득하는 영득의 의미는 포함되지 않고, 이렇게 파악하는 것이 절도와 사용절도 및 손괴의 구별을 명확하게 해 준다는 점 등을 근거로 든다.

(2) 고의의 내용이라는 설

불법영(이)득의사는 고의의 한 내용이라고 한다. 논거로는, 우리 형법에는 불법영득의사가 명문으로 규정되어 있지 않으므로 고의의 내용으로 파악하는 것이 바람직하고, 불법영득의사는 재산범죄의 객관적 구성요건요소에 대한 인식 · 인용을 의미하기 때문이라는 점 등을 든다.

생각건대 우리 형법 대부분의 영득죄 행위태양에는 점유침해뿐만 아니라 영득이 포함되어 있다는 점을 고려하면 형법상 명문규정이 없는 불법영득의사라는 개념을 요구할 것 없이 일반적 해석원리에 의해 해결하는 것이 바람직하다. 따라서 영득의사를 고의의 한 내용으로 이해하는 설이 타당하다.

라. 불법영(이)득의사의 내용

통설 및 판례는 불법영(이)득의사란 '권리자를 배제하고 타인의 재물을 자기의 소유물과 같이 사실상 또는 법률상 이용 · 처분할 의사를 말한다'고 한다.[580] 이와 같이 불법영득의사는 권리자를 배제한다는 소극적 요소와 자기의 소유물처럼 사용 · 수익 · 처분한다는 적극적 요소로 이루어진다(소유자의사설, 다수설).

(1) 소극적 요소

불법영득의사의 소극적 요소는 권리자를 배제하는 것이다. 권리자의 배제의사는 권리자를 영구적 혹은 지속적으로 배제하려는 의사여야 하고 이점에서 절도죄, 강도죄, 횡령죄 등이 일시사용의 의사로 재물을 절취, 강취, 편취, 횡령하는 것과 구별된다고 하는 견해가 있다.

그러나 일시사용을 넘어서는 정도로 사용하고 반납한 경우에도 범죄가 성립한다고 해야 하고 불법영득의사도 인정할 수 있기 때문에 권리자를 영구적 혹은 지속적으로 배제한다는 의사는 필요하지 않다고 해야 한다.[581]

580) **[경제적 용법설의 문제점]** : 한 때 판례(경제적 용법설)는 "권리자를 배제하고 타인의 물건을 자기의 소유물과 같이 그 경제적 용법에 따라 이용·처분하려는 의사를 말한다"고 하였다(대법원 2000.10.13. 선고 2000도3655 판결). 이에 대해 학설(소유자의사설, 다수설)은 경제적 용법에 따른 의사라고 한다면 학생증을 절취, 강취, 편취하여 사용하거나 자랑할 의사로 희귀우표를 절취, 강취, 편취한 경우에는 영득의사를 인정하기 어려우므로 경제적 용법에 따른 이용·처분일 필요가 없다고 비판하였다.

581) 대법원 1992.5.12. 선고 92도280 판결(내연관계에 있던 여자가 계속 회피하며 만나 주지 않자 내연관계를 회복시켜 볼 목적으로 그녀의 물건을 가져 와 보관한 후 이를 찾으러 오면 그 때 그 물건을 반

(2) 적극적 요소

불법영득의사의 적극적 요소는 타인의 재물을 자기의 소유물같이 사용 · 수익 · 처분하려는 의사이다.

재물을 소유물처럼 사용 · 수익 · 처분하려는 의사이므로 단순한 점유침해의사로는 영득의사가 있다고 할 수 없다. 또한 영득의사는 적극적으로 재물의 효용을 향유하겠다는 의사로서 재물의 효용을 상실시키겠다는 손괴의 의사와 구별된다. 그러나 충돌실험을 하기 위해 자동차를 훔치는 경우와 같이 손괴가 소유권의 행사로서의 의미를 가질 때에는 불법영득의사가 있다고 할 수 있다.[582]

자기소유물처럼 사용 · 수익 · 처분하려는 의사는 영구적 또는 지속적일 필요가 없고, 일시적이어도 무방하다. 다만 극히 일시적으로만 사용할 의사인 경우에는 사용절도나 자동차등불법사용죄 등이 문제될 수 있고, 통설 및 판례[583]는 이 경우 불법영득

환하면서 타일러 다시 내연관계를 지속시킬 생각으로 물건을 가져 왔고 그녀의 가족에게 그 사실을 그녀에게 연락하라고 말하였으며 그 후 이를 보관하고 있으면서 이용 내지 소비하지 아니한 경우 불법영득의 의사가 있다고 할 수 없다.) ; 대법원 2000.3.28. 선고 2000도493 판결 : 대법원 2006.3.9. 선고 2005도7819 판결(타인의 재물을 점유자의 승낙 없이 무단 사용하는 경우 그 사용으로 인하여 재물 자체가 가지는 경제적 가치가 상당한 정도로 소모되거나 또는 사용 후 그 재물을 본래의 장소가 아닌 다른 곳에 버리거나 곧 반환하지 아니하고 장시간 점유하고 있는 것과 같은 때에는 그 소유권 또는 본권을 침해할 의사가 있다고 보아 불법영득의 의사를 인정할 수 있으나, 그렇지 아니하고 그 사용으로 인한 가치의 소모가 무시할 수 있을 정도로 경미하고 또 사용 후 곧 반환한 것과 같은 때에는 그 소유권 또는 본권을 침해할 의사가 있다고 할 수 없어 불법영득의 의사를 인정할 수 없다.)

582) 대법원 2000.10.13. 선고 2000도3655 판결(원심은, 피고인이 살해도구로 이용한 골프채와 피고인의 옷 등 다른 증거품들과 함께 피고인의 차량 트렁크에 싣고 서울로 돌아오는 중 이 사건 지갑을 쓰레기 소각장에서 태워버린 사실이 인정되므로, 피고인이 살해된 피해자의 주머니에서 지갑을 꺼낸 것은 자신의 살인 범행의 증거를 인멸하기 위한 것이어서 결국 불법영득의 의사가 있었다고 보기 어렵다고 판단하여 이 사건 공소사실 중 절도 부분에 대하여는 무죄를 선고한 제1심판결을 유지하였는바, 원심의 위 사실인정 및 판단은 정당하다.) ; 대법원 1993.4.13. 선고 93도328 판결(사촌형제인 피해자와의 분규로 재단법인 이사장직을 사임한 뒤 피해자의 집무실에 찾아가 잘못을 나무라는 과정에서 화가 나서 피해자를 혼내주려고 피해자의 가방을 들고 나온 경우 불법영득의 의사가 있다고 할 수 없다.) ; 대법원 1989.11.28. 선고 89도1679 판결(절도죄의 성립에 필요한 불법영득의 의사라 함은 권리자를 배제하고 타인의 물건을 자기의 소유물과 같이 이용, 처분할 의사를 의미한다 할 것인바, 피고인이 피해자의 전화번호를 알아두기 위하여 피해자가 떨어뜨린 전화요금영수증을 습득한 후 돌려주지 않은 경우에 그에게 불법영득의 의사가 있다고 인정하기 어렵다.)

583) 대법원 1992.4.24. 선고 92도118 판결(타인의 재물을 점유자의 승낙 없이 무단사용하는 경우에 있어서 그 사용으로 물건 자체가 가지는 경제적 가치가 상당한 정도로 소모되거나 또는 사용 후 본래의 장소가 아닌 다른 곳에 버리거나 곧 반환하지 아니하고 장시간 점유하고 있는 것과 같은 때에는 그 소유권 또는 본권을 침해할 의사가 있다고 보아 불법영득의 의사를 인정할 수 있을 것이나 그렇지 아니하고 그 사용으로 인한 가치의 소모가 무시할 정도로 경미하고 또 사용 후 곧 반환한 것과 같은 때에는 그 소유권 또는 본권을 침해할 의사가 있다고 할 수 없어 불법영득의 의사를 인정할 수 없다고 봄이 상당하다.) ; 대법원 2002.9.6. 선고 2002도3465 판결(형법 제331조의2에서 규정하고 있는 자

의사가 인정되지 않는다고 한다.

마. 불법영(이)득의사의 객체

(1) 서설

재물 중에는 예금통장, 현금카드, 신용카드, 전철정액권 등과 같이 물체 그 자체의 경제적 가치는 작지만, 그것을 활용하여 커다란 경제적 가치를 얻을 수 있는 물건들이 있다. 이러한 물건들을 일시사용하여 경제적 가치를 취득한 후 물건 그 자체는 반환한 경우 물건에 대한 재산범죄가 성립할 수 있는지가 문제된다. 예를 들어 타인의 예금통장이나 현금카드를 사용하여 현금을 인출한 후 제자리에 갖다놓은 경우 현금에 대한 재산범죄는 논외로 하고, 예금통장이나 현금카드 등 물건 그 자체에 대한 절도죄, 횡령죄 등이 성립할 수 있는지가 문제된다.

(2) 학설

① 물체설

이 설은 물건 그 자체 즉, 물체가 영득의 객체라고 하고 물체 그 자체를 영득하지 않고 가치만 영득한 경우에는 절도죄나 횡령죄, 재물강도 · 사기 · 공갈죄 등은 성립하지 않는다고 한다. 위의 사례에서 예금통장의 가치를 영득하였지만 예금통장이란 물건 자체는 반환하였으므로 현금에 대한 죄는 별론으로 하고 예금통장 등에 대한 재산범죄는 성립하지 않는다고 한다.

동차등불법사용죄는 타인의 자동차 등의 교통수단을 불법영득의 의사 없이 일시 사용하는 경우에 적용되는 것으로서 불법영득의사가 인정되는 경우에는 절도죄로 처벌할 수 있을 뿐 본죄로 처벌할 수 없다 할 것이며, 일시사용의 목적으로 타인의 점유를 침탈한 경우에도 이를 반환할 의사 없이 상당한 장시간 점유하고 있거나 본래의 장소와 다른 곳에 유기하는 경우에는 이를 일시 사용하는 경우라고는 볼 수 없으므로 영득의 의사가 없다고 할 수 없다. 따라서 소유자의 승낙 없이 오토바이를 타고 가서 다른 장소에 버린 경우, 자동차등불법사용죄가 아닌 절도죄가 성립한다.) ; 대법원 2006.3.9. 선고 2005도7819 판결(은행이 발급한 직불카드를 사용하여 타인의 예금계좌에서 자기의 예금계좌로 돈을 이체시켰다 하더라도 직불카드 자체가 가지는 경제적 가치가 계좌이체된 금액만큼 소모되었다고 할 수는 없으므로, 이를 일시 사용하고 곧 반환한 경우에는 그 직불카드에 대한 불법영득의 의사는 없다고 보아야 한다.)

② 가치설

이 설은 물건 그 자체가 아니라 그 물건이 지닌 경제적 가치가 영득의 객체라고 한다. 따라서 물건을 영득하지 않더라도 그 물건이 가진 경제적 가치를 영득한 경우에는 영득죄가 성립할 수 있다고 한다. 이 견해에 의하면 위의 사례에서 예금통장이나 현금카드 등에 대한 재산범죄가 성립할 수 있다.

가치설에 대해서는 물건 그 자체를 영득하지 않고 그 물건을 일시사용하고 반납한 경우에도 재산범죄가 성립하고, 예를 들어 이용요금을 내지 않고 놀이시설을 이용한 경우에도 물건의 경제적 가치를 영득한 것이므로 이득죄가 아닌 재물죄가 성립한다고 하는 문제점이 있다. 이 경우에도 물건의 경제적 가치는 영득하였기 때문이다.

③ 종합설(절충설)

통설 및 판례[584]는 영득의사의 객체는 물건 그 자체, 즉 물체 또는 그 물건이 가지고 있는 가치라고 하는 절충설을 취한다.

다만 가치의 개념이 무한히 확대되면 재물죄가 이득죄화 되는 문제점과 일시사용을 범죄화 하는 문제점이 있을 수 있다. 이를 피하기 위해 가치란 재물이 갖는 특수한 기능가치만을 의미한다고 한다. 그리하여 재물 자체를 반환한 경우에는 가치가 영득의 객체가 되지만 이 가치가 재물과 결합되어 있는 특수한 기능가치를 감소 · 소멸시켜서 경제적 가치의 감소 · 소멸을 가져온 때에만 영득의사를 인정할 수 있다고 한다.[585]

---

584) 대법원 1992.9.8. 선고 91도3149 판결(절도죄의 성립에 필요한 불법영득의 의사라 함은 권리자를 배제하고 타인의 물건을 자기의 소유물과 같이 그 경제적 용법에 따라 이용·처분할 의사를 말하는 것으로 영구적으로 그 물건의 경제적 이익을 보유할 의사가 필요한 것은 아니지만 단순한 점유의 침해만으로서는 절도죄를 구성할 수 없고 소유권 또는 이에 준하는 본권을 침해하는 의사 즉 목적물의 물질을 영득할 의사이거나 또는 그 물질의 가치만을 영득할 의사이든 적어도 그 재물에 대한 영득의 의사가 있어야 한다.) ; 대법원 1981.10.13. 선고 81도2394 판결(피고인이 길가에 세워져 있는 오토바이를 소유자의 승낙없이 타고 가서 용무를 마친 약1시간 30분 후 본래 있던 곳에서 약 7,8미터 되는 장소에 방치하였다면 불법영득의 의사가 있었다고 할 것이다.)

585) 대법원 1999.7.9. 선고 99도857 판결(신용카드를 사용하여 현금자동지급기에서 현금을 인출하였다 하더라도 신용카드 자체가 가지는 경제적 가치가 인출된 예금액만큼 소모되었다고 할 수 없으므로, 이를 일시사용하고 곧 반환한 경우에는 불법영득의 의사가 없다.)

바. 불법영(이)득의사의 인정범위

> **[사례]** 갑은 골동품상 A의 가게에서 독특한 형태의 골동품도자기를 하나 발견하고 그 도자기를 사기로 하였다. 갑은 그 도자기를 넣을 수 있는 장식장도 하나 구해 달라고 하고 대금을 모두 지급하였다. 그러나 갑의 집으로 도자기와 장식장을 배달해 주기로 했던 A가 차일피일 미루면서 배달해 주지 않자 화가 난 갑은 A의 가게로 가 무조건 그 도자기와 장식장을 가져왔다. 갑에게는 절도죄가 성립하는가?

(1) 영득의 불법 필요설

통설은 불법영득의사가 성립하기 위해서는 불법취거의 의사로는 부족하고 불법영득의 의사까지 요한다고 한다.

따라서 갑이 도자기를 가져온 행위는 A의 의사에 반하는 불법한 취거이지만 특정물인 도자기를 기한이 도래한 채권에 기해 가져온 것이므로 영득은 불법하지 않다고 한다. 반면 갑이 장식장을 가져온 행위는 불특정물을 가져온 것이므로 불법영득의사가 인정된다.

(2) 판례의 입장

판례는 취거나 영득 중 어느 하나라도 불법하면 불법영득의사가 인정된다고 한다.[586] 판례에 의하면 갑에게 장식장뿐만 아니라 도자기에 대해서도 불법영득의사가 인정된다.

586) 대법원 1973.2.28. 선고 72도2538 판결 ; 대법원 2005.6.24. 선고 2005도2861 ; 대법원 1983. 4.12. 선고 83도297 판결(피고인이 공소외 제일관광주식회사 차고 관리과장 정00이 관리하는 책상설합을 동인의 승낙없이 공구로 뜯어서 열고 그 안에 있던 위 회사 소유의 여객운송 수입금 1,344,000원을 꺼내어 취득한 사실이 넉넉히 인정되니 피고인을 절도죄로 의율한 원심조치는 정당하다. 논지는 피고인이 위 책상설합을 뜯은 것은 현금이 그 책상설합에 보관되어 있음을 밝혀두고자 한 것이었으므로 피고인에게 불법영득의 의사가 없었다는 것이나, 불법영득의 의사라 함은 권리자를 배제하고 타인의 물건을 자기의 소유물과 같이 그 경제적 용법에 따라 이용처분하는 의사를 말하는 것인바, 피고인은 위 판시와 같이 꺼낸 돈을 피고인이 위 회사에 대하여 가지고 있던 유류대금채권의 변제에 충당한 사실이 인정되므로 피고인은 자기채권의 추심을 위하여 타인의 점유 하에 있는 타인 소유의 금원을 불법하게 탈취한 것이라고 보지 않을 수 없으니 불법영득의 의사를 인정하기에 넉넉하여 위 논지는 이유없다.)

(3) 소결

특정물에 대한 채권의 기한이 도래하였더라도 채무자가 점유를 이전하기까지는 채무자의 소유라고 할 수 있고, 이를 채권자의 소유로 하기 위해서는 채무자의 이행이 필요하므로 채무자의 이행을 통하지 않은 소유권취득, 즉 영득은 위법하다고 해야 한다. 불법영득의사를 요하지 않는다고 할 경우에도 취거행위와 영득행위를 종합하여 위법성 여부를 따져야 하고 이 경우 영득 및 취거의 위법성이 인정된다고 할 수 있다. 따라서 판례의 입장이 타당하다.

제1절 절도의 죄

Ⅰ. 총설

[절도의 죄 구성요건체계도]

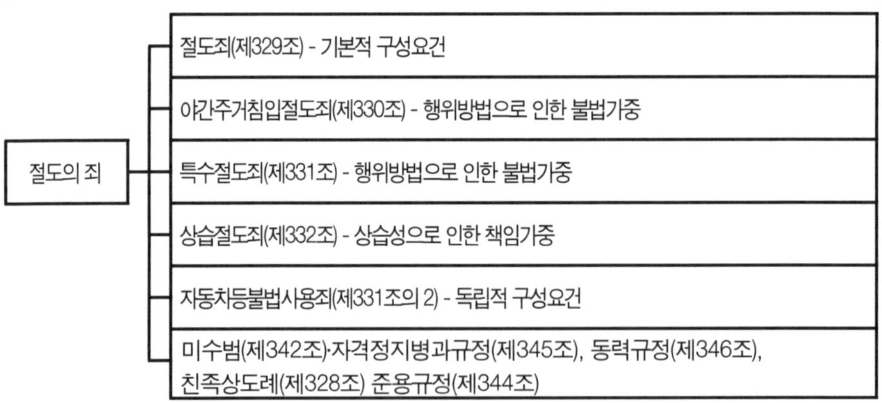

가. 의의

절도죄는 타인의 재물을 그의 의사에 반하여 절취하는 것을 내용으로 하는 범죄이며, 객체가 재물로만 한정되어 있는 순수한 재물죄이고, 그 재물을 상대방의 의사에 반하여 취거해 간다는 점에서 강도죄와 같이 탈취죄이며, 불법영득의사를 필요로 하는 영득죄에 해당한다.

사기죄를 이욕범이라고 함에 대하여 절도죄는 강도죄와 함께 곤궁범이라고 한다. 오늘날 가장 발생율이 높은 범죄이기 때문에 형법은 절도죄를 재산범죄의 기본범죄로 규정하고 있다.

나. 보호법익

절도죄의 보호법익에 대하여는, 관념적 권리인 소유권이 보호법익이고 점유는 행위객체에 불과하다는 견해(소유권설, 통설), 재물에 대한 사실상의 지배인 점유가 보호법익이라는 견해(점유설), 기본적으로 소유권이지만 부차적으로 점유자체도 보호해야 한다는 견해(소유권 및 점유설, 절충설 및 판례[587])가 대립한다.

생각건대 횡령죄(타인소유, 자기점유)나 권리행사방해죄(자기소유, 타인점유)의 객체와 체계적으로 비교해 볼 때 절도죄의 경우에는 '타인의 재물'을 '타인소유 타인점유의

587) 대법원 1980.11.11. 선고 80도131 판결(절도죄는 재물의 점유를 침탈하므로 인하여 성립하는 범죄이므로 재물의 점유자가 절도죄의 피해자가 되는 것이나 절도죄는 점유자의 점유를 침탈하므로 인하여 그 재물의 소유자를 해하게 되는 것이므로 재물의 소유자도 절도죄의 피해자로 보아야 할 것이다.) ; 대법원 1992.9.8. 선고 91도3149 판결(단순한 점유의 침해 만으로서는 절도죄를 구성할 수 없고 소유권 또는 이에 준하는 본권을 침해하는 의사 즉 목적물의 물질을 영득할 의사이거나 또는 그 물질의 가치만을 영득할 의사이든 적어도 그 재물에 대한 영득의 의사가 있어야 한다.) ; 대법원 2014.2.21. 선고 2013도14139 판결(형법상 절취란 타인이 점유하고 있는 자기 이외의 자의 소유물을 점유자의 의사에 반하여 점유를 배제하고 자기 또는 제3자의 점유로 옮기는 것을 말한다. 그리고 절도죄의 성립에 필요한 불법영득의 의사란 타인의 물건을 그 권리자를 배제하고 자기의 소유물과 같이 그 경제적 용법에 따라 이용·처분하고자 하는 의사를 말하는 것으로서, 단순히 타인의 점유만을 침해하였다고 하여 그로써 곧 절도죄가 성립하는 것은 아니나, 재물의 소유권 또는 이에 준하는 본권을 침해하는 의사가 있으면 되고 반드시 영구적으로 보유할 의사가 필요한 것은 아니며, 그것이 물건 자체를 영득할 의사인지 물건의 가치만을 영득할 의사인지를 불문한다. 따라서 어떠한 물건을 점유자의 의사에 반하여 취거하는 행위가 결과적으로 소유자의 이익으로 된다는 사정 또는 소유자의 추정적 승낙이 있다고 볼 만한 사정이 있다고 하더라도, 다른 특별한 사정이 없는 한 그러한 사유만으로 불법영득의 의사가 없다고 할 수는 없다.) ; 헌법재판소 2012.3.29. 선고 2010헌바89 전원재판부 결정(절도죄는 점유자의 점유를 침탈함으로써 재물의 소유자를 해하는 범죄이고, 절취행위로 인하여 피해재물 소유자뿐만 아니라 점유자도 피해를 입게 된다고 할 수 있다.)
[절충설적 사고에 입각한 판례] : 이처럼 판시사항에서 보호법익에 관하여 직접 언급하고 있는 대법원 판례는 없다. 그러나 대법원은 위의 판결처럼 친족상도례규정의 적용상 또는 불법영득의 의사와 관련하여 재물의 소유권뿐만 아니라 점유도 함께 보호하고 있는 취지의 판시를 하고 있다는 점에서 절충설에 입각하고 있다고 할 수 있다.

재물'로 해석하는 것이 바람직하고, 특히 소유권설에 의하면 권원(權原)에 기한 점유 내지 그렇게 추정할 수 있는 점유(평온한 점유)의 형법상 보호필요성에 부응할 수 없다. 즉 소유권 이외에도 타인의 재물을 점유할 권원이 되는 권리인 질권(質權), 유치권(留置權) 등의 본권(本權)도 부차적으로 보호법익이 될 때가 있기 때문에[588] 이점에서는 소유권·본권뿐만 아니라 부차적으로는 점유도 보호법익으로 파악하는 절충설(소유권 및 점유설)이 타당하다.[589]

[형법상 소유권의 의미]

'소유권'이란 물건을 사용·수익·처분할 수 있는 권리를 말한다(민법 제211조). '권리'란 일정한 이익의 享受를 위하여 법률상 인정된 힘이다. 따라서 소유권에는 물건의 '사용·수익·처분이라는 이익'과 이러한 이익을 享有할 수 있는 '법률상의 힘'이라는 두 측면이 있다.

법률(민법)상 인정되는 힘 그 자체는 절도라는 범죄에 의해 상실될 성질의 것이 아니다. 절취된 재물에 대해서도 민법은 원래의 소유자에게 민법상의 힘을 인정하므로 민법상의 힘 그 자체를 절도죄의 처벌을 통하여 보호할 필요는 없다.

그러나 피해자는 민법상의 힘을 상실하지는 않지만 그 힘을 행사할 수는 없다. 민법상의 힘을 행사할 수 없다는 것은 재물을 사용·수익·처분할 수 없게 된다는 의미라 할 수 있다. 절도죄를 처벌하는 이유는 바로 여기에 있다고 할 것이다.

이러한 결론은 보호법익이라는 용어에서도 도출할 수 있다. 보호법익이란 용어는 법이 보호해주는 이익이라고 할 수 있다. 소유권에 존재하는 이익은 힘 그 자체가 아니라 물건을 사용·수익·처분하는 이익이다. 따라서 물건을 사실상 사용·수익·처분할 수 있는 지위에 있는 사람은 민법상의

588) **[절충설의 타당성]** : 예컨대 A가 질권자로서 점유하고 있는 B소유의 물건을 C가 B와의 사전 합의 아래 A로부터 절취한 경우에 B의 소유권에 대한 침해는 없으나 A의 질권을 침해한 것이므로 절도죄가 성립하고(이 경우에 보호법익을 소유권으로 본다면 C에게는 절도죄가 성립할 수 없게 되며, 단순히 권리행사방해죄의 공동정범이 성립할 것이다.) 이 경우의 보호법익은 소유권이 아닌 질권(본권)이라고 보아야 할 것이다.

589) 대법원 1983.2.8. 선고 82도696 판결(수산업법에 의한 소위 양식어업권은 행정관청의 면허를 받아 해상의 일정구역 내에서 그 소유의 수산동·식물을 양식할 수 있는 권리를 가리키는 것으로서 그 면허를 받았다는 사실만으로써 곧 당해 구역 내에 자연적으로 번식하는 수산동·식물에 관하여 당연히 소유권이나 점유권을 취득한다고 할 수는 없으므로, 공소외인이 굴 양식면허를 받은 위 구역 내에서 피고인들이 자연서식의 바지락을 채취하였다고 하더라도 수산업법위반이 됨은 별론으로 하고 절도죄를 구성한다고는 할 수 없다.) ; 대법원 2010.4.8. 선고 2009도11827 판결(수산업법에 의한 양식어업권은 행정관청의 면허를 받아 해상의 일정구역 내에서 패류·해조류 또는 정착성 수산동물을 포획·채취할 수 있는 권리를 가리키는 것으로서 이는 그 지역에서 천연으로 생육하는 수산동식물을 어업면허를 받은 종류에 한하여 배타적·선점적으로 채취할 수 있는 권리에 불과하고 그 지역 내의 수산동식물의 소유권을 취득하는 권리는 아니므로 어업권의 취득만으로 당연히 그 지역 내에서 자연 번식하는 수산동식물의 소유권이나 점유권까지 취득한다고는 볼 수 없다. 따라서 어업권자와 어업권행사계약을 체결하고 어업권을 행사하는 피해자의 양식장에서 모시조개를 채취한 경우 절도죄가 성립하기 위해서는 그 채취한 모시조개가 자연 번식하는 것이 아니라 그 피해자가 양식하는 것으로서 피해자의 소유임이 인정되어야 한다.)

소유권 유무에 관계없이 절도죄의 피해자가 될 수 있다고 하여야 한다. 즉 형법에 고유한 소유권 개념은 없다고 하더라도 소유권의 어떠한 측면을 보호해야 할 것인지는 형법의 독자적 입장에서 파악해야 할 것이다. 이점에서 점유도 절도죄의 보호법익이지만 여기서의 점유도 형법의 독자적 입장에서 파악해야 할 것이다.

[보호법익 논의의 실익]

절도죄의 보호법익이 무엇인가 하는 문제는 형법에서는 친족상도례(제328조, 제344조)와 관련하여, 형사소송법적으로는 절도죄의 피해자가 누구인가와 관련하여 문제될 수 있다.

절도죄의 보호법익이 소유권이라고 한다면, 원칙적으로 절취자와 재물의 소유자 사이에 친족관계가 있으면 친족상도례의 규정이 적용되고, 소유자만이 피해자가 된다. 그러나 점유도 보호법익이라고 한다면 절취자와 점유자 사이에도 친족관계가 있어야 친족상도례가 적용되고, 점유자도 피해자가 된다.

다. 보호의 정도

절도죄의 보호의 정도와 관련해서는 위험범설과 침해범설(다수설)이 대립한다.

위험범설은 절취에 의해서 피해자가 민법상의 소유권이 상실되지 않기 때문에 소유권이 침해될 수 없고, 절도죄는 절취만 있으면 완성된다는 점을 근거로 든다.

생각건대 소유권에 대한 침해가 반드시 민법상의 소유권 상실을 의미하는 것은 아니다. 점유침탈로 인하여 소유권의 내용인 사용·수익·처분의 이익을 향유할 수 없어도 소유권이 침해되었다고 할 수 있기 때문이다. 따라서 점유침탈에 의하여 소유권의 내용인 사용·수익·처분의 이익이 방해되는 경우에는 소유권이 사실상 침해된다는 침해범설이 타당하다.

II. 절도죄

[조문]

형법 제329조(절도) 타인의 재물을 절취한 자는 6년 이하의 징역 또는 1천만원 이하의 벌금에 처한다.

제332조(상습범) 상습으로 제329조 내지 제331조의2의 죄를 범한 자는 그 죄에 정한 형의 2분의 1까지 가중한다.

제342조(미수범) 제329조 내지 제341조의 미수범은 처벌한다.

제344조(친족간의 범행) 제328조의 규정은 제329조 내지 제332조의 죄 또는 미수범에 준용한다.

제345조(자격정지의 병과) 본장의 죄를 범하여 유기징역에 처할 경우에는 10년 이하의 자격정지를 병과할 수 있다.

제346조(동력) 본장의 죄에 있어서 관리할 수 있는 동력은 재물로 간주한다.

군형법 제75조(군용물 등 범죄에 대한 형의 가중) ① 총포, 탄약, 폭발물, 차량, 장구, 기재, 식량, 피복 또는 그 밖에 군용에 공하는 물건 또는 군의 재산상 이익에 관하여 「형법」 제2편제38장부터 제41장까지의 죄를 범한 경우에는 다음 각 호의 구분에 따라 처벌한다.

1. 총포, 탄약 또는 폭발물의 경우 : 사형, 무기 또는 5년 이상의 징역
2. 그 밖의 경우 : 사형, 무기 또는 1년 이상의 징역

② 제1항의 경우에는 「형법」에 정한 형과 비교하여 중한 형으로 처벌한다.
③ 제1항의 죄에 대하여는 3천만원 이하의 벌금을 병과(倂科)할 수 있다.

한국조폐공사법 제19조(벌칙) ③ 제1항의 제품(화폐, 국채, 공채등)을 훔치거나 횡령한 사람은 3년 이상의 징역에 처한다.
④ 제2항의 제품을 훔치거나 횡령한 사람은 2년 이상의 징역에 처한다.
⑤ 제1항부터 제4항까지에 규정된 죄의 미수범(未遂犯)은 처벌한다.

산림자원의조성및관리에관한법률 제73조(벌칙) ① 산림에서 그 산물(조림된 묘목을 포함한다. 이하 이 조에서 같다)을 절취한 자는 7년 이하의 징역 또는 2천만원 이하의 벌금에 처한다.
② 제1항의 미수범은 처벌한다.
③ 제1항의 죄를 범한 자가 다음 각 호의 어느 하나에 해당한 경우에는 1년 이상 10년 이하의 징역에 처한다.

특정범죄가중처벌등에관한법률 제5조의4(상습 강도 · 절도죄 등의 가중처벌) ① 상습적으로 「형법」 제329조부터 제331조까지의 죄 또는 그 미수죄를 범한 사람은 무기 또는 3년 이상의 징역에 처한다.

② 5명 이상이 공동하여 제1항의 죄를 범한 사람은 무기 또는 5년 이상의 징역에 처한다.

⑤ 「형법」 제329조부터 제331조까지, 제333조부터 제336조까지 및 제340조 · 제362조의 죄 또는 그 미수죄로 세 번 이상 징역형을 받은 사람이 다시 이들 죄를 범하여 누범(累犯)으로 처벌하는 경우에도 제1항부터 제4항까지의 형과 같은 형에 처한다.

⑥ 제1항 또는 제2항의 죄로 두 번 이상 실형을 선고받고 그 집행이 끝나거나 면제된 후 3년 이내에 다시 제1항 또는 제2항의 죄를 범한 경우에는 그 죄에 대하여 정한 형의 단기(短期)의 2배까지 가중한다.

제9조(「산림자원의 조성 및 관리에 관한 법률」 등 위반행위의 가중처벌) ① 「산림자원의 조성 및 관리에 관한 법률」 제73조제1항 · 제2항 및 제74조에 규정된 죄를 범한 사람은 다음 각 호의 구분에 따라 가중처벌한다.

1. 임산물(林産物)의 원산지 가격이 1천만원 이상이거나 산림 훼손면적이 5만제곱미터 이상인 경우에는 무기 또는 5년 이상의 징역에 처한다.
2. 임산물의 원산지 가격이 100만원 이상 1천만원 미만이거나 산림 훼손면적이 5천제곱미터 이상 5만제곱미터 미만인 경우에는 3년 이상의 유기징역에 처한다.

② 「산림자원의 조성 및 관리에 관한 법률」 제71조, 제73조제3항 및 「산림보호법」 제53조제2항 · 제3항 및 제5항에 규정된 죄를 범한 사람은 무기 또는 5년 이상의 징역에 처한다.

가. 의의

절도죄는 타인이 점유하는 타인소유의 재물을 절취함으로써 성립하는 범죄이다.

나. 객관적 구성요건

(1) 행위의 객체

본죄의 행위객체는 타인이 점유하는 타인소유의 재물이다(소유권 및 점유설의 입장).[590]

① 재물의 개념에 관한 학설의 대립

형법은 절도와 강도의 장에 규정되어 있는 제346조에서 '본장의 죄에 있어서 관리

590) **[절도죄와 타죄의 구별]** : 이 점에서 절도죄는 타인소유인 자기점유물을 객체로 하는 횡령죄, 타인점유인 자기소유물을 객체로 하는 권리행사방해죄, 소유자는 존재하지만 어느 누구의 점유에도 해당하지 않는 재물을 객체로 하는 점유이탈물횡령죄와 구별된다.

할 수 있는 동력은 재물로 간주한다'[591]고 규정하여 사기와 공갈의 죄, 횡령과 배임의 죄 및 손괴의 죄에서 이를 각각 준용하고 있기 때문에, 재산죄의 객체인 재물의 개념을 어떻게 이해할 것인지가 문제된다. 이에 대해서는 유체성설과 관리가능성설이 대립하고 있다.

ㄱ. 유체성설

이 설은 물건 또는 재물을 유체성설의 입장에서 파악하여 유체물만을 물건 또는 재물이라고 한다.

이 설은 첫째 제346조와 같이 동력을 재물로 간주하는 특별규정(예외규정)이 있는 것은 유체물만이 물건이 될 수 있고, 예외적인 경우에만 관리할 수 있는 동력도 물건이라는 의미이고, 둘째 일상용어상으로도 물건은 유체물만을 의미하며, 셋째 관리가능한 동력도 재물이라고 할 경우 재물의 개념이 지나치게 확대될 수 있다는 것을 근거로 든다.

ㄴ. 관리가능성설(물리적 관리가능성설)

이 설(통설 및 판례)은 물건 혹은 재물을 관리가능성설에 의해 파악하기 때문에 유체물뿐만 아니라 관리가능한 무체물(열, 광, 수력, 냉기 등)도 당연히 포함된다고 한다.

이 설은 첫째 제346조는 예외적인 규정이 아니라 확인적 규정(주의규정, 당연규정)으로 해석할 수 있고, 둘째 관리할 수 있는 무체물도 형법적으로 보호할 필요가 있으며, 셋째 관리가능성설에 의해도 관리가능성이라는 개념을 어떻게 해석하느냐에 따라 그 개념이 부당하게 확대되지 않을 수 있다는 것을 근거로 든다.[592]

591) 민법 제98조(물건의 정의)는 '물건'을 '유체물 및 전기 기타 관리할 수 있는 자연력'으로 정의하고 있다. 물건에 대한 민법상의 논의에 대하여는 앞의 주 525) 참조.

592) **[물리적 관리가능성설과 사무적 관리가능성설의 차이]** : 물리적 관리가능성설은 전기와 같은 에너지는 물질성을 가지고 있는 한 재물로 취급하여야 한다는 이유로 물리적으로 관리가능한 것이 재물이라고 한다. 예컨대 열, 광, 수력, 냉기 등은 재물이지만 우마나 사람의 노동력, 채권, 정보는 재물이 아니다.

이에 대하여 사무적 관리가능성설은 사무적으로 관리가능한 것은 모두 재물이라는 입장으로 우마나 사람의 노동력은 물론 채권, 정보도 재물에 포함한다. 그러나 사무적 관리가능성설에 대해서는 현행법이 재물과 재산상의 이익을 구별하여 규정하고 있는 점을 무시하는 것으로 죄형법정주의에 반한다는 비판을 가할 수 있다.

보충판례 57-1 : 대법원 1994.3.8. 선고 93도2272 판결
57-2 : 대법원 2002.7.12. 선고 2002도745 판결
57-3 : 대법원 1998.6.23. 선고 98도700 판결[593)]

ㄷ. 소결

유체성설이 물건이나 재물의 개념이 지나치게 확장되는 것을 막아 형법의 보장적 기능을 강화하려는 의도는 높이 평가할 수 있다.[594)] 그러나 시대가 변하고, 과학기술이 발달함에 따라 관리가능한 무체물들이 출현하게 되었고 이들의 사용이 일상화됨에 따라 오늘날에는 관리가능한 무체물도 당연히 물건 내지 재물이라고 파악하게 되었다고 할 수 있다.

이 점에서 제346조의 규정은 유체성설이 지배하던 시대에는 창설적 규정이라고 할 수 있었지만, 오늘날에는 확인적 규정으로서의 의미를 가지고 있다고 해야 할 것이다. 따라서 장물죄와 같이 동력규정을 두고 있지 않은 경우에도 범죄에 의해 영득한 전기 등 관리가능한 무체물은 장물에 포함된다고 해야 할 것이며, 관리에 법적·사무적 관리를 포함시키는 경우에는 재물과 재산산의 이익을 구별할 수 없다는 점에서 물리적 관리가능성설이 타당하다.[595)]

---

593) **[보충판례 57-1·2·3의 해설]** : 대법원은 타인의 전화를 무단으로 사용한 사안(보충판례 57-3)에 있어서 '이러한 역무는 무형적 이익에 불과하고 물리적 관리의 대상이 될 수 없어 재물이 아니다'라고 판시하여 관리가능성설에 입각하고, 또한 사금채취광업권을 명의신탁받아 보관하던 중 반환요구를 거부한 사안(보충판례 57-1)에서는 '재물은 동산, 부동산의 유체물에 한정되지 아니하고 관리할 수 있는 동력도 재물로 간주되지만(형법 제361조, 제346조), 여기에서 말하는 관리란 물리적 또는 물질적 관리를 가리킨다고 볼 것이고, 재물과 재산상이익을 구별하고 횡령과 배임을 별개의 죄로 규정한 현행 형법의 규정에 비추어 볼 때 사무적으로 관리가 가능한 채권이나 그 밖의 권리 등은 재물에 포함된다고 해석할 수 없다.'고 판시하여 물리적 관리가능성설에 입각하고 있다고 할 수 있다.
그러나 최근 컴퓨터에 저장되어 있는 정보의 재물성과 관련한 사안(보충판례 57-2)에 있어서는 '컴퓨터에 저장되어 있는 정보는 유체물이라고 볼 수도 없을 뿐 아니라 물질성을 가진 동력도 아니므로 재물이 될 수 없다.'고 판시하여 기본적으로 유체성설에 입각한 듯 한 태도를 보이고 있다. 즉 이 판시내용에서 동력의 관리가능성 여부를 물질성에 기초하여 판단하고 있는 점은 바람직한 태도라 할 수 없다.

594) **[유체성설의 의의]** : 실제로도 초창기의 유체성설은 전기를 훔치는 행위를 절도죄로 처벌하지 못한다고 함으로써 형법의 보장적 목적을 달성하는 데에 일조를 하였다.

595) **[유체성설과 관리가능성설의 실질적 차이점]** : 유체성설은 제346조의 '간주한다'는 규정이 유체성설을 전제로 한 예외규정으로 파악하고 있고, 관리가능성설은 이 규정이 단순한 주의규정에 불과한 것이라고 하면서도 이 경우의 관리가능을 '물리적으로 관리가능한 경우'로 제한하여 채권과 같은 사무적·법률적으로 관리가능한 것은 제외시키고 있다.
두 학설은 모두 형법의 적용상 관리가능한 무체물을 재물로 취급한다는 결론에는 차이가 없으므로 실무적 의미가 별로 없다고 하지만, 재물에 포함시키는 내용요소에는 실질적인 차이가 분명히 존재

② 재물의 개념(재물의 범위)

ㄱ. 유체물

유체물이란 일정한 공간을 차지하고 있는 물체를 말한다. 관리가능성설에 의하면 관리가능한 유체물만이 재물이 될 수 있다.[596] 해, 달, 별과 같이 유체물이지만 관리불가능한 것은 재물이 될 수 없다. 유체물인 한 고체, 액체, 기체이건 상관없다.

사람은 유체물이지만 재물이 될 수 없다. 사체(死體)가 재물이 될 수 있다는 견해도 있지만, 통설은 재물이 될 수 없다고 한다. 형법이 사체영득죄(제161조) 등을 규정하고 있고, 사체는 경제적 가치를 지니지 못하므로 재물이 될 수 없다고 해야 한다. 다만 예외적으로 해부용 사체와 같이 경제적 가치가 있는 경우에는 재물이 될 수 있다.

ㄴ. 관리할 수 있는 동력

전기나 원자력 등과 같이 관리할 수 있는 동력은 재물이 될 수 있다. 권리(채권 등)는 동력이 아니므로 재물이 될 수 없다.[597]

관리란 물리적 관리만을 의미하고 사무적 관리는 포함되지 않는다(통설 및 판례). 사무적으로 관리가능한 동력까지 포함하게 되면 재물과 재산상의 이익의 구별이 불가능하기 때문이다. 물리적으로 관리가능한 수력, 조력(潮力), 풍력, 인공냉기, 인공온기 등은 재물이 된다.

그러나 물리적 관리가 불가능한 전파나 모사전송기(팩시밀리)의 송수신, 자기 등은 재물이 될 수 없다. 향후 과학기술의 발달에 따라 전파나 자기에 대한 관리가 가능해

한다. 즉 관리가능성설은 유체물 이외의 '관리가능한 무체물' 그 자체도 재물개념에 포함시키지만(재물=유체물+관리가능한 무체물+관리가능한 동력), 유체성설에 따르면 간주규정을 적용하더라도 '관리가능한 무체물'이 아니라 관리가능한 '동력'에만 국한시키고 있을 뿐(재물=유체물+관리가능한 동력)이기 때문이다.

596) 대법원 1964.6.23. 선고 64도209 판결(자기 논에 물을 품어 넣기 위하여 토지개량조합의 배수로에 토지개량조합규칙에 위배되는 행위로서 특수한 공작물을 설치하여 자기 논에 물을 저수하였다 하여도 그 물이 물을 막은 사람의 사실상이나 법률상 지배하는 것이 되지 못한다고 인정되므로 그 물은 절도죄의 객체가 되지 못한다.)

597) 대법원 1958.10.31. 선고 4291형상361 판결(전기의 재물성을 인정한 판례) ; 대법원 1994.3.8. 선고 93도2272 판결(광업권은 재물인 광물을 취득할 수 있는 권리에 불과하지 재물 그 자체는 아니므로 횡령죄의 객체가 된다고 할 수 없고, 광업법 제12조가 광업권을 물권으로 하고 광업법에서 따로 정한 경우를 제외하고는 부동산에 관한 민법 기타 법령의 규정을 준용하도록 규정하고 있다 하여 광업권이 부동산과 마찬가지로 횡령죄의 객체가 된다고 할 수는 없다.)

지는 경우에는 이것들도 재물이 될 수 있다.[598] 또한 동력이 아닌 정보나 전자기록등 특수매체기록도 재물이 될 수 없다. 예컨대 타인의 정보를 몰래 지득하거나 전자기록 등 특수매체기록에 있는 내용을 몰래 복사한 경우에도 절도죄 등이 성립할 수 없다.[599] 서비스나 역무 등도 관리할 수 있는 동력이라고 할 수 없으므로 재물이 될 수 없다.

인간과 동물의 노동력이 관리할 수 있는 동력인지에 대해서는 긍정설과 부정설이 대립하고 있다. 부정설(다수설)에서는 인간과 동물의 노동력은 재산상의 이익이 될 수 있을 뿐이므로 다른 사람이나 동물의 노동력을 몰래 이용하였을 때에는 사기죄나 민법상의 불법행위가 될 수 있을 뿐이고 재물죄는 성립할 수 없다고 한다. 그러나 관리가능한 동력이면 재물이 될 수 있다고 해야 하고, 그것이 기계를 이용한 것이든 동물을 이용한 것이든 상관없다고 하여야 할 것이다(긍정설).

ㄷ. 재물과 경제적 가치

1) 주관적·소극적 가치 불요설

통설은 재물에 경제적 교환가치를 요하지 않는다고 한다. 따라서 경제적 가치없는 물건뿐만 아니라 주관적 가치가 없는 물건도 재물에 속하게 된다.

이 견해는 첫째 전체로서의 재산을 보호하는 이득죄와 재물죄는 구별되어야 하고, 둘째 소유권범죄는 재물에 대한 형식적 · 법적 지위를 보호하고 이러한 지위는 실질

598) 대법원 1996.8.23. 선고 95도192 판결(메모 형식으로 작성된 회사 중역들에 대한 특별상여금 지급 내역서 1부 및 퇴직금 지급내역서 2부를 마침 피고인이 이를 보고 복사기를 사용하여 복사를 한 후 원본은 제자리에 갖다 놓고 그 사본만을 가지고 간 경우 피고인이 위 회사 소유의 문서의 사본을 절취한 것으로 볼 수는 없다.) ; 대법원 2008.2.15. 선고 2005도6223 판결[사원이 회사를 퇴사하면서 부품과 원료의 배합비율과 제조공정을 기술한 자료와 회사가 시제품의 품질을 확인하거나 제조기술 향상을 위한 각종 실험을 통하여 나타난 결과를 기재한 자료를 가져간 경우 이는 절도에 해당하고, 위 자료는 구 부정경쟁방지및영업비밀보호에관한법률(2004.1.20. 법률 제7095호로 개정되기 전의 것)에 정한 영업비밀에 해당한다.]

599) 대법원 2002.7.12. 선고 2002도745 판결(절도죄의 객체는 관리가능한 동력을 포함한 '재물'에 한한다 할 것이고, 또 절도죄가 성립하기 위해서는 그 재물의 소유자 기타 점유자의 점유 내지 이용가능성을 배제하고 이를 자신의 점유하에 배타적으로 이전하는 행위가 있어야만 할 것인바, 컴퓨터에 저장되어 있는 '정보' 그 자체는 유체물이라고 볼 수도 없고, 물질성을 가진 동력도 아니므로 재물이 될 수 없다 할 것이며, 또 이를 복사하거나 출력하였다 할지라도 그 정보 자체가 감소하거나 피해자의 점유 및 이용가능성을 감소시키는 것이 아니므로 그 복사나 출력 행위를 가지고 절도죄를 구성한다고 볼 수도 없다.)

적 · 경제적 표준에 의해 결정되는 것이 아니라 물권법적 권리가 있느냐에 따라 형식적으로 결정된다는 점을 근거로 든다.

2) 주관적·소극적 가치 필요설

이 설은 금전적 교환가치라는 의미에서의 경제적 가치와 금전적 교환가치는 없지만 주관적 가치 내지 소극적 가치는 지녔다는 의미의 재산적 가치를 구별하여, 재물에 경제적 가치를 요하지 않지만, 재산적 가치는 요한다고 한다. 따라서 부모의 사진, 일기장, 학생증, 서류 등 경제적 가치가 없더라도 권리자의 주관적 · 소극적 가치만 있으면 재물이 된다. 판례는 필요설에 입각하고 있다.[600)]

보충판례 58 : 대법원 2007.8.23. 선고 2007도2595 판결

3) 소결

독일형법학의 영향을 받은 것으로 보이는 주관적·소극적 가치 불요설은 우리 형법의 해석으로는 타당하지 않다. 즉 재산범죄의 객체를 Sache라고 규정하고 있는 독일형법의 Sache는 재물보다는 물건과 같은 개념이지만, 우리 형법은 재물과 물건을 엄

600) **[필요설에 입각한 판례]** : 대법원 1996.5.10. 선고 95도3057 판결 ; 대법원 2007.8.23. 선고 2007도2595 판결(재산죄의 객체인 재물은 반드시 객관적인 금전적 교환가치를 가질 필요는 없고 소유자, 점유자가 주관적인 가치를 가지고 있음으로써 족하다고 할 것이고, 이 경우 주관적, 경제적 가치의 유무를 판별함에 있어서는 그것이 타인에 의하여 이용되지 않는다고 하는 소극적 관계에 있어서 그 가치가 성립하더라도 관계없다 할 것이므로, 피고인이 절취한 백지의 자동차출고의뢰서 용지도 그것이 어떠한 권리도 표창하고 있지 않다 하더라도 경제적 가치가 없다고는 할 수 없어 이는 절도죄의 객체가 되는 재물에 해당한다.)

따라서 판례에 의하면, 원료의 배합비율, 제조공정, 시제품의 품질 확인이나 제조기술 향상을 위한 각종 실험결과 등을 기재한 자료(대법원 2008.2.15. 선고 2005도 6023 판결), 재건축사업으로 철거할 예정이고 그 입주자들이 모두 이사하여 아무도 거주하지 않는 아파트(대법원 2007.9.20. 선고 2007도5207 판결), 사실상 퇴사하면서 회사의 승낙없이 가지고 간 부동산매매계약서 사본들(대법원 2007.8.23. 선고 2007도2955 판결), 회사가 사용 후 폐기하는 원주주명부의 복사본 및 재복사본(대법원 2004.10.28. 선고 2004도183 판결), 법원으로부터 송달된 심문기일소환장(대법원 2000.2.25. 선고 99도5775 판결), 신용카드(대법원 1996.5.10. 선고 95도857 판결의 취지), 주권포기각서(대법원 1996.9.10. 선고 95도2747 판결), 백지의 자동차출고의뢰서용지(대법원 1996.5.10. 선고 95도3057 판결), 찢어진 어음(대법원 1987.10.13. 선고 87도1240 판결 ; 대법원 1976.1.27. 선고 74도3442 판결), 업무상 기술분야에 관한 문서사본(대법원 1986.9.23. 선고 86도1205 판결), 인감증명서(대법원 1986.9.23. 선고 85도1775 판결), 폐지로 소각될 도시계획구조변경서(대법원 1981.3.24. 선고 80도1205 판결), 포도주제조에는 사용할 수 없으나 식초 등은 만들 수 있는 부패된 포도원액(대법원 1979.7.24. 선고 78도2138 판결), 주민등록증(대법원 1971.10.19. 선고 70도1399 판결) 등도 재물이 될 수 있다.

격하게 구별하고 있기 때문이다. 따라서 '재(財)+물(物)'은 '재산적 가치+물건'으로서 '재산적 가치가 있는 물건'이라고 해석할 수밖에 없다.

불요설에 의하면 재물죄가 재산범죄로서의 성격을 갖지 못할 수 있다. 형법이 비재산범죄에서는 물건이라는 용어를 사용하고 있고, 재산범죄에서는 재물이라는 용어를 사용하고 있는 것은 비재산범죄에서는 물건의 경제적 가치가 문제되지 않지만, 재산범죄는 그 성격상 경제적 가치가 있는 물건만을 대상으로 하고 이를 재물이라고 한 것으로 보아야 하기 때문이다.

경제적 가치와 재산적 가치를 구별하는 소수설과 판례에도 문제가 있다. 재산적 가치는 경제적 가치라는 말과 같은 말이라고 할 수 있기 때문에 경제적 가치 내지 재산적 가치에 교환가치까지 필요하지 않다는 말은 타당하다고 할 수 있다. 그러나 경제적 가치는 객관적으로 평가해야 하기 때문에 단순히 주관적 · 소극적 가치만 있는 경우에는 경제적 가치도 없다고 해야 할 것이다. 예컨대 형법이 사체오욕 · 영득죄(제159조, 제161조)를 별도로 규정하고 있는 것은 사체의 경우 주관적 · 소극적 가치만을 지니기 때문에 손괴죄나 절도죄와 같은 재산범죄의 객체가 될 수 없기 때문이라고 할 수 있다.

다만 물건은 극히 예외적인 사유가 없는 한 아무리 사소하더라도 경제적 가치를 가진다고 할 수 있다. 일기장, 애인사진, 소각될 폐지나 찢어진 어음, 백지 등도 비록 그 가치가 매우 작지만 경제적 가치는 있다고 해야 할 것이기 때문이다. 그러나 이러한 정도의 경제적 가치를 지니지 못하고 주관적 · 소극적 가치만을 지닌 물건을 절취, 횡령하는 등의 행위는 이미 재산범죄로서의 성격을 지니지 못하고, 피해자를 정신적으로 괴롭히는 의미밖에 없다. 이러한 행위에 대해서는 재산범죄로 다룰 것이 아니라 민법상의 불법행위 및 그에 대한 손해배상의 문제로 다루어도 충분하다.

결국 재물은 경제적 가치가 있는 물건에 국한된다고 해석해야 하고, 경제적 가치가 없는 물건도 재물이라고 하는 것은 문언의 가능한 의미를 넘어서는 유추적용으로서 피고인에게 불리한 경우에는 허용될 수 없다고 해야 할 것이다.

ㄹ. 경제적 가치가 경미한 물건

경제적 가치가 경미한 물건(주관적 가치조차 없는 물건)이 절도죄의 객체가 될 수 있는지에 대하여는, 절도죄의 객체가 될 수 있고, 따라서 이를 절취, 강취, 횡령한 경우에는 절도죄, 강도죄, 횡령죄 등의 구성요건해당성이 있으나 다만 사회상규에 위배되지 않은 행위로서 위법성이 조각될 수 있다는 견해도 있으나. 다수설은 처음부터 재물성 자체를 부인하여 구성요건해당성이 조각된다고 한다. 다수설이 타당하다.

ㅁ. 재물과 부동산

부동산 그 자체가 절도죄(또는 강도죄)의 객체인 재물이 될 수 있는지에 대해서는 이를 긍정하는 견해(적극설)와 부정하는 견해(소극설, 다수설)가 대립한다.601)

소수설인 적극설은 절도죄(다음의 논리는 강도죄의 경우에도 타당하다)의 객체가 '동산'이 아니라 '재물'로 규정되어 있는 이상 부동산은 당연히 객체가 되고, '탈취'의 본질은 장소적 이전이 아니라 종래의 점유를 배제한 새로운 지배의 창설이며, 경계침범죄와 주거침입죄만으로는 부동산침탈에 대한 효과적인 대응책이 될 수 없기 때문에 부동산도 절도죄의 객체로 인정할 필요가 있다는 점을 논거로 든다.

생각건대 형법상 '탈취'는 재물의 장소이전을 개념적 요소로 하고 가동성이 없는 부동산은 점유침해가 불가능하다는 점에서 소극설이 타당하다.602) 부동산에 대한 절도

601) 부동산 그 자체가 유체물로서 재물이 되고 따라서 사기죄, 공갈죄, 횡령죄의 객체가 된다는 점에 대해서는 견해는 일치한다.

602) **[가동성있는 부동산의 절도]** : 이점에서 절도죄의 객체는 가동물건(장소적 이전을 할 수 있는 것)에 한정된다. 토지와 그 정착물은 일응 부동산으로서(민법 제99조 제1항) 절도죄의 객체가 될 수 없다. 그러나 정착물이 토지에서 분리되거나 건물의 일부가 건물에서 떨어진 때에는 가동물건으로서 절도죄의 객체가 될 수 있다.

예컨대 식재되어 있는 상태의 수목을 베어간 사안(타인의 대나무, 타인의 감나무에서 감을 수확한 경우 등)에서 절도죄를 인정한 판례[대법원 1980.9.30. 선고 80도1874 판결(타인의 토지상에 권원없이 식재한 수목의 소유권은 토지소유자에게 귀속하고 권원에 의하여 식재한 경우에는 그 소유권이 식재한 자에게 있다할 것인 바, 위 김00은 그가 피고인으로부터 임차하고 있는 토지의 울타리 안에 위 대나무를 식재하고 가꾸어 온 사실과 피고인이 그 울타리안의 대나무를 벌채하여 간 사실을 인정하기에 넉넉하므로 결국 피고인이 위 김00의 권원에 의하여 식재한 위 동인소유의 대나무를 동인의 의사에 반하여 벌채하여 간 것이다.) ; 대법원 1998.4.24. 선고 97도3425 판결(원심이 피고인이 권원 없이 식재한 판시 감나무의 소유권은 그 감나무가 식재된 토지의 소유자인 피해자에게 있다고 판단한 조치는 옳다.)]에 대해서는 부동산절도를 인정한 판례라고 평가하는 견해도 있지만, 이들 판례의 태도는 수목을 부동산 그 자체로 본 것이 아니라 자갈, 토사운반 등의 경우와 같이 토지로부터 분리된 동산으로서의 수목을 인정한 것이므로 원칙적으로 소극설의 입장을 취한 것으로 이해하는 것이 타당하다.

죄를 인정하지 않더라도 부동산의 무단점거에 대해서는 경계침범죄(제370조)나 주거침입죄(제319조) 및 강요죄로 대응할 수 있을 뿐만 아니라 부동산강취에 대해서는 강제이득죄(제333조), 부동산에 대한 권리침해는 공정증서원본등부실기재죄(제228조) 또는 공·사문서위조및동행사죄(제225조, 제229조, 제231조, 제234조)로 처벌할 수 있다.

또한 부동산에 대한 침탈행위의 권리구제수단으로서 민사상 강제집행절차를 통하여 먼저 침탈행위에 대응한 후에도 계속 침탈하는 경우를 대비해 형법은 부동산강제집행효용침해죄(제140조의2)까지 인정하고 있기 때문에 부동산에 대한 절도죄를 인정할 특별한 실익이 없다 할 것이다.

③ 타인소유의 재물

ㄱ. 타인소유

타인이란 행위자 이외의 타인을 말하며, 자연인은 물론 법인이나 기타 법인격 없는 단체도 포함된다.[603] 단독소유물이 아닌 공동소유에 속하는 재물도 타인의 재물이다.[604]

타인의 소유여부는 일차적으로 민법의 물권법이론과 상법 등 실체법에 의해 형식적으로 결정된다.[605]

603) 대법원 2013.2.28. 선고 2012도15303 판결(원심이 피고인 명의로 등록되어 있지만 피해자가 점유·관리하여 온 이 사건 승용차를 피고인이 임의로 운전해 감으로써 이를 절취하였다는 내용의 이 사건 공소사실에 대하여, 피고인이 사실혼 관계에 있던 피해자에게 이 사건 승용차를 선물하여 증여한 이래 피해자만이 이 사건 승용차를 운행하며 관리하여 온 사실, 피고인과 피해자가 별거하면서 재산분할 내지 위자료 명목으로 피해자가 이 사건 승용차를 소유하기로 한 사실 등을 인정한 다음, 이 사건 승용차는 그 등록명의와 관계없이 피고인과 피해자 사이에서는 피해자를 소유자로 보아야 한다는 이유로 피고인의 행위가 절도행위에 해당한다고 판단한 것은 정당하다.)

604) 대법원 1987.12.8. 선고 87도1831 판결(원심은 그 채택한 증거에 의하여 그 판시 물건들이 동업자금으로 현물출자한 물건이거나 동업으로 운영과정에서 취득한 물건들로서 동업자의 공동소유에 속하는 동업재산이라고 인정한 다음 이를 피고인이 자기가 따로 설립한 공장으로 임의로 옮겨 단독점유를 하는 경우에는 절도죄에 해당한다고 판시하고 있는 바, 위 인정과 판단은 정당하다.) ; 대법원 1994.11.25. 선고 94도2432 판결(타인과 공동소유관계에 있는 물건도 절도죄의 객체가 되는 타인의 재물에 속한다.)

605) 대법원 1970.3.10. 선고, 70도82 판결(타인 소유의 토지에 이를 사용수익할 만한 권한이 없이 농작물을 경작한 경우에 그 농작물의 소유권은 경작한 사람에게 귀속된다고 할 것인바 이 사건에 있어서 보면 판시 망 공소외 1소유 논은 판시 공소외 2명에게로 소유권이전등기가 경료되었으며 피고인이 망인의 딸 공소외 3으로 부터 매수하여 계속 경작하여 오던 것이라 할지라도 피고인이 뽑아버린 콩은 공소외 2가 경작한 것임을 자인하고 있을 터이므로 설사 장차 소송에 의하여 피고인 명의로 소유권이전등기를 받을 수 있는 형편에 있고 또 공소외 2가 불법적으로 피고인의 경작을 방해하기 때문

1) 무주물

어느 누구의 소유에도 속하지 않는 무주물은 재산범죄의 객체가 될 수 없다. 어느 누구의 소유권에도 속한 적이 없는 재물(예컨대 포획되지 아니한 야수나 어류 등)[606], 소유자가 유효하게 소유권을 포기한 재물, 소유권의 객체가 될 수 없는 재물(예컨대 사체 등) 등은 절도죄의 객체가 될 수 없다.

2) 사체(死體)

사체는 소유권의 객체가 될 수 있다는 견해(다수설)와 객체가 될 수 없다는 견해가 대립하지만 소유권의 객체가 될 수 있다고 해야 한다. 그러나 사체는 물건이라고는 할 수 있으나 재물이라고는 할 수 없기 때문에 절도죄의 객체는 될 수 없다(다수설). 예외적으로 병원의 해부용 사체 등과 같이 사체가 재물로서의 성격을 가진 때에는 절도죄의 객체가 될 수 있다.

사체는 물건이므로 권리행사방해죄나 점유강취죄의 객체가 될 수 있는지가 문제될 수 있다. 권리행사방해죄나 점유강취죄는 점유를 보호법익으로 하기 때문에 객체가 재물인가 아닌가는 동 범죄의 성립과 무관하기 때문이다. 따라서 사체에 대해서도 권리행사방해죄나 점유강취죄가 성립할 수 있다.[607]

에 흥분한 나머지 범한 것이라 할지라도 피고인에 대한 재물손괴의 죄책을 면할 수 없다.) 이 사례에서는 토지소유자가 경작자 몰래 그 경작물을 처분한 경우에는 절도죄가 성립할 수 있을 것이다 ; 대법원 2007.2.22. 선고 2006도8649 판결(돈사에서 대량으로 사육되는 돼지에 대한 이중의 양도담보설정계약이 체결된 경우 뒤에 양도담보설정계약을 체결한 이중양수 채권자가 임의로 돼지를 반출한 행위가 절도죄를 구성한다.)

606) 대법원 1983.2.8. 선고 82도696 판결 ; 대법원 2010.4.8. 선고 2009도11827 판결(수산업법에 의한 양식어업권은 행정관청의 면허를 받아 해상의 일정구역 내에서 패류·해조류 또는 정착성 수산동물을 포획·채취할 수 있는 권리를 가리키는 것으로서 이는 그 지역에서 천연으로 생육하는 수산동식물을 어업면허를 받은 종류에 한하여 배타적·선점적으로 채취할 수 있는 권리에 불과하고 그 지역 내의 수산동식물의 소유권을 취득하는 권리는 아니므로 어업권의 취득만으로 당연히 그 지역 내에서 자연 번식하는 수산동식물의 소유권이나 점유권까지 취득한다고는 볼 수 없다. 따라서 어업권자와 어업권 행사계약을 체결하고 어업권을 행사하는 피해자의 양식장에서 모시조개를 채취한 경우 절도죄가 성립하기 위해서는 그 채취한 모시조개가 자연 번식하는 것이 아니라 그 피해자가 양식하는 것으로서 피해자의 소유임이 인정되어야 한다.)

607) 예컨대 비용을 물지 않기 위해 장례식장에서 유족이 몰래 사체를 빼가거나 폭행·협박으로 사체를 강취해간 경우를 들 수 있다.

ㄴ. 금제품·금제물의 재물성

금제품 혹은 금제물이란 소유 또는 소지가 금지되어 있는 물건을 말한다. 거래가 금지되는 불융통물의 일종이다. 금제품도 유체물인 이상 재물임에는 의문이 없지만 권리의 대상이 될 수 없으므로 절도죄의 객체가 될 수 있는지에 대해서는 견해가 대립한다.

1) 긍정설

긍정설(다수설)은 금제품도 절차에 따라 몰수되기까지는 소유 또는 점유를 보호해야 하고, 금제품은 사인의 소유나 소지는 금지되어 있지만 국가가 소유권을 갖고 있고, 절도죄 등은 점유도 보호법익으로 하기 때문에 절도죄의 객체가 될 수 있다고 한다. 판례도 같은 입장이다.

보충판례 59 : 대법원 1998.11.24. 선고 98도2967 판결

2) 부정설

부정설은 금제품은 경제적 이용가능성이 없거나 소유권의 객체가 될 수 없다는 점을 근거로 금제품에 대해서는 절도죄의 객체가 될 수 없다고 한다.

3) 절충설

절충설은 절도죄, 강도죄, 횡령죄 등 범죄의 보호법익은 소유권이고 형법에 고유한 소유권개념은 인정할 수 없으므로 부정설이 타당하지만, 소지만 금지되는 물건(상대적 금제품, 마약, 불법소지무기 등)에 대해서는 절도죄가 성립하고, 소유가 금지되는 물건(절대적 금제품, 아편흡식기, 위조지폐, 음란한 물건 등)에 대해서는 절도죄가 성립하지 않는다고 한다.

4) 소결

법률적 재산설이 아니라 경제적 재산설을 따른다면 재물에 대해서도 법률적 재물개념이 아니라 경제적 재물개념을 따르는 것이 논리일관적일 것이다. 법률적 재물개념을 따르면 사법상 권리가 인정되지 않는 재물에 대해 재산범죄가 성립할 수 없다. 그러나 경제적 재물개념을 따르게 되면, 불법소지무기이건 아편 혹은 음란물이건 설사 사법상 권리가 인정되지 않더라도 그것이 사실상 경제적 가치를 지닌 물건이라고 한다면 절도죄의 객체가 된다고 해야 할 것이고 소지자가 이를 소지할 권리가 없는 것과 이를 절취하는 행위는 별개로 판단하여야 한다고 할 것이므로 긍정설이 타당하다.

④ 형법상의 점유

형법상 점유란 지배의사를 가지고 재물을 사실상 지배하는 것을 말한다. 사실상의 지배가 형법상 점유의 기준이 되는 한 소유권 없는 절도범인도 형법상 점유자가 될 수 있다.

ㄱ. 형법상 점유의 기능

1) 보호객체로서의 점유

권리행사방해죄(제323조)는 자기소유이더라도 타인의 점유 하에 있는 물건에 대해 성립한다. 즉 점유는 권리행사방해죄의 보호법익이라고 할 수 있다. 따라서 여기에서의 점유는 보호할 만한 가치가 있는 점유에 국한된다.

2) 행위주체의 요소로서의 점유

횡령죄는 타인의 재물을 보관하는 자가 이를 횡령하는 범죄이다(제355조 제1항). 여기에서 보관이란 점유를 포함하는 개념이다. 여기에서의 점유는 횡령죄의 행위주체가 될 수 있는 신분요소로서 기능한다.

3) 행위객체의 요소로서의 점유

절도죄, 강도죄, 사기죄, 공갈죄는 타인이 점유하는 타인의 재물을 행위객체로 한다. 여기에서의 점유는 행위객체의 한 요소로서 기능한다.

ㄴ. 형법상 점유의 특징

1) 간접점유와 상속에 의한 점유

민법상 점유란 물건에 대한 사실상 지배를 말한다(제192조 제1항). 그러나 민법에서는 소유권개념과 함께 점유개념도 추상화 · 규범화되어 있다. 민법에서는 물건을 사실상 지배하고 있다고 할 수 없는 상속에 의한 점유(제193조), 간접점유(민법 제194조), 법인의 점유를 인정하고 있고, 물건에 대해 사실상 지배하고 있는 점유보조자의 점유(제195조)는 인정하지 않기 때문이다.

그러나 형법상의 점유개념은 민법상의 점유개념보다는 덜 추상화 · 규범화 되어 물리적 · 현실적 요소를 강조한다. 따라서 상속에 의한 점유[608], 간접점유는 인정하지 않는다.[609]

2) 법인의 점유

법인의 점유를 긍정하는 견해가 있지만, 통설은 이를 부정한다. 긍정설은 법인의 기관에게 법인의 점유의사를 인정할 수 있다는 점을 근거로 들고, 부정설은 법인의 점유의사를 인정할 수 없다는 점을 근거로 든다.

법인의 점유를 인정하게 되면 법인의 기관인 자연인이 자신이 점유하는 법인의 물건을 영득한 경우 횡령죄가 아니라 타인(법인)이 점유하는 타인(법인)의 물건을 영득한 것이 되어 절도죄가 성립한다. 그러나 이 경우는 전형적인 횡령행위라고 할 것이므로

608) 대법원 2012.4.26. 선고 2010도6334 판결(절도죄란 재물에 대한 타인의 점유를 침해함으로써 성립하는 것이다. 여기서의 '점유'라고 함은 현실적으로 어떠한 재물을 지배하는 순수한 사실상의 관계를 말하는 것으로서, 민법상의 점유와 반드시 일치하는 것이 아니다. 물론 이러한 현실적 지배라고 하여도 점유자가 반드시 직접 소지하거나 항상 감수(監守)하여야 하는 것은 아니고, 재물을 위와 같은 의미에서 사실상으로 지배하는지 여부는 재물의 크기·형상, 그 개성의 유무, 점유자와 재물과의 시간적·장소적 관계 등을 종합하여 사회통념에 비추어 결정되어야 한다. 그렇게 보면 종전 점유자의 점유가 그의 사망으로 인한 상속에 의하여 당연히 그 상속인에게 이전된다는 민법 제193조는 절도죄의 요건으로서의 '타인의 점유'와 관련하여서는 적용의 여지가 없고, 재물을 점유하는 소유자로부터 이를 상속받아 그 소유권을 취득하였다고 하더라도 상속인이 그 재물에 관하여 위에서 본 의미에서의 사실상의 지배를 가지게 되어야만 이를 점유하는 것으로서 그때부터 비로소 상속인에 대한 절도죄가 성립할 수 있다.

따라서 피고인이 내연관계에 있는 갑과 아파트에서 동거하다가, 갑의 사망으로 상속인인 을 및 병 소유에 속하게 된 부동산 등기권리증 등이 들어 있는 가방을 위 아파트에서 가지고 가 절취하였다는 내용으로 기소된 사안에서, 피고인이 가방을 들고 나온 시점에 을 등이 아파트에 있던 가방을 사실상 지배하여 점유하였다고 볼 수 없어 피고인의 행위가 절도죄를 구성한다고 할 수 없다.)

609) 앞의 주 542) 참조.

부정설이 타당하다.

3) 점유보조자의 점유

점유보조자의 점유에 대해서도 긍정설과 부정설이 대립한다. 판례는 긍정설을 취하고 있다.[610] 물리적 · 현실적 요소를 강조하는 형법의 점유개념에 비추어 볼 때 긍정설이 타당하다.

ㄷ. 점유의 요소

행위객체로서의 형법상의 점유(지배의사에 기한 재물에 대한 사실상의 지배)가 인정되기 위해서는 객관적·물리적 요소로서 지배사실, 주관적·정신적 요소로서 지배의사, 그리고 사회통념 내지 경험칙에 의하여 주관적 요소와 객관적 요소의 범위를 확대하거나 제한할 수 있는 사회적·규범적 요소가 있어야 한다.

1) 객관적·물리적 요소

형법상의 점유도 물건에 대한 사실상의 지배(점유사실)를 의미하는데, 형법에서는 물리적 · 현실적 요소를 강조하므로, 사실상의 지배가 있기 위해서는 물건에 대한 장소적 · 물리적 지배가 있어야 한다. 사실상의 지배를 하게 된 이유는 무엇이든 상관없다.[611]

2) 주관적 요소

a. 점유의사

형법상의 점유가 인정되기 위해서는 물건에 대한 사실상의 지배의사, 즉 점유의사

610) 대법원 1982.3.9. 선고 81도3396 판결 ; 대법원 1968.10.29. 선고 68도1222 판결.

611) 예컨대 행위자가 재산범죄로 취득한 재물과 같이 권원(權原)이 없다 하더라도 물건에 대한 사실상의 지배가 있다면 점유가 인정된다. 이점에서 절도범에게도 절취장물에 대한 점유가 인정된다.
[점유의 물리적·현실적 요소를 강조한 판례] : 대법원 1999.11.26. 선고 99도3963 판결 ; 대법원 1993.3.16. 선고 92도3170 판결(승객이 놓고 내린 지하철의 전동차 바닥이나 선반 위에 있던 물건을 가지고 간 경우, 지하철의 승무원은 유실물법상 전동차의 관수자로서 승객이 잊고 내린 유실물을 교부받을 권능을 가질 뿐 전동차 안에 있는 승객의 물건을 점유한다고 할 수 없고, 그 유실물을 현실적으로 발견하지 않는 한 이에 대한 점유를 개시하였다고 할 수도 없으므로, 그 사이에 위와 같은 유실물을 발견하고 가져간 행위는 점유이탈물횡령죄에 해당함은 별론으로 하고 절도죄에 해당하지는 않는다.)

가 필요하다. 점유의사는 사실상의 지배의사이므로 법인의 점유의사는 인정되지 않는다고 해야 한다.

점유의사는 개별적으로 결정되는 것이 아니라 일반적 · 획일적으로 결정된다. 점유의사가 인정되기 위해서는 의사능력, 행위능력, 법적 처분능력 등을 요하지 않기 때문에 현실적으로는 점유의사가 있다고 볼 수 없는 유아(乳兒)나 심신상실자, 수면자, 의식상실자 등에게도 점유의사가 인정된다. 이는 형법의 점유개념도 어느 정도 추상화됨을 의미한다.612)

점유의사는 일반적 · 획일적으로 결정되기 때문에 점유자 자신의 지배범위 안에 있는 물건의 존재를 인식하고 있지 못해도 점유의사는 인정될 수 있다. 이를 잠재적 지배의사라고도 한다.613) 따라서 당구장이나 PC방에 타인이 잃어버리고 간 물건은 각각 당구장이나 PC방의 관리인의 점유가 인정되므로 제3자가 이를 무단으로 가지고 간 경우에는 점유이탈물횡령죄가 아니라 절도죄가 성립한다.614)

보충판례 60 : 대법원 1999.11.12. 선고 99도3801 판결

b. 사자(死者)의 점유

사자의 물건을 훔쳐간 경우에 대해서는, 사자의 점유나 상속에 의한 점유를 인정할 수 없으므로 점유이탈물횡령죄가 된다는 견해(다수설), 사자의 점유도 인정할 수 있으므로 절도죄가 된다는 견해 및 사자의 생전의 점유가 사망 후에도 어느 정도는 계속되므로 일정시간 내에서는 사자의 생전의 점유를 침해 한 것으로서 절도죄가 된다는 견해(판례)가 있다.615)

612) 대법원 1956.8.17. 선고 4289형상170 판결(설사 피해자가 졸도하여 의식을 상실한 경우에도 현장에 일실된 피해자의 물건은 자연히 그 지배하에 있는 것으로 보아야 할 것이다.)

613) 예컨대 우체통에 들어온 우편물이나 외부에서 날라 들어온 공 등은 주인이 이를 인식하지 못하였다 하더라도 주인의 점유의사를 인정할 수 있다.

614) **[점유의사에 관한 판례]** : 대법원 2007.3.15. 선고 2006도9338 판결(피해자가 피씨방에 두고 간 핸드폰은 피씨방 관리자의 점유하에 있어서 제3자가 이를 취한 행위는 절도죄를 구성한다.) ; 대법원 1994.10.11. 선고 94도1481 판결(육지로부터 멀리 떨어진 섬에서 광산을 개발하기 위하여 발전기, 경운기 엔진을 섬으로 반입하였다가 광업권설정이 취소됨으로써 광산개발이 불가능하게 되자 육지로 그 물건들을 반출하는 것을 포기하고 그대로 유기하여 둔 채 섬을 떠난 후 10년 동안 그 물건들을 관리하지 않고 있었다면, 원소유자나 그 상속인이 그 물건들을 점유할 의사로 사실상 지배하고 있었다고 볼 수 없다.)

615) 대법원 1993.9.28. 선고 93도2143 판결(피고인이 피해자를 살해한 방에서 사망한 피해자 곁에 4시간

민법에서는 사자의 점유를 인정하지 않는데, 물리적 · 현실적 요소를 중시해야 할 형법에서 현실적으로 점유의사를 인정할 수 없는 사자에게 민법에서 보다 넓게 점유를 인정할 수는 없고, 사망과 동시에 모든 권리 · 의무 관계는 소멸하므로 사자의 점유를 부정하는 다수설이 타당하다.

3) 사회적·규범적 요소

a. 의의

형법상 점유도 현실적 · 물리적 요소에 의해서만 결정되지 않고 사회적 · 규범적 요소에 의해 수정된다. 이는 형법상 점유도 민법에서와 같이 규범화 · 추상화된다는 것을 의미한다.

점유의 사회규범적 요소란 단순히 사실적 요소만이 아니라 규범적 요소도 고려하여 점유 여부를 결정하게 된다는 것을 의미한다.[616] 따라서 현실적으로는 물건에 대한 사실상의 지배를 하고 있지 않고 점유의사가 없음에도 불구하고 물건에 대한 사실상의 지배와 점유의사가 있다고 하여 점유를 인정하기도 하며, 반대로 현실적으로는 사실상의 지배가 있고 점유의사가 있음에도 불구하고 점유를 인정하지 않는 경우도 있다.[617]

30분쯤 있다가 그 곳 피해자의 자취방 벽에 걸려 있던 피해자가 소지하는 물건들을 영득의 의사로 가지고 나온 경우 피해자가 생전에 가진 점유는 사망 후에도 여전히 계속되는 것으로 보아야 한다.)

616) 대법원 2008.7.10. 선고 2008도3252 판결(절취란 타인이 점유하고 있는 재물을 점유자의 의사에 반하여 그 점유를 배제하고 자기 또는 제3자의 점유로 옮기는 것을 말하고, 어떤 물건이 타인의 점유하에 있는지 여부는, 객관적인 요소로서의 관리범위 내지 사실적 관리가능성 외에 주관적 요소로서의 지배의사를 참작하여 결정하되 궁극적으로는 당해 물건의 형상과 그 밖의 구체적인 사정에 따라 사회통념에 비추어 규범적 관점에서 판단하여야 한다.)

617) **[책략절도]** : 책략절도란 해당물의 점유확보가 점유침탈의 수단으로 이용되는 경우를 말한다 : 대법원 1996.10.15. 선고 96도2227,96감도94 판결(피해자가 결혼예식장에서 신부측 축의금 접수인인 것처럼 행세하는 피고인에게 축의금을 내어 놓자 이를 교부받아 가로챈 사안에서, 피해자의 교부행위의 취지는 신부측에 전달하는 것일 뿐 피고인에게 그 처분권을 주는 것이 아니므로, 이를 피고인에게 교부한 것이라고 볼 수 없고 단지 신부측 접수대에 교부하는 취지에 불과하므로 피고인이 그 돈을 가져간 것은 신부측 접수처의 점유를 침탈하여 범한 절취행위라고 보는 것이 정당하다.) ; 대법원 1994.8.12. 선고 94도1487 판결(피고인이 피해자 경영의 금방에서 마치 귀금속을 구입할 것처럼 가장하여 피해자로부터 순금목걸이 등을 건네받은 다음 화장실에 갔다 오겠다는 핑계를 대고 도주한 것이라면 위 순금목걸이 등은 도주하기 전까지는 아직 피해자의 점유하에 있었다고 할 것이므로 이를 절도죄로 의율 처단한 것은 정당하다.) ; 대법원 1983.2.22. 선고 82도3115 판결(피해자가 가지고 있는 책을 잠깐 보겠다고 하며 동인이 있는 자리에서 보는 척 하다가 가져갔다면 위 책은 아직 피해자의 점유하에 있었다고 할 것이므로 절도죄가 성립한다.)

이와 같이 형법상의 점유도 민법상의 점유와 같이 규범화 · 추상화되지만 그 정도는 민법에 비해서는 낮다. 이는 구체적 · 현실적 개념이 아니라 추상적 · 규범적 개념을 많이 사용하면 법적 안정성을 해할 수 있기 때문이다.

b. 점유개념의 확대

현실적으로는 물건을 사실상 지배하지 못하고 있어도 사회규범적으로 점유를 인정하여 점유개념이 확대되는 경우가 있다.

주차장이나 도로변에 세워둔 차는 차주의 점유 하에 있고, 강간피해자가 도피하면서 범행현장에 두고 간 물건은 피해자에게 점유가 있으며[618], 여행을 가면서 집에 두고 간 물건, 농토에 두고 온 농기구, 집으로 돌아오는 길을 아는 가축 등의 점유는 주인에게 있다. 당구장에서 손님이 두고 간 물건은 그 관리인에게 점유가 있고[619], 이는 여관이나 호텔, 목욕탕, PC방 등에서 손님이 두고 간 물건에 대해서도 마찬가지이다.[620]

분실물의 경우 통설은 분실자가 그 소재를 알고 있을 때에는 분실자의 점유를 인정할 수 있으나, 그 소재를 알지 못한 경우에는 분실자의 점유를 인정할 수 없고, 따라서 점유이탈물이 된다고 하지만, 소재의 인식 여부를 불문하고 분실물은 분실자의 점

618) 대법원 1984.2.28. 선고 84도38 판결(피해자 소유의 손가방은 소유자가 버리거나 유실한 물건이 아니라 강간을 당한 피해자가 도피하면서 현장에 놓아두고 간 것에 불과하여 사회통념상 피해자의 지배하에 있는 물건이라고 보아야 할 것이므로 그 손가방 안에 들어있는 피해자 소유의 돈을 꺼낸 피고인의 소위는 절도죄의 구성요건을 충족한다.)

619) 대법원 1988.4.25. 선고 88도409 판결(어떤 물건을 잃어버린 장소가 당구장과 같이 타인의 관리 아래 있을 때에는 그 물건은 일응 그 관리자의 점유에 속한다 할 것이고, 이를 그 관리자 아닌 제3자가 취거하는 것은 과실물횡령이 아니라 절도죄에 해당한다.)

620) 대법원 2007.3.15. 선고 2006도9338 판결(피해자가 피씨방에 두고 간 핸드폰은 피씨방 관리자의 점유 하에 있어서 제3자가 이를 취한 행위는 절도죄를 구성한다.)
[점유를 부정한 판례] : 대법원 1993.3.16. 선고 92도3170 판결(고속버스 운전사는 고속버스의 관수자로서 차내에 있는 승객의 물건을 점유하는 것이 아니고 승객이 잊고 내린 유실물을 교부받을 권능을 가질 뿐이므로 유실물을 현실적으로 발견하지 않는 한 이에 대한 점유를 개시하였다고 할 수 없고, 그 사이에 다른 승객이 유실물을 발견하고 이를 가져갔다면 절도에 해당하지 아니하고 점유이탈물횡령에 해당한다.) ; 대법원 1999.11.26. 선고 99도3963 판결(승객이 놓고 내린 지하철의 전동차 바닥이나 선반 위에 있던 물건을 가지고 간 경우, 지하철의 승무원은 유실물법상 전동차의 관수자로서 승객이 잊고 내린 유실물을 교부받을 권능을 가질 뿐 전동차 안에 있는 승객의 물건을 점유한다고 할 수 없고, 그 유실물을 현실적으로 발견하지 않는 한 이에 대한 점유를 개시하였다고 할 수도 없으므로, 그 사이에 위와 같은 유실물을 발견하고 가져간 행위는 점유이탈물횡령죄에 해당함은 별론으로 하고 절도죄에 해당하지는 않는다.)

유에서 이탈한 것이라고 보아야 할 것이다. 점유개념이 사회규범적 요소에 의해 지나치게 좌우되는 것은 바람직하지 않고, 분실의 개념상 주인의 점유를 이탈한 것이라고 보아야 하기 때문이다.[621)]

c. 점유개념의 축소문제

사실상의 재물지배가 있고 점유의사가 있음에도 불구하고 사회규범적 요소로 인해 점유가 제한되기 때문에 음식점에서 손님이 사용하고 있는 그릇은 주인만이 점유를 가지고 있고, 가정부에게 집을 지키게 한 경우 집안의 물건은 주인만이 점유한다는 견해가 있다.

그러나 이처럼 사회규범적 요소를 물리적 · 현실적 요소보다 우월시하는 것은 문제가 있다. 따라서 이 경우 손님과 가정부에게도 점유를 인정하고, 음식점주인과 집주인이 재물을 사실상 지배하지 못하고 있음에도 불구하고 사회규범적 요소에 의해 점유가 인정되며, 손님과 음식점주인, 가정부와 집주인이 공동점유를 하는 것으로 보아야 할 것이다. 판례도 민법상 점유보조자의 점유를 인정하고 있다.[622)]

ㄹ. 자기점유와 타인점유

1) 자기점유와 타인점유

점유가 자기에게 있는가 타인에게 있는가 아니면 점유이탈물인가에 따라 성립할 수 있는 재산범죄가 달라진다. 즉 절도죄, 강도죄, 사기죄, 공갈죄, 권리행사방해죄는 타인이 점유하고 있는 재물에 대해서만 성립하고, 자기가 점유하는 재물에 대해서는 성립할 수 없다. 점유이탈물횡령죄는 권리자의 점유를 이탈하였으나 타인의 점유 하

621) 이점에서 앞의 주 620)의 판례가 고속버스나 전동차 등에서 분실한 물건에 대해 분실자나 전동차 승무원 등의 점유를 인정하지 않은 것은 사회규범적 요소보다 물리적·현실적 요소를 중시하였기 때문이라고 할 수 있다.

622) 대법원 1968.10.29. 선고 68도1222 판결(횡령죄에서 말하는 보관이라함은 민법상의 점유의 개념과는 달라 재물의 현실적인 보관 즉 사실상의 지배를 가지고 있으면 족한 것으로서 점유보조자도 재물에 대한 사실상의 지배를 가지고 있는 이상 보관자라고 할 것인 바, 이 사건에 있어서 피고인이 비록 동회의 사환에 불과하다 하더라도 동 직원으로부터 교부 받은 현금과 예금에서 찾은 돈은 피고인의 사실상 지배하에 있었던 것으로서 피고인은 타인의 재물을 보관하는 자에 해당한다.) ; 대법원 1982.3.9. 선고 81도3396 판결[민법상 점유보조자(점원) 라고 할지라도 그 물건에 대하여 사실상 지배력을 행사하는 경우에는 형법상 보관의 주체로 볼 수 있으므로 이를 영득한 경우에는 절도죄가 아니라 횡령죄에 해당한다.]

에 있지 않는 재물에 대해서 성립할 수 있다.

어떤 물건이 타인의 점유 하에 있다고 할 것인지 여부는, 객관적인 요소로서의 관리범위 내지 사실적 관리가능성 외에 주관적 요소로서의 지배의사를 참작하여 결정하되 궁극적으로는 당해 물건의 형상과 그 밖의 구체적인 사정에 따라 사회통념에 비추어 규범적 관점에서 판단할 수밖에 없다.[623]

2) 단독점유와 공동점유

a. 양자의 구별

자기점유, 타인점유와 관련하여 행위자가 단독으로 점유하고 있거나 타인이 단독으로 점유하고 있는 물건의 경우에는 별 문제가 없다. 그러나 공동점유나 포장물의 점유와 관련하여서는 문제가 있다. 단독점유란 1인이 재물을 사실상 지배하는 것이고, 공동점유는 다수인이 재물에 대해 사실상의 지배를 하는 것을 말한다. 단독점유인가 공동점유인가는 구체적 사정에 따라 정해야 한다.

첫째 백화점, 병원, 매장의 금전출납직원 등과 같이 독자적으로 금전을 출납할 수 있는 권한이 있는 직원의 경우에는 그 직원이 단독으로 금전을 점유한다. 그러나 직원이 독자적 금전출납권한을 갖지 못하고 상사의 지시에 의해 금전을 출납하는 경우에는 금전을 단독점유하지 못하고 상사와 공동점유하든가 아니면 상사만이 단독점유를 하는 것이 된다.[624]

둘째 상점 안에 있는 재물에 대해서 상점주인과 상점종업원 중 상점주인의 단독점유를 인정하는 견해(다수설)가 있다. 그러나 점유보조자의 점유도 인정해야 하기 때문에 일반적으로는 상하관계에 의한 공동점유라고 해야 할 것이다. 따라서 종업원이 상점의 물건을 몰래 가져간 경우에는 타인점유의 물건을 가져간 것이 절도죄가 되지만, 상점주인이 종업원 몰래 물건을 가져간 경우에는 절도죄가 성립하지 않는다.

그러나 특별한 위탁관계에 의해 종업원만이 상점 안의 물건에 대해 사실상 지배력을 행사하는 경우에는 종업원만이 단독점유자가 되고, 종업원이 물건을 가져갔을 때

623) 대법원 2008.7.10. 선고 2008도3252 판결.

624) 대법원 1966.1.31. 선고 65도1178 판결.

에는 절도죄가 아닌 횡령죄가 된다.625)

셋째, 재물에 대한 운반을 위탁한 경우 운반자의 점유를 인정하는 데에는 어려움이 없지만, 위탁자가 물건을 점유하는가는 다음과 같이 경우를 나누어 살펴보아야 한다.

a) 위탁자가 운반자를 현실적으로 통제할 수 있을 때에는 위탁자에게 점유를 인정할 수 있으나, 위탁자가 운반자를 현실적으로 통제할 수 없을 때에는 위탁자의 점유를 인정할 수 없다.626)

b) 철도운송의 경우에는 규칙적인 시각에 따라 일정한 궤도에 따라 움직이는 성격상 운반공무원의 단독점유를 인정하기 어렵고 상사 등과의 공동점유를 인정해야 할 것이다.627)

b. 공동점유

공동점유에는 대등관계에 의한 공동점유와 상하관계에 의한 공동점유로 나눌 수 있고 이에 따라 점유의 귀속 여부가 달라진다.

a) 대등관계에 의한 공동점유

대등관계에 의한 공동점유는 점유자 사이에 상하관계가 없고 평등한 관계인 경우에서의 점유를 말한다. 부부간의 점유, 동업자간의 점유를 말한다. 지분이 서로 다른 경우에도 대등관계에 의한 점유에 속한다.

대등관계에 의한 점유는 타인점유의 재물이 된다. 따라서 동업자 중 1인이 공동으

625) 대법원 1982.3.9. 선고 81도3396 판결.

626) **[실질적 통제가능성]** : 예컨대 주인이 승용차로 이사짐센터의 트럭을 뒤에서 쫓아가는 경우에는 주인의 점유를 인정할 수 있다. 그러나 이러한 통제가능성이 없을 때에는 운반자의 단독점유에 있다고 해야 할 것이다. 장거리 운송의 경우에는 운반자에게만, 택배운송이나 시내운송과 같이 단거리운송에는 위탁자와 운반자의 공동점유가 된다는 견해가 있으나 이와 같이 형식적으로 파악할 것이 아니라 위탁자의 운반자에 대한 실질적 통제가능성을 기준으로 해야 할 것이다 : 대법원 1957.10.20. 선고 4290형상281 판결 ; 대법원 1982.11.23. 선고 82도 23940 판결(피해자가 시장 점포에서 물건을 매수하여 묶어서 그 곳에 맡겨놓은 후 그 곳에서 약 50미터 떨어진 동 점포를 살펴볼 수 없는 딴 가게로 가서 지게짐꾼인 피고인을 불러 피고인 단독으로 위 점포에 가서 맡긴 물건을 운반해 줄 것을 의뢰하였더니 피고인이 동 점포에 가서 맡긴 물건을 찾아 피해자에게 운반해 주지 않고 용달차에 싣고 가서 처분한 것이라면 피고인의 위 운반을 위한 소지관계는 피해자의 위탁에 의한 보관관계에 있다고 할 것이므로 이를 영득한 행위는 절도죄가 아니라 횡령죄를 구성한다.)

627) 대법원 1969.7.8. 선고 69도798 판결.

로 소유하고 공동으로 점유하는 재물에 대해서는 절도죄, 강도죄, 사기죄, 공갈죄 등이 성립할 수 있다.[628]

b) 상하관계에 의한 공동점유

상하관계에 의한 공동점유란 공동점유자 사이에 상위점유자와 하위점유자가 있는 경우이다. 가게의 주인과 종업원, 집주인과 가정부에게 공동점유가 있는 경우 가게주인, 집주인이 상위점유자이고, 종업원, 가정부가 하위점유자이다.

상위점유자는 공동점유라고 하더라도 자기점유가 인정된다. 하위점유자는 공동점유라 하더라도 타인점유가 된다. 예를 들어 가게주인이 종업원 몰래 가게의 물건을 절취하더라도 자기점유의 물건이기 때문에 절도죄가 성립할 수 없다. 그러나 종업원이 주인 몰래 가게의 물건을 절취한 경우에는 타인점유의 물건이기 때문에 절도죄가 성립한다.

그러나 상위점유자의 특별한 위탁에 의해 하위점유자가 보관하게 된 물건은 하위점유자의 단독점유에 속한다.[629]

c) 봉함물 및 시건물의 점유

ㄱ) 포장 후 봉해서 위탁한 재물

이에 대해서는, 구체적인 위탁관계에 따라 형식적 위탁관계이면 위탁자에게 점유가 있고, 실질적 위탁관계이면 수탁자의 단독점유가 인정된다는 견해(다수설), 내용물과 포장물이 모두 수탁자의 단독점유 하에 있다는 견해, 포장물과 내용물 전체가 위탁자의 점유 하에 있다고 하는 견해(판례)[630], 포장물 전체는 수탁자, 내용물은 위탁자의 점유 하에 있다고 하는 견해 등이 대립한다.

보충판례 61 : 대법원 1957.10.20. 선고 4290형상281 판결

628) 대법원 1995.10.12. 선고 94도2076 판결(동 업체에 제공된 물품은 동업관계가 청산되지 않는 한 동업자들의 공동점유에 속하므로, 그 물품이 원래 피고인의 소유라거나 피고인이 다른 곳에서 빌려서 제공하였다는 사유만으로는 절도죄의 객체가 됨에 지장이 없다.)

629) 대법원 1986.8.19. 선고 86도1093 판결 ; 대법원 1968.10.29. 선고 68도1222 판결.

630) 대법원 1956.1.27. 선고 4288형상375 판결(보관계약에 따라 보관 중인 포장된 가마니속의 정부 소유미의 점유는 정부에 있다 할 것이므로 이를 발취한 보관자의 행위는 절도죄에 해당할 것이고, 횡령죄에 해당한다고 볼 수 없다.)

형법상의 점유에서는 현실적 · 물리적 지배관계를 좀 더 중시해야 할 것이므로 봉함된 물건은 포장물과 내용물 모두 수탁자의 점유 하에 있다고 하는 견해가 타당하다.

ㄴ) 잠금장치가 되어 위탁된 용기에 들어있는 내용물의 경우

자물쇠 등 잠금장치된 용기에 들어있는 내용물의 점유에 대해서는 봉함물의 점유와 마찬가지 원리로 해결하면 된다.

문제는 열쇠나 비밀번호를 위탁자만이 갖고 있거나 알고 있는 경우이다. 이에 대해 잠금장치된 용기가 건조물에 부착되어 있거나 이동이 어려운 정도의 용기인 때에는 위탁자의 단독점유를 인정하고, 용기가 이동가능한 것이라면 수탁자의 단독점유에 속한다고 하는 견해가 타당하다. 판례는 용기가 이동가능한 경우 위탁자와 수탁자의 공동점유를 인정한다.[631]

(2) 행위

본죄의 행위는 절취이다. 절취란 타인이 점유하고 있는 재물을 점유자의 의사에 반하여 그 점유를 배제하고 자기 또는 제3자의 점유로 옮기는 것을 말한다. 따라서 절취는 타인의 점유의 배제와 새로운 점유의 취득을 그 내용으로 한다.

① 실행의 착수시기

절도죄의 착수시기는 타인의 점유를 배제하는 행위를 개시한 때이다. 따라서 타인의 점유를 배제하는 데 밀접한 행위를 개시하거나 목적물을 물색한 때에 절도죄의 실행의 착수가 있다고 한다(밀접행위설 또는 밀접설, 통설 및 판례).[632]

631) 대법원 1984.1.31. 선고 83도3027 판결(인장이 들은 돈궤짝을 사실상 별개 가옥에 별거 중인 남편이 그 거주가옥에 보관 중이었다면 처가 그 돈 궤짝의 열쇠를 소지하고 있었다고 하더라도 그 안에 들은 인장은 처의 단독보관 하에 있은 것이 아니라 남편과 공동보관 하에 있다고 보아야 할 것이므로, 공동보관 중의 1인인 처가 다른 보관자인 남편의 동의없이 불법영득의 의사로 위 인장을 취거한 이상 절도죄를 구성한다.)

632) **[실행의 착수시기]** : 대법원 2010.4.29. 선고 2009도14554 판결(절도죄의 실행의 착수 시기는 재물에 대한 타인의 사실상의 지배를 침해하는 데에 밀접한 행위를 개시한 때라고 할 것이고, 실행의 착수가 있는지 여부는 구체적 사건에 있어서 범행의 방법, 태양, 주변상황 등을 종합 판단하여 결정하여야 한다. 따라서 피고인이 아파트 신축공사 현장 안에 있는 건축자재 등을 훔칠 생각으로 공범과

② 기수시기

절도죄의 기수시기는 새로운 점유를 취득한 때이다. 그러나 언제 새로운 점유를 취득하여 기수가 될 것인지에 대해서는 견해가 대립한다.

함께 위 공사현장 안으로 들어간 후 창문을 통하여 신축 중인 아파트의 지하실 안쪽을 살핀 행위는 특수절도죄의 실행의 착수에 해당하지 않는다.) ; 대법원 2009.9.24 선고 2009도5595 판결(원심은 야간에 노상에 주차된 차량은 통상 잠금장치가 되어 있을 가능성이 농후하므로 그 차량 안에 들어있는 물건 등을 훔치기 위해서는 그 잠금장치 등을 해제하고 들어가야 하는데 이러한 잠금장치를 해제하는 것이 용이하지 않다는 점을 감안하면, 이 사건 공소사실과 같이 야간에 소지하고 있던 손전등과 노상에서 주운 박스포장용 노끈을 이용하여 노상에 주차된 차량의 문을 열고 그 안에 들어있는 현금 등을 절취할 것을 마음먹고 그 대상을 물색하기 위해 돌아다니다가 공소장 기재 승합차량을 발견하고 먼저 차량의 문이 잠겨있는지 확인하기 위해 양손으로 운전석 문의 손잡이를 잡고 열려고 하던 중 순찰 중인 경찰관에게 발각되어 멈춘 행위만으로는 위 차량 안의 재물에 대한 소유자의 사실상의 지배를 침해하는 데에 밀접한 행위에 해당한다고 보기 어려우므로, 이 사건 공소사실은 죄가 되지 아니하는 경우에 해당한다고 판단하였다.

그러나 피고인이 절도범행의 실행에 착수하지 아니하였다는 원심의 판단은 다음과 같은 이유로 수긍할 수 없다. 이 사건에서 피고인이 야간에 소지하고 있던 손전등과 박스 포장용 노끈을 이용하여 도로에 주차된 차량의 문을 열고 그 안에 들어있는 현금 등을 절취할 것을 마음먹고 이 사건 승합차량의 문이 잠겨있는지 확인하기 위해 양손으로 운전석 문의 손잡이를 잡고 열려고 하던 중 경찰관에게 발각된 사실이 인정되는데, 이러한 행위는 승합차량 내의 재물을 절취할 목적으로 승합차량 내에 침입하려는 행위에 착수한 것으로 볼 수 있고, 그로써 차량 내에 있는 재물에 대한 피해자의 사실상의 지배를 침해하는 데에 밀접한 행위가 개시된 것으로 보아 절도죄의 실행에 착수한 것으로 봄이 상당하다.) ; 대법원 1985.4.23. 선고 85도464 판결(피고인이 노상에 세워놓은 자동차 안에 있는 물건을 훔칠 생각으로 자동차의 유리창을 통하여 그 내부를 손전등으로 비추어 본 것에 불과하다면 비록 유리창을 따기 위해 면장갑을 끼고 있었고 칼을 소지하고 있었다 하더라도 절도의 예비행위로 볼 수는 있겠으나 타인의 재물에 대한 지배를 침해하는데 밀접한 행위를 한 것이라고는 볼 수 없어 절취행위의 착수에 이른 것이었다고 볼 수 없다.) ; 대법원 1989.9.12. 선고 89도1153 판결(피고인 및 원심 공동피고인이 함께 담을 넘어 피해회사 마당에 들어가 그 중 1명이 그곳에 있는 구리를 찾기 위하여 담에 붙어 걸어가다가 잡힌 이 사건에 있어서 절취대상품에 대한 물색행위가 없었다고 할 수 없다.) ; 대법원 1987.1.20. 선고 86도2199,86감도245 판결(금품을 훔칠 목적으로 피해자의 집에 담을 넘어 침입하여 그 집 부엌에서 금품을 물색하던 중에 발각되어 도주한 것이라면 이는 절취행위에 착수한 것이라고 보아야 한다.) ; 대법원 1984.12.11. 선고 84도2524 판결(소매치기의 경우 피해자의 양복상의 주머니로부터 금품을 절취하려고 그 호주머니에 손을 뻗쳐 그 겉을 더듬은 때에는 절도의 범행은 예비단계를 지나 실행에 착수하였다고 봄이 상당하다.) ; 대법원 1992.9.8. 선고 92도1650,92감도80 판결(절도죄의 실행의 착수시기는 재물에 대한 타인의 사실상의 지배를 침해하는 데에 밀접한 행위를 개시한 때라고 보아야 하므로, 야간이 아닌 주간에 절도의 목적으로 타인의 주거에 침입하였다고 하여도 아직 절취할 물건의 물색행위를 시작하기 전이라면 주거침입죄만 성립할 뿐 절도죄의 실행에 착수한 것으로 볼 수 없는 것이어서 절도미수죄는 성립하지 않는다.) ; 대법원 2003.6.24. 선고 2003도1985,2003감도26 판결(피고인은 범행 당일 피해자가 빨래를 걷으러 옥상으로 올라 간 사이에 피해자의 다세대주택에 절취할 재물을 찾으려고 신발을 신은 채 거실을 통하여 안방으로 들어가 여기저기를 둘러보고는 절취할 재물을 찾지 못하고 다시 거실로 나와서 두리번거리고 있다가 피해자가 현관문을 통하여 거실로 들어가다가 마주치게 된 사실을 인정할 수 있다. 이와 같이 피고인이 방 안으로 들어가다가 곧바로 피해자에게 발각되어 물색행위 등을 할 만한 시간적 여유가 없었던 경우가 아니고 피고인이 방 안까지 들어갔다가 절취할 재물을 찾지 못하고 거실로 돌아 나온 경우라면 피고인이 절도의 목적으로 침입한 이상 물색행위를 하는 등 재물에 대한 피해자의 사실상의 지배를 침해하는 데 밀접한 행위를 하였던 것으로 보아야 한다.)

즉 새로운 점유취득이 있다고 하기 위해서는, 행위자가 재물에 접촉한 때 이미 기수에 이른 것이라는 접촉설, 재물을 처분할 수 있는 안전한 장소에 감춘 때 기수에 이른다는 은닉설, 재물이 피해자의 지배범위로부터 장소적으로 이전되었을 때 기수가 된다는 이전설, 재물을 자기의 지배하에 두면 족하므로 재물을 취득할 때 기수가 된다는 취득설(통설 및 판례[633]) 등이 있다.

접촉설은 기수시기를 너무 빠르게 인정하고 있고, 은닉설과 이전설은 이에 반하여 기수시기를 너무 늦게 인정한다는 점에서 합리적인 견해라 할 수 없다. 따라서 새로운 점유를 취득한 때를 기수시기로 보는 통설인 취득설이 타당하다.

보충판례 62 : 대법원 2008.10.23. 선고 2008도6080 판결

실질적 점유취득의 인정여부는 재물의 크기, 점유형태(지배의 강약), 절취행위의 태양에 따라 달라질 수 있다. 휴대가 가능하거나 쉽게 운반할 수 있는 재물은 손안에 넣거나 호주머니 또는 가방에 넣었을 때 점유취득이 인정되지만, 피아노, 냉장고, 가구 등과 같이 쉽게 운반할 수 없는 크고 무거운 재물은 피해자의 지배범위를 벗어날 수 있는 상태(예컨대 운반을 위해 자동차에 적재를 완료한 상태)가 되었을 때 취득했다고 하여야 할 것이다.[634]

다. 주관적 구성요건

(1) 고의

절도죄는 고의범이다. 따라서 타인이 점유하는 타인의 재물(재물의 타인성)에 대한

633) 대법원 1984.2.14. 선고 83도3242,83감도546 판결(피고인 겸 피감호청구인이 그 판시 물건을 창고에서 밖으로 들고 나와 운반해가다가 방범대원들에게 발각되어 체포된 사실이 명백하므로 위 범행을 절도의 기수로 판단한 1심조치는 정당하다.)

634) 대법원 1994.9.9. 선고 94도1522 판결(원심이 적법하게 확정한 바에 의하면 피고인은 판시 일시, 장소에서 그 곳에 주차되어 있던 그레이스 승합차를 절취할 생각으로 위 차량의 조수석문을 열고 들어가 시동을 걸려고 시도하는 등 차안의 기기를 이것저것 만지다가 헨드브레이크를 풀게 되었는데 그 장소가 내리막길인 관계로 위 차량이 시동이 걸리지 않은 상태에서 약 10미터 전진하다가 가로수를 들이받는 바람에 멈추게 되었다는 것이다. 사실관계가 이와 같다면, 피고인의 판시 소위는 절도의 기수에 해당한다고 볼 수 없을 뿐만 아니라 도로교통법 제2조 제19호 소정의 자동차의 운전에 해당하지 아니한다.)

인식과 절취한다는 사실에 대한 인식과 의욕이 있어야 한다. 재물의 타인성은 규범적 구성요건요소이므로 재물의 타인성에 대한 인식도 고의의 내용이 된다.[635]

(2) 불법영득의사

재산범죄 중 영득죄와 이득죄에 불법영득의사 혹은 불법이득의사가 필요한가가 문제된다. 불법영·이득의사는 독일형법의 'die Absicht, sich rechtswidrig zu zueignen'에서 유래된 용어다. 위법영·이득의사라고도 한다. 독일 형법은 절도죄, 강도죄, 사기죄, 공갈죄 등의 규정에서 고의 이외에 불법영득의사 및 불법이득의사를 초과주관적 구성요건요소로서 명문으로 규정하였다. 그러나 횡령죄, 배임죄 등에는 불법영득의사나 불법이득의사를 규정하고 있지 않다.

우리나라에서는 모든 재산범죄에 불법영득의사나 불법이득의사가 명문으로 규정되어 있지 않다. 그러나 독일형법학의 영향으로 우리나라에서도 영득죄나 이득죄의 성립에 불법영·이득의사를 필요로 하는지, 필요하다고 한다면 그 체계적 지위와 내용은 무엇인지 등의 문제가 제기되고 있다.

① 불법영득의사의 필요 여부

ㄱ. 필요설

통설 및 판례[636]는 우리 형법에 명문의 규정이 없더라도 절도죄의 성립에 불법영득의사가 필요하다고 한다.

그 근거로는, 절도죄, 재물강도죄, 재물사기 · 공갈죄, 횡령죄 등과 같이 소유권을

---

635) 대법원 1983.9.13. 선고 83도1762,83감도315 판결[절도죄에 있어서 재물의 타인성을 오신하여 그 재물이 자기에게 취득(빌린 것)할 것이 허용된 동일한 물건으로 오인하고 가져온 경우에는 범죄사실에 대한 인식이 있다고 할 수 없으므로 범의가 조각되어 절도죄가 성립하지 아니한다.]

636) 대법원 2012.7.12. 선고 2012도1132 판결 ; 대법원 2002.9.6. 선고 2002도3465 판결(형법 제331조의2에서 규정하고 있는 자동차등불법사용죄는 타인의 자동차 등의 교통수단을 불법영득의 의사 없이 일시 사용하는 경우에 적용되는 것으로서 불법영득의사가 인정되는 경우에는 절도죄로 처벌할 수 있을 뿐 본죄로 처벌할 수 없다 할 것이며, 절도죄의 성립에 필요한 불법영득의 의사라 함은 권리자를 배제하고 타인의 물건을 자기의 소유물과 같이 이용, 처분할 의사를 말하고 영구적으로 그 물건의 경제적 이익을 보유할 의사임은 요치 않으며 일시사용의 목적으로 타인의 점유를 침탈한 경우에도 이를 반환할 의사 없이 상당한 장시간 점유하고 있거나 본래의 장소와 다른 곳에 유기하는 경우에는 이를 일시 사용하는 경우라고는 볼 수 없으므로 영득의 의사가 없다고 할 수 없다.)

침해하려는 의사가 필요하고, 불법영득의사가 필요하지 않다고 하면 손괴의사로 재물에 대한 점유를 취득한 경우에도 이들 범죄가 성립하여 불합리하므로, 영득죄와 손괴를 구별하는 요소로서 불법영득의사가 필요하며, 물건을 일시사용하고 반납하는 소위 사용절도나 사용사기 등은 불법영득의사가 없어서 절도죄나 사기죄가 성립하지 않는다고 해야 한다는 점 등을 든다.

ㄴ. 불요설

불요설은 다음과 같은 근거로 영득죄나 이득죄의 성립에 불법영·이득의사가 필요하지 않다고 한다. 즉 첫째 우리 형법은 독일형법과 달리 불법영·이득의사에 대한 명문의 규정을 두지 않았으므로 명문의 규정이 있는 독일형법의 해석론을 따를 필요가 없고, 둘째 절도죄 등의 보호법익은 소유권이 아니라 점유이기 때문에 절도 · 강도죄에서는 물건을 취거하고, 사기 · 공갈죄에서는 재물의 교무를 받을 고의로 충분하다는 점 등을 근거로 든다.

② 불법영득의사의 체계적 지위

불법영득의사의 체계적 지위에 대해서는 고의와 구별되는 초과주관적 구성요건요소라는 견해와 고의의 한 내용이라는 견해가 대립한다.

ㄱ. 초과주관적 구성요건요소설

불법영득의사는 고의와 구별되는 초과주관적 구성요건요소라는 견해(다수설)이다. 이 견해는 절도죄에서의 절취, 강도죄에서의 강취, 사기 · 공갈죄에서 재물의 교부, 횡령죄에서 횡령, 배임죄에서 재산상 이익의 취득 등의 실행행위는 고의의 대상이기는 하지만, 이러한 실행행위에는 점유의 취득만이 있고 소유권을 취득하는 영득의 의미는 포함되지 않고, 이렇게 파악하는 것이 절도와 사용절도 및 손괴의 구별을 명확하게 해 준다는 점 등을 근거로 든다.

ㄴ. 고의의 내용이라는 설

불법영득의사는 고의의 한 내용이라고 한다. 논거로는, 우리 형법에는 불법영득의사가 명문으로 규정되어 있지 않으므로 고의의 내용으로 파악하는 것이 바람직하고, 불법영득의사는 재산범죄의 객관적 구성요건요소에 대한 인식 · 인용을 의미하기 때문이라는 점 등을 든다.

생각건대 우리 형법 대부분의 영득죄 행위태양에는 점유침해뿐만 아니라 영득이 포함되어 있다는 점을 감안하면 굳이 형법상 명문규정 없는 불법영득의사라는 개념을 기술되지 아니한 초과주관적 구성요건요소로 요구할 것도 없이 일반적 해석원리에 의해 해결하는 것이 바람직하다. 따라서 불법영득의사를 고의의 한 내용으로 이해하는 설이 타당하다.

③ 불법영득의사의 내용

통설 및 판례는 불법영득의사란 '권리자를 배제하고 타인의 재물을 자기의 소유물과 같이 사실상 또는 법률상 이용 · 처분할 의사를 말한다'고 한다.[637] 이와 같이 불법영득의사는 권리자를 배제한다는 소극적 요소와 자기의 소유물처럼 사용 · 수익 · 처분한다는 적극적 요소로 이루어진다(소유자의사설, 다수설).

ㄱ. 소극적 요소

불법영득의사의 소극적 요소는 권리자를 배제하는 것이다. 권리자의 배제의사는 권리자를 영구적 혹은 지속적으로 배제하려는 의사여야 하고 이점에서 절도죄, 강도죄, 횡령죄 등이 일시사용의 의사로 재물을 절취, 강취, 편취, 횡령하는 것과 구별된다고 하는 견해가 있다.

그러나 일시사용을 넘어서는 정도로 사용하고 반납한 경우에도 범죄가 성립한다

637) **[경제적 용법설에 대한 비판]** : 한 때 판례(경제적 용법설)는 "권리자를 배제하고 타인의 물건을 자기의 소유물과 같이 그 경제적 용법에 따라 이용·처분하려는 의사를 말한다"고 하였다(대법원 2000.10.13. 선고 2000도3655 판결). 이에 대해 학설(소유자의사설, 다수설)은 경제적 용법에 따른 의사라고 한다면 학생증을 절취, 강취, 편취하여 사용하거나 자랑할 의사로 희귀우표를 절취, 강취, 편취한 경우에는 영득의사를 인정하기 어려우므로 경제적 용법에 따른 이용·처분일 필요가 없다고 비판하였다.

고 해야 하고 불법영득의사도 인정할 수 있기 때문에 권리자를 영구적 혹은 지속적으로 배제한다는 의사는 필요하지 않다고 해야 한다.[638]

ㄴ. 적극적 요소

불법영득의사의 적극적 요소는 타인의 재물을 자기의 소유물같이 사용 · 수익 · 처분하려는 의사이다.

재물을 소유물처럼 사용 · 수익 · 처분하려는 의사이므로 단순한 점유침해의사로는 영득의사가 있다고 할 수 없다. 또한 영득의사는 적극적으로 재물의 효용을 향유하겠다는 의사로서 재물의 효용을 상실시키겠다는 손괴의 의사와도 구별된다. 그러나 충돌실험을 하기 위해 자동차를 훔치는 경우와 같이 손괴가 소유권의 행사로서의 의미를 가질 때에는 불법영득의사가 있다고 할 수 있다.[639]

638) 대법원 2014.2.21. 선고 2013도14139 판결(형법상 절취란 타인이 점유하고 있는 자기 이외의 자의 소유물을 점유자의 의사에 반하여 점유를 배제하고 자기 또는 제3자의 점유로 옮기는 것을 말한다. 그리고 절도죄의 성립에 필요한 불법영득의 의사란 타인의 물건을 그 권리자를 배제하고 자기의 소유물과 같이 그 경제적 용법에 따라 이용·처분하고자 하는 의사를 말하는 것으로서, 단순히 타인의 점유만을 침해하였다고 하여 그로써 곧 절도죄가 성립하는 것은 아니나, 재물의 소유권 또는 이에 준하는 본권을 침해하는 의사가 있으면 되고 반드시 영구적으로 보유할 의사가 필요한 것은 아니며, 그것이 물건 자체를 영득할 의사인지 물건의 가치만을 영득할 의사인지를 불문한다. 따라서 어떠한 물건을 점유자의 의사에 반하여 취거하는 행위가 결과적으로 소유자의 이익으로 된다는 사정 또는 소유자의 추정적 승낙이 있다고 볼 만한 사정이 있다고 하더라도, 다른 특별한 사정이 없는 한 그러한 사유만으로 불법영득의 의사가 없다고 할 수는 없다.) ; 대법원 1992.5.12. 선고 92도280 판결(내연관계에 있던 여자가 계속 회피하며 만나 주지 않자 내연관계를 회복시켜 볼 목적으로 그녀의 물건을 가져 와 보관한 후 이를 찾으러 오면 그 때 그 물건을 반환하면서 타일러 다시 내연관계를 지속시킬 생각으로 물건을 가져 왔고 그녀의 가족에게 그 사실을 그녀에게 연락하라고 말하였으며 그 후 이를 보관하고 있으면서 이용 내지 소비하지 아니한 경우 불법영득의 의사가 있다고 할 수 없다.) ; 대법원 2000.3.28. 선고 2000도493 판결 : 대법원 2006.3.9. 선고 2005도7819 판결(타인의 재물을 점유자의 승낙 없이 무단 사용하는 경우 그 사용으로 인하여 재물 자체가 가지는 경제적 가치가 상당한 정도로 소모되거나 또는 사용 후 그 재물을 본래의 장소가 아닌 다른 곳에 버리거나 곧 반환하지 아니하고 장시간 점유하고 있는 것과 같은 때에는 그 소유권 또는 본권을 침해할 의사가 있다고 보아 불법영득의 의사를 인정할 수 있으나, 그렇지 아니하고 그 사용으로 인한 가치의 소모가 무시할 수 있을 정도로 경미하고 또 사용 후 곧 반환한 것과 같은 때에는 그 소유권 또는 본권을 침해할 의사가 있다고 할 수 없어 불법영득의 의사를 인정할 수 없다.)

639) 대법원 2000.10.13. 선고 2000도3655 판결(피고인이 살해도구로 이용한 골프채와 피고인의 옷 등 다른 증거품들과 함께 피고인의 차량 트렁크에 싣고 서울로 돌아오는 중 이 사건 지갑을 쓰레기 소각장에서 태워버린 사실이 인정되므로, 피고인이 살해된 피해자의 주머니에서 지갑을 꺼낸 것은 자신의 살인 범행의 증거를 인멸하기 위한 것이어서 결국 불법영득의 의사가 있었다고 보기 어렵다.) ; 대법원 1993.4.13. 선고 93도328 판결(사촌형제인 피해자와의 분규로 재단법인 이사장직을 사임한 뒤 피해자의 집무실에 찾아가 잘못을 나무라는 과정에서 화가 나서 피해자를 혼내주려고 피해자의 가방을 들고 나온 경우 불법영득의 의사가 있다고 할 수 없다.) ; 대법원 1989.11.28. 선고 89도1679 판결(피고인이 피해자의 전화번호를 알아두기 위하여 피해자가 떨어뜨린 전화요금영수증을 습득한 후

자기소유물처럼 사용 · 수익 · 처분하려는 의사는 영구적 또는 지속적일 필요가 없고, 일시적이어도 무방하다. 다만 극히 일시적으로만 사용할 의사인 경우에는 사용절도나 자동차등불법사용죄(제331조의2) 등이 문제될 수 있고, 통설 및 판례[640]는 이 경우 불법영득의사가 인정되지 않는다고 한다.

④ 불법영득의사의 객체(영득의 대상)

재물 중에는 예금통장, 현금카드, 신용카드, 전철정액권 등과 같이 물체 그 자체의 경제적 가치는 작지만, 그것을 활용하여 커다란 경제적 가치를 얻을 수 있는 물건들이 있다. 이러한 물건들을 일시사용하여 경제적 가치를 취득한 후 물건 그 자체는 반환한 경우 물건에 대한 재산범죄가 성립할 수 있는지가 문제된다. 예를 들어 타인의 예금통장이나 현금카드를 사용하여 현금을 인출한 후 제자리에 갖다놓은 경우 현금에 대한 재산범죄는 논외로 하고, 예금통장이나 현금카드 등 물건 그 자체에 대한 절도죄, 횡령죄 등이 성립할 수 있는지가 문제된다.

ㄱ. 학설

1) 물체설

이 설은 물건 그 자체 즉, 물체가 영득의 객체라고 하고 물체 그 자체를 영득하지 않고 가치만 영득한 경우에는 절도죄나 횡령죄, 재물강도 · 사기 · 공갈죄 등은 성립하지 않는다고 한다. 위의 사례에서 예금통장의 가치를 영득하였지만 예금통장이란 물

돌려주지 않은 경우에 그에게 불법영득의 의사가 있다고 인정하기 어렵다.)

640) 대법원 1992.4.24. 선고 92도118 판결 ; 대법원 2002.9.6. 선고 2002도3465 판결(형법 제331조의2에서 규정하고 있는 자동차등불법사용죄는 타인의 자동차 등의 교통수단을 불법영득의 의사 없이 일시 사용하는 경우에 적용되는 것으로서 불법영득의사가 인정되는 경우에는 절도죄로 처벌할 수 있을 뿐 본죄로 처벌할 수 없다 할 것이며, 절도죄의 성립에 필요한 불법영득의 의사라 함은 권리자를 배제하고 타인의 물건을 자기의 소유물과 같이 이용, 처분할 의사를 말하고 영구적으로 그 물건의 경제적 이익을 보유할 의사임은 요치 않으며 일시사용의 목적으로 타인의 점유를 침탈한 경우에도 이를 반환할 의사 없이 상당한 장시간 점유하고 있거나 본래의 장소와 다른 곳에 유기하는 경우에는 이를 일시 사용하는 경우라고는 볼 수 없으므로 영득의 의사가 없다고 할 수 없다. 따라서 소유자의 승낙 없이 오토바이를 타고 가서 다른 장소에 버린 경우, 자동차등불법사용죄가 아닌 절도죄가 성립한다.) ; 대법원 2006.3.9. 선고 2005도7819 판결(은행이 발급한 직불카드를 사용하여 타인의 예금계좌에서 자기의 예금계좌로 돈을 이체시켰다 하더라도 직불카드 자체가 가지는 경제적 가치가 계좌이체된 금액만큼 소모되었다고 할 수는 없으므로, 이를 일시 사용하고 곧 반환한 경우에는 그 직불카드에 대한 불법영득의 의사는 없다고 보아야 한다.)

건 자체는 반환하였으므로 현금에 대한 죄는 별론으로 하고 예금통장 등에 대한 재산범죄는 성립하지 않는다고 한다.

2) 가치설

이 설은 물건 그 자체가 아니라 그 물건이 지닌 경제적 가치가 영득의 객체라고 한다. 따라서 물건을 영득하지 않더라도 그 물건이 가진 경제적 가치를 영득한 경우에는 영득죄가 성립할 수 있다고 한다. 이 견해에 의하면 위의 사례에서 예금통장이나 현금카드 등에 대한 재산범죄가 성립할 수 있다.

가치설에 대해서는 물건 그 자체를 영득하지 않고 그 물건을 일시사용하고 반납한 경우에도 재산범죄가 성립하고, 예를 들어 이용요금을 내지 않고 놀이시설을 이용한 경우에도 물건의 경제적 가치를 영득한 것이므로 이득죄가 아닌 재물죄가 성립한다고 하는 문제점이 있다. 이 경우에도 물건의 경제적 가치는 영득하였기 때문이다.

3) 종합설(절충설)

통설 및 판례[641]는 영득의사의 객체는 물건 그 자체, 즉 물체 혹은 그 물건이 가지고 있는 가치라고 하는 절충설을 취한다.

다만 가치의 개념이 무한히 확대되면 재물죄가 이득죄가 되는 문제점과 일시사용을 절도죄로 인정하는 문제점이 있을 수 있다. 이를 피하기 위해 가치란 재물이 갖는 특수한 기능가치만을 의미한다고 한다. 그리하여 재물 자체를 반환한 경우에는 가치가 영득의 객체가 되지만 이 가치가 재물과 결합되어 있는 특수한 기능가치를 감소·소멸시켜서 경제적 가치의 감소·소멸을 가져온 때에만 영득의사를 인정할 수 있다고 한다.[642]

641) 대법원 1992.9.8. 선고 91도3149 판결(단순한 점유의 침해만으로서는 절도죄를 구성할 수 없고 소유권 또는 이에 준하는 본권을 침해하는 의사 즉 목적물의 물질을 영득할 의사이거나 또는 그 물질의 가치만을 영득할 의사이든 적어도 그 재물에 대한 영득의 의사가 있어야 한다.) ; 대법원 1981.10.13. 선고 81도2394 판결(피고인이 길가에 세워져 있는 오토바이를 소유자의 승낙없이 타고가서 용무를 마친 약1시간 30분 후 본래 있던 곳에서 약 7,8미터 되는 장소에 방치하였다면 불법영득의 의사가 있었다고 할 것이다.)

642) 대법원 2012.7.12. 선고 2012도1132 판결(일시 사용의 목적으로 타인의 점유를 침탈한 경우에도 사용으로 인하여 물건 자체가 가지는 경제적 가치가 상당한 정도로 소모되거나 또는 상당한 장시간 점유하고 있거나 본래의 장소와 다른 곳에 유기하는 경우에는 이를 일시 사용하는 경우라고는 볼 수

보충판례 63 : 대법원 2006.3.9. 선고 2005도7819 판결

⑤ 절도와 사용절도의 한계

사용절도란 타인의 재물을 일시적으로 사용한 후에 소유자에게 반환하는 것을 말한다. 불법영득의 의사 중 소극적 요소 즉 타인의 점유를 배제한다는 의사가 영구적이지 아니하고 일시적이라는 점에서 불법영득의 의사가 있다고 볼 수 없으므로 절도죄에 있어서 불법영득의 의사가 필요하다고 보는 견해에 있어서는 사용절도는 절도죄가 성립하지 않게 된다.

예컨대 타인의 자전거나 자동차를 일시사용하고 반환할 의사로 가져간 경우가 전형적이다. 사용절도의 본질은 반환할 의사에 있으므로 실제로 반환할 의사가 있는 경우 절도죄가 성립하는 것이 아니라 형법 제331조의2 소정의 자동차등불법사용죄가 성립한다.[643]

그러나 일시사용한 물건을 원래의 장소가 아닌 다른 곳에 유기한 경우에는 반환의 의사가 없는 것으로 보아 절도죄를 인정하는 것이 판례의 입장이다.[644]

없으므로 영득의 의사가 없다고 할 수 없다. 따라서 피고인이 갑의 영업점 내에 있는 갑 소유의 휴대전화를 허락 없이 가지고 나와 이를 이용하여 통화를 하고 문자메시지를 주고받은 다음 약 1~2시간 후 갑에게 아무런 말을 하지 않고 위 영업점 정문 옆 화분에 놓아두고 감으로써 이를 절취한 경우에는 피고인이 갑의 휴대전화를 자신의 소유물과 같이 경제적 용법에 따라 이용하다가 본래의 장소와 다른 곳에 유기한 것이므로 피고인에게 불법영득의사가 없었다고 할 수 없다.) ; 대법원 2010.5.27. 선고 2009도9008 판결(예금통장은 예금채권을 표창하는 유가증권이 아니고 그 자체에 예금액 상당의 경제적 가치가 화체되어 있는 것도 아니지만, 이를 소지함으로써 예금채권의 행사자격을 증명할 수 있는 자격증권으로서 예금계약사실 뿐 아니라 예금액에 대한 증명기능이 있고 이러한 증명기능은 예금통장 자체가 가지는 경제적 가치라고 보아야 하므로, 예금통장을 사용하여 예금을 인출하게 되면 그 인출된 예금액에 대하여는 예금통장 자체의 예금액 증명기능이 상실되고 이에 따라 그 상실된 기능에 상응한 경제적 가치도 소모된다. 그렇다면 타인의 예금통장을 무단사용하여 예금을 인출한 후 바로 예금통장을 반환하였다 하더라도 그 사용으로 인한 위와 같은 경제적 가치의 소모가 무시할 수 있을 정도로 경미한 경우가 아닌 이상, 예금통장 자체가 가지는 예금액 증명기능의 경제적 가치에 대한 불법영득의 의사를 인정할 수 있으므로 절도죄가 성립한다.) ; 대법원 1999.7.9. 선고 99도857 판결(신용카드를 사용하여 현금자동지급기에서 현금을 인출하였다 하더라도 신용카드 자체가 가지는 경제적 가치가 인출된 예금액만큼 소모되었다고 할 수 없으므로, 이를 일시사용하고 곧 반환한 경우에는 불법영득의 의사가 없다.)

643) 대법원 1998.9.4. 선고 98도2181 판결(차량을 반환할 의사로 피해자의 동의 없이 일시 사용한 경우이므로 특수절도죄가 아닌 자동차등불법사용죄를 적용해야 한다.)

644) 대법원 2012.7.12. 선고 2012도1132 판결 ; 대법원 2002.9.6. 선고 2002도3465 판결(형법 제331조의2에서 규정하고 있는 자동차등불법사용죄는 타인의 자동차 등의 교통수단을 불법영득의 의사 없이 일시 사용하는 경우에 적용되는 것으로서 불법영득의사가 인정되는 경우에는 절도죄로 처벌할 수 있을 뿐 본죄로 처벌할 수 없다 할 것이며, 절도죄의 성립에 필요한 불법영득의 의사라 함은 일시

보충판례 64-1 : 대법원 1981.10.13. 선고 81도2394 판결
64-2 : 대법원 1988.9.13. 선고 88도917 판결

⑥ 불법영득의사의 인정범위(불법의 의미)

[사례]

갑은 골동품상 A의 가게에서 독특한 형태의 골동품도자기를 하나 발견하고 그 도자기를 사기로 하였다. 갑은 그 도자기를 넣을 수 있는 장식장도 하나 구해 달라고 하고 대금을 모두 지급하였다. 그러나 갑의 집으로 도자기와 장식장을 배달해 주기로 했던 A가 차일피일 미루면서 배달해주지 않자 화가 난 갑은 A의 가게로 가 무조건 그 도자기와 장식장을 가져왔다. 갑에게는 절도죄가 성립하는가?

(1) 영득의 불법 필요설

통설은 불법영득의사가 성립하기 위해서는 불법취거의 의사로는 부족하고 불법영득의 의사까지 요한다고 한다.

따라서 갑이 도자기를 가져온 행위는 A의 의사에 반하는 불법한 취거이지만 특정물인 도자기를 기한이 도래한 채권에 기해 가져온 것이므로 영득은 불법하지 않다고 한다. 반면 갑이 장식장을 가져온 행위는 불특정물을 가져온 것이므로 불법영득의사가 인정된다.

(2) 절취의 불법설(판례의 입장)

판례는 취거나 영득 중 어느 하나라도 불법하면 불법영득의사가 인정된다고 한다.[645] 판례에 의하면 갑에게 장식장뿐만 아니라 도자기에 대해서도 불법영득의사가

사용의 목적으로 타인의 점유를 침탈한 경우에도 이를 반환할 의사 없이 상당한 장시간 점유하고 있거나 본래의 장소와 다른 곳에 유기하는 경우에는 이를 일시 사용하는 경우라고는 볼 수 없으므로 영득의 의사가 없다고 할 수 없다.)

645) 대법원 1973.2.28. 선고 72도2538 판결(절도라 함은 타인이 점유하는 재물을 도취하는 행위, 즉 점유자의 의사에 의하지 아니하고 그 점유를 취득하는 행위로서 절도 행위의 객체는 점유라 할 것이므로 피고인이 점유자의 승낙을 받지 않고 위 물품들을 가져갔다면 그 물품에 대한 반환청구권이 피고인에게 있었다 하여도 피고인의 그 행위는 절도행위에 해당한다.) ; 대법원 2005.6.24. 선고 2005도2861[○○흥산 주식회사(이하 '○○흥산'이라 한다)가 피해자와 사이에 피해자 소유인 판시 쇄석장비들에 관하여 점유개정의 방법에 의한 양도담보부 금전소비대차계약을 체결하였는데 피해자가 변제기일이 지나도 채무를 변제하지 아니하자 ○○흥산의 직원들인 피고인들이 합동하여 피해자의

인정된다.

(3) 소결

특정물에 대한 채권의 기한이 도래하였더라도 채무자가 점유를 이전하기까지는 채무자의 소유라고 할 수 있고, 이를 채권자의 소유로 하기 위해서는 채무자의 이행이 필요하므로 채무자의 이행을 통하지 않은 소유권취득, 즉 영득은 위법하다고 해야 한다. 불법영득의사를 요하지 않는다고 할 경우에도 취거행위와 영득행위를 종합하여 위법성 여부를 따져야 하기때문에 이 경우 영득 및 취거의 위법성이 인정된다고 할 수 있다. 따라서 판례의 입장이 타당하다.

라. 죄수 : 불가벌적 사후행위

절도죄는 전형적인 상태범이다. 따라서 절도가 기수에 이른 후에도 재물에 대한 소유권을 상실하였다는 피해자의 법익의 침해상태는 계속되게 된다. 즉 절취당한 재물을 손괴하거나 타에 처분한다하더라도 피해자의 입장에서는 이미 침해된 소유권에 대한 침해에 모두 포함되는 것이므로 이를 초과하는 법익침해가 있을 수 없다.

따라서 행위자가 절취한 타인의 재물에 대하여 이를 손괴하거나 처분하는 행위는 벌할 필요가 없게 되는데 이를 불가벌적 사후행위라고 한다. 불가벌적 사후행위로는 절취한 물건을 손괴하거나, 절취한 현금으로 물건을 구입하는 행위, 수표를 현금으로 바꾸는 행위 등이 있을 수 있다.

그러나 침해된 법익을 초과하거나 새로운 법익침해가 있는 경우 불가벌적 사후행위가 되지 아니함은 물론이다. 즉 절취한 예금통장을 이용하여 예금을 인출하는 행위는 예금통장 절취라는 법익을 초과하는 현금의 절취라는 법익의 침해가 있을 뿐만 아니라, 마치 자신이 정당한 예금주인 것처럼 은행을 기망하여 금원을 편취하는 행위로

의사에 반하여 위 쇄석장비들을 임의로 분해하여 가지고 간 경우, 피고인들에 대한 이 사건 특수절도의 범죄사실은 모두 유죄로 인정된다.] ; 대법원 1983.4.12. 선고 83도297 판결(채무자의 책상설합을 승락없이 뜯어 돈을 꺼내 자기의 채권의 변제에 충당한 것은 자기채권의 추심을 위하여 채무자의 점유하에 있는 채무자 소유의 금원을 불법하게 탈취한 것으로 불법영득의 의사가 있다.)

서 은행에 대한 사기죄라는 새로운 법익침해가 있는 것이므로 불가벌적 사후행위라고 할 수 없다.646)

Ⅲ. 야간주거침입절도죄

[형법조문]

> 제330조(야간주거침입절도) 야간에 사람의 주거, 간수하는 저택, 건조물이나 선박 또는 점유하는 방실에 침입하여 타인의 재물을 절취한 자는 10년 이하의 징역에 처한다.
>
> 제332조(상습범) 상습으로 제329조 내지 제331조의2의 죄를 범한 자는 그 죄에 정한 형의 2분의 1까지 가중한다.
>
> 제342조(미수범) 제329조 내지 제341조의 미수범은 처벌한다.
>
> 제344조(친족간의 범행) 제328조의 규정은 제329조 내지 제332조의 죄 또는 미수범에 준용한다.
>
> 제345조(자격정지의 병과) 본장의 죄를 범하여 유기징역에 처할 경우에는 10년 이하의 자격정지를 병과할 수 있다.
>
> 제346조(동력) 본장의 죄에 있어서 관리할 수 있는 동력은 재물로 간주한다.

646) 대법원 1974.11.26. 선고 74도2817 판결(절도행위의 완성 후 그 장물을 처분하는 것은 재산죄에 수반하는 사후처분행위에 불과하므로 별죄를 구성하지 않음은 소론과 같으나 그 사후처분이 새로운 다른 법익을 침해하는 경우에는 별죄가 성립한다고 보아야 할 것인바, 원심이 유지한 제1심판결에서 피고인이 이00양복점에서 동인 명의의 은행예금 통장을 절취하여 그를 이용하여 은행원을 기망하여 진실한 명의인이 예금을 찾는 것으로 오신시켜 예금의 인출명의 하의 금원을 편취한 것이라고 인정하고 이는 절도죄 외 새로운 법익을 침해한 것이라는 견지에서 사기죄를 인정한 조치는 정당하고, 위 절도행위 후에 예금인출행위가 그 절도행위의 연장이라든가 또는 그에 흡수되는 것이라고도 볼 수 없다 할 것이고, 사기의 피해자는 은행이 되는 수도 있고, 은행이 피해자가 되지 아니하는 경우에는 예금통장 명의인이 피해자가 되는 수도 있다할 것이다.) ; 대법원 1980.11.25. 선고 80도2310 판결(절도범인이 그 절취한 장물을 자기 것 인양 제3자를 기망하여 금원을 편취한 경우에는 장물에 관하여 소비 또는 손괴하는 경우와는 달리 제3자에 대한 관계에 있어서는 새로운 법익의 침해가 있다고 할 것이므로 절도죄 외에 사기죄의 성립을 인정할 것이다.) ; 대법원 1996.7.12. 선고 96도1181 판결(신용카드를 절취한 후 이를 사용한 경우 신용카드의 부정사용행위는 새로운 법익의 침해로 보아야 하고 그 법익침해가 절도범행보다 큰 것이 대부분이므로 위와 같은 부정사용행위가 절도범행의 불가벌적 사후행위가 되는 것은 아니다.) ; 대법원 1982.7.27. 선고 82도822 판결 ; 대법원 1987.1.20. 선고 86도1728 판결(금융기관 발행의 자기앞수표는 즉시 지급받을 수 있어 현금에 대신하는 기능을 하고 있는 점에서 현금적인 성격이 강하므로 절취한 자기앞수표의 환금행위는 절취행위에 대한 수반한 당연의 경과라 하여 절도행위에 대한 가벌적 평가에 당연히 포함된다 봄이 상당하므로 사기죄가 성립하지 아니한다.)

가. 의의

야간주거침입죄는 야간에 주거등에 침입하여 타인의 재물을 절취함으로써 성립하는 범죄로서 야간주거침입죄와 절도죄의 결합범이다. 단순절도죄에 비해 불법이 가중된 범죄유형이다(통설). 침해범이며 상태범이다.

나. 구성요건

(1) 야간의 적용범위

야간일 것이 요구되는 시간적 범위에 대하여는, (1) 절취행위시설(본죄는 절도죄를 기본으로 하고, 이에 대하여 야간이라는 시간적 제한과 주거라는 장소적 제한이 가미되어 위법성이 가중되는 것이라고 보기 때문에 기본인 절도지를 기준으로 판단을 하여야 하므로 절취행위시에 야간이어야 한다고 본다), (2) 주거침입시설(본죄의 실행의 착수시기를 주거에 침입한 때로 본다는 점에 착안하여 주거침입죄를 기본범죄로 보고 야간이라는 시간적 제한은 주거에 침입한 때에 해당되는 것으로 이해하여 주거에 침입한 때에 야간이어야 한다고 본다. 판례[647]), (3) 주거침입시 또는 절취행위시설(다수설) 등이 있다.

생각건대 본죄는 야간에 주거에 침입하거나, 야간에 절취하는 행위를 모두 가중처벌하기 위한 것이라고 이해하는 것이 타당하다(결합범설)는 점에서 주거침입이나, 절취행위 중 어느 하나라도 야간에 이루어 진 경우 본조에 해당된다고 하는 다수설이 타당하다.

(2) 야간의 의미

야간이라 함은 일몰 후 일출 전까지의 시간을 의미한다(천문학적 해석설, 통설)고 하여야 하며, 판례도 같은 입장이다.[648]

647) 대법원 2011.4.14. 선고 2011도300,2011감도5 판결(형법은 제329조에서 절도죄를 규정하고 곧바로 제330조에서 야간주거침입절도죄를 규정하고 있을 뿐, 야간절도죄에 관하여는 처벌규정을 별도로 두고 있지 아니하다. 이러한 형법 제330조의 규정형식과 그 구성요건의 문언에 비추어 보면, 형법은 야간에 이루어지는 주거침입행위의 위험성에 주목하여 그러한 행위를 수반한 절도를 야간주거침입절도죄로 중하게 처벌하고 있는 것으로 보아야 하고, 따라서 주거침입이 주간에 이루어진 경우에는 야간주거침입절도죄가 성립하지 않는다고 해석하는 것이 타당하다.)

(3) 실행의 착수와 기수시기

본죄는 주거침입죄와 절도죄의 결합범적 특성상 주거침입이 선행하기 때문에 실행의 착수시기는 절도의 의사로 사람의 주거 등에 침입한 때이다. 따라서 신체의 일부만 주거에 들어간 경우에도 주거침입죄가 성립한다는 판례에 따르면 신체의 일부만 들어갔다 하더라도 야간주거침입절도죄의 실행의 착수가 있다고 하여야 한다.[649] 주거침입의 기수미수 여부는 불문한다.

보충판례 65 : 대법원 2008.3.27. 선고 2008도917 판결

기수시기는 절취행위가 종료한 때, 즉 재물취득시이다. 따라서 야간에 카페 내실에 침입하여 정기적금통장을 훔쳐 나오던 중 발각되어 돌려준 때에도 기수가 된다.[650]

648) 대법원 1992.11.10. 선고 92도2364 판결(폭처법 제2조 제2항 소정의 "야간"이라 함은 일몰 후부터 다음날 일출 전까지를 말하는데, 일력에 의하면 1992.2.12.의 일출시각은 07:20임이 명백하므로 범행시인 같은 날 08:00경을 야간으로 볼 수 없다.)

649) **[실행의 착수에 관한 판례]** : 대법원 2006.9.14. 선고 2006도2824 판결(야간에 타인의 재물을 절취할 목적으로 사람의 주거에 침입한 경우에는 주거에 침입한 단계에서 이미 형법 제330조에서 규정한 야간주거침입절도죄라는 범죄행위의 실행에 착수한 것이라고 보아야 하며, 주거침입죄의 실행의 착수는 주거자, 관리자, 점유자 등의 의사에 반하여 주거나 관리하는 건조물 등에 들어가는 행위, 즉 구성요건의 일부를 실현하는 행위까지 요구하는 것은 아니고 범죄구성요건의 실현에 이르는 현실적 위험성을 포함하는 행위를 개시하는 것으로 족하므로, 출입문이 열려 있으면 안으로 들어가겠다는 의사 아래 출입문을 당겨보는 행위는 바로 주거의 사실상의 평온을 침해할 객관적인 위험성을 포함하는 행위를 한 것으로 볼 수 있어 그것으로 주거침입의 실행에 착수한 것으로 보아야 한다.) ; 대법원 2003.10.24. 선고 2003도4417 판결(야간에 아파트에 침입하여 물건을 훔칠 의도 하에 아파트의 베란다 철제난간까지 올라가 유리창 문을 열려고 시도하였다면 야간주거침입절도죄의 실행에 착수한 것으로 보아야 한다.) ; 대법원 1970.4.24. 선고 70도507 판결(야간에 타인의 재물을 절취할 목적으로 사람의 주거에 침입한 경우에는 주거에 침입한 행위의 단계에서 이미 형법 제330조 소정의 야간주거침입절도죄라는 범죄행위의 실행에 착수한 것이라고 봄이 상당하므로 이 사건에서 1969.6.4 23:50경 공소외인 집에 절도의 목적으로 월담 침입하여 동 가 마루 밑에 숨어 있다가 그 목적을 달성하지 못한 피고인의 소위를 야간주거침입절도죄의 미수행위로 본 취지인 원판결 판단은 정당하다.) ; 대법원 1976.4.13. 선고 76도414 판결(피고인이 종업원으로 있는 사진관에서 그 사진관 안에 둔 주인 소유의 금품을 7.15 19:30경에 절취한 소위는 절도죄에는 해당될지언정 야간주거침입절도죄에는 해당한다고 볼 수 없다.)

650) 대법원 1991.4.23. 선고 91도476 판결[피고인이 피해자 경영의 까페에서 야간에 아무도 없는 그 곳 내실에 침입하여 장식장 안에 들어 있던 정기적금통장 등을 꺼내 들고 까페로 나오던 중 발각되어 돌려 준 경우 피고인은 피해자의 재물에 대한 소지(점유)를 침해하고, 일단 피고인 자신의 지배 내에 옮겼다고 볼 수 있으니 절도의 미수에 그친 것이 아니라 야간주거침입절도의 기수라고 할 것이다.]

Ⅳ. 특수절도죄

[형법조문]

> 제331조(특수절도) ① 야간에 문호 또는 장벽 기타 건조물의 일부를 손괴하고 전조의 장소에 침입하여 타인의 재물을 절취한 자는 1년 이상 10년 이하의 징역에 처한다.
> ② 흉기를 휴대하거나 2인 이상이 합동하여 타인의 재물을 절취한 자도 전항의 형과 같다.
>
> 제332조(상습범) 상습으로 제329조 내지 제331조의2의 죄를 범한 자는 그 죄에 정한 형의 2분의 1까지 가중한다.
>
> 제342조(미수범) 제329조 내지 제341조의 미수범은 처벌한다.
>
> 제344조(친족간의 범행) 제328조의 규정은 제329조 내지 제332조의 죄 또는 미수범에 준용한다.
>
> 제345조(자격정지의 병과) 본장의 죄를 범하여 유기징역에 처할 경우에는 10년 이하의 자격정지를 병과할 수 있다.
>
> 제346조(동력) 본장의 죄에 있어서 관리할 수 있는 동력은 재물로 간주한다.

가. 의의 및 유형

특수절도죄는 세 가지 범죄유형으로 구성되어 있다. 제1항 범죄는 야간손괴죄와 주거침입죄 및 절도죄의 결합범 형태인 특수절도죄, 제2항 범죄는 흉기휴대절도죄(전단)와 2인 이상의 합동절도죄(후단)를 규정하고 있다. 제1항 범죄는 범행수단이나 방법의 강폭성, 제2항 범죄는 범행의 위험성과 집단성을 이유로 불법이 가중된 구성요건이다.

나. 제1항의 특수절도죄(손괴후야간주거침입절도죄)

야간의 범행이어야 하므로, 주간에 문호등을 손괴하고 침입한 경우에는 본죄가 성립하지 아니한다.[651] 즉 손괴죄와 주거침입죄 및 절도죄의 실체적 경합범으로 처벌하여야 할 것이다.

본죄는 야간주거침입절도죄와 같은 취지이지만 시간적 선행행위로서 야간주거침입수단의 하나인 손괴로 인하여 형이 가중된 것이므로 반드시 야간에 손괴 후 주거침입이 이루어져야 한다.[652]

실행의 착수시기는 문호등 건조물의 일부를 손괴하기 시작한 때이며, 주거에 침입할 필요는 없다는 것이 판례의 입장이다.[653] 기수시기는 재물의 취득시이다.

다. 제2항의 특수절도죄

(1) 흉기휴대절도죄(제2항 전단의 죄)

흉기를 휴대하여 타인의 재물을 절취한 것으로서, 야간일 필요도 없으며, 타인의 주거에 침입할 필요도 없다. 흉기와 휴대의 의미는 특수폭행죄에서의 흉기(위험한 물건과의 관계)[654]와 휴대의 의미와 동일하다.

---

651) 대법원 1971.2.23. 선고 70도2699 판결(원판결 인정 범죄사실은 피고인이 주간에 남의 집 시정된 자물쇠를 파괴하고, 그 집에 침입하여 물품을 절취하였다는 것이고, 야간에 그와 같은 범죄를 행하였다는 것이 아닌데도 불구하고 형법 제331조 제1항 특수절도죄의 조항을 적용하였음은 법률적용을 잘못한 위법있다 아니할 수 없다.)

652) 대법원 2004.10.15. 선고 2004도4505 판결(형법 제331조 제1항에 정한 '문호 또는 장벽 기타 건조물의 일부'라 함은 주거 등에 대한 침입을 방지하기 위하여 설치된 일체의 위장시설을 말하고, '손괴'라 함은 물리적으로 위와 같은 위장시설을 훼손하여 그 효용을 상실시키는 것을 말하며, 야간에 불이 꺼져 있는 상점의 출입문을 손으로 열어보려고 하였으나 출입문의 하단에 부착되어 있던 잠금 고리가 잠겨져 있어 열리지 않았는데, 출입문을 발로 걷어차자 잠금 고리의 아래쪽 부착 부분이 출입문에서 떨어져 출입문과의 사이가 뜨게 되면서 출입문이 열려 상점 안으로 침입하여 재물을 절취하였다면, 이는 물리적으로 위장시설을 훼손하여 그 효용을 상실시키는 행위에 해당한다.) ; 대법원 1979.9.11. 선고 79도1736 판결(야간에 연탄집게와 식도로서 방문 고리를 파괴하고 방에 침입하여 재물을 절취하면 이는 문호의 손괴에 해당되어 특수절도죄가 성립한다.)

653) 대법원 1986.9.9. 선고 86도1273 판결(야간에 절도의 목적으로 출입문에 장치된 자물통 고리를 절단하고 출입문을 손괴한 뒤 집안으로 침입하려다가 발각된 것이라면 이는 특수절도죄의 실행에 착수한 것이다.) ; 대법원 1986.7.8. 선고 86도843 판결(두 사람이 공모 합동하여 타인의 재물을 절취하려고 한 사람은 망을 보고 또 한 사람은 기구를 가지고 출입문의 자물쇠를 떼어내거나 출입문의 환기창문을 열었다면 특수절도죄의 실행에 착수한 것이다.) ; 대법원 1977.7.26. 선고 77도1802 판결(현실적으로 절취목적물에 접근하지 못하였다 하더라도 야간에 타인의 주거에 침입하여 건조물의 일부인 방문고리를 손괴하였다면 형법 제331조의 특수절도죄의 실행에 착수한 것이다.)

654) **[흉기의 의미와 판단기준]** : 흉기휴대절도죄의 조문은 폭처법 제3조 제1항과 같이 '흉기 기타 위험한 물건을 휴대하여'라고 규정하고 있는 것이 아니라 단지 '흉기를 휴대하거나'라고 규정하고 있을 뿐이므로 피고인에게 유리하도록 엄격하게 제한적으로 해석할 필요가 있다 : 대법원 2012.6.14. 선고 2012도4175 판결(형법은 흉기와 위험한 물건을 분명하게 구분하여 규정하고 있는바, 형벌법규는 문언에 따라 엄격하게 해석·적용하여야 하고 피고인에게 불리한 방향으로 지나치게 확장해석하거나 유

휴대의 시기는 반드시 처음부터 휴대할 필요는 없고 적어도 절도죄의 실행의 착수 시부터 기수 시까지 사이에는 휴대하고 있어야 한다. 따라서 절도죄의 실행의 착수 이후 흉기를 버리고 재물을 절취한 경우에는 흉기휴대절도죄의 미수라고 하여야 한다.

(2) 합동절도죄(제2항 후단의 죄)

2인 이상이 합동하여 범죄를 범한 경우(타인의 재물을 절취한 경우)를 합동범655)이라고 한다. 여기서 합동의 의미가 무엇인지에 대하여는 견해가 일치하지 않는다.

① 합동의 의의

'공모공동정범설'은 합동의 의미를 공모공동정범과 같은 개념으로 보는 견해이며, '가중적 공동정범설'은 합동범은 공동정범과 동일한 개념이지만 집단범죄에 대한 대책을 위하여 형을 가중한데 불과하다고 하는 견해이다. 이에 대하여 '현장설(통설 및 판례656))'은 합동이란 때와 장소를 같이하여 상호 협력하는 것을 의미한다고 한다. 시간

추해석해서는 아니 된다. 그리고 형법 제331조 제2항에서 '흉기를 휴대하여 타인의 재물을 절취한' 행위를 특수절도죄로 가중하여 처벌하는 것은 흉기의 휴대로 인하여 피해자 등에 대한 위해의 위험이 커진다는 점 등을 고려한 것으로 볼 수 있다. 이에 비추어 위 형법 조항에서 규정한 흉기는 본래 살상용·파괴용으로 만들어진 것이거나 이에 준할 정도의 위험성을 가진 것으로 봄이 상당하고, 그러한 위험성을 가진 물건에 해당하는지 여부는 그 물건의 본래의 용도, 크기와 모양, 개조 여부, 구체적 범행 과정에서 그 물건을 사용한 방법 등 제반 사정에 비추어 사회통념에 따라 객관적으로 판단할 것이다. 원심은, 피고인이 이 사건 절도 범행을 함에 있어서 택시 운전석 창문을 파손하는 데 사용한 이 사건 드라이버가 흉기에 해당한다고 보아 피고인이 형법 제331조 제2항의 특수절도죄를 범하였다고 본 제1심판결을 그 판시와 같은 이유를 들어 그대로 유지하였다. 그러나 앞서 본 형법 제331조 제2항의 취지와 기록에 의하여 살펴보면, 피고인이 사용한 이 사건 드라이버는 일반적인 드라이버와 동일한 것으로 특별히 개조된 바는 없는 것으로 보이고, 그 크기와 모양 등 제반 사정에 비추어 보더라도 피고인의 이 사건 범행이 흉기를 휴대하여 타인의 재물을 절취한 경우에 해당한다고 보기는 어렵다고 보인다. 따라서 원심이 피고인의 이 사건 범행이 형법 제331조 제2항이 규정한 특수절도죄에 해당한다고 본 제1심판결을 그대로 유지한 조치에는 관련 법리를 오해하였거나 필요한 심리를 다하지 않음으로써 판결에 영향을 미친 위법이 있다.)

655) **[합동범의 유형]** : 합동범은 형법상 특수절도죄(제331조 제2항 후단), 특수강도죄(제334조 제2항 후단), 특수도주죄(제146조 후단)와 성폭법상 특수강간죄(제4조 제1항 후단) 및 아청법상 아동·청소년에 대한 특수강간죄(제2조 제2호 나목), 특강법상 특수강간죄·특수유사강간죄·특수강제추행죄·특수준강간죄·특수준강제추행죄·미성년자에 대한 특수간음·추행죄(제2조 제3호 후단) 등이 있다.

656) 헌법재판소 2011.2.24. 선고 2009헌마263 전원재판부결정[기소유예처분취소](형법 제331조 제2항 후단은 2인 이상이합동하여 타인의 재물을 절취한 자에게 1년 이상 10년 이하의 징역에 처하도록 규정하고 있으며, 위 조항에서 정한 합동범으로서의 특수절도가 성립되기 위하여서는 주관적 요건으로서의 공모와 객관적 요건으로서의 실행행위의 분담이 있어야 하고 그 실행행위에 있어서는 시간적으로나 장소적으로 협동관계가 있음을 요한다. 청구인은 청구외 전○열과 합동하여 타인의 재물을

적·장소적 협동을 요건으로 하므로 공모공동정범이나 현장에 함께하지 아니한 공동정범은 합동범이 될 수 없게 된다.

한편 '현장적 공동정범설'은 현장설과 같이 시간적 장소적으로 근접한 행위를 요구하면서도, 현장에 없는 자(배후거물이나 두목)에 대하여도 현장에서 범행을 하는 자들에 대하여 기능적 범행지배를 하는 자는 합동범의 공동정범으로 규율할 수 있다고 한다. 그러나 통설이 강력하게 반대하고 있는 공모공동정범의 성립범위를 합동범에까지 확대하려는 현장적 공동정범설에 대해서는 배후거물·두목은 합동범의 교사범이나 기타 범죄단체조직죄 등으로 처벌하면 족하고 현장에 없는 사람까지 합동범이라고 하여 처벌범위를 확대할 필요가 없다는 비판을 가할 수 있다.

② 합동범과 공범

통설 및 판례는 합동절도는 필요적 공범이지만 협동관계에 있지 않는 제3자에 대

절취하였다는 혐의로 기소유예처분을 받았으나, 청구외 전○열은 이 사건 절도 범행추정일인 2008. 8. 중순경부터 적어도 한 달 이상 경과한 같은 해 9. 중순 무렵에 이 사건 피해품인 서류와 도장 등을 청구인으로부터 건네받아 보관한 사실이 인정될 뿐이고, 달리 이 사건 범행 추정일에 청구인과 청구외 전○열이 시간적으로나 장소적으로 협동하여 절취의 실행행위를 분담했다고 볼 만한 별도의 증거가 없음에도 불구하고, 피청구인은 이에 대한 추가적인 수사를 하지 아니하고, 청구인에게 합동범으로서의 특수절도죄 성립을 인정하여 이 사건 기소유예처분을 하였는바, 이와 같은 기소유예처분은 합동범에 대한 법리오해 및 그 결정에 영향을 미친 중대한 수사미진 또는 현저한 증거판단의 잘못이 있다고 할 수 있어 자의적인 검찰권의 행사라 아니할 수 없고, 그로 말미암아 청구인의 기본권인 평등권과 행복추구권이 침해되었다고 할 것이다.) ; 대법원 2012.6.28. 선고 2012도2631 판결(합동범이 성립하기 위하여는 주관적 요건으로서의 공모와 객관적 요건으로서의 실행행위의 분담이 있어야 하나, 그 공모는 법률상 어떠한 정형을 요구하는 것이 아니어서 공범자 상호간에 직접 또는 간접으로 범죄의 공동가공의사가 암묵리에 서로 상통하면 되고, 사전에 반드시 어떠한 모의과정이 있어야 하는 것도 아니어서 범의 내용에 대하여 포괄적 또는 개별적인 의사연락이나 인식이 있었다면 공모관계가 성립하며, 그 실행행위는 시간적으로나 장소적으로 협동관계에 있다고 볼 수 있는 사정이 있으면 되는 것이다.) ; 대법원 1989.3.14. 선고 88도837 판결(원심이 유지한 제1심판결의 확정사실 관계를 보면, 피고인은 원심공동피고인 1, 2와함께 서울 동작구 상도동 616 소재 나00 경영의 명진상사 창고에 몰래 들어가 피혁을 훔치기로 약속하였으나 피고인은 절취할 마음이 내키지 아니하고 처벌이 두려워 만나기로 한 시간에 약속장소로 가지 아니하고 성남시 중동 소재 포장마차에서 술을 마신 후 인근 여관에서 잠을 잤으며 원심공동피고인 1등은 약속장소에서 피고인을 기다리다가 그들끼리 모의된 범행을 결행하기로 하여 원심공동피고인 1은 그 창고 앞에서 망을 보고 원심공동피고인 2는 창고에 침입하여 가죽 약 1만평을 절취한 것이라는 바 그렇다면 피고인은 특수절도의 공동정범이 성립될 수 없음은 물론 다른 공모자들이 실행행위에 이르기 이전에 그 공모관계로부터 이탈한 것이 분명하므로 그 이후의 다른 공모자의 절도행위에 관하여도 공동정범으로서 책임을 지지 아니한다.) ; 대법원 1996. 3. 22. 선고 96도313 판결(피고인이 피해자의 형과 범행을 모의하고 피해자의 형이 피해자의 집에서 절취행위를 하는 동안 피고인은 그 집 안의 가까운 곳에 내기하고 있다가 절취품을 가지고 같이 나온 경우 시간적, 장소적으로 협동관계가 있었다.)

해서는 교사방조범이 성립할 수 있다고 한다. 한편 통설인 현장설에 따를 때 합동범에 대하여 공동정범의 규정이 적용될 수 있는지가 문제된다. 긍정설도 있으나 합동범은 공동정범에 대한 특별규정이므로 합동범에 대하여는 공동정범의 규정이 적용될 수 없다고 하여야 한다(부정설, 통설).

대법원은 종래 합동범의 공동정범을 인정하지 않았으나[657], 그 후 전원합의체판결을 통하여 현장에서 공동하지 않은 자도 합동범의 공동정범이 될 수 있다고 태도를 변경하였다. 따라서 3명이 모의 한 후 2명이 현장에서 특수절도의 범행을 하고, 1명은 배후에서 조종을 한 경우에는 2명에 대하여는 특수절도의 합동범이, 배후의 1명에게는 특수절도의 공동정범이 성립되어 3명 모두 특수절도죄로 처벌을 할 수 있게 된 것이다.

보충판례 66 : 대법원 1998.5.21. 선고 98도321 전원합의체판결[658]
대법원 2011.5.13. 선고 2011도2021 판결

V. 자동차등불법사용죄

[형법조문]

제331조의2(자동차등 불법사용) 권리자의 동의없이 타인의 자동차, 선박, 항공기 또는 원동기장치자전차를 일시 사용한 자는 3년 이하의 징역, 500만원 이하의 벌금, 구류 또는 과료에 처한다.[본조신설 1995.12.29.]

제332조(상습범) 상습으로 제329조 내지 제331조의2의 죄를 범한 자는 그 죄에 정한 형의 2분

657) 대법원 1976.7.27. 선고 75도2720 판결(형법 331조 2항 후단 소정 합동절도에는 주관적 요건으로서 공모 외에 객관적 요건으로서 시간적으로나 장소적으로 협동관계가 있는 실행행위의 분담이 있어야 하므로 "갑"이 공모한 내용대로 국도 상에서 "을" "병" 등이 당일 마을에서 절취하여 온 황소를 대기하였던 트럭에 싣고 운반한 행위는 시간적으로나 장소적으로 절취행위와 협동관계가 있다고 할 수 없어 합동절도죄로 문의할 수는 없으나 공동정범에 있어서 범죄행위를 공모한 후 그 실행행위에 직접 가담하지 아니하더라도 다른 공범자의 죄책을 면할 수 없으니 "갑"의 소위는 본건 공소사실의 범위에 속한다고 보아지므로 "갑"은 일반절도죄의 공동정범 또는 합동절도방조로서의 죄책을 면할 수 없다.)

658) **[판례해설]** : 이 판결은 합동절도죄의 공모공동정범이라는 표현을 사용하고 있지는 않지만 사실상 합동범의 공모공동정범을 인정하여 현장설을 일부 포기한 것이라 할 수 있다. 그러나 이에 대해서는 현장적 공동정범설에 대한 비판이 그대로 타당할 수 있다.

의 1까지 가중한다.

제342조(미수범) 제329조 내지 제341조의 미수범은 처벌한다.

제344조(친족간의 범행) 제328조의 규정은 제329조 내지 제332조의 죄 또는 미수범에 준용한다.

제345조(자격정지의 병과) 본장의 죄를 범하여 유기징역에 처할 경우에는 10년 이하의 자격정지를 병과할 수 있다.

제346조(동력) 본장의 죄에 있어서 관리할 수 있는 동력은 재물로 간주한다.

절도죄는 불법영득의사의 소극적 요소로서 타인의 의사에 반하여 소유권을 배제하고, 적극적 요소로서 새로운 점유를 취득함으로써 성립한다. 절도죄가 성립하기 위하여는 소유권을 배제하는 의사가 영구적일 필요가 있으므로, 이러한 소유권 배제의사가 영구적이 아니라 일시적인 경우에는 불법영득의사가 부정되어 절도죄가 성립하지 않는다고 보아야 하며 이러한 경우를 '사용절도'라고 한다.

그러나 자동차등[659]을 일시 사용의 의사로 타고 가는 경우에 이를 처벌할 수 없다면, 자동차등의 불법사용이 급증할 것이고 그 위법성 또한 작지 않다고 할 것이므로 본죄는 이러한 경우를 처벌하기 위한 독립적 구성요건규정인 것이다.

본죄의 보호법익에 대해서는 소유권설과 소유자가 가지는 사용권은 물론이고 점유권자의 정당한 사용권도 보호한다는 의미의 사용권이라는 사용권설(다수설)이 대립한다. 본죄는 불법영득의사 없이 자동차등을 일시 사용하는 것(사용권)을 의미하므로 소유권과 무관하게 침해될 수 있다는 점을 고려하면 사용권설이 타당하다. 따라서 소유권자가 자신의 자동차를 타인에게 임대하고 그 타인이 사용 중인 자신 소유의 자동차를 일시 사용한 경우에도 본죄에 해당한다고 하여야 한다. 보호의 정도는 침해범이고 계속범이다.

일시사용이란 권리자(사용권자)의 지배를 일시적으로 자동차등을 통행수단으로 이용하는 행위를 말한다. 따라서 본죄의 실행의 착수시기는 사용의 개념상 일시사용의 의사로 자동차등에 타거나 시동을 건 때이고, 기수시기는 계속범의 특성상 사용과 동

659) 도로교통법 제2조(정의) 제17호 가목(차의 정의), 같은 조 제18호(자동차의 정의), 제19조(원동기장치자전거의 정의) 및 자동차관리법 제3조(자동차의 종류) 참조.

시에 사용권이 침해되어 기수에 이르고 어느 정도의 거리운행은 기수 이후에 요구되는 요건이므로 일시사용의 종료시점에서 본죄도 종료한다.[660)]

또한 본죄는 절도죄와는 달리 불법영득의사가 없는 사용절도의 특별한 구성요건이므로 불법영득의 의사라는 초과주관적요소는 필요로 하지 않는다.[661)]

한편 본죄는 절도죄에 대한 법조경합 중 보충관계에 있기 때문에 절도죄가 성립하는 경우 본죄는 성립하지 않는다.[662)]

Ⅵ. 친족상도례

[형법조문]

제328조(친족간의 범행과 고소) ① 직계혈족, 배우자, 동거친족, 동거가족 또는 그 배우자간의 제323조의 죄는 그 형을 면제한다.

② 제1항 이외의 친족간에 제323조의 죄를 범한 때에는 고소가 있어야 공소를 제기할 수 있다.

③ 전 2항의 신분관계가 없는 공범에 대하여는 전 이항을 적용하지 아니한다.

제344조(친족간의 범행) 제328조의 규정은 제329조 내지 제332조의 죄 또는 미수범에 준용한다.

660) 청주지법 2007.5.31. 선고 2007고합43 판결[확정](강제입원 조치를 면할 목적으로 택시에 승차한 후 운전사의 옆구리 부분에 과도를 들이대면서 차에서 내리라고 위협하여 운전사를 택시에서 내리게 한 후 5분 정도 택시를 운전하여 간 경우에는 자동차에 대한 강도죄가 아니라 자동차불법사용죄가 성립한다.)

661) 대법원 2002.9.6. 선고 2002도3465 판결(형법 제331조의2에서 규정하고 있는 자동차등불법사용죄는 타인의 자동차등의 교통수단을 불법영득의 의사 없이 일시 사용하는 경우에 적용되는 것으로서 불법영득의사가 인정되는 경우에는 절도죄로 처벌할 수 있을 뿐 본죄로 처벌할 수 없다.) ; 대법원 1998.9.4. 선고 98도2181 판결(차량을 반환할 의사로 피해자의 동의 없이 일시 사용한 경우이므로 특수절도죄가 아닌 자동차등불법사용죄를 적용해야 한다.)

662) 대법원 2002.4.26. 선고 2002도429 판결(형법 제331조의2, 제332조 및 특가법 제5조의4 제1항 등의 규정 취지나 자동차등불법사용죄의 성질에 비추어 보면, 상습으로 절도, 야간주거침입절도, 특수절도 또는 그 미수 등의 범행을 저지른 자가 마찬가지로 절도 습벽의 발현으로 자동차등불법사용의 범행도 함께 저지른 경우에 검사가 형법상의 상습절도죄로 기소하는 때는 물론이고, 자동차등불법사용의 점을 제외한 나머지 범행에 대하여 특가법상의 상습절도 등의 죄로 기소하는 때에도 자동차등불법사용의 위법성에 대한 평가는 특가법상의 상습절도 등 죄의 구성요건적 평가 내지 위법성 평가에 포함되어 있다고 보는 것이 타당하고, 따라서 상습절도 등의 범행을 한 자가 추가로 자동차등불법사용의 범행을 한 경우에 그것이 절도 습벽의 발현이라고 보이는 이상 자동차등불법사용의 범행은 상습절도 등의 죄에 흡수되어 1죄만이 성립하고 이와 별개로 자동차등불법사용죄는 성립하지 않는다고 보아야 하고, 검사가 상습절도 등의 범행을 형법 제332조 대신에 특가법 제5조의4 제1항으로 의율하여 기소하였다 하더라도 그 공소제기의 효력은 동일한 습벽의 발현에 의한 자동차등불법사용의 범행에 대하여도 미친다고 보아야 한다.)

가. 의의

친족상도례란 강도죄와 손괴죄를 제외한 재산죄에 대하여 친족[663] 간의 범죄는 형을 면제하거나 고소가 있어야 공소를 제기할 수 있도록 하는 특례를 인정하고 있는데 이를 친족상도례라고 한다. 우리 형법은 권리행사방해죄에 친족상도례의 규정(제328조)을 두고 재산죄등기수·미수죄(제344조, 제354조, 제361조, 제365조)에 이를 준용하고 있다.[664] 친족상도례는 친족 간의 정서를 고려하여 형법이 가정내부사에 개입하지 않는 것이 바람직하다는 법정책적 고려에 기초한 특별규정이다(법정책설).

나. 법적 성질

친족상도례에 대하여는 위법성조각설, 책임조각설 등이 주장된 바 있으나, 친족내부의 분쟁에 대하여는 범죄가 성립하는 경우에도 불가피한 경우 이외에는 국가의 형벌권이 간섭하지 않겠다는 취지를 입법화하여 형벌권을 발생하지 않는 것일 뿐 범죄를 구성하지 아니하는 것이라고 할 수 없으므로 그 법적 성질은 인적처벌조각사유라고 보는 것이 통설이다.

다. 친족의 범위

친족상도례가 적용되기 위하여는 친족이 재물을 소유하고 있을 뿐만 아니라 점유까지 하고 있는 경우에만 적용된다고 하여야 한다. 따라서 친족이 재물을 점유하고

663) **[친족의 범위]** : 민법 제777조 (친족의 범위) '친족관계로 인한 법률상 효력은 이 법 또는 다른 법률에 특별한 규정이 없는 한 다음 각 호에 해당하는 자에 미친다.
1. 8촌 이내의 혈족, 2. 4촌 이내의 인척, 3. 배우자'

664) 대법원 2013.9.13. 선고 2013도7754 판결 ; 대법원 2000.10.13. 선고 99오1 판결(형법 제354조, 제328조의 규정을 종합하면, 직계혈족, 배우자, 동거친족, 호주, 가족 또는 그 배우자 간의 사기 및 사기미수의 각 죄는 그 형을 면제하여야 하고, 그 외의 친족 간에는 고소가 있어야 공소를 제기할 수 있으며, 또한 형법상 사기죄의 성질은 특경법 제3조 제1항에 의해 가중처벌되는 경우에도 그대로 유지되고, 특별법인 특경법에 친족상도례에 관한 형법 제354조, 제328조의 적용을 배제한다는 명시적인 규정이 없으므로, 형법 제354조는 특경법 제3조 제1항 위반죄에도 그대로 적용된다.) ; 서울고법 1986.12.12. 선고 86노3174 제3형사부판결[확정](상습절도죄에 해당한다 하여 특가법 제5조의4 제1항을 적용 처벌하는 경우에도 특별법인 위 법률에 친족상도례에 관한 별다른 예외규정이 없으므로 이에 관한 형법의 일반규정이 그대로 적용된다.)

있었지만 친족의 소유가 아닌 경우는 물론 친족이 아닌 자가 점유하고 있는 재물이 친족의 소유인 경우에도 친족상도례가 적용될 수 없다는 것이 통설·판례[665)]의 입장이다.[666)]

이에 대하여는 절도죄의 보호법익이 소유권이므로 행위자와 소유자와의 사이에 친족관계가 있으면 성립한다고 주장하는 소수설이 있다. 그러나 친족상도례는 구성요건이나 위법성 또는 책임을 조각하여 범죄가 되지 아니하는 경우가 아니라 법정책적 필요에 의하여 형벌권을 발생시키지 아니하는 경우이므로 법익을 기준으로 이를 판단하는 것은 적절하지 아니할 뿐만 아니라, 소수설에 의할 경우 친족상도례가 적용되는 권리행사방해죄에 대하여는 권리행사방해죄의 보호법익은 점유이므로 권리행사방해죄의 경우 친족상도례가 적용될 수 없게 되어 부당하다.

보충판례 67 : 대법원 1966.6.28. 선고 66도104 판결

665) 헌법재판소 2012.3.29. 선고 2010헌바89 전원재판부결정[절도죄는 점유자의 점유를 침탈함으로써 재물의 소유자를 해하는 범죄이고, 절취행위로 인하여 피해재물 소유자뿐만 아니라 점유자도 피해를 입게 된다고 할 수 있으므로, 절도죄에 있어서 피해재물의 소유자와 점유자가 다른 경우, 범인과 소유자 및 점유자 쌍방 간에 모두 친족관계가 있어야 한다는 대법원 판례에 의하여 구체화된 이 사건 법률조항(형법 제344조)이 피해재물의 소유자와만 친족관계가 있는 사람과 소유자 및 점유자 모두와 친족관계가 있는 사람 간을 법률상 달리 취급하는 데에는 합리적인 이유가 있다.] ; 대법원 2008.7.24. 선고 2008도3438 판결 : 대법원 1980.11.11. 선고 80도131 판결(절도죄는 재물의 점유를 침탈하므로 인하여 성립하는 범죄이므로 재물의 점유자가 절도죄의 피해자가 되는 것이나 절도죄는 점유자의 점유를 침탈하므로 인하여 그 재물의 소유자를 해하게 되는 것이므로 재물의 소유자도 절도죄의 피해자로 보아야 할 것이다. 그러니 형법 제344조에 의하여 준용되는 형법 제328조 제2항 소정의 친족 간의 범행에 관한 조문은 범인과 피해물건의 소유자 및 점유자 쌍방 간에 같은 조문 소정의 친족관계가 있는 경우에만 적용되는 것이고, 단지 절도범인과 피해물건의 소유자 간에만 친족관계가 있거나 절도범인과 피해물건의 점유자 간에만 친족관계가 있는 경우에는 그 적용이 없는 것이라고 보는 것이 타당할 것이다.)

666) 대법원 1997.1.24. 선고 96도1731 판결(형법 제344조, 제328조 제1항 소정의 친족 간의 범행에 관한 규정이 적용되기 위한 친족관계는 원칙적으로 범행 당시에 존재하여야 하는 것이지만, 부가 혼인 외의 출생자를 인지하는 경우에 있어서는 민법 제860조에 의하여 그 자의 출생 시에 소급하여 인지의 효력이 생기는 것이며, 이와 같은 인지의 소급효는 친족상도례에 관한 규정의 적용에도 미친다고 보아야 할 것이므로, 인지가 범행 후에 이루어진 경우라고 하더라도 그 소급효에 따라 형성되는 친족관계를 기초로 하여 친족상도례의 규정이 적용된다.)

제2절 강도의 죄

Ⅰ. 총설

[강도의 죄 구성요건체계도]

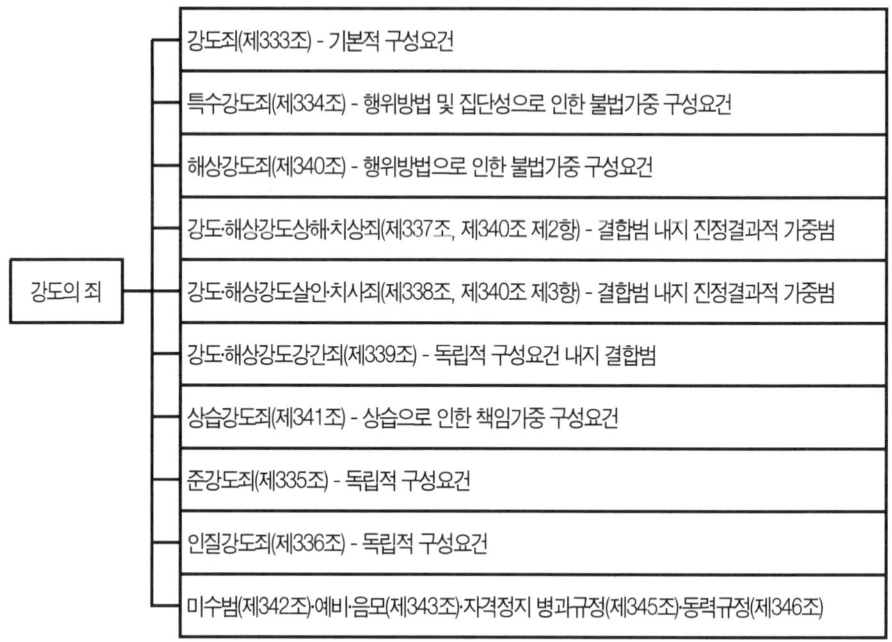

가. 의의

강도의 죄란 폭행 또는 협박으로 타인의 재물을 강취하거나 재산상의 이익을 취득하거나 제3자로 하여금 이를 취득하게 하는 행위 및 이에 준하는 행위를 내용으로 하는 범죄이다.

강도의 죄는 폭행·협박과 재물강취가 수단과 목적의 관계로 결합되어 있는 결합범으로 피해자의 의사에 반하여 재물을 취득하는 탈취죄라는 점에서 절도죄와 공통점이 있으나, (1) 재물뿐만 아니라 재산상의 이익도 객체로 하고, (2) 폭행 또는 협박을 행위수단으로 하며, (3) 친족상도례가 적용되지 않을 뿐만 아니라, (4) 범죄의 중대성으로 인하여 예비·음모도 처벌한다는 점에서 절도죄와 구별된다.

또한 강도죄는 사기·공갈죄와 같이 재물과 재산상의 이익을 모두 객체로 하는 점에서 공통점이 있으나, (1) 강도죄는 처분행위를 필요로 하지 않는 탈취죄임에 반하여 사기·공갈죄는 처분행위를 필요로 하는 편취죄이며, (2) 강도죄의 폭행·협박은 항거불가능한 정도의 폭행·협박임에 반하여 공갈죄의 폭행·협박은 공포심을 일으킬 정도의 폭행·협박이라는 점에서 사기죄 또는 공갈죄와 구별된다.

나. 보호법익

강도의 죄의 주된 보호법익은 재산, 즉 재물에 대한 소유권 및 평온점유와 재산상의 이익을 포함한 재산일반이지만, 폭행·협박을 수단으로 하므로 범죄구성요건에 따라 자유권(의사결정과 의사활동의 자유)과 생명 또는 신체의 완전성 등 인격적 법익도 부차적인 보호법익이 된다.

보호법익이 보호받는 정도는 재물 또는 재산상의 이익을 취득할 것을 요하는 점에서 침해범이다.

II. 강도죄

[조문]

형법 제333조(강도) 폭행 또는 협박으로 타인의 재물을 강취하거나 기타 재산상의 이익을 취득하거나 제삼자로 하여금 이를 취득하게 한 자는 3년 이상의 유기징역에 처한다.

제341조(상습범) 상습으로 제333조, 제334조, 제336조 또는 전조제1항의 죄를 범한 자는 무기 또는 10년 이상의 징역에 처한다.

제342조(미수범) 제329조 내지 제341조의 미수범은 처벌한다.

제343조(예비, 음모) 강도할 목적으로 예비 또는 음모한 자는 7년 이하의 징역에 처한다.

제345조(자격정지의 병과) 본장의 죄를 범하여 유기징역에 처할 경우에는 10년 이하의 자격정지를 병과할 수 있다.

제346조(동력) 본장의 죄에 있어서 관리할 수 있는 동력은 재물로 간주한다.

특정범죄가중처벌등에관한법률 제5조의4(상습 강도 · 절도죄 등의 가중처벌) ③ 상습적으로 「형법」 제333조 · 제334조 · 제336조 · 제340조제1항의 죄 또는 그 미수죄를 범한 사람은 사형, 무기 또는 10년 이상의 징역에 처한다.

⑤ 「형법」 제329조부터 제331조까지, 제333조부터 제336조까지 및 제340조 · 제362조의 죄 또는 그 미수죄로 세 번 이상 징역형을 받은 사람이 다시 이들 죄를 범하여 누범(累犯)으로 처벌하는 경우에도 제1항부터 제4항까지의 형과 같은 형에 처한다.

특정강력범죄의처벌에관한특례법 제2조(적용 범위) ① 이 법에서 "특정강력범죄"란 다음 각 호의 어느 하나에 해당하는 죄를 말한다.

5. 「형법」 제2편제38장 절도와 강도의 죄 중 제333조(강도), 제334조(특수강도), 제335조(준강도), 제336조(인질강도), 제337조(강도상해 · 치상), 제338조(강도살인 · 치사), 제339조(강도강간), 제340조(해상강도), 제341조(상습범) 및 제342조(미수범. 다만, 제329조부터 제331조까지, 제331조의2 및 제332조의 미수범은 제외한다)의 죄

가. 객관적 구성요건

(1) 행위의 객체

① 재물

재물[667]의 개념은 절도죄에 있어서와 동일하다.

본죄의 재물에 부동산이 포함되는지에 대해서는 긍정설과 부정설(다수설)이 대립한다.[668] 생각건대 부동산은 재물에 포함되지만 탈취의 수단으로는 직접적인 공격이 이루어질 수 없기 때문에 재산상의 이익에 포함시키는 부정설이 타당하다.[669]

667) 강도죄의 재물도 '타인이 점유하는 타인소유의 재물'이기 때문에 타인이 점유하는 자기소유의 재물을 강취한 경우에는 점유강취죄(제325조)가 성립하고, 자기가 점유하는 타인소유의 재물을 강취한 때에는 횡령죄와 폭행·협박죄의 상상적 또는 실체적 경합범이 된다.

668) 재물개념에 부동산이 포함되는지 여부의 문제는 절도죄 또는 강도죄라는 범죄정형, 특히 '절취' 또는 '강취'라고 하는 구성요건적 행위개념으로부터 발생하는 반사적 제한에 관한 문제이지 재물개념 자체의 문제는 아니라 할 것이다.

669) 따라서 예컨대 사람을 폭행·협박하여 부동산의 소유권이전 등기를 하도록 하는 경우, 폭행·협박에 의하여 부동산을 불법으로 점거함으로써 재산상 불법의 이익을 얻은 경우에 있어서 부동산의 강취는 재물강도죄가 아닌 이익강도죄가 된다.

② 재산상의 이익

ㄱ. 의의

재산상의 이익이란 재물 이외에 일체의 재산적 가치가 있는 이익을 말하며, 여기에는 적극적 재산의 증가나 소극적 재산의 감소, 또는 영구적 이익과 일시적 이익을 모두 포함한다. 폭행 · 협박의 수단으로 어떤 이익을 얻었다 하더라도 재산상의 이익이 아니라면 강도죄가 성립할 수 없다.[670]

보충판례 68 : 대법원 1994.2.22. 선고 93도428 판결
대법원 1997.2.25. 선고 96도3411 판결

ㄴ. 재산상 이익의 범위

재산상 이익이란 재산으로부터 생겨나는 이익을 말하는데, 재산의 개념과 범위에 대해서는 법률적 재산설, 경제적 재산설, 법률적 · 경제적 재산설이 대립하고 있다.

1) 법률적 재산설

법률적 재산설은 재산을 법률상 권리 · 의무의 총체로 파악한다. 법률상 인정되는 권리 · 의무만을 인정하므로, 첫째 법률상 인정되지 않는 불법적 이익이나, 둘째 권리 · 의무로 되지 않은 사실상의 이익은 재산상의 이익으로 인정하지 않는다.

따라서 이 견해에 의하면, 첫째 대가를 줄 생각없이 부녀에게 대가를 지급하겠다고 기망하고 성관계를 맺은 경우에도 행위자가 취득한 대가상당의 이익은 법률상 인정될 수 없는 이익이므로 재산상의 이익이라 할 수 없어서 사기죄가 성립하지 않고, 둘째 사람을 폭행 · 협박하여 채무를 면제받은 경우에도 이 채무의 면제가 법률상 효력이 없으므로 재산상의 이익이라 할 수 없기 때문에 강도죄가 성립하지 않는다.

2) 경제적 재산설

경제적 재산설은 재산을 순수하게 경제적 관점에서 파악하여 적법하건 불법하건,

670) 예컨대 영업용택시운전사를 협박하여 일정한 거리를 간 경우에는 택시요금 상당의 재산상 이익을 얻었으므로 강도죄, 공갈죄 등이 성립할 수 있지만, 자가용운전자를 협박하여 일정한 거리를 간 경우에는 강요죄가 될 수는 있어도 강도죄나 공갈죄가 될 수 없다.

권리 · 의무이건 사실상의 이이건 경제적 가치가 있는 이익은 모두 재산이라고 한다. 사법상의 효력 유무와 관계없이 형법의 독자적 관점에서 재산개념을 파악하는 입장이다.

이 견해에 의하면, 위 부녀를 기망한 사례나 폭행 · 협박으로 채무를 면제받은 사례에서 각각 사기죄와 강도죄가 성립한다. 즉 성매매의 대가는 그것이 비록 불법하다 하더라도 현실적으로 거래의 대상이 되고 있고, 폭행 · 협박으로 채무의 면제를 받았다 하더라도 그로 인해 현실적으로 이익을 향유할 수 있기 때문이다. 판례는 경제적 재산설의 입장이다.

보충판례 69 : 대법원 2001.10.23. 선고 2001도2991 판결

3) 법률적·경제적 재산설

이 설(다수설)은 형법의 독자적 관점에서 재산개념을 파악하는 경제적 재산설이 불법한 이익도 보호하게 되는 문제점이 있으므로 이를 규범적 관점에서 제한하려고 한다. 즉 재산이란 경제적 가치가 있고 법질서의 보호를 받을 만한 가치가 있는 모든 이익이다. 이 견해에 의하면 앞의 성매매사례에서, 성매매의 대가라도 법질서가 보호해야 할 이익이라면 사기죄가 성립하고, 성매매대가가 법질서가 보호해야 할 이익이 아니라면 사기죄가 성립하지 않게 된다.

4) 소결

경제적 재산설이 타당하다. 법률적 재산설에 의하면 범죄에 의해 취득한 이익은 무효이거나 취소될 수 있는 것으로서 사법상의 효력이 없거나 없어질 수 있으므로 범죄가 성립하지 않는다.[671)]

법률적 · 경제적 재산설은 경제적 재산설과 마찬가지 입장이라고 해야 할 것이다. '법적으로 보호할 만한 이익'은 '형법적으로 보호할 만한 이익'이라는 의미라고 해야

671) **[법률적 재산설의 문제점]** : 예컨대 갑이 A를 기망하여 재산상의 이익을 취득하였는데, A가 기망에 의한 법률행위를 취소하지 않으면 갑은 유효하게 권리를 취득하므로 사기죄가 되지만, A가 이를 취소하게 되면 갑은 유효하게 권리를 취득하지 못하므로 사기미수죄가 되는 이상한 결론이 나오게 된다. 따라서 채권자를 폭행·협박하여 노름빚을 면제받은 경우나 불법원인급여로 반환청구권이 없는 재물(성매매대금 등)을 폭행·협박으로 반환받은 경우에도 강도죄가 성립할 수 있을 것이다.

할 것이고, 경제적 재산설에서도 형법적으로 보호할 만한 이익만을 보호하기 때문이다. 사법이나 행정법상으로는 보호할 만한 법익이 아니라도 형법적으로 보호할 만한 법익이 될 수 있다. 예를 들어 무허가 영업행위는 행정법적으로는 보호할 만한 법익이 아니지만, 형법적으로는 보호할 만한 법익이 될 수 있다.

③ 재산상 이익의 산정방법

어떤 행위에 의해 재산상 이익을 취득하였는가 아니면 재산상 손해를 초래하였는가는 그 행위 전후의 전체 재산을 비교해서 결정한다. 적극적 이익에 한하지 않고, 소극적 이익, 즉 비용을 치루지 않은 경우에도 재산상 이익을 취득한 것이라고 할 수 있다. 영구적 취득뿐만 아니라 채무의 변제기일연기 등과 같이 일시적 이익도 재산상의 이익에 포함된다.

형사특별법(특경법 제3조, 특가법 제2조 등) 중에는 재물 또는 재산상의 이득액에 따라 달리 처벌하는 규정들이 있다. 이 경우 이득액의 산정방법 여하에 따라 피고인에 대한 처벌이 달라질 수 있다.[672]

판례에 의하면 이 경우의 이득액은 단순일죄의 이득액이나 혹은 포괄일죄가 성립하는 경우의 이득액의 합산액을 의미하는 것이고, 경합범으로 처벌될 수 죄의 각 이득액을 합한 금액을 의미하는 것은 아니다.[673] 이득액은 실질적인 이득액을 의미하지만, 재산상 이득에 어떠한 조건이나 부담이 붙었는지 여부는 영향이 없다.[674]

672) **[입법론]** : 이와 같이 이득액에 따라 처벌을 달리하는 것은 이득액산정시에 자의(恣意)가 개입할 여지가 많고, 한계선상에서는 약간의 금액 차이 때문에 형량이 현저하게 달라져 형평성이 없으며, 인플레이션이 진행됨에 따라 형벌이 강화되는 효과가 있다고 할 수 있다. 따라서 이러한 비합리적 규정은 하루빨리 폐지하는 것이 바람직하다.

673) 대법원 2001.7.24. 선고 2001도2196 판결 : 대법원 2000.11.10. 선고 2000도3483 판결(특경법 제3조 제1항에서 말하는 이득액은 단순일죄의 이득액이나 혹은 포괄일죄가 성립하는 경우의 이득액의 합산액을 의미하는 것이지만, 그 입법취지에 비추어 이득액은 실질적인 이득액을 말한다.) ; 대법원 2000.7.7. 선고 2000도1899 판결(특경법 제3조에서 말하는 이득액은 단순일죄의 이득액이나 혹은 포괄일죄가 성립하는 경우의 이득액의 합산액을 의미하는 것이고, 경합범으로 처벌될 수 죄의 각 이득액을 합한 금액을 의미하는 것은 아니며, 수인의 피해자에 대하여 각별로 기망행위를 하여 각각 재물을 편취한 경우에는 범의가 단일하고 범행방법이 동일하더라도 각 피해자의 피해법익은 독립한 것이므로 이를 포괄일죄로 파악할 수 없고 피해자별로 독립한 사기죄가 성립된다.)

674) 대법원 2000.2.25. 선고 99도4305 판결(특경법 제3조 제1항 소정의 '이득액'이란 거기에 열거된 범죄행위로 인하여 취득하거나 제3자로 하여금 취득하게 한 불법영득의 대상이 된 재물이나 재산상 이익의 가액의 합계인 것이지 궁극적으로 그와 같은 이득을 실현할 것인지, 거기에 어떠한 조건이나 부

(2) 행위

① 폭행·협박

ㄱ. 폭행·협박의 개념

본죄에서의 폭행이란 사람에 대한 직·간접의 유형력의 행사를 의미한다. 강도죄는 의사결정이나 의사활동의 자유를 보호법익으로 하는 것이므로 반드시 사람이나 사람의 신체에 대한 것임을 요하지 않고 물건에 대한 것이라도 간접적으로 사람에 대한 유형력이 행사되면 족하다.[675)]

다만 단순한 물건 만에 대한 유형력의 행사는 본죄에서 말하는 폭행에 해당하지 아니한다.[676)]

[단순한 물건 만에 대한 유형력의 행사]

> 예컨대 야간에 문을 손괴하고 주거에 침입하여 재물을 탈취하거나(특수절도죄) 들고 가는 핸드백을 날치기한 경우(절도죄)를 들 수 있다.
>
> 날치기나 들치기는 원칙적으로 재물취거의 수단에 불과하여 점유탈취의 과정에서 반항억압의 목적없이 우연히 강제력이 가해진 경우에는 강도가 아니라 절도에 불과하지만[677)], 그 과정에서 상대방의 반항을 억압할 정도의 강제력이 행사된 경우에는 강도죄의 폭행으로 인정될 수 있다(보충판례 70 참조).

보충판례 70 : 대법원 2007.12.13. 선고 2007도7601 판결

유형력의 행사를 위한 강제작용의 수단은 불문하므로 폭력적인 방법의 행사 이외에 마취제나 수면제 또는 약물을 복용시켜 기절시키는 경우(이른바 혼수강도[678)])도 폭력

담이 붙었는지 여부는 영향이 없다.)

675) 따라서 문을 걸어 잠가 피해자를 가두고 재물을 탈취하거나 피해자가 타고 가는 승용차를 전복시키거나 사람에게 권총을 겨누는 것도 강도죄의 폭행에 해당한다.

676) 대법원 1984.2.14. 선고 83도3186,83감도535 판결(공소외인이 피고인을 만나주지 않는다는 이유로 시정된 탁구장문과 주방문을 부수고 주방으로 들어가 방문을 열어주지 않으면 모두 죽여 버린다고 폭언하면서 시정된 방문을 수회 발로 찬 피고인의 행위는 재물손괴죄 또는 숙소안의 자에게 해악을 고지하여 외포케 하는 단순 협박죄에 해당함은 별론으로 하고, 단순히 방문을 발로 몇 번 찼다고 하여 그것이 피해자들의 신체에 대한 유형력의 행사로는 볼 수 없다.)

677) 대법원 2003.7.25. 선고 2003도2316 판결(날치기와 같이 강력적으로 재물을 절취하는 행위는 때로는 피해자를 전도시키거나 부상케 하는 경우가 있고, 구체적인 상황에 따라서는 이를 강도로 인정하여야 할 때가 있다 할 것이나, 그와 같은 결과가 피해자의 반항억압을 목적으로 함이 없이 점유탈취의 과정에서 우연히 가해진 경우라면 이는 절도에 불과한 것으로 보아야 할 것이다.)

에 해당하는지, 즉 폭행을 수반하지 않은 상해행위도 폭행에 해당할 수 있는지가 문제된다.

통설 및 판례[679]는 강도죄의 폭력에 해당하므로 강도죄가 성립한다고 한다. 생각건대 폭행과 상해를 엄격하게 구별하고 있는 현행 형법에서는 억지로 수면제를 먹이거나 마취약을 뿌린 경우 등에는 유형력의 행사가 있기 때문에 폭행이 될 수 있지만, 기망수단에 의해 수면제 등을 마시게 한 경우에는 폭행이라고 볼 수 없을 것이다. 따라서 이 경우에는 강도죄(또는 강도상해죄)가 성립하지 않고 상해죄와 절도죄의 실체적 경합범이 된다고 하여야 할 것이다.

ㄴ. 폭행·협박의 정도

본죄의 폭행·협박은 상대방의 의사를 억압하여 반항을 불가능하게 하거나 현저히 곤란하게 할 정도에 이르러야 한다(최협의의 폭행·협박).[680]

다만 현실적으로 상대방의 반항능력이나 반항의사를 완전히 상실시킬 필요가 없으며 예상되는 반항을 억압할 정도로 충분하다. 즉 반항·억압은 일반적 반항불가능을 의미하는 것이므로 상대방이 폭행·협박을 인식하지 못하는 경우에도 강도죄가 성립

---

678) 구형법(일본현행형법) 제239조[혼취강도(昏醉强盜)-준강도(準强盜)] '사람을 혼취케 하여 그 재물을 도취(盜取)한 자는 강도로 논한다.'

679) 대법원 1984.12.11. 선고 84도2324 판결[원심은 피고인이 1982.12.2. 11:40경 대전역과 조치원역 사이를 운행하고 있는 부산발 서울행 제42우등열차 호수미상 객실에서 피해자(여 44세)와 동석하게 됨을 기화로 그녀의 재물을 강취할 것을 마음먹고 미리 소지한 중독성이 있는 약품명미상의 약을 오렌지쥬스에 혼입한 뒤 그녀에게 마시도록 권유하여 그녀가 이를 받아 마시고 깊은 잠에 빠져 항거불능상태에 이르자 그곳 선반위에 놓아 둔 그녀 소유의 가방속에서 현금 500,000원을 꺼내어 이를 강취하고 이로 인하여 그녀에게 치료기간 미상의 약물중독등 상해를 가한 사실을 인정하고 이를 강도상해죄로 의률 처단하였다. 그러나 기록을 살펴보아도 피해자에게 과연 약물중독등 상해가 있었는지(판시사실 중 깊은 잠에 빠져라고 표시한 부분은 상해를 뜻한 것이 아니고 항거불능상태를 말하는 것으로 풀이된다) 있었다면 그 상해와 위 김00가 마셨다는 약품명 미상의 약과는 인과관계가 있는지에 관하여 아무런 심리를 한 바 없고 또 그 증거도 없다. 그렇다면 피고인의 소위를 강도죄로 의률 처단함은 별론으로 하고 상해의 결과에 대하여는 이를 인정할 만한 증거도 없이 강도상해죄로 의률 처단한 원심의 조치는 채증법칙 위배로 인한 사실오인이 아니면 심리미진의 위법을 범하여 판결에 영향을 미쳤다할 것이다.] ; 대법원 1979.9.25. 선고 79도1735 판결["아리반" (신경안정제) 4알을 탄 우유나 사와가 들어 있는 갑을 휴대하고 다니다가 사람에게 마시게 하여 졸음에 빠지게 하고 그 틈에 그 사람의 돈이나 물건을 빼앗은 경우에 그 수단은 강도죄에서 요구하는 남의 항거를 억압할 정도의 폭행에 해당된다.]

680) 대법원 2007.12.13. 선고 2007도7601 판결 ; 대법원 2004.10.28. 선고 2004도4437 판결(강도죄에 있어서 폭행과 협박의 정도는 사회통념상 객관적으로 상대방의 반항을 억압하거나 항거불능케 할 정도의 것이라야 한다.)

한다. 따라서 느닷없는 폭행[681]이나 (강제적인 방법에 의한) 마취제의 투여 등으로 피해자를 실신상태나 혼수상태에 빠뜨리는 등 피해자가 재산을 자의로 처분할 수 없는 상태이면 반항·억압이 된다.[682]

ㄷ. 판단기준

반항을 불가능하게 할 폭행·협박의 판단기준에 대해서는 피해자의 주관적 의사에 의하여 판단하여야 한다는 견해도 있지만, 행위자의 동일한 행위가 피해자의 주관적 의사에 따라 달리 평가받는다는 것은 불합리할 것이므로 폭행·협박의 객관적 성질에 따라 일반인의 입장에서 행위자와 피해자, 행위상황 등을 종합적으로 고려하여 사회통념상 객관적으로 평가하여야 한다(객관설, 통설 및 판례[683]).

ㄹ. 폭행·협박의 상대방

폭행·협박의 상대방은 반드시 재물의 소유자 또는 점유자일 필요가 없다.[684] 따라

681) 대법원 1986.12.23. 선고 86도2203 판결(피해자가 맞은 편에서 걸어오고 있는 것을 발견하고 접근하여 미리 준비한 돌멩이로 안면을 1회 강타하여 전치 3주간의 안면부좌상 및 피하출혈상등을 입히고 가방을 빼앗은 것이라면 피해자의 반항을 억압할 수 있을 정도의 폭력행위에 해당한다.) ; 대법원 1972.1.31. 선고 71도2114 판결(피고인등이 그 판시일시 장소에서 그 골목길을 지나가던 피해자에게 접근하여 피고인은 망을 보고 원심 상피고인은 그 뒤를 따라가다가 그 등을 발로 한번 세게 차서 넘어뜨리고 그로 말미암아 그가 안경을 깨뜨려 얼굴과 왼손가락에 약 1주일간의 치료를 요할 상해를 입힌 연후, 그 틈에 그 핸드백을 뺏은 것이라고 한다면 원심 상피고인의 위 행위는 그것이 비록 느닷없이 한 것이라 하더라도, 피해자의 반항을 억압할 수 있을 정도의 폭력행위에 해당한다고 볼 수 있다.)

682) **[공갈죄의 폭행·협박 정도와의 비교]** : 이 점에서 상대방의 의사를 제한하는 정도로 족하며 상대방의 하자있는 의사에 기한 피공갈자의 처분행위(재물교부 또는 재산상의 이익 제공)를 필요로 하는 공갈죄의 폭행·협박의 정도와 차이가 난다 : 대법원 1961.5.12. 선고 4294형상101 판결(강도죄는 피해자의 반항을 억압함에 족한 폭행, 협박을 요하고 공갈죄는 피해자의 임의의사를 제한하는 정도의 폭행협박임을 요한다.) ; 대법원 1960.2.29. 선고 4292형상997 판결(공갈취득죄의 본질은 피공갈자의 외포로 인한 하자있는 동의를 이용하는 재물의 영득행위다.)

683) 대법원 1985.11.12. 선고 85도2115,85감도301 판결(피고인이 피해자가 신문지에 싸서 들고 가는 현금 500만원을 빼앗아 달아나려다가 체포를 면탈할 목적으로 자기의 멱살을 잡은 피해자의 얼굴을 주먹으로 때리고 뒤로 밀어 넘어뜨려 10일간의 치료를 요하는 구강내 열창상을 입게 한 정도의 폭행은 피해자의 반항을 억압하기 위한 수단으로써 일반적, 객관적으로 가능하다고 인정되는 정도라고 볼 수 있으므로 강도죄에서 말하는 폭행에 해당한다.) ; 대법원 1993.3.9. 선고 92도2884 판결(강도죄에 있어서 협박이란 피해자에게 해악을 고지하여 공포심을 일으키게 하는 것으로서 그 정도는 사회통념상 객관적으로 상대방의 반항을 억압하거나 항거불능케 할 정도의 것이라야 한다.) ; 대법원 2001.3.23. 선고 2001도359 판결 : 대법원 2004.10.28. 선고 2004도4437 판결(도박자금으로 빌려준 돈을 변제받기 위하여 대낮에 물리력을 행사하지 않고 승합차에 태워 공동묘지로 가서 '경찰서로 가자, 오늘 돈을 갚지 않으면 풀어줄 수 없다. 돈을 더 주지 않으면 가만두지 않겠다.'고 협박한 경우 이 정도로는 '공갈죄의 폭행과 협박'에 해당함은 별론으로 하더라도 사회통념상 객관적으로 상대방의 반항을 불가능 또는 억압할 정도에 이르렀다고 볼 수 없다.)

서 제3자에 대한 폭행은 점유자에 대한 협박이 될 수 있다. 제3자에 대한 폭행·협박의 경우 상대방인 제3자는 재물강취에 장애가 될 수 있는 자이면 충분하고, 재물 등에 대한 정당한 권리자이거나 이를 보호할 지위에 있을 것을 요하지 않고 의사능력자임도 요하지 않기 때문에 10세 정도의 아동이라도 재물관리능력이 있으면 폭행·협박의 상대방이 될 수 있다.

② 재물의 강취

재물의 강취란 폭행·협박으로 피해자의 의사에 반하여 타인의 재물을 자기 또는 제3자의 점유(지배 하)로 옮기는 것을 말한다. 행위자 자신이 피해자의 재물을 직접 탈취하거나 피해자가 (하자있는 의사표시 정도가 아니라) 의사에 반하여 교부하는 재물을 수령한 때에도 강취(强取)에 해당한다.

ㄱ. 수단(폭행·협박)과 목적(강취)의 관계

폭행·협박이 재물강취의 수단이 되어야 한다. 따라서 폭행·협박이 재물강취의 수단이 되지 아니한 때에는 강도죄가 성립하지 아니한다.

폭행·협박이 재물강취의 수단으로 사용되었다고 하기 위해서는 양자 사이에 시간적·장소적 연관성이 있어야 하기 때문에 상당한 시간이 경과한 후 폭행·협박이 행해진 곳과는 다른 장소에서 금원을 교부받은 경우에는 강도죄가 성립할 수 없다.[685]

684) 대법원 1967.6.13. 선고 67도610 판결(강도죄성립에 있어 협박으로 타인의 재물을 강취하면 족하고 협박을 받은 자가 반드시 재물의 소유자 또는 점유자임을 필요하지 아니한다.)

685) 대법원 1995.3.28. 선고 95도91 판결(강도죄는 피해자의 의사를 억압하여 반항을 불가능하게 할 정도의 폭행, 협박을 수단으로 하여 재물을 강취하거나 기타 재산상의 이익을 취득하거나 제3자로 하여금 취득하게 하는 범죄이므로, 강도죄에 있어서의 강취는 피해자의 의사가 억압되어 반항이 불가능한 상태에서 피해자의 의사에 반하여 재물을 자기 또는 제3자의 점유로 옮기는 것이라 할 것이다.
그런데 위 원심 인정 사실에 의하면 피고인이 1994.4.2. 01:00경 피해자 1의 집과 여관에서 위와 같은 폭행, 협박을 한 후 그로부터 상당한 시간이 경과한 후인 같은 날 19:00경 다른 장소에서 위 금원을 교부받았다는 것인바, 그렇다면 피고인의 위와 같은 폭행, 협박으로 인하여 위 피해자의 의사가 억압하여 반항이 불가능한 정도에 이르렀다고 하더라도 그 후 피고인의 폭행, 협박으로부터 벗어난 이후에는 그러한 의사억압상태가 계속된다고 보기는 어렵다 할 것이고, 기록을 살펴보아도 위 금원 교부 당시에 다시 피해자의 의사를 억압하여 반항을 불가능하게 할 정도의 폭행, 협박이 있었다거나, 이전의 폭행, 협박으로 인한 의사억압 상태가 위 금원교부시까지 계속되었다고 볼 특별한 사정이 있었다고 볼 증거는 없고, 오히려 기록상 위 피해자가 피고인과 헤어진 후 피고인으로부터 다시 돈을 요구하는 무선호출연락을 받고 피고인이 다시 행패를 부릴 것이 두려워 은행에서 예금을 인출하여 폭행·협박은 원칙적으로 강취 이전에 행해져야 하며, 재물취거 이후에 폭행·협박을 한 경우에는 준강도죄가 인정될 수 있을 뿐이다.

문제는 이미 존재하는 항거불능상태를 이용하는 경우이다.[686] 즉 행위자가 강도의 고의 없이(즉 강간의 고의로) 폭행·협박하여 상대방이 항거불능의 상태에 빠진 후에 (비로소 불법영득의사가 생겨) 재물을 취거한 경우에 강도죄의 성립을 인정할 수 있을 것인가이다. 이 경우의 폭행·협박은 강간죄의 수단일 뿐 재물강취의 수단이 되었다고 할 수 없기 때문에 강도죄의 성립을 부정하는 것이 타당하다. 즉 강간죄와 절도죄의 실체적 경합범이 될 뿐이다(다수설).[687] 판례는 강간죄와 강도죄의 실체적 경합범이 성립한다고 한다.

보충판례 71 : 대법원 1977.9.28. 선고 77도1350 판결[688]

피고인에게 지급하였다는 사정이 엿보이므로, 위 금원교부는 위 피해자의 의사에 반하여 반항이 불가능한 상태에서 강취된 것이라기보다는 피해자의 하자 있는 의사에 의하여 교부된 즉 갈취당한 것으로 보인다.

따라서 위와 같은 사실관계라면 특수강도죄의 미수로 처벌할 수는 있을지언정 이를 특수강도죄의 기수로 처벌한 원심판결에는 위 재물의 교부가 피해자의 의사에 의한 것인지 아니면 피해자의 의사와 무관하게 강취당한 것인지에 관하여 심리를 제대로 하지 아니한 채 사실을 오인하였거나 특수강도죄 소정의 강취의 점에 관하여 법리를 오해한 위법이 있다 할 것이다.)

686) 대법원 2010.12.9. 선고 2010도9630 판결(강도죄는 재물탈취의 방법으로 폭행, 협박을 사용하는 행위를 처벌하는 것이므로 폭행, 협박으로 타인의 재물을 탈취한 이상 피해자가 우연히 재물탈취 사실을 알지 못하였다고 하더라도 강도죄는 성립하고, 폭행, 협박당한 자가 탈취당한 재물의 소유자 또는 점유자일 것을 요하지도 아니하며, 강간범인이 부녀를 강간할 목적으로 폭행, 협박에 의하여 반항을 억압한 후 반항억압 상태가 계속 중임을 이용하여 재물을 탈취하는 경우에는 재물탈취를 위한 새로운 폭행, 협박이 없더라도 강도죄가 성립한다.)

687) 대법원 2010.7.15. 선고 2010도3594 판결 : 대법원 1988.9.9. 선고 88도1240 판결(강도강간죄는 강도라는 신분을 가진 범인이 강간죄를 범하였을 때에 성립하는 범죄이고 따라서 강간범이 강간행위 후에 강도의 범의를 일으켜 그 부녀의 재물을 강취하는 경우에는 강도강간죄가 아니라 강도죄와 강간죄의 경합범이 성립될 수 있을 뿐임은 소론과 같으나 강간범이 강간행위 종료 전 즉 그 실행행위의 계속 중에 강도의 행위를 할 경우에는 이때에 바로 강도의 신분을 취득하는 것이므로 이후에 그 자리에서 강간행위를 계속하는 때에는 강도가 부녀를 강간한 때에 해당하여 형법 제339조 소정의 강도강간죄를 구성하는 것이라고 할 것이며 강간죄가 즉시범이고 그 기수시기가 강도죄의 착수시기보다 앞섰다는 사유 만으로서는 강도강간죄의 성립에 영향이 없는 것이라 할 것이다.)

688) 대법원 2002.2.8. 선고 2001도6425 판결[강간범이 강간행위 후에 강도의 범의를 일으켜 그 부녀의 재물을 강취하는 경우에는 형법상 강도강간죄가 아니라 강간죄와 강도죄의 경합범이 성립될 수 있을 뿐인바 성폭법 제5조 제2항은 형법 제334조(특수강도) 등의 죄를 범한 자가 형법 제297조(강간) 등의 죄를 범한 경우에 이를 특수강도강간 등의 죄로 가중하여 처벌하고 있으므로, 다른 특별한 사정이 없는 한 강간범이 강간의 범행 후에 특수강도의 범의를 일으켜 그 부녀의 재물을 강취한 경우에는 이를 성폭법 성폭법 제5조 제2항 소정의 특수강도강간죄로 의율할 수 없다.]

ㄴ. 폭행·협박과 재물강취의 인과관계

재물강취의 수단으로 폭행·협박이 있는 때에도 그 사이에 형법적 인과관계가 존재하지 않으면 강도죄는 기수에 이를 수 없다. 즉 폭행·협박, 항거불능상태, 재물강취(또는 재산상 이익의 취득) 사이에는 형법적 인과관계가 있어야 한다.[689]

형법적 인과관계와 관련하여서는 다음과 같은 문제가 발생할 수 있다.

1) 폭행·협박으로 피해자 집의 열쇄를 강취한 후 그 다음 날 집에 들어가 재물을 가져온 경우에는 열쇄에 대한 강도죄는 성립하지만, 폭행·협박과 집안의 재물을 취득한 것 사이에는 형법적 인과관계가 없기 때문에 집안의 재물에 대해서는 강도죄가 성립하지 않고 절도죄가 성립한다.

2) 항거불가능의 폭행·협박을 하였으나 상대방이 공포심을 갖지 않고 귀찮거나 불쌍해서(연민의 정으로) 재물을 교부한 경우에는 폭행·협박과 재물취득 사이에 형법적 인

689) 대법원 2009.1.30. 선고 2008도10308 판결(형법 제333조의 강도죄는 사람의 반항을 억압함에 충분한 폭행 또는 협박을 사용하여 타인의 재물을 강취하거나 재산상의 이익을 취득함으로써 성립하는 범죄이므로, 피고인이 타인에 대하여 반항을 억압함에 충분한 정도의 폭행 또는 협박을 가한 사실이 있다 해도 그 타인이 재물 취거의 사실을 알지 못하는 사이에 그 틈을 이용하여 피고인이 우발적으로 타인의 재물을 취거한 경우에는 위 폭행이나 협박이 재물 탈취의 방법으로 사용된 것이 아님은 물론, 그 폭행 또는 협박으로 조성된 피해자의 반항억압의 상태를 이용하여 재물을 취득하는 경우에도 해당하지 아니하여 양자 사이에 인과관계가 존재하지 아니한다 할 것이므로, 위 폭행 또는 협박에 의한 반항억압의 상태가 처음부터 재물 탈취의 계획 하에 이루어졌다거나 양자가 시간적으로 극히 밀접되어 있는 등 전체적·실질적으로 단일한 재물 탈취의 범의의 실현행위로 평가할 수 있는 경우에 해당하지 아니하는 한 강도죄의 성립을 인정하여서는 안 될 것이다.

그런데 피고인의 이 사건 경위에 관한 진술에 의하면, 피고인이 피해자와 윤락을 위해 위 주점을 나와 모텔로 갈 당시 피해자에게 화대를 지급하기 위해 현금인출기에서 20만원을 인출하여 모텔비 35,000원을 지급한 다음 위 모텔 408호실에서 피해자와 성관계를 하던 중에 피해자가 피고인의 성교행위가 너무 과격하다는 이유로 항의를 하면서 성교를 중단하는 바람에 말다툼이 벌어져 이에 화가 난 피고인이 피해자에 대한 폭행을 시작하면서 피해자가 이불을 뒤집어쓴 후에도 계속해서 주먹과 발로 피해자를 구타한 후 이불 속에 들어 있는 피해자를 두고 옷을 입고 방을 나가다가 탁자 위의 피해자 손가방 안에서 현금 20만원 등이 든 피해자의 키홀더를 우발적으로 가져갔다는 것이고, 한편 피해자의 경찰, 검찰 및 제1심에서의 각 진술에 의하더라도 자신이 이불을 덮어쓴 상태에서 피고인으로부터 폭행을 당한 후 나중에 주위가 조용해져 이불에서 나와 구조를 요청하면서 보니 현금 등이 없어진 사실을 비로소 발견하게 되었다는 것으로 위 재물의 피해 경위에 관한 한 피고인의 진술과 일치함을 알 수 있는바, 그와 같이 피고인의 이 사건 재물 취거행위가 피해자가 이불 속에 들어가 있어 이를 전혀 인식하지 못한 가운데 이루어진데다가 그 원인이 되었던 피고인의 피해자에 대한 폭행행위도 그와는 전혀 무관한 윤락행위 도중의 시비 끝에 발생하게 된 것이 사실이라면, 비록 위 재물의 취득이 피해자에 대한 폭행 직후에 이루어지긴 했지만 위 폭행이 피해자의 재물 탈취를 위한 피해자의 반항억압의 수단으로 이루어졌다고 단정할 수 없어 양자 사이에 인과관계가 존재한다고 보기 어렵다 할 것이고, 달리 위 폭행이 처음부터 재물 탈취의 범의 하에 이루어졌다거나 피고인의 위 폭행 및 재물 취거의 각 행위를 전체적으로 종합하여 단일한 재물 강취의 범행으로 인정할 만한 증거가 존재하지 아니하는 이상, 위 인정 사실만으로는 폭행에 의한 강도죄의 성립을 인정하기에 부족하다고 하지 아니할 수 없다.)

과관계가 부정되어 강도미수죄가 된다.

3) 항거불가능의 폭행·협박을 하였으나 상대방이 그 의사에 억압되지 않은 상태에서 공갈죄 정도에 요구되는 공포심만을 느끼고 재물을 교부한 경우에는, 강도기수죄가 성립한다는 견해, 강도미수죄와 공갈기수죄의 상상적 경합이라는 견해, 강도미수는 공갈죄를 포함하기 때문에 강도미수죄가 성립한다는 견해(다수설)가 대립한다. 생각건대 폭행·협박과 재물강취 사이에 형법적 인과관계를 인정할 수 없는 이상 강도기수죄는 성립할 수 없고, 강도미수죄와 공갈기수죄의 상상적 경합이라고 하는 것은 폭행·협박을 이중평가하는 것으로 부당하다 할 것이므로 다수설(강도미수죄설)이 타당하다.

③ 재산상 이익의 취득

ㄱ. 개념

재산상 이익의 취득이란 반항이 억압될 수 있는 정도의 폭행·협박을 통해 상대방의 의사에 반하여 재산상의 이익을 취득하거나 제3자로 하여금 취득하게 하는 것이다(강제이득).[690] 이 또한 피해자의 의사에 반하는 것이어야 하고 피해자의 하자있는 의사표시에 의한 것일 때에는 공갈죄가 성립할 뿐이다.[691]

ㄴ. 피해자의 의사표시의 유무

강도죄의 성립을 위한 재산상의 이익취득(강제이득)의 경우에는 통상적으로 이익의

690) 대법원 1997.2.25. 선고 96도3411 판결 ; 대법원 1994.2.22. 선고 93도428 판결[형법 제333조 후단의 강도죄, 이른바 강제이득죄의 요건인 재산상의 이익이란 재물 이외의 재산상의 이익을 말하는 것으로서 적극적 이익(적극적인 재산의 증가)이든 소극적 이익(소극적인 부채의 감소)이든 상관없는 것이고, 강제이득죄는 권리의무관계가 외형상으로라도 불법적으로 변동되는 것을 막고자함에 있는 것으로서 항거불능이나 반항을 억압할 정도의 폭행 협박을 그 요건으로 하는 강도죄의 성질상 그 권리의무관계의 외형상 변동의 사법상 효력의 유무는 그 범죄의 성립에 영향이 없고, 법률상 정당하게 그 이행을 청구할 수 있는 것이 아니라도 강도죄에 있어서의 재산상의 이익에 해당하는 것이며, 따라서 이와 같은 재산상의 이익은 반드시 사법상 유효한 재산상의 이득만을 의미하는 것이 아니고 외견상 재산상의 이득을 얻을 것이라고 인정할 수 있는 사실관계만 있으면 된다.]

691) **[강제이득의 유형]** : 일반적으로 강제이득을 얻는 유형으로는 다음의 세 가지 형태를 들 수 있다. 첫째는 피해자의 처분행위를 통해 이익을 얻는 경우(예컨대 채무를 면제받거나 채무변제기일을 연기받는 경우 등)이고, 둘째는 정당한 대가없이 피해자에게서 노무를 제공받는 경우(예컨대 택시운전사에게 일정한 장소까지 태워줄 것을 강요하는 경우)이며, 셋째는 피해자에게 일정한 의사표시를 하게 함으로써 이익을 얻는 경우(예컨대 소유권이전등기, 저당권설정등기 말소의 의사표시 등) 등이다. 세 번째 유형의 경우에는 그 의사표시가 민법상 무효 또는 취소할 수 있는 것이어도 강도죄의 성립에는 영향이 없다.

취득이 외부로 드러나지 않기 때문에 구체적으로 언제 이익이 취득되었는지가 분명하지 않다.

따라서 피해자의 의사표시나 처분행위 등 일정한 외관을 갖추어야 하는지가 문제된다. 이에 대해서는 일정한 이익이 행위자에게 이전되었다고 볼 수 있는 외부적 사실(의사표시)이 필요하다는 적극설과 피해자의 의사표시나 처분행위가 별도로 필요하지 않다는 소극설(통설 및 판례[692])이 대립한다. 즉 채무를 면할 목적으로 사람을 살해한 경우 단순살인죄가 성립(적극설)할 것인지, 강도살인죄가 성립(소극설)할 것인지의 문제이다.

생각건대 재산상 이익을 강취하는 경우에도 재물강취와 달리 볼 것은 아니며, 강도죄에서 피해자의 의사표시는 어차피 무효이기 때문에 의사표시의 존재여부는 중요하지 않다는 점을 감안하면 피해자의 의사표시를 요하지 않는다고 하는 소극설이 타당하다. 따라서 택시운전기사를 폭행·협박하여 요금면제 의사표시를 받고 살해한 경우뿐만 아니라 요금면제를 위해 바로 살해한 경우에도 강도살인죄가 성립한다고 해야 할 것이다.[693]

692) 대법원 1964.9.8. 선고 64도310 판결(형법 제333조 소정의 재산상의 이득행위는 같은 규정의 재물강취와 마찬가지로 반드시 상대방의 의사에 의한 처분행위를 필요로 하지 않는다고 해석함이 상당하다.) ; 대법원 1997.2.25. 선고 96도3411 판결(피고인들은 피해자 1로 하여금 위 각 매출전표에 서명을 하게 한 다음 이를 교부받아 소지함으로써 이미 외관상 각 매출전표를 제출하여 신용카드회사들로부터 그 금액을 지급받을 수 있는 상태가 되었다 할 것이다. 한편 피해자 1이 각 매출전표에 '조00'라고 서명한 탓으로 피고인들이 신용카드회사들에게 각 매출전표를 제출하여도 신용카드회사들이 신용카드 가맹점 규약 또는 약관의 규정을 들어 그 금액의 지급을 거절할 가능성이 있기는 하나, 그로 인하여 피고인들이 각 매출전표 상의 금액을 지급받을 가능성이 완전히 없어져 버린 것이 아니고 외견상 여전히 그 금액을 지급받을 가능성이 있는 상태이므로 결국 피고인들이 '재산상 이익'을 취득하였다고 볼 수 있다 할 것이다. 또한 피고인들이 각 매출전표를 작성시켜 취득한 후에, 피고인들이 잠들어 있는 틈을 타서 피해자 1이 피고인들 몰래 매출전표들을 가지고 나온 탓으로 피고인들이 카드회사로부터 매출전표에 기재된 금원을 지급받지 못하게 되었다 하더라도 이미 기수에 달한 강제이득죄의 성부에 어떠한 영향을 줄 수 없다.)

693) 대법원 2010.9.30. 선고 2010도7405 판결[강도살인죄가 성립하려면 먼저 강도죄의 성립이 인정되어야 하고, 강도죄가 성립하려면 불법영득(또는 불법이득)의 의사가 있어야 하며, 형법 제333조 후단 소정의 이른바 강제이득죄의 성립요건인 '재산상 이익의 취득'을 인정하기 위하여서는 재산상 이익이 사실상 피해자에 대하여 불이익하게 범인 또는 제3자 앞으로 이전되었다고 볼 만한 상태가 이루어져야 하는데, 채무의 존재가 명백할 뿐만 아니라 채권자의 상속인이 존재하고 그 상속인에게 채권의 존재를 확인할 방법이 확보되어 있는 경우에는 비록 그 채무를 면탈할 의사로 채권자를 살해하더라도 일시적으로 채권자측의 추급을 면한 것에 불과하여 재산상 이익의 지배가 채권자측으로부터 범인 앞으로 이전되었다고 보기는 어려우므로, 이러한 경우에는 강도살인죄가 성립할 수 없다.] ; 대법원 1999.3.9. 선고 99도242 판결(원심은 피고인이 피해자 경영의 소주방에서 금 35,000원 상당의 술과 안주를 시켜 먹은 후 피해자가 피고인에게 술값을 지급할 것을 요구하며 피고인의 허리를 잡고 피고인이 도망가지 못하게 하자 피고인은 그 술값을 면할 목적으로 피해자를 살해하고, 곧바로 피해

보충판례 72 : 대법원 2004.6.24. 선고 2004도1098 판결

나. 미수·기수

강도죄는 폭행·협박죄와 절도죄의 결합범이므로 강취의사로 폭행·협박을 개시한 때에 실행의 착수가 인정된다.[694] 따라서 강도의사로 타인의 주거에 침입하거나 타인의 재물을 탈취하더라도 폭행·협박을 개시하지 않는 한 강도죄의 실행의 착수가 있다고 할 수 없다.

본죄는 침해범이므로 재물 또는 재산상의 이익을 취득한 때에 기수가 된다.

다. 죄수

한사람이 관리하고 있는 수인의 재물을 강취한 경우에는 단순일죄가 성립한다.[695] 또한 강도가 가족관계에 있는 수인에게 폭행·협박을 가하여 집안에 있는 물건을 강취

자가 소지하고 있던 현금 75,000원을 꺼내어 갔다고 인정하였다. 따라서 피고인이 피해자를 살해할 당시 그 소주방 안에는 피고인과 피해자 두 사람밖에 없었음을 알 수 있는바, 그와 같은 경우 피고인이 피해자를 살해하면 피해자는 피고인에 대하여 술값 채권을 행사할 수 없게 되고, 피해자 이외의 사람들에게는 피해자가 피고인에 대하여 술값 채권을 가지고 있음이 알려져 있지 아니한 탓으로 피해자의 상속인이 있다 하더라도 피고인에 대하여 그 채권을 행사할 가능성은 없다 하겠다. 그러므로 위와 같은 상황에서 피고인이 채무를 면탈할 목적으로 피해자를 살해한 것은 재산상의 이익을 취득할 목적으로 피해자를 살해한 것이라 할 수 있고, 또한 피고인이 피해자를 살해한 행위와 즉석에서 피해자가 소지하였던 현금을 탈취한 행위는 서로 밀접하게 관련되어 있기 때문에 살인행위를 이용하여 재물을 탈취한 행위라고 볼 수 있으니 원심이 피고인의 위와 같은 일련의 행위에 대하여 강도살인죄의 성립을 인정한 조치는 정당하다.) ; 대법원 1964.9.8. 선고 64도310 판결(채무면탈의 목적을 가지고 살해행위에 착수하였다가 미수에 그친 경우에는 강도살인미수죄가 성립된다.)

694) 대법원 1991.11.22. 선고 91도2296 판결(특수강도의 실행의 착수는 강도의 실행행위 즉 사람의 반항을 억압할 수 있는 정도의 폭행 또는 협박에 나아갈 때에 있다.) ; 대구고법 1975.4.17. 선고 75노16 형사부판결[확정](강도죄는 재물탈취의 목적으로 피해자의 반항을 억압할 정도의 폭행이나 협박을 개시한 때에 비로소 그 실행의 착수가 있다고 볼 것인바 이에 이르지 못하고 강도의 목적으로 피해자의 주거에 침입한 사실만 가지고 강도미수죄로 인정할 수 없다.)

695) 대법원 1979.10.10. 선고 79도2093 판결[원심은 이 사건 피고인들의 특수강도의 소위가 동일한 장소에서 동일한 방법에 의하여 시간적으로 접착된 상황에서 이루어진 것이기는 하나 피해자가 여러 사람이므로 단순일죄가 아니고 경합범이 된다는 이유로 이를 단순일죄로 본 제1심 판결을 파기하고 있다. 그러나 당원은 일찍이 단일한 범의로써 절취한 시간과 장소가 접착되어 있고 같은 사람의 관리하에 있는 방안에서 소유자가 다른 물건을 여러 가지 절취한 경우에는 단순일죄가 성립한다고 판시한 바 있는데(1970.7.21 선고 70도1133 판결), 이는 이 사건과 같은 강도죄의 경우에도 적용이 되는 것이라 함이 상당하고 또 절도나 강도죄와 같은 도죄의 죄수를 정하는 표준이 반드시 법익 침해의 개수에만 의거하지 않는 경우가 있다는 것을 말한 것이라 할 것이다.]

한 경우에는 이를 가족의 공동점유에 있는 것으로 보아 강도죄의 단순일죄가 된다.[696] 그러나 수인을 동시에 폭행·협박하여 각각의 재물을 강취한 경우에는 상상적 경합관계에 있다고 하여야 한다.[697]

강도죄는 절도죄와 법조경합 중 특별관계에 있다고 하여야 하므로, 강도죄가 성립하면 별도로 절도죄는 성립하지 아니한다. 단순절도뿐만 아니라 절도죄의 가중적 구성요건에 대하여도 같다. 또한 강도죄는 절도죄와 같은 상태범이기 때문에 기수성립 후 강취한 재물(장물)을 사용·수익·처분한 행위가 새로운 법익을 침해하지 않는 한 강도죄에 전제되어 있는 불법의 범위에 속하여 불가벌적 사후행위가 된다.[698]

한편 절도범인이 체포를 면탈할 목적으로 경찰관에게 폭행을 가한 경우에는 준강도죄와 공무집행방해죄의 상상적 경합범에 해당되나, 강도가 체포를 면할 목적으로 경찰관에게 폭행을 가한 경우에는 강도죄와 공무집행방해죄의 실체적 경합범이 성립한다.[699] 또한 강도가 강취의 수단으로 체포·감금을 한 경우 체포·감금은 피해자에 대한 폭행의 한 내용이라고 할 수 있으므로 강도죄에 흡수되지만, 불법감금 후 강취의사를 가지고 재물을 강취하거나 감금이 강도의 수단이 되는데 그치지 않고 강도 후에도 감금이 계속되는 경우에는 감금죄와 강도죄의 실체적 경합이 된다.[700]

---

696) 대법원 1996.7.30. 선고 96도1285 판결.

697) 대법원 1991.6.25. 선고 91도643 판결(강도가 동일한 장소에서 동일한 방법으로 시간적으로 접착된 상황에서 수인의 재물을 강취하였다고 하더라도, 수인의 피해자들에게 폭행 또는 협박을 가하여 그들로부터 그들이 각기 점유관리하고 있는 재물을 각각 강취하였다면, 피해자들의 수에 따라 수개의 강도죄를 구성하는 것이고, 다만 강도범인이 피해자들의 반항을 억압하는 수단인 폭행·협박행위가 사실상 공통으로 이루어졌기 때문에, 법률상 1개의 행위로 평가되어 상상적 경합으로 보아야 될 경우가 있는 것은 별문제이다. 따라서 피고인이 여관에서 종업원을 칼로 찔러 상해를 가하고 객실로 끌고 들어가는 등 폭행·협박을 하고 있던 중, 마침 다른 방에서 나오던 여관의 주인도 같은 방에 밀어 넣은 후, 주인으로부터 금품을 강취하고, 1층 안내실에서 종업원 소유의 현금을 꺼내 갔다면, 여관 종업원과 주인에 대한 각 강도행위가 각별로 강도죄를 구성하되 피고인이 피해자인 종업원과 주인을 폭행·협박한 행위는 법률상 1개의 행위로 평가되는 것이 상당하므로 위 2죄는 상상적 경합범관계에 있다.)

698) 대법원 1991.9.10. 선고 91도1722 판결(피고인이 예금통장을 강취하고 예금자 명의의 예금청구서를 위조한 다음 이를 은행원에게 제출·행사하여 예금인출금 명목의 금원을 교부받았다면 강도, 사문서위조, 동행사, 사기의 각 범죄가 성립하고 이들은 실체적 경합관계에 있다.) ; 대법원 2007.5.10. 선고 2007도1375 판결(강취한 현금카드를 사용하여 현금자동지급기에서 예금을 인출한 행위는 피해자의 승낙에 기한 것이라고 할 수 없으므로, 현금자동지급기 관리자의 의사에 반하여 그의 지배를 배제하고 그 현금을 자기의 지배하에 옮겨 놓는 것이 되어서 강도죄와는 별도로 절도죄를 구성한다.)

699) 대법원 1992.7.28. 선고 92도917 판결.

700) 대법원 2003.1.10. 선고 2002도4380 판결.

Ⅲ. 특수강도죄

[형법조문]

제334조(특수강도) ① 야간에 사람의 주거, 관리하는 건조물, 선박이나 항공기 또는 점유하는 방실에 침입하여 제333조의 죄를 범한 자는 무기 또는 5년 이상의 징역에 처한다. ② 흉기를 휴대하거나 2인 이상이 합동하여 전조의 죄를 범한 자도 전항의 형과 같다. 제341조(상습범) 상습으로 제333조, 제334조, 제336조 또는 전조제1항의 죄를 범한 자는 무기 또는 10년 이상의 징역에 처한다. 제342조(미수범) 제329조 내지 제341조의 미수범은 처벌한다. 제343조(예비, 음모) 강도할 목적으로 예비 또는 음모한 자는 7년 이하의 징역에 처한다. 제345조(자격정지의 병과) 본장의 죄를 범하여 유기징역에 처할 경우에는 10년 이하의 자격정지를 병과할 수 있다. 제346조(동력) 본장의 죄에 있어서 관리할 수 있는 동력은 재물로 간주한다.

야간주거침입절도죄는 주거에 침입한 때에 실행의 착수가 있다고 인정되나, 야간주거침입강도죄(제1항)에 있어서도 강도의 범의로 야간에 주거에 침입하면 실행의 착수가 있다고 할 수 있을 것인지가 문제된다.

판례(주거침입시설)는 주거에 침입한 경우에 실행의 착수가 있다고 하기도 하고[701], 폭행·협박을 가한 때에 실행의 착수가 있다고 하기도 하였으나[702], 그 범의에 있어서만 차이가 있을 뿐 야간주거침입절도죄와 제1항의 야간주거침입강도죄는 그 구조를 같이한다고 할 것이므로, 야간에 주거에 침입하면 본죄의 실행의 착수가 있다고 한

701) 대법원 1992.7.28. 선고 92도917 판결(형법 제334조 제1항 소정의 야간주거침입강도죄는 주거침입과 강도의 결합범으로서 시간적으로 주거침입행위가 선행되는 것이므로 주거침입을 한 때에 본죄의 실행에 착수한 것으로 볼 것인바, 같은 조 제2항 소정의 흉기휴대 합동강도죄에 있어서도 그 강도행위가 야간에 주거에 침입하여 이루어지는 경우에는 주거침입을 한 때에 실행에 착수한 것으로 보는 것이 타당하다.)

702) 대법원 1991.11.22. 선고 91도2296 판결(형법 제334조 제1, 2항 소정의 특수강도의 실행의 착수는 어디까지나 강도의 실행행위 즉 사람의 반항을 억압할 수 있는 정도의 폭행 또는 협박에 나아갈 때에 있다 할 것이고, 위와 같이 야간에 흉기를 휴대한 채 타인의 주거에 침입하여 집안의 동정을 살피는 것만으로는 동 법조에서 말하는 특수강도의 실행에 착수한 것이라고 할 수 없다.)

다. 이에 대하여 다수설(폭행·협박시설)은 폭행·협박을 개시하였을 때를 실행의 착수시기로 본다.

생각건대 주거침입시에 실행의 착수가 있다고 하게 되면 범인이 야간에 주거침입한 시점에서 체포된 경우 야간주거침입절도죄인지 야간주거침입강도죄인지 여부를 오로지 행위자의 내심의 태도만으로 결정해야 하는 불합리성이 발생할 수 있으므로 다수설처럼 강도의 의사가 외부로 표출되는 폭행·협박시를 실행의 착수로 인정하는 것이 합리적이다.

흉기휴대강도죄(제2항 전단)는 흉기휴대절도죄의 내용과 같다.703)

합동강도죄(제2항 후단)에 있어서 합동의 의미도 합동절도죄의 경우와 동일하다.704) 판례는 합동강도죄의 (공모)공동정범도 인정하고 있는 듯이 보이지만705), 이에 대한 비판은 합동절도죄에서와 같다.

한편 특수강도죄에서도 폭행·협박과 재물강취·재산상의 이익취득 사이에는 형법적 인과관계가 있어야 한다. 인과관계가 부정되는 경우에는 특수강도미수죄가 성립할 수 있을 뿐이다.706)

---

703) 대법원 1973.11.13. 선고 73도1553 전원합의체판결([다수의견] 절도범인이 처음에는 흉기를 휴대하지 아니하였으나, 체포를 면탈할 목적으로 폭행 또는 협박을 가할 때에 비로소 흉기를 휴대 사용하게 된 경우에는 형법 제334조의 예에 의한 준강도(특수강도의 준강도)가 된다. [소수의견] 준강도죄를 규정한 형법 제335조에는 범죄의 주체는 절도범인이요, 목적이 있어야 하며 행위는 폭행, 협박으로만 되어 있지 행위의 정도, 방법 따위에 대하여는 언급이 없으므로 목적이나 행위로서는 단순강도의 준강도냐 또는 특수강도이냐를 구별 지을 근거가 없으므로 행위의 주체인 절도의 태양에 따라 구별지어야 한다.)

704) 대법원 1985.3.26. 선고 84도2956 판결(형법 제334조 제2항에 규정된 합동범은 주관적 요건으로서 공모가 있어야 하고 객관적 요건으로서 현장에서의 실행행위의 분담이라는 협동관계가 있어야 하는 것이므로 피고인이 다른 피고인들과 택시강도를 하기로 모의한 일이 있다고 하여도 다른 피고인들이 피해자에 대한 폭행에 착수하기 전에 겁을 먹고 미리 현장에서 도주해 버렸다면 다른 피고인들과의 사이에 강도의 실행행위를 분담한 협동관계가 있었다고 보기는 어려우므로 피고인을 특수강도의 합동범으로 다스릴 수는 없다.) ; 대법원 2001.12.11. 선고 2001도4013 판결(형법 제334조 제2항 소정의 합동범에 있어서의 공모나 모의는 반드시 사전에 이루어진 것만을 필요로 하는 것이 아니고, 범행현장에서 암묵리에 의사상통하는 것도 포함되나, 이와 같은 공모나 모의는 그 '범죄될 사실'이라 할 것이므로 이를 인정하기 위하여는 엄격한 증명에 의하지 않으면 안 된다.)

705) 대법원 1983.2.22. 선고 82도3103,82감도666 판결(특수강도의 범행을 모의한 이상 범행의 실행에 가담하지 아니하고, 공모자들이 강취해 온 장물의 처분을 알선 만하였다 하더라도, 특수강도의 공동정범이 된다 할 것이므로 장물알선죄로 의율할 것이 아니다.)

706) 앞의 주 685)의 대법원 1995.3.28. 선고 95도91 판결 참조.

Ⅳ. 준강도죄

[형법조문]

제335조(준강도) 절도가 재물의 탈환을 항거하거나 체포를 면탈하거나 죄적을 인멸할 목적으로 폭행 또는 협박을 가한 때에는 전2조의 예에 의한다. 제342조(미수범) 제329조 내지 제341조의 미수범은 처벌한다. 제343조(예비, 음모) 강도할 목적으로 예비 또는 음모한 자는 7년 이하의 징역에 처한다. 제345조(자격정지의 병과) 본장의 죄를 범하여 유기징역에 처할 경우에는 10년 이하의 자격정지를 병과할 수 있다. 제346조(동력) 본장의 죄에 있어서 관리할 수 있는 동력은 재물로 간주한다.

가. 의의 및 성격

본죄는 절도가 재물의 탈환을 항거하거나, 체포를 면탈하거나 죄적을 인멸할 목적으로 폭행 또는 협박을 가한 때에 성립하는 범죄이다. 따라서 본죄는 절도죄와 폭행·협박죄가 결합되어 있는 결합범이며 목적범이다. 또한 강도죄와는 결합범인 점에서 동일하지만 폭행·협박의 시간적 선후관계가 강도죄와 반대구조이기 때문에 사후강도죄(事後强盜罪)라고도 하며 절도죄·강도죄의 가중적 구성요건이 아니라 그 불법내용이 강도죄와 동일하게 평가되는 독립된 범죄유형이다(다수설).

본죄의 성격에 대해서는 절도범만이 행위주체가 된다는 점에서 신분범으로 해석하는 견해도 있지만, 신분은 사회생활상의 지위라는 점을 감안하면 절도는 사회생활상의 지위라고 할 수 없기 때문에 누구라도 절도를 범하여 본죄의 주체가 될 수 있는 비신분범이라 하여야 할 것이다(다수설).

나. 객관적 구성요건

(1) 행위의 주체

본죄의 주체는 절도범[707]이다. 단순절도 뿐 아니라, 특수절도와 야간주거침입절도를 포함하며, 절도의 기수범 뿐 아니라 미수범도 본죄의 주체가 될 수 있다(통설 및 판례[708]).

다만 절도의 실행에 착수하기 전의 예비단계에서 폭행·협박을 한 때에는 본죄가 성립하지 않는다. 따라서 주간에 절도의 목적으로 주거에 침입하는 것만으로는 절도죄의 실행의 착수가 있다고 볼 수 없으므로 주거침입 후 재물의 물색에 이르지 아니한 상태에서 주인에게 발각되자 폭행을 가한 경우에는 본죄가 성립하지 아니하며, 주거침입죄와 폭행죄의 실체적 경합범이 성립할 뿐이다.[709]

한편 강도도 준강도죄의 주체가 될 수 있는지에 대해서는 절도죄의 모든 구성요건을 충족(대소포함명제설)시키는 강도도 본죄의 주체가 될 수 있으므로 단순강도죄의 실

---

707) **[주체의 범위]** : 절도의 정범, 즉 절도의 공동정범이나 합동범에 국한된다. 따라서 절도죄의 교사범이나 방조범 및 간접정범은 준강도죄의 주체가 될 수 없다.

708) 대법원 2014.5.16. 선고 2014도2521 판결(준강도죄의 주체는 절도범인이고, 절도죄의 객체는 재물이다. 그런데 피고인이 술집 운영자 갑으로부터 술값의 지급을 요구받자 갑을 유인·폭행하고 도주함으로써 술값의 지급을 면하여 재산상 이익을 취득하고 상해를 가하였다고 하여 강도상해로 기소되었는데, 원심이 위 공소사실을 '피고인이 갑에게 지급해야 할 술값의 지급을 면하여 재산상 이익을 취득하고 갑을 폭행하였다'는 범죄사실로 인정하여 준강도죄를 적용한 사안에서, 원심이 인정한 범죄사실에는 그 자체로 절도의 실행에 착수하였다는 내용이 포함되어 있지 않음에도 준강도죄를 적용하여 유죄로 인정한 원심판결에는 준강도죄의 주체에 관한 법리오해의 잘못이 있다.) ; 대법원 2003.10.24. 선고 2003도4417 판결(준강도의 주체는 절도 즉 절도범인으로, 절도의 실행에 착수한 이상 미수이거나 기수이거나 불문한다.)

709) 야간에 본문과 같은 행위를 한 경우에는 야간주거침입절도죄의 실행의 착수가 있다 할 것이므로 본죄가 성립한다 : 대법원 1968.4.23. 선고 67도334 판결[원판결은 원심 (제1심)이 인정한 피고인의 소위 즉 피고인이 절도의 목적으로 위 자동차 수리공장의 담을 넘으려다가 방범대원에게 발각되어 그에게 폭행을 가한 소위에 대하여 준강도의 죄를 적용치 아니하고, 폭처법 제2조 제2항을 적용 처단한 원심 판결에는 아무런 잘못이 없다고 볼 것이므로 논지는 받아들이지 아니한다 라고 판단하였다. 그러나, 제1심판결의 인정한 바에 의하면, 피고인은 제1심 공동피고인 김00과 합동하여, 절도의 목적으로 일출전인 1967.4.19 오전 5시30분경 서울 중구 충무로 2가 64번지 소재 성명미상자 경영 미장그릴 정문부 소형철문을 통하여 내정에 침입 동 소에 인접한 성명미상자 경영 자동차수리공장(세일공업사)에 침입하려고 동 공장 판자벽을 뛰어 넘다가 방범대원 이00에게 발견되어 동인으로부터 추격을 받자 체포를 면탈할 목적으로 수권으로 동인의 안면을 1회 강타 지면에 전도케 하는 등 폭행을 가하였다는 것이므로 피고인은 주거침입과 절도의 결합범인 형법 제330조의 야간 주거침입절도 행위에 착수하였다 할 것이고 따라서 피고인이 체포를 면탈할 목적으로 폭행을 가한 이상 준강도죄가 성립한다.]

행에 착수하였다가 체포를 면탈할 목적 등으로 흉기등으로 폭행·협박하였을 때에는 특수강도죄가 된다는 견해(적극설, 다수설)도 있지만, 준강도의 불법내용은 절도가 폭행·협박을 행사하는 점에서 강도와 동일하게 취급하는데 있고 강도와 준강도의 위법성도 동일할 뿐만 아니라 준강도를 인정하는 경우에는 특수강도죄와 준강도죄의 실체적 경합이 되어 과잉금지의 원칙에 반할 소지도 있다 할 것이므로 처음부터 폭행·협박을 행위수단으로 하는 강도는 본죄의 주체가 될 수 없다고 하여야 한다(소극설). 판례도 같은 입장이다.[710]

(2) 폭행·협박

① 폭행·협박의 정도

폭행 또는 협박의 정도는 강도죄의 폭행·협박과 같이 일반적 객관적으로 상대방의 반항을 억압할 정도에 이르러야 한다고 할 것이다. 반드시 상대방의 반항을 현실적으로 억압하였을 것을 요하는 것은 아니다.

보충판례 73 : 대법원 1981.3.24. 선고 81도409 판결
서울고법 1998.9.29. 선고 98노1856 판결[확정]

② 절도의 기회에 행해졌을 것

폭행·협박은 절도의 기회에 이루어 져야 하며, 절도행위와 시간적 장소적으로 접근성을 가지고 있어야 한다.

따라서 그 폭행 또는 협박은 절도의 실행에 착수하여 그 실행 중이거나 그 실행 직후 또는 실행의 범의를 포기한 직후로서 사회통념상 범죄행위가 완료되지 아니하였다고 인정될 만한 단계에서 행하여짐을 요하며, 절취행위가 이미 완료된 경우에는 피해자에게 폭행·협박을 가하였다 하더라도 본죄는 성립하지 않는다.[711]

---

710) 대법원 1992.7.28. 선고 92도917 판결(절도범인이 체포를 면탈할 목적으로 경찰관에게 폭행 협박을 가한 때에는 준강도죄와 공무집행방해죄를 구성하고 양죄는 상상적 경합관계에 있으나, 강도범인이 체포를 면탈할 목적으로 경찰관에게 폭행을 가한 때에는 강도죄와 공무집행방해죄는 실체적 경합관계에 있고 상상적 경합관계에 있는 것이 아니다.)

③ 기수시기

준강도죄의 기수와 미수를 구별하는 기준이 무엇인지에 대해서는, 절도의 기수·미수가 기준이 된다는 절취행위기준설(통설 및 판례), 폭행·협박의 기수·미수가 기준이 된다는 폭행·협박행위기준설, 절취행위와 폭행·협박행위 중 어느 하나가 미수로 되면 본죄의 미수가 되고 양자가 모두 기수로 된 경우에만 본죄의 기수가 된다는 종합설 등이 대립한다.

생각건대 폭행·협박행위기준설에 의하면 절도미수에 그친 자가 그 이후에 폭행·협박을 하는 경우에는 준강도죄로서 강도죄기수와 같이 처벌되는 반면에 강도범이 먼저 폭행·협박을 했으나 재물강취를 하지 못하면 강도미수죄로 처벌되어 폭행·협박의 선후관계 때문에 기수·미수가 갈리는 불합리한 결과를 초래하게 된다. 준강도죄는 결합범이자 기본적으로 재산범죄이므로 강도죄의 경우와 같이 절취행위의 기수·미수에 따라 기수·미수를 구별하는 통설의 입장이 타당하다. 대법원도 전원합의체판결을 통하여 기존의 폭행·협박행위기준설을 포기하고 절취행위기준설로 태도를 변경하였다.[712]

711) 대법원 1999.2.26. 선고 98도3321 판결(준강도는 절도범인이 절도의 기회에 재물탈환, 항거 등의 목적으로 폭행 또는 협박을 가함으로써 성립되는 것이므로, 그 폭행 또는 협박은 절도의 실행에 착수하여 그 실행 중이거나 그 실행 직후 또는 실행의 범의를 포기한 직후로서 사회통념상 범죄행위가 완료되지 아니하였다고 인정될 만한 단계에서 행하여짐을 요한다. 따라서 피고인이 피해자의 집에서 절도범행을 마친지 10분 가량 지나 피해자의 집에서 200m 가량 떨어진 버스정류장이 있는 곳에서 피고인을 절도범인이라고 의심하고 뒤쫓아 온 피해자에게 붙잡혀 피해자의 집으로 돌아왔을 때 비로소 피해자를 폭행한 것은 사회통념상 절도범행이 이미 완료된 이후라 할 것이므로 준강도죄가 성립할 수 없다.) ; 대법원 2009.7.23. 선고 2009도5022 판결 : 대법원 2001.10.3. 선고 2001도4142,2001감도100 판결(준강도는 절도범인이 절도의 기회에 재물탈환의 항거 등의 목적으로 폭행 또는 협박을 가함으로써 성립되는 것으로서, 여기서 절도의 기회라고 함은 절도범인과 피해자측이 절도의 현장에 있는 경우와 절도에 잇달아 또는 절도의 시간·장소에 접착하여 피해자측이 범인을 체포할 수 있는 상황, 범인이 죄적인멸에 나올 가능성이 높은 상황에 있는 경우를 말하고, 그러한 의미에서 피해자측이 추적태세에 있는 경우나 범인이 일단 체포되어 아직 신병확보가 확실하다고 할 수 없는 경우에는 절도의 기회에 해당한다.)

712) 대법원 2004.11.18. 선고 2004도5074 전원합의체 판결(형법 제335조에서 절도가 재물의 탈환을 항거하거나 체포를 면탈하거나 죄적을 인멸할 목적으로 폭행 또는 협박을 가한 때에 준강도로서 강도죄의 예에 따라 처벌하는 취지는, 강도죄와 준강도죄의 구성요건인 재물탈취와 폭행·협박 사이에 시간적 순서상 전후의 차이가 있을 뿐 실질적으로 위법성이 같다고 보기 때문이다. 그러므로 피해자에 대한 폭행·협박을 수단으로 하여 재물을 탈취하고자 하였으나 그 목적을 이루지 못한 자가 강도미수죄로 처벌되는 것과 마찬가지로, 절도미수범인이 폭행·협박을 가한 경우에도 강도미수에 준하여 처벌하는 것이 합리적이라 할 것이다. 만일 강도죄에 있어서는 재물을 강취하여야 기수가 됨에도 불구하고 준강도의 경우에는 폭행·협박을 기준으로 기수와 미수를 결정하게 되면 재물을 절취하지 못한 채 폭행·협박만 가한 경우에도 준강도죄의 기수로 처벌받게 됨으로써 강도미수죄와의 불균형이

다. 공범과 처벌

준강도죄의 성립여부와 관련하여 수인이 공동하여 다른 사람의 물건을 절취한 후 공범 중 1인이 본죄를 범한 경우에 나머지 공범에 대하여도 본죄를 인정할 것인지가 문제된다.

이에 대하여 학설(부정설)은 공동정범은 공동의사의 범위 안에서만 성립할 수 있다는 이유로 준강도죄의 공범의 성립을 부정하지만, 판례는 다른 공범이 피해자에게 폭행을 가할 것을 예견할 수 있었다면 준강도죄의 성립을 인정할 수 있고 다만 이러한 예견가능성이 없었던 경우에는 준강도죄가 인정되지 아니한다고 한다.[713)]

생각건대 준강도죄는 절도죄의 결과적 가중범이 아니므로 다른 가담자의 행위에 대한 예견가능성이 있는 경우에 성립하는 결과적 가중범의 공동정범 법리를 준강도죄에 적용할 수는 없을 뿐만 아니라 공동정범은 공동의사의 범위 안에서만 성립하므로 공동정범 가운데 1인이 공동의사의 범위를 초과한 때에는 다른 가담자가 그 부분을 예견가능하였다 하더라도 단독정범이 될 뿐이어서 본죄의 성립을 인정할 수 없다고 하는 부정설이 타당하다.

한편 준강도죄의 처벌(제335조)은 전 2조[단순강도죄(제333조)·특수강도죄(제334조)]의 예에 의한다. 따라서 어떤 기준에 의하여 단순강도 또는 특수강도로 처벌하여야 하는지가 문제된다. 이와 관련하여서는 절도행위시에 단순절도인지 특수절도인지를 기준으로 하는 절취행위기준설, 폭행·협박시의 행위태양을 기준으로 이 시점에 흉기를 휴대하면 특수강도라고 하는 폭행·협박행위기준설, 양자를 모두 고려하여 어느 하나

초래된다. 위와 같은 준강도죄의 입법 취지, 강도죄와의 균형 등을 종합적으로 고려해 보면, 준강도죄의 기수 여부는 절도행위의 기수 여부를 기준으로 하여 판단하여야 한다고 봄이 상당하다.)

713) 대법원 1984.10.10. 선고 84도1887,84감도296 판결(피고인들과 공소외 1이 소매치기할 것을 공모하고 만일을 대비하여 각 식칼 1자루씩을 나누어 가진 후 합동하여 피해자 이00의 손지갑을 절취하였으나 그 범행이 발각되자 두 갈래로 나누어 도주 중 원심 공동피고인은 피해자 송00과 김00의, 피고인과 공소외 1은 피해자 김00과 김00의 각 추격을 받게 되자 체포를 면탈할 목적으로 각 소지 중인 식칼을 위 추격자들을 향하여 휘두르고 원심공동피고인은 길에 있던 벽돌을 위 송00에게 던져서 상해를 가하였다는 점을 수긍할 수 있으니 이 사건의 경우에 있어서는 피고인이 위와 같이 공범자인 원심공동피고인, 공소외 1과 공모 합동하여 소매치기를 하고 발각되어 도망할 때에 원심공동피고인이 그를 추격하는 피해자 송00에게 체포되지 아니하려고 위와 같이 폭행할 것을 전연 예기하지 못한 것으로는 볼 수 없다 할 것이므로 그 폭행의 결과로 발생한 상해에 관하여 원심이 피고인에 대하여도 형법 제337조, 제335조의 강도상해죄가 성립한다고 판단한 조치는 정당하다.)

라도 가중사유가 있으면 특수강도가 된다는 종합설이 대립한다.

생각건대 준강도는 절도범인이 절도의 기회에 폭행·협박의 행위태양이 재물탈취의 수단으로서 폭행·협박을 가하는 강도죄와 동일한 실질적 위법성으로 평가되어 강도의 예로 처벌되는 범죄이므로 폭행·협박행위시 행위태양을 기준으로 단순강도 및 특수강도의 처벌을 결정하는 것이 바람직하다(폭행·협박행위기준설).[714]

라. 죄수

보충판례 74 : 대법원 2001.8.21. 선고 2001도3447 판결[715]

V. 인질강도

[조문]

형법 제336조(인질강도) 사람을 체포 · 감금 · 약취 또는 유인하여 이를 인질로 삼아 재물 또는 재산상의 이익을 취득하거나 제3자로 하여금 이를 취득하게 한 자는 3년 이상의 유기징역에 처한다.

제341조(상습범) 상습으로 제333조, 제334조, 제336조 또는 전조제1항의 죄를 범한 자는 무기 또는 10년 이상의 징역에 처한다.

제342조(미수범) 제329조 내지 제341조의 미수범은 처벌한다.

제343조(예비, 음모) 강도할 목적으로 예비 또는 음모한 자는 7년 이하의 징역에 처한다.

제345조(자격정지의 병과) 본장의 죄를 범하여 유기징역에 처할 경우에는 10년 이하의 자격정지를 병과할 수 있다.

714) 대법원 1973.11.13. 선고 73도1553 전원합의체 판결[강도죄에 있어서의 재물탈취의 수단인 폭행 또는 협박의 유형을 흉기를 휴대하고 하는 경우와 그렇지 않은 경우로 나누어 흉기를 휴대하고 하는 경우를 특수강도로 하고, 그렇지 않은 경우를 단순강도로 하여 처벌을 달리하고 있음에 비추어 보면 절도범인이 처음에는 흉기를 휴대하지 아니하였으나 체포를 면탈할 목적으로 폭행 또는 협박을 가할 때에 비로소 흉기를 휴대사용하게 된 경우에는 형법 제334조의 예에 의한 준강도(특수강도의 준강도)가 되는 것으로 해석하여야 할 것이다.]

715) 대법원 1992.7.28. 선고 92도917 판결

제346조(동력) 본장의 죄에 있어서 관리할 수 있는 동력은 재물로 간주한다.

특정범죄가중처벌등에관한법률 제5조의2(약취 · 유인죄의 가중처벌) ①「형법」 제287조의 죄를 범한 사람은 그 약취(略取) 또는 유인(誘引)의 목적에 따라 다음 각 호와 같이 가중처벌한다.

1. 약취 또는 유인한 미성년자의 부모나 그 밖에 그 미성년자의 안전을 염려하는 사람의 우려를 이용하여 재물이나 재산상의 이익을 취득할 목적인 경우에는 무기 또는 5년 이상의 징역에 처한다.

②「형법」 제287조의 죄를 범한 사람이 다음 각 호의 어느 하나에 해당하는 행위를 한 경우에는 다음 각 호와 같이 가중처벌한다.

1. 약취 또는 유인한 미성년자의 부모나 그 밖에 그 미성년자의 안전을 염려하는 사람의 우려를 이용하여 재물이나 재산상의 이익을 취득하거나 이를 요구한 경우에는 무기 또는 10년 이상의 징역에 처한다.

가. 의의 및 보호법익

본죄는 체포·감금죄 또는 약취·유인죄와 공갈죄의 결합범이다. 본죄의 보호법익은 일차적으로는 타인의 재산이고 부차적으로는 인질의 자유 및 생명·신체의 안전이며 제3자의 의사결정 및 의사활동의 자유이다. 보호의 정도는 침해범이다. 인질강요죄(제324조의2)와는 달리 석방감경규정이 없으나 정책론·입법론상으로는 석방감경규정을 신설하는 것이 바람직하다.

나. 구성요건

본죄는 반드시 인질과 재산상의 피해자가 달라야 성립하는 인질강요죄와는 달리 인질과 재산상의 피해자가 다른 경우는 물론이고 동일인인 경우에도 성립한다.

본죄도 강도죄의 일종이지만 그 성격이 인질을 볼모삼아 재물이나 재산상의 이익을 취득하는데 있기 때문에 약취·유인시 그 수단인 폭행·협박은 반드시 상대방의 반항을 억압할 정도임을 요하지 않는다.

'인질로 삼는다'란 인질의 생명·신체의 안전에 관한 제3자의 우려를 이용하여 인질의 생명·신체의 안전이나 석방을 대가로 재물 또는 재산상의 이익을 취득하기 위한 수단으로 인질의 자유를 구속하는 것을 의미한다. 따라서 대가가 재물 또는 재산상의 이익이 아닌 경우에는 인질강요죄가 문제될 뿐이다.

본죄의 실행의 착수시기에 대해서는 재물 또는 재산상의 이익을 취득할 목적으로 사람을 체포·감금·약취·유인한 때라는 견해(체포·감금·약취·유인시설)와 석방이나 안전보장의 대가로 재물 또는 재산상의 이익을 요구한 때라는 견해(재물·이익요구시설, 다수설)가 대립한다. 본죄의 성격이 목적범도 아니고 재산범죄라는 점과 체포·감금·약취·유인시설에 의하면 체포·감금·약취·유인죄와의 구별이 곤란할 수 있다는 점 등을 고려하면 재물·이익요구시설(다수설)이 타당하다.

본죄의 기수시기는 재물 또는 재산상의 이익을 취득한 때이다. 다만 미성년자를 약취·유인한 후 인질강도를 범하는 경우에는 재물 또는 재산상의 이익을 요구한 때에 기수가 된다(특가법 제5조의2 제2항 제1호).

다. 죄수

본죄와 그 수단범죄인 체포·감금죄 및 약취·유인죄는 법조경합 중 특별관계에 해당하므로 인질강도죄만 성립한다.[716] 또한 인질강도가 인질을 상해하거나 살해한 경우에는 강도상해죄 또는 강도살인죄만 성립한다.

716) 대법원 2008.1.17. 선고 2007도8485 판결[피고인은 범행 당일 14:30경 아파트 현관문을 열고 집안으로 들어서는 피해자 공소외인을 발견하고 위 피해자에게 달려들어 옆구리에 칼을 들이대고 뒤따라 집안으로 침입한 후 집안을 뒤져 물품을 강취하고, 현금이 발견되지 않자 더 나아가 위 피해자를 인질로 삼아 그의 부모로부터 현금을 취득하기로 마음먹고 위 피해자를 결박시킨 다음 두 시간 남짓 부모의 귀가를 기다린 사실, 그 후 19:00경 피해자의 모가 위 아파트 안으로 들어오자, 거실에서 앉아 포박된 위 피해자의 옆구리에 부엌칼을 들이대면서 "아들을 살리려면 이리 와서 앉아"라고 위협하여 이에 놀란 피해자의 모가 황급히 밖으로 도망치자, 수회 전화를 걸어 "아들을 살리려면 돈 300만 원을 지금 마련해서 올라와라, 경찰에는 절대 알리지 마라, 만약 신고하면 아들을 죽이겠다"고 하는 등 수차례 협박하여 19:58경 피해자의 부모로부터 아파트 현관 입구에서 금품 50만 원을 전달받았으나 그 무렵 문밖에서 대기 중이던 경찰관에게 체포되었다. 이에 의할 때, 피고인의 의사는 위 주거지에서 친권자인 피해자의 모를 퇴거시키거나 보호관계를 단념시켜 기존의 생활관계를 배제하고 독자적인 생활관계를 형성하고자 하는 데에 있었던 것이라기보다는, 피해자의 신체에 위해를 가할 것처럼 협박하여 피해자의 모로부터 금품을 강취하는 데에 있었다고 봄이 상당하고, 현장을 목격한 피해자의 모가 즉시 위 주거지로부터 이탈한 것은 오히려 피고인의 범행계획에 비추어 볼 때 그의 의도에 반하는 결과로서 초래된 것임을 알 수 있다. 그리고 그 뒤에 전화를 통해 협박이 이어지기는 하였으나, 그로부터 피해자 모의 신고를 받고 즉시 출동한 경찰관에 의하여 제압될 때까지의 시간적 간격이 불과 한 시간 남짓에 불과한 점에 비추어 볼 때, 피해자가 위 아파트를 그 장소적 근거로 삼고 있는 기존의 생활관계로부터 완전히 이탈되었다거나 새로운 생활관계가 형성되었다고 평가하기도 어렵다 할 것이다. 따라서 특별한 사정이 없는 한, 피고인의 원심 판시 제4항의 범행을 형법 제336조(인질강도)로 의율하는 것은 별론으로 하고, 특가법 제5조의2 제2항 제1호, 형법 제287조에 의율할 수는 없다.]

Ⅵ. 강도상해·치상죄

[형법조문]

제337조(강도상해, 치상) 강도가 사람을 상해하거나 상해에 이르게 한때에는 무기 또는 7년 이상의 징역에 처한다. 제342조(미수범) 제329조 내지 제341조의 미수범은 처벌한다. 제343조(예비, 음모) 강도할 목적으로 예비 또는 음모한 자는 7년 이하의 징역에 처한다. 제345조(자격정지의 병과) 본장의 죄를 범하여 유기징역에 처할 경우에는 10년 이하의 자격정지를 병과할 수 있다. 제346조(동력) 본장의 죄에 있어서 관리할 수 있는 동력은 재물로 간주한다.

가. 의의 및 보호법익

본죄는 강도의 기회에 사람에 대한 사상(死傷)이 쉽게 발생할 수 있다는 점을 고려한 강도죄의 가중적 구성요건이다. 강도상해죄는 강도죄와 상해죄의 결합범이고 강도치상죄는 강도죄와 과실치상죄의 결합범이자 강도죄의 진정결과적 가중범이다. 본죄의 보호법익은 재산과 신체의 생리적 기능이며 보호의 정도는 침해범이다.

나. 구성요건

본죄의 주체는 강도이다. 즉 단순강도·특수강도·준강도[717]·인질강도를 모두 포함한다. 강도의 실행에 착수한 이상 미수·기수를 불문한다(통설 및 판례[718]). 다만 해상강도

717) 대법원 1984.1.24. 선고 83도3043 판결(형법 제337조에서 말하는 강도 중에는 형법 제333조의 죄를 범한 강도뿐만 아니라 형법 제335조에 의하여 강도로서 논할 범인 즉 준강도도 포함되는 것으로 해석할 것이다.) ; 대법원 1986.4.8. 선고 86도264 판결(강도상해죄는 절도가 그 실행 중 또는 실행직후에 재물의 탈환을 항거하거나 체포를 면탈하거나 죄적을 인멸할 목적으로 상해를 가한 때에 성립하는 것으로서 반드시 무기를 들고 금품을 강취하고 그 계제에 상해를 가해야 하는 것은 아니다.)

718) 대법원 1988.2.9. 선고 87도2492 판결(강도범이 강도의 기회에 사람을 상해하여 상해의 결과가 발생하면 형법 제337조 전단의 강도상해죄의 기수가 되는 것이고 거기에 반드시 재물탈취의 목적달성을 필요로 하는 것은 아니다.)

는 별도의 규정(제340조 제2항)에 따르므로 본죄의 주체에 포함되지 않는다.

상해는 고의로 상해하는 것을, 치상은 상해의 고의 없이 상해의 결과를 발생시킨 것을 말한다. 강도죄는 반항억압 정도의 폭행·협박이 있어야 하므로 사회통념상 간과할 수 없는 정도 즉 피해자의 신체의 건강상태가 불량하게 변경되고 생활기능에 장애가 초래될 정도의 상해라야 한다.[719)]

보충판례 75 : 대법원 1990.4.24. 선고 90도193 판결

상해·치상은 강도의 기회[720)]에 범행현장에서 강도범인의 행위로부터 발생하면 족하다(통설 및 판례[721)]). 강도치상죄는 진정결과적 가중범이므로 강도와 상해 사이에 인과관계가 있어야 하고 상해에 대한 예견가능성이 있어야 한다.[722)]

719) 대법원 2009.7.23. 선고 2009도5022 판결 ; 대법원 2003.7.11. 선고 2003도2313 판결(강도상해죄에 있어서의 상해는 피해자의 신체의 건강상태가 불량하게 변경되고 생활기능에 장애가 초래되는 것을 말하는 것으로서, 피해자가 입은 상처가 극히 경미하여 굳이 치료할 필요가 없고 치료를 받지 않더라도 일상생활을 하는 데 아무런 지장이 없으며 시일이 경과함에 따라 자연적으로 치유될 수 있는 정도라면, 그로 인하여 피해자의 신체의 건강상태가 불량하게 변경되었다거나 생활기능에 장애가 초래된 것으로 보기 어려워 강도상해죄에 있어서의 상해에 해당한다고 할 수 없다.)

720) **[강도의 기회]** : 강도의 기회는 실행에 착수하여 강도범행종료 직후까지 강도행위와 시간적·장소적으로 밀접한 연관성이 있는 범위를 말하며 그 범위 및 판단기준은 준강도죄의 '절도의 기회'와 동일하다(대법원 2009.7.23. 선고 2009도5022 판결) : 대법원 1985.7.9. 선고 85도1109 판결(강도상해죄는 강도가 사람을 상해한 경우에 성립하는 것이므로 도주하는 강도를 체포하기 위해 위에서 덮쳐 오른손으로 목을 잡고, 왼손으로 앞부분을 잡는 순간 강도가 들고 있던 벽돌에 끼어 있는 철사에 찔려 부상을 입었다거나 또는 도망하려는 공범을 뒤에서 양팔로 목을 감싸잡고 내려오다 같이 넘어져 부상을 입은 경우라면 위 부상들은 피해자들의 적극적인 체포행위 과정에서 스스로의 행위의 결과로 입은 상처이어서 위 상해의 결과에 대하여 강도상해죄로 의율할 수 없다.) ; 대법원 1985.1.15. 선고 84도2397 판결(강도치상죄에 있어서의 상해는 강도의 기회에 범인의 행위로 인하여 발생한 것이면 족한 것이므로, 피고인이 택시를 타고 가다가 요금지급을 면할 목적으로 소지한 과도로 운전수를 협박하자 이에 놀란 운전수가 택시를 급우회전하면서 그 충격으로 피고인이 겨누고 있던 과도에 어깨부분이 찔려 상처를 입었다면, 피고인의 위 행위를 강도치상죄에 의율함은 정당하다.)

721) 대법원 1992.4.14. 선고 92도408 판결(강도범인이 강도를 하는 기회에 범행의 현장에서 사람을 상해한 이상, 재물강취의 수단인 폭행으로 인하여 상해의 결과가 발생한 것이 아니고, 재물의 탈환을 항거하거나 체포를 면탈하거나 죄적을 인멸할 목적으로 폭행을 가한 것이 아니라고 하더라도 강도상해죄가 성립한다.)

722) 대법원 1996.7.12. 선고 96도1142 판결(피고인이 피해자와 함께 도박을 하다가 돈 3,200만 원을 잃자 도박을 할 때부터 같이 있었던 일행 2명 외에 후배 3명을 동원한데다가 피고인은 식칼까지 들고 위 피해자로부터 돈을 빼앗으려고 한 점, 위 피해자는 이를 피하려고 도박을 하고 있었던 위 집 안방 출입문을 잠그면서 출입문이 열리지 않도록 완강히 버티고 있었던 점, 이에 피고인이 위 피해자에게 "이 새끼 죽여 버리겠다."고 위협하면서 위 출입문 틈 사이로 위 식칼을 집어넣어 잠금장치를 풀려고 하고 발로 위 출입문을 수회 차서 결국 그 문을 열고 위 안방 안으로 들어 왔으며, 칼을 든 피고인 외에도 그 문 밖에 피고인의 일행 5명이 있어 그 문을 통해서는 밖으로 탈출하기가 불가능하였던 점 등을 종합하여 보면 피고인의 위 폭행·협박행위와 위 피해자의 상해 사이에는 상당인과관계가 있고, 피

강도상해죄의 경우에는 강도의 기수·미수를 불문하고 상해가 미수에 그친 경우 미수가 되지만[723], 강도치상죄는 치상의 결과가 발생하여야 기수가 된다. 고의범과 과실범의 결합범인 진정결과적 가중범에서 과실범의 미수는 성립할 수 없으므로 강도치상죄의 미수는 부정하는 것이 타당하다.

다. 공범

공범과 관련하여 판례는 강도를 모의한 공범 중 1인이 피해자에게 상해를 가한 경우에는 강도상해죄의 책임을 인정하고 있으며[724], 나아가 피해자를 살해한 경우에도 살해의 경우까지 예견할 수는 없었다 하더라도 예견가능성은 있는 것으로 보아서 공범에게 강도치사죄의 성립을 인정하고 있다.[725]

보충판례 76 : 대법원 1984.1.31. 선고 83도2941 판결

생각건대 공동정범은 공동의사의 범위 내에서만 성립하므로 상해에 대하여 공동의사가 없는 공범자에게는 강도상해죄는 성립하지 아니하고, 강도치상죄의 공동정범이 성립하기 위해서는 과실에 의한 상해행위를 공동으로 하여야 하는데 다른 가담자는 과실행위를 공동으로 실행한다는 것은 상정할 수 없기 때문에 설령 다른 가담자

고인으로서는 위 피해자가 위 도박으로 차지한 금원을 강취당하지 않기 위하여 반항하면서 경우에 따라서는 베란다의 외부로 통하는 창문을 통하여 위 주택 아래로 뛰어 내리는 등 탈출을 시도할 가능성이 있고 그러한 경우에는 위 피해자가 상해를 입을 수 있다는 예견도 가능하였다고 봄이 상당하므로, 피고인의 위 범죄사실은 강도치상죄를 구성한다.)

723) 대법원 1971.1.26. 선고 70도2518 판결(절도범이 체포를 면탈할 목적으로 폭행을 가하여 피해자에게 상해의 결과를 발생케 한 경우에는 비록 재물의 절취는 미수에 그쳤다 할지라도 본조의 기수범으로 보아야 한다.)

724) 대법원 2004.10.28. 선고 2004도4437 판결(수인이 재물강취의 의사로 피해자를 상해하고, 그 중 1인이 몰래 피해자가 도망가면서 남겨 둔 옷에서 돈을 꺼내어 사용한 경우, 위 1인의 강도행위를 나머지 행위자들이 예측할 수 있었다고 보아 강도상해의 공동정범의 성립을 긍정하였다.) ; 대법원 1998.4.14. 선고 98도356 판결(원심 공동피고인이 피고인과 공모한대로 과도를 들고 강도를 하기 위하여 피해자의 거소를 들어가 피해자를 향하여 칼을 휘두른 이상 이미 강도의 실행행위에 착수한 것임이 명백하고, 원심 공동피고인이 피해자들을 과도로 찔러 상해를 가하였다면 피고인이 원심 공동피고인과 구체적으로 상해를 가할 것까지 공모하지 않았다 하더라도 피고인은 상해의 결과에 대하여도 공범으로서의 책임을 면할 수 없다.)

725) 대법원 1991.11.12. 선고 91도2156 판결(강도의 공범자 중 1인이 강도의 기회에 피해자에게 폭행 또는 상해를 가하여 살해한 경우, 다른 공모자가 살인의 공모를 하지 아니하였다고 하여도 그 살인행위나 치사의 결과를 예견할 수 없었던 경우가 아니면 강도치사죄의 죄책을 면할 수 없다.)

가 그 결과를 예견할 수 있었던 경우에도 강도치상죄의 단독정범의 죄책만을 진다고 하여야 한다(단독정범설).

한편 동일기회에 수인에게 상해를 입힌 때에는 강도상해죄의 실체적 경합이 된다.[726]

Ⅶ. 강도살인·치사죄

[형법조문]

> 第338條(강도살인 · 치사) 강도가 사람을 살해한 때에는 사형 또는 무기징역에 처한다. 사망에 이르게 한 때에는 무기 또는 10년 이상의 징역에 처한다.
>
> 第342條(미수범) 제329조 내지 제341조의 미수범은 처벌한다.
>
> 第343條(예비, 음모) 강도할 목적으로 예비 또는 음모한 자는 7년 이하의 징역에 처한다.
>
> 第345條(자격정지의 병과) 본장의 죄를 범하여 유기징역에 처할 경우에는 10년 이하의 자격정지를 병과할 수 있다.
>
> 第346條(동력) 본장의 죄에 있어서 관리할 수 있는 동력은 재물로 간주한다.

가. 의의 및 보호법익

강도살인죄는 강도죄와 살인죄의 결합범이고 강도치사죄는 강도죄와 과실치사죄의 결합범으로서 진정결과적 가중범이다. 본죄의 보호법익은 사람의 생명과 재산이며 보호의 정도는 침해범이다.

---

726) 대법원 1991.6.25. 선고 91도643 판결(강도가 여관에 들어가 안내실에 있던 여관의 관리인을 칼로 찔러 상해를 가하고 그로부터 금품을 강취한 다음, 각 객실에 들어가 각 투숙객들로부터 금품을 강취한 행위가 피해자 별로 강도상해죄 및 강도죄의 실체적 경합범이 된다.)

나. 구성요건

본죄의 주체는 모든 강도[727]이며 기수·미수를 불문한다.[728] 다만 해상강도살인·치사죄는 별도의 규정(제340조 제3항)이 있으므로 해상강도는 포함되지 않는다.

실행행위는 사람을 살해하거나 사망에 이르게 하는 것(치사)이다. 사망 또는 치사는 반드시 강도의 수단행위인 폭행에 의해서 발생될 필요는 없지만 '강도의 기회(시간적·장소적 접근성)'에 발생하면 족하다.[729]

채무를 면탈할 목적으로 사람을 살해한 경우에는 강도살인죄가 성립한다. 그러나 이 경우 채무를 면하거나 이익취득을 가능하게 하는 구체적·현실적 가능성이 존재하여야 하며 그렇지 않은 경우에는 단순살인죄가 된다. 판례도 같은 입장이다.[730]

727) 대법원 1987.9.22. 선고 87도1592 판결[강도살인죄(형법 제338조)의 주체인 강도는 준강도죄(형법 제335조)의 강도범인을 포함한다고 할 것이므로 절도가 체포를 면탈할 목적으로 사람을 살해한 때에는 강도살인죄가 성립한다.]

728) 대법원 1957.10.11. 선고 4290형상313 판결 ; 대법원 1964.9.8. 선고 64도310 판결(재물강취의 목적과 수단으로 사람을 살해한 이상 그 살해행위가 강취행위의 전후를 불문하고 또 강취행위의 기수이거나 미수임을 구별치 않고 강도살인죄가 성립한다.)

729) 대법원 1996.7.12. 선고 96도1108 판결[강도범행 직후 신고를 받고 출동한 경찰관이 위 범행 현장으로부터 약 150m 지점에서, 화물차를 타고 도주하는 피고인을 발견하고 순찰차로 추적하여 격투 끝에 피고인을 붙잡았으나, 피고인이 너무 힘이 세고 반항이 심하여 수갑도 채우지 못한 채 피고인을 순찰차에 억지로 밀어 넣고서 파출소로 연행하고자 하였는데, 그 순간 피고인이 체포를 면하기 위하여 소지하고 있던 과도로써 옆에 앉아 있던 경찰관을 찔러 사망케 하였다면 피고인의 위 살인행위는 강도행위와 시간상 및 거리상 극히 근접하여 사회통념상 범죄행위가 완료되지 아니한 상태에서 이루어진 것이라고 보여지므로(위 살인행위 당시에 피고인이 체포되어 신체가 완전히 구속된 상태이었다고 볼 수 없다), 원심이 피고인을 강도살인죄로 적용하여 처벌한 것은 옳다.] ; 대법원 2004.6.24. 선고 2004도1098 판결(강도살인죄는 강도범인이 '강도의 기회'에 살인행위를 함으로써 성립하는 것이므로, 강도범행의 실행 중이거나 그 실행 직후 또는 실행의 범의를 포기한 직후로서 사회통념상 범죄행위가 완료되지 아니하였다고 볼 수 있는 단계에서 살인이 행하여짐을 요건으로 한다. 따라서 피고인이 피해자 소유의 돈과 신용카드에 대하여 불법영득의 의사를 갖게 된 것이 살해 후 상당한 시간이 지난 후로서 살인의 범죄행위가 이미 완료된 후의 일이라면, 살해 후 상당한 시간이 지난 후에 별도의 범의에 터잡아 이루어진 재물 취거행위를 그보다 앞선 살인행위와 합쳐서 강도살인죄로 처단할 수 없다.)

730) 대법원 2010.9.30. 선고 2010도7405 판결 : 대법원 2004.6.24. 선고 2004도1098 판결[강도살인죄가 성립하려면 먼저 강도죄의 성립이 인정되어야 하고, 강도죄가 성립하려면 불법영득(또는 불법이득)의 의사가 있어야 하며, 형법 제333조 후단 소정의 이른바 강제이득죄의 성립요건인 '재산상 이익의 취득'을 인정하기 위하여서는 재산상 이익이 사실상 피해자에 대하여 불이익하게 범인 또는 제3자 앞으로 이전되었다고 볼 만한 상태가 이루어져야 하는데, 채무의 존재가 명백할 뿐만 아니라 채권자의 상속인이 존재하고 그 상속인에게 채권의 존재를 확인할 방법이 확보되어 있는 경우에는 비록 그 채무를 면탈할 의사로 채권자를 살해하더라도 일시적으로 채권자측의 추급을 면한 것에 불과하여 재산상 이익의 지배가 채권자측으로부터 범인 앞으로 이전되었다고 보기는 어려우므로, 이러한 경우에는 강도살인죄가 성립할 수 없다.] ; 대법원 1999.3.9. 선고 99도242 판결(술집에 피고인과 술집 주인 두 사람밖에 없는 상황에서 술값의 지급을 요구하는 술집 주인을 술값 채무를 면탈할 목적

강도가 강도의 고의없이 사람을 살해한 후 그의 재물을 영득한 경우 판례는 사자의 점유를 인정하여 살인죄와 절도죄의 실체적 경합범으로 처벌한다.[731] 그러나 사자(死者)의 점유를 인정할 수 없으므로 살인죄와 점유이탈물횡령죄의 실체적 경합이 된다고 하여야 할 것이다(다수설).

강도살인죄의 경우에는 강도에 대한 고의 및 불법영득·이득의 의사와 살인에 대한 고의가 필요하고[732], 강도치사죄의 경우에는 강도에 대한 고의와 불법영득·이득의 의사와 사망에 대한 예견가능성이 있어야 한다.

강도살인죄의 미수범은 살인의 미수를 의미하므로 강도의 기수·미수 여부와 상관없이 살해행위가 미수에 그치면 강도살인죄의 미수범이다.[733] 고의범(기본범죄)과 과실범(중한 결과)의 결합범이자 진정결과적 가중범인 강도치사죄의 미수범인정 여부에 대해서는 강도치상죄의 경우와 같은 견해가 대립하지만 진정결과적 가중범의 미수는 성립할 수 없다는 부정설이 타당하다.

으로 살해하고 곧바로 피해자가 소지하던 현금을 탈취한 경우 강도살인죄가 성립한다.)

731) 대법원 1993.9.28. 선고 93도2143 판결.

732) 대법원 2002.2.8. 선고 2001도6425 판결(강도살인죄에 있어서의 살인의 범의는 반드시 살해의 목적이나 계획적인 살해의 의도가 있어야 인정되는 것은 아니고, 자기의 행위로 인하여 타인의 사망의 결과를 발생시킬 만한 가능 또는 위험이 있음을 인식하거나 예견하면 족한 것이고 그 인식이나 예견은 확정적인 것은 물론 불확정적인 것이라도 이른바 미필적 고의로 인정되는 것인바, 강도가 베개로 피해자의 머리부분을 약 3분간 누르던 중 피해자가 저항을 멈추고 사지가 늘어졌음에도 계속하여 누른 행위에 살해의 고의가 있었다.) ; 대법원 1986.6.24. 선고 86도776 판결(강도살인죄가 성립하려면 먼저 강도죄의 성립이 인정되어야 하고 강도죄가 성립하려면 불법영득의 의사가 있어야 하는 것인 바, 피해자를 강간한 후 항거불능 상태에 있는 피해자에게 돈을 내놓으라고 하여 피해자가 서랍안에서 꺼내주는 돈을 받는 즉시 팁이라고 하면서 피해자의 브라자속으로 그 돈을 집어넣어 준 것이라면 이는 불법영득을 하려 한 것이 아니라 피해자를 희롱하기 위하여 돈을 뺏은 다음 그대로 돌려주려고 한 의도였다고 할 것이므로 불법영득의 의사가 있었다고 보기 어렵다.)

733) 대법원 1987.1.20. 선고 86도2308 판결(피고인들이 택시운전사로부터 금품을 강취할 목적으로 길이 약 20센티미터의 과도 2개를 구입하여 과도 1개씩을 자신들의 왼쪽다리 무릎과 발목 사이에 붕대로 감아 감추고 택시를 타고가다 한적한 곳에 택시를 정지시킨 후 운전수 뒷자리에 타고 있던 피고인 갑은 피해자의 등 뒤에서 왼손으로 목을 조르고 과도로 눈과 안면부를 각 1회씩 찌르자 동인이 도망하므로 따라가서 목과 안면부를 4~5회 찌르고 피고인 을도 과도로 1회 찌르고 주먹으로 2회 때려 전치 약 3주간을 요하는 좌안구혈종 등의 상해를 입게 하고 금품을 강취하였다면 피고인들은 본건 범행에 있어 살인의 범의가 있었으며 피고인 을이 본건 범행에 공동가공한 사실도 분명하다 할 것이므로 위 피고인들의 범행을 강도살인미수죄로 의율한 원심의 조치는 정당하다.)

다. 죄수

강도가 타인의 재물을 강취한 후 현주건조물에 방화하여 살해한 경우 학설 및 판례[734)]는 강도살인죄와 현주건조물방화치사죄의 상상적 경합이 성립한다고 한다. 그러나 이러한 견해는 사망의 결과를 강도살인죄와 현주건조물방화치사죄에서 이중평가한 결과로서 부당하므로 강도살인죄와 현주건조물방화죄의 상상적 경합을 인정하여야 할 것이다.

Ⅷ. 강도강간죄

[조문]

형법 제339조(강도강간) 강도가 사람을 강간한 때에는 무기 또는 10년 이상의 징역에 처한다. [개정 2012.12.18.]

제342조(미수범) 제329조 내지 제341조의 미수범은 처벌한다.

제343조(예비, 음모) 강도할 목적으로 예비 또는 음모한 자는 7년 이하의 징역에 처한다.

제345조(자격정지의 병과) 본장의 죄를 범하여 유기징역에 처할 경우에는 10년 이하의 자격정지를 병과할 수 있다.

제346조(동력) 본장의 죄에 있어서 관리할 수 있는 동력은 재물로 간주한다.

성폭력범죄의처벌등에관한특례법 제3조(특수강도강간 등) ②「형법」제334조(특수강도) 또는 제342조(미수범. 다만, 제334조의 미수범으로 한정한다)의 죄를 범한 사람이 같은 법 제297조(강간), 제297조의2(유사강간), 제298조(강제추행) 및 제299조(준강간, 준강제추행)의 죄를 범한 경우에는 사형, 무기징역 또는 10년 이상의 징역에 처한다.

---

734) 대법원 1998.12.8. 선고 98도3416 판결(피고인들이 피해자들의 재물을 강취한 후 그들을 살해할 목적으로 현주건조물에 방화하여 사망에 이르게 한 경우, 피고인들의 행위는 강도살인죄와 현주건조물방화치사죄에 모두 해당하고 그 두 죄는 상상적 경합범관계에 있다.)

가. 의의 및 보호법익

본죄는 강도가 사람을 강간한 경우에 성립하는 범죄로서 강도죄와 강간죄의 결합범이다. 보호법익은 재산과 사람의 성적 자기결정의 자유(성적 자기결정권)이며 보호의 정도는 침해범이다.

나. 구성요건

본죄의 주체는 강도이지만, 해상강도강간에 대해서는 별도의 규정(제340조 제3항)이 있으므로 해상강도는 주체에 포함되지 않는다. 특수강도가 본죄를 범한 때에는 성폭법에 따라 가중처벌된다. 강도의 미수·기수 여부는 본죄의 성립에 영향이 없다.[735] 본죄의 미수는 강간행위의 미수를 의미하기 때문이다.

본죄는 강도가 사람을 강간을 한 경우에 성립하는 범죄이므로, 강간을 한 후에 재물강취의 고의가 생겨 강도범행을 한 경우에는 강간죄와 강도죄의 실체적 경합범이 성립할 뿐 본죄가 성립하지 아니한다.[736] 다만 강간범행이 종료하기 이전에 강도행위를 한 때에는 강도행위를 한 후에 강간행위를 계속한 것이므로 강도가 사람을 강간한 경우에 해당하여 본죄가 성립한다.[737]

사람에 대한 강간은 강간(제297조), 유사강간(제297조의2), 준강간(제299조 전단)을 모두

735) 대법원 1986.1.28. 선고 85도2416,85감도352 판결(강도강간죄는 형법 제333조, 제335조, 제336조의 강도죄와 같은 법 제297조, 제299조, 제305조의 강간죄와의 결합범으로서 강도가 부녀를 강간함으로써 성립하고 강도가 기수이거나 미수이거나를 가리지 아니한다.)

736) 대법원 2002.2.8. 선고 2001도6425 판결[강간범이 강간행위 후에 강도의 범의를 일으켜 그 부녀의 재물을 강취하는 경우에는 형법상 강도강간죄가 아니라 강간죄와 강도죄의 경합범이 성립될 수 있을 뿐인바, 성폭법 제5조 제2항은 형법 제334조(특수강도) 등의 죄를 범한 자가 형법 제297조(강간) 등의 죄를 범한 경우에 이를 특수강도강간 등의 죄로 가중하여 처벌하고 있으므로, 다른 특별한 사정이 없는 한 강간범이 강간의 범행 후에 특수강도의 범의를 일으켜 그 부녀의 재물을 강취한 경우에는 이를 성폭법 제5조 제2항 소정의 특수강도강간죄로 의율할 수 없다.]

737) 대법원 2010.12.9. 선고 2010도9630 판결 ; 대법원 2010.7.15. 선고 2010도3594 판결 ; 대법원 1988.9.9. 선고 88도1240 판결(강도강간죄는 강도라는 신분을 가진 범인이 강간죄를 범하였을 때 성립하는 범죄이고 따라서 강간범이 강간행위 후에 강도의 범의를 일으켜 그 부녀의 재물을 강취하는 경우에는 강도강간죄가 아니라 강도죄와 강간죄의 경합범이 성립될 수 있을 뿐이나, 강간범이 강간행위 종료 전 즉 그 실행행위의 계속 중에 강도의 행위를 할 경우에는 이때에 바로 강도의 신분을 취득하는 것이므로 이후에 그 자리에서 강간행위를 계속하는 때에는 강도가 부녀를 강간한 때에 해당하여 형법 제339조 소정의 강도강간죄를 구성한다.)

포함하며 강간은 강도의 기회[738]에 행하여져야 하지만, 강도의 피해자와 강간의 피해자가 서로 다른 경우에도 본죄는 성립한다.[739]

또한 강도의 기수여부를 묻지 아니하므로, 강도가 실행에 착수 한 이후 기수에 이르기 전에 피해자를 강간하고 다시 강도범행을 계속하여 강도죄의 기수에 이른 경우에도 본죄가 성립한다. 이 경우 강간행위가 미수에 그치고 피해자를 폭행하여 상해를 가하였다면 강도강간미수죄와 강도치상죄의 상상적 경합이 된다.

보충판례 77 : 대법원 1988.6.28. 선고 88도820 판결

다. 죄수

강간을 직접 실행하지 않은 가담자도 본죄의 공동정범이 될 수 있다.[740]

강도가 강간한 후 살해·상해의 고의가 생겨 살해·상해한 경우에는 강도행위가 강도강간죄와 강도살인·상해죄의 공통요소이므로 강도강간죄와 강도살인·상해죄의 상상적 경합이 된다.[741]

강도가 사람을 강간하여 치사·치상케 한 경우, 치사상의 결과가 강간으로 발생된 때에는 강도강간죄와 강간치사상죄의 상상적 경합이 되지만, 치사상의 결과가 강도행위로 발생된 때에는 강도강간죄와 강도치사상죄의 상상적 경합이 된다(통설 및 판례[742]).

738) 대법원 1984.10.10. 선고 84도1880 판결(형법 제339조의 강도강간죄는 강도범인이 강도의 기회에 강간행위를 한 경우에 성립되는 것으로서 강도가 실행에 착수하였으나 아직 강도행위를 완료하기 전에 강간을 한 경우도 이에 포함되는 것이다.)

739) 대법원 1991.11.12. 선고 91도2241 판결(원심이 확정한 바와 같이 피고인이 원심피고인들과 강도하기로 모의를 한 후 판시와 같이 피해자 박00로부터 금품을 빼았고 이어서 피해자 김00을 강간하였다면 강도강간죄를 구성하는 것이므로 피고인의 행위에 대하여 형법 제339조를 적용한 것은 정당하다.)

740) 대법원 1986.1.21. 선고 85도2411 판결(피고인이 공범들과 함께 강도범행을 저지른 후 피해자의 신고를 막기 위하여 공범들이 묶여있는 피해자를 옆방으로 끌고 가 강간범행을 할 때에 피고인은 자녀들을 감시하고 있었다면 공범들의 강도강간범죄에 공동가공한 것이라 하겠으므로 비록 피고인이 직접 강간행위를 하지 않았다 하더라도 강도강간의 공동죄책을 면할 수 없다.)

741) 대법원 1992.4.14. 선고 92도297 판결 ; 대구고법 1981.7.31. 선고 81노683 형사부판결[확정](피고인들이 강도의 기회에 피해자에게 상해를 가하고 계속하여 강간을 한 경우에 강도상해죄와 강도강간죄는 실체적 경합관계에 있는 것이 아니라 일개의 행위가 수개의 죄명에 해당하는 상상적 경합관계에 있는 것이다.)

742) 대법원 1988.6.28. 선고 88도820 판결(강도가 재물강취의 뜻을 재물의 부재로 이루지 못한 채 미수에 그쳤으나 그 자리에서 항거불능의 상태에 빠진 피해자를 간음할 것을 결의하고 실행에 착수했으나 역시 미수에 그쳤더라도 반항을 억압하기 위한 폭행으로 피해자에게 상해를 입힌 경우에는 강도강간미수죄와 강도치상죄가 성립되고 이는 1개의 행위가 2개의 죄명에 해당되어 상상적 경합관계가

Ⅸ. 해상강도죄(제1항의 죄)·해상강도상해·치상죄(제2항의 죄)·해상강도살인·치사죄·해상강도강간죄(제3항의 죄)

[형법조문]

제340조(해상강도) ① 다중의 위력으로 해상에서 선박을 강취하거나 선박내에 침입하여 타인의 재물을 강취한 자는 무기 또는 7년 이상의 징역에 처한다. ② 제1항의 죄를 범한 자가 사람을 상해하거나 상해에 이르게 한때에는 무기 또는 10년 이상의 징역에 처한다. ③ 제1항의 죄를 범한 자가 사람을 살해 또는 사망에 이르게 하거나 강간한 때에는 사형 또는 무기징역에 처한다.[2012.12.18.] 제341조(상습범) 상습으로 제333조, 제334조, 제336조 또는 전조제1항의 죄를 범한 자는 무기 또는 10년 이상의 징역에 처한다. 제342조(미수범) 제329조 내지 제341조의 미수범은 처벌한다. 제343조(예비, 음모) 강도할 목적으로 예비 또는 음모한 자는 7년 이하의 징역에 처한다. 제345조(자격정지의 병과) 본장의 죄를 범하여 유기징역에 처할 경우에는 10년 이하의 자격정지를 병과할 수 있다. 제346조(동력) 본장의 죄에 있어서 관리할 수 있는 동력은 재물로 간주한다.

가. 의의 및 보호법익

본죄는 이른바 해적죄를 처벌하기 위한 범죄로서 육상강도에 비해 그 행위수단 및 방법의 위험성과 집단성으로 인하여 불법이 가중되는 가중적 구성요건이다.

해상강도상해죄·해상강도살인죄·해상강도강간죄는 결합범이며, 해상강도치상죄·해상강도치사죄는 결합범이자 진정결과적 가중범이다. 본죄의 보호법익은 재산, 선박의 사실상 평온, 생명·신체의 자유 및 성적 자기결정의 자유이며 보호의 정도는 침해범이다.

성립된다.)

나. 구성요건

본죄의 '해상'이란 지상의 경찰권이 미치지 않는 영해와 공해[743]를 포함하는 개념이다. 따라서 지상경찰권이 쉽게 미칠 수 있는 하천, 호수, 항만은 해상에 포함되지 않는다.[744]

해상강도죄(제1항)는 주체의 제한이 없지만, 해상강도상해·치상죄(제2항) 및 해상강도살인·치사·강간죄(제3항)의 주체는 해상강도기수죄를 범한 자이다. 형법해석의 엄격성원칙을 고려할 때 제2항·제3항의 행위주체는 '제1항의 죄를 범한 자'로 국한되므로 해상강도미수범은 배제된다.[745]

해상강도죄의 '위력'이란 상대방의 의사를 제압할 수 있는 힘을 말하는 것으로 특수폭행죄(제261조)의 '다중의 위력을 보이거나'로 규정된 것이 아니라 '다중의 위력으로' 규정되어 있기 때문에 다중이 현장에 있어야 한다.

해상강도상해·치상죄 및 해상강도·살인·치사·강간죄는 해상강도의 기회에 상해·치상·살인·치사·강간의 결과를 발생시켜야 한다.[746] 해상강도는 형법의 적용범위의 특성상 공해상에서 내국인이 범한 해적행위(제3조), 내국선박상에서 외국인이 범한 해적행위(제4조)[747], 외국선박상에서 외국인이 내국인에 대하여 범한 해적행위(제6조) 등을

743) 대법원 2011.12.22. 선고 2011도12927 판결(소말리아 해적인 피고인들 등이 공해상에서 대한민국 해운회사가 운항 중인 선박을 납치하여 대한민국 국민인 선원 등에게 해상강도 등 범행을 저질렀다는 내용으로 국군 청해부대에 의해 체포·이송되어 국내 수사기관에 인도된 후 구속·기소된 사안에서, 피고인들은 적법한 체포, 즉시 인도 및 적법한 구속에 의하여 공소제기 당시 국내에 구금되어 있어 현재지인 국내법원에 토지관할이 있다.)

744) 대전지법 홍성지원 1986.12.12. 선고 86고합116 형사부판결[항소](해상강도죄에 있어서의 해상이라 함은 그 가중처벌의 입법취지에 비추어 육지의 경찰관등의 지배력이 쉽게 미칠 수 없는 해상을 의미한다고 해석함이 상당하고, 따라서 항만등은 여기에 포함된 다고 보기 어렵다.)

745) 사안은 다르지만 유사한 판례로는, 대법원 1995.4.7. 선고 95도94 판결(형벌법규는 그 규정내용이 명확하여야 할 뿐만 아니라 그 해석에 있어서도 엄격함을 요하고 유추해석은 허용되지 않는 것이므로 성폭법 제9조 제1항의 죄의 주체는 "제6조의 죄를 범한 자"로 한정되고 같은 법 제6조 제1항의 미수범까지 여기에 포함되는 것으로 풀이할 수는 없다.)

746) 대법원 1997.7.25. 선고 97도1142 판결[선장을 비롯한 일부 선원들을 살해하는 등의 방법으로 선박의 지배권을 장악하여 목적지까지 항해한 후 선박을 매도하거나 침몰시키려고 한 경우에 선박에 대한 불법영득의 의사가 있으므로 해상강도살인죄가 인정된다(페스카마 15호 선상 살인사건).]

747) 대법원 2011.12.22. 선고 2011도12927 판결(소말리아 해적인 피고인들 등이 공모하여 아라비아해 인근 공해상에서 대한민국 해운회사가 운항 중인 선박 '삼호주얼리호'를 납치하여 대한민국 국민인 선원 등에게 해상강도 등 범행을 저질렀다는 내용으로 국내법원에 기소된 사안에서, 피고인 갑이 선장 을을 살해할 의도로 을에게 총격을 가하여 미수에 그친 사실을 충분히 인정할 수 있다고 본 다음, 이 사건 해적들의 공모내용은 선박 납치, 소말리아로의 운항 강제, 석방대가 요구 등 본래 목적의 달

해상강도의 죄에 관한 규정(제340조)으로 처벌할 수 있다.

해상강도상해·치상죄의 법정형은 모두 무기 또는 10년 이상의 징역으로, 해상강도살인·치사·강간죄의 법정형은 모두 사형 또는 무기징역으로 동일하게 규정되어 있는바, 이러한 규정방식은 평등원칙과 책임주의원칙에 부합할 수 없으므로 입법론적으로는 피약취·유인자등상해·치상죄(제290조) 및 피약취·유인자등살인·치사죄(제291조)의 경우처럼 법정형을 세분화할 필요가 있다.

X. 상습강도죄

[조문]

형법 제341조(상습범) 상습으로 제333조, 제334조, 제336조 또는 전조제1항의 죄를 범한 자는 무기 또는 10년 이상의 징역에 처한다. 제342조(미수범) 제329조 내지 제341조의 미수범은 처벌한다. 제345조(자격정지의 병과) 본장의 죄를 범하여 유기징역에 처할 경우에는 10년 이하의 자격정지를 병과할 수 있다. 제346조(동력) 본장의 죄에 있어서 관리할 수 있는 동력은 재물로 간주한다. 특정범죄가중처벌등에관한법률 제5조의4(상습 강도 · 절도죄 등의 가중처벌) ③ 상습적으로 「형법」 제333조 · 제334조 · 제336조 · 제340조제1항의 죄 또는 그 미수죄를 범한 사람은 사형, 무기 또는 10년 이상의 징역에 처한다. ⑤ 「형법」 제329조부터 제331조까지, 제333조부터 제336조까지 및 제340조 · 제362조의 죄 또는 그 미수죄로 세 번 이상 징역형을 받은 사람이 다시 이들 죄를 범하여 누범(累犯)으로 처벌하는 경우에도 제1항부터 제4항까지의 형과 같은 형에 처한다.

본죄는 행위자의 강도습벽[748]으로 인하여 책임이 가중되는 가중적 구성요건으로

성에 차질이 생기는 상황이 발생한 때에는 인질 등을 살상하여서라도 본래 목적을 달성하려는 것에 있을 뿐, 본래 목적 달성이 무산되고 자신들의 생존 여부도 장담할 수 없는 상황에서 보복하기 위하여 그 원인을 제공한 이를 살해하는 것까지 공모한 것으로는 볼 수 없고, 당시 피고인 갑을 제외한 나머지 해적들은 두목의 지시에 따라 무기를 조타실 밖으로 버리고 조타실 내에서 몸을 숙여 총알을 피하거나 선실로 내려가 피신함으로써 저항을 포기하였고, 이로써 해적행위에 관한 공모관계는 실질적으로 종료하였으므로, 그 이후 자신의 생존을 위하여 피신하여 있던 나머지 피고인들로서는 피고인 갑이 을에게 총격을 가하여 살해하려고 할 것이라는 점까지 예상할 수는 없었다.)

부진정신분범이다. 준강도죄는 단순강도죄와 특수강도죄의 예를 따르므로 상습준강도죄도 상습강도죄에 포함된다.

상습강도죄는 포괄일죄이지만[749], 결합범과 진정결과적 가중범의 유형에 대해서는 상습범가중규정이 없기 때문에 상습강도죄로 강도강간죄, 강도상해·치상죄, 강도살인·치사죄를 범한 경우에는 양죄의 실체적 경합관계가 성립한다.[750]

XI. 강도예비·음모죄

[형법조문]

제343조(예비, 음모) 강도할 목적으로 예비 또는 음모한 자는 7년 이하의 징역에 처한다. 제345조(자격정지의 병과) 본장의 죄를 범하여 유기징역에 처할 경우에는 10년 이하의 자격정지를 병과할 수 있다. 제346조(동력) 본장의 죄에 있어서 관리할 수 있는 동력은 재물로 간주한다.

본죄는 목적범이다. 따라서 강도의 목적 가운데 의욕적 요소는 확정적임을 요하지만 인식적 요소는 미필적 인식으로도 충분하다.

748) 대법원 1989.12.12. 선고 89도1995 판결(특가법 제5조의4 제3항의 상습강도범은 강도의 습벽이 있는 자가 그 습벽이 발현되어 강도죄의 범한 경우에 성립되는 것이므로 절도죄의 전과가 2회 있을 뿐 강도의 전력이 없다면 위와 같은 절도의 전과만으로 강도죄의 상습성을 인정하는 자료로 삼을 수 없다.) ; 대법원 1986.6.10. 선고 86도778 판결(비록 피고인에게 강도의 전과사실이 없다 하더라도 불과 3개월여 사이에 16회에 걸쳐 특수강도행위를 반복하였고 여러 사람이 한 밤중에 칼을 협박의 도구로 사용하며 피해자들을 묶어놓는 등 그 범행의 수단 방법이 범행을 거듭함에 따라 전문화, 대형화해가고 있다면 특수강도의 상습성을 인정할 수 있다.)

749) 대법원 2003.3.28. 선고 2003도665 판결(특가법 제5조의4 제3항에 규정된 상습강도죄를 범한 범인이 그 범행 외에 상습적인 강도의 목적으로 강도예비를 하였다가 강도에 이르지 아니하고 강도예비에 그친 경우에도 그것이 강도상습성의 발현이라고 보여지는 경우에는 강도예비행위는 상습강도죄에 흡수되어 위 법조에 규정된 상습강도죄의 1죄만을 구성하고 이 상습강도죄와 별개로 강도예비죄를 구성하지 아니한다.)

750) 대법원 1992.4.14. 선고 92도297 판결(형법 제341조나 특가법에서 강도, 특수강도, 약취강도, 해상강도의 각 죄에 관해서는 상습범가중처벌규정을 두고 있으나 강도상해, 강도강간 등 각 죄에 관해서는 상습범가중처벌규정을 두고 있지 아니하므로 특수강도죄와 그 후에 범한 강도강간 및 강도상해 등 죄는 포괄일죄의 관계에 있지 아니하다.)

본죄의 강도에 준강도도 포함되는지에 대해서는 이를 긍정하는 견해도 있으나, 준강도의 특성상 포함되지 않는다고 하여야 한다. 판례도 같은 입장이다.

보충판례 78 : 대법원 2006.9.14. 선고 2004도6432 판결

본죄가 성립하기 위한 객관적 요소로는 예비·음모의 사실이 있어야 하므로 적어도 강도를 실현하기 위한 준비행위가 객관적으로 나타날 정도에 이르러야 한다.[751]

제3절 사기의 죄

Ⅰ. 총설

[사기의 죄 구성요건체계도]

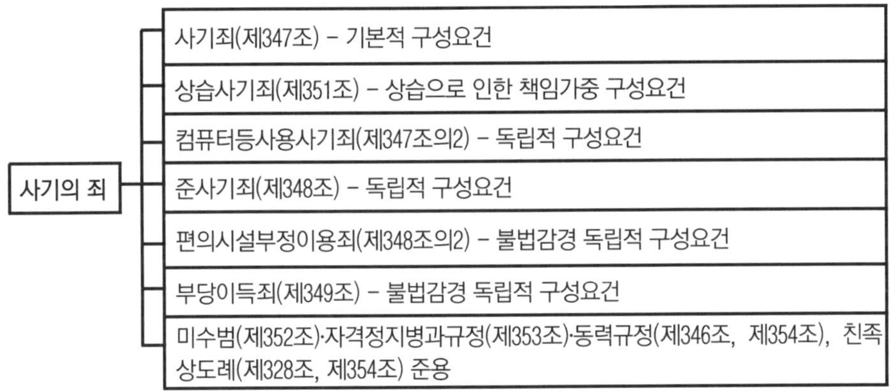

751) 대법원 1999.11.12. 선고 99도3801 판결(형법상 음모죄가 성립하는 경우의 음모란 2인 이상의 자 사이에 성립한 범죄실행의 합의를 말하는 것으로, 범죄실행의 합의가 있다고 하기 위하여는 단순히 범죄결심을 외부에 표시·전달하는 것만으로는 부족하고, 객관적으로 보아 특정한 범죄의 실행을 위한 준비행위라는 것이 명백히 인식되고, 그 합의에 실질적인 위험성이 인정될 때에 비로소 음모죄가 성립한다.) ; 대법원 1999.3.26. 선고 98도3030 판결(피고인이 본범이 절취한 차량이라는 정을 알면서도 본범 등으로부터 그들이 위 차량을 이용하여 강도를 하려 함에 있어 차량을 운전해 달라는 부탁을 받고 위 차량을 운전해 준 경우 강도예비죄에 해당한다.)

가. 의의 및 성격

사기의 죄는 사람을 기망하여 재물을 편취 또는 재산상의 불법한 이익을 취득하거나 제3자로 하여금 취득하게 하는 행위를 내용으로 하는 범죄이다.

형법이 제39장에서 사기죄와 공갈죄를 함께 규정하고 있는 이유는 양자 모두 재물과 재산상의 이익을 객체로 하고, 상대방의 하자있는 의사표시에 의해 재물이나 재산상의 이익을 취득하는 편취죄(騙取罪)로서의 성격을 지니고 있기 때문이다. 양자의 차이는 사기죄가 기망을 수단으로 상대방의 착오를 이용하는데 반하여 공갈죄는 협박을 수단으로 상대방의 공포심을 이용하는 점에 있다.[752]

나. 보호법익

사기죄의 보호법익이 무엇인지에 대해서는 견해가 대립한다.

전체재산설(다수설)은 사기죄의 보호법익이 '전체로서의 재산'이고 거래의 신의칙이나 처분의 자유는 보호법익이 될 수 없다고 한다.[753] 재산 및 거래의 신의칙설(거래의 진실성과 신의성실설)은 재산뿐만 아니라 부차적으로 거래의 신의칙도 사기죄의 보호법익이 된다고 한다.[754] 개별적 재산설은 대가지급에 의한 전체재산의 손해여부를 불문하고 피기망자가 처분행위를 하면 개별적인 재산이 침해된 것이므로 사기죄의 보호법익은 개별적인 재물 또는 재산상의 이익과 의사결정(재산적 처분)의 자유라는 것이다.[755] 판례는 개별적 재산설에 입각하고 있다고 할 수 있다.[756]

752) 사기·공갈에 의한 법률행위는 민법상으로는 사기·강박에 의한 의사표시로서 상대방이 취소할 수 있다 [민법 제110조(사기, 강박에 의한 의사표시) 제1항].

753) 이 입장은 사기죄가 성립하기 위해서는 재산상의 손해가 있어야 한다는 것을 전제로 피해자에게 상당한 대가를 지급하였을 경우에는 전체재산의 손해가 없으므로 사기죄가 성립하지 않는다고 한다. 즉 사기죄의 행위태양이 재산상의 손해를 가하는 것이기 때문에 설사 기망행위가 있다고 하더라도 재산상의 손해를 가하지 않으면 사기죄는 성립할 수 없으므로 사기죄의 보호법익은 개별 재물이나 재산이 아니라 전체로서의 재산이라는 것이다.

754) 이 견해에 의하면 기망자가 대가를 지급하여 피해자에게 재산상의 손해가 없는 경우에도 그 기망행위가 거래의 신의칙에 반하는 경우에는 사기죄가 성립할 수 있다고 한다.

755) 이 견해에 의하면 피기망자를 단순한 행위객체에 불과한 것으로 보는 전체재산설과는 달리 재산상의 피해자와 피기망자(처분행위자)가 다른 경우(소위 삼각사기)에 피기망자도 사기죄의 피해자가 된다.

756) 대법원 2009.10.15. 선고 2009도7459 판결 ; 대법원 2004.4.9. 선고 2003도7828 판결(사기죄는 타인을 기망하여 그로 인한 하자 있는 의사에 기하여 재물의 교부를 받거나 재산상의 이득을 취득함

생각건대 독일형법상 사기죄의 행위태양은 '재산상의 손해를 가한 자'이므로 재물취득만으로는 사기죄가 성립할 수 없고 재산상의 손해발생이 있어야 사기죄가 성립하는 것은 당연하다. 이와는 달리 우리 형법상 사기죄의 행위태양은 '재물의 교부를 받거나 재산상의 이익을 취득한 자'로 규정하고 있기 때문에 피해자의 손해발생보다는 재물이나 이익취득을 더 중시하는 것이라 할 수 있다.757) 이점에서 전체재산설처럼 재산상의 손해발생이라는 소위 '기술되어 있지 않은 구성요건요소'가 있다고 해석하여야 할 필요성이나 당위성은 존재하지 않기 때문에758) 전체재산설은 독일형법의 해석론을 그대로 답습한 것으로 타당하다고 할 수 없다.

한편 재산 및 거래의 신의칙설처럼 거래의 신의칙을 사기죄의 보호법익으로 인정하는 경우에는 사기죄가 개인적 법익을 보호하는 죄가 아닌 경제범죄적 성격을 갖게 될 위험성(사기죄 인정범위의 확대)이 있다. 따라서 거래상의 신의칙이란 사기죄의 보호법익이라기 보다는 기망행위에 해당하는지 여부를 판단하는 기준이라고 하는 것이 타당하다. 판례의 입장도 같다고 할 수 있다.759)

따라서 사기죄의 법정형이 절도죄의 법정형보다 중하다는 점, 즉 타인의 하자있는 의사표시를 이용했다는 점에서 그렇지 않은 절도죄에 비해 강하게 비난할 근거가 있다는 점, 피기망자(처분행위자)를 피해자가 아니라고 하는 것은 건전한 상식에 맞지 않을 뿐만 아니라 피해자라고 하여야 할 실제적 필요성도 있다는 점, 즉 피해자인지 여부는 형사소송절차에서 상당한 의미를 갖는데 형사소송법상 피해자에게는 고소권(형사소송법 제223조), 공판정에서의 진술권(제294조의2) 등의 권한이 인정되기 때문인 점 등을 감안할 때 사기죄의 보호법익을 개별적인 재물 또는 재산상의 이익과 의사결정(재산적 처분)의 자유로 이해하는 개별적 재산설이 타당하다.

으로써 성립되는 범죄로서 그 본질은 기망행위에 의한 재산이나 재산상 이익의 취득에 있는 것이고 상대방에게 현실적으로 재산상 손해가 발생함을 요건으로 하지 아니한다.)

757) 보충판례 79 : 대법원 2001.10.23. 선고 2001도2991 판결 참조.

758) 보충판례 80 : 대법원 2007.1.25. 선고 2006도7470 판결 참조.

759) 대법원 2011.10.13. 선고 2011도8829 판결 ; 대법원 2007.10.25. 선고 2005도1991 판결(사기죄의 요건으로서의 기망은 널리 재산상의 거래관계에서 서로 지켜야 할 신의와 성실의 의무를 저버리는 모든 적극적 또는 소극적 행위를 말하는 것으로서, 반드시 법률행위의 중요부분에 관한 것임을 요하지 않고, 상대방을 착오에 빠지게 하여 행위자가 희망하는 재산적 처분행위를 하도록 하기 위한 판단의 기초 사실에 관한 것이면 충분하고, 어떤 행위가 다른 사람을 착오에 빠지게 한 기망행위에 해당하는가의 여부는 거래의 상황, 상대방의 지식, 경험, 직업 등 행위 당시의 구체적 사정을 고려하여 일반적·객관적으로 판단해야 할 것이다.)

보호의 정도는 침해범으로서의 보호이다(통설).

Ⅱ. 사기죄

[조문]

형법 제347조(사기) ① 사람을 기망하여 재물의 교부를 받거나 재산상의 이익을 취득한 자는 10년 이하의 징역 또는 2천만원 이하의 벌금에 처한다.
② 전항의 방법으로 제삼자로 하여금 재물의 교부를 받게 하거나 재산상의 이익을 취득하게 한 때에도 전항의 형과 같다.

제351조(상습범) 상습으로 제347조 내지 전조의 죄를 범한 자는 그 죄에 정한 형의 2분의 1까지 가중한다.

제352조(미수범) 제347조 내지 제348조의2, 제350조와 제351조의 미수범은 처벌한다.

제353조(자격정지의 병과) 본장의 죄에는 10년 이하의 자격정지를 병과할 수 있다.

제354조(친족간의 범행, 동력) 제328조와 제346조의 규정은 본장의 죄에 준용한다.

특정경제범죄가중처벌등에관한법률 제3조(특정재산범죄의 가중처벌) ①「형법」 제347조(사기), 제350조(공갈), 제351조(제347조 및 제350조의 상습범만 해당한다), 제355조(횡령 · 배임) 또는 제356조(업무상의 횡령과 배임)의 죄를 범한 사람은 그 범죄행위로 인하여 취득하거나 제3자로 하여금 취득하게 한 재물 또는 재산상 이익의 가액(이하 이 조에서 "이득액"이라 한다)이 5억원 이상일 때에는 다음 각 호의 구분에 따라 가중처벌한다.
1. 이득액이 50억원 이상일 때 : 무기 또는 5년 이상의 징역
2. 이득액이 5억원 이상 50억원 미만일 때 : 3년 이상의 유기징역
② 제1항의 경우 이득액 이하에 상당하는 벌금을 병과(倂科)할 수 있다.[전문개정 2012.2.10]

보충판례 81 : 대법원 2007.4.19. 선고 2005도7288 전원합의체 판결

가. 객관적 구성요건

(1) 행위의 객체

재물의 개념은 절도죄에서의 재물의 개념과 동일하며[760], 절도죄와 강도죄의 재물

이 동산에 한정되는데 반하여, 사기죄의 재물에는 동산뿐만 아니라 부동산도 포함된다는 데에 이견은 없다. 다만 부동산편취의 기수시기에 대해서는 견해가 대립하지만, 부동산에 대한 권리이전의 의사표시가 있는 것으로 족하지 않고 현실적으로 점유의 이전이 있거나 소유권이전등기가 경료된 때에 기수가 된다는 통설 및 판례의 태도가 타당하다.

보충판례 82 : 대법원 1961.7.14. 선고 4294형상109

재산상 이익이란 재물 이외의 재산적 가치가 있는 일체의 것으로서 적극적 이익이건 소극적 이익이건 불문하며 영속적 이익인가 일시적 이익인가도 불문한다. 강도죄에서와 마찬가지로 재산상의 이익은 법률적 개념이 아니라 경제적 개념(재산상태의 증가를 가져오는 일체의 이익)이다. 따라서 윤락행위의 대가도 사기죄의 객체인 경제적 이익에 해당하므로 부녀를 기망하여 성행위 대가의 지급을 면하는 경우에는 사기죄가 성립할 수 있어 사법상 유효한 이익일 필요도 없다.761)

보충판례 83 : 대법원 1997.7.25. 선고 97도1095 판결

760) [불법원인급여물] : 대법원 2006.11.23. 선고 2006도6795 판결(민법 제746조의 불법원인급여에 해당하여 급여자가 수익자에 대한 반환청구권을 행사할 수 없다고 하더라도, 수익자가 기망을 통하여 급여자로 하여금 불법원인급여에 해당하는 재물을 제공하도록 하였다면 사기죄가 성립한다고 할 것인바, 피고인이 피해자 공소외인으로부터 도박자금으로 사용하기 위하여 금원을 차용하였더라도 사기죄의 성립에는 영향이 없다.) ; 대법원 2013.8.14. 선고 2013도321 판결(성매매 및 성매매알선 등 행위는 선량한 풍속 기타 사회질서에 반하여 성매매할 사람을 고용함에 있어 성매매의 권유·유인·강요의 수단으로 이용되는 선불금 등 명목으로 제공한 금품이나 그 밖의 재산상 이익 등은 불법원인급여로서 반환을 청구할 수 없는바, 성매매알선 등 행위에 관하여 동업계약을 체결한 당사자 일방이 상대방에게 그 동업계약에 따라 성매매의 권유·유인·강요의 수단으로 이용되는 선불금 등 명목으로 사업자금을 제공하였다면 그 사업자금 역시 불법원인급여에 해당하여 반환을 청구할 수 없다고 보아야 할 것이다.)

761) 대법원 2001.10.23. 선고 2001도2991 판결(일반적으로 부녀와의 성행위 자체는 경제적으로 평가할 수 없고, 부녀가 상대방으로부터 금품이나 재산상 이익을 받을 것을 약속하고 성행위를 하는 약속 자체는 선량한 풍속 기타 사회질서에 위반한 사항을 내용으로 하는 법률행위로서 무효이나, 사기죄의 객체가 되는 재산상의 이익이 반드시 사법상 보호되는 경제적 이익만을 의미하지 아니하고, 부녀가 금품 등을 받을 것을 전제로 성행위를 하는 경우 그 행위의 대가는 사기죄의 객체인 경제적 이익에 해당하므로, 부녀를 기망하여 성행위 대가의 지급을 면하는 경우 사기죄가 성립한다.)

(2) 행위

① 기망행위

기망행위란 허위의 의사표시에 의하여 상대방을 착오에 빠지게 하는 일체의 행위를 말한다.[762]

ㄱ. 기망행위의 대상

기망행위란 다른 사람을 속이는 행위이다. 무엇을 속인 것인가에 대하여는 사실을 속인 것이라는 견해와 사실뿐만 아니라 가치판단을 속인 것도 포함한다는 견해의 대립이 있다.

사실이란 현실적으로 발생하고 증명할 수 있는 과거와 현재의 상태를 의미한다. 가치판단이란 판단하는 사람의 가치관이 개입되는 판단을 말한다. 주로 진, 선, 미 따위의 가치일반의 문제와 관련되기 때문에 객관적인 진위의 판별이 쉽지 않다.

그러나 실제에 있어서 사실과 가치판단의 구별이 용이하지 아니할 뿐 아니라, 피해자가 실제로 기망을 당하였다면 그것이 사실에 대한 것이든 가치판단에 대한 것이든 구별할 필요가 없다고 할 것이므로, 사실과 가치판단을 모두 포함하는 것이라고 이해하는 통설의 견해가 타당하다.

사실과 가치판단의 문제와 관련하여 과장광고를 허용할 것인지가 문제된다. 과장광고란 상품의 선전 · 광고에 있어 다소의 과장이나 허위가 수반되는 경우로서 일반 상거래의 관행과 신의칙에 비추어 시인될 수 있는 정도의 것을 말한다. 그러나 과장광고 행위가 이러한 범위를 초과하여 거래에 있어 중요한 사항에 관한 구체적 사실을 신의성실의 의무에 비추어 비난받을 정도의 방법으로 허위로 고지한 경우에는 기망행위에 해당하여 사기죄가 성립한다고 할 수 있다.[763]

....

762) 대법원 2007.4.12. 선고 2007도1033 판결 ; 대법원 1983.6.28. 선고 83도1013 판결(사기죄의 요건으로서의 기망은 널리 재산상의 거래관계에 있어서 서로 지켜야 할 신의와 성실의 의무를 저버리는 모든 적극적 또는 소극적 행위를 말하는 것이다.)

763) 대법원 1986.4.8. 선고 86도236 판결(점포의 일부를 임차하고 있는 자가 나머지 부분을 임차하고 있는 자로부터 전대를 위임받아 동 점포를 전대함에 있어 동인이 그 점포전체를 임차하여 사용하고 있는 것처럼 이야기하였다 하더라도 이는 거래에 있어 있을 수 있는 과장에 불과한 것이어서 사기죄에 있어서의 기망이라고 보기 어렵다.) ; 대법원 1982.10.26. 선고 81도2531 판결(피고인의 사업에

보충판례 84 : 대법원 1991.6.11. 선고 91도788 판결

ㄴ. 기망행위의 수단

기망행위의 수단·방법에는 제한이 없으며, 묵시적이거나 부작위에 의한 경우 등 착오를 일으킬 수 있는 모든 행위를 포함한다.

1) 묵시적 기망행위

묵시적 기망행위란 허위의 주장을 언어에 의하여 표현하지 아니하고, 행동을 통하여 표현하는 경우를 말한다. 묵시적 기망행위는 부작위에 의한 것이 아니라 작위에 의한 것이라는 점에서 부작위에 의한 기망행위와 구별되어야 한다.[764]

묵시적 기방행위의 대표적인 것은 무전취식·무전숙박행위이다. 즉 대금을 지급할 능력이 없음에도 음식점에 들어가 음식을 주문한 경우에는 대금 지급에 대한 묵시적 기망행위를 한 것이라고 하여야 한다. 다수설은 묵시적 기망행위를 부작위에 의한 기망행위로 보고 있으나 적극적으로 상대방의 기망을 유발하는 작위가 있었다는 점에서 부작위에 의한 기망행위와는 구별되는 것이다.

2) 부작위에 의한 기망행위

부작위에 의한 기망행위는 보증인적 지위에 있는 사람이 고지의무가 있음에도 불구하고 이를 고지하지 아니하는 경우에 성립하는 것이라고 할 수 있다.[765]

관한 선전광고가 허위의 것이라면 그 선전광고 내용을 믿고 대리점계약에 응모하러온 피해자들은 그 광고에 기망되어 착오에 빠져 있었음이 분명하다 할 것이니 실제계약을 체결함에 있어 거짓말을 하고 아니하고는 그 기망 내지 착오의 정도에 차이가 있을 뿐 사기죄에 있어서의 기망과 착오에는 아무런 소장이 있다 할 수 없을 뿐 아니라 허위의 선전광고에 기망되어 착오에 빠져있는 일부 피해자들이 계약체결 현장에서 거짓말을 들은 바 없어 또 다시 기망당하지 아니하였다는 것 만으로서는 사기죄의 성립에 아무런 영향이 없다.)

764) 대법원 1996.4.9. 선고 95도2466 판결(피고인이 카드사용으로 인한 대금결제의 의사와 능력이 없으면서도 있는 것 같이 가장하여 카드회사를 기망하고, 카드회사는 이에 착오를 일으켜 일정 한도 내에서 카드사용을 허용해 줌으로써 피고인은 기망당한 카드회사의 신용공여라는 하자 있는 의사표시에 편승하여 자동지급기를 통한 현금대출도 받고, 가맹점을 통한 물품구입대금 대출도 받아 카드발급회사로 하여금 같은 액수 상당의 피해를 입게 함으로써, 카드사용으로 인한 일련의 편취행위가 포괄적으로 이루어지는 것이다. 따라서 이 사건에서 카드사용으로 인한 카드회사의 손해는 그것이 자동지급기에 의한 인출행위이든 가맹점을 통한 물품구입행위이든 불문하고 모두가 피해자인 카드회사의 기망당한 의사표시에 따른 카드발급에 터 잡아 이루어지는 사기의 포괄일죄라 할 것이다.)

765) 대법원 2013.7.26. 선고 2012도4438 판결[기업구매전용카드를 사용한 거래에서 판매기업(가맹점)

보증인적 지위는 법령(예컨대 상법 제651조상의 보험계약상 고지의무), 계약, 선행행위는 물론 사회상규에 의한 경우에도 인정될 수 있다. 따라서 매매계약에 있어서 목적물에 하자가 있음에도 불구하고 이를 고지하지 아니하는 경우에는 부작위에 의한 기망행위가 있다고 보아야 할 것이며[766], 부동산을 매도하는 자는 그 부동산에 저당권이나 가등기가 설정되어 있다는 사실을 고지할 의무가 있는 바, 이러한 고지없이 매도한 경우에는 부작위에 의한 기망행위가 성립한다고 할 수 있다.[767]

보충판례 85 : 대법원 1986.9.9. 선고 86도956 판결

부작위에 의한 기망행위와 관련하여 고지의무가 인정될 것인지에 대하여 판례는 사실을 알았더라면 그러한 행위를 하지 않았을 것이 경험칙상 명백한 경우에 고지의무 위반을 인정하고 있다.[768]

상대방이 착오로 과도한 대금을 지급하거나 거스름돈을 주는 사실을 알면서 이를 교부받은 경우 부작위에 의한 사기죄가 성립하는 것인지에 대하여는 견해가 대립한다.

이 카드회사로부터 금원을 교부받을 당시 구매기업(회원)이 카드회사에 전송한 납품내역이 허위로 작성된 것임을 고지하지 아니한 채 대금을 청구하였고, 카드회사가 전송받은 납품내역에 기재된 것과 같은 판매기업의 용역제공이 실제로 있는 것으로 오신하여 그 대금 상당의 금원을 교부한 경우, 카드회사가 판매기업의 용역제공을 가장한 허위 내용의 납품내역에 의한 대금청구에 대하여는 이를 거절할 수 있는 등 납품내역이 허위임을 알았더라면 판매기업에 그 대금의 지급을 하지 아니하였을 관계가 인정된다면, 판매기업이 용역제공을 가장한 허위의 납품내역임을 고지하지 아니한 채 카드회사에 대금을 청구한 행위는 사기죄의 실행행위로서의 기망행위에 해당하고, 판매기업에 이러한 기망행위에 관한 범의가 있었다면, 비록 당시 그 운영자에게 카드 이용대금을 변제할 의사와 능력이 있었다고 하더라도 사기죄의 범의가 있었음이 인정되어 사기죄가 성립한다.]

766) 이를 묵시적 기망행위라고 보는 견해도 있지만, 매매를 하기 위한 행위 자체는 기망행위라고 볼 수 없고 이를 사려고 하는 자에게 해당 물건의 정당한 가치를 설명하여야 할 보증의무가 있는 것으로 보아서 이를 부작위에 의한 기망행위라고 하여야 할 것이다.

767) 대법원 1981.8.20. 선고 81도1638 판결 ; 대법원 1971.7.27. 선고 71도977 판결(토지를 매도함에 있어서 채무담보를 위한 가등기와 근저당권설정등기가 경료되어 있는 사실을 숨기고 이를 고지하지 아니하여 매수인이 이를 알지 못한 탓으로 그 토지를 매수하였다면 이는 사기죄를 구성하는 것으로 보아야 할 것이다.)

768) 대법원 2012.1.26. 선고 2011도15179 판결 ; 대법원 2008.5.8. 선고 2008도1652 판결 ; 대법원 1998.4.14. 선고 98도231 판결(재산권에 관한 거래관계에 있어서 일방이 상대방에게 그 거래에 관련한 어떠한 사항에 대하여 고지하지 아니함으로써 장차 계약상의 목적물에 대한 권리를 확보하지 못할 위험이 생길 수 있음을 알면서도 이를 상대방에게 고지하지 아니하고 거래관계를 맺어 상대방으로부터 재물의 교부를 받거나 재산상의 이익을 받고, 상대방은 그와 같은 사정에 관한 고지를 받았더라면 당해 거래관계를 맺지 아니하였을 것임이 경험칙상 명백한 경우에는 그 재물의 수취인은 신의성실의 원칙상 상대방에게 그와 같은 사정에 대한 고지의무가 있다 할 것이고, 재물의 수취인이 이를 고지하지 아니한 것은 고지할 사실을 묵비함으로써 상대방을 기망한 것이 되어 사기죄를 구성한다.)

이에 대하여 부정설(다수설)은 거스름돈을 받는 자가 상대방에게서 받은 돈이 맞는지를 심사하여 상대방에게 고지할 의무가 있다고 할 수 없다는 이유로 이를 부정하지만, 긍정설(판례)은 이 경우 특별한 사정이 없는 한 피고인으로서는 피해자에게 사실대로 고지하여 피해자의 그 착오를 제거하여야 할 신의칙상 의무를 진다는 이유로 사기죄의 성립을 긍정하고 있다.

보충판례 86 : 대법원 2004.5.27. 선고 2003도4531 판결

ㄷ. 기망행위의 정도

기망행위란 사람을 착오에 빠뜨리게 하는 행위를 말한다. 그러나 단순히 사람을 착오에 빠뜨리게 하였다는 것만으로 기망이 있었다고 할 수는 없고, 적어도 그것이 거래관계에 있어서 신의칙에 반하는 정도에 이르지 않으면 안 된다. 따라서 비록 상대방을 착오에 빠뜨렸다고 하더라도 그것으로 인하여 거래의 목적을 달성하는 데 지장이 없을 때에는 사기죄가 성립하기 위한 기망행위가 있었다고 인정할 수 없다.

이러한 신의칙에 반하는 정도와 관련하여 문제되는 것이 부동산 이중매매의 문제이다. 이중매매란 일반적으로 부동산을 매매한 후 이를 다시 제3자에게 매도하는 것을 의미한다.

먼저 갑이 부동산을 을에게 매도하여 등기를 경료한 이후에 다시 병에게 그 사실을 고지하지 아니하고 동일한 부동산을 매도하기로 계약하고 계약금을 교부받는 경우에는 당연히 사기죄가 성립하며 이에 대하여는 이론이 없다.

따라서 이중매매의 문제는 갑이 부동산을 을에게 매도하기로 계약을 체결한 후 아직 등기를 경료하지 않은 상태에서 이러한 사실을 고지하지 아니하고 병에게 매도하기로 하고 계약금을 교부받은 경우에 발생한다고 할 수 있다. 이러한 경우에 고지의무 위반으로 인한 사기죄가 성립할 것인지에 대한 문제인 것이다.

그러나 우리 민법은 부동산의 물권변동에 대하여 등기를 경료한 경우에 소유권이 이전되는 형식주의를 취하고 있으므로 등기가 경료되지 아니하면 물권변동의 효력이 발생하지 아니하고, 채권적 효력만 인정될 뿐이라고 하여야 한다. 따라서 병이 해당 부동산의 소유권을 취득하기 위하여 어떠한 장애가 발생하였다고 볼 수 없다. 이러한 경우까지 갑에게 고지의무가 인정된다고 할 수 없으므로 갑이 비록 을에게 해당 부동산을 매도하기로 계약을 한 후 계약금과 중도금까지 교부받은 후 이를 고지하지 아니하고 병과 계약을 체결하였다 하더라도 병에 대하여 사기죄가 성립한다고 할 수 없다. 판례도 같은 입장이다.

보충판례 87 : 대법원 1991.12.24. 선고 91도2698 판결
대법원 2012.1.26. 선고 2011도15179 판결

② 피기망자의 착오

ㄱ. 착오의 내용

착오의 대상에 대해서는, 법률행위의 중요부분에 대한 착오이어야 하는지(소수설), 또는 중요한 부분에 대한 착오임을 요하지 아니하고 동기의 착오로도 족하며 사실에 대한 것이든 가치판단에 대한 것이든 묻지 않는다고 할 것인지(통설) 등의 견해가 대립한다. 그러나 만일 피해자가 그러한 사실을 알았더라면 처분행위를 하지 않았을 것으로 인정되는 경우에는 그것이 법률행위의 중요부분에 대한 착오이든 동기에 대한 착오이든 착오를 인정하는 것이 타당할 것이다. 판례도 같은 입장이다.

보충판례 88-1 : 대법원 1984.1.17. 선고 83도2818 판결
88-2 : 대법원 1995.9.15. 선고 95도707 판결
대법원 2004.6.11. 선고 2004도1553 판결

ㄴ. 피기망자

사기죄에 있어서 일반적으로 피기망자는 피해자이다. 그러나 반드시 피기망자가 피해자일 필요는 없다. 이처럼 피기망자와 피해자가 일치하지 않는 경우로는 삼각사기(소송사기와 신용카드사용사기 등)를 들 수 있다.[769]

769) 대법원 1991.9.10. 선고 91도1722 판결(피고인이 예금통장을 강취하고 예금자 명의의 예금청구서를 위조한 다음 이를 은행원에게 제출행사하여 예금인출금 명목의 금원을 교부받았다면 강도, 사문서위조, 동행사, 사기의 각 범죄가 성립하고 이들은 실체적 경합관계에 있다 할 것이다.) ; 대법원 1982.2.9. 선고 81도944 판결(피고인 소유가 아닌 부동산에 대하여 피고인 소유인 것처럼 보존등기신청을 하여 그 정을 모르는 등기공무원으로 하여금 그 등기를 하게 한 경우에 등기공무원의 위 행위는 재산상 처분권한 있는 자의 처분행위라고 볼 수 없으므로 피고인의 위 소위는 사기죄를 구성하지

1) 소송사기

소송사기란 법원을 속여 자기에게 유리한 판결을 얻음으로써 상대방의 재물 또는 재산상 이익을 취득하는 범죄를 말한다. 여기서 법원을 속인다 함은 행위자의 소송상 주장이 사실과 다름이 객관적으로 명백하고, 행위자가 그 주장이 명백히 거짓인 것을 인식하였거나, 증거를 조작하려고 하였음이 인정되는 경우를 말한다.

따라서 단순히 사실을 잘못 인식하였다거나 법률적 평가를 잘못하여 존재하지 않는 권리를 존재한다고 믿고 제소한 경우나, 소송상 주장이 다소 사실과 다르더라도 존재한다고 믿는 권리를 이유 있게 하기 위한 과장표현에 지나지 아니하는 경우에는 사기의 범의가 있다고 볼 수 없다.

보충판례 89 : 대법원 1981.7.28. 선고 81도529 판결

또한 소송사기에서 말하는 증거의 조작이란 처분문서[770] 등을 거짓으로 만들어 내거나 증인의 허위 증언을 유도하는 등으로 객관적 · 제3자적 증거를 조작하는 행위를 말한다.[771]

보충판례 90 : 대법원 2002.6.28. 선고 2001도1610 판결

소송사기는 부실한 청구를 목적으로 법원에 소장을 제출한 때 또는 허위내용의 서류를 증거로 제출하거나 그러한 주장을 담은 답변서나 준비서면을 제출한 때에 실행

아니한다.)

770) 처분문서란 증명하고자 하는 법률적 행위가 그 문서 자체에 의하여 이루어진 경우로서 예컨대 계약서, 유언서, 어음 수표 등 유가증권, 각서 등을 들 수 있다.

771) 대법원 2009.9.24. 선고 2008도11788 판결 ; 대법원 2004.6.25. 선고 2003도7124 판결(소송사기는 법원을 속여 자기에게 유리한 판결을 얻음으로써 상대방의 재물 또는 재산상 이익을 취득하는 범죄로서, 이를 쉽사리 유죄로 인정하게 되면 누구든지 자기에게 유리한 주장을 하고 소송을 통하여 권리구제를 받을 수 있는 민사재판제도의 위축을 가져올 수밖에 없으므로, 피고인이 그 범행을 인정한 경우 외에는 그 소송상의 주장이 사실과 다름이 객관적으로 명백하고 피고인이 그 주장이 명백히 거짓인 것을 인식하였거나 증거를 조작하려고 하였음이 인정되는 때와 같이 범죄가 성립되는 것이 명백한 경우가 아니면 이를 유죄로 인정하여서는 아니 되고, 단순히 사실을 잘못 인식하였다거나 법률적 평가를 잘못하여 존재하지 않는 권리를 존재한다고 믿고 제소한 행위는 사기죄를 구성하지 아니하며, 소송상 주장이 다소 사실과 다르더라도 존재한다고 믿는 권리를 이유 있게 하기 위한 과장표현에 지나지 아니하는 경우 사기의 범의가 있다고 볼 수 없고, 또한, 소송사기에서 말하는 증거의 조작이란 처분문서 등을 거짓으로 만들어 내거나 증인의 허위 증언을 유도하는 등으로 객관적·제3자적 증거를 조작하는 행위를 말한다.)

의 착수가 있으며[772], 법원을 기망하여 승소판결이 확정된 때에 기수에 이른다.

문제는 자신이 토지의 소유자라고 허위의 주장을 하면서 소유권보존등기명의자를 상대로 보존등기의 말소를 구하는 소송을 제기하여 승소확정판결을 받은 경우에 사기죄가 성립하는지에 있다. 판례는 보존등기의 말소를 명하는 내용의 판결이 확정된 때에는 그 판결을 소유권을 증명하는 판결로 하여 소유권보존등기를 신청하여 그 등기를 마칠 수 있게 되므로 대상토지의 소유권에 대한 방해를 제거하고 그 소유 명의를 얻을 수 있는 지위라는 재산상의 이익을 취득한 것이므로 위 판결이 확정된 때에 사기죄는 기수에 이르렀다고 한다.

보충판례 91 : 대법원 2006.4.7. 선고 2005도9858 전원합의체 판결
대법원 2011.12.13. 선고 2011도8873 판결

2) 신용카드사용사기

신용카드를 사용하여 물품을 구입하는 경우 마치 신용카드 결제일에 물품대금을 결제 할 것 같은 태도를 보여 물품판매자를 속이고 물건을 교부받아 카드회사로 하여금 그 대금을 대위변제하게 하는 것으로서 피해자와 피기망자가 서로 다른 경우이다.

이와 같이 물품을 구입하는 경우에는 사기죄가 성립하는 것은 문제가 없으나 신용카드를 이용하여 현금서비스를 받는 경우 사기죄를 인정할 것인지가 문제이다. 이에 대하여는 사람에 대한 기망행위가 존재하지 아니하고 처분행위가 없다는 이유로 절도죄가 될 수 있을 뿐 사기죄가 성립하지 아니한다는 부정설이 있으나, 카드사용자가 현금자동지급기를 통해서 현금서비스를 받아 가면 카드회사와 카드사용자 간에 현

772) 대법원 2003.7.22. 선고 2003도1951 판결(부동산등기부상 소유자로 등기된 적이 있는 자가 자기 이후에 소유권이전등기를 경료한 등기명의인들을 상대로 허위의 사실을 주장하면서 그들 명의의 소유권이전등기의 말소를 구하는 소송을 제기한 경우 그 소송에서 승소한다면 등기명의인들의 등기가 말소됨으로써 그 소송을 제기한 자의 등기명의가 회복되는 것이므로 이는 법원을 기망하여 재물이나 재산상 이익을 편취한 것이라고 할 것이고 따라서 등기명의인들 전부 또는 일부를 상대로 하는 그와 같은 말소등기청구 소송의 제기는 사기의 실행에 착수한 것이라고 보아야 한다.) ; 대법원 2009.4.9. 선고 2009도128 판결(피고인이 갑이 부동산을 매수한 일이 없음에도 매수한 것처럼 허위의 사실을 주장하여 위 부동산에 대한 소유권이전등기를 거친 사람을 상대로 그 이전등기의 원인무효를 내세워 그 이전등기의 말소를 구하는 소송을 갑 명의로 제기하고 그 소송의 결과 원고로 된 갑이 승소한다고 가정하더라도 그 피고의 등기가 말소될 뿐이고 이것만으로 피고인이 위 부동산에 관한 어떠한 권리를 취득하거나 의무를 면하는 것은 아니므로 법원을 기망하여 재물이나 재산상 이익을 편취한 것이라고 보기 어렵고, 따라서 위 소제기 행위를 가리켜 사기의 실행에 착수한 것이라고 할 수 없다.)

금대출관계가 성립된다고 하여야 하고, 따라서 변제할 의사나 능력없이 현금서비스를 받는 경우 단순히 지급방법이 기계를 통하여 이루어 졌다고 하더라도 카드회사에 대한 묵시적 기망행위가 있다고 보아야 하므로 사기죄의 성립을 인정하는 것이 타당하다. 판례도 같은 입장이다.[773)]

(3) 처분행위

① 처분행위의 의미

사기죄는 타인을 기망하여 착오를 일으키게 하고 그로 인한 처분행위를 유발하여 재물 · 재산상의 이득을 얻음으로써 성립하며 피해자의 처분행위가 존재한다는 점에서 절도죄나 강도죄와 구별된다.

여기서 처분행위라 함은 재산적 처분행위로서 피기망자가 자유의사로 직접 재산상 손해를 초래하는 작위에 나아가거나 또는 부작위에 이른 것을 말한다.

보충판례 92 : 대법원 2003.5.16. 선고 2001도1825 판결

따라서 피기망자가 착오에 빠진 결과 채권의 존재를 알지 못하여 채권을 행사하지 아니하였다면 그와 같은 부작위도 착오로 인하여 재산상 손해를 초래하는 부작위에 이른 것이므로 재산의 처분행위에 해당한다고 할 것이다.[774)]

773) 대법원 1996.4.9. 선고 95도2466 판결(피고인이 카드사용으로 인한 대금결제의 의사와 능력이 없으면서도 있는 것 같이 가장하여 카드회사를 기망하고, 카드회사는 이에 착오를 일으켜 일정 한도 내에서 카드사용을 허용해 줌으로써 피고인은 기망당한 카드회사의 신용공여라는 하자 있는 의사표시에 편승하여 자동지급기를 통한 현금대출도 받고, 가맹점을 통한 물품구입대금 대출도 받아 카드발급회사로 하여금 같은 액수 상당의 피해를 입게 함으로써, 카드사용으로 인한 일련의 편취행위가 포괄적으로 이루어지는 것이다. 따라서 이 사건에서 카드사용으로 인한 카드회사의 손해는 그것이 자동지급기에 의한 인출행위이든 가맹점을 통한 물품구입행위이든 불문하고 모두가 피해자인 카드회사의 기망당한 의사표시에 따른 카드발급에 터 잡아 이루어지는 사기의 포괄일죄라 할 것이다.)

774) 대법원 2011.4.14. 선고 2011도769 판결 ; 대법원 2007.7.12. 선고 2005도9221 판결(사기죄는 타인을 기망하여 착오를 일으키게 하고 그로 인한 처분행위를 유발하여 재물·재산상의 이득을 얻음으로써 성립하고, 여기서 처분행위라 함은 재산적 처분행위로서 피기망자가 자유의사로 직접 재산상 손해를 초래하는 작위에 나아가거나 또는 부작위에 이른 것을 말하므로, 피기망자가 착오에 빠진 결과 채권의 존재를 알지 못하여 채권을 행사하지 아니하였다면 그와 같은 부작위도 재산의 처분행위에 해당한다.)

보충판례 93 : 대법원 2007.7.12. 선고 2005도9221 판결

처분행위가 있다고 하기 위하여는 처분의사가 필요한지에 대해서는 긍정설(필요설, 다수설)과 부정설(불요설), 재물교부에 한하여 처분의사가 필요하다는 절충설이 대립하고 있으며, 판례는 처분의사 필요설의 입장이다. 기망으로 인해 형성된 하자있는 의사표시로써 성립하는 처분행위가 사기죄의 성립요건인 이상은 주관적 의사표시가 없는 행위는 처분행위라고 할 수 없으므로 필요설이 타당하다.[775)]

보충판례 94-1 : 대법원 1987.10.26. 선고 87도1042 판결
94-2 : 대법원 1999.7.9. 선고 99도1326 판결
대법원 2012.6.28. 선고 2012도4773 판결
보충판례 96 : 대법원 1968.5.21. 선고 68도480 판결

② 처분행위자

처분행위자는 피기망자와 일치하여야 하지만, 대금을 결제할 의사나 능력이 없이 신용카드를 사용한 물품처분행위자가 재산상 피해자와 반드시 일치할 것을 요하지 않는다. 신용카드를 사용한 사기죄의 경우 피기망자는 물품판매자이나, 피해자는 카드회사가 되는 것과 같은 경우가 그 전형적인 경우라고 할 수 있는데 이러한 유형을 삼각사기라고 한다.

처분행위자와 피해자와의 사이에 어떠한 관계가 있어야 하는지에 대하여는 견해가 대립된다. 권한설은 처분행위자에게 피해자의 재물을 처분할 수 있는 법적 권한이 있어야 한다는 설이며, 지위설(통설 및 판례)은 사실상 타인의 재산을 처분할 수 있는 지위에 있으면 족하다고 한다. 판례는 부동산에 대한 처분권한을 위임받은 처분행위자를 기망하여 해당 부동산을 담보로 제공하게 한 사안에 대하여 처분행위자에게 권능을 갖거나 지위에 있는 것으로 보아야 한다며, 사기죄의 성립을 인정하여 지위설의 입장에 있다고 할 수 있다. 기망에 의한 처분행위가 있는 경우 처분행위자의 처분권

775) **[책략절도와의 구별]** : 피기망자의 처분의사에 기한 처분행위의 유무에 따라 사기인지 책략절도인지 여부가 구별된다. 예컨대 자전거를 시운전 해보겠다고 하고서는 그대로 도주한 경우 판례(보충판례 96)는 사기죄를 인정하지만, 자전거가게주인의 행위는 시운전을 해보라는 의사이지 자전거를 가져가라는 처분의사가 아니므로, 즉 처분행위가 없으므로 (책략)절도가 성립한다고 하여야 한다.

한은 문제되지 아니한다고 할 것이므로 지위설이 타당하다.

보충판례 95 : 대법원 1994.10.11. 선고 94도1575 판결

③ 처분행위의 인과관계

사기죄가 성립하기 위해서는 첫째 기망행위와 착오 간의 형법적 인과관계, 둘째 피기망자의 착오와 재산적 처분행위 간의 형법적 인과관계, 셋째 재산적 처분행위와 재물취득 또는 재산상 이익취득 간의 형법적 인과관계가 전부 인정되어야 한다(삼중적 인과관계).[776] 이들 사이에 어느 하나라도 형법적 인과관계가 부정되면 기수가 아닌 미수가 성립한다.

(4) 재산상의 손해

사기죄에 있어서 재산상 손해가 발생할 필요가 있는지에 대해서는 견해의 대립이 있다.

판례는 재산상 손해를 요건으로 하지 아니하며, 기망행위에 의하여 불필요한 재산상의 처분행위를 한 경우에도 사기죄를 인정하고 있다. 이에 대하여 학설은 재산상 손해발생이 필요하다는 견해가 다수설이라고 할 수 있다.

객관적 가치에 대한 침해, 재산상의 객관적 손해가 없다 하더라도, 주관적 가치의 침해가 있는 경우에는 사기죄의 성립을 인정할 수 있으므로 이러한 의미에서 판례의 태도가 보다 합리적이라 할 것이다.[777]

---

776) 대법원 2011.2.24. 선고 2010도17512 판결 ; 대법원 2003.10.10. 선고 2003도3516 판결 ; 대법원 1991.1.11. 선고 90도2180 판결(사기죄가 성립되려면 피기망자가 착오에 빠져 어떠한 재산상의 처분행위를 하도록 유발하여 재산적 이득을 얻을 것을 요하고 피기망자와 재산상의 피해자가 같은 사람이 아닌 경우에는 피기망자가 피해자를 위하여 그 재산을 처분 할 수 있는 권능이나 지위에 놓여져 있어야 하며 기망, 착오, 처분, 이득 사이에 인과관계가 있어야 한다.)

777) 대법원 2010.12.9. 선고 2010도12928 판결 ; 대법원 2007.1.25. 선고 2006도7470 판결(재물편취를 내용으로 하는 사기죄에서는 기망으로 인한 재물교부가 있으면 그 자체로써 피해자의 재산침해가 되어 이로써 곧 사기죄가 성립하는 것이고, 상당한 대가가 지급되었다거나 피해자의 전체 재산상에 손해가 없다 하여도 사기죄의 성립에는 그 영향이 없으므로 사기죄에 있어서 그 대가가 일부 지급된 경우에도 그 편취액은 피해자로부터 교부된 재물의 가치로부터 그 대가를 공제한 차액이 아니라 교부받은 재물 전부이다.)

보충판례 97 : 대법원 2003.7.25. 선고 2003도2252 판결

나. 주관적 구성요건

사기죄도 고의범이므로 기망행위와 피기망자의 착오와 처분행위에 대한 인식을 필요로 하며, 재산상 이익의 경우에는 불법이득의 의사, 재물에 대하여는 불법영득의 의사를 필요로 한다.[778]

보충판례 98 : 대법원 2003.6.13. 선고 2002도6410 판결

다. 기수시기

사기죄에 대하여 재산상 손해를 필요로 한다고 보는 견해에 의하면 사기죄의 기수시기는 재산상 손해가 발생한 때라고 할 수 있다. 그러나 재산상 손해를 필요로 하지 않는다고 보는 견해에 의하면 사기죄의 기수시기는 처분행위에 의해 재물 또는 재산상의 이익을 취득한 때라고 하여야 할 것이다. 이에 대하여 실행의 착수시기는 편취의사로 기망행위를 개시한 때이다.[779]

보충판례 99 : 대법원 1999.3.12. 선고 98도3443 판결

판례는 사기범행으로 당좌수표등 유가증권을 편취한 경우에는 유가증권의 교부를 받은 단계에서 재물편취의 기수가 된다고 한다.[780]

778) 대법원 2011.11.24. 선고 2010도15454 판결 ; 대법원 2003.12.26. 선고 2003도4914 판결(기망행위를 수단으로 한 권리행사의 경우 그 권리행사에 속하는 행위와 그 수단에 속하는 기망행위를 전체적으로 관찰하여 그와 같은 기망행위가 사회통념상 권리행사의 수단으로서 용인할 수 없는 정도라면 그 권리행사에 속하는 행위는 사기죄를 구성한다.)

779) 대법원 1974.6.11. 선고 73도2319 판결(피고인이 피해자에 대하여 임야를 매수한 사실이 없음에도 매수하였다 하고 또 싯가 금 1,300,000원 상당의 위 임야를 금 18,000,000원 가량 된다고 속여 채권최고액 금 10,000,000원의 근저당권설정등기를 마친 다음 그 한도 내에서의 복지의 외상거래를 요청하였다면 이때에 사기의 착수가 있었다 할 것이다.)

780) 대법원 1985.12.24. 선고 85도2317 판결(사기범행으로 당좌수표등 유가증권을 편취할 경우에는 유가증권의 교부를 받은 단계에서 재물편취의 기수가 된다.)

라. 타죄와의 관계

(1) 불법원인급여와 사기죄

불법원인급여와 사기죄의 문제는 사람을 기망하여 반환청구권이 없는 재물을 교부하게 한 경우에 사기죄의 성립을 인정할 것인지의 문제이다.[781] 즉 이러한 불법원인급여는 민법 제746조의 불법의 원인으로 인하여 재산을 급여한 때에 해당하여 반환청구를 할 수 없게 되는데 이 경우에도 사기죄의 성립을 인정할 수 있을 것인지의 문제인 것이다.

사기죄의 성립을 부정하는 견해도 있으나, 통설(긍정설)과 판례[782]는 사기죄의 성립을 인정한다. 사기죄는 민법상 반환청구권과는 별도로 판단하여야 하고, 피해자에게 재산상 손해를 입게 한 것이 명백하다는 이유이다. 사기죄의 객체인 재산상 이익의 경우에도 불법한 이익을 사기죄의 객체로 보는 입장과 동일한 이유로, 불법원인급여의 경우에도 사기죄의 성립을 인정하는 것이 합리적이라고 할 것이다.

(2) 횡령죄·배임죄와의 관계

사기죄는 타인이 점유하는 재물을 그 대상으로 하므로 자신이 점유하는 타인의 재물을 기망에 의하여 영득하였다 하더라도 타인의 처분행위가 없기 때문에 사기죄가 성립하는 것이 아니라 횡령죄가 성립한다고 하여야 한다.[783]

한편 타인의 사무를 처리하는 자가 본인에 대하여 기망행위를 하여 재산상의 이익을 취득한 경우에 대해서는, 사기죄만 성립하고 배임죄는 사기죄에 흡수된다는 견해, 배임죄만 성립하고 사기죄는 배임죄에 흡수된다는 견해, 양죄는 상상적 경합이라는

781) 예를 들어 변제할 의사나 능력이 없으면서도 틀림없이 변제하여 주겠다고 거짓말 하여 도박자금으로 사용하기 위한 돈을 빌리는 경우 등이다.

782) 대법원 2006.11.23. 선고 2006도6795 판결(민법 제746조의 불법원인급여에 해당하여 급여자가 수익자에 대한 반환청구권을 행사할 수 없다고 하더라도, 수익자가 기망을 통하여 급여자로 하여금 불법원인급여에 해당하는 재물을 제공하도록 하였다면 사기죄가 성립한다.)

783) 대법원 1980.12.9. 선고 80도1177 판결(사기죄는 타인을 기망하고 착오에 빠뜨리게 하여 그 착오 즉 하자있는 의사에 터 잡아 재산적 처분행위를 하도록 하여서 재물을 취득하거나 재산상의 불법이익을 얻는 것을 말한다. 그러므로 자기의 점유하는 타인의 재물을 횡령함에 있어 기망수단을 쓴 경우에는 일반적으로 횡령죄만이 성립하고 사기죄는 성립하지 아니한다고 봄이 상당하다. 왜냐하면 이런 경우는 피기망자에 있어 재산적 처분행위가 없기 때문이다.)

견해(다수설 및 판례) 등이 대립한다.

양죄는 구성요건을 달리하는 것으로서 하나의 행위로 사기죄와 배임죄의 구성요건을 충족하는 경우에는 상상적 경합관계로 보는 것이 타당하다고 할 것이므로 다수설 및 판례의 입장이 타당하다.

보충판례 100 : 대법원 2002.7.18. 선고 2002도669 전원합의체 판결

(3) 도박죄와의 관계

도박죄는 우연에 의하여 승패를 결정하는 경우에 성립을 한다고 할 수 있는데 사기도박은 이러한 우연성이 없으므로, 사기죄만 성립하고 도박죄는 성립하지 아니한다고 하여야 한다.[784]

Ⅲ. 컴퓨터등사용사기죄

[형법조문]

제347조의2 (컴퓨터등 사용사기) 컴퓨터등 정보처리장치에 허위의 정보 또는 부정한 명령을 입력하거나 권한 없이 정보를 입력·변경하여 정보처리를 하게 함으로써 재산상의 이익을 취득하거나 제3자로 하여금 취득하게 한 자는 10년 이하의 징역 또는 2천만원 이하의 벌금에 처한다. [전문개정 2001.12.29.]

제351조(상습범) 상습으로 제347조 내지 전조의 죄를 범한 자는 그 죄에 정한 형의 2분의 1까지 가중한다.

제352조(미수범) 제347조 내지 제348조의2, 제350조와 제351조의 미수범은 처벌한다.

제353조(자격정지의 병과) 본장의 죄에는 10년 이하의 자격정지를 병과할 수 있다.

제354조(친족간의 범행, 동력) 제328조와 제346조의 규정은 본장의 죄에 준용한다.

784) 대법원 1985.4.23. 선고 85도583 판결(화투의 조작에 숙달하여 원하는 대로 끝수를 조작할 수 있어서 우연성이 없음에도 피해자를 우연에 의하여 승부가 결정되는 것처럼 오신시켜 돈을 도하게 하여 이를 편취한 행위는 이른바 기망방법에 의한 도박으로서 사기죄에 해당한다.)

가. 의의 및 보호법익

컴퓨터등사용사기죄는 컴퓨터등 정보처리장치에 허위의 정보 또는 부정한 명령을 입력하거나 권한없이 정보를 입력·변경하여 정보처리를 하게 함으로써 재산상의 이익을 취득하거나 제3자로 하여금 취득하게 함으로써 성립하는 범죄이며 이익사기죄의 특별유형이다.

컴퓨터등 정보처리장치의 보급이 보편화됨에 따라 은행업무를 비롯한 재산권의 득실·변경에 관한 여러 분야에서 컴퓨터등 정보처리장치를 기망하여 재산상의 이익을 취득하는 범죄가 증가하게 되었다. 그러나 유추적용금지의 원칙상 컴퓨터등 정보처리장치를 기망하는 행위를 사기죄의 기망행위에 포함시킬 수 없기 때문에[785] 사기죄에 의하여 처벌할 수 없는 처벌의 흠결을 보완하기 위하여 1995년 형법개정시에 신설된 규정이다.[786]

본죄의 보호법익은 재산상의 이익, 즉 재산이다. 여기서 다수설은 전체로서의 재산으로 파악하지만, 본죄의 성립에 재산상의 손해발생을 요하지 않는다고 이해하는 개별재산설의 입장에서는 전체로서의 재산이 아닌 단순한 재산으로 파악한다. 본죄는 사람을 기망하는 것이 아니기 때문에 의사결정(재산처분결정)의 자유는 보호법익이 될 수 없다. 보호의 정도는 침해범이다. 또한 사기죄가 인정되지 않는 경우에 성립하는 범죄이기 때문에 사기죄와 법조경합 중 보충관계에 있다.

785) 즉 컴퓨터등 정보처리장치의 조작에 의하여 불법한 이익을 얻는 행위는 사람에 대한 기망행위가 없고 재물의 점유이전을 수반하지 않기 때문에 유추적용금지의 원칙상 사기죄 또는 절도죄로 처벌할 수 없는 상태이었다 : 대법원 2014.3.13. 선고 2013도16099 판결(컴퓨터등사용사기죄는 재산변동에 관한 사무가 사람의 개입 없이 컴퓨터 등에 의하여 기계적·자동적으로 처리되는 경우가 증가함에 따라 이를 악용하여 불법적인 이익을 취하는 행위도 증가하였으나 이들 새로운 유형의 행위는 사람에 대한 기망행위나 상대방의 처분행위 등을 수반하지 않아 기존 사기죄로는 처벌할 수 없다는 점 등을 고려하여 신설한 규정이다)

786) 입법 당시에는 부정한 명령의 입력에 권한없이 정보를 입력·변경하는 것이 포함되어 있다고 생각하였다. 그러나 타인의 현금카드로 현금을 인출한 경우에는 부정한 명령이나 허위의 정보를 입력한 것이라고 보기 어려워 본죄에 해당할 수 없다는 지적이 있게 되자 2001년 개정을 통하여 '권한없는 정보의 입력·변경'이 추가되었다.

나. 구성요건

(1) 행위의 객체

본죄의 객체는 재산상의 이익이다. 재물도 본죄의 객체에 포함되는지에 대해서는 견해가 대립한다. 물론 절취한 타인의 신용카드 또는 예금통장을 현금자동지급기에 넣고 조작하여 예금잔고를 자기계좌로 이체한 경우에 본죄가 성립한다는 점에는 이론이 없다.

보충판례 101 : 대법원 2008.6.12. 선고 2008도2440 판결[787)]

문제는 타인명의의 신용카드 또는 현금카드와 비밀번호를 입력하여 현금자동지급기에서 현금을 인출한 경우 현금 등 재물이 본죄의 객체에 해당하는지에 대한 견해의 대립이다.

소극설(소수설)은 형법이 재물과 재산상의 이익을 구분하여 사용하고 있는 한 재물의 개념에 해당하는 것은 재산상의 이익에 포함시키지 않는 것이 바람직한 형법의 태도라는 이유로 이를 부정한다. 판례도 부정설(소극설)을 취하고 있다.[788)]

이에 대하여 적극설(다수설)은 본죄의 입법취지가 바로 현금지급기를 이용한 현금의 인출행위와 같은 이익절도를 처벌할 수 없는 처벌의 흠결을 보완하기 위한 점에

787) 대법원 2007.3.15. 선고 2006도2704 판결(친척 소유 예금통장을 절취한 피고인이 그 친척 거래 금융기관에 설치된 현금자동지급기에 예금통장을 넣고 조작하는 방법으로 친척 명의 계좌의 예금 잔고를 피고인이 거래하는 다른 금융기관에 개설된 피고인 명의 계좌로 이체한 경우, 그 범행으로 인한 피해자는 이체된 예금 상당액의 채무를 이중으로 지급해야 할 위험에 처하게 되는 그 친척 거래 금융기관이라 할 것이고, 거래 약관의 면책 조항이나 채권의 준점유자에 대한 법리 적용 등에 의하여 위와 같은 범행으로 인한 피해가 최종적으로는 예금 명의인인 친척에게 전가될 수 있다고 하여, 자금이체 거래의 직접적인 당사자이자 이중지급 위험의 원칙적인 부담자인 거래 금융기관을 위와 같은 컴퓨터등 사용사기 범행의 피해자에 해당하지 않는다고 볼 수는 없다. 따라서 위와 같은 경우에는 친족 사이의 범행을 전제로 하는 친족상도례를 적용할 수 없는 것이다.)

788) 대법원 2003.5.13. 선고 2003도1178 판결 ; 대법원 2002.7.12. 선고 2002도2134 판결(우리 형법은 재산범죄의 객체가 재물인지 재산상의 이익인지에 따라 이를 재물죄와 이득죄로 명시하여 규정하고 있는데, 형법 제347조가 일반 사기죄를 재물죄 겸 이득죄로 규정한 것과 달리 형법 제347조의2는 컴퓨터등사용사기죄의 객체를 재물이 아닌 재산상의 이익으로만 한정하여 규정하고 있으므로, 절취한 타인의 신용카드로 현금자동지급기에서 현금을 인출하는 행위가 재물에 관한 범죄임이 분명한 이상 이를 위 컴퓨터등사용사기죄로 처벌할 수는 없다고 할 것이고, 입법자의 의도가 이와 달리 이를 위 죄로 처벌하고자 하는 데 있었다거나 유사한 사례와 비교하여 처벌상의 불균형이 발생할 우려가 있다는 이유만으로 그와 달리 볼 수는 없다.)

있고, 재물과 재산상의 이익은 택일관계가 아니라 특별 대 일반의 관계에 있다고 할 수 있으므로 재산상의 이익을 취득하였다고 하여 재물을 취득한 것으로는 볼 수 없지만 재물을 취득한 경우에는 당연히 재산상의 이익도 취득한 것이기 때문에 본죄의 성립을 긍정하여야 한다고 한다. 동일한 취지로 적극설이 타당하다 할 것이다. 입법론적으로는 재물을 구성요건에 추가하는 것이 바람직하다.

(2) 실행행위

본죄의 실행행위는 컴퓨터등 정보처리장치에 허위의 정보 또는 부정한 명령을 입력하거나 권한없이 정보를 입력·변경하여 정보처리를 하게 하여 재산상의 이익을 취득하거나 제3자로 하여금 취득하게 하는 것이다.

① 컴퓨터등 정보처리장치

컴퓨터등 정보처리장치란 자동적으로 계산을 하거나 정보를 저장, 변경, 처리할 수 있는 장치를 말한다. 주컴퓨터뿐만 아니라 단말기도 포함되므로 현금지급기, 현금자동입출금기도 포함된다.

본죄의 취지상 컴퓨터등 정보처리장치는 자동적으로 계산이나 데이터처리를 할 수 있고, 정보의 보전·검색·수정능력을 독자적으로 가지고 있는 장치를 갖고 있는 것을 의미한다. 따라서 독자적인 정보처리능력을 갖지 못한 단순한 자동판매기, 공중전화기, 자동개찰기, 휴대용계산기, 전동타자기 등은 이에 포함되지 않는다. 자동판매기, 공중전화기 등과 같은 유료자동설비에 허위의 정보를 입력하여 재물 또는 재산상의 이익을 취득하는 경우에는 편의시설부정이용죄(제348조의2)가 성립할 수 있을 뿐이다.

② 허위의 정보나 부정한 명령의 입력

허위정보의 입력은 진실에 반하는 자료를 정보처리장치에 입력시키는 것을 말하며[789], 부정한 명령의 입력이란 당해 사무처리시스템에 예정되어 있는 사무처리의 목

789) 예컨대 금융기관의 온라인 시스템에 단말기를 통해 허위입금데이터를 입력하여 예금원장 파일의 잔

적에 비추어 지시해서는 안 될 내용을 입력하는 것을 말한다. 즉 프로그램의 일부 또는 전부의 내용을 부정하게 변경·삭제·추가하여 프로그램을 조작하는 것을 말한다.[790]

그러나 종래 해석론상 문제가 되었던 진실한 자료를 부정하게 사용하는 경우는 여기에 해당하지 않고 2001년 형법개정시 신설된 행위태양인 '권한없이 정보를 입력·변경'하는 경우에 해당한다.[791]

③ 권한없는 정보의 변경·입력

권한없는 정보의 변경·입력이란 진실한 정보와 정당한 명령이기는 하지만, 이를 행할 권한없이(타인의 승낙없이) 정보를 입력·변경하는 것을 말한다(진실한 정보의 무권한 사용). 예컨대 타인의 현금카드로 현금자동지급기에 비밀번호를 입력하고 현금을 인출하는 것이 대표적인 예라 할 수 있다.[792] 비밀번호가 허위정보라고 할 수 없기 때문이다.

고를 증액시키거나 범용단말기의 프로그램을 변경하여 예금을 인출하고서도 원장파일의 예금잔액이 감소하지 않도록 하는 것도 허위정보의 입력에 해당한다.

790) 예컨대 예금잔고를 부정하게 증액시키는 프로그램을 만들어 입력시키거나 다른 사람의 계좌에 있는 예금을 단말기조작으로 자신의 계좌로 이체시키는 것 등이 이에 해당한다 : 대법원 2013.11.14. 선고 2011도4440 판결('부정한 명령의 입력'은 당해 사무처리시스템에 예정되어 있는 사무처리의 목적에 비추어 지시해서는 안 될 명령을 입력하는 것을 의미한다. 따라서 설령 '허위의 정보'를 입력한 경우가 아니라고 하더라도, 당해 사무처리시스템의 프로그램을 구성하는 개개의 명령을 부정하게 변개·삭제하는 행위는 물론 프로그램 자체에서 발생하는 오류를 적극적으로 이용하여 그 사무처리의 목적에 비추어 정당하지 아니한 사무처리를 하게 하는 행위도 특별한 사정이 없는 한 위 '부정한 명령의 입력'에 해당한다고 보아야 한다. 그러므로 피고인이 갑주식회사에서 운영하는 전자복권구매시스템에서 일정한 조건하에 복권 구매명령을 입력하면 가상계좌로 복권 구매요청금과 동일한 액수의 가상현금이 입금되는 프로그램 오류를 이용하여 복권 구매명령을 입력하는 행위를 반복함으로써 자신의 가상계좌로 구매요청금 상당의 금액이 입금되게 한 경우, 피고인의 행위는 컴퓨터등 사용사기죄에서 정한 '부정한 명령의 입력'에 해당한다.)

791) 2001년 형법개정 이전에는 그 외에 프로그램자체는 변경함이 없이 명령을 입력(사용)할 권한이 없는 자가 명령을 입력하는 것, 즉 진실한 자료를 부정하게 사용하는 것도 '부정한 명령의 입력'에 해당하는지에 대하여 긍정설과 부정설의 대립이 있었으며, 판례는 긍정설의 입장(대법원 2003.1.10. 선고 2002도2363 판결)을 취하였지만, 2001년 형법 개정을 통하여 긍정설과 같은 방향으로 입법적으로 해결되었다.

792) 그 밖에도 인터넷뱅킹 또는 텔레뱅킹을 위해 타인의 ID 및 비밀번호를 이용하여 자신의 계좌로 예금을 이체시켜 재산상의 이익을 취득하는 경우 등을 들 수 있다 : 대법원 2004.4.16. 선고 2004도353 판결(공소외인은 권한 없이 주식회사 신진기획의 아이디와 패스워드를 입력하여 인터넷뱅킹에 접속한 다음 위 회사의 예금계좌로부터 자신의 예금계좌로 합계 180,500,000원을 이체하는 내용의 정보를 입력하여 자신의 예금액을 증액시킴으로서 컴퓨터등사용사기죄의 범행을 저지른 다음 자신의 현금카드를 사용하여 현금자동지급기에서 현금을 인출한 사실을 인정할 수 있는바, 이와 같이 자기의 현금카드를 사용하여 현금자동지급기에서 현금을 인출한 경우에는 그것이 비록 컴퓨터등사용사기죄의 범행으로 취득한 예금채권을 인출한 것이라 할지라도 현금카드 사용권한 있는 자의 정당한 사용에 의한 것으로서 현금자동지급기 관리자의 의사에 반하거나 기망행위 및 그에 따른 처분행위도 없

다만 현금을 인출하라는 명령이 부정한 명령에 포함될 수 있는지에 대해, 1995년 개정 당시 입법자들은 포함될 수 있다고 생각하였지만 이는 유추적용이라는 비판이 제기되었고 판례는 이러한 행위에 대해 본죄가 아닌 절도죄를 인정하였다.[793)]

이러한 문제점 때문에 위와 같은 행위를 본죄로 처벌하기 위하여 2001년 12월의 형법개정을 통해 '권한없는 정보의 입력·변경'이 추가되었다. 그러나 개정 이후에도 대법원은 위와 같은 행위가 절도죄에 해당하고 본죄에 해당하지 않는다는 입장을 고수하고 있다. 즉 판례는 부정한 명령의 입력에는 권한없는 정보의 입력·변경도 포함된다고 하면서도[794)], 본죄의 객체는 재산상 이익에 국한되고 재물은 포함되지 않는다는 이유로 본죄가 아닌 절도죄의 성립을 긍정하고 있는 것이다.[795)]

생각건대 권한없는 정보의 입력·변경이 부정한 명령의 입력에 포함될 수 있다는 판례의 입장은 타당하다 할 것이지만[796)], 재물과 재산상의 이익을 특별 대 일반의 관계

었으므로, 별도로 절도죄나 사기죄의 구성요건에 해당하지 않는다 할 것이고, 그 결과 그 인출된 현금은 재산범죄에 의하여 취득한 재물이 아니므로 장물이 될 수 없다고 할 것이다.) ; 대법원 2006.7.27. 선고 2006도3126 판결(타인의 명의를 모용하여 발급받은 신용카드의 번호와 그 비밀번호를 이용하여 ARS 전화서비스나 인터넷 등을 통하여 신용대출을 받는 방법으로 재산상 이익을 취득하는 행위 역시 미리 포괄적으로 허용된 행위가 아닌 이상, 컴퓨터등 정보처리장치에 권한 없이 정보를 입력하여 정보처리를 하게 함으로써 재산상 이익을 취득하는 행위로서 컴퓨터등사용사기죄에 해당한다고 할 것이다. 따라서 타인의 명의를 모용하여 발급받은 신용카드를 이용하여 현금자동지급기에서 현금을 인출하거나 ARS 전화서비스나 인터넷 등으로 신용대출을 받는 행위를 기망당한 카드회사가 카드사용을 포괄적으로 허용한 것에 기초한 것으로 파악하여 포괄적으로 카드회사에 대한 사기죄가 된다고 볼 수는 없다.)

793) 대법원 2007.5.10. 선고 2007도1375 판결 ; 대법원 1998.5.21. 선고 98도321 판결.

794) 대법원 2003.1.10. 선고 2002도2363 판결[구 형법(2001.12.29. 법률 제6543호로 개정되기 전의 것, 이하 '구 형법'이라 한다.) 제347조의2 규정의 입법취지와 목적은 프로그램 자체는 변경(조작)함이 없이 명령을 입력(사용)할 권한 없는 자가 명령을 입력하는 것도 부정한 명령을 입력하는 행위에 포함한다고 보아, 진실한 자료의 권한 없는 사용에 의한 재산상 이익 취득행위도 처벌대상으로 삼으려는 것이었음을 알 수 있고, 오히려 그러한 범죄유형이 프로그램을 구성하는 개개의 명령을 부정하게 변경, 삭제, 추가하는 방법에 의한 재산상 이익 취득의 범죄유형보다 훨씬 손쉽게 또 더 자주 저질러질 것임도 충분히 예상되었던 점에 비추어 이러한 입법취지와 목적은 충분히 수긍할 수 있다. 나아가 그와 같은 권한 없는 자에 의한 명령 입력행위를 '명령을 부정하게 입력하는 행위' 또는 '부정한 명령을 입력하는 행위'에 포함된다고 해석하는 것이 그 문언의 통상적인 의미를 벗어나는 것이라고 할 수도 없다. 그렇다면 그 문언의 해석을 둘러싸고 학설상 일부 논란이 있었고, 이러한 논란을 종식시키기 위해 그와 같이 권한 없이 정보를 입력, 변경하여 정보처리를 하게 하는 행위를 따로 규정하는 내용의 개정을 하게 되었다고 하더라도, 구 형법상으로는 그와 같은 권한 없는 자가 명령을 입력하는 방법에 의한 재산상 이익 취득행위가 처벌대상에서 제외되어 있었다고 볼 수는 없는바, 이러한 해석이 죄형법정주의에 의하여 금지되는 유추적용에 해당한다고 할 수도 없다.]

795) 대법원 2007.5.10. 선고 2007도1375 판결 ; 대법원 1998.5.21. 선고 98도321 판결.

796) 우리말의 '부정한'이라는 말은 '권한없이'라는 의미를 포함할 수 있다. 즉 타인의 현금카드(신용카드)로 현금을 인출하는 사람에 대해 '부정하게 돈을 인출한다'는 말이 충분히 가능하기 때문이다.

로 이해하는 한 이를 택일관계로 보는 판례의 입장은 타당하다 할 수 없다. 따라서 위와 같은 경우에는 절도죄가 아니라 본죄에 해당한다고 하여야 할 것이다.

다만 판례는 권한을 초과한 경우, 즉 위임받은 액수를 초과하여 현금을 인출한 경우에는 그 초과부분은 권한없는 정보의 입력·변경에 해당되어 본죄가 성립한다고 한다.[797]

생각건대 이러한 경우에는 범죄로 취득한 타인의 카드를 이용하여 현금을 인출한 경우와는 달리 절도죄를 인정할 수 없을 것이다. 즉 수임인이 위임인으로부터 현금을 인출하라는 위임을 받았으므로 인출된 금액의 전체에 대해 수임인의 점유를 인정할 수 있기 때문이다.

또한 초과된 금액에 대한 횡령죄의 성립도 인정할 수 없다. 횡령죄가 성립하려면 위탁관계가 있어야 하는데, 초과된 3만원에 대해서는 수임인과 위임인 사이의 위탁관계가 인정될 수 없기 때문이다. 따라서 위임된 범위를 초과한 차액부분은 컴퓨터등 정보처리장치에 권한없이 정보를 입력하여 인출한 것으로 정당히 인출된 현금(2만원)과는 달리 재물이 아니라 재산상의 이익에 해당하므로 컴퓨터등사용사기죄가 성립한다고 하는 판례의 태도는 수긍할 수 있다.

④ 재산상의 이익취득

재산상의 이익을 취득하여야 한다. 허위의 정보, 부정한 명령을 입력하거나 권한없이 정보를 입력·변경하였더라도 재산상의 이익을 취득할 고의와 재산상 이익의 취득이 없으면 경우에 따라 컴퓨터등업무방해죄(제314조 제2항)가 성립할 수 있을 뿐이다.[798]

797) 대법원 2006.3.24. 선고 2005도3516 판결[예금주인 현금카드 소유자로부터 일정한 금액의 현금(2만원)을 인출해 오라는 부탁을 받으면서 이와 함께 현금카드를 건네받은 것을 기화로 그 위임을 받은 금액을 초과하여 현금(5만원)을 인출하는 방법으로 그 차액 상당을 위법하게 이득할 의사로 현금자동지급기에 그 초과된 금액이 인출되도록 입력하여 그 초과된 금액의 현금을 인출한 경우에는 그 인출된 현금에 대한 점유를 취득함으로써 이 때에 그 인출한 현금 총액 중 인출을 위임받은 금액을 넘는 부분의 비율에 상당하는 재산상 이익을 취득한 것으로 볼 수 있으므로 이러한 행위는 그 차액 상당액에 관하여 형법 제347조의2(컴퓨터등사용사기)에 규정된 '컴퓨터등 정보처리장치에 권한 없이 정보를 입력하여 정보처리를 하게 함으로써 재산상의 이익을 취득'하는 행위로서 컴퓨터등 사용사기죄에 해당된다.)

798) 대법원 2014.3.13. 선고 2013도16099 판결(컴퓨터등사용사기죄에 있어서 '정보처리'는 사기죄에서 피해자의 처분행위에 상응하므로 입력된 허위의 정보 등에 의하여 계산이나 데이터의 처리가 이루어짐으로써 직접적으로 재산처분의 결과를 초래하여야 하고, 행위자나 제3자의 '재산상 이익 취득'은

본죄의 객체는 재산상의 이익이므로 재물은 포함되지 않고 따라서 타인의 현금카드로 현금을 인출하였을 때에는 절도죄가 성립한다는 것이 판례[799]및 소수설의 입장이다. 이들 견해에 따르면 타인의 현금카드로 자신의 예금계좌로 현금을 이체하였을 경우에는 본죄가 성립하고 현금을 인출하였을 때에는 절도죄가 성립하게 된다. 그러나 재물의 취득은 재산상 이익의 취득에 포함되므로 현금을 인출하든 계좌이체를 하든 컴퓨터등사용사기죄가 성립한다고 하여야 할 것이다.

⑤ 실행의 착수시기 및 기수시기

본죄의 실행의 착수시기는 컴퓨터에 허위정보나 부정한 명령을 입력하거나 권한 없이 정보를 입력·변경하기 시작한 시점이고, 기수시기는 정보처리의 결과 재산상 이익의 취득시점이다(다만 재산상의 손해를 필요로 하는 설에 따르면 재산상의 손해가 발생한 때에 기수가 된다).[800]

다. 타죄와의 관계

(1) 불가벌적 사후행위

허위의 입금데이터를 입력하여 예금잔고를 증가시킨 다음(예금채권의 취득) 자신의 현금카드를 사용하여 현금자동지급기에서 예금을 인출하는 행위(또는 예금통장을 이용하여 은행원에게 청구하여 인출하는 행위)와 같이 재산상의 이익을 취득하고 이를 현실화하

사람의 처분행위가 개재됨이 없이 컴퓨터 등에 의한 정보처리 과정에서 이루어져야 한다. 따라서 피고인 1 등이 조달청의 국가종합전자조달시스템에 입찰자들이 선택한 추첨번호가 변경되어 저장되도록 하는 등 권한 없이 정보를 변경하여 정보처리를 하게 함으로써 직접적으로 얻은 것은 낙찰하한가에 대한 정보일 뿐, 위와 같은 정보처리의 직접적인 결과 특정 건설사가 낙찰자로 결정되어 낙찰금액 상당의 재산상 이익을 얻게 되었다거나 그 낙찰자 결정이 사람의 처분행위가 개재됨이 없이 컴퓨터 등의 정보처리과정에서 이루어졌다고 보기 어렵다.)

799) 대법원 2007.5.10. 선고 2007도1375 판결 ; 대법원 1998.5.21. 선고 98도321 판결.

800) 대법원 2006.9.14. 선고 2006도4127 판결(금융기관 직원이 전산단말기를 이용하여 다른 공범들이 지정한 특정계좌에 돈이 입금된 것처럼 허위의 정보를 입력하는 방법으로 위 계좌로 입금되도록 한 경우, 이러한 입금절차를 완료함으로써 장차 그 계좌에서 이를 인출하여 갈 수 있는 재산상 이익의 취득이 있게 되었다고 할 것이므로 형법 제347조의2에서 정하는 컴퓨터등사용사기죄는 기수에 이르렀다고 할 것이고, 그 후 그러한 입금이 취소되어 현실적으로 인출되지 못하였다고 하더라도 이미 성립한 컴퓨터등사용사기죄에 어떤 영향이 있다고 할 수는 없다.)

는 행위는 구성요건해당성이 없는 행위이므로 본죄의 불가벌적 사후행위로 논할 필요도 없다.[801)]

(2) 업무방해죄·공사(公私)전자기록조작·변작죄

본죄를 범하여 정보처리에 장애까지 발생한 경우, 즉 본죄의 수단인 행위가 전자기록조작·변작죄(제227조의2, 제232조의2) 또는 동행사죄(제229조, 제234조)에 해당할 때에는 본죄와 상상적 경합이 된다.

(3) 사기죄와의 관계

사람을 기망하여 컴퓨터등 정보처리장치에 허위의 정보 등을 입력하게 하여 재산상의 이익을 취득한 경우에는 본죄는 사기죄에 대하여 법조경합 중 보충관계에 있다 할 것이므로 사기죄가 성립하고 본죄는 성립하지 않는다. 그러나 사람을 기망하였더라도 생명있는 도구로 이용한 경우에는 본죄의 간접정범이 된다. 한편 본죄를 범한 후 취득한 예금채권을 예금통장을 이용하여 은행원에게 청구하여 인출한 경우에는 은행원에 대한 새로운 기망이 새로운 법익을 침해하는 것이므로 본죄와 사기죄의 실체적 경합이 된다.

801) 대법원 2004.4.16. 선고 2004도353 판결(자기의 현금카드를 사용하여 현금자동지급기에서 현금을 인출한 경우에는 그것이 비록 컴퓨터등사용사기죄의 범행으로 취득한 예금채권을 인출한 것이라 할지라도 현금카드 사용권한 있는 자의 정당한 사용에 의한 것으로서 현금자동지급기 관리자의 의사에 반하거나 기망행위 및 그에 따른 처분행위도 없었으므로, 별도로 절도죄나 사기죄의 구성요건에 해당하지 않는다 할 것이고, 그 결과 그 인출된 현금은 재산범죄에 의하여 취득한 재물이 아니므로 장물이 될 수 없다고 할 것이다.)

Ⅳ. 준사기죄

[형법조문]

제348조(준사기) ① 미성년자의 지려천박 또는 사람의 심신장애를 이용하여 재물의 교부를 받거나 재산상의 이익을 취득한 자는 10년 이하의 징역 또는 2천만원 이하의 벌금에 처한다. ② 전항의 방법으로 제삼자로 하여금 재물의 교부를 받게 하거나 재산상의 이익을 취득하게 한 때에도 전항의 형과 같다. 제351조(상습범) 상습으로 제347조 내지 전조의 죄를 범한 자는 그 죄에 정한 형의 2분의 1까지 가중한다. 제352조(미수범) 제347조 내지 제348조의2, 제350조와 제351조의 미수범은 처벌한다. 제353조(자격정지의 병과) 본장의 죄에는 10년 이하의 자격정지를 병과할 수 있다. 제354조(친족간의 범행, 동력) 제328조와 제346조의 규정은 본장의 죄에 준용한다.

가. 의의 및 보호법익

본죄는 지려천박의 미성년자나 심신장애자는 정상적인 의사결정을 할 수 없기 때문에 그의 재산적 처분행위는 사기죄에서 피기망자와 마찬가지로 하자있는 의사표시라고 할 수 있는 경우가 많다는 점에서 사기죄와 동일한 형벌로 처벌하는 사기죄의 보충규정(적극적 기망행위와 소극적 이용행위의 관계)이다.

본죄의 성립에도 재산상 손해의 발생은 필요하지 않다고 하여야 하므로 보호법익은 재산이고 보호의 정도는 침해범이다.

나. 구성요건

본죄의 실행행위는 미성년자의 지려천박 또는 심신장애자를 이용하여 재물의 교부를 받거나 재산상의 이익을 취득하는 것이다.

미성년자는 19세 미만(민법 제4조)의 모든 미성년자가 아니라 지각과 사고능력이 부족한 지려천박한 미성년자만을 의미한다. 기망행위가 없더라도 유혹만 있으면 쉽게 처분행위를 할 수 있는 상태에 있으면 이에 해당한다.

심신장애란 형사책임무능력(제10조 제1항 및 제2항)에 관한 심신장애의 개념과 동일한 개념이 아니고 재산상 거래능력의 기초가 되는 정상적인 판단능력이 결여된 상태를 의미한다. 이러한 상태에서의 처분행위라고 할 수 없는 경우에는 본죄가 아니라 절도죄가 성립한다.

이용이란 유혹에 빠지기 쉬운 상태에 편승하는 것(소극적 이용행위)을 의미한다. 따라서 지려천박한 미성년자나 심신장애자를 적극적으로 기망하여 착오에 빠트려 재물이나 재산상의 이익을 취득한 경우에는 본죄가 아니라 사기죄가 성립한다.

V. 편의시설부정이용죄

[형법조문]

제348조의2(편의시설부정이용) 부정한 방법으로 대가를 지급하지 아니하고 자동판매기, 공중전화 기타 유료자동설비를 이용하여 재물 또는 재산상의 이익을 취득한 자는 3년 이하의 징역, 500만원 이하의 벌금, 구류 또는 과료에 처한다.

제351조(상습범) 상습으로 제347조 내지 전조의 죄를 범한 자는 그 죄에 정한 형의 2분의 1까지 가중한다.

제352조(미수범) 제347조 내지 제348조의2, 제350조와 제351조의 미수범은 처벌한다.

제353조(자격정지의 병과) 본장의 죄에는 10년 이하의 자격정지를 병과할 수 있다.

제354조(친족간의 범행, 동력) 제328조와 제346조의 규정은 본장의 죄에 준용한다.

가. 의의 및 보호법익

본죄는 자동판매기, 공중전화등 유료자동설비(편의시설)가 증가함에 따라 대가를 지급하지 않고 재물이나 재산상의 이익을 취득하는 행위가 증가하게 되자 기존 형법의 흠결을 보충하고, 현실에 맞는 형벌을 정하기 위하여 1995년 형법개정 시에 도입된 규정이다.

본죄의 보호법익도 개인의 재산이며 보호의 정도는 침해범이다.

나. 구성요건

부정한 방법으로 후불식 KT카드 전용공중전화를 이용하는 경우[802] 공중전화의 역무는 재물이 아니기 때문에 절도죄가 성립하지 아니하며[803], 사람에 대한 기망행위가 없으므로 사기죄도 성립하지 아니하였으므로[804] 이를 처벌하기 위하여 신설된 규정으로 사기죄 또는 절도죄로 처벌할 수 없는 행위유형을 규율하기 위한 보충적 구성요건의 역할을 한다.

본죄의 유료자동설비란 지정 투입구에 대가를 지불하면 기계 또는 전자장치가 작동하여 일정한 물건이나 편익을 제공하는 모든 자동기계설비를 말한다. 불특정 다수인이 사용하는 것임을 요하므로 개인적으로 이용하는 유료자동설비는 포함되지 않

802) 대법원 2001.9.25. 선고 2001도3625 판결[원심판결의 이유에 의하면, 원심은, 피고인이 절취한 피해자 소유의 케이티전화카드를 이용하여 전화통화를 함으로써 금 647,522원 상당의 재산상의 이득을 취득하였다는 사실을 인정한 다음, 이를 형법 제348조의2에서 규정하는 편의시설부정이용의 죄로 처단하고 있음을 알 수 있다. 그러나 편의시설부정이용의 죄는 부정한 방법으로 대가를 지급하지 아니하고 자동판매기, 공중전화 기타 유료자동설비를 이용하여 재물 또는 재산상의 이익을 취득하는 행위를 범죄구성요건으로 하고 있는데, 이 사건과 같이 타인의 케이티전화카드(한국통신의 후불식 통신카드)를 절취하여 전화통화에 이용한 경우에는 통신카드서비스 이용계약을 한 피해자가 그 통신요금을 납부할 책임을 부담하게 되므로, 이러한 경우에는 피고인이 '대가를 지급하지 아니하고' 공중전화를 이용한 경우에 해당한다고 볼 수 없어 편의시설부정이용의 죄를 구성하지 않는다고 할 것이다.]

803) 대법원 1998.6.23. 선고 98도700 판결(타인의 전화기를 무단으로 사용하여 전화통화를 하는 행위는 전기통신사업자가 그가 갖추고 있는 통신선로, 전화교환기 등 전기통신설비를 이용하고 전기의 성질을 과학적으로 응용한 기술을 사용하여 전화가입자에게 음향의 송수신이 가능하도록 하여 줌으로써 상대방과의 통신을 매개하여 주는 역무, 즉 전기통신사업자에 의하여 가능하게 된 전화기의 음향송수신기능을 부당하게 이용하는 것으로, 이러한 내용의 역무는 무형적인 이익에 불과하고 물리적 관리의 대상이 될 수 없어 재물이 아니라고 할 것이므로 절도죄의 객체가 되지 아니한다.)

804) 대법원 1999.6.25. 선고 98도3891 판결(타인의 일반전화를 무단으로 이용하여 전화통화를 하는 행위는 전기통신사업자인 한국전기통신공사가 일반전화 가입자인 타인에게 통신을 매개하여 주는 역무를 부당하게 이용하는 것에 불과하여 한국전기통신공사에 대한 기망행위에 해당한다고 볼 수 없을 뿐만 아니라, 이에 따라 제공되는 역무도 일반전화 가입자와 한국전기통신공사 사이에 체결된 서비스이용계약에 따라 제공되는 것으로서 한국전기통신공사가 착오에 빠져 처분행위를 한 것이라고 볼 수 없으므로, 결국 위와 같은 행위는 형법 제347조의 사기죄를 구성하지 아니한다 할 것이고, 이는 형법이 제348조의2를 신설하여 부정한 방법으로 대가를 지급하지 아니하고 공중전화를 이용하여 재산상 이익을 취득한 자를 처벌하는 규정을 별도로 둔 취지에 비추어 보아도 분명하다.)

는다. 따라서 일반공중전화를 부정이용한 경우에는 본죄가 성립하지만 타인의 일반 전화나 휴대폰을 몰래 이용한 경우에는 본죄가 성립하지 않는다.

부정한 방법의 이용이란 정해진 대가를 지급하지 않거나 정해진 대가보다 적게 지급하고 유료자동설비를 용법대로 이용하는 것을 말한다. 그 방법에는 제한이 없다. 따라서 우리나라 500원짜리 동전으로 일본의 자동판매기에 투입하여 500엔짜리 물건을 취득하는 행위도 본죄에 해당한다.

본죄의 실행의 착수시기는 부정한 이용행위를 개시한 때이며 기수시기는 부정한 이용행위의 결과로 재물 또는 재산상의 이익을 취득한 때이다.

다. 죄수

또한 유료자동설비를 손괴하고 그 안에 있는 물건을 취득하는 행위는 용법대로 이용하는 부정한 방법에 해당하지 않기 때문에 손괴죄와 절도죄의 실체적 경합이 된다(통설). 공중전화카드, 선불카드, 정액승차권상의 자기띠를 조작하여 액면금액이 초과된 후에도 계속 사용하는 경우에 자기띠조작은 사전자기록변작죄(제232조의2)에 해당하는 동시에 본죄 및 컴퓨터등사용사기죄(제347조의2)의 구성요건에도 해당하지만, 본죄는 컴퓨터등사용사기죄에 비하여 '유료자동설비'라는 요건이 추가되어 특별관계를 형성하고 있으므로 컴퓨터등사용사기죄는 성립하지 않고 본죄와 사전자기록변작죄의 실체적 경합이 성립한다.

Ⅵ. 부당이득죄

[형법조문]

제349조(부당이득) ① 사람의 궁박한 상태를 이용하여 현저하게 부당한 이익을 취득한 자는 3년 이하의 징역 또는 1천만원 이하의 벌금에 처한다. ② 전항의 방법으로 제삼자로 하여금 부당한 이익을 취득하게 한 때에도 전항의 형과 같다.

제351조(상습범) 상습으로 제347조 내지 전조의 죄를 범한 자는 그 죄에 정한 형의 2분의 1까지 가중한다.

제353조(자격정지의 병과) 본장의 죄에는 10년 이하의 자격정지를 병과할 수 있다.

제354조(친족간의 범행, 동력) 제328조와 제346조의 규정은 본장의 죄에 준용한다.

가. 의의 및 보호법익

부당이득죄는 사람의 궁박한 상태를 이용하여 현저하게 부당한 이득을 취득하거나 제3자로 하여금 취득하게 하는 범죄이다. 궁박한 상태에서의 재산적 처분행위는 하자있는 처분행위라고 할 수 있고 이러한 점에서 피기망자, 피공갈자의 하자있는 처분행위를 통해 재물 또는 재산상의 이익을 취득하는 사기죄 및 공갈죄와 공통점이 있다.[805] 미수는 처벌하지 않는다.

본죄는 폭리행위를 벌하는 것이며 폭리에 해당하는 경우에는 재산상의 손해가 발생하는 것이므로 본죄의 보호법익은 전체로서의 재산이다.

보호의 정도와 관련하여, 미수범처벌규정이 없음을 이유로 위험범으로 해석하여 피해자에게 재산상의 위험을 초래하면 본죄가 성립한다는 견해도 있지만, 현저하게 부당한 이득을 취한다는 것은 피해자의 재산을 침해하는 것이라고 할 수 있기 때문에 침해범이라고 해석하는 것이 타당하다.

나. 구성요건

(1) 궁박한 상태의 이용

상대방이 궁박한 상태에 있어야 하는데, 여기서 궁박이란 '급박한 곤궁'을 의미하는 것으로[806] 궁박한 상태는 반드시 경제적 곤궁만을 의미하지 아니하며, 생명이나

805) 바로 이러한 이유로 형법은 사기죄와 공갈죄 사이에 부당이득죄를 규정하고 있다고 할 수 있다.

806) 대법원 2010.5.27. 선고 2010도778 판결 ; 대법원 2008.5.29. 선고 2008도2612 판결(부당이득죄에 있어서 궁박이라 함은 '급박한 곤궁'을 의미하는 것으로서, 피해자가 궁박한 상태에 있었는지 여부는 거래당사자의 신분과 상호간의 관계, 피해자가 처한 상황의 절박성의 정도 등 여러 상황을 종합하여 구체적으로 판단하여야 할 것이고, 특히 부동산의 매매와 관련하여 피고인이 취득한 이익이 현

신체에 대한 육체적 곤궁상태, 명예·신용에 대한 정신적 곤궁상태는 물론이고 주택난·자금난 같은 사회적 곤궁상태도 포함될 수 있다. 궁박한 상태를 초래한 원인은 불문하며, 재산적 처분행위가 필요한 궁박상태임을 요하지 않고 하자있는 처분행위를 할 수 있는 정도의 궁박상태이면 족하다.

보충판례 102 : 대법원 2005.4.15. 선고 2004도1246 판결

(2) 현저하게 부당한 이익

부당한 이익은 급부와 이익 사이에 상당성이 없는 경우를 말한다. 현저하게 부당한지의 여부는 추상적·일반적 판단이 아니라 행위당시의 구체적 사정을 고려하여 사회통념 또는 건전한 상식에 따라 객관적으로 결정하여야 하며, 계약자유 및 신의성실의 원칙과 관련하여 신중하게 판단하여야 한다.[807]

저하게 부당한지 여부는 우리 헌법이 규정하고 있는 자유시장경제질서와 여기에서 파생되는 계약자유의 원칙을 바탕으로 피고인이 당해 토지를 보유하게 된 경위 및 보유기간, 주변 부동산의 시가, 가격결정을 둘러싼 쌍방의 협상과정 및 거래를 통한 피해자의 이익 등을 종합적으로 고려되어야 한다.)

807) 대법원 2009.1.15. 선고 2008도1246 판결 ; 대법원 2009.1.15. 선고 2008도8577 판결(형법상 부당이득죄에 있어서 궁박이라 함은 '급박한 곤궁'을 의미하고, '현저하게 부당한 이익의 취득'이라 함은 단순히 시가와 이익과의 배율로만 판단할 것이 아니라 구체적·개별적 사안에 있어서 일반인의 사회통념에 따라 결정하여야 하는 것으로서, 피해자가 궁박한 상태에 있었는지 여부 및 급부와 반대급부 사이에 현저히 부당한 불균형이 존재하는지 여부는 거래당사자의 신분과 상호 간의 관계, 피해자가 처한 상황의 절박성의 정도, 계약의 체결을 둘러싼 협상과정 및 거래를 통한 피해자의 이익, 피해자가 그 거래를 통해 추구하고자 한 목적을 달성하기 위한 다른 적절한 대안의 존재 여부, 피고인에게 피해자와 거래하여야 할 신의칙상 의무가 있는지 여부 등 여러 상황을 종합하여 구체적으로 판단하되, 특히 우리 헌법이 규정하고 있는 자유시장경제질서와 여기에서 파생되는 사적 계약자유의 원칙을 고려하여 그 범죄의 성립을 인정함에 있어서는 신중을 요한다. 한편, 개발사업 등이 추진되는 사업부지 중 일부의 매매와 관련된 이른바 '알박기' 사건에서 부당이득죄의 성립 여부가 문제되는 경우에도 위와 같은 여러 상황을 종합하여 구체적으로 판단하되, 그 범죄의 성립을 인정하기 위하여는 피고인이 피해자의 개발사업 등이 추진되는 상황을 미리 알고 그 사업부지 내의 부동산을 매수한 경우이거나 피해자에게 협조할 듯 한 태도를 취하여 사업을 추진하도록 한 후에 협조를 거부하는 경우 등과 같이 피해자가 궁박한 상태에 빠지게 된 데에 피고인이 적극적으로 원인을 제공하였거나 상당한 책임을 부담하는 정도에 이르러야 한다. 이러한 정도에 이르지 아니하고, 단지 개발사업 등이 추진되기 오래 전부터 사업부지 내의 부동산을 소유하여 온 피고인이 이를 매도하라는 피해자의 제안을 거부하다가 수용하는 과정에서 큰 이득을 취하였다는 사정만으로 함부로 부당이득죄의 성립을 인정하여서는 아니 된다.
앞서 본 법리와 기록에 비추어 살펴보면, 피고인들은 이 사건 주택건축사업이 추진되기 오래 전부터 이 사건 부동산을 소유하여 오다가 이 사건 부동산을 매도하라는 피해자 회사의 제안을 거부하다가 수용하는 과정에서 큰 이득(시가보다 40배)을 취하였을 뿐, 달리 피해자가 궁박한 상태에 빠지게 된 데에 피고인이 적극적으로 원인을 제공하였다거나 상당한 책임을 부담하는 정도에 이르렀다고 볼 증거가 없으므로, 피고인들에 대하여 부당이득죄가 성립한다고 인정하기 어렵다.) ; 대법원 2007.12.28. 선고 2007도6441(토지매수인인 건설회사가 아파트 건설사업의 순조로운 진행과 막대한 은행융자금 이자

Ⅶ. 상습사기등죄

[조문]

형법 제351조(상습범) 상습으로 제347조 내지 전조의 죄를 범한 자는 그 죄에 정한 형의 2분의 1까지 가중한다.

제352조(미수범) 제347조 내지 제348조의2, 제350조와 제351조의 미수범은 처벌한다.

제353조(자격정지의 병과) 본장의 죄에는 10년 이하의 자격정지를 병과할 수 있다.

제354조(친족간의 범행, 동력) 제328조와 제346조의 규정은 본장의 죄에 준용한다.

특정경제범죄가중처벌등에관한법률 제3조(특정재산범죄의 가중처벌) ① 「형법」 제347조(사기), 제350조(공갈), 제351조(제347조 및 제350조의 상습범만 해당한다), 제355조(횡령 · 배임) 또는 제356조(업무상의 횡령과 배임)의 죄를 범한 사람은 그 범죄행위로 인하여 취득하거나 제3자로 하여금 취득하게 한 재물 또는 재산상 이익의 가액(이하 이 조에서 "이득액"이라 한다)이 5억원 이상일 때에는 다음 각 호의 구분에 따라 가중처벌한다.

1. 이득액이 50억원 이상일 때 : 무기 또는 5년 이상의 징역
2. 이득액이 5억원 이상 50억원 미만일 때 : 3년 이상의 유기징역

② 제1항의 경우 이득액 이하에 상당하는 벌금을 병과(倂科)할 수 있다.[전문개정 2012.2.10]

특히 판례는 사기죄의 경우 상습성은 동종(同種)의 범행수법에 의한 사기범행의 습벽 외에도 이종(異種)의 수법에 의한 사기범행을 포괄하는 사기의 습벽도 포함한다.[808]

의 부담을 피하기 위해 토지소유권을 시급히 확보해야 하는 처지여서 목적 토지에 관하여 명의자인 문중원들과 문중 사이의 소유권 분쟁에 관한 민사소송의 종료시까지 기다릴 여유가 없는 사정을 이용하여, 문중 대표자이자 목적 토지의 공유지분권자인 사람이 자기 지분에 대해 문중 명의 매매계약과 따로 별도의 매매계약을 체결하고 나머지 지분권자들의 3배 이상의 매매대금을 수령한 것은 건설회사의 궁박을 이용하여 현저하게 부당한 이득을 취한 것으로서 부당이득죄가 성립한다.)

808) 대법원 2000.2.11. 선고 99도4797 판결(상습사기죄에 있어서의 상습성이라 함은 반복하여 사기행위를 하는 습벽으로서 행위자의 속성을 말하고, 여기서 말하는 사기행위의 습벽은 행위자의 사기습벽의 발현으로 인정되는 한 동종의 수법에 의한 사기범행의 습벽만을 의미하는 것이 아니라 이종의 수법에 의한 사기범행을 포괄하는 사기의 습벽도 포함한다.) ; 대법원 2006.9.8. 선고 2006도2860 판결(상습사기에 있어서의 상습성의 습벽 유무를 판단함에 있어서는 사기의 전과가 중요한 판단자료가 되나 사기의 전과가 없다고 하더라도 범행의 횟수, 수단과 방법, 동기 등 제반 사정을 참작하여 사기의 습벽이 인정되는 경우에는 상습성을 인정하여야 하는 것이며, 특히 처음부터 장기간에 걸쳐 불특정 다수로부터 회원가입비 명목의 금원을 편취할 목적으로 상당한 자금을 투자하여 성인사이트를 개설하고 직원까지 고용하여 사기행위를 영업으로 한 경우에는 그 행위의 반복성이 영업이라는 면에서 행위 그 자체의 속성에서 나아가 행위자의 속성으로서 상습성을 내포하는 성질을 갖게 되고, 또한

통설 및 판례는 본죄를 포괄일죄로 이해한다. 따라서 수회의 범행을 한 경우 그 중 일부의 범행에 대해 공소가 제기되어도 공소제기의 효력은 전체범행에 미치고 확정판결의 기판력[809]도 전부에 미치므로 공소가 제기되지 않은 나머지 범행에 대해 공소가 제기된 경우 법원은 면소판결을 하여야 한다.[810]

Ⅷ. 신용카드범죄의 유형과 형사책임

가. 신용카드의 의의 및 성격

신용카드란 제시함으로써 반복하여 가맹점에서 물품의 구입 또는 용역의 제공을 받을 수 있는 증표로서 신용카드업자가 발행한 것을 말한다.[811]

신용카드는 카드 상에 표시된 자의 회원자격과 가맹점과 회원사이의 신용거래에서 발생한 거래대금에 대하여 카드회사가 책임진다는 것을 증명해 주는 사실증명에

이미 투자한 자금에 얽매여 그러한 사기행위를 쉽게 그만둘 수 없다는 자본적 또는 경제활동상의 의존성도 습벽의 내용이 될 수 있으므로 상습성을 인정할 수 있다.)

809) **[확정판결의 기판력]** : 형사소송법상 유죄·무죄의 실체판결 및 면소의 판결이 형식적으로 확정되면 그 내부적 효력으로서는 사건의 내용이 확정되고 집행력이 생기며, 외부적 효력으로서는 동일사건에 관하여 공소의 제기를 허용하지 않는 효과가 발생한다. 광의의 기판력은 이 두 가지 효력을 의미하며(따라서 실체적 확정력과 동의이다) 협의로는 그 중 특히 외부적 효력, 즉 일사부재리의 효과를 가리킨다. 형사소송법에서 기판력이라 할 때에는 이 협의의 기판력을 의미한다.

810) 대법원 2004.9.16. 선고 2001도3206 전원합의체 판결(상습성을 갖춘 자가 여러 개의 죄를 반복하여 저지른 경우에는 각 죄를 별죄로 보아 경합범으로 처단할 것이 아니라 그 모두를 포괄하여 상습범이라고 하는 하나의 죄로 처단하는 것이 상습범의 본질 또는 상습범 가중처벌규정의 입법취지에 부합한다. 한편 상습범으로서 포괄적 일죄의 관계에 있는 여러 개의 범죄사실 중 일부에 대하여 유죄판결이 확정된 경우에, 그 확정판결의 사실심판결 선고 전에 저질러진 나머지 범죄에 대하여 새로이 공소가 제기되었다면 그 새로운 공소는 확정판결이 있었던 사건과 동일한 사건에 대하여 다시 제기된 데 해당하므로 이에 대하여는 판결로써 면소의 선고를 하여야 하는 것인바(형사소송법 제326조 제1호), 다만 이러한 법리가 적용되기 위해서는 전의 확정판결에서 당해 피고인이 상습범으로 기소되어 처단되었을 것을 필요로 하는 것이고, 상습범 아닌 기본 구성요건의 범죄로 처단되는 데 그친 경우에는, 가사 뒤에 기소된 사건에서 비로소 드러났거나 새로 저질러진 범죄사실과 전의 판결에서 이미 유죄로 확정된 범죄사실 등을 종합하여 비로소 그 모두가 상습범으로서의 포괄적 일죄에 해당하는 것으로 판단된다 하더라도 뒤늦게 앞서의 확정판결을 상습범의 일부에 대한 확정판결이라고 보아 그 기판력이 그 사실심판결 선고 전의 나머지 범죄에 미친다고 보아서는 아니 된다.)

811) 여신전문금융업법 제2조(정의) 제3호. 한편 '직불카드' 및 '선불카드'의 정의에 대해서는 같은 조 제6호 및 제8호 참조.

관한 사문서에 해당하고(문서성), 재산죄의 객체인 재물(재물성)로 인정된다(통설 및 판례[812]).

신용카드가 유가증권에 해당(유가증권성)하는지에 대해서는, 이를 긍정하는 견해(긍정설)도 있지만, 신용카드 그 자체에 경제적 가치가 화체(化體)되어 있거나 특정의 재산권을 표창하는 것이 아니기 때문에 유가증권이 아니라고 하는 부정설(다수설 및 판례[813])이 타당하다.

나. 신용카드와 관련된 범죄유형

신용카드는 재산범죄의 객체인 재물이므로 타인의 신용카드를 절취, 강취, 편취, 갈취, 횡령하면 각각 그 해당범죄(절도죄, 강도죄, 사기죄, 공갈죄, 횡령죄)가 성립한다.

또한 신용카드(자기띠 기타 부분)를 위조·변조하거나 위조·변조된 신용카드를 판매 또는 사용하는 경우에는 형법상 유가증권위조·변조죄에 해당하지 않고 여신전문금융업법상의 신용카드위조·변조죄 또는 신용카드부정사용죄가 성립할 수 있다.[814]

812) 대법원 1995.7.28. 선고 95도997 판결(피해자명의의 신용카드를 부정사용하여 현금자동인출기에서 현금을 인출하고 그 현금을 취득까지 한 행위는 신용카드업법 제25조 제1항의 부정사용죄에 해당할 뿐 아니라 그 현금을 취득함으로써 현금자동인출기 관리자의 의사에 반하여 그의 지배를 배제하고 그 현금을 자기의 지배하에 옮겨 놓는 것이 되므로 별도로 절도죄를 구성하고, 위 양 죄의 관계는 그 보호법익이나 행위태양이 전혀 달라 실체적 경합관계에 있는 것으로 보아야 한다.) ; 대법원 2007.5.10. 선고 2007도1375 판결(강도죄는 공갈죄와는 달리 피해자의 반항을 억압할 정도로 강력한 정도의 폭행·협박을 수단으로 재물을 탈취하여야 성립하는 것이므로, 피해자로부터 현금카드를 강취하였다고 인정되는 경우에는 피해자로부터 현금카드의 사용에 관한 승낙의 의사표시가 있었다고 볼 여지가 없다. 따라서 강취한 현금카드를 사용하여 현금자동지급기에서 예금을 인출한 행위는 피해자의 승낙에 기한 것이라고 할 수 없으므로, 현금자동지급기 관리자의 의사에 반하여 그의 지배를 배제하고 그 현금을 자기의 지배하에 옮겨 놓는 것이 되어서 강도죄와는 별도로 절도죄를 구성한다고 할 것이다.) 이처럼 판례는 신용카드에 대한 절도죄를 인정함으로써 간접적으로 재물성을 인정하고 있다.

813) 대법원 1999.7.9. 선고 99도857 판결(신용카드업자가 발행한 신용카드는 그 자체에 경제적 가치가 화체되어 있거나 특정의 재산권을 표창하는 유가증권이라고 볼 수 없고, 단지 신용카드회원이 그 제시를 통하여 신용카드회원이라는 사실을 증명하거나 현금자동지급기 등에 주입하는 등의 방법으로 신용카드업자로부터 서비스를 받을 수 있는 증표로서의 가치를 갖는 것이어서, 이를 사용하여 현금자동지급기에서 현금을 인출하였다 하더라도 신용카드 자체가 가지는 경제적 가치가 인출된 예금액만큼 소모되었다고 할 수 없으므로, 이를 일시 사용하고 곧 반환한 경우에는 불법영득의 의사가 없다고 보아야 할 것이다.)

814) 여신전문금융업법 제70조(벌칙) ① 다음 각 호의 어느 하나에 해당하는 자는 7년 이하의 징역 또는 5천만원 이하의 벌금에 처한다.

1. 신용카드등을 위조하거나 변조한 자
2. 위조되거나 변조된 신용카드등을 판매하거나 사용한 자

다. 신용카드의 부정발급과 사기죄의 성부

(1) 자기명의로 발급받은 경우

처음부터 대금결제의사와 능력이 없으면서도 정상적으로 결제할 것처럼 가장하여 신용카드회사로부터 신용카드를 발급받은 경우에는 신용카드 자체에 대한 사기죄의 성립여부가 문제된다.[815]

이에 대해서는 신용카드 자체는 재산적 가치가 경미하고 카드회사가 신청자의 재력상태에 대한 철저한 심사없이 카드를 남발하는 상황에서 카드발급 자체에 대한 기망행위를 인정할 수 없으므로 사기죄가 성립하지 않는다는 견해(부정설)도 있지만, 대금결제의 의사와 능력없이 신용카드를 발급받는 행위는 기망행위이고 신용카드회사의 카드발급행위는 피기망자의 처분행위이며 카드를 발급받아 사용할 수 있다는 것 자체는 재산상의 이익이라 할 수 있으므로 사기죄의 성립을 인정하는 견해(긍정설)가 타당하다. 판례도 이러한 경우에 사기죄의 성립을 인정할 뿐만 아니라 그 이후의 카드사용행위를 모두 사기죄의 포괄일죄로 인정하고 있다.[816]

---

3. 분실하거나 도난당한 신용카드나 직불카드를 판매하거나 사용한 자
4. 강취(强取)·횡령하거나, 사람을 기망(欺罔)하거나 공갈(恐喝)하여 취득한 신용카드나 직불카드를 판매하거나 사용한 자
5. 행사할 목적으로 위조되거나 변조된 신용카드등을 취득한 자
6. 거짓이나 그 밖의 부정한 방법으로 알아낸 타인의 신용카드 정보를 보유하거나 이를 이용하여 신용카드로 거래한 자

815) 자기명의의 카드발급신청서를 작성·제출한 것은 사문서의 무형위조이므로 형법상 처벌규정이 없어 문서위조죄에 해당하지 않고, 그 후 그 카드를 사용하더라도 자기의 신용카드를 사용한 것이므로 여신전문금융업법상의 신용카드부정사용죄에도 해당하지 않는다.

816) 대법원 2006.3.24. 선고 2006도282 판결 ; 대법원 1996.4.9. 선고 95도2466 판결(신용카드의 거래는 신용카드회사로부터 카드를 발급받은 사람이 위 카드를 사용하여 카드가맹점으로부터 물품을 구입하면 그 카드를 소지하여 사용하는 사람이 카드회사로부터 카드를 발급받은 정당한 소지인인 한 카드회사가 그 대금을 가맹점에 결제하고, 카드회사는 카드사용자에 대하여 물품구입대금을 대출해 준 금전채권을 가지는 것이고, 또 카드사용자가 현금자동지급기를 통해서 현금서비스를 받아 가면 현금대출관계가 성립되게 되는 것인바, 이와 같은 카드사용으로 인한 카드회사의 금전채권을 발생케 하는 카드사용 행위는 카드회사로부터 일정한 한도 내에서 신용공여가 이루어지고, 그 신용공여의 범위 내에서는 정당한 소지인에 의한 카드사용에 의한 금전대출이 카드 발급시에 미리 포괄적으로 허용되어 있는 것인바, 현금자동지급기를 통한 현금대출도 결국 카드회사로부터 그 지급이 미리 허용된 것이고, 단순히 그 지급방법만이 사람이 아닌 기계에 의해서 이루어지는 것에 불과하다. 그렇다면 피고인이 카드사용으로 인한 대금결제의 의사와 능력이 없으면서도 있는 것 같이 가장하여 카드회사를 기망하고, 카드회사는 이에 착오를 일으켜 일정 한도 내에서 카드사용을 허용해 줌으로써 피고인은 기망당한 카드회사의 신용공여라는 하자 있는 의사표시에 편승하여 자동지급기를 통한 현금대출도 받고, 가맹점을 통한 물품구입대금 대출도 받아 카드발급회사로 하여금 같은 액수 상당의 피

(2) 타인명의를 모용하여 부정발급받는 경우

행위자가 타인의 동의를 받지 않고 타인의 성명을 모용하여 신용카드를 발급받는 경우에도 사기죄의 성부가 문제된다.[817]

신용카드 그 자체는 재산적 가치가 경미하여 카드회사에 재산상의 손해를 끼친 것으로 인정할 수 없기 때문에 사기죄의 성립을 인정할 수 없다는 견해(부정설)도 있지만, 신용카드를 발급받은 것은 이를 사용하여 물품을 구입하거나 현금서비스를 받을 수 있는 기회가 생긴 것으로서 재산상 이익에 해당하므로 사기죄가 성립한다는 견해(긍정설)가 타당하다. 판례도 이 경우 사기죄의 성립을 인정하는 외에 절도죄[818]나 컴퓨터등사용사기죄(보충판례 103)가 별도로 성립한다고 한다.

보충판례 103 : 대법원 2006.7.27. 선고 2006도3126 판결

라. 신용카드로 물품을 구입하는 경우의 사기죄 성립여부

(1) 자기명의로 부정발급 받은 후 물품구입 등을 하는 경우

자기명의로 부정발급 받은 후 대금결제의사나 능력없이 가맹점에서 물품구입 등을 하는 경우에는 사기죄의 성립을 인정할 것인지에 대해서도 견해가 대립한다.

해를 입게 함으로써, 카드사용으로 인한 일련의 편취행위가 포괄적으로 이루어지는 것이다. 따라서 카드사용으로 인한 카드회사의 손해는 그것이 자동지급기에 의한 인출행위이든 가맹점을 통한 물품구입행위이든 불문하고 모두가 피해자인 카드회사의 기망당한 의사표시에 따른 카드발급에 터잡아 이루어지는 사기의 포괄일죄이다.)

817) 이 경우에는 카드발급신청서를 타인의 성명으로 작성하는 것이므로 사문서의 유형위조에 해당하여 사문서위조죄 및 동행사죄에 해당한다. 그러나 카드의 명의인은 카드회사이기 때문에 여신전문금융업법상의 신용카드위조죄나 위조신용카드취득죄는 성립하지 않는다. 카드를 발급받은 후 이를 사용하는 것은 신용카드부정사용죄에 해당한다.

818) 대법원 2002.7.12. 선고 2002도2134 판결[피고인이 타인의 명의를 모용하여 신용카드를 발급받은 경우, 비록 카드회사가 피고인으로부터 기망을 당한 나머지 피고인에게 피모용자 명의로 발급된 신용카드를 교부하고, 사실상 피고인이 지정한 비밀번호를 입력하여 현금자동지급기에 의한 현금대출(현금서비스)을 받을 수 있도록 하였다 할지라도, 카드회사의 내심의 의사는 물론 표시된 의사도 어디까지나 카드명의인인 피모용자에게 이를 허용하는 데 있을 뿐, 피고인에게 이를 허용한 것은 아니라는 점에서 피고인이 타인의 명의를 모용하여 발급받은 신용카드를 사용하여 현금자동지급기에서 현금대출을 받는 행위는 카드회사에 의하여 미리 포괄적으로 허용된 행위가 아니라, 현금자동지급기의 관리자의 의사에 반하여 그의 지배를 배제한 채 그 현금을 자기의 지배하에 옮겨 놓는 행위로서 절도죄에 해당한다고 봄이 상당하다.]

카드소지자는 자신의 신용상태를 고지할 의무가 없을 뿐만 아니라 가맹점은 카드에 대한 형식적 심사[819]밖에 할 수 없으므로 카드의 부정사용이 가맹점에 대해서 기망행위가 될 수 없고, 카드회사의 손해발생에 대해서도 인과관계를 인정할 수 없다는 이유로 사기죄의 성립을 부정하는 견해(부정설)도 있지만, 대금결제의사나 능력없이 물품을 구입하며 카드로 결제하는 것은 설명가치 있는 행동에 의한 묵시적 기망행위에 해당한다 할 것이므로 사기죄의 성립을 인정하는 견해(긍정설)가 타당하다. 판례도 긍정설의 입장에서 사기죄(포괄일죄)의 성립을 인정한다.[820]

(2) 자기명의로 정상발급 받은 후 물품구입 등을 하는 경우

유효하게 정상적으로 발급받은 카드회원이 그 이후 대금결제의사나 능력도 없이 가맹점에서 물품구입 등을 하는 경우 사기죄의 성립여부에 대해서도 부정발급받은 신용카드를 부정사용하는 경우와 동일한 맥락에서 가맹점을 피기망자로 하여 카드회사(피해자)에 재산적 손해를 입히는 삼각사기의 형태[821]로 된 사기죄의 성립을 인정하는 것이 타당하다.

보충판례 107 : 대법원 2005.8.19. 선고 2004도6859 판결

(3) 타인의 성명을 모용하여 부정발급 받은 후 물품구입 등을 하는 경우

행위자가 타인의 성명으로 신용카드를 발급받은 후 대금결제의사나 능력없이 카드를 이용하여 가맹점에서 물품을 구입한 경우[822]에는 자기명의의 부정사용과 마찬가지로 가맹점을 피기망자로 하고 카드회사를 재산적 피해자로 하는 삼각사기로서 사기죄가 성립한다.

819) 여신전문금융업법 제19조(가맹점의 준수사항) ② 신용카드가맹점은 신용카드로 거래를 할 때마다 그 신용카드를 본인이 정당하게 사용하고 있는지를 확인하여야 한다.

820) 대법원 1996.4.9. 선고 95도2466 판결.

821) 이에 대하여 판례(대법원 1996.4.9. 선고 95도2466 판결)는 카드회사가 피기망자인 동시에 피해자라는 입장을 취한다. 그러나 카드발급 그 자체는 물품구입이라는 그 이후의 사기죄에 대한 준비행위에 불과하므로 카드회사를 부정사용부분에 대한 피기망자로 볼 수는 없을 것이다.

822) 타인의 성명으로 된 신용카드를 발급받아 사용하는 경우도 사기로 취득한 타인의 신용카드를 부정하게 사용하는 것이므로 여신전문금융업법상의 신용카드부정사용죄에 해당한다.

(4) 범죄로 취득한 타인의 신용카드로써 물품구입 등을 하는 경우

타인의 신용카드(직불카드포함)를 습득하거나 절취한 후 카드가맹점에서 자기의 카드인 것처럼 가장하여 물품구입 등을 하는 경우에도 카드가맹점이 피기망자이고 카드회사 또는 카드의 도난분실신고를 해태한 카드회원이 재산적 피해자가 되는 삼각사기에 해당되어 사기죄가 성립한다(통설 및 판례).[823)]

보충판례 104 : 대법원 1996.7.12. 선고 96도1181 판결

이 경우도 타인의 신용카드를 부정사용하는 행위가 여신전문금융업법상의 신용카드부정사용죄에 해당한다. 그리고 신용카드를 부정사용하면서 카드의 매출전표에 서명하여 이를 교부하는 행위는 사문서위조 및 동행사죄에 해당할 수 있지만, 이는 신용카드부정사용에 전형적으로 수반되는 행위라 할 수 있기 때문에 신용카드부정사용죄에 흡수되어 별죄를 구성하지 아니 한다.[824)]

823) **[포괄일죄와 실체적 경합범의 구별기준]** : 동일 죄명에 해당하는 수개의 행위 또는 연속된 행위를 단일하고 계속된 범의 하에 일정 기간 계속하여 행하고 그 피해법익도 동일한 경우에는 이들 각 행위를 통틀어 포괄일죄로 처단하여야 하지만, 범의의 단일성과 계속성이 인정되지 아니하거나 범행방법 및 장소가 동일하지 않은 경우에는 각 범행은 실체적 경합범에 해당한다(대법원 2006.9.8. 선고 2006도3172 판결).

824) 대법원 1992.6.9. 선고 92도77 판결(신용카드업법 제25조 제1항은 신용카드를 위조·변조하거나 도난·분실 또는 위조·변조된 신용카드를 사용한 자는 7년 이하의 징역 또는 5천만 원 이하의 벌금에 처한다고 규정하고 있는바, 위 부정사용죄의 구성요건적 행위인 신용카드의 사용이라 함은 신용카드의 소지인이 신용카드의 본래 용도인 대금결제를 위하여 가맹점에 신용카드를 제시하고 매출표에 서명하여 이를 교부하는 일련의 행위를 가리키고 단순히 신용카드를 제시하는 행위만을 가리키는 것은 아니라고 할 것이므로, 위 매출표의 서명 및 교부가 별도로 사문서위조 및 동행사의 죄의 구성요건을 충족한다고 하여도 이 사문서위조 및 동행사의 죄는 위 신용카드부정사용죄에 흡수되어 신용카드부정사용죄의 1죄만이 성립하고 별도로 사문서위조 및 동행사의 죄는 성립하지 않는다.) ; 대법원 2008.2.14. 선고 2007도8767 판결(여신전문금융업법 제70조 제1항은 분실 또는 도난된 신용카드 또는 직불카드를 판매하거나 사용한 자는 7년 이하의 징역 또는 5천만 원 이하의 벌금에 처한다고 규정하고 있는바, 위 부정사용죄의 구성요건적 행위인 신용카드의 사용이라 함은 신용카드의 소지인이 신용카드의 본래 용도인 대금결제를 위하여 가맹점에 신용카드를 제시하고 매출전표에 서명하여 이를 교부하는 일련의 행위를 가리키므로, 단순히 신용카드를 제시하는 행위만으로는 신용카드부정사용죄의 실행에 착수한 것이라고 할 수는 있을지언정 그 사용행위를 완성한 것으로 볼 수 없고, 신용카드를 제시한 거래에 대하여 카드회사의 승인을 받았다고 하더라도 마찬가지라 할 것이다.)

마. 신용카드로 현금서비스를 받는 경우와 사기죄의 성립여부

(1) 자기명의로 정상발급받은 후 현금서비스를 받은 경우

자기명의로 정상발급받은 후 지불능력이나 지불의사없이 현금자동지급기에서 현금서비스를 받은 경우에는, 현금자동지급기 관리자의 조건부동의의 조건을 충족하지 않았기 때문에 절도죄가 된다는 견해(절도죄설), 현금자동지급기 관리자의 의사에 반한 점유배제로 볼 수 없기 때문에 절취행위가 될 수 없을 뿐만 아니라 사람을 기망한 것도 아니기 때문에 무죄가 된다는 견해(무죄설, 다수설), 행위자의 행위 전 과정을 보면 사기죄에 해당한다는 견해(사기죄설) 등이 대립한다. 판례도 대금결제의사와 능력을 속이고 부정하게 카드발급을 받아 현금서비스와 물품구입을 한 경우 포괄하여 사기죄의 성립을 인정하기 때문에 현금서비스를 받는 것이 사기죄에 해당함을 인정한 취지라고 할 수 있다.[825]

생각건대 자신의 비밀번호를 입력하고 현금서비스를 받는 것이 허위의 정보 또는 부정한 명령을 입력하거나 권한없이 정보를 입력·변경하는 것이라 할 수 없어 컴퓨터등사용사기죄도 성립할 수 없다는 점을 감안하면 무죄설이 타당하다 할 것이다. 또한 신용카드부정사용죄가 성립할 여지가 없는 것도 여신전문금융업법의 규정상 명백하다(보충판례 106 참조).

보충판례 106 : 대법원 2003.11.14. 선고 2003도3977 판결

(2) 타인의 성명을 모용하여 부정발급받은 후 현금서비스를 받은 경우

처음부터 지불능력이나 지불의사없이 타인의 성명으로 신용카드를 발급받은 후 현금자동지급기에서 현금서비스를 받은 경우에는, 카드회사의 처분의사가 카드에 표시된 피모용자를 향한 것이지 모용자를 향한 것이 아니라는 이유로 절도죄의 성립을 인정하는 견해(절도죄설, 판례[826])와 사기죄의 성립을 인정하는 견해(사기죄설)가 대립한다.

---

825) 대법원 1996.4.9. 선고 95도2466 판결.

826) 대법원 2006.7.27. 선고 2006도3126 판결.

생각건대 신용카드를 부정발급받는 것이 재산상 이익을 취득한 것이라고 할 수 있다면 그 후 현금서비스를 받는 것은 재산상의 이익을 실현하는 것으로서 사기죄의 포괄일죄가 된다고 하여야 할 것이다. 즉 부정하게 발급받은 자기의 신용카드로 현금서비스를 받는 경우와 마찬가지로 행위자가 발급받을 당시 처음부터 카드발급자인 사람을 기망하고 카드발급행위는 카드사용을 통해 현금자동지급기에서 현금서비스를 받도록 한 신용공여행위로서 처분행위에 해당한다 할 것이므로 사기죄가 성립한다.

(3) 범죄로 취득한 타인의 신용카드(또는 현금카드)를 사용하여 현금 서비스(또는 예금 인출)를 받은 경우

절취등 불법취득한 타인의 신용카드(또는 현금카드)와 비밀번호를 사용하여 현금자동지급기에서 현금서비스(또는 예금인출)를 받은 경우에는, 현금인출이 자동지급기를 설치한 은행의 동의 하에 이루어진 것이기 때문에 절도죄도 성립할 수 없고, 현금은 재물이어서 컴퓨터등사용사기죄의 객체요건도 충족시킬 수 없어 무죄라는 견해(무죄설), 타인의 카드를 사용하여 임의로 비밀번호를 입력하는 것은 컴퓨터등사용사기죄의 '권한없는 정보의 입력'에 해당하고 현금도 재산상의 이익에 포함될 수 있기 때문에 컴퓨터등사용사기죄가 성립한다는 견해(컴퓨터등사용사기죄설), 인출된 현금(재물)에 대한 절도죄가 성립한다는 견해(절도죄설) 등이 대립한다. 판례는 현금은 재산상의 이익이 아니라는 이유로 컴퓨터등사용사기죄의 성립을 부정[827]하면서 절도죄를 인정하고 있다.[828] 컴퓨터등사용사기죄설이 타당하다.

보충판례 105 : 대법원 2007.5.10. 선고 2007도1375 판결[829]

827) 대법원 2003.5.13. 선고 2003도1178 판결.

828) 대법원 1995.7.28. 선고 95도997 판결.

829) 대법원 2007.4.13. 선고 2007도1377 판결(범인이 피해자로부터 직불카드 등을 강취한 경우에는, 이를 갈취 또는 편취한 경우와는 달리, 피해자가 그 직불카드 등의 사용권한을 범인에게 부여하였다고 할 수 없고, 따라서 그와 같이 강취한 직불카드를 사용하여 현금자동인출기에서 현금을 인출하여 가진 경우에는 그 현금자동인출기 관리자의 의사에 반하여 그의 지배를 배제하고 그 현금을 자기의 지배하에 옮겨 놓는 것이 되므로 절도죄가 별도로 성립한다.) ; 대법원 2005.9.30. 선고 2005도5869 판결(피고인이 현금카드의 소유자로부터 현금카드를 사용한 예금인출의 승낙을 받고 현금카드를 교부받은 행위와 이를 사용하여 현금자동지급기에서 예금을 여러 번 인출한 행위들은 모두 현금카드 소유자의 예금을 편취하고자 하는 피고인의 단일하고 계속된 범의 아래에서 이루어진 일련의 행위로서 포괄하여 하나의 사기죄를 구성한다고 볼 것이지, 현금자동지급기에서 카드 소유자의 예금

바. 죄수

절취한 타인의 신용카드를 이용하여 현금서비스를 받은 경우 절도죄의 성립을 인정하는 판례(컴퓨터등사용사기죄설)를 따르더라도 절도죄(컴퓨터등사용사기죄)와 신용카드 부정사용죄의 경합관계가 문제된다.

판례는 양죄의 보호법익과 행위태양이 다르기 때문에 실체적 경합관계가 인정된다고 한다.[830]

그러나 신용카드의 부정사용행위와 그로 인해 현금인출구에서 교부된 현금을 취득하는 행위는 일련의 하나의 행위로 평가할 수 있기 때문에 양죄의 상상적 경합을 인정하는 것이 타당하다.

제4절 공갈의 죄

Ⅰ. 총설

[공갈의 죄 구성요건체계도]

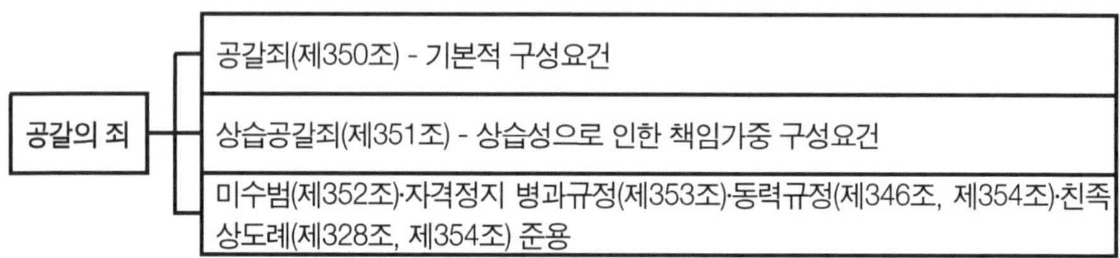

을 인출, 취득한 행위를 현금자동지급기 관리자의 의사에 반하여 그가 점유하고 있는 현금을 절취한 것이라 하여 이를 현금카드 편취행위와 분리하여 따로 절도죄로 처단할 수는 없다.)

830) 대법원 1995.7.28. 선고 95도997 판결.

가. 의의

공갈의 죄는 사람을 공갈하여 상대방의 하자있는 의사표시에 기한 처분행위에 의하여 재물을 교부받거나 재산상의 이익을 얻거나 제3자로 하여금 이를 얻게 하는 것을 내용으로 하는 범죄이다.

(1) 강도죄와의 구별

공갈을 그 수단으로 하는데 여기서 공갈이란 폭행 또는 협박으로 외포심을 일으키게 한다는 점에서 폭행·협박을 그 수단으로 하는 강도죄와 구조가 유사하다.

다만 폭행·협박의 정도는 사람의 의사 내지 자유를 제한하는 정도로 족하고, 반드시 상대방의 반항을 억압할 정도에 이를 것을 요하지 않는다는 점에서 강도죄와 구별된다.[831)]

또한 공갈죄는 피해자의 처분행위를 필요로 하는 편취죄임에 반하여, 강도죄는 처분행위를 필요로 하지 않는 탈취죄이며, 친족상도례의 적용여부에 있어서도 공갈죄에만 적용된다는 점에서 강도죄와 구별된다.

(2) 사기죄와의 구별

공갈죄는 재물죄인 동시에 이득죄이고 피해자의 하자있는 의사표시에 기한 처분행위에 의하여 재물 또는 재산상의 이익을 취득하는 편취죄라는 점에서 사기죄와 동일하다.

다만 사기죄의 경우에는 처분행위자가 처분행위로 인하여 재산상의 손해가 발생하리라는 점을 인식하지 못하는 무의식적 자손행위임에 반하여, 공갈죄의 경우에는 의식적 자손행위라는 점에서 사기죄와 구별되며, 행위수단이 공갈행위(폭행·협박)라는 점에서 기망을 수단으로 하는 사기죄와 구별된다.[832)]

831) 대법원 1961.5.12. 선고 4294형상101 판결(강도죄는 피해자의 반항을 억압함에 족한 폭행, 협박을 요하고 공갈죄는 피해자의 임의의사를 제한하는 정도의 폭행·협박임을 요한다.)

832) 대법원 2001.3.23. 선고 2001도359 판결[강도죄에 있어서 폭행과 협박의 정도는 사회통념상 객관적으로 상대방의 반항을 억압하거나 항거불능케 할 정도의 것이라야 한다. 그런데 기록에 의하면, 이

나. 보호법익

공갈죄의 보호법익은 재산과 개인의 의사결정의 자유라는 점에 견해가 일치한다. 사기죄의 경우 기망행위 그 자체만으로는 범죄가 성립하지 않음에 비하여 공갈죄에서는 폭행·협박 그 자체로도 범죄가 성립한다. 이 때문에 사기죄의 보호법익에서 의사결정의 자유를 배제하는 견해도 공갈죄에서는 의사결정의 자유도 부차적인 보호법익이 된다고 한다. 따라서 피공갈자와 재산상의 피해자가 일치하지 않는 '삼각공갈'의 경우 재산상의 피해자뿐만 아니라 자유를 제한당하는 피공갈자도 피해자가 된다.[833)]

보호의 정도는 사기죄와 마찬가지로 침해범이다.

사건 범행이 일어난 시각은 대낮이며(12:30경에서 14:23경 사이), 피고인 일행이 피해자를 데려 갔다는 공동묘지도 큰길에서 멀리 떨어져 있다거나 인적이 드물어 장소 자체에서 외포심을 불러일으킬 수 있을 정도의 곳이라고는 보이지 아니하고, 피고인 일행은 공동묘지로 가는 도중 슈퍼마켓에 들러 피해자의 요구에 의하여 캔 맥주를 사 주었고, 휴대전화로 통장에 입금하라는 말을 듣고 피해자를 직접 대면하기를 원하는 피해자 고모의 요구를 받아들여 고모가 있는 장소까지 차를 몰고 가서 피해자와 고모를 대면시켜 주고 고모로부터 추가입금을 받았을 뿐 아니라, 피고인은 피해자 측으로부터 돈을 받은 다음 그런 취지의 확인서까지 작성해 주었다는 것이고, 그 과정에서 피고인 일행이 피해자에게 어떠한 유형적인 물리력도 행사하지 아니하였음은 원심이 인정한 사실인바, 그렇다면 제1심과 원심이 인정하는 바와 같이 피고인들 일행 4명이 피해자를 체포하여 승합차에 감금한 상태에서 경찰관을 사칭하면서 기소중지 상태의 피해자에 대하여 '경찰서로 가자.', '돈을 갚지 않으면 풀어줄 수 없다.' 또는 '돈을 더 주지 않으면 가만 두지 않겠다.'는 등의 협박을 하였다는 정도만으로는, 공갈죄에 있어서의 폭행과 협박에 해당함은 별론으로 하더라도, 사회통념상 객관적으로 상대방의 반항을 억압하거나 항거불능케 할 정도에 이르렀다고 볼 수는 없다(경우에 따라 감금행위 자체를 강도의 수단인 폭행으로 볼 수 있다고 하더라도, 원심이 인정하고 있는 사정만으로는 이 사건에서의 감금행위가 위에서 말하는 반항을 억압하거나 항거불능케 할 정도라고 보이지 아니한다).]

833) 대법원 2005.9.29. 선고 2005도4738 판결(공갈죄에 있어서 공갈의 상대방은 재산상의 피해자와 동일함을 요하지는 아니하나, 공갈의 목적이 된 재물 기타 재산상의 이익을 처분할 수 있는 사실상 또는 법률상의 권한을 갖거나 그러한 지위에 있음을 요한다. 한편 주점의 종업원에게 신체에 위해를 가할 듯 한 태도를 보여 이에 겁을 먹은 위 종업원으로부터 주류를 제공받은 경우에 있어 위 종업원은 주류에 대한 사실상의 처분권자이므로 공갈죄의 피해자에 해당되어 공갈죄가 성립한다.)
[판례해설] : 위 판례(삼각공갈사안)에서 폭행·협박을 당한 피공갈자(처분행위자)는 주점의 종업원이고, 갈취된 주류에 대해서 재산적인 피해를 입은 피해자는 주점의 운영자이다. 이처럼 피해자와 피공갈자가 다른 삼각공갈의 경우에 공갈죄가 성립하기 위해서는 피공갈자가 공갈의 목적이 된 재물 기타 재산상의 이익을 처분할 수 있는 사실상 또는 법률상의 권한을 갖거나 그러한 지위에 있어야 한다. 대법원도 주점의 종업원에게는 주점운영자의 재산을 처분할 수 있는 사실상 또는 법률상의 권한이나 그러한 지위가 있다고 판단하여 공갈죄의 성립을 인정하였다. 이 경우 공갈죄는 2인 이상의 공동공갈로서 폭처법 제2조 제2항에 의하여 가중처벌된다.

II. 공갈죄

[조문]

형법 제350조(공갈) ① 사람을 공갈하여 재물의 교부를 받거나 재산상의 이익을 취득한 자는 10년 이하의 징역 또는 2천만원 이하의 벌금에 처한다.
② 전항의 방법으로 제삼자로 하여금 재물의 교부를 받게 하거나 재산상의 이익을 취득하게 한 때에도 전항의 형과 같다.

제351조(상습범) 상습으로 제347조 내지 전조의 죄를 범한 자는 그 죄에 정한 형의 2분의 1까지 가중한다.

제352조(미수범) 제347조 내지 제348조의2, 제350조와 제351조의 미수범은 처벌한다.

제353조(자격정지의 병과) 본장의 죄에는 10년 이하의 자격정지를 병과할 수 있다.

제354조(친족간의 범행, 동력) 제328조와 제346조의 규정은 본장의 죄에 준용한다.

폭력행위등처벌에관한법률 제2조(폭행등) ① 상습적으로 다음 각 호의 죄를 범한 자는 다음의 구분에 따라 처벌한다.
3. 「형법」 제257조제1항(상해) · 제2항(존속상해), 제276조제2항(존속체포, 존속감금) 또는 제350조(공갈)의 죄를 범한 자는 3년 이상의 유기징역
② 2인 이상이 공동하여 제1항 각 호에 열거된 죄를 범한 때에는 각 형법 본조에 정한 형의 2분의 1까지 가중한다.

제3조 (집단적 폭행등) ① 단체나 다중의 위력으로써 또는 단체나 집단을 가장하여 위력을 보임으로써 제2조제1항에 열거된 죄를 범한 자 또는 흉기 기타 위험한 물건을 휴대하여 그 죄를 범한 자는 제2조제1항 각 호의 예에 따라 처벌한다.
③ 상습적으로 제1항의 죄를 범한 자는 다음 각 호의 구분에 따라 처벌한다.
3. 제2조제1항제3호에 열거된 죄를 범한 자는 5년 이상의 유기징역
④ 이 법 위반(「형법」 각본조를 포함한다)으로 2회 이상 징역형을 받은 자로서 다시 제1항의 죄를 범하여 누범으로 처벌할 경우도 제3항과 같다.

특정경제범죄가중처벌등에관한법률 제3조(특정재산범죄의 가중처벌) ① 「형법」 제347조(사기), 제350조(공갈), 제351조(제347조 및 제350조의 상습범만 해당한다), 제355조(횡령 · 배임) 또는 제356조(업무상의 횡령과 배임)의 죄를 범한 사람은 그 범죄행위로 인하여 취득하거나 제3자로 하여금 취득하게 한 재물 또는 재산상 이익의 가액(이하 이 조에서 "이득액"이라 한다)이 5억원 이상일 때에는 다음 각 호의 구분에 따라 가중처벌한다.
1. 이득액이 50억원 이상일 때 : 무기 또는 5년 이상의 징역
2. 이득액이 5억원 이상 50억원 미만일 때 : 3년 이상의 유기징역
② 제1항의 경우 이득액 이하에 상당하는 벌금을 병과(倂科)할 수 있다.[전문개정 2012.2.10]

가. 객관적 구성요건

(1) 행위의 객체

공갈죄의 객체는 타인이 점유하는 타인의 재물 또는 재산상의 이익이다. 재물 또는 재산상 이익의 개념은 사기죄의 경우와 같다.

재산상의 이익을 취득해야 하므로 이익이라고 하더라도 재산상의 이익이 아니면 공갈죄가 성립하지 않는다. 따라서 부녀와의 정교는 재산상 이익이라 할 수 없으므로 부녀를 공갈하여 정교한 경우에는 강간죄 또는 강요죄가 성립할 수 있어도 공갈죄가 성립할 여지는 없다.[834)]

(2) 실행행위

공갈죄의 실행행위는, ① 사람을 폭행·협박하여 ② 상대방으로 하여금 공포심을 일으키게 하고 ③ 피공갈자가 공포심에 기하여 처분행위를 하고 ④ 자기 또는 제3자가 재물 또는 재산상의 이익을 취득해야 하므로 ⑤ 공갈행위, 공포심, 처분행위, 재물 또는 재산상 이익의 취득 사이에 형법적 인과관계가 있어야 한다. ⑥ 재산상의 손해발생을 요하는지에 대해서는 견해가 대립한다.

① 폭행

폭행은 사람에 대한 일체의 유형력의 행사를 말한다(광의의 폭행). 사람의 의사결정

834) 대법원 1983.2.8. 선고 82도2714 판결(공갈죄는 재산범으로서 그 객체인 재산상 이익은 경제적 이익이 있는 것을 말하는 것인바, 일반적으로 부녀와의 정교 그 자체는 이를 경제적 이익으로 평가할 수 없는 것이므로 부녀를 공갈하여 그와 정교를 맺었다고 하여도 특단의 사정이 없는 한 이로써 재산상 이익을 갈취한 것이라고 볼 수는 없는 것이다. 원심판결 이유에 의하면, 원심은 피고인이 가짜 기자행세를 하면서 싸롱객실에서 나체쇼를 한 피해자를 고발할 것처럼 데리고 나와 여관으로 유인한 다음, 겁에 질려있는 그녀의 상태를 이용하여 동침하면서 1회 성교하여 그녀의 정조대가에 상당하는 재산상 이익을 갈취하였다는 공소사실에 대하여 여자의 정조 그 자체는 경제적 이익이 아니라는 이유로 무죄를 선고하였는바, 위에 설시한 이치에 비추어 위와 같은 원심판단은 정당하고, 소론과 같이 공갈죄의 법리를 오해한 위법이 없다.)
[판례해설] 이 판례는 매음을 전제로 정교를 맺고 공갈(폭행·협박)로 매음대가의 지급을 면한 경우에는 공갈죄의 성립을 인정할 수 있다는 취지라 할 수 있다. 또한 기망으로 화대지급을 면한 경우 사기죄를 인정한 판례(보충판례79 참조)를 감안한다면, 부녀와의 정교도 그것이 재산상의 이익으로 평가될 수 있는 때(경제적 재산개념)에는 공갈죄가 성립한다는 취지라 할 것이다.

과 의사활동에 영향을 주는 강제적 폭력(심리적 폭력)에 국한된다.[835]

② 협박

협박은 사람[836]에게 공포심을 생기게 하는 해악의 고지로서 상대방이 현실적으로 공포심을 느낄 수 있는 것이라야 한다(협의의 협박).[837] 협박의 정도는 적어도 상대방이 항거불가능한 정도는 아니어야 한다.[838]

835) 절대적 폭력(물리적 폭력)은 피공갈자의 의사형성을 전혀 불가능하게 하므로 피공갈자가 하자있는 의사표시에 기한 재산상의 처분행위라는 요건을 충족시킬 수 없기 때문에 공갈죄가 아닌 강도죄가 성립할 수 있을 뿐이다.

836) 해악고지의 상대방인 사람은 의사능력이 있는 사람에 한정된다 : 대법원 1968.1.31. 선고 67도1319 판결(14세 또는 15세 되는 아이들은 의사능력이 있다고 할 것이므로 이들을 공갈하여 금원을 갈취하였다면 이는 준사기죄가 되는 것이 아니고 공갈죄에 해당한다.)

837) 대법원 2013.4.11. 선고 2010도13774 판결(피고인이, 갑주식회사가 특정 신문들에 광고를 편중했다는 이유로 기자회견을 열어 갑회사에 대하여 불매운동을 하겠다고 하면서 특정 신문들에 대한 광고를 중단할 것과 다른 신문들에 대해서도 특정 신문들과 동등하게 광고를 집행할 것을 요구하고 갑회사 인터넷 홈페이지에 '갑회사는 앞으로 특정 언론사에 편중하지 않고 동등한 광고 집행을 하겠다'는 내용의 팝업창을 띄우게 한 사안에서, 불매운동의 목적, 그 조직과정 및 규모, 대상 기업으로 갑회사 하나만을 선정한 경위, 기자회견을 통해 공표한 불매운동의 방법 및 대상 제품, 갑회사 직원에게 고지한 요구사항의 구체적인 내용, 위 공표나 고지행위 당시의 상황, 그에 대한 갑회사 경영진의 반응, 위 요구사항에 응하지 않을 경우 갑회사에 예상되는 피해의 심각성 등 제반 사정을 고려할 때, 피고인의 행위는 갑회사의 의사결정권자로 하여금 그 요구를 수용하지 아니할 경우 불매운동이 지속되어 영업에 타격을 입게 될 것이라는 겁을 먹게 하여 의사결정 및 의사실행의 자유를 침해한 것으로 강요죄나 공갈죄의 수단으로서의 협박에 해당한다.) ; 대법원 2002.2.8. 선고 2000도3245 판결(공갈죄의 수단으로써의 협박은 객관적으로 사람의 의사결정의 자유를 제한하거나 의사실행의 자유를 방해할 정도로 겁을 먹게 할 만한 해악을 고지하는 것을 말하고, 그 해악에는 인위적인 것뿐만 아니라 천재지변 또는 신력이나 길흉화복에 관한 것도 포함될 수 있으나, 다만 천재지변 또는 신력이나 길흉화복을 해악으로 고지하는 경우에는 상대방으로 하여금 행위자 자신이 그 천재지변 또는 신력이나 길흉화복을 사실상 지배하거나 그에 영향을 미칠 수 있는 것으로 믿게 하는 명시적 또는 묵시적 행위가 있어야 공갈죄가 성립한다.) ; 대법원 2013.9.13. 선고 2013도6809 판결 : 대법원 1995.3.10. 선고 94도2422 판결(공갈죄의 수단으로서 협박은 사람의 의사결정의 자유를 제한하거나 의사실행의 자유를 방해할 정도로 겁을 먹게 할 만한 해악을 고지하는 것을 말하고, 해악의 고지는 반드시 명시의 방법에 의할 것을 요하지 않고 언어나 거동에 의하여 상대방으로 하여금 어떠한 해악에 이르게 할 것이라는 인식을 갖게 한 것이면 족한 것이며, 이러한 해악의 고지가 비록 정당한 권리의 실현 수단으로 사용된 경우라고 하여도 그 권리실현의 수단방법이 사회통념상 허용되는 정도나 범위를 넘는 것인 이상 공갈죄의 실행에 착수한 것으로 보아야 할 것이고, 여기서 어떠한 행위가 구체적으로 사회통념상 허용되는 정도나 범위를 넘는 것이냐의 여부는 그 행위의 주관적인 측면과 객관적인 측면, 즉 추구된 목적과 선택된 수단을 전체적으로 종합하여 판단하여야 할 것이다.) ; 대법원 1976.4.27. 선고 75도2818 판결(가출자의 가족에 대하여 가출자의 소재를 알려주는 조건으로 보험가입을 요구한 피고인의 소위는 가출자를 찾으려고 그 소재를 알고 싶어하는 가출자 가족들의 안타까운 심정을 이용하여 보험가입을 권유 내지 요구하는 언동으로 도의상 비난할 수 있을지언정 그로 인하여 가족들에 새로운 외포심을 일으키게 되거나 외포심이 더하여 진다고는 볼 수 없어 이를 공갈죄에 있어서의 협박이라 단정할 수 없고 원심이 적절하게 판시하고 있는 바와 같이 이미 그 가족들이 처해있는 궁박상태를 이용하려는데 불과하다.)

(3) 처분행위

공갈죄는 피공갈자가 재물[839]을 교부하거나 재산상의 이익[840]을 공여하는 처분행위가 있어야 하며 이러한 피공갈자의 처분행위는 공갈죄의 본질적 요소가 된다. 강도죄에 관하여 판례는 강도죄에 있어서 처분행위를 요하지 아니한다고 하는 점에서 처분행위는 공갈죄와 강도죄를 구별하는 중요한 요소가 된다.

그러나 처분행위는 반드시 작위에 한하지 아니하고 부작위 또는 묵인으로도 족하다. 따라서 외포심을 일으켜 상대방이 묵인하고 있는 동안에 공갈자가 직접 재물을

838) 대법원 2001.3.23. 선고 2001도359 판결 ; 대법원 1993.9.14. 선고 93도915 판결 (피고인이 피해자에게 "당신이 허위로 매매계약서를 작성하고 허위의 가등기를 한 것은 사문서위조, 인감도용, 인감위조, 강제집행면탈죄에 해당하는지 아느냐"고 말하였다면 이는 피해자가 피고인의 요구에 응하지 아니하면 사문서위조등의 죄로 고발하겠다는 뜻을 암시하는 것으로 피해자로 하여금 겁을 먹게 하기에 족한 해악의 고지로 볼 수 있고, 사실관계가 원심이 인정한 바와 같다면 피고인의 이 사건 범행이 설사 피고인 앞으로 허위의 소유권이전등기청구권보전의 가등기가 마쳐짐을 기화로 피해자에 대한 오래 전의 채무를 변제받기 위한 목적에서 이루어진 것이라 하더라도 그 수단·방법이 사회통념상 허용될 수 있는 범위를 넘는 것으로서 공갈미수죄가 성립된다고 아니할 수 없다.)

839) 대법원 2012.8.30. 선고 2012도6157 판결[공갈죄의 대상이 되는 재물은 타인의 재물을 의미하므로, 사람을 공갈하여 자기의 재물을 교부받는 경우에는 공갈죄가 성립하지 아니한다. 그리고 타인의 재물인지는 민법, 상법, 기타의 실체법에 의하여 결정되는데, 금전을 도난당한 경우 절도범이 절취한 금전만 소지하고 있는 때 등과 같이 구체적으로 절취된 금전을 특정할 수 있어 객관적으로 다른 금전 등과 구분됨이 명백한 예외적인 경우에는 절도 피해자에 대한 관계에서 그 금전이 절도범인 타인의 재물이라고 할 수 없다. 따라서 갑이 을의 돈을 절취한 다음 다른 금전과 섞거나 교환하지 않고 쇼핑백 등에 넣어 자신의 집에 숨겨두었는데, 피고인이 을의 지시로 폭력조직원 병과 함께 갑에게 겁을 주어 쇼핑백 등에 들어 있던 절취된 돈을 교부받아 갈취하였다고 하여 폭처법 위반(공동공갈)으로 기소된 사안에서, 피고인 등이 갑에게서 되찾은 돈은 절취 대상인 당해 금전이라고 구체적으로 특정할 수 있어 객관적으로 갑의 다른 재산과 구분됨이 명백하므로 이를 타인인 갑의 재물이라고 볼 수 없고, 따라서 비록 피고인 등이 갑을 공갈하여 돈을 교부받았더라도 타인의 재물을 갈취한 행위로서 공갈죄가 성립된다고 볼 수 없다.]

840) 대법원 2012.1.27. 선고 2011도16044 판결(재산상 이익의 취득으로 인한 공갈죄가 성립하려면 폭행 또는 협박과 같은 공갈행위로 인하여 피공갈자가 재산상 이익을 공여하는 처분행위가 있어야 한다. 물론 그러한 처분행위는 반드시 작위에 한하지 아니하고 부작위로도 족하여서, 피공갈자가 외포심을 일으켜 묵인하고 있는 동안에 공갈자가 직접 재산상의 이익을 탈취한 경우에도 공갈죄가 성립할 수 있다. 그러나 폭행의 상대방이 위와 같은 의미에서의 처분행위를 한 바 없고, 단지 행위자가 법적으로 의무 있는 재산상 이익의 공여를 면하기 위하여 상대방을 폭행하고 현장에서 도주함으로써 상대방이 행위자로부터 원래라면 얻을 수 있었던 재산상 이익의 실현에 장애가 발생한 것에 불과하다면, 그 행위자에게 공갈죄의 죄책을 물을 수 없다. 따라서 피고인이 피해자가 운전하는 택시를 타고 간 후 최초의 장소에 이르러 택시요금의 지급을 면할 목적으로 다른 장소에 가자고 하였다면서 택시에서 내린 다음 택시요금 지급을 요구하는 피해자를 때리고 달아나자, 피해자가 피고인이 말한 다른 장소까지 쫓아가 기다리다 그곳에서 피고인을 발견하고 택시요금 지급을 요구하였는데 피고인이 다시 피해자의 얼굴 등을 주먹으로 때리고 달아난 사안에서, 피해자가 피고인에게 계속해서 택시요금의 지급을 요구하였으나 피고인이 이를 면하고자 피해자를 폭행하고 달아났을 뿐, 피해자가 폭행을 당하여 외포심을 일으켜 수동적·소극적으로라도 피고인이 택시요금 지급을 면하는 것을 용인하여 이익을 공여하는 처분행위를 하였다고 할 수 없다.)

가져간 경우에도 공갈죄가 성립한다고 하여야 할 것이다.[841]

(4) 실행의 착수 및 기수시기

공갈의 의사로 폭행 또는 협박이 개시된 때에 실행의 착수가 있다. 제3자를 통해서 해악의 고지를 전달시킨 경우에는 피해자에게 전달된 때에 실행의 착수가 있다.[842]

기수시기와 관련해서는, 재물취득의 경우에는 피해자의 재산적 처분행위로 재물 또는 재산상의 이익을 취득[하고 손해가 발생(다수설)]한 시점에 기수가 된다.

부동산의 경우에는 소유권이전등기가 경료되거나 그 현실인 점유이전이 있어야 하고[843] 동산은 현실적인 인도가 있어야 한다.[844] 채권의 경우에도 이를 취득하여야 기수가 된다.

나. 위법성

행위자에게 정당한 권리가 있다하더라도 폭행·협박을 수단으로 상대방을 외포케 하여 재물의 교부 또는 재산상의 이익(채무의 변제 등)을 받은 경우에 공갈죄가 성립하는지에 대해서는 견해가 대립한다.

(1) 공갈죄설

사회통념상 그 정도를 넘어서지 않는 폭행·협박을 행사하는 경우에는 공갈죄의 구

841) 대법원 1960.2.29. 선고 4292형상997 판결(공갈죄의 본질은 피공갈자의 외포로 인한 하자있는 동의를 이용하는 재물의 영득행위라고 해석하여야 할 것이므로 그 영득행위의 형식에 있어서 피공갈자가 자의로 재물을 제공한 경우뿐만 아니라 피공갈자가 외포하여 묵인함을 이용하여 공갈자가 직접 재물을 탈취한 경우에도 공갈죄로 봄이 타당하다.)

842) 대법원 1969.7.29. 선고 69도984 판결(피고인이 공소외 1을 위협해서 동인으로 하여금 공소외 2에게 금품을 교부케 할 목적으로 공소외 1의 고용인인 공소외 3을 보고 "공소외 1이 공소외 2에게 50만원을 주지 않으면 공소외 1이 경영하는 공업사의 경리비밀과 1,300만원의 탈세 사실을 국세청이나 정보부에 고발한다는 말을 공소외 1에게 전하라"하여 동인이 이를 그에게 전한 이상 이는 형법 제350조제2항에서 말하는 공갈범행의 착수에 해당한다 할 것이다.)

843) 대법원 1992.9.14. 선고 92도1506 판결(부동산에 대한 공갈죄는 그 부동산에 관하여 소유권이전등기를 경료받거나 또는 인도를 받은 때에 기수로 되는 것이고, 소유권이전등기에 필요한 서류를 교부받은 때에 기수로 되어 그 범행이 완료되는 것은 아니다.)

844) 대법원 2001.6.15. 선고 2001도1884 판결(자동차를 갈취하는 공갈죄에 있어서 자동차에 대한 소유권이전등록을 받기 전이라고 하더라도 자동차를 현실로 인도받은 때에 공갈죄의 기수가 된다.)

성요건해당성이 없지만, 이를 넘어선 폭행·협박이 있고 이것이 위법할 경우에는 공갈죄가 성립한다는 견해이다. 판례가 취하는 입장이다.

보충판례 108 : 대법원 1995.3.10. 선고 94도2422 판결[845)]

(2) 폭행·협박죄설

이 견해는 공갈죄는 성립할 수 없고 폭행·협박죄만이 성립한다고 한다. 이 견해는 다시, 재산상 이익의 취득행위 그 자체는 위법하다고 할 수 없으므로 공갈죄는 성립할 수 없고 폭행·협박행위는 위법하므로 폭행·협박죄만 성립한다는 견해와, 공갈죄의 불법영·이득의사가 없어서 공갈죄가 성립할 수 없고 폭행·협박죄만 성립하되 재물 또는 재산상 이익이 가분이면 권리없는 부분에 대해, 불가분이면 전체에 대해 각각 공갈죄가 성립한다는 견해가 대립한다.

(3) 소결

폭행·협박에 의해 재물의 교부를 받거나 재산상의 이익을 취한 경우 그 수단이 위법하고 특정물의 경우에도 폭행·협박에 의해 교부받는 경우 영득이 불법하다고 할 수 있기 때문에 공갈죄설이 타당하다.

---

845) 대법원 1982.12.14. 선고 81도2093 판결(피고인이 가사 보수청구권을 가진다 할지라도 그 권리행사에 빙자하여 협박수단을 써서 금원을 갈취하였다면 공갈죄가 성립한다.) ; 대법원 1990.3.27. 선고 89도2036 판결[피고인이 교통사고로 상해를 당하여 그로 인한 손해배상청구권이 있음을 기화로 하여 피고인들이 사고차의 운전사가 바뀐 것을 알고 사고차량의 운전사인 공소외 1의 사용자인 제1심의 공동피고인에게 금원을 요구하며 만약 이에 응하지 않으면 수사기관에 신고할 것 같은 태도를 보여 동인을 외포하게 하고 이에 겁을 먹은 동인으로부터 금 3,500,000원을 교부받은 것이라면 이는 손해배상을 받기 위한 수단으로서 사회통념상 허용되는 범위를 넘어 그 권리행사에 빙자하여 상대방을 외포하게 하여 재물을 교부받은 경우에 해당하여 폭처법 위반(공갈)의 죄에 해당한다.] ; 대법원 2007.10.11. 선고 2007도6406 판결(피고인이 2003.1.11.부터 2004.1.13.까지 사이에 공소외 1은 주식회사 옵셔널캐피탈의 자금 100억 원을 횡령하였다는 등으로 수사기관에 고소하거나 그와 같은 취지의 글을 인터넷에 수회에 걸쳐 게시하였을 뿐만 아니라 회계장부 열람을 위한 가처분을 신청하거나 이를 이유로 옵셔널캐피탈의 사무실을 수시로 방문하는 행위로 인하여 옵셔널캐피탈의 업무에 사실상 적지 않은 방해를 주고 있는 상황에서 공소외 3에게 이러한 행위를 중단하는 대가로 금전을 요구하면서 만일 옵셔널캐피탈이 피고인의 요구를 받아들이지 않을 경우 앞으로도 계속하여 고소 제기 등과 같은 행위를 함으로써 옵셔널캐피탈의 업무에 지장을 줄 것 같은 태도를 보인 것은 옵셔널캐피탈에 대한 공갈행위를 구성한다.)

다. 수뢰죄와의 관계

공무원이 직무행위와 관련하여 상대방을 공갈하여 재물 또는 재산상의 이익을 취득한 경우에는 공갈죄와 수뢰죄의 관계가 문제된다.

다수설은 공무원이 직무집행의 의사로 직무와 관련하여 금품을 갈취하였으면 수뢰죄와 공갈죄의 상상적 경합이 되고[846], 직무집행의 의사없이 이를 빙자하여 금품을 갈취하였으면 공갈죄만 성립한다고 한다. 판례도 같은 입장이다.

보충판례 109 : 대법원 1994.12.22. 선고 94도2528 판결

이에 대해 소수설은 수뢰죄에는 객관적으로 재물의 직무관련성이 인정되면 충분하기 때문에 공무원의 직무집행의사 유무와 무관하게 공갈죄와 수뢰죄의 상상적 경합이 되지만, 수뢰죄가 성립하는 경우에도 피공갈자의 금품교부는 하자(외포심)있는 의사에 의한 것일 뿐 뇌물공여의 의사가 없기 때문에 피공갈자의 증뢰죄는 성립하지 않는다고 한다.

생각건대 강요된 행위가 아닌 단순히 공포심(하자있는 의사표시)에 기한 뇌물의 교부도 그 의사에 반한 것이라고 볼 수 없기 때문에 증뢰죄의 성립을 인정하는 다수설 및 판례의 입장이 타당하다.

Ⅲ. 상습공갈죄

[조문]

형법 제351조(상습범) 상습으로 제347조 내지 전조의 죄를 범한 자는 그 죄에 정한 형의 2분의 1까지 가중한다. 제352조(미수범) 제347조 내지 제348조의2, 제350조와 제351조의 미수범은 처벌한다.

846) 이 경우 공무원에게 수뢰죄가 성립하게 되면 피공갈자에게 증뢰죄도 성립한다고 한다.

제353조(자격정지의 병과) 본장의 죄에는 10년 이하의 자격정지를 병과할 수 있다.

제354조(친족간의 범행, 동력) 제328조와 제346조의 규정은 본장의 죄에 준용한다.

폭력행위등처벌에관한법률 제2조(폭행등) ① 상습적으로 다음 각 호의 죄를 범한 자는 다음의 구분에 따라 처벌한다.

3. 「형법」 제257조제1항(상해) · 제2항(존속상해), 제276조제2항(존속체포, 존속감금) 또는 제350조(공갈)의 죄를 범한 자는 3년 이상의 유기징역

③ 이 법 위반(「형법」 각본조를 포함한다)으로 2회 이상 징역형을 받은 자로서 다시 제1항에 열거된 죄를 범하여 누범으로 처벌할 경우에도 제1항과 같다.

특정경제범죄가중처벌등에관한법률 제3조(특정재산범죄의 가중처벌) ① 「형법」 제347조(사기), 제350조(공갈), 제351조(제347조 및 제350조의 상습범만 해당한다), 제355조(횡령 · 배임) 또는 제356조(업무상의 횡령과 배임)의 죄를 범한 사람은 그 범죄행위로 인하여 취득하거나 제3자로 하여금 취득하게 한 재물 또는 재산상 이익의 가액(이하 이 조에서 "이득액"이라 한다)이 5억원 이상일 때에는 다음 각 호의 구분에 따라 가중처벌한다.

1. 이득액이 50억원 이상일 때 : 무기 또는 5년 이상의 징역
2. 이득액이 5억원 이상 50억원 미만일 때 : 3년 이상의 유기징역

② 제1항의 경우 이득액 이하에 상당하는 벌금을 병과(倂科)할 수 있다.[전문개정 2012.2.10]

상습공갈죄는 공갈의 습벽이라는 행위자속성으로 인해 책임이 가중되는 범죄유형이다.

폭처법 제2조 제1항은 상습공갈죄에 대해서 가중처벌하고 있기 때문에 이 한도 내에서 형법규정의 적용은 배제된다.[847]

847) 대법원 1969.1.14. 선고 68도1600 판결(폭처법 제2조 제1항의 해석에 있어서 폭행행위는 한번이고, 공갈 행위는 여러 번 있었는데 이 폭행과 공갈이 짧은 시일 안에 반복 되었으면 비록 폭행행위는 한 번에 그친다 할지라도 다른 공갈행위와 합쳐서 볼 때 이것도 상습성이 있는 것이라고 풀이하여 좋을 것이다. 다시 말하면 폭처법 제2조 제1항에 규정한 범죄의 구성요건에 있어서는 폭행이나 공갈행위는 모두 동일한 죄질에 속하는 범죄라고 볼 수 있으므로, 이 사건에서처럼 폭행행위가 단 한 번에 그친다 할지라도 다른 공갈행위와 더불어 이것이 짧은 시일 안에 이루어 졌으면 전체를 상습적인 것으로 처벌 할 수 있다고 보아야 될 것이다.)

제5절 횡령의 죄

Ⅰ. 총설

[횡령의 죄 구성요건체계도]

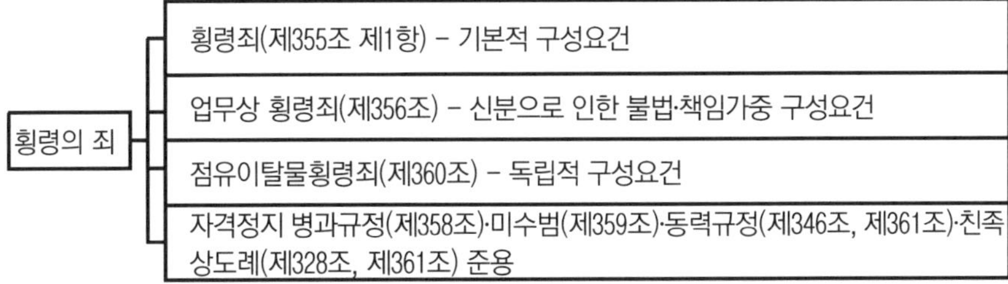

가. 의의

횡령의 죄는 위탁관계에 의해 보관하는 타인의 재물이나 점유이탈물을 불법하게 영득하거나 그 반환을 거부하는 것을 내용으로 하는 범죄이다.

보관 중인 위탁물의 횡령과 점유이탈물의 횡령은 모두 타인점유가 없는 재물을 영득하는 순수한 재물죄이며, 타인의 점유침해가 없고 행위태양이 외부적이지 않고 자기가 보관(자기점유) 중이거나 점유를 이탈한 물건에 대한 인간의 견물생심적 본성을 감안하여 절도죄(6년 이하의 징역)보다 가볍게 처벌(5년 이하의 징역)하고 있다.

현행 형법은 횡령죄를 신임관계에 대한 배신이라는 점에 근거하여 배임죄와 같은 장에서 규정하고 있다. 다만 횡령죄는 그 객체가 재물임에 반하여(재물죄) 배임죄의 객체는 재산상 이익이라는 점(이득죄)에서 차이가 있다.[848] 재물을 재산상 이익의 한 형태로 파악하는 한에 있어서는 횡령죄는 배임죄의 특별한 형식이라고 볼 수 있다는 점에서 이를 특별법과 일반법의 관계에 있다고도 한다.

848) 대법원 1961.12.14. 선고 4294형상371 판결(횡령죄는 물리적으로 관리가능한 재물을 횡령함으로써 성립하는 것으로 재산상의 이익에 관하여는 배임죄는 성립할지언정 횡령죄는 성립할 여지가 없다.)

나. 보호법익

(1) 보호법익

통설 및 판례[849]는 횡령죄가 타인의 점유를 침해하는 범죄가 아니라는 이유로 소유권만을 보호법익으로 파악한다. 그러나 절도죄에서와 마찬가지로 횡령죄의 보호법익은 민법상의 소유권이 아니라 사실상의 소유상태라고 하여야 할 것이다.[850] 또한 횡령죄는 위탁자의 신뢰를 배신해야 하기 때문에 위탁자의 신뢰도 보호법익이라고 하여야 한다.

(2) 보호의 정도

보호법익이 보호받는 정도에 관해서는, 위태범설(판례[851])과 침해범설(다수설)이 대립한다. 위태범설은 횡령범은 민법상 소유권을 취득하지 못하고, 부동산을 횡령하는 경우 매매계약을 체결하면 횡령죄의 기수가 되어 등기이전까지 요구되는 것은 아니기 때문이라는 근거를 든다.[852] 이에 대하여 침해범설은 소유권이라는 추상적 개념

849) 대법원 2002.11.13. 선고 2002도2219 판결.

850) 예컨대 갑의 재물을 을이 절취하여 이러한 사정을 알지 못하는 병에게 을이 재물을 보관시켰는데 병이 그 물건을 횡령한 경우에는 병의 횡령죄의 피해자는 갑이 아니라 을이라고 하여야 하기 때문이다.

851) 대법원 2002.11.13. 선고 2002도2219 판결(횡령죄는 다른 사람의 재물에 관한 소유권 등 본권을 그 보호법익으로 하고 본권이 침해될 위험성이 있으면 그 침해의 결과가 발생되지 아니하더라도 성립하는 이른바 위태범이므로, 다른 사람의 재물을 보관하는 사람이 그 사람의 동의 없이 함부로 이를 담보로 제공하는 행위는 불법영득의 의사를 표현하는 횡령행위로서 사법(私法)상 그 담보제공행위가 무효이거나 그 재물에 대한 소유권이 침해되는 결과가 발생하는지 여부에 관계없이 횡령죄를 구성한다. 그렇다면 피고인이 보관하던 김00 소유의 위 기계들을 담보로 제공한 것은 김00의 권리에 대한 현실적인 침해가 없더라도 그 기계들에 대한 불법영득의 의사를 실현하는 행위로서 횡령죄를 구성하는 것으로 보아야 한다.) ; 대법원 1975.4.22. 선고 75도123 판결(횡령죄나 배임죄는 양자가 다 침해범이 아니고 위태범이므로 피고인의 이건 소위와 같이 업무상 보관중인 정기예금을 자기 개인의 채무에 대한 담보로 제공함으로써 횡령죄가 성립된다.)

852) 그러나 대법원은 횡령죄를 위태범으로 이해하면서도 부동산횡령의 기수시기를 매매나 저당권설정계약 체결시가 아닌 등기이전시라고 파악함으로써 논리모순적인 태도를 취하고 있다 : 대법원 2000.3.24. 선고 2000도310 판결(피고인 등이 이 사건 임야 중 김00 지분에 관하여 고려화학 주식회사 명의의 근저당권설정등기를 경료할 당시에 피고인 등으로서는 이 사건 임야 중 공소외 1 지분 전체에 대한 불법영득의 의사를 외부에 객관적으로 나타냄으로써 위 임야 지분 전체에 대한 횡령죄는 이미 완성되었고, 박00 명의의 소유권이전등기가 경료되기 전에 동시에 신청한 고려화학 주식회사 명의의 근저당권에 대한 말소등기가 먼저 경료되었다고 하더라도 고려화학 주식회사 명의의 근저당권설정등기의 말소는 박00 명의의 소유권이전등기의 준비행위에 불과하다 할 것이어서, 피해자들의 소유권에 대한 침해가 회복되지 아니한 상태에서 행하여진, 박00 명의의 소유권이전등기를 경료해 준 행위는 횡령물의 처분행위로서 새로운 법익의 침해를 수반하지 않는 이른바 불가벌적 사후행위에 해당하

을 횡령죄의 보호법익으로 파악해서는 안 되고, 횡령죄의 미수를 처벌하는 규정이 있다는 점을 근거로 든다.

생각건대 횡령행위로 인하여 사실상의 소유상태 내지 소유권의 내용인 사용·수익·처분권이 침해될 수 있고 미수범을 처벌하는 규정을 두고 있는 점 등을 감안할 때 다수설처럼 침해범으로 이해하는 것이 타당하다.

다. 본질

횡령죄와 배임죄를 신임관계에 대한 배신이라고 보더라도, 횡령죄의 본질, 즉 위탁물 횡령의 경우 횡령행위의 성질(본질)을 어떻게 이해할 것인지에 대하여는 견해가 대립한다.

(1) 월권행위설

월권행위설은 횡령죄의 본질이 자기가 보관하는 타인의 위탁물에 대해 위탁자의 신뢰를 배신하여 권한을 초과하는(즉 권한을 남용하여) 불법적 처분을 하는데 있는 것으로 본다(불법처분설).

이 견해에 의하면 위탁을 하게 된 신뢰관계를 파괴하는 일정한 월권행위, 즉 배신행위만 있으면 횡령죄는 성립하게 되고 별도로 불법영득의사가 존재해야 할 필요는 없다. 따라서 보관하는 재물을 위탁의 취지에 반하여 일시사용·손괴·은닉·반환거부의 목적으로 처분하는 경우에도 배신적 권한일탈이 존재하는 한 횡령죄가 성립하게 된다.[853)]

(2) 영득행위설

영득행위설(통설)은 횡령이란 위탁된 타인의 물건을 불법하게 영득하는 것(즉 불법영

여 별도의 횡령죄를 구성하지 아니한다.)

853) **[월권행위설의 문제점]** : 손괴죄가 타인점유인가 자기점유인가를 구별하지 않는 것은 자기가 점유하는 타인의 재물을 손괴(은닉)하는 행위는 횡령죄가 아니라 재물손괴죄가 성립하는 것이라는 취지인데, 월권행위설에 따르면 자신이 보관하고 있는 재물의 손괴, 은닉도 횡령죄에 해당하는 것이 되어 타인이 보관하고 있는 재물을 손괴하는 행위, 즉 통상의 손괴죄(3년 이하의 징역 또는 700만원 이하의 벌금) 보다도 중한 형(5년 이하의 징역 또는 1,500만원 이하의 벌금)을 과하게 되는 결과를 초래하게 된다. 이는 그 손괴의 방법에 대한 사회적 위험성 등의 면에서 불합리한 결과가 될 수 있다.

득의사의 발현)을 의미하므로 횡령죄가 성립하기 위하여는 신임관계의 침해에 의한 월권행위만으로는 부족하고, 나아가 불법영득의 의사가 필요하다고 한다.

이 견해에 따르면 위탁자에 대한 신뢰관계를 위배하여 재물을 손괴·은닉하는 경우에는 불법영득의사가 없으므로 횡령죄가 성립할 수 없고 횡령죄가 성립하기 위해서는 자기가 보관하는 타인의 재물을 자기의 소유물처럼 사용·수익·처분하는 의사가 필요하다.[854)]

(3) 결합설(절충설)

결합설은 위의 두 가지 견해를 절충하여 횡령죄는 본질적으로 위탁자의 신뢰관계를 저버리는 배신행위를 한다는 측면과 타인의 재물을 불법영득한다는 측면 모두를 가지고 있는 것으로 파악한다. 그러나 영득행위 자체가 월권행위라 할 수 있기 때문에 이 견해 역시 영득행위설에 속한다고 할 수 있으며 실제 결론상 차이가 있는 것도 아니다.

(4) 판례의 태도

판례는 영득행위설에 입각하여 횡령죄 성립에 불법영득의 의사가 필요하다고 한다.[855)]

854) **[영득행위설의 특성]** : 영득행위설은 월권행위설보다 횡령죄의 성립범위를 제한하는 특성을 가지고 있다. 즉 영득행위설에 따르면 월권행위설과 마찬가지로 위탁에 따른 신뢰관계의 배신을 기초로 하면서도 단순한 배신이 민사상의 채무불이행까지도 횡령죄로 포섭되지 않도록 그 범위를 제한하기 위하여 배신성이 불법영득의사로 외부에 표출된 경우에 한하여 횡령죄의 성립을 인정하는 것이다.

855) 대법원 1994.11.25. 선고 93도2404 판결(횡령죄는 위탁이라는 신임관계에 반하여 타인의 재물을 보관하는 자가 이를 횡령하거나 또는 반환을 거부함으로써 성립하는 것이므로, 부동산의 등기명의자인 피고인이 그중 일부 지분을 횡령하였다고 하려면 우선 그 피해자가 그 부동산 지분의 실제 소유권자로서 피고인에게 그 지분을 명의신탁함으로써 피고인과의 사이에 위탁이라는 신임관계가 있어야 할 것이다.) ; 대법원 2000.12.27. 선고 2000도4005 판결(횡령죄에 있어서의 불법영득의 의사라 함은 타인의 재물을 보관하는 자가 자기 또는 제3자의 이익을 꾀할 목적으로 업무상의 임무에 위배하여 보관하는 타인의 재물을 자기의 소유인 경우와 같이 사실상 또는 법률상 처분하는 의사를 의미하고, 반드시 자기 스스로 영득하여야만 하는 것은 아니다.) ; 대법원 2002.2.5. 선고 2001도5439 판결 : 대법원 2006.4.28. 선고 2005도756 판결 : 대법원 2004.12.9. 선고 2004도5904 판결(횡령죄는 타인의 재물을 보관하는 자가 그 재물을 횡령하는 경우에 성립하는 범죄이고, 횡령죄의 구성요건으로서의 횡령행위란 불법영득의사를 실현하는 일체의 행위를 말하는 것으로서 불법영득의사가 외부에 인식될 수 있는 객관적 행위가 있을 때 횡령죄가 성립한다.)

(5) 소결

횡령죄는 자기가 보관하는 타인의 재물을 횡령하거나 반환을 거부하는 범죄이므로 그 실행행위는 횡령과 반환거부이다. 횡령(橫領)에서 령(領)은 영득(領得)을 의미한다고 할 수 있으므로 횡령죄의 성립에 영득행위가 필요하지 않다고 하는 월권행위설은 타당하지 않다.[856]

문제는 반환거부의 경우이다. 영득행위설에 의하면 불법영득의사로써 반환을 거부하여야 횡령죄가 성립하므로 손괴·은닉의 의사로써 반환거부를 한 경우 횡령죄가 성립할 수 없다.[857] 그러나 월권행위설에 의하면 이 경우에도 횡령죄가 성립할 수 있다.

이 경우에도 횡령죄의 성립을 인정하여야 할 것이다. 이에 대해서는 타인의 재물을 손괴할 의사로 취거한 경우보다 자신이 점유하고 있는 재물을 반환거부한 행위의 형벌이 무거운 것은 균형에 맞지 않는다는 비판이 제기될 수 있다. 그러나 전자에서는 신임관계를 배신하는 행위가 없는 반면 후자에서는 신임관계를 배신하는 행위가 존재하기 때문에 형벌이 무거운 것이라고 할 수 있기 때문이다.

따라서 횡령죄의 본질은 이원적으로 파악할 필요가 있다. 자기가 보관하는 타인의 재물을 영득한 경우에는 배신행위와 영득행위가 있기 때문이고, 반환을 거부하는 경우에는 배신행위와 영득·손괴 또는 기타 행위가 있을 수 있기 때문이라고 할 수 있다. 결국 횡령죄의 기본적 성격은 영득행위에서 찾되 반환거부의 경우에는 월권행위에서 찾아야 할 것이다.

856) **[불법영득·이득의사의 요부(要否)]** : 재산범죄에 있어서 '불법영득·이득의 의사'를 필요로 하는 입장에서는 횡령의 죄에서도 고의이외에 당연히 초과주관적 구성요건요소로서 '불법영득의 의사'를 필요로 할 것이다. 그러나 '불법영득·이득의 의사'를 고의의 내용으로 이해하는 불법영득·이득의사불요설은 횡령죄의 실행행위에 영득이 포함되어 있다고 하면 영득은 고의의 대상이지 고의와 구별되는 초과주관적 구성요건요소라 할 수 없기 때문에 불법영득의사가 필요없다고 하게 된다.

857) 대법원 2008.12.11. 선고 2008도8279 판결 : 대법원 2009.4.23. 선고 2007도9924 판결(형법 제355조 제1항에서 정하는 '반환의 거부'라고 함은 보관물에 대하여 소유자의 권리를 배제하는 의사표시를 하는 행위를 뜻하므로, 타인의 재물을 보관하는 자가 단순히 반환을 거부한 사실만으로는 횡령죄를 구성하는 것은 아니며, 반환거부의 이유 및 주관적인 의사 등을 종합하여 반환거부행위가 횡령행위와 같다고 볼 수 있을 정도이어야만 횡령죄가 성립한다.)

Ⅱ. 횡령죄

[조문]

형법 제355조(횡령) ① 타인의 재물을 보관하는 자가 그 재물을 횡령하거나 그 반환을 거부한 때에는 5년 이하의 징역 또는 1천500만원 이하의 벌금에 처한다.

제358조(자격정지의 병과) 전3조의 죄에는 10년 이하의 자격정지를 병과할 수 있다.

제359조(미수범) 제355조 내지 제357조의 미수범은 처벌한다.

제361조(친족간의 범행, 동력) 제328조와 제346조의 규정은 본장의 죄에 준용한다.

특정경제범죄가중처벌등에관한법률 제3조(특정재산범죄의 가중처벌) ① 「형법」 제347조(사기), 제350조(공갈), 제351조(제347조 및 제350조의 상습범만 해당한다), 제355조(횡령 · 배임) 또는 제356조(업무상의 횡령과 배임)의 죄를 범한 사람은 그 범죄행위로 인하여 취득하거나 제3자로 하여금 취득하게 한 재물 또는 재산상 이익의 가액(이하 이 조에서 "이득액"이라 한다)이 5억원 이상일 때에는 다음 각 호의 구분에 따라 가중처벌한다.

1. 이득액이 50억원 이상일 때 : 무기 또는 5년 이상의 징역
2. 이득액이 5억원 이상 50억원 미만일 때 : 3년 이상의 유기징역

② 제1항의 경우 이득액 이하에 상당하는 벌금을 병과(倂科)할 수 있다.[전문개정 2012.2.10]

가. 객관적 구성요건

(1) 행위의 주체

횡령죄의 주체는 위탁관계(신임관계)에 의하여 타인의 재물을 보관하는 자이다.[858]

① 보관

보관이란 점유 또는 소지와 같은 의미라고 할 수 있으며, 타인이 맡긴 재물에 대한 사실상의 지배·관리와 법률상의 지배·관리를 포함하는 개념[859]이라고 할 수 있다.

858) **[신분요소로서의 보관]** : 따라서 타인의 재물을 보관하는 자만이 본죄의 주체가 될 수 있으므로(진정신분범) 횡령죄에서의 보관은 신분요소로서 특징을 갖는다고 할 수 있다.

859) 대법원 2000.8.18. 선고 2000도1856 판결 : 대법원 2008.12.11. 선고 2008도8279 판결(횡령죄에 있어서 보관이라 함은 재물이 사실상 지배하에 있는 경우뿐만 아니라 법률상의 지배·처분이 가능한

따라서 형법상으로는 점유로 인정되지 않는 간접점유자뿐만 아니라 민법상으로는 점유를 가지지 못하는 점유보조자도 횡령죄의 행위주체인 보관자가 될 수 있다.[860]

② 사실상의 지배자(보관자)

ㄱ. 점유보조자

민법상 점유권은 없으나 가사·영업관계에 의하여 타인의 지시를 받아 물건을 사실상 지배하는 점유보조자[861]도 위탁관계가 있으면 본죄의 주체인 보관자가 된다.[862]

ㄴ. 점유매개자

제한물권이나 임대차 기타 위임·고용관계로 타인의 물건을 직접점유하게 된 점유매개자[863]도 위탁관계가 있는 보관자가 될 수 있다. 예컨대 회사나 은행의 직원이 회

상태를 모두 가리키는 것으로 타인의 금전을 위탁받아 보관하는 자는 보관방법으로 이를 은행 등의 금융기관에 예치한 경우에도 보관자의 지위를 갖는 것이다. 타인의 금전을 위탁받아 보관하는 자가 보관방법으로 금융기관에 자신의 명의로 예치한 경우, 금융실명거래및비밀보장에관한긴급재정경제명령이 시행된 이후 금융기관으로서는 특별한 사정이 없는 한 실명확인을 한 예금명의자만을 예금주로 인정할 수밖에 없으므로 수탁자 명의의 예금에 입금된 금전은 수탁자만이 법률상 지배·처분할 수 있을 뿐이고 위탁자로서는 위 예금의 예금주가 자신이라고 주장할 수는 없으나, 그렇다고 하여 보관을 위탁받은 위 금전이 수탁자 소유로 된다거나 위탁자가 위 금전의 반환을 구할 수 없는 것은 아니므로 수탁자가 이를 함부로 인출하여 소비하거나 또는 위탁자로부터 반환요구를 받았음에도 이를 영득할 의사로 반환을 거부하는 경우에는 횡령죄가 성립한다.)

860) **[절도죄에 있어서 점유와의 차이]** : 절도죄의 점유가 단순한 사실상의 지배를 의미를 의미하는데 반하여 횡령죄의 보관이라는 점유는 위탁관계가 있는 사실상의 지배라는 점에서 양자는 차이가 있고, 위탁관계에 의한 점유는 침해의 주체로서의 신분요소가 되는 점유이므로 침해로부터 보호받는 객체 또는 행위객체로 파악되고 있는 절도죄의 점유와 그 기능에서도 차이가 있다. 나아가 횡령죄에 있어서의 보관(점유)은 법률상의 지배를 포함하지 아니하는 절도죄의 경우와 달리 사실상의 지배뿐만 아니라 법률상의 지배(양자 모두 위탁관계에 의한 지배)도 포함한다는 점에서 양자는 차이가 있다.

861) 민법 제195조(점유보조자) '사실상, 영업상 기타 유사한 관계에 의하여 타인의 지시를 받어 물건에 대한 사실상의 지배를 하는 때에는 그 타인만을 점유자로 한다.'

862) 대법원 1970.5.12. 선고, 70도649 판결[횡령죄의 보관은 재물의 현실적인 보관, 다시 말해서 사실상의 지배를 하면 되는 것으로서 점유의 보조자도 재물에 대한 사실상의 지배를 하고 있는 이상 거기서 말하는 보관자라고 할 수 있는 것이니 기록에 의하면 (1) 피고인은 창고원임을 알 수 있으므로 위 판매에 따라 당연히 본건 범죄의 신분이 있다고 할 것이고 그 신분이 없는 것으로 여겨지는 지게차의 운전수인 (2) 피고인은 위와 같이 업무상 횡령죄에 대한 신분이 있는 (1)의 피고인 공소외 1, 2등과 공모하므로서 위의 신분이 있다고 원심이 판단한 취지로 보여지므로 원심판결에 소론 위법이 있다고 할 수 없다.) ; 대법원 1986.8.19. 선고 86도1093 판결(피해자가 그 소유의 오토바이를 타고 심부름을 다녀오라고 하여서 그 오토바이를 타고 가다가 마음이 변하여 이를 반환하지 아니한 채 그대로 타고 가버렸다면 횡령죄를 구성함은 별론으로 하고 적어도 절도죄를 구성하지는 아니한다 할 것이다.)

863) 민법 제194조(간접점유) '지상권, 전세권, 질권, 사용대차, 임대차, 임치 기타의 관계로 타인으로 하여금 물건을 점유하게 한 자는 간접으로 점유권이 있다.'

사의 공금을 보관하고 있는 경우, 사환에게 단독으로 은행에 돈을 입금시키도록 한 경우 등을 들 수 있다.[864]

③ 법률상의 지배자(보관자)

ㄱ. 유가증권의 소지자

창고증권·화물상환증 등 물권적 유가증권은 그 증권의 소지자만으로 그 증권이 표창하는 재물을 자유롭게 처분할 수 있는 지위가 발생한다. 따라서 그 소지인은 재물에 대한 사실상의 지배(점유)는 없지만 법률상의 보관자로서 횡령죄의 주체가 될 수 있다.

그러나 채권의 지급담보를 위하여 채무자로부터 수표를 발행·교부받아 이를 소지한 채권자는 단순히 타인의 재물을 보관하는 것과는 달리 수표상의 권리를 유효하게 취득하는 것이므로 횡령죄의 주체가 되지 않는다.[865]

ㄴ. 은행예금의 명의인

타인소유의 금전을 위탁받아 그 보관방법으로 자신의 명의로 은행 기타 금융기관에 예금한 경우 수탁자에게는 그 예금에 대한 법률상 지배가 인정되어 위탁관계에 의

864) 대법원 1982.11.23. 선고 82도2394 판결(피해자가 시장 점포에서 물건을 매수하여 묶어서 그곳에 맡겨 놓은 후 그곳에서 약 50미터 떨어져 동 점포를 살펴볼 수 없는 딴 가게로 가서 지게 짐꾼인 피고인을 불러 피고인 단독으로 위 점포에 가서 맡긴 물건을 운반해 줄 것을 의뢰하였더니 피고인이 동 점포에 가서 맡긴 물건을 찾아 피해자에게 운반해 주지 않고 용달차에 싣고 가서 처분한 것이라면 피고인의 위 운반을 위한 소지 관계는 피해자의 위탁에 의한 보관관계에 있다고 할 것이므로 이를 영득한 행위는 절도죄가 아니라 횡령죄를 구성한다.) ; 대법원 1993.8.24. 선고 93도1578 판결(피고인이 이 사건 양식어업면허권을 취득하였다가 이를 공소외 김00에게 양도하였고 위 김00은 다시 피해자 설00에게 양도하고 그와 같은 사실을 피고인에게 알렸으며, 위 설00이 사실상의 어업권자로서 그때부터 그 양식장을 소유관리하여 왔는데도 피고인이 아직도 어업면허권이 자기 앞으로 되어 있음을 틈타서 한국전력주식회사로부터 화력발전소의 건설에 따른 어업권손실보상금 584,000,000원을 수령하여 일부는 자기이름으로 예금하고 일부는 생활비 등에 소비하였다면 이는 횡령죄를 구성한다.)

865) 대법원 2000.2.11. 선고 99도4979 판결(채권자가 그 채권의 지급을 담보하기 위하여 채무자로부터 수표를 발행·교부받아 이를 소지한 경우에는, 단순히 보관의 위탁관계에 따라 수표를 소지하고 있는 경우와는 달리 그 수표상의 권리가 채권자에게 유효하게 귀속되고, 채권자와 채무자 사이의 수표 반환에 관한 약정은 원인관계상의 인적 항변사유에 불과하므로, 위 채권자는 횡령죄의 주체인 타인의 재물을 보관하는 자의 지위에 있다고 볼 수 없는 것이다. 따라서 피고인이 피해자에게 가계수표 3장을 할인하여 주면서 그 담보조로 피해자가 발행한 가계수표 3장을 별도로 교부받아 이를 임의로 제3자에게 빌려준 사실이 인정되지만, 이러한 피고인의 행위는 횡령죄를 구성하지 아니한다.)

한 보관자가 된다(통설 및 판례). 따라서 수탁자가 이를 함부로 인출하여 소비하거나 위탁자의 반환요구에 응하지 않으면 횡령죄가 성립한다.[866] 또한 회사로부터 수표발행 권한을 위임받은 자도 그 수표자금으로서 예치된 금액에 대하여 보관자의 지위가 인정되어 횡령죄의 주체가 된다.[867]

ㄷ. 부동산의 보관자

부동산의 경우에는 점유의 유무가 아니라 제3자에게 법률상 유효하게 처분할 수 있는 권능을 가진 자가 그 부동산에 대한 보관자가 된다(통설 및 판례[868]).

따라서 위탁관계에 의하여 부동산을 사실상 지배하고 있는 자는 등기명의의 여하를 불문하고 그 부동산의 보관자가 된다.[869] 그러나 단순한 등기서류의 보관자는 그

866) 대법원 2000.8.18. 선고 2000도1856 판결(타인의 금전을 위탁받아 보관하는 자는 보관방법으로 이를 은행 등의 금융기관에 예치한 경우에도 보관자의 지위를 갖는 것인바, 이 사건에 있어서 피고인이 망 이00로부터 금전의 보관을 위탁받아 피고인 명의의 신탁예금을 개설하여 거기에 보관을 위탁받은 금전을 입금함으로써 위 금전은 피고인이 법률상 지배·처분할 수 있는 예금의 형태로 보관하고 있는 것이어서 피고인은 횡령죄에서 가리키는 타인의 재물을 보관하는 지위에 있다고 할 것이다. 따라서 피고인 명의의 이 사건 각 신탁예금에 입금된 금전은 피고인만이 법률상 지배·처분할 수 있을 뿐이고 위 망인의 상속인들로서는 위 예금의 예금주가 자신들이라고 주장할 수는 없으나, 그렇다고 하여 보관을 위탁받은 위 금전이 피고인 소유로 된다거나 위 망인의 상속인들이 위 금전의 반환을 구할 수 없는 것은 아니므로, 피고인이 이를 함부로 인출하여 소비하거나 또는 위 망인의 상속인들로부터 반환요구를 받았음에도 이를 영득할 의사로 반환을 거부하는 경우에는 횡령죄가 성립한다.) ; 대법원 2008.12.11. 선고 2008도8279 판결(은행에 공동명의로 예금을 하고 은행에 대하여 그 권리를 함께 행사하기로 한 경우에 만일 동업자금을 공동명의로 예금한 경우라면 채권의 준합유관계에 있다고 볼 것이나, 공동명의 예금채권자들 각자가 분담하여 출연한 돈을 동업 이외의 특정 목적을 위하여 공동명의로 예치해 둠으로써 그 목적이 달성되기 전에는 공동명의 예금채권자가 단독으로 예금을 인출할 수 없도록 방지·감시하고자 하는 등의 목적으로 공동명의로 예금을 개설한 경우라면 하나의 예금채권이 분량적으로 분할되어 각 공동명의 예금채권자들에게 귀속된다. 따라서 이 사건 예금은 피고인 1과 공소외인이 동업 이외의 특정 목적을 위하여 공동명의로 예치해 둠으로써 그 목적이 달성되기 전에는 공동명의 예금채권자가 단독으로 예금을 인출할 수 없도록 방지·감시하고자 하는 등의 목적으로 공동명의로 예금을 개설한 경우로서 하나의 예금채권이 분량적으로 분할되어 각 공동명의 예금채권자들에게 귀속된다고 할 것이므로, 피고인 1은 이 사건 예금을 법률상으로 지배·처분할 수 있는 지위에 있고, 따라서 횡령죄에서의 보관자에 해당한다.)

867) 대법원 1983.9.13. 선고 82도75 판결(회사로부터 수표발행 권한을 위임받은 자가 업무상의 임무에 위배하여 자기 또는 제3자의 용도에 충당하기 위하여 수표를 발행하고 그 수표를 이용하여 거래은행으로부터 회사의 예금을 인출하는 행위는 불법영득의 의사를 실현하는 행위로서 업무상횡령죄가 성립한다.)

868) 대법원 2005.6.24. 선고 2005도2413 판결(부동산에 관한 횡령죄에 있어서 타인의 재물을 보관하는 자의 지위는 동산의 경우와는 달리 부동산에 대한 점유의 여부가 아니라 법률상 부동산을 제3자에게 처분할 수 있는 지위에 있는지 여부를 기준으로 판단하여야 한다.)

869) 대법원 1993.3.9. 선고 92도2999 판결(부동산의 보관은 원칙으로 등기부상의 소유명의인에 대하여 인정되지만 등기부상의 명의인이 아니라도 소유자의 위임에 의거해서 실제로 타인의 부동산을 관리, 지배하면 그 부동산의 보관자라 할 수 있고, 이 사건의 경우와 같은 미등기의 건물에 대하여는 위탁

부동산을 법률상·사실상 보관하고 있다고 할 수 없으므로 배임죄의 주체인 타인의 사무를 처리하는 자의 지위가 있을 뿐이다.

한편 부동산에 대한 사실상의 지배가 없는 경우에도 등기명의인은 부동산의 보관자가 된다.[870] 그러나 원인무효인 소유권이전등기의 명의인은 법률상 유효하게 처분할 수 있는 지위에 있지 않으므로 보관자가 될 수 없다.[871]

또한 미성년자인 부동산 등기명의인의 법정대리인·후견인 등은 법률상 권한에 의하여 부동산을 유효하게 처분할 권한이 있으므로 보관자로서 본죄의 주체가 될 수 있지만, 공동소유로 등기된 부동산의 타인지분은 법률상 유효하게 처분할 권능이 없으므로 공유자 중 1인은 타인지분에 대한 보관자가 될 수 없다.[872]

보충판례 110 : 대법원 2000.4.11. 선고 2000도565 판결

④ 보관의 원인인 위탁관계

ㄱ. 위탁관계의 의의

횡령죄의 본질은 신임관계에 위배하여 타인의 재물을 영득한다는 배신성에 있기 때문에 그 전제로서 재물의 보관이 위탁관계에 의한 것임을 필수요건으로 한다.

....

관계에 의하여 현실로 부동산을 관리 지배하는 자가 보관자라고 할 수 있을 것이며, 원심이 인정한 사실에 의하더라도 피고인이 이 사건 미등기건물의 관리를 위임받아 그 곳에서 거주하고 있다는 것이므로 피고인이 이 사건 건물의 보관자의 지위에 있었음은 의문의 여지가 없다.)

870) 대법원 2005.6.24. 선고 2005도2413 판결(피고인이 종중의 회장으로부터 담보 대출을 받아달라는 부탁과 함께 종중 소유의 임야를 이전받은 다음 임야를 담보로 금원을 대출받아 임의로 사용하고 자신의 개인적인 대출금 채무를 담보하기 위하여 임야에 근저당권을 설정하였다면 비록 피고인이 임야를 이전받는 과정에서 적법한 종중총회의 결의가 없었다고 하더라도 피고인은 임야나 위 대출금에 관하여 사실상 종중의 위탁에 따라 이를 보관하는 지위에 있다고 보아야 할 것이어서 피고인의 위 행위가 종중에 대한 관계에서 횡령죄를 구성한다.)

871) 대법원 2007.5.31. 선고 2007도1082 판결(부동산의 경우 보관자의 지위는 점유를 기준으로 할 것이 아니라 그 부동산을 제3자에게 유효하게 처분할 수 있는 권능의 유무를 기준으로 결정하여야 할 것이므로, 원인무효인 소유권이전등기의 명의자는 횡령죄의 주체인 타인의 재물을 보관하는 자에 해당한다고 할 수 없다.) ; 대법원 1989.2.28. 선고 88도1368 판결(원인무효인 소유권이전등기의 등기명의자로서 그 부동산을 법률상 유효하게 처분할 수 있는 지위에 있지 않은 자는 횡령죄의 주체인 타인의 재물을 보관하는 자에 해당하지 않는다.)

872) 대법원 2004.5.27. 선고 2003도6988 판결(부동산의 공유자 중 1인이 다른 공유자의 지분을 임의로 처분하거나 임대하여도 그에게는 그 처분권능이 없어 횡령죄가 성립하지 아니한다. 따라서 구분소유자 전원의 공유에 속하는 공용부분인 지하주차장 일부를 그 중 1인이 독점 임대하고 수령한 임차료를 임의로 소비한 경우 횡령죄가 성립하지 아니한다.)

따라서 위탁관계에 의해서 타인의 재물에 대한 사실상·법률상 지배를 행사하는 보관자의 신분이 부여되기 때문에 이러한 위탁관계없이 타인의 재물을 보관하는 자가 이를 영득한 때에는 점유이탈물횡령죄가 성립할 수 있을 뿐이다.[873]

보관의 전제로서 위탁관계가 필요한지에 대하여 판례의 태도는 일관되어 있지 않다. 즉 판례의 주된 입장은 위탁관계가 있음을 요한다는 전제[874] 아래 위탁관계가 없는 때에는 횡령죄가 성립하지 않는다(보충판례 111참조)고 하지만, 때로는 위탁행위에 기인한 것임을 요하지 않는다(보충판례 112 참조)는 이유로 횡령죄의 성립을 인정하고 있다.[875]

보충판례 111 : 대법원 2007.5.31. 선고 2007도1082 판결
보충판례 112 : 대법원 2005.10.28. 선고 2005도5975 판결

ㄴ. 위탁관계의 발생근거

위탁관계는 사용대차·임대차·위임·고용·질권설정 등 계약에 의하여 발생하는 경우가 일반적이지만[876], 법률의 규정(법정대리·후견인·사무관리), 관습, 조리, 신의칙에 의해서도 발생할 수 있다(통설 및 판례[877]). 위탁관계는 객관적으로 존재하는 사실상의 관계

873) **[위탁관계의 존부(存否)]** : 예컨대 세탁소 주인이 고객이 맡기고 간 옷을 영득한 경우에는 횡령죄가 성립하지만, 우연히 바람에 날려 자기 집안으로 들어온 옷을 영득한 경우에는 점유이탈물횡령죄가 성립할 뿐이다. 전자의 경우에는 위탁관계가 존재하지만, 후자의 경우에는 위탁관계가 없기 때문이다.

874) 대법원 1994.11.25. 선고 93도2404 판결(횡령죄는 위탁이라는 신임관계에 반하여 타인의 재물을 보관하는 자가 이를 횡령하거나 또는 반환을 거부함으로써 성립하는 것이므로, 부동산의 등기명의자인 피고인이 그 중 일부 지분을 횡령하였다고 하려면 우선 그 피해자가 그 부동산 지분의 실제 소유권자로서 피고인에게 그 지분을 명의신탁함으로써 피고인과의 사이에 위탁이라는 신임관계가 있어야 할 것이다.)

875) 대법원 1968.7.24. 선고 66도1705 판결(횡령죄에 있어서 재물을 보관하게 된 원인은 반드시 당사자의 위탁행위에 기인한 것임을 필요로 하지 않는 것이므로, 원심이 그 거시의 증거에 의하여 송금절차의 착오로 인하여 본건 금원이 피고인의 은행 개인구좌에 입금돼 있음을 기화로 피고인이 이를 임의로 인출·소비한 사실을 적법히 확정한 위에 동 행위를 횡령죄로 문의하였음은 정당하다.)

876) 대법원 2008.10.23. 선고 2007도6463 판결[횡령죄에서 보관이라 함은 위탁관계에 의하여 재물을 점유하는 것을 의미하므로, 결국 횡령죄가 성립하기 위하여는 그 재물의 보관자와 재물의 소유자(또는 기타의 본권자) 사이에 법률상 또는 사실상의 위탁신임관계가 존재하여야 한다. 이러한 위탁신임관계를 발생시키는 명의신탁관계는 반드시 신탁자와 수탁자 사이의 명시적 계약에 의하여만 성립하는 것이 아니라 묵시적 합의에 의하여도 성립할 수 있다. 그리고 명의신탁에 대한 묵시적 합의가 있었는지 여부는 위탁자와 수탁자 사이의 관계, 수탁자가 그 재물을 보관하게 된 동기와 경위, 위탁자와 수탁자 사이의 거래 내용과 태양 등 모든 사정을 종합하여 사회통념에 비추어 합리적으로 판단하여야 한다.]

877) 대법원 1987.10.13. 선고 87도1778 판결(횡령죄에 있어서의 재물의 보관이라 함은 재물에 대한 사실상 또는 법률상 지배력이 있는 상태를 의미하므로 그 보관이 위탁관계에 기인하여야 할 것임은 물

이면 충분하고[878], 반드시 소유자에 의해서 이루어질 필요도 없으며 소유자의 의사에 반하지 않으면 제3자에 의하여 이루어져도 무방하다.[879]

이러한 위탁관계가 없는 경우에는 횡령죄가 성립하는 것이 아니라 점유이탈물횡령죄가 성립하게 된다.

ㄷ. 불법원인급여·불법원인위탁과 횡령죄

재물에 대한 급여나 위탁이 불법하여 급여자나 위탁자가 보관자에 대하여 반환청구를 할 수 없는 경우(불법원인급여[880]) 수급자나 수탁자가 그 재물을 영득한 때에 횡령

론이나 그것이 반드시 사용대차, 임대차, 위임 등의 계약에 의하여 설정되는 것임을 요하지 아니하고 사무관리, 관습, 조리, 신의칙에 의해서도 성립된다.) ; 대법원 1996.5.14. 선고 96도410 판결(채무자가 채무총액에 관한 지불각서를 써 줄 것으로 믿고, 채권자가 채무자에게 그 액면금 등을 확인할 수 있도록 가계수표들을 교부하였다면, 채권자와 채무자 사이에는 만약 합의가 결렬되어 채무자가 채권자에게 지불각서를 써 주지 아니하는 경우에는 곧바로 그 가계수표들을 채권자에게 반환하기로 하는, 횡령죄에 있어서 조리에 의한 위탁관계가 발생하였다.) ; 대법원 1985.4.9. 선고 84도300 판결(임차인이 이사하면서 그가 소유하거나 타인으로부터 위탁받아 보관 중이던 물건들을 임대인의 방해로 옮기지 못하고 그 임차공장 내에 그대로 두었다면 임대인은 사무관리 또는 조리상 당연히 임차인을 위하여 위 물건들을 보관하는 지위에 있다 할 것이므로 임대인이 그 후 이를 임의로 매각하거나 반환을 거부하였다면 횡령죄를 구성한다.) ; 대법원 1990.8.28. 선고 90도1019 판결(피고인이 피해자로부터 피해자 소유의 다이아반지 1개를 팔아 달라는 부탁을 받고 교부받아 이를 판매한 대금을 보관 중 임의소비한 경우 피고인에게 불법영득의 의사가 있었다고 보아야 할 것이므로 피고인의 행위는 횡령죄를 구성한다.) ; 대법원 2013.3.28. 선고 2012도16191 판결(금은방을 운영하는 피고인이, 갑이 맡긴 금을 시세에 따라 사고파는 방법으로 운용하여 매달 일정한 이익금을 지급하는 한편 갑의 요청이 있으면 언제든지 보관 중인 금과 현금을 반환하기로 갑과 약정한 후 경제사정이 악화되자 이를 자신의 개인채무 변제 등에 사용한 경우 갑이 매매를 위탁하거나 피고인이 그 결과로 취득한 금이나 현금은 모두 갑의 소유이므로 횡령죄가 성립한다.)

878) 대법원 2005.6.24. 선고 2005도2413 판결(피고인이 종중의 회장으로부터 담보 대출을 받아달라는 부탁과 함께 종중 소유의 임야를 이전받은 다음 임야를 담보로 금원을 대출받아 임의로 사용하고 자신의 개인적인 대출금 채무를 담보하기 위하여 임야에 근저당권을 설정하였다면 비록 피고인이 임야를 이전받는 과정에서 적법한 종중총회의 결의가 없었다고 하더라도 피고인은 임야나 위 대출금에 관하여 사실상 종중의 위탁에 따라 이를 보관하는 지위에 있다고 보아야 할 것이어서 피고인의 위 행위가 종중에 대한 관계에서 횡령죄를 구성한다.)

879) 대법원 1985.9.10. 선고 84도2644 판결(횡령죄에 있어서 타인을 위하여 재물을 보관하게 된 원인은 반드시 소유자의 위탁행위에 기인한 것임을 필요로 하지 않으므로 원심판결이 적법히 확정한 바와 같이 피고인이 진양화인케미칼 회사로부터 피해자 등을 대신하여 그들의 공동지분이 있는 대리점 개설보증금을 반환받아 은행에 예금하고 있었다면 피고인은 피해자를 위하여 그 지분상당의 금원을 보관 중이었다 할 것이므로 이를 임의로 인출 소비한 피고인의 소위를 횡령죄로 의율하였음은 정당하다.) **[판례해설]** : 다만 84도2644판결에서 말하는 위탁관계가 무엇인지는 의문이다. 이러한 경우에도 사무관리나 신의칙에 따른 위탁관계는 존재한다고 보아야 하기 때문이다. 따라서 위 판결에서 말하는 위탁관계라는 것은 계약에 의한 위탁관계를 의미하는 것으로 이해하는 것이 타당할 것이다.

880) 민법 제746조(불법원인급여) '불법의 원인으로 인하여 재산을 급여하거나 노무를 제공한 때에는 그 이익의 반환을 청구하지 못한다. 그러나 그 불법원인이 수익자에게만 있는 때에는 그러하지 아니하다.'

죄가 성립하는지[881]에 대해서는 견해가 대립한다.

1) 횡령죄긍정설(적극설)

불법원인급여의 경우에도 횡령죄의 성립을 인정하는 견해이다. 즉 첫째 형법의 독자적 견지에서 행위자의 가벌성을 논해야 하는데 불법원인급여에서는 급여자에게 민법상의 반환청구권이 없을 뿐이고 행위자(수급자)의 가벌성은 존재하며, 둘째 불법원인급여라 하더라도 급여자와 수급자 사이에 위탁관계는 존재하고, 셋째 급여자에게 반환청구권이 없다고 하더라도 일반인의 법감정상 급여자가 소유권을 상실하는 것은 아니라는 점(타인의 재물이라는 점) 등을 논거로 든다.

2) 횡령죄부정설(소극설)

불법원인급여의 경우에는 횡령죄가 성립하지 않는다는 견해이다(다수설). 즉 첫째 불법원인급여의 경우 소유권은 수급자에게 귀속되므로 타인의 재물에 해당하지 않고, 둘째 수급자에게는 반환의무가 없음에도 불구하고 수급자를 처벌하는 경우에는 민법상으로 반환을 강제하는 것이 되어 법질서의 통일성을 해할 우려가 있으며, 셋째 급여자가 반환청구권을 상실하기 때문에 수급자는 법률상 반환의무가 없으므로 이를 자유롭게 처분할 수 있고, 넷째 불법원인급여에서의 위탁관계뿐만 아니라 불법원인위탁에서도 그 위탁·신뢰관계는 형법상으로 보호할 만 한 가치가 없다는 점 등을 논거로 한다.

3) 절충설

절충설은 불법원인급여를 소유권이전의 의사가 있는 점유이전(불법원인급여)과 소유권이전 의사가 없는 점유이전(불법원인위탁)으로 구분하여 전자의 경우에는 수급자의 소유물이므로 횡령죄가 성립하지 않지만 후자의 경우에는 소유권이 급여자에게 남

881) **[뇌물배달사고]** : 예컨대 갑이 을에게 1,200만원을 주면서 공무원 병에게 1,000만원의 뇌물을 전해주고 나머지는 수고비로 가지라고 한 경우, 200만원은 불법원인급여, 1,000만원은 불법원인위탁이라고 할 수 있다. 이 때 을이 병에게 뇌물을 전달하지 않고 횡령한 경우 횡령죄가 성립할 수 있는지에 대한 견해의 대립이다.

아 있어 횡령죄가 성립한다는 견해, 횡령죄의 불능미수가 성립한다는 견해 등으로 나뉜다.

4) 판례의 태도

판례는 기본적으로 불법원인급여에 있어서 소유권은 수급자에게 있으므로 재물의 타인성이 결여된다는 이유로 횡령죄의 성립을 부정하였다(횡령죄부정설).

보충판례 113 : 대법원 1988.9.20. 선고 86도628 판결[882]

그러나 예외적으로 불법원인급여에서 급여자와 수급자의 불법성을 비교형량하여 수급자의 불법성이 급여자의 불법성보다 현저히 큰 경우(불법성 비교형량론)에는 급여자의 반환청구를 인정하여 수급자의 횡령죄를 인정하고 있다.[883]

882) 대법원 1999.6.11. 선고 99도275 판결[민법 제746조에 불법의 원인으로 인하여 재산을 급여하거나 노무를 제공한 때에는 그 이익의 반환을 청구하지 못한다고 규정한 뜻은 급여를 한 사람은 그 원인행위가 법률상 무효임을 내세워 상대방에게 부당이득반환청구를 할 수 없고, 또 급여한 물건의 소유권이 자기에게 있다고 하여 소유권에 기한 반환청구도 할 수 없어서 결국 급여한 물건의 소유권은 급여를 받은 상대방에게 귀속되는 것이므로(대법원 1979.11.13. 선고 79다483 전원합의체 판결 참조), 피고인 1이 피고인 2로부터 공소외 2에 대한 뇌물공여 또는 배임증재의 목적으로 전달하여 달라고 교부받은 금전은 불법원인급여물에 해당하여 그 소유권은 피고인 1에게 귀속되는 것으로서 피고인 1이 위 금전을 공소외 2에게 전달하지 않고 임의로 소비하였다고 하더라도 횡령죄가 성립하지 않는다.]

883) **[불법성비교형량론]** : 대법원 1999.9.17. 선고 98도2036 판결(민법 제746조에 의하면, 불법의 원인으로 인한 급여가 있고, 그 불법원인이 급여자에게 있는 경우에는 수익자에게 불법원인이 있는지 여부, 수익자의 불법원인의 정도, 그 불법성이 급여자의 그것보다 큰지 여부를 막론하고 급여자는 불법원인급여의 반환을 구할 수 없는 것이 원칙이나, 수익자의 불법성이 급여자의 그것보다 현저히 큰 데 반하여 급여자의 불법성은 미약한 경우에도 급여자의 반환청구가 허용되지 않는다면 공평에 반하고 신의성실의 원칙에도 어긋나므로, 이러한 경우에는 민법 제746조 본문의 적용이 배제되어 급여자의 반환청구는 허용된다고 해석함이 상당하다. 따라서 포주인 피고인이 피해자가 손님을 상대로 윤락행위를 할 수 있도록 업소를 제공하고, 윤락녀인 피해자가 윤락행위의 상대방으로부터 받은 화대를 피고인에게 보관하도록 하였다가 이를 분배하기로 한 약정은 선량한 풍속 기타 사회질서에 위반되는 것이고, 피해자가 그 약정에 기하여 피고인에게 화대를 교부한 것은 불법의 원인으로 인하여 급여를 한 경우로 보아야 하겠지만, 한편 기록에 의하면, 피고인은 다방 종업원으로 근무하고 있던 피해자를 수차 찾아가 자신의 업소에서 윤락행위를 해 줄 것을 적극적으로 권유함으로써 피해자가 피고인과 사이에 위와 같은 약정을 맺고서 윤락행위를 하게 되었고, 피고인은 전직 경찰관으로서 행정사 업무에 종사하면서도 자신의 업소에 피해자 등 5명의 윤락녀를 두고 그들이 받은 화대에서 상당한 이득을 취하는 것을 영업으로 해 왔음에 반하여, 피해자는 혼인하여 남편과 두 아들이 있음에도 남편이 알코올중독으로 생활능력이 없어 가족의 생계를 위하여 피고인의 권유에 따라 윤락행위에 이르게 되었음을 알 수 있는바, 위와 같은 피고인과 피해자의 사회적 지위, 그 약정에 이르게 된 경위에다가 앞에서 본 약정의 구체적 내용, 급여의 성격 등을 종합해 볼 때, 피고인 측의 불법성이 피해자 측의 그것보다 현저하게 크다고 봄이 상당하므로, 민법 제746조 본문의 적용은 배제되어 피해자가 피고인에게 보관한 화대의 소유권은 여전히 피해자에게 속하는 것이어서, 피해자는 그 전부의 반환을 청구할 수 있고, 피고인이 이를 임의로 소비한 행위는 횡령죄를 구성한다고 보지 않을 수 없다.)

한편 판례는 불법원인급여와 불법원인위탁을 구분하지 않고 불법원인급여의 문제로 해결한다.

5) 소결

행위자의 가벌성은 형법의 독자적 관점에서 평가해야 한다고 하는 횡령죄긍정설의 주장은 경청할 만 하지만 수급자에게 민법상 소유권이 인정됨에도 불구하고 처벌해야 할 특별한 형법적 근거를 찾기 어렵다.

한편 주 883)의 98도2036판례는 불법상계(不法相計)를 인정하는 것으로서 구체적 타당성을 중시한 판결이라 할 수 있지만, 형법에서 과실상계를 인정하지 않듯이 불법상계도 인정하기 어렵고 수급자의 불법이 급여자의 불법보다 현저히 큰 경우라는 개념은 법적 안정성을 해칠 우려가 있는 개념이라 할 수 있을 뿐만 아니라, 불법원인급여에 의한 재물을 임의로 소비하였다고 하여 횡령죄로 처벌하는 경우 사실상 민법 제746조 규정의 의미가 존재할 수 없게 되어 법질서의 통일성을 기할 수 없다는 점을 감안할 때 다수설인 소극설(횡령죄부정설)이 타당하다.

(2) 행위의 객체

횡령죄의 객체는 '자기가 보관하는 타인의 재물'이다.

① 재물

횡령죄는 순수한 재물죄이므로 객체는 재물에 한정된다.[884] 횡령죄의 재물에는 동산뿐만 아니라 부동산도 포함되지만, 권리는 재물이 아니므로 횡령죄의 객체가 될 수 없다(통설 및 판례[885]).

884) 예컨대 행위자가 위탁자의 신뢰관계에 위배하여 재산상의 이익을 취득하여도 배임죄가 성립할 뿐 횡령죄는 성립하지 않는다.

885) **[권리의 재물성을 부정한 판례]** : 대법원 1994.3.8. 선고 93도2272 판결[형법 제355조 제1항 소정의 횡령죄의 객체는 자기가 보관하는 "타인의 재물"이므로 재물이 아닌 재산상의 이익은 횡령죄의 객체가 될 수 없다. 횡령죄에 있어서의 재물은 동산, 부동산의 유체물에 한정되지 아니하고 관리할 수 있는 동력도 재물로 간주되지만(형법 제361조, 제346조), 여기에서 말하는 관리란 물리적 또는 물질적 관리를 가리킨다고 볼 것이고, 재물과 재산상이익을 구별하고 횡령과 배임을 별개의 죄로 규

그러나 권리가 화체(化體)된 문서는 재물에 해당하기 때문에 채권증서 자체를 보관 중에 취득하면 횡령죄가 되지만, 그 증서의 채권을 행사하여 채무자로부터 돈을 변제받는 경우에는 배임죄가 성립할 뿐 횡령죄는 성립하지 않는다.

② 타인의 재물

재물은 타인의 재물을 의미한다. 행위자와 타인의 공동소유에 속하는 재물도 타인의 재물이므로, 동업관계에 의한 수입이나 그 처분재산을 보관하던 중 임의로 소비한 때에는 횡령죄가 성립한다.[886] 자기소유인가 타인소유인가는 전술한 바와 같다.

보충판례 114 : 대법원 1998.4.14. 선고 98도292 판결

③ 구체적 문제점(재물의 타인성 여부가 문제되는 경우)

횡령죄의 객체로서 타인소유의 재물과 관련해서 특히 문제되는 경우는 다음과 같다.

ㄱ. 이중매매와 횡령죄

민법은 부동산의 물권변동과 관련하여 형식주의를 취하고 있으므로, 부동산은 매수인에게 소유권이전등기를 경료하기 전까지는 매도인의 소유에 속하므로 매도인에

정한 현행 형법의 규정에 비추어 볼 때 사무적으로 관리가 가능한 채권이나 그 밖의 권리 등은 재물에 포함된다고 해석할 수 없다. 광업법 제5조 제1항의 규정에 의하면, 같은 법에서 광업권이라 함은 등록을 한 일정한 토지의 구역(광구)에서 등록을 한 광물과 이와 동일 광상(鑛床)중에 부존하는 다른 광물을 채굴 및 취득하는 권리라고 정의하고 있는 바, 따라서 광업권은 재물인 광물을 취득할 수 있는 권리에 불과하지 재물 그 자체는 아니므로 횡령죄의 객체가 된다고 할 수 없을 것이고, 광업법 제12조가 광업권을 물권으로 하고 광업법에서 따로 정한 경우를 제외하고는 부동산에 관한 민법 기타 법령의 규정을 준용하도록 규정하고 있다 하여 광업권이 부동산과 마찬가지로 횡령죄의 객체가 된다고 할 수는 없다.] ; 대법원 2005.2.18. 선고 2002도2822 판결[상법상 주식은 자본구성의 단위 또는 주주의 지위(株主權)를 의미하고, 주주권을 표창하는 유가증권인 주권(株券)과는 구분이 되는바, 주권(株券)은 유가증권으로서 재물에 해당되므로 횡령죄의 객체가 될 수 있으나, 자본의 구성단위 또는 주주권을 의미하는 주식은 재물이 아니므로 횡령죄의 객체가 될 수 없다.]

886) 대법원 2007.2.22. 선고 2006도8105 판결(동업자 사이에 손익분배의 정산이 되지 아니하였다면 동업자의 한 사람이 임의로 동업자들의 합유에 속하는 동업재산을 처분할 권한이 없는 것이므로, 동업자의 한 사람이 동업재산을 보관 중 임의로 횡령하였다면 지분비율에 관계없이 임의로 횡령한 금액 전부에 대하여 횡령죄의 죄책을 부담한다.)

게 보관자의 지위를 인정할 수 없다. 따라서 매도인이 소유권이전등기를 경료하기 전에 이를 이중으로 매도한 경우에도 횡령죄는 성립하지 않는다. 그러나 매도인이 계약금과 중도금을 받은 이후에는 타인의 사무를 처리하는 자가 되어 제1매수인에 대한 배임죄는 성립할 수 있다.[887)]

ㄴ. 소유권유보부(담보부)매매와 횡령죄

할부판매와 같은 소유권유보부매매의 경우 대금완납시까지는 인도받은 목적물의 소유권이 매도인에게 있다. 따라서 매수인이 대금완납 이전에 목적물을 임의처분하는 경우에는 횡령죄가 성립한다.

ㄷ. 양도담보

1) 동산의 양도담보

동산의 양도담보란 채권의 담보로 동산을 채권자에게 양도하여 대외적으로는 채권자가 소유자이지만 대내적으로는 채무자가 소유권자가 되는 제도를 말한다.

채권자가 동산을 점유하더라도 동산의 소유자는 채무자이므로 채권자가 변제기 이전에 동산을 처분한 경우에는 횡령죄가 성립한다(보충판례 116-2 참조). 그러나 변제기 이후 채권자가 처분한 경우에는 위탁관계에 대한 배신행위가 없으므로 횡령죄가 성립하지 않는다. 뿐만 아니라 이러한 경우에는 채권자가 담보목적물을 부당하게 염가로 처분하거나[888)] 청산금의 잔액을 채무자에게 지급해주지 않더라도[889)] 담보권실

887) 대법원 1988.12.13. 선고 88도750 판결(부동산매도인이 매수인으로부터 계약금과 중도금까지 수령한 이상 특단의 약정이 없다면 잔금수령과 동시에 매수인 명의로의 소유권이전등기에 협력할 임무가 있으므로 이를 다시 제3자에게 처분함으로써 제1차 매수인에게 잔대금수령과 상환으로 소유권이전등기절차를 이행하는 것이 불가능하게 되었다면 배임죄의 책임을 면할 수 없다.) ; 대법원 2008.7.10. 선고 2008도3766 판결(배임죄에 있어서 재산상 손해를 가한 때라 함은 현실적인 손해를 가한 경우뿐 아니라 재산상 손해발생의 위험을 초래한 경우도 포함하는바, 부동산의 매도인으로서 매수인에 대하여 그 앞으로의 소유권이전등기절차에 협력할 의무 있는 자가 그 임무에 위배하여 같은 부동산을 매수인 이외의 제3자에게 이중으로 매도하고 제3자 앞으로 소유권이전청구권 보전을 위한 가등기를 마쳐 주었다면, 이는 매수인에게 손해발생의 위험을 초래하는 행위로서 배임죄를 구성한다.)

888) 대법원 1997.12.23. 선고 97도2430 판결(담보권자가 변제기 경과 후에 담보권을 실행하기 위하여 담보목적물을 처분하는 행위는 담보계약에 따라 담보권자에게 주어진 권능이어서 자기의 사무처리에 속하는 것이지 타인인 채무자의 사무처리에 속하는 것이라고 할 수 없으므로, 담보권자가 담보권을 실행하기 위하여 담보목적물을 처분함에 있어 시가에 따른 적절한 처분을 하여야 할 의무는 담보계약상의 민사채무일 뿐 그와 같은 형법상의 의무가 있는 것은 아니므로 그에 위반한 경우 배임죄가

행은 타인(채무자)의 사무가 아니라 채권자 자신의 사무에 해당하여 배임죄도 성립하지 않는다.

점유개정(占有改正)[890]에 의한 양도담보로서 채무자가 동산을 점유하는 경우에는 채무자가 동산을 임의처분해도 채무자의 소유이기 때문에 횡령죄는 성립하지 않고 배임죄가 성립할 수 있을 뿐이다(보충판례 116-1 참조).

보충판례 116-1 : 대법원 1989.7.25. 선고 89도350 판결
116-2 : 대법원 1989.4.11. 선고 88도906 판결
116-3 : 대법원 2004.6.25. 선고 2004도1751 판결

2) 부동산의 양도담보

부동산의 양도담보는 채권담보의 목적으로 채무자의 부동산을 채권자에게 소유권을 이전하여 주어 대외적으로는 채권자가 소유자이지만 대내적으로는 채무자가 소유권을 보유하고 있는 제도를 말한다.

보충판례 115 : 대법원 1997.6.24. 선고 96도1218 판결

부동산 양도담보의 경우에는 '가등기담보등에관한법률'의 적용을 받아 채권자는 청산기간 경과 후 청산금을 채무자에게 지급할 때까지 소유권을 취득하지 못하고 담보물권만을 취득한다(다수설).[891] 따라서 청산금지급 이전에 채권자가 부동산을 임의

성립된다고 할 수 없다.)

889) 대법원 1985.11.26. 선고 85도1493 전원합의체판결(양도담보가 처분정산형의 경우이건 귀속정산형의 경우이건 간에 담보권자가 변제기 경과 후에 담보권을 실행하여 그 환가대금 또는 평가액을 채권원리금과 담보권 실행비용 등의 변제에 충당하고 환가대금 또는 평가액의 나머지가 있어 이를 담보제공자에게 반환할 의무는 담보계약에 따라 부담하는 자신의 정산의무이므로 그 의무를 이행하는 사무는 곧 자기의 사무처리에 속하는 것이라 할 것이고 이를 부동산매매에 있어서의 매도인의 등기의무와 같이 타인인 채무자의 사무처리에 속하는 것이라고 볼 수는 없어 그 정산의무를 이행하지 아니한 소위는 배임죄를 구성하지 않는다.)

890) 민법 제189조(점유개정) '동산에 관한 물권을 양도하는 경우에 당사자의 계약으로 양도인이 그 동산의 점유를 계속하는 때에는 양수인이 인도받은 것으로 본다.' 제196조(점유권의 양도) '① 점유권의 양도는 점유물의 인도로 그 효력이 생긴다. ② 전항의 점유권의 양도에는 제188조제2항, 제189조, 제190조의 규정을 준용한다.' 제188조(동산물권양도의 효력, 간이인도) '① 동산에 관한 물권의 양도는 그 동산을 인도하여야 효력이 생긴다. ② 양수인이 이미 그 동산을 점유한 때에는 당사자의 의사표시만으로 그 효력이 생긴다.'

891) 같은 법 제4조(청산금의 지급과 소유권의 취득) '② 채권자는 담보목적부동산에 관하여 이미 소유권이전등기를 마친 경우에는 청산기간이 지난 후 청산금을 채무자등에게 지급한 때에 담보목적부동산

처분한 경우에는 채무자소유의 부동산을 불법영득한 것이므로 횡령죄가 성립한다(다수설). 판례는 배임죄의 성립을 인정(보충판례 117 참조)하지만[892], '가등기담보등에관한 법률' 시행 이후에는 횡령죄가 성립한다고 하여야 할 것이다.

보충판례 117 : 대법원 1992.7.14. 선고 92도753 판결

한편 채권자가 변제기 이후 청산목적으로 담보물을 임의처분한 경우에는 불법영득의사가 없으므로 횡령죄·배임죄를 구성하지 않는다. 그러나 이 때 청산금을 지급하지 않으면 청산금에 대하여 횡령죄가 성립한다(다수설). 판례는 배임죄가 성립하지 않는다고 한다.[893]

ㄹ. 매도담보

1) 동산의 매도담보

매도담보란 담보목적물을 채권자에게 매각하여 소유권을 이전시키되 변제기에 채무변제가 있으면 다시 채무자에게 소유권을 되돌리는 형태의 일종의 환매특약부매매약정을 말한다. 따라서 소유권이 채권자에게 이전된 매도담보물(동산)을 채권자가 점유하다가 변제기 이전에 제3자에게 임의로 처분 또는 근저당권설정등기를 경료하더라도 채권자에게는 '자기소유'의 목적물이므로 횡령죄가 성립하지 않는다.

채무자가 담보목적물을 계속 점유하면서 사용하고 있는 상태에서 변제기 이전에

의 소유권을 취득하며, 담보가등기를 마친 경우에는 청산기간이 지나야 그 가등기에 따른 본등기를 청구할 수 있다.'

892) 대법원 2013.4.11. 선고 2012도15890 판결 : 대법원 1989.11.28. 선고 89도1309 판결(배임죄에 있어서 재산상 손해를 가한 때라 함은 현실적인 손해를 가한 경우뿐만 아니라 재산상 손해발생의 위험을 초래한 경우도 포함되는 바, 채권담보의 목적으로 부동산의 소유권이전등기를 넘겨받은 채권자는 채무자가 변제기까지 그 채무를 변제하면 그 등기를 환원하여 줄 의무가 있는 것이므로 그 변제기일 이전에 그 임무에 위배하여 제3자에게 소유권이전청구권의 보전을 위한 가등기를 하여 주었다면 설사 그 때문에 채무자의 환매권을 종국적으로 상실케 하는 것은 아니라고 하더라도 그 담보가치 상당의 실해가 발생할 위험을 초래한 것이 되므로 비록 채무자가 변제기일까지 채무를 변제하지 아니하였더라도 배임죄의 성립에는 아무런 영향이 없다.) ; 대법원 2007.1.25. 선고 2005도7559 판결(채권의 담보를 목적으로 부동산의 소유권이전등기를 경료받은 채권자는 채무자가 변제기일까지 그 채무를 변제하면 채무자에게 그 소유명의를 환원하여 주기 위하여 그 소유권이전등기를 이행할 의무가 있으므로 그 변제기일 이전에 그 임무에 위배하여 이를 제3자에게 처분하였다면 변제기일까지 채무자의 변제가 없었다 하더라도 배임죄가 성립한다.)

893) 대법원 1985.11.26. 선고 85도1493 전원합의체판결.

채무자가 임의로 처분하는 경우에는 '타인소유 자기점유물'이므로 횡령죄가 성립한다(통설 및 판례[894]).

2) 가등기담보등에관한법률의 적용을 받는 매도담보

매도담보물이 부동산이나 동산 가운데 등록원부에 소유자명의가 등록되는 자동차나 선박 등의 경우에는 위와 같은 매도담보의 법리관계는 적용되지 않는다.

'가등기담보등에관한법률'에 따라 매도담보 등으로 소유권을 채권자에게 이전하는 등기를 하더라도 소유권이 채권자에게 이전되지 아니하고 청산기간 경과 후 청산금을 채무자에게 지급하는 때에 비로소 소유권이 채권자에게 이전되기 때문이다.

따라서 변제기 이전에 담보목적물에 대한 소유권은 여전히 채무자에게 있기 때문에 채권자가 목적물을 보관 중 임의로 처분하면 횡령죄가 성립하고, 채무자가 임의처분한 경우에는 자기소유물이기 때문에 횡령죄는 성립할 여지가 없고 배임죄가 성립된다. 판례는 채권자의 경우 배임죄를 인정하지만[895], 이는 '가등기담보등에관한법률'을 고려하지 않은 결과라 할 수 있다.

변제기 이후의 경우에는 양도담보의 경우와 동일하다.

ㅁ. 명의신탁 부동산의 처분과 횡령죄

1) 명의신탁의 의의

횡령죄와 관련하여 가장 문제가 되는 것이 명의신탁 부동산의 처분이다. 명의신탁이란 대내적 관계에 있어서는 신탁자가 실질적 소유권을 보유하지만, 수탁자를 형식

894) 대법원 1962.2.8. 선고 4294형상470 판결(타인에게 매도담보한 재물을 사용하고 있는 채무자는 이미 그 재물에 대한 소유권이 매도담보채권자에게 넘어가 있는 담보물을 채무변제시까지 보관사용하고 있는 법률관계에 있는 것이므로 이를 제3자에 대한 자기채무의 변제조로 제공한 경우에는 횡령죄가 되는 것이고 권리행사방해죄는 성립되지 아니한다.) ; 대법원 1977.11.8. 선고 77도1715 판결(채무의 담보로 하기 위하여 매매의 형식을 취하여 동산을 담보로 제공하고 이를 계속 사용하고 있다가 채권자의 승낙을 받고 이를 매각하였다면 그 매각대금은 채무자의 소유이므로 이를 채무자가 소비하였다 하더라도 횡령죄가 성립하지 아니한다.)

895) 대법원 1995.5.12. 선고 95도283 판결(채권의 담보를 목적으로 부동산의 소유권이전등기를 마친 채권자는 채무자가 변제기일까지 그 채무를 변제하면 채무자에게 그 소유명의를 환원하여 주기 위하여 그 소유권이전등기를 이행할 의무가 있으므로, 그 변제기일 이전에 그 임무에 위배하여 제3자에게 근저당권을 경료하여 주었다면 변제기일까지 채무자의 채무변제가 없었다고 하더라도 배임죄는 성립되고, 그와 같은 법리는 채무자에게 환매권을 주는 형식을 취하였다고 하여 다를 바가 없다.)

적 등기명의인으로 등기하는 경우를 말하다.[896)]

명의신탁의 악용사례의 강력한 규제를 위하여 입법된 '부동산실권리자명의등기에 관한법률(이하 '부동산실명법'으로 약함)'은 종중 보유의 재산에 대한 명의신탁이나 배우자 명의의 명의신탁 및 종교단체 명의의 명의신탁(허용되는 명의신탁)[897)]을 제외한 모든 부동산에 관한 명의신탁약정과 물권변동은 무효(금지되는 명의신탁)[898)]라고 규정하고 있다.

이처럼 명의신탁제도가 허용되는 명의신탁과 금지되는 명의신탁으로 이원화됨에 따라 명의신탁된 부동산을 임의처분(또는 반환거부)한 수탁자에 대해 횡령죄의 죄책을 인정할 수 있는지가 새로운 문제로 등장하게 되었다.

2) 허용되는 명의신탁의 경우

종중부동산의 명의신탁이나 배우자간의 명의신탁 및 종교단체 명의의 명의신탁은 부동산실명법이 허용하고 있으므로 이는 종래의 예에 따라 횡령죄가 성립하는 것으로 보아야 한다. 따라서 종중이 보유한 부동산과 배우자의 부동산 및 종교단체에 대해 명의신탁을 받은 수탁자가 이를 임의로 처분한 경우에는 수탁자는 신탁자와의 관계에서 '자기가 보관하고 있는 타인소유의 재물'을 임의처분한 것이 되므로 횡령죄의

896) 대법원은 종래 대외적 관계에서 수탁자가 소유자이므로 타인의 재물이 아니라는 이유로 횡령죄의 성립을 부정하였으나[대법원 1970.8.31. 선고, 70도1434 판결(명의신탁 받은 부동산을 임의로 처분한 경우에 배임죄를 구성함은 별론으로 하고 횡령죄를 구성하는 것은 아니다.)], 그 후 전원합의체판결에 의하여 그 태도를 변경하여 명의신탁의 경우에도 타인의 재물을 보관한 때에 해당한다고 하여 횡령죄의 성립을 긍정하였다 : 대법원 1971.6.22. 선고 71도740 전원합의체 판결[이 사건 토지가 공소외 1소유로서 피고인 1에게 신탁되어 같은 피고인 명의로 소유권보존등기가 되어 있는데 피고인 양명이 공모하여 이것을 타인에게 처분하였다면 이것은 피고인 1이 점유하는 위 소종중 소유의 이 사건 토지를 횡령하는 행위라 할 것이다.] ; 대법원 1989.10.24. 선고 89도1605 판결(부동산의 명의수탁자가 명의신탁자의 위임의 본지에 반하여 그 부동산을 타인에게 소유권이전등기하여 넘겨주었다면, 그 명의수탁자는 횡령죄의 주체가 되고 그 횡령행위로 인한 피해자는 명의신탁자라고 할 것이다.)

897) 같은 법 제8조(종중, 배우자 및 종교단체에 대한 특례) '다음 각 호의 어느 하나에 해당하는 경우로서 조세 포탈, 강제집행의 면탈(免脫) 또는 법령상 제한의 회피를 목적으로 하지 아니하는 경우에는 제4조부터 제7조까지 및 제12조제1항부터 제3항까지를 적용하지 아니한다.[개정 2013.7.12.] 1. 종중(宗中)이 보유한 부동산에 관한 물권을 종중(종중과 그 대표자를 같이 표시하여 등기한 경우를 포함한다) 외의 자의 명의로 등기한 경우 2. 배우자 명의로 부동산에 관한 물권을 등기한 경우 3. 종교단체의 명의로 그 산하 조직이 보유한 부동산에 관한 물권을 등기한 경우[제목개정 2013.7.12.]'

898) 같은 법 제4조(명의신탁약정의 효력) '① 명의신탁약정은 무효로 한다. ② 명의신탁약정에 따른 등기로 이루어진 부동산에 관한 물권변동은 무효로 한다. 다만, 부동산에 관한 물권을 취득하기 위한 계약에서 명의수탁자가 어느 한쪽 당사자가 되고 상대방 당사자는 명의신탁약정이 있다는 사실을 알지 못한 경우에는 그러하지 아니하다. ③ 제1항 및 제2항의 무효는 제3자에게 대항하지 못한다.'

죄책을 져야 한다(통설).

3) 금지되는 명의신탁의 경우

ⓐ 2자간 명의신탁

2자간 명의신탁이란 신탁자와 수탁자가 명의신탁의 약정을 하고 수탁자의 명의로 소유권등기를 해놓는 것을 말한다. 여기서 수탁자가 부동산을 임의처분한 경우 횡령죄가 성립여부에 대해서는, 명의신탁약정자체가 무효인 경우로서 부동산등기를 수탁자에게 이전한 것은 불법원인급여에 해당하는 것이므로 수탁자에게 소유권이 귀속하여 횡령죄는 성립하지 않는다는 견해(횡령죄부정설), 부동산실명법은 소유권이전등기가 무효라고 하고 있으므로 그 부동산의 소유권은 당연히 신탁자에게 귀속하고 수탁자는 부동산 보관자에 해당하여 횡령죄가 성립한다는 견해(횡령죄긍정설, 다수설 및 판례[899])가 대립한다.

생각건대 무효인 명의신탁에 근거한 부동산등기이전에 따라 소유권이전 효과를 부여하는 경우에는 부동산실명법의 취지에도 반하고 수탁자가 부당이득을 취하게 되어 정의관념에 반하는 결과를 초래할 뿐만 아니라, 부동산물권변동이 무효라는 의미는 실소유자의 소유권을 박탈하는 의미가 아니라 실소유자의 명의로 등기를 되돌리라는 의미로 이해해야 할 것이기에 횡령죄긍정설이 타당하다. 횡령죄긍정설에 의하면 수탁자는 횡령죄 외에 부동산실명법 위반죄[900]도 성립하여 양죄는 실체적 경합이 된다.

---

899) 대법원 2000.2.22. 선고 99도5227 판결(부동산을 소유자로부터 명의수탁받은 자가 이를 임의로 처분하였다면 명의신탁자에 대한 횡령죄가 성립하며, 그 명의신탁이 부동산실명법 시행 전에 이루어졌고 같은 법이 정한 유예기간 이내에 실명등기를 하지 아니함으로써 그 명의신탁약정 및 이에 따라 행하여진 등기에 의한 물권변동이 무효로 된 후에 처분행위가 이루어졌다고 하여 달리 볼 것이 아니다.)

900) 같은 법 제7조(벌칙) '① 다음 각 호의 어느 하나에 해당하는 자 및 그를 교사(敎唆)하여 해당 규정을 위반하게 한 자는 5년 이하의 징역 또는 2억원 이하의 벌금에 처한다. 1. 제3조제1항을 위반한 명의신탁자 ② 제3조제1항을 위반한 명의수탁자 및 그를 교사하여 해당 규정을 위반하게 한 자는 3년 이하의 징역 또는 1억원 이하의 벌금에 처한다. ③ 제3조를 위반하도록 방조한 자는 1년 이하의 징역 또는 3천만원 이하의 벌금에 처한다.[전문개정 2010.3.31.]' 제3조(실권리자명의 등기의무 등) ① 누구든지 부동산에 관한 물권을 명의신탁약정에 따라 명의수탁자의 명의로 등기하여서는 아니 된다.

ⓑ 3자간 명의신탁

3자간 명의신탁이란 신탁자가 매수인이 되어 부동산의 원소유자인 매도인과 매매계약을 체결하면서 등기를 매도인으로부터 신탁자에게 이전하지 않고 직접 수탁자 앞으로 이전하는 경우를 말한다.[901] 신탁자 앞으로 등기이전을 생략하고 있기 때문에 중간생략등기형 명의신탁이라고도 한다.

이 경우에도 신탁자와 수탁자 사이의 명의신탁계약은 무효이고, 물건변동도 무효이므로 수탁자 명의로 경료된 소유권이전등기도 무효가 된다. 따라서 소유권은 여전히 매도인에게 있다고 보아야 하므로 수탁자가 부동산을 처분하는 경우 명의신탁자에 대한 배임죄만 성립한다는 견해(배임죄설)와 매도인에 대한 횡령죄가 성립한다는 견해(횡령죄설)가 대립한다.

부동산실명법의 취지상 수탁자에게 있어 당해 부동산은 타인 소유물인 것이 분명하므로 횡령죄설이 타당하다(통설 및 판례[902]).

문제는 당해 부동산이 구체적으로 누구의 소유에 귀속되느냐에 따라 누구에 대한 횡령죄가 성립하는지에 있다.[903] 소유자인 매도인에 대한 횡령죄가 성립한다는 견해, 원소유자인 매도인뿐만 아니라 신탁자도 횡령죄의 피해자가 된다는 견해도 있지만 신탁자에 대한 횡령죄가 성립한다는 견해(다수설 및 보충판례 118 참조)가 타당하다.

보충판례 118 : 대법원 2001.11.27. 선고 2000도3463 판결

ⓒ 계약명의신탁

계약명의신탁이란 신탁자가 수탁자에게 부동산의 매수위임과 함께 명의신탁약정을 맺고 수탁자가 매매계약의 당사자가 되어 매도인과 매매계약을 체결하고 수탁자

901) 판례는 3자간 명의신탁을 매도자가 악의인 경우에는 중간생략등기형 명의신탁이라는 의미로 사용하고(대법원 2008.4.10. 선고 2008도1033 판결), 매도자가 선의인 경우에는 계약명의신탁이라는 의미로 사용한다(대법원 2008.3.27. 선고 2008도455 판결).

902) 대법원 2002.2.22. 선고 2001도6209 판결(신탁자가 수탁자와 명의신탁 약정을 맺고 신탁자가 매매계약의 당사자가 되어 매도인과 매매계약을 체결하되 다만 등기를 매도인으로부터 수탁자 앞으로 직접 이전하는 이른바 중간생략등기형 명의신탁 또는 삼자간 등기명의신탁 관계에서 명의수탁자가 명의신탁된 부동산 지분을 임의로 처분하였다면 횡령죄가 성립한다.)

903) 실제로 누구에 대한 횡령죄가 성립하는가의 문제는 피해자가 누구인가의 문제로서 친족상도례규정의 적용여부가 달라진다.

앞으로 이전등기하는 형식의 명의신탁을 말한다.

이 경우 부동산실명법(제4조 제2항 단서)은 명의신탁계약을 무효로 하면서도 매도인이 명의신탁약정이 있다는 사실을 알지 못한 경우(선의)에 물권변동을 유효하게 인정하고 있으므로 매도인이 선의와 악의인 경우 각각의 평가를 달리하여야 한다.

a. 매도인이 선의인 경우

매도인이 신탁자와 수탁자 사이의 명의신탁약정을 모를 경우에는 물권변동은 유효하게 성립하므로 수탁자는 유효하게 소유권을 취득하게 된다. 따라서 수탁자는 해당 부동산의 보관자의 지위에 있는 것이 아니므로 이를 매도하였다 하여 횡령죄나 배임죄가 성립한다고 할 수 없다(무죄설). 판례도 같은 입장이다.904)

보충판례 119 : 대법원 2004.4.27. 선고 2003도6994 판결

b. 매도인이 악의인 경우

매도인이 명의신탁 사실을 알고 있는 경우에는 명의신탁계약뿐 아니라 물권변동의 효력도 무효가 되고 소유권은 여전히 매도인에게 귀속하지만, 외형상으로는 수탁자소유명의로 되어 있게 된다. 따라서 수탁자는 타인의 부동산을 보관하는 지위를 지니게 되므로 수탁자가 부동산을 임의처분하는 경우 횡령죄가 성립하는지가 문제된다.

904) 대법원 2008.3.27. 선고 2008도455 판결(신탁자와 수탁자가 명의신탁약정을 맺고, 그에 따라 수탁자가 당사자가 되어 명의신탁약정이 있다는 사실을 알지 못하는 소유자와 사이에서 부동산에 관한 매매계약을 체결한 계약명의신탁에 있어, 수탁자는 신탁자에 대한 관계에서도 신탁 부동산의 소유권을 완전히 취득하고 단지 신탁자에 대하여 명의신탁약정의 무효로 인한 부당이득 반환의무만을 부담할 뿐인바, 그와 같은 부당이득 반환의무는 명의신탁약정의 무효로 인하여 수탁자가 신탁자에 대하여 부담하는 통상의 채무에 불과할 뿐 아니라 신탁자와 수탁자 간의 명의신탁약정이 무효인 이상, 특별한 사정이 없는 한 신탁자와 수탁자 간에 명의신탁약정과 함께 이루어진 부동산 매입의 위임 약정 역시 무효라고 할 것이므로, 수탁자가 신탁자와의 신임관계에 기하여 신탁자를 위하여 신탁 부동산을 관리한다거나 신탁자의 허락 없이 이를 처분하여서는 아니되는 의무를 부담하는 등으로 타인의 사무를 처리하는 자의 지위에 있다고 볼 수 없다.) ; 대법원 2000.3.24. 선고 98도4347 판결(부동산실명법 제2조 제1호 및 제4조의 규정에 의하면, 신탁자와 수탁자가 명의신탁 약정을 맺고, 이에 따라 수탁자가 당사자가 되어 명의신탁 약정이 있다는 사실을 알지 못하는 소유자와 사이에서 부동산에 관한 매매계약을 체결한 후 그 매매계약에 기하여 당해 부동산의 소유권이전등기를 수탁자 명의로 경료한 경우에는, 그 소유권이전등기에 의한 당해 부동산에 관한 물권변동은 유효하고, 한편 신탁자와 수탁자 사이의 명의신탁 약정은 무효이므로, 결국 수탁자는 전소유자인 매도인뿐만 아니라 신탁자에 대한 관계에서도 유효하게 당해 부동산의 소유권을 취득한 것으로 보아야 할 것이고, 따라서 그 수탁자는 타인의 재물을 보관하는 자라고 볼 수 없다.)

이에 대해서는 매도인에 대한 관계에서 횡령죄가 성립한다는 견해(횡령죄설), 신탁자에 대한 관계에서 배임죄가 성립한다는 견해(배임죄설)가 대립한다. 판례는 신탁자에 대한 횡령죄가 성립한다고 한다.[905]

생각건대 매도인이 명의신탁사실을 알고 있었을 뿐만 아니라 매매대금이 지급되고 등기까지 이전된 부동산에 대하여 매도인에 대한 신임관계위반을 인정할 수 없다 할 것이므로 신탁자에 대한 관계에서 배임죄의 성립을 인정하는 것이 타당하다.

④ 위탁받은 대체물과 횡령죄

ㄱ. 금전 등 대체물이 위탁된 경우

금전이나 곡물 등과 같이 종류·품질·수량에 대해서 대체가 가능한 대체물을 위탁한 경우에는 그 위탁물이 누구의 소유인지 여하에 따라 이를 임의처분한 수탁자의 횡령죄 성립여부가 결정된다. 이 경우 소유권귀속은 그 대체물에 대한 위탁형식 또는 위탁의 내용에 따라 달라질 수 있다.

---

905) 대법원 2012.12.13. 선고 2010도10515 판결(명의신탁자와 명의수탁자가 이른바 계약명의신탁약정을 맺고 명의수탁자가 당사자가 되어 그러한 명의신탁약정이 있다는 사실을 알고 있는 소유자로부터 부동산을 매수하는 계약을 체결한 후 그 매매계약에 따라 명의수탁자 앞으로 당해 부동산의 소유권이전등기가 행하여졌다면 '부동산실권리자명의등기에관한법률' 제4조 제2항 본문에 의하여 명의수탁자 명의의 소유권이전등기는 무효이고 당해 부동산의 소유권은 매도인이 그대로 보유하게 된다. 나아가 그 경우 명의신탁자는 부동산매매계약의 당사자가 되지 아니하고 또 명의신탁약정은 위 법률 제4조 제1항에 의하여 무효이므로, 그는 다른 특별한 사정이 없는 한 부동산 자체를 매도인으로부터 이전받아 취득할 수 있는 권리 기타 법적 가능성을 가지지 못한다. 이때 명의수탁자가 명의신탁자에 대한 관계에서 횡령죄에서의 '타인의 재물을 보관하는 자'의 지위에 있다고 볼 수 없다. 따라서 피고인이 갑과 체결한 명의신탁약정에 따라 갑이 조합측으로부터 분양받은 아파트에 관하여 피고인 명의로 소유권보존등기를 마친 후 갑의 허락 없이 이를 을에게 매도하여 횡령하였다는 내용으로 기소된 사안에서, 제반 사정에 비추어 아파트 분양계약에서 매수인 명의의 대여는 갑과 피고인의 내부적인 관계에 불과하여 아파트 분양계약의 매수인 지위에 있는 것은 피고인이고 나아가 매도인인 조합측은 갑과 피고인의 명의대여관계를 알고 있었으므로 아파트 소유권은 매도인에게 있고, 아파트 분양계약의 당사자가 아닌 갑은 달리 아파트 자체를 취득할 법적 가능성이 없으므로 결국 피고인이 갑에 대한 관계에서 '아파트를 보관하는 자'의 지위에 있다고 볼 수 없는데도, 이와 달리 보아 유죄를 인정한 원심판결에는 횡령죄에서 '타인의 재물을 보관하는 자' 내지 이른바 악의의 계약명의신탁에 관한 법리오해의 위법이 있다.) ; 대법원 2008.4.10. 선고 2008도1033 판결(부동산을 소유자로부터 매수한 자가 그 명의로 소유권이전등기를 하지 아니하고 제3자와 맺은 명의신탁약정에 따라 매도인으로부터 바로 그 제3자에게 중간생략의 소유권이전등기를 마친 경우, 그 제3자가 그 명의로 신탁된 부동산을 임의로 처분하였다면 신탁자에 대한 횡령죄가 성립한다.)

1) 특정물로 위탁된 경우

금전 등 대체물이 봉함금 또는 공탁금 등과 같이 특정물로 위탁된 경우에는 그 금전의 소유권은 위탁자에게 있고 수탁자는 보관자의 지위에 있기 때문에 수탁자가 이를 임의처분한 경우에는 횡령죄가 성립한다.

2) 불특정물로 위탁된 경우

특정하지 않은 대체물을 위탁한 경우에는 위탁의 내용에 따라 용도나 사용목적이 지정되지 않은 경우와 지정된 경우로 나누어 판단하여야 한다.

a. 용도나 목적이 지정되지 않고 위탁된 불특정물

위탁자가 용도나 목적을 지정하지 않고 수탁자에게 위탁한 경우에는 그 법적 성질이 소비임치[906]와 같기 때문에 그 위탁물의 소유권은 수탁자에게 이전한다 할 수 있으므로 수탁자가 이를 임의로 소비한 경우에는 위탁자에 대한 배임죄의 성부는 별론으로 하더라도 횡령죄는 성립하지 않는다.[907]

b. 용도나 목적이 지정되어 위탁된 불특정물

예컨대 형법각론 반대표가 MT를 위한 준비금으로 위탁받은 금전을 친구와 술을 마시는데 사용한 경우 횡령죄의 성립여부에 대해서는 견해가 대립한다.

횡령죄긍정설(횡령죄설)은 금전 기타의 대체물도 재물이고, 수탁자가 정해진 용도에 사용할 때까지는 금전의 소유권이 위탁자에게 있으므로 횡령죄가 성립한다는 것이다.

횡령죄부정설(배임죄설)은 금전은 고도의 유통성과 대체성이 있어 위탁시에 금전의 소유권이 수탁자에게 이전하므로 수탁자의 횡령죄는 성립할 수 없고, 다만 수탁자가 타

906) 민법 제702조(소비임치) '수치인이 계약에 의하여 임치물을 소비할 수 있는 경우에는 소비대차에 관한 규정을 준용한다. 그러나 반환시기의 약정이 없는 때에는 임치인은 언제든지 그 반환을 청구할 수 있다.'

907) 대법원 2008.3.14. 선고 2007도7568 판결(골프회원권 매매중개업체를 운영하는 자가 매수의뢰와 함께 입금받아 보관하던 금원을 일시적으로 다른 회원권의 매입대금 등으로 임의로 소비한 사안에서, 위 매입대금은 그 목적과 용도를 정하여 위탁된 금전으로서 골프회원권 매입시까지 그 소유권이 위탁자에게 유보되어 있으나, 다른 회사자금과 함께 보관된 이상 그 특정성을 인정하기 어렵고, 피고인의 불법영득의사를 추단할 수 없으므로 횡령죄를 구성하지 아니한다.)

인의 사무를 처리하는 자라고 할 수 없는 경우에는 배임죄도 성립하지 않는다고 한다.

판례는 횡령죄긍정설(횡령죄설)의 입장을 취한다.[908]

보충판례 120 : 대법원 2005.11.10. 선고 2005도3627 판결
121 : 대법원 1995.10.12. 선고 94도2076 판결

생각건대 용도를 지정하여 금전, 유가증권이나 대체물을 위탁한 경우에는 특정물로 위탁하지 않는 이상 고도의 유통성과 대체성으로 인해 재물보다는 재산상 이익의 성격이 강하다고 할 수 있으므로 이득죄인 배임죄의 성립 여부 문제로 다루는 것이 타당하다.

ㄴ. 채권양도인이 채무자로부터 변제받은 금전

갑이 을에 대한 자신의 채권을 병에게 양도한 후, 을에게 채권양도통지를 하지 않은 상태에서 을로부터 채무를 변제받아 병에게 주지 않고 임의소비한 경우 횡령죄의 성립여부가 문제된다.

판례는 이 경우 채권양도인(사례의 갑)이 변제받은 금전은 채권양수인(사례의 병)의 소유에 속한다는 이유로 횡령죄의 성립을 긍정한다.[909] 이에 대하여 이 금전을 채권양

---

908) 대법원 2002.11.22. 선고 2002도4291 판결(타인으로부터 용도가 엄격히 제한된 자금을 위탁받아 보관하는 자가 그 자금을 제한된 용도 이외의 목적으로 사용하는 것은 횡령죄가 되는 것이고, 이와 같이 용도나 목적이 특정되어 보관된 금전은 그 보관 도중에 특정의 용도나 목적이 소멸되었다고 하더라도 위탁자가 이를 반환받거나 그 임의소비를 승낙하기까지는 횡령죄의 적용에 있어서는 여전히 위탁자의 소유물이라고 할 것이다.) ; 대법원 2008.10.9. 선고 2008도3787 판결[목적과 용도를 정하여 위탁한 금전은 정해진 목적, 용도에 사용할 때까지는 이에 대한 소유권이 위탁자에게 유보되어 있는 것이므로, 수탁자가 이를 임의로 소비하면 횡령죄가 성립한다고 할 것이다. 피고인이 2007.4.2. 피해자로부터 송금받은 10,000,000원 중 7,538,755원은 그가 대표이사로 있던 공소외 주식회사로부터 목욕탕을 임차하여 사용하고 있어 수도요금, 전기요금 등(이하 '수도요금 등'이라고 한다)이 미납될 경우 단전·단수로 인하여 직접적인 불이익을 받을 지위에 있는 피해자에게 수도요금 등 청구서들과 피해자가 부담할 액수를 산정한 계산서를 보여주며 수도요금 등의 연체방지를 위해 필요하다고 말하여 송금받은 것으로서 수도요금 등 납부라는 특정한 목적으로 위탁받은 것이라고 할 것이므로 피고인으로서는 그 위탁의 취지에 따라 위 돈을 사용할 의무가 있음에도 불구하고, 그 위탁의 취지에 반하여 위 돈을 은행대출이자 용도 등으로 임의소비한 것은 횡령에 해당한다.]

909) 대법원 1999.4.15. 선고 97도666 전원합의체 판결[채권양도는 채권을 하나의 재화로 다루어 이를 처분하는 계약으로서, 채권 자체가 그 동일성을 잃지 아니한 채 양도인으로부터 양수인에게로 바로 이전한다. 이 경우 양수인으로서는 채권자의 지위를 확보하여 채무자로부터 유효하게 채권의 변제를 받는 것이 그 목적인바, 우리 민법은 채무자와 제3자에 대한 대항요건으로서 채무자에 대한 양도의 통지 또는 채무자의 양도에 대한 승낙을 요구하고, 채무자에 대한 통지의 권능을 양도인에게만 부여하고 있으므로, 양도인은 채무자에게 채권양도 통지를 하거나 채무자로부터 채권양도 승낙을 받음으

수인에게 귀속하기로 특약하는 것과 같은 특별한 사정이 없는 한, 채권양도인이 채무자로부터 교부받은 금전을 그대로 채권양수인에게 넘겨야 하거나 채권양수인의 지시에 따라 처리하여야 할 의무가 없다는 이유로 횡령죄의 성립을 부정하는 견해가 있다(97도666 전원합의체판결의 소수의견).

생각건대 채무자가 채권양도인에게 변제한 경우 그 소유권은 채권양수인에게 속한다고 할 근거가 빈약하므로 위 사례에서는 횡령죄가 아니라 채권양도인이 채권양수인의 사무를 처리하는 자인지 여부에 따라 배임죄의 성립여부를 문제삼아야 할 것이다.

ㄷ. 위탁매매나 금전의 수령을 위임받은 자가 수령한 금전

금전의 수수를 수반하는 사무처리과정에서 수탁자가 수령한 금전은 수령과 동시에 위탁자에게 반환이 예정된 것으로 '용도가 지정된 위탁금과 같은 성질'을 가지므로 그 소유권은 위탁자에게 있고 따라서 수탁자가 수령한 금전을 임의소비한 경우에는 횡령죄가 성립한다(통설 및 판례[910]).

로써 양수인으로 하여금 채무자에 대한 대항요건을 갖출 수 있도록 해 줄 의무를 부담한다. 그리고 양도인이 채권양도 통지를 하기 전에 타에 채권을 이중으로 양도하여 채무자에게 그 양도통지를 하는 등 대항요건을 갖추어 줌으로써 양수인이 채무자에게 대항할 수 없게 되면 양수인은 그 목적을 달성할 수 없게 되므로, 양도인이 이와 같은 행위를 하지 않음으로써 양수인으로 하여금 원만하게 채권을 추심할 수 있도록 하여야 할 의무도 당연히 포함된다. 양도인의 이와 같은 적극적·소극적 의무는 이미 양수인에게 귀속된 채권을 보전하기 위한 것이고, 그 채권의 보전 여부는 오로지 양도인의 의사에 매여있는 것이므로, 채권양도의 당사자 사이에서는 양도인은 양수인을 위하여 양수채권 보전에 관한 사무를 처리하는 자라고 할 수 있고, 따라서 채권양도의 당사자 사이에는 양도인의 사무처리를 통하여 양수인은 유효하게 채무자에게 채권을 추심할 수 있다는 신임관계가 전제되어 있다고 보아야 할 것이다. 나아가 이 사건에서와 같이 양도인이 채권양도 통지를 하기 전에 채무자로부터 채권을 추심하여 금전을 수령한 경우, 아직 대항요건을 갖추지 아니한 이상 채무자가 양도인에 대하여 한 변제는 유효하고, 그 결과 양수인에게 귀속되었던 채권은 소멸하지만, 이는 이미 채권을 양도하여 그 채권에 관한 한 아무런 권한도 가지지 아니하는 양도인이 양수인에게 귀속된 채권에 대한 변제로서 수령한 것이므로, 채권양도의 당연한 귀결로서 그 금전을 자신에게 귀속시키기 위하여 수령할 수는 없는 것이고, 오로지 양수인에게 전달해 주기 위하여서만 수령할 수 있을 뿐이어서, 양도인이 수령한 금전은 양도인과 양수인 사이에서 양수인의 소유에 속하고, 여기에다가 위와 같이 양도인이 양수인을 위하여 채권보전에 관한 사무를 처리하는 지위에 있다는 것을 고려하면, 양도인은 이를 양수인을 위하여 보관하는 관계에 있다고 보아야 할 것이다. 따라서 피고인이 채권양도 통지를 하기 전에 윤00으로부터 지급받은 임차보증금 2,500만원 중 1,150만원은 그 양수인인 피해자의 소유에 속하고, 피고인은 피해자를 위하여 이를 보관하는 자로서 피해자에게 돌려주지 아니하고 처분한 행위는 횡령죄를 구성한다.] ; 대법원 2007.5.11. 선고 2006도4935 판결[장래채권의 양도인이 채권양도 통지 전에 채무자로부터 채권을 추심하여 금전을 수령한 경우, 양도인과 양수인 사이에서 그 금전의 소유권 귀속(=양수인) 및 양도인은 위 금전을 양수인을 위하여 보관하는 지위에 있다.]

910) 대법원 2004.3.12. 선고 2004도134 판결(금전의 수수를 수반하는 사무처리를 위임받은 자가 그 행

한편 물건의 매도를 위탁받은 위탁매매인이 그 물건을 수령하더라도 그 소유권은 위탁자에게 있고 수탁자는 보관자에 불과하며, 위탁물을 판매한 대금 또한 그 소유권이 위탁자에게 있으므로[911] 수탁자가 그 위탁물을 임의처분하거나 판매대금을 임의소비한 경우에는 횡령죄가 성립한다.[912]

(3) 실행행위

횡령죄의 실행행위는 횡령 또는 반환거부이다.

① 횡령

ㄱ. 의의

통설(영득행위설) 및 판례[913]에 의하면 횡령행위란 객관적으로 인식할 수 있는 방법

위에 기하여 위임자를 위하여 제3자로부터 수령한 금전은 목적이나 용도를 한정하여 위탁된 금전과 마찬가지로 달리 특별한 사정이 없는 한 그 수령과 동시에 위임자의 소유에 속하고, 위임을 받은 자는 이를 위임자를 위하여 보관하는 관계에 있다고 보아야 한다.) ; 대법원 2005.8.19. 선고 2005도3681 판결(금전의 수수를 수반하는 사무처리를 위임받은 자가 그 행위에 기하여 위임자를 위하여 제3자로부터 수령한 금전도 목적이나 용도를 한정하여 위탁된 금전의 경우와 마찬가지로 그 위임의 취지대로 사용하지 않고 마음대로 피고인의 위임자에 대한 채권에 상계충당함은, 상계정산하기로 하였다는 특별한 약정이 없는 한, 당초 위임한 취지에 반하는 것으로서 횡령죄를 구성한다.) ; 대법원 2005.11.10. 선고 2005도3627 판결(수령한 금전이 사무처리의 위임에 따라 위임자를 위하여 수령한 것인지 여부는 수령의 원인이 된 법률관계의 성질과 당사자의 의사에 의하여 판단되어야 하며, 만일 당사자 사이에 별도의 채권, 채무가 존재하여 수령한 금전에 관한 정산절차가 남아 있는 등 위임자에게 반환하여야 할 금액을 쉽게 확정할 수 없는 사정이 있다면, 이러한 경우에는 수령한 금전의 소유권을 바로 위임자의 소유로 귀속시키기로 하는 약정이 있었다고 쉽사리 단정하여서는 안 된다.)

911) 상법 제103조(위탁물의 귀속) '위탁매매인이 위탁자로부터 받은 물건 또는 유가증권이나 위탁매매로 인하여 취득한 물건, 유가증권 또는 채권은 위탁자와 위탁매매인 또는 위탁매매인의 채권자간의 관계에서는 이를 위탁자의 소유 또는 채권으로 본다.'

912) 대법원 1982.2.23. 선고 81도2619 판결 : 대법원 1986.6.24. 선고 86도1000 판결 (위탁판매에 있어서는 위탁품의 소유권은 위임자에게 속하고 그 판매대금은 다른 특약이나 특별한 사정이 없는 한 이를 수령함과 동시에 위탁자에 귀속한다 할 것이므로 위탁매매인이 이를 사용, 소비한 때에는 횡령죄가 성립한다.) ; 대법원 1990.3.27. 선고 89도813 판결(통상 위탁판매의 경우에 위탁판매인이 위탁물을 매매하고 수령한 금원은 위탁자의 소유에 속하여 위탁판매인이 함부로 이를 소비하거나 인도를 거부하는 때에는 횡령죄가 성립한다고 할 것이나, 위탁판매인과 위탁자간에 판매대금에서 각종 비용이나 수수료 등을 공제한 이익을 분배하기로 하는 등 그 대금처분에 관하여 특별한 약정이 있는 경우에는 이에 관한 정산관계가 밝혀지지 않는 한 위탁물을 판매하여 이를 소비하거나 인도를 거부하였다 하여 곧바로 횡령죄가 성립한다고는 할 수 없다.)

913) 대법원 2013.3.14. 선고 2011도7259 판결[피고인들은 광양시 소유에 속하는 이 사건 의료기기 등을 반출함으로써 이를 횡령하였다고 할 것이고, 횡령죄에 있어서 불법영득의 의사라 함은 자기 또는 제3자의 이익을 꾀할 목적으로 임무에 위배하여 보관하는 타인의 재물을 자기의 소유인 경우와 같이 처분을 하는 의사를 말하고, 사후에 이를 반환하거나 변상, 보전하는 의사가 있다 하더라도 불법영득

으로 재물에 대한 불법영득의 의사를 표현하는 행위를 말한다.[914] 횡령죄는 이미 행위자가 재물을 점유하고 있으므로 단순한 내심의 의사결정만으로는 부족하고 불법영득의 의사가 외부에 표현되어야 한다.

ㄴ. 태양

횡령행위는 사실행위(소비, 착복, 억류, 은닉, 반출, 대출, 휴대도주, 공유물 독점, 점유부인, 용법에 따른 임의사용 등)·법률행위(매매, 증여, 대여, 교환, 입질 또는 전질, 저당권설정, 가등기설정, 양도담보설정, 채무변제충당, 예금인출, 소유권주장의 소송제기 등)를 불문한다. 법률행위의 경우에는 유효·무효·취소가능성 여부는 횡령죄의 성립에 영향이 없다(다수설).

판례는 처분행위가 당연무효로서 처음부터 처분행위의 실현가능성이 없기 때문에 소유권침해가 불가능한 경우에는 횡령죄의 성립을 부정하지만[915], 이 경우에도 횡령행위가 인정되고 실행의 착수는 있지만 행위자의 수단의 오인에 기인한 불능미수로서 위험성유무에 따라 가벌성 여부를 판단해야 할 것이다.

횡령행위는 작위는 물론 부작위로도 가능하다.[916] 부작위에 의해서도 영득의 의사

의 의사를 인정함에는 지장이 없는 것이므로(대법원 2005.8.19. 선고 2005도3045 판결 등 참조), 피고인들이 이 사건 요양병원 운영과 관련하여 광양시에 가한 손해가 이 사건 예치금에서 공제될 수 있다는 사정만으로, 피고인들에게 불법영득의 의사가 없었다고 볼 수도 없다.] ; 대법원 2000.12.27. 선고 2000도4005 판결(횡령죄에 있어서의 불법영득의 의사라 함은 타인의 재물을 보관하는 자가 자기 또는 제3자의 이익을 꾀할 목적으로 업무상의 임무에 위배하여 보관하는 타인의 재물을 자기의 소유인 경우와 같이 사실상 또는 법률상 처분하는 의사를 의미하고, 반드시 자기 스스로 영득하여야만 하는 것은 아니다.)

914) **[불법영득의사불요설에서의 횡령의 정의]** : 횡령이라는 실행행위에는 영득(領得)이 포함되어 있는 개념이므로 불법영득의사불요설의 입장에서는, 횡령이란 영득의 고의가 표현되는 행위라고 정의할 수밖에 없다. 이러한 의미에서 횡령이란 위탁자의 의사에 반하여 재물을 자기의 소유물처럼 사용·수익·처분하는 행위를 말한다.

915) 대법원 1978.11.28. 선고 75도2713 판결(공장저당법에 따라 공장재단을 구성하는 기계를 타인에게 양도담보로 제공하였다 하여도 공장저당법의 강행성에 비추어 위 양도는 무효이므로 양도인이 위 기계에 대하여 다시 근저당권을 설정한 행위는 횡령죄를 구성하지 아니한다.) ; 대법원 2002.11.13. 선고 2002도2219 판결[횡령죄는 다른 사람의 재물에 관한 소유권 등 본권을 그 보호법익으로 하고 본권이 침해될 위험성이 있으면 그 침해의 결과가 발생되지 아니하더라도 성립하는 이른바 위태범이므로, 다른 사람의 재물을 보관하는 사람이 그 사람의 동의 없이 함부로 이를 담보로 제공하는 행위는 불법영득의 의사를 표현하는 횡령행위로서 사법(私法)상 그 담보제공행위가 무효이거나 그 재물에 대한 소유권이 침해되는 결과가 발생하는지 여부에 관계없이 횡령죄를 구성한다.]

916) **[부작위에 의한 횡령]** : 예컨대 옆집에서 바람에 날려 들어 온 빨래는 서로 반환하기로 약정하였음에도 불구하고 빨래가 날아들어오자 불법영득의사(영득의 고의)로 반환하지 않은 경우, 사법경찰관이 착복의 의사로 피의자가 두고 간 물건에 대하여 영치절차를 밟지 않거나 압수물을 영치한 채 책상서랍에 그대로 두고 검사에게 송부하지 않은 때에는 부작위에 의한 횡령죄가 성립할 수 있다.

가 표현될 수 있기 때문이다.[917]

② 반환거부

반환거부는 소유자의 반환요구에 대하여 정당한 사유없이 소유자의 권리를 배제하는 의사표시를 의미한다. 반환거부 또한 영득행위이기 때문에 불법영득의사가 외부적으로 인식될 수 있을 정도로 표시되어야 하며 그 판단은 반환거부의 이유와 주관적 의사 등을 고려하여 반환거부행위가 횡령행위와 동일시 될 수 있을 정도이어야 한다.[918] 다만 영득의 의사 없이 반환을 거부하거나 반환할 수 없는 정당한 사유(동시이행의 항변, 유치권 행사 등)가 있는 경우에는 신임관계의 배신이 없기 때문에 횡령죄가 성립하지 아니한다.

보충판례 122 : 대법원 1990.3.13. 선고 89도1952 판결[919]

나. 주관적 구성요건

횡령죄도 주관적 구성요건으로 객관적 구성요건요소에 대한 고의가 있어야 한다. 미필적 고의로도 족하다. 월권행위설에 의하는 경우 이러한 고의로서 횡령죄가 성립하지만, 영득행위설에 의하는 경우에는 고의 이외에 불법영득의 의사가 필요하다.

917) 대법원 1996.9.6. 선고 95도2551 판결(법원의 입찰사건에 관한 제반 업무를 주된 업무로 하는 공무원이 자신이 맡고 있는 입찰사건의 입찰보증금이 계속적으로 횡령되고 있는 사실을 알았다면, 담당 공무원으로서는 이를 제지하고 즉시 상관에게 보고하는 등의 방법으로 그러한 사무원의 횡령행위를 방지해야 할 법적인 작위의무를 지는 것이 당연하고, 비록 그의 묵인행위가 배당불능이라는 최악의 사태를 막기 위한 동기에서 비롯된 것이라고 하더라도 자신의 작위의무를 이행함으로써 결과 발생을 쉽게 방지할 수 있는 공무원이 그 사무원의 새로운 횡령범행을 방조 용인한 것을 작위에 의한 법익침해와 동등한 형법적 가치가 있는 것이 아니라고 볼 수 없기 때문에 그 담당 공무원을 업무상횡령의 종범으로 처벌하여야 한다.)

918) 대법원 2013.8.23. 선고 2011도7637 판결 : 대법원 2004.4.9. 선고 2004도671 판결[횡령죄에서 '반환의 거부'라고 함은 보관물에 대하여 소유자의 권리를 배제하는 의사표시를 하는 행위를 뜻하므로, '반환의 거부'가 횡령죄를 구성하려면 타인의 재물을 보관하는 자가 단순히 그 반환을 거부한 사실만으로는 부족하고 그 반환거부의 이유와 주관적인 의사들을 종합하여 반환거부행위가 횡령행위와 같다고 볼 수 있을 정도이어야 한다(대법원 2003.5.16. 선고 2002도619 판결 참조).]

919) 대법원 2002.9.4. 선고 2000도637 판결(보관자의 지위에 있는 등기명의자가 명의이전을 거부하면서 부동산의 진정한 소유자가 밝혀진 후에 명의이전을 하겠다는 의사를 표시하였다면 불법영득의 의사를 가지고 그 반환을 거부한 것이라고 단정할 수 없다.)

보충판례 123 : 대법원 2005.5.26. 선고 2003도5519 판결

124 : 대법원 1997.4.22. 선고 96도8 판결

다. 죄수

횡령죄에 의하여 영득한 재물을 처분하는 행위는 새로운 법익을 침해하지 않는 한 불가벌적 사후행위로서 별죄를 구성하지 않는다.[920]

보충판례 125 : 대법원 1998.2.24. 선고 97도3282 판결

라. 장물죄와의 관계

장물보관을 위탁받은 자가 이를 영득한 경우에 장물보관죄이외에 횡령죄가 성립

920) 대법원 2013.2.21 선고 2010도10500 전원합의체 판결[횡령죄는 다른 사람의 재물에 관한 소유권 등 본권을 보호법익으로 하고 법익침해의 위험이 있으면 침해의 결과가 발생되지 아니하더라도 성립하는 위험범이다. 그리고 일단 특정한 처분행위(이를 '선행 처분행위'라 한다)로 인하여 법익침해의 위험이 발생함으로써 횡령죄가 기수에 이른 후 종국적인 법익침해의 결과가 발생하기 전에 새로운 처분행위(이를 '후행 처분행위'라 한다)가 이루어졌을 때, 후행 처분행위가 선행 처분행위에 의하여 발생한 위험을 현실적인 법익침해로 완성하는 수단에 불과하거나 그 과정에서 당연히 예상될 수 있는 것으로서 새로운 위험을 추가하는 것이 아니라면 후행 처분행위에 의해 발생한 위험은 선행 처분행위에 의하여 이미 성립된 횡령죄에 의해 평가된 위험에 포함되는 것이므로 후행 처분행위는 이른바 불가벌적 사후행위에 해당한다. 그러나 후행 처분행위가 이를 넘어서서, 선행 처분행위로 예상할 수 없는 새로운 위험을 추가함으로써 법익침해에 대한 위험을 증가시키거나 선행 처분행위와는 무관한 방법으로 법익침해의 결과를 발생시키는 경우라면, 이는 선행 처분행위에 의하여 이미 성립된 횡령죄에 의해 평가된 위험의 범위를 벗어나는 것이므로 특별한 사정이 없는 한 별도로 횡령죄를 구성한다고 보아야 한다.
따라서 타인의 부동산을 보관 중인 자가 불법영득의사를 가지고 그 부동산에 근저당권설정등기를 경료함으로써 일단 횡령행위가 기수에 이르렀다 하더라도 그 후 같은 부동산에 별개의 근저당권을 설정하여 새로운 법익침해의 위험을 추가함으로써 법익침해의 위험을 증가시키거나 해당 부동산을 매각함으로써 기존의 근저당권과 관계없이 법익침해의 결과를 발생시켰다면, 이는 당초의 근저당권 실행을 위한 임의경매에 의한 매각 등 그 근저당권으로 인해 당연히 예상될 수 있는 범위를 넘어 새로운 법익침해의 위험을 추가시키거나 법익침해의 결과를 발생시킨 것이므로 특별한 사정이 없는 한 불가벌적 사후행위로 볼 수 없고, 별도로 횡령죄를 구성한다.] **[판례해설]** : 횡령죄의 보호정도를 위험범으로 이해하는 판례(위험범설)는 본사안에서 '타인의 부동산을 보관 중인 자가 불법영득의사를 가지고 그 부동산에 근저당권설정등기를 경료하여 일단 횡령행위가 기수에 이른 후 같은 부동산에 별개의 근저당권을 설정한 경우'에는 '선행 처분행위로 예상할 수 없는 새로운 위험을 추가함으로써 법익침해에 대한 위험을 증가'시켰다는 이유로 불가벌적 사후행위성을 부정하고 별도의 횡령죄를 인정한다. 그러나 횡령죄의 본질이 '재물에 대한 소유권의 침해(또는 침해 직전의 구체적 위험성, 침해범설)'에 있다고 하는 한 새로운 법익침해가 아닌 '법익침해에 대한 위험의 증가'는 침해된 불법의 사후적인 증대에 불과하기 때문에 불가벌적 사후행위성을 부정할 수 있는 '새로운 법익침해'에 해당한다고 할 수 없다.

할 것인가가 문제된다. 통설 및 판례[921]는 장물보관죄가 성립하는 경우 이를 영득하는 행위는 불가벌적 사후행위가 된다고 한다.

상대방의 횡령행위를 알면서 그 횡령물을 매수하는 경우(갑이 점유하고 있는 타인의 재물을 을에게 매도한 경우에 그 정을 알면서 매수한 경우)에도 장물취득죄를 인정하는 견해(다수설)와 횡령죄의 공범을 인정하는 견해가 대립하지만, 아직 횡령행위가 기수가 되지 않았으므로(침해범설) 공범성립의 요건을 구비한 경우에는 횡령죄의 공범이 성립할 수 있을 뿐이다.

보충판례 126-1 : 대법원 2005.8.19. 선고 2005도3045 판결
126-2 : 대법원 2004.12.9. 선고 2004도5904 판결

Ⅲ. 업무상 횡령죄

[조문]

형법 제356조(업무상의 횡령) 업무상의 임무에 위배하여 제355조의 죄를 범한 자는 10년 이하의 징역 또는 3천만원 이하의 벌금에 처한다.

제358조(자격정지의 병과) 전3조의 죄에는 10년 이하의 자격정지를 병과할 수 있다.

제359조(미수범) 제355조 내지 제357조의 미수범은 처벌한다.

제361조(친족간의 범행, 동력) 제328조와 제346조의 규정은 본장의 죄에 준용한다.

특정경제범죄가중처벌등에관한법률 제3조(특정재산범죄의 가중처벌) ①「형법」 제347조(사기), 제350조(공갈), 제351조(제347조 및 제350조의 상습범만 해당한다), 제355조(횡령 · 배임) 또는 제356조(업무상의 횡령과 배임)의 죄를 범한 사람은 그 범죄행위로 인하여 취득하거나 제3자로 하여금 취득하게 한 재물 또는 재산상 이익의 가액(이하 이 조에서 "이득액"이라 한다)이 5억원 이상일 때에는 다음 각 호의 구분에 따라 가중처벌한다.
1. 이득액이 50억원 이상일 때 : 무기 또는 5년 이상의 징역

921) 대법원 2004.4.9. 선고 2003도8219 판결(절도범인으로부터 장물보관 의뢰를 받은 자가 그 정을 알면서 이를 인도받아 보관하고 있다가 임의처분하였다 하여도 장물보관죄가 성립하는 때에는 이미 그 소유자의 소유물 추구권을 침해하였으므로 그 후의 횡령행위는 불가벌적 사후행위에 불과하여 별도로 횡령죄가 성립하지 않는다.)

2. 이득액이 5억원 이상 50억원 미만일 때 : 3년 이상의 유기징역
② 제1항의 경우 이득액 이하에 상당하는 벌금을 병과(倂科)할 수 있다.[전문개정 2012.2.10]

가. 의의

업무상횡령죄는 업무상의 임무에 의하여 보관하는 타인의 재물을 횡령하는 것을 내용으로 하는 범죄이다. 위탁관계가 업무로 되어 있기 때문에 횡령죄에 대하여 책임이 가중되는 가중적 구성요건이다. 업무에 의하여 타인의 재물을 보관하는 때에는 횡령의 가능성과 그 피해범위가 크고, 사회의 신뢰를 해할 우려가 있기 때문에 형을 가중하는 것이다.

나. 업무의 개념

업무란 사회생활상의 지위에 기하여 계속 또는 반복하여 행하는 사무를 말한다.[922] 업무의 근거가 법령·계약에 의한 것인 경우뿐만 아니라 관례에 따르거나 사실상의 업무도 불문한다.[923]

---

922) 대법원 1982.1.12. 선고 80도1970 판결(형법 제356조에서 말하는 업무는 직업 혹은 직무라는 말과 같아 법령, 계약에 의한 것뿐만 아니라 관례를 좇거나 사실상이거나를 묻지 않고 같은 행위를 반복할 지위에 따른 사무를 가리킨다고 할 것이다. 그런데, 위 거시 증거에 의하면, 피고인은 1974.5.20 등기부상으로 공소외 주식회사의 대표이사를 사임한 후에도 1975.7.경까지 계속하여 사실상 대표이사 업무를 행하여 왔고 회사원들도 피고인을 대표이사의 일을 하는 사람으로 상대해 온 사실을 인정할 수 있으므로 피고인은 여전히 위 회사의 원목 판매대금을 보관할 업무상의 지위에 있었던 자라고 할 수 있으니 피고인에 대하여는 업무상 횡령죄가 적용되어야 할 것이다.) ; 대법원 1988.11.22. 선고 88도1523 판결(업무란 법령이나 계약에 의한 것뿐만 아니라 관례거나 사실상이거나를 묻지 않고 같은 행위를 반복할 지위에 따른 사무를 가리킨다.)

923) 대법원 1988.11.22. 선고 88도1523 판결(업무란 법령이나 계약에 의한 것뿐만 아니라 관례거나 사실상이거나를 묻지 않고 같은 행위를 반복할 지위에 따른 사무를 가리킨다.) ; 대법원 1982.1.12. 선고 80도1970 판결(형법 제356조 소정의 "업무"는 직업 혹은 직무라는 말과 같아 법령, 계약에 의한 것뿐만 아니라, 관례를 쫓거나 사실상이거나를 묻지 않고 같은 행위를 반복할 지위에 따른 사무를 가리킨다. 따라서 피고인이 등기부상으로 공소외 회사의 대표이사를 사임한 후에도 계속하여 사실상 대표이사 업무를 행하여 왔고 회사원들도 피고인을 대표이사의 일을 하는 사람으로 상대해 왔다면 피고인은 위 회사 소유 금전을 보관할 업무상의 지위에 있었다고 할 것이다.)

다. 실행행위

횡령하거나 반환을 거부하는 것이다.[924]

Ⅳ. 점유이탈물횡령죄

[형법조문]

제360조(점유이탈물횡령) ① 유실물, 표류물 또는 타인의 점유를 이탈한 재물을 횡령한 자는 1년 이하의 징역이나 300만원 이하의 벌금 또는 과료에 처한다. ② 매장물을 횡령한 자도 전항의 형과 같다. 제361조(친족간의 범행, 동력) 제328조와 제346조의 규정은 본장의 죄에 준용한다.

924) 대법원 2014.4.30. 선고 2013도8799 판결(운송회사와 소속 근로자 사이에 근로자가 운송회사로부터 일정액의 급여를 받으면서 당일 운송수입금을 전부 운송회사에 납입하되, 운송회사는 근로자가 납입한 운송수입금을 월 단위로 정산하여 그 운송수입금이 월간 운송수입금 기준액인 사납금을 초과하는 경우에는 그 초과금액에 대하여 운송회사와 근로자에게 일정 비율로 배분하여 정산하고, 사납금에 미달되는 경우에는 그 부족금액에 대하여 근로자의 급여에서 공제하여 정산하기로 하는 약정이 체결되었다면, 근로자가 사납금 초과 수입금을 개인 자신에게 직접 귀속시키는 경우와는 달리, 근로자가 애초 거둔 운송수입금 전액은 운송회사의 관리와 지배 아래 있다고 봄이 상당하므로 근로자가 운송수입금을 임의로 소비하였다면 횡령죄를 구성한다. 이는 근로자가 운송회사에 대하여 사납금을 초과하는 운송수입금의 일부를 배분받을 권리를 가지고 있다고 하더라도 다른 특별한 사정이 없는 한 다를 바 없다.) ; 대법원 2013.6.27. 선고 2012도4848 판결(회사 운영자나 대표 등이 그 내부 절차를 거쳐 고문 등을 위촉하고 급여를 지급한 행위가 업무상횡령으로 인정되기 위해서는 그와 같이 고문 등을 위촉할 필요성이나 정당성이 명백히 결여되거나 그 지급되는 급여가 합리적인 수준을 현저히 벗어나는 경우이어야 한다. 그리고 그에 해당하는지를 판단하기 위해서는 고문 등으로 위촉된 자의 업무수행능력뿐만 아니라, 고문 등의 위촉 경위와 동기, 고문 등으로 위촉된 자와 회사의 관계, 그가 회사 발전에 기여한 내용 및 정도, 고문 등으로 위촉되어 담당하기로 한 업무의 내용 및 중요성, 회사 규모와 당시의 경제적 상황, 고문 등의 위촉으로 인하여 회사가 얻을 것으로 예상되는 유·무형의 이익, 관련 업계의 관행 등을 종합적으로 고려하여 판단하여야 한다.) ; 대법원 2012.5.10. 선고 2011도12408 판결[피고인이 갑사립학교 경영자 을과 공모하여 학생 등이 납부한 수업료 등을 교비회계 아닌 다른 회계에 임의로 사용하였다고 하여 구 특경법 위반(횡령)으로 기소된 사안에서, 갑학교는 사인(私人)인 을 등이 설립하여 운영하는 학교로서 수업료 등으로 조성된 교비는 특별한 사정이 없는 한 갑학교의 설치·경영자인 을 등의 소유에 속하므로, 피고인이 을과 공모하여 이를 임의로 사용하였더라도 사립학교법 위반죄 외에 따로 횡령죄가 성립하지 않는다.] ; 대법원 2011.9.29. 선고 2011도4677 판결(집합건물 입주자대표회의의 회장과 대표자인 피고인들이 자신들의 형사사건 변호사 선임비용을 입주자대표회의비로 지출하였다고 하여 업무상횡령죄로 기소된 사안에서, 피고인 갑에 대한 형사소송은 다른 입주자대표들의 자격, 기존의 입주자대표회의가 처리해 온 업무의 효력 등과 연관되어 있는 점에서 그와 관련한 변호사 비용을 지출한 것은 단체의 업무수행에 필요한 비용을 지급한 것이나, 피고인 을의 개인적인 형사사건을 위하여 단체의 비용으로 변호사 선임료를 지출한 것은 위법하여 업무상횡령죄가 성립한다.)

가. 의의

본죄는 타인의 점유에 속하지 아니하는 타인의 재물을 영득하는 행위라는 점에서 횡령죄와 공통점을 가지지만, 그러나 본죄는 위탁관계에 의하여 타인의 재물을 보관할 것을 요하지 아니하므로, 신임관계의 배신이 없다는 점에서 횡령죄와는 본질을 달리하는 독립된 범죄이다(다수설).

나. 유실물, 표류물, 매장물

유실물이란 점유자의 의사에 의하지 않고 그 점유를 벗어난 재물을 의미하며, 잃어버린 물건, 분실물을 의미한다. 유실물법상의 준유실물도 점유를 이탈한 타인의 재물이라는 점에서 본죄의 객체가 된다.[925] 부동산은 유실물이 될 수 없다.

표류물이란 점유를 이탈하여 바다 또는 하천에 떠 있거나 떠내려가고 있는 물건을 말하며, 침몰품과 구별된다.[926]

매장물이란 토지 해저 또는 건조물 등에 포장된 물건 등으로서 점유이탈물에 준하는 것을 말하며, 고분에 들어 있는 부장물 등이 이에 속한다고 할 것이다.[927] 매장물

925) 유실물법 제12조(준유실물) '착오로 점유한 물건, 타인이 놓고 간 물건이나 일실(逸失)한 가축에 관하여는 이 법 및 「민법」 제253조를 준용한다. 다만, 착오로 점유한 물건에 대하여는 제3조의 비용과 제4조의 보상금을 청구할 수 없다.' : 대법원 1999.11.26. 선고 99도3963 판결 ; 대법원 1993.3.16. 선고 92도3170 판결(승객이 놓고 내린 지하철의 전동차 바닥이나 선반 위에 있던 물건을 가지고 간 경우, 지하철의 승무원은 유실물법상 전동차의 관수자로서 승객이 잊고 내린 유실물을 교부받을 권능을 가질 뿐 전동차 안에 있는 승객의 물건을 점유한다고 할 수 없고, 그 유실물을 현실적으로 발견하지 않는 한 이에 대한 점유를 개시하였다고 할 수도 없으므로, 그 사이에 위와 같은 유실물을 발견하고 가져간 행위는 점유이탈물횡령죄에 해당함은 별론으로 하고 절도죄에 해당하지는 않는다.) ; 대법원 2007.3.15. 선고 2006도9338 판결 ; 대법원 1988.4.25. 선고 88도409 판결(어떤 물건을 잃어버린 장소가 당구장과 같이 타인의 관리 아래 있을 때에는 그 물건은 일응 그 관리자의 점유에 속한다 할 것이고, 이를 그 관리자 아닌 제3자가 취거하는 것은 유실물횡령이 아니라 절도죄에 해당한다.)

926) 수난구호법 제2조(정의) '이 법에서 사용하는 용어의 정의는 다음과 같다. 11. "표류물"이란 점유를 이탈하여 해수면 또는 내수면에 떠 있거나 떠내려가고 있는 물건을 말한다. 12. "침몰품"이란 점유를 이탈하여 해수면 또는 내수면에 가라앉은 물건을 말한다.'

927) 구 문화재보호법(법률 제9401호, 2009.1.30. 개정)은 매장문화재(매장물)에 대한 영득행위를 '도굴 등의 죄(제104조)'로 가중처벌(5년 이상의 유기징역)하고 있었다. 그러나 헌법재판소 2007.7.26. 선고 2003헌마377 전원재판부결정이 '본인의 문화재의 보유・보관행위 이전에 타인이 한 당해 문화재에 관한 도굴 등이 처벌되지 아니하여도, 본인이 그 정을 알고 보유・보관하는 경우 처벌하도록 규정한 제104조 제4항이 과잉금지원칙에 위배되고, 절취, 도굴 문화재를 선의취득한 경우에도 무조건 몰수하도록 한 법 제103조 제5항 중 제4항 부분, 제104조 제7항 중 제4항 부분이 책임과 형벌 간 비례원칙에 위배된다'는 이유로 위헌결정을 내린 후, 현행 문화재보호법(법률 제12692호, 2014.5.28. 개

도 그 물건을 매장한 사람이 위치를 알아서 그의 점유를 인정할 수 있거나 관리하는 분묘나 국가가 관리하는 고분 속에 매장한 물건 등은 본죄의 객체가 되지 않는다.

제6절 배임의 죄

Ⅰ. 총설

[배임의 죄 구성요건체계도]

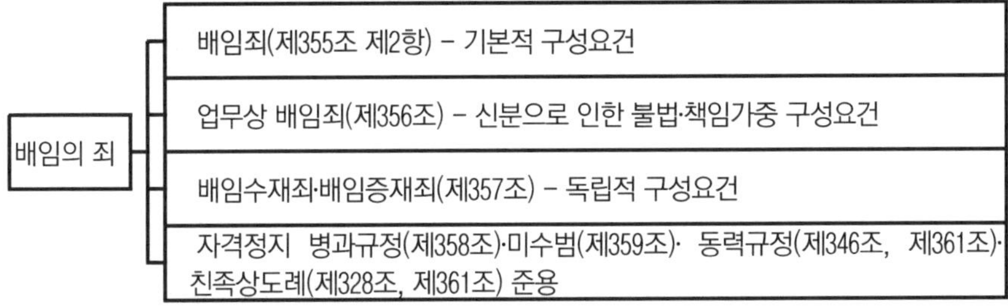

가. 의의

배임의 죄란 타인의 사무를 처리하는 자가 그 임무에 위배되는 행위를 하여 재산상의 이익을 취득하거나 제3자로 하여금 이를 취득하게 하여 본인에게 손해를 가하는 것을 내용으로 하는 범죄이다. 컴퓨터등사용사기죄(제347조의2)와 마찬가지로 재산상의 이익만을 객체로 하는 순수한 이득죄로 규정되어 있다는 점에서 다른 재산범죄와 구별된다.

배임의 죄에는 배임죄와 배임수증재죄의 두 가지 독립된 범죄유형이 포함되어 있다. 배임죄는 임무에 위배되는 행위를 하는 것을 내용으로 하는 순수한 이득죄이지

정)은 가중처벌규정을 폐지하였다.

만, 배임수증재죄는 부정한 청탁을 받는 것을 내용으로 하고 있어 타인의 사무처리자에 대한 뇌물죄로서의 성격을 가지며 재물죄이자 이득죄에 해당한다.

나. 보호법익 및 보호의 정도

배임죄의 보호법익에 대해서는, (1) 보호법익은 법률상의 일정한 권리로 파악하여야 하기 때문에 재산권이라고 하는 견해(재산권설), (2) 재산이라는 견해(재산설) 등이 있지만, (3) 배임죄의 성립에는 재산상의 손해발생을 필요로 하고 손해발생여부는 배임행위 전후의 전체재산을 비교하여야 하므로 '전체로서의 재산'이라고 하는 견해(전체재산설, 다수설)가 타당하다.

보호법익이 보호받는 정도에 대해서는 위험범설과 침해범설이 대립한다. 위험범설은 재산상의 손해발생없이 손해발생의 위험성만 있어도 배임죄가 성립한다는 견해로서 판례[928]가 취하는 입장이다. 그러나 위험범설은 '본인에게 손해를 가한 때'라는 명문의 규정에 정면으로 반한다고 할 수 있다. 배임의 죄의 성격을 재산범죄로 이해하고 보호법익을 전체로서의 재산이라고 이해하는 이상 본죄의 성립을 위해서는 재산에 대한 침해, 즉 손해의 발생을 요구하는 침해범설이 타당하다.[929]

다. 배임죄의 본질

배임죄의 본질에 대해서는 권한남용설과 배신설이 대립하고 있는데, 이는 횡령죄

928) 대법원 2007.11.15. 선고 2007도6075 판결(배임죄는 타인의 사무를 처리하는 자가 그 임무에 위배하는 행위로써 재산상의 이익을 취득하거나 제3자로 하여금 이를 취득하게 하여 본인에게 손해를 가한 때에 성립하는 것이고, 여기에서 본인에게 '재산상의 손해를 가한 때'라 함은 현실적인 손해를 가한 경우뿐만 아니라 재산상 실해 발생의 위험을 초래한 경우도 포함된다.) ; 대법원 2000.4.11. 선고 99도334 판결(배임죄는 현실적인 재산상 손해액이 확정될 필요까지는 없고 단지 재산상 권리의 실행을 불가능하게 할 염려 있는 상태 또는 손해 발생의 위험이 있는 경우에 바로 성립되는 위태범이다.) ; 대법원 2000.12.8. 선고 99도3338 판결 : 대법원 2004.3.26. 선고 2003도7878 판결(배임죄에서 '재산상의 손해를 가한 때'라 함은 현실적인 손해를 가한 경우뿐만 아니라 재산상 실해 발생의 위험을 초래한 경우도 포함되고 일단 손해의 위험성을 발생시킨 이상 사후에 피해가 회복되었다 하여도 배임죄의 성립에 영향을 주는 것은 아니다.)

929) '손해의 발생', 즉 '본인에게 손해를 가한 때'에 대하여 상세하게는 후술하는 실행행위의 요소 중 하나인 '재산상의 손해'부분을 참조.

의 본질에 대한 학설인 월권행위설과 영득행위설에 대응한다고 할 수 있다.[930]

(1) 권한남용설

권한남용설은 배임죄의 본질이 법적 대리권의 남용에 있다고 한다. 배임행위는 제3자에 대한 대외관계에서의 대리권의 남용, 즉 타인의 사무를 처리할 법적 처분권한을 가진 자의 권한남용이므로 법률행위에 국한되고 사실행위에 의한 배임행위는 있을 수 없다는 것이다.

따라서 권한남용설에 따르면 타인의 재산을 처분할 수 있는 법적 대리권이 있는 자만이 배임죄의 주체가 되고(대리권남용설), 대리권을 남용하는 것이므로 대리권의 행사라는 법률행위가 필요하다고 한다. 결국 대리권이 존재하지 아니하는 법률행위는 물론, 금전의 소비나 재산의 멸실과 같은 사실행위로는 배임죄를 구성할 수 없게 된다.

권한남용설은 횡령죄와 배임죄를 실행행위 또는 행위태양(침해방법의 성질)에 따라 구별하여, 위탁자를 배신하는 행위가 사실행위이면 횡령죄이고 대리권을 남용하는 법률행위이면 배임죄가 된다고 한다(횡령죄와 배임죄는 기본적으로 택일관계에 있다고 한다).

(2) 배신설

배신설은 배임죄의 본질을 위탁자의 신뢰를 배신하여 재산상의 이익을 취득하고 본인에게 재산상의 손해를 가하는 데에 있다고 한다(신의성실의 의무에 대한 위반 내지 신임관계의 침해). 배임행위는 타인의 재산을 관리할 의무있는 자의 신뢰배반이라는 것이다.

따라서 배신설에 의하면 대내적으로 본인에 대한 신뢰관계의 배신에 중점을 두기 때문에 법률행위뿐만 아니라 사실행위에 대해서도 배임죄가 성립하며, 대외관계에서 대리권을 요구하지 아니하므로 대리권 없는 자의 배임행위도 인정할 수 있다.

배신설은 신뢰관계의 배반이라는 점에서 횡령죄와 배임죄는 같은 성질의 범죄이

930) **[배임죄의 본질]** : 즉 배임죄는 본인과 행위자 사이에 신임관계가 있음에도 불구하고 이에 위배하여 본인에게 손해를 가하였다는 점에 그 본질이 있으며, 이러한 의미에서 신임관계를 전제로 하여 재물을 영득하는 횡령죄와 그 성질을 같이한다고 할 수 있기 때문이다. 그러나 횡령죄는 타인의 재물을 영득하는 경우에 성립하는데 비하여, 배임죄는 재산상의 이익을 취득하는 경우에 성립한다는 점에서 차이가 있다.

지만, 횡령죄는 보관하는 개개 재물을 객체로 하고 배임죄는 재산상의 이익을 객체로 하는 점에서 구별되며 횡령죄와 배임죄는 특별법과 일반법의 관계에 있다고 한다. 통설 및 판례[931]는 배신설을 취하고 있다.

(3) 소결

생각건대 권한남용설에 따르면 법적 대리권이 없거나 사실행위에 의한 배임행위 모두를 배제하여 배임죄의 성립범위를 지나치게 제한하는 문제가 발생한다. 즉 일반적인 거래관계 있어서 신의칙이나 신임관계를 위반하여 본인에게 손해를 가한 경우에도 그 당벌성은 법적 대리권을 남용하는 경우와 다르지 않기 때문이다.

또한 형법은 배임죄에 대하여 '임무에 위배하는 행위'라고만 규정하고 있어 횡령행위와 배임행위를 각각 사실행위와 법률행위로 대응시키고 있다고 판단할 근거도 없기 때문에 통설의 입장인 배신설이 보다 합리적이라고 할 수 있다.[932]

[배임죄 구성요건에 대한 엄격해석의 필요성]

대법원 1988.4.25. 선고 87도2339 판결(형법 제355조 제2항 소정의 "그 임무에 위배하는 행위"라 함은 사무의 내용, 성질 등 구체적 상황에 비추어 법률의 규정, 계약의 내용 혹은 신의칙상 당연히 할 것으로 기대되는 행위를 하지 않거나 당연히 하지 않아야 할 것으로 기대되는 행위를 함으로써 본인과 사이의 신임관계를 저버리는 일절의 행위를 포함한다. 피고인이 피해자 배00 경영의 사업체인 판시 화신산업원일와펜의 전무로 재직하면서 직원의 통솔, 거래처의 관리, 물품의 발주와 수금 등 영업 전반에 관한 업무를 관장하고 있었다면 피고인은 위 배00을 위하여 성실히 근무하고 사업비밀을 유지하며, 경업을 하여서는 아니 될 업무상의 임무가 있다 할 것이고, 따라서 피고인이 그의 독자적인 계산아래 별도의 업체를 만들어 위 배00의 업체와 비슷한 상호를 사용하여 같은 거래업체에다 동일한 물건을 납품한 판시 소위는 위 배00과의 신임관계를 저버리는 행위로서 업무상배임죄가 성립된다.)

931) 대법원 1999.9.17. 선고 97도3219 판결(배임죄에 있어서 타인의 사무를 처리하는 자라 함은 양자간의 신임관계에 기초를 둔 타인의 재산보호 내지 관리의무가 있음을 그 본질적 내용으로 하는 것이므로, 배임죄의 성립에 있어 행위자가 대외관계에서 타인의 재산을 처분할 적법한 대리권이 있음을 요하지 아니한다.) ; 대법원 2002.6.14. 선고 2001도3534 판결(배임죄의 주체로서 '타인의 사무를 처리하는 자'란 타인과의 대내관계에서 신의성실의 원칙에 비추어 그 사무를 처리할 신임관계가 존재한다고 인정되는 자를 의미하고, 반드시 제3자에 대한 대외관계에서 그 사무에 관한 대리권이 존재할 것을 요하지 않는다.)

932) 다만 권한남용설에 의해서도 위탁자의 신뢰를 배신하고 대리권을 남용하는 배신성을 지니고 있고, 우리형법이 본인에게 재산상의 손해를 가하는 것만으로는 배임죄가 성립할 수 없고 자기 또는 제3자가 재산상의 이익을 취득해야 배임죄의 성립을 인정하기 때문에 배신설이라는 용어는 횡령죄에서의 영득행위설과 마찬가지로 이득행위설이라고 하는 것이 바람직하다.

위 87도2339판결과 같이 자신이 근무하는 회사와 경업을 하여서는 아니 될 피고인의 의무는 법적 대리권이라기보다는 계약 또는 신의칙에 따른 의무일 뿐이며, 경업은 어떠한 법적 대리권에 따르는 법률행위가 아니라, 사실행위라고 하여야 할 것이다. 이러한 경우 권한남용설에 의하면 대리권에 기한 법률행위가 존재하지 아니하므로 배임죄가 성립하지 아니하나, 배신설에 의하면 계약 또는 신의칙을 위반하여 본인에게 손해를 가한 것이므로 배임죄의 성립을 인정할 수 있게 된다.

다만 이처럼 배신설에 입각하여 배임죄의 본질을 파악하는 경우에는 모든 계약위반의 경우에 배임죄의 성립을 인정할 수 있게 된다. 즉 모든 계약이란 그 계약을 이행하여야 하는 거래관계의 신의칙이나 신임관계를 항상 포함하기 때문이다. 이처럼 그 범위가 지나치게 확대될 위험이 크기 때문에 배신설에 입각하는 경우에도 "타인의 사무를 처리하는 자"의 개념을 엄격하게 해석할 필요성이 대두하게 되는 것이다.

라. 횡령죄와의 관계

배신설에 따를 때 횡령죄와 배임죄는 모두 신분범으로서 신임관계에 위배된다는 점에서 동일하다. 그러나 횡령죄가 개개의 재물을 객체로 함에 반하여, 배임죄는 재산상의 이익을 객체로 한다는 점에서만 구별된다(객체구별설, 통설). 즉 횡령죄는 재물죄로서 불법영득의 의사로 재물을 영득하여 신임관계를 침해하는 범죄이고, 배임죄는 이득죄로서 불법이득의 의사로 재산상의 이익을 취득함으로써 신임관계를 침해하는 범죄이다.

따라서 양죄의 구성요건은 특별법(횡령죄)과 일반법(배임죄)의 관계에 있게 되어 배임죄는 횡령죄를 포함하게 되므로 횡령죄에 해당하면 배임죄는 성립하지 않고 배임죄는 횡령죄가 성립하지 않는 경우에 성립하게 된다.

판례는 현행형법은 재물과 재산상의 이익을 구별하고, 횡령과 배임을 별개의 죄로 규정하고 있으므로 재산상의 이익에 관하여 배임죄가 성립할 수 있을지언정 횡령죄는 성립할 여지가 없다고 하나[933], 다 같이 신임관계를 기본으로 하고 있는 같은 죄질

933) 대법원 1994.3.8. 선고 93도2272 판결(횡령죄에 있어서의 재물은 동산, 부동산의 유체물에 한정되지 아니하고 관리할 수 있는 동력도 재물로 간주되지만, 여기에서 말하는 관리란 물리적 또는 물질적

의 재산범죄로서 그 형벌에 있어서도 경중의 차이가 없고 동일한 범죄사실에 대하여 단지 법률의 적용만을 달리하는 경우에 해당한다고 하면서 법원은 배임죄로 기소된 범죄사실에 대하여 공소장변경 없이도 횡령죄를 적용하여 처벌할 수 있고[934], 배임죄에 해당하는데도 이를 횡령죄로 처벌하는 법령상의 잘못이 있다하더라도 판결에 영향을 미치는 것이 아니며[935], 횡령죄가 성립하는 경우 같은 사실에 대하여 배임죄는 성립할 수 없다[936]고 하여 통설의 입장을 취하고 있다.

II. 배임죄

[조문]

형법 제355조(배임) ② 타인의 사무를 처리하는 자가 그 임무에 위배하는 행위로써 재산상의 이익을 취득하거나 제삼자로 하여금 이를 취득하게 하여 본인에게 손해를 가한 때에도 전항의 형과 같다. 제358조(자격정지의 병과) 전3조의 죄에는 10년 이하의 자격정지를 병과할 수 있다. 제359조(미수범) 제355조 내지 제357조의 미수범은 처벌한다. 제361조(친족간의 범행, 동력) 제328조와 제346조의 규정은 본장의 죄에 준용한다. 특정경제범죄가중처벌등에관한법률 제3조(특정재산범죄의 가중처벌) ① 「형법」 제347조(사기), 제350조(공갈), 제351조(제347조 및 제350조의 상습범만 해당한다), 제355조(횡령 · 배임) 또는 제356조(업무상의 횡령과 배임)의 죄를 범한 사람은 그 범죄행위로 인하여 취득하거나 제3자

관리를 가리킨다고 볼 것이고, 재물과 재산상 이익을 구별하고 횡령과 배임을 별개의 죄로 규정한 현행 형법의 규정에 비추어 볼 때 사무적으로 관리가 가능한 채권이나 그 밖의 권리 등은 재물에 포함된다고 해석할 수 없다.)

934) 대법원 1999.11.26. 선고 99도2651 판결(횡령죄와 배임죄는 다 같이 신임관계를 기본으로 하고 있는 같은 죄질의 재산범죄로서 그 형벌에 있어서도 경중의 차이가 없고 동일한 범죄사실에 대하여 단지 법률적용만을 달리하는 경우에 해당하므로 법원은 배임죄로 기소된 공소사실에 대하여 공소장변경 없이도 횡령죄를 적용하여 처벌할 수 있다.)

935) 대법원 1990.6.8. 선고 89도1417 판결(이 사건 공소사실이 배임죄가 아니라 횡령죄를 구성한다고 하더라도 이 사건은 재산상의 이득액이 10억원 이상 50억원 미만이므로 특경법 제3조 제1항 제2호에 위반되는 사안으로서 횡령죄나 배임죄는 다 같이 배신행위를 요소로 하고 있고, 형량에 차이가 없어 그 의율착오는 판결에 영향을 미친 법령위반에 해당하지 아니한다.)

936) 대법원 1999.7.27. 선고 99도1905 판결.

로 하여금 취득하게 한 재물 또는 재산상 이익의 가액(이하 이 조에서 "이득액"이라 한다)이 5억원 이상일 때에는 다음 각 호의 구분에 따라 가중처벌한다.

1. 이득액이 50억원 이상일 때 : 무기 또는 5년 이상의 징역
2. 이득액이 5억원 이상 50억원 미만일 때 : 3년 이상의 유기징역

② 제1항의 경우 이득액 이하에 상당하는 벌금을 병과(倂科)할 수 있다.[전문개정 2012.2.10.]

상법 제622조(발기인, 이사 기타의 임원등의 특별배임죄) ① 회사의 발기인, 업무집행사원, 이사, 집행임원, 감사위원회 위원, 감사 또는 제386조제2항, 제407조제1항, 제415조 또는 제567조의 직무대행자, 지배인 기타 회사영업에 관한 어느 종류 또는 특정한 사항의 위임을 받은 사용인이 그 임무에 위배한 행위로써 재산상의 이익을 취하거나 제삼자로 하여금 이를 취득하게 하여 회사에 손해를 가한 때에는 10년 이하의 징역 또는 3천만원 이하의 벌금에 처한다.

② 회사의 청산인 또는 제542조제2항의 직무대행자, 제175조의 설립위원이 제1항의 행위를 한 때에도 제1항과 같다.

제623조(사채권자집회의 대표자 등의 특별배임죄) 사채권자집회의 대표자 또는 그 결의를 집행하는 자가 그 임무에 위배한 행위로써 재산상의 이익을 취하거나 제삼자로 하여금 이를 취득하게 하여 사채권자에게 손해를 가한 때에는 7년 이하의 징역 또는 2천만원 이하의 벌금에 처한다.

제624조(특별배임죄의 미수) 전2조의 미수범은 처벌한다.

가. 객관적 구성요건

(1) 행위의 주체

배임죄의 주체는 타인의 사무를 처리하는 자이어야 한다. 따라서 배임죄는 타인의 사무를 처리하는 자라는 신분이 있는 경우에 성립하는 진정신분범에 해당된다.

① 사무처리자

'타인의 사무를 처리하는 자'란 타인과의 대내관계에서 '신임관계'에 비추어 맡겨진 사무를 신의성실의 원칙에 맡게 처리해야 할 의무있는 자를 말한다.[937] 반드시 제3자

937) 대법원 2014.2.27. 선고 2011도3482 판결(배임죄는 타인의 사무를 처리하는 자가 위법한 임무위배행위로 재산상 이득을 취득하여 사무의 주체인 타인에게 손해를 가함으로써 성립하므로, 그 범죄의 주체는 타인의 사무를 처리하는 신분이 있어야 한다. 여기서 '타인의 사무처리'로 인정되려면, 타인의 재산관리에 관한 사무의 전부 또는 일부를 타인을 위하여 대행하는 경우와 타인의 재산보전행위에 협력하는 경우라야만 되고, 두 당사자 관계의 본질적 내용이 단순한 채권관계상의 의무를 넘어서 그들 간의 신임관계에 기초하여 타인의 재산을 보호 내지 관리하는 데 있어야 한다. 만약, 그 사무가 타인의 사무가 아니고 자기의 사무라면, 그 사무의 처리가 타인에게 이익이 되어 타인에 대하여 이를

에 대한 대외관계에서 그 사무에 관하여 대리권이 존재할 것을 요하지 않는다.[938] 또한 고유의 권한으로서 사무처리를 하는 자에 한하지 않고 그 자의 보조기관으로서 직접 또는 간접으로 그 처리에 관한 사무를 담당하는 자[939] 및 업무자의 상급기관[940]도 포함된다.

② 사무처리의 근거

배신설에 의하는 경우 타인의 사무처리를 할 수 있는 신임관계의 발생근거는 법령(친권자, 후견인, 파산관재인, 집행관, 회사대표 등), 계약 또는 법률행위(위임, 고용, 임치, 도급 등), 관습 또는 사무관리 등 신의성실의 원칙에 의하여 신임관계가 인정되면 족하다.[941] 사실상의 신임관계가 발생할 수 있는 경우이면 족하므로 법적인 권한이 소멸된 후에 사무를 처리하거나 그 사무처리자가 그 직에서 해임된 후 사무인계 전에 사무를 처리한 경우도 포함된다.[942]

사무처리의 근거가 된 법률행위가 무효인 경우에도 배임죄의 성립을 인정할 것인지가 문제이다. 즉 법률행위가 무효인 경우 그에 기한 의무이행의 필요성이 인정될 것인지의 문제이다.

처리할 의무를 부담하는 경우라도, 그는 타인의 사무를 처리하는 자에 해당하지 않는다.)

938) 대법원 2003.1.10. 선고 2002도758 판결(배임죄의 주체로서 '타인의 사무를 처리하는 자'란 타인과의 대내관계에 있어서 신의성실의 원칙에 비추어 그 사무를 처리할 신임관계가 존재한다고 인정되는 자를 의미하고, 반드시 제3자에 대한 대외관계에서 그 사무에 관한 대리권이 존재할 것을 요하지 않는다.)

939) 대법원 2004.6.24. 선고 2004도520 판결(업무상배임죄에 있어서 타인의 사무를 처리하는 자란 고유의 권한으로서 그 처리를 하는 자에 한하지 않고 그 자의 보조기관으로서 직접 또는 간접으로 그 처리에 관한 사무를 담당하는 자도 포함한다.)

940) 대법원 2004.7.9. 선고 2004도810 판결(업무상배임죄에 있어서 타인의 사무를 처리하는 자라 함은 직접 업무를 담당하고 있는 자가 아니더라도 그 업무 담당자의 상급기관으로서 실행행위자의 행위가 피해자인 본인에 대한 배임행위에 해당한다는 것을 알면서도 실행행위자의 배임행위를 교사하거나 또는 배임행위의 전 과정에 관여하는 등으로 배임행위에 적극 가담한 경우에는 배임죄의 주체가 된다.)

941) 대법원 2003.1.10. 선고 2002도758 판결(배임죄의 주체로서 '타인의 사무를 처리하는 자'란 타인과의 대내관계에 있어서 신의성실의 원칙에 비추어 그 사무를 처리할 신임관계가 존재한다고 인정되는 자를 의미하고, 반드시 제3자에 대한 대외관계에서 그 사무에 관한 대리권이 존재할 것을 요하지 않으며, 업무상배임죄에 있어서의 업무의 근거는 법령, 계약, 관습의 어느 것에 의하건 묻지 않고, 사실상의 것도 포함한다.)

942) 대법원 1999.6.22. 선고 99도1095 판결(배임죄의 주체로서 타인의 사무를 처리하는 자라 함은 그 사무가 포괄적 위탁사무일 것을 요하는 것도 아니고, 사무처리의 근거, 즉 신임관계의 발생근거는 법령의 규정, 법률행위, 관습 또는 사무관리에 의하여도 발생할 수 있으므로, 법적인 권한이 소멸된 후에 사무를 처리하거나 그 사무처리자가 그 직에서 해임된 후 사무인계 전에 사무를 처리한 경우도 배임죄에 있어서의 사무를 처리하는 경우에 해당한다.)

이에 대하여는 사무처리의 근거가 된 법률행위가 무효인 경우에도 그 무효의 원인이 선량한 풍속 기타 사회질서에 반하는 것이 아닌 한 사실상의 신임관계가 존재한다고 보아 배임죄가 성립한다는 견해(긍정설)와 법률행위가 무효인 경우 그에 기한 신임관계는 존재하지 않는다고 보아 배임죄의 성립을 부정하는 견해(부정설)가 대립한다. 판례는 부정설의 입장이다.[943]

생각건대 사무처리의 근거가 되는 법률행위가 무효인 경우에는 그 무효인 법률행위의 내용을 이행할 의무가 존재한다고 볼 수는 없을 것이기 때문에 그에 기한 신임관계는 존재하지 않는다고 하는 부정설이 타당하다.

③ 사무처리의 내용

ㄱ. 재산상 사무에의 국한 여부

사무처리의 내용은 사적 사무뿐만 아니라 공적 사무도 포함한다. 따라서 공적 사무에 위반하여 국가에 손해를 가한 경우에도 배임죄가 성립된다.[944]

그러나 여기서의 사무가 반드시 재산상의 사무임을 요하는지에 대해서는, 형법상 사무의 내용에 대해서 아무런 제한이 없다는 이유로 재산상의 사무일 필요가 없다는

943) 대법원 1979.3.27. 선고 79도141 판결(농가가 아니고 농지를 자경하거나 자영할 의사도 없어 농지개혁법상 농지를 취득할 수 없는 자에 대하여 농지를 매도한 계약은 무효이어서 매도인은 소유권이전등기절차를 이행할 임무가 없으므로 매도인이 그 농지를 제3자에게 이중으로 양도하였다 하더라도 배임죄가 성립되지 아니한다.) ; 대법원 1986.9.9. 선고 86도1382 판결(내연의 처와의 불륜관계를 지속하는 대가로서 부동산에 관한 소유권이전등기를 경료해 주기로 약정한 경우, 위 부동산 증여계약은 선량한 풍속과 사회질서에 반하는 것으로 무효이어서 위 증여로 인한 소유권이전등기의무가 인정되지 아니하는 이상 동인이 타인의 사무를 처리하는 자에 해당한다고 볼 수 없어 비록 위 등기의무를 이행하지 않는다 하더라도 배임죄를 구성하지 않는다.) ; 대법원 1996.8.23. 선고 96도1514 판결(국토이용관리법 제21조의2 소정의 규제구역 내에 있는 토지를 매도하였으나 같은 법 소정의 거래허가를 받은 바가 없다면, 매도인에게 매수인에 대한 소유권이전등기에 협력할 의무가 생겼다고 볼 수 없고, 따라서 매도인이 배임죄의 주체인 타인의 사무를 처리하는 자에 해당한다고 할 수 없다.)

944) 대법원 1975.11.25. 선고, 73도1881 판결(정부가 매수 확보중인 양곡은 당시 양곡관리법 6조에 의하여 곡가조절용으로 방출하는 외에 교환용으로도 사용되고 또 같은 법 10조 소정 농림장관은 천재지변 기타 급격한 경제변동에 대비하기 위하여 양곡을 비축하여야 한다고 하는 규정들에 비추어 보면 정부양곡의 수매 가공 보관 및 방출등 업무를 보조하던 군청직원이 위와 같은 목적을 위하여 비축중인 정부양곡을 소정 목적 외의 용도로 자의로 방출한 경우에는 그 대금전액이 국고에 납입된 여에 불구하고 그 목적을 위한 사용이 저해되어 정부에 재산상 손해를 가한 것이므로 배임죄가 성립한다.) ; 대법원 1978.8.22. 선고 78도958 판결(정부가 관리하는 조절용 사료의 적정한 배급을 위하여 그 관할구역내의 양돈수를 조사보고하는 임무를 맡은 읍직원이 허위보고를 함으로써 조절용사료가 부당하게 배정 방출 되었다면 그로 인하여 나라에게 조절용 사료의 부당한 감소라는 재산적 손해를 입힌 것이므로 배임죄가 성립된다.)

견해(무제한설), 형법은 재산상 이익을 취득하거나 취득하게 하는 것을 규정하고 있다는 점을 이유로 반드시 재산적 사무임을 요하지 않으나 적어도 재산적 이해관계가 있는 사무임을 요한다는 견해(부분적 제한설), 재산상 사무에 한정하지 아니하는 경우 배임죄의 범위가 부당하게 확대되는 것을 방지하기 위하여 재산상의 사무로 제한하여야 한다는 견해(제한설)가 대립한다. 판례[945]와 통설은 제한설을 취한다.

생각건대 배신설에 의하여 배임죄를 이해하는 경우 그 성립범위가 지나치게 확대될 우려가 있고, 배임죄가 재산죄라는 점에서 재산상 사무임을 요한다고 하는 제한설이 타당하다.

ㄴ. 사무의 독립성

사무처리가 신임관계에 있어 배신성이 있다고 하기 위해서는 사무처리자가 일정한 범위에서 스스로 판단하여 처리할 수 있는 독립성(내지는 재량)을 부여받을 것을 전제로 하여야 한다. 이러한 독립성은 책임인정의 근거가 되는 동시에 배임죄의 성립을 제한해 주는 기능을 한다.

따라서 단순히 타인의 지시를 받아 기계적으로 사무를 처리하는 경우에는 배임죄의 주체가 될 수 없다. 그러나 고유의 권한으로서 사무처리를 하는 자에 한하지 않고 그 자의 보조기관으로서 직접·간접으로 그 처리에 관한 사무를 담당하는 자도 포함된다.[946]

....

945) 대법원 2008.3.13. 선고 2008도373 판결(배임죄는 타인의 사무를 처리하는 자가 그 임무에 위배하는 행위에 의하여 재산상의 이익을 취득하거나 제3자로 하여금 이를 취득하게 하여 본인에게 손해를 가함으로써 성립하는 것으로, 여기에서 그 주체인 '타인의 사무를 처리하는 자'란 양자 간의 신임관계에 기초를 두고 타인의 재산관리에 관한 사무를 대행하거나 타인 재산의 보전행위에 협력하는 자의 경우 등을 가리키고, 사무의 성질이 타인의 사무가 아니라 자기의 사무에 속하는 것이라면 그 사무를 타인을 위하여 처리하는 경우라도 타인의 사무를 처리하는 자라고 볼 수 없다.) ; 대법원 1983.2.8. 선고 81도3137 판결(배임죄에 있어서 타인의 사무라 함은 타인의 재산의 관리 보전의 임무를 부담하는데 본인을 위하여 일정한 권한을 행사하는 경우, 등기협력의무와 같이 매매, 담보권설정등 자기의 거래를 완성하기 위한 자기의 사무인 동시에 상대방의 재산보전에 협력할 의무가 있는 경우 따위를 말한다고 할 것이지 본건과 같이 공소외인의 대지매도대금수령의 확보책으로 피고인들 소유의 본건 건물의 처분은 공소외인의 사전 승낙 아래 하겠다는 특약상의 의무는 단순한 채무에 불과하고 공소외인의 재산관리 내지 보전의 사무라고 할 수 없다.) ; 대법원 1984.12.26. 선고 84도2127 판결(배임죄에서 "타인의 사무처리"로 인정되려면, 타인의 재산관리에 관한 사무의 전부 또는 일부를 타인을 위하여 대행하는 경우와 타인의 재산보전행위에 협력하는 경우라야만 되는 것이고, 단순히 타인에 대하여 채무를 부담함에 불과한 경우에는 본인의 사무로 인정될지언정 타인의 사무처리에 해당한다 할 수는 없다.)

④ 타인의 사무

배임죄의 주체는 타인의 사무를 처리하는 자이다. 따라서 자기의 사무를 처리하는 자는 배임죄의 주체가 될 수 없다.

타인의 사무와 관련되어 있더라도 자기의 사무라고 할 수 있을 때에는 배임죄가 성립하지 않는다. 예컨대 채무의 이행은 타인의 사무와 관련되어 있지만, 자기의 사무이므로 채무불이행은 배임죄에 해당하지 않는다. 그러나 자기의 사무이면서 동시에 상대방의 재산보전에 협력할 의무가 있는 경우(이중매매의 매도인, 이중저당의 저당권설정자 등)에는 타인의 사무가 된다.[947)]

보충판례 127 : 대법원 1985.11.26. 선고 85도1493 전원합의체판결

한편 법인이 타인의 사무를 처리해야 할 의무를 부담하는 경우에 법인은 배임죄의 주체가 될 수 없으므로 법인을 대표하여 사무를 처리하는 법인의 대표기관을 배임죄의 주체로 보는 것이 판례의 태도[948)]이지만, 법인의 대표기관인 자연인은 '타인의 사무처리자'라는 신분이 없기 때문에 배임죄의 주체가 될 수 없다고 해야 한다.

---

946) 대법원 2000.4.11. 선고 99도334 판결(업무상 배임죄에 있어서 타인의 사무를 처리하는 자란 고유의 권한으로서 그 처리를 하는 자에 한하지 않고 그 자의 보조기관으로서 직접 또는 간접으로 그 처리에 관한 사무를 담당하는 자도 포함한다.)

947) 대법원 2003.9.26. 선고 2003도763 판결(배임죄는 타인의 사무를 처리하는 자가 그 임무에 위배하는 행위에 의하여 재산상의 이익을 취득하거나 제3자로 하여금 이를 취득하게 하여 본인에게 손해를 가함으로써 성립하는 것으로, 여기에서 그 주체인 "타인의 사무를 처리하는 자"란 양자간의 신임관계에 기초를 두고 타인의 재산관리에 관한 사무를 대행하거나 타인 재산의 보전행위에 협력하는 자의 경우 등을 가리킨다.)

948) 대법원 1985.10.8. 선고 83도1375 판결(법인이 처리할 의무를 지는 타인의 사무에 관하여는 법인이 배임죄의 주체가 될 수 없고 법인을 대표하여 사무를 처리하는 자연인인 대표기관이 바로 타인의 사무를 처리하는 자로서 배임죄의 주체가 된다 할 것이고 또 이 사건에서와 같이 매도인으로서 그 판시 임무에 위배하여 차용금의 담보를 제공하여 가등기를 하여준 경우에는 그 가등기절차를 마침으로서 배임행위는 기수가 되었다고 볼 것이며, 그것이 후에 말소되었다 하여 이미 성립한 배임죄에 어떤 영향이 있다고 볼 수는 없다.)

(2) 행위

① 임무위배행위

ㄱ. 의의 및 태양

배임죄의 행위는 배임행위이다. 배임행위란 타인의 사무를 처리하는 자로서 임무에 위배하는 행위를 말한다. 배신설에 의하는 한 배임행위는 권한의 남용이건 법률상의 의무위반이건 묻지 아니하고, 법률행위뿐만 아니라, 사실행위도 포함하며, 그 행위의 유효·무효는 배임죄의 성립에 영향이 없다.[949] 반드시 작위에 한하지 아니하고, 부작위에 의한 배임행위[950]도 가능하다.

보충판례 128-1 : 대법원 1999.3.12. 선고 98도4704 판결
128-2 : 대법원 2003.10.30. 선고 2003도4382 판결

ㄴ. 모험적 거래

타인의 사무를 처리하는 자가 재산상 손해를 가할 위험성이 있는 모험적 거래[951]를 한 경우에 배임행위가 되는지가 문제된다. 모험적 거래에서는 본인 또는 제3자의 이익의 취득과 본인의 손해에 대한 인식과 인용이 존재하기 때문이다. 물론 모험적 거래를 할 수 있는 권한의 유무와 그 범위는 내부관계(사무의 성질·내용)에 의하여 달리 평가되어야 한다.

따라서 모험적 거래가 일체 금지되어 있는 때에는 배임행위가 될 수 있다. 그러나 그 거래가 통상의 거래의 관행에서 벗어나지 아니하고 본인의 추정적 승낙이 있다고 인정될 때에는 배임행위가 될 수 없다. 주식회사의 대표이사나 유한회사의 대표사원이 투기적 사업을 한 경우의 대부분이 이에 해당한다. 이 경우에는 장래의 손해의 가

---

949) 대법원 2012.9.13. 선고 2012도3840 판결 : 대법원 2001.9.28. 선고 99도2639 판결(배임죄에서 임무에 위배하는 행위라 함은 처리하는 사무의 내용, 성질 등 구체적 상황에 비추어 법률의 규정, 계약의 내용 혹은 신의칙상 당연히 할 것으로 기대되는 행위를 하지 않거나 당연히 하지 않아야 할 것으로 기대하는 행위를 함으로써 본인과 사이의 신임관계를 저버리는 일체의 행위를 포함하고 그러한 행위가 법률상 유효한가 여부는 따져볼 필요가 없다.)

950) 예컨대 채권의 추심을 위탁받은 자가 그 추심을 게을리 하여 채권의 소멸시효가 완성된 경우 등을 들 수 있다.

951) **[모험적 거래의 의의]** : '모험적 거래'란 투자·주식매매와 같이 거래가 본인에게 이익 또는 손해가 될 것인지의 전망이 명확하지 않는 투기적 거래를 말한다.

능성이나 위험이 이익의 기대에 의하여 제거된다고 하여야 하기 때문이다.

그러나 실제 모험적 거래에서 배임죄의 성립여부는 배임의 고의가 인정되느냐에 의해 크게 영향을 받는다.952)

② 재산상 이익의 취득

배임죄는 본인에게 손해를 가하면 바로 성립하는 것이 아니라, 배임행위로 인하여 행위자가 재산상의 이익을 취득할 것을 요건으로 한다. 따라서 비록 본인에게 손해를 가하였다 하더라도 행위자 자신이 이익을 취득하지 못하거나, 제3자로 하여금 이익을 취득하게 하지 아니한 경우에는 배임죄는 성립하지 않는다.953)

보충판례 130 : 대법원 1982.2.23. 선고 81도2601 판결

경제적 가치가 있는 모든 재화이면 족하므로(경제적 재산개념), 성적 향응이라도 사실상 재산상 이익으로 환산될 수 있는 경우에는 재산상 이익이 될 수 있지만, 사회적 지

952) 대법원 2012.8.30. 선고 2011도15052 판결 : 대법원 2007.3.15. 선고 2004도5742 판결(기업의 경영에는 원천적으로 위험이 내재하여 있어서 경영자가 아무런 개인적인 이익을 취할 의도 없이 선의에 기하여 가능한 범위 내에서 수집된 정보를 바탕으로 기업의 이익에 합치된다는 믿음을 가지고 신중하게 결정을 내렸다 하더라도 그 예측이 빗나가 기업에 손해가 발생하는 경우가 있을 수 있는바, 이러한 경우에까지 고의에 관한 해석기준을 완화하여 업무상배임죄의 형사책임을 물을 수는 없다고 할 것이나, 기업의 경영자가 문제된 행위를 함에 있어 합리적으로 가능한 범위 내에서 수집한 정보를 근거로 하여 당해 기업이 처한 경제적 상황이나 그 행위로 인한 손실발생과 이익획득의 개연성 등의 제반 사정을 신중하게 검토하지 아니한 채, 당해 기업이나 경영자 개인이 정치적인 이유 등으로 곤란함을 겪고 있는 상황에서 벗어나기 위해서는 비록 경제적인 관점에서 기업에 재산상 손해를 가하는 결과가 초래되더라도 이를 용인할 수밖에 없다는 인식하에 의도적으로 그와 같은 행위를 하였다면 업무상배임죄의 고의는 있었다고 봄이 상당하다. 따라서 대기업 또는 대기업의 회장 등 개인이 정치적으로 난처한 상황에서 벗어나기 위하여 자회사 및 협력회사 등으로 하여금 특정회사의 주식을 매입수량, 가격 및 매입시기를 미리 정하여 매입하게 한 행위는 배임행위에 해당한다.)

953) 대법원 2009.6.25. 선고 2008도3792 판결(업무상배임죄에서 '본인에게 재산상의 손해를 가한다' 함은 총체적으로 보아 본인의 재산상태에 손해를 가하는 경우, 즉 본인의 전체적 재산가치의 감소를 가져오는 것을 말하는 것이고, 이와 같은 법리는 타인의 사무를 처리하는 자 내지 제3자가 취득하는 재산상의 이익에 대하여도 동일하게 적용되는 것으로 보아야 한다. 또한, 업무상 배임죄는 본인에게 재산상의 손해를 가하는 외에 배임행위로 인하여 행위자 스스로 재산상의 이익을 취득하거나 제3자로 하여금 재산상의 이익을 취득하게 할 것을 요건으로 하므로, 본인에게 손해를 가하였다고 하더라도 행위자 또는 제3자가 재산상 이익을 취득한 사실이 없다면 배임죄가 성립할 수 없다.) ; 대법원 1982.2.23. 선고 81도2601 판결(피고인이 피해자와 공동구입한 택시를 법정폐차 시한 전에 임의로 폐차케 한 경우 특단의 사정이 없는 한 그 폐차조치만으로써는 피해자에게 장차 얻을 수 있었을 수익금상실의 손해는 발생하였을지언정 피고인이 피해자 몫에 해당하는 이익을 취득하였다고 볼 수는 없으므로 배임죄가 성립하지 않는다.)

위나 신분상의 이익은 재산상의 이익이 되지 않는다.

③ 재산상 손해

ㄱ. 재산상 손해의 의의

배임죄는 본인에게 재산상 손해를 가한 경우에 성립한다. 따라서 타인의 사무를 처리하는 자가 임무에 위배되는 행위를 하였다 하더라도 재산상 손해가 발생하지 아니한 경우에는 배임죄가 성립하지 아니한다.

배임죄에 있어서의 재산상 손해라 함은 총체적으로 보아 본인의 재산상태에 손해를 가하는 경우로서 본인의 전체적 재산가치의 감소를 가져오는 것을 말하며, 재산상의 이익과 마찬가지로 법률적 관점이 아닌 경제적 관점에서 판단하여야 한다.[954] 따라서 주식회사의 대표이사가 회사의 유일한 재산을 처분하면서 주주총회의 특별결의나 이사회의 승인을 거치지 아니하여 그 매매계약이나 소유권이전등기가 법률상 무효라고 하더라도 경제적 관점에서 파악할 때 재산상 손해를 가한 때에 해당할 수 있다.[955]

ㄴ. 손해발생의 위험

본인에게 손해를 가한 때의 의미와 관련하여서는, 배임죄를 침해범으로 이해하는 전제 하에서 재산상의 손해가 발생하여야 한다는 견해와 현실적으로 재산상의 손해

954) 대법원 2013.4.26. 선고 2011도6798 판결 : 대법원 2004.3.26. 선고 2003도7878 판결(배임죄에 있어 재산상의 손해를 가한 때라 함은 현실적인 손해를 가한 경우뿐만 아니라 재산상 실해 발생의 위험을 초래한 경우도 포함되고, 재산상 손해의 유무에 대한 판단은 본인의 전 재산 상태와의 관계에서 법률적 판단에 의하지 아니하고 경제적 관점에서 파악하여야 하며, 따라서 법률적 판단에 의하여 당해 배임행위가 무효라 하더라도 경제적 관점에서 파악하여 배임행위로 인하여 본인에게 현실적인 손해를 가하였거나 재산상 실해 발생의 위험을 초래한 경우에는 재산상의 손해를 가한 때에 해당한다고 할 것이고, 일단 손해의 위험성을 발생시킨 이상 사후에 담보를 취득하였거나 피해가 회복되었다 하여도 배임죄의 성립에 영향을 주는 것은 아니다.)

955) 대법원 2005.4.15. 선고 2004도7053 판결(동조산업 주식회사의 대표이사인 피고인 1이 위 선박을 양도함에 있어 그 선박이 동조산업의 유일한 재산이거나 적어도 회사의 존속기반이 되는 중요한 영업용 재산이어서 처분 당시 주주총회의 특별결의 등을 거치지 아니한 이유로 위 대물변제약정 및 이에 따른 소유권이전등기는 법률상 당연무효라고 하더라도 경제적 관점에서 볼 때 위 선박에 관한 소유권이전등기를 넘겨 준 이상 위 처분행위로 인하여 동조산업에게 적어도 위 선박 가액 상당의 현실적인 손해를 가하였거나 재산상 실해 발생의 위험을 초래하였다고 할 것이다.)

가 발생한 경우뿐만 아니라 손해발생의 위험이 있는 경우도 포함한다는 견해(통설 및 판례[956])가 대립한다.

보충판례 129 : 대법원 2000.3.24. 선고 2000도28 판결

생각건대 '손해를 가한 때'를 '손해발생의 위험을 초래한 때'라고 해석하는 것은 문언의 가능한 의미를 넘어선 피고인에게 불리한 유추적용이기에 허용될 수 없는 해석이므로 현실적 손해를 가한 때로 한정하여야 할 것이다.[957]

한편 실질적인 1인회사의 1인주주가 주식회사의 회사재산을 처분하거나 회사에 재산상 손해를 가한 경우에 배임죄의 성립을 인정할 수 있을 것인가가 문제이나, 판례는 전원합의체 판결을 통하여 배임죄의 성립을 인정하고 있다.[958]

생각건대 1인 회사라 하더라도 주주와 회사는 별개의 인격이라 할 것이므로 비록

956) 대법원 2013.4.11. 선고 2012도15890 판결 : 대법원 2004.5.14. 선고 2001도4857 판결(배임죄에 있어서 '재산상의 손해를 가한 때'라 함은 현실적인 손해를 가한 경우 뿐만 아니라 재산상 실해 발생의 위험을 초래한 경우도 포함되고, 일단 손해의 위험성을 발생시킨 이상 사후에 피해가 회복되었다 하여도 배임죄의 성립에 영향을 주는 것은 아니며, 재산상 손해의 유무에 대한 판단은 본인의 전재산 상태와의 관계에서 경제적 관점에 따라 판단되어야 하므로 법률적 판단에 의하여 당해 배임 행위가 무효라 하더라도 경제적 관점에서 파악하여 본인에게 현실적인 손해를 가하였거나 재산상 실해 발생의 위험을 초래한 경우에는 재산상의 손해를 가한 때에 해당하고, 회사의 임원이 그 임무위배 행위에 대하여 사실상 대주주의 양해를 얻었다거나 이사회의 결의가 있었다는 사유만으로 배임죄의 죄책을 면할 수 있는 것도 아니며, 피고인이 피해자 본인의 이익을 위한다는 의사도 가지고 있었다 하더라도 이는 부수적일 뿐이고 이득 또는 가해의 의사가 주된 것임이 판명되면 배임죄의 고의가 있었다고 보아야 할 것이다.)

957) 다만 '현실적 재산상의 손해'와 '재산상 손해의 현실화'라는 용어는 구별할 필요가 있다. 즉 우량채권을 불량채권으로 바꾼 경우에 '재산상 손해의 현실화'는 변제기에 가서 있게 되지만, '현실적 재산상의 손해'는 바꾼 시점에 있다고 할 수 있다. 이는 실제로 손해가 발생하여 재산의 침해가 있었는지의 여부는 장시간의 경과를 요하는 경우가 많기 때문에 배임죄의 기수를 확정하기 위하여 그때까지 기다릴 수 없다는 재산상의 이익 또는 손해라는 개념의 특수성때문이라 할 수 있다.

958) 대법원 1983.12.13. 선고 83도2330 전원합의체 판결[주식회사의 주식이 사실상 1인 주주에 귀속하는 소위 1인 회사에 있어서도 행위의 주체와 그 본인은 분명히 별개의 인격이며 그 본인인 주식회사에 재산상 손해가 발생하였을 때 배임의 죄는 기수가 되는 것이므로 궁극적으로 그 손해가 주주의 손해가 된다고 하더라도(또 주식회사의 손해가 항시 주주의 손해와 일치한다고 할 수도 없다) 이미 성립한 죄에는 아무 소장이 없다고 할 것이며 한편 우리 형법은 배임죄에 있어 자기 또는 제3자의 이익을 도모하고 또 본인에게 손해를 가하려는 목적을 그 구성요건으로 규정하고 있지 않으므로 배임죄의 범의는 자기의 행위가 그 임무에 위배한다는 인식으로 족하고 본인에게 손해를 가하려는 의사는 이를 필요로 하지 않는다고 풀이할 것이다. 따라서 1인 회사의 경우 그 회사의 손해는 바로 그 1인 주주의 손해에 돌아간다는 전제아래 임무위반행위로써 회사에 손해를 가하였다고 하더라도 손해를 가하려는 의사 즉 범의가 없다고 무죄를 선고한 원심조치는 필경 행위의 주체와 본인을 혼동하였을 뿐만 아니라 법률상 권리, 의무의 주체로서의 법인격을 갖춘 주식회사와 이윤귀속 주체로서의 주주와를 동일시하고 업무상배임죄의 기수시기와 그 구성요건을 그릇 파악함으로써 업무상 배임죄의 법리를 오해한 잘못을 저질렀다.]

본인의 손해를 자신의 손해와 동일시 할 수 있다 하더라도 배임죄의 성립에 영향을 받지 않는다고 하는 것이 타당할 것이다.

나. 주관적 구성요건

배임죄는 자기 또는 제3자의 이익취득이 객관적 구성요건요소로 규정되어 있기 때문에 불법이득의 의사가 고의의 한 내용요소가 된다. 따라서 배임죄의 경우에도 횡령죄와 마찬가지로 불법이득의 의사를 초과주관적 구성요건요소로 이해할 것이 아니라 고의의 내용으로 이해하여야 할 것이다(불법영득·이득의사불요설). 통설 및 판례는 불법이득의사가 필요하다고 한다.[959]

다. 이중저당과 이중매매의 형사책임

이는 부동산에 대한 이중의 저당권설정이나, 이중매매의 경우에 배임죄가 성립할 것인지의 문제이다.

959) 대법원 1990.7.24. 선고 90도1042 판결[피고인이 공소외 사회복지법인 부회장(상무이사)로서 사회복지사업법 제13조에 의하여 서울특별시로부터 보조금을 받아 위 법인을 위하여 보관 중 판시와 같이 마음대로 신규 임용자의 임용일자를 소급하고 퇴직할 직원의 퇴직일을 늦추는 등의 방법으로 그 차액을 그 법인의 목적 이외에 사용하였다면(이 점에 관하여 피고인은 항소이유로 다툰 바도 없다) 이는 위 법인에 손해를 가한 것이 되고 또 피고인에게 불법영득의 의사가 있었다고 보아야 할 것이다.] ; 대법원 2003.2.11. 선고 2002도5679 판결[업무상배임죄의 고의는 업무상 타인의 사무를 처리하는 자가 본인에게 재산상의 손해를 가한다는 의사와 자기 또는 제3자의 재산상의 이득의 의사가 임무에 위배된다는 인식과 결합되어 성립되는 것이며, 이와 같은 업무상배임죄의 주관적 요소로 되는 사실(고의, 동기 등의 내심적 사실)은 피고인이 본인의 이익을 위하여 문제가 된 행위를 하였다고 주장하면서 범의를 부인하고 있는 경우에는 사물의 성질상 고의와 상당한 관련성이 있는 간접사실을 증명하는 방법에 의하여 입증할 수밖에 없고, 무엇이 상당한 관련성이 있는 간접사실에 해당할 것인가는 정상적인 경험칙에 바탕을 두고 치밀한 관찰력이나 분석력에 의하여 사실의 연결상태를 합리적으로 판단하는 방법에 의하여야 하며, 피고인이 본인의 이익을 위한다는 의사도 가지고 있었다 하더라도 위와 같은 간접사실에 의하여 본인의 이익을 위한다는 의사는 부수적일 뿐이고 이득 또는 가해의 의사가 주된 것임이 판명되면 배임죄의 고의가 있었다고 할 것이고, 금융기관의 직원들이 대출을 함에 있어 대출채권의 회수를 확실하게 하기 위하여 충분한 담보를 제공받는 등 상당하고도 합리적인 조치를 강구함이 없이 만연히 대출을 해 주었다면 업무위배행위로 제3자로 하여금 재산상 이득을 취득하게 하고 금융기관에 손해를 가한다는 인식이 없었다고 볼 수 없다.]

(1) 이중저당의 경우

이중저당이란 행위자가 선채권자에게 돈을 차용하고 저당권을 설정하여 주기로 한 후 다시 후채권자에게 돈을 빌리고 선채권자에 앞서 저당권을 설정하여 준 경우를 말한다.

이중저당에 대하여는 선채권자에 대한 사기죄가 성립한다는 견해와 배임죄가 성립한다는 견해가 대립되고 있다.

그러나 선채권자에 대하여 돈을 차용할 당시, 즉 선채권자에 대하여 저당권을 설정하여 주겠다고 약속을 할 당시에 실제로 저당권을 설정하여 줄 생각이 없었다면 사기죄가 성립한다는 점에 문제가 없다. 그러나 약정당시에는 실제로 저당권을 설정하여 줄 생각이 있었다면 선순위 채권자에 대하여 어떠한 기망행위가 있었다고 인정하기 어렵다.

다만 후채권자에 대하여는 선채권자에 대하여 저당권을 설정하여 주겠다고 고지하지 아니하였으므로 후채권자에 대한 고지의무 위반에 의한 기망행위가 있다고 볼 수 있고, 행위자로서도 재산상 이익을 취득하였으므로 이른바 삼각 사기에 의한 사기죄가 성립할 수 있을 것인지가 문제될 수 있다. 사기죄가 성립한다는 견해에 의하면 이 경우를 삼각사기로 보게 될 것이다.

그러나 삼각사기가 성립하기 위해서는 피기망자와 처분행위자 사이에 처분행위를 할 수 있는 권한이나 일정한 지위가 필요하다고 할 것인데, 위와 같은 경우 후채권자에 대하여 이러한 지위를 인정하기 어렵다.

따라서 배임죄의 성립을 검토할 필요가 있다. 결국 이중저당의 경우 행위자는 선채권자에 대하여 선순위 저당권을 설정하여 주어야 할 의무가 있다 할 것인데 이를 타인의 사무로 볼 것인가, 행위자 본인의 사무로 볼 것인가 하는 것이 배임죄 성립의 관건이라고 할 수 있다.

그러나 행위자가 선채권자에 대하여 저당권을 설정하여 주어야 할 의무는 자신의 의무임과 아울러 선채권자의 저당권설정에 협력하여야 하는 협력의무로서 타인의 사무로 보아 배임죄의 성립을 인정하는 것이 타당하다(통설).[960]

960) 대법원 1990.4.24. 선고 89도2281 판결(피고인이 금 180,000,000원의 1번 근저당권설정등기가 되

(2) 이중매매의 경우

이중매매의 문제는 선매수인에게 목적부동산을 매도하기로 한 후, 다시 후매수인과 매매계약을 체결하고 후매수인에게 등기를 이전하여 주는 경우에 발생한다.

이중매매라 하더라도 선매수인에게 목적부동산의 등기를 이전하여 준 경우에는 배임죄의 성립이 문제될 여지가 없다. 다만 이러한 경우 후매수인에 대한 관계에서 기망행위가 인정되는 경우 사기죄의 성립이 문제될 뿐이다.

또한 아직 선매수인이나 후매수인 어느 누구에게도 등기를 경료하지 아니한 경우에는 선매수인이나 후매수인 모두 목적부동산의 소유권을 취득하기 위한 장애가 발생하지 아니한 것이므로 이 경우에도 배임죄가 성립할 여지는 없다고 하여야 한다. 다만 이와 같은 경우 어느 일방에 대한 등기이전의 의사가 없음에도 불구하고 이를 고지하지 아니하고 목적부동산의 대금을 교부받았다면 사기죄가 성립할 수 있을 뿐이라고 하여야 할 것이다. 구체적으로는 다음과 같이 유형화할 수 있다.

① 계약금만 수령한 경우

매도인이 계약금만을 수령한 경우에는 이를 이중으로 매도하더라도 선매수인에 대한 관계에서 사기죄나 배임죄가 성립될 여지가 없다.[961] 계약금만을 교부받은 단

어 있는 토지와 건물 중 건물에 대하여만 피해자와 전세계약을 체결하면서 전세금 130,000,000원의 전세권설정등기를 하여 주기로 하고서도 그 등기를 하지 아니한 채 위 토지와 건물에 대하여 제3자에게 금 270,000,000원의 2번 근저당권설정등기를 경료함으로써 건물의 전세권자인 피해자에게 위 전세금상당의 손해를 입혔다는 내용의 공소범죄사실을 심리함에 있어서, 피해자에게 손해를 입혔는지의 여부는 피고인이 2번 근저당권설정등기를 한 당시의 건물의 담보가치가 얼마나 되는가 하는 점을 밝혀 그 손해의 발생 여부를 판단하여야 할 것인데도 불구하고, 원심이 그로부터 9개월이 지난 후의 위 토지와 건물의 시가합계액만을 심리한 다음 위 2번 근저당권설정등기에 의하여 피고인의 피해자에 대한 전세금반환채무의 담보능력을 상실하였다고 볼 수 없다고 판단한 것은 배임죄에 있어서의 손해에 관한 법리오해와 심리미진의 위법이 있다고 할 것이다.) **[판례해설]** : 판례는 선채권자가 이중저당으로 인해 재산상의 손해나 손해의 위험성이 발생한 경우에는 배임죄가 성립하지만, 손해나 손해의 위험성이 발생하지 않은 경우에는 배임죄가 성립하지 않는다는 취지라 할 것이다.

961) 대법원 1980.5.27. 선고 80도290 판결(피고인이 공소외인으로부터 매매계약금만을 수령하였다면 피고인은 아직 그 소유권이전등기 절차를 이행할 의무가 있다고 할 수 없으므로 이 사건 임야를 다시 다른 곳에 처분한 행위를 배임죄로 다스릴 수 없다.) ; 대법원 2007.6.14. 선고 2007도379 판결(이중매매에 있어서 매도인이 매수인의 사무를 처리하는 자로서 배임죄의 주체가 되기 위하여는 매도인이 계약금을 받은 것만으로는 부족하고 적어도 중도금을 받는 등 매도인이 더 이상 임의로 계약을 해제할 수 없는 상태에 이르러야 하는바, 특별한 사정이 없는 한 매매계약 당시 합의한 계약금이 매매대금 총액에 비하여 다소 과다하다는 사정만으로 매도인이 그 배액을 상환하여 매매계약을 해제할

계에서는 매도인은 언제든지 계약을 해제할 수 있기 때문이다.

② 중도금 또는 잔금을 수령한 경우

매도인이 중도금[962]이나 잔금을 수령한 경우에는 계약의 이행에 착수한 것이 되어 매도인은 계약을 일방적으로 해제할 수 없는 효과가 발생하므로 매수인의 소유권취득에 협력하여야 할 신의칙에 의한 신임관계가 발생했다고 보아야 하므로 매수인은 타인의 사무를 처리하는 자로서 목적부동산을 후매수인에게 소유권이전등기를 경료한 경우에는 배임죄가 성립한다고 하여야 한다.

또한 이러한 견지에서 중도금을 수령한 이상 매도인이 목적부동산에 대하여 가등기나 근저당권설정등기를 경료하거나 전세권등기를 경료한 경우에도 배임죄가 성립한다고 하여야 한다. 다만 후매수인에게 소유권이전등기를 경료하여 주고도 계약금이나 중도금 등을 교부받았다면 당연히 사기죄가 성립하게 될 것이다.

③ 악의의 후매수인의 형사책임

매도인에 대하여 배임죄가 성립하는 경우 후매수인이 이러한 사정을 알면서 매도인과 공모하여 목적부동산을 매수한 경우에는 후매수인에 대하여도 배임죄의 공범이 성립한다고 하여야 한다.[963]

권한을 유보하지 아니한 것으로 볼 수는 없고, 이러한 경우 매도인이 합의한 계약금 전부를 지급받지 못하고 있다면, 아직 타인의 사무를 처리하는 자의 지위에 있다고 할 수 없으므로 이중으로 제3자에게 처분한 행위에 대하여 배임죄의 책임을 물을 수 없다.)

962) 대법원 1988.12.13. 선고 88도750 판결(부동산매도인이 매수인으로부터 계약금과 중도금까지 수령한 이상 특단의 약정이 없다면 잔금수령과 동시에 매수인 명의로의 소유권이전등기에 협력할 임무가 있으므로 이를 다시 제3자에게 처분함으로써 제1차 매수인에게 잔대금수령과 상환으로 소유권이전등기절차를 이행하는 것이 불가능하게 되었다면 배임죄의 책임을 면할 수 없다.)

963) 대법원 1983.7.12. 선고 82도180 판결(점포의 임차인이 임대인이 그 점포를 타에 매도한 사실을 알고 있으면서 점포의 임대차 계약 당시 " 타인에게 점포를 매도할 경우 우선적으로 임차인에게 매도한다" 는 특약을 구실로 임차인이 매매대금을 일방적으로 결정하여 공탁하고 임대인과 공모하여 임차인 명의로 소유권이전등기를 경료하였다면 임대인의 배임행위에 적극 가담한 것으로서 배임죄의 공동정범에 해당한다.)

④ 실행의 착수시기와 기수시기

이중매매에서 배임죄의 실행의 착수시기에 대해서는 후매수인과 매매계약을 체결하고 계약금과 중도금을 수령한 시점이라는 견해와 후매수인을 위한 등기이전에 착수한 시점이라는 견해가 대립한다.

판례는 후매수인으로부터 중도금을 수령한 때에 실행의 착수가 있다고 한다.[964] 그러나 후매수인에 대한 등기이전이 있기 전까지는 선매수인에게 소유권이전등기를 마침으로써 손해가 발생하지 않도록 할 가능성(선매수인에 대한 등기협력의무의 이행가능성)이 존재하므로 이러한 가능성을 없애는 행위가 개시된 시점, 즉 후매수인을 위한 등기이전에 착수한 시점을 실행의 착수시기로 보는 견해가 타당하다.

이중매매의 경우 배임죄의 기수시기는 후매수인에게 소유권이전등기가 경료된 때이다(통설 및 판례[965]).

Ⅲ. 업무상 배임죄

[형법조문]

제356조(업무상의 배임) 업무상의 임무에 위배하여 제355조의 죄를 범한 자는 10년 이하의 징역 또는 3천만원 이하의 벌금에 처한다. 제358조(자격정지의 병과) 전3조의 죄에는 10년 이하의 자격정지를 병과할 수 있다.

964) 대법원 2003.3.25. 선고 2002도7134 판결(부동산의 이중양도에 있어서 매도인이 제2차 매수인으로부터 계약금만을 지급받고 중도금을 수령한 바 없다면 배임죄의 실행의 착수가 있었다고 볼 수 없다.) ; 대법원 1983.10.11. 선고 83도2057 판결(매도인이 부동산을 제1차 매수인에게 매도하고 계약금과 중도금까지 수령한 이상 특단의 약정이 없는 한 잔금수령과 동시에 매수인 명의로의 소유권이전등기에 협력할 임무가 있고 이 임무는 주로 위 매수인을 위하여 부담하는 임무라 할 것이므로, 위 매매계약이 적법하게 해제되지 않은 이상 매도인이 다시 제3자와 사이에 매매계약을 체결하고 계약금과 중도금까지 수령한 것은 제1차 매수인에 대한 소유권이전등기 협력임무의 위배와 밀접한 행위로서 배임죄의 실행착수라고 보아야 할 것이다.)

965) 대법원 1984.11.27. 선고 83도1946 판결(부동산의 매도인이 매수인 앞으로의 소유권이전등기에 협력할 의무가 있음에도 불구하고 같은 부동산을 위 매수인 이외의 자에게 이중으로 매도하여 그 소유권이전등기를 마친 경우에는 1차 매수인에 대한 소유권이전등기의무는 이행불능이 되고 이로써 1차 매수인에게 그 부동산의 소유권을 취득할 수 없는 손해가 발생하는 것이므로 부동산의 이중매매에 있어서 배임죄의 기수시기는 2차 매수인 앞으로 소유권이전등기를 마친 때라고 할 것이다.)

제359조(미수범) 제355조 내지 제357조의 미수범은 처벌한다.

제361조(친족간의 범행, 동력) 제328조와 제346조의 규정은 본장의 죄에 준용한다.

본죄는 배임죄에 비하여 업무자라는 신분으로 인하여 책임이 가중되는 가중적 구성요건으로 진정신분범(구성적 신분)이자 부진정신분범(가중적 신분)이기도 하다.[966)]

966) 대법원 2012.8.30. 선고 2011도15052 판결 : 대법원 2000.12.8. 선고 99도3338 판결(업무상 배임죄가 성립하려면 주관적 요건으로서 임무위배의 인식과 그로 인하여 자기 또는 제3자가 이익을 취득하고 본인에게 손해를 가한다는 인식, 즉 배임의 고의가 있어야 하는데 이러한 인식은 미필적 인식으로도 족한바, 피고인이 본인의 이익을 위하여 문제가 된 행위를 하였다고 주장하면서 배임죄의 범의를 부인하는 경우에는 사물의 성질상 배임죄의 주관적 요소로 되는 사실은 고의와 상당한 관련성이 있는 간접사실을 증명하는 방법에 의하여 입증할 수밖에 없고, 피고인이 본인의 이익을 위한다는 의사도 가지고 있었다 하더라도 위와 같은 간접사실에 의하여 본인의 이익을 위한다는 의사는 부수적일 뿐이고 이득 또는 가해의 의사가 주된 것임이 판명되면 배임죄의 고의가 있었다고 할 것이다.) ; 대법원 2009.9.10. 선고 2009도5630 판결 : 대법원 1999.7.23. 선고 99도1911 판결(업무상배임죄의 실행으로 인하여 이익을 얻게 되는 수익자 또는 그와 밀접한 관련이 있는 제3자를 배임의 실행행위자와 공동정범으로 인정하기 위해서는 실행행위자의 행위가 피해자인 본인에 대한 배임행위에 해당한다는 것을 알면서도 소극적으로 그 배임행위에 편승하여 이익을 취득한 것만으로는 부족하고, 실행행위자의 배임행위를 교사하거나 또는 배임행위의 전 과정에 관여하는 등으로 배임행위에 적극 가담할 것을 필요로 한다.) ; 대법원 1999.4.27. 선고 99도883 판결(업무상배임죄는 업무상 타인의 사무를 처리하는 지위에 있는 사람이 그 임무에 위배하는 행위로써 재산상의 이익을 취득하거나 제3자로 하여금 이를 취득하게 하여 본인에게 손해를 가한 때에 성립하는 것으로서, 이는 타인의 사무를 처리하는 지위라는 점에서 보면 신분관계로 인하여 성립될 범죄이고, 업무상 타인의 사무를 처리하는 지위라는 점에서 보면 단순배임죄에 대한 가중규정으로서 신분관계로 인하여 형의 경중이 있는 경우라고 할 것이므로, 그와 같은 신분관계가 없는 자가 그러한 신분관계가 있는 자와 공모하여 업무상배임죄를 저질렀다면 그러한 신분관계가 없는 자에 대하여는 형법 제33조 단서에 의하여 단순배임죄에 정한 형으로 처단하여야 할 것이다.) ; 대법원 1995.2.17. 선고 94도3297 판결(주택조합 아파트 건립 예정 부지에 관한 등기명의가 주택공급을 맡은 건설회사 앞으로 이전, 경료되어 있던 상태에서 그 건설회사의 이사로 있던 피고인의 1회의 임무위배행위로 다른 회사 앞으로 소유권이전등기를 경료하게된 것이라면, 그로 인한 그 토지 시가 상당의 피해가 실질적으로 각 주택조합원들에게 돌아가게 된다 하더라도 업무상배임의 단순1죄가 성립한다.) ; 대법원 2011.8.18. 선고 2009도7813 판결(수개의 업무상 배임행위가 있더라도 피해법익이 단일하고 범죄의 태양이 동일할 뿐만 아니라, 그 수개의 배임행위가 단일한 범의에 기한 일련의 행위라고 볼 수 있는 경우에는 그 수개의 배임행위는 포괄하여 일죄를 구성한다.)

Ⅳ. 배임수증재죄

[조문]

형법 제357조(배임수증재) ① 타인의 사무를 처리하는 자가 그 임무에 관하여 부정한 청탁을 받고 재물 또는 재산상의 이익을 취득한 자는 5년 이하의 징역 또는 1천만원 이하의 벌금에 처한다.

② 제1항의 재물 또는 이익을 공여한 자는 2년 이하의 징역 또는 500만원 이하의 벌금에 처한다.

③ 범인이 취득한 제1항의 재물은 몰수한다. 그 재물을 몰수하기 불능하거나 재산상의 이익을 취득한 때에는 그 가액을 추징한다.

제358조(자격정지의 병과) 전3조의 죄에는 10년 이하의 자격정지를 병과할 수 있다.

제359조(미수범) 제355조 내지 제357조의 미수범은 처벌한다.

제361조(친족간의 범행, 동력) 제328조와 제346조의 규정은 본장의 죄에 준용한다.

특정경제범죄가중처벌등에관한법률 제5조(수재 등의 죄) ① 금융회사등의 임직원이 그 직무에 관하여 금품이나 그 밖의 이익을 수수(收受), 요구 또는 약속하였을 때에는 5년 이하의 징역 또는 10년 이하의 자격정지에 처한다.

② 금융회사등의 임직원이 그 직무에 관하여 부정한 청탁을 받고 제3자에게 금품이나 그 밖의 이익을 공여(供與)하게 하거나 공여하게 할 것을 요구 또는 약속하였을 때에는 제1항과 같은 형에 처한다.

③ 금융회사등의 임직원이 그 지위를 이용하여 소속 금융회사등 또는 다른 금융회사등의 임직원의 직무에 속하는 사항의 알선에 관하여 금품이나 그 밖의 이익을 수수, 요구 또는 약속하였을 때에는 제1항과 같은 형에 처한다.

④ 제1항부터 제3항까지의 경우에 수수, 요구 또는 약속한 금품이나 그 밖의 이익의 가액(이하 이 조에서 "수수액"이라 한다)이 3천만원 이상일 때에는 다음 각 호의 구분에 따라 가중처벌한다.

1. 수수액이 1억원 이상일 때 : 무기 또는 10년 이상의 징역
2. 수수액이 5천만원 이상 1억원 미만일 때 : 7년 이상의 유기징역
3. 수수액이 3천만원 이상 5천만원 미만일 때 : 5년 이상의 유기징역

⑤ 제1항부터 제4항까지의 경우에 수수액의 2배 이상 5배 이하의 벌금을 병과한다.[전문개정 2012.2.10.]

제6조(증재 등의 죄) ① 제5조에 따른 금품이나 그 밖의 이익을 약속, 공여 또는 공여의 의사를 표시한 사람은 5년 이하의 징역 또는 3천만원 이하의 벌금에 처한다.

② 제1항의 행위에 제공할 목적으로 제3자에게 금품을 교부하거나 그 정황을 알면서 교부받은 사람은 제1항과 같은 형에 처한다.[전문개정 2012.2.10.]

가. 주체

본죄는 타인의 사무를 처리하는 자에 대한 직무의 공정과 성실의무를 확보하기 위한 것으로서, 공무원이 아닌 타인의 사무를 처리하는 자에 대한 뇌물수수 행위를 처벌하기 위한 범죄이다.

나. 임무관련성과 부정한 청탁

본죄의 '임무에 관하여'란 위탁관계로 인한 본래의 사무뿐만 아니라 본래의 위탁사무와 밀접한 관련성이 있는 범위 내의 사무도 포함한다.[967]

본죄는 부정한 청탁이 있어야 성립하고, 부정한 청탁은 사회상규 또는 신의성실의 원칙에 반하는 청탁이면 충분하다는 것이 판례의 입장이다.[968]

967) 대법원 2011.2.24. 선고 2010도11784 판결 : 대법원 2010.9.9. 선고 2009도10681 판결(형법 제357조 제1항에서 '임무에 관하여'란 타인의 사무를 처리하는 자가 위탁받은 사무를 말하는 것이나 이는 본래의 사무뿐만 아니라 그와 밀접한 관계가 있는 범위 내의 사무도 포함되고, 나아가 고유의 권한으로 처리를 하는 자에 한하지 않고 보조기관으로서 직접 또는 간접으로 사무를 담당하는 자도 포함된다. 따라서 주택조합아파트 시공회사 직원인 피고인들이 조합장으로부터 조합의 이중분양에 관한 민원을 회사에 보고하지 않고 묵인하거나 이중분양에 대한 조치를 강구할 때 조합의 입장을 배려하여 달라는 청탁을 받고 위 아파트 분양권을 취득한 경우에는 피고인들에게 배임수재죄가 성립한다.) ; 대법원 2006.3.24. 선고 2005도6433 판결(한국야구위원회 사무총장이 잠실야구장의 광고권자 선정 업무를 처리하는 자에 해당한다고 볼 수는 없고, 그 담당 업무가 위 광고권자 선정 업무와 밀접한 관계가 있는 범위 내의 사무라고 보기도 어려워, 위 광고권자 선정과 관련하여 부정한 청탁을 받고 금품을 수수한 행위를 배임수재죄로 처벌할 수 없다.) ; 대법원 1999.1.15. 선고 98도663 판결(대학 편입학업무를 담당하지 아니한 피고인 甲이 피고인 乙로부터 편입학과 관련한 부정한 청탁을 받고 금품을 수수하였다 하더라도 편입학업무를 담당한 교무처장 등이 피고인 甲이 부정한 청탁을 받았음을 알았거나 스스로 부정한 청탁을 받았다고 볼 자료가 없는 경우, 피고인 甲을 배임수재로, 피고인 乙을 배임증재로 처벌할 수 없다.)

968) 대법원 1984.7.10. 선고 84도179 판결(배임수증재죄에 있어서의 부정한 청탁은 업무상 배임에 이르는 정도가 아니고 사회상규 또는 신의성실의 원칙에 반하는 것을 내용으로 하는 청탁이면 족하다 할 것이다.) ; 대법원 2013.11.14. 선고 2011도11174 판결 : 대법원 2005.1.14. 선고 2004도6646(배임수증죄에 있어서 부정한 청탁이라 함은 청탁이 사회상규와 신의성실의 원칙에 반하는 것을 말하고, 이를 판단함에 있어서는 청탁의 내용과 이와 관련되어 교부받거나 공여한 재물의 액수, 형식, 보호법익인 사무처리자의 청렴성 등을 종합적으로 고찰하여야 하며 그 청탁이 반드시 명시적임을 요하는 것은 아니다. 그리고 부정한 청탁을 받고 나서 사후에 재물 또는 재산상의 이익을 취득하였다고 하더라도 재물 또는 재산상의 이익이 청탁의 대가인 이상 배임수재죄가 성립되며, 또한 부정한 청탁의 결과로 상대방이 얻은 재물 또는 재산상 이익의 일부를 상대방으로부터 청탁의 대가로 취득한 경우에도 마찬가지이다.) ; 대법원 2013.12.26. 선고 2010도16681 판결 : 대법원 2014.1.23. 선고 2013도11735 판결(사립학교법 제20조 제1항, 제2항, 제20조의2, 제20조의3, 제28조 제1항, 제47조, 제73조 제2호의 내용과 취지 등을 종합적으로 고려하여 보면, 학교법인 운영권의 유상 양도를 금지·처벌하는 입법자의 명시적 결단이 없는 이상 학교법인 운영권의 양도 및 그 양도대금의 수수 등으

따라서 특정인을 특정한 지위(수금사원)에 우선적으로 추천하여 달라는 청탁을 받은 경우[969]나, 자신이 대표이사로 있는 회사에서 발주하는 공사에 입찰경쟁업체로 지명하여 달라는 부탁을 받는 경우[970], 방송국 PD가 특정가수의 노래만을 자주 방송하여 달라는 청탁을 받은 경우[971], 증재자에게는 정당한 업무에 속하는 청탁이 수재자에게는 부정한 청탁이 될 수 있는 경우[972] 등에도 부정한 청탁이라고 인정할 수 있을 것이다.

보충판례 131 : 대법원 1997.10.24. 선고 97도2042 판결

그러나 본죄의 청탁은 부정한 것이어야 하므로, 청탁이 있다 하더라도 그것이 부정한 청탁이라고 할 수 없는 경우 본죄가 성립할 수 없으므로 직무를 처리함에 있어서 직무권한범위 안에서 편의를 보아 달라고 부탁하거나, 선처를 바란다는 내용의 부탁만으로는 부정한 청탁이 있다고 보기 어렵다.[973]

로 인하여 향후 학교법인의 기본재산에 악영향을 미칠 수 있다거나 학교법인의 건전한 운영에 지장을 초래할 수 있다는 추상적 위험성만으로 운영권 양도계약에 따른 양도대금 수수행위를 형사처벌하는 것은 죄형법정주의나 형벌법규 명확성의 원칙에 반하는 것으로서 허용될 수 없다. 따라서 학교법인의 이사장 또는 사립학교경영자가 학교법인 운영권을 양도하고 양수인으로부터 양수인 측을 학교법인의 임원으로 선임해 주는 대가로 양도대금을 받기로 하는 내용의 '청탁'을 받았다 하더라도, 그 청탁의 내용이 당해 학교법인의 설립 목적과 다른 목적으로 기본재산을 매수하여 사용하려는 것으로서 학교법인의 존립에 중대한 위협을 초래할 것임이 명백하다는 등의 특별한 사정이 없는 한, 그 청탁이 사회상규 또는 신의성실의 원칙에 반하는 것을 내용으로 하는 것이라고 할 수 없으므로 이를 배임수재죄의 구성요건인 '부정한 청탁'에 해당한다고 할 수 없고, 나아가 학교법인의 이사장 또는 사립학교경영자가 자신들이 출연한 재산을 회수하기 위하여 양도대금을 받았다거나 당해 학교법인이 국가 또는 지방자치단체로부터 일정한 보조금을 지원받아 왔다는 등의 사정은 위와 같은 결론에 영향을 미칠 수 없다.)

969) 대법원 1989.12.12. 선고 89도495 판결.

970) 대법원 1983.12.13. 선고 82도735 판결.

971) 대법원 2010.4.15. 선고 2009도4791 판결 : 대법원 1991.1.15. 선고 90도2257 판결.

972) 대법원 2011.10.27. 선고 2010도7624 판결(형법 제357조 제1항의 배임수재죄와 같은 조 제2항의 배임증재죄는 통상 필요적 공범의 관계에 있기는 하나, 이것은 반드시 수재자와 증재자가 같이 처벌받아야 하는 것을 의미하는 것은 아니고, 증재자에게는 정당한 업무에 속하는 청탁이라도 수재자에게는 부정한 청탁이 될 수도 있다. 따라서 갑주식회사를 사실상 관리하는 을이 갑회사가 사업용 부지로 매수한 토지에 관하여 처분금지가처분등기를 마쳐두었는데, 위 토지를 매수하려는 병에게서 가처분을 취하해 달라는 취지의 청탁을 받고 돈을 수수하였다는 내용으로 기소된 사안에서, 을이 받은 돈은 부정한 청탁의 대가임이 분명하고 을에게 부정한 청탁에 대한 인식이 없었다고 볼 수 없어 배임수재죄가 성립하나, 반면 병은 사업의 더 큰 손실을 피하기 위하여 가처분 취하의 대가로 을이 지정하는 계좌로 돈을 송금한 점, 병으로서는 위 돈이 궁극적으로 갑회사에 귀속될 것인지 을에게 귀속될 것인지에 관한 분명한 인식이 있었다고 볼 수 없는 점 등 제반 사정에 비추어, 병이 가처분 취하의 대가로 돈을 교부한 행위는 사회상규에 위배되지 아니하여 배임증재죄를 구성할 정도의 위법성은 없다.)

다. 죄수

배임수재죄는 진정신분범이기 때문에 비신분자가 본죄에 가공한 때에는 제33조 본문이 적용되어 본죄의 공동정범, 교사범, 종범이 될 수 있다.[974] 또한 배임증재죄와 업무상배임죄는 별개의 범죄이기 때문에 배임증재죄를 범한 자라 할지라도 그와 별도로 타인의 사무를 처리하는 지위에 있는 사람과 공범으로서는 업무상배임죄를 범할 수도 있다.[975]

배임수재죄는 배임행위가 있을 것을 요하지 않기 때문에 사무처리자가 부정한 청탁을 받고 재산상의 이익을 취득한 후 배임행위까지 행하면 배임죄와 실체적 경합이 된다.[976]

---

973) 대법원 2011.4.14. 선고 2010도8743 판결(청탁 내용이 단순히 규정이 허용하는 범위 내에서 최대한 선처를 바란다는 내용에 불과하거나 위탁받은 사무의 적법하고 정상적인 처리범위에 속하는 경우, 즉 아파트개발사업 시행업체 측으로부터 철거공사를 담당할 업체를 선정할 권한과 함께 명도·이주 업무를 책임지고 수행할 임무를 위임받은 피고인이, 시행업체의 양해 하에 철거업체로 선정되면 철거공사 하도급대금 중 일부를 피고인에게 지급하기로 하는 내용의 약정을 철거업체와 체결한 경우에는, 타인의 부탁을 받아 계약과 사무를 처리하는 사람이 특정인으로부터 계약체결의 상대방이 될 수 있게 해달라는 부정한 청탁을 받고 대가를 받은 경우라고 보기 어렵다.) ; 대법원 1985.10.22. 선고 85도465 판결(형법상 배임수재죄는 재물 또는 이익을 공여하는 사람과 취득하는 사람 사이에 부정한 청탁이 개재되지 않는 한 성립되지 아니하며, 여기에 부정한 청탁이라 함은 사회상규 또는 신의·성실의 원칙에 반하는 것을 내용으로 하는 청탁을 말하므로, 계약관계를 유지시켜 기존권리를 확보하기 위한 부탁행위는 부정한 청탁이라 할 수 없으므로, 계약관계를 유지시켜 달라는 부탁을 받고 사례금명목으로 금원을 교부받은 행위는 배임수재죄에 해당하지 아니한다.)

974) 대법원 1999.1.15. 선고 98도663 판결(형법 제357조 제1항 소정의 배임수증죄는 타인의 사무를 처리하는 자가 그 임무에 관하여 부정한 청탁을 받고 재물 또는 재산상의 이익을 얻는 경우에 성립하는 범죄로서 원칙적으로 타인의 사무를 처리하는 자라야 그 범죄의 주체가 될 수 있고, 그러한 신분을 가지지 아니한 자는 신분 있는 자의 범행에 가공한 경우에 한하여 그 주체가 될 수 있다.)

975) 대법원 1999.4.27. 선고 99도883 판결.

976) 대법원 1984.11.27. 선고 84도1906 판결(이들 양 죄는 행위의 태양을 전연 달리하고 있어 일반법과 특별법관계가 아닌 별개의 독립된 범죄라고 보아야 하고 업무상 배임죄가 배임수재죄에 흡수되는 관계에 있다거나 결과적 가중범의 관계에 있다고는 할 수 없으므로 위 양죄를 형법 제37조 전단의 경합범으로 의율처단하였음은 정당하다.)

제7절 장물의 죄

Ⅰ. 총설

[장물의 죄 구성요건체계도]

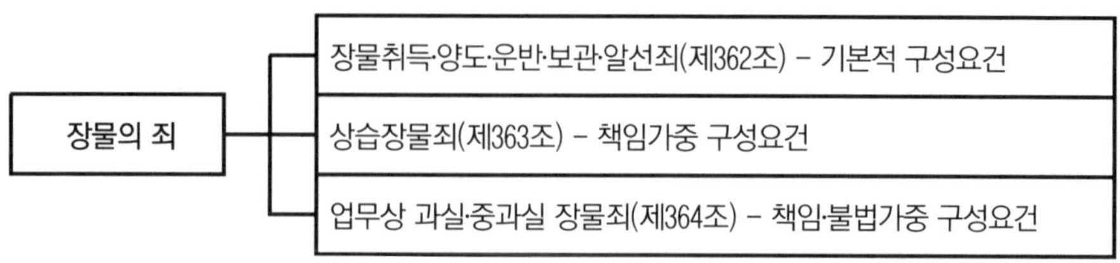

가. 의의 및 보호법익

장물의 죄란 장물을 취득, 양도, 운반 또는 보관하거나 이러한 행위들을 알선하는 것을 내용으로 하는 범죄이다. 장물이란 재산범죄에 의하여 불법하게 영득한 재물을 말하며, 그 재산범죄를 범한 범인을 본범이라고 한다.

장물죄는 본범인 절도죄나 횡령죄보다 무겁게 벌하고 있다. 그 이유는 본범이 장물범을 통하여 장물을 처분함으로써 재산죄의 실행을 유발한다는 점에서 그 위험성이 본범보다 더 크다고 할 수 있기 때문이다.

장물죄의 보호법익에 대해서는 소유자의 추구권이라는 견해와 재산권이라는 견해가 대립하지만, 모든 재산범죄의 보호법익은 재산권이 아니라 재산이라고 해야 하는 것처럼 장물죄의 보호법익도 재산이라고 해야 한다.

보호법익이 보호되는 정도와 관련해서는 위험범이라는 견해(위험범설), 침해범이라는 견해(침해범설), 장물알선죄만 추상적 위험범이고 나머지는 침해범이라는 견해(개별설) 등이 대립한다. 장물죄의 보호법익을 재산이라고 본다면 이미 본범에 의해 재산이 침해되었고, 장물죄에 의해서 직접 재산이 침해되는 것은 아니기 때문에 위험범이라고 해야 할 것이다.

나. 장물죄의 본질

장물죄의 본질에 대해서도 견해가 대립한다. 장물죄의 본질론은 장물의 성립범위와 관련하여 중요한 의미가 있다.

(1) 추구권설

추구권설은 본범의 피해자가 점유를 상실한 재물에 대하여 반환청구권 행사, 즉 점유의 추구 회복을 곤란하게 하는데 장물죄의 본질이 있다고 한다. 이 설에 의하면 장물은 사법상의 추구권을 전제로 하므로 추구권이 없으면 장물성도 상실하게 된다고 본다. 따라서 추구권, 즉 반환청구권이 인정되지 않는 불법원인급여(도박자금으로 사용하겠다며 변제의사 없이 차용하여 편취한 본범의 돈을 취득한 경우), 시효가 완성된 물건(취득시효가 완성된 타인의 재물을 횡령한 본범으로부터 그 정을 알면서 재물을 취득한 경우) 등의 경우에는 장물성도 인정되지 않는다고 하게 된다. 판례 중 일부는 추구권설에 입각하고 있다.[977)]

(2) 위법상태유지설

위법상태유지설은 장물죄의 본질은 사법상의 추구권과 관계없이 본범에 의하여 이루어진 위법한 재산상태를 본범 또는 그 점유자와의 합의 아래 유지·존속하는데 있다고 한다. 사법상의 반환청구권 즉 추구권을 전제로 하지 아니하므로 불법원인급여의 경우에도 위법한 재산상태는 계속하여 유지된다고 보아 장물성을 인정하게 될 것이다.

---

977) 대법원 1975.12.9. 선고 74도2804 판결(형법상 장물죄의 객체인 장물이라 함은 재산권상의 침해를 가져 올 위법행위로 인하여 영득한 물건으로서 피해자가 반환청구권을 가지는 것을 말하고 본건 대지에 관하여 매수인 "갑"에게 소유권 이전등기를 하여 줄 임무가 있는 소유자가 그 임무에 위반하여 이를 "을"에게 매도하고 소유권이전등기를 경유하여 준 경우에는 위 부동산소유자가 배임행위로 인하여 영득한 것은 재산상의 이익이고 위 배임범죄에 제공된 대지는 범죄로 인하여 영득한 것 자체는 아니므로 그 취득자 또는 전득자에게 대하여 배임죄의 가공여부를 논함은 별문제로 하고 장물취득죄로 처단할 수 없다.)

(3) 공범설(이익설)

공범설은 장물죄의 본질을 이익을 추구하는 의욕적인 점에 있다고 보아, 장물죄는 본범에 의한 범죄적 이익에 관여하는 간접영득죄라고 한다.

(4) 위법상태유지설과 추구권설의 결합설

장물죄의 본질은 위법한 재산상태를 유지하여 추구권의 행사를 곤란하게 하는 것이라고 한다.[978] 왜냐하면 추구권설은 장물죄가 본범의 피해자가 "점유"를 상실한 경우 그 추구권을 방해하는 것이라고 하므로 재산죄와 관계없이 피해자의 점유만을 문제로 삼는 것이므로 예를 들어 형법 제142조의 공무상보관물의 무효죄는 공무소로부터 보관명령을 받거나 공무소의 명령으로 타인이 관리하는 자기의 물건을 손상 또는 은닉하거나 기타 방법으로 그 효용을 해한 경우를 처벌하고 있는데 이러한 물건을 취득한 경우에도 그 점유를 상실한 것으로서 반환청구권을 곤란하게 한 경우에 장물죄의 성립을 인정하여야 한다는 결과가 된다고 한다. 그러나 위법상태유지설에 의하면 장물죄의 본질은 위법한 재산상태의 유지에 있으므로 재산죄에 의한 재물만이 그 대상이 되게 되므로 오히려 재산죄에 의한 재물만을 장물죄의 객체로 한다는 점에서는 위법상태유지설이 타당하다는 것이다.

한편 우리 형법은 장물양도죄를 처벌하고 있는데 이는 본범이 피해자의 추구권을 방해하는 것을 처벌하기 위한 것이므로 이 부분에 대하여는 추구권설이 타당하다고 한다. 따라서 우리 형법상 장물죄는 추구권설과 위법상태유지설의 결합에 의하여 이해하여야 한다고 한다.

추구권설과 위법상태유지설의 견해 차이는 행위자가 장물인 정을 알면서 이를 절취, 강취, 편취 또는 갈취한 경우에 장물죄의 성립을 인정할 것인가 라는 문제에 있어서도 그 결론을 달리한다고 할 수 있다.

즉 위법상태유지설에 의하면 장물죄는 위법한 재산상태를 본범 또는 그 점유자와

978) 판례 중에는 결합설을 취한 것과 같은 표현을 하는 것도 있다 : 대법원 1987.10.13. 선고 87도1633 판결(장물인 정을 모르고 보관하던 중 장물인 정을 알게 되었고, 위 장물을 반환하는 것이 불가능하지 않음에도 불구하고 계속 보관함으로써 피해자의 정당한 반환청구권 행사를 어렵게 하여 위법한 재산상태를 유지시킨 경우에는 장물보관죄에 해당한다.)

의 합의 아래 유지·존속하는데 있다고 하므로 본범과의 합의가 없는 이러한 경우에는 장물죄의 성립을 부정하여야 할 것이다. 그러나 점유자의 반환청구권 즉 추구권의 침해를 장물죄의 성질로 보는 추구권설에 의하면 이러한 합의가 필요없으므로 이 경우에도 장물죄의 성립을 인정하여야 할 것이다. 결국 위법상태유지설의 입장을 기본으로 하면서 추구권설로 장물죄의 행위태양을 보완하려는 결합설의 태도가 타당하다고 할 수밖에 없다.

Ⅱ. 장물취득·양도·운반·보관·알선죄

[형법조문]

第362조(장물의 취득, 알선 등) ① 장물을 취득, 양도, 운반 또는 보관한 자는 7년 이하의 징역 또는 1천500만원 이하의 벌금에 처한다. ② 전항의 행위를 알선한 자도 전항의 형과 같다. 第363조(상습범) ① 상습으로 전조의 죄를 범한 자는 1년 이상 10년 이하의 징역에 처한다. ② 제1항의 경우에는 10년 이하의 자격정지 또는 1천500만원 이하의 벌금을 병과할 수 있다. 第365조(친족간의 범행) ① 전3조의 죄를 범한 자와 피해자간에 제328조제1항, 제2항의 신분관계가 있는 때에는 동조의 규정을 준용한다. ② 전3조의 죄를 범한 자와 본범간에 제328조제1항의 신분관계가 있는 때에는 그 형을 감경 또는 면제한다. 단, 신분관계가 없는 공범에 대하여는 예외로 한다.

가. 구성요건

(1) 장물

본범 또는 본범의 정범(공동정범·합동범·간접정범)은 본죄의 주체가 될 수 없다. 따라서 본범의 교사범과 방조범은 장물죄의 주체가 될 수 있다[979]

979) 대법원 1986.9.9. 선고 86도1273 판결[장물죄는 타인(본범)이 불법하게 영득한 재물의 처분에 관여하는 범죄이므로 자기의 범죄에 의하여 영득한 물건에 대하여는 성립하지 아니하고 이는 불가벌적 사후행위에 해당하나 여기에서 자기의 범죄라 함은 정범자(공동정범과 합동범을 포함한다)에 한정되

장물이란 재물죄에 의하여 영득한 재물을 말한다. 추구권설에 의하는 경우 재산범죄에 의하여 영득한 재물을 의미하나 반환청구권이 인정되지 않는 것은 장물성을 상실한다고 하여야 한다.

재물이어야 하므로 재산상 이익에 대하여는 장물죄가 성립할 수 없다.[980] 따라서 배임죄에 의하여 취득한 재산상 이익은 본죄의 객체가 될 수 없다.

장물죄에 대하여는 형법 제346조가 준용되지 아니하므로 관리할 수 있는 동력은 본장의 재물에 해당되지 아니한다는 견해도 있으나, 재물의 개념에 대한 통설인 관리가능성설에 의하면 재물의 개념에는 당연히 관리가능한 동력도 포함되는 것이며, 형법 제346조는 주의규정에 불과할 뿐이라는 점에서 장물죄에 포함시키는 것이 타당하다.[981]

(2) 재산범죄에 의하여 영득한 재물

재산범죄에 의하여 영득한 재물[982]이어야 하므로 수뢰죄, 도박죄 등으로 취득한

는 것이므로 평소 본범과 공동하여 수차 상습으로 절도등 범행을 자행함으로써 실질적인 범죄집단을 이루고 있었다 하더라도, 당해 범죄행위의 정범자(공동정범이나 합동범)로 되지 아니한 이상 이를 자기의 범죄라고 할 수 없고 따라서 그 장물의 취득을 불가벌적 사후행위라고 할 수 없다.]

980) 대법원 2004.4.16. 선고 2004도353 판결(컴퓨터등사용사기죄의 범행으로 예금채권을 취득한 다음 자기의 현금카드를 사용하여 현금자동지급기에서 현금을 인출한 경우, 현금카드 사용권한 있는 자의 정당한 사용에 의한 것으로서 현금자동지급기 관리자의 의사에 반하거나 기망행위 및 그에 따른 처분행위도 없었으므로, 별도로 절도죄나 사기죄의 구성요건에 해당하지 않는다 할 것이고, 그 결과 그 인출된 현금은 재산범죄에 의하여 취득한 재물이 아니므로 장물이 될 수 없다.) ; 대법원 1971.2.23. 선고 70도2589 판결(형법 제41장의 장물에 관한 죄에 있어서의 "장물"은 이른바 "재물"을 말하는 것이고 그 "재물"은 원심이 판시한 바와 같이 물리적 관리 가능성이 있는 물건을 말하는 것이고, 설령 재산죄에 의하여 취득된 것이라 하더라도 재산상의 이익은 장물죄의 객체가 될 수 없다고 보아야 할 것이다. 원심이 같은 견해로서 전화가입권의 실체는 가입권자가 전화관서로 부터 전화역무를 제공받을 하나의 채권적 권리이며, 이는 하나의 재산상의 이익은 될지언정 위에 말한 "장물"의 범주에 속하지 아니한다고 단정하여 피고인의 전화가입권매수행위를 업무상 과실장물취득죄로 처단할 수 없다고 판단하였음은 정당하다.)

981) 대법원 1972.6.13. 선고 72도971 판결[장물이란, 재산죄로 인하여 얻어진 재물(관리할 수 있는 동력도 포함된다)을 말하는 것으로서 영득된 재물자체를 두고 말한다.]

982) 대법원 2011.4.28. 선고 2010도15350 판결 : 대법원 2004.12.9. 선고 2004도5904 판결('장물'이라 함은 재산죄인 범죄행위에 의하여 영득된 물건을 말하는 것으로서 절도·강도·사기·공갈·횡령 등 영득죄에 의하여 취득된 물건이어야 한다. 여기에서의 범죄행위는 절도죄 등 본범의 구성요건에 해당하는 위법한 행위일 것을 요한다. 그리고 본범의 행위에 관한 법적 평가는 그 행위에 대하여 우리 형법이 적용되지 아니하는 경우에도 우리 형법을 기준으로 하여야 하고 또한 이로써 충분하므로, 본범의 행위가 우리 형법에 비추어 절도죄 등의 구성요건에 해당하는 위법한 행위라고 인정되는 이상 이에 의하여 영득된 재물은 장물에 해당한다.)

재물은 장물이 될 수 없으나, 장물죄에 의하여 취득한 재물은 장물이 될 수 있다(연쇄장물). 다만 손괴죄의 경우에는 재물의 취득이 없으므로 장물죄가 성립할 여지가 없다고 하여야 한다.[983]

배임죄는 재산상 이익을 대상으로 하는 것이므로 배임죄에 제공된 부동산 등을 취득한 경우에도 배임죄가 성립하는 것은 아니다. 즉 이중매매로 인하여 본범이 취득한 것은 부동산을 이중으로 매도한 대가인 재산상 이익일 뿐 부동산이 아니기 때문이다. 취득자인 매수자에 대하여 공범이 인정되는 경우에도 역시 재산상이익의 취득행위에 가공한 것일 뿐이므로 동일한 결과가 된다.

보충판례 132 : 대법원 1998.11.24. 선고 98도2967 판결

(3) 재물성의 상실

재산범죄에 의하여 영득한 재물이라 하더라도 언제나 장물이 되는 것은 아니며, 본범의 피해자가 추구권을 상실하는 경우 장물성이 상실된다고 보아야 한다. 불법원인급여와 시효완성의 경우 등이 그것이다.

판례는 명의수탁자가 수탁받은 부동산을 처분하는 경우 대외관계에 있어서는 소유자로서 처분할 권한을 가지고 있는 것이므로 비록 본범인 수탁자에게 횡령죄가 인정된다 하더라도 이를 취득한 제3자에게 장물취득죄를 인정할 수 없다고 한다.

보충판례 133 : 대법원 1979.11.27. 선고 79도2410 판결

재산죄로 취득한 물건이 불법원인급여에 의한 경우 그 물건의 장물성에 대해서는 견해가 대립한다. 추구권설에 따를 경우 장물성을 부정하나, 위법상태유지설 또는 결

983) 대법원 2004.4.16. 선고 2004도353 판결(형법 제41장의 장물에 관한 죄에 있어서의 '장물'이라 함은 재산범죄로 인하여 취득한 물건 그 자체를 말하므로, 재산범죄를 저지른 이후에 별도의 재산범죄의 구성요건에 해당하는 사후행위가 있었다면 비록 그 행위가 불가벌적 사후행위로서 처벌의 대상이 되지 않는다 할지라도 그 사후행위로 인하여 취득한 물건은 재산범죄로 인하여 취득한 물건으로서 장물이 될 수 있다. 그러나 컴퓨터등사용사기죄의 범행으로 예금채권을 취득한 다음 자기의 현금카드를 사용하여 현금자동지급기에서 현금을 인출한 경우, 현금카드 사용권한 있는 자의 정당한 사용에 의한 것으로서 현금자동지급기 관리자의 의사에 반하거나 기망행위 및 그에 따른 처분행위도 없었으므로, 별도로 절도죄나 사기죄의 구성요건에 해당하지 않는다 할 것이고, 그 결과 그 인출된 현금은 재산범죄에 의하여 취득한 재물이 아니므로 장물이 될 수 없다.)

합설에 의하는 경우 장물성을 인정한다. 불법원인급여의 경우에도 사기죄나 공갈죄 등의 재산죄가 성립한다는 점에 비추어 볼 때 장물성을 인정하는 것이 타당할 것이다.

(4) 본범의 실현정도

장물은 본범의 구성요건에 해당하고 위법한 행위에 의하여 영득한 것임을 요한다. 다만 본범의 행위가 유책할 것까지는 요하지 않는다고 하여야 한다. 따라서 책임무능력자의 행위이거나 소추요건이나 처벌조건을 결여하는 경우에도 장물의 성립에는 영향이 없다고 하여야 한다. 즉 친족상도례에 의하여 고소를 필요로 하는 경우에 고소가 없는 경우에도 장물죄는 성립할 수 있게 된다.

문제는 재물을 타인에게 교부함으로써 횡령죄가 성립하는 경우 예를 들면 본인으로부터 위탁을 받아 보관하고 있던 재물을 본범이 다른 사람에게 교부한 경우, 교부한 때에 횡령죄는 기수가 되고 이를 취득한 자에게 장물죄가 성립할 것인지 또는 횡령죄의 공범이 성립할 것인지이다.

횡령죄는 영득의 의사를 외부로 표현한 때에 이미 기수가 된다고 할 것이고, 제3자가 이를 취득하지 아니하여도 그와 같이 기수가 되는 것에는 변함이 없다고 할 것이다. 따라서 장물범의 취득의 의사(장물취득의 고의)를 기다리지 아니하고, 이미 횡령죄는 기수가 되어 범죄가 완성될 뿐 아니라, 상태범으로서 기수가 되는 즉시 범죄가 완성되는 것이므로, 이를 취득하는 행위에 대하여 횡령죄의 공범을 논할 수는 없는 것으로 생각된다. 장물취득죄만이 성립한다고 하는 것이 타당하며, 판례도 같은 입장이다.[984)]

보충판례 134 : 대법원 2004.4.16. 선고 2004도353 판결

(5) 재물의 동일성

피해자가 반환청구권을 가지는 것은 장물 그 자체에 제한되므로 장물을 매각한 대

---

984) 대법원 2004.12.9. 선고 2004도5904 판결(설령 공소외 1, 공소외 2가 피고인에게 금원을 교부한 행위 자체가 횡령행위라고 하더라도 이러한 경우 공소외 1, 공소외 2의 업무상 횡령죄가 기수에 달하는 것과 동시에 그 금원은 장물이 되는 것이다.)

금으로 받은 돈이나, 장물과 교환한 재물 또는 장물인 돈으로 매입한 재물 등은 모두 장물이라고 할 수 없다.[985)]

다만 장물인 금전을 예금하였다가 찾은 금전이나, 장물인 수표를 현금으로 교환한 경우와 같이 대체성을 갖는 재물에 대하여는 장물성을 인정하여야 할 것이며, 판례도 같은 입장이다.[986)]

(6) 행위

장물을 취득, 양도[987)], 운반[988)], 보관, 알선[989)]하는 것이다.

장물취득은 취득당시에 고의가 있어야 하므로 취득할 때에 장물인 정을 몰랐을 경

985) 대법원 1972.6.13. 선고 72도971 판결[장물이란, 재산죄로 인하여 얻어진 재물(관리할 수 있는 동력도 포함된다)을 말하는 것으로서 영득된 재물자체를 두고 말한다. 따라서 장물을 팔아서 얻은 돈에는 이미 장물성을 찾아 볼 수 없다 하겠다. 그러므로 원심이 공소외인들이 피고인을 대접하느라고 쓴 돈 설시 액수가 장물을 팔아서 얻은 돈인 줄 피고인이 알았다고 하더라도 장물취득죄가 되지 아니 한다는 취지로 한 원판결 판단은 옳다.]

986) 대법원 2004.3.12. 선고 2004도134 판결 : 대법원 2000.3.10. 선고 98도2579 판결(장물이라 함은 재산범죄로 인하여 취득한 물건 그 자체를 말하고, 그 장물의 처분대가는 장물성을 상실하는 것이지만, 금전은 고도의 대체성을 가지고 있어 다른 종류의 통화와 쉽게 교환할 수 있고, 그 금전 자체는 별다른 의미가 없고 금액에 의하여 표시되는 금전적 가치가 거래상 의미를 가지고 유통되고 있는 점에 비추어 볼 때, 장물인 현금을 금융기관에 예금의 형태로 보관하였다가 이를 반환받기 위하여 동일한 액수의 현금을 인출한 경우에 예금계약의 성질상 인출된 현금은 당초의 현금과 물리적인 동일성은 상실되었지만 액수에 의하여 표시되는 금전적 가치에는 아무런 변동이 없으므로 장물로서의 성질은 그대로 유지된다고 봄이 상당하고, 자기앞수표도 그 액면금을 즉시 지급받을 수 있는 등 현금에 대신하는 기능을 가지고 거래상 현금과 동일하게 취급되고 있는 점에서 금전의 경우와 동일하게 보아야 한다.)

987) 대법원 1993.11.23. 선고 93도213 판결(금융기관 발행의 자기앞수표는 그 액면금을 즉시 지급받을 수 있는 점에서 현금에 대신하는 기능을 가지고 있어서 장물인 자기앞수표를 취득한 후 이를 현금 대신 교부한 행위는 장물취득에 대한 가벌적 평가에 당연히 포함되는 불가벌적 사후행위로서 별도의 범죄를 구성하지 아니한다.)

988) 대법원 1999.3.26. 선고 98도3030 판결(본범자와 공동하여 장물을 운반한 경우에 본범자는 장물죄에 해당하지 않으나 그 외의 자의 행위는 장물운반죄를 구성하므로, 피고인이 본범이 절취한 차량이라는 정을 알면서도 본범 등으로부터 그들이 위 차량을 이용하여 강도를 하려 함에 있어 차량을 운전해 달라는 부탁을 받고 위 차량을 운전해 준 경우, 피고인은 강도예비와 아울러 장물운반의 고의를 가지고 위와 같은 행위를 하였다고 봄이 상당하다.)

989) 대법원 2009.4.23. 선고 2009도1203 판결(형법 제362조 제2항에 정한 장물알선죄에서 '알선'이란 장물을 취득·양도·운반·보관하려는 당사자 사이에 서서 이를 중개하거나 편의를 도모하는 것을 의미한다. 따라서 장물인 정을 알면서, 장물을 취득·양도·운반·보관하려는 당사자 사이에 서서 서로를 연결하여 장물의 취득·양도·운반·보관행위를 중개하거나 편의를 도모하였다면, 그 알선에 의하여 당사자 사이에 실제로 장물의 취득·양도·운반·보관에 관한 계약이 성립하지 아니하였거나 장물의 점유가 현실적으로 이전되지 아니한 경우라도 장물알선죄가 성립한다. 즉 장물인 귀금속의 매도를 부탁받은 피고인이 그 귀금속이 장물임을 알면서도 매매를 중개하고 매수인에게 이를 전달하려다가 매수인을 만나기도 전에 체포되었다 하더라도, 위 귀금속의 매매를 중개함으로써 장물알선죄가 성립한다.)

우에는 사후에 이를 알았다 하더라도 장물취득죄가 성립하지 아니한다.

다만 정을 알게 된 때로부터 장물보관죄가 성립할 수 있으나, 이 경우에도 점유할 권한이 있는 때에는 이를 계속하여 보관하더라도 장물보관죄가 성립한다고 할 수 없다.[990)]

보충판례 135 : 대법원 1986.1.21. 선고 85도2472 판결

보충판례 136 : 대법원 2003.5.13. 선고 2003도1366 판결

Ⅲ. 상습장물취득·양도·운반·보관·알선죄

[조문]

형법 제363조(상습범) ① 상습으로 전조의 죄를 범한 자는 1년 이상 10년 이하의 징역에 처한다. ② 제1항의 경우에는 10년 이하의 자격정지 또는 1천500만원 이하의 벌금을 병과할 수 있다. 제365조(친족간의 범행) ① 전3조의 죄를 범한 자와 피해자간에 제328조제1항, 제2항의 신분관계가 있는 때에는 동조의 규정을 준용한다. ② 전3조의 죄를 범한 자와 본범간에 제328조제1항의 신분관계가 있는 때에는 그 형을 감경 또는 면제한다. 단, 신분관계가 없는 공범에 대하여는 예외로 한다. 특정범죄가중처벌등에관한법률 제5조의4(상습강 · 절도죄등의 가중처벌) ④형법 제363조의 죄를 범한 자는 무기 또는 3년 이상의 징역에 처한다.

본죄는 상습성으로 책임이 가중되는 가중적 구성요건으로 부진정신분범에 해당한다.[991)]

990) 대법원 2006.10.13. 선고 2004도6084 판결 : 대법원 1986.1.21. 선고 85도2472 판결(장물취득죄는 취득 당시 장물인 정을 알면서 재물을 취득하여야 성립하는 것이므로 피고인이 재물을 인도받은 후에 비로소 장물이 아닌가 하는 의구심을 가졌다고 하여 그 재물수수행위가 장물취득죄를 구성한다고 할 수 없고, 장물인 정을 모르고 장물을 보관하였다가 그 후에 장물인 정을 알게 된 경우 그 정을 알고서도 이를 계속하여 보관하는 행위는 장물죄를 구성하는 것이나 이 경우에도 점유할 권한이 있는 때에는 이를 계속하여 보관하더라도 장물보관죄가 성립한다고 할 수 없다.)

991) 대법원 2007.2.8. 선고 2006도6955 판결(상습장물취득에 있어서의 상습성이라 함은 반복하여 장물취득행위를 하는 습벽으로서 행위자의 속성을 말하고, 이러한 습벽의 유무를 판단함에 있어서는 장물취득의 전과가 중요한 판단자료가 되나 장물취득의 전과가 없다고 하더라도 범행의 회수, 수단과 방법, 동기 등 제반 사정을 참작하여 장물취득의 습벽이 인정되는 경우에는 상습성을 인정하여야 할

Ⅳ. 업무상과실·중과실장물취득·양도·운반·보관·알선죄

[형법조문]

제364조(업무상과실, 중과실) 업무상과실 또는 중대한 과실로 인하여 제362조의 죄를 범한 자는 1년 이하의 금고 또는 500만원 이하의 벌금에 처한다. 제365조(친족간의 범행) ① 전3조의 죄를 범한 자와 피해자간에 제328조제1항, 제2항의 신분관계가 있는 때에는 동조의 규정을 준용한다. ② 전3조의 죄를 범한 자와 본범간에 제328조제1항의 신분관계가 있는 때에는 그 형을 감경 또는 면제한다. 단, 신분관계가 없는 공범에 대하여는 예외로 한다.

형법상의 재산범죄 가운데 과실범을 처벌하는 유일한 규정이다.

다만 본죄는 제362조의 죄를 모두 처벌함으로써, 같은 조문상의 장물양도행위도 처벌하는 것으로 규정하고 있으나 장물의 양도란 장물인 점을 알지 못하고 취득한 후에 그 정을 알면서 처분하는 것을 말한다.[992] 이에 대하여는 장물의 양도에 관한 일반적 의미를 들어 장물양도죄는 생각할 여지가 없다고 하는 견해도 있다. 그러나 부주의로 정상적인 물건을 양도한다고 생각하고 장물을 양도한 경우에는 과실장물양도죄가 성립할 수 있다고 할 것이다.

것이다.) ; 대법원 1975.1.14. 선고 73도1848 판결(장물취득죄는 상습장물알선죄와 포괄일죄의 관계에 있다.)

992) 대법원 2003.4.25. 선고 2003도348 판결(금은방을 운영하는 자가 귀금속류를 매수함에 있어 매도자의 신원확인절차를 거쳤다고 하여도 장물인지의 여부를 의심할 만한 특별한 사정이 있거나, 매수물품의 성질과 종류 및 매도자의 신원 등에 좀 더 세심한 주의를 기울였다면 그 물건이 장물임을 알 수 있었음에도 불구하고 이를 게을리하여 장물인 정을 모르고 매수하여 취득한 경우에는 업무상과실장물취득죄가 성립한다고 할 것이고, 물건이 장물인지의 여부를 의심할 만한 특별한 사정이 있는지 여부나 그 물건이 장물임을 알 수 있었는지 여부는 매도자의 인적사항과 신분, 물건의 성질과 종류 및 가격, 매도자와 그 물건의 객관적 관련성, 매도자의 언동 등 일체의 사정을 참작하여 판단하여야 한다.) ; 대법원 2004.4.9. 선고 2003도8219 판결(피고인이 2002.9. 초순경 공소외인으로부터 장물인 고려청자 원앙형 향로 1점을 2억 5,000만 원에 매각하여 달라는 의뢰를 받음에 있어 위 향로가 장물인지 여부를 확인하여야 할 업무상 주의의무가 있음에도 이를 게을리 한 과실로 위 향로를 넘겨받아 장물을 보관하던 중, 2002.11.29. 진00로부터 금원을 차용하면서 위와 같이 보관 중이던 위 향로를 담보로 제공하였다면, 피고인이 업무상 과실로 장물인 위 향로를 보관하고 있다가 처분한 이 사건 행위는 업무상과실장물보관죄의 가벌적 평가에 포함되고 별도로 횡령죄를 구성하지 않는다.)

제8절 손괴의 죄

Ⅰ. 총설

[손괴의 죄 구성요건체계도]

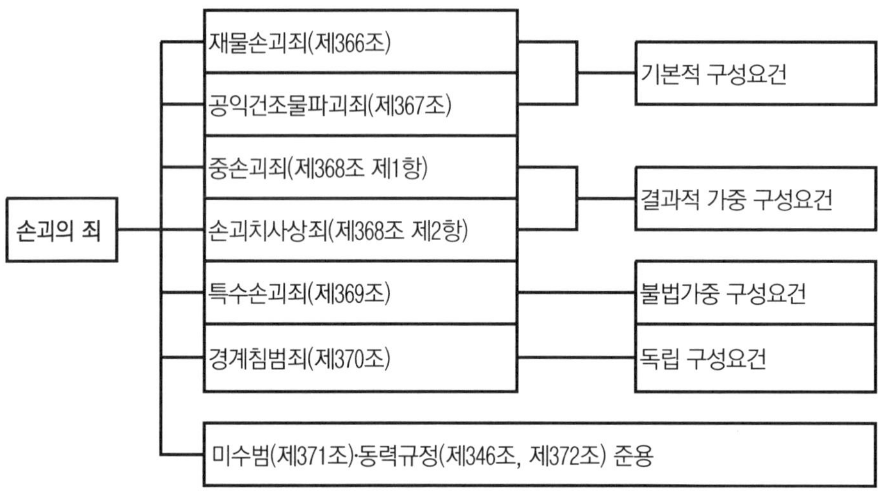

가. 의의

손괴의 죄는 타인의 재물, 문서 또는 전자기록등 특수매체기록을 손괴 또는 은닉, 기타의 방법으로 그 효용을 해하는 것을 내용으로 하는 범죄이다. 본죄는 재물만을 객체로 하는 순수한 재물죄이었으나 1995년 형법개정을 통하여 전자기록등 특수매체기록을 객체에 포함시킴으로써 순수한 재물죄의 성격은 축소되었다.

손괴의 죄는 자신이 재물이나 특수매체기록의 효용을 향유하는 것을 내용으로 하지 않고 권리자로 하여금 그 효용을 향유하지 못하도록 하는 것을 내용으로 하는 범죄이다. 이러한 의미에서 영득죄에서 불법영득의사를 요한다고 하는 입장에서도 손괴의 죄에서는 불법영득의사가 필요하지 않다고 한다.

나. 보호법익

손괴의 죄에는 여러 가지 독립된 범죄가 같이 규정되어 있기 때문에 그 보호법익도 일률적으로 파악할 수 없고 각 범죄별로 파악해야 한다.

(1) 재물손괴죄의 보호법익

재물손괴죄(형법 제366조)는 재물을 영득하는 것이 아니라 그 효용을 해하는 범죄이므로 그 보호법익은 재물의 효용 또는 이용가치이다. 다수설은 손괴죄는 본질상 소유권범죄로서 재물등의 소유권의 이용가치를 해하는 범죄이므로 순수한 용익물권 기타 점유권의 침해는 손괴죄를 구성하지 않는다고 한다.

그러나 효용을 해하는 것은 소유권의 한 측면일 뿐이고 재물의 효용을 해하는 것은 소유권뿐만 아니라 제한물권이나 기타 채권에 대한 침해도 의미하므로 손괴죄의 본질을 소유권범죄라고 하는 것은 타당하다 할 수 없다.[993)]

보호법익이 보호받는 정도는 침해범으로서의 보호이다.

(2) 공익건조물파괴죄의 보호법익

공익건조물파괴죄(형법 제367조)의 보호법익은 공익건조물의 효용 또는 공공의 이용가치이다. 자기소유의 공익건조물에 대해서도 성립할 수 있는 범죄이기 때문에 소유권의 침해를 내용으로 하는 범죄라고 할 수 없다.

이러한 의미에서 본죄는 공익건조물의 이용이라는 공공의 이익을 침해하는 범죄로서 사회적 법익을 침해하는 범죄로서의 성격도 지니고 있다.

보호법익이 보호받는 정도는 침해범으로서의 보호이다.

(3) 경계침범죄의 보호법익

경계침범죄(형법 제370조)의 보호법익에 대해서는, 본죄가 실질적으로는 부동산 자

993) 예컨대 갑의 물건에 대해 을이 질권을 설정하여 보관하고 있거나 임대하여 사용하고 있던 중 병이 이를 손괴한 때에는 갑만이 피해자가 아니라 을도 피해자라고 해야 하기 때문이다.

체를 보호하려는 것이므로 부동산소유권의 이용가치라는 견해도 있지만, 통설은 토지경계의 명확성이 보호법익이라고 한다. 경계침범죄의 내용이 토지의 경계를 인식불능하게 하는 것이므로 통설이 타당하다.

보호법익이 보호받는 정도는 침해범으로서의 보호이다.

II. 재물(문서등)손괴죄

[조문]

형법 제366조(재물손괴등) 타인의 재물, 문서 또는 전자기록등 특수매체기록을 손괴 또는 은닉 기타 방법으로 기 효용을 해한 자는 3년이하의 징역 또는 700만원 이하의 벌금에 처한다.

제371조(미수범) 제366조, 제367조와 제369조의 미수범은 처벌한다.

제372조(동력) 본장의 죄에는 제346조를 준용한다.

폭력행위등처벌에관한법률 제2조(폭행등) ① 상습적으로 다음 각 호의 죄를 범한 자는 다음의 구분에 따라 처벌한다.
1. 「형법」 제260조제1항(폭행), 제283조제1항(협박), 제319조(주거침입, 퇴거불응) 또는 제366조(재물손괴등)의 죄를 범한 자는 1년 이상의 유기징역
③ 이 법 위반(「형법」 각본조를 포함한다)으로 2회 이상 징역형을 받은 자로서 다시 제1항에 열거된 죄를 범하여 누범으로 처벌할 경우에도 제1항과 같다.

제3조 (집단적 폭행등) ① 단체나 다중의 위력으로써 또는 단체나 집단을 가장하여 위력을 보임으로써 제2조제1항에 열거된 죄를 범한 자 또는 흉기 기타 위험한 물건을 휴대하여 그 죄를 범한 자는 제2조제1항 각 호의 예에 따라 처벌한다.
③ 상습적으로 제1항의 죄를 범한 자는 다음 각 호의 구분에 따라 처벌한다.
1. 제2조제1항제1호에 열거된 죄를 범한 자는 2년 이상의 유기징역
④ 이 법 위반(「형법」 각본조를 포함한다)으로 2회 이상 징역형을 받은 자로서 다시 제1항의 죄를 범하여 누범으로 처벌할 경우도 제3항과 같다.

도로교통법 제151조(벌칙) 차의 운전자가 업무상 필요한 주의를 게을리하거나 중대한 과실로 다른 사람의 건조물이나 그 밖의 재물을 손괴한 경우에는 2년 이하의 금고나 500만원 이하의 벌금에 처한다.

가. 객관적 구성요건

(1) 행위의 객체

행위의 객체는 타인의 재물, 문서 또는 전자기록등 특수매체기록이다.

① 재물

재물의 개념은 재산범죄의 재물의 개념과 같다.

주인이 있는 동물이나 가축도 재물에 포함된다. 재물 본래의 효용가치는 상실되었어도 다른 용도에 사용할 수 있는 경우에는 이용가치가 있으므로 본죄의 객체가 된다.[994)]

② 문서

문서는 사문서이든 공문서이든 불문하고, 사문서인 경우 사문서위조죄(형법 제231조)에서와는 달리 권리·의무 또는 사실증명에 관한 문서에 국한되지 않는다. 그러나 문서는 거기에 표시된 내용이 적어도 법률상 또는 사회생활상 중요한 사항이어야 한다.[995)]

특정인에게 의사를 전달하는 편지나 유가증권[996)]은 물론 도화도 문서에 해당한다.

994) 대법원 2010.2.25. 선고 2009도8473 판결 : 대법원 2007.9.20. 선고 2007도5207 판결(재건축사업으로 철거예정이고 그 입주자들이 모두 이사하여 아무도 거주하지 않은 채 비어 있는 아파트라 하더라도, 그 객관적 성상이 본래 사용목적인 주거용으로 쓰일 수 없는 상태라거나 재물로서의 이용가치나 효용이 없는 물건이라고도 할 수 없어 재물손괴죄의 객체가 된다.) ; 대법원 1979.7.24. 선고 78도2138 판결(포도주 원액이 부패하여 포도주 원료로서의 효용가치는 상실되었으나, 그 산도가 1.8도 내지 6.2도에 이르고 있어 식초의 제조등 다른 용도에 사용할 수 있는 경우에는 재물손괴죄의 객체가 될 수 있다.)

995) 대법원 1989.10.24. 선고 88도1296 판결(손괴죄의 객체인 문서란 거기에 표시된 내용이 적어도 법률상 또는 사회생활상 중요한 사항에 관한 것이어야 하는 바, 이미 작성되어 있던 장부의 기재를 새로운 장부로 이기하는 과정에서 누계 등을 잘못 기재하다가 그 부분을 찢어버리고 계속하여 종전장부의 기재내용을 모두 이기하였다면 그 당시 새로운 경리장부는 아직 작성 중에 있어서 손괴죄의 객체가 되는 문서로서의 경리장부가 아니라 할 것이고, 또 그 찢어버린 부분이 진실된 증빙내용을 기재한 것이었다는 등의 특별한 사정이 없는 한 그 이기과정에서 잘못 기재되어 찢어버린 부분 그 자체가 손괴죄의 객체가 되는 재산적 이용가치 내지 효용이 있는 재물이라고도 볼 수 없다.)

996) 대법원 1967.2.28. 선고 67도49 판결(수표가 정당한 소지인의 의사에 반하여 손괴된 이상 그 수표의 원인관계에 있어서의 손괴인과 소지인과의 관계나 그 관계에 의한 상호간의 거래내역 여부를 가

작성명의인과 내용을 알 수 있는 계산서도 문서에 속한다.[997]

본죄의 문서는 공용서류등무효죄(형법 제141조)의 공용서류에 해당하는 문서를 제외한 문서라는 견해도 있지만, 공용서류등도 본죄의 객체이면서 제141조의 객체이기도 하므로 제141조가 우선 적용되는 것이라고 하여야 할 것이다.

③ 전자기록등 특수매체기록

컴퓨터업무방해죄(제314조) 및 비밀침해죄(제316조 제2항)에서 언급한 전자기록등 특수매체기록과 동일하다.

전자기록등 특수매체기록은 1995년 개정형법에서 추가되었다.[998]

④ 타인의 소유

재물, 문서, 전자기록등 특수매체기록은 타인의 소유(단독 및 공동소유)에 속하여야 한다. 자기소유에 속하는 경우에는 본죄가 아니라 권리행사방해죄(제323조), 강제집행면탈죄(제327조)나 공무상보관물무효죄(제142조) 등이 성립할 수 있을 뿐이다.

타인의 소유인 한 자기점유이든 타인점유이든 불문한다.[999] 무주물은 타인의 소유가 아니다. 문서의 경우 타인의 소유이면 자기명의나 타인명의를 불문한다.[1000]

릴 필요도 없이 수표손괴죄의 죄책을 면할 수 없다.)

997) 대법원 1985.10.22. 선고 85도1677 판결(이건 계산서에 작성명의인의 표시가 없고 그 내용에 있어 표시가 부분적으로 생략되어 몇 개의 계산수식만 기재되어 있기는 하나 계산서의 내용, 형식, 필적 등을 종합하면 그 작성명의인을 쉽게 알 수 있을 뿐 아니라 동 계산서에 기재되어 있는 계산수식만으로서도 그 내용을 객관적으로 이해하기 충분하다면, 위 계산서는 그 작성명의인의 확정적인 의사가 표시된 것이 분명하여 문서에 해당된다.)

998) 예컨대 2,000원 짜리 디스켓을 손괴하면 손괴죄가 성립하지만, 디스켓보다 훨씬 경제적 가치가 큰 특수매체기록을 손괴하는 경우에는 손괴죄가 성립하지 않는다고 하는 것은 균형에 맞지 않기 때문이다.

999) 따라서 자기가 보관하는 타인의 재물을 손괴한 경우에는 횡령죄가 아니라 손괴죄가 성립한다. 대법원 2007.3.15. 선고 2006도7044 판결(원심이, 설령 이 사건 비닐하우스의 소유권이 피고인에게 있다 하더라도, 피해자가 공소외인으로부터 이 사건 비닐하우스를 인도받아 점유하고 있는 이상 피고인이 함부로 이 사건 비닐하우스의 열쇠를 손괴하고 그 안에 들어간 행위는 재물손괴죄 및 주거침입죄에 해당한다고 하여 피고인을 유죄로 인정한 제1심판결을 유지한 조치는 정당하고, 거기에 상고이유로 주장하는 바와 같은 정당행위 내지 자력구제에 관한 법리를 오해하는 등으로 판결 결과에 영향을 미친 위법이 있다고 볼 수 없다.)

1000) 대법원 1987.4.14. 선고 87도177 판결[비록 자기명의의 문서라 할지라도 이미 타인(타기관)에 접수되어 있는 문서에 대하여 함부로 이를 무효화시켜 그 용도에 사용하지 못하게 하였다면 일응 형법상의 문서손괴죄를 구성한다 할 것이므로 그러한 내용의 범죄될 사실을 허위로 기재하여 수사기관에

(2) 실행행위

실행행위는 손괴 또는 은닉 기타 방법으로 그 효용을 해하는 것이다.

① 손괴

손괴란 재물등에 직접 유형력을 행사하여 그 이용가치를 침해하거나 또는 소유자의 이익에 반하는 물체의 상태변화를 가져오는 일체의 행위를 말한다. 재물등에 유형력을 행사하더라도 효용을 증대시킨 경우에는 손괴라고 할 수 없다.

배를 떠내려가게 하거나 자동차에 주차단속용 자물쇠를 채워놓거나 전자제품의 전원을 끊어놓는 것과 같이 물체에 직접 유형력을 행사하지 않고 효용을 해하는 것은 손괴에 해당하지 않고 기타 방법에 의해 효용을 해하는 것이라고 할 수 있다.

손괴는 영구적으로 효용을 해하는 것뿐만 아니라 일시적으로 효용을 해하더라도 충분하다.[1001] 물체 자체가 소멸되거나 재물의 중요부분이 훼손될 것을 요하지 않는다.[1002] 손괴의 방법으로 재물을 소각하여 방화죄가 성립하는 경우 손괴죄는 방화죄에 흡수된다.

고소한 이상 무고죄의 죄책을 면할 수 없다.] ; 대법원 1984.12.26. 선고 84도2290 판결[문서손괴죄의 객체는 타인소유의 문서이며 피고인 자신의 점유 하에 있는 문서라 할지라도 타인소유인 이상 이를 손괴하는 행위는 문서손괴죄에 해당한다. 원심거시 증거에 의하면, 피고인은 피해자 임00으로부터 전세금 2,000,000원을 받고 영수증(문서제목은 계약서라고 되어 있다)을 작성교부한 뒤에 피해자에게 위 전세금을 반환하겠다고 말하여 피해자로부터 위 영수증을 교부받고 나서 전세금을 반환하기도 전에 이를 찢어버린 사실이 인정되므로, 피고인에게 문서손괴의 죄책을 인정한 원심판단은 정당하고 아무런 위법이 없다.]

1001) 대법원 2006.12.22. 선고 2006도7219 판결(재물손괴죄에 있어서 손괴라 함은 물질적인 파괴행위로 인하여 물건을 본래의 목적에 공할 수 없는 상태로 만드는 경우뿐만 아니라 일시적으로 그 물건의 구체적 역할을 할 수 없는 상태로 만드는 것도 효용을 해하는 경우에 해당한다.) ; 대법원 1971.1.26. 선고 70도2378 판결(우물에 연결하고 땅속에 묻어서 수도관적인 역할을 하고 있는 고무호오스 중 약 1.5미터를 발굴하여 우물가에 제쳐 놓음으로써 물이 통하지 못하게 한 행위는 호오스 자체를 물직적으로 손괴한 것은 아니라 할지라도 그 구체적인 역할을 하고 있는 고무호오스 효용을 해한 것이라고 볼 수 있다.)

1002) 따라서 타이어의 바람을 빼놓는 것, 조립하기 곤란한 상태로 기계를 분해하는 것, 음식물에 오물을 넣는 것, 그림에 낙서를 하는 것, 타인소유의 광고용 간판을 백색페인트로 도색하여 광고문안을 지워버리는 것(대법원 1991.10.22. 선고 91도2090 판결) 등도 손괴에 해당한다.

② 은닉

은닉이란 재물, 문서 또는 전자기록등 특수매체기록의 소재를 불분명하게 하여 그 발견을 곤란, 불능케 함으로서 그 효용을 해하는 것을 말한다. 재물등의 상태를 변화케 하지 않는다는 점에서 손괴와 구별된다. 자기 또는 제3자에로의 점유이전을 요하지 않으므로 피해자의 점유 하에 은닉하는 것도 가능하다.[1003)]

③ 기타의 방법

ㄱ. 재물의 경우

기타의 방법이란 손괴 또는 은닉을 제외하고 재물의 효용을 해하는 일체의 방법을 말한다. 물질적으로 훼손하거나 은닉하지 않더라도 감정상 또는 사실상 그 물건을 사용할 수 없게 하는 것 등이 이에 속한다.[1004)]

보충판례 137 : 대법원 2007.6.28. 선고 2007도2590 판결

ㄴ. 문서의 경우

기타의 방법으로 문서의 효용을 해하는 경우로는 자기명의의 타인소유의 문서의 내용을 변경하는 것을 들 수 있다.[1005)]

문서의 작성명의자가 타인소유의 문서의 내용을 고치는 경우에는 문서손괴죄가 성립하고[1006)], 문서의 작성명의자가 아닌 자가 문서의 내용을 고친 경우에는 그 문서

1003) 대법원 1971.11.23. 선고 71도1576 판결(회사의 경리사무 처리상 필요불가결한 매출계산서, 매출명세서등의 반환을 거부함으로써 그 문서들을 일시적으로 그와 같은 용도에 사용할 수 없게 하는 것도 그 문서의 효용을 해한 경우에 해당한다.) ; 대법원 1992.7.28. 선고 92도1345 판결(피고인이 피해자 김00을 좀 더 호젓한 곳으로 데리고 가기 위하여 피해자의 가방을 빼앗고 따라 오라고 하였는데 피해자가 따라 오지 아니하고 그냥 돌아갔기 때문에 위 가방을 돌려주기 위하여 부근일대를 돌아다니면서 피해자를 찾아 나선 것을 가리켜, 재물을 은닉하거나 그 효용을 해한 경우에 해당한다고 할 수는 없다.)

1004) 예컨대 식기에 방뇨하거나, 타인의 식칼이나 과도를 상해나 살인죄의 범행에 사용하여 감정상 그것들을 사용하지 못하게 하는 경우나, 새장이나 양어장의 새나 물고기를 방류하거나 포획한 야생동물을 풀어주는 경우 등을 들 수 있다.

1005) 예컨대 채권자에게 써 준 1,000만원의 차용증서의 기재내용을 100만원으로 고친 경우나 변제일자를 늦춘 경우이다.

1006) 대법원 1985.2.26. 선고 84도2802 판결(약속어음의 발행인이 소지인에게 어음의 액면과 지급기일을 개서하여 주겠다고 하여 위 어음을 교부받은 후 위 어음의 수취인란에 타인의 이름을 추가로 기입

가 자기소유이든 타인소유이든 문서위조·변조죄가 성립한다는 점에 차이가 있다.[1007]

ㄷ. 전자기록등 특수매체기록의 경우

기타의 방법으로 전자기록등 특수매체기록의 효용을 해하는 것으로는 정보의 내용을 변경하거나 정보를 추가하여 본래의 용도에 사용하게 하는 것이나 정보를 읽을 수 있는 기계나 정보처리장치에 대한 전원을 차단함으로써 정보를 읽을 수 없도록 하는 경우 등을 들 수 있다.

나. 주관적 구성요건

손괴죄가 성립하기 위해서는 고의가 있어야 한다.[1008] 그러나 불법영득의 의사나 이득의 의사는 필요하지 않다.

본죄의 과실범은 처벌하지 않지만, 도로교통법 제151조는 차의 운전자가 업무상 과실 또는 중대한 과실로 타인의 건조물이나 기타 재물을 손괴한 때에는 2년 이하의 금고나 500만원 이하의 벌금에 처하도록 규정하고 있다. 다만 교통사고처리특례법에 처벌에 관한 특별규정이 존재한다.[1009]

하여 위 어음배서의 연속성을 상실하게 함으로써 그 효용을 해한 경우에는 문서손괴죄에 해당한다.) ; 대법원 1982.7.27. 선고 82도223 판결(약속어음의 수취인이 차용금의 지급담보를 위하여 은행에 보관시킨 약속어음을 은행지점장이 발행인의 부탁을 받고 그 지급기일란의 일자를 지움으로써 그 효용을 해한 경우에는 문서손괴죄가 성립한다.)

1007) 대법원 1982.12.28. 선고 82도1807 판결 : 대법원 1987.4.14. 선고 87도177 판결(확인서가 소유자의 의사에 반하여 손괴된 것이라면 그 확인서가 피고인 명의로 작성된 것이고 또 그것이 진실에 반하는 허위내용을 기재한 것이라 하더라도 피고인은 문서손괴죄의 죄책을 면할 수 없다.)

1008) 대법원 1993.12.7. 선고 93도2701 판결(재물손괴의 범의를 인정함에 있어서는 반드시 계획적인 손괴의 의도가 있거나 물건의 손괴를 적극적으로 희망하여야 하는 것은 아니고, 소유자의 의사에 반하여 재물의 효용을 상실케 하는 데 대한 인식이 있으면 되고, 여기에서 재물의 효용을 해한다고 함은 그 물건의 본래의 사용목적에 공할 수 없게 하는 상태로 만드는 것은 물론 일시 그것을 이용할 수 없는 상태로 만드는 것도 역시 효용을 해하는 것에 해당한다.) ; 대법원 1989.1.31. 선고 88도1592 판결(재물손괴죄는 타인의 소유물에 대한 효용의 전부 또는 일부를 침해하겠다는 인식을 가지고 물건의 전부 또는 일부에 대하여 유형력을 행사함으로써 그 원래의 용도에 따른 효용을 멸실시키거나 감소시킬 때 성립한다.)

1009) 교통사고처리특례법 제3조(처벌의 특례).

Ⅲ. 공익건조물파괴죄

[형법조문]

제367조(공익건조물파괴) 공익에 공하는 건조물을 파괴한 자는 10년 이하의 징역 또는 2천만 원 이하의 벌금에 처한다. 제371조(미수범) 제366조, 제367조와 제369조의 미수범은 처벌한다. 제372조(동력) 본장의 죄에는 제346조를 준용한다.

형법은 공익건조물의 파괴의 경우만을 재물손괴죄의 독립된 구성요건으로 규정하고 공무소에서 사용하는 건조물·선박·기차 또는 항공기 파괴에 대하여는 공용물파괴죄(제141조 제2항)로 별도 규정하고 있다.

행위객체는 공익에 공하는 건조물이다. 기둥과 벽에 의해 지지되고 지붕이 있고 토지에 정착되어 있어 그 내부에 사람이 출입할 수 있는 가옥 기타 이와 유사한 건축물을 말한다. 미완성 건축물임을 요하지 않는다. 따라서 제방이나 교량·분묘·차량·항공기 등은 건조물이 아니다. 공중전화박스, 휴게실, 대합실 등은 건조물에 해당한다. 공공의 이익을 위하여 사용되는 건조물이라면 소유자에 대한 제한이 없다. 교회당·마을회관·고속도로의 휴게소·사립학교 건물 등은 개인소유라도 공익건조물에 해당한다. 국가소유의 경우에도 국유재산 대부계약에 의해 개인이 개인용도로 사용하는 건조물은 본죄의 객체에 해당하지 않는다. 공무소에서 사용하고 있는 건조물은 공용물파괴죄의 객체이므로 여기서 제외된다.

행위는 파괴이다. 목적물의 형상 훼손이나 효용성을 상실시킨다는 점에서는 손괴와 본질을 같이 하나 정도 면에서 손괴보다 훼손정도가 큰 것을 말한다. 파괴는 화력·일수의 방법 외에는 제한이 없다. 화력사용으로 파괴한 때에는 공익건조물방화죄(제165조), 일수의 방법으로 파괴한 때에는 공익건조물일수죄(제178조)가 성립하기 때문이다.

Ⅳ. 중손괴·손괴등치사상죄

[형법조문]

제368조(중손괴) ① 전2조의 죄를 범하여 사람의 생명 또는 신체에 대하여 위험을 발생하게 한 때에는 1년 이상 10년 이하의 징역에 처한다. ② 제366조 또는 제367조의 죄를 범하여 사람을 상해에 이르게 한 때에는 1년 이상의 유기징역에 처한다. 사망에 이르게 한 때에는 3년 이상의 유기징역에 처한다. 제372조(동력) 본장의 죄에는 제346조를 준용한다.

가중적 구성요건인 본죄의 성격에 대하여 제1항(중손괴죄)은 부진정결과적 가중범으로 중한 결과에 구체적 위험이 포함된다는 것이 통설의 입장이다. 제2항 가운데 손괴치사죄(같은 항 제2문) 및 손괴치상죄(같은 항 제1문)는 진정결과적 가중범이다.

본죄는 결과적 가중범이므로 형법적 인과관계나 예견가능성이 있어야 한다. 생명·신체에 대한 위험이 사상의 결과로 나타나면 중손괴죄가 아닌 제2항에 해당한다. 본죄의 주체는 전 2조(재물·문서손괴죄, 공익건조물파괴죄)의 죄를 범한 자 또는 그 미수범이다.

Ⅴ. 특수손괴·특수공익건조물파괴죄

[조문]

형법 제369조(특수손괴) ① 단체 또는 다중의 위력을 보이거나 위험한 물건을 휴대하여 제366조의 죄를 범한 때에는 5년 이하의 징역 또는 1천만원 이하의 벌금에 처한다. ② 제1항의 방법으로 제367조의 죄를 범한 때에는 1년 이상의 유기징역 또는 2천만원 이하의 벌금에 처한다. 제371조(미수범) 제366조, 제367조와 제369조의 미수범은 처벌한다. 제372조(동력) 본장의 죄에는 제346조를 준용한다. 폭력행위등처벌에관한법률 제3조 (집단적 폭행등) ① 단체나 다중의 위력으로써 또는 단체나 집단을 가장하여 위력을 보임으로써 제2조제1항에 열거된 죄를 범한 자 또는 흉기 기타 위험한

물건을 휴대하여 그 죄를 범한 자는 제2조제1항 각 호의 예에 따라 처벌한다.
③ 상습적으로 제1항의 죄를 범한 자는 다음 각 호의 구분에 따라 처벌한다.
1. 제2조제1항제1호에 열거된 죄를 범한 자는 2년 이상의 유기징역
④ 이 법 위반(「형법」 각본조를 포함한다)으로 2회 이상 징역형을 받은 자로서 다시 제1항의 죄를 범하여 누범으로 처벌할 경우도 제3항과 같다.

본죄는 단체 또는 다중의 위력을 보이거나 위험한 물건을 휴대하고 손괴하는 행위태양의 위험성 및 집단성 때문에 재물손괴죄나 공익건조물파괴죄보다 가중처벌되는 불법가중적 구성요건이다. 폭처법(제3조)이 적용될 경우에는 특수손괴죄에 대하여 다시 가중처벌하고 그 경우 형법의 적용은 배제된다. 행위태양의 의미는 특수폭행죄의 내용과 같다.

Ⅵ. 경계침범죄

[형법조문]

제370조(경계침범) 경계표를 손괴, 이동 또는 제거하거나 기타 방법으로 토지의 경계를 인식불능하게 한 자는 3년 이하의 징역 또는 500만원 이하의 벌금에 처한다.

제372조(동력) 본장의 죄에는 제346조를 준용한다.

가. 의의 및 성격

본죄는 손괴 등의 방법으로 토지의 경계를 인식불능케하여 토지에 관한 권리관계의 인정을 해하는 범죄이다. 토지권리관계의 안정성 확보는 사유재산권의 보호에 있어 매우 중요하므로 손괴죄의 규정을 통하여 토지경계의 명확성을 지키려는 입법의도가 반영되어 있다. 재물손괴죄와는 별개의 독립된 구성요건으로 미수는 처벌하지 않는다.

나. 구성요건

본죄의 행위객체는 토지의 경계 즉, 소유권 기타 권리의 대상인 토지의 장소적 한계를 나타내는 지표이다. 경계는 실체법상의 권리와 일치하지 아니하는 객관적으로 통용되는 사실상의 경계를 표시하는 것이면 족하다.[1010]

구성요건적 행위인 경계표의 손괴, 이동, 제거 등은 토지 경계를 인식 불가능하게 하는 예시이다. 여기의 토지는 지상의 토지 외에 하천·호수·늪과 어업권의 구획이 문제되는 경우에는 해역도 포함된다. 토지에 대한 권리를 나타내주는 지표는 사법상(소유권, 지상권, 저당권, 임차권 등)·공법상 권리(도·시·군·읍·면의 공법상 경계)여부를 불문한다. 그 경계가 자연적(자연목·유수)인가 인위적인가도 묻지 않는다.

경계는 사실상의 경계를 의미하므로[1011] 관습상 승인된 경계, 권한 있는 기관에 의해 확정된 경계, 당사자의 합의에 의하여 정해진 경계는 법률상 권리와 일치하지 않아도 무관하다.[1012] 다만 경계는 객관적 인식이 가능해야 하므로 주관적이라고 생각한 것은 본죄의 경계가 될 수 없다.

본죄의 실행행위는 경계표를 손괴·이동·제거하거나 기타 방법으로 토지의 경계를 인식불능케 하는 것이다.[1013] 경계표란 토지에 대한 권리의 인식을 가능하게 하기 위하여 그 토지에 설치한 공작물·임목 기타 표지물을 말한다. 토지권리의 인식만 가능

1010) 대법원 1976.5.25. 선고 75도2564 판결(형법 제370조 소정 경계라 함은 소유권등 권리의 장소적 한계를 나타내는 지표를 말함이니 실체상의 권리관계에 부합하지는 않더라도 관습으로 인정되었거나 일반적으로 승인되어 왔다거나 이해관계인의 명시 또는 묵시의 합의에 의하여 정하여 진 것이거나 또는 권한있는 당국에 의하여 확정된 것이어야 함도 아니고 사실상의 경계표로 되어 있다면 침해의 객체가 되는 것이다.)

1011) 대법원 2010.9.9. 선고 2008도8973 판결(「형법」 제370조의 경계침범죄는 토지의 경계에 관한 권리관계의 안정을 확보하여 사권을 보호하고 사회질서를 유지하려는 데 그 목적이 있는 것으로서, 단순히 경계표를 손괴, 이동 또는 제거하는 것만으로는 부족하고 위와 같은 행위나 기타 방법으로 토지의 경계를 인식불능하게 함으로써 비로소 성립된다 할 것인데, 여기에서 말하는 경계는 법률상의 정당한 경계인지 여부와는 상관없이 종래부터 경계로서 일반적으로 승인되어 왔거나 이해관계인들의 명시적 또는 묵시적 합의가 존재하는 등 어느 정도 객관적으로 통용되어 오던 사실상의 경계를 의미한다 할 것이므로, 설령 법률상의 정당한 경계를 침범하는 행위가 있었다 하더라도 그로 말미암아 위와 같은 토지의 사실상의 경계에 대한 인식불능의 결과가 발생하지 않는 한 경계침범죄가 성립하지 아니한다.)

1012) 대법원 1999.4.9. 선고 99도480 판결.

1013) 경계표 손괴등의 행위가 있더라도 토지 경계의 인식불능의 결과가 발생하지 않는 한 본죄가 성립할 수 없다(대법원 1992.12.8. 선고 92도1682 판결).

하게 한다면 경계표의 소유자, 설치배경, 설치자, 영구적·일시적 여부, 재료·구조, 보존상태, 인위적 설치여부 등은 불문한다.

손괴는 경계표를 물질적으로 훼손하는 것이고, 이동은 장소적 이전을 통해서 기존의 경계선을 불명확하게 하는 것을 말하며[1014], 제거는 원래 장소에서 경계표를 취거하는 것이다. 손괴와 제거는 경계의 물리적 변경으로, 이동은 새로운 경계를 만들어 기존 경계의 인식을 불가능하게 하는 것이다.

기타 방법이란 경계표 또는 경계표에 준하는 것에 대한 손괴·이동·제거 이외의 방법을 말한다. 그 방법은 손괴·이동·제거에 준하는 물리적 방법에 의한 행위이어야 한다. 예컨대, 경계에 흐르는 유수의 방향을 바꾼 경우, 경계로 되어 있던 도랑의 매립, 토지를 깎아 내려 토지의 높낮이를 같게 한 경우 등이다.[1015] 경계를 표시한 도면 파기는 기타 방법에 해당하지 않는다.

토지 경계의 인식불능과 관련하여 본죄는 침해범이므로 경계표의 손괴등을 통하여 토지의 경계를 인식할 수 없게 하여야 한다.[1016] 경계표 손괴의 행위만 있고 경계인식이 가능하다면 재물손괴죄에 해당할 뿐 본죄는 성립하지 않는다. 인식불능이란 인식이 사실상 곤란할 정도로서 족하고, 지적도의 열람이나 측량을 통하여 경계확인이 가능하더라도 사실상의 경계인식이 불능이라면 본죄는 성립한다.

본죄의 성립에는 토지경계의 인식을 불가능하게 하겠다는 인식이나 의사가 필요하다. 이러한 인식 없이 경계표에 대한 손괴의 고의만 있다면 재물손괴죄의 성립만 문제될 뿐이다. 새로운 경계설정을 통하여 본래의 권리관계유무를 정상화시킬 의도였다 하더라도 원래의 경계를 인식불가능하게 하였다면 고의는 인정된다. 본죄는 영득죄가 아니므로 불법영득·이득의사 등은 요구되지 않는다.

1014) 대법원 2007.12.28. 선고 2007도9181 판결(피고인이 피고인 소유의 경기 가평군 청평면 상천리 362-1 토지와 피해자 소유의 같은 리 363-1 토지의 경계에 관하여 다툼이 있던 중에 그 경계선 부근에 심어져 있던 조형소나무 등을 뽑아내고 그 부근을 굴착함으로써 그 경계를 불분명하게 하였다는 이 사건 범죄사실을 유죄로 인정한 조치는 정당하다.)

1015) 대법원 1980.10.27. 80도225 판결.

1016) 대법원 1991.9.24. 선고 91도856 판결.

다. 죄수

본죄의 죄수는 경계의 수를 기준으로 한다는 것이 다수설의 입장이다. 그리고 1개의 경계는 인접하는 토지 경계의 한쪽 끝에서 다른 쪽 끝까지를 말한다. 따라서 경계가 1개이면 수개의 경계표를 손괴하여도 일죄가 된다. 그러나 수개의 경계를 결정하는 기준이 되는 1개의 경계표를 이동하면 수죄의 상상적 경합이 된다.

타인소유의 경계표를 손괴하여 토지의 경계를 인식불능케 하였을 때에는 양죄의 보호법익이 다르므로 손괴죄와 경계침범죄는 상상적 경합이 된다.

제9절 권리행사를 방해하는 죄

Ⅰ. 총설

[권리행사방해의 죄 구성요건체계도]

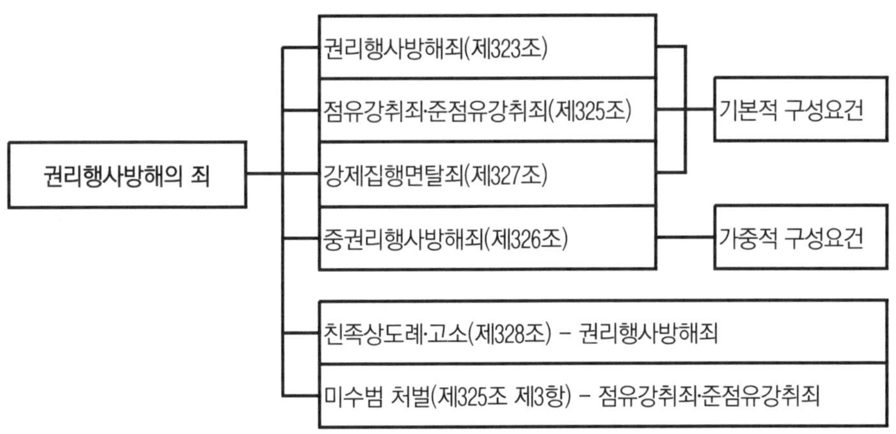

가. 의의

권리행사를 방해하는 죄는 타인의 점유 또는 권리의 목적이 된 자기의 물건에 대한 타인(권리자)의 권리행사를 방해하거나 공권력에 의한 강제집행을 면탈할 목적으로 채권자를 해하는 것을 내용으로 하는 범죄이다.

권리행사방해의 죄는 소유권 이외의 재산권을 보호하기 위한 범죄라는 점에서 일반적인 재산범죄와 구별되지만 넓은 의미에서는 재산범죄에 속하고, 타인으로 하여금 이익의 향유를 하지 못하도록 하는 데에 중점이 있다는 점에서는 영득죄보다는 손괴죄와 유사한 점이 많다.[1017]

나. 보호법익

권리행사방해죄(제323조)는 자기의 재물 또는 재산을 객체로 하기 때문에 보호법익은 소유가 아니라 타인의 용익·담보물권 등 제한물권 또는 채권 등 타인의 소유권 이외의 재산권이라고 할 수 있다. 점유강취죄(제325조)는 그 외에 개인의 자유(자유권)도 보호법익이며, 강제집행면탈죄(제327조)는 국가의 강제집행권이 발동될 단계에 있는 채권자의 채권이 주된 보호법익이고 강제집행의 기능은 부차적 보호법익이 된다.

보호법익이 보호받는 정도와 관련하여 권리행사방해죄와 강제집행면탈죄의 보호의 정도는 추상적 위험범이라는 견해도 있지만, 제323조와 제327조가 각각 '권리행사를 방해한 자', '채권자를 해한 자'라고 규정하고 있기 때문에 침해범이라고 하여야 할 것이다. 점유강취죄 또한 타인의 자유를 침해하고 점유를 침해해야 기수가 되므로 침해범이라고 하여야 한다.

1017) **[입법론]** : 현행 형법은 권리행사를 방해하는 죄(제37장) 속에 권리행사를 방해하는 죄뿐만 아니라 의사결정의 자유 및 신체의 자유를 보호법익으로 하는 강요죄(제324조)와 인질강요죄(제324조의2) 및 인질상해·치상죄(제324조의3)와 인질살해·치사죄(제324조의4)도 함께 규정하고 있다. 그러나 이러한 범죄들은 재산범죄인 권리행사를 방해하는 죄와 그 성질이 다르므로 본서에서도 자유에 대한 죄에서 취급하였다. 입법론상으로도 강요죄 등은 자유에 대한 죄의 부분으로 위치를 옮기고 권리행사를 방해하는 죄는 손괴의 죄 다음에 위치시키는 것이 바람직할 것이다.

Ⅱ. 권리행사방해죄

[형법조문]

제323조(권리행사방해) 타인의 점유 또는 권리의 목적이 된 자기의 물건 또는 전자기록등 특수매체기록을 취거, 은닉 또는 손괴하여 타인의 권리행사를 방해한 자는 5년 이하의 징역 또는 700만원 이하의 벌금에 처한다. 제328조(친족간의 범행과 고소) ① 직계혈족, 배우자, 동거친족, 동거가족 또는 그 배우자간의 제323조의 죄는 그 형을 면제한다. ② 제1항이외의 친족간에 제323조의 죄를 범한 때에는 고소가 있어야 공소를 제기할 수 있다. ③ 전 2항의 신분관계가 없는 공범에 대하여는 전 2항을 적용하지 아니한다.

가. 객관적 구성요건

(1) 행위의 주체

본죄의 주체는 자기의 물건을 타인에게 제한물권 또는 채권의 목적물로 제공한 소유자이다. 소유자가 아닌 제3자도 본죄의 주체가 될 수 있는지에 대해서는, 이를 긍정하는 견해도 있지만 형법이 '자기의 물건'이라고 규정하고 있으므로 재물의 소유자가 아닌 자는 본죄의 주체가 될 수 없다고 하여야 한다(통설 및 판례[1018]).

다만 자기 물건을 타인에게 제공한 권리의 목적물로 제공한 '소유자'라고 해서 이것이 행위자의 일신전속적 특징이나 상태 또는 관계를 의미하는 것이 아니므로 진정신분범이라고 할 수는 없다.

(2) 행위의 객체

본죄의 객체는 타인의 점유 또는 권리의 목적이 된 자기의 물건 또는 전자기록등 특수매체기록이다.

1018) 대법원 1984.6.26. 선고 83도2413 판결(이 사건 선박이 공소외 회사명의로 소유권등기가 경료된 것이라면 위 선박은 피고인의 소유라 할 수 없고 피고인이 위 회사의 과점주주라거나 부사장이라 하여도 피고인의 소유라 할 수 없는 것이므로, 피고인이 타인이 점유 중인 위 선박을 취거하였다 하여도 이는 권리행사방해죄를 구성하지 아니한다.)

① 자기의 물건 또는 전자기록등 특수매체기록

자기의 물건이란 자기단독의 소유물을 말한다. 소유권의 귀속은 민법 기타 법령에 의해 정해진다.[1019] 자기와 타인의 공동소유물은 타인의 물건이므로 본죄의 객체가 되지 않지만[1020], 자기와 타인이 공동점유하는 자기소유물과 공범자와 공동소유하는 물건은 자기물건이 되므로 본죄의 객체가 된다.

보충판례 138 : 대법원 2005.9.9. 선고 2005도626 판결

물건은 재산범죄에 있어서 재물과 같은 의미로서 부동산도 포함한다(통설). 다만 은닉은 성질상 가동적이어야 하므로 동산에 한정해야 한다.

관리할 수 있는 동력도 준용규정은 없지만 재물에 관한 관리가능성설에 입각하여 물건의 개념을 파악하는 한 물건에 포함된다고 해석하는 것이 일반적이다.

전자기록등 특수매체기록은 컴퓨터등업무방해죄와 비밀침해죄 등에서의 개념과 같다.

② 타인의 점유의 목적

타인이란 자기 이외의 모든 사람을 말한다. 본죄의 타인은 점유의 주체로서의 타인이므로 재물에 대한 지배의사를 형성할 수 없는 법인이나 법인격 없는 단체는 포함되

1019) 대법원 2007.1.11. 선고 2006도4215 판결(형법 제323조의 권리행사방해죄에서 말하는 '자기의 물건'이라 함은 범인이 소유하는 물건을 의미하고, 여기서 소유권의 귀속은 민법 기타 법령에 의하여 정하여진다 할 것인바, 부동산실권리자 명의등기에 관한 법률 제4조 제1항, 제2항 및 제8조에 의하면 종중 및 배우자에 대한 특례가 인정되는 경우나 부동산에 관한 물권을 취득하기 위한 계약에서 명의수탁자가 그 일방당사자가 되고 그 타방 당사자가 명의신탁약정이 있다는 사실을 알지 못하는 경우 이외에는 명의수탁자는 명의신탁 받은 부동산의 소유자가 될 수 없고, 이는 제3자에 대한 관계에 있어서도 마찬가지이므로, 명의수탁자로서는 명의신탁 받은 부동산이 '자기의 물건'이라고 할 수 없다.) ; 대법원 2003.5.30. 선고 2000도5767 판결 (피고인이 택시를 회사에 지입하여 운행하였다고 하더라도, 피고인이 회사와 사이에 위 택시의 소유권을 피고인이 보유하기로 약정하였다는 등의 특별한 사정이 없는 한, 위 택시는 그 등록명의자인 회사의 소유이고 피고인의 소유는 아니라고 할 것이므로 회사의 요구로 위 택시를 회사 차고지에 입고하였다가 회사의 승낙을 받지 않고 이를 가져간 피고인의 행위는 권리행사방해죄에 해당하지 않는다.) ; 대법원 1992.1.21. 선고 91도1170 판결(주식회사의 대표이사가 대표이사의 지위에 기하여 그 직무집행행위로서 타인이 점유하는 위 회사의 물건을 취거한 경우에는, 위 행위는 위 회사의 대표기관으로서의 행위라고 평가되므로, 위 회사의 물건도 권리행사방해죄에 있어서의 "자기의 물건"이라고 보아야 할 것이다.)

1020) 타인소유의 물건인 경우에는 절도죄, 손괴죄 등이 성립할 수 있을 뿐이다.

지 않는다.

점유란 현실적인 소지라는 의미에서 형법상의 점유이기 때문에 사실상의 지배가 없는 간접점유(민법 제194조)는 제외된다. 본죄의 점유는 보호객체로서의 점유이기 때문에 반드시 점유할 권원(적법한 권원)에 기한 점유만을 의미하는 것이 아니고 법정절차를 통한 분쟁해결시까지 잠정적으로 보호할 가치있는 점유도 모두 포함된다(통설 및 판례[1021]). 일단 권원에 의하여 점유를 개시한 이상 그 후에 점유물을 소유자에게 반환하여야 할 사정이 발생해도 점유자가 점유를 계속하고 있는 이상은 본죄의 점유로서 보호되어야 한다.[1022]

보충판례 139 : 대법원 2003.11.28. 선고 2003도4257 판결

③ 타인의 권리의 목적

권리의 목적이 된 물건이란 제한물권(질권, 저당권, 유치권, 용익물권)[1023]이나 채권(임차권, 사용대차권)의 목적이 되어 있는 것을 말한다. 채권의 목적이 된 물건은 반드시 점유를 수반함을 요하지 않기 때문에 여기의 '타인'에는 자연인뿐만 아니라 법인이나 법인격 없는 단체도 포함된다.

1021) 대법원 2006.3.23. 선고 2005도4455 판결(권리행사방해죄에서의 보호대상인 타인의 점유는 반드시 점유할 권원에 기한 점유만을 의미하는 것은 아니고, 일단 적법한 권원에 기하여 점유를 개시하였으나 사후에 점유 권원을 상실한 경우의 점유, 점유 권원의 존부가 외관상 명백하지 아니하여 법정절차를 통하여 권원의 존부가 밝혀질 때까지의 점유, 권원에 기하여 점유를 개시한 것은 아니나 동시이행항변권 등으로 대항할 수 있는 점유 등과 같이 법정절차를 통한 분쟁 해결시까지 잠정적으로 보호할 가치 있는 점유는 모두 포함된다고 볼 것이고, 다만 절도범인의 점유와 같이 점유할 권리 없는 자의 점유임이 외관상 명백한 경우는 포함되지 아니한다.) ; 대법원 1994.11.11. 선고 94도343 판결(권리행사방해죄에 있어서의 타인의 점유라 함은 권원으로 인한 점유 즉 정당한 원인에 기하여 그 물건을 점유하는 권리 있는 자의 점유를 의미하는 것으로서 본권을 갖지 아니하는 절도범인의 점유는 여기에 해당하지 않는다.) ; 대법원 2011.5.13. 선고 2011도2368 판결(갑종합건설회사가 유치권 행사를 위하여 점유하고 있던 주택에 피고인이 그 소유자인 처와 함께 출입문 용접을 해제하고 들어가 거주한 경우, 유치권자인 갑회사의 권리행사를 방해한 것이다.)

1022) 대법원 1977.9.13. 선고 77도1672 판결(일단 적법한 원유에 기하여 물건을 점유한 이상 그 후에 그 점유물을 소유자에게 명도하여야 할 사정이 발생하였다 할지라도 점유자가 임의로 명도를 하지 아니하고 계속 점유하고 있다면 그 점유자는 권리행사방해죄에 있어서의 타인의 물건을 점유하고 있는 자이다.)

1023) 대법원 1994.9.27. 선고 94도1439 판결(공장근저당권이 설정된 선반기계 등을 이중담보로 제공하기 위하여 이를 다른 장소로 옮긴 경우, 이는 공장저당권의 행사가 방해될 우려가 있는 행위로서 권리행사방해죄에 해당한다.)

점유를 수반하지 않은 채권도 본죄의 객체에 해당할 수 있지만[1024], 계약의 이행에 착수하기 전의 순수한 채권·채무관계는 객체에 포함되지 아니한다.[1025]

(3) 실행행위

본죄의 실행행위는 취거·은닉 또는 손괴하여 타인의 권리행사를 방해하는 것이다.

취거란 점유자의 의사에 반하여 점유자의 지배를 배제하고 자기 또는 제3자의 지배로 옮기는 것으로서 절도죄의 절취와는 달리 불법영득의사없이 점유침해만 있는 경우이다. 권리자의 의사에 반하는 점유이전이어야 하므로 권리자의 하자있는 의사표시에 의해 점유를 이전받은 경우에는 취거에 해당하지 않는다.[1026]

취거·은닉·손괴행위가 없으면 본죄가 성립하지 않으므로 타인의 권리의 목적이 된 자기소유의 토지를 제3자에게 매도하여 소유권이전등기를 경료해 준 경우에는 본죄가 성립하지 않는다.[1027]

권리행사를 방해한다는 것에 대해서는, 현실적으로 권리행사를 방해할 것을 요하지 않고 권리행사방해의 추상적 위험(즉 권리행사방해의 위험이 있는 상태의 초래)이 있으면 족하다는 견해(추상적 위험범설)가 있지만, 이는 피고인에게 불리한 문언의 가능한 의미를 지나치게 확장하는 것으로서 부당하고 취거·은닉·손괴행위가 있으면 현실적으로도 권리행사가 방해된다고 할 수 있으므로 현실적으로 권리행사방해의 결과가 발생하여야 기수가 된다고 하여야 할 것이다(침해범설).

1024) 대법원 1991.4.26. 선고 90도1958 판결(권리행사방해죄의 구성요건 중 타인의 '권리'란 반드시 제한물권만을 의미하는 것이 아니라 물건에 대하여 점유를 수반하지 아니하는 채권도 이에 포함된다.)

1025) 대법원 1971.6.29. 선고 71도926 판결(승낙을 얻어 타인의 변소를 사용하는 권리는 채권적인 사용관계이고 점유권을 내용으로 하는 것이 아니기 때문에 위 변소를 손괴하여도 권리행사방해죄는 성립되지 않는다.)

1026) 대법원 1988.2.23. 선고 87도1952 판결(형법 제323조 소정의 권리행사방해죄에 있어서의 취거라 함은 타인의 점유 또는 권리의 목적이 된 자기의 물건을 그 점유자의 의사에 반하여 그 점유자의 점유로부터 자기 또는 제3자의 점유로 옮기는 것을 말하므로 점유자의 의사나 그의 하자있는 의사에 기하여 점유가 이전된 경우에는 여기에서 말하는 취거로 볼 수는 없다.) ; 대법원 1994.9.27. 선고 94도1439 판결(공장근저당권이 설정된 선반기계 등을 이중담보로 제공하기 위하여 이를 다른 장소로 옮긴 경우, 이는 공장저당권의 행사가 방해될 우려가 있는 행위로서 권리행사방해죄에 해당한다.) 94도1439판례의 경우도 취거에 해당한다.

1027) 대법원 1972.6.27. 선고 71도1072 판결.

나. 주관적 구성요건

본죄의 고의가 인정되기 위해서는 타인의 점유 또는 권리의 목적이 된 자기의 물건 또는 전자기록등 특수매체기록이라는 인식과 이를 취거·은닉·손괴하여 권리행사를 방해한다는 것에 대한 인식과 의사가 있어야 한다.

행위주체가 소유자이므로 재물에 대한 불법영득의사는 요구될 수 없다.

Ⅲ. 점유강취죄·준점유강취죄

[형법조문]

제325조(점유강취, 준점유강취) ① 폭행 또는 협박으로 타인의 점유에 속하는 자기의 물건을 강취한 자는 7년 이하의 징역 또는 10년 이하의 자격정지에 처한다. ② 타인의 점유에 속하는 자기의 물건을 취거함에 당하여 그 탈환을 항거하거나 체포를 면탈하거나 죄적을 인멸할 목적으로 폭행 또는 협박을 가한 때에도 전항의 형과 같다. ③ 전 2항의 미수범은 처벌한다.

점유강취죄(제1항)는 폭행 또는 협박으로 타인의 점유에 속하는 자기 물건을 강취함으로써 성립한다. 본죄는 폭행 또는 협박으로 타인점유에 속하는 (자기)물건을 강취한다는 점에서 강도죄와 그 본질을 같이 하나, 객체의 차이와 본죄에는 불법영득의사가 필요 없다는 점에서 강도죄와 구별된다.

폭행 또는 협박을 수단으로 한다는 점에서 본죄의 보호법익은 자유권(신체의 건재 또는 의사결정의 자유)과 제한물권으로 볼 수 있다. 본죄의 행위객체는 타인이 점유하는 자기소유의 물건이다. 공무소의 명령에 의해 타인이 관리하는 자기소유의 물건도 본죄의 객체가 된다. 제142조(공무상보관물무효죄)의 구성요건이 폭행 또는 협박을 수단으로 하는 경우를 규정하지 않고 있기 때문이다. 본죄의 수단인 폭행 또는 협박은 강도죄가 요구하는 정도와 같다(상대방의 반항억압정도). 폭행 또는 협박이 있었으나 재물을 강취하지 못한 경우는 미수가 된다. 본죄 역시 고의가 필요하나, 불법영득의사는 필요

없다.

한편 준점유강취죄(제2항)는 타인의 점유에 속하는 자기소유의 물건이 객체이고 불법영득의사가 요구되지 않는다는 점을 제외하면 준강도죄와 같다. 타인점유에 속하는 자기물건을 취거함에 있어서 탈환항거, 체포면탈, 죄적인멸의 목적으로 폭행 또는 협박함으로써 성립하기 때문이다. 준강도죄와 같이 목적범이지만 목적의 달성여부는 본죄의 성립에 영향이 없다. 객체는 타인의 점유에 속하는 자기물건이다.

실행행위는 취거기회에 폭행 또는 협박하는 것이다. 즉 취거행위와 폭행 또는 협박은 시간적·장소적으로 근접해야 한다. 취거현장 또는 추적 중에 행해지는 것으로 족하다. 폭행 또는 협박은 준강도와 같이 반항억압정도임을 요한다.

양죄의 미수범은 처벌한다. 미수와 기수를 결정하는 기준은 준강도죄의 내용과 같다. 물건취거의 기수·미수를 기준으로 하면 된다. 주관적 구성요건요소로서 고의와 목적이 요구된다.

Ⅳ. 강제집행면탈죄

[형법조문]

제327조(강제집행면탈) 강제집행을 면할 목적으로 재산을 은닉, 손괴, 허위양도 또는 허위의 채무를 부담하여 채권자를 해한 자는 3년 이하의 징역 또는 1천만원 이하의 벌금에 처한다.

가. 의의 및 보호법익

강제집행을 면할 목적으로 재산을 은닉·손괴·허위양도 또는 허위의 채무를 부담하여 채권자를 해함으로써 성립하는 범죄이며, 목적범이다.

보호법익은 채권이다. 보호의 정도에 대해서는 통설 및 판례[1028]는 추상적 위험범

1028) 대법원 2008.5.8. 선고 2008도198 판결(형법 제327조의 강제집행면탈죄는 채권자의 권리보호를 그 주된 보호법익으로 하고 있는 것이므로 강제집행의 기본이 되는 채권자의 권리, 즉 채권의 존재는 강제집행면탈죄의 성립요건이라 할 것이고, 따라서 그 채권의 존재가 인정되지 않을 때에는 강제집행면탈죄가 성립하지 않는다. 한편 강제집행면탈죄는 이른바 위태범으로서 강제집행을 당할 구체적인

이라고 한다. 그러나 제327조의 문언이 '채권자를 해한 자'라고 되어 있으므로 위험범으로 해석할 수 없고 침해범으로 해석하여야 한다. 따라서 강제집행을 면할 목적으로 재산을 은닉한 경우라도 채권자가 강제집행에 의해 채권을 변제받을 수 있는 경우에는 본죄가 성립하지 않는다고 하여야 할 것이다.

나. 객관적 구성요건

(1) 행위의 주체

본죄의 주체에 채무자 이외의 자도 포함시킬 수 있는지에 대해서는, 채무자만 주체가 되고 제3자는 공범의 형태로만 처벌된다고 하는 견해(진정신분범설)와 채무자 이외의 제3자도 주체가 될 수 있다는 견해(비신분범설, 다수설 및 판례[1029])이 대립한다. 예컨대 채무자의 부인이 강제집행을 면하기 위하여 남편과 상의없이 남편의 재산[1030]을 은닉·손괴한 경우에도 본죄가 성립할 수 있다고 하여야 하므로 다수설인 비신분범설이 타당하다.

(2) 행위상황

본죄의 실행행위는 재산을 은닉·손괴·허위양도 또는 허위의 채무를 부담하여 채권

위험이 있는 상태에서 재산을 은닉, 손괴, 허위양도 또는 허위의 채무를 부담하면 바로 성립하는 것이고, 반드시 채권자를 해하는 결과가 야기되거나 이로 인하여 행위자가 어떤 이득을 취하여야 범죄가 성립하는 것은 아니다.)

1029) 대법원 2000.7.28. 선고 98도4558 판결(피고인이 자신의 채권담보의 목적으로 채무자 소유의 선박들에 관하여 가등기를 경료하여 두었다가 채무자와 공모하여 위 선박들을 가압류한 다른 채권자들의 강제집행을 불가능하게 할 목적으로 정확한 청산절차도 거치지 않은 채 의제자백판결을 통하여 선순위 가등기권자인 피고인 앞으로 본등기를 경료함과 동시에 가등기 이후에 경료된 가압류등기 등을 모두 직권말소하게 하였음은 소유관계를 불명하게 하는 방법에 의한 '재산의 은닉'에 해당한다.)

1030) **[강제집행면탈죄의 객체]** : 대법원 2013.4.26. 선고 2013도2034 판결 ; 대법원 2008.9.11. 선고 2006도8721 판결(강제집행면탈죄의 객체는 채무자의 재산 중에서 채권자가 민사집행법상 강제집행 또는 보전처분의 대상으로 삼을 수 있는 것만을 의미하므로, '보전처분 단계에서의 가압류채권자의 지위' 자체는 원칙적으로 민사집행법상 강제집행 또는 보전처분의 대상이 될 수 없어 강제집행면탈죄의 객체에 해당한다고 볼 수 없고, 이는 가압류채무자가 가압류해방금을 공탁한 경우에도 마찬가지이다.) ; 대법원 2011.7.28. 선고 2011도6115 판결(강제집행면탈죄의 객체인 재산은 채무자의 재산 중에서 채권자가 민사집행법상 강제집행 또는 보전처분의 대상으로 삼을 수 있는 것을 의미하는데, 장래의 권리라도 채무자와 제3채무자 사이에 채무자의 장래청구권이 충분하게 표시되었거나 결정된 법률관계가 존재한다면 재산에 해당하는 것으로 보아야 한다.)

자를 해하는 것[1031]이다. 그러나 본죄의 성립범위가 지나치게 확대되는 것을 방지하기 위하여 객관적으로 강제집행을 당할 구체적 위험이 있는 상태가 있음을 요한다고 하는 것이 통설 및 판례[1032]의 입장이다.

① 강제집행을 받을 객관적 상태

강제집행을 받을 객관적 상태라 함은 강제집행을 받을 구체적인 위험이 존재하는 상태로서, 채권자가 가압류나 가처분 등 민사소송을 실제로 제기한 경우는 물론이며, 이러한 현실적인 민사소송의 제기가 없다 하더라도 채권자가 채권확보를 위하여 소송을 제기할 기세를 보이는 이상 강제집행을 받을 객관적 상태가 된다고 할 것이다.[1033] 강제집행이 사실상 진행되고 있을 필요는 없다.

② 강제집행의 범위

본죄는 채권자의 채권을 보호하는 데에 그 근본취지가 있으므로 강제집행은 민사집행법상의 강제집행만을 의미한다. 따라서 민사집행법상 강제집행이 아닌, 벌금·과료의 집행이나, 국세징수법에 의한 체납처분과 경매법에 의한 경매도 여기에 포함되지 아니 한다(통설 및 판례[1034]).

1031) 대법원 2012.6.28. 선고 2012도3999 판결 ; 대법원 1999.2.12. 선고 98도2474 판결(강제집행면탈죄는 이른바 위태범으로서 강제집행을 당할 구체적인 위험이 있는 상태에서 재산을 은닉, 손괴, 허위양도 또는 허위의 채무를 부담하면 바로 성립하는 것이고, 반드시 채권자를 해하는 결과가 야기되거나 이로 인하여 행위자가 어떤 이득을 취하여야 범죄가 성립하는 것은 아니며, 허위양도한 부동산의 시가액보다 그 부동산에 의하여 담보된 채무액이 더 많다고 하여 그 허위양도로 인하여 채권자를 해할 위험이 없다고 할 수 없다.)

1032) 대법원 2008.5.29. 선고 2008도2476 판결(형법 제327조의 강제집행면탈죄는 객관적으로 민사소송법에 의한 강제집행 또는 가압류, 가처분의 집행을 받을 우려가 있는 상태에서 주관적으로 강제집행을 면탈하려는 목적으로 재산을 은닉, 손괴, 허위양도하거나 허위의 채무를 부담하여 채권자를 해할 위험이 있는 경우에 성립한다.)

1033) 대법원 1999.2.9. 선고 96도3141 판결(강제집행면탈죄의 성립요건으로서 '강제집행을 당할 구체적인 위험이 있는 상태'란 채권자가 이행청구의 소 또는 그 보전을 위한 가압류, 가처분신청을 제기하거나 제기할 태세를 보인 경우를 말한다.) ; 대법원 1974.10.8. 선고 74도1798 판결(피고인이 공소장기재와 같은 채무를 부담하고 있기는 하였으나 이행기가 도과되어 채권자들로부터 채무변제의 독촉을 받고 있는 상태는 아니었으며 채권자들 또한 피고인 1을 상대로 법적절차를 취하기 위한 준비를 하고 있었던 것도 아니어서 현실적으로 강제집행을 받을 위험이 있는 객관적 상태에 있지 아니 하였다는 것이므로 이러한 경우에는 객관적으로 강제 집행을 면탈할 상태가 아니어서 강제집행면탈죄가 성립되지 않는다는 원판결 판단에 위법이 있을 수 없다.)

③ 채권의 존재

구성요건에는 명시되어 있지 않지만 재산권(채권자의 채권)을 보호하는 본죄는 채권의 존재를 당연히 예정하고 있다고 해야 하며, 만일 채권이 존재하지 않는 경우에는 보호할 법익도 없기 때문에 채권의 존재는 본죄의 성립요건이 된다.[1035]

보충판례 140 : 대법원 2008.5.8. 선고 2008도198 판결

(3) 실행행위

은닉이란 강제집행을 실시하려는 자에 대해서 재산의 발견을 불가능하게 하거나 곤란하게 만드는 것을 의미한다. 재산의 소재를 불명하게 하는 경우뿐만 아니라 재산의 소유관계를 불명하게 하는 경우도 포함한다.[1036]

보충판례 141 : 대법원 2000.9.8. 선고 2000도1447 판결[1037]

1034) 대법원 1972.5.31. 선고 72도1090 판결(강제집행면탈죄에 있어서의 강제집행이라 함은 민사소송법에 의한 강제집행 또는 동법을 준용하는 강제집행 즉 가압류가처분 등의 집행을 지칭한다.) ; 대법원 1983.10.25. 선고 82도808 판결(강제집행면탈죄에서 말하는 강제집행이란 소위 광의의 강제집행인 소유권이전등기 절차이행의 청구소의 제기도 포함된다.)

1035) 대법원 2012.8.30. 선고 2011도2252 판결 ; 대법원 1988.4.12. 선고, 88도48 판결(형법 제327조의 강제집행면탈죄는 채권자의 권리보호를 그 주된 보호법익으로 하고 있는 것이므로 강제집행의 기본이 되는 채권자의 권리 즉 채권의 존재는 강제집행면탈죄의 성립요건이라 할 것이며 따라서 그 채권의 존재가 인정되지 않을 때에는 강제집행면탈죄는 성립하지 않는다.)

1036) 청주지법 2012.10.18. 선고 2012노18 판결[상고] ; 대법원 2000.7.28. 선고 98도4558 판결(강제집행면탈의 한 행위유형인 '재산의 은닉'이라 함은 재산의 소유관계를 불명하게 하는 행위를 포함하는 것으로서, 피고인이 자신의 채권담보의 목적으로 채무자 소유의 선박들에 관하여 가등기를 경료하여 두었다가 채무자와 공모하여 위 선박들을 가압류한 다른 채권자들의 강제집행을 불가능하게 할 목적으로 정확한 청산절차도 거치지 않은 채 의제자백판결을 통하여 선순위 가등기권자인 피고인 앞으로 본등기를 경료함과 동시에 가등기 이후에 경료된 가압류등기 등을 모두 직권말소하게 하였음은 소유관계를 불명하게 하는 방법에 의한 '재산의 은닉'에 해당한다.) ; 대법원 2003.10.9. 선고 2003도3387 판결(형법 제327조에 규정된 강제집행면탈죄에 있어서의 재산의 '은닉'이라 함은 강제집행을 실시하는 자에 대하여 재산의 발견을 불능 또는 곤란케 하는 것을 말하는 것으로서, 재산의 소재를 불명케 하는 경우는 물론 그 소유관계를 불명하게 하는 경우도 포함하나, 재산의 소유관계를 불명하게 하는 데 반드시 공부상의 소유자 명의를 변경하거나 폐업 신고 후 다른 사람 명의로 새로 사업자 등록을 할 것까지 요하는 것은 아니고, 강제집행면탈죄의 성립에 있어서는 채권자가 현실적으로 실제로 손해를 입을 것을 요하는 것이 아니라 채권자가 손해를 입을 위험성만 있으면 족하다.) ; 대법원 2014.6.12. 선고 2012도2732 판결(채무자가 제3자 명의로 되어 있던 사업자등록을 또 다른 제3자 명의로 변경하였다는 사정만으로는 그 변경이 채권자의 입장에서 볼 때 사업장 내 유체동산에 관한 소유관계를 종전보다 더 불명하게 하여 채권자에게 손해를 입게 할 위험성을 야기한다고 단정할 수 없다.)

1037) 대법원 2007.11.30. 선고 2006도7329 판결(진의에 의하여 재산을 양도하였다면 설령 그것이 강제

다. 주관적 구성요건

본죄의 고의는 강제집행이 임박해 있는 객관적 상태를 예견하면서 재산을 은닉·손괴·허위양도 또는 허위의 채무를 부담하여 채권자를 해한다는 인식과 의사를 말한다.

본죄는 강제집행을 면할 목적이 있어야 한다. 강제집행을 면할 목적이란 강제집행의 실효를 거둘 수 없게 하려는 목적을 말한다. 목적이 있으면 족하고 목적달성여부는 본죄의 성립에 영향을 미치지 않는다.

집행을 면탈할 목적으로 이루어진 것으로서 채권자의 불이익을 초래하는 결과가 되었다고 하더라도 강제집행면탈죄의 허위양도 또는 은닉에는 해당하지 아니한다.)

형법각론

제2편 사회적 법익에 대한 죄

제1장 공공의 안전과 평온에 관한 죄

제1절 공안을 해하는 죄

Ⅰ. 총설

가. 의의

공안을 해하는 죄란 공공의 법질서 또는 공공의 안전과 평온을 해하는 것을 내용으로 하는 범죄로 형법상 범죄단체조직죄, 소요죄, 다중불해산죄, 전시공수계약불이행죄 및 공무원자격사칭죄가 규정되어 있다. 비록 체계상 국가적 법익에 대한 죄 중에 배열되어 있지만 공안을 해하는 죄를 공공의 안전을 보호하기 위한 범죄이므로 사회적 법익에 대한 범죄라고 하여야 한다.

[공공의 안전과 평온에 관한 죄의 구성요건체계도]

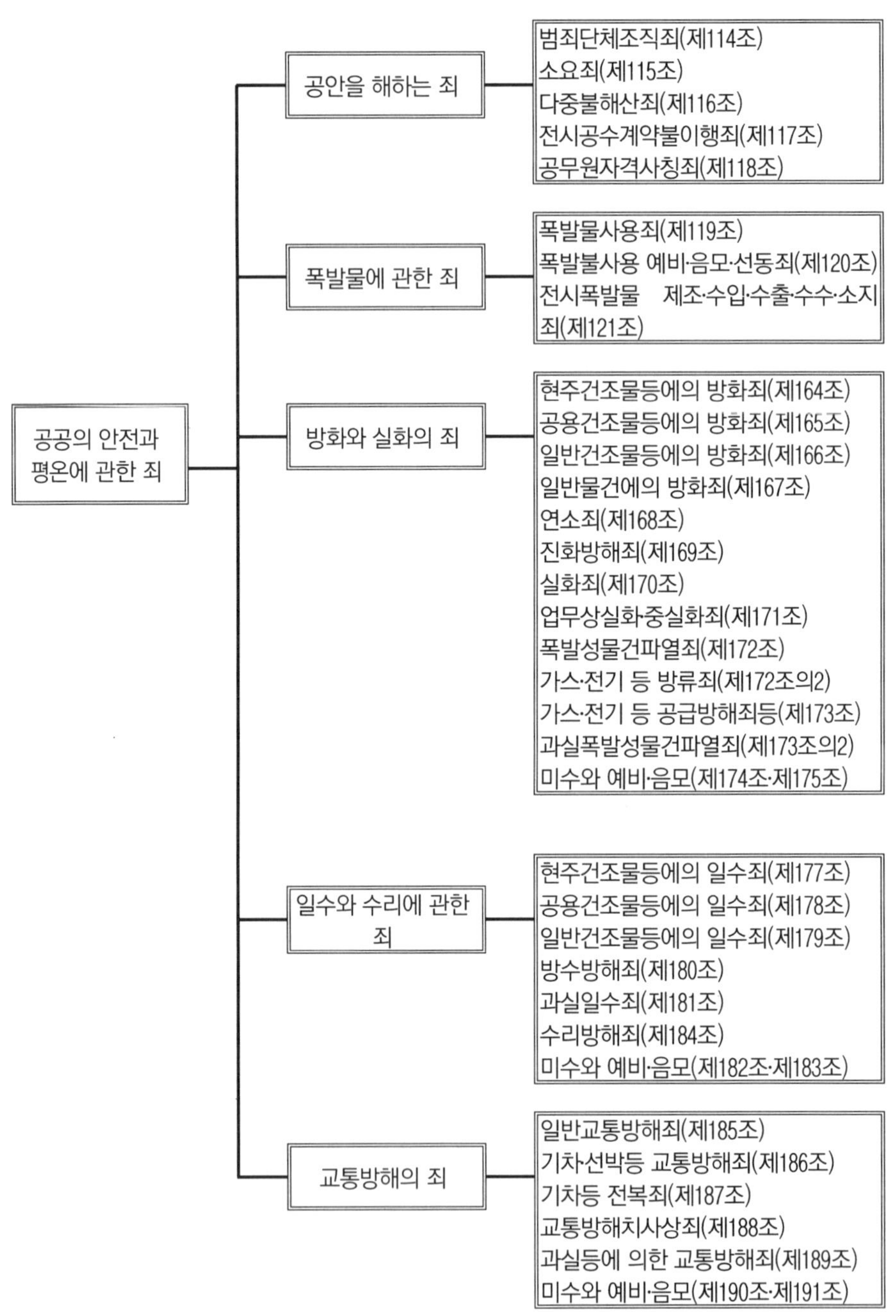

II. 범죄단체조직죄

[형법조문]

第114조(범죄단체 등의 조직) 사형, 무기 또는 장기 4년 이상의 징역에 해당하는 범죄를 목적으로 하는 단체 또는 집단을 조직하거나 이에 가입 또는 그 구성원으로 활동한 사람은 그 목적한 죄에 정한 형으로 처벌한다. 다만, 형을 감경할 수 있다.[전문개정 2013.4.5.]

가. 의의 및 성격

범죄단체조직죄란 단체 또는 병역·납세의 의무를 거부할 것을 목적으로 하는 단체를 조직하거나 이에 가입하는 것을 내용으로 하는 범죄다.[1038] 2013.4.5. '국제연합국제조직범죄방지협약'을 고려한 형법개정을 통하여 조직과 가입의 대상을 범죄단체뿐만 아니라 범죄단체에는 이르지 못하였으나 그 위험성이 큰 범죄집단도 추가하였으며 조직·가입 이외에 단체와 집단의 구성원으로 활동하는 행위까지 행위유형에 포함하여 대상을 확장하였다. 일종의 조직범죄로서 필요적 공범의 일종인 집단범에 해당한다. 또한 추상적 위험범·거동범이며 계속범[1039]·목적범이다.

나. 구성요건

범죄를 목적으로 하는 단체란 특정 다수인이 일정한 범죄를 수행한다는 공동목적

1038) 특가법은 재물절취의 목적으로 단체·집단을 구성한 자를 가중처벌하고 있고(제5조의8), 폭처법도 범죄단체·집단등의 구성활동행위에 대한 가중처벌규정을 두고 있으며(제4조), 국가보안법에는 반국가단체를 구성·가입하거나 타인에게 가입권유하는 행위를 처벌하고 있다(제3조).

1039) 대법원 2013.10.17. 선고 2013도6401 판결(폭처법 제4조에서 정한 단체 등의 구성죄는 같은 법에 규정된 범죄를 목적으로 한 단체 또는 집단을 구성함으로써 즉시 성립·완성되는 즉시범이므로 범죄성립과 동시에 공소시효가 진행되는 것인데, 범죄단체를 구성한 일시는 범죄사실을 특정하는 중요한 요건일 뿐만 아니라, 범죄에 대한 공소시효가 완성되었는지 여부를 결정짓는 요소이므로 피고인들이 범죄단체의 구성원으로 활동한 사실이 인정된다 하더라도 공소장에 기재된 일시에 범죄단체를 구성한 사실이 인정되지 않는 한 공소장에 기재된 범죄의 일시가 아닌 어느 일시를 피고인들이 범죄단체를 구성한 일시로 인정하여 유죄로 처벌하는 것은 허용될 수 없다고 보아야 할 것이다.) **[판례해설]** : 판례는 본죄를 즉시범으로 이해하지만, 본죄의 특성상 조직·가입 후에도 일정한 시간이 경과할 것을 요구하므로 계속범이라고 하여야 할 것이다.

아래 이루어진 계속적인 집합체로서 단순한 다중의 집합과는 구별되며 단체를 주도하는 최소한의 통솔체계를 갖추고 있어야 한다.[1040] 즉 수괴, 간부, 가입자 등을 구분할 수 있을 정도의 지휘통솔체계를 갖추었다면 단체의 명칭유무를 불문하고 본죄의 단체에 해당된다.[1041]

가입방법에는 서면·구두 등 제한이 없으나 단체의 목적을 인식하고 가입하여야 한다.[1042] 목적인 범죄는 형법상의 범죄뿐만 아니라 기타 모든 형벌법규의 범죄를 포함한다. 다만 경범죄처벌법상의 경범죄는 제외한다.

본죄는 목적범으로 범죄를 목적으로 하는 단체를 조직하거나 가입함으로써 성립하고 그 후 목적한 범죄의 실행행위를 하였는지 여부는 범죄성립에 영향이 없다.[1043]

1040) 대법원 1981.11.24. 선고 81도2608 판결 : 대법원 1985.10.8. 선고 85도1515 판결 ; 부산지법 1996.7.26. 선고 96고합172 판결[원심파기](형법 제114조제1항 소정의 '범죄를 목적으로 하는 단체'라 함은 특정 다수인이 일정한 범죄를 수행한다는 공동목적 아래 이루어진 계속적인 결합체로서 단순한 다중의 집합과는 달라 단체를 주도하는 최소한의 통솔체제를 갖추고 있어야 함을 요하는 바, 피고인들이 각기 소매치기의 범죄를 목적으로 그 실행행위를 분담하기로 약정하였으나 위에서 본 계속적이고 통솔체제를 갖춘 단체를 조직하였거나 그와 같은 단체에 가입하였다고 볼 증거가 없다는 이유로 무죄를 선고한 조치는 정당하다.)

1041) 대법원 1987.10.13. 선고, 87도1240 판결 ; 대법원 1997.7.11. 선고 97도1097,97감도34 판결.

1042) 대법원 2013.10.17. 선고 2013도6401 판결 ; 대법원 2009.9.10. 선고 2008도10177 판결(폭처법 제4조 제1항은 범죄단체 또는 집단에 의하여 계획적·조직적으로 행하여지는 범죄로 인한 사회적 해악의 정도가 개인의 범죄로 인한 경우보다 훨씬 중대할 뿐 아니라 범죄단체 또는 집단이 존속·유지되는 한 범죄 실행 또는 실행의 위험성이 지속된다는 점에 비추어 범죄의 실행 여부를 불문하고 그 범죄의 예비·음모의 성격을 갖는 범죄단체 또는 집단의 생성 및 존속 자체를 막으려는 데 그 입법취지가 있는데, 범죄단체의 구성·가입죄가 즉시범이어서 이에 대한 공소시효가 완성된 경우에는 범죄단체 구성원으로 계속 활동하여도 이를 처벌할 수 없다는 불합리한 점을 감안하여 그 처벌의 근거를 마련한 것이라고 할 것이다. 그렇지만 이러한 입법취지를 고려하더라도 이 사건 법률조항의 '활동' 부분은 다소 추상적이고 포괄적인 면이 없지 않으므로 헌법이 보장하는 죄형법정주의의 명확성의 원칙에 위배되지 않도록 입법취지와 처벌의 정도 등을 고려하여 국민의 입장에서 이 사건 법률조항이 금지하고 있는 행위에 대한 예측가능성을 가질 수 있도록 헌법합치적인 해석을 하여야 할 것이다.)

1043) 대법원 1975.9.23. 선고 75도2321 판결.

Ⅲ. 소요죄

[형법조문]

제115조(소요) 다중이 집합하여 폭행, 협박 또는 손괴의 행위를 한 자는 1년 이상 10년 이하의 징역이나 금고 또는 1천500만원 이하의 벌금에 처한다.

가. 의의

소요죄란 다중이 집합하여 폭행·협박 또는 손괴의 행위를 함으로써 성립하는 범죄를 말한다. 다중의 집합이 요건이므로 필요적 공범이며, 공공의 안전을 보호법익으로 하는 위험범이다.

나. 구성요건

(1) 주체

본죄의 주체는 집합한 다중 즉 다수인의 집단이다. 다중이 되기 위해서는 한 지방의 안전을 해할 수 있을 정도의 다수인이어야 한다. 다중을 판단함에 있어서는 그 인원수뿐만 아니라 구체적으로 그 구성원의 질, 휴대한 흉기, 집단의 목적, 장소 및 시기 등을 고려하여야 한다.

집합이란 다수인이 일정한 장소에 모여 집단을 형성하는 것이다. 다만, 그 집단은 조직적일 것을 요하지 않음에 내란죄와 구별되며 수괴가 있는지의 여부도 불문한다. 또한 다수인 사이에 공동의 목적이 있을 것을 요하지 않고, 공동의 목적이 있는 경우에도 그 목적이 무엇인가도 불문한다.

(2) 행위 태양

본죄의 행위는 폭행·협박 또는 손괴이다. 폭행이란 사람에 대한 것이건 물건에 대한 것이건 일체의 유형력의 불법행사를 말하며, 협박은 공포심을 일으키게 하기 위하여 겁을 주는 일체의 행위를 말한다. 손괴란 타인의 재물의 효용가치를 해하는 일체의 행위를 의미한다. 그리고 폭행·협박·손괴 행위는 다중의 집합에 의한 합동행위로써 행하여져야 한다.

(3) 고의

본죄의 고의는 다수인이 집합하여 그 합동력으로써 폭행·협박·손괴한다는 인식, 즉 공동의사가 필요하다. 공동의사란 다수인이 군중심리에 의하여 지배되고 있는 경우이므로 반드시 그 행위자들 간에 미리 의사의 연락이 있을 필요가 없다. 따라서 이러한 공동의사가 없는 경우에는 폭행·협박·손괴죄를 구성한다.

다. 공범

소요죄에 공범규정이 적용되는가에 대하여는 견해가 대립이 있다. 본죄는 일종의 필요적 공범이므로 집단을 형성하는 자에 대하여 형법 제30조를 적용할 수는 없으나, 집단 외에서 집단에 협력하는 자에 대하여는 교사·방조의 규정이 적용된다고 하여야 한다.

라. 타죄와의 관계

폭행죄, 협박죄 및 손괴죄는 소요죄에 흡수된다. 그러나 소요죄보다 중한 살인죄, 방화죄 등은 본죄와 상상적 경합의 관계에 있으며[1044], 형이 경한 공무집행방해죄나 주거침입죄 등은 소요죄에 흡수된다고 하여야 한다.

1044) 대법원 1983.6.14. 선고 83도424 판결.

Ⅳ. 다중불해산죄

[형법조문]

제116조(다중불해산) 폭행, 협박 또는 손괴의 행위를 할 목적으로 다중이 집합하여 그를 단속할 권한이 있는 공무원으로부터 3회 이상의 해산명령을 받고 해산하지 아니한 자는 2년 이하의 징역이나 금고 또는 300만원 이하의 벌금에 처한다.

가. 의의

다중불해산죄란 폭행·협박 또는 손괴의 행위를 할 목적으로 다중이 집합하여 그를 단속할 권한이 있는 공무원으로부터 3회 이상의 해산명령을 받고 해산하지 아니함으로써 성립하는 범죄이다. 진정부작위범이며 목적범이다. 소요죄의 예비적 단계를 특별히 규정한 것으로 소요죄가 성립하는 경우에는 본죄는 이에 흡수된다.

나. 구성요건

(1) 객관적 구성요건

본죄는 폭행·협박·손괴행위를 할 목적으로 다중이 집합할 것을 요한다. 처음에는 합법적인 목적으로 집합한 다중이라도 후에 폭행·협박·손괴의 행위를 할 목적이 생기면 그때부터 본죄의 주체가 된다. 그러나 공동목적·공동의사는 요하지 않고 우연하게 집합한 단체도 이에 해당한다.

단속할 권한이 있는 공무원으로부터 3회 이상의 해산명령을 받음을 요한다. 3회의 해산명령을 받고 해산하지 않으면 곧 기수가 되므로 4회 째의 해산명령을 받고 해산하더라도 본죄가 성립한다는 견해가 있다. 그러나 본죄의 완성은 최종의 해산명령을 기준으로 판단하여야 하므로 그 후의 명령에 따라 해산한 때에도 본죄는 성립하지 않는다고 하여야 한다. 또한 3회 이상의 해산명령을 한다고 함은 각 회마다 그 해산명령에 복종하여 해산하는 데에 필요한 시간적 간격을 두어야 한다.

본죄는 진정부작위범으로 해산하지 않음으로써 성립한다.

(2) 주관적 구성요건

본죄는 고의 외에 목적을 요한다. 즉 집합한 다중이 단속할 권한 있는 공무원으로부터 3회 이상 명령을 받았다는 사실에 대한 인식 외에 폭행·협박 또는 손괴의 행위를 할 목적이 있어야 한다.

V. 전시공수계약불이행죄

[형법조문]

> 제117조(전시공수계약불이행) ① 전쟁, 천재 기타 사변에 있어서 국가 또는 공공단체와 체결한 식량 기타 생활필수품의 공급계약을 정당한 이유없이 이행하지 아니한 자는 3년 이하의 징역 또는 500만원 이하의 벌금에 처한다.
> ② 전항의 계약이행을 방해한 자도 전항의 형과 같다.
> ③ 전 2항의 경우에는 그 소정의 벌금을 병과할 수 있다.

본죄는 전쟁·천재 기타 사변의 경우에 국가 또는 공공단체와 체결한 공수계약을 이행하지 않거나 계약이행을 방해한 자를 처벌하여 국가비상사태 하에서의 국민경제의 혼란을 미연에 방지하고 식량 등 국민생활필수품의 원활한 유통을 기하여 사회공공의 안녕질서를 유지하려는 것이다. 민법상의 채무불이행을 형벌로 처벌하는 것으로 일본의 전시형법을 받아들인 규정이라 폐지되어야 한다.

Ⅵ. 공무원자격사칭죄

[형법조문]

第118조(공무원자격의 사칭) 공무원의 자격을 사칭하여 그 직권을 행사한 자는 3년 이하의 징역 또는 700만원 이하의 벌금에 처한다.

본죄는 공무원의 자격을 사칭하여 직권을 행사함으로써 성립하는 범죄이다.[1045)]

본죄의 구성요건은 두 요소로 구분된다. 첫째, 자격 없는 자가 공무원의 자격을 사칭하는 행위가 있음을 요한다. 여기의 공무원에는 임시 직원을 포함한다.[1046)] 공무원이 다른 공무원의 자격을 사칭하는 경우도 포함한다. 둘째, 그 사칭된 공무원의 직무범위에 속하는 직권행사가 있음을 요한다. 따라서 예컨대 전신전화국에 청와대민원비서관임을 사칭하여 시외전화선 고장수리를 하라고 말한 사실이 있다 하더라도 이와 같은 행위는 청와대민원비서관의 직권을 행사하는 요건을 갖춘 것이라 할 수 없다.[1047)]

또한 국가정보원 직원 아닌 자가 국가정보원 직원을 사칭하고 '청와대에 파견된 감사실장인데 사무실에 대통령 사진의 액자가 파손된 채 방치되었다는 사실을 보고받고 나왔으니 자인서를 작성 제출하라고 말한 행위는 국가정보원 직원의 직권행사에 해당되지 않는다.[1048)] 직권행사가 없는 단순한 관명사칭 등은 경범죄에 해당할 뿐이다.[1049)]

1045) 대법원 1981.9.8. 81도1955 판결(공무원자격사칭죄가 성립하려면 어떤 직권을 행사할 수 있는 권한을 가진 공무원임을 사칭하고 그 직권을 행사한 사실이 있어야 하는바, 피고인들이 그들이 위임받은 채권을 용이하게 추심하는 방편으로 합동수사반원임을 사칭하고 협박한 사실이 있다고 하여도 위 채권의 추심행위는 개인적인 업무이지 합동수사반의 수사업무의 범위에는 속한다고 볼 수 없어서, 다른 사정이 엿보이지 않는 이 사건에 있어서 이를 공무원자격사칭죄로 처벌할 수 없다.)

1046) 대법원 1973.5.22. 선고 73도884 판결.

1047) 대법원 1972.12.26. 선고, 72도2552 판결.

1048) 대법원 1977.12.13. 선고 77도2750 판결.

1049) 경범죄처벌법 제3조 제1항 제7호(관명사칭 등).

제2절 폭발물에 관한 죄

Ⅰ. 총설

본장의 죄는 폭발물을 사용하여 공중의 생명·신체 또는 재산을 해하거나 기타 공안을 문란케 함으로써 성립하는 범죄로 폭발물사용죄(제119조), 동예비·음모선동죄(제120조), 전시폭발물제조·수입·수출·수수·소지죄(제121조)가 규정되어 있다. 본죄를 국가적 법익에 관한 죄로 파악하는 견해도 있으나, 통설은 사회적 법익에 대한 죄로 본다.

Ⅱ. 폭발물사용·전시폭발물사용죄

[형법조문]

제119조(폭발물사용) ① 폭발물을 사용하여 사람의 생명, 신체 또는 재산을 해하거나 기타 공안을 문란한 자는 사형, 무기 또는 7년 이상의 징역에 처한다. ② 전쟁, 천재 기타 사변에 있어서 전항의 죄를 범한 자는 사형 또는 무기징역에 처한다. ③ 전2항의 미수범은 처벌한다.

가. 의의

폭발물을 사용하여 사람의 생명·신체 또는 재산을 해하거나 기타 공안을 문란하게 함으로써 성립하는 공공위험죄이다.

나. 구성요건

폭발물이란 화학적 기타의 원인으로 급격한 연소폭발의 작용을 일으켜 사람의 생명·신체·재산을 살상·손괴할 수 있는 고형 또는 액체의 물질을 말한다. 그러나 소총실탄발사는 이에 포함되지 않으며, 화염병도 폭발물이라 할 수 없다.[1050] 결국 폭발물이라는 개념은 법률상의 개념으로서, 그 물체의 폭발의 파괴력이 지대하여 한 지방의 법질서를 파괴할 정도의 위력을 가진 물건이어야 한다.[1051] 공안을 문란케 한다는 것은 폭발물을 사용하여 한 지방의 법질서를 파괴할 정도에 이르는 것을 말한다.

본죄는 고의범으로 폭파시 사람의 생명·신체·재산 등을 침해하고 공안을 문란케 한다는 인식이 있어야 한다.[1052]

전쟁, 천재 기타 사변의 경우에 본죄를 범하였을 때에는 형이 가중되며(제119조제2항), 본죄의 미수범은 처벌된다(제119조제3항).

Ⅲ. 폭발물사용 예비·음모·선동죄

[형법조문]

제120조(예비, 음모, 선동) ① 전조제1항, 제2항의 죄를 범할 목적으로 예비 또는 음모한 자는 2년 이상의 유기징역에 처한다. 단, 그 목적한 죄의 실행에 이르기 전에 자수한 때에는 그 형을 감경 또는 면제한다. ② 전조제1항, 제2항의 죄를 범할 것을 선동한 자도 전항의 형과 같다.

예비란 폭발물을 사용하기 위한 준비행위를 말하며, 음모는 폭발물사용죄를 실행하기 위한 2인 이상의 모의를 말한다. 선동이라 함은 특정한 행위를 실행하게 할 목적으로 문서·도화 또는 행동으로써 타인에 대하여 정당한 판단을 잃게 하여, 그 타인으로 하여금 실행의 결의를 일으키게 하거나 또는 이미 결의된 것을 조장하도록 자극을 주는 것을 말한다. 상대방이 이에 따라 결의를 하였느냐의 여부는 불문한다.

1050) 대법원 1968.3.5. 선고 66도1056 판결.
1051) 대법원 2012.4.26. 선고 2011도17254 판결.
1052) 대법원 1969.7.8. 선고 69도832 판결.

Ⅳ. 전시폭발물제조등죄

[형법조문]

제121조(전시폭발물제조 등) 전쟁 또는 사변에 있어서 정당한 이유없이 폭발물을 제조, 수입, 수출, 수수 또는 소지한 자는 10년 이하의 징역에 처한다.

전시 또는 사변의 경우 정당한 이유 없이 폭발물을 제조·수입·수출·수수 또는 소지함으로써 성립하는 범죄이다. '정당한 이유 없이'란 법률의 규정에 의하지 않거나 국가기관의 허가가 없음을 말한다.

제3절 방화와 실화의 죄

Ⅰ. 총설

가. 의의

방화와 실화의 죄는 고의 또는 과실로 불을 놓아 현주건조물·공용건조물·일반건조물 또는 일반물건을 소훼하는 것을 내용으로 하는 죄이다.

나. 보호법익

보호법익에 대하여는 ① 공공의 안전과 평온이라는 사회적 법익이라는 견해(공공위험죄설), ②공공의 안전과 부차적으로 개인의 재산권도 보호한다는 견해(이중성격설·공공위험죄·재산죄설, 통설), ③공공의 안전을 보호법익으로 하지만 타인소유의 건조물 또는 물건에 대한 방화죄는 손괴죄에 대한 가중적 구성요건이라고 해석하는 견해(이원설)

가 대립한다. 판례는 '형법 제164조 전단의 현주건조물방화죄는 공중의 생명·신체·재산 등에 대한 위험을 예방하기 위하여 공중의 안전을 그 제1차적인 보호법익으로 하고 제2차적으로는 개인의 재산권을 보호법익으로 한다'고 하여 통설인 이중성격설을 취하고 있다.[1053)]

다. 보호의 정도

본죄는 위험범이다. 그 중 현주건조물방화죄(제164조), 공용건조물방화죄(제165조) 및 타인소유의 일반건조물 등 방화죄(제166조제1항)은 추상적 위험범에 속하고, 자기소유의 일반건조물 등 방화죄(제166조제2항)과 일반물건방화죄(제167조)는 구체적 위험범에 해당한다.

Ⅱ. 현주건조물등방화죄

[형법조문]

제164조(현주건조물등에의 방화) ① 불을 놓아 사람이 주거로 사용하거나 사람이 현존하는 건조물, 기차, 전차, 자동차, 선박, 항공기 또는 광갱을 소훼한 자는 무기 또는 3년 이상의 징역에 처한다. ② 제1항의 죄를 범하여 사람을 상해에 이르게 한 때에는 무기 또는 5년 이상의 징역에 처한다. 사망에 이르게 한 때에는 사형, 무기 또는 7년이상의 징역에 처한다.

가. 객체

본죄의 객체는 사람이 주거에 사용하거나 사람이 현존하는 건조물·기차·전차·선박·

1053) 대법원 1983.1.18. 82도2341 판결(형법 제164조 전단의 현주건조물방화죄는 공중의 생명·신체·재산 등에 대한 위험을 예방하기 위하여 공공의 안전을 그 제1차적인 보호법익으로 하고, 제2차적으로는 개인의 재산권을 보호하는 것이라고 할 것이나, 여기서 공공에 대한 위험은 구체적으로 그 결과가 발생됨을 요하지 아니하는 것이고, 이미 현주건조물에의 점화가 독립연소의 정도에 이르면 동죄는 기수에 이르게 된다.)

항공기 또는 광갱이며, 그 목적물의 소유는 누구에게 속하든지 이를 묻지 않는다.

사람이 주거에 사용한다는 것은 방화 당시에 범인 이외의 자가 일상생활의 장소로써 사용하는 것을 말하며, 현재 사람의 주거로써 사용하면 족하고 반드시 방화의 당시에 사람이 현존할 것을 요하지는 않는다.[1054]

사람의 현존한다는 것은 방화 당시에 범인 이외의 자가 현재 주거로 사용하지 않는 건조물 등의 내부에 있는 것을 말한다. 따라서 주거로 사용하지 않는 빈집에 방화 당시 사람이 있으면 사람이 현존하는 건조물이 된다.

건조물이란 가옥 기타 이와 유사한 공작물로서, 지붕이 있고 담 또는 기둥으로써 지지되고 토지에 정착하여 사람이 그 내부에 출입할 수 있는 구조를 가지는 것을 말한다. 그리고 광갱이란 광물을 채취하기 위한 지하설비를 의미한다.

나. 행위

방화의 행위는 불을 놓아(방화하여) 목적물을 소훼하는 것이다.

(1) 방화

1) 의의 방화란 목적물의 소훼를 야기시키는 일체의 행위를 말한다. 불을 놓는(방화) 행위는 적극적인 행위뿐만 아니라 소극적으로 기존의 화력을 이용하는 방법 즉 부작위에 의해서도 가능하다.[1055] 방화의 수단·방법에는 아무런 제한이 없다.

2) 실행의 착수시기 목적물에 직접 점화한 경우뿐만 아니라 건조물방화의 목적

1054) 서울고법 1982.12.22. 선고 82노2843 제1형사부판결[확정](피고인이 방화한 이 사건 비닐하우스는 비닐을 사용하여 축조한 7평 가량 넓이의 반원형 모양의 가건물로서 거실과 부엌에는 찻장과 취사도구를 장치하여 피고인의 부모와 동생이 주거로 사용하여 왔는바 이는 형법 제164조 소정의 사람의 주거에 사용하는 건조물에 속한다고 해석함이 상당하고 비록 위 비닐하우스가 비닐을 사용하여 간단하게 축조된 가건물이라고 하여도 위 인정을 달리할 사유가 되지 못한다.)

1055) 다만 단순한 소화의무나 소화협력의무의 위반(경범죄처벌법 제3조 제1항 제29호 및 소방기본법 제24조 제1항)이나 단순한 진화방해는 소화에 대한 보증인적 지위에 있는 자의 보증의무위반이라 할 수 없으므로 부작위에 의한 방화가 성립하지 않는다 : 대법원 2010.1.14. 선고 2009도12109,2009감도38 판결.

으로 매개물에 점화하여 연소작용이 계속될 수 있는 상태에 이른 때에는 건조물에 불이 옮겨 붙지 않았더라도 실행의 착수가 인정된다. 판례도 방화목적물이나 매개물에 점화하지 못한 때에는 아직 실행의 착수로 인정되지 않는다고 한다.[1056]

보충판례 143 : 대법원 2002.3.26. 선고 2001도6641 판결[1057]

(2) 소훼

방화죄의 구성요건적 결과는 소훼이다. 따라서 방화죄가 기수가 되려면 소훼의 결과가 발생하여야 한다. 소훼의 개념과 관련하여 방화죄의 기수에 대하여 ① 독립연소설은 불이 그 매개물을 떠나 목적물이 스스로 독립연소할 수 있는 상태에 이른 것을 의미하므로 반드시 그 중요부분이 소실하여 그 본래의 효용을 상실하는 것을 필요로 하지 않는다고 한다. ② 효용상실설은 화력에 의하여 객체의 중요부분이 소실되어 본래의 효용을 잃을 정도로 훼손된 상황을 소훼라고 한다. ③ 절충설로는 객체의 중요부분에 연소가 개시된 때에 소훼가 완성되는 것이라는 설과, 그 연소개시부분이 중요부분일 필요는 없고 손괴죄에서 보는 바와 같은 정도의 손괴, 즉 일부분의 훼손이 있음으로써 소훼는 완성된다는 설이 있다.

판례는 '방화죄는 화력이 매개물을 떠나 스스로 연소할 수 있는 상태에 이르렀을 때에 기수가 되고, 반드시 목적물의 중요부분이 소실하여 그 본래의 효용을 상실한 때라야만 기수가 되는 것은 아니다'[1058]라고 하여 독립연소설의 입장을 취하고 있다.

보충판례 142 : 대법원 2007.3.16. 선고 2006도9164 판결[1059]

1056) 대법원 1960.7.22. 선고 4293형상213 판결.

1057) 대법원 2002.3.26. 선고 2001도6641 판결(갑은 방화의 의사로 뿌린 휘발유가 인화성이 강한 상태로 주택주변과 피해자 을의 몸에 젖지 않게 살포되어 있는 사정을 알면서도 라이터를 켜 불꽃을 일으킴으로써 피해자의 몸에 불이 붙은 경우, 비록 외부적 사정에 의하여 불이 방화 목적물인 주택 자체에 옮겨 붙지는 아니하였다 하더라도 현존건조물방화죄의 실행의 착수가 있었다고 봄이 상당하다.)

1058) 대법원 1970.3.24, 70도330 판결 : 대법원 1983.1.18., 82도2341 판결(현주건조물에의 점화가 독립연소의 정도에 이르면 기수에 이르게 된다.)

1059) 대법원 2007.3.16.선고 2006도9164 판결(피해자의 사체 위에 옷가지 등을 올려놓고 불을 붙인 천 조각을 던져 그 불길이 방안을 태우면서 천정에까지 옮겨 붙었다면, 설령 그 불이 완전연소에 이르지 못하고 도중에 진화되었다고 하더라도, 일단 천정에 옮겨 붙은 이상 그 때에 이미 현주건조물방화죄는 기수에 이르렀다고 할 것이다.)

(3) 고의

방화죄의 고의는 불을 놓아 목적물을 소훼한다는 것에 대한 인식이다.[1060)]

방화죄의 고의의 성립요건으로서 공공의 위험에 대한 인식이 필요한가에 대하여 본죄의 공공의 위험성은 구성요건요소가 아닌 추상적 위험범이므로 공공의 위험에 대한 인식은 필요하지 않다고 본다. 그러나 구체적 위험범의 경우에는 공공의 위험에 대한 인식이 필요하다.

보충판례 144 : 대법원 1998.12.8. 선고 98도3416 판결[1061)]

Ⅲ. 공용건조물등방화죄

[형법조문]

제165조(공용건조물 등에의 방화) 불을 놓아 공용 또는 공익에 공하는 건조물, 기차, 전차, 자동차, 선박, 항공기 또는 광갱을 소훼한 자는 무기 또는 3년 이상의 징역에 처한다.

본죄의 객체는 공용 또는 공익에 공하는 건조물 등이다. 본조의 목적물 역시 그것이 공유이건 사유이건 불문하며, 사유인 경우에는 누구의 소유에 속하더라도 상관이 없다.

공용이란 국가 또는 공공단체가 그 이익을 위하여 사용하는 것을 말하고, 공익이란 공중의 이익을 위하여 사용하는 것을 말한다. 다만, 본조의 목적물은 사람의 주거에 사용하지 않거나 사람이 현존하지 않는 것이어야 한다.

1060) 대법원 1984.7.24. 선고 84도1245 판결(피고인이 동거하던 공소외인과 가정불화가 악화되어 헤어지기로 작정하고 홧김에 죽은 동생의 유품으로 보관하던 서적 등을 뒷마당에 내어 놓고 불태워버리려 했던 점이 인정될 뿐, 피고인이 위 공소외인 소유의 가옥을 불태워버리겠다고 결의하여 불을 놓았다고 볼 수 없다면 피고인의 위 소위를 가리켜 방화의 범의가 있었다고 할 수 없다)

1061) 대법원 1998.12.8. 선고 98도3416 판결(갑이 피해자들의 재물을 강취한 후 그들을 살해할 목적으로 현주건조물에 방화하여 사망에 이르게 한 경우, 피고인들의 행위는 강도살인죄와 현주건조물방화치사죄에 모두 해당한다.)

Ⅳ. 일반건조물등방화죄

[형법조문]

第166條(일반건조물 등에의 방화) ① 불을 놓아 전2조에 기재한 이외의 건조물, 기차, 전차, 자동차, 선박, 항공기 또는 광갱을 소훼한 자는 2년 이상의 유기징역에 처한다. ② 자기소유에 속하는 제1항의 물건을 소훼하여 공공의 위험을 발생하게 한 자는 7년 이하의 징역 또는 1천만원 이하의 벌금에 처한다.

일반건조물등방화죄는 제164조의 현주건조물 등에도 해당하지 않고 제165조의 공용건조물 등에도 해당하지 않는 물건에 대한 방화에 관해 규정한 것이다. 제1항의 죄는 추상적 위험범, 제2항의 죄는 구체적 위험범으로 규정하고 있다.

본죄의 객체는 사람의 주거에 사용하지 않는 것이거나 사람이 현존하지 않는 것이면서, 동시에 공용 또는 공익에 공하는 것도 아니어야 한다.

Ⅴ. 일반물건방화죄

[형법조문]

第167條(일반물건에의 방화) ① 불을 놓아 전3조에 기재한 이외의 물건을 소훼하여 공공의 위험을 발생하게 한 자는 1년 이상 10년 이하의 징역에 처한다. ② 제1항의 물건이 자기의 소유에 속한 때에는 3년 이하의 징역 또는 700만원 이하의 벌금에 처한다.

본죄는 전3조에 규정한 것을 제외한 일체의 목적물에 대한 소훼를 규정한 것으로 구체적 위험범이다.[1062)]

1062) 대법원 2009.10.15. 선고 2009도7421 판결.

Ⅵ. 연소죄

[형법조문]

제168조(연소) ① 제166조제2항 또는 전조제2항의 죄를 범하여 제164조, 제165조 또는 제166조제1항에 기재한 물건에 연소한 때에는 1년 이상 10년 이하의 징역에 처한다. ② 전조제2항의 죄를 범하여 전조제1항에 기재한 물건에 연소한 때에는 5년 이하의 징역에 처한다.

본죄는 제166조제2항과 제167조제2항의 죄의 결과적 가중범으로 각기 그 조항의 죄를 범하고 보다 중한 결과를 발생하게 하였으나 그 중한 결과의 발생에 대한 인식이 없고 그 인식이 없는 데 대하여 과실이 있는 경우에 성립하는 죄이다. 연소란 행위자가 예기하지 않은 물건에 소훼의 결과를 발생하게 하는 것을 말한다.[1063)]

Ⅶ. 진화방해죄

[형법조문]

제169조(진화방해) 화재에 있어서 진화용의 시설 또는 물건을 은닉 또는 손괴하거나 기타 방법으로 진화를 방해한 자는 10년 이하의 징역에 처한다.

각종 방화죄의 규정에 대한 보충규정으로 본죄는 화재시 진화를 방해하는 행위를 처벌하는 것이다.

1063) 서울고법 1969.4.14. 67노237 형사부판결[확정].

Ⅷ. 실화죄

[형법조문]

第170조(실화) ① 과실로 인하여 제164조 또는 제165조에 기재한 물건 또는 타인의 소유에 속하는 제166조에 기재한 물건을 소훼한 자는 1천500만원 이하의 벌금에 처한다. ② 과실로 인하여 자기의 소유에 속하는 제166조 또는 제167조에 기재한 물건을 소훼하여 공공의 위험을 발생하게 한 자도 전항의 형과 같다.

실화죄는 과실로 인하여 화재를 일으켜서 일정한 물건을 소훼시키는 행위를 처벌하는 범죄이다.[1064]

Ⅸ. 업무상실화·중실화죄

[형법조문]

第171조(업무상실화, 중실화) 업무상과실 또는 중대한 과실로 인하여 제170조의 죄를 범한 자는 3년 이하의 금고 또는 2천만원 이하의 벌금에 처한다.

본죄는 실화죄의 가중규정이다. 판례에 따르면 중과실이란 '연탄아궁이로부터 80센티미터 떨어진 곳에 쌓아둔 스폰지요, 솜 등이 연탄아궁이 쪽으로 넘어지면서 훈소현상에 의한 화재가 발생한 경우라고 하더라도 그 스폰지요, 솜 등을 쌓아두는 방법

1064) 대법원 1994.12.20. 자 94모32 전원합의체 결정[형법 제170조 제2항에서 말하는 '자기의 소유에 속하는 제166조 또는 제167조에 기재한 물건'이라 함은 '자기의 소유에 속하는 제166조에 기재한 물건 또는 자기의 소유에 속하든, 타인의 소유에 속하든 불문하고 제167조에 기재한 물건'을 의미하는 것이라고 해석하여야 하며, 제170조 제1항과 제2항의 관계로 보아서도 제166조에 기재한 물건(일반건조물 등) 중 타인의 소유에 속하는 것에 관하여는 제1항에서 규정하고 있기 때문에 제2항에서는 그중 자기의 소유에 속하는 것에 관하여 규정하고, 제167조에 기재한 물건에 관하여는 소유의 귀속을 불문하고 그 대상으로 삼아 규정하고 있는 것이라고 봄이 관련조문을 전체적, 종합적으로 해석하는 방법일 것이고, 이렇게 해석한다고 하더라도 그것이 법규정의 가능한 의미를 벗어나 법형성이나 법창조행위에 이른 것이라고는 할 수 없어 죄형법정주의의 원칙상 금지되는 유추해석이나 확장해석에 해당한다고 볼 수는 없을 것이다.]

이나 상태 등에 관하여 아주 작은 주의만 기울였더라면 스폰지요나 솜 등이 넘어지고 또 그로 인하여 화재가 발생할 것을 예견하여 회피할 수 있었음에도 불구하고, 부주의로 이를 예견하지 못하고 스폰지요와 솜 등을 쉽게 넘어질 수 있는 상태로 쌓아둔 채 방치하였기 때문에 화재가 발생한 것으로 판단되어야만 '중대한 과실'로 인하여 화재가 발생한 것으로 볼 수 있다.'[1065]

X. 폭발성물건파열·폭발성물건파열치사상죄

[형법조문]

제172조(폭발성물건파열) ① 보일러, 고압가스 기타 폭발성있는 물건을 파열시켜 사람의 생명, 신체 또는 재산에 대하여 위험을 발생시킨 자는 1년 이상의 유기징역에 처한다.
② 제1항의 죄를 범하여 사람을 상해에 이르게 한 때에는 무기 또는 3년 이상의 징역에 처한다. 사망에 이르게 한 때에는 무기 또는 5년 이상의 징역에 처한다.

본죄는 보일러, 고압가스 기타 폭발성 있는 물건을 파열시켜 사람의 생명 신체 또는 재산에 대하여 위험을 발생시킴으로써 성립한다. 구체적 위험범이며 본죄의 미수범은 처벌한다. 본죄의 행위객체인 폭발성 물건이란 폭발물은 아니지만 이와 유사한 폭발력을 지닌 물건으로서 이를 고의로 폭발시키는 행위를 처벌하기 위한 것이다. 본죄는 폭발성물건파열행위 자체를 처벌하는 것이다.

1065) 대법원 1989.1.17. 선고 887도643 판결.

XI. 가스등방류·가스등방류치사상죄

[형법조문]

제172조의2(가스 · 전기등 방류) ① 가스, 전기, 증기 또는 방사선이나 방사성 물질을 방출, 유출 또는 살포시켜 사람의 생명, 신체 또는 재산에 대하여 위험을 발생시킨 자는 1년 이상 10년 이하의 징역에 처한다.
② 제1항의 죄를 범하여 사람을 상해에 이르게 한 때에는 무기 또는 3년 이상의 징역에 처한다. 사망에 이르게 한 때에는 무기 또는 5년 이상의 징역에 처한다.[본조신설 1995.12.29.]

제1항은 가스, 전기, 증기 또는 방사선이나 방사선물질을 방출, 유출 또는 살포시켜 사람의 생명, 신체 또는 재산에 대하여 위험을 발생하게 함으로써 성립하는 구체적 위험범이다. 가스나 전기, 방사선과 같이 사용이 급증하고 있으면서도 위험성이 많은 물질에 대한 신설 구성요건이다.

제2항은 제1항의 죄에 대한 결과적 가중범이다. 구체적으로는 가스·전기 등 방류치상죄는 상해의 고의가 있는 경우에도 성립하는 부진정결과적 가중범이고, 동치사죄는 과실의 경우에만 성립하는 진정결과적 가중범이다.

XII. 가스등공급방해죄·공공용가스등공급방해죄·가스등공급방해치사상죄

[형법조문]

제173조(가스 · 전기등 공급방해) ① 가스, 전기 또는 증기의 공작물을 손괴 또는 제거하거나 기타 방법으로 가스, 전기 또는 증기의 공급이나 사용을 방해하여 공공의 위험을 발생하게 한 자는 1년 이상 10년 이하의 징역에 처한다.
② 공공용의 가스, 전기 또는 증기의 공작물을 손괴 또는 제거하거나 기타 방법으로 가스, 전기 또는 증기의 공급이나 사용을 방해한 자도 전항의 형과 같다.
③ 제1항 또는 제2항의 죄를 범하여 사람을 상해에 이르게 한 때에는 2년 이상의 유기징역에 처한다. 사망에 이르게 한 때에는 무기 또는 3년이상의 징역에 처한다.

제1항은 가스, 전기 또는 증기를 공급하는 공작물을 손괴 또는 제거하거나 기타 방법으로 이들의 공급이나 사용을 방해하여 공공의 위험을 발생하게 하는 것을 처벌하는 것이다. 구체적 위험범으로 이들 물질을 공급하는 공작물을 손괴 또는 제거하거나 기타 방법으로 공급이나 사용을 방해하는 것만으로는 본죄가 성립하지 않는다.

제2항은 행위객체가 공공용으로 제한되어 있으며, 추상적 위험범으로 규정되어 있다. 그러므로 공공의 위험발생은 구성요건요소가 아니다. 수돗물은 본죄의 행위객체에 해당하지 않으므로 수도관을 손괴, 제거하거나 공급을 방해하는 행위는 수도불통죄(제195조)에 해당한다.

XIII. 과실폭발성물건파열등죄

[형법조문]

> 제173조의2(과실폭발성물건파열등) ① 과실로 제172조제1항, 제172조의2제1항, 제173조제1항과 제2항의 죄를 범한 자는 5년 이하의 금고 또는 1천500만원 이하의 벌금에 처한다.
> ② 업무상과실 또는 중대한 과실로 제1항의 죄를 범한 자는 7년 이하의 금고 또는 2천만원 이하의 벌금에 처한다.[본조신설 1995.12.29.]

본죄는 과실로 보일러, 고압가스, 기타 폭발성 있는 물건을 파열시켜 사람의 생명·신체 또는 재산에 대하여 위험을 발생시킨 경우, 가스, 전기, 증기 또는 방사선이나 방사성물질을 방출, 유출 또는 살포시켜 사람의 생명, 신체 또는 재산에 대하여 위험을 발생시킨 경우, 가스, 전기 또는 증기의 공작물을 손괴 또는 제거하거나 기타 방법으로 가스, 전기 또는 증기의 공급이나 사용을 방행하여 공공의 위험을 발생하게 한 경우에 성립하는 죄이다.[1066]

1066) 대법원 2001.6.1. 선고 99도5086 판결.

XIV. 기타규정

가. 미수범

[형법조문]

제174조(미수범) 제164조제1항, 제165조, 제166조제1항, 제172조제1항, 제172조의2제1항, 제173조제1항과 제2항의 미수범은 처벌한다.[전문개정 1995.12.29.][1067]

나. 예비·음모

[형법조문]

제175조(예비, 음모) 제164조제1항, 제165조, 제166조제1항, 제172조제1항, 제172조의2제1항, 제173조제1항과 제2항의 죄를 범할 목적으로 예비 또는 음모한 자는 5년 이하의 징역에 처한다. 단 그 목적한 죄의 실행에 이르기 전에 자수한 때에는 형을 감경 또는 면제한다.

다. 타인의 권리대상이 된 자기의 물건

[형법조문]

제176조(타인의 권리대상이 된 자기의 물건) 자기의 소유에 속하는 물건이라도 압류 기타 강제처분을 받거나 타인의 권리 또는 보험의 목적물이 된 때에는 본장의 규정의 적용에 있어서 타인의 물건으로 간주한다.

1067) **[현주건조물방화미수]** : 대법원 1997.6.13. 선고 97도957 판결 ; 대전지법 1991.6.13. 선고 88고합274 제2형사부판결[확정].

제4절 일수와 수리에 관한 죄

Ⅰ. 총설

일수죄는 수해를 일으켜 공공의 안전을 해하는 범죄이다. 수해는 화재와 같이 공중의 생명·신체·재산 등에 대하여 위험을 발생하게 하므로 방화죄와 죄질을 같이하는 공공위험범이다.

Ⅱ. 현주건조물등일수·현주건조물등일수치사상죄

[형법조문]

제177조(현주건조물등에의 일수) ① 물을 넘겨 사람이 주거에 사용하거나 사람이 현존하는 건조물, 기차, 전차, 자동차, 선박, 항공기 또는 광갱을 침해한 자는 무기 또는 3년 이상의 징역에 처한다. ② 제1항의 죄를 범하여 사람을 상해에 이르게 한 때에는 무기 또는 5년 이상의 징역에 처한다. 사망에 이르게 한 때에는 무기 또는 7년 이상의 징역에 처한다.

'물을 넘겨' 즉 일수란 제한되어 있는 물의 자연력을 해방시켜 경계 밖으로 범람하게 하는 것을 말한다. 그 물은 유수이건 저수이건 불문하며, 그 수단·방법에도 아무런 제한이 없다.

'침해'란 물의 자연력에 의하여 물건의 효용을 상실시키거나 감소시키는 것을 말한다. 그러나 물건의 효용 전부를 상실 또는 감소시킬 필요는 없고 그 일부에 그쳐도 좋다.

Ⅲ. 공용건조물등일수죄

[형법조문]

> 第178조(공용건조물 등에의 일수) 물을 넘겨 공용 또는 공익에 공하는 건조물, 기차, 전차, 자동차, 선박, 항공기 또는 광갱을 침해한 자는 무기 또는 2년 이상의 징역에 처한다.

본죄의 행위객체에 해당하는 공용 또는 공익건조물이라 하더라도 현주건조물이거나 사람이 주거에 사용하는 건조물 등인 경우에는 본죄가 아니라 현주건조물 등 일수죄에 해당한다. 행위객체는 현주건조물등방화죄와 동일하다.

Ⅳ. 일반건조물등일수죄

[형법조문]

> 第179조(일반건조물 등에의 일수) ① 물을 넘겨 전2조에 기재한 이외의 건조물, 기차, 전차, 자동차, 선박, 항공기 또는 광갱 기타 타인의 재산을 침해한 자는 1년 이상 10년 이하의 징역에 처한다.
> ② 자기의 소유에 속하는 전항의 물건을 침해하여 공공의 위험을 발생하게 한 때에는 3년 이하의 징역 또는 700만원 이하의 벌금에 처한다.
> ③ 제176조의 규정은 본조의 경우에 준용한다.

본죄는 물을 넘겨 현주 또는 공용의 건조물·기차·전차·자동차·선박·항공기·광갱 및 기타 타인의 재산을 침해함으로써 성립한다. 제1항은 목적물이 타인소유인 추상적 위험범이며(미수범 처벌), 제2항은 자기소유목적물인 구체적 위험범이다. '타인의 재산'은 현주건조물 등 일수죄나 일반건조물 등 일수죄에 해당하는 목적물 이외의 물건을 말한다. 기타의 구성요건은 일반건조물 등 방화죄와 같다.

Ⅴ. 방수방해죄

[형법조문]

제180조(방수방해) 수재에 있어서 방수용의 시설 또는 물건을 손괴 또는 은닉하거나 기타 방법으로 방수를 방해한 자는 10년 이하의 징역에 처한다.

진화방해죄에 상응하는 추상적 위험범으로 손괴 또는 은닉하거나 기타 방법으로 방수를 방해하면 본죄가 성립하고 현실적으로 방수방해의 결과가 발생할 필요는 없다.

'수재에 있어서'란 현재 침해가 이미 발생하여 계속되는 경우뿐만 아니라 수재발생의 위험 있는 상태를 포함한다.

Ⅵ. 과실일수죄

[형법조문]

제181조(과실일수) 과실로 인하여 제177조 또는 제178조에 기재한 물건을 침해한 자 또는 제179조에 기재한 물건을 침해하여 공공의 위험을 발생하게 한 자는 1천만원 이하의 벌금에 처한다.

본죄는 과실로 현주건조물 등 일수죄, 공용건조물 등 일수죄에 기재된 물건을 침해하거나(추상적 위험범), 일반건조물 등 일수죄에 기재한 물건을 침해하여 공공의 위험을 발생하게 하면 성립(구체적 위험범)하는 위험범이다. 실화죄와 비교되는 구성요건이다.

Ⅶ. 수리방해죄

[형법조문]

第184조(수리방해) 제방을 결궤하거나 수문을 파괴하거나 기타 방법으로 수리를 방해한 자는 5년 이하의 징역 또는 700만원 이하의 벌금에 처한다.

본조는 수리를 방해하는 행위를 처벌하는 규정으로 타인의 수리권을 보호법익으로 하는 범죄이다.

'수리'란 관개, 목축, 수차, 발전, 수도용의 인수, 기타 일체의 물의 이용을 의미한다. 그 물은 자연수이건 인공적인 것이건 상관없다. 그 이용의 방법·종류도 따지지 않는다.[1068)]

Ⅷ. 기타규정

가. 미수범

[형법조문]

第182조(미수범) 第177조 내지 第179조第1항의 미수범은 처벌한다.

제177조 내지 제179조 제1항의 미수범은 처벌한다. 이는 기본범죄인 현주건조물 등에의 일수행위가 미수인 상태에서 상해나 사망의 결과가 발생한 경우에 미수범으로 처벌한다는 것이다.

1068) 대법원 2001.6.26. 선고 2001도404 판결 ; 대법원 1968.2.20. 선고 67도1677 판결.

나. 예비·음모

[형법조문]

第183条(예비, 음모) 제177조 내지 제179조제1항의 죄를 범할 목적으로 예비 또는 음모한 자는 3년 이하의 징역에 처한다.

본죄는 현주건조물 등 일수죄, 공용건조물 등 일수죄, 타인소유 일반건조물 등 일수죄를 범할 목적으로 예비·음모를 하는 것이다. 방화죄와 달리 실행에 이르기 전에 자수하더라도 형의 감경이나 면제규정을 두지 않았다.

제5절 교통방해의 죄

Ⅰ. 총설

교통방해죄는 교통로 또는 교통기관 등 교통설비를 손괴 또는 불통하게 하여 교통을 방해하는 것을 내용을 하는 범죄를 말한다. 본죄도 공공위험죄로서의 성격을 갖는다고 볼 수 있다.

본죄의 보호법익은 교통의 안전과 이로 인한 생명·신체·재산의 위험도 보호하는 범죄이며 추상적 위험범이다.

Ⅱ. 일반교통방해죄

[형법조문]

第185조(일반교통방해) 육로, 수로 또는 교량을 손괴 또는 불통하게 하거나 기타 방법으로 교통을 방해한 자는 10년 이하의 징역 또는 1천500만원 이하의 벌금에 처한다.

육로·수로 또는 교량을 손괴 또는 불통하게 하거나 기타의 방법으로 교통을 방해함으로써 성립하는 범죄이다.

본죄의 객체는 육로·수로 또는 교량이다. 육로란 공중의 왕래에 사용되는 육상의 도로로서 관리자나 소유자가 누구인가를 따지지 않으며,[1069] 노면의 넓고 좁음이나 통행인의 다과도 묻지 않는다.[1070] 반드시 도로법의 적용을 받는 도로일 필요도 없다. 공중의 왕래에 사용되는 장소란 불특정다수인 또는 차마가 자유롭게 통행할 수 있는 공공성을 가진 장소를 말한다.[1071] 따라서 공터로 두었을 경우 인접주민들이 일시 지름길로 사용했다는 것만으로는 육로라고 할 수 없는 것이다.[1072]

보충판례 145 : 대법원 2007.3.15. 선고 2006도9418 판결[1073]

수로란 선박의 항해에 제공되는 하천·운하·해협·호소 등을 말한다. 그리고 공해상의 해로도 교통방해의 대상이 될 수 있는 이상 수로라고 해야 할 것이다.

교량이란 일반의 교통에 제공된 다리로서 그 형태와 대소 또는 재질과 소유권 여하는 불문한다. 대개 하천 기타 수로에 가설되는 다리를 말하지만 육교도 여기의 교량에 포함된다. 그러나 궤도의 일부가 되는 철교는 여기에 포함되지 않는다.

본죄의 행위는 손괴 또는 불통하게 하거나 기타의 방법으로 교통을 방해하는 것이다.

1069) 대법원 1989.6.27. 선고 88도2264 판결.

1070) 대법원 1988.4.25. 선고 88도18 판결.

1071) 대법원 2010.2.25. 선고 2009도13376 판결 ; 대법원 1988.5.10. 선고 88도262 판결.

1072) 대법원 1984.11.13. 선고 84도2192 판결.

1073) 대법원 2007.3.15. 선고 2006도9418 판결('육로'라 함은 사실상 일반 공중의 왕래에 공용되는 육상의 통로를 널리 일컫는 것으로서 그 부지의 소유관계나 통행권리관계 또는 통행인의 많고 적음 등을 가리지 않는다.)

보충판례 146 : 대법원 2008.11.13. 선고 2006도755 판결[1074]

Ⅲ. 기차·선박등교통방해죄

[형법조문]

第186조(기차, 선박 등의 교통방해) 궤도, 등대 또는 표지를 손괴하거나 기타 방법으로 기차, 전차, 자동차, 선박 또는 항공기의 교통을 방해한 자는 1년 이상의 유기징역에 처한다.

손괴는 물질적 훼손을 말하므로, 물건 자체에 손실을 초래하지 않고 효용을 발휘하지 못하게 하는 것은 손괴라고 할 수 없다. 기타의 방법이란 궤도상에 장애물을 놓아두는 행위나 등대의 등화를 꺼버리는 것, 교통신호를 가리거나 신호등의 불을 끄거나 거짓 등대를 만드는 것 등이 기타의 방법에 해당한다(통설).

Ⅳ. 기차등전복죄

[형법조문]

第187조(기차 등의 전복 등) 사람의 현존하는 기차, 전차, 자동차, 선박 또는 항공기를 전복, 매몰, 추락 또는 파괴한 자는 무기 또는 3년 이상의 징역에 처한다.

'사람이 현존하는'이란 피고인 이외의 사람이 현존한다는 의미이다.[1075]

본죄에 규정된 교통기관은 반드시 현재 진행 중인 것을 요하지 않는다. 그 기능이

1074) 대법원 2008.11.13. 선고 2006도755 판결(적법한 신고를 마치고 도로에서 집회나 시위를 하는 경우 도로의 교통이 어느 정도 제한될 수밖에 없으므로, 그 집회 또는 시위가 신고된 범위 내에서 행해졌거나 신고된 내용과 다소 다르게 행해졌어도 신고된 범위를 현저히 일탈하지 않는 경우에는, 그로 인하여 도로의 교통이 방해를 받았다고 하더라도 특별한 사정이 없는 한 형법 제185조의 일반교통방해죄가 성립한다고 볼 수 없다.)

1075) 대법원 1970.9.17. 선고 70도1665 판결.

유지되는 이상 차고에 들어있거나 정차 또는 정박 중인 것이라도 본죄의 성립에 영향이 없다.

전복이란 교통기관을 탈선시켜 넘어가게 하는 것이고, 매몰은 예컨대 선박을 침몰시키는 것이다. 침몰은 좌초와는 구별된다. 따라서 침몰의사로 좌초하게 한 경우에는 본죄의 미수에 불과하고[1076], 좌초로 인하여 선박이 파괴된 경우에는 파괴에 해당된다.[1077] 추락이란 자동차나 항공기가 높은 곳에서 아래로 떨어지는 것을 말한다. 이로 인하여 자동차나 항공기가 파괴되었을 것은 요하지 않는다. 여기서의 파괴의 정도는 교통기관으로서의 기능의 전부 또는 일부를 불가능하게 할 정도의 손괴이다(통설 및 ·판례[1078]).

V. 교통방해치사상죄

[형법조문]

> 제188조(교통방해치사상) 제185조 내지 제187조의 죄를 범하여 사람을 상해에 이르게 한 때에는 무기 또는 3년 이상의 징역에 처한다. 사망에 이르게 한 때에는 무기 또는 5년 이상의 징역에 처한다.[전문개정 1995.12.29.]

일반 교통방해죄, 기차·선박 등 교통방해죄 또는 기차 등 전복죄를 범하여 사람을 사상에 이르게 한 때에 성립하는 결과적 가중범이다.[1079]

1076) 대법원 2000.6.23. 선고 99도4688 판결.

1077) 대법원 2009.4.23. 선고 2008도11921 판결(형법 제187조에서 정한 '파괴'란 다른 구성요건 행위인 전복, 매몰, 추락 등과 같은 수준으로 인정할 수 있을 만큼 교통기관으로서의 기능·용법의 전부나 일부를 불가능하게 할 정도의 파손을 의미하고, 그 정도에 이르지 아니하는 단순한 손괴는 포함되지 않는다.)

1078) 대법원 1970.10.23. 선고 70도1611 판결.

1079) 청주지법 2014.1.9. 선고 2013고합192 판결[항소][피고인이 고속도로에서 자동차를 운전 중 인접 차량의 운전자 갑과 시비를 벌이면서 갑의 차량 주변에서 난폭운전을 하는 등으로 위험한 물건인 자동차를 휴대하여 갑을 협박하고, 갑의 차량 앞에 급하게 끼어든 후 급감속하여 자동차를 정차함으로써 갑을 비롯한 다수의 후속 차량 탑승자들을 연쇄 추돌로 사망 또는 상해에 이르게 하였다고 하여 폭력행위 등 처벌에 관한 법률 위반(집단·흉기등협박) 및 일반교통방해치사상으로 기소된 사안에서, 피고인이 차량을 운전하여 갑의 차량 앞에 빠른 속도로 끼어들어 속력을 줄이거나 갑이 이를 피하여

Ⅵ. 과실·업무상과실·중과실교통방해죄

[형법조문]

> 제189조(과실, 업무상과실, 중과실) ① 과실로 인하여 제185조 내지 제187조의 죄를 범한 자는 1천만원 이하의 벌금에 처한다. [개정 1995.12.29.]
>
> ② 업무상과실 또는 중대한 과실로 인하여 제185조 내지 제187조의 죄를 범한 자는 3년 이하의 금고 또는 2천만원 이하의 벌금에 처한다.

제1항의 경우에는 행위자가 주의의무에 위반하여 일반교통방해죄나 기차·선박 등 교통방해죄 또는 기차 등 전복죄를 범하는 것으로 정비불량상태로 자동차를 운행하다가 시동이 꺼져 교통소통을 여러 시간 방해한 경우가 그 예이다.

제2항의 경우에는 업무로 인하여 주의의무가 특히 강조되는 자가 이를 소홀히 하여 일반교통방해죄나 기차·선박 등 교통방해죄 또는 기차 등 전복죄를 범하는 경우에 성립한다.[1080]

운전하여 가면 쫓아가는 등 진로방해를 하고, 갑의 차량 옆을 주행하면서 창문을 내려 욕설을 하고 정차를 종용하기도 하였으며, 이러한 피고인의 행위가 법정 최고시속 110km로 주행하는 고속도로 상에서 약 10여 분간 계속된 점 등에 비추어 피고인의 행위는 해악의 고지에 해당하고, 피고인이 교통방해의 고의로 고속도로 1차로 상에 차량을 정차하여 갑 등이 탑승한 후행 차량들이 정차하거나 추돌하여 사고가 발생하였으며, 피고인 스스로도 사상의 결과 발생을 예견하였다는 이유로 모두 유죄를 선고하였다.] ; 서울고법 1990.5.18. 선고 89노3822 제1형사부판결[확정](선박매몰치사죄는 선박매몰죄를 범하여 사람을 사망하게 한 결과가 발생하였을 때 성립하는 이른바 결과적가중범으로서 선박매몰죄에 대하여는 특별법관계에 있어 선박매몰치사죄가 인정되는 이상 이와 별도로 선박매몰죄가 성립되는 것은 아니라고 보아야 할 것이고 위 2개의 죄가 별개로 성립하여 상상적 경합관계에 있는 것으로 볼 것이 아니다.)

1080) 대법원 2009.6.11. 선고 2008도11784 판결 ; 대법원 1997.11.28. 선고 97도1740 판결 ; 대법원 1991.12.10. 선고 91도2044 판결 ; 대법원 1991.11.12. 선고 91도1278 판결 ; 대법원 1983.9.27. 선고 82도671 판결.

Ⅶ. 교통방해미수 및 예비·음모죄

[형법조문]

> 제190조(미수범) 제185조 내지 제187조의 미수범은 처벌한다.
> 제191조(예비, 음모) 제186조 또는 제187조의 죄를 범할 목적으로 예비 또는 음모한 자는 3년 이하의 징역에 처한다.

제185조 내지 제187조는 추상적 위험범이므로 교통방해의 결과가 발생하여야 하는 것은 아니다. 그러므로 미수범은 손괴행위나 불통하게 하는 행위 혹은 기타 방법이라는 행위수단의 사용이 미수에 그친 경우에 인정된다.

예비·음모죄는 기차·선박 등의 교통방해죄 또는 기차 등 전복죄를 범할 목적으로 예비·음모한 경우에만 성립된다.

제2장 공공의 신용에 관한 죄

제1절 문서에 관한 죄

Ⅰ. 총설

가. 의의

문서에 관한 죄는 행사할 목적으로 문서를 위조 또는 변조하거나, 허위문서를 작성하거나, 또는 위조·변조 또는 허위작성된 문서를 행사하거나 문서를 부정행사함으로써 성립하는 범죄이다. 또한 1995년 개정형법은 사무처리를 그르치게 할 목적으로 공전자기록·사전자기록을 위작·변작하는 행위도 처벌하는 규정을 신설하였다.

나. 보호법익

본죄의 보호법익은 문서에 대한 거래의 안전과 공공의 신용이다. 판례도 문서에 대한 공공의 신용을 보호법익이라고 한다.[1081] 따라서, 문서에 관한 죄로써 보호되는 것은 문서 자체가 아니라 문서의 증명력과 문서에 담겨진 사상에 대한 안전과 신용이라 할 수 있다.

다. 문서에 관한 죄의 본질

본죄의 보호법익은 문서에 대한 거래의 안전과 공공의 신용이다. 그런데 본죄에 의해 형법이 현실적으로 보호하려는 것은 무엇인가, 즉 문서가 형식적으로 진정하게 성

1081) 대법원 1998.4.10. 선고 98도164 판결(문서위조 또는 변조 및 동행사죄의 보호법익은 문서 자체의 가치가 아니고 문서의 진정에 대한 공공의 신용이다.)

립되었음(성립의 진정)인가 아니면 그 내용의 진실인가에 관하여는 학설이 나뉘어져 있다. 문서의 형식적 진실 즉 문서의 작성명의의 진정을 보호한다는 설을 '형식주의'라 하고, 문서의 실질적 진실 즉 문서의 내용에 대한 진실을 보호한다는 설은 '실질주의'라고 한다.

'형식주의'에 의하면, 문서의 작성명의의 형식을 거짓으로 하는 것을 처벌하려는 것이 문서위조죄의 목적이라고 한다. 즉, 진정한 작성권한이 없이 타인명의의 문서를 작성하는 한 공공의 신용을 해할 것이므로 이를 처벌할 이유가 있다고 하는 것이다. 형식주의에 의하면 설사 그 문서의 기재내용이 사실과 합치더라도 본죄는 성립한다고 한다. 여기서 작성권한 없는 자가 함부로 타인명의의 문서를 작성하는 것을 유형위조라고 한다.

'실질주의'에 의하면, 문서내용의 진실에 대한 공공의 신용을 보호하려는 것이 본죄의 목적이라고 한다. 따라서 설령 문서명의의 형식을 거짓으로 하였다고 할지라도 그 내용이 진실에 합치한다면 문서위조의 실질적 위험이 발생할 염려가 없기 때문에 본죄는 성립하지 않고, 그 내용이 거짓일 때 비로소 본죄가 성립한다고 한다. 여기서 문서의 내용을 거짓으로 꾸미는 것을 무형위조라고 한다.

형법은 사문서에 관하여는 원칙적으로 유형위조만을 처벌하고(형식주의), 무형위조는 예외적으로만 처벌하고 있다(제233조).[1082] 반면, 공문서의 경우에는 유형위조(제225조)와 무형위조(제227조)를 모두 처벌하고 있다. 따라서 형법은 형식주의를 원칙으로 하면서 실질주의를 가미하고 있다고 말할 수 있다.[1083]

라. 문서

본죄의 행위의 객체는 문서이다. 문서의 개념은 넓은 의미와 좁은 의미로 쓰이는데, 넓은 의미의 문서에는 좁은 의미의 문서에 도화를 포함시킨 것이다. 도화란 문자

1082) 대법원 1985.10.22. 선고 85도1732 판결(이사회를 개최함에 있어 공소외 이사들이 그 참석 및 의결권의 행사에 관한 권한을 피고인에게 위임하였다면 그 이사들이 실제로 이사회에 참석하지도 않았는데 마치 참석하여 의결권을 행사한 것처럼 피고인이 이사회 회의록에 기재하였다 하더라도 이는 이른바 사문서의 무형위조에 해당할 따름이어서 처벌대상이 되지 아니한다.)

1083) 판례도 같은 입장이다 : 대법원 1985.1.22. 선고 84도2422 판결.

이외의 상형적 방법으로써 일정한 의사 또는 판단을 기재한 물체를 말한다. 도화의 경우에는 일정한 법률관계의 증거로 될 수 있는 경우에만 본죄의 객체로 될 수 있다. 예컨대 지적도는 도화에 해당하지만[1084], 순전한 미술상의 도화는 본죄의 객체가 될 수 없다.

다음에서 설명하는 문서의 개념은 주로 좁은 의미의 문서에 관한 것이다. 문서에 관한 죄에서는 문서의 개념을 분명히 이해하는 것이 매우 중요하다.

(1) 문서의 개념 일반적으로 문서란 문자 또는 이를 대신할 발음적 부호에 의해서 사상이나 관념을 표시한 물체를 말한다(좁은 의미의 문서개념).[1085] 그런데 문서위조죄의 보호법익은 거래 또는 신용이므로 본죄의 객체인 문서도 위조 또는 변조에 의하여 거래 또는 신용을 침해할 만한 것이어야 한다. 그러므로 문서는 법적으로 중요한 사실을 증명할 수 있고(증명적 기능), 명의인을 표시하는(보장적 기능) 내용의 문자 또는 부호에 의하여 사람의 의사를 계속적으로(계속적 기능) 나타내는 것이어야 할 것이다. 따라서 예컨대 명의인 없는 문서나 시·소설의 원고 또는 모래판 위에 쓴 문자와 같은 것은 여기서의 문서에 포함되지 않는다.

1) 의사표시의 계속성 문서는 다소 계속적으로 사람의 의사표시를 기재한 물체라야 한다.

① 의사표시 및 그 방법 의사표시란 문서내용이다. 따라서 문서는 작성명의인의 사상이나 관념을 타인에게 전달하여 인식시킬 수 있는 물체를 의미한다.

종래 복사물은 그 사본 또는 등본의 인증이 없는 한 문서에 속하지 않는다[1086]고 판시하여 왔으나, 대법원은 종전의 견해를 변경하여 「문서는 원본에 한한다고 보아야 할 근거는 없고, 문서의 사본이라 하더라도 원본과 동일한 의식내용을 보유

1084) 대법원 1980.8.12. 선고 80도1134 판결.

1085) 대법원 2010.7.15. 선고 2010도6068 판결(형법상 문서에 관한 죄에 있어서 문서라 함은, 문자 또는 이에 대신할 수 있는 가독적 부호로 계속적으로 물체상에 기재된 의사 또는 관념의 표시인 원본 또는 이와 사회적 기능, 신용성 등을 동일시할 수 있는 기계적 방법에 의한 복사본으로서 그 내용이 법률상, 사회생활상 주요 사항에 관한 증거로 될 수 있는 것을 말한다.)

1086) 대법원 1978.4.11. 선고 77도4068 판결.

하고 있고 증명수단으로서 원본과 같은 사회적 기능과 신용을 가지는 것으로 인정된다면 이를 문서의 개념에 포함시키는 것이 상당하다고 하여 이른바 복사 문서도 오늘날 일상거래에도 원본에 대신하는 증명수단으로서의 기능이 증대되고 있는 실정에 비추어, 이에 대한 사회적 신용을 보호할 필요가 있으므로 문서에 해당한다」고 판시하였다.[1087] 개정형법은 이러한 대법원의 견해를 반영하여 문서나 도화의 사본도 문서 또는 도화로 본다는 규정을 신설하였다(제237조의2).

문서는 일정한 의미있는 구체적인 의사표시를 기재한 물체이어야 하므로 구체적인 의사의 표시가 아닌 것은 문서로서의 요건을 결여하게 된다. 예컨대 명찰, 번호표 등은 문자로 기재하였더라도 문서가 아니다. 그러나 의사표시는 이를 단축하여 표시할 수도 있으므로, 예컨대 우체국의 일부인, 출납전표, 여권 등도 문서이다. 이를 단축문서 또는 생략문서라고 한다. 그러나 예술작품의 서명이나 낙관은 문서가 아니라 인장에 해당하여 인장에 관한 죄가 성립할 뿐이다(통설).

의사표시의 방법은 문자와 부호(예컨대 맹인용의 점자, 전신부호, 속기용 부호 등)이다. 부호에는 위에 예를 든 것과 같은 발음적 부호 외에도 상형적 부호(예를 들면 접수일부인의 날인)도 포함된다. 대법원도 「신용장에 날인된 접수일부인은 사실증명에 관한 사문서에 해당되므로 신용장에 허위의 접수인을 날인한 것은 사문서위조에 해당한다」고 판시한 바 있다.[1088] 다만 본인이나 특정한 사람만이 해독할 수 있는 암호를 사용한 물체는 문서가 아니다.

문서는 시각적 방법에 의하여 표시된 것만을 가리킨다. 따라서 음반이나 녹음테이프, 컴퓨터 디스켓 등에 기록된 것은 문서에 해당하지 않는다. 다만, 개정형법은 전자기록에 대한 변조를 별도로 처벌하는 규정을 신설하였다(제227조의2 및 제232조의2).

1087) 「문서위조 또는 변조 및 동행사죄의 보호법익은 문서 자체의 가치가 아니고 문서에 대한 공공의 신용이므로 문서위조 또는 변조의 객체가 되는 문서는 반드시 원본에 한한다고 보아야 할 근거는 없고, 문서의 사본이라도 원본과 동일한 의식내용을 보유하고 증명수단으로서 원본과 같은 사회적 기능과 신용을 가지는 것으로 인정된다면 이를 위 문서의 개념에 포함시키는 것이 상당하다 할 것이고, 나아가 광의의 문서의 개념에 포함되는 도화의 경우에 있어서도 마찬가지로 해석하여야 한다」. 대법원 1993.7.27. 선고 93도 1435 판결 ; 대법원 1989.9.12. 선고 전원합의체판결 87도506 판결 ; 대법원 1992.11.27 선고 92도2226 판결 ; 대법원 1993.07.27 선고 93도1435 판결 ; 대법원 1994.03.22 선고 94도4 판결 ; 대법원 1994.09.30 선고 94도1787 판결 ; 대법원 1995.12.26 선고 95도2389 판결 ; 대법원 1996.05.14 선고 96도785 판결 ; 대법원 2000.09.05 선고 2000도2855 판결 ; 대법원 2006.01.26 선고 2004도788 판결.

1088) 대법원 1979.10.30. 선고, 77도1879 판결

② 의사표시의 계속성　문서는 어느 정도 계속성(영속성)을 갖추어야 한다. 따라서 모래 위의 문자, 나무판자에 물로 쓴 글자 등은 문서라고 할 수 없다.[1089]

2) 증명적 기능　본죄의 객체가 되는 문서는 법률상 중요한 사항에 관한 증거가 될 수 있는 것이어야 한다. 따라서 권리의무의 발생·변경·소멸 등을 표시한다든가, 또는 법률생활상 직접·간접으로 관계있는 문서라야 한다. 형법은 사문서에 관한 죄에서 그 객체를 '권리의무 또는 사실증명에 관한 문서'(제231조, 제232조, 제236조 참조)라고 규정하여 이를 분명히 하고 있다. 따라서 시·소설 등은 문서가 아니다. 그러나 이력서·추천서·안내장 등은 법률상 중요성을 가지는 사실증명에 관한 것으로서 문서에 해당한다.

3) 보장적 기능

① 작성명의인의 특정　문서는 일정한 의사의 표시이므로 특정한 작성명의인이 존재하여야 한다. 그리고 그 문서 자체(형식내용)에 의하여 그 문서작성명의인을 판단할 수 있어야 한다. 따라서 작성명의인이 없는 문서는 본죄의 객체로 되지 아니한다. 왜냐하면, 작성명의인이 없다든가 또는 불명한 문서는 일반인의 신뢰를 받을 수가 없고 거래상의 증거로서의 가치가 없기 때문이다. '작성명의인'이라 함은 그 문서의 작성권자, 즉 그 문서의 의사를 자기의 것으로 표시한 본인(그 문서의 의사내용의 주체)을 의미하고, 현실적으로 집필한 작성자와 반드시 일치할 필요는 없다. 작성명의인은 자연인뿐만 아니라 법인, 법인격 없는 단체가 포함되는 것은 물론이다.[1090]

② 허무인 또는 사자명의의 문서　문서의 명의인은 반드시 실재자임을 요하는가와 관련한 문제로서, 허무인 또는 사자명의의 문서를 인정할 것인가에 대하여는 견해가 세 가지(긍정설, 부정설, 절충설)로 나뉘고 있다.

1089) 대법원 2010.7.15. 선고 2010도6068 판결(컴퓨터 모니터 화면에 나타나는 이미지는 이미지 파일을 보기 위한 프로그램을 실행할 경우에 그때마다 전자적 반응을 일으켜 화면에 나타나는 것에 지나지 않아서 계속적으로 화면에 고정된 것으로는 볼 수 없으므로, 형법상 문서에 관한 죄에 있어서의 문서에는 해당되지 않는다.) 그러나 그 이미지파일을 프린트로 출력하면 문서가 된다(대법원 2011.11.10. 선고 2011도10468 판결).

1090) 대법원 2008.12.24. 선고 2008도7836 판결.

통설 및 판례는 공문서의 경우에는 명의인이 실재함을 요하지 않는다고 하여 허무인명의의 문서를 위조한 때에도 공문서위조죄가 성립한다고 한다.[1091] 그러나 사문서의 경우에는 원칙적으로 명의인의 실재를 요한다고 하여 사자명의의 문서나 허무인명의의 문서에 대하여는 사문서위조죄는 성립하지 않는다고 한다.[1092] 다만, 문서의 작성일자가 명의자의 생존 중인 경우에는 문서에 해당하는 것으로 하여 사문서위조죄의 성립을 인정하였다.[1093] 그러나 문서위조죄는 문서의 진정에 대한 공공의 신용을 그 보호법익으로 하는 것이므로 행사할 목적으로 작성된 문서가 일반인으로 하여금 당해 명의인의 권한 내에서 작성된 문서라고 믿게 할 수 있는 정도의 형식과 외관을 갖추고 있으면 문서위조죄가 성립하는 것이고, 위와 같은 요건을 구비한 이상 그 명의인이 실재하지 않는 허무인이거나 또는 문서의 작성일자 전에 이미 사망하였다고 하더라도 그러한 문서 역시 공공의 신용을 해할 위험성이 있으므로 문서위조죄가 성립한다고 봄이 상당하며 이는 공문서뿐만 아니라 사문서의 경우에도 마찬가지라고 보아야 한다. 따라서 허무인이나 사망자 명의의 사문서를 위조한 경우에도 사문서위조죄가 성립한다. 판례(보충판례 153)도 같은 입장이다. 또한 이러한 법리는 법률적·사회적으로 자연인과 같이 활동하는 법인 또는 단체에도 그대로 적용된다 할 것이므로 해산등기를 마쳐 그 법인격이 소멸한 법인 명의의 사문서를 위조한 행위도 사문서위조죄를 구성한다.[1094]

보충판례 153 : 대법원 2005.2.24. 선고 2002도18 전원합의체 판결

(2) 문서의 종류 문서에 관한 죄의 객체로서의 문서는 공문서와 사문서로 구별할 수 있다.

1) 공문서 '공문서'라 함은 공무소 또는 공무원이 그 명의로써 그 직무상 작성하는 문서를 말한다. 따라서 공무원이 작성하는 문서라도 그 직무상 작성하는 것이 아

1091) 대법원 1968.9.17. 선고 68도981 판결
1092) 대법원 1960.8.10. 선고 4292형상658 판결 ; 대법원 1959.3.20. 선고 4291형상591 판결.
1093) 대법원 1973.10.23. 선고 763도1138 판결.
1094) 대법원 2005.3.25. 선고 2003도4943 판결.

니면 공문서가 아니다. 공문서와 사문서의 구별기준은 그 내용이 공적 사항인가 또는 사적 사항인가에 있는 것이 아니고, 그 작성명의가 공무소 또는 공무원인가 또는 사인인가에 있다.[1095)]

2) 사문서 '사문서'라 함은 사인의 명의로 작성한 문서를 말한다. 그러나 본죄의 객체로 될 수 있는 사문서는 사인작성명의로 되어 있는 모든 문서가 아니고, 사문서 중 '권리의무 또는 사실증명에 관한'(제231조 참조) 것에 한한다.[1096)]

II. 사문서등위조·변조죄

[형법조문]

> 제231조(사문서등의 위조 · 변조) 행사할 목적으로 권리 · 의무 또는 사실증명에 관한 타인의 문서 또는 도화를 위조 또는 변조한 자는 5년 이하의 징역 또는 1천만원 이하의 벌금에 처한다.
>
> 제235조(미수범) 제225조 내지 제234조의 미수범은 처벌한다.
>
> 제237조의2(복사문서등) 이 장의 죄에 있어서 전자복사기, 모사전송기 기타 이와 유사한 기기를 사용하여 복사한 문서 또는 도화의 사본도 문서 또는 도화로 본다.

가. 객체

본죄의 객체는 권리의무 또는 사실증명에 관한 타인의 문서 또는 도화[1097)]이다. 이때의 타인은 자연인·법인 또는 법인격 없는 단체를 포함한다.[1098)]

1095) 대법원 1989.12.12. 선고 89도1253 판결.

1096) 대법원 1998.4.10. 선고 98도164,98감도12 판결 ; 대법원 2003.9.26. 선고 2003도3729 판결.

1097) 대법원 2010.7.29. 선고 2010도2705 판결(담뱃갑의 표면에 그 담배의 제조회사와 담배의 종류를 구별·확인할 수 있는 특유의 도안이 표시되어 있는 경우에는 일반적으로 그 담뱃갑의 도안을 기초로 특정 제조회사가 제조한 특정한 종류의 담배인지 여부를 판단하게 된다는 점에 비추어서도 그 담뱃갑은 적어도 그 담뱃갑 안에 들어 있는 담배가 특정 제조회사가 제조한 특정한 종류의 담배라는 사실을 증명하는 기능을 하고 있으므로, 그러한 담뱃갑은 문서 등 위조의 대상인 도화에 해당한다.)

1098) 「자연인 아닌 법인 또는 단체명의의 문서에 있어서 그 법인단체가 실제 존재하는 이상 그 문서는 흡사 권한 있는 대표 또는 대리인에 의하여 위 단체명의로 작성한 것으로 일반인이 믿을 수 있는 것이므로 그 문서작성자로 표시된 사람의 실존여부는 위조죄의 성립에 아무런 소장이 없다」. 대법원

권리의무에 관한 문서란 권리의무의 발생·변경·소멸에 관한 사항을 기재하는 문서를 말한다. 예컨대 법률행위에 관한 위임장, 매매계약서, 차용증서, 주민동록증발급신청서 또는 인감증명교부신청서[1099] 등이다. 사실증명에 관한 문서란 권리의무에 관한 문서 외에 거래상 중요한 사실을 증명하는 문서를 말한다. 예컨대 추천서, 인사장, 안내장, 이력서, 사립학교의 성적증명서[1100] 등이다. 또한 신용장에 날인된 접수일부인은 사실증명에 관한 사문서에 해당된다.[1101] 그러나 사물의 동일성을 표시하는 데 불과한 명함이나 신발표 등은 본죄의 객체가 아니다.

나. 위조

위조란 정당한 작성권한 없는 자가 타인명의의 문서를 작성하는 것을 말한다. 즉, 문서에 표시되어 있는 명의인은 진정한 작성자가 아닌데도 불구하고, 마치 진정한 작성권자가 그의 의사를 표시한 것처럼 문서(즉, 작성자와 명의인이 불일치한 문서)를 작성하는 것을 말한다. 작성권한 없이 타인명의의 문서를 작성하는 이상, 그 내용이 진실하더라도 문서위조죄로 된다(형식주의). 또한 타인으로부터 위탁된 권한을 초월하여 위탁자 명의의 문서를 작성하거나 타인의 서명날인이 정당하게 성립한 때라 하더라도 그 서명날인자의 의사에 반하는 문서를 작성하는 경우에는 사문서위조가 성립한다.[1102] 따라서 주취운전자 적발보고서 및 주취운전자 정황진술보고서의 각 운전자란에 타인의 서명을 한 다음 이를 경찰관에게 제출한 것은 사문서위조 및 동행사죄에 해당한다.[1103]

1975.2.10. 선고 73도2296 판결.

1099) 「주민등록증발급신청서와 인감증명교부신청서는 각 권리행사에 관한 문서로서 형법 제231조 소정의 권리에 관한 문서이다」. 대법원 1975.5.13. 선고 74도2916 판결.

1100) 「고등학교 성적증명서의 발급은 교장의 전결사항인데, 교장이 부재중이어서 성적증명서의 발급을 대결할 수 있는지의 여부를 가려보아야 하고, 대결할 수 있는 위임이 있었더라도 부정한 행사는 그 위임의 본지에 반하는 것이므로 이미 그 책임과 권한의 범위를 넘는 무권한의 행위이다.」대법원 1983.4.12. 선고 83도154 판결.

1101) 「은행의 접수일부인은 사실증명에 관한 사문서에 해당하므로 허위의 접수일부인을 날인한 것은 사무서위조행위에 해당한다.」대법원 1979.10.30. 선고 77도1879 판결.

1102) 대법원 2012.6.28. 선고 2010도690 판결 ; 대법원 2011.9.29. 선고 2011도6223 판결 ; 대법원 1982.10.12. 선고 82도2023 판결.

1103) 대법원 2004.12.23. 선고 2004도6483 판결.

이와 같이 문서위조(유형위조)는 정당한 작성권한 없이 타인명의의 문서를 작성하는 것이므로 자기명의의 문서를 작성할 경우에는 물론이고, 본인의 승락, 대리 또는 대표자격이 있는 자가 그 권한 내에서 본인명의의 문서를 작성하는 경우에는 본인의 의사에 따른 본인명의의 문서를 작성하는 것이므로 위조로 되지 않는다. 다만 이 경우에 그 내용이 허위인 경우에는 허위문서의 작성(무형위조)으로 될 뿐이다.

또한 작성명의인의 표시는 문서자체의 내용·형식에 의하여 작성명의인이 누구인가를 판단할 수 있으면 족하다.[1104] 그리고 위조문서의 작성은 행위자의 자필에 의하건 타인의 대필에 의하건 불문한다.[1105]

보충판례 154 : 대법원 2000.6.13. 선고 2000도778 판결
보충판례 155 : 대법원 2007.11.30. 선고 2007도4812 판결
보충판례 156 : 대법원 1988.3.22. 선고 83도3 판결

다. 변조

변조란 권한 없는 자가, 이미 진정하게 성립된 타인명의의 문서(진정문서)내용에 대하여 그 동일성을 해하지 아니할 정도로 변경을 가하는 것을 말한다. 예컨대, 타인명의의 차용증서의 기간 또는 금액에 변경을 가하여 그 문서의 증명력을 고치는 경우, 증명서의 사진을 떼어내고 자신의 사진을 붙이는 경우, 인감증명서의 사용용도란의 기재를 변경한 경우 등이다. 그러나 기성문서에 변경을 가하는 경우라도 그 본질적 부분에 변경을 가하여 변경 전의 문서와 사회통념상 전혀 별개의 문서가 작성되었다고 볼 수 있는 경우에는 변조가 아니고 위조이다. 예컨대, 이미 실효된 통용기간 경과 후의 정기승차권의 일자를 변경하여 이를 유효하게 하는 경우는 변조가 아니라 위조이다.

또 문서의 변조는 타인명의의 문서에 변경을 가하는 것이므로, 자기명의의 문서에 대하여 자기 자신이 변경을 가하여도 그것은 변조로는 되지 아니한다. 예컨대, 채무자가 차용증서를 채권자로부터 잠시 반환받아 그 내용에 변경을 가하였을 경우에는

1104) 대법원 2010.11.25. 선고 2010도11509 판결 ; 대법원 2010.11.11. 선고 2010도1835 판결.
1105) 대법원 1987.11.24. 선고 87도1793 판결.

자기의 의사표시를 변경하였을 뿐이고 타인명의의 문서에 변경을 가한 것이 아니므로 문서의 변조로는 되지 아니하고, 문서손괴죄(제396조)가 될 뿐이다.[1106]

보충판례 157 : 대법원 2004.8.20. 선고 2004도2767 판결

Ⅲ. 자격모용에의한사문서작성죄

[형법조문]

제232조(자격모용에 의한 사문서의 작성) 행사할 목적으로 타인의 자격을 모용하여 권리 · 의무 또는 사실증명에 관한 문서 또는 도화를 작성한 자는 5년 이하의 징역 또는 1천만원 이하의 벌금에 처한다. 제235조(미수범) 제225조 내지 제234조의 미수범은 처벌한다.

본죄는 대리권 또는 대표권 없는 자가 타인의 대리자격 또는 대표자격이 있는 것처럼 가장하여 문서를 작성함으로써 성립하는 범죄이다.

'자격모용에 의한 문서의 작성'이란 정당한 대리권 또는 대표권 없는 자가 마치 대리권 또는 대표권이 있는 것처럼 가장하여 타인의 자격(대리 또는 대표명의)을 부당하게 사용하여 문서를 작성하는 것을 말한다.[1107] 비록 대리권·대표권이 있다 하더라도 그 권한 이외의 사항에 관하여 대리권자·대표권자 명의로 문서를 작성한 경우에도 자격모용에 의한 문서작성에 해당한다.[1108]

위조와 자격모용에 의한 사문서작성은 양자 모두 작성권한 없는 자가 문서를 작성하였다는 점에서 동일하다. 그러나 위조의 경우에는 타인명의 그 자체를 사용하지만, 자격모용의 경우에는 자기를 명의로 하되 타인의 자격만을 모용한다는 점에 차이가 있다.

1106) 대법원 1987.4.14. 선고 87도177 판결
1107) 대법원 2008.2.14. 선고 2007도9606 판결.
1108) 대법원 2012.5.9. 선고 2010도2690 판결 ; 대법원 2010.5.13. 선고 2010도1040 판결.

보충판례 158 : 대법원 2007.7.26. 선고 2005도4072 판결

Ⅳ. 사전자기록위작 · 변작죄

[형법조문]

제232조의2(사전자기록위작 · 변작) 사무처리를 그르치게 할 목적으로 권리 · 의무 또는 사실증명에 관한 타인의 전자기록등 특수매체기록을 위작 또는 변작한 자는 5년 이하의 징역 또는 1천만원 이하의 벌금에 처한다.[본조신설 1995.12.29.] 제235조(미수범) 제225조 내지 제234조의 미수범은 처벌한다.

전자기록이란 일정한 매체에 전기적·자기적 방식으로 저장된 기록을 말한다. 특수매체기록에는 전자기록 이외에 광기술이나 레이저기술을 이용한 기록을 포함한다.[1109]

위작·변작은 문서위조죄의 위조·변조에 대응하는 개념이다. 즉 위작이란 권한 없는 자가 전자기록을 작성하는 것을 말하며, 변작이란 권한 없는 자가 전자기록을 변경하는 것을 말한다.

1109) 서울북부지법 2008.12.23. 선고 2008노1595 판결[상고] ; 대법원 2008.6.12. 선고 2008도938 판결 ; 대법원 2003.10.9. 선고 2000도4993 판결.

V. 공문서등위조 · 변조죄

[형법조문]

> 제225조(공문서등의 위조 · 변조) 행사할 목적으로 공무원 또는 공무소의 문서 또는 도화를 위조 또는 변조한 자는 10년 이하의 징역에 처한다.
>
> 제237조(자격정지의 병과) 제225조 내지 제227조의2 및 그 행사죄를 범하여 징역에 처할 경우에는 10년 이하의 자격정지를 병과할 수 있다.
>
> 제235조(미수범) 제225조 내지 제234조의 미수범은 처벌한다.

공문서 위조·변조의 개념은 사문서의 위조·변조와 동일하다. 본조는 공문서의 유형위조를 처벌하는 규정이다. 일반적으로 비공무원이 주체가 되겠지만, 공무원인 경우에도 자기의 직무권한 이외의 문서를 위조·변조하면 본죄가 성립된다.[1110] 또한 본죄는 목적범이며, 행사의 목적은 타인으로 하여금 위조문서를 진정한 문서인 것처럼 오신케 하는 데 있다. 행사의 목적은 위조행위 당시에 있으면 족하고, 이를 행사할 때까지 그 목적이 지속되어야 하는 것은 아니다.

위조죄의 경우 위조된 문서가 일반인으로 하여금 진정한 문서로 오신케 할 정도에 이르게 되거나, 변조죄의 경우 문서의 비본질적 부분이 불법하게 변경되어 일반인으로 하여금 이전과 다른 새로운 증명력을 가지는 문서로 오신케 할 정도에 이르게 될 때 기수가 된다.[1111]

1110) 대법원 2001.3.9. 선고 2000도938 판결 ; 대법원 1996.4.23. 선고 96도424 판결.

1111) 대법원 2008.1.17. 선고 2007도6987 판결 ; 대법원 2009.1.30. 선고 2006도7777 판결 ; 대법원 2010.7.15. 선고 2010도6068 판결.

Ⅵ. 자격모용에의한공문서작성죄

[형법조문]

> 第226조(자격모용에 의한 공문서 등의 작성) 행사할 목적으로 공무원 또는 공무소의 자격을 모용하여 문서 또는 도화를 작성한 자는 10년 이하의 징역에 처한다.
>
> 第237조(자격정지의 병과) 第225조 내지 第227조의2 및 그 행사죄를 범하여 징역에 처할 경우에는 10년 이하의 자격정지를 병과할 수 있다.
>
> 第235조(미수범) 第225조 내지 第234조의 미수범은 처벌한다.

본죄는 행사할 목적으로 공무원 또는 공무소를 대표할 자격이 없는 자가 그 자격을 모용하여 문서 또는 도화를 작성하는 행위를 처벌하려는 것이다. 위조와 자격모용에 의한 공문서작성은 양자 모두 작성권한 없는 자가 문서를 작성하였다는 점에서 동일하다. 그러나 위조의 경우에는 타인명의 그 자체를 사용하지만, 자격모용의 경우에는 자기를 명의로 하되 타인의 자격만을 모용하는 것이다.[1112]

Ⅶ. 공전자기록위작·변작죄

[형법조문]

> 第227조의2(공전자기록위작 · 변작) 사무처리를 그르치게 할 목적으로 공무원 또는 공무소의 전자기록등 특수매체기록을 위작 또는 변작한 자는 10년 이하의 징역에 처한다.[본조신설 1995.12.29.]
>
> 第237조(자격정지의 병과) 第225조 내지 第227조의2 및 그 행사죄를 범하여 징역에 처할 경우에는 10년 이하의 자격정지를 병과할 수 있다.
>
> 第235조(미수범) 第225조 내지 第234조의 미수범은 처벌한다.

1112) 대법원 1993.4.27. 선고 92도2688 판결 ; 대법원 1993.7.27. 선고 93도1435 판결 ; 대법원 2008.1.17. 선고 2007도6987 판결.

형법 제227조의2에서 위작의 객체로 규정한 전자기록은 그 자체로는 물적 실체를 가진 것이 아니어서 별도의 표시·출력장치를 통하지 아니하고는 보거나 읽을 수 없고, 그 생성 과정에 여러 사람의 의사나 행위가 개재됨은 물론 추가 입력한 정보가 프로그램에 의하여 자동으로 기존의 정보와 결합하여 새로운 전자기록을 작출하는 경우도 적지 않으며, 그 이용과정을 보아도 그 자체로서 객관적·고정적 의미를 가지면서 독립적으로 쓰이는 것이 아니라 개인 또는 법인이 전자적 방식에 의한 정보의 생성·처리·저장·출력을 목적으로 구축하여 설치·운영하는 시스템에서 쓰임으로써 예정된 증명적 기능을 수행하는 것이므로, 위와 같은 시스템을 설치·운영하는 주체와의 관계에서 전자기록의 생성에 관여할 권한이 없는 사람이 전자기록을 작출하거나 전자기록의 생성에 필요한 단위정보의 입력을 하는 경우는 물론 시스템의 설치·운영 주체로부터 각자의 직무 범위에서 개개의 단위정보의 입력권한을 부여받은 사람이 그 권한을 남용하여 허위의 정보를 입력함으로써 시스템 설치·운영 주체의 의사에 반하는 전자기록을 생성하는 경우도 전자기록의 위작에 포함된다.[1113] 따라서 경찰관이 고소사건을 처리하지 아니하였음에도 경찰범죄정보시스템에 그 사건을 검찰에 송치한 것으로 허위사실을 입력한 행위는 공전자기록위작죄에 해당한다.[1114]

보충판례 165 : 대법원 2005.6.9 선고 2004도6132 판결

Ⅷ. 허위진단서등작성죄

[형법조문]

제233조(허위진단서등의 작성) 의사, 한의사, 치과의사 또는 조산사가 진단서, 검안서 또는 생사에 관한 증명서를 허위로 작성한 때에는 3년 이하의 징역이나 금고, 7년 이하의 자격정지 또는 3천만원 이하의 벌금에 처한다. 제235조(미수범) 제225조 내지 제234조의 미수범은 처벌한다.

1113) 대법원 2011.5.13. 선고 2011도1415 판결 ; 대법원 2010.7.8. 선고 2010도3545 판결 ; 대법원 2007.7.27. 선고 2007도3798 판결.

1114) 대법원 2005. 6. 9. 선고, 2004도6132 판결.

가. 의의·주체·객체

본죄는 사문서의 허위작성(무형위조)을 처벌하는 예외규정이다. 본죄는 신분범이다. 즉, 의사·한의사·치과의사·조산사의 신분을 가진 사람만이 행위의 주체가 될 수 있다. 본죄의 객체는 진단서[1115]·검안서[1116] 또는 생사에 관한 증명서이다. 이들 문서에 자기(본죄의 주체)의 인식이나 판단의 결과와 불일치하는 기재를 함으로써 성립한다. 본죄는 행사할 목적을 요구하지 않는 점에서 목적범은 아니다.

나. 허위문서작성(무형위조)

'허위문서의 작성'이란 문서의 작성명의는 진정하나(작성자와 명의인이 일치한 문서), 다만 그 내용이 사실과 부합하지 아니하는 문서를 작성하는 것을 말한다. 즉 작성권한 있는 자가 진실에 반하는 사실을 기재하여 허위의 문서를 작성하는 것을 말한다.[1117] 문서의 위조(유형위조)와 허위문서작성(무형위조)의 구별은 단지 문서의 작성권한의 유무라는 형식적 기준에 의하여 결정된다. 따라서 작성권한 없는 자가 허위내용의 문서를 작성하였거나, 작성권한 있는 자의 의사에 합치하는 문서를 작성하였더라도 위조(유형위조)에 해당한다.[1118]

현행형법상 허위문서작성에는 두 가지 태양이 있다. 첫째는, 이른바 직접허위문서작성으로서, 작성권한 있는 자가 직접 자기명의로 허위내용의 문서를 작성하는 경우이고(예컨대 제227조의 공무원의 허위공문서작성죄, 제233조의 의사 등의 허위진단서작성죄)[1119], 둘째는 간접허위문서작성으로서, 타인에 대하여 일정한 허위의 사실을 신고하여 타인으로 하여금 그 타인명의로써 허위문서를 작성하게 하는 경우이다(예컨대 제228조의 공정증서원본등의 부실기재죄).

1115) 대법원 2013.12.12. 선고 2012도3173 판결.
1116) 대법원 2001.6.29. 선고 2001도1319 판결.
1117) 대법원 2006.3.23. 선고 2004도3360 판결 ; 대법원 1990.3.27. 선고 89도2083 판결.
1118) 대법원 1987.9.22. 선고 87도1443 판결.
1119) 대법원 2004.4.9. 선고 2003도7762 판결.

Ⅸ. 허위공문서등작성죄

[형법조문]

第227조(허위공문서작성등) 공무원이 행사할 목적으로 그 직무에 관하여 문 서 또는 도화를 허위로 작성하거나 변개한 때에는 7년 이하의 징역 또는 2천만원 이하의 벌금에 처한다. 第237조(자격정지의 병과) 第225조 내지 第227조의2 및 그 행사죄를 범하여 징역에 처할 경우에는 10년 이하의 자격정지를 병과할 수 있다. 第235조(미수범) 第225조 내지 第234조의 미수범은 처벌한다.

가. 주체

무형위조를 처벌하는 규정으로서 본죄의 주체는 공무원이다. 따라서 신분범이다. 즉, 작성권한 있는 공무원이 허위의 문서를 작성한 경우를 처벌하는 것이다.[1120] 그러나 명의인이 아니라도 전결권이 위임되어 있는 자는 본죄의 주체가 된다.[1121] 만일 작성권한 없는 공무원이 공문서를 허위로 작성하였다면 이는 본죄가 아니라 공문서위조죄 내지 자격모용에 의한 공문서작성죄가 성립될 것이다.

나. 객체

직무에 관한 문서란 공무원이 그 직무권한 내에서 작성하는 문서를 말하며[1122], 이 직무권한이라는 것은 반드시 법률상에 근거가 있음을 필요로 하는 것이 아니고 널리 명령·내규 또는 관례에 의한 직무집행의 권한으로 작성하는 경우를 포함한다.[1123] 그

1120) 「허위공문서작성죄의 주체는 그 문서를 작성할 직무권한이 있는 명의인인 공무원이라 할 것이며, 그 작성권한 있는 자가 진실에 부합되지 않는 것을 알면서 진실에 반하는 기재를 하는 때에 허위공문서작성죄가 성립된다.」 대법원 1974.1.29. 선고 73도1854 판결.

1121) 대법원 1977.1.11. 선고 76도3884 판결.

1122) 대법원 2009.9.24. 선고 2007도4785 판결.

1123) 「형법 제227조의 허위공문서작성죄에 있어서의 이른바 직무에 관한 문서라는 것은 공무원이 그 직무권한 내에서 작성하는 문서를 지칭하는 것임은 원심이 판시한 바와 같지만 이 직무권한이라는 것은 반드시 법률상에 근거가 있음을 필요로 하는 것이 아니고, 널리 명령, 내규 또는 관례에 의한 직무집행의 권한으로 작성하는 경우를 포함하는 것이라고 봄이 상당하다 할 것이며, 현재 경찰에 있어서

러나 허위공문서작성죄란 공문서에 진실에 반하는 기재를 하는 때에 성립하는 범죄[1124]이므로 공문서가 단지 공문서 작성기관의 의견이나 판단을 기재하고 있는 것에 불과하고, 그 전제가 되는 사실관계에 대한 내용에 거짓이 없다면 그것이 업무처리에 대한 내부지침을 위반한 것이라 하더라도 허위공문서작성죄는 성립하지 않는다.[1125] 반면 사서증서 인증을 촉탁받은 공증인이 사서증서 인증서를 작성함에 있어 당사자가 공증인의 면전에서 사서증서에 서명 또는 날인을 하거나 당사자 본인이나 그 대리인으로 하여금 사서증서의 서명 또는 날인이 본인의 것임을 확인하게 한 바 없음에도 불구하고 당사자가 공증인의 면전에서 사서증서에 서명 또는 날인을 하거나 본인이나 그 대리인이 사서증서의 서명 또는 날인이 본인의 것임을 확인한 것처럼 인증서에 기재하였다면 허위공문서작성죄가 성립한다.[1126]

다. 간접정범의 성립여부

작성권한 있는 공무원의 문서작성을 보조하는 공무원에 대하여도 본죄가 성립하는가의 문제가 있다. 대법원은 ① 허위공문서작성죄의 주체는 그 문서를 작성할 권한 있는 명의인인 공무원에 한하고, 그를 보조하는 직무에 종사하는 공무원은 본죄의 주체가 될 수 없는 것이 원칙이라고 하면서, ② 다만 문서작성의 보조자가 상사의 결재를 얻어 문서를 기안하여 허위인 사정을 모르는 작성권자에게 제출하고 그로 하여금 그 내용이 진실한 것으로 오신케 하여 서명 또는 기명날인케 함으로써 공문서를 완성한 때에는 허위공문서작성죄의 간접정범이 된다고 한다.[1127] 그리고 이와 공무한 자

의 피의자신문조서는 거의 모두가 사법경찰리에 의하여 그 명의로써 작성되고 있음을 볼 수가 있다. 그렇다면 이와 같이 작성되고 있는 사법경찰리에 의한 피의자신문조서가 위와 같은 아무런 근거도 없이 함부로 작성되는 것인지, 그렇지 않으면 법률상의 근거는 없다 하더라도 직무명령, 내규 또는 관례 등의 어떠한 근거에 의하여 작성되고 있는지가 심리 규명되지 않고서는 단순히 형사소송법상 사법경찰리는 피의자신문조서를 작성할 권한이 없다는 이유만으로 사법경찰리인 피고인이 허위공문서작성죄의 주체가 될 수 없다고 단정할 수는 없다 할 것이다.」 대법원 1975.3.25. 선고 74도2855 판결 ; 대법원 2010.6.24. 선고 2008도11226 판결.

1124) 대법원 2013.10.24. 선고 2013도5752 판결.

1125) 대법원 2005.9.29. 선고 2005도3321 판결.

1126) 대법원 2007.1.25. 선고 2006도3844 판결.

1127) 대법원 1962.5.17. 선고 4293형상97 판결 ; 대법원 1977.12.13. 선고 74도1900 판결 ; 대법원 1983.9.27. 선고 83도1404 판결 ; 대법원 1990.2.27. 선고 89도1816 판결 ; 대법원 1990.10.30. 선고 90도1912 판결 ; 대법원 2010.01.14 선고 2009도9963 판결 ; 대법원 2011.05.13 선고 2011

도 간접정범의 공범이 되며, 그 공범은 공무원이 아니라도 상관없다고 한다.[1128] 한편 ③ 문서작성보조자가 결재절차를 거치지 않고 임의로 작성권자의 기명인이나 직인 등을 부정사용하여 허위내용의 문서에 찍음으로써 공문서를 완성한 때에는 공문서위조죄가 성립하며, 본죄 및 본죄의 간접정범은 성립할 여지가 없다고 한다.[1129]

위 ②와 같은 특별한 경우를 제외하고 공무원 아닌 자가 허위공문서작성죄의 간접정범인 경우에는 형법 第228조(공정증서원본 등 부실기재죄)의 경우 이외에는 처벌하지 못한다.[1130]

공무원 아닌 자가 공무원을 기망하여 허위내용의 증명서를 작성케 한 후 행사하였다고 하더라도 허위공문서작성 및 동행사죄는 성립되지 않는다.[1131] 그러나 공무원이 비공무원의 신고를 접수하여 그 내용을 문서에 기재하는 경우에, 당해 공무원이 형식적 심사권밖에 가지고 있지 않다 하더라도 만일 당해 공무원이 그 신고사항이 허위인 것을 알고 있으면서도 고의로 신고인의 뜻대로 이를 문서에 기재하였다면 본죄를 구성한다.[1132]

'변개'란 당해 공문서의 작성권자인 공무원이 그의 직무와 관련하여 이미 작성된 문서·도화에 대하여 다시 내용상 허위인 기재를 하거나 가필하는 것을 말한다. 기존문서를 전제로 하는 점에서 변조와 유사하나, 변조가 작성권한 없는 자의 행위이고 변

도1415 판결.

1128) 「공문서의 작성권한이 있는 공무원의 직무를 보좌하는 자가 그 직위를 이용하여 행사할 목적으로 허위의 내용이 기재된 문서 초안을 그 정을 모르는 상사에게 제출하여 결재하도록 하는 등의 방법으로 작성권한이 있는 공무원으로 하여금 허위의 공문서를 작성하게 한 경우에는 간접정범이 성립되고, 이와 공모한 자 역시 그 간접정범의 공범으로서의 죄책을 면할 수 없는 것이고, 여기서 말하는 공범은 반드시 공무원의 신분이 있는 자로 한정되는 것은 아니라고 할 것이다.」 대법원 1992.1.17. 선고 91도2837 판결 ; 대법원 2010.01.14 선고 2009도9963 판결 ; 대법원 2010.04.29 선고 2010도875 판결 ; 대법원 2011.05.13 선고 2011도1415 판결.

1129) 「형법 제227조가 규정한 허위공문서작성죄는 그 문서를 작성할 권한이 있는 공무원이 허위내용의 공문서를 작성한 경우에 성립하는 것이고, 그 공무원을 보조하는 직무에 종사하는 공무원이 작성권한을 가진 공무원의 결재도 받지 아니하고 임의로 허위내용의 공문서를 작성권한자 명의로 작성한 때에는 공문서위조죄가 성립한다고 할 것인바, 면사무소 호적계장이 면장의 결재없이 호적의 출생년란, 주민등록번호란에 허위내용의 호적정정기재를 한 경우에는 공문서위조 및 동행사죄를 구성하는 것은 별론으로 하고 형법 제227조가 규정한 허위공문서작성죄에 해당할 수는 없다.」 대법원 1981.7.28. 선고 81도898 판결 ; 대법원 1990.10.12. 선고 90도1790 판결.

1130) 「공무원 아닌 자가 허위공문서 작성의 간접정범인 때에는 형법 제228조(공정증서원본 등의 부실기재)의 경우 이외에는 이를 처벌하지 않는다.」 대법원 1970.7.28. 70도1044 판결 ; 대법원 1961.12.14. 4292형상645 판결.

1131) 대법원 1976.8.24. 선고 76도151 판결.

1132) 대법원 1977.12.27. 선고 77도2155 판결.

작이 작성권한 있는 자의 행위라는 점에서 구별된다.

X. 공정증서원본등부실기재죄

[형법조문]

제228조(공정증서원본 등의 부실기재) ① 공무원에 대하여 허위신고를 하여 공정증서원본 또는 이와 동일한 전자기록등 특수매체기록에 부실의 사실을 기재 또는 기록하게 한 자는 5년 이하의 징역 또는 1천만원 이하의 벌금에 처한다. ② 공무원에 대하여 허위신고를 하여 면허증, 허가증, 등록증 또는 여권에 부실의 사실을 기재하게 한 자는 3년 이하의 징역 또는 700만원 이하의 벌금에 처한다. 제235조(미수범) 제225조 내지 제234조의 미수범은 처벌한다. [개정 1995.12.29.]

가. 의의

본죄는 비공무원이 공무원에 대하여 허위의 신고를 함으로써 이러한 사실을 알지 못하는 공무원을 이용하여 공정증서 등 특수한 공문서에 허위 사실을 기재케 하는 범죄이다. 즉, 공문서의 간접적 무형위조를, 즉 허위공문서작성죄의 간접정범 중 특수한 경우를 독립적 범죄로서 규정한 것이다. 만일 공무원이 정을 알면서 부실기재를 하였을 경우에는 허위공문서작성죄가 성립할 것이다.

나. 객체

본죄의 객체는 공정증서원본, 이와 동일한 전자기록등 특수매체기록, 면허증·허가증·등록증·여권에 한한다.[1133]

'공정증서원본'이란 공무원이 그 직무상 작성하는 문서로서 권리의무(재산상 또는 신

1133) 「도민증은 공정증서원본이나 면허장 또는 여권의 어느 것에도 해당되지 아니하므로, 정을 모르는 공무원에게 허위신고를 하여 도민증에 부실기재를 하게 하였다하더라도 허위공문서작성죄가 성립하지 않는다.」 대법원 1962.1.31. 선고 4294형상595 판결 ; 대법원 1988.5.24. 선고 87도2696 판결.

분상의 권리의무)에 관한 특정한 사실을 증명하는 효력을 가지는 문서를 의미한다. 대법원도 「공정증서란 권리의무에 관한 증서를 가리키는 것이고 사실증명에 관한 것은 포함하지 아니한다」[1134]고 하고 있다. 예컨대 상업등기부[1135]·부동산등기부[1136]·호적부·법인등기부[1137] 등이 여기에 해당한다. 그러나 토지대장·가옥대장·주민등록부·인감대장 등은 권리의무에 관한 증서가 아니기 때문에 공정증서원본에 해당하지 않는다.[1138] 또한 본죄의 객체는 공정증서의 원본에 한하므로 정본[1139]·등본·초본·사본 등은 제외된다. 공정증서원본과 동일한 전자기록등 특수매체기록은 공정증서원본에 상당하는 권리·의무에 관한 일정한 사실을 공적으로 증명하는 효력과 기능을 가진 전자기록등을 말한다.

'면허증'이란 특정인에 대하여 특정한 행위를 실행할 수 있는 권리를 부여하는 행정관청의 증명서를 말한다. 예컨대 의사면허증·자동차운전면허증·수렵면허증 등이다. 그러나 합격증서·교사자격증과 같이 일정한 자격의 존재를 표시하는 데 불과한 것은 면허증이 아니다.

'허가증'이란 특정인에게 일정한 영업이나 사업을 허가하였다는 사실을 증명하는 공문서를 말한다. 예컨대 주류판매영업허가증, 자동차 영업허가증 등이다.

'등록증'이란 일정한 자격을 취득한 자에게 그 활동에 상응한 권능을 부여하기 위하여 공무원 또는 공무소가 작성하는 증서를 말한다.[1140]

'여권'이란 공무소가 여행자에게 발행하는 허가증을 말한다.

다. 행위

공정증서원본부실기재죄는 공무원에 대하여 허위신고를 함으로써 공정증서원본에 부실을 기재하게 하는 경우에 성립한다.[1141] 따라서 공정증서원본에 기재된 사항

1134) 대법원 1971.1.29. 선고 69도2716 판결.
1135) 대법원 1986.9.9. 선고 85도2297 판결.
1136) 대법원 2011.7.14. 선고 2010도1025 판결.
1137) 대법원 2001.8.21. 선고 2000도5418 판결 ; 대법원 2005.4.29. 선고 2005도856 판결.
1138) 대법원 2010.6.10. 선고 2010도1125 판결.
1139) 대법원 2002.3.26. 선고 2001도6503 판결.
1140) 대법원 2005.7.15. 선고 2003도6934 판결.

이 부존재하거나 외관상 존재한다고 하더라도 무효에 해당하는 하자가 있다면 그 기재는 부실기재에 해당한다.[1142]

보충판례 161 : 대법원 2004.6.17 선고 2003도7645 전원합의체 판결

보충판례 162 : 대법원 1996.11.22 선고 96도2049 판결[1143]

본죄의 착수시기는 공무원에게 허위신고를 한 때이며[1144], 공무원이 허위신고에 의하여 공정증서원본 등에 부실의 기재·기록을 완료한 때에 기수가 된다.[1145]

XI. 위조·변조·작성등사문서(전자기록)행사죄

[형법조문]

第234条(위조사문서등의 행사) 제231조 내지 제233조의 죄에 의하여 만들어진 문서, 도화 또는 전자기록등 특수매체기록을 행사한 자는 그 각 죄에 정한 형에 처한다. 第235条(미수범) 제225조 내지 제234조의 미수범은 처벌한다.

'위조등 사문서의 행사'란 타인에 대하여 위조 등으로 만들어진 문서 등을 진정한 문서로써 사용하는 것을 말한다.[1146] 행사는 위조된 문서를 진정한 것으로 사용함으로써 문서에 대한 공공의 신용을 해칠 우려가 있는 행위를 말하므로 행사의 상대방에는 아무런 제한이 없고 위조된 문서의 작성명의인이라고 하여 행사의 상대방이 될 수 없는 것은 아니다.[1147] 또한 행사는 상대방으로 하여금 위조된 문서를 인식할 수 있는

1141) 대법원 2013.1.24. 선고 2012도12363 판결 ; 대법원 2011.5.13. 선고 2011도1415 판결.

1142) 「규약에 종중재산의 취득 및 처분은 종중총회의 결의사항으로 되어 있는 종중의 대표자가 종중총회의 결의 없이 종중재산인 부동산에 근저당권설정등기를 마친 경우 공정증서원본부실기재죄에 해당한다.」 대법원 2005.8.25. 선고 2005도4910 판결 ; 대법원 2007.5.31. 선고 2006도8488 판결.

1143) 대법원 1997.01.24 선고 95도448 판결 ; 서울북부지방법원 2009.02.19 선고 2008노1702 판결 ; 수원지방법원 2009.08.11 선고 2009노1987 판결.

1144) 대법원 2009.9.24. 선고 2009도4998 판결.

1145) 대법원 2007.6.28. 선고 2007도2714 판결.

1146) 대법원 2013.12.12. 선고 2012도2249 판결.

상태에 둠으로써 기수가 되고 상대방이 실제로 그 내용을 인식하여야 하는 것은 아니므로 위조된 문서를 우송한 경우에는 그 문서가 상대방에게 도달한 때에 기수가 되고 상대방이 실제로 그 문서를 보아야 하는 것도 아니다.[1148]

보충판례 163 : 대법원 2008.10.23 선고 2008도5200 판결

XII. 위조·변조·작성등공문서(전자기록)행사죄

[형법조문]

> 第229조(위조등 공문서의 행사) 第225조 내지 第228조의 죄에 의하여 만들어진 문서, 도화, 전자기록등 특수매체기록, 공정증서원본, 면허증, 허가증, 등록증 또는 여권을 행사한 자는 그 각 죄에 정한 형에 처한다.
>
> 第237조(자격정지의 병과) 第225조 내지 第227조의2 및 그 행사죄를 범하여 징역에 처할 경우에는 10년 이하의 자격정지를 병과할 수 있다.
>
> 第235조(미수범) 第225조 내지 第234조의 미수범은 처벌한다.

본죄의 주체에는 제한이 없고, 공무원의 신분 있는 자에 한하지 않는다. 그리고 행사의 객체인 문서는 반드시 그 범인이 직접 위조 또는 허위작성한 것일 필요가 없음은 물론이다.[1149]

1147) 대법원 2012.2.23. 선고 2011도14441 판결.

1148) 대법원 2005.1.28. 선고 2004도4663 판결.

1149) 대법원 2012.2.23. 선고 2011도14441 판결 ; 대법원 2010.7.15. 선고 2010도6068 판결 ; 대법원 2010.4.29. 선고 2010도875 판결 ; 대법원 2009.3.26. 선고 2008도93 판결.

XIII. 사문서등부정행사죄

[형법조문]

제236조(사문서의 부정행사) 권리 · 의무 또는 사실증명에 관한 타인의 문서 또는 도화를 부정행사한 자는 1년 이하의 징역이나 금고 또는 300만원 이하의 벌금에 처한다.

사문서등부정행사죄는 사용권한 자와 용도가 특정되어 작성된 권리의무 또는 사실증명에 관한 타인의 사문서 또는 사도화를 사용권한 없는 자가 사용권한이 있는 것처럼 가장하여 부정한 목적으로 행사하거나 또는 권한 있는 자라도 정당한 용법에 반하여 부정하게 행사하는 경우에 성립한다.[1150] 따라서 실질적인 채권채무관계 없이 당사자 간의 합의로 작성한 '차용증 및 이행각서'는 그 작성명의인들이 자유의사로 작성한 문서로 그 사용권한자가 특정되어 있다고 할 수 없고 또 그 용도도 다양하므로 설령 피고인이 그 작성명의인들의 의사에 의하지 아니하고 위 '차용증 및 이행각서'상의 채권이 실제로 존재하는 것처럼 그 지급을 구하는 민사소송을 제기하면서 소지하고 있던 위 '차용증 및 이행각서'를 법원에 제출하였다고 하더라도 그것이 사문서부정행사죄에 해당하지 않는다.

보충판례 164 : 대법원 2007.3.30 선고 2007도629 판결

XIV. 공문서등부정행사죄

[형법조문]

제230조(공문서 등의 부정행사) 공무원 또는 공무소의 문서 또는 도화를 부정행사한 자는 2년 이하의 징역이나 금고 또는 500만원 이하의 벌금에 처한다. 제235조(미수범) 제225조 내지 제234조의 미수범은 처벌한다.

1150) 대법원 2002.6.25. 선고 2002도461 판결.

'부정행사'란 진정한 공문서 또는 공도화를 행사할 권한 없이 행사하거나 또는 행사할 권한이 있더라도 그 정당한 용법에 반하여 행사하는 일체의 행위를 말한다.[1151] 예컨대 공무소의 명의로 작성되어 타인에게 발급된 면허장을 행위자가 본인인 것처럼 가장하여 행사하는 경우이다.

제2절 통화에 관한 죄

Ⅰ. 총설

가. 의의

통화에 관한 죄란 행사할 목적으로 통화를 위조·변조하거나 위조·변조한 통화를 행사·수입·수출 또는 취득하거나 통화유사물을 제조함으로써 성립하는 범죄이다(제207조 이하).[1152]

나. 보호법익

본죄의 보호법익은 통화에 대한 거래안전과 신용이라고 보아야 할 것이다. 본죄의 보호법익에 관하여, 통화에 대한 거래상의 안전과 신용을 주된 보호법익으로 하고 국가의 통화주권도 보충적으로 보호되는 것으로 해석하는 견해도 있다.

1151) 대법원 2009.2.26. 선고 2008도10851 판결 ; 대법원 2003.2.26. 선고 2002도4935 판결 ; 대법원 2001.4.19. 선고 2000도1985 전원합의체 판결 ; 대법원 1999.5.14. 선고 99도206 판결 ; 대법원 1982.9.28. 선고 82도1297 판결.

1152) 특가법에서는 통화위조·변조죄 및 위조·변조통화행사등죄에 대한 가중처벌규정을 두고 있다(제10조).

Ⅱ. 통화위조죄와 위조통화행사죄

가. 내국통화위조·변조죄

[형법조문]

제207조(통화의 위조 등) ① 행사할 목적으로 통용하는 대한민국의 화폐, 지폐 또는 은행권을 위조 또는 변조한 자는 무기 또는 2년 이상의 징역에 처한다.

(1) 의의 행사할 목적[1153]으로 통용하는 대한민국의 화폐·지폐 또는 은행권을 위조 또는 변조하는 것을 내용으로 하는 범죄이다.

(2) 요건 통용하는 대한민국의 화폐·지폐 또는 은행권이다. '통용하는'이란 법률에 의하여 강제통용력이 인정되는 것을 말한다.

위조란 통화의 발행권자 아닌 자가 통화의 외관을 가지는 물건을 작성하는 것을 말한다. 통화의 발행권은 정부 기타 발행권자에게 제한되므로 이미 존재하고 있는 통화와 유사한 물건을 제작하는 것을 위조라 할 수 있다. 위조의 정도는 일반인이 진화라고 오인할 우려가 있는 외관을 갖추면 족하다.[1154] 반드시 진화와의 식별이 불가능할 정도에 이를 것을 요하는 것이 아니므로, 진화로 오인할 염려가 있다면 그 재료·대소·문자·지문의 모양, 색채, 이장 또는 기호가 실제로 유통되고 있는 것과 동일 또는 유사할 것임을 요하지는 않는다.[1155]

변조란 진정한 통화에 가공하여 그 가치를 변경하는 것을 말한다. 변조는 진정한 통화를 전제로 하므로 가공으로 인하여 진화의 외관 또는 진화의 동일성이 상실되지 않을 것을 요한다는 점에서 위조와 구별된다.

변조에는 두 가지 방법을 생각할 수 있다. 첫째로는 통화의 모양과 문자를 고쳐서 그 명가를 변경하는 것이다.[1156] 예컨대, 1,000원권을 가공하여 5,000원권으로 고치

1153) 대법원 2012.3.29. 선고 2011도7704 판결.
1154) 대법원 1961.8.23. 선고 4294형상257 판결.
1155) 대법원 1946.8.20. 선고 4279형상64 판결.

는 것이 여기에 해당한다. 둘째로, 진화를 손괴하여 그 실가를 감소하게 하는 방법이다. 예컨대, 금화나 은화를 감량케 하여 실질적 가치를 감소시키는 행위가 여기에 해당한다.

보충판례 147 : 대법원 2004.3.26 선고 2003도5640 판결

나. 내국유통외국통화위조·변조죄

[형법조문]

제207조(통화의 위조 등) ② 행사할 목적으로 내국에서 유통하는 외국의 화폐, 지폐 또는 은행권을 위조 또는 변조한 자는 1년 이상의 유기징역에 처한다.

행위의 객체는 내국에서 유통하는 외국의 통화이다. 내국은 대한민국 영역내를 의미한다. 내국의 범위에는 북한도 포함된다고 하므로, 북한에서 통용하는 외국의 화폐·지폐·은행권도 내국에서 유통하는 외국통화에 해당된다.[1157]

보충판례 147 : 대법원 2003.1.10 선고 2002도3340 판결[1158]

다. 외국통용외국통화위조·변조죄

[형법조문]

제207조(통화의 위조 등) ③ 행사할 목적으로 외국에서 통용하는 외국의 화폐, 지폐 또는 은행권을 위조 또는 변조한 자는 10년 이하의 징역에 처한다.

'외국에서 통용한다'는 것은 외국에서 강제통용력을 가졌다는 것이므로, 그 외국통

1156) 대법원 2002.1.11. 선고 2000도3950 판결.

1157) 대법원 1949.2.22. 선고 4281형상5 판결.

1158) 대법원 2003.1.10. 선고 2002도3340 판결(스위스 화폐로서 1998년까지 통용되었으나 현재는 통용되지 않고 다만 스위스 은행에서 신권과의 교환이 가능한 진폐(진폐)가 형법 제207조 제2항 소정의 내국에서 '유통하는' 외국의 화폐에 해당하지 아니한다.) ; 대법원 2010.12.09 선고 2010도12553 판결 ; 대법원 2013.12.12 선고 2012도2249 판결.

화가 본국에서 강제통용력을 상실한 때에는 본죄의 객체가 될 수 없다.

라. 위조·변조통화행사등죄

[형법조문]

제207조(통화의 위조 등) ④ 위조 또는 변조한 전3항 기재의 통화를 행사하거나 행사할 목적으로 수입 또는 수출한 자는 그 위조 또는 변조의 각 죄에 정한 형에 처한다.

행사란 위조 또는 변조된 통화의 점유 또는 처분권을 다른 사람에게 이전하여 통화로써 유통될 수 있게 하는 것을 말한다. 예컨대 위조화폐를 진정한 화폐로 화폐수집상에게 판매하거나 진화와 바꾸는 행위, 또는 물품대금으로 지급하는 경우는 물론 공중전화기·자동판매기에 넣는 경우도 행사에 해당된다.[1159] 그리고 위화를 증여하는 경우에도 행사에 해당됨은 물론이다. 그러나 단순히 자기의 신용력을 보이기 위하여 위조통화를 제시하는 것만으로는 행사라고 할 수 없으며, 또한 진화로 유통할 것을 요하므로 위조화폐를 명가 이하의 상품으로 매매하는 것도 행사라고 할 수 없다(통설).

위조 또는 변조된 통화를 행사하여 재물을 취득한 경우에는 본죄 외에 사기죄도 성립한다고 보는 것이 일반적이다. 그런데 위조통화행사죄와 사기죄의 관계에 관해서는 견해가 대립되고 있다. 사기죄는 행사죄에 흡수되어 별도로 성립하지 않는다고 해석하는 견해가 있으나, 판례는 위조통화행사죄와 사기죄는 실체적 경합범의 관계에 있다고 한다.[1160]

보충판례 149 : 대법원 1979.7.10 선고 79도840 판결[1161]

1159) 대법원 1985.4.23. 선고 85도570 판결 ; 대법원 2003.1.10. 선고 2002도3340 판결.

1160) 대법원 1979.7.10. 선고, 78도480 판결

1161) 대법원 1979.7.10. 선고 79도840 판결(통화위조죄에 관한 규정은 공공의 거래상의 신용 및 안전을 보호하는 공공적인 법익을 보호함을 목적으로 하고 있고, 사기죄는 개인의 재산법익에 대한 죄이어서 양죄는 그 보호법익을 달리하고 있으므로 위조통화를 행사하여 재물을 불법영득한 때에는 위조통화행사죄와 사기죄의 양죄가 성립된다.) ; 대법원 1991.05.28 선고 91도739 판결.

Ⅲ. 수정적 구성요건

가. 위조·변조통화취득죄

[형법조문]

> 제208조(위조통화의 취득) 행사할 목적으로 위조 또는 변조한 제207조 기재의 통화를 취득한 자는 5년 이하의 징역 또는 1천500만원 이하의 벌금에 처한다.

취득은 자기 점유 하로 옮기는 일체의 행위로써 유상인가 무상인가를 따지지 않는다. 따라서 대금을 지불하고 구입하거나 교환한 경우 및 증여를 받는 경우도 취득에 해당한다. 취득의 방법도 문제가 되지 않으므로 범죄행위로 인하여 취득하여도 본죄를 구성한다. 따라서 절취 또는 편취 등의 방법에 의해 취득하여도 본죄를 구성하게 된다. 본죄가 성립하기 위한 주관적 요건으로는 고의가 있어야 한다. 즉, 위화라는 사실(정)을 알면서 취득한 경우에만 본죄가 성립한다.

나. 위조통화취득후지정행사죄

[형법조문]

> 제210조(위조통화취득후의 지정행사) 제207조기재의 통화를 취득한 후 그 정을 알고 행사한 자는 2년 이하의 징역 또는 500만원 이하의 벌금에 처한다.

본죄의 행위는 정을 모르고 취득한 후에 행사하는 것이다. 정을 알고 취득한 후에 행사한 경우에는 위조통화취득죄와 위조통화행사죄의 두 죄가 성립한다.

다. 통화유사물제조등죄

[형법조문]

제211조(통화유사물의 제조 등) ① 판매할 목적으로 내국 또는 외국에서 통용하거나 유통하는 화폐, 지폐 또는 은행권에 유사한 물건을 제조, 수입 또는 수출한 자는 3년 이하의 징역 또는 700만원 이하의 벌금에 처한다.
② 전항의 물건을 판매한 자도 전항의 형과 같다.

통화유사물이란 통화와 유사한 외관을 갖추었으나 위조 또는 변조의 정도에 이르지 않는 것, 즉 일반인으로 하여금 진화로 오인할 정도에 일지 않는 모조품을 말한다.

라. 통화위조·변조예비·음모죄

[형법조문]

제213조(예비, 음모) 제207조제1항 내지 제3항의 죄를 범할 목적으로 예비 또는 음모한 자는 5년 이하의 징역에 처한다. 단, 그 목적한 죄의 실행에 이르기 전에 자수한 때에는 그 형을 감경 또는 면제한다.

예컨대, 위조할 통화를 사진으로 찍어 원판과 인화지를 만든 것은 예비에 해당한다.[1162] 실행의 착수에 일기 전에 자수한 경우에는 필요적 감면사유가 된다.

1162) 대법원 1966.12.6. 선고 66도1317 판결.

제3절 유가증권과 우표·인지에 관한 죄

Ⅰ. 총설

가. 의의

유가증권에 관한 죄란 행사할 목적으로 유가증권을 위조, 변조 또는 허위작성하거나, 위조·변조·허위작성한 유가증권을 행사·수입·수출함으로써 성립하는 범죄이다.

나. 본질

본죄는 유가증권에 관한 법적 거래의 신용과 안전을 보호법익으로 하는 범죄이다. 경제거래에 있어서의 유가증권의 기능과 통화에 유사한 유통성은 유가증권의 위조·변조행위에 대한 국제적 단속을 필요로 한다. 따라서 형법이 적용되도록 하고 있다.

다. 유가증권의 개념

유가증권이란 증권상에 표시된 재산상의 권리의 행사와 처분에 그 증권의 점유를 필요로 하는 것이다. 따라서 유가증권이라고 하기 위해서는 재산권이 증권에 나타나 있고 권리의 행사와 처분에 증권의 점유를 필요로 한다는 두 가지 요건이 구비되어야 한다. 따라서 재산권이 증권에 표시되어 있는 신용카드는 유가증권이지만[1163], 재산권이 표시되어 있다고 할 수 없는 물품구입증이나 영수증과 같은 증거증권은 물론 증서의 점유가 권리행사의 요건이 되지 않는 면책증권은 유가증권이 아니다.[1164] 유가증권에 표시된 재산권은 물권인가 채권이가 또는 사원권인가를 불문한다.

유가증권에는 법률상의 유가증권(예컨대, 어음·수표·화물상환증·선하증권·창구증권 등과 같이

1163) 대법원 1984.11.27. 선고 84도1862 판결.

1164) 대법원 19722.12.26 선고 72도1688 판결 ; 대법원 1984.11.27. 선고 84도2147 판결.

법률상 일정한 형식을 필요로 하는 증권)과 사실상의 유가증권(예컨대, 승차권·상품권과 같이 법률상의 형식이 규정되어 있지 않은 유가증권)이 포함된다.[1165]

Ⅱ. 유가증권위조죄

가. 유가증권위조·변조죄

[형법조문]

> 제214조(유가증권의 위조 등) ① 행사할 목적으로 대한민국 또는 외국의 공채증서 기타 유가증권을 위조 또는 변조한 자는 10년 이하의 징역에 처한다.

공채증서란 국가 또는 지방자치단체에서 발행하는 국채 또는 지방채의 증권을 말한다. 위조란 작성권한 없는 자가 타인 명의의 유가증권을 작성하는 것으로서, 형법은 자격모용에 의한 유가증권작성죄(제215조)를 별도로 규정하고 있기 때문에 대리 또는 대표권을 모용하여 유가증권을 작성하는 경우에는 여기의 위조에 해당하지 않는다. 따라서 포괄적으로 위임받은 자가 위임 사무처리를 위하여 위임자 명의로 약속어음을 발행하거나,[1166] 회사의 대표자가 대표권을 남용하여 주권의 기재사항에 변경을 가한 때에는 위조에 해당하지 않는다.[1167] 유가증권이 사법상 유효하거나 명의인이 실재함을 요하지 아니하며, 반드시 본명에 의하여 표시되었을 것도 요건으로 하지 않는다.[1168]

위조의 방법에는 제한이 없다. 즉 약속어음의 액면란에 보충권의 범위를 넘어선 금액을 기입하거나[1169] 폐지로 된 약속어음을 조합한 경우[1170]는 물론, 타인이 위조한

1165) 수표의 위조·변조에 대하여 가중처벌하는 '부정수표단속법'은 고의범 외에도 과실범을 처벌하고 있으며(제2조 제3항), 가중처벌의 취지에 따라 범죄성립요건을 완화하여 초과주관적 구성요건요소인 '행사할 목적'도 요구하지 않는다 : 대법원 2008.2.14. 선고 2007도10100 판결.

1166) 대법원 1960.5.31. 선고 4292형상558 판결.

1167) 대법원 1980.4.22. 선고 79도3034 판결.

1168) 대법원 1982.9.28. 선고 82도296 판결.

1169) 대법원 1972.6.13. 선고 72도897 판결.

백지의 약속어음을 완성한 경우[1171] 에도 위조에 해당한다.

보충판례 150 : 대법원 1980.4.22 선고 79도3034 판결[1172]

변조란 진정하게 성립된 유가증권의 내용에 권한 없는 자가 그 유가증권의 동일성을 해하지 않는 범위에서 변경을 가하는 것을 말한다. 예컨대, 어음의 발행일자나 액면 또는 지급인의 주소 따위를 변경하는 것 등이 여기에 해당한다. 진정하게 성립된 유가증권을 전제로 하므로 유가증권의 용지에 필요한 사항을 기재하여 새로운 유가증권을 만들거나 이미 실효된 유가증권에 가공하여 새로운 유가증권을 작성하는 것은 위조가 된다(통설). 또한 이미 타인에 의하여 위조된 약속어음의 기재사항을 권한 없이 변경하였다고 하더라도 유가증권변조죄는 성립하지 않는다.[1173]

보충판례 151 : 대법원 2006.1.26 선고 2005도4764 판결[1174]

유가증권을 위조하는 방법으로 인장을 위조한 경우 인장위조죄는 본죄에 흡수된다. 그리고 절취 또는 횡령한 유가증권의 용지를 이용하여 이를 위조 또는 변조하면 양죄의 경합범이 성립한다.

나. 유가증권기재위조·변조죄

[형법조문]

제214조(유가증권의 위조 등) ② 행사할 목적으로 유가증권의 권리의무에 관한 기재를 위조 또는 변조한 자도 전항의 형과 같다.

'유가증권의 권리·의무에 관한 기재'란 배서·인수·보증과 같은 부수적 증권행위의

1170) 대법원 1976.1.27. 선고 74도3442 판결.
1171) 대법원 1982.6.22. 선고 82도677 판결.
1172) 대법원 2008.11.27 선고 2006도2016 판결.
1173) 대법원 2012.9.27. 선고 2010도15206 판결.
1174) 대법원 2008.12.24 선고 2008도9494 판결 ; 대법원 2012.09.27 선고 2010도15206 판결.

기재사항을 말한다. 그러므로 본죄에 있어서의 위조는 기본적 증권행위가 진정하게 성립한 후에 부수적 증권행위에 대하여 작성명의적 모용하는 것을 말한다. 변조란 부수적 증권행위에 속한 사항의 내용의 변경을 의미한다.[1175]

다. 자격모용에 의한 유가증권작성죄

[형법조문]

제215조(자격모용에 의한 유가증권의 작성) 행사할 목적으로 타인의 자격을 모용하여 유가증권을 작성하거나 유가증권의 권리 또는 의무에 관한 사항을 기재한 자는 10년 이하의 징역에 처한다.

본죄는 권한이 없는 경우에 한해서 성립하므로, 대리권 또는 대표권이 있는 자가 권한을 남용하여 본인 또는 회사명의로 유가증권을 발행한 경우에도 본죄는 성립하지 않는다. 그러나 대리권 또는 대표권이 있는 자라 할지라도 권한 외의 사항 또는 명백히 권한을 초월한 사항에 관하여 본인 또는 회사명의의 유가증권을 발행한 경우에는 권한 없는 자와 마찬가지로 본죄가 성립한다.

예컨대 직무집행정지가처분을 받은 대표이사가 그 권한 밖인 유가증권을 작성하거나[1176] 대표이사가 타인으로 변경되었는데도 전임대표이사가 명판을 이용하여 회사의 약속어음을 발행한 때[1177]에는 본죄가 성립하지만, 회사의 대표이사가 은행과 당좌거래 약정이 되어 있는 전 대표이사 명의로 수표를 발행한 경우[1178]에는 본죄가 성립하지 않는다.

1175) 대법원 2003.1.10. 선고 2001도6553 판결.
1176) 대법원 1987.8.18. 선고 87도145 판결.
1177) 대법원 1991.2.26. 선고 90도577 판결.
1178) 대법원 1975.9.23. 선고 74도684 판결.

Ⅲ. 허위유가증권작성죄

[형법조문]

> 제216조(허위유가증권의 작성 등) 행사할 목적으로 허위의 유가증권을 작성하거나 유가증권에 허위사항을 기재한 자는 7년 이하의 징역 또는 3천만원 이하의 벌금에 처한다.

허위의 유가증권을 작성한다는 것은 작성권한 있는 자가 작성명의를 모용하지 않고 단순히 유가증권에 허위의 내용을 기재하는 것이고, 허위사항을 기재한다는 것은 기재권한 있는 자가 기존의 유가증권에 진실에 반하는 사항을 기재하는 것을 말한다. 즉 작성권한 있는 자가 자기 명의로 기본적 증권행위를 함에 있어서 유가증권의 효력에 영향을 미칠 기재사항에 관하여 진실에 반하는 내용을 기재하는 경우에 성립한다. 따라서 자기앞수표의 발행인이 수표의뢰인으로부터 수표자금을 입금받지 아니한 채 자기앞수표를 발행하더라도 그 수표의 효력에는 아무런 영향이 없으므로 허위유가증권작성죄는 성립하지 않는다.[1179]

보충판례 150 : 대법원 1986.6.24 선고 84도547 판결

Ⅳ. 위조·변조유가증권행사등죄

[형법조문]

> 제217조(위조유가증권 등의 행사 등) 위조, 변조, 작성 또는 허위기재한 전3조 기재의 유가증권을 행사하거나 행사할 목적으로 수입 또는 수출한 자는 10년 이하의 징역에 처한다.

행사란 위조 등의 유가증권을 진정하게 작성된 진실한 내용의 유가증권으로 사용하는 것을 말한다.[1180] 반드시 유가증권을 유통에 놓을 것을 요하지 않는다는 점에서

1179) 대법원 2005.10.27. 선고 2005도4528 판결.

1180) 대법원 2010.12.9. 선고 2010도12553 판결 ; 대법원 2010.5.13. 선고 2008도10678 판결.

위조통화행사죄의 행사와 구별된다. 따라서 유가증권을 할인하기 위하여 제시하는 경우, 신용을 얻기 위하여 타인에게 보이는 경우도 행사가 된다. 위조유가증권을 행사하여 사기죄를 범한 경우 본죄는 사기죄와 상상적 경합관계에 있게 된다.

V. 우표 · 인지에 관한 죄

가. 인지·우표등위조·변조죄

[형법조문]

> 제218조(인지 · 우표의 위조등) ① 행사할 목적으로 대한민국 또는 외국의 인지, 우표 기타 우편요금을 표시하는 증표를 위조 또는 변조한 자는 10년 이하의 징역에 처한다.

본죄는 대한민국 또는 외국의 인지, 수표 기타 우편요금을 표시하는 증표를 위조 또는 변조하는 것이다.

'인지'란 인지법에 따라 일정한 수수료 또는 인지세를 납부하는 방법으로 정부 기타 발행권자가 일정한 금액을 권면에 표시하여 발행한 증표를 말한다. '우표'는 정부가 우편요금 납부용으로 만든 일정금액을 표시한 증표를 말한다. '우편요금증표'란 우표가 아니면서 우표의 기능을 대신하는 것을 말한다.

나. 위조·변조인지·우표등행사죄

[형법조문]

> 제218조(인지·우표의 위조 등) ② 위조 또는 변조된 대한민국 또는 외국의 인지, 우표 기타 우편요금을 표시하는 증표를 행사하거나 행사할 목적으로 수입 또는 수출한 자도 제1항의 형과 같다.

행사란 위조·변조된 대한민국 또는 외국의 우표를 진정한 우표로 사용하는 것을 말한다. 반드시 우편요금의 납부용으로 사용되는 것에 제한되지 않고, 우표수집의 대상

으로서 매매하는 경우도 포함된다.[1181]

다. 위조·변조인지·우표등취득죄

[형법조문]

第219조(위조인지 · 우표등의 취득) 행사할 목적으로 위조 또는 변조한 대한민국 또는 외국의 인지, 우표 기타 우편요금을 표시하는 증표를 취득한 자는 3년 이하의 징역 또는 1천만원 이하의 벌금에 처한다.

본죄는 행사할 목적으로 위조 또는 변조한 대한민국 또는 외국의 인지, 우표 기타 우편요금증표 등을 취득함으로써 성립한다. 본죄가 성립하기 위해서는 취득 시에 위조 또는 변조된 인지, 우표, 우편요금증표라는 사실을 알았어야 한다. 취득 시에는 이러한 사실을 알지 못하였으나 나중에 알고도 계속 보관한 경우에는 위조·변조통화에서처럼 지정행사죄(제210조)를 규정하고 있지 않으므로 죄가 되지 않는다고 보아야 한다.

라. 소인말소죄

[형법조문]

第221조(소인말소) 행사할 목적으로 대한민국 또는 외국의 인지, 우표 기타 우편요금을 표시하는 증표의 소인 기타 사용의 표지를 말소한 자는 1년 이하의 징역 또는 300만원 이하의 벌금에 처한다.

본죄는 행사할 목적으로 대한민국 또는 외국의 인지, 우표 기타 우표요금증표의 소인 기타 사용의 표지를 말소하는 것이다. 소인을 말소한다는 것은 우표·인지에 진정하게 찍혀 있는 소인의 흔적을 소멸시켜서 그 우표 또는 인지를 다시 사용할 수 있게 하는 일체의 행위를 말하는 것이다. 소인말소의 수단과 방법에는 제한이 없다. 본죄는 행사할 목적이 있어야 성립하는 목적범이므로 소인이 말소된 인지 등을 다시 사용

1181) 대법원 1989.4.11. 선고 88도1105 판결.

할 목적이 있어야 한다.

마. 인지·우표등유사물제조죄

[형법조문]

第222조(인지·우표유사물의 위조 등) ① 판매할 목적으로 대한민국 또는 외국의 공채증서, 인지, 우표 기타 우편요금을 표시하는 증표와 유사한 물건을 제조, 수입 또는 수출한 자는 2년이하의 징역 또는 500만원 이하의 벌금에 처한다. ② 전항의 물건을 판매한 자도 전항의 형과 같다.

본죄는 판매할 목적으로 대한민국 또는 외국의 공채증서, 인지, 우표 기타 우편요금증표와 유사한 물건을 제조, 수입, 수출하거나 또는 이를 판매하는 경우에 성립한다. 공채증서·우표·인지의 유사물이란 진정한 공채증서·우표 또는 인지라고 오신할 정도의 외관을 구비하지 못한 모조품을 말한다.

Ⅵ. 위조·변조죄등예비·음모죄

[형법조문]

제224조 (예비·음모) 제214조, 제215조와 제218조 제1항의 죄를 범할 목적으로 예비 또는 음모한 자는 2년 이하의 징역에 처한다.

본죄는 제214조, 제215조와 제218조 제1항의 죄를 범할 목적으로 예비·음모하는 경우에 성립한다. 그러므로 허위유가증권작성죄의 예비·음모행위는 본죄로 처벌되지 않는다. 통화에 관한 죄에서는 목적한 죄의 실행에 착수하기 전에 자수한 때에는 형을 감경 또는 면제하였으나 유가증권의 경우에는 자수에 대한 규정을 두지 않고 있다. 이는 통화에 관한 죄의 경우와 균형이 맞지 않는 입법상의 미비이다.

제3장 공중의 건강에 관한 죄

공중의 건강생활은 문화사회의 기본적 요건이며 중요한 사회적 이익이다. 형법은 개인의 생명·신체의 안전을 개인적 법익으로서 보호하고 있지만, 본장에서는 공중의 건강생활을 위태롭게 하는 행위를 처벌하여 이러한 사회적 법익을 독립하여 보호하고 있다.

현행형법에 규정된 공중위생에 대한 죄는 '음용수에 관한 죄'와 '아편에 관한 죄'이다.

제1절 음용수에 관한 죄

Ⅰ. 총설

음용수에 관한 죄는 공중이 일상적으로 마시는 정수 또는 그 수원에 오물·독물 기타 건강상의 유해물을 혼입하거나, 음용수를 공급하는 수도 기타 시설을 손괴 또는 기타 방법으로 불통하게 하여 공중의 음용수 이용과 그 위생에 대한 안전을 위태롭게 하는 행위를 처벌하는 범죄이다.

음용수에 관한 죄는 공중의 위생에 대한 죄로서 공중의 건강을 그 보호법익으로 한다.

Ⅱ. 개별적 고찰

가. 음용수사용방해죄

[형법조문]

제192조(음용수의 사용방해) ① 일상음용에 공하는 정수에 오물을 혼입하여 음용하지 못하게 한 자는 1년 이하의 징역 또는 500만원 이하의 벌금에 처한다.

본죄의 객체인 '일상 음용에 공하는 정수'란 불특정 또는 다수인 반복·계속하여 음료수로 이용하는 정수를 말한다. 샘물과 같은 자연수이건, 수도물과 같은 인공수이건 불문한다. 또 음용자의 범위도 불문하므로, 일가족의 음용에 제공되는 정수도 본죄의 객체로 될 수 있다. 그러나 본죄는 공공위험범 성질을 가진 것이기 때문에 특정인이 마실 목적으로 컵에 부은 정수는 본죄의 객체로 될 수 없다.

'오물을 혼입하여 음용하지 못하게 한다'는 것은 그 색깔·냄새·생김새 등으로 인하여 사람으로 하여금 불결한 감정을 느끼게 할 물건을 섞어서 마실 수 없게 하는 것을 말한다. 보통인의 감정에 비추어 이를 마시고 싶지 않을 정도에 이르면 기수로 된다. 그리고 마실 수 없게 된 이유는 물리적인 것이건 심리적으로 불결감을 느끼어 음용수로서 이용할 수 없게 되어도 본죄는 성립한다.

또한 본죄는 일종의 위험범이므로 오물의 혼입으로 인하여 음료수의 사용을 불가능하게 하면 족하고, 다른 결과의 발생을 필요로 하지 아니한다.

나. 음용수유해물혼입죄

[형법조문]

제192조(음용수의 사용방해) ② 전항의 음용수에 독물 기타 건강을 해할 물건을 혼입한 자는 10년 이하의 징역에 처한다. 제196조(미수범) 제192조제2항, 제193조제2항과 전조의 미수범은 처벌한다.

제197조(예비, 음모) 제192조제2항, 제193조제2항 또는 제195조의 죄를 범할 목적으로 예비 또는 음모한 자는 2년 이하의 징역에 처한다.

본죄는 일상생활의 음용에 사용하는 정수에 독물이나 건강을 해치는 유해물질을 섞음으로써 성립한다. 음용수사용방해죄에 대하여 혼입물의 차이로 인하여 형이 가중되는 구성요건으로서 양죄는 법조경합관계에 있다.

다. 수도음용수사용방해죄

[형법조문]

제193조(수도음용수의 사용방해) ① 수도에 의하여 공중의 음용에 공하는 정수 또는 그 수원에 오물을 혼입하여 음용하지 못하게 한 자는 1년 이상 10년 이하의 징역에 처한다.

본죄는 수도를 통하여 공중의 음용에 사용되는 정수 또는 그 수원에 오물을 혼입하여 음용하지 못하게 하는 경우에 성립한다. 본죄는 추상적 위험범이므로 실제로 사람의 건강침해의 결과발생을 필요로 하지 않는다. 그러나 구체적으로 음용하지 못하도록 하는 결과발생은 필요하다.

'수원'이란 직접 공중에게 공급하기 위한 수로에 들어오기 전의 물을 말한다. 예컨대, 저수지의 물이라든가 저수장에 흘러 들어가는 수류 등이다. '공중'이란 음용수사용방해죄와 마찬가지로 불특정 또는 다수인을 의미한다. 본죄는 정수 또는 그 수원에 오물을 혼입함으로써 기수에 이른다. 본죄의 미수범은 처벌하지 않는다.

라. 수도음용수등유해물혼입죄

[형법조문]

제193조(수도음용수의 사용방해) ② 전항의 음용수 또는 수원에 독물 기타 건강을 해할 물건을 혼입한 자는 2년 이상의 유기징역에 처한다.

제196조(미수범) 제192조제2항, 제193조제2항과 전조의 미수범은 처벌한다.

제197조(예비, 음모) 제192조제2항, 제193조제2항 또는 제195조의 죄를 범할 목적으로 예비 또는 음모한 자는 2년 이하의 징역에 처한다.

본죄는 수도를 통하여 공중의 음용에 사용되는 정수 또는 그 수원에 독물 기타 건강을 해치는 물건을 혼입하는 경우에 성립한다. 이는 제192조 제2항에 대한 가중적 구성요건이다.

마. 음용수혼독치사상죄

[형법조문]

제194조(음용수혼독치사상) 제192조제2항 또는 제193조제2항의 죄를 범하여 사람을 상해에 이르게 한 때에는 무기 또는 3년 이상의 징역에 처한다. 사망에 이르게 한 때에는 무기 또는 5년 이상의 징역에 처한다.

음용수혼독치사상죄는 제192조 제2항 및 제193조 제2항에 대한 결과적 가중범이다. 사망의 결과가 발생한 때에는 진정결과적 가중범이며, 상해의 결과가 발생한 때에는 부진정결과적 가중범이다. 상해의 결과발생시 상해의 고의로 음용수나 수도음용수에 독물 등을 혼입하여 상행의 결과가 발생하였다면 본죄와 상해죄의 상상적 경합이 성립함을 의미한다.

바. 수도불통죄

[형법조문]

제195조(수도불통) 공중의 음용수를 공급하는 수도 기타 시설을 손괴 기타 방법으로 불통하게 한 자는 1년 이상 10년 이하의 징역에 처한다.

제196조(미수범) 제192조제2항, 제193조제2항과 전조의 미수범은 처벌한다.

제197조(예비, 음모) 제192조제2항, 제193조제2항 또는 제195조의 죄를 범할 목적으로 예비 또는 음모한 자는 2년 이하의 징역에 처한다.

본죄는 공중이 음용수를 공급하는 수도 기타 시설을 손괴 기타 방법으로 불통하게 한 경우에 성립한다.[1182] 본죄의 행위는 단순히 음용수를 더럽히는 것이 아니라 수도 음용수공급시설 자체를 손괴하는 등의 행위를 처벌하는 것이다. 음용수를 공급할 수 없게 하는 정도의 손괴행위나 기타 수도불통행위가 있어야 성립한다.

제2절 아편에 관한 죄

Ⅰ. 총설

아편에 관한 죄는 아편을 흡식하거나 아편 또는 아편흡식기구의 제조·수입 또는 판매 등의 행위를 내용으로 하는 범죄이다. 본장의 죄는 공중의 건강을 보호법익으로 하는 추상적 위험범이다. 아편에 관한 죄와 관련하여서는 본장의 죄 이외에 마약류관리에관한법률 및 마약류불법거래방지에관한특례법, 특가법이 다루고 있다.

Ⅱ. 개별적 고찰

가. 아편등제조·수입·판매·판매목적소지죄

[형법조문]

제198조(아편 등의 제조 등) 아편, 몰핀 또는 그 화합물을 제조, 수입 또는 판매하거나 판매할 목적으로 소지한 자는 10년 이하의 징역에 처한다. 제202조(미수범) 전4조의 미수범은 처벌한다. 제203조(상습범) 상습으로 전5조의 죄를 범한 때에는 각조에 정한 형의 2분의 1까지 가중한다.

1182) 대법원 1957.2.1. 선고 4289형상317 판결 ; 대법원 1977.11.22. 선고 77도103 판결.

제204조(자격정지 또는 벌금의 병과) 제198조 내지 제203조의 경우에는 10년 이하의 자격정지 또는 2천만원 이하의 벌금을 병과할 수 있다.

본죄는 아편·몰핀 또는 그 화합물을 제조·수입 또는 판매하거나 판매할 목적으로 소지함으로써 성립하는 범죄이다. 아편확산을 원천적으로 봉쇄하기 위한 것이므로 아편흡식 행위보다 형이 가중되고 있다.

'수입'은 항공에 의할 경우에는 착륙하여 지상으로 운반된 때를 기준으로 하고 해상운송의 경우에는 양륙시를 기준으로 하는 것이 타당하다. '소지'란 목적물을 사실상의 지배 내에 두는 것을 말한다. 다만, 본죄의 구성요건으로서의 소지는 판매의 목적이 있어야 한다. 따라서 이 목적을 결여하면 후술하는 아편 등의 단순소지죄(제205조)로 된다.

나. 아편흡식기제조·수입·판매·판매목적소지죄

[형법조문]

제199조(아편흡식기의 제조 등) 아편을 흡식하는 기구를 제조, 수입 또는 판매하거나 판매할 목적으로 소지한 자는 5년 이하의 징역에 처한다.

제202조(미수범) 전4조의 미수범은 처벌한다.

제204조(자격정지 또는 벌금의 병과) 제198조 내지 제203조의 경우에는 10년 이하의 자격정지 또는 2천만원 이하의 벌금을 병과할 수 있다.

본죄는 아편을 흡식하는 기구를 제조하거나 수입·판매하는 행위, 판매할 목적으로 소지하는 행위를 처벌하기 위한 것이다. 본죄는 제201조 제1항에 대한 가중적 구성요건이라는 것이 다수설이지만 아편확산을 막기 위한 독립적 구성요건으로 보는 것이 타당하다. 행위객체는 아편흡식기로 일반적으로 사용되는 주사기는 의료기구일 뿐 비록 아편흡식에 사용되더라도 아편흡식기구라고 볼 수 없다.

다. 세관공무원의 아편등수입·수입허용죄

[형법조문]

> 제200조(세관공무원의 아편 등의 수입) 세관의 공무원이 아편, 몰핀이나 그 화합물 또는 아편흡식기구를 수입하거나 그 수입을 허가한 때에는 1년 이상의 유기징역에 처한다.
>
> 제202조(미수범) 전4조의 미수범은 처벌한다.
>
> 제203조(상습범) 상습으로 전5조의 죄를 범한 때에는 각조에 정한 형의 2분의 1까지 가중한다.
>
> 제204조(자격정지 또는 벌금의 병과) 제198조 내지 제203조의 경우에는 10년 이하의 자격정지 또는 2천만원이하의 벌금을 병과할 수 있다.
>
> 제206조(몰수, 추징) 본장의 죄에 제공한 아편, 몰핀이나 그 화합물 또는 아편흡식기는 몰수한다. 그를 몰수하기 불능한 때에는 그 가액을 추징한다.

본죄는 세관공무원의 의무를 강조하여 세관공무원이 아편·몰핀이나 그 화합물 또는 아편흡식기구를 수입하거나 그 수입을 허용할 때에 형이 가중되는 부진정신분범이다. 수입허용죄는 수입죄에 대한 일종의 방조행위를 독립적 구성요건으로 규정한 것이다. 그러므로 수입허용죄에 대해서는 총칙의 공범규정이 적용되지 않는다고 보는 것이 통설이다.

라. 아편등흡식·흡식장소제공죄

[형법조문]

> 제201조(아편흡식 등 동장소제공) ① 아편을 흡식하거나 몰핀을 주사한 자는 5년 이하의 징역에 처한다.
> ② 아편흡식 또는 몰핀주사의 장소를 제공하여 이익을 취한 자도 전항의 형과 같다.
>
> 제202조(미수범) 전4조의 미수범은 처벌한다.
>
> 제203조(상습범) 상습으로 전5조의 죄를 범한 때에는 각조에 정한 형의 2분의 1까지 가중한다.
>
> 제204조(자격정지 또는 벌금의 병과) 제198조 내지 제203조의 경우에는 10년 이하의 자격정지

또는 2천만원 이하의 벌금을 병과할 수 있다.

제206조(몰수, 추징) 본장의 죄에 제공한 아편, 몰핀이나 그 화합물 또는 아편흡식기는 몰수한다. 그를 몰수하기 불능한 때에는 그 가액을 추징한다.

(1) 아편흡식·몰핀주사죄 본죄는 아편을 흡식하거나 몰핀을 주사하는 죄이다. 아편을 흡식하거나 몰핀을 주사함으로써 개인건강에 미치는 악영향, 마약류구입을 위한 범죄행위와 환각상태에서 범할 다른 범죄행위의 위험성은 물론 이들 행위가 사회적으로 전파되어 끼칠 위험이 너무 크기 때문에 처벌하는 것이다.

아편의 흡식이란 아편을 호흡기나 소화기를 통하여 소비하는 것을 말한다. 의사의 처방 없는 치료목적의 아편흡식도 본죄에 해당한다. 아편·몰핀을 흡식 또는 주사하기 위하여 소지하던 자가 나중에 이를 흡식하거나 주사한 경우에는 본죄와 소지죄가 경합범이 된다. 반면에 아편·몰핀을 흡식 또는 주사하기 위한 사전행위로서 일시 소지하다가 흡식하거나 주사한 경우에는 본죄만이 성립한다.

(2) 아편흡식 등 장소제공죄 본죄는 아편흡식 또는 몰핀주사를 위한 장소를 제공하여 이익을 취하는 것이다. 이익을 취하는 것은 구성요건요소이므로 친구에게 아편·몰핀을 흡식·주사하기 위한 장소를 제공하는 경우에는 본죄에 해당하지 않는다. 그러나 마약류관리에 관한 법률에 의하면 마약투약을 위한 장소제공행위는 이익의 취득을 조건으로 하지 않고 처벌한다.

마. 아편등소지죄

[형법조문]

제205조(아편 등의 소지) 아편, 몰핀이나 그 화합물 또는 아편흡식기구를 소지한 자는 1년 이하의 징역 또는 500만원 이하의 벌금에 처한다.

제206조(몰수, 추징) 본장의 죄에 제공한 아편, 몰핀이나 그 화합물 또는 아편흡식기는 몰수한다. 그를 몰수하기 불능한 때에는 그 가액을 추징한다.

본죄는 아편·몰핀이나 그 화합물 또는 아편흡식기를 소지하면 성립한다. 즉 아편흡식이나 몰핀주사를 위한 예비행위를 독립적 구성요건으로 규정한 것이다. 그러나 소지자 본인이 직접 흡식하기 위한 것이어야 하는 것은 아니다. 만일 판매목적으로 이러한 물질을 소지한 때에는 본죄가 아니라 아편·몰핀소지죄(제198조)나 아편흡식기소지죄(제199조)에 해당한다.

제4장 사회의 도덕에 관한 죄

제1절 성풍속에 관한 죄

Ⅰ. 총설

본장은 성도덕 내지 건전한 성적 풍속을 보호법익으로 하는 죄를 규정하고 있다. 강간죄나 강제추행죄도 성생활과 관련을 맺고 있으나, 이들은 풍속에 관한 죄라기보다는 개인의 성적 자유를 침해하는 죄로서의 성격을 가지기 때문에 우리 형법은 이에 대해 정조에 관한 죄로 별도의 장을 마련하고 있다.

풍속을 해하는 죄는 간통, 음행매개, 음화 등의 반포·제조 및 공연음란 등의 행위를 내용으로 하는 범죄이고, 성생활에 관한 선량한 풍속의 보호를 목적으로 한다.

Ⅱ. 개별적 고찰

가. 간통죄

[형법조문]

제241조(간통) ① 배우자가 있는 자가 간통한 때에는 2년 이하의 징역에 처한다. 그와 상간한 자도 같다. ② 전항의 죄는 배우자의 고소가 있어야 논한다. 단, 배우자가 간통을 종용 또는 유서한 때에는 고소할 수 없다.

(1) 서설

1) 의의 및 보호법익 배우자 있는 자가 간통하거나 그와 상간하는 것을 내용으로 하는 범죄이다. 본죄는 필요적 공범으로 총론의 공범에 관한 규정은 적용되지 않는다. 본죄는 가정의 기초인 혼인제도를 보호법익으로 하며, 침해범이다.

2) 위헌여부 본죄에 대해서는 그동안 위헌여부가 문제되었다. 이 점에 대하여 헌법재판소는 다음과 같은 취지에서 본죄의 규정이 위헌이 아니라고 선언하였다.[1183)]

① 간통죄의 규정이 헌법 제10조(인간의 존엄성과 기본적 인권의 보장)에 근거한 개인의 성적 자기결정권을 제한하는 것임은 틀림없으나, 이는 헌법 제37조제2항(국민의 자유와 권리의 제한)에 의한 성적 자기결정권에 대한 필요 및 최소한의 제한으로서 자유와 권리의 본질적 내용을 침해하는 것이 아니고, 신체의 자유에 대한 부당한 제한도 아니다.

② 간통죄의 규정은 남녀평등 처벌주의를 취하고 있으므로 법 앞의 평등에도 반하지 않는다.

③ 간통죄의 규정은 헌법 제36조제1항(혼인과 가족생활보장)의 규정에 의하여 국가에게 부과된 개인의 존엄과 양성의 평등을 기초로 한 혼인과 가족생활의 유지 · 보장의 무이행에 부합하는 법률이다.

(2) 주체

본죄의 주체는 배우자 있는 자와 그와 상간하는 자이다. '배우자'란 법률상의 배우자를 말하며, 그 배우자와 사실상 동거하고 있지 않다 하더라도 본죄의 주체가 된다.[1184)] 따라서, 사실상의 혼인관계에 있는 내연의 부 또는 처는 본죄의 주체가 될 수 없다. 또한 혼인을 취소할 수 있는 경우에도 취소될 때까지는 유효하므로 이 기간 내에는 본죄가 성립할 수 있다. 또한 외국에서 혼인한 자가 '가족관계의등록등에관한

1183) 헌법재판소 1990.9.10. 선고 89헌마82 전원재판부결정 ; 헌법재판소 2001.10.25. 선고 2000헌바60 전원재판부결정 ; 헌법재판소 2008.10.30. 선고 2007헌가17·21,2008헌가7·26,2008헌바21·47(병합) 전원재판부결정 ; 대법원 1989.3.14. 선고 88도1463 판결.

1184) 「간통죄는 법률상 혼인관계에 있는 사람이 배우자 아닌 다른 사람과 정교관계를 한 때에 성립되는 것이므로, 혼인관계에 있는 사람이 그 배우자와 사실상 동거하지 않고 있다 할지라도 이러한 사정은 간통죄의 성립에 아무런 소장이 없다.」 대법원 1980.4.8. 선고 79도1848 판결.

법률'에 따른 신고를 하지 않은 경우에도 본조의 배우자에 해당한다.[1185]

본죄에 있어서 상간자도 처벌되나, 상간자는 상대방이 배우자있는 자라는 것을 인식하고 간통하였음을 요한다.[1186]

(3) 행위

본죄의 행위는 간통하는 것이다. 간통이란 배우자 이외의 자와 성교하는 것을 말한다.

(4) 친고죄

1) 배우자의 고소 본죄는 이른바 친고죄로서 배우자의 고소가 있어야 한다. 대법원은 「간통죄는 성교행위마다 1개의 죄가 성립한다 할 것이므로, 이 죄를 논하기 위하여는 그 간통행위 각각에 대하여 배우자의 고소가 있어야 한다」[1187]고 한다.

간통죄의 고소는 혼인이 해소되거나 이혼소송을 제기한 후가 아니면 고소할 수 없으며, 고소를 제기한 후 다시 혼인을 하거나 이혼소송을 취하한 때에는 고소는 취소된 것으로 간주한다(형사소송법 제229조).[1188]

2) 종용과 유서 배우자가 간통을 종용 또는 유서한 때에는 고소할 수 없다.

① '종용'이란 사전의 동의를 말한다. 명백한 이혼의사의 합의가 있는 경우에는 법률적으로 혼인관계가 존속한다 하더라도 종용에 관한 의사표시가 그 합의 속에 포함된 것으로 본다.[1189] 그러나 피고인의 배우자가 이혼심판청구를 한 사실만으로는

1185) 「형법 제241조의 간통죄에 있어서 배우자라 함은 우리나라 국법상 유효한 혼인관계에 있는 배우자를 가리키는 것이므로 내국인이 국내에서 혼인하여 호적법 소정의 신고를 한 경우가 이에 해당함은 물론이거니와, 섭외사법 제15조 1항 단서는 혼인의 방식은 그 혼인거행지의 법에 의한다고 규정하고 있으므로 외국에서 거행된 혼인이 그 외국법이 정하는 방식에 따라 거행된 경우에는 그로서 혼인은 유효하게 성립된 것으로 인정되고, 호적법에 따른 신고가 없는 경우에도 간통죄에 있어서 배우자에 해당한다.」 대법원 1983.12.13. 선고 83도41 판결.

1186) 대법원 2013.9.12. 선고 2013도5893 판결.

1187) 대법원 1971.2.23. 선고, 71도68 판결; 대법원 1985.11.12. 선고 84도2971 판결.

1188) 「간통고소는 혼인관계의 부존재 또는 이혼심판청구의 계속을 그 유효조건으로 하고, 이 조건은 공소제기시부터 재판이 종결될 때까지 구비하여야 하며, 고소당시 이혼심판청구를 제기하였다 하더라도 그 심판청구가 각하된 경우에는 최초부터 이혼심판청구를 제기하지 아니한 것과 같고, 이혼심판청구가 각하된 뒤에 다시 동일한 원인으로 이혼심판청구를 제기하였다 하더라도 친고죄의 공소제기요건에 생긴 흠결은 보정될 수 없다.」 대법원 1981.12.8. 선고 81도2391 판결.

종용 또는 유서가 있다고 볼 수 없다.[1190]

② '유서'는 사후의 용서를 의미하며, 배후자의 일방이 상대방의 간통사실을 알면서도 혼인관계를 지속시킬 의사로 악감정을 포기하고 상대방에게 그 행위에 대한 책임을 묻지 않겠다는 뜻을 표시하는 일방행위이다. 유서는 명시적으로뿐만 아니라 묵시적으로도 할 수 있으나, 유서로 인정되기 위하여는 간통 사실에도 불구하고 혼인관계를 지속시키려는 진실한 의사가 명백하고 믿을 수 있는 방법으로 표현되어야 한다. 따라서 단지 "용서해 줄테니 자백하라"고 말한 것만으로는 유서에 해당한다고 볼 수 없다.[1191] 또한 종용의 경우와는 달리 협의상 이혼의 확인이 있다고 해서 유서의 의사가 당연히 내포되어 있는 것은 아니며[1192], 고소인이 간통사실을 안후에 피고소인과 동침한 사실만으로는 유서한 것이라 할 수 없다.[1193]

보충판례 166 : 대법원 2008.7.10 선고 2008도3599 판결

1189) 「혼인 당사자가 더 이상 혼인관계를 지속할 의사가 없고 이혼의사의 명백한 합치가 있는 경우에는 비록 법률적으로 혼인관계가 존속한다고 하더라도 간통에 대한 사전 동의인 종용에 관한 의사표시가 그 합의 속에 포함되어 있는 것으로 보아야할 것이고, 그러한 명백한 합의가 없는 경우에는 비록 잠정적, 임시적, 조건적으로 이혼의사가 쌍방으로부터 표출되어 있다 하더라도 간통 종용의 경우에 해당하지 않는다.」 대법원 1991.3.22. 선고 90도1188 판결.

1190) 「피고인의 배우자가 피고인을 상대한 이혼심판청구를 하였다 하여 그 이후 피고인에게 간통을 종용 또는 유서하였다고 볼 수 없다.」 대법원 1989.9.12. 선고 89도501 판결.

1191) 「형법 제241조 2항에서 이르는 유서는 민법 제841조에 규정되어 있는 사후용서와 같은 것으로서, 배우자의 일방이 상대방의 간통사실을 알면서도 혼인관계를 지속시킬 의사로 악감정을 포기하고 상대방에게 그 행위에 대한 책임을 묻지 않겠다는 뜻을 표시하는 일방행위라고 할 것인바, 위 법조들의 취지는, 간통한 배우자를 용서하겠다는 당사자의 선량한 의사를 존중하여 그 의사에 법적 효과를 부여하고, 혼인관계가 쉽게 해소되는 것을 방지하여 혼인생활의 안정을 보호하려는 데에 있으므로, 유서하였는지 여부를 판단함에 있어서는 다른 가족법관계에 있어서와 마찬가지로 당사자의 진실한 의사가 절대적으로 존중되어야 하고, 선의의 상대방보호 및 거래의 안전과 신속을 도모하기 위하여 주로 재산법관계에 적용되는 표시주의의 이론을 적용할 수는 없다 유서는 명시적으로 할 수 있음은 물론 묵시적으로도 할 수 있는 것이어서 그 방식에 제한이 있는 것은 아니지만, 감정을 표현하는 어떤 행동이나 의사의 표시가 유서로 인정되기 위하여는 첫째 배우자의 간통사실을 확실하게 알면서 자발적으로 한 것이어야 하고, 둘째 그와 같은 간통 사실에도 불구하고 혼인관계를 지속시키려는 진실한 의사가 명백하고 믿을 수 있는 방법으로 표현되어야 하는 것이므로, 단순한 외면적인 용서의 표현이나 용서를 하겠다는 약속만으로는 유서를 하였다고 인정하기 어렵다. 배우자의 객관적인 의사표시, 즉 "용서해 줄 테니 자백하라"고 말한 것만으로는 간통을 유서한 때에 해당한다고 보기 어렵다.」대법원 1991.11.26. 선고 91도2409 판결.

1192) 「협의상 이혼의 확인이 있다 하여 여기에 혼인생활 중에 있었던 간통행위를 유서한다는 의사가 당연히 내포되어 있다고는 할 수 없다.」대법원 1986.6.24. 선고 86도482 판결.

1193) 「고소인이 피고인의 본건 간통사실을 알고 난 후에도 피고소인과 동침하였고, 동침할 때에는 본건 간통사실에 대한 고소의 의사가 내심으로 없었다고 하더라도 그 사실만 가지고 고소인이 피고인의 본건 간통사실을 유서하였다고는 할 수 없다.」대법원 1966.1.25. 선고, 65도1107 판결.

나. 음행매개죄

[형법조문]

제242조(음행매개) 영리의 목적으로 사람을 매개하여 간음하게 한 자는 3년 이하의 징역 또는 1천500만원 이하의 벌금에 처한다.[개정 2012.12.18.]

(1) 보호법익

본죄의 보호법익은 사회의 성도덕·성풍속이며, 부차적으로 개인의 정조(성적 자기결정의 자유)도 보호한다. 본죄 이외에 18세 미만의 아동에게 음행을 시키거나 음행을 매개시킨 때에는 아동복지법에 해당한다.

(2) 객체

사람이다. 음행의 상습성 유무는 불문한다.[1194]

따라서 유부녀는 물론이고 첩이라도 특정개인을 상대로 하여 성생활을 하고 있는 사람도 본죄의 객체로 될 수 있다.

(3) 행위

본죄의 행위는 사람을 매개하여 간음을 하게 하는 것이다. '매개'란 간음을 권유하는 일체의 행위를 말한다. 간음케 할 것을 요하므로 단지 추행케 하는 것으로는 족하지 않다.

(4) 목적범

본죄는 이른바 목적범으로서 행위자에게 영리의 목적(초과주관적 구성요건요소)이 있어야 한다.

1194) 「형법 제242조 소정 미성년자에 대한 음행매개죄의 성립에는 그 미성년자가 음행의 상습이 있거나 그 음행에 자진 동의한 사실은 하등 영향을 미치는 것이 아니다.」 대법원 1955.7.8. 선고 4288형상37 판결.

다. 음화등반포·판매·임대·공연전시·상영죄

[형법조문]

第243조(음화반포 등) 음란한 문서, 도화, 필름 기타 물건을 반포, 판매 또는 임대하거나 공연히 전시 또는 상영한 자는 1년 이하의 징역 또는 500만원 이하의 벌금에 처한다.

(1) 보호법익

본죄의 보호법익은 선량한 성풍속이다. 본죄는 표현의 자유와 관련하여 그 음란성의 개념과 처벌의 범위가 크게 문제되고 있다.

(2) 객체

본죄의 객체는 음란한 문서·도화·필름 기타 물건이다. '음란한 문서·도화·필름 기타의 물건'이란 「성욕을 자극하거나 흥분 또는 만족케 하는 물품으로서 일반인의 정상적인 성적 수치심을 해치고 선량한 성적 도의관념에 반하는 것을 가리킨다」.[1195] 음란성은 규범적 개념이므로 그 시대의 문화관에 따라 판단하지 않을 수 없다.

보충판례 167-1 : 대법원 1999.2.24 선고 98도3140 판결

(3) 행위

본죄의 행위는 반포·판매·임대 또는 공연전시·상영이다. '반포'란 불특정 또는 다수인에 대하여 무상으로 교부하는 것을 말한다. 유상이면 판매로 된다. 직접 수명의 특정인에 교부하는 경우라도 그것이 순차적으로 불특정 또는 다수인에게 교부될 것을 예견하고 교부하면 반포가 된다. 또한 여기서의 교부는 현실적으로 상대방에게 교부되었음을 요하므로, 예컨대 우송하였으나 상대방에게 도달되지 아니하면 반포죄를 구성하지 않는다. '공연전시·상영'이란 불특정 또는 다수인이 관람할 수 있는 상태에 두는 것을 말한다.[1196]

1195) 대법원 1987.12.22. 선고 87도2331 판결 ; 대법원 1991.9.10. 선고 91도1550 판결.

보충판례 167-2 : 대법원 2003.7.8 선고 2001도1335 판결[1197]

라. 음화등제조·소지·수입·수출죄

[형법조문]

제244조(음화제조 등) 제243조의 행위에 공할 목적으로 음란한 물건을 제조, 소지, 수입 또는 수출한 자는 1년 이하의 징역 또는 500만원 이하의 벌금에 처한다.

본죄는 반포·판매·임대 또는 공연전시·상영할 목적으로 음란한 물건을 제조·소지[1198]·수입 또는 수출함으로써 성립하는 범죄이다. 행위의 객체는 음란한 물건이다. 판례는 성기확대기는 음란물건이 아니라고 한 바 있다.[1199]

마. 공연음란죄

[형법조문]

제245조(공연음란) 공연히 음란한 행위를 한 자는 1년 이하의 징역, 500만원 이하의 벌금, 구류 또는 과료에 처한다.

'공연히'란 불특정 또는 다수인이 알 수 있는 상태를 말한다. '음란한 행위'란 일반보통인의 성욕을 자극하여 성적 흥분을 유발하고 정상적인 성적 수치심을 해하여 성적 도의관념에 반하는 행위를 가리키는 것이고, 그 행위가 반드시 성행위를 묘사하거나 성적인 의도를 표출할 것을 요하는 것은 아니다. 따라서 요구르트 제품의 홍보를 위하여 전라의 여성 누드모델들이 일반 관람객과 기자 등 수십명이 있는 자리에서 알몸으로 밀가루를 바르고 무대에 나와 분무기로 요구르트를 몸에 뿌려 밀가루를 벗겨

1196) 대법원 1973.8.21, 73도409.

1197) 대법원 2008.02.01 선고 2007도8286 판결 ; 대법원 2009.05.14 선고 2008도10914 판결.

1198) 아청법은 목적없는 단순소지도 처벌하고 있다(제11조 제5항).

1199) 대법원 2003.5.16. 선고 2003도988 판결 ; 대법원 2000.10.13. 선고 2000도3346 판결 ; 대법원 1978.11.14. 선고 78도2327 판결.

내는 방법으로 알몸을 완전히 드러낸 채 음부 및 유방 등이 노출된 상태에서 무대를 돌며 관람객들을 향하여 요구르트를 던진 행위는 공연음란죄에 해당한다.[1200] 다만 과다노출 정도인 경우에는 경범죄처벌법 제3조 제1항 제33호에 해당할 것이다.

제2절 도박과 복표에 관한 죄

도박과 복표에 관한 죄는 도박하거나 도박을 개장하거나 복표를 발매·중개 또는 취득함으로써 성립하는 범죄이다. 이러한 범죄는 사람의 요행심을 조장하여 건전한 근로생활을 퇴폐케 할 뿐만 아니라, 폭행·협박·상해·절도·강도 등의 다른 범죄를 유발하는 원인이 되기 때문에 이를 처벌하거나 통제하는 것이다. 이들 범죄의 보호법익은 건전한 근로관념과 공공의 미풍약속 내지 경제에 관한 건전한 도덕법칙이라고 할 수 있다.

Ⅰ. 단순도박죄

[형법조문]

제246조(도박) ① 도박을 한 사람은 1천만원 이하의 벌금에 처한다. 다만, 일시오락 정도에 불과한 경우에는 예외로 한다. [전문개정 2013.4.5.]

가. 구성요건

(1) 주체

주체에는 제한이 없다. 다만, 도박은 2인 이상의 사이에서 행하여지므로 본죄는 필

1200) 대법원 2006.1.13. 선고 2005도1264 판결 ; 대법원 1996.6.11. 선고 96도980 판결.

요적 공범에 해당한다.

(2) 행위

본죄의 위는 재물로써 도박하는 것이다. 여기서의 재물에는 재산상의 이익도 포함한다. '도박'이란 당사자 상호간에 재물을 걸고 우연한 승부에 의하여 그 재물의 득실을 결정하는 것을 말한다. 승패의 우연성은 단지 당사자에게 주관적으로 불확실하면 족하고, 객관적으로 불확실할 필요는 없다. 재물을 거는 합의가 있는 이상 현실로 재물의 제출을 필요로 하지 않는다. 또 승패의 결정이 다소라도 우연성이 인정되고 있는 한 당사자의 기능이 승패의 결정에 상당한 영향을 주는 경우에도 도박이라고 할 수 있다.

승패의 우연성은 당사자의 쌍방에 존재함을 요하는가의 문제가 있다. 이는 어느 한 편에게 이미 승부가 결정되어 있는 경우, 즉 사기도박을 도박죄로 볼 것인가의 문제이다. 통설은 당사자의 일방이 사기수단으로써 승패를 지배하는 경우 이른바 사기도박에 있어서는 도박죄의 성립을 부정하고, 단지 사기행위자에 대한 사기죄의 성립만을 인정한다. 판례도 사기도박의 경우에는 우연성이 결여되어 있기 때문에 어느 쪽에는 도박죄는 성립하지 않고 오직 사기행위자의 사기죄만이 성립된다고 판시하고 있다.[1201]

(3) 기수시기

본죄는 추상적 위험범이다. 따라서 본죄는 도박행위에 착수하면 기수에 이르며(예컨대 화투장을 돌릴 때 기수가 된다), 재물이 오가거나 승패가 결정될 필요는 없다.

나. 위법성

'일시 오락의 정도에 불과한 때'에는 본죄는 성립하지 않는다. 즉, 일시 오락의 정도

1201) 대법원 1960.11.16. 선고 4293형상743 판결.

는 도박죄의 위법성조각사유가 된다.[1202] 일시오락의 정도에 불과한 것인가 여부는 '도박의 시간과 장소, 도박자의 사회적 지위 및 재산정도, 재물의 근소성, 도박에 이르게 된 경위 등 모든 사정을 참작하여 구체적으로 판단하여야 한다. 따라서 간단한 술과 안주 값을 마련하기 위한 경우,[1203] 1,000원 내지 7,000원을 판돈으로 내놓고 한 점에 100원짜리 고스톱을 한 것은 일시오락의 정도에 불과하다.[1204]

보충판례 168 : 대법원 2004.4.9 선고 2003도6351 판결

II. 상습도박죄

[형법조문]

제246조(상습도박) ② 상습으로 제1항의 죄를 범한 사람은 3년 이하의 징역 또는 2천만원 이하의 벌금에 처한다.[전문개정 2013.4.5.]

제249조(벌금의 병과) 제246조제2항, 제247조와 제248조제1항의 죄에 대하여는 1천만원 이하의 벌금을 병과할 수 있다.[전문개정 2013.4.5.]

상습도박죄는 상습으로 도박죄를 범한 경우에 적용되는 가중적 구성요건이다 상습성의 요건은 다른 범죄에서와 마찬가지이다. 판례는 상습성이란 반복하여 도박행위를 하는 습벽으로 행위자의 속성을 말하는 것이므로, 이러한 습벽의 유무를 판단할

1202) 「형법 제246조가 도박죄를 처벌하는 이유는 정당한 근로에 의하지 아니한 재물의 취득을 처벌함으로써 경제에 관한 건전한 도덕법칙을 보호하기 위한 것이고, 그 처벌은 헌법이 보장하는 행복추구권이나 사생활의 자유를 침해할 수 없으며, 국민이 여가를 이용하여 평소의 심신의 긴장을 해소하는 오락은 이를 허용함이 국가정책적 입장에서 필요하다고 할 것인바, 형법 제246조 1항 단서가 일시 오락의 정도에 불과한 도박행위를 처벌하지 아니하는 이유도 여기에 있다. 속칭 민화투놀이에 도한 재물이 바로 그 즉시 예정된 방법에 따라 소비되지 아니하고 어느 일방이 승패에 따라 그 재물을 차지하였다 하더라도, 그 재물의 득실이 승패결정의 흥미를 북돋우기 위한 것이고 그 재물의 경제적 가치가 근소하여 건전한 근로의식을 침해하지 않을 정도라면 일시 오락의 정도에 불과한 것이다.」 대법원 1983.3.22. 선고 82도2151 판결.

1203) 「생선회 3인분과 소주 2병 등 음식 값을 마련하기 위하여 한 피고인들의 행위는 그들의 연령, 재산정도, 친교관계, 이 건에 이르게 된 경위와 그 방법, 그 횟수와 장소 및 건 돈의 액수 등을 합쳐 검토하여 볼 때 단순한 오락 정도에 불과하다.」 대법원 1983.5.10. 선고 83도68 판결.

1204) 대법원 1990.2.9. 선고 89도1992 판결.

때에는 도박의 전과나 전력 유무 또는 도박 횟수 등이 중요한 판단자료가 된다[1205]고 본다.

상습성은 일시오락의 정도에 불과한 도박으로 인한 경우인 때에는 인정되지 않는다. 일시오락의 정도에 불과한 도박행위는 위법성이 조각되므로 책임가중사유인 상습성 판단은 할 수가 없다. 상습범은 일종의 집합범으로서 수회에 걸쳐 도박을 한 경우에도 법적인 단일행위로서 포괄일죄로 처리하는 것이 통설이자 판례의 입장이다.[1206] 그러나 이러한 견해는 행위자에게 부당하게 이익을 주므로 타당하지 않으며 죄수로서 실체적 경합범으로 보아야 한다.

Ⅲ. 도박장소등개설죄

[형법조문]

第247조(도박장소 등 개설) 영리의 목적으로 도박을 하는 장소나 공간을 개설한 사람은 5년 이하의 징역 또는 3천만원 이하의 벌금에 처한다.[전문개정 2013.4.5.] 第249조(벌금의 병과) 第246조第2항, 第247조와 第248조第1항의 죄에 대하여는 1천만원 이하의 벌금을 병과할 수 있다.[전문개정 2013.4.5.]

도박장소등개설죄는 영리의 목적으로 도박을 위한 장소·공간 및 설비를 제공함으로써 성립하는 죄이다.[1207] 본죄는 도박을 할 수 있는 장소·공간과 설비를 제공하여 도박행위자들을 유인·촉진하거나 도박을 교사하는 역할을 하는 것을 처벌하기 위한 것이다. 본죄는 도박장을 개설하고 있는 동안 구성요건실현이 계속되는 계속범에 해당한다.

본죄의 행위는 도박을 하는 장소나 공간을 개설하는 것이다. 도박장소나 공간을 개

1205) 대법원 1990.12.11. 선고 90도2250 판결.

1206) 대법원 1982.9.28. 선고 82도1669 판결.

1207) 2013.4.5. 개정형법은 도박공간으로서 인터넷상에 사이버공간(도박사이트)를 제공하는 경우도 처벌하기 위하여 도박장소 뿐만 아니라 도박하는 공간을 개설한 경우도 처벌하도록 명문화하였다.

설한다는 것은 도박장소·공간과 설비를 개설·제공하는 것을 위미한다. 이 경우에 행위자는 스스로 도박의 주재자가 될 것을 요하므로, 주재자가 되지 않고 도박장소만을 제공한 때에는 도박죄의 종범이 될 뿐이고 본죄는 성립하지 않는다고 보는 것이 통설이다. 본죄는 도박장을 열어 도박행위를 하게 하는 것만으로 실현되었다고 보아야 하고, 개장자 자신이 도박장에 자리를 같이하거나 도박을 하건 아니하건 불문한다. 만일 직접 도박행위를 한 때에는 본죄와 (상습)도박죄와의 경합범이 인정된다.

주관적 구성요건으로는 고의 이외에 영리의 목적이 있어야 한다. 영리의 목적이 구체적으로 달성되어 현실적으로 이익을 얻었을 것을 필요로 하지 않는다. 영리의 목적이란 재산상의 이익을 얻을 목적을 말한다. 예를 들면 도박장 입장료를 받던가, 판돈 가운데 일부를 수수료로 받는 행위 등을 가리킨다. 영리의 목적이 없이 도박장소만 제공한 경우에는 도박죄의 종범이 된다.

Ⅳ. 복표발매 · 중개 · 취득죄

[형법조문]

제248조(복표의 발매 등) ① 법령에 의하지 아니한 복표를 발매한 사람은 5년 이하의 징역 또는 3천만원 이하의 벌금에 처한다. ② 제1항의 복표발매를 중개한 사람은 3년 이하의 징역 또는 2천만원 이하의 벌금에 처한다. ③ 제1항의 복표를 취득한 사람은 1천만원 이하의 벌금에 처한다.[전문개정 2013.4.5.]

복표에 관한 죄는 법령에 의하지 아니한 복표를 발매하거나 발매중개 또는 취득하는 것을 내용으로 하는 죄이다.[1208] 본죄는 사행행위등규제및처벌특례법의 적용을 받는다.

행위객체인 '복표'라 함은 일정한 발매자가 다수인에게 미리 증표를 발매하고 구매자로부터 금전, 기타의 제물을 거출하게 한 후에, 추첨자는 우연적 방법에 의하여 그

1208) 본죄는 2013.4.5. 개정형법을 통하여 '국제연합국제조직범죄방지협약'의 대상범죄가 될 수 있도록 법정형의 상한을 3년에서 5년으로 상향조정하였다.

구매자간에 불평등한 이익분배를 하는 것을 말한다.[1209] 경품권은 경제상의 거래에 따른 특수한 이익공여행위이므로 복표가 아니다. 본죄의 복표는 법령에 의하여 허가되지 않은 복표만을 대상으로 한다. 그러므로 법령에 의하여 허가를 받아 발매하는 복표에 대해서는 위법성이 없다.

본죄의 행위는 발매·발매중개와 취득이다. '발매'란 구매자로 하여금 추첨 등의 방법에 의하여 이익을 얻게 할 목적으로 복표를 파는 것을 말한다. '발매중개'는 발매자에 대하여 직접적이건 간접적이건 불문하고, 발매자와 구매자와의 사이에 일체의 발매알선의 행위를 말한다. '취득'은 유상이나 무상을 불문한다.

제3절 신앙에 관한 죄

Ⅰ. 총설

신앙에 관한 죄란 공중의 종교생활의 평온과 종교감정을 침해하는 것을 내용으로 하는 범죄이다. 본죄의 보호법익은 사회풍속으로서의 종교감정과 종교생활의 평온이며, 보호받는 정도는 추상적 위험범으로서의 보호이다.

Ⅱ. 장례식등방해죄

[형법조문]

第158조(장례식등의 방해) 장례식, 제사, 예배 또는 설교를 방해한 자는 3년 이하의 징역 또는 500만원 이하의 벌금에 처한다.

1209) 대법원 2003.12.26. 선고 2003도5433 판결.

본죄는 장례식·제사·예배[1210] 또는 설교를 방해하는 것을 내용으로 한다. 종교행사나 사자에 대한 경건성의 표현인 장례식이나 제사를 원활하게 치르도록 하기 위한 것이다.[1211]

본죄의 행위인 '방해'는 장례식 등의 경건하고 평온한 집행지장을 주는 일체의 행위를 말한다.[1212] 판례는 정식절차를 밟은 위임목사가 아닌 자가 당회의 결의에 반해 설교와 예배인도를 한 경우에도 다른 특별한 사정이 없는 한 그 설교와 예배인도는 형법상 보호를 받을 가치가 있고 이러한 설교와 예배인도의 평온한 수행에 지장을 주는 행위를 하면 본조 설교 또는 예배방해죄가 성립한다고 본다.[1213]

Ⅲ. 분묘발굴죄

[형법조문]

第160조(분묘의 발굴) 분묘를 발굴한 자는 5년 이하의 징역에 처한다. 第162조(미수범) 전2조의 미수범은 처벌한다.

분묘발굴죄의 객체인 분묘는 사람의 사체·유골·유발 등을 매장하여 제사나 예배 또는 기념의 대상으로 하는 장소를 말한다. 사체나 유골이 토괴화되었을 때에도 상관없으며, 그 사자가 누구인지 분명치 않다고 하더라도 현재 제사·숭경하고 종교적 예의의 대상으로 되어 있고 이를 수호·봉사하는 자가 있으면 분묘에 해당한다.[1214]

1210) 대법원 2008.2.28. 선고 2006도4773 판결.
1211) 대법원 2013.2.14. 선고 2010도13450 판결.
1212) 대법원 2008.2.1. 선고 2007도5296 판결.
1213) 대법원 1971.9.28. 선고 71도1465 판결.
1214) 대법원 1990.2.13. 선고 89도2061 판결 ; 대법원 2007.12.13. 선고 2007도8131 판결.

Ⅳ. 사체등손괴·유기·은닉·영득죄

[형법조문]

제161조(사체 등의 영득) ① 사체, 유골, 유발 또는 관내에 장치한 물건을 손괴, 유기, 은닉 또는 영득한 자는 7년 이하의 징역에 처한다. ② 분묘를 발굴하여 전항의 죄를 범한 자는 10년 이하의 징역에 처한다. 제162조(미수범) 전2조의 미수범은 처벌한다.

본죄의 손괴란 사자에 대한 숭경의 감정을 해하는 위법한 물질적 손괴를 말한다. 전체유골에서 일부를 분리하는 것도 손괴에 해당한다.[1215] 사체를 종교적·사회적으로 매장이라고 인정되는 방법에 의하지 않고 방기하는 것을 유기라고 한다. 사람을 살해한 후 그 범죄흔적을 은폐하기 위하여 그 사체를 다른 장소로 옮겨 유기하였을 때에는 살인죄와 사체유기죄의 경합범이 성립한다. 그 사체유기를 불가벌적 사후행위라 할 수 없다.[1216] 은닉이란 발견을 불가능 또는 심히 곤란하게 하는 것을 말한다. 인적이 드문 곳으로 유인하여 사람을 살해한 후 사체를 그대로 방치한 것만으로는 은닉이라 할 수 없다.[1217] 영득은 사체를 불법으로 취득하는 것을 말한다.

1215) 「형법 제161조에서 사체유골 등의 손괴라 함은 사자에 대한 숭경의 감정을 해하는 위법한 물질적 손괴를 말하는 것으로서, 사체는 비록 그 근육이 부패하여 자연적으로 분골이 된 경우라 할지라도 그 생전의 위치와 순서를 그대로 보존할 것이오, 가령 이장하는 경우라 할지라도 그 자연적 태세를 변경 혼란함이 없이 계골함이 예부터 전해 오는 우리의 관례이므로 계골함이 없이 그 전체유골에서 일부를 분리함은 손괴를 면치 못한다 해석함이 타당하다.」 대법원 1957.7.5. 선고 4290형상148 판결.

1216) 대법원 1984.11.27. 선고84도2263 판결.

1217) 「형법 제161조의 사체은닉이라 함은 사체의 발견을 불가능 또는 심히 곤란하게 하는 것을 구성요건으로 하고 있는바, 살인, 강도 살인 등의 목적으로 사람을 살해한 자가 그 살해의 목적을 수행함에 있어 사후 사체의 발견이 불가능 또는 심히 곤란하게 하려는 의사로 인적이 드문 장소로 피해자를 유인하거나 실신한 피해자를 끌고 가서 그곳에서 살해하고 사체를 그대로 둔 채 방치한 경우에는 비록 결과적으로 사체의 발견이 현저하게 곤란을 받게 되는 사정이 있다 하더라도 별도로 사체은닉죄가 성립되지 아니한다.」 대법원 1986.6.24. 선고 86도891 판결.

V. 변사체검시방해죄

[형법조문]

第163조(변사체검시방해) 변사자의 사체 또는 변사의 의심있는 사체를 은닉 또는 변경하거나 기타 방법으로 검시를 방해한 자는 700만원 이하의 벌금에 처한다.

변사자는 부자연한 사망으로서 그 사인이 분명하지 않은 자를 의미한다.[1218] 변사자에는 자살자나 범죄로 인한 사망자가 포함된다. 변사자는 형사소송법상 수사기관의 검증을 받도록 되어 있으며 본죄는 이를 보장하기 위한 것이다. 그러므로 범죄로 인하여 사망한 것이 명백한 사체는 본죄의 행위객체에 포함될 수 없다.[1219] 검시란 사체를 오관의 작용에 의하여 인식하는 검증을 말한다.

본죄의 행위는 변사자의 사체에 변경을 가하는 것이다.[1220] 사체에 변경을 가한다는 것은 사체에 대하여 내부적 또는 외부적인 변화를 가져오게 하는 일체의 행위를 말하며, 암장하는 것도 포함한다. 기타 방법으로 검시를 방해하는 것으로는 검시관을 폭행하거나 검시현장에 접근하지 못하도록 하는 행위 등이 포함된다. 이 경우에는 공무집행방해죄와의 상상적 경합이 인정된다.

1218) 「형법 제163조의 변사자는 부자연한 사망으로서 그 사인이 분명하지 않은 자를 의미하고, 그 사인이 명백한 것은 변사자라 할 수 없다.」 대법원 1970.2.24. 선고 69도2272 판결.

1219) 대법원 2003.6.27. 선고 2003도1331 판결.

1220) 사산아(死産兒)를 감추거나 정당한 이유 없이 변사체 또는 사산아가 있는 현장을 바꾸어 놓은 때에는 경범죄처벌법의 적용대상(제3조 제1항 제5호)이 된다.

제3편 국가적 법익에 관한 죄

제1장 국가의 존립과 권위에 대한 죄

제1절 내란의 죄

Ⅰ. 총설

가. 의의

내란의 죄는 국가존립의 기존요건인 국토와 헌법질서에 대한 죄로서 국토를 참절하거나 국헌을 문란할 목적으로 폭동 하는 것을 내용으로 하는 범죄이다.

본죄는 국가의 존립을 위태롭게 한다는 점에서 외환죄와 그 본질을 같이하나, 국가내부적으로 존립을 위태롭게 한다는 점에서 국가의 존립을 대외적으로 침해하는 외환죄와 구별된다. 그리고 본죄의 구성요건 충족하기 위해서는 다수인의 폭동을 요구하고 있어 필요적 공범(집합범)으로만 성립된다.

나. 구성요건의 체계

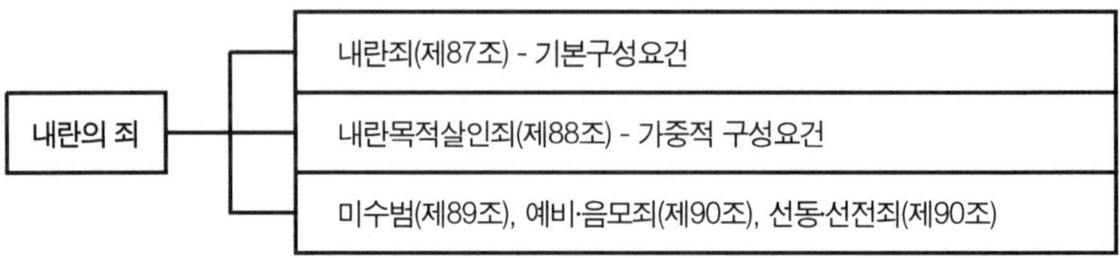

다. 보호법익 및 보호정도

본죄의 보호법익에 대하여는 ① 국가의 존립이라는 견해, ② 국가 존립의 기초하는 견해, ③ 국가의 내적 안전이라는 견해, ④ 국가의 안전과 헌법질서라는 견해, ⑤ 국가의 존립과 헌법이라는 견해가 대립한다. 이러한 견해는 표현상의 차이에 불과할 뿐 실질적인 차이는 없다. 다만, 본죄를 국가존립을 위태롭게 하는 외환죄와 구별하기 위해서 국가존립에 대한 내부적 행위를 처벌한다는 데 그 의미가 있다는 점에 착안한다면 국가의 내적 안전이라는 표현이 적절하다고 생각한다.

본죄의 보호정도는 추상적 위험범이다. 국가를 보호대상으로 하는 형법규정이 추상적 위험범으로 되어 있음은 행위와 결과사이의 연결성을 고려하지 않음으로 해서 처벌범위가 확대되고, 금지되는 행위가 추상화됨으로써 예방목적에도 도움이 되지 않는다는 점을 들어 비판하는 견해가 있다. 그러나 추상적 위험범이든 구체적 위험범이든 실행의 착수 이후의 판단 문제이므로 형법상 합리적인 가벌성 인정에 문제가 없다고 본다.[1221]

1221) **[헌정질서파괴범죄와 국가보안법의 관계]** : 1. 헌정질서파괴범죄는 형법상 내란의 죄, 외환의 죄, 군형법상의 반란의 죄, 이적의 죄를 말한다. 그리고 헌정질서파괴범죄에 대해서는 공소시효의 적용을 배제하며(헌정질서파괴범죄의공소시효등에관한특례법 제3조 1호) 재정신청을 허용한다(같은 법 제4조). 2. 형법상 내란죄와 국가보안법은 그 규제대상에 차이가 있다. 내란죄와 국가보안법상의 규제대상이 반국가 활동이라는 점에서는 본질적으로 가벌성의 방향이 같다고 할 수 있지만, 국가보안법은 내란죄 착수 전 단계라고 할 수 있는 반국가단체에 대한 찬양·고무, 회합·통신 등을 그 규제대상으로 설정하고 있다는 점에서 양자는 경합할 수 없다. 다만, 내란죄의 예비·음모가 국가보안법위반사항으로 평가될 경우에는 특별법우선원칙에 의해 국가보안법이 적용된다.

Ⅱ. 구성요건의 유형

가. 내란죄

[형법조문]

제87조(내란) 국토를 참절하거나 국헌을 문란할 목적으로 폭동한 자는 다음의 구별에 의하여 처단한다.

1. 수괴는 사형, 무기징역 또는 무기금고에 처한다.
2. 모의에 참여하거나 지휘하거나 기타 중요한 임무에 종사한 자는 사형, 무기 또는 5년 이상의 징역이나 금고에 처한다. 살상, 파괴 또는 약탈의 행위를 실행한 자도 같다.
3. 부화수행하거나 단순히 폭동에만 관여한 자는 5년 이하의 징역 또는 금고에 처한다.

제89조(미수범) 전2조의 미수범은 처벌한다.

제91조(국헌문란의 정의) 본장에서 국헌을 문란할 목적이라 함은 다음 각 호의 1에 해당함을 말한다.

1. 헌법 또는 법률에 정한 절차에 의하지 아니하고 헌법 또는 법률의 기능을 소멸시키는 것
2. 헌법에 의하여 설치된 국가기관을 강압에 의하여 전복 또는 그 기능 행사를 불가능하게 하는 것

(1) 의의

내란죄는 국토를 참절하거나 국헌을 문란할 목적('국헌문란'에 관한 정의는 제91조 참조)으로 폭동함으로써 성립하는 범죄이다.

본죄는 다수인의 폭동을 구성요건적 행위로 요구하고 있다는 점에서 집합범이자 필요적 공범이다. 그리고 내란죄는 가담의 정도에 따라 처벌하도록 규정하고 있다. 따라서 형법 총칙상의 공범규정 적용은 배제된다. 다만, 내란을 획책하는 조직적 가담자가 아니라 외부에서의 교사 · 방조행위는 총칙상의 교사범 · 방조범 규정이 적용된다고 보아야 할 것이다.

(2) 객관적 구성요건

1) 행위주체 본죄의 주체는 내국인이든 외국인이든 제한이 없다. 따라서 외국인

이 외국에서 내란죄에 가담하여도 본죄가 적용된다(제5조 1항). 집합범적 성질 때문에 상당수의 다수인이 가담하여야 한다. 다만, 본죄의 처벌에 있어서는 내란행위에 대한 관여 정도에 따라 ① 수괴(폭동조직 · 지휘 · 통솔자), ② 모의 참여자 · 지휘자 · 중요임무 종사자 · 살상 · 파괴 · 약탈행위자(내란모의계획수립에의 직접 가담자, 폭동참여자의 일부 또는 전부 지휘자 등), ③ 부화수행자 · 단순폭동관여자(단순히 폭동에만 가담한자)로 구분하여 법정형을 달리 설정하고 있다.

2) 행위

① 본죄의 행위는 국토를 참절하거나 국헌을 문란케 할 목적으로 폭동 하는 것이다. 여기서의 폭동이란 다수인이 연대 또는 결합하여 폭행 · 협박하는 것을 말한다. 그리고 폭행과 협박은 한 지역의 평온을 해할 정도[1222]이어야 하고, 폭행과 협박의 대상은 제한이 없다. 예컨대, 대규모의 시위나 근로자들의 총파업 등을 통하여 일상생활에 꼭 필요한 전기 · 가스 · 상수도의 공급을 중단하게 하거나 통신망의 마비 또는 교통 두절 등을 초래한 경우이다. 조직적이지 않은 단순 집합인의 폭행 · 협박은 내란죄의 폭동에 해당할 수 없다. 그리고 본죄는 국토참절 등의 공동목적을 위한 집단범이므로 폭동은 조직적으로 이루어져야 한다.

② 본죄의 기수시기는 폭동이 한 지방의 평온을 해할 정도에 이르렀을 때이다. 폭동이 한 지방의 평온을 해할 정도에 이르지 않은 경우는 내란 미수죄가 성립한다.

③ 폭동 과정에서 살상 · 파괴 · 약탈 등의 행위가 행해진 경우에는 내란죄와 상상적 경합관계가 아니라 내란죄에 흡수되는 것으로 보아야 한다. 왜냐하면 살상 · 파괴 · 약탈행위가 내란죄의 구성요건으로 규정되어 있기 때문이다(제87조 2호 후단).

(3) 주관적 구성요건(고의와 목적)

본죄가 성립하기 위해서는 행위자들에게 고의 이외에 주관적 불법요소로서 '국토를 참절하거나 국헌을 문란할 목적'이 있어야 한다. 이점에서 본죄는 목적범이다.

'국토참절'이란 대한민국 영토의 일부 또는 전부에 대한 영토고권을 사실상 배제하

1222) 대법원 1997.4.17. 선고 96도3376 전원합의체판결.

고 그 영토를 점령하고자 하는 행위를 말한다. 또한 국토참절에는 대한민국의 영토를 외국에 양도하는 것도 포함한다. 예컨대, 서울특별시를 점령함으로써 대한민국의 통치권이 무력화되는 상태에 이르게 하는 경우가 이에 해당한다고 하겠다.

'국헌문란'이란 헌법 또는 법률이 정한 절차에 의하지 아니하고 헌법 또는 법률의 기능을 소멸시키거나, 헌법에 의하여 설치된 국가기관을 강압에 의하여 전부 또는 그 권능행사를 불가능하게 하는 행위이다.[1223] 그리고 국헌문란의 목적은 그 최종방향이 정치적 목표이든 금권획득 목적이든 불문한다.

(4) 죄수

내란 과정에서 살인, 방화, 상해, 손괴행위를 한 경우에 다수설은 이러한 행위는 내란죄에 흡수된다고 한다. 단, 판례는 내란죄와 이들의 상상적 경합을 인정한다.

보충판례 169 : 대법원 1997.4.17 선고 96도3376 판결

[정리] 내란죄와 소요죄의비교

1. 보호법익과 보호정도

(1) 보호법익

1) 내란죄의 보호법익은 「국토를 참절하거나」의 문언에서 알 수 있듯이 국가의 존립과 「국헌을 문란케 할 목적」에서 알 수 있듯이 국민생활을 통합·유지시켜가는 헌법적 질서를 포함한 국가의 내적 안전이다.

2) 소요죄의 보호법익에 대하여는 ① 본죄는 국가의 존립을 전제로 하여 국가의 기

1223) 권능행사를 불가능하게 한다라고 하는 것은 사실상 상당기간 기능을 제대로 할 수 없게 만드는 것을 포함하는 것으로 비상계엄을 전국에 확대하는 등 그 시위진압행위는 내란행위자들이 헌법기관인 대통령과 국무위원들을 강압하여 그 권능행사를 불가능하게 한 것으로 보아야 하므로 국헌문란에 해당한다(대법원 1997.4.17. 선고 96도3376 전원합의체판결).

능, 특히 헌법에서 위임받은 국가의 법질서 전체를 보호하기 위한 국가적 법익에 관한 죄이므로 보호법익은 한 지방에 있어서의 법질서의 안전이라는 견해와, ② 본죄는 사회적 법익에 관한 죄로서 일정 지역내의 사회공동생활을 평온하게 유지할 필요성에 근거하여 사회공공의 안전 · 평온을 보호법익으로 한다는 견해가 대립한다.

생각건대, 한 지역에서 사회적 공공의 위험발생은 국가의 존립이나 국가기능 그 자체에 대한 본질적 침해는 아니므로 본죄를 사회적 법익으로 이해하는 후자의 입장이 타당하다고 하겠다

(2) 보호정도

내란죄의 보호정도는 구체적 위험범, 소요죄는 추상적 위험범이다.

2. 구성요건상의 비교

(1) 주체

1) 내란죄의 주체는 내 · 외국인은 물론 외국인의 국외범 등 제한이 없다. 다만 집합범적 성질 때문에 다수인의 공동범행이 전제될 뿐이다. 형법은 내란죄의 주체에 대한 제한을 두지 않지만 범죄 가담 형태에 따라 ① 수괴 ② 모의 참여자 · 지휘자 · 중요임무종사자 ③부화수행자와 단순관여자로 구분하여 처벌을 달리하고 있다.

2) 소요죄의 주체는 본죄가 다중의 집합에 의한 폭행 · 협박 · 손괴의 행위를 요구하지만 내란죄와 달리 비조직적 집합이라는 관점에서 보면 다중 그 자체(다수설)를 범죄의 주체를 확정한다는 것은 단체 책임을 인정하는 결과가 되므로 한 지방의 안전 · 평온을 해할 수 있는 폭행 · 협박 · 손괴를 행한 다중을 구성하고 있는 개인으로 보는 것이 타당하다(소수설).

(2) 행위

1) 내란죄의 행위는 결합된 다수인이 폭행 · 협박하여 한 지방의 평온을 해할 정도

의 위력있는 폭동이다. 여기서의 폭행 · 협박은 최광의의 유형으로서 사람 · 물건에 대한 일체의 유형력 행사로 동맹파업, 시위 등을 하였다 하더라도 국토참절이나 국헌문란의 목적이 전제된 한 본죄의 폭행에 해당함은 물론이다. 또한 협박의 경우에도 상대방의 외포심 발생여부와 관계없이 외포심 발생을 가능하게 할 해악의 고지만 있으면 족하다.

2) 소요죄의 행위는 다중이 집합하여 폭행 · 협박 또는 손괴하는 것이다. 폭행 · 협박은 최광의에 해당하여 내란죄와 같다. 다만, 본죄에 있어서의 폭행 · 협박 · 손괴는 다중의 합세에 의한 사람 또는 물건에 대한 공격적 행위일 것을 요구한다는 점에서 내란죄와 구별된다고 하겠다.

(3) 고의와 목적

1) 내란죄의 고의는 다수인이 폭동한다는 인식이다. 미필적 고의라도 족하다. 소요죄의 고의는 다중이 합동하여 폭행 · 협박 또는 손괴한다는 공동의사, 즉 소요에 대한 인식이다.

2) 내란죄에서는 국토를 참절하거나 국헌을 문란케 할 목적이 있어야 하지만 소요죄는 목적범이 아니다.

(4) 총칙상의 공범규정 적용여부

1) 내란죄는 필요적 공범으로 집단범죄이므로 집단 내의 가담자는 서로가 정범이 되므로 총칙상의 공범규정 적용이 배제됨은 당연하다.

다만, 내란집단 외에서 내란을 교사 · 방조하는 경우가 문제될 수 있는데, 형법 제87조가 교사 · 방조의 형태까지 포함한 규정으로 볼 수 없을 뿐만 아니라 내란선동 또는 선전에 대한 처벌 규정이 교사나 방조의 불벌을 의미하는 것은 아니므로 이 경우에는 총칙상 협의의 공범규정이 적용된다고 본다(절충설).

2) 소요죄의 경우도 집단범이므로 필요적 공범의 성질상 소요집단 밖의 사람에 대한 공동정범 인정은 불가능하다. 다만, 집단외의 가담자에 대한 교사 · 방조 규정의

적용은 가능하다고 보는 것이 타당하다(예컨대, 집단 외에서 자금이나 정보제공, 타인에 대한 소요가담 권유 등).

(5) 죄수

1) 내란죄에서 폭동에 수반하여 살인, 상해, 강도, 방화, 손괴 등의 행위가 있는 경우에는 이러한 행위는 내란의 목적을 달성하기 위한 수단에 불과하므로 내란죄에 흡수된다(통설).

2) 소요죄에서는 소요과정에서 나타난 행위가 별도로 살인, 공무집행방해, 주거침입이나 건조물 손괴 등에 해당되는 경우가 문제될 수 있다. 소요과정에서는 공무집행방해나 주거침입, 건조물 손괴 등의 행위는 당연히 예상되는 행위이므로 이 경우는 소요죄에 흡수된다고 보는 것이 옳다. 다만, 소요과정에서도 살인이나 방화 등은 소요의 본질적 예상 범위 밖의 행위이므로 본죄와 상상적 경합 관계에 있다고 볼 것이다.

나. 내란목적살인죄

[형법조문]

제88조(내란목적의 살인) 국토를 참절하거나 국헌을 문란할 목적으로 사람을 살해한 자는 사형, 무기징역 또는 무기금고에 처한다. 제89조(미수범) 전2조의 미수범은 처벌한다.

(1) 의의

본죄는 국토를 참절하거나 국헌을 문란할 목적으로 사람을 살해하는 것이다. 본죄는 내란죄와 달리 집합범이 아니다. 따라서 내란목적을 가진 1인의 살해행위도 본죄에 해당한다.

(2) 법적 성격

내란목적살인죄의 법적 성격에 대하여는 형법 제87조 2호와 관련하여 ① 내란목적의 살해행위는 본래 형법 제87조 2호에 해당하지만 이를 가중처벌하기 위하여 특별히 규정된 특별구성요건이라는 견해, ② 내란 과정에서의 살상이 아니라 요인암살을 내용으로 하는 내란죄의 독립유형이라는 견해, ③ 살인죄의 가중적 구성요건이라는 견해가 대립한다.

내란죄를 범하는 과정에서 사람을 살해하는 것과 내란목적 하에 사람을 살해하는 것은 구별되어야 하고, 내란목적하의 살해 대상을 요인으로만 한정할 이유도 없으므로 내란목적 살인죄는 살인죄의 가중요건으로 이해하는 것이 타당하다고 하겠다.

(3) 구성요건

1) **객체**　본죄의 성격을 보통살인죄의 가중요건으로 이해할 경우에는 객체의 제한이 없다. 다만, 본죄를 요인암살을 처벌하기 위한 독립규정으로 이해할 경우에는 그 객체는 요인으로 한정된다.

2) **행위**　사람을 살해하는 것이다. 본죄가 살인죄의 가중요건이라는 관점에서 보면 살해행위의 시기도 폭동 전후를 불문한다.

3) **주관적 구성요건**　본죄는 고의 외에 내란목적이 있어야 한다.

다. 미수범

내란죄와 내란목적살인죄의 미수범은 처벌한다.

라. 예비죄·음모죄·선동죄·선전죄

내란죄와 내란목적살인죄는 예비죄 · 음모죄 · 선동죄 · 선전죄를 처벌한다(형법 제90조 : 3년 이상의 유기징역 또는 유기금고). 선동이란 선동자가 의도한 내란행위에 동조할 수 있도록 불특정 · 다수인에게 감정적 자극을 주는 행위를 말하며, 선전이란 내란의 당위성 내지 필요성을 적극 알려 내란에 대한 동조자를 포섭하거나 확산시키는 행위를 말한다.

본죄는 내란죄나 내란목적살인죄를 기본범죄로 하는 예비 · 음모 · 선동 · 선전에 대한 가벌성을 인정하는 것이므로 독립된 예비 · 음모죄적 구성요건이 아니다. 따라서 본죄에 대한 교사나 방조죄의 성립은 불가능하다.

내란죄 또는 내란목적살인죄의 예비 또는 음모를 한 자가 그 목적한 죄의 실행에 이르기 전에 자수한 때에는 그 형을 감경 또는 면제한다.

제2절 외환의 죄

Ⅰ. 총설

가. 의의

외환의 죄는 외국(적국)과 모의 또는 결탁한 세력이 외환을 유치하거나 대한민국에 대하여 적대적 행위를 하거나 적국을 위하여 인적 · 물적 이익이나 설비를 제공하여 대한민국의 존립을 위태롭게 하는 범죄를 총칭한다. 외환의 죄는 국가의 존립을 위태롭게 한다는 점에서 내란죄와 그 본질이 같으나 국가존립에 대한 외적 도전이라는 점에서 차이가 있다.

나. 구성요건의 체계

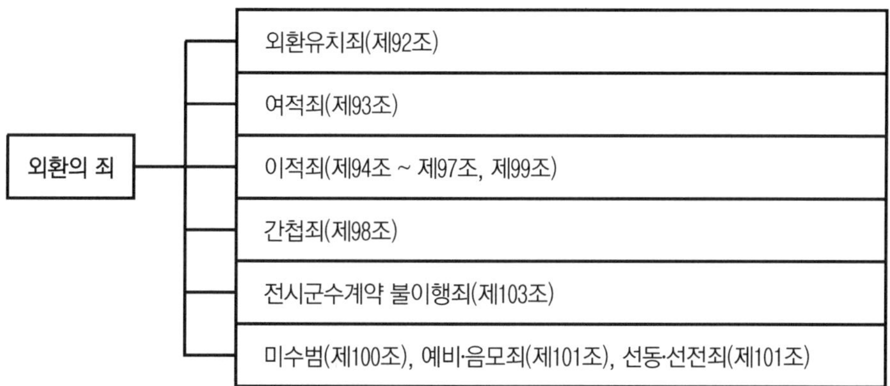

다. 보호법익 및 보호정도

(1) 외환의 죄는 국가의 존립에 대한 외적 안전을 보호법익으로 한다. 국민의 국가에 대한 충성심을 본죄의 보호법익으로 본다는 견해도 있으나, 외국인의 국외범도 본죄의 주체가 될 수 있음은 물론 국민의 국가에 대한 충성심은 형법상 국가적 법익에 해당될 수 없기 때문에 타당치 않다.[1224)]

(2) 외환의 죄의 보호정도는 외부 세력의 개입에 의한 국가존립의 위험이 나타나야 기수에 이른다는 점에서 구체적 위험범이다.

1224) **[적국·준적국·동맹국]** : 1. 외환의 죄에 있어서 적국이라 함은 대한민국과 사실상 전쟁을 하고 있는 국가를 말한다. 북한은 간첩죄에 있어 적국에 해당한다(대법원 1983.3.22., 82도3036). 2. 제93조 내지 제101조의 죄에 있어서 대한민국에 적대행위를 하는 외국 또는 외국인의 단체는 적국으로 간주하는데(제102조) 이를 준적국이라고 한다. 3. 외환의 죄에 관한 규정은 동맹국에 대한 행위에도 적용한다(제104조). 따라서 제92조 내지 제103조의 적용에 있어서는 동맹국도 대한민국으로 간주한다.

Ⅱ. 구성요건의 유형

가. 외환유치죄

[형법조문]

> 제92조(외환유치죄) 외국과 통모하여 대한민국에 대하여 전단을 열게 하거나 외국인과 통모하여 대한민국에 항적한 자는 사형 또는 무기징역에 처한다.
>
> 제100조(미수범) 전8조의 미수범은 처벌한다.
>
> 제101조(예비, 음모, 찬동, 선전) ① 제92조 내지 제99조의 죄를 범할 목적으로 예비 또는 음모한 자는 2년 이상의 유기징역에 처한다. 단, 그 목적한 죄의 실행에 이르기 전에 자수한 때에는 그 형을 감경 또는 면제한다.
>
> 제104조(동맹국) 본장의 규정은 동맹국에 대한 행위에 적용한다.

(1) 의의

본죄는 외국과 통모하여 대한민국에 대하여 전단을 열거나(전투행위를 하게 하거나) 또는 외국인과 통모하여 대한민국에 항적한 경우에 성립하는 범죄이다.

(2) 구성요건

1) 주체 본죄의 주체에 대해서는 제한이 없다. 다만, 외국인도 주체가 될 수는 있지만 전쟁의 당사국인 적국인은 여적죄의 주체가 되므로 적국인은 본죄의 주체에서 제외된다고 하겠다.

2) 행위 본죄의 행위는 외국 또는 외국인과 통모하여 전단을 열거나 대한민국에 항적하는 것이다.

① 외국 또는 외국인과 통모한다 함은 외국 또는 외국인과 대한민국과의 전투를 개시하게 한다거나 항적한다는 사실에 대한 합의를 말한다. 적국이나 적국인은 본죄에서 말하는 외국, 외국인에 포함되지 않는다. 통모는 전투개시 또는 항적에 대한 합

의이므로 외국 또는 외국인에 대한 일방적 통고는 통모에 해당되지 않는다.

② 전단을 열게 한다는 것은 전투를 개시하는 일체의 행위를 의미한다. 따라서 국제법상의 전쟁 개시는 물론 선전 포고 없는 사실상의 전쟁 개시도 여기에 해당한다.

③ 항적한다 함은 적국의 군사적 업무에 종사하면서 대한민국에 적대행위를 하는 것을 말한다.

나. 여적죄

[형법조문]

> 제93조(여적) 적국과 합세하여 대한민국에 항적한 자는 사형에 처한다.
>
> 제100조(미수범) 전8조의 미수범은 처벌한다.
>
> 제101조(예비, 음모, 찬동, 선전) ① 제92조 내지 제99조의 죄를 범할 목적으로 예비 또는 음모한 자는 2년 이상의 유기징역에 처한다. 단, 그 목적한 죄의 실행에 이르기 전에 자수한 때에는 그 형을 감경 또는 면제한다.
>
> 제102조(준적국) 제93조 내지 전조의 죄에 있어서는 대한민국에 적대하는 외국 또는 외국인의 단체는 적국으로 간주한다.

(1) 의의

본죄는 적국과 합세하여 대한민국에 항적함으로써 성립한다. 외국인과 통모 또는 합세하여 대한민국에 항적한 경우에는 외환유치죄에 해당한다. 본죄는 우리 형법상 절대적 사형규정을 두고 있는 유일한 범죄유형이다.

(2) 구성요건

본죄의 행위는 적국과 합세하여 대한민국에 항적하는 것이다. 여기서 적국이라 함은 국제법상 선전포고에 의한 전쟁당사국은 물론 선전포고 없는 사실상의 전쟁 당사국을 포함한다. 적국의 단체와 합세하여 대한민국에 항적한 경우에도 본죄가 성립한다. 적국의 단체는 적국으로 보는 준적국개념에 해당하기 때문이다.

다. 이적죄

형법은 병력모집, 시설제공, 물건제공 등의 방법 또는 군사상으로 적을 이롭게 하는 이적 행위 등을 처벌하기 위하여 이적죄를 두고 있으며 그 유형은 다음과 같다. 미수범도 모두 처벌한다.

(1) 모병이적죄

[형법조문]

제94조(모병이적) ①적국을 위하여 모병한 자는 사형 또는 무기징역에 처한다. ②전항의 모병에 응한 자는 무기 또는 5년 이상의 징역에 처한다.

본죄는 적국을 위하여 모병하거나, 모병에 자발적으로 응함으로써 성립한다. 본죄의 행위는 적국을 위하여 전투에 종사할 사람을 모집하는 경우와 전투 병력 모집에 응하는 것이다. 행위자는 남녀, 내국인, 외국인을 불문한다. 본죄의 성립에는 적국을 위한다는 이적의사가 필요하다.

(2) 시설제공이적죄

[형법조문]

제95조(시설제공이적죄) ①군대, 요새, 진영 또는 군용에 공하는 선박이나 항공기 기타 장소, 설비 또는 건조물을 적국에 제공한 자는 사형 또는 무기징역에 처한다. ② 병기 또는 탄약 기타 군용에 공하는 물건을 적국에 제공한 자도 전항의 형과 같다.

본죄는 군사시설, 병기, 탄약 기타 군사상 필요한 물건을 적국에 제공함으로써 성립한다. 적국에 대한 제공은 무상뿐만 아니라 판매행위도 포함한다.

(3) 시설파괴이적죄

[형법조문]

> 第96조(시설파괴이적) 적국을 위하여 전조에 기재한 군용시설 기타 물건을 파괴하거나 사용할 수 없게 한 자는 사형 또는 무기징역에 처한다.

본죄는 적국을 위하여 군사시설, 병기, 탄약 기타 군사상 필요한 물건을 파괴하거나 사용할 수 없게 함으로써 성립하는 범죄이다.

본죄에서 파괴대상은 대한민국내의 것으로서 국내에서의 시설파괴를 통한 이적행위를 처벌하기 위한 것이다. 본죄의 성립에 있어서도 이적의사가 요구된다.

(4) 물건제공이적죄

[형법조문]

> 第97조(물건제공이적) 군용에 공하지 아니하는 병기, 탄약 또는 전투용에 공할 수 있는 물건을 적국에 제공한 자는 무기 또는 5년 이상의 징역에 처한다.

본죄는 군사용으로 사용되지 않는 병기, 탄약 또는 전투용에 사용될 수 있는 물건을 적국에 제공하는 행위이다. 본죄는 실행행위 이전에 자수하는 경우에 형의 필요적 감면 대상으로 되어 있다.

(5) 일반이적죄

[형법조문]

> 第99조(일반이적) 전7조에 기재한 이외에 대한민국의 군사상이익을 해하거나 적국에 군사상 이익을 공여한 자는 무기 또는 3년 이상의 징역에 처한다.

일반이적죄는 제92조 내지 98조에 규정한 것 외에 대한민국의 군사상 이익을 해하거나 적국에 군사상 이익을 제공[1225]함으로써 성립하는 범죄이다. 따라서 본죄는 외환유치죄, 여적죄, 모병이적죄, 시설제공이적죄, 시설파괴이적죄, 물건제공이적죄,

간첩죄에 해당되지 않는 경우에 적용된다는 점(법조경합 중 보충관계)에서 앞의 범죄유형에 대한 명시적인 보충규정이다. 그러므로 만약 직무와 관계없이 지득한 군사기밀을 적국에 누설하였다면 간첩죄가 아니라 본죄가 적용되는 것이다.[1226] 본죄도 실행행위 이전에 자수하면 형의 필요적 감면이 인정된다.

(6) 이적 예비·음모·선동·선전죄

> 제101조(예비, 음모, 찬양, 선전) ① 제92조 내지 제99조의 죄를 범할 목적으로 예비 또는 음모한 자는 2년 이상의 유기징역에 처한다. 단, 그 목적한 죄의 실행에 이르기 전에 자수한 때에는 그 형을 감경 또는 면제한다.
> ② 제92조 내지 제99조의 죄를 찬동 또는 선전한 자도 전항의 형과 같다.

본죄는 모병이적죄, 시설제공이적죄, 시설파괴이적죄, 물건제공이적죄 또는 일반이적죄를 범할 목적으로 예비 · 음모 · 선동 · 선전함으로써 성립된다.

라. 간첩죄

[형법조문]

> 제98조(간첩) ① 적국을 위하여 간첩하거나 적국의 간첩을 방조한 자는 사형, 무기 또는 7년 이상의 징역에 처한다.
> ② 군사상의 기밀을 적국에 누설한 자는 전항의 형과 같다.
>
> 제100조(미수범) 전8조의 미수범은 처벌한다.
>
> 제101조(예비, 음모, 찬양, 선전) ① 제92조 내지 제99조의 죄를 범할 목적으로 예비 또는 음모한 자는 2년이상의 유기징역에 처한다. 단, 그 목적한 죄의 실행에 이르기 전에 자수한 때에는 그 형을 감경 또는 면제한다.
> ② 제92조 내지 제99조의 죄를 찬동 또는 선전한 자도 전항의 형과 같다.

1225) 판례에 의하면 표지(標識)관리소 소속의 정부선박을 중공에 제공한 경우(대법원 1954.2.13. 선고 4286형상202 판결), 이중첩자가 대한민국의 군사상 이익을 해하는 행위를 한 경우(대법원 1959.7.10. 선고 4292형상197 판결) 등 직무와 관계없이 지득한 군사기밀을 적국에 누설한 경우도 본죄가 성립한다고 판시하고 있다.

1226) 대법원 1971.8.10. 선고 71도1143 판결 ; 대법원 1982.11.23. 선고 82도2201 판결.

第102条(준적국) 第93조 내지 전조의 죄에 있어서는 대한민국에 적대하는 외국 또는 외국인의 단체는 적국으로 간주한다.

(1) 의의

간첩죄는 적국을 위하여 간첩하거나 적국의 간첩을 방조하거나 또는 군사상의 기밀을 적국에 누설함으로써 성립하는 범죄이다.

(2) 행위

간첩죄는 적국을 위하여 간첩하는 행위, 적국의 간첩을 방조하는 행위, 군사상의 기밀을 누설하는 행위 등 3가지의 유형으로 구성된다.

1) 적국을 위한 간첩행위

① 본죄에서의 적국개념 본래 적국이란 선전포고에 의하여 전쟁을 하거나 사실상 전쟁을 하고 있는 상대방 국가를 의미한다. 또한 대한민국에 적대하는 외국 또는 외국의 단체도 적국의 개념에 포함된다. 북한도 본죄의 적국에 해당한다는 것이 통설과 판례[1227]의 입장이다.

그러나 간첩죄에서 적국의 개념을 전쟁수행 중인 상대방 국가로 한정 지운다면 사실상 대한민국의 국가이익 침해를 무한정 허용하는 결과를 가져올 수밖에 없다. 적국이란 용어의 범위를 아무리 확대 해석한다 하더라도 북한을 비롯한 미수교국 몇 국가 이외는 적국개념에 포함될 수 없는 까닭이다. 예컨대, 우방국을 위한 간첩행위는 간첩죄로 처벌할 수 없는 것이다.

이런 점에서 본죄의 적국은 외국이나 이에 준하는 단체로 해석하는 것이 입법취지에 부합한다고 본다. 입법적 개선을 요하는 부분이다.[1228]

1227) 판례도 "북한괴뢰 집단은 우리 헌법상 반국가적인 불법단체로서 국가로 볼 수 없으나 간첩죄의 적용에 있어서는 이를 국가에 준하여 취급하여야 한다."는 입장을 취하여 왔다.(대법원 1983.3.22. 선고 82도3036 판결)

1228) **[독일형법상의 간첩죄]** : 독일 형법은 ① 국가 기밀을 외국에 누설하는 행위, ② 국가기관에 의하여 비밀로 분류된 국가기밀을 누설하는 행위, ③ 국가기밀을 탐지・수집하는 행위, ④ 외국을 위하여 간첩행위를 하는 것, ⑤ 외국의 첩보기관을 위하여 간첩행위를 하거나, 이러한 의사를 외국의 첩보기관이나 그 소속원에게 알리는 행위를 처벌하고 있다.

② 적국을 위한 간첩 간첩이란 국가기밀을 탐지하거나 수집하는 일체의 행위를 말하는 것[1229]으로서, 본죄가 성립하기 위해서는 이러한 행위가 적국을 위한다는 이적의사에 기초하여야 한다. 그리고 적국을 위한 이적의사는 행위자의 주관적 의사만으로는 부족하고 적국과의 의사연락이 필요하다. 따라서 편면적 간첩행위는 본조의 구성요건을 충족시킨다고 볼 수 없다(통설, 판례). 국가보안법은 국가기밀을 "국가 안전에 대한 중대한 불이익을 회피하기 위하여 한정된 사람에게만 지득이 허용되고 적국 또는 반국가단체에 비밀로 하여야 할 사실, 물건 또는 지식"이라고 규정하고 있다(제4조 제1항 2호).

③ 국가기밀의 내용, 판단기준과 그 범위 본죄에서의 국가기밀이란 제한된 취급자 외에 알려질 경우 대한민국의 외적 안전에 중대한 불이익을 초래할 위험이 있는 사실, 물건 또는 지식 등을 말한다(통설). 국가기밀은 대한민국의 안전을 위하여 적국에 대하여 비밀로 해야 할 실질적인 이익이 있는 경우인가 여부가 그 판단기준이 된다.[1230]

따라서 국가기밀의 범위 역시 제한할 필요가 없다.[1231] 비밀 유지의 실질적인 이익이 있다고 인정되는 경우라면 군사 기밀에만 국한할 것이 아니라 정치 · 경제 · 사회 · 문화 등의 전 분야에 걸쳐서 대한민국의 국방정책상 북한에 알리지 아니하거나 확인되지 아니함이 이익이 되는 모든 기밀 사항도 국가 기밀에 포함된다고 하겠다.[1232]

또한 판례는 신문, 잡지, 라디오 등에 의하여 이미 보도되어 일반인에게 알려진 내용이라 하더라도 적국에 유리한 자료로 활용될 가능성이 있는 경우에는 공지된 사실이라도 국가기밀의 범위에 포함될 수 있다고[1233] 적극적인 입장에 서 있다. 뿐만 아니라 공지된 사실을 적국이 이미 알고 있었는가의 여부는 불문한다[1234]는 입장이

1229) 판례는 이미 수집되었거나 알고 있는 사항을 제보하거나 누설하는 행위 자체는 간첩행위에 해당하지 않는다고 판시하고 있다.(대법원 1981.9.22. 선고 81도1944 판결)

1230) 대법원 1983.3.22. 선고 82도3036 판결 ; 대법원 1997.11.20. 선고 97도2021 판결

1231) 헌법재판소는 국가기밀을 "일반인에게 알려지지 않은 것으로서 그 내용이 누설되는 경우 국가의 안전에 명백한 위험을 초래한다고 볼만큼의 실질적 가치를 지닌 사실·물건 또는 지식 등으로 해석하는 한 합헌이다"라고 판시하고 있다.(헌법재판소 1997.1.16. 선고 92헌바6·26,93헌바34·35·36 전원재판부결정)

1232) 대법원 1988.11.8. 선고 88도1630 판결.

1233) 대법원 1982.11.9. 선고 82도2239 판결.

다.[1235]

④ 실행의 착수시기와 기수시기　간첩죄의 실행의 착수시기는 적국을 위한 간첩행위 시점, 즉 국가기밀의 탐지 · 수집행위에 착수한 시점이다(통설). 그러므로 단순히 무인포인트를 설치한 것만으로는 간첩에 착수하였다고 볼 수 없다.[1236] 이에 대해 판례는 간첩목적 하에 휴전선을 넘는 등의 방법으로 국내에 입국 또는 잠입한 시점에 본죄의 실행의 착수를 인정하고 있다.[1237] 이러한 판례의 태도는 간첩죄의 가벌 범위를 너무 넓게 보는 시각으로 찬성할 수 없다. 절도 목적으로 주거에 침입하여도 절도죄의 실행의 착수를 인정하지 않는 판례의 시각에 비추어 보아도, 간첩행위라는 구성요건적 행위 이전에 실행의 착수를 인정하는 시각에는 문제가 있다고 본다.

본죄는 적국을 위하여 국가기밀을 탐지 또는 수집한 때 기수에 달한다. 따라서 단순히 국내에 잠입하여 동조자와 접선 또는 포섭한 것만으로는 기수가 될 수 없으며[1238] 수집한 국가기밀을 지령자에게 전달해야 기수가 되는 것도 아니다.[1239]

2) 적국의 간첩을 방조하는 행위

① 간첩방조의 의의　적국의 간첩을 방조한다 함은 적국의 간첩이라는 사실을 알면서 국가기밀의 탐지 내지 수집활동을 용이하게 지원하는 일체의 행위를 의미한다. 예컨대, 간첩에게 은신처를 제공한다거나 활동비를 지원하는 행위 또는 특정한 신분

1234) 대법원 1986.7.8. 선고 86도861 판결.

1235) **[모자이크이론]** : 기밀성을 인정하는 방법으로 개별 내용으로는 기밀에 속한다고 볼 수 없더라도 그 개별적 내용을 체계적으로 종합정리 하였을 때 종합된 전체내용이 새로운 사실을 판단할 수 있는 중요 정보를 활용될 수 있을 때는 기밀성을 인정할 수 있다는 이론을 모자이크 이론이라고 한다(예컨대, 전국의 도량, 도로망 자체는 기밀이 아니지만 그것을 종합하여 군사적 공격로를 확인할 수 있다면 교량 • 도로망 그 자체도 기밀로 인정할 수 있다).
이 이론에 대해서는 공지되어 누구나 알고 있는 내용을 기밀로 본다는 것은 기밀이라는 본래적 의미에 부합될 수 없고, 적국도 그러한 공지사실을 종합 판단할 수 있는 능력은 갖추어져 있다는 점에서 문제가 있다는 지적이 있다. 이 점에서 공지된 사실까지 기밀로 볼 수 있다는 판례의 시각은 냉전주의적 사고에 기초한 판결로서 남북교류가 활성화되고 있는 현실에 비추어 볼 때 현실감이 결여된 것으로 볼 수 있다.

1236) 판례도 "국가보안법 제2조, 제7조, 형법 제98조 제2항에서 말하는 간첩미수죄는 국가기밀을 탐지·수집하라는 지령을 받았거나 소위 무인포인트를 설정하는 것만으로는 부족하고 그 지령에 따라 국가기밀을 탐지·수집하는 행위의 실행의 착수가 있어야 성립된다."(대법원 1974.11.12. 선고 74도2662 판결)

1237) 대법원 1984.9.11. 선고 84도1381 판결.

1238) 대법원 1968.7.30. 선고 68도754 판결.

1239) 대법원 1963.12.12. 선고 63도312 판결.

증을 위조하여 조달해 주는 행위 등이 여기에 포함된다. 다만, 간첩방조행위가 성립하기 위해서는 적국의 간첩을 도와준다는 방조의사가 필요하다. 따라서 방조의사 없는 단순한 도움의 제공만으로는 간첩방죄 성립이 불가능하다. 예컨대, 숙식제공,[1240] 무전기를 매몰하는 행위를 망 본 행위,[1241] 간첩행위를 할 의사 없는 자를 숨겨준 경우[1242] 등은 본죄에 해당하지 않는다.

② 간첩방조의 성격　본죄의 성격은 독립적 구성요건이다. 간첩에 대한 방조라는 총칙상의 공범유형이 아니라 간첩방조행위 그 자체에 독립적인 가벌성을 인정하는 독립요건인 것이다. 그리고 본죄는 사후방조범도 아니다.

3) 군사상기밀 누설행위　군사상 기밀을 누설한다 함은 군사상의 기밀인 사실을 알면서도 이를 적국에 알려주는 것을 말한다. 군사상의 기밀 누설은 직접, 간접, 작위, 부작위를 불문한다. 최종적으로 이 기밀이 적국에 도달할 수 있다면 누설의 방법에 제한을 둘 이유가 없기 때문이다. 다만, 본죄에서 주의할 것은 본죄의 주체는 군사기밀을 알고 있는 자에 한정된다는 점으로 진정신분범이다.[1243] 군사기밀 누설행위를 별개 조항(제98조 2항)으로 설정한 이유가 여기에 있다. 기밀을 탐지 · 수집하는 간첩행위와 달리 직무상 이미 알고 있는 군사기밀을 적국에 누설하는 점에서 제98조 1항과 구별되기 때문이다.[1244] 따라서 직무와 무관하게 알게 된 사실을 누설하는 경우에는 본죄가 아니라 일반이적죄에 해당하게 된다.

보충판례 170 : 대법원 1997.7.16 선고 97도985 판결[1245]

1240) 대법원 1967.1.31. 선고 66도1661 판결.
1241) 대법원 1983.4.26. 선고, 83도416 판결.
1242) 대법원 1979.10.10. 선고, 75도1003 판결.
1243) 대법원 1971.8.10. 선고 71도1143 판결.
1244) 대법원 1982.11.23. 선고 82도2201 판결
1245) 대법원 2003.06.24 선고 2000도5442 판결 ; 대법원 2011.10.13 선고 2009도320 판결.

마. 전시군수계약불이행죄

[형법조문]

> 제103조(전시군수계약불이행죄) ① 전시 또는 사변에 있어서 정당한 이유 없이 정부에 대한 군수품 또는 군용공작물에 관한 계약을 이행하지 아니한 자는 10년 이하의 징역에 처한다.
> ② 전항의 계약이행을 방해한 자도 전항의 형과 같다.

본죄는 전시 또는 사변 시에 군수품 또는 군용공작물에 관한 정부(지방정부포함)와의 계약을 정당한 이유 없이 이행하지 않거나 계약이행을 방해하는 경우를 처벌하기 위한 범죄이다. ①항의 계약불이행죄는 진정부작위범, ②항의 계약이행방해죄는 작위범 형식으로 되어 있다.

본죄에 대하여는 사법상의 계약불이행은 보충성의 원칙상 형법상의 가벌 대상이 될 수 없다는 비판이 있다. 그러나 계약의 내용이 국가의 안보와 직결된 전시 또는 사변시의 군용물품 납품에 관련된 것이어서 이를 이행하지 않는 경우에는 적국에 대한 이적 행위 결과가 되므로 그 가벌성을 인정하는 것이 오히려 요구된다고 하겠다. 본죄의 미수범은 처벌하지 않는다.

제3절 국기에 관한 죄

Ⅰ. 총설

가. 의의

국기에 관한 죄는 대한민국을 모욕할 목적으로 대한민국의 국기 또는 국장을 손상, 제거, 오욕 또는 비방하는 것을 가벌 내용으로 하는 범죄이다. 외국의 국기 또는 국장의 모독행위는 국교에 관한 죄에서 처벌하고 있다.

나. 구성요건의 체계

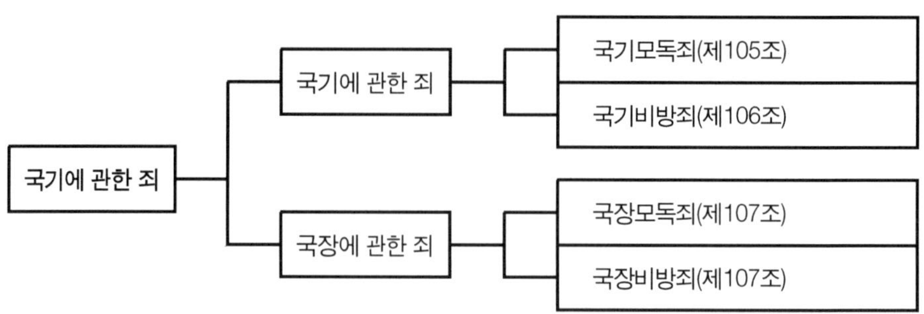

다. 보호법익 및 보호정도

국기에 관한 죄의 보호법익은 국가의 권위와 체면이고 보호정도는 위험범이다.

Ⅱ. 구성요건의 유형

가. 국기·국장모독죄

[형법조문]

> 제105조(국기, 국장의 모독) 대한민국을 모욕할 목적으로 국기 또는 국장을 손상, 제거 또는 오욕한 자는 5년 이하의 징역이나 금고, 10년 이하의 자격정지 또는 700만원 이하의 벌금에 처한다.

본죄는 대한민국을 모욕할 목적으로 국기 또는 국장을 손상, 제거 또는 오욕함으로써 성립된다. 본죄의 주체는 내 · 외국인에 대한 제한이 없다. 객체는 국기와 국장이다. 국기는 태극기를 의미하고, 국장은 국기 이외에 국가의 권위를 상징하기 위해 만든 문장, 군기, 대사관 등의 휘장이다. 국기와 국장은 공용이든 사용이든 불문하고 모욕하는 경우 본죄가 성립한다.

본죄의 행위는 손상 · 제거 · 오욕하는 것이다. 손상이란 국기 또는 국장에 대한 물질적 파괴 · 훼손을 의미하고, 제거는 국기 · 국장을 철거하는 것을 말한다. 그리고 오욕이란 침을 뱉거나 색칠을 하는 등 국기 또는 국장을 더럽히는 행위이다. 본죄는 목적범이므로 고의 이외에 대한민국을 모욕할 목적이 존재하여야 한다.[1246] 따라서 이러한 목적 없이 국기 또는 국장을 손상하였다면 손괴죄가 성립하게 된다.

나. 국기·국장비방죄

[형법조문]

제106조(국기, 국장의 비방) 전조의 목적으로 국기 또는 국장을 비방한 자는 1년 이하의 징역이나 금고, 5년 이하의 자격정지 또는 200만원 이하의 벌금에 처한다.

본죄는 국기 또는 국장을 비방함으로써 성립한다. 여기서 비방이라 함은 언어, 거동, 문장, 그림 등으로 국기나 국장에 대한 모욕의사를 표현하는 것을 말한다.

본죄가 성립하기 위해서는 비방행위에 불특정 또는 다수인이 인식할 수 있는 공연성이 있어야 한다. 따라서 전파가능성 없는 특정 소수에 대한 비방은 본죄가 성립할 수 없다. 또는 본죄 성립에도 대한민국에 대한 모욕의사가 필요하다.

1246) 판례도 "피고인들이 국기에 대한 존중과 경의의 표시방법으로 주목함으로써 하는 것을 받아들이는 이상 그들이 교리 상 국기에 대하여 절을 해서는 안 된다는 말을 했다고 해서 바로 피고인들에게 국기를 비방할 고의나 국기를 모독할 목적이 있었다고 볼 수 없다."고 판시한바 있다(대법원 1975.5.13. 선고 74도2183 판결).

제4절 국교에 대한 죄

Ⅰ. 총설

가. 의의

국교에 관한 죄는 원만한 국제적 연대관계를 형성하고 유지하는 것을 위태롭게 하는 행위를 처벌하는 것을 내용으로 하는 범죄이다.

나. 구성요건의 유형

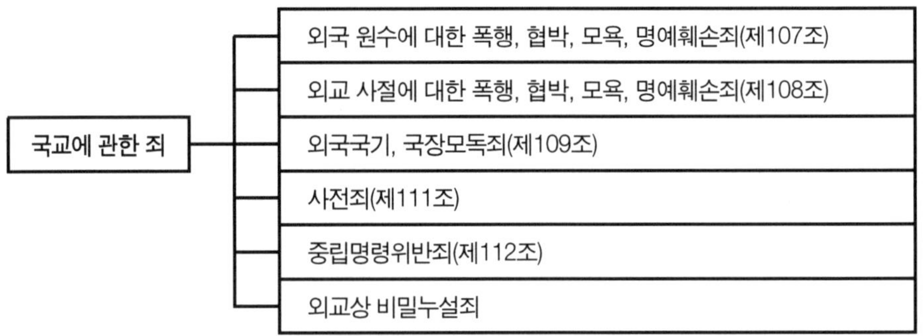

다. 보호법익 및 보호정도

국교에 관한 죄의 보호법익에 관해서는 ① 대한민국의 대외적 지위라는 견해, ② 국제법상의 의무에 기초한 외국의 법익보호라는 견해, ③ 양자 모두가 포함된다는 견해가 대립한다. 본죄의 보호법익은 본죄의 입법취지가 원만한 국제관계의 형성과 유지를 기초로 외국의 이익은 물론 자국의 이익을 보호하고자 하는 양면성을 가지고 있으므로 양자 모두를 포함하는 견해가 타당하다고 하겠다.

국교에 관한 죄의 보호정도는 추상적 위험범이다.

Ⅱ. 구성요건의 유형

가. 외국원수에 대한폭행·협박·모욕·명예훼손죄

[형법조문]

第107조(외국원수에 대한 폭행등) ① 대한민국에 체재하는 외국의 원수에 대하여 폭행 또는 협박을 가한 자는 7년 이하의 징역이나 금고에 처한다. ② 전항의 외국원수에 대하여 모욕를 가하거나 명예를 훼손한 자는 5년 이하의 징역이나 금고에 처한다. 第110조(피해자의 의사) 제107조 내지 제109조의 죄는 그 외국정부의 명시한 의사에 반하여 공소를 제기할 수 없다.

본죄는 외국의 원수에 대하여 폭행 · 협박을 하거나 모욕, 명예훼손 행위를 함으로써 성립한다. 본죄의 객체는 대한민국에 체류하는 외국의 원수(내각제의 수상제외)로써 국제법상의 외교관계가 수립되어 있는가를 불문한다. 본죄의 구성요건적 성격은 외국원수라는 객체의 특정이 일반 폭행죄, 협박죄, 모욕죄, 명예훼손죄 보다 가중처벌되는 가중적 구성요건이다. 행위는 폭행, 협박, 모욕, 명예훼손을 하는 것이다. 여기서 유의할 것은 모욕죄는 친고죄이나 외국원수에 대한 모욕죄는 반의사불벌죄라는 점이다. 또한 본죄는 공연성을 요구하지 않는 점에서 모욕죄나 명예훼손죄와 구별된다. 그리고 본죄에 대해서는 위법성조각(제310조)이 인정되지 않는다.

나. 외교사절에 대한 폭행·협박·모욕·명예훼손죄

[형법조문]

第108조(외국사절에 대한 폭행등) ① 대한민국에 파견된 외국사절에 대하여 폭행 또는 협박을 가한 자는 5년 이하의 징역이나 금고에 처한다. ② 전항의 외국사절에 대하여 모욕을 가하거나 명예를 훼손한 자는 3년 이하의 징역이나 금고에 처한다. 第110조(피해자의 의사) 제107조 내지 제109조의 죄는 그 외국정부의 명시한 의사에 반하여 공소를 제기할 수 없다.

본죄는 외국을 대표하여 대한민국에 파견된 외국의 사절에 대하여 폭행 · 협박하거나 모욕, 명예훼손행위를 함으로써 성립한다. 외국의 사절이란 대사와 공사를 말한다. 본죄 역시 외국사절이라는 객체의 특성상 가중처벌되는 가중적 구성요건이다.

외국사절에 대한 모욕죄는 친고죄가 아닌 반의사불벌죄이다.

다. 외국국기·국장모독죄

[형법조문]

> 제109조(외국의 국기, 국장의 모독) 외국을 모욕할 목적으로 그 나라의 공용에 공하는 국기 또는 국장을 손상, 제거 또는 오욕한 자는 2년 이하의 징역이나 금고 또는 300만원 이하의 벌금에 처한다.
>
> 제110조(피해자의 의사) 제107조 내지 제109조의 죄는 그 외국정부의 명시한 의사에 반하여 공소를 제기할 수 없다.

본죄는 외국을 모욕할 목적으로 그 나라의 공용에 사용되는 국기 또는 국장을 손상 · 제거 또는 모욕한 경우에 성립한다. 대한민국의 국기 · 국장모독죄의 상응규정이다.

본죄의 객체는 외국의 공용에 사용되는 국기 · 국장(예컨대, 대사관과 같이 공적기관, 공무소에서 사용되는 것)이므로 외국인이 사적으로 손지하거나 사용하고 있는 국기 · 국장 그리고 대한민국 내에서 시위목적으로 일반인이 준비한 외국국기 · 국장은 본죄의 객체에서 제외된다. U.N.기 역시 외국의 국기가 아니므로 U.N.기에 대한 모독은 본죄가 성립될 수 없다.

본죄의 행위는 국기모독죄와 같이 손상 · 제거 또는 오욕이다.

라. 외국에대한사전죄(私戰罪)

[형법조문]

> 제111조(외국에 대한 사전) ① 외국에 대하여 사전한 자는 1년 이상의 유기금고에 처한다.
> ② 전항의 미수범은 처벌한다.
> ③ 제1항의 죄를 범할 목적으로 예비 또는 음모한 자는 3년 이하의 금고 또는 500만원 이하의 벌금에 처한다. 단 그 목적한 죄의 실행에 이르기 전에 자수한 때에는 감경 또는 면제한다.

본죄는 대한민국의 국민이나 단체가 외국에 대하여 전투함으로써 성립하는 범죄이다. 이에 대한 예비·음모행위도 처벌된다. 본죄는 개인이나 단체에 의한 외교관계의 악화를 사전에 방지한다는 데에 그 입법취지가 있다. 본죄의 객체는 외국이므로 외국의 개인이나 단체에 대한 전투행위는 본죄에 해당하지 않는다. 행위는 개인이나 단체가 외국과 전투하는 것이다. 전투라는 개념에서 알 수 있듯이 무력사용을 통한 조직적 공격행위가 있어야 하므로 폭력행사 등은 본죄에 해당하지 않음은 물론이다.

국군이 국군통수체계를 밟지 않고 외국과 전쟁을 개시한 경우에는 본죄가 아닌 불법전투개시죄(군형법 제18조)로 처벌된다. 본죄에 대한 예비·음모자가 사전의 실행행위 이전에 자수한 경우에는 필요적 감면이 인정된다.

마. 중립명령위반죄

[형법조문]

제112조(중립명령위반) 외국간의 교전에 있어서 중립에 관한 명령에 위반한 자는 3년 이하의 금고 또는 500만원 이하의 벌금에 처한다.

본죄는 외국간의 교전에 있어서 중립명령을 위반함으로써 성립된다. 본죄는 전형적인 백지형법의 형식으로 규정된 범죄이다. 외국간의 교전에 있어서 가벌대상으로 설정된 금지내용은 타 법령의 보충에 의해서 확인될 수 있다. 즉 구성요건상의 금지내용은 중립명령이 발효되면서 비로소 구체적으로 확정된다. 외국간의 교전이라 함은 대한민국이 참가하지 않은 외국간의 교전을 의미하고, 중립명령을 위반한다함은 대한민국 정부의 중립선언에도 불구하고 교전 당사자중 일방 국가의 편에 서서 활동하는 것을 말한다. 본죄의 성립에는 외국간의 교전이라는 행위정황이 전제되어야 한다. 본죄가 한시법에 해당하는 가에 대해서는 견해의 대립이 있으나 한시적인 교전상황을 전제로 운영되는 규정이라는 점에서 보면 한시법과 동일한 효력문제가 발생하게 된다고 본다.

바. 외교상기밀누설·탐지·수집죄

[형법조문]

제113조(외교상기밀의 누설) ① 외교상의 기밀을 누설한 자는 5년 이하의 징역 또는 1천만원 이하의 벌금에 처한다. ② 누설할 목적으로 외교상의 기밀을 탐지 또는 수집한 자도 전항의 형과 같다.

본죄는 외교상의 기밀[1247]을 누설하거나 기밀을 탐지·수집함으로써 성립한다. 외교상의 기밀을 누설함으로써 대한민국의 대외적 지위에 위해를 가하는 행위를 처벌하기 위해 규정된 범죄이다. 본죄는 신분범이 아니므로 기밀누설의 주체에는 제한이 없다. 본죄의 행위객체는 외국간의 관계상 국가이익을 위해 보전되어야 할 국가의 기밀이고, 행위는 외교상의 기밀을 누설하거나 누설할 목적으로 기밀을 탐지·수집하는 것이다. 여기서의 국가기밀은 비밀에 대한 유지이익이 있는 것으로서 공지된 사실은 제외된다. 그리고 누설방법은 작위이든 부작위이든 상관없고 누설장소가 국내이든 외국이든 불문한다. 다만 기밀을 적국에 누설하는 경우에는 본죄가 아닌 간첩죄가 적용됨을 유의할 필요가 있다. 외교상의 기밀 탐지·수집죄는 목적범으로서 주관적으로 누설할 목적이 있어야 한다.

1247) 판례는 "형법 제113조 제1항 소정의 외교상의 기밀이라 함은 외국과의 관계에서 국가가 보지해야할 기밀로서, 외교정책상 외국에 대하여 비밀로 하거나 확인되지 아니함이 대한민국의 이익이 되는 모든 정보자료를 말한다. 따라서 외국에 이미 널리 알려져 있는 사항(외국 언론에 이미 보도된 정부의 국내언론기관통제사실)은 특단의 사정이 없는 한 이를 비밀로 하거나 확인되지 아니함이 외교상의 이익이 된다고 할 수 없는 것이어서 외교상의 기밀에 해당하지 아니한다"고 판시한 바 있다.(대법원 1995.12.5. 선고 94도2379 판결)

제2장 국가의 기능에 관한 죄

제1절 공무원의 직무에 관한 죄

Ⅰ. 총설

가. 의의

공무원의 직무에 관한 죄는 공무원이 공무원으로서의 직무상 의무를 위배하여 직권을 남용하거나 뇌물을 수수하는 등 국가의 기능과 원활한 국가의 작용을 저해하는 일체의 행위를 처벌하는 것을 그 내용으로 하고 있다.

공무원의 직무에 관한 죄는 국가공무원법 및 지방공무원법이 규정하고 있는 성실의무, 복종의무, 직장이탈금지의무, 친절 · 공정의무, 비밀엄수의무, 청렴의무 등 제의무 위반을 통하여 직무집행의 공정성과 엄정성을 해침은 물론 대 국민적 봉사자로서의 신뢰상실을 초래하게 되므로 공법상의 징계 외에 형사상 제재의 필요성이 반영된 범죄유형이다. 이런 점 때문에 형법은 공무원의 직권을 이용하여 직무에 관한 죄 이외의 죄를 범한 때에도 공무원의 신분에 의하여 특별히 형이 규정된 경우가 아니라면 그 죄에 정한 형의 ½까지 가중하도록 규정하고 있다(제135조).[1248]

1248) **[공무원의 개념]** : 공무원의 직무에 관한 죄는 진정신분범으로 공무원으로서의 신분을 가진 자만이 그 주체가 될 수 있다. 문제는 형법상 공무원에 대한 확실한 범위가 설정되어 있지 않다는 점에 있다. 따라서 형법상 공무원에 대한 정리가 필요하다. 형법상 공무원은 한 마디로 법령(국가 • 지방공무원법 등)에 의하여 국가나 지방자치단체 및 이에 준하는 공법인의 사무에 종사하는 자라고 정의할 수 있다. 따라서 세무수습행정원, 세관장이 채용한 특채관리, 군인(사병)도 여기서의 공무원이다. 또한 공무소에서 근무하는 청원경찰관, 방범대원, 사법연수원생, 집행관, 공증인도 공무원의 직무를 수행하는 자로서 공무원의 지위가 인정된다. 다만 사무는 공법적 성격을 가진 것이어야 하고 단순한 기계적 • 육체적 사무는 제외된다고 하겠다(예컨대 환경미화원, 공원, 인부, 사환). 참고로 공무원법 아닌 다른 법령에 의해 뇌물죄와 관련하여 공무원으로 인정하는 경우는 다음과 같다. 특가법(제4조)이 규정하고 있는 기업체의 간부직원, 한국은행임직원, 도시재개법상 재개발조합의 임직원, 각 은행법상 한국산업은행, 한국수출입은행, 국민은행, 중소기업은행의 임원, 그리고 형사소송법상의 준기소절차

나. 구성요건의 체계

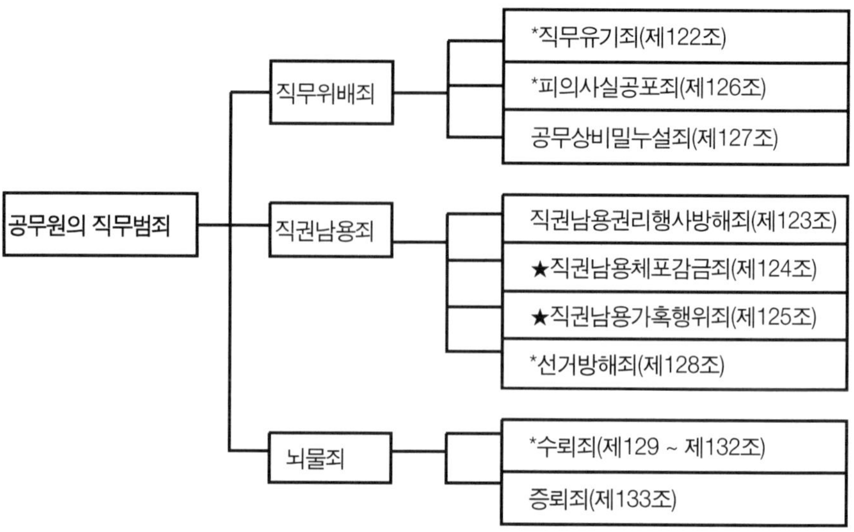

(*표에 해당하는 것은 공무원만이 범할 수 있는 범죄이고, ★표에 해당하는 유형은 공무원 신분으로 인하여 형이 가중되는 범죄이다.)

II. 구성요건의 유형

가. 직무유기죄

[형법조문]

제122조(직무유기) 공무원이 정당한 이유없이 그 직무수행을 거부하거나 그 직무를 유기한 때에는 1년 이하의 징역이나 금고 또는 3년 이하의 자격정지에 처한다.

에서 검사의 직무를 수행하는 변호사 등이다 : 판례는 행정기관에 준하는 공법인의 직원은 공무원이 된다고 판시하고 있다(대법원 1969.9.23. 선고 69도1214 판결 ; 대법원 1997 6.13 선고 96도1703 판결) ; 대법원 1961.12.14. 선고 4294형상99 판결 ; 대법원 1958.5.30. 선고 4291형상208 판결 ; 대법원 1969.9.23. 선고 69도1214 판결 ; 대법원 2002.11.22. 선고 2000도4593 판결 ; 대법원 1978.4.25. 선고 77도3709 판결 ; 대법원 1961.12.14. 선고 4294형상99도 판결.

(1) 의의

직무유기의 죄는 공무원이 정당한 이유 없이 그 직무수행을 거부하거나 그 직무를 유기함으로써 성립되는 범죄이다.

(2) 보호법익 및 보호정도

본죄의 보호법익은 국가의 기능[1249]이고, 보호정도는 국가의 기능저해 또는 국민에게 피해를 야기시킬 가능성이 있어야 하는 구체적 위험범이다.

본죄의 성격이 계속범인가 즉시범인가에 대해 견해의 대립이 있으나, 직무유기가 계속되는 한 구성요건이 반복 실현되는 것이고, 직무수행을 거부한 경우에도 직무 복귀 시까지 그 거부행위가 계속되는 것이므로 계속범으로 보는 것이 타당하다.[1250] 요컨대, 본죄는 작위의무를 수행하지 않는 한 위법한 부작위 상태가 계속된다고 보아야 하기 때문이다.[1251]

(3) 구성요건

1) 행위주체 본죄의 행위주체는 공무원이다. 따라서 본죄는 진정신분범이다. 본죄에서의 공무원은 국가 또는 지방자치단체 및 이에 준하는 공법인의 사무에 종사하는 자이다. 그리고 그 사무의 성격은 공법적 성격을 가져야 하므로 기계적 · 육체적 노무에 종사하는 자는 제외된다. 군인도 본죄의 주체에 해당한다. 단 휴가 중이거나 병가 중인 공무원은 본죄의 주체가 되지 못하나 병가 중이라 하더라도 다른 공무원과 공범관계가 인정될 경우에는 직무유기죄에 해당한다.[1252]

2) 행위 본죄의 행위는 정당한 이유 없이 직무수행을 거부하거나 직무를 유기하는 것이다. 여기서의 직무란 공무원법상 수행해야 할 고유하거나 구체적인 직무를 말

1249) 판례는 공무원의 추상적인 충근의무(忠勤義務)를 태만히 하는 일체의 경우가 직무유기에 해당하는 것이 아니라, 국가의 기능을 저해하며 국민에게 피해를 야기시킬 가능성이 있는 경우만이 직무유기에 해당한다고 판시하고 있다.(대법원 1970.9.29, 70도1790)

1250) 대법원 1997.8.29, 97도675.

1251) 대법원 1997.8.29, 97도675.

1252) 대법원 1997.4.22. 선고 95도748 판결.

하고 정당한 명령, 지시에 의하여 수행해야 할 직무도 포함한다. 다만, 공무원인 신분관계로 인하여 부수적 파생적으로 발생하는 직무는 제외된다.[1253] 그리고 본래의 직무 담당자 아닌 직무 보조자도 직무수행자에 해당한다.

① 직무수행의 거부와 직무유기　직무수행의 거부란 직무를 수행해야 할 작위의무 있는 공무원이 정당한 이유 없이 이를 수행하지 않은 것을 말하며, 직무유기는 의도적으로 직무를 방임하거나 포기하는 것을 말한다.[1254] 적극적인가 소극적인가는 불문한다.[1255] 직무유기가 인정되기 위해서는 추상적인 근무태만 정도로는 부족하고 직장의 무단이탈과 같이 직무에 대한 의식적인 포기를 통하여 국가기능의 저해가능성과 국민에게 피해를 야기 시킬 가능성이 있어야 한다.[1256] 따라서 공무원이 법적 절차에 따르지 않았거나[1257] 직무수행이 부실하다 하여도 의도적인 직무포기가 아니므로 본죄가 성립할 수 없다. 또한 직무집행과정에서 단순한 태만, 분망, 착각 등 일시적 사정으로 말미암아 부당한 결과가 초래된 경우에도 본죄가 성립하지 않는다.[1258] 다수설은 직무유기죄는 작위범적 요소와 부진정부작위범적 요소를 모두 갖추고 있는 것으로 본다. 한편 판례는 후단의 직무유기죄를 부진정부작위범으로 보고 있다.[1259]

② 고의　본죄가 성립하기 위해서는 직무를 거부하거나 유기한다는 인식이 있어야 한다.[1260]

보충판례 171 : 대법원 1997.4.11. 선고 96도2753 판결[1261]

1253) 따라서 약사감시원이 무허가약국개설자를 조사하여 상사에게 보고만 하고 수사기관에 고발하지 않은 경우(대법원 1969.2.4. 선고 67도184 판결)나 세무공무원이 부당하게 공제받은 부가가치세액 및 이에 대한 가산세를 합한 금액을 추징조치를 취하였으나 통고조치나 고발조치를 취하지 않은 경우(대법원 1997.4.11. 선고 96도2753 판결)는 직무유기죄에 해당하지 않는다.

1254) 대법원 2014.4.10. 선고 2013도229 판결 ; 대법원 2002.5.17. 선고, 2001도6170 판결 ; 대법원 1977.11.22. 선고 77도2952 판결.

1255) 대법원 2006.10.19. 선고 2005도3909 전원합의체 판결 ; 대법원 1956.10.19. 선고 4289형상244 판결.

1256) 대법원 1970.9.29. 선고 70도1790 판결.

1257) 대법원 1961.8.23. 선고 61도223 판결.

1258) 대법원 1994.2.8. 선고 93도3568 판결 ; 1997.8.29. 선고 97도675 판결.

1259) 대법원 1972.9.12. 선고 72도1175 판결 ; 대법원 1997.8.29. 선고 97도675 판결.

1260) 대법원 1968.12.17. 선고 67도191 판결 ; 대법원 1986.2.11. 선고, 85도2471 판결.

1261) 대법원 2009.03.26 선고 2007도7725 판결 ; 대법원 2012.08.30 선고 2010도13694 판결.

(4) 타죄와의 관계

공무원이 허위공문서를 작성하거나 범인에게 검거소식을 미리 알려 줌으로써 도망가게 한 행위가 직무유기죄에 해당하는가에 대해서는 허위공문서작성죄와 범인은닉죄만 성립할 뿐 본죄의 성립은 인정할 수 없다.[1262] 직무유기적 성격은 이미 허위공문서 작성이나 범인은닉행위에 포함되어 있기 때문이다. 또한 결재권자를 하여금 착각을 일으키게 하여 허위 출원된 서류의 결재를 득한 경우에는 위계에 의한 공무집행방해죄가 성립할 뿐 역시 직무유기죄는 성립할 수 없다[1263]. 역시 직무위배의 위법상태가 위계에 의한 공무집행방해행위 속에 포함되어 있기 때문이다. 그러나 공무원이 뇌물을 수수한 다음 직무를 유기한 경우에는 수뢰죄와 직무유기죄의 실체적 경합범이 된다.[1264]

보충판례 172 : 대법원 1997.2.28. 선고 96도2825 판결[1265]

(5) 특별법상의 직무유기죄

형법상의 직무유기죄와 달리 군형법 제24조, 특가법 제15조, 폭처법 제9조 1항 등에는 군지휘관, 범죄수사의 직무에 종사하는 공무원, 사법경찰관 등 일정한 신분을 가진 자에 대한 직무유기를 처벌하고 있다. 특별법상의 직무유기죄의 성격은 형법의 직무유기죄에 대한 신분적 가중성격이 아니라 별개의 새로운 범죄유형을 설정한 것으로서 형법상 직무유기죄에 대한 특별죄의 성격을 가지고 있다. 그 가벌성도 형법보다 무겁게 인정하고 있다.[1266]

1262) 대법원 1982.12.28. 선고 82도2210 판결 ; 대법원 1996.5.10. 선고 96도51 판결.

1263) 대법원 1997.2.28. 선고 96도2825 판결.

1264) 대법원 2002.5.17. 선고 2001도6170 판결.

1265) 대법원 2008.03.13 선고 2007도7724 판결 ; 대법원 2009.04.23 선고 2007도1554 판결 ; 대법원 2010.10.28 선고 2008도9590 판결.

1266) **[직무유기죄의 직무와 공무집행방해죄에서의 직무]** : 직무유기죄에 있어서의 직무는 공무원법상의 본래의 직무 또는 고유한 직무를 말하는 것으로서 신분관계로 인하여 파생되는 부수적 직무는 포함되지 않는데 반하여, 공무집행방해죄에서의 직무는 공무원의 직무인 이상 그 성질과 종류에 제한을 받지 않는다.

나. 피의사실공표죄

[형법조문]

제126조(피의사실공표) 검찰, 경찰 기타 범죄수사에 관한 직무를 행하는 자 또는 이를 감독하거나 보조하는 자가 그 직무를 행함에 당하여 지득한 피의사실을 공판청구전에 공표한 때에는 3년 이하의 징역 또는 5년 이하의 자격정지에 처한다.

(1) 의의

피의사실공표죄는 검찰, 경찰 기타 범죄 수사에 관한 직무를 행하는 자 또는 이를 감독하거나 보조하는 자가 그 직무를 행함에 당하여 지득한 피의사실을 공판 청구전에 공표함으로써 성립하는 범죄이다. 무죄추정의 원리에 기초하여 피의자의 명예훼손을 억제하고 수사활동의 원활한 보장을 위한다는 점에 그 입법취지가 있다.

(2) 보호법익 및 보호정도

본죄의 보호법익은 피의자의 명예 보호와 국가의 수사권 행사이다. 보호정도는 구체적 위험범으로 보는 견해도 있으나 추상적 위험범으로 보는 것이 타당하다. 피의사실의 공표 자체만으로도 불특정 또는 다수인에 대한 사회적 평가의 객관적 저해가능성이 인정되는 까닭이다.

(3) 구성요건

1) **행위주체** 본죄의 행위주체는 검찰, 경찰 기타 범죄수사업무에 종사하는자 또는 감독하거나 보조하는 자이다. 따라서 본죄는 진정 신분범이다. 여기서 범죄수사업무종사자라 함은 검사 또는 사법경찰관을 말하고, 그 보조자는 사법경찰관리이다(형사소송법 제195, 196조). 그리고 피의자에 대한 영장발부 법관도 범죄수사에 관한 직무를 담당하는 자에 해당한다.

범죄수사직무를 감독하는 자는 경찰수사단계에서 법률상 감독권이 인정되어 있는 검사, 경찰서 수사과장, 경찰서장, 지방경찰청장, 경찰청장 등과 검찰수사에 대한 감독권한 있는 지청장, 지방검찰청 검사장, 고등검찰청 검사장, 검찰총장 등이다.

2) 행위 및 행위객체

① 본죄의 행위는 범죄수사에 관한 직무수행과정에서 지득한 피의사실을 공판청구전에 공포하는 것이다. 따라서 경찰이나 검찰 또는 영장담당법관이 공판청구권에 신문기자에게 피의사실을 알려주었다면 본죄가 성립한다.[1267] 여기서 피의사실이란 고소장, 고발장, 범죄인지서, 체포나 구속영장 등에 기재되어 있는 수사대상 범죄사실을 말하고, 이를 공표한다 함은 불특정 또는 다수인에게 그 내용을 공개하는 것을 의미한다. 공포의 방법은 작위, 부작위를 불문한다. 신문기자가 구속영장청구서를 열람하는 것을 묵인하는 것도 본죄에 해당하기 때문이다. 다만 본죄 성립에 있어서 공연성은 그 요건이 아니다.

공판청구전이란 공소제기 전을 말하므로 공소제기 이후의 공소사실을 공표한 경우에는 본죄가 성립하지 아니한다.

② 본죄의 행위객체는 공표의 대상인 직무를 행하면서 지득한 피의사실이다. 따라서 직무와 관련 없이 알게 된 피의사실은 제외된다. 그리고 피의사실이 진실한가의 여부는 본죄의 성립에 영향이 없다.

3) 고의 본죄가 성립하기 위한 주관적 요건으로서는 공판청구전에 피의사실을 공포한다는 확정적 또는 미필적 인식이 있어야 한다. 수사직무 수행자가 공소제기 전에 공소제기된 것으로 알고 피의사실을 공표한 것은 고의를 인정할 수 없다.[1268]

1267) 대법원 2002.9.24. 선고 2001다49692 판결.

1268) **[알권리와 피의사실공표의 위법성조각여부]** : 수사기관의 피의사실공표는 국민의 알 권리와 충돌될 수 있다. 피의사실을 공표하는 것이 국민의 알 권리를 충족시키기 위한 부득이한 경우였다고 인정될 경우 위법성이 조각될 수 있겠는가가 문제이다. 이에 관해 ① 형법 제20조를 근거로 위법성이 조각된다는 견해와 ② 공익을 위하거나 수사활동상 필요에 의해 공표 경우에도 위법성이 조각될 수 없다는 견해가 대립한다.

본죄의 입법 취지가 피의자의 인권보호에 그 초점이 있고, 당해 사건에 대한 무죄의 확정판결에 대한 기대가 존재하는 한 피의사실의 공표는 위법성조각의 대상이 될 수 없다고 본다. 다만, 수사기관의 판단에 의해 공소유지의 확신이 있어 공개 수배를 하는 경우는 본죄 적용대상에서 제외 할 수 있다고 생각한다.

다. 공무상비밀누설죄

[형법조문]

第127조(공무상 비밀의 누설) 공무원 또는 공무원이었던 자가 법령에 의한 직무상 비밀을 누설한 때에는 2년 이하의 징역이나 금고 또는 5년 이하의 자격정지에 처한다.

(1) 의의

공무상 비밀누설죄란 공무원 또는 공무원이었던 자가 법령에 의한 직무상 비밀을 누설함으로써 성립한다. 본죄는 공무원은 재직 중은 물론 퇴직 후에도 직무상 지득한 비밀을 누설해서는 안 되는 공무원법(국가공무원법 제60조, 지방공무원법 제52조)상의 의무위반행위를 처벌하기 위해 처벌하기 위하여 설정된 범죄이다.

(2) 보호법익 및 보호정도

본죄의 보호법익에 대하여는 ① 공무원의 비밀엄수의 의무라는 견해, ② 공무원의 비밀누설로 인하여 위협받는 국가의 기능이라는 견해[1269], ③ 직무상의 비밀유지와 그에 따른 국가적 이익이라는 견해가 대립하고 있으나 ②설이 타당하다. 왜냐하면 본죄의 입법 취지가 국가의 기밀 그 자체의 보호에 있는 것이 아니라 공무원이 공무원법상의 의무를 위반한 경우 정상적인 국가기능상에 저해를 가져올 수 있다는 점을 차단하는 데 있기 때문이다.

본죄는 공무원이 공무상의 비밀을 누설하여 국가기능이 위협받는 것을 방지하는 데 그 입법취지가 있으므로 의무위반 그 자체에 가벌성의 초점이 있다. 따라서 본죄의 보호정도는 추상적 위험범으로 이해하여야 한다.

(3) 구성요건

1) **행위주체** 본죄의 주체는 공무원 또는 과거에 공무원으로 재직하였던 자이다.

[1269] 대법원 2012.3.15. 선고 2010도14734 판결 ; 대법원 1996.5.10. 선고 95도780 판결.

따라서 본죄는 진정신분범이다.

2) 행위 및 행위 객체

① 본죄의 행위는 누설이다. 누설이란 비밀 사항을 모르는 제3자에게 알리는 것을 말한다. 이미 비밀을 알고 있는 사람에게 알리는 것은 본죄의 누설에 해당하지 않는다.

② 본죄의 객체는 법령에 의하여 비밀로 분류된 직무상의 비밀이다. 본죄의 구성요건이 법령에 의한 직무상 비밀이라고 규정한 취지는 비밀이 반드시 유지될 필요가 있는 경우를 예정하고 있기 때문이다. 이에 반해 판례는 "법령에 의한 직무상 비밀이란 반드시 법령에 의하여, 또는 인위적으로 비밀로 분류 명시된 사항뿐만 아니라 정치적, 경제적, 군사적, 외교적 또는 사회적 필요에 따라 비밀로 된 사항은 물론 정부나 공무소 또는 국민이 객관적 · 일반적인 입장에서 외부로 알려지지 않는 것이 상당한 이익이 있는 사항을 포함한다"는 입장이다.[1270] 그러면서도 판례는 공무원이 국민 전체의 이익에 부합되는 내용을 공개한 경우에는 공무상 비밀 누설죄에 해당하지 않는다[1271]면서 국민의 알권리를 강조하고 있다. 하지만 이러한 판례의 입장을 취하면 피의자나 피고인에게 가벌성의 범위를 불리하게 확대시키는 결과를 초래하게 되어 자칫 죄형법정주의의 위반의 문제가 제기될 수 있다.

3) 고의 본죄의 고의는 공무상 비밀을 누설한다는 인식이다. 고의가 확정적인가 미필적인가는 불문한다.[1272]

4) 타죄와의 관계 공무상 비밀누설에 관한 특별규정이 있는 경우에는 법조경합의 특별관계로서 특별규정상의 범죄가 성립한다. 예컨대, 공무원이 군사상 기밀을 적국에 누설한 경우에는 간첩죄(제98조 2항), 외교상의 비밀을 누설한 경우에는 외교상

1270) 대법원 2009.6.11. 선고 2009도2669 판결 ; 대법원 1982.6.22. 선고 80도2822 판결.

1271) 대법원 1996.5.10. 선고 95도780 판결 ; 대법원 2003.11.28. 선고 2003도5547 판결 ; 대법원 2003.12.26. 선고 2002도7339 판결

1272) **[국가기관의 내부비리고발과 공무상비밀누설죄의 위법성조각여부]** : 공무원이 사실상 공무상의 비밀을 누설한 결과가 있더라도 조직 내부의 비리나 부정을 고발하기 위한 경우는 그 내용의 진실성이 인정되는 한 정당행위로서 위법성이 조각된다고 하겠다. 비밀유지 내지 은폐는 얻어지는 국가의 이익보다 국가기능의 부패를 초래함으로써 불이익이 더 크기 때문이다.

기밀 누설죄(제113조), 국회정보위원회의위원이 직무상 지득한 국가기밀을 누설한 경우에는 국회법 제54조의2 제2항과 특가법 제4조의3이 적용된다.

라. 직권남용의 죄

직권남용의 죄는 직권남용권리행사방해죄(제123죄)외에 특별한 직무를 행사하는 공무원의 직권남용행위를 처벌하는 불법체포 · 감금죄(제124조), 폭행 · 가혹행위죄(제125조), 선거방해죄(제128조)로 구성되어 있다. 직권남용의 죄에 해당하는 경우에는 제정신청대상이 된다(형사소송법 제260조 이하).

(1) 직권남용권리행사방해죄

[형법조문]

> 제123조(직권남용) 공무원이 직권을 남용하여 사람으로 하여금 의무없는 일을 하게 하거나 사람의 권리행사를 방해한 때에는 5년 이하의 징역, 10년 이하의 자격정지 또는 1천만원 이하의 벌금에 처한다.

1) 의의 직권남용권리행사방해죄란 공무원이 직권을 남용하여 사람으로 하여금 의무 없는 일을 행하게 하거나 사람의 권리행사를 방해함으로써 성립되는 범죄를 말한다. 본죄의 성격에 대하여는 ① 공무원이라는 신분으로 인하여 형이 가중되는 강요죄의 가중적 구성요건이라는 견해와 ② 본죄와 강요죄는 보호법익이 다를 뿐만 아니라 행위태양에 있어 본죄는 폭행 또는 협박을 요건으로 하지 않고 있다는 점에서 독립된 구성요건으로 보아야 한다는 견해가 대립한다. 생각건대, 본죄는 그 죄질이 강요죄와 다른 바 없고 다만 공무원이라는 행위주체의 제한만 다른 뿐이므로 강요죄를 범하는 공무원의 권한 남용을 경계하기 위한 범죄유형에 해당한다고 본다. 따라서 본죄의 성격은 강요죄의 가중적 구성요건이라는 견해가 타당하다고 하겠다.

2) 보호법익 및 보호정도 본죄의 보호법익은 국가기능의 공정성이고, 보호정도

는 추상적위험범이다. 즉, 본죄는 권리행사가 현실적으로 방해받거나 의무 없는 일을 부담하게 된 경우에 기수에 이른다.[1273] 현실적인 국가 기능의 침해가 있어야 할 필요는 없다.

3) 구성요건

① 행위주체 본죄의 행위주체는 공무원이나, 본죄의 성질상 강제력을 수반하는 직무를 행하는 공무원으로 이해하여야 한다. 예컨대 경찰관, 검사, 집달관 등이 여기에 해당한다. 여기서 강제처분의 권한행사는 직접 · 간접을 불문한다. 그러나 판례는 반드시 법률상의 강제력을 수반하는 것임을 요하지 않는다는 입장이다.[1274]

② 행위 및 행위객체

본죄의 행위객체는 행위자와 그 공범자 이외의 모든 타인으로서 공무원도 포함한다. 본죄의 행위는 직권을 남용하여 의무 없는 일을 하게 하거나 권리행사를 방해하는 것이다.

A. 직권남용 직권남용이란 공무원이 자신의 일반적인 직무권한에 속하는 사항의 처리과정에 있어서 그 권한을 초과하여 불법하게 행사하는 것을 말한다.[1275] 권한의 불법행사는 외관으로는 직부집행처럼 보이지만 내실은 정당한 권한 행사의 범위를 일탈하는 것을 의미한다. 본죄가 성립하기 위해서는 공무원이 일반적 직무권한에 속하는 사항의 불법행사를 필요로 하므로 일반적 직무권한과 관계없는 지위의 악용과 같은 불법행위와는 구별된다. 판례도 또한 과거 공무원의 일반적 직무권한에 속하지 않는 경우에도 본죄의 성립을 인정하기도 하였으나,[1276] 최근에는 그 행위가 당해 공무원의 일반적 직무권한에 속할 것을 분명히 하고 있다.[1277] 직권남용의 방법은 작위·

1273) 대법원 1978.10.10. 선고 75도2665 판결.

1274) 대법원 2004.5.27. 선고 2002도6251 판결 ; 대법원 2005.04.15 선고 2002도3453 판결 ; 대법원 2006.05.26 선고 2005도6966 판결 ; 헌법재판소 2006.07.27 선고 2004헌바46 전원재판부결정 ; 대법원 2007.07.13 선고 2004도3995 판결.

1275) **[직무유기죄와 직권남용죄에 있어서의 직무]** : 직무유기죄에서의 직무는 공무원이 그 지위에 기하여 수행하여야 할 고유의무사항에만 국한되므로 고유의무 아닌 직무는 직무유기죄의 대상에서 제외되지만, 직권남용죄에서의 직무는 일반적인 직무 사항까지 포함하는 넓은 개념이다.

1276) 대법원 1954.9.23. 선고 4287형상72 판결 ; 대법원 1955.10.18. 선고 4288형상266 판결.

1277) 대법원 1985.5.14. 선고 84도1045 판결 ; 대법원 1991.12.27. 선고 90도2800 판결 ; 대법원

부작위를 불문한다.

B. 의무 없는 일　본죄에서 의무란 법률상의 의무를 말하며[1278] 의무 없는 일을 하게 한다는 것은 법률상 전체 의무 없는 경우뿐만 아니라 의무의 내용과 태양을 변경시켜 행하게 하는 것[1279]까지 포함한다. 예컨대, 세무서 직원이 과중한 납세의무를 부과하거나 납세기간을 단축시키는 경우, 순경이 형사입건 되지 않은 사건에 대하여 범죄수사를 빙자하여 서류제출의 명령서를 발부하는 경우 등이다. 법률상 의무라면 공법상이든 사법이든 불문한다. 다만, 도의적 의무는 본죄의 의무에 해당할 수 없다.

C. 권리행사를 방해　본죄에서 권리행사를 방해한다 함은 법률상 부여된 권리를 행사하지 못하게 하는 것으로서, 구체화된 권리의 현실적인 행사가 방해되어야 한다.[1280] 예컨대, 단속경찰관이 부당하게 영업정지를 명령하는 경우 등이 이에 해당한다. 기수시기는 의무 없는 행위가 실행된 때 또는 구체화된 권리의 현실적인 행사가 방해된 때이다.[1281][1282]

2005.4.15. 선고 2002도3453 판결 ; 대법원 2009.1.30. 선고 2008도6950 판결.

1278) 대법원 1991.12.27. 선고 90도2800 판결.

1279) 판례는 대통령비서실 민정수석관이 ○시장 내의 주유소와 서비스 동을 수의계약으로 대통령의 근친이 설립한 회사에 임대케 한 경우(대법원 1992.3.10. 선고 92도116 판결), 재정경제원장관이 서울은행의 은행장에게 자신의 사돈이 경영하는 기업을 도와주기 위해 개인목적의 대출을 실행하여 줄 것을 요구한 경우(대법원 2004.5.27. 선고 2002도6251 판결), ○○시의 자치행정국장이 개발제한구역 내의 허가신청과 관련 업무담당자에게 승진문제 및 감사를 언급하면서 허가요건을 갖추지 못한 허가신청을 허가토록 한 경우(대법원 2004.10.14. 선고 2004도2899 판결), 검사가 실제로는 개인적인 목적을 위하여 수사목적 임을 내세워 수용자를 검사실로 호송한 행위(대법원 2006.5.26. 선고 2005도2966 판결) 등에 관하여 직권남용죄의 성립을 인정하였다.

1280) 대법원 2006.2.9. 선고 2003도4599 판결.

1281) 대법원 2005.4.15. 선고 2002도3453 판결 ; 대법원 2005.05.13 선고 2003도3505 판결.

1282) **[직권남용죄와 강요죄의 관계]** : 직권남용죄에서는 권리행사를 방해하는 수단으로 폭행이나 협박을 그 요건으로 요구하지 않고 있어 강요죄의 요건과 차이가 있다. 문제는 공무원이 폭행 또는 협박으로 권리행사를 방해한 경우이다. 이에 대하여는 ① 법조경합설, ② 상상적 경합설, ③ 강요죄를 적용하되 본조에 의하여 가중처벌한다는 견해가 대립하고 있다. 양 죄는 가벌성의 초점, 보호법익, 구성요건상의 행위태양등 차이가 있음에 비추어 볼 때 위의 경우는 상상적 경합으로 처리하는 것이 타당하다고 본다.

(2) 직권남용불법체포·감금죄

[형법조문]

제124조(불법체포, 불법감금) ① 재판, 검찰, 경찰 기타 인신구속에 관한 직무를 행하는 자 또는 이를 보조하는 자가 그 직권을 남용하여 사람을 체포 또는 감금한 때에는 7년 이하의 징역과 10년 이하의 자격정지에 처한다. ② 전항의 미수범은 처벌한다.

1) 의의 불법체포 · 감금죄는 인신구속에 관한 직무를 수행하는 재판 또는 수사기관의 공무원이나 그 보조자가 직권을 남용하여 사람을 체포하거나 감금한 경우에 성립하는 범죄이다. 예컨대, 사법경찰관이 긴급체포의 사유가 없음에도 불구하고 영장 없이 피의자를 체포하거나 구속하는 경우가 이에 해당한다.[1283] 본죄의 성격에 대하여는 ① 체포 · 감금죄(제276조)에 대하여 책임이 가중되는 부진정신분범이라는 견해(다수설)와, ② 일반체포 · 감금죄와 달리 인신구속에 관한 국가기능의 공정성을 담보하기 위하여 설정된 특수직무범죄의 하나로 보는 견해가 대립한다.

생각건대, 본죄는 인신구속의 공정성을 확보함으로써 국가기능수행에 대한 신뢰담보와 공권력 행사의 적정절차유지에 그 초점이 있으므로 국가기관의 불법을 경계하기 위한 독립된 특수직무범죄의 한 유형으로 파악하는 것이 타당하다고 본다.[1284]

2) 보호법익 및 보호정도 본죄의 보호법익은 국가기능의 공정성과 인권 보호이다. 본죄가 국가적 법익에 해당되는 범죄이면서도 체포 또는 감금에 의한 신체의 자유침해를 가져온다는 점에서 개인적 법익의 내용도 포함하고 있기 때문이다. 본죄의 보호정도는 침해범이다.

3) 구성요건

① 행위 주체 본죄의 행위주체는 재판 · 검찰 · 경찰 기타 인신구속에 관한 직무

1283) 대법원 2008.5.29. 선고 2008도2099 판결.

1284) **[불법체포·감금으로 인한 치상·치사]** : 이 경우는 형법이 아닌 특가법에 의하여 가중처벌된다(제4조의 2).

에 종사하는 자 또는 그 보조자이다. 기타 인신구속업무 종사자에는 사법경찰관의 직무를 행할 자와 그 직무 범위에 관한 법률에 의한 교도소장, 구치소장, 감호소장, 군사법경찰관, 소년원장, 산림보호공무원, 출입국관리업무에 종사하는 공무원, 국가정보원공무원, 식품의약품안전청공무원 및 자치단체의 식품단속업무공무원, 등대에서의 근무자, 검사장의 지령에 의한 사법경찰관리, 소방공무원 등이 포함된다. 그리고 인식구속업무 보조자란 인신구속에 관한 권한은 없지만 권한 있는 자의 지시에 따라 이를 보조하는 순경, 서기 등을 말한다. 다만, 인식구속 과정에서 사실상 보조한 개인은 포함되지 않는다. 예컨대, 현행범 체포를 도운 개인은 본죄의 주체에 해당하지 않는다.

② 행위　본죄의 행위는 직권을 남용하여 사람을 체포 · 감금하는 것이다.[1285] 체포 · 감금행위는 직권남용으로 이루어진 경우이므로 직권행사와 관계없이 사람을 체포 · 감금한 경우는 본죄가 아닌 체포 · 감금죄에 해당한다. 영장 없이 긴급체포 사유가 없음에도 체포한다든지, 구속기간이 만료되었는데도 석방하지 않는 것처럼 작위 · 부작위를 불문한다. 그리고 체포 · 감금의 방법은 신체의 자유를 제한하기 위한 물리적 · 유형적 장애를 사용하는 경우뿐만 아니라 심리적 · 무형적 장애에 의하는 경우도 포함한다.[1286] 그러므로 임의동행 형식으로 연행된 피의자가 설사 경찰서 내에서 자유롭게 활동할 수 있었더라도 경찰서 밖으로 나가지 못하도록 한 것은 신체의 자유를 제한하는 유형 · 무형의 억압을 가한 경우에 해당하므로 본죄가 성립한다.[1287]

③ 고의　본죄의 고의는 사람을 불법으로 체포 또는 감금한다는 인식이며 미필적 고의로도 족하다.[1288]

보충판례 173 : 대법원 2006.5.25. 선고 2003도3945 판결[1289]

1285) 서울고법 1998.10.29. 자 88초39 결정[일부항고].

1286) 대법원 1991.12.30. 선고 91모5 판결.

1287) 대법원 1994.3.16. 선고 94모2 판결. 관련 판례로는 대법원 1985.7.29. 선고 85모16 판결 ; 대법원 1997.6.13. 선고 97도877 판결 ; 대법원 2006.5.25. 선고 2003도3945 판결.

1288) **[참고]** : 1. 피해자의 승낙과 불법체포 감금죄의 위법성 조각-피해자가 인식구속업무를 수행하는 공무원의 불법적인 체포 또는 감금을 승낙한 경우 위법성이 조각될 수 있는가가 문제된다. 본죄의 보호법익인 기본적 인권 또는 국가기능의 공정성은 개인적인 처분대상 범위내의 법익이 아니다. 따라서 이 경우에 위법성은 조각될 수 없다.
2. 특별법 적용관계-본죄를 범하여 사람을 치상 또는 치사케 한 경우에는 특정범죄가중처벌등에관한법률이 적용된다.

(3) 폭행·가혹행위죄

[형법조문]

제125조(폭행, 가혹행위) 재판, 검찰, 경찰 기타 인신구속에 관한 직무를 행하는 자 또는 이를 보조하는 자가 그 직무를 행함에 당하여 형사피의자 또는 기타 사람에 대하여 폭행 또는 가혹한 행위를 가한 때에는 5년 이하의 징역과 10년 이하의 자격정지에 처한다.

1) 의의 폭행 · 가혹행위죄는 재판 · 검찰 · 경찰 기타 인신구속에 관한 직무를 행하는 자 또는 보조하는 자가 그 직무를 행하면서 형사피의자나 피고인, 증인, 참고인 등에 대하여 폭행 또는 가혹행위를 함으로써 성립하는 범죄이다. 본죄는 헌법상 고문금지 · 진술강요금지의 기본권 조항을 실효적으로 보장하기 위한 법률적 대응의 의미를 갖고 있다.

2) 보호법익 및 보호정도 본죄의 보호법익은 수사권 행사과정에서의 피의자 등의 인권보장이고, 보호정도 는 피의자등에게 폭행 등 가혹행위를 한 경우에 성립하므로 침해범이다.

3) 구성요건

① 행위주체 본죄의 행위주체는 재판 · 검찰 · 경찰 기타 인신구속에 관한 직무를 행하는 자 또는 그 보조자이다(부진정신분범).

② 행위 및 행위객체

본죄의 행위객체는 형사피의자 및 기타 수사나 재판과 관련 있는 피고인, 증인, 참고인 등이다.

본죄의 행위는 인식구속관련 직무수행 기회 또는 그 과정에서 폭행 또는 가혹행위를 하는 것이다. 본죄에서의 폭행은 사람의 신체를 대상으로 행해진 유형력 행사인 경우로서 협의의 폭행에 해당한다. 가혹행위는 폭행 이외의 방법으로 정신적 · 육체적 고통을 가하는 것을 말한다. 예컨대, 잠을 재우지 않는다거나 음식제공을 하지 않

1289) 대법원 2009.08.20 선고 2008도12112 판결.

는 경우 등이다. 폭행이나 가혹행위 그 자체는 직무행위가 아니지만 이러한 행위는 인신구속 관련 직무와 내용적 관련성이 있어야 한다. 본죄의 구성요건 상 「그 직무를 행함에 당하여」라는 표현은 인식구속 업무의 수행기회 내지 그 과정을 의미하므로 직무와 관련 없는 경우의 폭행 또는 가혹행위는 본죄의 행위에 해당할 수 없다. 인신구속과정에서 적정절차를 위반하는 것을 처벌하는 데 본죄의 입법취지가 있음에서도 알 수 있다. 예컨대, 검찰수사관이 자기의 채권확보 목적으로 채무자를 자신의 근무처로 불러 폭행한 경우는 본죄에 해당되지 않는다.

③ 고의 본죄의 고의는 형사피의자등에 대하여 폭행 또는 가혹행위를 한다는 인식이다. 미필적 고의로도 족하다.

4) 타죄와의 관계 수사공무원이 구금된 부녀를 간음한 경우에는 본죄와 피구금자간음죄(제303조 2항)가 성립하며 양 죄의 관계는 상상적 경합관계이다. 또한 구금된 부녀를 강간 또는 강제추행 한 경우에도 강간죄 및 강제추행죄와 본죄의 상상적 경합이 인정된다(통설).[1290]

(4) 선거방해죄

[형법조문]

제128조(선거방해) 검찰, 경찰 또는 군의 직에 있는 공무원이 법령에 의한 선거에 관하여 선거인, 입후보자 또는 입후보자되려는 자에게 협박을 가하거나 기타 방법으로 선거의 자유를 방해한 때에는 10년 이하의 징역과 5년 이상의 자격정지에 처한다.

1) 의의 선거방해죄는 검찰 · 경찰 또는 군의 직에 있는 공무원이 법령에 의한 선거에 관하여 선거인 · 입후보자 또는 입후보자가 되려는 자에게 협박을 가하거나 기타 방법으로 선거의 자유를 방해함으로써 성립되는 범죄이다. 본죄의 성격에 대하여는 ① 직권남용권리행사방해죄(제123조)에 대한 특별구성요건이라는 견해와, ② 직무위배죄의 일종이라는 견해가 있다. 본죄는 그 주체가 권력과 지위를 이용하여 선거에

1290) **[특별법적용관계]** : 독직폭행 · 가혹행위죄를 범하여 사람을 치상하거나 치사케 한 경우에는 특가법이 적용된다(제4조의2 제1항, 2항).

영향을 행사할 수 있는 사람들로 제한되어 있을 뿐만 아니라, 자신들의 직접적인 직무외의 영역에 대한 영향력 행사를 처벌하는 경우이므로 일종의 직권남용에 해당한다고 보는 것이 타당하다고 하겠다(다수설).

2) 보호법익 및 보호정도 본죄는 선거자체의 적정한 진행보호에 가벌성의 초점이 있는 것이 아니라 선거권의 자유로운 행사 내지 선거권자의 선거권을 보호하는 데 그 입법취지가 있다. 따라서 보호법익은 선거권 및 피선거권의 자유로운 행사이다. 그리고 보호정도는 선거의 자유가 구체적으로 방해받을 것을 요하지 않는 추상적 위험범이다.

3) 구성요건

① 행위주체 본죄의 행위주체는 검찰 · 경찰 또는 군의 직에 있는 특수공무원이다. 군의 직이라 함은 군인과 군속을 의미한다.

② 행위 및 행위객체

본죄의 행위객체는 법령에 의한 선거에 관하여 선거인 · 입후보자 또는 입후보자가 되려는 자이다. 법령에 의한 선거의 경우에만 본죄가 적용되므로 단체내의 선거에 대한 영향력 행사는 본죄에 해당하지 않는다.

본죄의 행위는 위의 객체에 대하여 협박을 하거나 기타 방법으로 선거의 자유를 방해하는 것이다. 예컨대, 협박하여 시의원 출마를 포기하게 하는 것들이 이에 해당한다. 여기서의 협박은 선거자유의 방해를 가능하게 하는 방법의 예시에 불과하므로 본죄 성립에 필요한 수단 · 방법에는 제한이 필요 없다. 작위 또는 부작위에 의한 방법도 가능하다.

③ 고의 본죄의 고의는 협박 기타 방법을 통하여 선거의 자유를 방해한다는 인식이다. 미필적 고의로도 족하다.

마. 뇌물죄

(1) 총설

1) 의의 형법상 뇌물죄는 공무원 또는 중재인이 직무상의 대가로 수수, 요구, 약속 등을 통하여 부정한 이득을 취하거나 공무원 또는 중재인에게 부정한 이득을 제공하는 것 등을 내용으로 하는 범죄를 말한다. 뇌물관련 범죄는 국가의 행정 · 사법 · 입법 작용의 상품화를 경계하고 국가의 기강을 확립하기 위한 형사적 제재의 필요성에 근거하고 있다.

2) 보호법익 및 보호의 정도

① 뇌물죄의 보호법익에 대하여는 공무원의 직무행위의 불가매수성과 국가기능의 공정성에 대한 일반인의 신뢰라는 견해, 직무수행의 순수성이라는 견해, 각 범죄유형에 따라 보호법익이 다르다는 견해가 대립한다.

보호법익을 직무행위의 불가매수성으로 보는 견해는 뇌물은 직무행위의 대가이면 족하고 그 직무행위의 정당, 부당은 불요한다는 입장이다. 로마법적 사고이다. 이에 반해 게르만법적 사고에 기초한 직무행위의 순수성으로 보는 입장은 부정한 직무행위의 대가만이 뇌물이 된다는 견해이다. 생각건대, 뇌물죄의 보호법익은 직무행위의 불가매수성으로 보는 것이 타당하다고 본다.

뇌물의 수수행위는 대가를 받고 증뢰자에게 유리한 행정작용을 불법적으로 약속하는 것으로서 일종의 행정작용의 매수를 의미하는 것이기 때문이다. 또한 형법상의 뇌물죄에 대한 기본방향은 뇌물의 수수행위 처벌에 그 주안점이 있고 공무원의 부정행위에 대해서는 가중처벌규정(제131조)을 두고 있다는 점, 그리고 뇌물의 수수 아닌 요구·약속만으로도 가벌성이 인정되고 있어 의무위반죄적 성격을 본죄 성립의 기본전제로 설정하고 있지 않다는 점에 비추어 보아도 뇌물죄의 보호법익은 직무행위의 불가매수성으로 보아야 한다. 다만, 직무행위의 매수가능성을 차단하는 것은 결국 직무의 공정성 확인에 그 목적이 있음을 고려할 때 직무행위의 공정성도 본죄의 보호법익에 포함된다고 하겠다.

판례의 경우 뇌물죄는 직무집행의 공정성과 이에 대한 사회의 신뢰에 기하여 직무행위의 불가매수성을 그 직접의 보호법익으로 인정하여 왔으나[1291], 최근에는 직무집행의 공정과 이에 대한 사회의 신뢰 및 직무행위의 불가매수성을 그 보호법익으로 한다는 판례[1292]가 늘어나고 있는 추세이다.

② 본죄의 보호정도는 반드시 행위의 결과를 필요로 하지 않는다는 점에서 추상적 위험범이다.

3) 뇌물의 개념 뇌물죄의 객체인 뇌물이란 공무원(중재인)의 직무에 관한 부당한 이익이다. 그 내용을 분설하면 다음과 같다.

① 직무관련성 뇌물죄는 직무집행의 공정과 직무행위의 불가매수성을 그 보호법익으로 하므로 뇌물죄 성립에 있어서 가장 중요한 요건의 하나가 직무관련성이다.

직무란 공무원 또는 중재인이 그 직위에 따라 담당하는 일체의 사무를 말한다. 일체의 사무에는 그 권한에 속하는 직무행위는 물론 이와 밀접한 관계가 있는 행위(지위를 이용하여 직무의 집행에 영향을 줄 수 있는 경우) 또는 그 직무와 관련하여 사실상 처리하고 있는 행위도 포함된다. 그리고 직무는 독립적인 권한에 기한 것이든 상사의 직무를 보조하는 지위에 기한 것이든 불문한다.[1293] 또한 금품수수의 계기가 된 직무행위는 뇌물의 수수당시에 현실적으로 담당하거나 수행하고 있던 직무에만 한정되지 않고 과거에 담당하였거나 미래에 담당할 직무[1294] 및 사무분장에 따라 현실적으로 담당하지 아니하는 직무[1295]까지 포괄한다.

보충판례 174 : 대법원 2003.6.13 선고 2003도1060 판결[1296]

1291) 대법원 1996.1.23. 선고 94도3022 판결 ; 대법원 1997.12.26. 선고 97도2609 판결 ; 대법원 2000.1.28. 선고 99도4022 판결.

1292) 대법원 2000.1.21. 선고 99도4940 판결 ; 대법원 2001.10.12. 선고 2001도3579 판결 ; 대법원 2008.02.01 선고 2007도5190 판결 ; 대법원 2009.05.14 선고 2008도8852 판결 ; 대법원 2009.09.10 선고 2009도5657 판결 ; 대법원 2010.12.23 선고 2010도13584 판결 ; 대법원 2012.08.30 선고 2012도6280 판결 ; 대법원 2014.03.27 선고 2013도11357 판결.

1293) 대법원 1996.6.14. 선고 96도865 판결 ; 대법원 1998.2.27. 선고 96도582 판결.

1294) 대법원 1994.3.22. 선고 93도2962 판결.

1295) 대법원 1957.7.26. 선고 4290형상81 판결.

1296) 대법원 2007.12.27 선고 2007도4749 판결 ; 대법원 2008.03.27 선고 2007도8772 판결 ; 대법원 2008.09.11 선고 2008도2409 판결 ; 대법원 2011.06.30 선고 2011도1651 판결.

본죄의 뇌물성은 의무위반행위의 유무와 청탁의 유무 및 수수시기가 언제인가를 가리지 않기 때문이다.[1297)]

그리고 직무와의 관련성은 직무행위와 뇌물수수 사이의 관련성으로 권한에 속하는 직무행위 자체에 관한 것과 직무와 밀접한 관련이 있는 행위[1298)], 직무행위와 관련하여 사실상 처리하던 직무도 포함된다.[1299)] 관련성만 인정된다면 반드시 청탁의 대가를 금품 수수가 이루어지거나 수뢰 후에 의무위반적 직무행위가 있어야 하는 것은 아니다. 뇌물 수수와 관련된 직무행위는 작위, 부작위를 불문하며 직무관련성의 판단기준은 객관적으로 직무집행의 공정을 해할 염려의 여부[1300)]이다.

② 부정한 이익　부정한 이익은 직무와의 대가관계에서 얻은 이익을 말한다.

가. 대가관계　뇌물은 그 특성상 직무수행의 공정성·중립성을 해치는 것이므로 본죄의 성립에 있어서는 부정한 이익의 취득이 대가관계에 의해 이루어져야 한다. 따라서 대가관계가 없는 한 본죄의 성립은 부정된다. 예컨대, 의례적인 명절 때의 선물은 뇌물에 해당하지 않는다. 대가관계는 반드시 개개의 직무행위와 직접적인 대가관계에 있을 필요도 없고, 직무행위의 특정도 불필요하다.[1301)]

뇌물의 제공이 명시적이든 묵시적이든 상관없다. 또한 현실적이고 가시적인 대가관계가 없더라도 장래 이익의 기대가 작용하거나 불이익을 받지 않기 위한 것이라면 대가관계의 인정이 가능하다. 이점에서 직무와의 대가관계가 있는 가의 여부는 구체적 정황을 근거로 판단하여야 한다. 예컨대, 명절 선물, 결혼식 축의금이나 부의금 등이 의례적인 수준을 넘어선 경우라면 장래이익의 기대 심리가 작용된 것이므로 뇌물성이 인정되는 것이다. 뇌물개념의 포괄성에 근거한 결론이다.[1302)]

1297) 대법원 1994.3.22. 선고 93도2962 판결.

1298) 직무관련성을 인정한 판례로는 대법원 2000.6.15. 선고 98도3697 판결 ; 대법원 2001.1.5. 선고 2000도4714 판결 ; 대법원 2001.10.12. 선고 2001도3579 판결 ; 대법원 2002.5.10. 선고 2000도2251 판결 ; 대법원 2005.10.14. 선고 2003도1154 판결 등이 있고 그 직무관련성을 부정한 판례로는 대법원 1999.6.11. 선고 99도275 판결 ; 대법원 2002.5.31. 선고 2001도670 판결 ; 대법원 2006.5.26. 선고 2005도1904 판결 ; 대법원 2006.6.15. 선고 2005도1420 판결 등이 있다.

1299) 대법원 2006.5.26. 선고 2005도1904 판결.

1300) 대법원 2000.1.21. 선고 99도4940 판결 ; 대법원 2002.3.15. 선고 2001도970 판결.

1301) 대법원 1997.4.17. 선고 96도3378 판결 ; 대법원 1997.12.26. 선고 , 97도2609 판결.

1302) 대법원 1999.1.29. 선고 98도3584 판결 ; 대법원 2000.1.21. 선고 99도4940 판결.

대가관계는 금품수수의 명목에 좌우되는 것도 아니다. 정치후원금이든 의례적인 교제비 명목이든 증뢰죄의 이익이 기대되는 한 뇌물에 해당한다. 그리고 적은 금액이라 하더라도 대가관계가 인정되면 뇌물에 해당함은 당연하다.[1303]

보충판례 175 : 대법원 2002.5.31 선고 2001도670 판결[1304]

나. 이익　뇌물의 내용인 이익이라 함은 금전·물품 기타의 재산적 이익은 물론 인간의 수요와 욕망을 충족시키기에 족한 일체의 유형·무형의 이익을 말한다.[1305] 경제적 가치 유무, 영속성 유무에 제한 받지 아니하며, 조건부여 여부도 뇌물성 인정도 영향이 없다. 따라서 무기한·무이자의 차용금, 저리융자특혜, 정교나 향응 제공[1306], 저가의 부동산 분양, 고액의 축의금, 부의금, 각종회원권제공 등은 뇌물에 해당한다. 뿐만 아니라 투기사업에 자금출자 없이 참여할 수 있는 기회의 제공도 뇌물죄가 성립한다. 또한 뇌물의 수수장소나 소비처·소비목적도 본죄 성립에 영향이 없다. 따라서 공개된 장소에서 부하직원들을 위하여 소비하였다 하더라도 직무와의 대가관계가 인정되는 부정이익인 이상 본죄에 해당한다.[1307]

보충판례 176 : 대법원 1999.1.29 선고 98도3584 판결
보충판례 177 : 대법원 1985.5.14 선고 83도2050 판결[1308]

1303) 대법원 1999.7.23. 선고 99도390 판결.

1304) 대법원 2006.05.26 선고 2005도1904 판결 ; 대법원 2006.06.15 선고 2005도1420 판결 ; 대법원 2009.09.24 선고 2007도4785 판결 ; 대법원 2009.11.26 선고 2009도8670 판결 ; 대법원 2011.05.26 선고 2009도2453 판결.

1305) 대법원 1995.6.30. 선고 94도993 판결 ; 대법원 1995.9.5. 선고 95도1269 판결 , 이와 관련하여 판례는 은행대출금채무에 대한 연대보증(대법원 2001.1.5. 선고, 2000도4714 판결), 처분하지 못한 토지를 지가 상승이 예상되는 토지와 교환(대법원 2001.9.18. 선고 2000도5438 판결), 동산·부동산·채권·무체재산권의 제공(대법원 2002.11.26. 선고 2002도3539 판결), 투기사업 참여기회제공(대법원 2002.5.10. 선고 2000도2251 판결), 회수하지 못한 선급금을 뇌물공여자로 하여금 대납하게 한 경우(대법원 2004.4.16. 선고 2003도1975 판결) 등을 뇌물로 인정하고 있다.

1306) 대법원 2014.1.29. 선고 2013도13937 판결(원심이 이 사건 유사성교행위 및 성교행위가 '뇌물'에 해당한다고 보고 또한 그 직무관련성을 인정하여 이 사건 공소사실 중 뇌물수수의 점을 유죄로 인정한 것은 정당하다.)

1307) 대법원 1996.6.14. 선고 96도865 판결

1308) 대법원 2012.08.23 선고 2010도6504 판결.

4) 뇌물의 몰수와 추징

① 원칙(필요적 몰수와 추징) 범인 또는 그 정을 아는 제3자가 받은 뇌물 또는 뇌물에 제공할 금품은 몰수하여야 하며, 몰수가 불가능한 경우에는 그 가액을 추징하여야 한다(제134조). 따라서 뇌물에 대한 몰수와 추징은 필요적이다. 이 규정은 몰수의 대상과 추징에 대한 형법 제48조에 대한 특칙에 해당한다.

② 몰수

가. 대상 몰수의 대상은 범인 또는 정을 아는 제3자가 받은 뇌물 또는 뇌물에 제공할 금품이다. 따라서 주고받기로 약속한 뇌물, 공여의 의사표시를 한 뇌물도 그 대상이 된다. 다만, 뇌물의 요구만 있었던 경우에는 몰수할 수 없다고 보는 것이 해석상 타당하다.

나. 상대방 몰수의 상대방은 뇌물을 소지하고 있는 자이다. 뇌물이 수뢰자의 수중에 있는 경우는 수뢰죄가 몰수의 상대방이 된다. 증뢰자에게 있다면 증뢰자로부터 몰수하면 된다. 뇌물자체가 반환된 경우에는 증뢰자에게 몰수하면 된다.[1309] 하지만 수뢰자가 뇌물을 이미 소비한 후에 반환하였거나 받은 돈을 은행에 예치하였다가 반환한 경우의 추징 상대방은 수뢰자이다.[1310]

문제는 수뢰된 재물을 다시 타인에게 증뢰한 경우 누가 몰수의 상대방인가이다. 이에 대하여는 제1수뢰자에게서 전액을 몰수해야 한다는 견해와 제2수뢰자에게서 몰수하는 것이 원칙이나 제1수뢰자에게도 잔액이 남았다면 제1수뢰자에게서는 잔액을 몰수한다는 견해가 대립하나 후자가 타당하다. 이중몰수 방지를 고려해야 하기 때문이다.

③ 추징

가. 사유 추징은 뇌물의 전부 또는 일부가 몰수가 불가능한 경우에 이루어진다. 몰수불가능이라 함은 처음부터 불능인 경우나 뇌물수수 후에 소비 등으로 불능 상태

1309) 대법원 1984.2.28. 선고 83도2783 판결.
1310) 대법원 2000.6.15. 선고 2000도691 판결.

가 야기된 경우를 말한다.

나. 표준 추징의 표준은 뇌물의 가액이다. 그러나 뇌물의 내용이 향응제공이라면 이 경우에는 실제로 소비한 액수가 표준이 된다.[1311]

다. 방법 추징방법에서 문제되는 경우는 수인이 공동하여 뇌물을 수수한 후 소비한 경우 이다. 이 경우에는 공범자 각자가 받은 뇌물의 가액을 개별적으로 취득한 공범자 각각으로부터 개별적으로 추징한다. 다만, 각자의 금액을 알 수 없는 경우에는 평등하게 분할하여 추징한다.[1312] 또한 추징액을 산정함에 있어 뇌물 등을 받는데 지출한 부수적 비용이 있더라도 이를 공제하지 않는다.[1313]

보충판례 178 : 대법원 2002.6.14. 선고 2002도1283 판결[1314]

라. 추징가액산정시기 뇌물가액의 산정은 뇌물수수시의 가액을 기준으로 한다는 견해와 몰수불능의 사유가 발생한 시점의 가액을 기준으로 해야 한다는 견해 및 판결선고 시의 가액을 기준으로 해야 한다는 견해가 대립한다. 뇌물죄를 필요적 몰수대상으로 규정한 이유는 범인으로 하여금 부정이익을 보유하지 못하게 한다는 데 있으므로 후설이 타당하다고 하겠으나 판례는 판결선고 시의 가액을 기준으로 추징가

1311) 대법원 2014.5.16. 선고 2014도1547 판결(형법 제134조의 규정에 의한 필요적 몰수 또는 추징은 같은 법 제129조 내지 133조를 위반한 자에게 제공되거나 공여될 금품 기타 재산상 이익을 박탈하여 그들로 하여금 부정한 이익을 보유하지 못하게 함에 그 목적이 있다. 금품의 무상대여를 통하여 위법한 재산상 이익을 취득한 경우 범인이 받은 부정한 이익은 그로 인한 금융이익 상당액이라 할 것이므로 추징의 대상이 되는 것은 무상으로 대여받은 금품 그 자체가 아니라 위 금융이익 상당액이라고 봄이 상당하다. 한편 여기에서 추징의 대상이 되는 금융이익 상당액은 객관적으로 산정되어야 할 것인데, 범인이 금융기관으로부터 대출받는 등 통상적인 방법으로 자금을 차용하였을 경우 부담하게 될 대출이율을 기준으로 하거나 그 대출이율을 알 수 없는 경우에는 금품을 제공받은 피고인의 지위에 따라 민법 또는 상법에서 규정하고 있는 법정이율을 기준으로 하여, 변제기나 지연손해금에 관한 약정이 가장되어 무효라고 볼 만한 사정이 없는 한 금품수수일로부터 약정된 변제기까지 금품을 무이자로 차용하여 얻은 금융이익의 수액을 산정한 뒤 이를 추징하여야 한다. 나아가 그와 같이 약정된 변제기가 없는 경우에는, 판결 선고일 전에 실제로 차용금을 변제하였다거나 대여자의 변제 요구에 의하여 변제기가 도래하였다는 등의 특별한 사정이 없는 한, 금품수수일로부터 판결 선고시까지 금품을 무이자로 차용하여 얻은 금융이익의 수액을 산정한 뒤 이를 추징하여야 할 것이다.)

1312) 대법원 1975.4.2. 선고 73도1963 판결 ; 대법원 1995.1.12. 선고 94도2687 판결.

1313) 대법원 1999.10.8. 선고 99도1638 판결 ; 대법원 2000.5.26. 선고 2000도440 판결 ; 대법원 2002.6.14. 선고 2002도1283 판결 ; 대법원 2004.12.9. 선고 2004도5371 판결.

1314) 대법원 2006.06.15 선고 2004도756 판결 ; 대법원 2007.07.27 선고 2007도3798 판결 ; 대법원 2008.03.13 선고 2006도3615 판결 ; 대법원 2008.03.14 선고 2007도10601 판결 ; 대법원 2010.03.25 선고 2009도11660 판결 ; 서울고등법원 2011.08.25 선고 2010노2943 판결.

액을 산정한다.[1315]

5) 뇌물죄관련특별법

① 특가법 특가법은 공무원 등이 수수한 뇌물액수의 크기에 따라 형을 단계적으로 가중하도록 규정하고 있다는 점과 정부관리기업체의 간부직원을 뇌물죄의 주체로 인정하고 있음이 특징이다(제2조, 제4조).

② 특경법 이 법률은 수뢰행위와 관련하여 금융기관의 임직원이 그 직무에 관하여 금품 기타 이익을 수수, 요구 또는 약속하는 행위와 이들에게 금품 등을 제공하는 행위를 처벌하고 있다(제5조 이하). 이 법률은 정부관리기업체의 간부직원을 공무원으로 간주하는 형식을 취한 특가법과 달리 금융기관의 임·직원을 행위주체로 특정한 특별구성요건을 갖추고 있다는 점에서 차이가 있다.

③ 공무원범죄에관한몰수특례법 공무원이 어떠한 경우라도 불법이익을 향유하지 못하게 하겠다는 취지에 의해 입법된 이 법률은 각종 뇌물범죄로 인한 불법수익 그 자체뿐만 아니라 그로부터 유래한 재산까지(불법재산으로 형성되었다고 볼 만한 상당한 개연성 있는 경우)도 몰수대상인 불법재산에 포함시키고 있다(제2조).[1316]

④ 국제상거래에있어서의외국공무원에대한뇌물방지법 국제상거래에서 외국의 공무원들에게 뇌물을 제공하는 행위를 처벌하기 위하여 제정된 법으로서, ① 국제상거래와 관련하여 부정한 이익을 얻을 목적으로 외국 공무원등에게 그 업무와 관련하여 뇌물을 약속 · 공여하거나 공여의 의사표시를 한 경우(제3조1항)와 ② 법인의 대표자와 대리인 · 사용인 기타 종업원이 그 법인의 업무에 관하여 전항의 죄를 범한 경우(제4조)를 처벌하고 있다.

1315) 대법원 2001.11.27. 선고 2001도4829 판결 대법원 2005.7.15. 선고 2003도4293 판결.

1316) **[개인사이의 부정이익수수]** : 부정이익의 수수는 공무원뿐만 아니라 개인 사이에서도 인정되어서는 안 된다는 취지에 근거하여 개인 사이에서 이루어지는 부정이익의 수수도 형법상 배임수증죄로 처벌대상이 된다(형법 제357조제1항, 2항).

(2) 구성요건의 유형

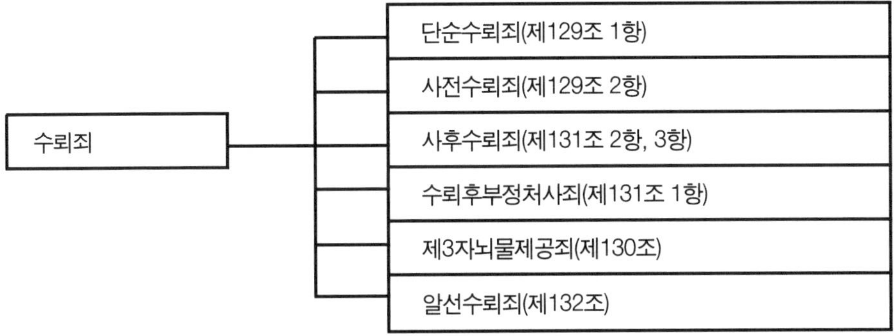

1) 단순수뢰죄

[형법조문]

제129조(수뢰) ① 공무원 또는 중재인이 그 직무에 관하여 뇌물을 수수, 요구 또는 약속한 때에는 5년 이하의 징역 또는 10년 이하의 자격정지에 처한다.

① 의의

단순수뢰죄는 공무원 또는 중재인이 그 직무에 관하여 뇌물을 수수·요구 또는 약속함으로써 성립되는 범죄이다. 본죄는 뇌물죄의 기본적 구성요건이다. 뇌물수수에 따른 부정행위를 요구하지 않는 추상적 위험범이다.

② 객관적 구성요건

가. 행위주체　본죄의 행위주체는 공무원 또는 중재인이다. 진정신분범규정이다. 공무원이란 법령에 의해 국가 또는 지방자치단체의 사무에 종사하는 자로써 단순한 기계적·육체적인 것에 한정되어 있지 않을 뿐만 아니라[1317], 관제직제에 의하여 그 직

1317) 대법원 2002.11.22. 선고 2000도4593 판결 ; 대법원 2014.3.27. 선고 2013도11357 판결(형법이 뇌물죄에 관하여 규정하고 있는 것은 공무원의 직무집행의 공정과 그에 대한 사회의 신뢰 및 직무행위의 불가매수성을 보호하기 위한 것이다. 법령에 기한 임명권자에 의하여 임용되어 공무에 종사하여 온 사람이 나중에 그가 임용결격자이었음이 밝혀져 당초의 임용행위가 무효라고 하더라도, 그가 임용행위라는 외관을 갖추어 실제로 공무를 수행한 이상 공무 수행의 공정과 그에 대한 사회의 신뢰 및 직무행위의 불가매수성은 여전히 보호되어야 한다. 따라서 이러한 사람은 형법 제129조에서 규정한 공무원으로 봄이 타당하고, 그가 그 직무에 관하여 뇌물을 수수한 때에는 수뢰죄로 처벌할 수 있

무권한이 정하여져 있는 자에 한하지 않고 널리 법령에 의하여 공무에 종사하는 직원도 포함한다.[1318] 따라서 대통령, 국회의원, 정기급여를 받지 않는 지방의회 의원[1319], 시의회의장[1320]은 물론 행정관서의 촉탁 직원도 공무원의 범위에 포함된다. 또한 공무원의 범위는 특가법 제4조에 의해 정부관리 기업체의 간부직원까지 확대된다.[1321]

중재인은 법령에 의해 중재 직무를 담당하는 자로서 공무원 아닌 자이다. 이에는 중재법에 의한 중재인, 노동쟁의조정법, 상사중재법, 언론중재법 등에 의한 중재위원 등이 해당된다.

나. 행위객체 및 행위　본죄의 행위객체는 뇌물이고, 행위방법은 공무원 또는 중재인이 그 직무에 관하여 뇌물을 수수, 요구 또는 약속하는 것이다.

A. 뇌물을 수수한다함은 뇌물을 취득하는 행위이다. 뇌물의 수수자는 반드시 공무원 또는 중재인으로 제한할 필요가 없다. 직접 수수하지 않았다하더라도 공무원 또는 중재인에게 전달된다면 행위주체의 수수로 인정하는 데 문제가 없기 때문이다.

B. 뇌물을 요구한다 함은 뇌물취득의 의사로 상대방으로 하여금 뇌물제공의 의사를 표시하게 하거나 현실적으로 뇌물제공을 청구하는 행위이다. 청구의 방법은 직접·간접을 불문한다. 뇌물을 요구하였으나 사실상 거절당한 경우에도 뇌물요구죄는 성립한다. 뇌물의 요구 그 자체가 가벌성의 대상이므로 뇌물제공여부는 뇌물요구죄 성립에 영향이 없기 때문이다. 다만, 뇌물을 요구하여 수수에 이르게 된 경우에는 뇌물수수죄만 성립하게 된다.

C. 뇌물을 약속한다 함은 수뢰자와 증뢰자 사이에 장래 뇌물의 수수를 약속하는 것을 의미한다. 미래의 수수를 합의하는 것으로 뇌물약속죄는 기수가 되므로 뇌물의 현실적 존재여부나 뇌물액수는 본죄 성립에 영향이 없다.[1322]

다.)

1318) 대법원 1959.9.4. 선고 42형상284 판결.

1319) 대법원 1997.3.11. 선고 96도1258 판결.

1320) 대법원 1996.11.15. 선고 95도114 판결.

1321) 그러나 일반직원으로 재직하면서 과장대리의 직무를 맡고 있는 자는 간부직원이 아니므로 뇌물죄의 주체인 공무원이 될 수 없다고 보고 있다.(대법원 1993.12.28. 선고 93도2164 판결)

1322) 대법원 1981.8.20. 선고 81도698 판결.

③ 주관적 구성요건　본죄의 성립을 위해서는 수뢰자가 뇌물을 받거나, 요구하거나, 증뢰자와 뇌물제공에 대한 약속이 있다는 인식이 요구된다. 그리고 이 인식은 뇌물의 수수 · 요구 · 약속에 대한 직무상의 대가관계로 얻어지는 이익이라는 것을 그 내용으로 한다. 직무상의 대가로 받는 이익이라는 인식으로 족하고 그 이익이 뇌물에 해당되는가 여부는 문제되지 않는다. 왜냐하면 뇌물성 여부의 판단은 범죄성립의 주관적 요건의 아니라 규범적 구성요건 요소이기 때문이다.

문제는 뇌물을 수수하였으나 반환의사가 있는 경우에도 본죄가 성립하는가이다. 이에 대해 판례는 반환의 의사로써 일단 받아 보관하였던 것에 불과한 경우에는 뇌물의 수수가 아니라고 판단하고 있다.[1323] 그러나 사후에 수수한 뇌물을 반환하였다고 하더라도 수수당시에 영득의사가 있었다면 본죄의 성립을 인정하고 있다.[1324]

④ 죄수 및 타죄와의 관계

가. 죄수　동일인으로부터 연속적으로 수회에 걸쳐 뇌물을 받은 경우에는 포괄일죄로서 뇌물수수죄가 성립된다. 연속범에 해당하기 때문이다.[1325]

나. 타죄와의 관계　공무원이 직무처리와 대가관계 없이 타인을 협박하여 재물을 교부받은 경우에는 공갈죄만 성립한다.[1326] 따라서 이 경우에 재물의 제공자 역시 뇌물공여죄가 성립하지 않는다. 그러나 공무원이 직무와 관련하여 상대방을 협박하여 뇌물을 교부받은 경우에는 뇌물수수죄와 공갈죄의 상상적 경합관계[1327]가 된다(통설). 또한 공무원이 직무와 관련하여 상대방을 기망하여 재물을 교부 받은 경우 역시 뇌물수수죄와 사기죄의 상상적 경합관계가 인정된다.[1328] 공무원이 장물인줄 알면서 직무관계의 대가로 뇌물을 받았다면 뇌물수수죄와 장물취득죄가 성립하게 되고 역시 양죄는 상상적 경합관계가 된다.

1323) 대법원 1989.7.25. 선고 89도126 판결.
1324) 대법원 1985.5.14. 선고 83도2050 판결 ; 대법원 2007.3.29. 선고 2006도9182 판결.
1325) 대법원 1999.1.29. 선고 98도3584 판결 ; 대법원 2000.1.21. 선고 99도4940 판결.
1326) 대법원 1994.12.22. 선고 94도2528 판결.
1327) 대법원 1966.4.6. 선고 66도12 판결.
1328) 대법원 1977.6.7. 선고 77도1069 판결.

2) 사전수뢰죄

[형법조문]

제129조(사전수뢰) ② 공무원 또는 중재인이 될 자가 그 담당할 직무에 관하여 청탁을 받고 뇌물을 수수, 요구 또는 약속한 후 공무원 또는 중재인이 된 때에는 3년 이하의 징역 또는 7년 이하의 자격정지에 처한다.

① 의의　사전수뢰죄는 공무원 또는 중재인이 될 자가 장래에 담당할 직무에 관하여 청탁을 받고 뇌물을 수수·요구 또는 약속함으로써 성립되는 범죄이다.

② 구성요건

가. 행위주체　본죄의 행위주체는 공무원 또는 중재인이 될 자이다. 공무원 또는 중재인이 될 자라 함은 경찰시험에 합격하여 경찰학교에서 교육받고 있는 경우처럼 공직취임이 예상되는 자이다. 단순히 공무원 시험 준비자는 본죄의 주체가 될 수 없다. 본죄는 공무원 또는 중재인이 될 자가 뇌물을 수수, 요구, 약속함으로써 성립되지만 공무원 또는 중재인이 된 경우에만 처벌이 가능하다. 따라서 공무원 또는 중재인이 되는 것은 본죄의 객관적 처벌조건에 해당한다. 구성요건 요소가 아님을 유의할 필요가 있다.

나. 행위　장래공직 취임 후 담당할 직무에 관하여 청탁을 받고 뇌물을 수수·요구 또는 약속하는 것이다. 그리고 본죄가 성립하기 위하여는 장래 담당할 직무의 범위가 어느 정도 구체성을 가져야 한다. 왜냐하면 직무의 내용이 구체화되어야만 필요한 직무행위의 청탁이 가능하기 때문이다. 다만, 청탁을 받고 행하는 직무행위가 반드시 부정한 행위이어야 할 필요는 없다.[1329]

다. 타죄와의 관계　공무원 시험에 응시하고 공무원이 되는 것처럼 상대방을 기망하여 상대방으로부터 청탁을 받고 사전에 뇌물을 수수한 경우에는 사기죄와 본죄의 상상적 경합이 된다.

1329) 대법원 1999.7.23. 선고 99도1911 판결.

3) 제3자뇌물제공죄

[형법조문]

제130조(제삼자뇌물제공) 공무원 또는 중재인이 그 직무에 관하여 부정한 청탁을 받고 제3자에게 뇌물을 공여하게 하거나 공여를 요구 또는 약속한 때에는 5년 이하의 징역 또는 10년 이하의 자격정지에 처한다.

① 의의 제3자 뇌물제공자라 함은 공무원 또는 중재인이 그 직무에 관하여 부정한 청탁을 받고 제3자에게 뇌물을 공여하게 하거나 공여를 요구 또는 약속함으로써 성립되는 범죄를 말한다. 본죄는 공무원 또는 중재인이 제3자로 하여금 뇌물을 받게 하는 행위를 처벌하기 위한 범죄이다. 본죄는 수뢰방법이 간접적이라는 점에서 단순수뢰죄와 차이가 있다.

② 구성요건

가. 행위주체 본죄의 행위주체는 공무원 또는 중재인이다. 다만, 특가법(제4조)에는 행위주체가 확대 규정되어 있다.

나. 행위 본죄의 행위는 부정한 청탁[1330]을 받은 공무원 또는 중재인이 제3자에게 뇌물을 제공하게 하거나 공여를 약속, 요구하는 것이다. 부정한 청탁을 받은 사실이 본죄 성립의 전제요건인 까닭에, 공무원이 직접 뇌물을 받지 않고 증뢰자로 하여금 제3자에게 뇌물을 공여하게 하여 제3자가 뇌물을 받았다하더라도 직무에 관한 부정한 청탁을 받은 사실이 없다면 본죄는 성립하지 않는다. 그러나 공무원이 자신의 채권자에게 뇌물을 제공하게 한 경우처럼 다른 사람이 뇌물을 받음으로써 공무원이 그만큼 지출을 면하게 되는 경우는 사회통념상 공무원 스스로 뇌물을 직접 수수한 것과 같이 평가될 수 있어 단순 수뢰죄가 성립한다고 보아야 한다.[1331] 여기서 제3자란 구성요건상의 행위주체와 그의 공동정범이외의 자를 말한다. 따라서 본죄의 교사범 또는 방조범도 제3자에 포함된다. 다만, 공무원의 처나 가족은 제3자가 아니다. 공무원 또는 중재인이 자신의 가족에게 뇌물을 공여하게 하는 것은 곧 단순수뢰죄가 성립

1330) 부정한 청탁과 관련하여서는 대법원 2006.6.15. 선고 2004도3424 판결.
1331) 대법원 1998.9.22. 선고 98도1234 판결.

하는 까닭이다. 그리고 제3자의 입장에서는 타인으로부터 제공된 것이 뇌물이라는 사실을 모르고 교부받았다 하여도 공무원 또는 중재인은 본죄로 처벌된다.[1332]

4) 수뢰후부정처사죄

[형법조문]

제131조(수뢰후부정처사) ① 공무원 또는 중재인이 전2조의 죄를 범하여 부정한 행위를 한 때에는 1년 이상의 유기징역에 처한다.

① 의의　수뢰후부정처사죄는 공무원 또는 중재인이 단순 수뢰죄 · 사전수뢰죄 · 제3자 뇌물제공죄를 범한 후에 부정한 행위를 함으로써 성립하는 범죄이다. 본죄는 현실적으로 야기되고 있는 공무원의 뇌물범죄의 가장 전형적인 형태로서, 뇌물을 수수한 후 그 대가로 직무상의 부정행위를 하는 것은 정상적인 국가기능을 와해시킬 위험이 있어 단순 수뢰죄에 비하여 형을 가중하도록 하고 있다. 그리고 본죄는 특가법(제2조1항)의 처벌대상이 아니지만, 본죄의 성격상 특가법상의 대상으로 규정하는 것이 타당하다고 본다.

② 구성요건　본죄의 행위는 공무원 또는 중재인이 수뢰 후에 부정처사를 하는 것이다. 부정처사는 본래의 직무내용을 위반하는 행위로서 작위적인 부정행위뿐만 아니라 직무상 당연히 수행해야할 행위를 하지 않는 부작위도 포함한다. 예컨대, 금품을 받은 공무원이 예비군 훈련에 불참한 자를 참석한 것처럼 허위공문서를 작성해주는 경우 등이다.[1333] 그러나 이 경우에는 허위공문서작성죄와 본죄의 상상적 경합이 인정된다. 금품수수 후 공문서를 위조한 경우도 역시 공문서위조죄는 본죄와 상상적 경합이 인정된다.

1332) 대법원 1998.9.22. 선고 98도1234 판결 ; 대법원 2002.4.9. 선고 2001도7056 판결 ; 대법원 2004.3.26. 선고 2003도8077 판결.

1333) 이와 관련하여서는 대법원 1981.8.20. 선고 81도698 판결 ; 대법원 2003.6.13. 선고 2003도1060 판결.

5) 부정처사후수뢰·사후수뢰죄

[형법조문]

제131조(사후수뢰) ② 공무원 또는 중재인이 그 직무상 부정한 행위를 한 후 뇌물을 수수, 요구 또는 약속하거나 제삼자에게 이를 공여하게 하거나 공여를 요구 또는 약속한 때에도 전항의 형과 같다. ③ 공무원 또는 중재인이었던 자가 그 재직 중에 청탁을 받고 직무상 부정한 행위를 한 후 뇌물을 수수, 요구 또는 약속한 때에는 5년 이하의 징역 또는 10년 이하의 자격정지에 처한다.

① 의의　　사후수뢰죄는 공무원 또는 중재인이 그 직무상 부정한 행위를 한 후에 뇌물을 수수, 요구 또는 약속하거나 제3자에게 이를 제공하게 하거나 공여를 요구 또는 약속하거나, 공무원 또는 중재인이었던 자가 그 재직 중에 청탁을 받고 그 직무상 부정행위를 한 후 퇴직 후에 수뢰함으로써 성립하는 범죄이다. 먼저 부정행위를 한 후에 뇌물을 수수한 다른 점에서 부정처사 후 수뢰죄라고도 한다.

② 구성요건　　본죄는 재직 중 부정처사 후 수뢰행위(제2항)와 재직 중 부정행위를 하고 퇴직 후에 수뢰(제3항)하는 2가지 행위로 구성되어 있다.

재직 중의 부정처사 후 수뢰행위는 먼저 직무상의 부정행위를 한 다음 뇌물을 직접 수수하거나 요구 · 약속하는 행위 또는 제3자에게 뇌물을 공여하게 하거나 제3자에게 공여하도록 요구 · 약속하는 행위를 말한다.[1334] 예컨대, 도청공무원이 불법으로 토지의 형질변경을 해 주고 그 대가로 돈을 받거나 자기 사촌형의 통장에 입금하도록 요구하는 것 등이다.

재직 중에 청탁을 받고 청탁받은 대로 부정행위를 한 후에 퇴직 후에 수뢰하는 경우는 부정처사 후 퇴직해야만 본죄가 성립한다. 따라서 부정행위를 한 공무원이 다른 부처로 전직한 경우에는 부정처사 후 수뢰죄가 성립하게 된다.

1334) 대법원 1983.4.16. 선고 82도2095 판결 ; 대법원 1999.7.23. 선고 99도390 판결.

6) 알선수뢰죄

[형법조문]

第132조(알선수뢰) 공무원이 그 지위를 이용하여 다른 공무원의 직무에 속한 사항의 알선에 관하여 뇌물을 수수, 요구 또는 약속한 때에는 3년 이하의 징역 또는 7년 이하의 자격정지에 처한다.

① 의의　알선수뢰죄는 공무원이 그 지위를 이용하여 다른 공무원의 직무에 속한 사항의 알선에 관하여 뇌물을 수수·요구 또는 약속함으로써 성립하는 범죄이다. 본죄는 공무원이 자신의 지위나 영향력을 이용하여 다른 공무원의 직무수행의 공정성을 침해하는 행위를 처벌하는데 그 입법취지가 있다. 알선대가로 받은 수뢰액이 1,000만원 이상인 경우에는 본죄가 아닌 특가법 제2조에 의해 가중처벌된다.

② 구성요건

가. 행위주체　본죄의 행위주체는 공무원이지만 그 지위에 일정한 제한이 따른다. 여기서의 공무원은 단순한 공무원 신분을 가진 자를 의미하는 것이 아니라 직무를 처리하는 공무원에게 자신의 지위를 이용하여 영향력을 행사할 수 있어야 본죄의 성립이 가능하다. 반드시 상하관계, 협동관계, 감독관계이거나 또는 같은 부서에 근무할 필요는 없지만 최소한 직무를 처리하는 공무원과 직접·간접의 연관관계를 가지고 법률상이든 사실상이든 직무를 수행하고 있는 공무원에게 영향력을 미칠 수 있는 지위에 있어야 하는 것이다.[1335] 그러나 친구, 친족관계 등 사적인 관계를 이용하는 경우에는 본죄가 성립하지 않는다.[1336] 현실적으로 알선행위가 개인적인 친분관계에 의해서 이루어지는 경우가 많으므로 "그 지위를 이용하여"라는 의미의 해석상 영향력 행사가 가능한 지위만으로 제한해서는 안 된다는 견해도 있으나, "그 지위를 이용하여"라는 의미는 곧 영향력 행사가능성을 의미하는 것으로 해석하는 것이 타당하다.

보충판례 179 : 대법원 1994.10.21. 선고 94도852 판결[1337]

1335) 대법원 1982.6.8. 선고 82도403 판결 ; 대법원 1983.6.14. 선고 83도894 판결 ; 대법원 2001.10.12. 선고 99도5294 판결.

1336) 대법원 1994.10.21. 선고 94도852 판결.

1337) 대법원 1995.01.12 선고 94도2687 판결 ; 대법원 1999.06.25 선고 99도1900 판결 ; 대법원

나. 행위 본죄의 행위는 공무원이 다른 공무원의 직무에 속한 사항의 알선에 관하여 뇌물을 수수, 요구 또는 약속하는 것이다. 여기서 알선이라 함은 다른 공무원이 직무행위를 하도록 주선하거나 매개하는 행위를 말하며 알선대상 공무원이 그 직무에 관하여 결재권한이나 최종결정권한을 가지고 있어야 하는 것은 아니다.[1338] 알선은 본인이 직접 하거나 제3자를 통하거나 불문한다.[1339]

다. 고의 본죄의 고의는 알선의사이다. 공무원이 알선의사 없이 뇌물을 수수, 요구 또는 약속한 경우에는 본죄 성립이 부정된다. 이 경우에는 사기죄 성립이 가능하다.

라. 기수시기 본죄는 증뢰자가 필요한 사항에 관하여 직무를 수행하는 공무원에게 청탁해준다는 명목으로 뇌물을 수수, 요구 또는 약속하면 기수에 이른다. 실제 청탁을 하였는가, 또는 증뢰자를 공무원에게 소개하였는가는 본죄 성립에 영향이 없다. 다른 공무원의 직무집행이 적법한 경우에도 청탁명목으로 뇌물을 수수, 요구 또는 약속하였다면 본죄가 성립한다.

7) 증뢰죄(뇌물공여죄 및 증뢰물전달죄)

[형법조문]

제133조(뇌물공여등) ① 제129조 내지 제132조에 기재한 뇌물을 약속, 공여 또는 공여의 의사를 표시한 자는 5년 이하의 징역 또는 2천만원 이하의 벌금에 처한다. ② 전항의 행위에 공할 목적으로 제삼자에게 금품을 교부하거나 그 정을 알면서 교부를 받은 자도 전항의 형과 같다.

① 의의 증뢰죄는 공무원 또는 중재인에게 뇌물을 공여 또는 공여의 의사표시를 하거나 뇌물공여를 약속하는 행위, 이에 공할 목적으로 제3자에게 금품을 교부하거

2001.10.12 선고 99도5294 판결 ; 대법원 2010.11.25 선고 2010도11460 판결.

1338) 대법원 1992.5.8. 선고 92도532 판결 ; 대법원 2006.4.27. 선고 2005도735 판결.

1339) **[특가법상 알선수재죄와 알선수뢰죄]** : 특가법상 알선수재죄는 ①행위주체가 공무원 또는 중재인으로 한정하지 않고 있다는 점, ②범죄명이 알선수뢰죄가 아닌 알선수재죄로 되어 있다는 점, ③행위객체를 뇌물이 아니라 금품 또는 이익으로 표현하고 있다는 점, ④공무원이 지위를 이용하지 않아도 알선수재죄가 성립한다는 점에서 형법상의 알선수뢰죄와 차이가 있다.

나 그 정을 알면서 교부받는 행위 등을 처벌하는 범죄이다. 본죄는 증뇌물전달죄라도 고 한다.

② 구성요건

가. 행위주체　본죄의 행위주체에는 제한이 없다. 비공무원은 물론 공무원이 다른 공무원에게 뇌물을 제공해도 본죄가 성립한다.[1340]

나. 행위　본죄의 행위는 뇌물의 약속 · 공여 또는 공여의 의사표시와 뇌물에 사용할 목적물을 제3자에게 교부하거나 제3자가 뇌물인 정을 알면서 이를 교부받는 행위이다. 뇌물의 약속은 수뢰자와 증뢰자 상호간에 현재 또는 미래에 뇌물수수에 대하여 합의하는 것이고, 공여란 상대방이 뇌물을 취득하는 것을 말한다. 공여의 의사표시는 상대방에게 뇌물을 제공하겠다는 의사표시를 말한다. 뇌물을 제3자에게 전달하거나 제3자가 교부받는 행위는 예컨대, 증뢰자가 수뢰대상 공무원이 아닌 가족에게 뇌물을 전달[1341]하거나 공무원의 부인이 뇌물인줄 알면서 증뢰자로부터 뇌물을 받는 경우이다. 이러한 뇌물이 수뢰대상 공무원에게 전달되었는가는 본죄 성립에 영향이 없다.[1342]

다. 타죄와의 관계　공무원이 자신의 직무와 관련하여 공무집행의 의사 없이 타인에게 협박하여 재물을 교부 받은 경우 직무 수행의 대가 관계가 없음에도 타인에게 공갈하여 재물을 교부받은 경우에는 공갈죄만이 성립하게 된다. 따라서 재물 제공자는 공무원의 해악고지로 인하여 공포심 하에 재물을 교부한 피해자에 불과하므로 본죄가 성립하지 않는다.[1343]

1340) 대법원 2002.6.14. 선고 2002도1283 판결.

1341) 대법원 1968.10.8. 선고 68도1066 판결.

1342) 대법원 1985.1.22. 선고 84도1033 판결.

1343) **[수뢰죄와 증뢰죄와의 관계]** 1. 수뢰죄와 증뢰죄와의 관계 : 수뢰자와 증뢰자는 필요적 공범관계에 있는가에 대하여는 ①필요적공범설 ②별개범죄설 ③절충설이 대립한다.
① 필요적 공범설　양죄는 한 개 범죄의 양면에 해당하는 것으로서 행위자의 신분에 따라 형의 경중이 달라지는 필요적 공범에 해당한다는 견해이다.
② 별개범죄설　수뢰죄는 공무원에 의한 범죄이므로 신분범이며 직무범죄인데 반하여 증뢰죄는 공무원을 대상으로 비신분범이자 공무집행을 방해하는 범죄이므로 양죄는 별개의 범죄라는 견해이다.
③ 절충설(이원설)　뇌물의 요구죄와 증뢰죄에 있어서 공여의 의사표시는 일방적 행위로 가능하므로 필요적 공범이 아니지만, 뇌물의 수수, 공여 및 약속죄는 당사자 간의 합의가 전제되므로 필요적 공범에 해당한다는 견해이다.

제2절 공무방해에 관한 죄

Ⅰ. 총설

가. 의의

공무방해의 죄란 국가의 기능을 방해하는 행위들을 처벌하는 것을 내용으로 하는 범죄이다. 공무방해의 죄는 공무원이 수행하는 국가기능을 해치는 범죄라는 점에서 공무원이 범하는 공무원의 직무에 관한 죄와 구별된다.

뇌물죄는 다양한 행위태양에 의해 범해지므로 일방적 행위로 가능한 태양까지 필요적 공범으로 볼 이유가 없다는 점에서 이원설이 타당하다고 하겠다.
④ 판례의 입장 판례는 현재 필요적 공범설의 입장에서 벗어나 뇌물공여죄가 성립되기 위해서는 뇌물을 공여하는 행위와 상대방측에서 금전적으로 가치가 있는 그 물품 등을 받아들이는 행위가 필요할 뿐이지 반드시 상대방측에서 뇌물수수죄가 성립되어야만 한다는 것을 뜻하는 것은 아니다라고 하여 필요적 공범설을 부정하고 있다.
2. 비신분자와 공무원의 수뢰행위와의 관계 : 수뢰죄의 경우에 비신분자가 공범으로 가담한 경우에 대하여 ①비신분자는 수뢰죄의 공동정범, 교사범, 방조범이 될 수 있다는 견해와 ②공동정범성립은 불가능하고 신분자에 대한 교사범, 방조범의 성립만 가능하다는 견해가 있다.
생각건대, 형법 제33조 본문 해석상 진정신분범의 경우 비신분자도 공동정범 성립을 인정할 수 있으므로 수뢰죄의 경우에 있어서도 비신분자의 공무원과의 공동정범 성립을 부정할 필요가 없다고 본다 : 대법원 1999.2.24. 선고 98도1812 판결 ; 대법원 1971.3.9. 선고 70도2536 판결.

나. 구성요건의 체계

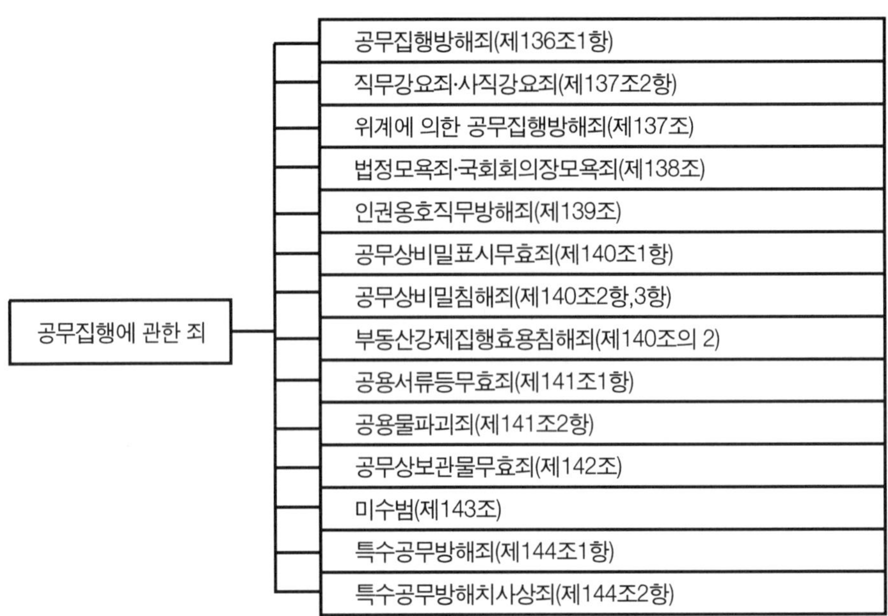

다. 보호법익 및 보호정도

(1) 공무 방해에 관한 죄는 본질적으로 정상적인 국가기능의 수행을 위하여 필요한 공무원의 공무 수행등을 보호할 목적에 그 입법취지가 있다. 따라서 본죄유형의 보호법익은 국가기능의 하나인 공무이다. 다만, 사직강요죄(제136조2항)의 경우는 공무외에 공무원의 지위 보호도 보호법익에 포함된다고 보겠다.

(2) 공무방해에 관한 죄의 보호정도는 추상적 위험범이다. 따라서 직무를 집행하는 공무원에 대하여 폭행·협박을 하는 경우에는 현실적으로 직무집행이 방해되지 아니한 경우에도 공무집행에 관한 죄는 성립하게 된다.

II. 구성요건의 유형

가. 공무집행방해죄

[형법조문]

> 第136条(공무집행방해) ① 직무를 집행하는 공무원에 대하여 폭행 또는 협박한 자는 5년 이하의 징역 또는 1천만원 이하의 벌금에 처한다.

(1) 의의

공무집행방해죄는 공무를 집행하는 공무원에 대하여 폭행 또는 협박함으로써 성립되는 범죄이다.

(2) 객관적 구성요건

1) **행위주체** 본죄의 행위주체에는 제한이 없다. 직무집행공무원에 대하여 폭행 또는 협박만 있으면 본죄가 성립하므로 일반인은 물론 공무원도 직무집행공무원에 대하여 본죄를 범할 수 있다.

2) **행위객체** 본죄의 행위객체는 직무를 집행하는 공무원이다. 본죄의 객체인 공무원은 법령에 의하여 국가나 공공단체의 업무에 종사하는 자로서 준기소절차에서 검사의 직무를 수행하는 변호사는 물론 파출소에서 근무하는 방범대원이나 공공기관에서 근무하는 청원경찰도 포함한다.[1344]

보충판례 180 : 대법원 2002.5.10. 선고 2001도310 판결

3) **행위정황** 본죄가 성립하기 위해서는 공무원이 직무를 집행하는 행위상황이 전제되어야 한다. 따라서 직무집행의 범위와 적법성요건, 적법성의 판단기준의 정리

1344) 대법원 1991.3.27. 선고 90도2930 판결 ; 대법원 1992.8.18. 선고 92도1244 판결

가 필요하다.

① 직무집행의 의미　직무를 집행하는 공무원이란 직무집행의 방해시점에 공무원이 자신의 직무를 수행하고 있어야 함을 의미하므로 방해 행위와 직무집행행위에는 시간적 밀접성이 요구된다. 따라서 공무집행전이나 공무집행의 종료이후에는 본죄가 성립할 수 없다.[1345)]

② 직무집행의 범위　본죄에서 방해받는 공무원의 직무범위는 공무원이 그 직무상 수행할 수 있는 행위를 말한다. 그러므로 공무원이 직무에 기하여 집행하는 사무인 이상 그 사무의 성질이나 내용에 제한을 둘 필요가 없다. 내부적 사무이든 대외적 사무이든 불문한다. 뿐만 아니라 국가 또는 공공단체의 특정한 의사를 강제하는 직무집행행위를 제한할 이유도 없다. 공무원이 자신의 직무상 할 수 있는 일이라면 그 자체가 국가기능의 하나인 공무에 해당하기 때문이다.

③ 직무집행의 적법성　본죄가 성립하기 위해서는 명문으로 요구하고 있지 않지만 공무원이 수행하고 있는 직무가 반드시 적법해야 한다. 만약 공무원이 위법한 직무를 집행한다면 이는 직권남용죄(제123조)에 해당하며 따라서 정당방위가 가능하기 때문이다.[1346)]. 통설도 마찬가지 입장이다. 문제는 직무집행이 어느 정도의 적법성을 갖추어야 하는가이다.

가) 직무집행의 적법성의 요건[1347)]

A. 공무원이 행한 행위가 당해 공무원의 일반적 · 추상적인 직무권한 범위내의 것이어야 한다.[1348)]

B. 당해 공무원이 그 직무집행에 관한 한 구체적인 권한을 가져야 한다.[1349)]

C. 당해 행위는 법이 정한 방식과 절차에 의하여야 한다.[1350)]

위의 요건을 갖추지 않는 공무원의 행위는 적법성이 인정되지 않는다. 예컨대, 경

1345) 대법원 1999.9.21. 선고 99도383 판결 ; 대법원 2002.4.12. 선고 2000도3485 판결.
1346) 대법원 1992.5.22. 선고 92도506 판결.
1347) 대법원 1991.5.10. 선고 91도453 판결 ; 대법원 2002.4.12. 선고 2000도3485 판결.
1348) 대법원 1998.5.12. 선고 98도662 판결.
1349) 대법원 2003.11.28. 선고 2003도52342 판결.
1350) 대법원 2004.7.9. 선고 2003도8336 판결 ; 대법원2005.5.26. 선고 2004도8464 판결.

찰관의 개인분쟁에의 개입, 집달관의 세금징수, 경찰관의 임의동행요구 시 거절에도 불구하고 강제 연행하는 행위는 적법한 직무집행이 될 수 없다. 판례도 경찰관 직무집행법상 정신착란자, 만취자, 자살기도자 등 응급의 구호를 요하는 자를 제외한 구속영장 없는 피의자의 경찰서 보호실유치는 영장주의에 위배한 위법구금이라고 보고 있다.[1351] 또한 차선위반의 차량단속에서 추가로 운전자의 음주운전사실을 발견하고 음주측정을 위하여 파출소로 연행하려 하자 이에 대항하면서 의경에게 상해를 입힌 사건에서 범죄사실의 요지, 체포 또는 구속의 이유와 변호인을 선임할 수 있는 권리를 고지하지 않았으므로 운전자의 행위는 정당방위에 해당한다고 보아 공무집행방해죄는 물론 폭처법위반죄의 적용도 부정하고 있다.[1352]

나) 적법성의 판단기준 직무집행의 적법성 여부에 관한 판단을 위한 기준을 어떻게 설정할 것인가에 대하여는 다음과 같은 견해가 대립한다.

A. 객관설 법원이 당해행위에 대한 관계 법령을 해석한 결론을 적법성의 판단기준으로 하여야 한다는 견해로서 통설 및 판례[1353]의 입장이기도 하다.

B. 주관설 당해 공무원의 인식여부 즉, 당해 공무원이 자신의 직무행위를 적법한 것으로 믿었던가 여부를 기준으로 한다는 견해이다. 그러나 이 견해는 결국 국가의 행정 작용 과정에서 공무원의 착오를 허용하고자 하는 국가 중심적 사고에 기초하고 있다는 점에서 찬성할 수 없다.

C. 절충설 당해 공무원의 입장과 일반인의 입장까지 고려하자는 견해이다.

본죄의 입법취지에는 공무원의 직무집행과정에서 국가행정작용의 책임성을 강조하는 일면이 있음을 고려할 때 객관설의 입장이 타당하다고 생각한다.

보충판례 181 : 대법원 2006.9.8. 선고 2006도148 판결[1354]

1351) 대법원 1994.3.11. 선고 93도958 판결.

1352) 대법원 1994.10.25. 선고 94도2283 판결.

1353) 대법원 1991.5.10. 선고 91도453 판결.

1354) 대법원 2011.05.26 선고 2011도3682 판결 ; 헌법재판소 2012.7.26. 선고 2010헌마9 전원재판부결정 ; 대법원 2013.8.23. 선고 2011도4763 판결.

다. 직무집행 적법성의 체계적 지위　공무원의 직무집행의 적법성이 본죄 성립과 어떤 관계에 있는가에 대하여 다음과 같은 견해가 있다.

A. 위법성조각사유설　직무집행의 불법은 개인의 법익에 대한 부당한 침해이므로 이에 대한 대항행위는 위법성을 조각시키는 위법성조각사유에 해당한다는 견해이다. 그러나 이 견해에 대하여는 위법한 직무행위에 대항하는 행위가 본 죄의 구성요건에 해당한다는 것은 범죄론 체계와 부합되지 않는다는 비판이 가해진다.

B. 처벌조건설　이 견해는 직무집행의 적법성을 객관적 처벌조건으로 파악한다. 따라서 적법성을 상실한 직무집행에 대항하는 행위는 본죄의 성립은 인정하나 다만 처벌만이 조각된다는 것이다. 그러나 이 견해는 불법한 직무집행에 대해서는 정당방위가 허용된다는 점을 간과함으로써 범죄론 체계를 무시한다는 비판을 받게 된다.

C. 구성요건요소설　이 견해는 직무행위의 적법성은 구성요건요소가 된다는 입장이다. 이 견해에 대해서는 개인의 법익에 대한 부당한 침해에 대한 방어행위는 정당방위로서 위법성이 조각되는 경우임에도 불구하고 본죄의 경우에만 구성요건의 문제로 보는 것 역시 범죄론 체계에 맞지 않는다는 비판이 따르고 있다.

생각건대, 본죄의 입법취지가 공무원의 직무집행이 방해받지 않고 원만하게 행하여짐으로써 국가기능의 완전성을 담보하는데 있으므로 방해행위의 전제는 적법한 직무집행일 수밖에 없다. 그리고 적법한 직무행위의 경우에만 그 방해행위에 대한 처벌의 실익이 있다. 이 점에서 직무행위의 적법성은 구성요건요소에 해당한다고 보는 것이 타당하다고 하겠다.

4) 행위　본죄의 행위는 폭행 또는 협박이다. 본죄에서 폭행의 대상은 공무원이다. 공무원에 대한 유형력의 행사가 있으면 공무원의 신체에 대한 유형력의 접촉여부는 불문한다.[1355] 유형력의 행사가 직접 공무원의 신체를 대상으로 하지 않고 물건에 가해졌다 하더라도 그것이 공무원의 신체에 물리적인 영향을 행사할 수 있는 경우라

1355) 따라서 언어·문서, 직접·간접 또는 명시·암시(묵시)뿐만 아니라 간접적인 유형력도 포함한다(대법원 1998.5.12. 선고 98도662 판결). 따라서 파출소사무실의 바닥에 인분이 들어있는 물통을 집어던지거나(대법원 1981.3.24. 선고, 81도326 판결) 군의회 의원들이 회의장에 들어가지 못하도록 출입문을 막는 행위(대법원 1998.5.12. 선고 98도662 판결) 등도 폭행에 해당한다.

면 본죄의 행위인 폭행에 해당한다.[1356] 협박은 고지된 해악의 내용이 그 경위, 행위 당시의 주위 상황, 행위자의 성향, 행위자와 상대방과의 친숙도, 행위자의 지위 등 행위당시의 사정을 종합하여 객관적으로 상대방으로 하여금 공포심을 느끼게 하면 족하며 상대방이 현실적으로 공포심을 느꼈을 것까지 요구하지 않는다.[1357]

폭행이나 협박은 적극적인 행위에 의할 것을 요한다. 적극적이라면 직접적이든 간접적이든 불문한다. 제3자에 대한 협박이더라도 그것이 공무원의 직무의 집행을 방해하는 것이라면 본죄의 협박에 해당한다. 또한 직무집행의 방해가 가능하다면 그 횟수 및 계속성도 불문한다.

(3) 주관적 구성요건

본죄의 고의는 객체와 행위에 대한 인식을 포함한다. 즉, 상대방이 직무를 집행하는 공무원이라는 인식은 물론 그 공무원에 대하여 폭행 또는 협박을 가한다는 인식까지 필요하다. 다만, 직무의 내용이나 직무를 방해한다는 인식까지는 요구하지 않는다.[1358] 본죄의 고의에는 직무를 방해한다는 의사까지 포함된다고 적극적으로 해석하는 입장도 있으나 본죄는 목적범이 아니므로 직무방해 의사는 필요 없다고 하겠다.[1359]

(4) 위법성

공무원의 직무행위와 적법성을 결할 때 이에 대한 폭행이나 협박은 본죄를 구성하지 않고 오히려 일반적인 정당방위 이론에 의하여 위법성이 조각된다. 다만, 직무행

1356) 폭행은 직접 공무원에게 가해질 필요는 없고 간접적으로 폭행된 것이라면 상관없다. 따라서 집행관을 보조하는 인부를 폭행한 경우도 본죄에 해당한다(대법원 1970.5.12, 70도561).

1357) 대법원 1989.12.2.6 선고 89도1204 판결.

1358) 대법원 1995.1.24. 선고 94도1949 판결.

1359) **[직무행위의 적법성에 대한 착오]** : 행위자가 착오를 일으켜 상대방 공무원의 적법한 직무 집행을 위법한 것으로 오인하여 폭행·협박한 경우 고의가 조각되는가의 문제이다. 직무행위의 적법성에 대한 체계적 지위와 관련하여 ① 위법성조각사유설은 직무집행의 적법성에 대한 착오는 법률의 착오에 해당하여 제16조로 해결해야 한다고 하고, ② 처벌조건설에 의하면 적법성의 인식은 고의의 내용에 포함되지 않으므로 이에 대한 착오는 범죄성립과 관련 없고, ③ 구성요건요소설에 의하면 직무집행의 적법성에 대한 착오는 사실의 착오에 해당하여 고의를 조각한다는 결론에 이르게 된다.

위의 적법성을 구성요건요소로 보는 견해에 의하면 위법한 직무행위에 대한 저항은 처음부터 본죄의 구성요건 해당성이 결여되므로 정당방위 여부의 논의가 필요 없다는 결론에 도달한다.

(5) 죄수 및 다른 범죄와의 관계

1) **죄수**　본죄의 죄수는 공무원의 수가 아닌 공무의 수를 그 표준으로 한다. 본죄의 보호대상은 공무원이 아니라 공무인 까닭이다. 따라서 집행하는 공무가 단일하다면 그 공무집행에 참여한 공무원의 수와 관계없이 하나의 공무집행방해죄만 성립하게 된다.

2) **다른 범죄와의 관계**

① 폭행죄 · 협박죄와의 관계　폭행죄 · 협박죄는 본죄와의 법조경합관계에 있으므로 본죄에 흡수된다. 그러나 행위가 단순히 폭행 · 협박에 그치지 않고 다른 범죄를 구성하게 되면 그 죄와 본죄의 상상적 경합이 된다.

② 살인죄 · 상해죄와의 관계　본죄를 범하면서 공무원을 살해 또는 상해한 경우에는 살인죄 또는 상해죄와 상상적 경합관계가 된다.

③ 업무방해죄와의 관계

가. 논의의 필요성　공무집행방해죄를 해석함에 있어서 공무원 아닌 자의 공무집행에 대한 방해 행위는 구성요건 해당성이 없으므로 업무방해죄에 해당하는 자의 문제가 제기된다. 또한 위력으로써 공무를 방해하거나 허위사실을 유포하여 공무를 방해한 경우의 적용법조 역시 문제된다. 이러한 문제의 해결을 위해서는 업무방해죄의 업무에 공무가 포함되는가의 논의가 필요하게 된다.

나. 업무방해죄의 업무에 공무의 포함 여부　이에 대해서는 공무가 업무개념에 포함되지 않으면 허위사실을 유포하여 행하는 공무집행은 공무집행방해죄는 물론 업무방해죄에도 포함되지 않게 되어 공무가 일반 업무보다 경시되는 불합리를 가져온다는 점에서 업무에는 공무가 포함된다는 공무포함설과 업무방해죄는 재산죄적 성질을 가지고 있어 공무집행방해죄와는 그 죄질이 다르므로 공무는 포함되지 않는다

는 공무 불포함설 그리고 공무원이 행하는 공무는 업무에 포함되지 않으나, 비공무원이 행하는 공무 또는 공무원이 행하는 공무라도 허위사실의 유포 또는 폭행 · 협박에 이르지 않는 위력에 의한 방해 시에는 업무방해죄의 성립을 인정해야 한다는 절충설이 대립한다.

생각건대, 공무집행방해죄의 행위태양을 구성요건적으로 제한하고 있는 입장을 고려할 때 업무방해죄의 업무에는 공무가 포함되지 않는다고 본다.

다. 양죄의 관계 공무방해죄가 성립하면 업무방해죄는 성립하지 않는다. 본죄의 입법취지가 사적 업무이외의 공무보호를 위한 데 있기 때문이다.

나. 직무강요·사직강요죄

[형법조문]

제136조(공무집행방해) ②공무원에 대하여 그 직무상의 행위를 강요 또는 저지하거나 그 직을 사퇴하게 할 목적으로 폭행 또는 협박한 자도 전항의 형과 같다.

(1) 의의

직무강요 · 사직강요죄는 공무원에 대하여 그 직무상의 행위를 강요 또는 저지하거나 그 직을 사퇴하게 할 목적으로 폭행 또는 협박함으로써 성립하는 범죄이다. 공무집행방해죄가 직무집행중의 공무 보호를 위한 범죄라면 직무강요죄는 장래 집행될 공무를 보호하기 위한 범죄라는 점에서 차이가 있다. 그리고 사직 강요죄는 목적범이다. 본죄의 보호법익에 대해서는 공무 그 자체라고 보는 견해가 있으나 본죄는 직무상의 행위를 강요하는 것과 사직강요를 목적으로 폭행 · 협박하는 것까지 포함하고 있으므로 공무뿐만 아니라 공무원의 지위의 안전도 보호법익에 포함된다고 보는 것이 타당하다. 강요죄는 침해범이지만 본죄는 추상적 위험범이다. 본죄에 있어서 강요는 목적의 내용이지 법익침해의 결과를 의미하는 것이 아니기 때문이다.

(2) 객관적 구성요건

1) 행위객체 본죄의 행위 객체는 공무원이다. 다만, 현실적으로 공무를 집행하고 있을 것을 요하지 않는다. 장래에 직무를 집행할 공무원을 객체로 설정하고 있는 점에서 공무집행방해죄와 구별된다.

2) 행위 본죄의 행위는 직무행위를 강요 또는 저지하거나 그 직을 사퇴케 할 목적으로 폭행, 협박을 하는 것이다. 그 직을 사퇴하게 한다는 것은 공무집행의 방해를 위하여서 뿐만 아니라 당해 공무원과의 개인적 사정으로 사퇴하게 하는 경우를 포함한다. 폭행 또는 협박의 정도는 공무집행방해죄의 정도와 같다. 여기서 문제되는 것은 직무행위의 범위와 적법성의 요부이다.

① 직무상의 행위의 범위 본죄에서 직무상의 행위가 공무원의 직무권한내의 행위이어야 하는가에 대하여는 당해 공무원의 직무와 관련 있는 행위면 족하고 그 행위가 반드시 권한 내의 것일 필요가 없다는 견해, 당해 공무원의 직무 권한에 속해야 한다는 견해가 대립한다. 직무상의 행위는 추상적 권한 내의 것이면 족하고 구체적 권한 내의 것일 필요가 없다는 후자의 견해가 다수의 입장이다.

② 직무행위의 적법성 여부 직무강요의 경우에는 그 자체가 위법하므로 직무행위의 적법, 위법을 불문하나 직무저지의 경우에는 적법해야 한다.

(3) 주관적 구성요건

본죄의 성립에는 고의 외에 목적이 필요하다. 다만, 목적의 달성여부는 본죄 성립에 영향이 없다. 따라서 폭행이나 협박을 당한 공무원이 자신의 직무를 차질 없이 수행하였다 하더라도 본죄는 기수에 이르게 된다.

(4) 다른 범죄와의 관계

본죄와 강요죄와의 관계가 문제된다. 이에 대하여는 본죄만 성립된다는 견해가 있으나 본죄는 강요의 결과발생을 요건으로 하지 않고 있으므로 본죄와 강요죄는 상상적 경합관계에 있다는 견해가 타당하다고 하겠다.

다. 위계에의한공무집행방해죄

[형법조문]

第137조(위계에 의한 공무집행방해) 위계로써 공무원의 직무집행을 방해한 자는 5년 이하의 징역 또는 1천만원 이하의 벌금에 처한다.

(1) 의의

위계에 의한 공무집행방해죄는 위계로써 공무원의 직무집행을 방해함으로써 성립하는 범죄이다.

(2) 객관적 구성요건

1) 행위 객체 본죄의 행위객체는 공무원이다. 현재 직접 직무를 집행하고 있는 공무원에 한정하지 않는다.

2) 행위 본죄의 행위는 위계로 공무집행을 방해하는 것이다.

① 위계 위계란 타인의 부지 또는 착오를 이용하는 일체의 행위를 말한다.[1360] 본죄에 있어서 위계의 대상은 공무원에게만 한정되는 것이 아니고 제3자를 이용하여 공무를 방해하는 것도 가능하다. 그리고 상대방 공무원은 반드시 직무를 담당하는 공무원에 국한할 이유도 없다. 예컨대, 공무원 시험에서 대리시험 보는 행위, 특정인 선발을 위해 국립대학 교수가 부정으로 채점하여 합격시키는 행위 등도 본죄에 해당한다. 그러나 참고인이 수사기관에서 허위진술을 하는 행위,[1361] 행정관청에 허가신청사유란에 허위를 기재하는 행위, 행정관청에 허가신청사유란에 허위를 기재하는 행위,[1362] 범인 아닌 자가 위장으로 자수하여 허위자백을 하는 행위 등은 본죄에 해당되지 않는다. 판례도 같은 입장이다.

1360) 대법원 1995.5.9. 선고 94도2990 판결.

1361) 대법원 2002.9.4. 선고 2002도2064 판결 ; 대법원 2003.7.25. 선고 2003도1609 판결 ; 대법원 2003.10.9. 선고 2000도4993 판결.

1362) 대법원 1997.2.28. 선고 96도2825 판결.

보충판례 182 : 대법원 1977.2.8. 선고 76도3685 판결

보충판례 183 : 대법원 2007.10.11. 선고 2007도6101 판결

보충판례 184 : 대법원 2002.9.4. 선고 2002도2064 판결

② 공무집행방해　본죄 성립에는 공무집행행위가 위계에 의해 방해되어야 한다. 여기서 문제되는 것은 직무집행이 방해된 결과가 현실적으로 나타나야 되는가이다. 이에 대하여는 직무집행의 방해결과가 현실적으로 필요하다고 보는 입장과 공무집행의 방해 위험만 있으면 본죄가 성립한다는 견해가 있다. 다수설은 본죄와 공무집행방해죄는 그 본질이 같으므로 공무집행방해죄와 마찬가지로 직무집행의 방해 결과까지 요구할 필요는 없다고 보나 판례는 공무집행방해의 현실적 결과가 발생한 때에 본죄의 기수가 된다는 태도[1363]를 취하고 있다.

(3) 주관적 구성요건

본죄 성립을 위해서는 고의 이외에 공무집행이 방해될 수 있다는 인식이 필요하다. 판례는 공무집행을 방해할 의사가 있어야 한다[1364]고 하지만 공무집행방해죄와 달리 본죄에서만 공무집행방해의사를 요구할 필요는 없다고 본다.

(4) 다른 범죄와의 관계

직무위배의 위법상태가 위계에 의한 공무집행 방해 행위 속에 포함되어 있는 경우 본죄와 직무유기죄와의 관계가 문제될 수 있다. 이 경우에는 작위 형태의 본죄 성립만 인정하고, 부작위범인 직무유기죄의 성립은 배제된다고 하겠다.

1363) 대법원 1996.10.11. 선고 96도312 판결 ; 대법원 2003.2.11. 선고 2002도4293 판결.

1364) 대법원 1973.6.26. 선고 72도2698 판결 ; 대법원 1974.12.10. 선고, 74도2841 판결.

라. 법정·국회회의장모욕죄

[형법조문]

第138조(법정 또는 국회회의장모욕) 법원의 재판 또는 국회의 심의를 방해 또는 위협할 목적으로 법정이나 국회회의장 또는 그 부근에서 모욕 또는 소동한 자는 3년 이하의 징역 또는 700만원 이하의 벌금에 처한다.

(1) 의의

법정·국회회의장 모욕죄란 법원의 재판 또는 국회의 심의를 방해 또는 위협할 목적으로 법정이나 국회회의장 또는 그 부근에서 모욕 또는 소동함으로써 성립하는 범죄이다. 본죄는 목적범이고 보호법익은 법정과 국회의 기능이다.

(2) 객관적 구성요건

1) 행위 주체 본죄의 행위주체에는 제한이 없다. 법정 모욕죄의 경우 법정에 출석한 피고인, 증인, 참고인, 방청객은 물론 검사와 변호사도 그 주체가 될 수 있다. 또한 국회위원도 국회회의장 모욕죄의 주체가 될 수 있음은 당연하다.

2) 행위 본죄의 행위는 모욕 또는 소동이다. 그리고 이러한 모욕과 소동은 법정이나 국회회의장 부근에서 일어나야 한다.

① 모욕이라 함은 경멸의 의사를 표시하는 것으로서, 그 대상은 법관이나 국회의원에 국한되지 않고 검사, 증인, 변호인도 포함한다. 또한 공판의 진행이나 국회의 회의진행 자체를 방해하기 위해 특정 대상 없이 모욕적 언행을 하는 경우도 본죄에 해당한다. 증인의 선서나 증언거부가 법정모욕죄에 해당하는가에 대하여 본죄의 성립을 인정하는 견해도 있으나 선서거부나 증언거부는 법정을 경멸하고자 하는 의사표시가 아니므로 본죄에 해당하지 않는다.

② 소동이라 함은 재판이나 회의가 원만하게 진행될 수 없을 정도로 소음이나 동작을 통하여 평온한 법정이나 국회 회의장의 질서를 교란시키는 일체의 행위를 말한다. 그리고 소동하는 시기는 반드시 재판이 진행 중이거나 국회의 회의가 열리고 있을 것

을 요하지 않지만 재판이 종료된 이후나 국회회기가 끝난 경우에는 본죄성립에서 제외된다고 하겠다.

③ 이러한 모욕과 소동은 법정이나 국회회의장 또는 그 부근에서 이루어져야 한다. 부근이라 함은 재판 심리나 국회의 심의에 영향을 미칠 수 있을 정도의 장소적 범위를 말한다. 예컨대, 법정이나 국회회의장 창밖에서 욕설을 하거나 법정 또는 회의장의 출입을 제지하는 것 등이다. 본죄는 법정과 국회의 기능을 보호한다는 데 그 입법취지가 있으므로 현실적으로 심리나 심의에 영향이 없는 장소에서의 모욕이나 소동은 당연히 제외하여야 하기 때문이다.

(3) 주관적 구성요건

본죄는 목적범이므로 본죄가 성립하기 위해서는 고의 이외에 법원의 재판 또는 국회의 의사진행을 방해하거나 위협하려는 목적이 필요하다. 그러나 목적의 달성 여부는 본죄의 성립에 영향이 없다. 따라서 이러한 목적[1365]하에 모욕 또는 소동행위만 있으면 본죄는 기수에 이른다.

마. 인권옹호직무방해죄

[형법조문]

제139조(인권옹호직무방해) 경찰의 직무를 행하는 자 또는 이를 보조하는 자가 인권옹호에 관한 검사의 직무집행을 방해하거나 그 명령을 준수하지 아니한 때에는 5년 이하의 징역 또는 10년 이하의 자격정지에 처한다.

1365) **[법원조직법과의 관계]** : 법원조직법(제61조1항)은 폭언・소란 등의 행위로 법원의 심리를 방해하거나 재판의 위신을 현저하게 훼손한 자에 대해서는 결정으로 20일 이내의 감치 또는 100만원 이하의 과태료에 처하거나 이를 병과할 수 있도록 규정하고 있어 법정 모욕 행위가 야기된 경우 법정모욕죄와 법원조직법 위반행위와의 관계가 문제된다. 이에 대하여는 ① 상상적 경합관계가 된다는 견해, ② 법조경합에 해당한다는 견해, ③ 형벌과 행정벌의 차이를 인정하여 별개의 제재로 보는 견해가 있다. 법원조직법상의 제재는 행정벌이므로 현행 법체계대로 별개의 행위로 보는 ③설이 타당하다고 하겠다.

(1) 의의

인권옹호직무방해죄는 경찰의 직무를 행하는 자 또는 이를 보조하는 자가 인권옹호에 관한 검사의 직무집행을 방해하거나 그 명령을 준수하지 않음으로써 성립되는 범죄이다. 본죄는 국가의 기능 중에서 검사의 인권옹호에 관한 직무집행기능을 그 보호법익으로 한다.

(2) 구성요건

1) 행위주체 본죄의 행위주체는 경찰의 직무를 행하는 자 또는 이를 보조하는 자이다. 검사의 지휘를 받는 한 일반사법 경찰관리 뿐만 아니라 특별사법 경찰관리도 포함한다. 경찰을 보조하는 자로서는 전투경찰이나 의무경찰 등을 들 수 있다.

2) 행위 본죄의 행위는 인권옹호에 관한 검사의 직무수행을 방해하거나 그 명령을 준수하지 않는 것이다. 여기서 검사의 직무수행이나 명령은 적법성이 전제된다. 부당한 직무명령은 복종의 의무가 없거나 인권옹호에 관한 부당한 명령을 오히려 저항의 대상이 되어야 하기 때문이다.[1366]

바. 공무상비밀표시무효죄

(1) 공무상봉인등무효죄

[형법조문]

제140조(공무상비밀표시무효) ① 공무원이 그 직무에 관하여 실시한 봉인 또는 압류 기타 강제처분의 표시를 손상 또는 은닉하거나 기타 방법으로 그 효용을 해한 자는 5년 이하의 징역 또는 700만원 이하의 벌금에 처한다. 제143조(미수범) 제140조 내지 전조의 미수범은 처벌한다.

1) 의의 공무상 봉인 등 무효죄란 공무원이 그 직무에 관하여 실시한 봉인 또는

1366) **[입법론적 문제점]** : 검사의 직무집행을 방해하는 것은 그 자체가 공무집행방해죄에 해당하고 명령불복종이 형벌권의 대상이 될 정도의 불법성이 인정되는 것은 아니므로 본죄의 삭제가 검토되어야 한다.

압류 기타 강제처분의 표시를 손상 또는 은닉하거나 기타 방법으로 그 효용을 해함으로써 성립되는 범죄이다. 본죄의 보호법익은 국가기능으로서의 공무 중 특히 강제처분의 표시기능이다.

2) 구성요건

① 행위 객체　본죄의 행위 객체는 공무원[1367]이 그 직무에 관하여 실시한 봉인 또는 압류 기타 강제처분의 표시이다. 봉인이란 공무원의 임의적인 처분행위를 방지하기 위하여 봉함 기타 이와 유사한 비밀유지장치를 하는 것을 말한다. 압류는 공무원이 직무 수행상 보관대상 물건을 자기의 점유로 이전시키는 강제처분을 말하고, 기타 강제처분이라 함은 공무원이 타인에게 압류를 제외한 작위 또는 부작위를 명령하는 처분을 의미한다. 그리고 표시란 압류 기타 강제처분을 명시적으로 나타내기 위하여 특별히 조치한 표시를 말한다.

본죄의 행위 객체에서 압류 대상은 민사소송법에 의한 유체동산의 압류 · 가압류 · 가처분이나 국세징수법에 의한 압류 등이고, 압류에 속하지 않고 기타 강제처분에는 민사소송법에 의한 부동산의 압류나 금전채권의 압류 등이 포함된다. 여기서 봉인, 압류 기타 강제처분은 적법 유효하여야 함은 물론 그 표시가 현존하여야 한다.[1368] 강체처분이 유효하고 적법한 한 공무집행절차의 하자는 문제되지 않는다. 또한 강체처분의 적법성은 절차의 적법을 의미하므로 강제처분의 정당성 여부는 본죄 성립에 영향이 없다. 따라서 부당한 가처분 결정에 의한 표시도 유효하다.[1369]

보충판례 185 : 대법원 2001.1.16. 선고 2000도1757 판결[1370]

② 행위　본죄의 행위는 손상, 은닉 기타 방법[1371]으로 효용을 해하는 것이다. 여

....

1367) 공무상비밀표시무효죄에 있어서의 공무원이란 '널리 법령에 의하여 공무에 종사하는 직원'을 의미하는 것으로 법원의 감수보존결정에 따라 감수보존인으로 선임된 자는 공무를 집행하는 직원으로서의 지위를 가진다고 보아야 한다.(대법원 2002.12.27. 선고 2002도4906 판결)

1368) 대법원 1997.3.11. 선고 96도2801 판결.

1369) 대법원 1985.7.9. 선고 85도1165 판결.

1370) 대법원 2007.03.15 선고 2007도312 판결.

1371) 압류된 시설의 개장 및 작동을 의도적으로 묵인 내지 방치함으로써 봉인이 훼손되게 한 경우 부작위에 의한 공무상표시무효죄가 성립한다.(대법원 2005.7.22. 선고 2005도3034 판결)

기서 손상이라 함은 표시의 물질적 파괴를 의미하는 것으로서 봉인된 외적 표시를 훼손하는 것뿐만 아니라 봉인을 모두 떼어 내는 것도 포함한다.

은닉이란 소재를 불분명하게 하여 쉽게 발견할 수 없도록 하는 행위이고, 기타 방법이란 압류품을 매각하거나, 보관 압류물을 원래 장소에서 상당한 거리가 있는 다른 장소로 이전한다거나[1372], 점유이전금지가처분에 위반하여 점유를 이전하는 경우[1373]처럼 봉인 기타 강제 처분의 표시를 물리적으로 파손하지 않고 사실상 효력을 상실하게 하는 것을 말한다.

③ 주관적 구성요건 　본죄의 고의는 공무원이 실시한 봉인 또는 압류, 기타 강제처분의 표시이라는 인식과 자신의 행위가 그 효용을 해친다는 인식을 의미한다. 압류의 효력에 대하여 착오를 일으킨 경우에는 구성요건적 착오에 해당하므로 고의가 조각된다. 예컨대, 가압류 효력이 없다고 믿거나 담보취소가 되어 별도의 최소절차를 밟을 필요가 없다고 보고 가압류 물건을 가져간 경우에는 고의를 인정할 수 없게 된다.[1374]

3) 죄수 　공무원이 봉인 · 압류 또는 기타 강제처분의 표시가 된 물건을 절취 또는 횡령한 경우에는 본죄와 절도죄 또는 횡령죄의 상상적 경합관계가 되고, 본죄를 범하고 내용물을 절취한 경우에는 본죄와 절도죄는 실체적 경합이 인정된다.

(2) 공무상비밀침해죄

[형법조문]

제140조(공무상비밀표시무효) ② 공무원이 그 직무에 관하여 봉함 기타 비밀장치한 문서 또는 도화를 개봉한 자도 제1항의 형과 같다. ③ 공무원이 그 직무에 관하여 봉함 기타 비밀장치한 문서, 도화 또는 전자기록등 특수매체기록을 기술적 수단을 이용하여 그 내용을 알아낸 자도 제1항의 형과 같다.[신설 1995.12.29.] 제143조(미수범) 제140조 내지 전조의 미수범은 처벌한다.

1372) 대법원 1986.3.25. 선고 86도69 판결 ; 대법원 1992.5.26. 선고 91도894 판결.
1373) 대법원 1980.12.23. 선고 80도1963 판결.
1374) 대법원 1970.9.22. 선고 70도1206 판결 ; 대법원 2000.4.21. 선고 99도5563 판결.

공무상비밀침해죄는 공무원이 그 직무에 관하여 봉함 기타 비밀장치한 문서 또는 도서를 개봉하거나 봉함 기타 비밀장치한 문서, 도서 또는 전자기록 등 특수매체기록을 기술적 수단을 이용하여 그 내용을 알아냄으로써 성립하는 범죄이다. 본죄는 비밀침해죄(제316조)에 대한 불법가중적 구성요건으로 그 보호정도는 공무상비밀개봉죄는 추상적 위험범 공무상비밀내용탐지죄의 경우에는 침해범이다.

(3) 부동산강제집행효용침해죄

[형법조문]

제140조의2(부동산강제집행효용침해) 강제집행으로 명도 또는 인도된 부동산에 침입하거나 기타 방법으로 강제집행의 효용을 해한 자는 5년 이하의 징역 또는 700만원 이하의 벌금에 처한다.[본조신설 1995.12.29.] 제143조(미수범) 제140조 내지 전조의 미수범은 처벌한다.

1) 의의 부동산강제집행효용침해죄는 강제집행으로 명도 또는 인도된 부동산에 침입하거나 기타 방법으로 강제집행의 효용을 해함으로써 성립되는 범죄이다. 본죄의 보호법익은 판결의 집행력과 강제집행의 효력보호에 있다. 현실적으로 승소판결 후에 강제집행이 이루어진 후에는 채무명의의 집행력도 소멸하게 되므로 채무자가 다시 부동산에 침입하는 경우가 있어도 공무상비밀표시무효죄(제140조)가 성립되지 않는다는 문제점을 해소할 필요가 있기 때문이다.

2) 구성요건

① 행위주체 본죄의 행위 주체는 제한이 없다. 일반적으로는 강제집행을 받은 채무자가 주체가 되는 경우가 많겠지만 채무자 아닌 제3자도 본죄를 범할 수 있다.[1375]

② 행위객체 본죄의 행위 객체는 명도 또는 인도된 부동산이다.[1376] 명도란 건물의 거주자는 물론 동산 일체를 당해 부동산으로부터 배제시켜 지배권 전체를 넘겨주는 것으로써 부동산의 점유 이전만을 의미하는 인도와 구별된다.

1375) 대법원 2002.11.8. 선고 2002도4801 판결.
1376) 대법원 2002.11.8. 선고 2002도4801 판결 ; 대법원 2003.5.13. 선고 2001도3212 판결.

③ 행위　본죄의 행위는 명도 또는 인도된 부동산에 침입하거나 기타 방법으로 그 효용을 해하는 것이다. 침입이란 권리자의 승낙 없이 강제 집행된 부동산의 경계 범위에 들어가는 것을 말한다. 강제집행의 효용을 해쳐야 하므로 단순한 일시적 출입은 침입에 해당할 수 없다. 강제집행절차가 완료된 빈 땅의 경우에도 단순히 들어가는 행위만으로는 효용을 해치는 경우가 아니므로 역시 침입에 해당하지 않는다. 빈 땅위에 포장마차를 세운다든지 하는 시설물의 설치 같은 행위가 있어야만 비로소 본죄가 성립한다고 하겠다. 기타 방법으로 효용을 해한다함은 부동산에 대한 손괴행위나 부동산의 출입구를 봉쇄하는 등의 방법을 말한다. 그리고 이러한 행위는 강제집행력을 보호하기 위한 본죄의 입법취지상 강제처분과 시간적 관련성이 인정되는 범위 내에서 이루어져야 한다.

3) 다른 범죄와의 관계　강제집행 된 부동산에 침입의 방법으로 본죄를 범한 경우에는 주거침입죄의 적용은 배제된다. 본죄와 주거침입죄는 법조경합(보충관계)관계에 있기 때문이다. 손괴죄의 경우도 역시 본죄와 보충관계에 있다.[1377]

(4) 공용서류등무효죄

[형법조문]

제141조(공용서류 등의 무효) ① 공무소에서 사용하는 서류 기타 물건 또는 전자기록등 특수매체기록을 손상 또는 은닉하거나 기타 방법으로 그 효용을 해한 자는 7년 이하의 징역 또는 1천만원 이하의 벌금에 처한다. 제143조(미수범) 제140조 내지 전조의 미수범은 처벌한다.

1) 의의　공용서류등무효죄는 공무소에서 사용하는 서류 기타 물건 또는 전자기록 등 특수매체기록을 손상 또는 은닉하거나 기타 방법으로 그 효용을 해함으로써 성

1377) **[강제집행면탈죄와의 차이]** : 강제집행면탈죄는 강제집행을 면할 목적으로 재산을 은닉, 손괴, 허위양도 또는 허위의 채무를 부담하여 채권자를 해하는 범죄로서 그 보호법익은 채권자의 채권인데 반하여, 본죄는 유효하게 실현된 강제집행이후 강제집행의 효력유지를 보호하기 위한 규정이라는 점에서 구별된다.

립하는 범죄이다. 본죄는 재물, 문서손괴죄(제366조)에 대한 불법 가중적 구성요건으로, 소유권 보호에 초점이 있는 손괴죄와 달리 공무보호라는 차원에서 공무방해죄의 한 유형으로 설정되어 있다.

2) 구성요건

① 행위객체　　본죄의 행위객체는 공무소[1378]에서 사용하는 서류 기타 물건 또는 전자기록 등 특수매체기록이다. 행위객체에 전자기록 등 특수매체기록을 포함한 것은 현대형 범죄인 컴퓨터 범죄에 효율적으로 대응하기 위한 시도의 하나이다.

공무소에서 사용하고 있는 서류 기타 물건은 공무소에서 보관하거나 사용하고 있는 일체의 것을 말한다. 따라서 공무소 발행 아닌 사문서라 하더라도 공무소에 접수 보관되고 있다면 본죄의 객체에 해당한다.[1379] 또한 문서의 경우에는 정당한 접수절차여부, 작성권한 유무, 정부공문서규정준수 여부에, 제한받지 않는다.

문서의 효력 발생여부와도 관계없다.[1380] 예컨대, 수사기관에서 작성중인 미완성의 피의자신문조서도 본죄의 객체에 해당한다.[1381]

보충판례 186 : 대법원 2006.5.25. 선고 2003도3945 판결

② 행위　　본죄의 행위는 손상 · 은닉 기타 방법[1382]으로 그 효용을 해하는 것이다. 공용서류 등의 효용을 해친다 함은 불법이 전제되어 있으므로 공무원의 정당한 권한 행사로 공용서류 등을 파기하는 것은 본죄에 해당하지 않는다.[1383] 그러나 문서의 재작성이 가능하다 하더라도 권한 없이 폐기시킨 경우에는 본죄가 성립한다.[1384]

1378) 공무소란 공무원이 직무를 집행하는 관공서 기타 조직체를 말하는 것으로 공공조합, 영조물법인, 공법인 등을 말하며 판례에 의하면 한국은행은 공무소에 포함하나(대법원 1969.7.29. 선고 69도1012 판결) 사립학교는 공무소가 아니라고 한다(대법원 1966.4.26. 선고 66도30 판결).

1379) 대법원 1948.9.14. 선고 4281형상81 판결 ; 대법원 1972.9.26. 선고 72도1132 판결 ; 대법원 1982.12.14. 선고, 81도81 판결.

1380) 대법원 1982.10.12. 선고 82도368 판결.

1381) 대법원 1987.4.14. 선고 86도2799 판결.

1382) 기타 방법이란 예컨대 첨부된 설계도면을 바꿔 넣은 경우(대법원 1982.12.14, 81도81), 보관문서를 상대방에게 임의로 교부(대법원 1999.2.24. 선고 98도4350 판결)하거나 반환해버리는 것(대법원 1981.8.25. 선고 81도1830 판결) 또는 입시문제를 절취하는 것(대법원 1966.4.26. 선고 66도30 판결) 등이 여기에 해당한다.

1383) 대법원 1966.10.18. 선고 66도567 판결.

③ 고의　본죄의 고의는 효용을 해치고자 하는 대상이 공무소에서 사용하는 서류 또는 물건이라는 사실과 손상 · 은닉 기타 방법으로 그 효용을 해한다는 사실의 인식이다.[1385]

3) 다른 범죄와의 관계　본죄가 공문서 위조와 경합된 경우에는 본죄와 공문서위조죄는 실체적 경합관계가 인정된다.

(5) 공용물파괴죄

[형법조문]

제141조(공용물의 파괴) ② 공무소에서 사용하는 건조물, 선박, 기차 또는 항공기를 파괴한 자는 1년 이상 10년 이하의 징역에 처한다. 제143조(미수범) 제140조 내지 전조의 미수범은 처벌한다.

공용물파괴죄는 공무소에서 사용하는 건조물, 선박, 기차 또는 항공기를 파괴하는 범죄이다. 공무소에서 사용하고 있는 자동차는 공용서류등무효죄(제141조1항)의 객체이지 본죄의 대상은 아니다. 공익에 사용되는 건조물을 파괴한 경우에는 공익건조물파괴죄(제367조)가 적용된다. 본죄가 성립하면 손괴죄의 적용은 배제된다.

(6) 공무상보관물무효죄

[형법조문]

제142조(공무상 보관물의 무효) 공무소로부터 보관명령을 받거나 공무소의 명령으로 타인이 관리하는 자기의 물건을 손상 또는 은닉하거나 기타 방법으로 그 효용을 해한 자는 5년 이하의 징역 또는 700만원 이하의 벌금에 처한다. 제143조(미수범) 제140조 내지 전조의 미수범은 처벌한다.

1384) 대법원 1961.8.26. 선고 4294형상262 판결.
1385) 대법원 1987.4.14. 선고 86도2799 판결.

1) 의의　공무상보관물무효죄는 공무소로부터 보관명령을 받거나 공무소의 명령으로 타인이 관리하는 자기의 물건을 손상 또는 은닉하거나 기타 방법으로 그 효용을 해함으로써 성립한다.

2) 구성요건　본죄의 행위주체는 공무소로부터 보관명령을 받거나 공무소의 명령으로 타인이 관리하는 물건의 소유자이다. 그리고 행위객체는 보관명령을 받거나 명령에 의해 타인이 관리하고 있는 자기의 물건이다. 여기서 공무소의 명령으로 타인이 관리하는 자기 물건이라 함은 예컨대, 수사기관에 압수되어 사실상 지배권이 수사기관으로 넘어간 자기의 물건을 말한다. 본죄의 행위는 손상 · 은닉 기타 방법으로 효용을 해하는 것이다. 본죄가 성립하기 위해서는 공무소의 보관명령 또는 간수명령은 적법하여야 한다.

(7) 특수공무집행방해·특수공무집행방해치사상죄

[형법조문]

> 제144조(특수공무방해) ① 단체 또는 다중의 위력을 보이거나 위험한 물건을 휴대하여 제136조, 제138조와 제140조 내지 전조의 죄를 범한 때에는 각조에 정한 형의 2분의 1까지 가중한다.
> ② 제1항의 죄를 범하여 공무원을 상해에 이르게 한 때에는 3년 이상의 유기징역에 처한다. 사망에 이르게 한 때에는 무기 또는 5년 이상의 징역에 처한다.

특수공무집행방해죄는 단체 또는 다중의 위력을 보이거나 위험한 물건을 휴대하여 공무집행방해죄 · 직무강요죄, 법정 · 국회회의장모욕죄(제138조), 공무상보관물무효죄(제142조) 및 그 미수의 죄(제143조)를 범한 경우를 처벌하는 범죄이다. 단체 또는 다중의 위력을 보이거나 위험한 물건을 휴대하는 방법의 불법성 때문에 가중처벌되는 가중적 구성요건이다.

특수공무집행방해치사상죄는 특수공무집행방해죄에 대한 결과적 가중범이다. 본죄의 성립에 있어서는 중한 결과에 대한 과실있는 경우뿐만 아니라 고의있는 경우까지 가능하므로 부진정결과적 가중범에 해당한다.[1386] 따라서 기본범죄 수행을 통하여 고의로 중한 결과를 발생시킨 경우에는 그 중한 결과와 본죄는 상상적 경합이 된다. 즉 상해 결과에 대하여 고의가 인정되는 경우에는 본죄와 상해죄와의 관계는 상상적 경합이 인정된다.[1387]

제3절 도주와 범인은닉의 죄

Ⅰ. 총설

가. 의의

도주의 죄는 법률에 의하여 체포 · 구금된 자가 도주하거나 도주를 원조한 행위를 처벌하는 범죄이다. 국가의 정당한 형벌권 행사를 가능하도록 하기 위한 규정이다. 범인은닉의 죄는 벌금 이상의 형에 해당하는 죄를 범한 자를 은닉 또는 도피하게 함으로써 성립되는 범죄이다.

나. 보호법익 및 보호정도

도주의 죄의 보호법익에 대하여는 형사사법에 대한 국가의 기능이라는 견해와 국가의 구금권 또는 국가의 특수한 공적권력 관계의 확보라는 견해가 있다. 도주의 죄는 법률에 의하여 정당하게 구금된 자에 대한 정상적인 형사사법 절차적 기능의 수행을 그 본질로 하고 있으므로 형사사법에 대한 국가의 기능이라는 견해가 타당하다고 하겠다.

범인은닉의 죄의 본질을 국가의 수사권 · 재판권 또는 형의 집행권 행사를 방해하는 범죄로 보는 입장에서는 국가의 형사사법기능이 그 보호법익이라고 한다. 반면에

1386) 대법원 1995.1.20. 선고, 94도2842 판결.
1387) 대법원 1995.1.20. 선고 94도2842 판결.

본죄는 사법기능(형사판결자체)을 보호하기 위한 것이라기보다 정당한 형벌청구권을 방해하는 범죄이므로 형벌청구권이 그 보호법익이라는 견해가 있다. 범인을 은닉하거나 도피시킴은 형사사법절차 자체의 운영을 처음부터 불가능하게 하므로 범위를 형벌청구권으로 좁혀 해석할 실익이 없다고 본다.

도주죄의 보호정도는 침해범인데 반하여 범인은닉의 죄는 위험범이다.

다. 구성요건의 체계

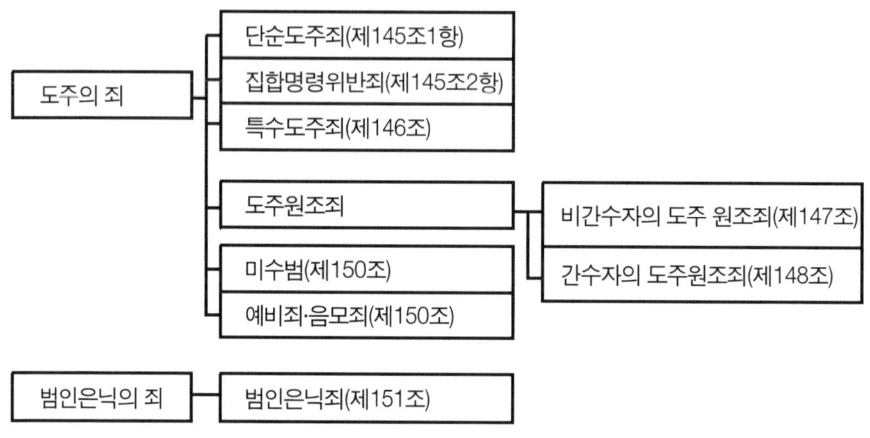

II. 도주죄

가. 단순도주죄

[형법조문]

> 제145조(도주) ① 법률에 의하여 체포 또는 구금된 자가 도주한 때에는 1년 이하의 징역에 처한다.
>
> 제149조(미수범) 전4조의 미수범은 처벌한다.

(1) 의의

단순도주죄는 법률에 의하여 체포 또는 구금된 자가 도주함으로써 성립한다. 본죄는 체포 또는 구속된 피의자나 피고인이 도주하게 되면 수사와 심리가 불가능하게 되고, 수형자가 도주하면 형벌의 집행이 불가능해지는 현상을 방지하기 위한 범죄이다. 본죄가 계속범인가의 여부에 대하여 판례[1388]와 다수설은 즉시범설을 취하고 있다.[1389]

보충판례 187 : 대법원 2006.7.6. 선고 2005도6810 판결

(2) 구성요건

1) 행위주체 본죄의 행위주체는 법률에 의하여 체포 또는 구금된 자이다. 따라서 본죄는 진정신분범이다. 본죄의 행위주체가 될 수 있는 예는 다음과 같다. 구속수사 중의 피의자, 구속된 피고인, 확정판결 받은 수형자, 현행범이나 긴급체포된 자, 환형처분에 의하여 노역장에 유치된 자 등이다. 다만 개인이 체포한 현행범의 경우에는 아직 국가의 형사사법절차개시 이전이므로 본죄의 주체에서 제외된다. 또한 위법한 체포·구금상태에 있는 자도 본죄의 주체가 될 수 없다.[1390] 이 밖에 본죄의 주체와 관련하여 감정유치중인 자, 구인된 피의자나 피고인, 보안처분의 집행을 받는 자, 구인된 증인, 아동복지시설내의 수용자, 소년원수용자 등이 문제된다.

감정유치중인 자는 실질적으로 구속상태에 놓여 있으므로 본죄의 주체에 해당한다는 데에는 이론이 없다. 그러나 구인된 피의자, 피고인, 증인의 경우에는 본죄의 구성요건이 그 주체를 체포 또는 구금된 자로 제한하고 있으므로 본죄의 주체가 될 수

1388) 대법원 1991.10.11. 선고 91도1656 판결.

1389) **[입법론적 문제점]** : 대부분의 입법례는 자유로워지고자 하는 인간의 본능상 체포 또는 구금된 사람이 도주하지 않을 것이라는 기대가 불가능하다는 점에 기초하여 자기 도주는 처벌하지 않고 있다. 따라서 형법상 단순도주죄를 처벌하는 것이 타당한가에 대해 문제된다. 범인의 자기증거인멸을 처벌하지 않는 것과의 형평을 기하기 위해 단순도주죄의 불벌을 주장하는 견해와 도주죄와 증거인멸죄는 보호법익을 달리하므로 비교대상이 될 수 없어 독자적인 처벌이 가능하다는 견해가 있다. 구금된 자가 도주하고자 하는 충동을 갖는 것은 인간의 본능상 당연하므로 도주를 원조하는 행위의 가벌성만 인정하는 것이 타당한 태도라고 생각한다. 미국은 단순도주죄를 처벌하지만, 독일에서는 도주원조죄만 처벌하고 있다.

1390) 대법원 2006.7.6. 선고 2005도6810 판결.

없다는 견해도 있으나 다수의 입장은 그 주체성을 인정하고 있다. 보호관찰이나 치료감호와 같은 보안처분의 경우에는 보안처분인 보호관찰의 집행을 받고 있는 자가 도주한 때에는 보호관찰등에관한법률(제39조 이하) 및 치료감호법(제46조, 제6조 제1항 제3호) 상의 구인 또는 보호구속 할 수 있으므로 본죄와 관련시켜 논의할 실익이 없다고 하겠다. 아동복지시설의 수용자는 국가의 형사사법기능과 무관한 사회복지시설의 하나이므로 본죄의 성립여지가 없음은 당연하다. 하지만 소년원에 수용되어 있는 자가 본죄의 주체가 될 수 있는가에 대해서는 견해가 대립한다. 소년원의 수용절차는 법률에 근거한 것으로서 법률에 의하여 체포 · 구금 되었다는 의미를 형의 집행을 받는 자로 한정할 수 없으므로 소년원 수용자도 실질적인 구금에 해당하는 것으로 보는 것이 타당하다고 생각한다.

다만, 본죄의 주체가 되기 위해서는 현실적으로 구금된 상태가 전제되므로 보석 중에 있는 자, 가석방으로 출소된 자, 형의 집행유예자, 형의 집행정지 중에 있는 자는 제외된다.

2) 행위 본죄의 행위는 도주하는 것이다. 도주한다 함은 체포 또는 구금상태로부터 이탈하는 것을 의미한다. 이탈이 일시적인가 계속적 인가의 여부는 불문한다.

3) 기수시기 본죄는 관리자 또는 간수자의 실력적 지배에서 벗어남으로써 기수에 이른다. 도주행위의 종료시점은 범인이 간수자의 실력적 지배를 이탈한 상태에 이른 때이다. 따라서 본죄는 즉시범이다.

나. 집합명령위반죄

[형법조문]

제145조(집합명령위반) ② 전항의 구금된 자가 천재, 사변 기타 법령에 의하여 잠시 해금된 경우에 정당한 이유없이 그 집합명령에 위반한 때에도 전항의 형과 같다.

제149조(미수범) 전4조의 미수범은 처벌한다.

집합명령위반죄는 법률에 의하여 체포 또는 구금된 자가 천재, 사변 기타 법령에 의하여 잠시 해금된 정당한 이유 없이 그 집합명령에 위반한 경우를 말한다. 본죄는 집합명령이 발해진 이후부터 집합명령에 응할 때까지 범죄가 계속되는 계속범으로 진정부작위범이자 진정신분범에 해당한다.

본죄에 대해서 형법은 미수범처벌규정을 두고 있으나 진정부작위범에 해당하는 본죄의 성질상 미수범 성립은 불가능하므로 입법상의 미비가 아닐 수 없다. 본죄에 대한 특별규정으로 형의집행및수용자의처우에관한법률이 있다. 형의집행및수용자의처우에관한법률은 천재, 지변 기타 사변으로 인하여 교도소, 소년교도소 또는 구치소에서 석방된 자는 석방 후 24시간 내에 교도소, 소년교도소, 구치소 또는 가까운 경찰서에 출석하여야 한다고 규정(제102조 제4항)하고 있어, 이에 위반한 자는 출석의무위반죄(집합명령위반죄)로 처벌받게 된다(제133조).

다. 특수도주죄

[형법조문]

> 제146조(특수도주) 수용설비 또는 기구를 손괴하거나 사람에게 폭행 또는 협박을 가하거나 2인 이상이 합동하여 전조제1항의 죄를 범한 자는 7년 이하의 징역에 처한다.
>
> 제149조(미수범) 전4조의 미수범은 처벌한다.

특수도주죄는 법률에 의하여 체포 또는 구금된 자가 수용설비 또는 기구를 손괴하거나 사람에게 폭행 또는 협박을 가하거나 2인 이상이 합동하여 도주한 경우에 성립한다. 본죄는 진정신분범 규정으로 도주의 수단이나 방법의 불법성 때문에 가중처벌받는 불법가중구성요건이다.

수용설비란 교도소, 구치소, 소년원, 소년감별소, 미결수용소, 경찰관서의 유치장, 교도소내의 노역장, 법원 및 검찰청의 구치감 등 법적으로 신체의 자유를 장소적으로 제한할 수 있는 시설을 말한다. 구금자를 호송하는 차량도 수용설비에 포함된다. 기구란 사람의 신체를 구속하기 위한 장비로서 포승줄, 수갑, 족쇄 등이 있다.

본죄의 행위는 수용설비 또는 기구를 손괴하거나 사람에게 폭행 또는 협박을 하거나 2인 이상의 합동하여 도주하는 것이다. 합동범의 경우에는 도주자 모두 법률에 의하여 구금된 자이어야 한다. 만약 구금되지 않은 자의 도움을 받아 구금된 자가 함께 도주한 경우에는 본죄에 해당하지 않는다. 이 경우 구금되지 않은 자의 죄책은 피구금자 탈취 · 도주원조죄(제147조)에 해당하게 된다.

라. 도주원조죄

(1) 피구금자탈취·도주원조죄

[형법조문]

> 제147조(도주원조) 법률에 의하여 구금된 자를 탈취하거나 도주하게 한 자는 10년 이하의 징역에 처한다.
>
> 제149조(미수범) 전4조의 미수범은 처벌한다.
>
> 제150조(예비, 음모) 제147조와 제148조의 죄를 범할 목적으로 예비 또는 음모한 자는 3년 이하의 징역에 처한다.

피구금자탈취 · 도주원조죄는 법률에 의하여 구금된 자를 탈취하거나 도주하게 함으로써 성립하는 범죄이다. 본죄는 도주행위를 원조하거나 도주를 교사한 행위를 독립된 가벌요건으로 설정한 것이다.

본죄의 주체에는 제한이 없다. 법률에 의하여 구금되어 있는 자(피의자, 미결수, 기결수 등)는 본죄의 객체로서 주체가 될 수 없다. 구금되어 있는 자가 도주할 경우에는 도주죄가 성립할 뿐이다.

본죄의 행위는 탈취하거나 도주하게 하는 것이다. 탈취란 피구금자를 그 간수자의 실력적 지배 하에서 이탈시켜 자기 또는 제3자의 지배 하로 이전시키는 것으로서 그 수단과 방법에는 제한이 없다.[1391]

1391) **[도주자와 범인도피원조행위]** : 도주죄는 즉시범으로서 범인이 간수자의 실력적 지배를 이탈한 상태에 이르렀을 때에 기수가 되어 도주행위가 종료하는 것이고, 도주원조죄는 도주죄에 있어서의 범인의 도주행위를 야기시키거나 이를 용이하게 하는 등 그와 공범관계에 있는 행위를 독립한 구성요건으로 하는 범죄이므로 도주죄의 범인이 도주행위를 하여 기수에 이르른 이후에 범인의 도피를 도와주는 행위는 범인도피죄에 해당할 수 있을 뿐 도주원조죄에는 해당하지 아니한다(대법원

(2) 간수자도주원조죄

[형법조문]

제148조(간수자의 도주원조) 법률에 의하여 구금된 자를 간수 또는 호송하는 자가 이를 도주하게 한 때에는 1년 이상 10년 이하의 징역에 처한다. 제149조(미수범) 전4조의 미수범은 처벌한다. 제150조(예비, 음모) 제147조와 제148조의 죄를 범할 목적으로 예비 또는 음모한 자는 3년 이하의 징역에 처한다.

간수자도주원조죄는 법률에 의하여 구금된 자를 간수 또는 호송하는 자가 피구금자를 도주하게 함으로써 성립한다. 본죄는 법률에 의하여 구금된 자를 간수 또는 호송하는 자의 도주 원조행위를 가중처벌하는 부진정신분범이다. 간수 또는 호송자는 사실상 그 임무에 종사함으로써 족하고 간수 또는 호송 임무가 반드시 법령에 근거할 필요는 없다. 따라서 반드시 공무원에 한정할 필요가 없다. 본죄는 작위뿐만 아니라 피구금자의 도주를 방치하는 부작위에 의해서도 성립 가능하다.

마. 범인은닉·도피죄

[형법조문]

제151조(범인은닉과 친족간의 특례) ① 벌금 이상의 형에 해당하는 죄를 범한 자를 은닉 또는 도피하게 한 자는 3년 이하의 징역 또는 500만원 이하의 벌금에 처한다. ② 친족 또는 동거의 가족이 본인을 위하여 전항의 죄를 범한 때에는 처벌하지 아니한다.

(1) 의의

범인은닉 · 도피죄는 벌금이상의 형에 해당하는 죄를 범한 자를 은닉 또는 도피하게 함으로써 성립한다.[1392] 본죄는 형사사법절차의 정상적인 작용을 곤란하게 하거

1991.10.11, 91도1656).

1392) 대법원 1968.1.14. 선고 57도393 판결.

나 불가능하게 함을 방지하기 위하여 설정된 범죄로서 형사사법권의 행사에 관한 국가의 기능을 보호법익으로 하며, 형사사법 절차의 방해행위 그 자체를 처벌하는 추상적 위험범이다.

(2) 객관적 구성요건

1) 행위주체 본죄의 행위주체에는 제한이 없다. 다만, 도피자 본인의 행위는 범죄가 성립하지 않는다. 본죄는 자기외의 범인을 은닉 또는 도피시킨 경우에 성립되기 때문이다.[1393]

2) 행위객체 본죄의 행위객체는 벌금이상의 형에 해당하는 죄를 범한자이다. 벌금이상의 형에 해당한다 함은 법정형을 기준으로 하여 벌금 또는 그 이상의 금고, 징역, 사형이 규정되어 있는 범죄를 말한다. 죄를 범한 자란 형사소추가 가능한 자로서 정범은 물론 교사범, 방조범, 미수범, 예비ㆍ음모를 한 자를 포함한다. 형사소추가 법적으로 불가능한 경우 예컨대, 공소시효의 완성, 형의 폐지, 사면 등으로 처벌의 가능성이 없는 경우에는 본죄의 객체에서 제외된다. 그러나 범인을 은닉 또는 도피 시킬 당시에 반드시 공소제기가 있어야 한다든지 유죄판결이 확정되어 있음을 요하지는 않는다.[1394] 따라서 범죄혐의로 수사를 받고 있는 자도 본죄의 객체에 해당된다.

친고죄의 경우에도 고소가 없는 상태에서는 수사 진행이 가능하므로 친고죄로 범한 자도 본죄의 객체에 포함시켜야 한다(통설). 그러나 고소권이 소멸된 경우에는 제외된다.

1393) **[범인의 증거인멸·범인자신의 은닉행위 교사]** : 범인 스스로가 자기 또는 공범자를 위하여 징계사건이나 형사사건에 관련한 증거를 인멸하여도 증거인멸죄는 성립하지 않는다(대법원 1995.9.29, 94도2608). 또한 타인을 교사하여 자신의 은닉이나 도피행위를 하게 한 경우에도 범인의 자기 비호권의 발동으로 보아 범인은닉죄의 교사범 성립을 부정하는 것이 타당하다 : 대법원 2014.4.10. 선고 2013도12079 판결 ; 대법원 2014.3.27. 선고 2013도152 판결(범인 스스로 도피하는 행위는 처벌되지 아니하므로, 범인이 도피를 위하여 타인에게 도움을 요청하는 행위 역시 도피행위의 범주에 속하는 한 처벌되지 아니하며, 범인의 요청에 응하여 범인을 도운 타인의 행위가 범인도피죄에 해당한다고 하더라도 마찬가지이다. 다만 범인이 타인으로 하여금 허위의 자백을 하게 하는 등으로 범인도피죄를 범하게 하는 경우와 같이 그것이 방어권의 남용으로 볼 수 있을 때에는 범인도피교사죄에 해당할 수 있다. 이 경우 방어권의 남용이라고 볼 수 있는지 여부는, 범인을 도피하게 하는 것이라고 지목된 행위의 태양과 내용, 범인과 행위자의 관계, 행위 당시의 구체적인 상황, 형사사법의 작용에 영향을 미칠 수 있는 위험성의 정도 등을 종합하여 판단하여야 한다.)

1394) 대법원 1983.8.23. 선고 83도1486 판결 ; 대법원 2003.12.26. 선고 2003도4533 판결.

본죄의 행위객체와 관련하여 문제되는 것은 죄를 범한 자가 반드시 진범이어야 하는가이다. 이에 대하여는 ① 범죄 혐의 때문에 수사를 받는다거나 소추중인 경우에는 진범여부와 관련 없이 국가의 형사사법 절차 진행이 사실상 방해받으므로 진범임을 반드시 요구할 이유가 없다는 견해와 ② 진범 아닌 자는 국가형사사법절차의 대상이 될 수 없으므로 진범 아닌 자의 은닉이나 도피는 형사사법권의 국가적 기능을 방해하는 것이 아니라는 점에서 본죄의 객체는 반드시 진범이어야 한다는 견해, 그리고 ③ 수사개시 전에는 진범이어야 하지만 수사단계에서는 진범이거나 객관적 · 합리적 판단에 따라 진범이라고 강하게 의심되는 자를, 그리고 소추 · 재판단계나 형의 집행단계에서는 진범여부를 불문한다는 견해가 있다.

진범의 확정은 유죄판결을 통해서만이 가능하고 피의자나 피고인을 은닉 또는 도피시킨 경우에는 진범여부와 관계없이 국가의 수가 및 심판이라는 형사사법 절차적 기능이 현실적으로 방해받게 되므로 진범이어야 할 필요는 없다고 생각한다. 판례도 같은 입장이다. 따라서 구속수사의 대상이 된 자를 은닉 · 도피시켰으나 사후에 무혐의도 석방되었다 하더라도 본죄가 성립하게 된다.[1395]

보충판례 189 : 대법원 2003.12.12. 선고 2003도4533 판결[1396]

3) 행위 본죄의 행위는 은닉 또는 도피하게 하는 것이다. 은닉이란 수사기관에 범인을 발견한다거나 체포하는 것을 곤란하게 하기 위하여 범인에게 숨을 장소를 제공하는 적극적인 행위를 말한다. 도피란 은닉이외의 방법으로 수사기관의 체포 또는 발견을 곤란 또는 불가능하게 하는 일체의 행위를 의미한다. 그리고 도피시키는 방법에는 다른 사람과의 연락을 가능하게 하거나 만나게 주선하는 것도 포함한다.[1397] 그러나 참고인이 수사기관에서 범인에 관한 조사를 받으면서 자신이 알고 있는 사실에 대하여 묵비권을 행사하거나 허위사실을 진술한 경우는 적극적으로 수사기관을 기망하여 범인의 체포를 곤란 또는 불가능하게 한 것이 아닌 한 범인도피죄를 구성하지 않는다.[1398] 따라서 공범의 이름을 단순히 묵비한 경우[1399]라든지 자신이 목격한 범

1395) 대법원 1983.1.26. 선고, 81도1931 판결.
1396) 대법원 2014.3.27. 선고 2013도152 판결.
1397) 대법원 1990.12.26. 선고 90도2439 판결.

인임에도 불구하고 동일인이 아니라고 허위진술한 정도[1400]는 범인도피행위에 해당되지 않는다. 그러나 범인 아닌 자가 수사기관에서 자신이 범인이라고 주장함으로써 수사기관의 범인 체포를 곤란하게 한 경우에는 본죄에 해당한다.[1401]

본죄는 작위뿐만 아니라 부작위에 의해서도 행할 수 있다. 부작위의 경우에는 범인을 체포하여야 할 보증인적 지위가 요구된다. 예컨대, 사법경찰관이 검사의 범인검거 지시를 받고서도 범인에게 도피를 권유한 경우이다.[1402]

보충판례 188 : 대법원 2006.12.7. 선고 2005도3707 판결

4) 기수시기 본죄의 기수시기는 범인을 도피하게 하거나 은닉한 시점이다. 본죄는 계속범이므로 범죄행위의 종료시점까지는 범인도피죄의 공동정범 성립이 가능하게 된다.[1403]

(3) 주관적 구성요건

본죄가 성립하기 위해서는 은닉 또는 도피 대상자가 벌금이상의 형에 해당하는 자라는 사실과 그를 은닉 또는 도피시킨다는 고의가 있어야 한다. 행위객체의 인적 사항 즉 성명, 나이, 주소 등의 인식과 구성요건상의 법정형에 대한 인식은 고의 내용 속에 포함되지 않는다.[1404]

(4) 친족 간의 본죄에 대한 특례

1) 특례 인정의 배경 및 법적 성질 친족·호주 또는 동거가족이 본인(벌금 이상의 형에 해당하는 자를 범한 자)을 위하여 범인 은닉죄를 범한 때에는 벌하지 않는다(제151조 2항)는 규정의 설정은 친족의 범행에 대한 신고를 기대하기 어렵다는 점을 그 배경으로

....

1398) 대법원 1991.8.27. 선고 91도1441 판결 ; 2003.2.14. 선고 2002도5374 판결.
1399) 대법원 1984.4.10. 선고 83도3288 판결.
1400) 대법원 1987.2.10. 선고 85도897 판결.
1401) 대법원 1996.6.14. 선고 96도1016 판결 ; 대법원 2000.11.24. 선고 2000도4078 판결.
1402) 대법원 1996.5.10. 선고 96도51 판결.
1403) 대법원 1995.9.5. 선고 95도577 판결.
1404) 대법원 1995.12.26. 선고 93도904 판결 ; 대법원 2000.11.24. 선고 2000도4078 판결.

한다. 그리고 본 규정의 성격은 적법행위에 대한 기대가능성 결여를 이유로 하는 책임조각사유로 보는 것이 타당하다. 본죄에 대한 친족 간의 특례를 인적 처벌조각사유로 보는 견해는 특례규정인정 배경에 부합되지 않는다.

2) 특례의 적용범위 범인 은닉죄에 대한 특례규정의 적용범위는 민법의 규정에 의함이 원칙이다.[1405] 그러나 특례를 인정한 입법취지에 비추어 볼 때 민법상의 친족·호주·가족 외에도 내연관계에 있는 자와 그 자녀도 본 규정의 친족범위에 포함시키는 것이 타당하다.

3) 친족과 비친족 간의 공범관계에 대한 특례 적용여부 ① 본 규정은 범인과 친족관계 있는 자의 은닉 · 도피행위에 대해서만 적용되므로 친족이 친족 아닌 자와 본죄를 범한 경우에는 친족에 대해서만 본 규정의 적용이 가능하다. ② 또한 제3자가 친족을 교사하거나 방조하여 본죄를 범하게 한 경우에는 친족(범인은닉죄의 정범)은 본 특례 규정의 적용에 의하여 처벌할 수 없지만 친족을 교사 또는 방조한 제3자는 본죄의 공범으로 처벌받게 된다. ③ 그러나 친족의 제3자를 교사하여 자신과 친족관계에 있는 범인을 은닉하거나 도피하게 한 경우에 교사자인 친족을 본죄의 공범으로 처벌할 수 있겠는가에 대해서는 견해가 대립한다.

본 규정은 친족 자신이 범인 은닉의 정범으로 된 경우만을 벌하지 않는다는 취지도 입법된 것이므로 타인으로 하여금 본죄를 범하게 한 경우에는 본죄의 교사범으로 처벌되어야 한다는 부정설이 있으나, 적법행위의 기대가능성 결여를 고려한 본 규정의 취지에 비추어 볼 때 본죄에 대한 교사책임을 인정해서는 안 된다고 생각한다. 그러므로 이 경우에 교사자인 친족은 책임이 조각되고 제3자만이 본죄의 정범책임을 부담하게 된다. 예컨대, 죄를 범한 부인을 부인 친구에게 숨겨주도록 부탁한 남편의 행위를 본죄의 교사범으로 처벌할 수 없다.

보충판례 190 : 대법원 2006.12.7. 선고 2005도3707 판결

1405) 판례도 사실혼 관계에 있는 자는 본조에서 말하는 친족에 포함되지 않는다고 하고 있다(대법원 2003.12.26 선고 2003도4533 판결).

제4절 위증과 증거인멸의 죄

Ⅰ. 총설

가. 의의

위증죄란 법률에 의하여 선서한 증인 또는 감정인 · 통역인 · 번역인등이 법정에서 허위의 진술 또는 허위의 감정 · 통역 · 번역을 하는 행위를 벌하기 위한 범죄를 통칭한다. 우리 형법은 선서한 증인의 허위진술(단순위증죄 제152조 1항), 형사사건이나 징계사건과 관련한 당사자를 모해할 목적으로 허위 진술하는 경우(모해위증죄 제152조 2항), 선서한 감정인 · 통역인 · 번역인이 허위로 감정 · 통역 · 번역하는 경우(허위감정 · 통역 · 번역죄 제154조)를 나누어 처벌하고 있다. 증거인멸죄는 타인의 형사사건 또는 징계사건에 관한 증거를 인멸 · 은닉 · 위조 또는 변조하거나, 위조 또는 변조한 증거를 사용하거나(단순증거인멸죄 제155조 1항) 또는 증인을 은닉 또는 도피하게 함으로써(증인은닉 · 증인도피죄 제155조 2항) 성립하는 범죄이다.

나. 보호법익 및 보호정도

(1) 위증죄의 보호정도 및 보호정도

1) 위증죄는 국가의 사법기능(특히 심판기능)을 그 보호법익으로 한다. 국가의 재판권이나 징계권과 같은 사법작용은 실체적 진실 발견을 위하여 법정에 소환된 증인이나 감정인 같은 인적 증거방법을 그 판단근거의 하나를 이용하고 있음에 비추어 볼 때, 국가의 사법작용인 심판이나 징계처분의 적정을 그르치게 하는 위험요소를 항상 내포하고 있는 위증행위는 당연히 처벌할 수밖에 없기 때문이다. 형사소송법도 이러한 위증에서 오는 위험을 제거하기 위하여 항소이유(형소법 제361조의 5 제14호)와 재심이유(같은법 제420조)에 「사실의 오인」을 규정하고 있다.

2) 위증죄는 구성요건의 형식면에서 전형적인 거동범에 해당한다. 그러므로 증인

등의 허위진술이 있음으로써 기수에 이르게 되며 판결에 위증의 영향이 있었는가의 여부는 본죄 성립에 영향이 없다. 즉 위증죄는 실체적 진실 발견에 장애요인으로 작용하는 위증 행위 그 자체를 처벌하기 위한 범죄이므로 그 보호정도는 오판과 같은 결과를 요하지 않는 추상적 위험범에 해당한다.

(2) 증거인멸죄의 보호법익 및 보호정도

1) 증거인멸죄의 보호법익 역시 국가의 사법기능이다. 타인의 형사사건이나 징계사건의 실제 확인에 필요한 증거를 인멸함은 곧 국가의 심판기능을 방해하는 까닭이다. 따라서 증거인멸죄는 위증죄와 그 죄질은 공통하나, 위증죄는 허위 진술이라는 무형적 방법을 통하여 국가의 심판기능을 방해하는데 비하여 증거인멸죄는 증거 인멸이라는 유형적 방법을 이용한다는 점에서 구별된다.

2) 증거인멸죄의 보호정도는 추상적 위험범이다. 본죄를 구체적 위험범으로 보는 견해도 있으나 법정에서의 증거 능력 인정 여부와 관계없이 당해 사건에 관련한 증거의 인멸 그 자체로서 심판기능의 방해가능성이 인정되기 때문이다.

다. 구성요건의 체계

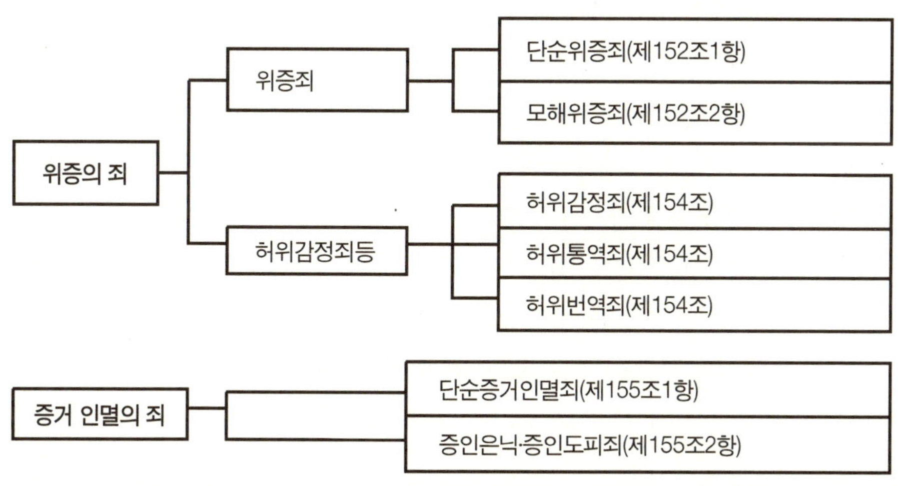

Ⅱ. 위증의 죄

가. 단순위증죄

[형법조문]

제152조(위증) ① 법률에 의하여 선서한 증인이 허위의 진술을 한 때에는 5년 이하의 징역 또는 1천만원 이하의 벌금에 처한다.

(1) 의의

단순 위증죄는 법률에 의하여 선서한 증인이 허위의 진술을 함으로써 성립하는 범죄이다.

(2) 객관적 구성요건

1) 행위주체 본죄의 행위주체는 법률에 의하여 선서한 증인이다. 선서한 증인 아닌 참고인등은 허위 진술 여부와 관계없이 본죄의 주체가 아니다. 따라서 본죄는 진정신분범이다. 또한 본죄는 간접정범의 방법으로 성립할 수 없는 자수범에 해당한다.

법률에 의하여 선서한 증인이라 함은 해당 법률에 선서에 대한 근거가 있는 경우의 증인을 의미한다. 따라서 법령상 근거가 없는 경우, 예컨대 제3자가 심문절차로 진행되는 소송비용 확정 신청사건에서 증인으로 출석하여 선서한 뒤 허위의 진술을 하였다 하더라도 위증죄가 성립하지 않는다.[1406] 그리고 여기서의 증인은 선서의 의미를 이해할 수 있는 능력을 가져야 하므로 16세 미만의 자[1407]나 선서무능력자(형소법 제159조, 민소법 제293조)의 선서는 효력이 없다. 즉 선서 무능력자는 본인의 주체가 될 수 없는 것이다. 선서무능력자는 재판부의 착오로 선서를 시켰어도 본죄의 주체가 될 수 없다. 또한 본죄는 선서를 그 요건으로 하는 까닭에 법률에 의하여 선서를 면제받거나(민소법 제294조), 선서거부권(같은법 제295조)을 행사할 수 있는 자는 본죄의 주체에서

1406) 대법원 1995.4.11. 선고, 95도186 판결 ; 대법원 2003.7.25. 선고 2003도180 판결.
1407) 대법원 1957.3.8. 선고 4290형상23 판결.

제외된다. 하지만 증언거부권을 행사할 수 있는 자(형소법 제148조, 민소법 제285조)라 하더라도 증언거부권을 포기하고, 선서 후에 증언하면서 위증을 한 경우에는 본죄의 주체에 포함된다.[1408] 증언거부권은 위증죄의 탈출구 역할을 하는 제도적 장치이므로 증언 거부권을 포기한 이상 진실의 진술을 하여야 하기 때문이다. 즉 증언거부권 포기자에 대하여 적법행위의 기대가능성이 없다고 할 수 없는 것이다.

보충판례 191-1 : 대법원 2003.7.25. 선고 2003도180 판결
보충판례 191-2 : 대법원 1998.3.10. 선고 97도1168 판결

현행법상 증인 선서의 근거를 규정하고 있는 법률은 형사소송법(제156조), 민사소송법(제290조 이하), 비송사건절차법(제10조), 법관징계법(제27조), 검사징계법(제26조), 특허법(제226조) 등이 있다. 형사사건의 경우에는 공판절차에서의 증인 만에 국한되지 않고 제1회 공판기일 전의 증거보전절차(형소법 제184조)는 물론 수사절차상의 증인신문청구(형소법 제221조의 2)에 따른 증인신문의 경우도 위증죄의 대상에 포함된다. 이밖에도 국회에서의 증언 · 감정 등에 관한 법률(제14조)에도 위증자에 대한 고발을 통한 처벌이 가능하도록 규정하고 있다.

선서의 시기는 사전선서가 원칙이다. 그러나 법률에 특별한 규정이 있는 경우에는 사후선서(민소법 제290조단서, 형소법 제156조 단서)도 가능하다.[1409]

2) 행위 본죄의 행위는 위증 즉 허위의 진술을 하는 것이다. 증인의 진술이 위증인가 여부는 당해 신문절차의 증언내용전체를 기준으로 하여 판단하여야 한다. 문제는 증인의 진술에서 허위에 해당하는 것이 무엇인가이다. 이에 대해서는 첫째, 증언

1408) 대법원 1987.7.7. 선고 86도1724 판결.

1409) **[공동피고인의 증인적격]** : 본죄의 행위주체와 관련하여 문제가 되는 것은 공범자 또는 공동피고인의 증인적격을 인정하여 이들이 증인의 자격으로 선서하고 허위증언을 한 경우에 본죄의 성립을 인정할 것인가이다. 이에 대해 부정설은 공동피고인이 공범관계에 있느냐의 여부와 관계없이 증인적격을 부정하는데 반하여 긍정설은 각 피고인은 다른 피고인에 대하여는 제3자의 관계에 있다는 점을 근거로 공동피고인에 대한 증인적격을 인정하고 있다.
생각건대, 공동피고인이 상호간에 공범자 관계에 있는 경우에는 다른 피고인에게 책임을 전가하는 증언위험성 뿐만 아니라 증인의 증언의무와 피고인의 진술거부권의 충돌 문제까지 야기되므로 공범자 관계에 있는 공동피고인의 증인적격을 부정되어야 한다고 본다. 판례도 이러한 절충적 입장에서 피고인과는 별개의 범죄사실로 기소되고, 다만 병합 심리된 경우의 공동피고인에 대해서는 증인적격을 인정하고 있다(대법원 1982.9.14. 선고 82도1000 판결).

내용과 현실이 일치되지 않는 경우를 허위로 보는 객관설과 둘째, 증인이 기억에 반하는 사실을 진술하는 경우가 허위라고 보는 주관설이 대립한다. 객관설에 의하면 기억에 반하는 진술을 하였어도 그 진술내용이 객관적 진실에 부합하면 허위가 아니고 주관설에 의하면 기억에 반한다는 사실을 알고 진술한 이상 그것이 우연히 객관적 진실에 부합된다 하더라도 허위로 인정되며, 기억에 반하지 않는 이상 그것이 설사 객관적 진실에 반한다 하더라도 허위라고 보지 않는 결과를 가져온다. 통설과 판례[1410]의 입장은 증언내용과 증인의 기억과의 일치여부로 허위를 판단하는 주관설의 입장에 서 있다.

보충판례 192 : 대법원 1989.1.17. 선고 88도580 판결
보충판례 193 : 대법원 2001.12.27. 선고 2001도5252 판결[1411]

3) 진술의 대상　본죄의 대상이 되는 진술은 증인이 경험한 내적 · 외적 사실에 관한 것으로서 증인 자신의 사물이나 사실관계에 대한 가치판단은 제외된다.[1412] 그리고 진술의 내용은 판결 또한 신문단계에도 제한받지 않으므로 주신문, 반대신문, 인정신문 관계여부와 상관없이 위증이 인정되는 한 본죄가 성립한다.[1413] 위증행위는 부작위에 의해서도 가능하다.

4) 기수시기　본죄의 기수시기는 증인에 대한 당해 신문절차가 종료되어 이미 행해진 진술을 철회할 수 없는 단계에 이르렀을 때이다.[1414] 증인이 허위로 한 진술을 철회하거나 그 내용을 정정하는 경우에는 본죄의 보호법익인 국가의 사법작용에 대한 위험성이 제기되기 때문이다. 신문절차의 종료는 1회의 증인신문절차뿐만 아니라 기일을 달리하더라도 무방하다고 하겠다.

1410) 대법원 1988.12.13. 선고 88도80 판결 ; 대법원 1990.5.8. 선고 90도448 판결.
1411) 대법원 2003.12.12 선고 2003도3885 판결 ; 대법원 2006.02.10 선고 2003도7487 판결 ; 대법원 2007.10.26 선고 2007도5076 판결 ; 청주지방법원 2010.02.18 선고 2008고합314 판결.
1412) 대법원 1996.2.9. 선고 95도1797 판결 ; 대법원 1988.9.27. 선고 88도236 판결 ; 대법원 1984.2.14. 선고, 83도37 판결.
1413) 대법원 1998.2.23. 선고 89도1212 판결.
1414) 대법원 1974.6.25. 선고 74도1231 판결.

(3) 주관적 구성요소

본죄의 고의는 증인이 선서를 하고 허위의 진술을 한다는 인식이다. 그러나 허위의 진술을 이해하는 시각에 따라 본죄의 고의 인정여부가 달라진다. 즉 증인이 자기의 기억에 반하는 사실을 진실로 믿고 진술한 경우, 객관설의 입장에서는 그것이 객관적 사실과 일치하지 않더라도 객관적 진실이라고 믿었다는 점 때문에 구성요건의 착오에 의해 고의가 인정될 수 없게 된다. 하지만 이 경우 주관설의 입장에서는 객관적 진실로 믿었다하더라도 기억에 반하는 진술인 이상 고의인정이 가능하게 된다. 다만, 증인이 착오로 기억에 반한다는 인식 없이 증언하였다면 주관설에 의해도 위증의 고의 인정은 곤란하다고 하겠다.

(4) 위증죄의 공범

1) 위증죄의 공동정범 성립여부 위증죄는 증인 자신만이 범할 수 있는 자수범이므로 간접정범형식은 물론 공동정범 형태로 본죄를 범할 수 없다. 공모공동정범을 인정하는 입장에서는 위증을 공모한 자도 본죄의 공동정범이 될 수 있다는 해석이 가능하지만, 자수범의 성질상 증인 스스로의 위증행위가 없는데도 공동정범의 성립을 인정하는 것은 본죄의 본질에 반하기 때문이다.

2) 위증죄의 교사범 · 방조범 위증죄의 교사범이나 방조범 성립은 증인 진술의 허위성에 관하여 객관설과 주관설 어느 입장에 서느냐에 따라 결론이 달라진다. 예컨대 증인이 자신이 허위라고 잘못생각하고 진술 했으나 사실은 그 진술내용이 진실인 경우 객관설에서는 위증죄의 교사나 방조의 미수범이 된다. 그러나 이 경우 주관설에서는 위증교사범이나 방조범이 성립하게 된다.[1415]

1415) **[피고인에 의한 위증교사]** : 형사피고인이 자기의 형사사건에 관하여 증인을 교사하여 위증하게 한 경우에 위증죄의 교사책임을 부담해야 하는가의 문제에 대하여 ① 정범에게 위증죄가 성립하는 이상 위증교사범의 성립을 인정해야 한다는 적극설과 ② 허위진술을 처벌받지 않는 피고인 지위의 특성상 자신의 형사사건에 대한 교사책임을 부담시키는 것은 부당하다는 소극설이 대립한다. 생각건대 형사피고인이 자기 사건에 대하여 위증을 교사하는 행위를 자기 방어권 남용으로 보기 어려울 뿐만 아니라 위증죄의 정범이 될 수 없는 자(피고인은 증인적격 없다.)에 대하여 교사범 성립을 인정하는 것은 타당하다고 볼 수 없다.

(5) 죄수

동일한 사건에 대하여 동일 법정에서 수개의 사실을 위증한 경우에는 포괄하여 1개의 위증죄가 성립[1416]하지만, 수인에 대하여 연속하여 위증교사를 한 경우에는 동일사건에 관한 것이라 하더라도 경합범이 된다.

(6) 자백 · 자수의 특례

위증죄에 있어서는 위증죄를 범한 자가 그 진술한 사건의 재판 또는 징계처분이 확정되기 전에 자백 또는 자수한 때에는 그 형을 감경 또는 면제한다(제153조). 자수에 대한 형법의 일반적 태도인 임의적 감경(제152조)과 달리 위증으로 인한 오판의 위험성을 제거시킨다는 점에서 필요적 감면을 인정한 형사정책적 고려가 반영된 규정이다. 자수나 자백의 특례는 자수 또는 자백한 본인에게만 적용된다. 따라서 위증한 증인이 그 사실을 자백 또는 자수한 경우에는 증인 자신에 대하여 필요적 감면혜택이 주어진다. 그러나 위증을 교사한 자가 자백 또는 자수한 경우에는 교사자 본인에게만 혜택이 주어질 뿐 피교사자인 정범에게는 적용되지 않는다.

나. 모해위증죄

[형법조문]

제152조(모해위증) ② 형사사건 또는 징계사건에 관하여 피고인, 피의자 또는 징계혐의자를 모해할 목적으로 전항의 죄를 범한 때에는 10년 이하의 징역에 처한다.

모해위증죄는 형사사건 또는 징계사건에 관하여 피고인, 피의자 또는 징계혐의자를 모해할 목적으로 선서한 증인이 허위의 진술을 함으로써 성립하는 범죄이다. 본죄

피고인이 타인을 교사하여 위증하도록 하는 것은 피고인 자신이 허위진술을 하는 것과 차이가 없으므로 소극설의 입장이 타당하다고 하겠다. 이러한 해석은 피고인 스스로의 증거인멸행위를 처벌하지 않는 형법의 규정에도 부합된다. 따라서 피고인이 위증을 교사한 때에는 증인만이 위증죄의 책임을 지게 된다 ; 대법원 2004.1.27. 선고 2003도5114 판결.

1416) 대법원 2005.3.25. 선고 2005도60 판결 ; 대법원 1998.4.14. 선고 97도3340 판결.

는 목적범이다. 본죄의 주체는 법률에 의하여 선서한 증인이며 행위는 형사사건(형사피의사건 포함)과 징계사건에 관하여 허위의 진술을 하는 것이다.

본죄의 성립을 위해서는 고의 이외에 모해할 목적이라는 주관적 불법요소가 필요하다. 모해할 목적이란 피고인, 피의자 또는 징계혐의자에게 불이익을 가져다줄 일체의 목적을 말하며, 모해의 목적달성 여부는 본죄의 성립에 영향이 없다.[1417]

그러나 국가보안법은 타인으로 하여금 형사처분을 받게 할 목적으로 국가보안법에 규정된 죄에 대해 위증을 한 경우에는 각조에 정한 형으로 처벌한다(국가보안법 제12조 제1항).[1418]

다. 허위감정·통역·번역죄

[형법조문]

> 제154조(허위의 감정, 통역, 번역) 법률에 의하여 선서한 감정인, 통역인 또는 번역인이 허위의 감정, 통역 또는 번역을 한 때에는 전2조의 예에 의한다.

허위감정 · 통역 · 번역죄는 법률에 의하여 선서한 감정인, 통역인 또는 번역인이 허위로 감정 · 통역 또는 번역을 함으로써 성립하는 범죄이다.

본죄의 행위주체인 감정인은 전문적이고 특수한 지식이나 경험을 자진 자가 특정사건에 필요한 사항에 대하여 내린 판단을 법원 또는 법관에게 보고하는 자를 말한다. 감정증인은 증인이지 감정인이 아니고, 형사절차에서의 감정수탁자(형사소송법 제221조)와 민사절차에서의 감정서의 설명자(민사소송법 제314조)는 감정인에 해당하지 않

1417) 대법원 2007.12.27. 선고 2006도3575 판결 ; 대법원 1994.12.23. 선고 93도1002 판결.

1418) **[모해목적 없는 자에 대한 모해목적 하의 교사]** : 교사자가 모해할 목적으로 이러한 목적 없는 자로 하여금 위증하도록 교사한 경우에 ① 판례는 모해할 목적을 형법 제33조 단서에 규정된 신분요소로 파악하여 교사자는 모해위증교사죄로 처벌하되 정범인 피교사자는 단순위증죄가 성립한다(대법원 1994.12.23. 선고 93도1002 판결)고 하는데 반하여, ② 통설은 모해할 목적은 주관적 구성요건으로 신분요소가 아니라는 점을 근거로 정범이 단순위증죄에 해당하면 정범의 교사자 역시 모해위증죄가 아니라 단순위증죄의 교사범이 된다고 한다.
목적범에서 목적이란 행위결과를 지향하는 고의에 해당하므로 목적범에서 목적 없는 정범을 교사한 자가 모해목적을 가졌다하더라도 정범에 해당하는 범죄의 교사범이 된다고 보아야 한다. 이점에서 통설이 타당하다고 하겠다.

는다.

본죄의 행위는 허위의 감정 · 통역 또는 번역을 하는 것이고, 허위성의 판단에 관해서는 위증죄에서의 객관설과 주관설의 입장에 따라 달라지게 된다.

Ⅲ. 증거인멸의 죄

가. 증거인멸죄

[형법조문]

제155조(증거인멸 등과 친족간의 특례) ① 타인의 형사사건 또는 징계사건에 관한 증거를 인멸, 은닉, 위조 또는 변조하거나 위조 또는 변조한 증거를 사용한 자는 5년 이하의 징역 또는 700만원 이하의 벌금에 처한다. ④ 친족 또는 동거의 가족이 본인을 위하여 본조의 죄를 범한 때에는 처벌하지 아니한다.

(1) 의의

증거인멸죄는 타인의 형사사건 또는 징계사건에 관한 증거를 인멸, 은닉, 위조 또는 변조하거나 위조 또는 변조한 증거를 사용함으로써 성립하는 범죄이다. 본죄는 국가의 사법기능을 보호하기 위하여 입법된 것으로서 사법기능에 대한 구체적 위험발생을 요하지 않는 추상적 위험범이다.

(2) 객관적 구성요건

1) 행위 객체

본죄의 행위객체는 타인의 형사사건 또는 징계사건에 관한 증거이다.

가. 증거　본죄의 객체인 증거란 타인의 형사사건이나 징계사건과 관련하여 범죄의 성립여부·태양·형의 가중 또는 감면·정상참작 등을 인정하는데 사용되는 일체의 자

료를 말한다. 본죄에서는 타인의 형사사건 또는 징계사건에 관한 증거만을 그 대상으로 하므로 자신의 형사사건이나 징계사건에 대한 증거는 본죄의 객체에서 제외된다.

예컨대, 자신의 비자금 관련 사건에서 자신이 작성하였던 비자금 장부를 소각하는 것은 설사 공범자나 제3자의 형사사건이나 징계사건에 관한 증거를 인멸하는 결과를 가져온다 하더라도 본죄의 성립은 부정된다.[1419] 자기에게 불리한 증거를 인멸하는 것은 처벌을 면하고자 하는 인간의 본성이므로 자기처벌을 가능하게 하는 증거의 보존을 기대하기 어렵기 때문이다. 하지만, 변호인이 피고인을 위하여 증거를 인멸하는 것은 변호권의 남용행위에 해당하므로 위법성이 조각될 수 없다.

그리고 형사사건이나 장계사건에 관한 증거는 물증을 말한다. 증인에 대하여 형법은 증인은닉이나 증인도피의 가벌성을 본죄와 별도로 인정하고 있는 까닭이다(제155조 2항).

나. 형사사건·징계사건 본죄는 타인의 형사사건 또는 징계사건에 관한 증거만을 그 객체로 제한하고 있으므로 타인의 민사사건, 행정사건, 선거사건 또는 비송사건과 관련한 증거는 본죄의 객체에서 제외된다. 형사사건에 관한 증거라면 수사개시전의 사건이나 피의사건, 재심이나 비상상고사건에 관한 증거도 본죄의 객체에 해당함은 당연하다. 형사사건인 한 궁극적으로 유죄인가 무죄인가의 여부는 본죄의 성립에 영향이 없다.

보충판례 194 : 대법원 2000.3.24. 선고 99도5275 판결
보충판례 195 : 대법원 1976.6.22. 선고 75도1446 판결

2) 행위

본죄의 행위는 증거를 인멸, 은닉, 위조 또는 변조하거나 위조 또는 변조된 증거를 사용하는 것이다. 여기서 증거를 인멸한다함은 증거 그 자체의 물리적 멸실 뿐만 아니라 증거가치를 감소하거나 멸실시키는 행위[1420]를 말하고, 은닉이란 증거의 현출

1419) 대법원 1995.9.29. 선고 94도2608 판결 ; 대법원 1976.7.22 선고 75도1446 판결.
1420) 대법원 1961.10.19. 선고 4294형상347 판결.

을 방해하는 일체의 행위를 말한다. 그리고 증거의 위조란 새로운 증거를 작출하는 것이고, 변조란 기존의 증거에 변경을 가하여 증거의 내용이나 가치를 허위로 변작하는 것을 의미한다. 증거 자체의 위조 또는 변조이므로 허위의 진술은 포함되지 않는다.[1421] 증거의 위조 또는 변조에 있어서 작성권한의 유무나 내용의 성립의 진정여부는 본죄 성립에 영향이 없다. 위조 또는 변조된 증거의 사용이라 함은 위조 또는 변조된 증거를 진정한 증거로 수사기관이나 법원에 제출하는 것을 말한다. 만약 변호사가 증거가 위조되었다는 사실을 알면서도 그 조사를 청구한다거나 방어 자료로 제출하였다면 사용에 해당하게 된다.[1422]

보충판례 196 : 대법원 2007.6.28. 선고 2002도3600 판결[1423]

(3) 주관적 구성요건

본죄의 고의는 타인의 형사사건이나 징계사건에 관한 증거를 인멸·은닉·위조·변조 또는 위조·변조된 증거를 사용한다는 점에 대한 인식이다.[1424] 만약 이러한 고의 이외에 타인을 모해할 목적이 있는 때에는 형의 가중사유가 된다.

(4) 죄수

증거은닉의 의도로 장물을 보관하는 경우에는 본죄와 장물보관죄는 상상적 경합관계이다. 또한 형사사건의 증거가 되는 문서를 변조한 경우에는 문서 변조죄와 본죄는 역시 상상적 경합관계가 인정된다.

(5) 친족 간의 범행에 대한 특례

친족·호주 또는 동거하는 가족이 본인을 위하여 본조의 죄를 범한 때에는 처벌하

1421) 대법원 1998.2.10. 선고 97도2961 판결 ; 대법원 1995.4.7. 선고 94도3412 판결.

1422) **[위증죄와의 관계]** : 위증죄와 증거인멸죄는 특별법과 일반법의 관계에 있다. 따라서 위증죄가 성립하면 본죄의 성립은 배제된다. 따라서 선서하지 아니한 증인으로 하여금 위증하게 하는 것은 증거인멸죄의 구성이 가능하게 된다.

1423) 대법원 2011.02.10 선고 2010도15986 판결 ; 대법원 2011.07.28 선고 2010도2244 판결.

1424) 대법원 2004.5.14. 선고, 2004도74 판결.

지 아니한다.[1425] 이러한 특례의 성격은 친족 간의 정을 고려한 책임조각사유이다. 친족 간에는 증거를 인멸하지 아니할 것을 기대할 수 없기 때문이다. 이 특례의 적용범위는 범인은닉죄의 경우와 같다.[1426]

나. 증인은닉·도피죄

[형법조문]

제155조(증거인멸 등과 친족간의 특례) ② 타인의 형사사건 또는 징계사건에 관한 증인을 은닉 또는 도피하게 한 자도 제1항의 형과 같다.

증인은닉·도피죄는 타인의 형사사건 또는 징계사건에 관한 증인을 은닉 또는 도피케 함으로써 성립하는 범죄이다. 본죄는 형사사건 또는 징계사건에 관한 여러 가지 증거 중에서 증인만을 별도의 객체로 설정하고 있다. 본죄에서의 증인은 선서한 증인만에 국한하지 않고 수사기관에서 조사받는 참고인도 포함된다. 본죄는 증인들을 은닉 또는 도피시켜 수사나 재판에의 출석을 불가능하게 하여 형사사건이나 징계사건의 처리를 방해하는 범죄이므로 참고인을 제외할 이유가 없다고 하겠다. 자기 사건의 증인이면서 타인 사건의 증인은 본죄의 객체에 포함되지 않는다고 본다.[1427] 또는 본죄의 행위는 증인을 은닉 또는 도피하게 하는 행위로서 은닉·도피의 방법에 제한을 둘 이유는 없지만, 그렇다고 단순히 타인의 형사사건에 관한 수사기관에서의 허위진술만으로는 본죄의 행위에 해당한다고 할 수 없다.[1428]

1425) **[공범자의 형사피고사건에 대한 증거는 타인의 형사사건에 관한 증거에 해당하는가?]** : 이에 대하여는 ①자기의 증거가 공범자에게도 공통한 증거라 하더라도 자신의 사건에 관한 증거가 아닌한 타인의 증거에 해당하므로 공범자의 형사사건에 대한 증거인멸죄를 인정해야 한다는 긍정설, ②공범자와 자신의 이해관계는 일치하는 것이므로 공범자의 형사사건에 관한 증거도 자신의 형사사건에 대한 증거에 포함시켜 공범자만을 위한 증거인멸은 증거인멸죄를 구성하지 않는다는 부정설, 그리고 ③공범자만을 위한 증거인멸행위는 증거인멸죄에 해당하지만 공범자를 위한 증거인멸이 자기의 이익을 위한 경우에는 본죄가 성립하지 않는다는 절충설이 있다. 적극설이 타당하다.

1426) **[자신의 형사사건에 대한 증거인멸을 타인에게 교사한 경우]** : 자기의 형사사건에 대한 증거를 인멸하기 위하여 타인을 교사한 때에는 증거인멸죄가 성립하는가에 대하여는 적극설과 소극설이 대립한다. 판례는 적극설의 입장(대법원 1965.12.10, 65도826)이나, 범인은닉죄나 위증죄와 마찬가지로 정범이 될 수 없는 자의 교사행위로 인하여 본죄의 성립을 인정할 수 없으므로 소극설이 타당하다고 하겠다.

1427) 대법원 2003.3.14. 선고, 2002도6134 판결.

다. 모해증거인멸·증인은닉·도피죄

[형법조문]

제155조(증거인멸 등과 친족간의 특례) ③ 피고인, 피의자 또는 징계혐의자를 모해할 목적으로 전2항의 죄를 범한 자는 10년 이하의 징역에 처한다.

모해증거인멸죄는 피고인·피의자 또는 징계혐의자를 모해할 목적으로 증거를 인멸·은닉·위조·변조하거나 증인을 은닉 또는 도피하게 함으로써 성립하는 범죄이다. 모해목적이란 피고인·피의자 또는 징계혐의자에게 형사처분 또는 징계처분을 받게 할 목적을 말한다. 모해목적이 없는 경우에도 증거인멸죄로 처벌이 가능하므로 본죄는 모해목적 때문에 형이 가중되는 부진정목적범에 해당한다. 모해의 목적이 달성되었는가의 여부는 본죄의 성립에 영향이 없다.

제5절 무고의 죄

Ⅰ. 총설

무고의 죄는 타인으로 하여금 형사처분 또는 징계처분을 받게 할 목적으로 공무소 또는 공무원에게 허위의 사실을 신고함으로써 성립하는 범죄이다. 본죄는 목적범이다. 무고죄의 입법취지는 국가의 사법기능의 보호와 함께 죄 없는 사람이 무고행위에 의하여 불이익을 당하지 않게 하기 위한 개인의 이익보호라는 양면의 논리에 기초하고 있다.

무고행위에 의하여 죄 없는 사람을 처벌하게 되는 것은 국가의 정상적인 사법기능이 훼손되게 되므로 이를 방지할 필요가 있음은 물론 무고에 의한 형사처분이나 징계

1428) 대법원 1977.9.13. 선고 77도997 판결.

처분이라는 개인의 불이익을 방지할 필요가 있기 때문이다. 이 점에서 무고죄는 형법의 편제상 국가적 법익의 장에 규정되어 있지만 개인적 법익까지 포함하고 있음을 알 수 있다.

Ⅱ. 무고죄

[형법조문]

> 第156조(무고) 타인으로 하여금 형사처분 또는 징계처분을 받게 할 목적으로 공무소 또는 공무원에 대하여 허위의 사실을 신고한 자는 10년 이하의 징역 또는 1천500만원 이하의 벌금에 처한다.
>
> 第157조(자백 · 자수) 第153조는 전조에 준용한다.

가. 보호법익 및 보호정도

본죄의 보호법익은 위의 입법취지에서 알 수 있듯이 국가의 심판기능을 주된 법익으로 보되, 부당하게 처벌받아서는 안 되는 개인의 이익도 포함한다. 다만 본죄의 국가적 법익의 내용이 국가의 심판기능의 적정을 의미하는 것인지에 대한 견해의 대립이 있다. 본죄는 단순히 형사절차나 징계절차 개시의 적정성만을 보호하기위한 범죄가 아님뿐만 아니라 자칫 무고에 의한 처벌이라는 불이익 방지라는 점에서 볼 때 국가의 심판기능의 적정을 의미한다고 생각한다.

본죄의 보호정도는 추상적 위험범이다. 따라서 타인으로 하여금 형사처분 또는 징계처분을 받게 할 목적 하에 공무소나 공무원에게 허위사실의 신고만 있으면 본죄는 기수에 이르게 된다.[1429]

1429) 대법원 2005.9.30. 선고 2005도2712 판결.

나. 객관적 구성요건

(1) 주체

본죄의 주체에는 제한이 없다. 따라서 공무원이 직무상 고발하는 경우에도 본죄의 성립이 가능하다.

(2) 행위객체

본죄의 행위객체는 공무소 또는 공무원이다. 공무소 또는 공무원의 범위에는 형사처분의 경우 수사기관인 검사, 사법경찰관 및 그 보조자가 포함된다. 징계처분에 있어서는 징계처분권을 가진 소속장 뿐만 아니라 징계처분을 촉구할 수 있는 기관도 포함한다.

무고죄에 있어서 공무소 또는 공무원에 대한 신고는 반드시 징계처분 또는 형사처분을 심사 · 결행할 직권 있는 직속 상관에게 직접 할 것을 필요로 하는 것은 아니고, 지휘명령계통이나 수사관할 이첩을 통해 그런 권한 있는 상관에게 도달함으로서 성립하는 까닭이다.[1430] 그러므로 형사처분을 받게 할 목적으로 허위사실을 진정의 형식으로 대통령에게 신고하여도 본죄가 성립하게 된다.[1431] 이 밖에 관내 경찰서장을 지휘 · 감독하는 도지사도 본죄의 객체에 포함된다.[1432]

(3) 행위

본죄의 행위는 공무소 또는 공무원에게 '허위의 사실을 신고'하는 것이다.

1) 허위의 사실 허위의 사실이란 객관적으로 진실에 반하는 사실을 말한다.[1433]

1430) 대법원 1973.1.16. 선고 72도1136 판결.

1431) 대법원 1977.6.28. 선고 77도1445 판결.

1432) 대법원 1982.11.22. 선고 81도2380 판결.

1433) 대법원 2014.2.13. 선고 2011도15767 판결(무고죄는 타인으로 하여금 형사처분이나 징계처분을 받게 할 목적으로 신고한 사실이 객관적 진실에 반하는 허위사실인 경우에 성립되는 범죄이므로 신고한 사실이 객관적 진실에 반하는 허위사실이라는 점에 관하여는 적극적인 증명이 있어야 하며, 신고사실의 진실성을 인정할 수 없다는 점만으로 곧 그 신고사실이 객관적 진실에 반하는 허위사실이라

신고 내용인 사실이 허위인가 여부의 판단은 무고 행위자의 주관이 아니라 객관적 기준에 의한다. 따라서 객관적 진실에 부합되는 내용의 사실이라면 행위자가 주관적으로는 신고사실이 허위라고 믿었다하더라도 본죄의 성립은 부정된다.[1434] 그리고 신고 된 내용의 사실이 허위인가 여부는 그 중요내용의 진실합치 여하에 따라 결정된다. 예컨대, 고소내용의 과장이 있다거나, 일부 사실이 허위이지만 범죄성립에 영향을 줄 정도가 아닌 경우는 진실한 사실로 인정된다. 또한 설사 진정서에 범죄관련 사실의 기재가 있다 해도 진정서의 제출 목적이 무고에 있는 것이 아니라 공정한 수사로 흑백을 가려달라는 취지에서였다면 본죄의 성립을 인정할 수 없다.[1435] 뿐만 아니라 진정서 등을 통하여 객관적으로 진실한 사실을 신고하였다면 그 신고사실에 대하여 형사 책임자를 잘못 인식하거나, 사후적인 법률평가의 문제는 본죄의 성립에 영향이 없다.

허위사실을 적시하는 정도는 형사처분이나 징계처분권을 행사하는 기관으로 하여금 수사권 또는 징계권을 발동할 수 있도록 촉구하는 정도의 것으로 족하다. 피무고자의 행위에 대한 범죄구성요건적 사실의 적시나 징계요건 사실을 구체적으로 명시할 필요는 없다. 즉 피무고인이 무고하게 처벌이나 징계를 받게 될 위험이 있는 정도로 충분하다고 하겠다.

객관적으로 허위인 사실을 신고하였다 하더라도 국가의 심판기능의 적정을 해할 위험이 없으면 본죄는 성립하지 않는다. 예컨대 허위로 신고된 내용을 처벌할 조항이 없다거나, 이미 그 내용에 대한 사면이 있었거나 공소시효가 소멸된 것이 확인 되는 경우이다.

보충판례 197 : 대법원 1991.10.11. 선고 91도1950 판결
보충판례 198 : 대법원 1996.5.31. 선고 96도771 판결[1436]

2) 신고 신고는 무고 행위자가 자발적으로 허위의 사실을 알리는 것이다. 따라서

고 단정하여 무고죄의 성립을 인정할 수는 없다.)

1434) 대법원 1991.10.11. 선고 91도1950 판결.

1435) 대법원 1978.8.22. 선고 78도1357 판결.

1436) 대법원 2010.02.25 선고 2009도1302 판결 ; 대법원 2010.11.11 선고 2008도7451 판결 ; 대법원 2011.01.13 선고 2010도14028 판결 ; 대법원 2012.05.24 선고 2011도11500 판결.

조사관의 요청에 따라 자신이 지득한 정보를 제공하거나 수사기관의 추궁에 의해 허위의 진술을 하는 것은 본죄를 구성하지 아니한다.[1437] 신고의 방식은 구두나 서면, 고소나, 고발, 기명 또는 익명, 자기명의든 타인명의든 어느 방식이든 제한이 없다.

3) 기수시기 본죄의 기수시기는 공무소 또는 공무원에게 허위사실의 신고가 도달하였을 때이다. 그 신고에 의한 수사착수 여부나 조사과정에서 고소장의 반려여부는 본죄의 성립에 영향이 없다.[1438]

보충판례 199 : 대법원 1998.9.8. 선고 98도1949 판결

다. 주관적 구성요건

(1) 고의

본죄의 고의는 공무소 또는 공무원에게 허위의 사실을 신고한다는 인식이다. 타인이 형사처벌이나 징계처분을 받게 될 것이라는 인식만으로 족하고 처벌이나 징계를 받아야 된다는 결과까지의 의욕은 필요 없다. 그리고 허위사실이라는 인식은 미필적이어도 상관없다. 그러므로 본죄의 성립은 진실하다는 확신이 없는 사실을 신고함으로써 족하고 신고자가 그 신고사실이 허위라는 것을 확신할 필요는 없다.[1439]

(2) 목적범

본죄는 고의 이외에 타인으로 하여금 형사처분 또는 징계처분을 받게 할 목적이 있어야 하는 목적범이다. 형사처벌에는 형법상의 형벌, 보호관찰법 및 치료감호법상의 보안처분, 소년법에 의한 보호처분이 포함된다. 징계처분은 공법상의 복무의무를 전제로 특별권력관계에서의 제재를 말한다(변호사나 공중인처럼 공법상의 특별관계가 인정되지 않는 경우의 징계처분도 포함된다는 견해도 있다). 그러므로 자기 스스로 처벌받고자 하는 목

1437) 대법원 1990.8.14. 선고 90도595 판결.
1438) 대법원 1985.2.8. 선고 84도2215 판결.
1439) 대법원 1995.5.10. 선고 96도324 판결.

적으로 허위사실을 신고하는 이른바 '자기무고'는 본죄를 구성할 수 없다. '자기무고'의 가벌성이 인정되지 않으므로 타인에게 '자기무고'를 교사한 경우 역시 처벌할 수 없다. 그리고 피무고자는 실제인이어야 한다. 허무인이나 사망자에 대한 형사처분 또는 징계처분은 불가능하기 때문이다.[1440]

보충판례 200 : 대법원 2008.10.23. 선고 2008도4852 판결[1441]

라. 위법성

본죄의 주된 법익은 국가의 심판기능보호이므로 피해자가 자신에 대한 무고를 승낙한 경우라도 본죄의 위법성은 조각되지 않는다.

보충판례 201 : 대법원 2005.9.30. 선고 2005도2712 판결

Ⅲ. 자백·자수에 관한 특례

형법은 본죄를 범하였다 하더라도 무고에 대상이 된 사건의 재판 또는 징계처분이 확정되기 전에 자백하거나 자수한 경우에는 그 형을 감경 또는 면제하도록 규정하고 있다(제153조, 제157조). 이 규정은 형법의 경우에만 적용되는 것으로 국가보안법상의 무고죄에 대해서는 적용되지 않는다. 이러한 특례는 무고행위에 대한 자백 또는 자수를 통하여 재판 또는 징계처분의 정상적 심판기능을 보호하기 위한 정책적 고려를 이해할 수 있다.

1440) **[타인의 형사처벌을 면하기 위한 자기무고]** : 타인의 형사처벌을 면해주기 위하여 자신을 범인으로 신고한 경우에는 무고죄가 성립할 수 없지만 경우에 따라서는 범인은닉죄의 성립이 가능하다.

1441) 대법원 2014.3.13. 선고 2012도2468 판결.

찾아보기

ㄱ

ㄷ

ㅁ

ㅂ

ㅅ

ㅇ

ㅋ

ㅌ

ㅍ